Grundlagen des Geschäftsprozess-managements

Marlon Dumas · Marcello La Rosa ·
Jan Mendling · Hajo A. Reijers

Grundlagen des Geschäfts-
prozessmanagements

übersetzt von Thomas Grisold,
Steven Groß, Jan Mendling, Bastian Wurm

Marlon Dumas (ID)
Institute of Computer Science, Univ of Tartu
Tartu, Estland

Marcello La Rosa (ID)
The University of Melbourne
Melbourne, VIC, Australien

Jan Mendling (ID)
Institute for Information Business, Vienna Uni.
of Economics & Business
Vienna, Österreich

Hajo A. Reijers (ID)
Math & Compt Sci Dept, MF 7.104a,
Eindhoven University of Technology
Noord-Brabant, Eindhoven, Niederlande

ISBN 978-3-662-58735-5   ISBN 978-3-662-58736-2   (eBook)
https://doi.org/10.1007/978-3-662-58736-2

Die Deutsche Nationalbibliothek verzeichnet diese Publikation in der Deutschen Nationalbibliografie; detaillierte bibliografische Daten sind im Internet über http://dnb.d-nb.de abrufbar.

Planung/Lektorat: Petra Steinmüller
Springer Vieweg ist ein Imprint der eingetragenen Gesellschaft Springer-Verlag GmbH, DE und ist ein Teil von Springer Nature.
Die Anschrift der Gesellschaft ist: Heidelberger Platz 3, 14197 Berlin, Germany

für Inga und Maia – Marlon
für Chiara, Lorenzo und Valerio – Marcello
für Stefanie und Nina – Jan
für Maddy, Timon und Mayu – Hajo

Geleitwort

Geschäftsprozesse gehören zu den wichtigsten betrieblichen Vermögensgegenständen. Dafür gibt es viele Gründe. Sie haben einen direkten Einfluss auf die Attraktivität von Produkten und Dienstleistungen, schlagen sich in Kundenerfahrungen und letztendlich auch im geschäftlichen Erfolg nieder. Prozesse steuern betriebliche Abläufe, um externe Nachfrage zu befriedigen, und sind deshalb wesentliche Faktoren der Kostenquote und der operativen Effizienz. Im Besonderen bestimmen sie Aufgaben, Arbeitsplätze und Verantwortlichkeiten. Somit beeinflussen sie die Arbeit von jedem einzelnen Mitarbeiter und jeder Maschine entlang des Geschäftsprozesses. Prozesse bilden gewissermaßen die Arterien betrieblicher und betriebsübergreifender Versorgungsnetze. Als Konsequenz können Fehler in Geschäftsprozessen betriebliche Abläufe als auch ganze betriebliche Ökosysteme zum Erliegen bringen. Prozesse bestimmen das Potenzial und die Geschwindigkeit, mit der sich Betriebe neuen Umständen anpassen und neuen rechtlichen Anforderungen genügen können.

Allerdings, und das gilt im Unterschied zu anderen betrieblichen Vermögensgegenständen wie Produkten, Dienstleistungen, Mitarbeitern, Markennamen, physischen oder monetären Werten, wird die Bedeutung von Geschäftsprozessen erst seit kurzer Zeit entsprechend gewürdigt. Trotz der Tatsache, dass Prozesse die Lebensadern von Betrieben darstellen, haben sie erst zum Ende des 20. Jahrhunderts die gebührende Aufmerksamkeit auf der Vorstandsebene und in wichtigen Entscheidungsprozessen erhalten.

Die wachsenden Herausforderungen der Globalisierung, Integration, Standardisierung, Innovation, Agilität und operative Effizienz einerseits und die neuen Möglichkeiten der Digitalisierung andererseits haben die Begierde geweckt, Prozesse nicht nur zu verbessern, sondern auch gänzlich neuartige Prozesse zu gestalten.

Dem trägt der umfassende Fundus an Werkzeugen, Techniken, Ansätzen und Methoden Rechnung, der sich in den vergangenen zwei Jahrzehnten entwickelt hat und die verschiedenen Phasen des Geschäftsprozesslebenszyklus unterstützt. Dieser wird in seiner Gesamtheit als Geschäftsprozessmanagement bezeichnet und umfasst eine Vielzahl von Konzepten aus verschiedenen Disziplinen wie Produktionswirtschaft, Qualitätsmanagement, Personalwirtschaft, Unternehmensführung, Informatik und Systementwicklung.

Das Buch *Grundlagen des Geschäftsprozessmanagements* stellt sich der Herausforderung, das aktuelle Spektrum an Methoden und Werkzeugen aus diesem Bereich prägnant und eingänglich zusammenzufassen. Es gelingt dem Buch, diese Ansätze zu ordnen und konsistent darzustellen, die sonst oft isoliert betrachtet und eingesetzt werden. Es zeichnet sich dadurch aus, dass es auf den soliden Fundamenten der neusten Forschungsergebnisse aufbaut. Damit profitiert der Leser von wissenschaftlich bestätigten Ansätzen, anstatt nur auf Überzeugungen bauen zu müssen. Auf diese Weise differenziert sich dieses dringend benötigte Werk klar von vielen seiner Vorgänger. Insbesondere vermittelt es dem Geschäftsprozessmanagement die Glaubwürdigkeit, die eine immer noch wachsende Disziplin bedarf.

Das Buch ist selbst auch ein Paradebeispiel für die wachsende Bedeutung einer neuen Art von Prozessen, und zwar international verteilte, komplexe und flexible Geschäftsprozesse. In diesem Fall ist es der Entstehungsprozess eines Buches in Zusammenarbeit von vier Autoren aus vier verschiedenen Ländern. Die Gruppe hat diese Herausforderung brillant gemeistert und das Ergebnis ist eine beeindruckende Zusammenstellung der individuellen Stärken eines jeden Autors, die auf einem gemeinsamen Verständnis der wichtigsten Grundlagen des Geschäftsprozessmanagements und einer gemeinsamen Leidenschaft für das Thema fußt.

Es ist keine Überraschung, dass die erste englischsprachige Auflage des Buches eine solche Resonanz und weltweiten Anklang gefunden hat. Die vielen Hundert Bildungseinrichtungen, die das Buch in der Lehre einsetzen, und die mehr als Zehntausend Studierende und Praktiker, die an den Onlinekursen teilgenommen haben, sind der Beweis sowohl für den wachsenden Ausbildungsbedarf im Bereich Geschäftsprozessmanagement, als auch für die pädagogische Qualität des Buchs.

Während der Reifegrad des Felds weiter wächst, ist eine zweite Auflage, die hiermit nun auch auf Deutsch vorliegt, sehr willkommen. Die zweite Auflage bietet einen deutlich erweiterten Umfang und eine vertiefte Abhandlung zu den Themen Prozessarchitektur, Prozesserfassung, Prozessinnovation, Prozessanalyse, strategische Ausrichtung und prozessorientierte Unternehmensführung. All dies sind essentielle Bestandteile eines nachhaltigen Programms für das Geschäftsprozessmanagement.

Ich habe keinen Zweifel, dass die zweite Auflage einen wesentlichen Beitrag zur Fortentwicklung des Werkzeugkastens, und vielmehr noch der Denkweisen, von heutigen und zukünftigen Generationen von Prozessanalysten leisten wird. Das Buch wird damit weiterhin das Standardwerk für all jene sein, die die faszinierende Welt des Geschäftsprozessmanagements kennenlernen und durchdringen möchten.

Brisbane, Australien   Michael Rosemann
Dezember 2020

Vorwort

„Meistern Sie die Grundlagen und das Niveau von allem, was Sie tun, wird sich verbessern."
Michael Jordan (1963–)

Vor mehr als zehn Jahren haben wir uns entschieden, ein Lehrbuch zum Thema Geschäftsprozessmanagement (engl.: business process management (BPM)) zu schreiben. Seitdem ist BPM wichtiger denn je. Unternehmen auf der ganzen Welt führen BPM-Initiativen durch mit dem Ziel, ihre Wettbewerber hinter sich zu lassen oder die Anforderungen von Regulierungsbehörden zu erfüllen. Gleichzeitig bringt eine lebendige Forschungsgemeinschaft die Disziplin voran: Ihrem Repertoire fügen Informatiker, Betriebswirtschaftler und Ingenieure ständig neue Elemente hinzu, die von Praktikern eifrig aufgenommen werden. Wir waren der Meinung, dass ein Lehrbuch, welches das breite Spektrum des Themas abdeckt, uns helfen würde, diese faszinierenden Konzepte, Methoden und Technologien des BPM an unseren Universitäten zu unterrichten. Darüber hinaus hofften wir, dass ein Lehrbuch über BPM auch ein breiteres Publikum jenseits der Studierenden in unseren eigenen Hörsälen erreichen würde.

Als die englischsprachige erste Auflage des Buches Anfang 2013 erschien, wurde uns klar, dass unser Lehrbuch eine ungesättigte Nachfrage bediente. Das Buch wurde schnell zur Grundlage für BPM-Kurse an rund 200 Universitäten auf allen Kontinenten. Dozenten auf der ganzen Welt haben uns kontaktiert, um das Material zu diskutieren. Daraus hat sich eine Gemeinschaft von BPM-Dozenten entwickelt. Wir reisten selbst zu verschiedenen Institutionen, um auf der Grundlage des Buches Gastvorträge zu halten, und traten von Zeit zu Zeit auch in die Unternehmenswelt ein, um das BPM-Evangelium zu predigen. Die Nachfrage war so groß, dass wir uns gezwungen sahen, einen Massive-Open-Online-Kurs (MOOC) auf Basis des Lehrbuchs zu erstellen. Diesen Kurs besuchten über 7500 Teilnehmer allein bei der ersten Durchführung und über 25.000 insgesamt. Damit schien im gewissen Sinne unsere Mission erfüllt zu sein. Aber andererseits wussten wir, dass das nicht der Fall war.

Denn schließlich ist BPM ein disziplinübergreifendes Feld, das sich ständig weiterentwickelt. Die Grenzen dessen, was wir früher als Grundlagen der Disziplin betrachteten, haben sich in den fünf Jahren seit Erscheinen der ersten Ausgabe unseres Buches verschoben. Auf der positiven Seite können wir die Entstehung neuer Methoden, die Entwicklung wichtiger Standards und die zunehmende Reife von BPM-Technologie beobachten. Wir sehen jedoch auch, wie schwierig es einigen Organisationen fällt, BPM erfolgreich anzuwenden, was sich anhand einer Reihe von gescheiterten BPM-Projekten ablesen lässt. Mit anderen Worten, es war an der Zeit, unser Buch auf den neuesten Stand zu bringen, um solche Entwicklungen und Erkenntnisse zu reflektieren. Das Ergebnis unserer Bemühungen in dieser Richtung ist die zweite Auflage, die nun erstmalig auch auf Deutsch vorliegt.

Im Vergleich zur ersten Auflage des Buches enthält die neue Auflage eine Reihe von Erweiterungen und Verbesserungen. Dazu gehören folgende Punkte:

- Die Wurzeln des BPM werden ausführlicher diskutiert, insbesondere die Beziehung zum Konzept der Arbeitsteilung von Adam Smith.
- Das Design einer Prozessarchitektur und die Art und Weise, wie Leistungsmessung in eine solche Architektur integriert werden können, werden ausführlicher veranschaulicht.
- Wir haben die Vorstellung der Prozessmodellierung um die Modellierungsstandards CMMN und DMN erweitert.
- Wir haben die Abdeckung von Methoden zur Prozesserkennung und -modellierung erweitert.
- Zu dem breiten Spektrum an Prozessanalysetechniken, die bereits in der ersten Ausgabe vorgestellt wurden, haben wir Verschwendungsanalyse, Stakeholder-Analyse, Kapazitätsanalyse und die Methode des kritischen Pfads hinzugefügt.
- Die Behandlung von Verbesserungsmethoden wurde stark erweitert und deckt eine Reihe von alten und neuen Methoden ab, die in der vorherigen Ausgabe nicht behandelt wurden.
- Ein neues Kapitel wurde hinzugefügt, um einen Überblick über sowohl domänenspezifische (ERP, CRM) als auch domänenunabhängige prozessorientierte Informationssysteme zu geben.
- Der Überblick über die Techniken der Prozessüberwachung wurde grundlegend überarbeitet und erweitert, um die jüngsten Entwicklungen im Bereich des Prozess-Minings zu berücksichtigen.
- Ein neues Kapitel wurde hinzugefügt, um BPM als Unternehmensfunktion einzuführen. Dieses Kapitel erweitert den Umfang des Buches um Themen wie die strategische Ausrichtung und Steuerung von BPM-Initiativen.

Einige Dinge haben sich nicht geändert. Jedes Kapitel des Lehrbuchs enthält nach wie vor eine Reihe ausgearbeiteter Beispiele und Übungen. Einige dieser Übungen sind über das gesamte Kapitel verteilt und sollen dem Leser helfen, anhand von konkreten Szenarien die Konzepte und Techniken des Kapitels schrittweise anzuwenden. Für diese Übungen innerhalb des Kapitels finden sich am Kapitelende Beispiellösungen. Jedes Kapitel schließt mit einer Reihe weiterer Übungen, für die keine Lösungen abgedruckt sind. Dozenten können diese letzteren Übungen für Klausuraufgaben verwenden.

Der Leser wird auch bemerken, dass die meisten Kapitel hervorgehobene Info-Boxen enthalten, die ergänzende Einblicke in ein bestimmtes Thema bieten. Diese Boxen bieten Zusatzinformationen zum eigentlichen Fluss des Buches und können von Lesern übersprungen werden, die sich auf die wesentlichen Konzepte konzentrieren wollen. Jedes Kapitel schließt mit einem Abschnitt zu weiterführender Literatur ab, welcher Lesern Hinweise für eine vertiefende Lektüre bietet.

Darüber hinaus gibt es weiterhin unsere Website, deren Hauptziel darin besteht, Kursmaterialien verfügbar zu machen: http://fundamentals-of-bpm.org. Die Website enthält Folien, Vorlesungsaufzeichnungen, Beispielprüfungen, Links zu verwandten Ressourcen und zusätzliche Übungen. Der interessierte Leser kann auf der Website auch eine Liste von Institutionen finden, in denen das Buch im Unterricht verwendet wird. Es gibt eine aktive Gemeinschaft von Dozenten, die das Buch nutzen und ihre Erkenntnisse regelmäßig über ein Nachrichtenforum austauschen. Neue Dozenten, die dieses Buch in ihren Veranstaltungen einsetzen, können dieser Gemeinschaft beitreten. Durch den Beitritt zur Gemeinschaft erhalten sie Zugang zu einer Fülle von exklusiven Materialien, die nur für Dozenten bereitstehen.

Dieses Buch basiert auf der Arbeit vieler unserer Kollegen im BPM-Bereich. Wir möchten uns bedanken bei Han van der Aa, Adriano Augusto, Thomas Baier, Saimir Bala, Wasana Bandara, Alistair Barros, Anne Baumgraß, Boualem Benatallah, Jan vom Brocke, Cristina Cabanillas, Fabio Casati, Raffaele Conforti, Claudio Di Ciccio, Gero Decker, Remco Dijkman, Boudewijn van Dongen, Dirk Fahland, Avigdor Gal, Paul Harmon, Arthur ter Hofstede, Henrik Leopold, Fabrizio Maria Maggi, Monika Malinova, Fredrik Milani, Michael zur Muehlen, Markus Nüttgens, Fabian Pittke, Johannes Prescher, Artem Polyvyanyy, Manfred Reichert, Jan Recker, Stefanie Rinderle-Ma, Michael Rosemann, Stefan Schönig, Matthias Schrepfer, Priya Seetharaman, Sergey Smirnov, Andreas Solti, Lucineia Heloisa Thom, Peter Trkman, Irene Vanderfeesten, Barbara Weber, Ingo Weber, Matthias Weidlich, Mathias Weske und J. Leon Zhao, die alle konstruktives Feedback zu Entwürfen früherer Versionen dieses Buches gegeben haben oder uns auf andere Weise inspirierten. Darüber hinaus gilt der Dank den Übersetzern Thomas Grisold, Steven Groß und Bastian Wurm, die gemeinsam mit Jan Mendling und unterstützt von Ilse Dietlinde Kondert, Katharina Disselbacher-Kollmann, Lucia Wieger und Julia Landgraf diese deutsche Übersetzung verfasst haben. Zu guter Letzt sind wir den zahlreichen Dozenten und Studierenden dankbar, die uns auf Errata in der ersten Auflage aufmerksam gemacht haben und nützliche Anregungen gegeben haben. Unser besonderer Dank geht an Ahmad Alturki, Anis Charfi, Dave Chatterjee, Manfred Jeusfeld, Worarat Krathu, Ann Majchrzak, Shane Tomblin, Phoebe Tsai, Inge van de Weerd und Chris Zimmer.

Tartu, Estland   Marlon Dumas
Melbourne, Australien   Marcello La Rosa
Wien, Österreich   Jan Mendling
Utrecht, Niederlande   Hajo A. Reijers
Dezember 2020

Vorwort zur deutschen Ausgabe

Die *Fundamentals of Business Process Management* wurden 2013 erstmals veröffentlicht und liegen in der englischen Originalausgabe in zweiter Auflage vor. Von den vielen Universitäten und Hochschulen, die das Buch in der Lehre einsetzen, liegen Dutzende im deutschsprachigen Raum. Das Thema Prozessmanagement ist in der Tat in der deutschen Betriebswirtschaftslehre und Wirtschaftsinformatik tief verwurzelt. Entsprechend hoch ist das Interesse und der Bedarf nach einer deutschen Ausgabe. Tatsächlich ist dies nicht das erste Übersetzungsprojekt. Die *Fundamentals of Business Process Management* liegen bereits in einer griechischen, persischen und spanischen Übersetzung vor und weitere Übersetzungsprojekte ins Chinesische, Indonesische, Italienische und Slowenische befinden sich aktuell in der Umsetzung.

Die größte Herausforderung einer solchen Übersetzung ist die sinnvolle Festlegung von Begriffen, die bis dato lediglich im Englischen definiert wurden. Wir haben wo es geht Begriffe gewählt, die sich insbesondere an dem Standardwerk *Wirtschaftsinformatik* von Hansen, Mendling, Neumann [66] sowie dem BPMN-Poster der Berliner BPM-Offensive[1] anlehnen. Neben klassischen Onlinewörterbüchern haben wir ebenfalls vereinzelt auf die Funktionalität von Wikipedia zurückgegriffen, für einen englischsprachigen Fachartikel auf die deutsche Seite des gleichen Begriffs zu wechseln. Oft hat dieses Vorgehen nicht gereicht und wir haben selbst deutsche Bezeichnungen entwickeln müssen.

Ein interessanter Nebeneffekt der Übersetzungsarbeit ist, dass wir eine Reihe von Errata gefunden haben, die bis dato nicht bekannt waren. So wurde versehentlich ein ganzer Abschnitt in Kapitel 12 des englischen Originals auskommentiert. In der Übersetzung ist dieser Abschnitt wieder eingefügt worden. Insofern profitiert auch die Originalausgabe von dieser Übersetzungsarbeit, wenn auch erst deren nächste Auflage.

Auch für die deutsche Übersetzung werden wir auf der bekannten Webseite http://fundamentals-of-bpm.org weitere Materialien zur Verfugung stellen, insbesondere Folien und Grafiken. Wir laden alle Dozenten ein, sich mit einer Nachricht an die E-Mailadresse bpmtextbook@lists.ut.ee zu registrieren und exklusiven Zugang zu Musterlösungen und

---

[1]http://bpmb.de/index.php/BPMNPoster

Übungsaufgaben zu erhalten. Bitte schreiben Sie uns unter der Angabe eines Links, auf dem erkenntlich ist, dass Sie an einer Universität, Hochschule oder anderen Bildungseinrichtung arbeiten.

Zuletzt möchten wir Ilse Dietlinde Kondert, Katharina Disselbacher-Kollmann und Julia Landgraf für die großartige Unterstützung bei der Übersetzung danken. Ilse Dietlinde Kondert hat die Maschinenübersetzungen gewissenhaft nach LATEX überführt und sowohl Katharina Disselbacher-Kollmann und Julia Landgraf haben Teile des Textentwurfs aufmerksam Korrektur gelesen.

Vaduz, Liechtenstein   Thomas Grisold
Wien, Österreich   Steven Groß
Dezember 2020   Jan Mendling
                                                                Bastian Wurm

Inhaltsverzeichnis

Abbildungsverzeichnis

Tabellenverzeichnis

Einführung in das Geschäftsprozessmanagement 1

„Ab ovo usque ad mala.“

Horaz (65 v. Chr.–8 v. Chr.)

Geschäftsprozessmanagement *(engl.: business process management (BPM))* ist die Kunst und Wissenschaft, die Arbeit in einer Organisation so zu gestalten, dass konsistente Ergebnisse sichergestellt und Verbesserungspotenziale genutzt werden. In diesem Zusammenhang kann der Begriff „Verbesserung" in Abhängigkeit von den Zielen der Organisation unterschiedliche Bedeutungen haben. Typische Beispiele für Verbesserungsziele sind die Reduzierung von Kosten, die Reduzierung von Ausführungszeiten und die Reduzierung von Fehlerraten, aber auch die Erzielung von Wettbewerbsvorteilen durch Innovation. Verbesserungsinitiativen können einmalig oder kontinuierlich sein, sie können inkrementell oder radikal sein. Wichtig ist, dass solche Verbesserungen nicht nur auf einzelne Aktivitäten abzielen. Es geht vielmehr darum, ganze Ketten von Ereignissen, Aktivitäten und Entscheidungen zu gestalten, die letztendlich der Organisation und ihren Kunden einen Mehrwert bieten. Diese Ketten von Ereignissen, Aktivitäten und Entscheidungen werden Prozesse genannt.

In diesem Kapitel stellen wir die wesentlichen Konzepte des BPM vor. Wir beginnen mit einer Beschreibung typischer Prozesse, die in modernen Organisationen zu finden sind. Danach besprechen wir die grundlegenden Bestandteile eines Geschäftsprozesses und definieren, was genau unter Geschäftsprozessen und BPM zu verstehen ist. Um BPM in seinem größeren Zusammenhang zu verstehen, geben wir einen Überblick über die historische Entwicklung der Disziplin. Abschließend diskutieren wir, wie eine BPM-Initiative in einer Organisation typischerweise aufgesetzt wird. Diese Diskussion führt uns zur Definition des *BPM-Lebenszyklus*, welchen wir zur Strukturierung dieses Buchs gebrauchen.

© Springer-Verlag GmbH Deutschland, ein Teil von Springer Nature 2021
M. Dumas et al., *Grundlagen des Geschäftsprozessmanagements*,
https://doi.org/10.1007/978-3-662-58736-2_1

1.1   Prozesse sind überall

Sämtliche Organisationen – seien es Behörden, Non-Profit-Organisationen oder Unternehmen – besitzen eine Reihe von Prozessen. Typische Beispiele für Prozesse, die in den meisten Organisationen gefunden werden können, sind:

- Auftrag-bis-Zahlungseingang *(engl.: order-to-cash)*: Hierbei handelt es sich um einen Prozess, der von einem Lieferanten ausgeführt wird. Er beginnt, wenn ein Kunde Produkte oder Dienstleistungen bestellt, und endet, wenn diese bereitgestellt wurden und der Kunde die entsprechende Zahlung geleistet hat. Ein Auftrag-bis-Zahlungseingang-Prozess umfasst Aktivitäten wie die Bestellungsüberprüfung, die Lieferung oder Bereitstellung, die Rechnungsstellung, den Zahlungseingang und die Bestätigung.
- Angebot-bis-Auftrag *(engl.: quote-to-order)*: Dieser Prozess geht normalerweise einem Auftrag-bis-Zahlungseingang-Prozess voraus. Er beginnt, wenn Lieferanten eine Angebotsanfrage von einem Kunden erhalten, und endet, wenn dieser eine Bestellung auf der Grundlage des erhaltenen Angebots aufgibt. Der Auftrag-bis-Zahlungseingang-Prozess übernimmt die weiteren Schritte von diesem Punkt an. Die Kombination aus einem Angebot-bis-Auftrag- und dem entsprechenden Auftrag-bis-Zahlungseingang-Prozess wird als *Angebot-bis-Zahlungseingang*-Prozess bezeichnet.
- Bestellung-bis-Bezahlung *(engl.: procure-to-pay)*: Dieser Prozess beginnt, wenn jemand in einer Organisation feststellt, dass ein bestimmtes Produkt oder eine bestimmte Dienstleistung erworben werden muss. Er endet, wenn das Produkt oder die Dienstleistung geliefert und bezahlt wurde. Ein Bestellung-bis-Bezahlung-Prozess umfasst Aktivitäten wie das Einholen von Angeboten, die Genehmigung des Kaufs, die Auswahl eines Lieferanten, die Erteilung einer Bestellung, den Erhalt der Waren oder Dienstleistung und das Bezahlen der Rechnung. Ein Bestellung-bis-Bezahlung-Prozess kann als Gegenstück zum Auftrag-bis-Zahlungseingang-Prozess angesehen werden. Für jeden Bestellung-bis-Bezahlung-Prozess gibt es auf Lieferantenseite einen entsprechenden Auftrag-bis-Zahlungseingang-Prozess.
- Problem-bis-Lösung *(engl.: issue-to-resolution)*: Diese Art von Prozess beginnt, wenn ein Kunde ein Problem feststellt, z. B. einen Fehler in einem Produkt oder ein Problem, welches bei der Inanspruchnahme einer Dienstleistung aufgetreten ist. Der Prozess umfasst verschiedene Problemlösungsaktivitäten bis der Kunde, der Lieferant oder vorzugsweise beide der Meinung sind, dass das Problem gelöst wurde. Eine Variante dieses Prozesses gibt es bei Versicherungsunternehmen, welche die Ansprüche aus Schadensfällen regulieren. Diese Variante wird Schaden-bis-Regulierung *(engl.: claim-to-resolution)* genannt.
- Antrag-bis-Bestätigung *(engl.: application-to-approval)*: Diese Art von Prozess beginnt, wenn jemand eine Zuwendung oder Genehmigung beantragt, und endet, wenn diese bewilligt wird oder nicht. Solche Prozesse findet man häufig in Behörden, beispielsweise wenn Bürger eine Baugenehmigung beantragen oder Unternehmer ein Gewerbe anmelden (z. B. um ein Restaurant zu eröffnen). Ein weiterer Prozess, der in diese Kategorie

fällt, ist der Zulassungsprozess an einer Universität, der beginnt, wenn sich Studierende für die Zulassung zu einem Studiengang bewerben. Ein weiteres Beispiel ist der Prozess der Genehmigung von Urlaubs- oder Sonderurlaubsanträgen in einem Unternehmen.

Wie die obigen Beispiele zeigen, sind Geschäftsprozesse genau das, was Unternehmen tun, wenn sie ihren Kunden eine Dienstleistung oder ein Produkt bereitstellen. Die Art und Weise, wie Prozesse gestaltet und durchgeführt werden, wirkt sich sowohl auf die von den Kunden wahrgenommene Qualität als auch auf die Effizienz der Leistungserbringung aus. Ein Unternehmen kann gegenüber einem anderen einen Wettbewerbsvorteil erlangen, wenn es über besser definierte Prozesse verfügt und diese besser ausführt. Dies gilt nicht nur für kundenorientierte Prozesse, sondern auch für interne Prozesse wie den Bestellung-bis-Bezahlung-Prozess, der zur Erfüllung eines internen Bedarfs durchgeführt wird.

In diesem Buch werden wir einen konkreten Bestellprozesses als Beispiel verwenden: den Prozess des Anmietens von Baumaschinen.

Beispiel 1.1 Das Anmieten von Baumaschinen bei BuildIT.

BuildIT ist ein Bauunternehmen, das auf öffentliche Arbeiten wie Straßen, Brücken, Pipelines, Tunnel und Eisenbahnen spezialisiert ist. Bei BuildIT kommt es häufig vor, dass Bauingenieure für ihre Baustellen Baumaschinen wie Lastwagen, Bagger, Bulldozer, Wasserpumpen usw. benötigen. BuildIT besitzt sehr wenige eigene Baumaschinen. Stattdessen werden die meiste Baumaschinen von spezialisierten Lieferanten gemietet.

Der Geschäftsprozess für das Mieten von Ausrüstung läuft wie folgt ab: Wenn Bauingenieure eine Baumaschine mieten müssen, füllen sie das Formular „Mietanfrage für Baumaschine" aus und senden es per E-Mail an einen der Sachbearbeiter im Depot des Unternehmens. Der Sachbearbeiter im Depot wählt aus den Katalogen der Lieferanten die kostengünstigste Baumaschine aus, welche der Anfrage entspricht. Anschließend prüft der Sachbearbeiter die Verfügbarkeit der ausgewählten Baumaschine per Telefon oder E-Mail beim Lieferanten. Manchmal ist die ausgewählte Option nicht verfügbar. In diesen Fällen muss der Sachbearbeiter eine alternative Baumaschine auswählen und dessen Verfügbarkeit beim entsprechenden Lieferanten überprüfen.

Nachdem er eine geeignete und verfügbare Baumaschine gefunden hat, ergänzt der Sachbearbeiter die entsprechenden Details in der Mietanfrage. Jede Mietanfrage muss von einem Arbeitsingenieur genehmigt werden, der auch im Depot arbeitet. In einigen Fällen lehnt der Arbeitsingenieur die Mietanfrage ab. Einige Ablehnungen führen zum Abbruch der Anfrage, d. h. es wird überhaupt keine Baumaschine gemietet. Andere Ablehnungen werden behoben, indem die ausgewählte Baumaschine durch eine andere ersetzt wird, beispielsweise durch eine billigere oder besser geeignetere. In diesem Fall muss der Sachbearbeiter eine weitere Verfügbarkeitsanfrage stellen.

Wenn ein Arbeitsingenieur eine Mietanfrage genehmigt, sendet der Sachbearbeiter eine Bestätigung an den Lieferanten. Diese Bestätigung enthält eine Bestellung zum Mieten der Baumaschine. Die Bestellung wird vom Finanzinformationssystem von BuildIT anhand der vom Sachbearbeiter eingegebenen Informationen erstellt. Der Sachbearbeiter trägt die Miete in eine Kalkulationstabelle ein, in der alle laufenden Mietvereinbarungen dokumentiert werden.

Während dieser Schritte kann der Bauleiter jederzeit entscheiden, dass die Baumaschine nicht mehr benötigt wird. In diesem Fall bittet er den Sachbearbeiter, die Mietanfrage für die Baumaschine zu stornieren.

Zu gegebener Zeit liefert der Lieferant die gemietete Baumaschine an die Baustelle aus. Als erstes inspiziert der Bauleiter die Baumaschine. Wenn alles in Ordnung ist, akzeptiert er die Übernahme und nimmt die Baumaschine in Betrieb. In einigen Fällen wird die Baumaschine zurückgeschickt, da sie nicht den Anforderungen des Bauleiters entspricht. In diesem Fall muss der Bauleiter den Vermietungsprozess erneut beginnen.

Nach Ablauf der Mietdauer holt der Lieferant die Baumaschine wieder ab. Manchmal bittet der Bauleiter um eine Verlängerung der Miete, indem er den Anbieter ein bis zwei Tage vor der Abholung per E-Mail oder Telefon kontaktiert. Der Lieferant kann diese Anfrage annehmen oder ablehnen.

Einige Tage nach Abholung der Baumaschine sendet der Lieferant eine E-Mail an den Sachbearbeiter. An diesem Punkt bittet der Sachbearbeiter den Bauleiter zu bestätigen, dass die Baumaschine tatsächlich für den in der Rechnung angegebenen Zeitraum gemietet wurde. Der Sachbearbeiter prüft auch, ob die in der Rechnung angegebenen Mietpreise mit denen in der Bestellung übereinstimmen. Nach diesen Prüfungen leitet der Sachbearbeiter die Rechnung an die Finanzabteilung weiter. Die Finanzabteilung bezahlt schließlich die Rechnung.

□

1.2   Bestandteile von Geschäftsprozessen

Das BuildIT-Beispiel im vorherigen Abschnitt zeigt, dass ein Geschäftsprozess eine Anzahl von Ereignissen und Aktivitäten umfasst. Ereignisse *(engl.: events)* entsprechen Vorgängen, die atomar geschehen, was bedeutet, dass sie keine Dauer haben. Die Lieferung einer Baumaschine auf eine Baustelle ist ein Ereignis. Dieses Ereignis kann die Ausführung einer Reihe von Aktivitäten *(engl.: activities)* auslösen. Wenn zum Beispiel eine Baumaschine geliefert wird, inspiziert der Bauingenieur sie. Diese Inspektion ist eine Aktivität, da sie im Unterschied zu Ereignissen Zeit verbraucht.

Wenn eine Aktivität elementar ist und als eine einzelne Arbeitseinheit betrachtet werden kann, nennen wir sie eine Aufgabe *(engl.: task)*. Wenn zum Beispiel die Baumaschinenprüfung als elementar betrachtet werden kann (das ist die Überprüfung, ob die erhaltene Baumaschine der bestellten entspricht), bezeichnen wir die Baumaschinenprüfung als eine Aufgabe. Wenn andererseits die Baumaschinenprüfung mehrere Überprüfungen beinhaltet (beispielsweise ob die Baumaschine der Spezifikation in der Bestellung entspricht, die Funktionsfähigkeit überprüft wird und auch, ob sie mit dem erforderlichen Zubehör und den Sicherheitsvorrichtungen geliefert wird), sprechen wir von einer Aktivität und nicht von einer Aufgabe. Mit anderen Worten, der Begriff Aufgabe bezieht sich auf eine elementare Arbeitseinheit, die von einem einzelnen Prozessbeteiligten ausgeführt wird, während der Begriff Aktivität verwendet wird, um sowohl elementare als auch umfassendere Arbeitseinheiten zu bezeichnen.

Neben Ereignissen und Aktivitäten umfasst ein typischer Prozess Entscheidungspunkte (*engl.: decision points*). Dies sind Zeitpunkte im Prozess, zu denen eine Entscheidung getroffen wird, welche die Art und Weise beeinflussen, in der der Prozess ausgeführt wird. Als ein Ergebnis der Inspektion kann der Bauingenieur beispielsweise entscheiden, dass die Ausrüstung zurückgegeben oder die Ausrüstung akzeptiert werden soll. Diese Entscheidung beeinflusst, was später im Prozess passiert.

Ein Prozess besteht zudem aus:

- Akteuren (*engl.: actor*), einschließlich menschlicher Akteure, Organisationen oder Softwaresysteme, die im Namen menschlicher Akteure oder Organisationen handeln,
- Geschäftsobjekten (*engl.: business objects*) wie z. B. Geräte, Materialien, Produkte, Papierdokumente,
- Informationsobjekte (*engl.: information objects*), wie z. B. elektronische Dokumente und elektronische Aufzeichnungen.

An der Vermietung von Baumaschinen sind beispielsweise drei menschliche Akteure (Sachbearbeiter, Bauingenieur und Arbeitsingenieur) und zwei organisatorische Akteure (BuildIT und der Lieferant) beteiligt. Der Prozess umfasst zudem ein physisches Objekt (die gemietete Baumaschine), elektronische Dokumente (Mietanfragen, Bestellungen, Rechnungen) und elektronische Aufzeichnungen (in einer Tabelle gespeicherte Mietsätze).

Akteure können intern oder extern sein. Die internen Akteure sind diejenigen, die in der Organisation tätig sind, in der der Prozess ausgeführt wird. Diese Akteure heißen *Prozessbeteiligte*. Im vorliegenden Beispiel sind der Sachbearbeiter, der Bauleiter und der Arbeitsingenieur Prozessbeteiligte. Externe Akteure sind außerhalb der Organisation tätig, in welcher der Prozess ausgeführt wird. Bei dem Ausrüstungslieferanten handelt es sich beispielsweise um einen externen Akteur.

Schließlich führt die Ausführung eines Prozesses zu einem oder mehreren Ergebnissen (*engl.: outcome*). Zum Beispiel führt der Vermietungsprozess von Baumaschinen dazu, dass eine Maschine von BuildIT verwendet wird und dass eine Zahlung an den Lieferanten der Baumaschine geleistet wird. Im Idealfall sollte ein Ergebnis für die am Prozess beteiligten Akteure einen Mehrwert darstellen, in diesem Beispiel für BuildIT und den Lieferanten. In einigen Fällen wird dieser Mehrwert nicht oder nur teilweise erreicht. Wenn zum Beispiel eine Baumaschine zurückgegeben wird, wird weder von BuildIT noch vom Lieferanten ein Mehrwert erzielt. Dies entspricht einem *negativen Ergebnis,* im Gegensatz zu einem *positiven Ergebnis,* das den beteiligten Akteuren einen Mehrwert bietet.

Unter den an einem Prozess beteiligten Akteuren wird derjenige, der die Leistung erhält, als *Kunde* bezeichnet. Im obigen Prozess ist der Kunde der Bauingenieur, da er die gemietete Baumaschine verwendet. Der Bauingenieur ist unzufrieden, wenn das Ergebnis des Prozesses unbefriedigend ist (negatives Ergebnis) oder wenn die Ausführung des Prozesses verzögert wird. In diesem Beispiel ist der Kunde ein Mitarbeiter der Organisation (interner Kunde). In anderen Prozessen, z. B. beim Auftrag-bis-Zahlungseingang-Prozess, befindet sich der Kunde außerhalb der Organisation. Manchmal gibt es mehrere Kunden für einen Prozess. In einem Prozess zum Verkauf eines Hauses gibt es beispielsweise einen Käufer, einen Verkäufer, einen Immobilienmakler, einen oder mehrere Hypothekengeber und mindestens einen Notar. Das Ergebnis des Prozesses ist eine Verkaufstransaktion. Dieses Ergebnis bietet sowohl dem Käufer, der das Haus erhält, als auch dem Verkäufer, der das Haus verkauft, einen Mehrwert. Daher sind sowohl Käufer als auch Verkäufer Kunden in diesem Prozess, während die übrigen Akteure verschiedene Dienstleistungen erbringen.

Übung 1.1 Betrachten Sie den folgenden Prozess der Zulassung zum Studium an einer Universität.

Um sich für die Zulassung zu bewerben, muss zunächst ein Online-Formular ausgefüllt werden. Online-Bewerbungen werden in einem Informationssystem erfasst, auf das alle am Zulassungsprozess beteiligten Mitarbeiter Zugriff haben. Nachdem der Antragssteller das Online-Formular abgeschickt hat, wird ein PDF-Dokument erstellt, und er wird aufgefordert, es herunterzuladen, zu unterschreiben und per Post zusammen mit den erforderlichen Dokumenten zu versenden. Dazu gehören:

- beglaubigte Kopien früherer Abschlüsse und akademischer Zeugnisse,
- Ergebnisse des Englisch-Sprachtests,
- Lebenslauf,
- zwei Referenzschreiben.

Wenn diese Dokumente bei der Zulassungsstelle eingehen, prüft ein Sachbearbeiter die Vollständigkeit der Dokumente. Wenn ein Dokument fehlt, wird eine E-Mail an den Antragssteller gesendet. Dieser muss die fehlenden Unterlagen per Post nachreichen. Wenn der Antrag vollständig ist, sendet die Zulassungsstelle die beglaubigten Abschriften der Abschlüsse an eine Agentur zur Prüfung akademischer Abschlüsse, welche die Zeugnisse auf Gültigkeit und Gleichwertigkeit mit lokalen Bildungsstandards überprüft. Diese Agentur verlangt, dass alle Dokumente per Post an sie gesendet werden und dass alle Dokumente beglaubigte Kopien der Originale sind. Die Agentur schickt ihre Bewertung ebenfalls per Post an die Universität zurück. Wenn die Überprüfung erfolgreich ist, werden die Testergebnisse in englischer Sprache online von einem Sachbearbeiter der Zulassungsstelle überprüft. Wenn die Gültigkeit des Abschlusses in englischer Sprache nicht überprüft werden kann, wird der Antrag abgelehnt (Benachrichtigungen über die Ablehnung werden per E-Mail gesendet).

Nachdem alle Dokumente des Antragstellers validiert wurden, leitet die Zulassungsstelle die Dokumente per Post an den zuständigen akademische Ausschuss weiter, welcher entscheidet, ob eine Zulassung angeboten wird oder nicht. Der Ausschuss entscheidet anhand der akademischen Grade und Zeugnisse, des Lebenslaufs und der Referenzbriefe. Der Ausschuss tritt alle drei Monate zusammen, um alle Anträge zu prüfen, die zum Zeitpunkt des Treffens zur akademischen Bewertung bereit sind.

Nach der Ausschusssitzung informiert der Ausschussvorsitzende die Zulassungsstelle über die Auswahlergebnisse. Diese Benachrichtigung enthält eine Liste der zugelassenen und abgelehnten Antragssteller. Einige Tage später benachrichtigt die Zulassungsstelle die Antragssteller per E-Mail über das Ergebnis. Erfolgreiche Antragssteller erhalten zusätzlich eine Bestätigung per Post.

Betrachten Sie mit Bezug auf diesen Prozess folgende Fragen:

1. Wer sind die Akteure in diesem Prozess?
2. Welche Akteure können in diesem Prozess als Kunden betrachtet werden?
3. Welchen Mehrwert hat der Prozess für seine Kunden?
4. Was sind die möglichen Ergebnisse dieses Prozesses?

Auf Grundlage dieser Überlegungen definieren wir einen Geschäftsprozess *(engl.: business process)* als die *Gesamtheit von zusammenhängenden Ereignissen, Aktivitäten und Entscheidungspunkten, an der eine Reihe von Akteuren und Objekten beteiligt sind, die gemeinsam zu einem Ergebnis führen, das für mindestens einen Kunden einen Mehrwert darstellt.* Abb. 1.1 zeigt die Bestandteile dieser Definition und ihre Beziehungen.

Mithilfe dieser Definition eines Geschäftsprozesses definieren wir Geschäftsprozessmanagement *(engl.: business process management (BPM))* als die *Gesamtheit von Methoden, Techniken und Werkzeugen zum Identifizieren, Erheben, Analysieren, Verbessern, Ausführen und Überwachen von Geschäftsprozessen, die das Ziel verfolgen, deren Leistung zu optimieren.* Diese Definition hebt hervor, dass Geschäftsprozesse im Mittelpunkt von BPM stehen. Dies spiegelt auch die Tatsache wider, dass BPM unterschiedliche Phasen und Aktivitäten

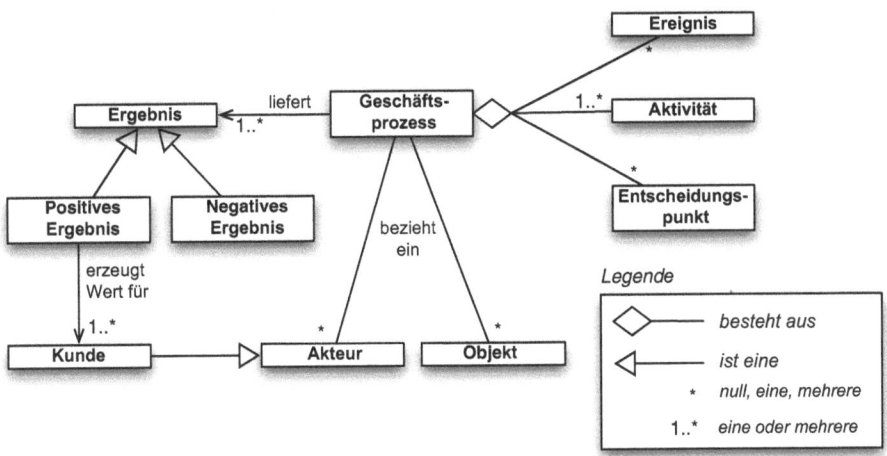

Abb. 1.1 Bestandteile eines Geschäftsprozesses

in den Lebenszyklus von Geschäftsprozessen einbezieht, wie wir später in diesem Kapitel besprechen werden.

Andere mit BPM verwandte Disziplinen betrachten Geschäftsprozesse aus unterschiedlichen Perspektiven, wie die Infobox „Verwandte Disziplinen" erläutert. Ein besonderes Merkmal von BPM ist die Verwendung von Prozessmodellen während des gesamten Lebenszyklus von Geschäftsprozessen. Dieses Buch trägt dem obigen Merkmal mit zwei Kapiteln Rechnung, die eigens der Prozessmodellierung gewidmet sind. Die meisten anderen Kapitel verwenden auf die eine oder andere Weise Prozessmodelle. In jedem Fall ist es wichtig zu betonen, dass mehrere Disziplinen das Ziel der Verbesserung von Geschäftsprozessen verfolgen, wir sollten jedoch pragmatisch bleiben und nicht eine Disziplin gegen die andere stellen, als wären sie Konkurrenten. Stattdessen wollen wir uns mit jeder jeweils passenden Technik befassen, die uns dabei hilft, Geschäftsprozesse zu verbessern, unabhängig davon, ob sie als Teil der BPM-Disziplin (im strengen Sinne) wahrgenommen wird oder nicht und unabhängig davon, ob sie Prozessmodelle verwenden oder nicht.

VERWANDTE DISZIPLINEN

BPM ist keineswegs die einzige Disziplin, die sich mit der Verbesserung der operativen Abläufe in Organisationen befasst. Im Folgenden stellen wir kurz einige verwandte Disziplinen vor und beschreiben Gemeinsamkeiten und Unterschiede zwischen diesen Disziplinen und BPM.

Total Quality Management (TQM) ist ein Ansatz, der BPM historisch vorausging und inspirierte. Der Fokus von TQM liegt auf der kontinuierlichen Verbesserung und Aufrechterhaltung der Qualität von Produkten und Dienstleistungen. Auf diese Weise ähnelt es BPM, welches die Notwendigkeit *kontinuierlicher* Verbesserungsmaßnahmen betont. Aber wo TQM den Schwerpunkt auf die Produkte und Dienstleistungen selbst legt, betont BPM, dass deren Qualität am besten erreicht werden kann, wenn man sich auf die Verbesserung der dahinterstehenden Prozesse konzentriert. Es sollte erwähnt werden, dass diese Sichtweise etwas umstritten ist, weil TQM-Experten BPM eher als eine der verschiedenen Praktiken sehen, die häufig in einem TQM-Programm eingesetzt werden. Weniger eine theoretische, als eine empirische Beobachtung ist, dass Anwendungen von TQM hauptsächlich in der Fertigung zu finden sind (dort wo Produkte greifbar sind), während BPM stärker in Dienstleistungsunternehmen eingesetzt wird.

Die Produktionswirtschaft ist ein Bereich, der sich mit der Steuerung *physischer* und *technischer* Prozesse eines Unternehmens oder einer Organisation befasst, insbesondere in Bezug auf Produktion und Fertigung. Wahrscheinlichkeitstheorie, Warteschlangenmodelle, Entscheidungsanalyse, mathematische Modellierung und Simulation sind wichtige Techniken zur Optimierung der Effizienz von Prozessen aus dieser Perspektive. Wie in Kap. 7 erläutert, sind solche Techniken auch im Rahmen von BPM-Initiativen nützlich. Der Unterschied zwischen der Produktionswirtschaft und BPM besteht darin, dass es der Produktionswirtschaft im Allgemeinen darum geht, einen bestehenden Prozess zu steuern, ohne ihn notwendigerweise zu ändern, während es dem BPM oft darum geht, Änderungen an einem bestehenden Prozess vorzunehmen, um ihn zu verbessern.

Lean ist eine Managementdisziplin, die aus der Fertigungsindustrie stammt, insbesondere aus dem *Toyota-Produktionssystem*. Eines der Hauptprinzipien von Lean ist die *Beseitigung von Verschwendung,* d.h. Aktivitäten, die keinen Mehrwert für den Kunden bringen, wie wir in Kap. 6 diskutieren werden. Die Kundenorientierung von Lean ähnelt der von BPM und viele der Prinzipien hinter Lean wurden von BPM übernommen. In diesem Sinne kann BPM als eine umfassendere Disziplin angesehen werden als Lean. Ein weiterer Unterschied besteht darin, dass BPM den Einsatz der Informationstechnologie als Werkzeug zur Verbesserung von Geschäftsprozessen sowie zu deren Konsistenz und Wiederholbarkeit verstärkt in den Vordergrund stellt.

Six Sigma umfasst verschiedene Techniken, die aus der Fertigung stammen, insbesondere aus den Produktionsverfahren bei Motorola. Das wichtigste Merkmal von Six Sigma ist sein Fokus auf die Minimierung von Fehlern. Six Sigma legt großen Wert auf die Messung der Leistung von Prozessen oder Aktivitäten, insbesondere in Bezug auf die Qualität. Six Sigma verlangt von Managern, die Auswirkungen von Verbesserungsinitiativen auf die Ergebnisse systematisch zu analysieren. In der Praxis wird Six Sigma nicht unbedingt allein, sondern in Verbindung mit anderen Ansätzen angewandt. Insbesondere ist es ein beliebter Ansatz, die Philosophie von Lean mit den Techniken von Six Sigma zu verbinden, was zu einem Ansatz führt, der als *Lean-Six-Sigma-Methode* bekannt ist. Heutzutage werden viele der Techniken von Six Sigma auch im BPM-Bereich eingesetzt. In Kap. 6 stellen wir einige Techniken der Geschäftsprozessanalyse vor, die von Six Sigma und BPM gemeinsam genutzt werden.

Zusammenfassend lässt sich sagen, dass BPM von der kontinuierlichen Verbesserungsphilosophie von TQM abgeleitet ist, die Prinzipien und Techniken von Produktionswirtschaft, Lean und Six Sigma umfasst und diese mit den Fähigkeiten moderner Informationstechnologie kombiniert, um Geschäftsprozesse optimal auf die Leistungsziele einer Organisation auszurichten.

1.3   Die Ursprünge des Geschäftsprozessmanagements

Im Folgenden betrachten wir die Vorläufer der BPM-Disziplin aus historischer Sicht. Wir beginnen mit dem Entstehen funktionaler Organisationen, diskutieren dann die Entstehung des Prozessdenkens und schließen mit den Errungenschaften und Misserfolgen der Neugestaltung von Geschäftsprozessen ab. Diese Diskussion bietet die Grundlage für die Definition des BPM-Lebenszyklus, den wir anschließend beschreiben.

1.3.1 Die funktionale Organisation

Die Grundidee von BPM ist es, sich bei der Gestaltung der Arbeit in einer Organisation auf Prozesse zu konzentrieren. Diese Idee erscheint auf den ersten Blick einfach und plausibel. Wenn man sich mit der Qualität bestimmter Produkte oder Dienstleistungen und mit der Geschwindigkeit, wie diese Kunden bereitgestellt werden, beschäftigt, sollten die Schritte berücksichtigt werden, die für deren Bereitstellung erforderlich sind. Es bedurfte jedoch mehrere Entwicklungsschritte, bis diese Idee zu einem integralen Bestandteil der Arbeitsstrukturen von Organisationen wurde. Abb. 1.2 gibt einen Überblick über einige historische Entwicklungen, die für BPM relevant sind.

In prähistorischen Zeiten lebten Menschen in kleinen Gruppen und versorgten sich selbst mithilfe der Herstellung eigener Lebensmittel, Werkzeuge und anderer Gegenstände. In solchen frühen Gesellschaften waren die Kunden und Produzenten einer bestimmten Ware oft dieselben Personen. In industrieller Hinsicht können wir sagen, dass die Menschen in dieser Zeit ihre eigenen Produktionsprozesse durchgeführt haben. Dementsprechend besaßen sie auch das Wissen, wie sie viele verschiedene Dinge produzieren können. Mit anderen Worten, sie waren Generalisten.

In der Antike begann sich diese auf Generalisten basierende Arbeitsstruktur gemeinsam mit dem Aufstieg von Städten und Stadtstaaten in eine Richtung zu entwickeln, die als eine mittlere Ebene der Spezialisierung bezeichnet werden kann. Die Menschen begannen sich auf die Kunst zu spezialisieren, eine bestimmte Art von Waren zu liefern, wie etwa Töpferwaren, oder eine bestimmte Art von Dienstleistung anzubieten, wie die Unterbringung von Reisenden. Diese weit verbreitete Entwicklung hin zu einer höheren Spezialisierung der Menschen mündete im Mittelalter in den Zünften der Handwerker. Diese Zünfte waren im Wesentlichen Gruppen von Kaufleuten und Handwerkern, die sich mit derselben wirtschaft-

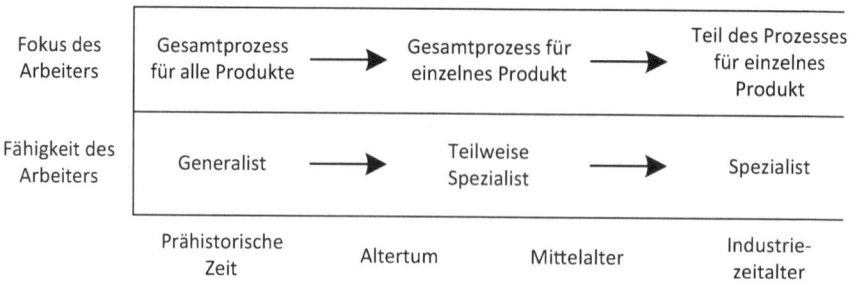

Abb. 1.2 Wie sich die Prozessperspektive im Laufe der Jahrhunderte entwickelte

lichen Tätigkeit befassten, wie Friseure, Schuhmacher, Maurer und Bildhauer. In dieser Zeit hatten Handwerker ein gutes Verständnis für den gesamten Prozess, an dem sie beteiligt waren, aber sie wussten wenig über die Prozesse, die die Waren oder Dienstleistungen hervorbrachten, die sie von anderen erhalten hatten.

Dieser höhere Spezialisierungsgrad der mittelalterlichen Gesellschaft verschob sich während der Industriellen Revolution weiter in Richtung einer reinen Spezialisierung. Ein Zeuge dieser Entwicklungen war Adam Smith (1723–1790), schottischer Ökonom und Philosoph, der vor allem durch sein Buch „Eine Untersuchung der Natur und der Ursachen des Wohlstands der Nationen" bekannt ist.[1] Dieses Buch behandelt unter anderem die *Arbeitsteilung*, die in einer Fabrik zur Herstellung von Stecknadeln verwendet wird. Während Smith die Arbeitsteilung betont, ist es tatsächlich die Gestaltung des Prozesses (was er als *Kombination* bezeichnet), welche zu der beeindruckenden Leistung der Fabrik beiträgt. Smith erklärt den Prozess der Stecknadelherstellung wie folgt:

> „Ein Mann zieht den Draht, ein anderer streckt ihn, ein Dritter schneidet ihn in Stücke, ein Vierter spitzt ihn zu, ein Fünfter schleift ihn am oberen Ende, wo der Kopf angesetzt wird; Die Verfertigung des Kopfes erfordert zwei oder drei verschiedene Verrichtungen; sein Ansetzen ist ein eigenes Geschäft, die Nadeln weiß zu glühen ein anderes; sogar das Einstecken der Nadeln in Papier bildet eine Arbeit für sich. Und so ist das wichtige Gewerbe, Stecknadeln zu machen, in ungefähr Achtzehn verschiedene Tätigkeiten geteilt, die in manchen Fabriken alle von verschiedenen Händen verrichtet werden, während in anderen manchmal derselbe Mann zwei oder drei verrichtet. Ich habe eine kleine Fabrik dieser Art gesehen, in der nur zehn Männer beschäftigt waren und manche daher zwei oder drei verschiedene Verrichtungen zu erfüllen hatten. [...] Jene zehn Personen konnten mithin zusammen täglich über acht und vierzig Tausend Nadeln machen. Jeder einzelne kann daher, da er den zehnten Teil von acht und vierzig Tausend Nadeln machte, als Verfertiger von vier Tausend acht Hundert Nadeln an einem Tage angesehen werden. Hätten sie jedoch alle einzeln und unabhängig voneinander gearbeitet und wäre keiner für sein besonderes Geschäft angelernt worden, so hätte gewiss keiner zwanzig, vielleicht nicht eine Nadel täglich machen können, d.h. nicht den zweihundertvierzigsten, vielleicht nicht den viertausend achthundersten Teil von dem, was sie jetzt infolge einer geeigneten Teilung und Verbindung ihrer verschiedenen Verrichtungen zu leisten imstande sind."

In der zweiten Hälfte des 19. Jahrhunderts bis zum Ersten Weltkrieg waren viele dieser kleinen Fabriken zu großen Konzernen herangewachsen. Ein Name, der untrennbar mit diesen Entwicklungen verbunden ist, ist der von Frederick W. Taylor (1856–1915), der eine Reihe von Prinzipien vorschlug, die in ihrer Gesamtheit als wissenschaftliches Management *(engl.: scientific management)* bezeichnet werden.[2] Ein Kernelement in Taylors Ansatz ist eine feingliedrige Form der Arbeitsteilung und der Arbeitsanalyse. Durch die minutiöse Untersuchung der Arbeitsaktivitäten, z. B. der einzelnen Schritte, die für die Herstellung von Roheisen in Stahlwerken erforderlich sind, entwickelte Taylor sehr detaillierte

---

[1]Das vollständige Buch ist verfügbar unter http://www.econlib.org/library/Smith/smWN.html. Hier zitiert ist die deutsche Übersetzung von https://books.google.at/books?id=HGfDDwAAQBAJ.

[2]Ein Auszug aus Taylors Buch „The Principles of Scientific Management" findet sich unter http://sourcebooks.fordham.edu/mod/1911taylor.asp.

Arbeitsanweisungen für einzelne Arbeiter. Jeder Arbeiter wird dabei nur für eine spezifische Arbeitsaufgabe im Produktionsprozess eingeteilt. Nicht nur in der Industrie, sondern auch im administrativen Bereich, wie z. B. Behörden, wurde das Konzept der Arbeitsteilung zu der dominierenden Form der Arbeitsorganisation. Das Ergebnis dieser Entwicklung war, dass die Mitarbeiter zu reinen Spezialisten wurden, die jeweils nur kleinteilige Aufgaben innerhalb eines Geschäftsprozesses ausführten.

Ein Nebeneffekt der Ideen von Taylor und seinen Zeitgenossen war die Entstehung einer völlig neuen Klasse von Mitarbeitern – der Klasse der *Manager*. Schließlich musste ja jemand die Produktivität der Arbeiter überwachen, die mit den einzelnen kleinteiligen Aufgaben eines Produktionsprozesses befasst waren. Manager waren dafür verantwortlich, die Produktivitätsziele der einzelnen Mitarbeiter festzulegen und sicherzustellen, dass diese erreicht wurden. Im Gegensatz zu den Handwerksmeistern der mittelalterlichen Zünfte, die einen solchen Rang nur auf der Grundlage eines von ihnen selbst hergestellten Meisterwerks erreichen konnten, sind Manager nicht unbedingt Experten für die Ausführung der von ihnen betreuten Arbeit. Ihr Hauptinteresse besteht darin, zu optimieren, wie eine Arbeit mit den ihnen zugewiesenen Ressourcen erledigt wird.

Mit dem Einführen von Managern wurden Organisationen nun nach den Prinzipien der Arbeitsteilung strukturiert. Die damit einhergehende Herausforderung war nun: Wie unterscheidet man die Verantwortlichkeiten all dieser Manager? Die Lösung bestand darin, funktionale Einheiten zu schaffen, in denen Personen mit einer ähnlichen Verrichtung im Produktionsprozesses zusammengefasst wurden. Diese Einheiten wurden einzelnen Managern zugeordnet. Darüber hinaus wurden die Einheiten und ihre Manager hierarchisch strukturiert. Beispielsweise wurden Gruppen zu Abteilungen, Abteilungen zu Geschäftseinheiten usw. zusammengefasst. Was wir hier sehen, ist das Entstehen jener funktionalen Einheiten, die uns heute noch bekannt sind, wenn wir über Organisationen sprechen: Einkauf, Verkauf, Lagerhaltung, Finanzen, Marketing, Personalmanagement usw.

Die aus der Denkweise der zweiten Industriellen Revolution hervorgegangene funktionale Organisation beherrschte die Unternehmenslandschaft für den größten Teil des neunzehnten und zwanzigsten Jahrhunderts. Gegen Ende der 1980er Jahre erkannten jedoch große amerikanische Unternehmen wie IBM, Ford und Bell Atlantic (jetzt Verizon), dass ihre Überbetonung der funktionalen Optimierung Ineffizienzen hervorrief, welche ihre Wettbewerbsfähigkeit beeinträchtigten. Jedoch trugen kostspielige Projekte, die neue IT-Systeme einführten oder die Arbeit innerhalb einer funktionalen Abteilung neu organisierten, um die Effizienz zu verbessern, nicht dazu bei, dass diese Unternehmen wettbewerbsfähiger wurden. Es schien, als ob die Kunden diese Bemühungen nicht beachteten und ihr Geschäft lieber mit anderen Geschäftspartnern fortsetzten, wie zum Beispiel den japanischen Wettbewerbern.

1.3.2 Die Geburtsstunde des Prozessdenkens

Der Durchbruch zum letztendlichen Entstehen von BPM war Fords Erwerb einer großen finanziellen Beteiligung an Mazda in den 1980er Jahren. Bei einem Besuch in Mazdas Werken bemerkten die Verantwortlichen von Ford, dass die Abteilungen bei Mazda im Vergleich zu ähnlichen Abteilungen bei Ford erheblich unterbesetzt zu sein schienen, aber ohne Probleme arbeiteten. Eine berühmte Fallstudie, die dieses Phänomen illustriert, erstmals von Michael Hammer berichtet und anschließend von vielen anderen analysiert, befasst sich mit Fords Einkaufsprozess (Bestellung-bis-Bezahlung). Diese inspirierte den als Geschäftsprozess-Reenginering *(engl.: business process reengineering (BPR))* bekannten Ansatz, welcher Hammer und Champy als „das grundlegende Umdenken und radikale Umgestalten von Geschäftsprozessen" definieren, „um dramatische Verbesserungen bei kritischen Kennzahlen wie Kosten, Qualität, Dienstgüte, und Geschwindigkeit zu erreichen." Abb. 1.3 zeigt, wie der Einkauf damals bei Ford erfolgte.

Jeder Einkauf musste bei Ford von der Einkaufsabteilung durchgeführt werden. Nach der Entscheidung, ob tatsächlich eine bestimmte Menge von Produkten gekauft werden musste, schickte diese Abteilung eine Bestellung an den jeweiligen Lieferanten. Es wurde zudem eine Kopie dieser Bestellung an die Kreditorenbuchhaltung gesandt. Wenn die Lieferung eintraf, wurden die Waren von der Lagerverwaltung eingelagert. Der mit der Lieferung mitgeführte Lieferschein wurde an die Kreditorenbuchhaltung weitergegeben. Der Lieferant sandte zudem eine separate Rechnung direkt an die Kreditorenbuchhaltung.

Hier wird deutlich, dass die Hauptaufgabe der Kreditorenbuchhaltung darin bestand, die Konsistenz zwischen drei Dokumenten (Bestellkopie, Lieferschein und Rechnung) zu prüfen, wobei jedes Dokument aus etwa 14 Datenfeldern (Produktart, Menge, Preis usw.)

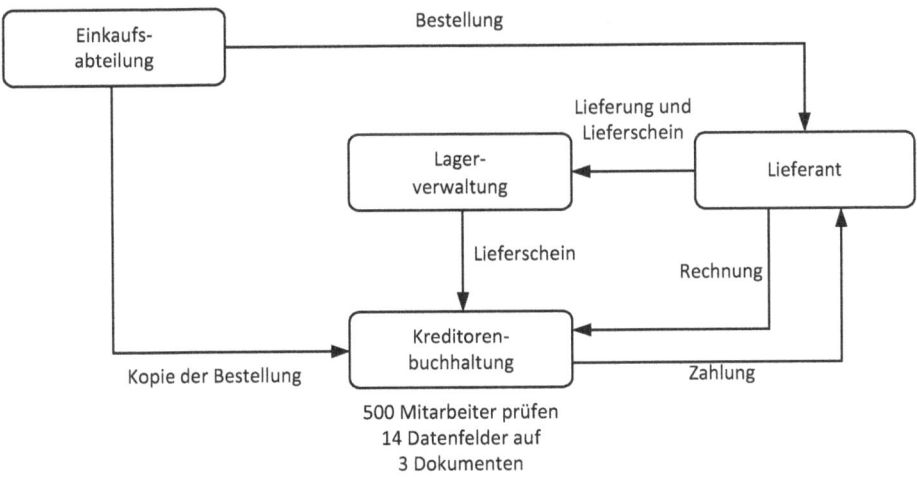

Abb. 1.3 Ursprünglicher Einkaufsprozess bei Ford

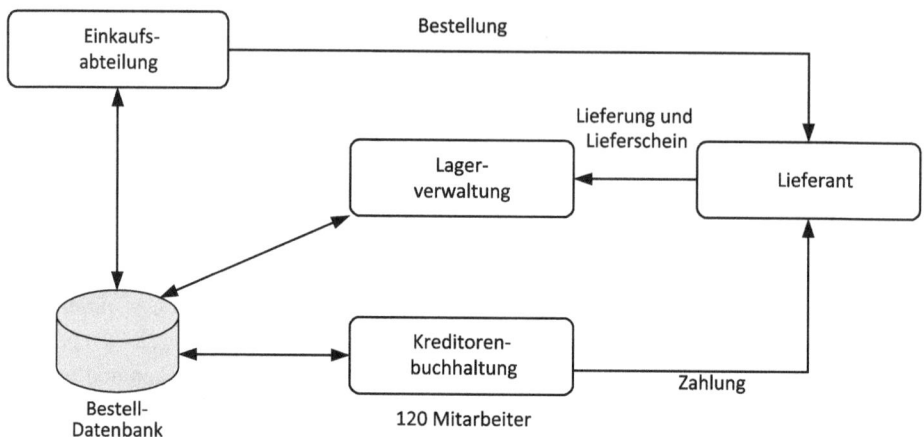

Abb. 1.4 Einkaufsprozess bei Ford nach der Prozessverbesserung

besteht. Es ist nicht überraschend, dass täglich zahlreiche Unstimmigkeiten entdeckt wurden, die bei Ford mehrere hundert Personen beschäftigten. Im Gegensatz dazu waren bei Mazda nur fünf Personen in dieser Abteilung beschäftigt (im Gegensatz zu 500 Personen bei Ford), während Mazda keineswegs 100 Mal kleiner war als Ford. Grundsätzlich bestand das Problem darin, dass Ford Abweichungen nach und nach aufdeckte und beseitigte, während Mazda Abweichungen von vornherein vermied. Nach einem detaillierteren Vergleich mit Mazda führte Ford mehrere Änderungen in seinem eigenen Einkaufsprozess durch, was zu dem in Abb. 1.4 dargestellten neu gestalteten Prozess führte.

Zunächst wurde eine zentrale Datenbank entwickelt, um Informationen über Einkäufe zu speichern. Diese Datenbank wurde vom Einkauf verwendet, um alle Informationen zu Bestellungen zu speichern. Diese Datenbank ersetzte die ursprüngliche Weitergabe von Papierdokumenten. Zweitens wurden in der Lagerabteilung neue Computerterminals installiert, die einen direkten Zugriff auf diese Datenbank ermöglichten. Bei Eintreffen der Ware konnte das Lagerpersonal sofort prüfen, ob die Lieferung tatsächlich mit der ursprünglich bestellten Ware übereinstimmt. Wenn dies nicht der Fall war, wurde die Ware einfach nicht angenommen. Dies veranlasste die Lieferanten dazu sicherzustellen, dass das, was geliefert wurde, genau der Bestellung entsprach. Wenn eine Übereinstimmung zwischen gelieferten Waren und Bestellung gefunden wurde, wurden diese registriert und eingelagert. Das einzige, was für die Kreditorenbuchhaltung noch zu tun war, war die Zahlung zu den in der ursprünglichen Bestellung vereinbarten Konditionen freizugeben. Nach dieser Neugestaltung des Prozesses konnte Ford die Zahl der Mitarbeiter von rund 500 auf 120 reduzieren, was einer Einsparung von 76 % entspricht.

Übung 1.2 Betrachten Sie den Einkaufsprozess bei Ford.

1. Wer sind die Akteure in diesem Prozess?
2. Welche Akteure können in diesem Prozess als Kunden betrachtet werden?
3. Welchen Mehrwert hat der Prozess für seine Kunden?
4. Was sind die möglichen Ergebnisse dieses Prozesses?

Ein Schlüsselelement in dieser Fallstudie ist, dass ein grundlegendes Problem (d. h. ein übermäßiger Zeit- und Ressourcenaufwand für die Prüfung von Dokumenten in der Kreditorenbuchhaltung) durch die Betrachtung des gesamten Prozesses angegangen wurde. In diesem Prozess spielt die Kreditorenbuchhaltung eine wichtige Rolle, aber der Prozess umfasst auch die Aufgaben der Mitarbeiter im Einkauf und im Lager sowie die Lieferanten. Trotz dieser Herausforderungen wurden im gesamten Prozess Änderungen vorgenommen, und diese Änderungen sind vielschichtig: Dazu gehören informationale Änderungen (Informationsaustausch), technologische Änderungen (Datenbank, Terminals) und strukturelle Änderungen (Überprüfungen, Richtlinien).

Diese charakteristische Sicht auf die Organisationsgestaltung wurde in einem wegweisenden Artikel von Tom Davenport und James Short vorgestellt [1]. In diesem Artikel wird Managern geraten, umfassende Ende-bis-Ende-Prozesse zu betrachten, um Abläufe in ihrem Unternehmen zu verbessern, anstatt sich lediglich eine bestimmte Aufgabe oder Geschäftsfunktion anzusehen. Es werden verschiedene Fälle erörtert, in denen sich dieser Ansatz als erfolgreich erwies. Zudem wird die wichtige Rolle der IT als ein Wegbereiter für die Neugestaltung bestehender Geschäftsprozesse hervorgehoben. Wenn man sich das Ford-Mazda-Beispiel anschaut, erscheint es schwierig, den ursprünglichen Prozess ohne die spezifischen Qualitäten der IT zu ändern, welche den zeit- und ortsunabhängig Zugriff auf Information ermöglichen.

1.3.3   Aufstieg und Niedergang des Geschäftsprozess-Reengineerings

Die Arbeiten von Davenport und Short sowie von Hammer und anderen lösten eine Welle von Geschäftsprozess-Reengineering-Projekten aus. In den 1990er Jahren erschienen zahlreiche Bücher und Artikel zu diesem Thema. Unternehmen aus aller Welt stellten BPR-Teams zusammen, um die eigenen Prozesse zu überprüfen und umzustrukturieren.

Die Begeisterung für BPR wich Ende der 1990er Jahre einer zunehmenden Ernüchterung. Viele Unternehmen beendeten ihre BPR-Projekte und setzten keine Folgeprojekte mehr auf. Was war passiert? Retrospektiv können verschiedene Faktoren identifiziert werden, die den BPR-Ansatz zunehmend diskreditiert hatten.

1. Missbrauch des Ansatzes: In einigen Organisationen wurde fast jedes Änderungsprogramm oder Verbesserungsprojekt als BPR bezeichnet, selbst wenn Geschäftsprozesse nicht der Kern dieser Projekte waren. In den 1990er Jahren führten viele Unternehmen

einen erheblichen Personalabbau durch, welcher auf starken Widerstand stieß. Da diese Maßnahmen häufig als BPR-Projekte verpackt wurden, führte dies zu heftigen Ressentiments gegenüber dem Ansatz bei Mitarbeitern und dem mittleren Management. Es wurde somit zunehmend unklar, welche betrieblichen Verbesserungen solche Initiativen wirklich vorantreiben.

2. Übertriebene Radikalität: Einige frühe Befürworter von BPR, einschließlich Hammer, betonten von Anfang an, dass das Erneuern von Prozessen radikal sein musste, und zwar in dem Sinne, dass ein neuer Geschäftsprozess den ursprünglichen Prozess gänzlich hinter sich lassen sollte. Ein entsprechender Leitspruch von Hammers frühen Arbeiten bringt das auf den Punkt: „Nicht automatisieren, sondern auslöschen". Während ein radikaler Ansatz in manchen Situationen gerechtfertigt ist, ist es offensichtlich, dass die meisten Situationen einen viel inkrementelleren Ansatz erfordern.

3. Unreife Unterstützung: Selbst bei Projekten, die von Anfang an prozessorientiert waren und einen inkrementellen Ansatz der Prozessverbesserung verfolgten, bestand das Problem, dass die zur Implementierung einer solchen Neugestaltung erforderlichen Werkzeuge und Technologien nicht zur Verfügung standen oder ungenügend entwickelt waren. Ein besonderes Problem war die Tatsache, dass in den unterstützenden IT-Anwendungen der damaligen Zeit viel Prozesslogik in der Anwendungssoftware ausprogrammiert werden musste. Analysten und Manager waren gleichermaßen frustriert, als sie bemerkten, dass ihre Bemühungen um die Neugestaltung eines Prozesses durch eine starre Infrastruktur behindert wurden.

Zur Jahrtausendwende haben zwei wichtige Ereignisse zu einer Wiederbelebung von BPR-nahen Ideen geführt und somit den Grundstein für die Entstehung von BPM gelegt. Zunächst zeigten empirische Studien auf, dass prozessorientierte Organisationen (d. h. Organisationen, die Prozesse als Grundlage für Effizienzgewinn und Zufriedenheit ihrer Kunden verbessern wollten) tatsächlich besser waren als nicht prozessorientierte Organisationen. Die ersten BPR-Gurus hatten zwar überzeugende Fallstudien geliefert, wie zum Beispiel den Ford-Mazda-Fall, aber es war weitgehend unklar, ob es sich bei diesen Fällen um Ausnahmen oder die Regel handelte. In einer der ersten empirischen Studien zu diesem Thema untersuchte Kevin McCormack [2] eine Stichprobe von 100 US-amerikanischen Fertigungsunternehmen. Er stellte fest, dass prozessorientierte Organisationen insgesamt eine bessere Leistung zeigten, tendenziell bessere Arbeitskräfte am Arbeitsplatz hatten und weniger an abteilungsübergreifenden Konflikten litten. Nachfolgende Studien bestätigten dieses Bild, welches dem Prozessdenken neue Glaubwürdigkeit verlieh.

Eine zweite wichtige Entwicklung war technologischer Natur. Es entstanden verschiedene Arten von IT-Systemen, insbesondere *Enterprise-Resource-Planning-Systeme (ERP)* und Workflowsysteme. ERP-Systeme sind Systeme, die sämtliche Geschäftsdaten eines Unternehmens strukturiert und konsistent speichern, sodass alle Mitarbeiter, welche diese Daten benötigen, auf diese zugreifen können. Diese Idee einer einzigen, gemeinsam genutzten, zentralen Datenbank ermöglicht die Optimierung der Informationsnutzung und des Informationsaustauschs, und stellt somit eine wesentliche Voraussetzung für die

Prozessverbesserung dar (siehe Kap. 8).[3] Des Weiteren zu nennen sind Workflowsysteme, die Arbeit mithilfe von Prozessmodellen an die verschiedene Akteure in einem Unternehmen verteilen. Auf diese Weise erleichtert ein Workflowsystem das Umsetzen von geänderten Geschäftsprozessen (z. B. Änderungen der Reihenfolge, in der Aktivitäten ausgeführt werden). In der Tat können die im Prozessmodell vorgenommenen Änderungen mit einem Workflowsystem relativ einfach umgesetzt werden, im Vergleich zu der Situation, wenn die Regeln für die Ausführung eines Prozesses in komplexen Softwaresystemen ausprogrammiert sind und über oft Zehntausende Zeilen Code verteilt sind. Somit unterstützen Workflowsysteme explizit die Idee der Prozessorientierung.

Ursprünglich befassten sich Workflowsysteme hauptsächlich mit der Verteilung von Aufgaben an menschliche Akteure. Später wurden diese Systeme schrittweise um Module zur Überwachung und Analyse der Ausführung von Geschäftsprozessen erweitert. Parallel dazu wurde durch das Aufkommen von Webservices die Verbindung eines Workflowsystems mit anderen Systemen, insbesondere ERP-Systemen, vereinfacht. Als Workflowsysteme immer besser mit andere Unternehmenssysteme integriert werden konnten, setzte sich die Bezeichnung Geschäftsprozessmanagementsystem *(engl.: business process management system)*, bzw. BPM-System oder BPMS durch.

BPMS sind nur eine Kategorie von IT-Werkzeugen, welche die Implementierung und Ausführung von Geschäftsprozessen unterstützen. Es gibt viele andere, darunter ERP-Systeme, CRM-Systeme (Customer Relationship Management) und Dokumentenmanagementsysteme (DMS). Diese Werkzeuge sind unter dem Oberbegriff der prozessorientierten Informationssysteme *(engl.: process-aware information systems)* bekannt. In Kap. 9 wird die Funktionsweise von prozessorientierten Informationssystemen im Allgemeinen und von BPMS im Besonderen erörtert. Wie Geschäftsprozesse mit Hilfe von Prozessmodellen und einem BPMS implementiert werden können, steht im Mittelpunkt von Kap. 10.

Die obige historische Sicht lässt vermuten, dass BPM eine Wiederbelebung von BPR ist, da BPM tatsächlich die prozessorientierte Sicht auf Organisationen übernimmt. Vorsicht ist jedoch geboten, wenn BPR und BPM gleichgesetzt werden. Die Beziehung lässt sich auf der Grundlage von Abb. 1.5 besser veranschaulichen.

Abb. 1.5 stellt die Aufgabenbeschreibung eines Prozessverantwortlichen *(engl.: process owner)* dar. Dieser Prozessverantwortliche ist für einen Geschäftsprozess verantwortlich und beschäftigt sich mit der Planung und Organisation des Prozesses einerseits und dessen Überwachung andererseits. Die Abbildung erlaubt uns, die unterschiedlichen Ambitionen von BPR und BPM zu erklären. Während beide Ansätze den Geschäftsprozess als Ausgangspunkt nehmen, befasst sich BPR hauptsächlich mit der Planung und Organisation des Prozesses. Im Gegensatz dazu bietet BPM Konzepte, Methoden, Techniken und Werkzeuge, die alle Aspekte des Prozessmanagements abdecken, von der Planung, Organisation, Über-

---

[3]In Wirklichkeit sind ERP-Systeme sehr viel mehr als eine gemeinsam genutzte Datenbank. Sie enthalten zahlreiche Module zur Unterstützung typischer Funktionen einer Organisation wie Buchhaltung, Bestandsverwaltung, Produktionsplanung, Logistik usw. Aus Sicht der Prozessverbesserung ist jedoch das gemeinsame Datenbankkonzept von ERP-Systemen ein wichtiger Faktor.

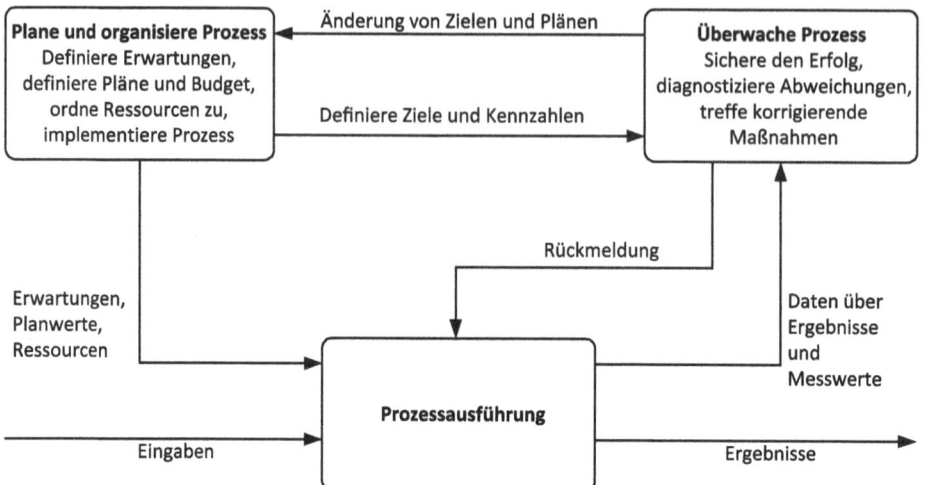

Abb. 1.5 Aufgabenbeschreibung eines für einen Prozess verantwortlichen Managers (alias Prozess-verantwortlicher) basierend auf Rummler und Brache [3]

wachung bis zur Ausführung. Mit anderen Worten, BPR kann als eine Untermenge von Techniken betrachtet werden, die im Kontext von BPM verwendet werden können.

Diese Diskussion zeigt, dass BPM den gesamten Lebenszyklus von Geschäftsprozessen betrachtet. Der nächste Abschnitt bietet einen entsprechenden Überblick über die Konzepte, Methoden, Techniken und Werkzeuge der BPM-Disziplin aus der Perspektive des BPM-Lebenszyklus *(engl.: BPM lifecycle)*. Diese Perspektive ermöglicht einen strukturierten Ansatz zur Steuerung einzelner Prozesse.

1.4   Der BPM-Lebenszyklus

Die erste Frage, die im Rahmen einer BPM-Initiative geklärt werden muss, lautet: Welche Geschäftsprozesse soll das BPM-Team verbessern? Gleich zu Beginn und noch bevor der Einsatz von BPM in Betracht gezogen wird, gibt es wahrscheinlich schon eine Vorstellung davon, welche operativen Probleme die BPM-Initiative angehen muss und welche Geschäftsprozesse diese operativen Probleme verursachen. Mit anderen Worten, das Team wird nicht bei Null anfangen. Wenn zum Beispiel das Problem darin besteht, dass Bauingenieure beklagen, dass ihre Arbeit durch die schwierige Beschaffung von Baumaschinen beeinträchtigt wird, ist es offensichtlich, dass dieses Problem durch die Analyse des Prozesses für das Anmieten von Baumaschinen gelöst werden sollte. Dieser Prozess muss allerdings genauer abgegrenzt werden. Insbesondere müssen Fragen wie die folgenden beantwortet werden: Beginnt der Prozess ab dem Zeitpunkt der Auswahl der Mietanbieter? Endet er, wenn die gemietete Baumaschine an die Baustelle geliefert wird? Oder endet er mit der

Rückgabe der Maschine? Oder geht er so lange weiter, bis die Gebühr für die Miete der Baumaschine an den Lieferanten gezahlt wurde?

Diese Fragen können mal leichter, mal schwerer beantwortet werden. Das hängt davon ab, wie viel *Prozessdenken* bereits in der Organisation verankert ist. Wenn die Organisation bereits früher BPM-Initiativen durchgeführt hat, ist es wahrscheinlich, dass eine Dokumentation der Geschäftsprozesse verfügbar ist und diese zumindest teilweise definiert wurden. In Organisationen, die sich bisher noch nicht mit BPM befasst haben, muss das BPM-Team zunächst die für das Problem relevanten Prozesse identifizieren, sie voneinander abgrenzen und ihre Beziehungen zueinander beschreiben. Diese Anfangsphase einer BPM-Initiative wird als Prozessidentifikation *(engl.: process identification)* bezeichnet. Diese Phase führt zu einer sogenannten Prozessarchitektur *(engl.: process architecture)*: Dies ist eine abstrakte Beschreibung der wichtigsten Prozesse der Organisation.

Im Allgemeinen zielt eine BPM-Initiative darauf ab, dass die einbezogenen Geschäftsprozesse zu durchwegs positiven Ergebnissen führen und den Kunden der Organisation einen maximalen Mehrwert verschaffen. Die Messung des von einem Prozess gelieferten Mehrwerts ist ein entscheidender Schritt für das Management von Geschäftsprozessen. Wie der renommierte Softwareentwickler Tom DeMarco einmal gesagt hat: „Man kann nicht kontrollieren, was man nicht messen kann." Bevor man einen Prozess im Detail analysiert, ist es daher wichtig, geeignete Prozesskennzahlen *(engl.: process performance measures)* eindeutig zu definieren. Mithilfe solcher Kennzahlen kann man bestimmen, ob ein Prozess in gutem oder schlechtem Zustand ist. Typische Kennzahlen für Geschäftsprozesse beziehen sich auf Kosten, Zeit, Qualität und Flexibilität.

Kostenbezogene Kennzahlen werden häufig im Kontext von BPM genutzt. Um zum Beispiel der Baumaschinenvermietung zurückzukehren, lassen sich die Kosten als Gesamtkosten aller von BuildIT gemieteten Baumaschinen über einen gewissen Zeitraum hinweg beziffern (z. B. pro Monat). Eine weitere Klasse von Kennzahlen bezieht sich auf die Zeit. Ein Beispiel ist die durchschnittliche Dauer, die zwischen dem Zeitpunkt der Mietanforderung durch den Bauleiter und der Auslieferung der Baumaschine vergeht. Diese Kennzahl wird allgemein als *Durchlaufzeit* bezeichnet. Eine dritte Klasse typischer Kennzahlen betrifft die Qualität, insbesondere die Fehlerquote. Die Fehlerrate ist der Prozentsatz der Ausführungen eines Prozesses, die mit einem negativen Ergebnis endeten. Bei der Vermietung von Baumaschinen ist eine solche Kennzahl die Anzahl der zurückgegebenen Baumaschinen, welche sich als ungeeignet oder mangelhaft herausgestellt haben. Schließlich beschreiben flexibilitätsbezogene Kennzahlen, inwiefern die Leistung eines Prozesses unter sich ändernden oder anormalen Bedingungen aufrechterhalten werden kann, beispielsweise wenn ein Arbeitsingenieur plötzlich kündigt oder wenn ein Lieferant in Konkurs geht.

Die Ermittlung von Prozesskennzahlen (und damit verbundenen Zielvorgaben) ist für jede BPM-Initiative von entscheidender Bedeutung. Diese Identifikation wird im Allgemeinen als Teil der Prozessidentifikationsphase betrachtet, obwohl sie in einigen Fällen auf spätere Phasen verschoben werden kann.

Übung 1.3 Berücksichtigen Sie den in Übung 1.1 (Abschn. 1.2) beschriebenen Prozess für die Zulassung von Studierenden. Identifizieren Sie aus Sicht des Kunden mindestens zwei Prozesskennzahlen, die für diesen Prozess genutzt werden können.

Sobald ein BPM-Team ermittelt hat, mit welchen Prozessen es zu tun hat und welche Prozesskennzahlen verwendet werden sollen, besteht die nächste Aufgabe für das Team darin, einen ausgewählten Geschäftsprozess im Detail zu verstehen. Wir nennen diese Phase Prozesserhebung *(engl.: process discovery)*. Typischerweise sind eines oder mehrere Istprozessmodelle *(engl.: as-is process models)* die Ergebnisse dieser Phase. Diese Istprozessmodelle spiegeln das Verständnis wider, das die Mitarbeiter in der Organisation über den Prozess haben. Prozessmodelle sollen die Kommunikation zwischen den an einer BPM-Initiative beteiligten Stakeholdern erleichtern. Daher müssen sie leicht verständlich sein. Im Prinzip könnten wir einen Geschäftsprozess anhand von Textbeschreibungen modellieren, wie z. B. der Textbeschreibung in Beispiel 1.1. Solche Textbeschreibungen sind jedoch umständlich zu lesen und aufgrund der Mehrdeutigkeit von Freiformtext leicht missverständlich. Daher ist es üblich, Diagramme zu verwenden, um Geschäftsprozesse zu modellieren. Diagramme ermöglichen es uns, den Prozess leichter zu verstehen. Wenn ein Diagramm mit einer Modellierungssprache erstellt wird, die von allen Beteiligten verstanden wird, besteht weniger Spielraum für Missverständnisse. Beachten Sie, dass diese Diagramme möglicherweise noch durch Textbeschreibungen ergänzt werden. Tatsächlich ist es üblich, dass Analysten einen Prozess mit einer Kombination aus Diagrammen und Text dokumentieren.

Es gibt viele Sprachen zur grafischen Modellierung von Geschäftsprozessen. Eine der ältesten sind Flussdiagramme *(engl.: flowcharts)*. Flussdiagramme bestehen in ihrer ursprünglichen Form aus Rechtecken, die Aktivitäten darstellen, und Rauten, die Entscheidungspunkte im Prozess darstellen. Die meisten grafischen Modellierungssprachen für Prozesse unterscheiden ebenfalls zwei Arten von Knoten: Aktivitätsknoten und Kontrollknoten. Aktivitätsknoten beschreiben Arbeitseinheiten, die von Menschen oder Softwareanwendungen oder von beiden in Kombination ausgeführt werden. Kontrollknoten beschreiben den Prozessablauf zwischen den Aktivitäten. Obwohl nicht alle Prozessmodellierungssprachen dies unterstützen, sind Ereignisknoten ein dritter wichtiger Elementtyp in Prozessmodellen. Ein Ereignisknoten beschreibt, dass innerhalb des Prozesses oder in dessen Umgebung etwas passieren kann oder muss, das eine Reaktion erfordert, wie z. B. das Eintreffen einer Nachricht eines Kunden, der die Stornierung der Bestellung anfordert. In einem Prozessmodell werden auch andere Knotentypen genutzt, jedoch sind Aktivitätsknoten, Ereignisknoten und Kontrollknoten die wichtigsten.

Es gibt mehrere Erweiterungen von Flussdiagrammen, beispielsweise organisationsübergreifende Flussdiagramme. Hier ist das Flussdiagramm in sogenannte Bahnen *(engl.: lanes)* unterteilt, die verschiedene Organisationseinheiten bezeichnen (wie bspw. verschiedene Abteilungen einer Organisation). Wenn Sie mit der Unified Modeling Language (UML) vertraut sind, kennen Sie wahrscheinlich bereits Aktivitätsdiagramme *(engl.: activity diagram)*. Im Wesentlichen sind Aktivitätsdiagramme organisationsübergreifende Flussdiagramme,

sie erweitern diese jedoch auch mit Symbolen für Datenobjekte, Signalen und Parallel-
verarbeitung. Eine weitere Sprache für die Prozessmodellierung sind Ereignisgesteuerte
Prozessketten (EPKs) *(engl.: event-driven process chains)*. EPKs haben einige Ähnlichkeiten mit Flussdiagrammen, unterscheiden sich von diesen jedoch darin, dass sie Ereignisse
in den Vordergrund stellen. Andere für die Prozessmodellierung verwendete Sprachen sind
Datenflussdiagramme *(engl.: data-flow diagrams)* und die Integrierte DEFinition für Pro-
zessbeschreibungsmethode *(engl.: Integrated DEFinition for Process Description Capture
Method (IDEF3))*.

Es wäre unnötig aufwendig, alle diese Sprachen zu lernen. Glücklicherweise gibt es heutzutage einen weit verbreiteten Standard für die Prozessmodellierung, nämlich die Business
Process Model and Notation (BPMN). Die neueste Version von BPMN ist die Version 2.0.2.
Sie wurde im Dezember 2013 von der Object Management Group (OMG) als Standard
veröffentlicht. In BPMN werden Aktivitäten als abgerundete Rechtecke dargestellt. Gatter
(engl.: gateways) sind Kontrollknoten und werden als Rauten dargestellt. Aktivitäten und
Gatter werden mit Kanten verbunden (Sequenzflüsse), welche die Reihenfolge festlegen, in
der der Prozess ausgeführt wird. Abb. 1.6 zeigt ein Modell des Prozesses zur Anmietung von
Baumaschinen bis zu dem Punkt, an dem der Arbeitsingenieur die Bestellanfrage akzeptiert
oder ablehnt. Dieses Prozessmodell zeigt zwei Entscheidungspunkte. Beim ersten nimmt
der Prozess einen von zwei Pfaden in Abhängigkeit davon, ob die Baumaschine verfügbar
ist oder nicht. Beim zweiten wird die Anfrage entweder genehmigt oder abgelehnt. Das
Modell zeigt auch die Prozessbeteiligten, nämlich den Bauleiter, den Sachbearbeiter und

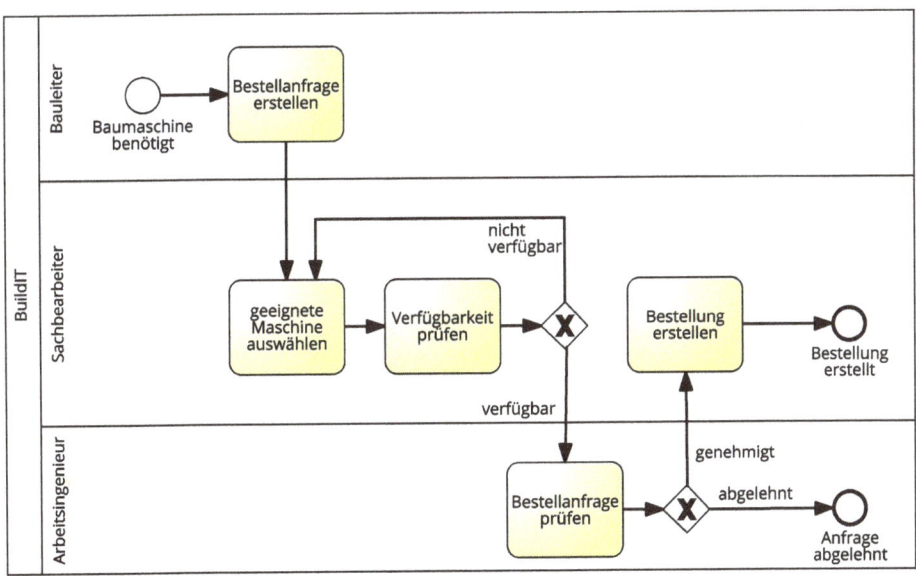

Abb. 1.6 Prozessmodell für das Anmieten von Baumaschinen

den Arbeitsingenieur. Jeder dieser Beteiligten wird als separate *Bahn* dargestellt, welche die
Aktivitäten des betreffenden Beteiligten enthält.

Das Prozessmodell in Abb. 1.6 ist einfach gehalten. Es gibt einen Überblick darüber, was
in diesem Prozess passiert. In der Praxis muss ein Prozessmodell mehr Details enthalten, um
nützlich zu sein. Welche zusätzlichen Details in einem Prozessmodell enthalten sein sollten,
hängt vom Verwendungszweck ab. Einige Prozessmodelle dienen als Dokumentation für
neue Mitarbeiter. In diesem Fall können dem Prozessmodell zusätzliche Erklärungen hinzugefügt werden, um die Bedeutung bestimmter Aktivitäten oder Ereignisse zu verdeutlichen.
In anderen Fällen sollen Prozessmodelle quantitativ analysiert werden, beispielsweise um
Prozesskennzahlen zu berechnen. In diesem Fall sind weitere Details erforderlich, z. B. wie
viel Zeit jede Aufgabe durchschnittlich benötigt. Außerdem dienen Modelle, die Ausführung des Prozesses in einem BPMS zu koordinieren (siehe Abschn. 1.3.3). Im diesem Fall
sollte das Modell Angaben zu den Ein- und Ausgabeformaten des Prozesses und zu seinen
einzelnen Aufgaben enthalten.

Wenn wir den Istprozess genau verstanden haben, besteht der nächste Schritt darin, die
Probleme in diesem Prozess zu identifizieren und zu analysieren. Ein potenzielles Problem
des Vermietungsprozesses von BuildIT ist die hohe Durchlaufzeit. Daher ist es den Bauleitern oft nicht möglich, die erforderliche Baumaschine rechtzeitig zu erhalten. Dies kann zu
Verzögerungen bei verschiedenen Bautätigkeiten führen, und somit ganze Bauprojekte verzögern. Um diese Probleme zu analysieren, muss ein Prozessanalyst die Durchlaufzeiten der
einzelnen Aktivitäten des Prozesses bestimmen. Darüber hinaus muss er Angaben über den
Umfang möglicher Nacharbeiten sammeln. Nacharbeit bedeutet hier, dass eine oder mehrere Aktivitäten wiederholt werden, weil etwas schief gelaufen ist. Wenn der Sachbearbeiter
beispielsweise eine geeignete Baumaschine im Katalog eines Lieferanten identifiziert, aber
später herausfindet, dass sie nicht zu den erforderlichen Terminen verfügbar ist, muss er nach
einer alternativen Baumaschine suchen. Der Sachbearbeiter verbringt wertvolle Zeit damit,
in den Katalogen zu suchen und die Lieferanten zu kontaktieren, um die Verfügbarkeit der
Geräte zu prüfen. Um dieses Problem zu verstehen, muss der Prozessanalyst herausfinden,
in wie vielen Fällen eine alternative Baumaschine (Nacharbeit) gesucht werden muss. Auf
Basis dieser Informationen kann der Prozessanalyst verschiedene Techniken anwenden, die
in diesem Buch erörtert werden, um die Ursachen langer Durchlaufzeiten zu ermitteln.

Ein weiteres potenzielles Problem des Prozesses ist, dass die auf die Baustelle gelieferten
Baumaschinen manchmal ungeeignet sind. Der Bauleiter muss diese dann zurückweisen –
ein Beispiel für ein negatives Ergebnis des Prozesses. Um dieses Problem zu verstehen,
muss der Prozessanalyst feststellen, wie oft solche negativen Ergebnisse auftreten. Darüber
hinaus muss er herausfinden, warum sie auftreten. Mit anderen Worten, wo laufen die Dinge
überhaupt schief? Manchmal kann ein negatives Ergebnis auf Missverständnisse zurückgeführt werden, z. B. zwischen dem Bauleiter und dem Sachbearbeiter. In anderen Fällen kann
dies auf ungenaue Daten (z. B. Fehler in der Maschinenbeschreibung) oder auf einen Fehler
des Lieferanten zurückzuführen sein. Durch das Erkennen, Klassifizieren und Verstehen
der wichtigsten Ursachen solcher negativen Ergebnisse können letztendlich Wege gefun-

den werden, um diese zu beseitigen oder zu minimieren. Die Ermittlung und Bewertung von Problemen und Möglichkeiten zur Prozessverbesserung wird als Prozessanalyse *(engl.: process analysis)* bezeichnet.

Wir stellen fest, dass die beiden oben diskutierten Probleme eng mit den Prozesskennzahlen zusammenhängen. Zum Beispiel ist das erste Problem mit der Durchlaufzeit verbunden. Das zweite Problem ist mit dem Prozentsatz der Zurückweisung von Baumaschinen verbunden, der im Wesentlichen eine Fehlerquote darstellt – eine weitere typische Prozesskennzahl. Die Bewertung der Probleme eines Prozesses geht daher häufig mit der Messung des aktuellen Zustands des Prozesses anhand von Kennzahlen einher.

Übung 1.4 Betrachten Sie noch einmal den in Übung 1.1 (Abschn. 1.2) beschriebenen Prozess für die Zulassung von Studierenden. Bestimmen Sie aus der Sicht des Kunden mindestens zwei Probleme, die dieser Prozess haben könnte.

Sobald Probleme in einem Prozess analysiert und möglicherweise quantifiziert wurden, besteht die nächste Phase darin, mögliche Verbesserungen für diese Probleme zu bestimmen und zu analysieren. An diesem Punkt wird der Analyst mehrere mögliche Optionen zur Behebung eines Problems in Betracht ziehen. Dabei muss er berücksichtigen, dass eine Änderung zur Behebung eines Problems möglicherweise neue andere Probleme verursachen kann. Um beispielsweise den Mietprozess für Baumaschinen zu beschleunigen, könnte man erwägen, die Genehmigungsschritte des Arbeitsingenieurs wegzulassen. Im Extremfall könnte diese Änderung jedoch bewirken, dass die gemietete Maschine manchmal nicht optimal ist, da die Expertise des Arbeitsingenieurs nicht berücksichtigt wurde. Der Arbeitsingenieur hat einen umfassenden Überblick über verschiedenste Bauprojekte und kann möglicherweise Alternativen vorschlagen, um die Anforderungen eines Bauprojekts effektiver anzugehen.

Das Ändern eines Prozesses ist nicht so einfach, wie es sich anhört. Menschen sind daran gewöhnt, auf eine bestimmte Weise zu arbeiten, und neigen oft dazu, Veränderungen abzulehnen. Wenn eine Prozessänderung die Änderung der Informationssysteme impliziert, die den Prozess unterstützen, kann sie außerdem kostspielig sein und weitere Änderungen nach sich ziehen, nicht nur in der Organisation, die den Prozess koordiniert, sondern auch in anderen Organisationen. So könnten wir beispielsweise Nacharbeit in der Vermietung von Baumaschinen vermeiden, wenn die Lieferanten eine Online-Schnittstelle bereitstellen, über die die Sachbearbeiter problemlos alle verfügbaren Ausrüstungsgegenstände abrufen können, die für eine bestimmte Aufgabe verwendet werden können. Diese Prozessänderung würde jedoch erfordern, dass die Lieferanten ihr Informationssystem ändern, sodass ihr System BuildIT aktuelle Informationen zur Verfügbarkeit der Geräte zur Verfügung stellt. Diese Änderung liegt zumindest teilweise außerhalb der Kontrolle von BuildIT. Unter der Annahme, dass die Anbieter solche Änderungen vornehmen können, wäre es eine radikalere Lösung, den Bauleitern mobile Geräte zur Verfügung zu stellen, sodass sie jederzeit und überall den Maschinenkatalog (einschließlich Verfügbarkeitsinformationen) einsehen können. Auf diese Weise muss der Sachbearbeiter während der Gerätesuche nicht in den

Prozess einbezogen werden. Ob diese radikalere Änderung möglich ist oder nicht, würde eine eingehende Analyse der Kosten einer Prozessänderung im Vergleich zu den Vorteilen erfordern, die eine solche Änderung bietet.

Übung 1.5 Welche möglichen Änderungen könnten Ihrer Ansicht nach angesichts der in Übung 1.4 (Abschn. 1.4) ermittelten Probleme des Zulassungsprozesses vorgenommen werden, um diese zu beheben?

Mit einem Verständnis der Probleme in einem Prozess und einer Reihe potenzieller Verbesserungsmaßnahmen können Analysten eine neu gestaltete Version des Prozesses ausarbeiten. Dieses Sollprozessmodell *(engl.: to-be process model)* ist die Hauptausgabe der Prozessverbesserung *(engl.: process redesign)*. Hierbei ist zu beachten, dass Analyse und Neugestaltung eng miteinander verknüpft sind. Möglicherweise gibt es mehrere Optionen für die Neugestaltung. Jede dieser Optionen muss analysiert werden, damit eine fundierte Entscheidung darüber getroffen werden kann, welche vorzuziehen ist.

Nach der Prozessverbesserung sollten die erforderlichen Änderungen in der Arbeitsweise und den IT-Systemen der Organisation implementiert werden, damit der anstehende Prozess schließlich ausgeführt werden kann. Diese Phase wird als Prozessimplementierung *(engl.: process implementation)* bezeichnet. Im Falle des Mietprozesses würde die Prozessimplementierungsphase die Einrichtung eines Informationssystems zur Aufzeichnung und Nachverfolgung von Mietanträgen, mit genehmigten Anträgen verknüpfte Bestellungen und mit diesen Bestellungen verknüpfte Rechnungen umfassen. Die Bereitstellung eines solchen Informationssystems bedeutet mehr als die Bereitstellung eines neuen IT-Systems. Es gehört auch dazu, die Prozessbeteiligten dazu zu bewegen, das neue System anzunehmen und sie zu trainieren, damit sie ihre Arbeit im Sinne des neu gestalteten Prozesses ausführen können.

Im Allgemeinen umfasst die Prozessimplementierung zwei sich ergänzende Aspekte: das organisationsbezogene Änderungsmanagement *(engl.: change management)* und die Prozessautomatisierung *(engl.: process automation)*. Änderungsmanagement bezieht sich auf all die Aktivitäten, die erforderlich sind, um die Arbeitsweise aller Prozessbeteiligten zu ändern. Diese Aktivitäten umfassen:

- Erklärungen über die Änderungen an alle Prozessbeteiligten, damit sie wissen, welche Änderungen eingeführt werden, und warum diese Änderungen für das Unternehmen von Vorteil sind.
- Einführung eines Plans für das Änderungsmanagement, damit die Betroffenen informiert sind, wann die Änderungen in Kraft treten und welche Übergangsregelungen getroffen werden, um Probleme bei der Einführung des zukünftigen Prozesses abzuwenden.
- Schulung für Prozessbeteiligte über die neue Arbeitsweise und Überwachung der Änderungen, um einen reibungslosen Übergang zum zukünftigen Prozess zu gewährleisten.

Die Prozessautomatisierung umfasst die Konfiguration oder Implementierung eines IT-Systems (oder die Neukonfiguration eines vorhandenen IT-Systems), um den zukünftigen Prozess zu unterstützen. Dieses IT-System sollte die Prozessbeteiligten bei der Erfüllung ihrer Aufgaben unterstützen. Dies kann die Zuweisung von Aufgaben an Prozessbeteiligte umfassen, ihnen dabei helfen, ihre Arbeit zu priorisieren, ihnen die Informationen zur Verfügung zu stellen, die sie zur Erledigung ihrer Aufgaben benötigen, und nach Möglichkeit automatisierte Eingabeüberprüfungen und andere automatisierte Unterstützung bieten. Es gibt verschiedene Möglichkeiten, ein solches IT-System zu implementieren. Dieses Buch konzentriert sich auf einen bestimmten Ansatz, der darin besteht, das in der Phase der Prozessverbesserung erstellte Prozessmodell zu erweitern, um es durch ein BPMS ausführbar zu machen.

Im Laufe der Zeit können weitere Anpassungen am implementierten Geschäftsprozess erforderlich sein, wenn er die Erwartungen nicht mehr erfüllt. Um dies fortlaufend zu prüfen, muss der Prozess überwacht werden. Analysten sollten die gesammelten Daten des Prozesses prüfen, um die erforderlichen Anpassungen zu ermitteln. Diese Aktivitäten gehören zur Phase der Prozessüberwachung *(engl.: process monitoring)*. Das Fehlen einer kontinuierlichen Überwachung und fortlaufenden Verbesserung eines Prozesses führt oft zu einer Verschlechterung. Wie Hammer einst formulierte: „Jeder gute Prozess wird irgendwann zu einem schlechten Prozess", sofern er nicht kontinuierlich angepasst und verbessert wird, um mit den sich ständig ändernden Kundenbedürfnissen, Technologien und Wettbewerbern Schritt zu halten. Daher sollte der BPM-Lebenszyklus als Kreislauf verstanden werden: Die Ergebnisse der Überwachungsphase unterstützen die sich im Kreislauf anschließenden Phasen der Erhebung, Analyse und Verbesserung.

Dementsprechend können wir BPM als einen Lebenszyklus mit folgenden Phasen beschreiben (siehe Abb. 1.7):

- *Prozessidentifikation:* In dieser Phase wird ein Geschäftsproblem betrachtet. Prozesse, die für das angesprochene Problem relevant sind, werden identifiziert, abgegrenzt und zueinander in Beziehung gesetzt. Das Ergebnis der Prozessidentifizierung ist eine neue oder aktualisierte Prozessarchitektur, welche ein Gesamtbild der Prozesse in einer Organisation und deren Beziehungen darstellt. Diese Architektur wird dazu benutzt, um Prozesse oder Prozessgruppen auszuwählen, welche in den anschließenden Phasen des Lebenszyklus genauer betrachtet werden. Oft geht die Prozessidentifikation mit der Identifikation von *Prozesskennzahlen* einher.
- *Prozesserhebung:* (auch als Istprozessmodellierung bezeichnet). Hierbei wird der aktuelle Status des relevanten Prozesses dokumentiert, typischerweise in Form eines oder mehrerer Istprozessmodelle.
- *Prozessanalyse:* In dieser Phase werden Probleme des Istprozess identifiziert, dokumentiert und wenn möglich mithilfe von Prozesskennzahlen quantifiziert. Das Ergebnis dieser Phase ist eine strukturierte Liste von Problemen. Diese Probleme werden auf der Grundlage ihrer potenziellen Auswirkungen und des geschätzten Lösungsaufwands priorisiert.

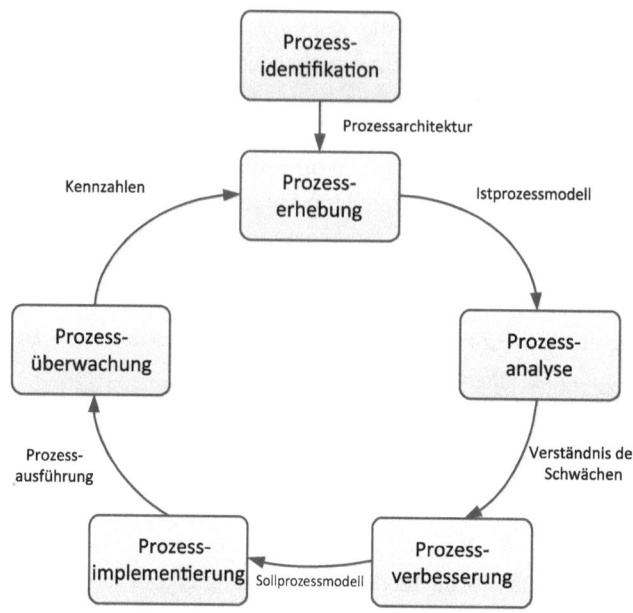

Abb. 1.7 Der BPM-Lebenszylkus

- *Prozessverbesserung:* Ziel dieser Phase ist es, Verbesserungsmöglichkeiten für den Prozess zu erkennen, die dazu beitragen, die festgestellten Probleme zu lösen und die Zielwerte der Prozesskennzahlen zu erreichen. Zu diesem Zweck werden mehrere Änderungsoptionen mit Blick auf diese Kennzahlen analysiert und verglichen. Prozessverbesserung und Prozessanalyse gehen daher Hand in Hand: Wenn neue Änderungsmöglichkeiten vorgeschlagen werden, können sie mit Prozessanalysetechniken ausgewertet werden. Die vielversprechendsten Änderungsoptionen werden letztendlich ausgewählt und zur Verbesserung des Prozesses genutzt. Das Ergebnis dieser Phase ist ein Sollprozessmodell.
- *Prozessimplementierung:* In dieser Phase werden die Änderungen vorbereitet und durchgeführt, die erforderlich sind, um den Istprozess mit dem Sollprozess abzulösen. Die Prozessimplementierung umfasst zwei Aspekte: organisationsbezogenes Änderungsmanagement und Prozessautomatisierung. Das Änderungsmanagement umfasst die Aktivitäten, die erforderlich sind, um die Arbeitsweise aller Prozessbeteiligten zu ändern. Prozessautomatisierung bezieht sich auf die Entwicklung und Bereitstellung von IT-Systemen (oder erweiterten Versionen vorhandener IT-Systeme), die den zukünftigen Prozess unterstützen. In diesem Buch liegt der Fokus auf der Prozessautomatisierung. Wir werden nur kurz auf das Änderungsmanagement eingehen. Dieses stellt ein eigenständiges Themengebiet dar.

- *Prozessüberwachung:* Sobald der neugestaltete Prozess eingeführt wurde, können relevante Ausführungsdaten erfasst und analysiert werden, um zu ermitteln, wie gut der
  Prozess die Zielvorgaben erfüllt. Engpässe, wiederkehrende Fehler oder Abweichungen
  werden erkannt und Korrekturmaßnahmen eingeleitet. In diesem oder in anderen Prozessen können mit der Zeit neue Probleme auftreten, die ein erneutes Durchlaufen des
  BPM-Lebenszyklus erfordern.

Der BPM-Lebenszyklus hilft uns, die Wichtigkeit von Informationstechnologie für
Geschäftsprozesse zu verstehen. Technologie im Allgemeinen und insbesondere Informationstechnologie (IT) sind wichtige Instrumente zur Verbesserung von Geschäftsprozessen.
Es überrascht nicht, dass IT-Spezialisten wie Systementwickler oft eine bedeutende Rolle
bei BPM-Initiativen spielen. Um eine hohe Effizienz zu erreichen, müssen Systementwickler jedoch wissen, dass Technologie nur ein Instrument zur Steuerung und Ausführung von
Prozessen ist. Systementwickler müssen mit Prozessanalysten zusammenarbeiten, die verstehen, welche Probleme einen bestimmten Prozess betreffen und wie diese Probleme am
besten angegangen werden können, sei es durch Automatisierung oder auf andere Weise.
Der Microsoft-Gründer Bill Gates hat einmal gesagt: „Die erste Regel jeglicher Unterneh-
menstechnologie lautet: Die Automatisierung eines effizienten Prozesses erhöht die Effizienz. Die zweite besagt, dass durch die Automatisierung eines ineffizienten Prozesses die
Ineffizienz erhöht wird." Dies bedeutet, dass das Erlernen der Gestaltung und Verbesserung von Prozessen – und nicht nur der Aufbau eines IT-Systems zur Automatisierung eines
Geschäftsprozesses – eine grundlegende Fähigkeit ist, die jeder IT-Absolvent in den Händen
halten sollte. Umgekehrt müssen Wirtschaftsabsolventen verstehen, wie Technologie und
insbesondere IT dazu verwendet werden kann, um die Ausführung von Geschäftsprozessen
zu optimieren. Dieses Buch zielt darauf ab, eine Brücke zwischen diese beiden Sichtweisen
zu schlagen. Der BPM-Lebenszyklus bietet einen entsprechenden integrierten Ansatz.

Eine andere Sicht auf den BPM-Lebenszyklus bietet die Infobox „Interessengruppen
im BPM-Lebenszyklus." Es werden die Rollen zusammengefasst, die in einem Unterneh-
men direkt oder indirekt an BPM-Initiativen beteiligt sind.[4] Die Liste der hervorgehobenen
Rollen unterstreicht, dass BPM interdisziplinär ist. Eine typische BPM-Initiative umfasst
Manager auf verschiedenen Ebenen in der Organisation, Sachbearbeiter und Facharbeiter auf
der ausführenden Ebene (Prozessbeteiligte genannt), Prozess- und Systemanalysten sowie
IT-Teams. Dementsprechend zielt das Buch darauf ab, gleichermaßen Techniken aus der
Betriebswirtschaftslehre und der IT in Bezug auf BPM zu betrachten.

---

[4]Die Rolle des Kunden ist nicht aufgeführt, da diese Rolle bereits erörtert wurde.

INTERESSENGRUPPEN IM BPM-LEBENSZYKLUS

Viele Interessengruppen sind während ihres gesamten BPM-Lebenszyklus eingebunden ([4]). Die wichtigsten dieser Personen und Gruppen beschreiben wir im Folgenden.

- **Managementteam:** Je nachdem, wie das Management eines Unternehmens organisiert ist, kann man die folgenden Positionen antreffen. Der Geschäftsführer *(engl.: Chief Executive Officer (CEO))* ist für den gesamten Geschäftserfolg des Unternehmens verantwortlich. Der Leiter des operativen Geschäfts *(engl.: Chief Operations Officer (COO))* ist dafür verantwortlich, wie die operativen Prozesse gestaltet werden. In einigen Unternehmen ist er auch für die Steuerung des Geschäftsprozessmanagements verantwortlich, während in anderen Unternehmen dafür eine eigene Führungsposition als Leiter der Abteilung Prozessmanagement *(engl.: Chief Process Officer (CPO))* oder Leiter der Abteilung Prozessinnovation *(engl.: Chief Process and Innovation Officer (CPIO))* für diesen Aufgabenbereich besteht. Der Leiter der Abteilung Informationssysteme *(engl.: Chief Information Officer (CIO))* ist für den effizienten und effektiven Betrieb der Informationssysteminfrastruktur verantwortlich. In einigen Unternehmen werden Prozessverbesserungsprojekte vom CIO gesteuert. Der Finanzvorstand *(engl.: Chief Financial Officer (CFO))* ist für den finanziellen Gesamterfolg des Unternehmens verantwortlich. Er kann auch für bestimmte Geschäftsprozesse verantwortlich sein, insbesondere für solche, die einen direkten Einfluss auf den finanziellen Erfolg haben. Weitere Führungspositionen, die am Lebenszyklus von Prozessen beteiligt sind, sind der Leiter der Personalabteilung *(engl.: Head of Human Resources)*. Er spielt eine Schlüsselrolle in Prozessen, an denen eine beträchtliche Anzahl von Prozessbeteiligten mitwirken. In seiner Gesamtheit ist das Managementteam dafür verantwortlich, alle Prozesse zu überwachen, Initiativen zur Neugestaltung von Prozessen einzuleiten sowie den Interessengruppen, die in allen Phasen des BPM-Lebenszyklus involviert sind, Ressourcen und strategische Leitlinien zur Verfügung zu stellen.

- **Prozessverantwortliche:** Prozessverantwortliche *(engl.: process owner)* sind für den effizienten und effektiven Betrieb eines bestimmten Prozesses verantwortlich. Wie in Abb. 1.5 dargestellt, sind Prozessverantwortliche einerseits für die Planung und Organisation und andererseits für die Überwachung des Prozesses verantwortlich. In der Planungs- und Organisationsrolle sind Prozessverantwortliche für die Definition von Kennzahlen und Zielvorgaben sowie für die Initiierung und Leitung von Verbesserungsprojekten verantwortlich. Der Prozessverantwortliche ist auch für die Ressourcenbereitstellung verantwortlich, damit der Prozess täglich reibungslos läuft. In ihrer Überwachungsfunktion sind Prozessverantwortliche dafür zuständig, das Erreichen der Zielvorgaben sicherzustellen, und Korrekturmaßnahmen zu ergreifen, falls diese nicht erreicht werden. Prozessverantwortliche unterstützen Prozessbeteiligte mit Vorgaben, wie sie Ausnahmen und Fehler, die während der Ausführung des Prozesses auftreten, beheben können. Ebenso sind Prozessverantwortliche an der Prozessmodellierung, Analyse, Neugestaltung, Implementierung und Überwachung beteiligt. Es ist darauf hinzuweisen, dass dieselbe Person durchaus für mehrere Prozesse verantwortlich sein kann. In einem kleinen Unternehmen kann beispielsweise ein einziger Prozessverantwortlicher sowohl für den Auftrag-bis-Zahlungseingang-Prozess als auch für den Kundendienstprozess verantwortlich sein.

- **Prozessbeteiligte:** Prozessbeteiligte *(engl.: process participant)* sind menschliche Akteure, welche wiederkehrende Aktivitäten eines Geschäftsprozesses durchführen. Sie führen diese Routinearbeiten nach den Vorgaben und Richtlinien des Unternehmens durch. Die Koordination der Prozessbeteiligten erfolgt durch den Prozessverantwortlichen, der für den Umgang mit nicht routinemäßigen Aspekten des Prozesses verantwortlich ist. Die Prozessbeteiligten werden auch als Fachexperten in die Prozessentwicklung und Prozessanalyse einbezogen. Sie unterstützen Verbesserungsaktivitäten und Implementierungsbemühungen.

- **Prozessanalysten:** Prozessanalysten *(engl.: process analyst)* führen Aktivitäten zur Identifizierung, Erhebung (insbesondere Modellierung), Analyse und Neugestaltung von Prozessen durch. Sie koordinieren die Prozessimplementierung sowie die Prozessüberwachung. Sie berichten an das Management und die Prozessverantwortlichen und arbeiten eng mit den Prozessbeteiligten zusammen. Prozessanalysten haben in der Regel einen von zwei Hintergründen. Prozessanalysten, die sich mit organisatorischen Anforderungen, Kennzahlen und Änderungsmanagement befassen, haben einen betriebswirtschaftlichen Hintergrund, während diejenigen, die sich mit Prozessautomatisierung befassen, einen IT-Hintergrund haben.

- **Prozessmethodenexperte:** Der Prozessmethodenexperte *(engl.: process methodist)* stellt Prozessanalysten Expertenwissen und Beratung bei der Auswahl geeigneter Methoden, Techniken und Softwarewerkzeuge für jede Phase des BPM-Lebenszyklus bereit. Diese Rolle ist auch für die Koordination der technischen Schulungen zum Thema BPM für die Prozessanalysten zuständig. Prozessmethodenexperten gibt es in der Regel nur bei großen BPM-Initiativen.

- **Systementwickler:** Systementwickler *(engl.: system engineers)* sind an der Neugestaltung und Implementierung von Prozessen beteiligt. Sie interagieren mit Prozessanalysten, um Systemanforderungen zu erfassen. Sie übersetzen Anforderungen in ein Systemdesign und sind für die Implementierung, den Test und den Einsatz dieses Systems verantwortlich. Systementwickler arbeiten auch mit dem Prozessverantwortlichen und den Prozessbeteiligten zusammen, um sicherzustellen, dass das entwickelte System den Prozess effektiv unterstützt. Häufig werden Systemimplementierung, Test und Bereitstellung an externe Anbieter ausgelagert, wobei das Entwicklerteam zumindest teilweise aus Auftragnehmern besteht.

- **BPM-Team:** Große Unternehmen, die sich seit mehreren Jahren mit BPM beschäftigen, verfügen über eine Fülle von wertvollem Wissen über die Planung und Durchführung von BPM-Projekten sowie über umfangreiche Prozessdokumentationen. Das BPM-Team ist dafür verantwortlich, dieses Wissen und diese Dokumentation zu pflegen und sicherzustellen, dass sie zur Erreichung der strategischen Ziele des Unternehmens verwendet wird. Insbesondere ist das BPM-Team für die Pflege der Prozessarchitektur, die Priorisierung von Prozessverbesserungsprojekten, die Unterstützung der Prozessverantwortlichen und Prozessanalysten sowie die Sicherstellung, dass die Prozessdokumentation konsistent gepflegt wird und die Prozessüberwachungssysteme effektiv arbeiten, zuständig. Mit anderen Worten, das BPM-Team ist dafür verantwortlich, eine BPM-Kultur zu pflegen und die BPM-Bemühungen auf die strategischen Ziele des Unternehmens auszurichten. Nicht alle Unternehmen haben ein eigenes BPM-Team. BPM-Teams sind am häufigsten in großen Unternehmen mit mehrjähriger BPM-Erfahrung zu finden.

Der BPM-Lebenszyklus umfasst eine Reihe von Methoden und Werkzeugen zur Identifikation von Prozessen und zur Steuerung einzelner Prozesse. Obwohl diese Methoden und Werkzeuge wichtig sind, hängt der Erfolg von BPM in einer Organisation von vielen weiteren Faktoren ab. Wie in der Infobox „Interessengruppen im BPM-Lebenszyklus" erwähnt, ist es wichtig sicherzustellen, dass die BPM-Initiative an den strategischen Zielen der Organisation ausgerichtet wird (*strategische Ausrichtung*). Es ist wichtig, dass die Rollen und Verantwortlichkeiten bei BPM-Initiativen und die damit verbundenen Entscheidungsprozesse klar definiert sind und dass Kennzahlensysteme, Richtlinien und Konventionen vorhanden sind, die sicherstellen, dass BPM-Initiativen auf konsistente Weise durchgeführt werden (*Unternehmensführung*). Es ist außerdem wichtig, dass die Prozessbeteiligten in die BPM-Initiativen, die sich auf ihre Prozesse auswirken, eingebunden werden und über diese informiert werden und dass Manager und Analysten über die erforderlichen Fähigkeiten und Qualifikationen verfügen. Nicht zuletzt ist es wichtig, eine Organisationskultur zu entwickeln, die auf Prozessänderungen anspricht und Prozessdenken berücksichtigt. Mit anderen Worten, die Rolle, welche die *Mitarbeiter* und *Kultur* einer Organisation für den Erfolg von BPM spielen, sollte nicht unterschätzt werden. Zusammenfassend sei hervorgehoben, dass BPM für einen nachhaltigen Unternehmenserfolg auf der gleichen Ebene wie andere organisatorische Managementfähigkeiten wie Risikomanagement und Leistungsmanagement steht.

Im Rest des Buches werden wir nacheinander in jede Phase des BPM-Lebenszyklus eintauchen. Kap. 2 befasst sich mit der Prozessidentifikation. Die Kap. 3 und 4 bieten eine Einführung in die Prozessmodellierung, die als Hintergrund für die nachfolgenden Phasen des BPM-Lebenszyklus dient. Kap. 5 befasst sich mit der Prozesserhebung. In den Kap. 6 und 7 werden verschiedene Prozessanalysetechniken vorgestellt. Wir unterscheiden qualitative (Kap. 6) und quantitative (Kap. 7) Techniken. Eine quantitative Technik konzentriert sich auf

Kennzahlenmessungen, während eine qualitative Technik das menschliche Urteilsvermögen einschließt, um beispielsweise Aufgaben oder Probleme nach subjektiven Kriterien zu klassifizieren. Im Anschluss bietet Kap. 8 einen Überblick über die Methoden der Prozessverbesserung. Die Kap. 9 und 10 behandeln die Phase der Prozessimplementierung. Kap. 9 führt verschiedene Arten von prozessorientierten Informationssystemen ein. Danach beschreibt Kap. 10, wie ein Prozessmodell verwendet wird, um die Implementierung eines Prozesses unter Verwendung eines BPMS voranzutreiben. Kap. 11 führt eine Reihe von Techniken zur Prozessüberwachung ein und schließt damit den BPM-Lebenszyklus. In Kap. 12 wird schließlich die Frage diskutiert, wie BPM nachhaltig erfolgreich sein kann, indem es als Unternehmensfähigkeit behandelt und anhand eines Reifegradmodells entwickelt wird.

1.5   Die wichtigsten Punkte

Wir haben in diesem Kapitel gelernt, dass ein Prozess die Gesamtheit von zusammenhängenden Ereignissen, Aktivitäten und Entscheidungspunkten beschreibt, an der eine Reihe von Akteuren und Objekten beteiligt sind, und die gemeinsam zu einem Ergebnis führen, das für mindestens einen Kunden einen Mehrwert darstellt. Jede Organisation besteht aus Prozessen. Das Verständnis und die Steuerung dieser Prozesse stellt sicher, dass diese dauerhaft Wert schaffen, und ist somit ein entscheidender Faktor für die Effektivität und Wettbewerbsfähigkeit von Unternehmen.

Wenn wir BPM auf den Punkt bringen wollen, würden wir sagen, dass BPM die Gesamtheit von Methoden, Techniken und Werkzeugen erschließt, die dabei helfen, Prozesse zu identifizieren, erheben, analysieren, verbessern, auszuführen und zu überwachen. Wir haben auch gesehen, dass Prozessmodelle und Kennzahlen grundlegende Säulen für das Geschäftsprozessmanagement sind. Die Definition von BPM umfasst die Phasen des BPM-Lebenszyklus und die verschiedenen damit verbundenen Disziplinen, die BPM ergänzen, wie Lean, Six Sigma und Total Quality Management. Ziel dieses Kapitels war es, einen Überblick über die Aktivitäten und Interessengruppen zu geben, die in den einzelnen Phasen des BPM-Lebenszyklus involviert sind. Im Rest des Buches beleuchten wir eine Vielzahl von Prinzipien und Methoden, die in den verschiedenen Phasen verwendet werden.

1.6   Lösungen zu Übungsaufgaben

Lösung 1.1

1. Sachbearbeiter, Antragsteller, Agentur zur Prüfung akademischer Abschlüsse und akademischer Ausschuss. Die Zulassungsstelle als Organisationseinheit kann auch als eigenständiger Akteur bezeichnet werden.
2. Antragsteller.

3. Man kann argumentieren, dass der *Mehrwert,* den das Verfahren für den Antragsteller bietet, die Prüfung des Antrags und die anschließende Entscheidung über die Zulassung oder Ablehnung ist. Aus dieser Perspektive liefert der Prozess einen Mehrwert unabhängig davon, ob der Antrag zugelassen oder abgelehnt wird, vorausgesetzt, der Antrag wird ordnungsgemäß bearbeitet. Aus einer anderen Perspektive könnte man sagen, dass der Prozess dem Antragsteller nur dann einen Mehrwert bietet, wenn die Zulassung erfolgt, und nicht, wenn sie abgelehnt wird. Es können Argumente für beide Standpunkte vorgebracht werden.

4. Antragsteller wegen unvollständiger Unterlagen abgelehnt; Antragsteller wegen Englisch-Testergebnissen abgelehnt; Antragsteller wegen Bewertung durch die akademische Agentur abgelehnt; Antragsteller nach Entscheidung des akademischen Komitees abgelehnt; Antragsteller akzeptiert. Eine eingehendere Analyse könnte weitere mögliche Ergebnisse aufzeigen, wie z. B. „Antrag vom Antragsteller zurückgezogen" oder „Antragsteller bedingt akzeptiert, sofern zusätzliche Unterlagen vorgelegt werden." Es gibt jedoch nicht genügend Details in der Beschreibung des Prozesses, um festzustellen, ob diese genannten Ergebnisse möglich sind.

Lösung 1.2

1. Die Abteilung mit einem Einkaufsbedarf, die Einkaufsabteilung, der Lieferant, die Lagerverwaltung und die Kreditorenbuchhaltung.

2. Die Abteilung mit einem Einkaufsbedarf.

3. Der *Mehrwert,* den der Prozess für die Abteilung mit einem Einkaufsbedarf bietet, ist die rechtzeitige, genaue und kostengünstige Bereitstellung eines bestimmten Einkaufsartikels. In diesem Fall liefert der Prozess einen Mehrwert, wenn der Einkaufsbedarf durch eine rechtzeitige, genaue und kostengünstige Lieferung eines Lieferanten erfüllt wird, begleitet von einer rechtzeitigen und genauen Zahlung.

4. Die Lieferung von Waren kann mit der gebotenen Sorgfalt angenommen werden, was zu einer entsprechenden Zahlung führt, oder sie kann abgelehnt werden, wenn der Betrag oder die Art der Sendung nicht korrekt ist.

Lösung 1.3 Mögliche Kennzahlen sind unter anderem:

1. Durchschnittliche Zeit zwischen dem Zeitpunkt des Eingangs eines Antrags und dem Zeitpunkt der Zulassung oder Ablehnung (Durchlaufzeit). Beachten Sie, dass, wenn die Universität eine vordefinierte Frist für die Benachrichtigung über die Zulassung/Ablehnung bekannt gibt, eine alternative Leistungskennzahl der Prozentsatz der Fälle ist, in denen diese Frist eingehalten wird.

2. Prozentsatz der Anträge, die aufgrund unvollständiger Dokumente abgelehnt wurden. Hier könnten wir zwischen zwei Varianten dieser Maßnahme unterscheiden: eine, die alle Fälle zählt, in denen Anträge zunächst aufgrund unvollständiger Dokumente abgelehnt werden, und eine andere, die die Anzahl der Fälle zählt, in denen Anträge aufgrund

unvollständiger Dokumente abgelehnt werden und in denen der Antragsteller den vervollständigten Antrag nicht erneut einreicht, z. B. weil die Frist für Anträge abgelaufen ist, bevor der Antragsteller die erforderlichen Unterlagen zusammenstellen konnte.

3. Prozentsatz der abgelehnten Anträge aufgrund abgelaufener, ungültiger oder schlechter Testergebnisse der englischen Sprache.
4. Prozentsatz der abgelehnten Anträge aufgrund von Empfehlungen des akademischen Ausschusses.
5. Prozentsatz der angenommenen Bewerbungen.

Beachten Sie, dass die Kosten, die der Universität pro Antrag entstehen, keine aus Sicht des Bewerbers relevante Kennzahl ist, sondern lediglich aus Sicht der Universität.

Lösung 1.4 Mögliche Probleme sind unter anderem:

1. Lange Durchlaufzeiten.
2. Mühsamkeiten beim Zusammenstellen und Einreichen aller erforderlichen Dokumente.
3. Möglicherweise: Fehlerhafte Bearbeitung von Anträgen aufgrund der Übergabe von Papierdokumenten zwischen verschiedenen Prozessbeteiligten.

Lösung 1.5 Um die Durchlaufzeit und fehlerhafte Bewerbungen zu reduzieren, könnten Bewerbungen in elektronischer Form zwischen der Zulassungsstelle und dem akademischen Ausschuss ausgetauscht werden. Um den Vorbereitungsaufwand für die Einreichung eines Antrags zu reduzieren, könnten Anträge in zwei Phasen bewertet werden. In der ersten Phase werden rein elektronisch eingereichte Dokumente (z. B. gescannte Kopien anstelle von physischen Kopien) verwendet. Nur die vom akademischen Ausschuss akzeptierten Antragsteller müssten dann den Prozess durchlaufen, beglaubigte Kopien von Abschlüssen per Post zur Überprüfung durch die Zulassungsstelle einzureichen.

1.7 Weitere Übungsaufgaben

Übung 1.6 Betrachten Sie den folgenden Prozess in einer Apotheke.

Kunden geben ihre Rezepte entweder an der Durchfahrtkasse oder am Tresen der Apotheke ab. Kunden können verlangen, dass ihr Rezept sofort bearbeitet wird. In diesem Fall müssen sie je nach Betrieb zwischen 15 min und 1 h warten. Die meisten Kunden sind jedoch nicht bereit, so lange zu warten, so dass sie sich dafür entscheiden, eine Abholzeit zu einem späteren Zeitpunkt am Tag auszumachen. Typischerweise geben die Kunden ihre Rezepte morgens vor der Arbeit (oder mittags) ab und kommen die Medikamente nach der Arbeit abholen, meist zwischen 17 und 18 Uhr. Wenn ein Rezept abgegeben wird, fragt ein Angestellter den Kunden nach der Abholzeit und legt das Rezept in eine Box, die mit der Stunde vor der Abholzeit gekennzeichnet ist. Wenn der Kunde beispielsweise darum bittet, das Rezept um 17.00 Uhr abzuholen, legt der Angestellte es in die Box mit dem Etikett 16.00 Uhr (es gibt eine Box für jede Stunde des Tages).

Jede Stunde holt einer der Angestellten die Rezepte ab, die in der aktuellen Stunde abgeholt werden sollen. Der Angestellte gibt dann die Details jedes Rezeptes (z. B. Arztdaten, Patientendaten und Medikationsdetails) in das Apothekensystem ein. Sobald die Details eines Rezeptes eingegeben sind, führt das Apothekensystem eine automatische Prüfung auf Wechselwirkungen durch. Bei dieser Prüfung soll festgestellt werden, ob das Rezept Arzneimittel enthält, die mit anderen Arzneimitteln, die in der Vergangenheit an denselben Kunden abgegeben wurden, Wechselwirkungen hervorrufen können, oder Arzneimittel, die für den Kunden unter Berücksichtigung der im System gepflegten Kundendaten (z. B. Alter) ungeeignet sein könnten.

Alle Alarmhinweise, die während der automatischen Prüfung ausgegeben werden, müssen von einem Apotheker überprüft werden. In einigen Fällen muss der Apotheker sogar den Arzt anrufen, der das Rezept ausgestellt hat, um es zu bestätigen.

Nach dieser Prüfung führt das System eine Versicherungsprüfung durch, um festzustellen, ob die Versicherung des Kunden einen Teil oder die gesamten Kosten der Medikamente übernimmt. In den meisten Fällen ergibt sich aus dieser Prüfung, dass die Versicherung nur einen bestimmten Prozentsatz der Kosten übernimmt, während der Kunde den restlichen Teil (auch *Zuzahlung* genannt) bezahlen muss. Die Regeln zur Bestimmung, wie viel die Versicherung zahlen wird und wie viel der Kunde zahlen muss, sind sehr kompliziert. Jede Versicherungsgesellschaft hat unterschiedliche Regeln. In einigen Fällen deckt die Versicherung ein oder mehrere verschreibungspflichtige Medikamente nicht ab, aber das betreffende Medikament kann durch ein anderes Medikament ersetzt werden, das von der Versicherung bezahlt wird. Wenn solche Fälle festgestellt werden, ruft der Apotheker in der Regel den Arzt und möglicherweise auch den Patienten an, um festzustellen, ob der Arzneimittelwechsel möglich ist.

Sobald das Rezept den Versicherungscheck bestanden hat, wird es einem Angestellten zugewiesen, welcher die Medikamente aus den Regalen holt und in einen Beutel mit dem darauf gehefteten Rezept legt. Nachdem der Angestellte ein bestimmtes Rezept ausgefüllt hat, wird der Beutel an den Apotheker weitergegeben, der erneut überprüft, ob das Rezept korrekt ausgefüllt wurde. Nach dieser Qualitätskontrolle verschließt der Apotheker den Beutel und legt ihn in den Abholbereich. Wenn ein Kunde kommt, um ein Rezept abzuholen, nimmt ein Angestellter das Rezept entgegen und bittet den Kunden um Zahlung, falls die in dem Rezept enthaltenen Medikamente nicht vollständig durch die Versicherung des Kunden abgedeckt sind.

Betrachten Sie im Hinblick auf den oben genannten Prozess die folgenden Fragen:

1. Welche Art von Prozess ist der oben beschriebene: Auftrag-bis-Zahlungseingang, Angebot-bis-Auftrag, Bestellung-bis-Bezahlung, Problem-bis-Lösung oder Antrag-bis-Bestätigung?
2. Wer sind die Akteure in diesem Prozess?
3. Wer sind die Kunden?
4. Was sind die Aktivitäten dieses Prozesses?
5. Welchen Mehrwert hat der Prozess für seine Kunden?
6. Was sind die möglichen Ergebnisse dieses Prozesses?
7. Aus der Sicht des Kunden, welche Prozesskennzahlen können definiert werden?

8. Welche potenziellen Probleme erkennen Sie für diesen Prozess? Welche Informationen müssten Sie sammeln, um diese Probleme zu analysieren?
9. Welche möglichen Änderungen könnten Ihrer Meinung nach an diesem Prozess vorgenommen werden, um die oben genannten Probleme zu lösen?

Quelle: Diese Übung ist angelehnt an [5].

Übung 1.7 Betrachten Sie den folgenden Prozess in einem Unternehmen mit 800 Mitarbeitern Anfang der 1990er Jahre.

Jeder Mitarbeiter des Unternehmens kann durch das Ausfüllen eines Formulars eine Bestellanforderung auslösen. Die Bestellanforderung enthält Informationen über die zu beschaffende Ware, die Menge, den gewünschten Liefertermin und die ungefähren Kosten. Der Mitarbeiter kann einen bestimmten Lieferanten vorschlagen. Mitarbeiter fordern oft Angebote von Lieferanten an, um die erforderlichen Informationen zu erhalten. Das Ausfüllen des gesamten Formulars kann einige Tage dauern, da der Mitarbeiter oft nicht über die erforderlichen Informationen verfügt. Das Angebot ist der Bestellanforderung beizufügen. Die ausgefüllte Bestellanforderung wird von zwei Vorgesetzten unterzeichnet. Ein Vorgesetzter muss eine finanzielle Genehmigung erteilen, während der andere Vorgesetzte die Notwendigkeit des Erwerbs und seine Übereinstimmung mit Unternehmensrichtlinien bestätigen muss (z. B. ist der Kauf eines Softwaretools mit der Standard-IT-Betriebsumgebung des Unternehmens kompatibel?). Das Einholen der Unterschriften von den beiden Vorgesetzten dauert durchschnittlich 5 Tage. In dringenden Fällen kann der Mitarbeiter das Formular eigenhändig zustellen, ansonsten wird es per interner Post zugestellt. Eine abgelehnte Bestellanforderung wird an den Mitarbeiter zurückgegeben. Manchmal nimmt der Mitarbeiter kleinere Änderungen vor und legt die Bestellanforderung erneut vor.

Sobald eine Bestellanforderung genehmigt wurde, wird sie an den Mitarbeiter zurückgegeben. Dieser leitet das Bestellformular an den Einkauf weiter. Mitarbeiter machen oft eine Kopie des Formulars für ihre eigenen Unterlagen für den Fall, dass das Formular verloren geht. Die Einkaufsabteilung prüft die Vollständigkeit der Bestellanforderung und sendet sie an den Mitarbeiter zurück, wenn sie unvollständig ist.

Die Einkaufsabteilung gibt dann die genehmigte Bestellanforderung in das ERP-System des Unternehmens ein. Wenn der Mitarbeiter keinen Lieferanten benannt hat, wählt ein Sachbearbeiter im Einkauf einen aus, basierend auf den Angeboten, die der Bestellanforderung beigefügt sind, oder aus der Liste der Lieferanten, die im ERP-System des Unternehmens verfügbar ist.

Manchmal ist das der Bestellanforderung beigefügte Angebot inzwischen nicht mehr verfügbar. In diesem Fall wird ein aktualisiertes Angebot vom entsprechenden Lieferanten angefordert. In anderen Fällen wird der Lieferant, der das Angebot abgegeben hat, nicht im ERP-System des Unternehmens erfasst. In diesem Fall sollte der Einkauf anderen Lieferanten, die im ERP-System registriert sind, den Vorzug geben. Wenn keine solchen Lieferanten verfügbar sind oder wenn die registrierten Lieferanten höhere Preise fordern als im eingereichten Angebot, kann die Einkaufsabteilung den neuen Lieferanten in das ERP-System aufnehmen.

Wenn ein Lieferant ausgewählt wird, generiert das ERP-System automatisch eine Bestellung. Diese Bestellung wird per Fax an den Lieferanten gesendet. Eine Kopie der Bestellung wird an die Kreditorenbuchhaltung geschickt. Diese Einheit der Finanzabteilung verwendet ein

Buchhaltungssystem, welches nicht in dem ERP-System integriert ist, in dem alle Bestellungen gespeichert werden.

Die Ware wird immer an die Wareneingangsabteilung geliefert. Beim Wareneingang wählt ein Sachbearbeiter dieser Abteilung die entsprechende Bestellung im ERP-System aus. Der Sachbearbeiter prüft Quantität und Qualität und erzeugt aus der im ERP-System gespeicherten Bestellung einen Beleg namens Wareneingangsformular. Die Ware wird an den Mitarbeiter weitergeleitet, der die Bestellanforderung ausgelöst hat. Ein Ausdruck des Wareneingangsformulars wird an die Kreditorenbuchhaltung gesendet. Wenn es Probleme mit der Ware gibt, wird sie an den Lieferanten zurückgeschickt und eine Notiz an den Einkauf und die Kreditorenbuchhaltung zur Archivierung geschickt.

Der Lieferant sendet die Rechnung schließlich direkt an die Kreditorenbuchhaltung. Ein Sachbearbeiter vergleicht dort die Bestellung, den Wareneingang und die Rechnung. Diese letztgenannte Aufgabe wird als Drei-Wege-Abgleich bezeichnet. Der Drei-Wege-Abgleich ist zeitaufwendig, da der Sachbearbeiter jede Abweichung sorgfältig untersuchen muss. Der Zahlungsprozess dauert so lange, dass das Unternehmen oft die Frist für die Rechnungszahlung verpasst und eine Strafe zahlen muss.

Am Ende löst der Sachbearbeiter die Überweisung aus und sendet eine Zahlungsmitteilung an den Lieferanten. Einige Lieferanten geben in ihrer Rechnung ausdrücklich die Bankkontonummer an, auf welche die Überweisung erfolgen soll. Es kommt vor, dass sich die in der Rechnung angegebene Bankkontonummer und der Name von dem in der Lieferantendatenbank erfassten unterscheiden. In manchen Fällen kommt es zu einem Rücklauf der Zahlungen. In diesem Fall wird der Verkäufer per Telefon, E-Mail oder Post kontaktiert. Wenn neue Bankverbindungen angegeben werden, wird die Überweisung erneut versucht. Wenn das Problem immer noch nicht gelöst ist, muss sich die Kreditorenbuchhaltung erneut an den Lieferanten wenden, um die Ursache der geplatzten Zahlung zu ermitteln.

1. Welche Art von Prozess ist der oben beschriebene: Auftrag-bis-Zahlungseingang, Angebot-bis-Auftrag, Bestellung-bis-Bezahlung, Problem-bis-Lösung oder Antrag-bis-Bestätigung?
2. Wer sind die Akteure in diesem Prozess? Wer sind die Kunden?
3. Was sind die Aktivitäten dieses Prozesses?
4. Welchen Mehrwert hat der Prozess für seine Kunden?
5. Was sind die möglichen Ergebnisse dieses Prozesses?
6. Aus der Sicht des Kunden, welche Kennzahlen können mit diesem Prozess verbunden werden?
7. Welche potenziellen Probleme sehen Sie in diesem Prozess? Welche Informationen müssten Sie sammeln, um diese Probleme zu analysieren?
8. Welche möglichen Änderungen könnten Ihrer Meinung nach an diesem Prozess vorgenommen werden, um die oben genannten Probleme zu lösen?

Quelle: Diese Übung ist an eine ähnliche Übung angelehnt, die von Michael Rosemann, Queensland University of Technology, entwickelt wurde.

Übung 1.8 Betrachten Sie die Phasen des BPM-Lebenszyklus. Welche dieser Phasen sind nicht in einem Geschäftsprozess-Reengineering-Projekt enthalten?

1.8   Vertiefende Lektüre

Rummler ist einer der Pioniere des Prozessdenkens in dem Sinne eines Ansatzes, der die Mängel einer rein funktionalen Organisation zu überwinden versucht. Sein gemeinsam mit Brache veröffentliches Buch hat diese Idee bekannt gemacht: „Improving Performance: How to Manage the White Space on the Organizational Chart" [3]. Ein Papier von Rummler, das zwei Jahrzehnte später veröffentlicht wurde [6], enthält eine Zusammenfassung seiner Methode zur Strukturierung von Organisationen aus Prozesssicht.

Zwei bereits im Kapitel erwähnte Artikel, die das Prozessdenken als Managementkonzept populär machten, sind die von Hammer [7] sowie von Davenport und Short [1]. Während sich Rummlers Arbeit weitgehend mit der Strukturierung von Organisationen auf Basis von Prozessen befasst, konzentrieren sich Hammer sowie Davenport und Short darauf, wie einzelne Geschäftsprozesse neu gestaltet, und somit verbessert werden können.

Eine umfassende Betrachtung von BPM aus betriebswirtschaftlicher Sicht bietet Harmon in seinem Buch [8]. Harmons Buch präsentiert die sogenannte BPTrends-Methode. Harmon ist ebenfalls der Herausgeber des BPTrends-Newsletters und des gleichnamigen Portals [5], das zahlreiche Artikel und Ressourcen zu BPM enthält. Einen guten Überblick über das Feld gibt das Buch von Becker et al. [9] und das Handbuch von Rosemann und vom Brocke [10, 11].

Wie in diesem Kapitel erwähnt, ist BPM mit anderen Disziplinen wie Total Quality Management und Six Sigma eng verwandt. Elzinga et al. [12] diskutieren die Beziehung zwischen BPM und TQM, während die Anwendung von Six Sigma-Techniken für BPM von Harmon [8, Kap. 12], Laguna und Marklund [13, Kap. 2] und Conger [14] thematisiert wird.

Auch auf Deutsch sind eine Reihe von Büchern zu BPM erschienen, unter anderen die Bücher von Gadatsch [15], Becker et al. [16], Scheer [17] und Gaitanides [18].

Literatur

1. Davenport, T.H., Short, J.E.: The new industrial engineering: information technology and business process redesign. Sloan Manage. Rev. **31**(4), 11–27 (1990)
2. McCormack, K.: The development of a measure of business process orientation and its relationship to organizational performance, April 1999. Online tutorial available at http://www.prosci.com/mccormack.htm
3. Rummler, G.A., Brache, A.P.: Improving Performance: Managing the White Space on the Organizational Chart. Jossey-Bass, San Francisco (1990)

---

[5] http://www.bptrends.com

 4. Lohmann, P., zur Muehlen, M.: Business process management skills and roles: an investigation
    of the demand and supply side of BPM professionals. In: Proceedings of the 13th Internatio-
    nal Conference on Business Process Management (BPM), volume 9253 of Lecture Notes in
    Computer Science, pp. 317–332. Springer (2015)
 5. McAfee, A.: Pharmacy service improvement at cvs (a). Harvard Bus. Rev. Case Stud. (2005)
 6. Rummler, G.A., Ramias, A.J.: A framework for defining and designing the structure of work.
    In: Rosemann, M., vom Brocke, J. (Eds.) Handbook of Business Process Management, Vol. 1,
    pp. 81–104. Springer (2015)
 7. Hammer, M.: Reengineering work: don't automate, obliterate. Harvard Bus. Rev. **68**(4), 104–112
    (1990)
 8. Harmon, P.: Business Process Change: A Guide for Business Managers and BPM and Six Sigma
    Professionals. Zweite Auflage. Morgan Kaufmann (2007)
 9. Becker, J., Kugeler, M., Rosemann, M.: Process Management: A Guide for the Design of Business
    Processes. Springer (2011)
10. Vom Brocke, J., Rosemann, M.: Handbook on Business Process Management 1: Introduction,
    Methods, and Information Systems, Bd. 1, 2. Aufl. Springer (2015)
11. vom Brocke, J., Rosemann, M.: Handbook on Business Process Management 2: Strategic Ali-
    gnment, Governance, People and Culture, Bd. 2, 2. Aufl. Springer (2015)
12. Elzinga, D.J., Horak, T., Lee, C.Y., Bruner, C.: Business process management: survey and metho-
    dology. IEEE Trans. Eng. Manag. **42**(2), 119–128 (1995)
13. Laguna, M., Marklund, J.: Business Process Modeling, Simulation and Design. 3rd edn. CRC
    Press (2019)
14. Conger, S.: Six sigma and business process management. In: vom Brocke, J., Rosemann, M.
    (Eds.) Handbook of Business Process Management, vol. 1, pp. 127–146. Springer (2015)
15. Gadatsch, A.: Grundkurs Geschäftsprozess-Management: Analyse, Modellierung, Optimierung
    und Controlling von Prozessen. Springer, Wiesbaden (2017)
16. Becker, J., Kugeler, M., Rosemann, M: Prozessmanagement: Ein Leitfaden zur prozessorientier-
    ten Organisationsgestaltung, 7. Aufl. Springer Science & Business Media (2012)
17. Scheer, A.-W.: ARIS – Vom Geschäftsprozeß zum Anwendungssystem. Dritte Auflage. Springer
    (1998)
18. Gaitanides, M.: Prozeßorganisation: Entwicklung, Ansätze und Programme prozeßorientierter
    Organisationsgestaltung. Vahlen (1983)

Prozessidentifikation

Wichtige Dinge dürfen nie den unwichtigen untergeordnet werden.

Johann Wolfgang von Goethe (1749–1832)

Die Prozessidentifikation *(engl.: process identification)* zielt darauf ab, die Geschäftsprozesse eines Unternehmens systematisch zu definieren und klare Kriterien für die Auswahl zu verbessernder Prozesse festzulegen. Das Ergebnis der Prozessidentifikation ist eine Prozessarchitektur, die die Prozesse und ihre Beziehungen darstellt. Diese Prozessarchitektur dient als Rahmen für die Priorisierung und Ausgestaltung von Prozessmodellierungs- und -verbesserungsprojekten.

In diesem Kapitel betrachten wir als erstes den Rahmen der Prozessidentifikation. Anschließend diskutieren wir eine Methode zur Prozessidentifikation, die auf zwei Schritten basiert: die Definition der Prozessarchitektur und die Prozessauswahl. Der Definitionsschritt befasst sich mit der Auflistung der wichtigsten Prozesse und deren Gesamtarchitektur. Der Auswahlschritt basiert auf geeigneten Kriterien, um die Priorisierung dieser Prozesse anhand eines Portfolios vorzunehmen.

2.1 Der Rahmen der Prozessidentifikation

Um die Bedeutung der Prozessidentifikation zu verstehen, müssen wir uns den strategischen Rahmen eines Unternehmens ansehen.

Nur wenige Unternehmen verfügen über die erforderlichen Ressourcen, um alle ihre Prozesse im Detail zu modellieren, jeden einzelnen von ihnen rigoros zu analysieren und neu zu gestalten, Automatisierungstechnik für jeden dieser Prozesse einzusetzen und schließlich die Leistung dieser Prozesse im Detail kontinuierlich zu überwachen. Und selbst wenn solche Ressourcen verfügbar wären, wäre es nicht effektiv, sie auf diese Weise zu verwenden. BPM bekommt man nicht umsonst. Wie jede andere Investition müssen sich auch Investitionen in

© Springer-Verlag GmbH Deutschland, ein Teil von Springer Nature 2021
M. Dumas et al., *Grundlagen des Geschäftsprozessmanagements*,
https://doi.org/10.1007/978-3-662-58736-2_2

BPM auszahlen. Daher ist es für Unternehmen, die sich mit BPM beschäftigen, unerlässlich, ihre Aufmerksamkeit auf eine relevante Teilmenge von Prozessen zu richten.

Einige Prozesse müssen priorisiert werden, da sie für das Überleben eines Unternehmens von strategischer Bedeutung sind. Mintzberg definiert die *Geschäftsstrategie* als eine unternehmensweite Perspektive auf die Festlegung und Erreichung von Geschäftszielen. Typischerweise kann davon ausgegangen werden, dass eine Geschäftsstrategie existiert und bei der Prozessidentifikation berücksichtigt werden kann. Die Strategie kann auf verschiedene Weise operationalisiert werden. Eine wichtige Option ist die Definition von Unternehmenszielen mithilfe einer *Balanced Scorecard.*

Abb. 2.1 zeigt die Logik der Balanced Scorecard unter Verwendung der Strategy-Map-Notation von Kaplan & Norton [1]. Die explizite Darstellung der Strategie auf diese Weise wird oft auch als *Geschäftsmodell* eines Unternehmens bezeichnet. Als generisches und übergreifendes Unternehmensziel wird in diesem Zusammenhang der langfristige Unternehmenswert *(engl.: shareholder value)* angenommen. In der *Finanzperspektive* untergliedert sich dieses Ziel in die vier Teilziele Verbesserung der Kostenstruktur, Steigerung der Anlagenauslastung, Erweiterung der Ertragsmöglichkeiten und Steigerung des Kundennutzens. Diese finanziellen Ziele werden durch Faktoren der *Kundenperspektive* beeinflusst. Das

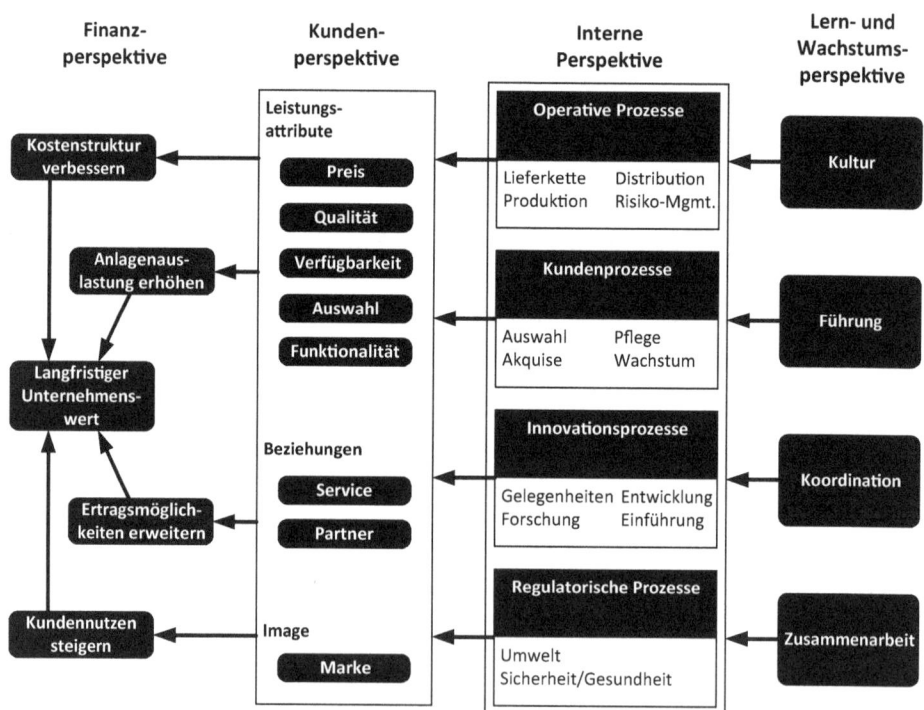

Abb. 2.1 Die Balanced Scorecard von Kaplan & Norton

Konzept eines Kundennutzenversprechens *(engl.: customer value proposition)* geht davon aus, dass die produkt- und dienstleistungsbezogenen Attribute Preis, Qualität, Verfügbarkeit, Auswahl und Funktionalität, Service- und Partnerbeziehungen sowie das Markenimage von den Kunden wertgeschätzt werden. So könnte beispielsweise ein Unternehmen, welches früher Bücher in Geschäften verkauft hat und nun bei Amazon zur Verfügung stellt, sein Kundennutzenversprechen verbessern, weil es einfacher wird zu bestellen (Verfügbarkeit). Die Kundenperspektive wird durch die *interne Perspektive* beeinflusst, welche durch operative Prozesse, Kundenprozesse, Innovationsprozesse und regulatorische Prozesse definiert wird. Das bedeutet, dass z. B. das Angebot von Billigbüchern als produktbezogenes Angebot mit billigen Produktionsprozessen auf der operativen Ebene in Einklang sein sollte. Die Fähigkeit, effiziente und effektive Prozesse im Rahmen der internen Perspektive aufzubauen, wird letztlich durch Humankapital, Informationskapital und Organisationskapital der *Lern- und Wachstumsperspektive* beeinflusst. Die Balanced Scorecard unterstreicht die Bedeutung von Geschäftsprozessen für die Umsetzung der Geschäftsstrategie. Geschäftsprozesse bauen auf Menschen-, Informations- und Organisationskapital auf und bilden die Grundlage für das Kundennutzenversprechen, welches schließlich zu finanziellem Erfolg führt. Das bedeutet, dass die Umsetzung der Strategie die Transparenz der Geschäftsprozesse und deren Beitrag zu den strategischen Zielen erfordert.

Übung 2.1 Betrachten wir erneut das Bauunternehmen BuildIT und seinen auf Beispiel 1.1 beschriebenen Beschaffungsprozess. Zu welcher Kategorie der internen Perspektive in Abb. 2.1 gehört dieser Prozess? Wie beeinflusst er verschiedene Aspekte der Kundenperspektive? Wie ist er durch Aspekte der Lern- und Wachstumsperspektive geprägt?

Die strategische Bedeutung ist nur eine Überlegung für die Betrachtung von Prozessen. So können beispielsweise zwei Prozesse von gleicher strategischer Bedeutung sein, während nur einer von ihnen spürbare Probleme aufweist, die im Interesse aller Beteiligten gelöst werden sollten. Um Probleme von Prozessen nachzuverfolgen, müssen wir verstehen, wie Prozesse mit anderen Perspektiven eines Unternehmens in Beziehung stehen. Die Balanced Scorecard betont den kausalen Zusammenhang zwischen verschiedenen Zielen eines Unternehmens. Im Gegensatz dazu beschreibt die *Unternehmensarchitektur* die strukturellen Abhängigkeiten zwischen verschiedenen Perspektiven des Unternehmens. Zur Beschreibung von Unternehmensarchitekturen werden verschiedene Ordnungsrahmen verwendet, unter anderem *The Open Group Architecture Framework* (TOGAF)[1] und der *Zachman-Ordnungsrahmen*.[2] Der TOGAF-Ordnungsrahmen definiert die folgenden Perspektiven:

---

[1] http://www.opengroup.org/subjectareas/enterprise/togaf
[2] https://www.zachman.com/about-the-zachman-framework

- Die *organisatorische* Perspektive, welche die Akteure, Rollen und Organisationsstrukturen anhand von *Organigrammen* beschreibt,
- die Produktperspektive, welche die Produkte und Dienstleistungen definiert, die ein Unternehmen anbietet, sowie deren Beziehungen, die unter Verwendung von *Produkt- und Dienstleistungskatalogen* beschrieben werden,
- die Geschäftsprozessperspektive, welche durch eine *Prozessarchitektur* beschrieben wird,
- die Datenperspektive einschließlich der Informationselemente und deren Beziehungen, wie sie durch ein *Daten!Modell* beschrieben werden,
- die Anwendungsperspektive, welche die verschiedenen Softwarekomponenten mit ihren Abhängigkeiten mithilfe eines *Anwendungsmodells* darstellt, und
- die *technische Infrastruktur,* oft mit Schwerpunkt auf Computerhardware und Kommunikationsnetzen, wie sie in einem *Infrastrukturmodell* beschrieben wird.

Die Wichtigkeit einer Unternehmensarchitektur ergibt sich daraus, dass Geschäftsprozesse eine zentrale Rolle bei der Integration dieser unterschiedlichen Perspektiven des Unternehmens spielen. Die Bedeutung von Geschäftsprozessen wird durch das ARIS-Modell von Scheer unterstrichen, welches die Prozesse in den Mittelpunkt stellt. Eine Unternehmensarchitektur beschreibt verschiedene Perspektiven und deren Zusammenhänge. Wenn diese systematisch erstellt wurde, kann ein Manager sie als Dokumentation verwenden, um die folgenden Fragen zu beantworten: Auf welchen Prozess wirkt sich der Ausfall eines Online-Services aus und welches IT-System unterstützt Aktivitäten in diesem Prozess, die von dem Ausfall betroffen sein könnten?

Übung 2.2 Betrachten wir erneut das Bauunternehmen BuildIT und seinen auf Beispiel 1.1 beschriebenen Beschaffungsprozess. Welche Aspekte in den Perspektiven Organisation, Produkt, Daten, Anwendung und technische Infrastruktur müssen beschrieben werden, um diesen Prozess zu verstehen?

Der Grund für die Durchführung der Prozessidentifikation ist, dass sich ein Unternehmen auf diejenigen Prozesse konzentrieren sollte, die entweder von strategischer Relevanz sind oder die erhebliche Probleme haben (oder beides). Das macht die Prozessidentifikation zu einer fortlaufenden Aufgabe, denn Prozesse *innerhalb* eines Unternehmens unterliegen der Dynamik von Zeit und Veränderung. Bestimmte Prozesse mögen zu einem Zeitpunkt problematisch sein, aber sobald die Probleme identifiziert und gelöst sind, sollte der Fokus auf andere Prozesse verlagert werden. So wird sich beispielsweise ein Versicherungsunternehmen, das unter mangelnder Kundenzufriedenheit leidet, eher auf seine kundenorientierten Prozesse wie den Schadenbearbeitungsprozess konzentrieren. Sobald dieser Prozess verbessert wurde und die Kundenzufriedenheit wieder im gewünschten Bereich liegt, könnte der Schwerpunkt auf den Risikobewertungsprozess gelegt werden, welcher entscheidend für die langfristige Wettbewerbsfähigkeit des Unternehmens ist.

Aber es gibt auch eine Dynamik *außerhalb* des Unternehmens. Prozesse, die für ein Unternehmen irgendwann von strategischer Bedeutung waren, können im Laufe der Zeit an Bedeutung verlieren. Marktanforderungen wie auch Vorschriften können sich ändern, oder die Einführung neuer Produkte kann eine einst rentable Geschäftstätigkeit einschränken. So kann beispielsweise das Auftreten neuer Wettbewerber, die günstige Versicherungen über das Internet anbieten, ein etabliertes Versicherungsunternehmen dazu veranlassen, seine Vertriebsprozesse neu zu gestalten, um sie schlanker, schneller und über das Internet zugänglich zu machen.

Beispiel 2.1 Die strategischen Bedeutung bestimmter Prozesse verändert sich meist langsam, aber manchmal auf drastische Weise. Nehmen wir die Firma Mannesmann als Beispiel. Mannesmann wurde im letzten Jahrzehnt des 19. Jahrhunderts als Hersteller von Stahlrohren gegründet. Im 20. Jahrhundert expandierte Mannesmann in verschiedene Branchen, unter anderem in die Herstellung von Lastwagen. 1990 gründete Mannesmann nach der Liberalisierung des deutschen Telekommunikationsmarktes einen Geschäftsbereich für Telekommunikation. Das Mobilfunknetz D2 Mannesmann wurde bald zum Hauptkonkurrenten der Deutschen Telekom. Im Jahr 2000 wurde Mannesmann nach einer spannenden Übernahmeschlacht vom britischen Unternehmen Vodafone für 190 Mrd. € übernommen. Die Geschichte von Mannesmann zeigt, dass sich die strategische Bedeutung verschiedener Prozesse über einen längeren Zeitraum grundlegend verändern kann. Daher kann die Prozessidentifikation niemals eine einmalige Aktivität sein. Mehr zur Geschichte von Mannesmann finden Sie im Wikipedia-Eintrag.[3] □

Um der notwendigen Fokussierung auf eine Teilmenge von Kernprozessen gerecht zu werden, müssen das Managementteam, Prozessanalysten und Prozessverantwortliche Antworten auf die beiden folgenden Fragen finden: (i) welche Prozesse werden in dem Unternehmen ausgeführt? Und (ii) auf welche sollte sich das Unternehmen konzentrieren? Mit anderen Worten, ein Unternehmen, welches eine BPM-Initiative startet, muss eine Übersicht seiner Prozesse sowie klare Kriterien für deren Priorisierung bereit halten. Die Infobox „Prozess-Checkliste" hilft in diesem Zusammenhang zu erkennen, was ein Prozess ist.

PROZESS-CHECKLISTE
Es ist manchmal nicht einfach zu entscheiden, was als Geschäftsprozess zu betrachten ist. Eine Arbeit, welche häufig wiederholt wird, ist möglicherweise kein eigenständiger Geschäftsprozess. Um ungeeignete Abgrenzungen zu vermeiden, ist es sinnvoll, die folgende Fragen der *Prozess-Checkliste* zu berücksichtigen:

---

[3]https://de.wikipedia.org/wiki/Mannesmann

Ist es überhaupt ein Prozess? Nicht alles, was wir in einem geschäftlichen Kontext beobachten können, ist ein Prozess. Eine Abteilung zum Beispiel ist kein Prozess, ebenso wenig wie ein Manager oder eine E-Mail. Für jeden *wirklichen* Prozess muss es möglich sein, die *Kernaufgabe* zu identifizieren, die für eine *Menge von Geschäftsfällen* verrichtet wird. So können wir beispielsweise den Geschäftsprozess *Urlaubsanträge genehmigen* identifizieren. Beachten Sie, dass diese Bezeichnung der Form *Objekt + Verb* entspricht. Wir können auch testen, wie angemessen die Bezeichnung ist, indem wir prüfen, ob das Prozessergebnis die Form *Objekt + Partizip* hat. In unserem Beispiel sind abgeschlossene Fälle tatsächlich *genehmigte Urlaubsanträge*.

Kann der Prozess kontrolliert werden? Fortlaufende Aktivitäten können einem Prozess ähneln, ohne dass sie es aber sind. Eine angemessene Sichtweise auf Geschäftsprozesse besteht darin, sie als eine sich wiederholende Folge von Ereignissen und Aktivitäten zur Ausführung individuell beobachtbarer *Geschäftsfälle* zu betrachten. In einem Versicherungsprozess können Anträge Geschäftsfälle sein, welche durch den Prozess fließen. Jeder Antrag kann klar von einem anderen unterschieden werden. Ohne eine klare Vorstellung vom Geschäftsfall ist Prozessmanagement nicht möglich. Betrachten wir, wie schwierig es wäre, Geschäftsfälle für ungeeignete Prozesskandidaten wie *Personalmanagement* oder *Strategie* zu identifizieren. Wenn keine Wiederholung vorliegt, kann eine Gruppe von Geschäftsaktivitäten besser als *Projekt* und nicht als Geschäftsprozess qualifiziert werden. Ein Beispiel dafür ist die Mars-Orbiter-Mission, die ein einzigartiges Unterfangen ist – allerdings kein Geschäftsprozess, wenn man die derzeit geringe Anzahl von Weltraumreisen zum Mars betrachtet.

Ist der Prozess wichtig genug, um ihn zu steuern? Einige Prozesse erreichen keine angemessene Mindestschwelle. Klare Hinweise auf eine zumindest gewisse Bedeutung eines Prozesses sind folgende: a) es gibt einen Kunden, welcher bereit ist, für die Ergebnisse zu bezahlen, b) das Unternehmen, welches den Prozess durchführt, wäre grundsätzlich bereit, eine andere Partei für die Erledigung zu bezahlen, oder c) es gibt einen gesetzlichen, verbindlichen Rahmen, der ein Unternehmen zwingt, den Prozess auszuführen. Wenn nichts davon zutrifft, kann der Geschäftsprozess beruhigt ignoriert werden.

Ist der Umfang des Prozesses nicht zu groß? Es ist darauf zu achten, dass die Aktivitäten, welche im Rahmen des Prozesses betrachtet werden, wirklich zu seinem Zweck beitragen. Eine gute Überprüfung ist es, festzustellen, ob es eine 1:1-Beziehung zwischen dem Ereignis des Prozesses und jeder der Aktivitäten gibt. Betrachten wir zum Beispiel einen möglichen Kundeneinzelfertigungsprozess wie die *Fertigung von Fahrrädern*. Auch wenn es wichtig ist, den *Arbeitsbereich* für eine Fahrradfabrik zu *reinigen*, bezieht sich eine solche Tätigkeit nicht 1:1 auf einen Fertigungsauftrag. Vielmehr kann die Reinigung periodisch, z. B. am Ende des Tages, erfolgen. Mit anderen Worten, die Reinigung des Arbeitsplatzes sollte nicht Teil dieses Prozesses sein (aber sie kann natürlich Teil eines anderen Prozesses sein).

Ist der Umfang des Prozesses nicht zu klein? Manchmal trifft man auf Mikro-Geschäftsprozesse, die es überhaupt nicht wert sind, als Prozesse betrachtet zu werden. Als Faustregel gilt, dass es für einen Geschäftsprozess mindestens drei verschiedene Akteure geben sollte – ohne den Kunden. Wenn es keine Weitergabe zwischen mehreren Akteuren oder Systemen gibt, gibt es wenig, was mit Hilfe von BPM-Methoden verbessert werden kann.

Wir haben in Kap. 1 gesehen, dass es eine Reihe von Interessengruppen gibt, welche an der Steuerung und Ausführung eines Geschäftsprozesses beteiligt sind. Im Allgemeinen haben nur wenige dieser Personengruppen einen vollständigen Überblick über alle Geschäftsprozesse in einem Unternehmen. Doch genau diese Kenntnis ist notwendig, um jene Prozesse zu identifizieren, die gezielt gesteuert oder verbessert werden müssen. Dieses Wissen zu erfassen und auf dem neuesten Stand zu halten, ist das Ziel der Prozessidentifikation.

Genauer genommen befasst sich die Prozessidentifikation mit zwei Schritten: der Definition der Prozessarchitektur und der Prozessauswahl. Der erste Schritt zur *Definition einer Prozessarchitektur* hat das Ziel, ein Verständnis der Prozesse des Unternehmens sowie deren Zusammenhänge zu gewinnen. Der zweite Schritt der *Prozessauswahl* zielt auf die Priorisierung der Prozesse ab, die für BPM-Aktivitäten (Erhebung, Analyse, Verbesserung, Implementierung, Monitoring, etc.) betrachtet werden. Beachten Sie, dass sich *keiner* dieser beiden Schritte mit der Entwicklung von Prozessmodellen befasst. Tatsächlich geht es bei der Prozessidentifikation nicht einmal um einen einzelnen Prozess. Es wird hierbei stets die Gesamtheit der Prozesse betrachtet. Daher spricht man auch manchmal von *Multiprozessmanagement*. Die Gesamtheit aller Prozesse wird auch als *Prozessportfolio* bezeichnet.

2.2 Definition der Prozessarchitektur

Das Ziel einer Prozessarchitektur ist es, eine Beschreibung aller Prozesse bereitzustellen, die in einem Unternehmen existieren. Die Definition einer Prozessarchitektur muss sich der Komplexität des gesamten Unternehmens stellen. Um diese Komplexität systematisch anzugehen, unterscheiden wir zunächst Prozesskategorien. Danach beschreiben wir verschiedene Beziehungen zwischen Prozessen, die für eine Prozessarchitektur wichtig sind. Abschließend präsentieren wir ein Verfahren zur Definition der Prozesslandschaft als Darstellung der Prozessarchitektur auf höchster Ebene.

2.2.1 Prozesskategorien

Wenn ein Unternehmen am Anfang seiner Entwicklung hin zu einer stärkeren Prozessorientierung steht, besteht die erste schwierige Aufgabe darin, eine sinnvolle Auflistung seiner
bestehenden Prozesse zu erstellen. Eine der Schwierigkeiten ergibt sich hier aus der Hierarchie der Geschäftsprozesse: Es können verschiedene Kriterien gewählt werden, um zu
bestimmen, welche Prozessketten als eigenständiger Geschäftsprozess und welche als Teil
eines anderen Prozesses betrachtet werden sollen. Es gibt verschiedene Ansichten, wie wir
Geschäftsprozesse kategorisieren können. Einige von ihnen unterstützen die Idee, dass es
tatsächlich nur *sehr wenige* Prozesse innerhalb eines Unternehmens gibt. Beispielsweise
argumentieren einige, dass es nur zwei Prozesse gibt: das Management der Produktlinie und
das Management des Bestellzyklus. Andere identifizieren drei Hauptprozesse: die Entwicklung neuer Produkte, die Lieferung von Produkten an Kunden und das Management von
Kundenbeziehungen.

Eines der einflussreichsten Kategorisierungsschemata ist das Wertkettenmodell von Porter. Ursprünglich wurden zwei Kategorien von Prozessen unterschieden: Kernprozesse
(genannt primäre Aktivitäten) und Unterstützungsprozesse (Unterstützungsaktivitäten). Als
dritte Kategorie wurden Managementprozesse hinzugefügt.

Kernprozesse beschreiben die wesentliche Wertschöpfung eines Unternehmens, d. h. die
Produktion von Waren und Dienstleistungen, für die der Kunde bezahlt. Dazu gehören
Design und Entwicklung, Fertigung, Marketing und Vertrieb, Lieferung, Kundendienst
und Direktbeschaffung (d. h. Beschaffung, die für die Herstellung von Produkten oder
die Erbringung von Dienstleistungen erforderlich ist).

Unterstützungsprozesse ermöglichen die Ausführung dieser Kernprozesse. Dazu gehören
die indirekte Beschaffung (d. h. die Beschaffung von Hardware, Mobiliar, Schreibwa-
ren usw.), das Personalwesen, das Management der Informationstechnologie, das Rechnungswesen, das Finanzmanagement und die Rechtsberatung.

Managementprozesse beschreiben Richtlinien, Regeln und Verfahrensweisen für die Kern-
und Unterstützungsprozesse. Dazu gehören die strategische Planung, Budgetierung,
Compliance- und Risikomanagement sowie das Management von Investoren, Lieferanten
und Partnern.

Die Unterscheidung von Kern-, Unterstützungs- und Managementprozessen ist für ein Unternehmen von strategischer Bedeutung.

Abb. 2.2 zeigt das Beispiel eines Produktionsunternehmens und eine Darstellung seiner
Prozesse auf der höchsten Ebene. Wir werden diese Art der Darstellung später als *Pro-
zesslandkarte* bezeichnen. Sie beschreibt die abstrakteste Sicht auf die Prozessarchitektur.
Das Beispiel verwendet drei Kategorien, um die Geschäftsprozesse nach ihrer strategischen
Bedeutung zu gruppieren. Die Kernprozesse umfassen die direkte Beschaffung von Mate-
rialien, die Herstellung von Produkten, die Vermarktung von Produkten, die Lieferung von

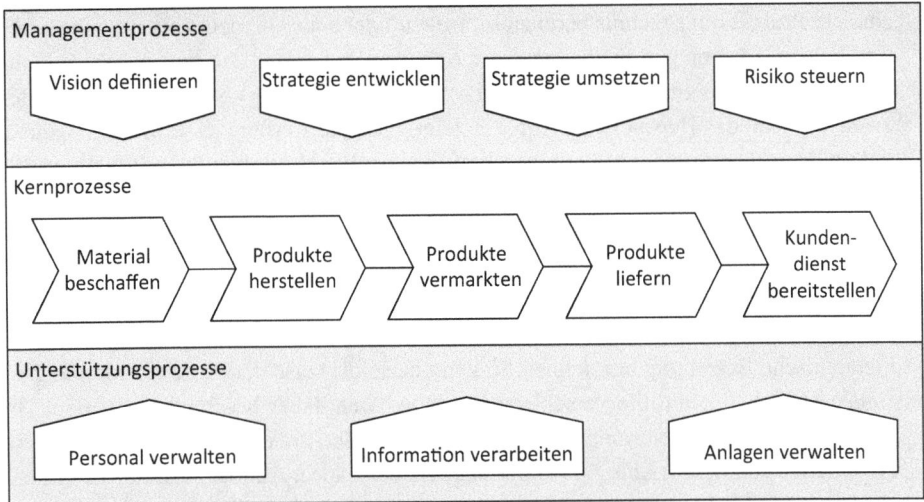

Abb. 2.2 Beispiel für Prozesskategorien eines Produktionsunternehmens

Produkten und die Unterstützung seitens des Kundendiensts. Diese Kernprozesse werden durch Prozesse zur Verwaltung von Personal, Informationen und Anlagen unterstützt. Managementprozesse umfassen die Ausarbeitung einer Vision, die Entwicklung und Umsetzung der Unternehmensstrategie und die Steuerung des Risikos.

Visuelle Darstellungen wie in Abb. 2.2 werden in Unternehmen häufig verwendet, um die wichtigsten Prozesse kompakt und lesbar zusammenzufassen. Das für Kernprozesse verwendete Symbol ist ein zu einem Pfeil verformter Block. Die Modellierung von Prozessen als Abfolge von Teilprozessen, die als solche Pfeil dargestellt werden, wird oft als *Wertkettenmodellierung* bezeichnet. Zur besseren visuellen Unterscheidung können Unterstützungsprozesse mit nach oben gerichteten Blöcken und Managementprozesse mit nach unten gerichteten Blöcken dargestellt werden.

Übung 2.3 Was sind Kern-, Unterstützungs- und Managementprozesse einer Universität?

2.2.2 Beziehungen zwischen Prozessen

Für eine Prozessarchitektur können wir drei Arten von Beziehungen zwischen Prozessen unterscheiden: Sequenz, Zerlegung und Spezialisierung.

Sequenz Diese Beziehung beschreibt, dass es eine logische Abfolge zwischen zwei Prozessen gibt. Die Sequenz wird auch als horizontale Beziehung bezeichnet. So können beispielsweise Prozesse in einer Erzeuger-Verbraucher-Beziehung stehen. Das bedeutet, dass ein Prozess ein Ergebnis bereitstellt, welches der andere Prozess als Eingabe benötigt. In Kap. 1 haben wir die Prozesse der Auftragsakquise und der Auftragsabwicklung unterschieden. Das Ergebnis des ersten Prozesses (der Auftrag) ist die Eingabe für den zweiten. Auch das Beispiel von Abb. 2.3 zeigt, dass die Kernprozesse in einer sequentiellen Beziehung von der Materialbeschaffung über die Herstellung von Produkten, die Vermarktung von Produkten, die Lieferung von Produkten bis hin zur Unterstützung seitens des Kundendienstes stehen. Das Objekt, das zwischen den sequentiellen Prozessen übergeben wird, charakterisiert die Beziehung.

Zerlegung Diese Beziehung beschreibt, dass ein bestimmter Prozess in einem oder mehreren Teilprozessen näher beschrieben wird. Die Zerlegung wird auch als vertikale oder hierarchische Beziehung bezeichnet. So kann beispielsweise der Prozess *Produkte herstellen* in Abb. 2.3 mithilfe verschiedenen Aktivitäten näher beschrieben werden. Die Zerlegung wird oft als vorrangige Beziehung verwendet, um die Struktur der Prozessarchitektur zu definieren. Abb. 2.4 veranschaulicht diese Idee: Auf der abstraktesten Ebene der Prozessarchitektur definieren wir eine Prozesslandkarte wie die obige. Jedes Element dieser Prozesslandkarte wird auf der nächsten Ebene in einen detaillierteren Prozess zerlegt.

Spezialisierung Diese Beziehung beschreibt, dass es mehrere Varianten eines generischen Prozesses gibt. Beispielsweise könnte es einen generischen Prozess für die Bearbeitung von Bewerbungen in einem multinationalen Unternehmen geben. Da dieser Prozess in den einzelnen Ländern rechtlich unterschiedlich reglementiert ist, gibt es beispielsweise eine Variante für Österreich und ein für die Schweiz (siehe Abb. 2.3). Varianten werden

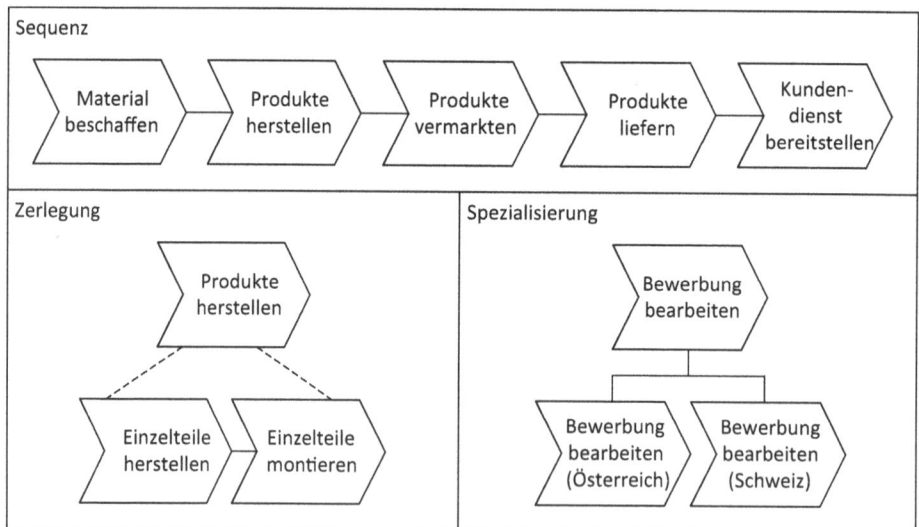

Abb. 2.3 Wertkettenmodelle für Sequenz, Zerlegung und Spezialisierung

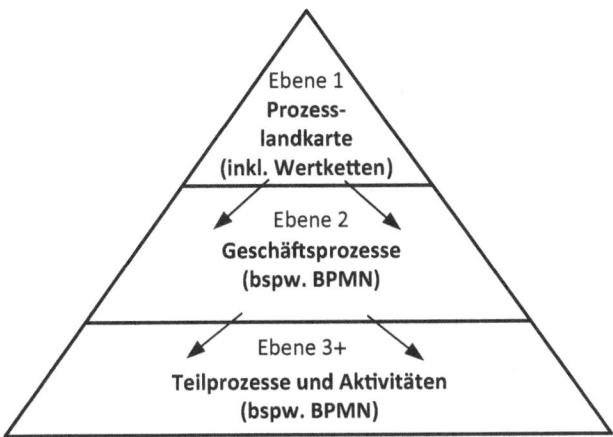

Abb. 2.4 Eine Prozessarchitektur mit drei Ebenen

nicht nur für verschiedene rechtliche Rahmenbedingungen definiert, sondern auch für verschiedene Produkt- oder Dienstleistungskategorien und für verschiedene Arten von Kunden oder Lieferanten. Unsere Produktionsfirma bietet verschiedene Produkte an, und natürlich variiert der Produktionsprozess für diese Produkte. Alle diese verschiedenen Produktionsvarianten beziehen sich auf das einzelne Element *Bewerbungen bearbeiten* in Abb. 2.3.

Mithilfe dieser Beziehungen können Wertschöpfungsketten systematisch beschrieben werden. Zu diesem Zweck können wir zunächst generische Prozesse identifizieren und uns dann fragen, aus welchen Sequenzen sie bestehen. Betrachten Sie beispielsweise ein Unternehmen, das einen generischen Prozess namens Auftragsbearbeitung hat. Die Wertschöpfungskette umfasst Auftragsbuchung, Rechnungsstellung, Lieferung und Zahlung. Diese Prozesse sind untereinander sequentiell verknüpft. Im Hinblick auf den generischen Prozess der Auftragsbearbeitung sind dies Zerlegungen. Darüber hinaus nennen wir die Rechnungsstellung einen der Lieferung vorgelagerten Prozess: Für den gleichen Auftrag wird die Rechnung in der Regel *vor der* Lieferung der bestellten Ware versandt. Ebenso kann die Lieferung als ein nachgelagerter Prozess der Rechnungsstellung betrachtet werden.

Übung 2.4 An dieser Stelle haben wir die Beziehungen zwischen Geschäftsprozessen in Bezug auf Sequenz, Zerlegung und Spezialisierung besprochen. Können Sie sich andere Arten von Beziehungen vorstellen, die für die Beschreibung von Prozessen nützlich sind? *Hinweis.* Denken Sie über den Zweck nach, warum Beziehungen zwischen Geschäftsprozessen beschrieben werden.

Die Definition einer Prozessarchitektur erfolgt oft abwärtsstrukturierend, wie die Pyramide in Abb. 2.4 zeigt. Ausgangspunkt ist die Prozesslandkarte auf Ebene 1, die die Wertketten des Unternehmens darstellt. Ebene 2 bietet eine Zerlegung für jeden Geschäftsprozess der Wertschöpfungsketten. Ebene 3 bietet eine weitere Zerlegung bis hin zu Teilprozessen und Aktivitäten. Die Pfeile in der Abbildung deuten diese Zerlegungen an.

Frage: Sollte eine Prozessarchitektur drei Ebenen haben, wie in Abb. 2.4, oder mehr, oder vielleicht weniger?

Zunächst ist zu beachten, dass eine Ebene in Bezug auf einen bestimmten Zweck definiert werden sollte. Deshalb werden Modellierungskonzepte speziell auf diesen Zweck zugeschnitten oder eingesetzt. So betont Abb. 2.4, dass Prozesse auf Ebene 1 oft als sogenannte Wertschöpfungsketten modelliert werden, während Prozesse auf Ebene 2 und 3 mit BPMN modelliert werden. Zweitens hängen die unterschiedlichen Anforderungen an eine Prozessarchitektur vom Gesamtansatz des Geschäftsprozessmanagements ab. Abb. 2.5 zeigt das Beispiel der Prozessarchitektur, wie sie von der British Telecom 2005 definiert wurde. Hier wurden sechs Ebenen bis hinunter zu einer detaillierten operativen Ebene definiert. Beachten Sie, dass Unternehmen oft ihre eigenen Begriffe für diese Ebenen definieren. So ist beispielsweise der Begriff *Core Processes* (dt.: Kernprozsse), wie er von der British Telecom für Prozesse auf Ebene C verwendet wird, verwandt, aber nicht identisch mit der Definition von Porter.

2.2.3   Wiederverwendung von Referenzmodellen

Prozessanalysten haben es oft schwer, Prozesse eines Unternehmens und die Ebenen einer Prozessarchitektur zu identifizieren. Es kann nützlich sein, Referenzmodelle als Hilfsmittel zu verwenden. Diese Referenzmodelle werden von einer Reihe von Industriekonsortien, gemeinnützigen Vereinen, staatlichen Forschungsprogrammen und Universitäten entwickelt. Die bekanntesten Beispiele sind die *Information Technology Infrastructure Library* (ITIL) von AXELOS,[4] das *Referenzmodell für Supply Chain Operations* (SCOR) von APICS,[5] der Prozessklassifikationsrahmen des American Productivity and Quality Center (APQC),[6] und das *Performance Framework* von Rummler & Brache.[7]

---

[4] https://www.axelos.com/best-practice-solutions/itil

[5] http://www.apics.org/

[6] https://www.apqc.org/pcf

[7] https://www.rummlerbrache.com

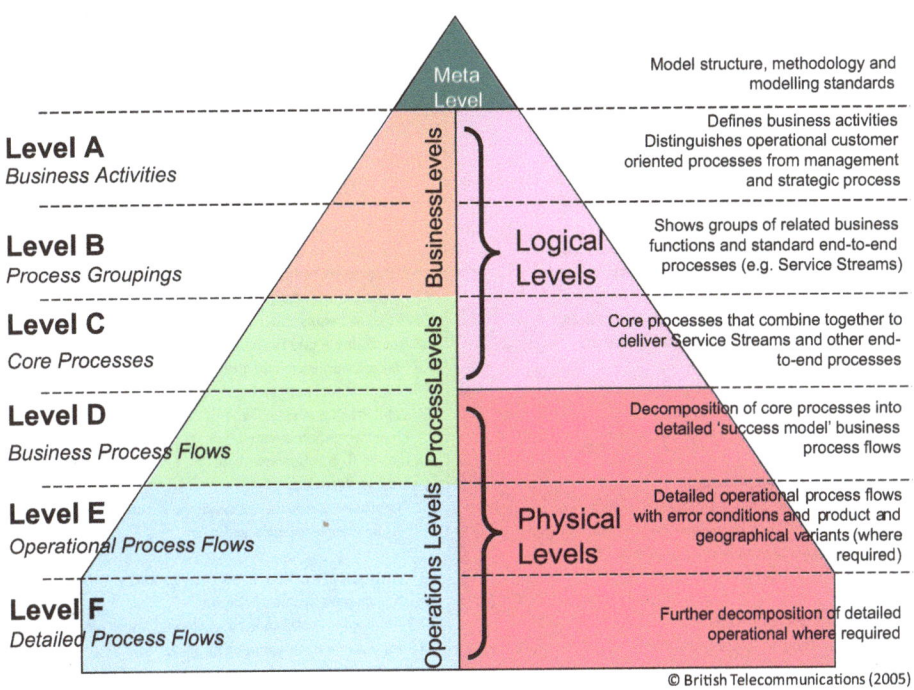

Abb. 2.5 Die Prozessarchitektur der British Telecom und ihre verschiedenen Ebenen. British Telecommunications (2005)

Tab. 2.1 zeigt einen Auszug der Ebene 1 und Ebene 2 der vier Ebenen des APQC PCF: die Kategorien (fett gedruckt) und die entsprechenden Prozessgruppen.[8] Referenzmodelle standardisieren klar abgegrenzte Prozesse, welche bestimmte Leistungen erbringen, und wie deren Leistung gemessen werden kann. Wenn zum Beispiel ein Unternehmen wie BuildIT zum ersten Mal eine Prozessarchitektur erstellen möchte, kann es das PCF als Referenz verwenden. Zuerst wird jede Kategorie überprüft und entschieden, ob diese für das Unternehmen relevant ist. Dann wird diese Prüfung für jede Prozessgruppe innerhalb der relevanten Kategorien durchführt, und so weiter. Zweitens würde BuildIT überprüfen, ob noch weitere Prozesse fehlen und diese hinzufügen. Drittens kann die Terminologie angepasst und allgemeine Begriffe des PCF durch Begriffe ersetzt werden, die in BuildIT gebräuchlicher sind.

Die Wiederverwendung von Referenzmodellen bietet mehrere Vorteile. Erstens können Referenzmodelle als Ausgangspunkt für die Entwicklung einer Klassifizierung der wichtigsten Prozessbereiche dienen. Auf diese Weise unterstützen sie direkt die Identifizierung von

---

[8]Die deutschen Begriffe sind an die Übersetzung des Benchmarking Center Europe des INeKO Institute an der Universität zu Köln angelehnt. Siehe https://www.benchmarking.center/leistungen/process-classification-framework.html.

Tab. 2.1 Ebene 1 und Ebene 2 des APQC Prozessklassifikationsrahmens

1.0 Vision und Strategie entwickeln	8.2 IT-Kundenbeziehungen entwickeln und verwalten
1.1 Geschäftskonzept und Vision definieren	8.3 Sicherheit, Privacy und Datenschutz entwickeln
1.2 Geschäftsstrategie entwickeln	und umsetzen
1.3 Strategische Initiativen verwalten	8.4 Unternehmensinformation verwalten
	8.5 Informationstechnologielösungen entwickeln und pflegen
2.0 Produkte und Dienstleistungen entwickeln und verwalten	8.6 Informationstechnologielösungen einführen
2.1 Programme zur Produkt- und Dienstleistungs-	8.7 Informationstechnologieservice anbieten und unterstützen
entwicklung steuern	
2.2 Produkt- und Dienstleistungsideen entwickeln	**9.0 Finanzmittel verwalten**
2.3 Produkte und Dienstleistungen entwickeln	9.1 Buchhaltungsplanung und -management durchführen
	9.2 Erlöskontierung durchführen
3.0 Produkte und Dienstleistungen vermarkten	9.3 Buchhaltung und Berichterstattung durchführen
3.1 Märkte, Kunden und Fähigkeiten verstehen	9.4 Fixkostenprojektbuchhaltung verwalten
3.2 Marktstrategie entwickeln	9.5 Gehaltsabrechnungen bearbeiten
3.3 Marketingpläne entwickeln und verwalten	9.6 Zahlbare und ausgegebene Rückerstattungen bearbeiten
3.4 Verkaufsstrategie entwickeln	9.7 Finanzoperationen verwalten
3.5 Verkaufspläne entwickeln und verwalten	9.8 Interne Kontrolle verwalten
	9.9 Steuern verwalten
4.0 Physische Produkte liefern	9.10 Internationale Mittelkonsolidierung verwalten
4.1 Ressourcen entlang der Lieferkette planen	9.11 Außenhandelsdienste verwalten
4.2 Material und Dienstleistungen beschaffen	
4.3 Produkt produzieren, herstellen und liefern	**10.0 Anlagen erwerben, konstruieren und verwalten**
4.4 Logistik und Lagerhaltung verwalten	10.1 Anlagen planen und erwerben
	10.2 Produktive Anlagen entwickeln und konstruieren
5.0 Dienstleistungen bereitstellen	10.3 Produktive Anlagen pflegen
5.1 Dienstleistungsstrategie entwickeln	10.4 Anlagen entsorgen
5.2 Ressourcen planen und terminieren	
5.3 Dienstleistungen erbringen	**11.0 Unternehmensrisiko, Regelkonformität, Sanierung**
	und Resilienz verwalten
6.0 Kundenbetreuung verwalten	11.1 Unternehmensrisiko verwalten
6.1 Kundenservicestrategie entwickeln	11.2 Regelkonformität verwalten
6.2 Kundenserviceoperationen planen und verwalten	11.3 Sanierungsbemühungen verwalten
6.3 Produkte nach Verkauf betreuen	11.4 Geschäftsresilienz verwalten
6.4 Produktrückläufe und regulatorische Audits verwalten	
6.5 Kundenserviceoperationen sowie Kundenzufriedenheit	**12.0 Externe Beziehungen verwalten**
messen und bewerten	12.1 Investorbeziehungen pflegen
	12.2 Beziehungen zu Behörden und Vertretern pflegen
7.0 Personal entwickeln und verwalten	12.3 Beziehungen zu Geschäftsführung pflegen
7.1 Personalplanung, -politik und -strategie	12.4 Rechtliche und ethische Themen verwalten
entwickeln und verwalten	12.5 Öffentlichkeitsarbeit verwalten
7.2 Mitarbeiter anwerben, suchen und auswählen	
7.3 Mitarbeiter entwickeln und beraten	**13.0 Geschäftsfähigkeiten entwickeln und verwalten**
7.4 Mitarbeiterbeziehung pflegen	13.1 Geschäftsprozesse verwalten
7.5 Mitarbeiter belohnen und erhalten	13.2 Portfolio, Programme und Projekte verwalten
7.6 Mitarbeiter umgruppieren und pensionieren	13.3 Qualitätsmanagement verwalten
7.7 Mitarbeiterinformation verwalten	13.4 Veränderung verwalten
7.8 Mitarbeiterkommunikation verwalten	13.5 Unternehmensweite
7.9 Mitarbeiterkommunikation durchführen	Wissensmanagementfähigkeiten entwickeln
	13.6 Leistung messen und benchmarken
8.0 Informationstechnologie verwalten	13.7 Umweltgesundheit und -sicherheit verwalten
8.1 Geschäft der Informationstechnologie verwalten	

regulatorischen oder industriespezifischen Prozessen. Dies erleichtert auch den Vergleich mit Wettbewerbern. Zweitens können Referenzmodelle nützlich sein, um die Vollständigkeit der von einem Unternehmen identifizierten Prozesse zu überprüfen. So kann beispielsweise ein Unternehmen mit Hilfe des PCF die von ihm verwendeten Prozesse inventarisieren, nicht verwendete Prozesse kennzeichnen und eigene, spezifische Prozesse hinzufügen. Drittens bieten Referenzmodelle ein standardisiertes Vokabular, das für die Bezeichnung von Prozessen nützlich ist. Begriffe sind nicht immer exakt definiert, wenn die Prozessidentifikation in einem Unternehmen zum ersten Mal durchgeführt wird. Verschiedene Interessengruppen benutzen oft unterschiedliche Begriffe. Homonyme und Synonyme stellen in diesem Zusammenhang eine Herausforderung dar. Einerseits kann beispielsweise das, was in einem Teil des Unternehmens als „Akquisition" bezeichnet wird, in einem anderen Teil des Unternehmens als „Übernahme" bezeichnet werden (Synonym). Andererseits kann der Begriff „Implementierung" verschiedene Aktivitäten beschreiben, wie die Implementierung von Software, als auch die Implementierung neuer Vorschriften in der Organisation (Homonym). Abgesehen davon, dass man sich der verschiedenen Begriffe bewusst wird, ist ein komplexes Verständnis der Abläufe eines Unternehmens wichtig, um diese Probleme zu lösen. Referenzmodelle wie das PCF können helfen, terminologische Probleme von Anfang an zu vermeiden. Beachten Sie, dass es mehrere spezialisierte Versionen der PCF gibt, z. B. für die Automobilindustrie, für Banken und für den Einzelhandel.

Übung 2.5 Welche APQC-Kategorien auf Ebene 1 sind für ein Bauunternehmen wie BuildIT relevant?

2.2.4 Prozesslandkarte

Das Modell der Prozessarchitektur, welches die Prozesse auf Ebene 1 darstellt, wird als *Prozesslandkarte* oder einfach als Prozessarchitektur für die Ebene 1 bezeichnet. Es zeigt die Kernprozesse auf einer sehr abstrakten Ebene. Jedes der Elemente der Prozesslandkarte verweist auf einen oder mehrere detaillierte Geschäftsprozesse auf Ebene 2.

Die Definition einer Prozesslandkarte ist die wichtigste Herausforderung bei der Definition der Prozessarchitektur. Die Prozessarchitektur auf Ebene 1 muss für alle wichtigen Beteiligten verständlich sein. Als Faustregel gilt, dass sie kompakt sein sollte und nicht mehr als 20 Geschäftsprozesse eines Unternehmens abbildet. Darüber hinaus muss sie hinreichend vollständig sein, damit alle Mitarbeiter des Unternehmens ihre tägliche Arbeit darin wiederfinden und als einvernehmliche Beschreibung des Unternehmens akzeptieren können. Daher ist es wichtig, die Prozessarchitektur auf systematische Weise zu erstellen, und dabei ein besonderes Augenmerk auf die Erstellung des Prozesslandkarte zu legen.

Abb. 2.6 zeigt das Beispiel einer Prozesslandkarte der Wiener Linien. Wir sehen, dass die Kategorien Kernprozesse, Unterstützungsprozesse und Managementprozesse verwendet wurden. Interessant ist, dass die Kernprozesse in verschiedene Ende-bis-Ende-Prozesse

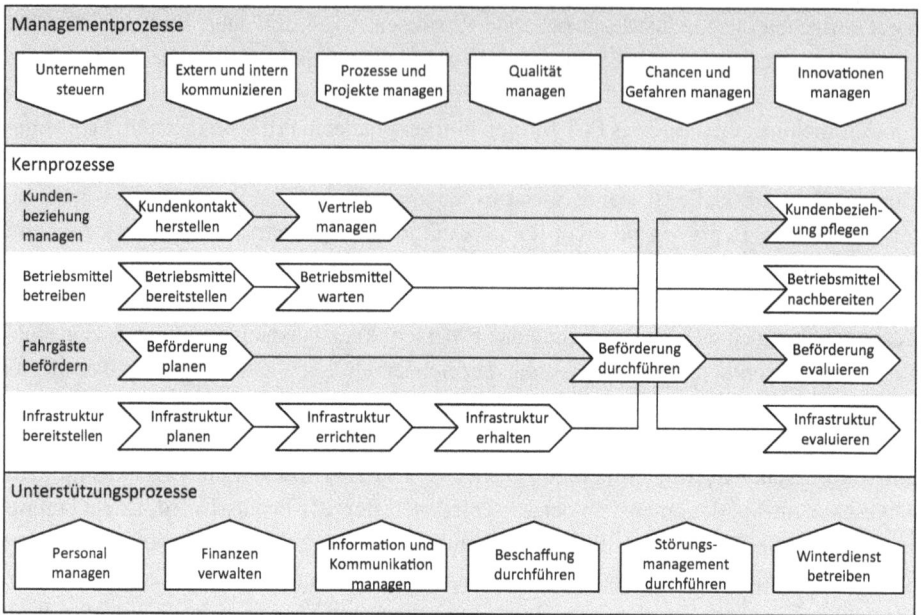

Abb. 2.6 Prozesslandkarte der Wiener Linien, angelehnt an [2]

unterteilt sind: Kundenbeziehung managen, Fahrzeuge betreiben, Kunden transportieren und Infrastruktur bereitstellen. Diese werden optisch als *Prozessgruppen* dargestellt. Viele Unternehmen haben mehr als einen Ende-bis-Ende-Prozess, so dass in der Kategorie der Kernprozesse der Prozesslandkarte mehrere Prozesse dargestellt werden.

Die Definition einer Prozesslandkarte erfordert die Einbeziehung wichtiger Interessengruppen des Unternehmens, und erfolgt entweder mithilfe von Interviews oder vorzugsweise in einem Workshop. Die Beiträge verschiedener Interessengruppen sind erforderlich, um die Legitimität des resultierenden Modells zu sichern. Aus diesem Grund ist es wichtig, dass alle Führungskräfte einbezogen werden.

Sobald die Unterstützung aller Interessengruppen gesichert ist, kann das Modell der Prozesslandkarte in mehreren Schritten systematisch definiert werden. Wir stellen diese Schritte als eine Sequenz dar. Es gilt aber zu beachten, dass es in der Praxis Sprünge und Iterationen innerhalb dieser Sequenz geben wird.

1. **Klärung der Terminologie:** Als erstes müssen die Schlüsselbegriffe, die in der Prozesslandkarte verwendet werden sollen, definiert werden. Oftmals existiert bereits ein Glossar für die Organisation, welches als Referenz dienen kann. Zur Unterstützung dieses Schrittes sind auch Referenzmodelle hilfreich. Die Definition trägt dazu bei, dass alle Beteiligten ein einheitliches Verständnis für die zu definierende Prozesslandkarte haben.

2. **Identifizierung von Ende-bis-Ende-Prozessen:** Ende-bis-Ende-Prozesse sind solche Prozesse, welche die Verbindung zu Kunden und Lieferanten des Unternehmens herstellen. Die Produkte und Dienstleistungen, die ein Unternehmen seinen Kunden zur Verfügung stellt oder von Lieferanten bezieht, sind ein guter Ausgangspunkt für deren Identifikation, da sie in den meisten Unternehmen explizit definiert sind. Verschiedene Blickwinkel helfen uns, Ende-bis-Ende-Prozesse zu unterscheiden, einschließlich:

   – Produkttyp: Dieser Blickwinkel bezieht sich auf Arten von Produkten, die auf ähnliche Weise hergestellt werden. Auf einer abstrakten Ebene könnte ein Automobilunternehmen beispielsweise Personenwagen von Lastwagen unterscheiden.

   – Serviceart: Dieser Blickwinkel betrachtet Arten von Dienstleistungen, die auf ähnliche Weise erbracht werden. So könnte beispielsweise ein Softwarehersteller gekaufte Software von Software-as-a-Service unterscheiden.

   – Vertriebskanal: Dieser Blickwinkel bezeichnet die Kanäle, über die das Unternehmen mit seinen Kunden interagiert. So könnte beispielsweise ein Versicherungsunternehmen seine Internetangebote von Angeboten über zwischengeschaltete Banken unterscheiden.

   – Kundentyp: Dieser Blickwinkel bezieht sich auf die Typen von Kunden, mit denen das Unternehmen zu tun hat. Eine Bank kann beispielsweise Vermögenskunden vom standardisierten Privatkundengeschäft unterscheiden.

   Die Identifizierung von Ende-bis-Ende-Prozessen kombiniert eine *externe Sicht* auf die Leistungen des Unternehmens aus Kundensicht mit einer *internen Sicht* darauf, wie diese erstellt werden. Die Auswahl der aufgeführten Blickwinkel ist von der Idee getragen, nur dann separate Ende-bis-Ende-Prozesse zu definieren, wenn sich ihr internes Verhalten wesentlich unterscheidet. Diejenigen Ende-bis-Ende-Prozesse, die in der Prozesslandkarte abgebildet sind, sollen die Wertschöpfungsketten des Unternehmens darstellen.

3. **Identifizierung der Prozesssequenz für jeden Ende-bis-Ende-Prozess:** Für diesen Schritt ist es wichtig, die internen Zwischenergebnisse eines Ende-bis-Ende-Prozesses zu identifizieren. Es gibt verschiedene Überlegungen, die helfen, die Schritte dieser Prozesse zu erkennen:

   – Produktlebenszyklus: Der Lebenszyklus eines Produkts oder einer Dienstleistung umfasst verschiedene Zustände, anhand derer ein Ende-bis-Ende-Prozess unterteilt werden kann. So unterbreitet beispielsweise ein Anlagenbauer in der Regel zunächst ein Angebot, erstellt dann den Vertrag, plant die Anlage in Zusammenarbeit mit dem Kunden, produziert seine Komponenten, liefert und baut die Anlage vor Ort, schreibt die Rechnung und erbringt Wartungsleistungen.

   – Kundenbeziehung: Es gibt auch typische Phasen, die eine Kundenbeziehung durchläuft. Zuerst werden Interessenten identifiziert, dann wird ein Vertrag geschlossen und Dienstleistungen erbracht. Hierfür werden Rechnungen geschrieben. Der Vertrag kann geändert und schließlich gekündigt werden.

- Lieferkette: Entlang der Lieferkette werden Materialien beschafft, die zur Herstellung von Produkten verwendet werden. Diese werden zur Qualitätssicherung geprüft und an die Kunden ausgeliefert.

- Transaktionsstufen: Es gibt verschiedene Phasen, die Transaktionen typischerweise durchlaufen, von der Initiierung über die Verhandlung bis hin zur Ausführung und Abnahme. Betrachten wir den Kauf von Kleidung bei einem Modehändler. Zunächst wird Interesse an den Produkten geweckt (Initiierung). Die Beratung im Geschäft muss so erfolgen, dass Kunden eine gute Entscheidung treffen können (Verhandlung). Die Mitnahme der Kleidung zur Kasse markiert die Ausführung. Die Zahlung schließt die Transaktion ab (Annahme).

- Änderung von Geschäftsobjekten: Wenn es verschiedene Geschäftsobjekte gibt, sollte der Prozess in entsprechende separate Geschäftsprozesse aufgeteilt werden. So markieren beispielsweise der Übergang von einem Angebot zu einem Vertrag oder von einem Auftrag zu einer Zahlung die Grenzen verschiedener Prozesse. Eine Änderung der Anzahl stellt eine spezifische Bedingung für die Aufteilung dar, z. B. wenn mehrere Bewerbungen zu einer Einstellung führen.

- Trennung: Verschiedene Phasen eines Prozesses können auch durch eine zeitliche, räumliche, logische oder andere Art der Trennung definiert werden. Häufig definieren diese Trennungen Übergabepunkte, und wichtige Übergabepunkte sind gut geeignet, um Prozesssequenzen zu unterscheiden.

Die Identifikation von Geschäftsprozessen ist eng mit der internen Sicht auf einen Ende-bis-Ende-Prozess verbunden. Sie wird auch als die Identifizierung interner Funktionen bezeichnet, da es in der Regel funktionale Einheiten und Abteilungen in einem Unternehmen gibt die für bestimmte Geschäftsprozesse verantwortlich sind.

4. **Identifizierung der wichtigsten Management- und Unterstützungsprozesse für jeden Geschäftsprozess:** Die Leitfrage für diesen Schritt ist, was für die Ausführung der identifizierten Prozesse erforderlich ist. Typische Unterstützungsprozesse, wie auch in Abb. 2.6 dargestellt, sind das Management von Personal, Finanzen, Informationen und Materialien. Beachten Sie jedoch, dass diese Unterstützungsprozesse Kernprozesse sein können, wenn sie integraler Bestandteil des Geschäftsmodells sind. Für eine Leiharbeiterfirma ist das Personalmanagement ein Kernprozess. Managementprozesse sind jedoch in der Regel generisch.

5. **Zerlegung und Spezialisierung von Geschäftsprozessen:** Jeder der Geschäftsprozesse der Prozesslandkarte sollte auf Ebene 2 der Prozessarchitektur in weitere abstrakte Prozesse unterteilt werden. Auch eine weitere Unterteilung auf Ebene 3 könnte sinnvoll sein, bis Prozesse identifiziert sind, die von einem einzigen Prozessverantwortlichen eigenständig gesteuert werden können. Es gibt verschiedene Überlegungen, wann diese Unterteilung aufhören sollte:

- Steuerbarkeit: Je kleiner die Anzahl der identifizierten Prozesse, desto größer ist ihr Umfang. Mit anderen Worten, wenn nur eine geringe Anzahl von Prozessen identifiziert wird, dann wird jeder dieser Prozesse eine Vielzahl von Aktivitäten umfassen.

Das erschwert ihr Management. Unter anderem wird die Einbindung einer großen Anzahl von Mitarbeitern in einen einzigen Prozess die Kommunikation erschweren und Verbesserungsprojekte komplexer machen.

– Wirkung: Eine Unterteilung in nur wenige große Prozesse wird die Wirkung ihres Managements erhöhen. Je mehr Aktivitäten als Teil eines Prozesses betrachtet werden, desto einfacher wird es beispielsweise, Möglichkeiten zur Effizienzsteigerung durch die Beseitigung redundanter Arbeiten zu erkennen. Auch Risiken, die sich aus Regelverstößen ergeben, sind in diesem Zusammenhang relevant.

6. **Erstellung eines Prozessprofils:** Jeder der identifizierten Prozesse sollte nicht nur modelliert, sondern auch mit einem Prozessprofil beschrieben werden. Dieses Prozessprofil präzisiert die Abgrenzung des Prozesses, Vision und Kennzahlen, die erforderlichen Ressourcen und den Prozessverantwortlichen. Abb. 2.7 zeigt ein Beispiel für ein Prozessprofil des Mietprozesses (Bestellung-bis-Bezahlung) von BuildIT.

7. **Überprüfung der Vollständigkeit und Konsistenz:** Die Überprüfung der Vollständigkeit und Konsistenz sollte auf den folgenden Überlegungen beruhen. Erstens kann mit Hilfe von Referenzmodellen überprüft werden, ob alle wesentlichen Prozesse, die für die Organisation relevant sind, berücksichtigt werden. Referenzmodelle können auch dabei helfen, die Konsistenz der Terminologie zu überprüfen. Zweitens sollte geprüft werden, ob alle Prozesse mit den Organisationseinheiten des Organigramms verknüpft werden können und umgekehrt.

Beispiel 2.2 Wir kennen BuildIT bereits aus den Beschreibungen seines Mietprozesses im Beispiel 1.1. Der folgende Abschnitt beschreibt das Unternehmen aus einer allgemeineren Perspektive. Mit diesen Informationen werden wir die Prozesslandkarte erstellen.

Der gesamte Ende-bis-Ende-Prozess von BuildIT beginnt bei einer Kundenanfrage und endet mit dem Auslaufen der Garantie für Bauleistungen. Die Abteilung Kundenakquise ist verantwortlich für die Identifizierung von Interessenten und öffentlichen Ausschreibungen. Gemeinsam mit der Abteilung Projektentwicklung wählen sie Projekte aus, für die BuildIT Angebote erstellt. Bestätigte Angebote führen zu Vertragsverhandlungen. Sobald die Verträge unterzeichnet sind, wird der Vertrag in die Projektausführung überführt. Die Vertragsabwicklung beginnt mit der Projektinitiierung, die sämtliche Planungsaktivitäten umfasst. Es folgen dann die eigentlichen Bauarbeiten. Dazu gehört auch der Mietprozess, den wir bereits aus Beispiel 1.1 kennen. Nach Abschluss der Bauarbeiten wird das Bauwerk an den Kunden übergeben. Was noch folgen kann, sind Korrekturmaßnahmen zur Erfüllung der Garantieverpflichtungen.

Wir gehen gemäß unserer siebenstufigen Entwurfsmethode wie folgt vor:

1. Klärung der Terminologie: Es wurde entschieden, die Gestaltung des Prozesslandkarte auf Basis von APQC vorzunehmen. Dementsprechend werden die Begriffe von APQC für Management- und Unterstützungsprozesse übernommen. Die APQC-Kategorien

Name des Prozesses: Bestellung-zu-Zahlung
Vision: Das Ziel des Bestellung-zu-Zahlung-Prozesses ist es sicherzustellen, dass sämtliche Produkte und Dienstleistungen rechtzeitig in der gewünschten Qualität bereitgestellt werden.
Prozessverantwortlicher: Finanzvorstand

Kunden des Prozesses:	**Erwartung der Kunden**
•Anfordernde Einheit	•rechtzeitige, kostengünstige und vollständige Bereitstellung

Ergebnis: Produkte und Dienstleistungen bereitgestellt
Auslöser: Bedarf ist identifiziert
Erste Aktivität: Meldung der Bestellanforderung   .....   **Letzte Aktivität:** Zahlung freigeben
Eingehende Schnittstelle: Planung-zu-Bestellanforderung   **Ausgehende Schnittstelle:** Bauen-zu-Fertigstellung
Erforderliche Ressourcen: • Personal: Sachbearbeiter, Bauingenieur und Arbeitsingenieur   • Information, Dokumente und Wissen: Beschaffungsrichtlinien, Lieferantenbewertung, Rahmenvertrag   • Arbeitsumgebung, Material, Infrastruktur: Elektronisches Beschaffungssystem
Prozesskennzahlen: • Durchlaufzeit   • Operative Kosten   • Fehlerrate

Abb. 2.7 Prozessprofil des Bestellung-bis-Bezahlung-Prozesses von BuildIT, angelehnt an die Struktur in [3]

1–3 sowie 13 werden für Managementprozesse und 7–12 für Unterstützungsprozesse als relevant befunden. Anstelle von „Produkten und Dienstleistungen" bezieht sich BuildIT nur auf Dienstleistungen. Die Kernprozesse dieser Wertschöpfungskette werden durch die detaillierteren Beschreibungen des Baugeschäfts von oben ersetzt.

2. Identifizierung von Ende-bis-Ende-Prozessen: Der Ende-bis-Ende-Prozess beginnt mit der Identifizierung des Kundenbedarfs und endet mit dem Auslaufen der Garantie. Wir könnten verschiedene Arten von Bauarbeiten unterscheiden, aber der Text liefert uns keine Informationen in diese Richtung.

3. Identifizierung von Prozesssequenzen für jeden Ende-bis-Ende-Prozess: Der Ende-bis-Ende-Prozess umfasst die folgenden Teilprozesse. Sie spiegeln den Produktlebenszyklus für Bauleistungen wider, organisiert in den beiden Gruppen „Vertragsakquise" und „Vertragsausführung":

- Bedarf-bis-Auswahl,
- Auswahl-bis-Angebot,
- Angebot-bis-Vertrag,
- Vertrag-bis-Planung,
- Planung-bis-Fertigstellung,
- Fertigstellung-bis-Gewährleistungsende.

4. Identifizierung der wichtigsten Management- und Unterstützungsprozesse für jeden Geschäftsprozess: Dabei stützen wir uns auf die APQC-Kategorien 1–3 und 7–13. Die Namen sind leicht gekürzt.

5. Zerlegung und Spezialisierung von Geschäftsprozessen: Hier zerlegen wir nur den Planungsprozess als Beispiel. Er kann in mehrere Geschäftsprozesse unterteilt werden, darunter: Planung-bis-Beschaffung und Beschaffung-bis-Zahlung, Planung-bis-Lieferung und Lieferung-bis-Zahlung für die Bestellung von Baumaterialien und Planung-bis-Durchführung für die Zuteilung der Arbeitern zu Baustellen.

6. Erstellung eines Prozessprofils: BuildIT definiert Prozessprofile für jeden Prozess auf der Ebene 2. Der Mietprozess gehört zur Menge dieser Prozesse. Das Prozessprofil dieses Prozesses haben wir in Abb. 2.7 dargestellt.

7. Überprüfung der Vollständigkeit und Konsistenz: Schließlich muss geprüft werden, ob alle wichtigen Abteilungen von BuildIT einbezogen sind. Die resultierende Prozesslandkarte ist in Abb. 2.8 dargestellt.

□

Übung 2.6 Erstellen Sie eine Prozesslandkarte für eine Universität, indem Sie die in diesem Abschnitt beschriebenen Schritte anwenden. Verwenden Sie das APQC Process Classification Framework als Hilfsmittel.

Um die Vor- und Nachteile einer großen Anzahl von Prozessen auszugleichen, schlägt Davenport vor, sowohl *umfassende* als auch *eng eingegrenzte* Prozesse zu identifizieren. Umfassende Prozesse werden in den Bereichen identifiziert, in denen es eine Organisation für wichtig hält, die bestehenden Abläufe irgendwann vollständig zu überarbeiten, zum Beispiel aufgrund starken Wettbewerbsdrucks. So könnte ein Unternehmen festgestellt haben, dass seine Beschaffungskosten im Vergleich zu seinen Wettbewerbern zu hoch sind. Dementsprechend wählt es die Beschaffung als einen umfassenden Prozess aus, der alle Dienstleistungen und Produkte umfasst, die das Unternehmen von externen Partnern bezieht. Enge eingegrenzte Prozesse werden dagegen nicht wegen möglichen Generalüberholungen betrachtet, sondern müssen aktiv überwacht werden und unterliegen einer kontinuierlichen Feinabstimmung und Aktualisierung. Ein eng eingegrenzter Prozess kann beispielsweise sein, wie das gleiche Unternehmen mit Verbesserungsvorschlägen von Mitarbeitern umgeht.

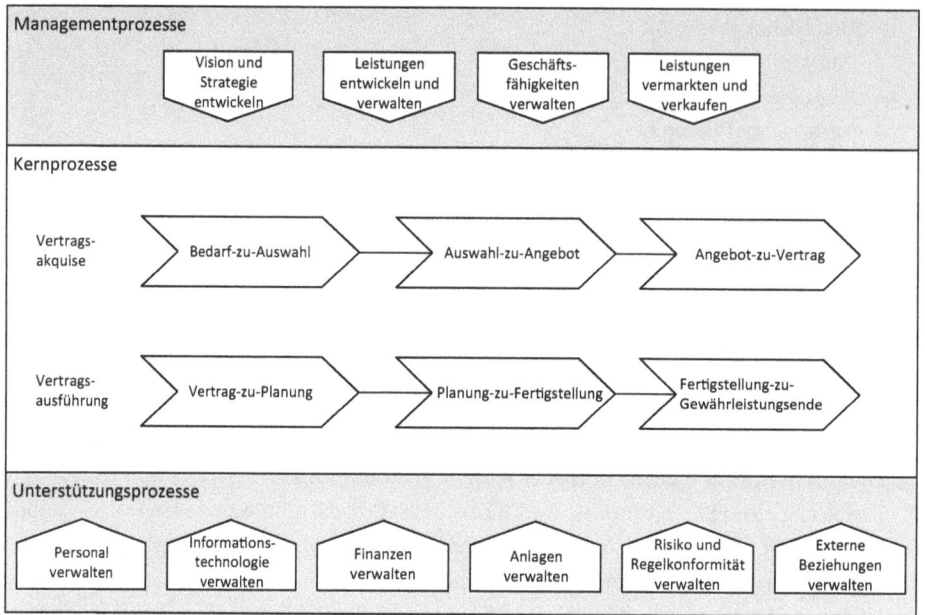

Abb. 2.8 Prozesslandkarte von BuildIT

Übung 2.7 Erläutern Sie, wie sich der Kompromiss zwischen Wirkung und Steuerbarkeit für umfassende bzw. eng eingegrenzte Prozesse auswirkt.

Jede Aufzählung von Geschäftsprozessen sollte nach einem hinreichend detaillierten Ergebnis streben, das auf die spezifischen Ziele des Prozessmanagements der Organisation abgestimmt sein muss. Für die meisten Organisationen gilt die Faustregel, dass dies auf ein paar Dutzend Geschäftsprozesse hinausläuft. Sehr große und diversifizierte Unternehmen sollten hingegen anstreben, einige hundert Prozesse zu identifizieren. Als Beispiel sei der multinationale Softwareanbieter SAP genannt, der tausend verschiedene Geschäftsprozesse identifiziert hat. Jeder dieser Geschäftsprozesse ist einem Prozessverantwortlichen zugeordnet, der die Leistung des Prozesses und die Erreichung seiner Ziele in Bezug auf Rentabilität, Regelkonformität *(engl.: compliance)* und Verantwortlichkeit überwacht. Detaillierte Prozessmodelle werden auf dem neuesten Stand gehalten, sowohl als Mittel zur Dokumentation geplanter Prozessänderungen als auch zur Erfüllung der Anforderungen des externen Berichtswesens. Im Gegensatz dazu hat eine kleine medizinische Klinik in den Niederlanden, die Mediziner, Krankenpfleger und Verwaltungspersonal beschäftigt, 10 verschiedene Behandlungspfade identifiziert. Einige davon wurden in Form von Prozessmodellen abgebildet und befinden sich derzeit in der Automatisierung mithilfe eines BPMS. Für alle anderen Prozesse genügt es, die unterschiedlichen Behandlungsmöglichkeiten zu beachten, die für verschiedene Patientenkategorien gefordert sind.

Abschließend sei noch einmal auf die Gestaltung der Prozessarchitektur hingewiesen, und auf die Tatsache, dass sich die Prozesse im Laufe der Zeit verändern, bewusst oder unbewusst. Zu Beginn des Kapitels haben wir bereits auf die Veränderungen der Geschäftsausrichtung von Mannesmann hingewiesen. Der Wandel impliziert, dass die Prozessidentifikation eine kontinuierliche Aufgabe ist. Es gibt Unternehmen, die Prozesse definiert haben, um ihre Prozessarchitektur kontinuierlich zu aktualisieren.

Falls solche Verfahren nicht vorhanden sind, kann eine Prozessarchitektur für einen bestimmten Zeitraum (z. B. 2–3 Jahre) genutzt werden, bevor sie überarbeitet wird.

Angesichts des Umfangs und der Tiefe einer Prozessarchitektur ist es offensichtlich, dass die Entwicklung einer umfassenden Architektur kaum auf einen Schlag gelingen kann. In der Praxis kann sie durch inkrementelle Erweiterungen und Aktualisierungen im Rahmen eines jeden neuen BPM-Projekts erreicht werden, insbesondere in Bezug auf die hierarchischen Beziehungen der Prozessarchitektur. So wird beispielsweise ein Projekt zur Steuerung des Schadenbearbeitungsprozesses eines Versicherungsunternehmens anhand der Prozessarchitektur bestimmen, welche Unterstützungs- und Managementprozesse ebenfalls berücksichtigt werden müssen. Wenn dann das Projekt ausgeführt wird und Teilprozesse und einzelne Aktivitäten innerhalb des Schadenbearbeitungsprozesses erhoben werden, können diese Informationen zur Aktualisierung der Prozessarchitektur verwendet werden.

2.2.5 Das Beispiel der Prozessarchitektur von SAP

SAP ist einer der größten Softwareanbieter weltweit, dessen Ziel es ist, seine Kunden bei der Rationalisierung ihrer Prozesse zu unterstützen. Damit sollen diese in die Lage versetzt werden, Kundentrends auf der Grundlage von Echtzeitdaten vorherzusehen. SAP verfügt auch über eine interne Einheit, die für das Geschäftsprozessmanagement verantwortlich ist und die Prozesse steuert, in denen mehr als 87.000 Mitarbeiter von SAP arbeiten.[9]

Abb. 2.9 zeigt das Modell der Ebene 1 der SAP-Prozessarchitektur. Es unterscheidet zehn Hauptprozesse: zwei in der Kategorie Managementprozesse, drei Kernprozesse und fünf Unterstützungsprozesse. Die Kernprozesse innovieren, verkaufen und bereitstellen sind Teil eines übergeordneten Ende-bis-Ende-Prozesses. Bis zu einem gewissen Grad ist dieser vom Produktlebenszyklus von Innovation, über Verkauf und zu Bereitstellung von Softwarelösungen inspiriert. Die Prozessarchitektur von SAP definiert zudem drei Ebenen. Die in Abb. 2.9 dargestellten Prozesse auf Ebene 1 sind in detailliertere Prozesse auf Ebene 2 und Ebene 3 gegliedert, wobei die gleiche Darstellung der Wertschöpfungskette mithilfe von Pfeilsymbolen wie bei der Abfolge der Kernprozesse verwendet wird [4]. Beispielsweise gibt es auf Ebene 2 einen Teilprozess namens Auftrag-bis-Zahlungseingang, der zum Verkaufsprozess gehört. Dieser wird auf Stufe 3 weiter verfeinert. Insgesamt gibt es auf Stufe 3 etwa 1000 Prozesse. Ein Prozess wird auf dieser Ebene nur dann spezifiziert, wenn er mehr als € 1 Mio. Kosten oder Erträge verursacht, wenn er für die Regelkonformität

---

[9]http://www.sap.com/corporate/en/company.html (Abfrage im November 2017).

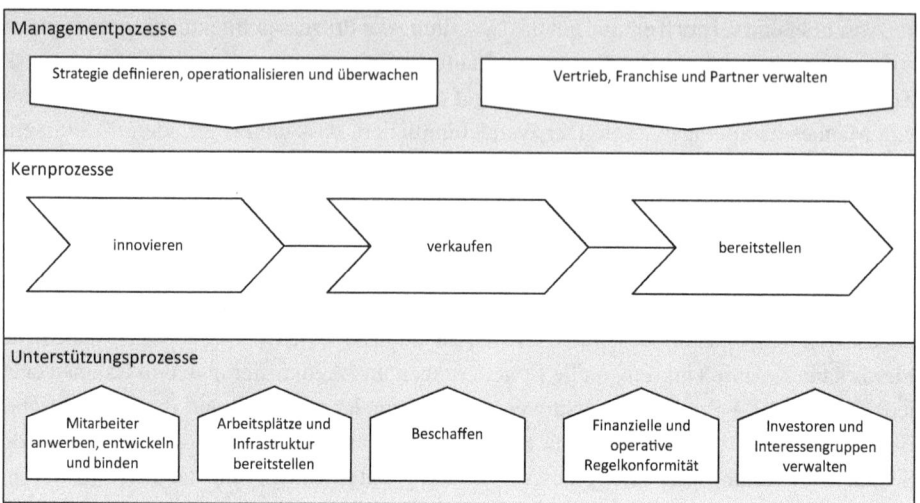

Abb. 2.9 Die Prozesslandkarte von SAP, welche die Gesamtheit der Prozesse des Unternehmens beschreibt [4]

relevant ist oder wenn er einen Kernprozess direkt unterstützt. Alle Textbeschriftungen der Prozessarchitektur entsprechen der Firmenterminologie.

2.3   Prozessauswahl

Ziel der Prozessauswahl *(engl.: process selection)* ist es, Kriterien für die Beurteilung der Leistung der identifizierten Geschäftsprozesse zu definieren. Diese Aufgabe baut auf der Beobachtung auf, dass sich Geschäftsprozesse in ihrer Bedeutung und Reife unterscheiden. Um eine solide Grundlage für die Prozessauswahl zu definieren, sollten sowohl Prozesskennzahlen als auch allgemeine Kriterien betrachtet werden. Der Vorteil von Prozesskennzahlen besteht darin, dass sie es ermöglichen, die Menge der Prozesse als Prozessportfolio darzustellen.

2.3.1   Auswahlkriterien

Wie bereits erwähnt, unterscheiden sich Prozesse in ihrer Wichtigkeit und nicht alle Prozesse können die gleiche Aufmerksamkeit erhalten. BPM verlangt Engagement, Führungsverantwortung sowie Investitionen in Leistungssteigerung und Neugestaltung. Daher müssen Prozesse, die Verluste oder Risiken verursachen, für Konsolidierung oder vollständige Stilllegung in Betracht gezogen werden. Es wurden verschiedene Kriterien vorgeschlagen, um diese Entscheidung zu unterstützen. Die am häufigsten verwendeten sind die folgenden:

Strategische Bedeutung Bei diesem Kriterium geht es darum, die strategische Bedeutung der einzelnen Prozesse zu bewerten. Ziel ist es, herauszufinden, welche Prozesse den größten Einfluss auf die strategischen Ziele eines Unternehmens haben, insbesondere auf Rentabilität, Alleinstellungsmerkmale und Wettbewerbsvorteile. Es ist sinnvoll, die Prozesse für ein aktives Prozessmanagement auszuwählen, die sich am unmittelbarsten auf die strategischen Ziele eines Unternehmens beziehen.

Verbesserungswürdigkeit Dieses Kriterium zielt darauf ab, eine umfassende Einschätzung über den Zustand eines jeden Prozesses zu erlangen. Dabei gilt es festzustellen, welche Prozesse die größten Schwierigkeiten haben. Diese Prozesse sind diejenigen, die am meisten von Prozessverbesserungen profitieren können.

Verbesserungsfähigkeit Für jeden Prozess sollte ermittelt werden, wie anfällig eine mögliche Prozessverbesserung für Hindernisse ist, entweder zufällig oder fortlaufend. Vor allem die mit dem Prozess in Zusammenhang stehende Kultur und Politik können Hindernisse sein, die den Erfolgen einer Initiative im Weg stehen. Im Allgemeinen sollte man sich auf diejenigen Prozesse konzentrieren, bei denen eine Verbesserung machbar erscheint.

Alle diese Kriterien gehen davon aus, dass Hintergrundinformationen verfügbar sind. Um beispielsweise die *strategische Bedeutung* eines Prozesses zu beurteilen, ist es von größter Bedeutung, dass ein Unternehmen eine Vorstellung von seinen strategischen Zielen hat. Manchmal genügt es, wenn solche strategischen Überlegungen auf abstrakter Ebene beschrieben sind, aber oft wird dies zusätzlich durch eine Investitionsrechnung untermauert. So nutzen immer mehr Unternehmen die Möglichkeit, die von ihnen angebotenen Produkte entsprechend den Anforderungen der Kunden anzupassen. Zara, der spanische Bekleidungshändler, ist ein Paradebeispiel für ein Unternehmen, welches eine solche Mess- und Reaktionsstrategie verfolgt. Es schickt Agenten in Einkaufszentren, um zu sehen, was die Menschen bereits tragen. Die so bestimmten Stile, Stoffe und Farben fließen in die neuen Produktdesigns ein. Ein Unternehmen wie Zara muss insbesondere die Produktions- und Logistikgeschäftsprozesse betrachten, die eine solche Strategie am besten unterstützen.

Um die *Verbesserungswürdigkeit* eines Geschäftsprozesses zu bestimmen, benötigt ein Unternehmen ebenfalls Informationen. Hier haben wir es mit einem Henne-Ei-Problem zu tun. Viele Unternehmen, die nicht prozessorientiert arbeiten, haben keine präzise Erfolgsmessung über ihre Prozesse. Erst die BPM-Initiative würde genau die benötigten Systeme und Daten liefern, die schon vorab für die Erfolgsbeurteilung der Prozesse erforderlich wären. In solchen Fällen muss ein Unternehmen informelle Methoden anwenden, um festzustellen, welche Prozesse gut funktionieren oder nicht. Dabei stützt man sich auf die Einschätzung des Managements und der Prozessbeteiligten, wie die Effizienz und Effektivität der verschiedenen Prozesse zu bewerten ist. Ein weiterer Ansatz wäre, sich auf Kundenbewertungen zu stützen, die entweder durch Umfragen erhoben oder in Form von Beschwerden gesammelt werden können.

Auch das Kriterium der *Verbesserungsfähigkeit* muss beachtet werden. Es ist gängige Praxis für Unternehmen, fortlaufend verschiedene Verbesserungsprogramme aufzulegen. Beispielsweise hat der Elektronikkonzern Philips seit den 1980er Jahren eine Reihe von Verbesserungsprogrammen durchlaufen. Viele Telekommunikations- und Versorgungsunternehmen tun das Gleiche. Da sich die Rentabilität von Produkten von einem Jahr auf das andere stark verändern kann, müssen Produkt- und Dienstleistungsportfolios sowie die Marktprioritäten fortlaufend angepasst werden. In einem so volatilen Umfeld kann es vorkommen, dass Manager und Prozessbeteiligte müde oder gar feindselig gegenüber neuen Initiativen werden. Eine solche Situation ist kein guter Ausgangspunkt für BPM-Initiativen. Denn wie andere organisatorische Maßnahmen bedürfen solche Initiativen die Zusammenarbeit und Unterstützung der direkt Beteiligten. Obwohl wir uns in diesem Lehrbuch nicht ausführlich mit dem Thema Änderungsmanagement beschäftigen werden, ist es wichtig zu wissen, dass politische Empfindlichkeiten innerhalb eines Unternehmens auch Auswirkungen auf die Erfolgsrate von Prozessmanagementmaßnahmen haben.

Übung 2.8 Betrachten Sie erneut den Bestellung-bis-Bezahlung-Prozess von BuildIT Beispiel 1.1 und den Zulassungsprozess einer Universität Übung 1.1 wie in Kap. 1 beschrieben. Diskutieren Sie ihre strategische Bedeutung, die Verbesserungswürdigkeit und die Verbesserungsfähigkeit dieser Prozesse.

Frage: Führt die Bewertung der genannten Kriterien der strategischen Bedeutung, der Verbesserungswürdigkeit und -fähigkeit stets zu den gleichen Prozessen, die aktiv gesteuert werden sollten?

Nein, dafür gibt es keine Garantie. Es kann sehr wohl sein, dass ein strategisch wichtiger Prozess auch der Prozess ist, der wahrscheinlich auch am schwierigsten zu ändern ist, beispielsweise weil frühere Verbesserungsbemühungen bereits gescheitert sind. Ein Unternehmen hat in einer solchen Situation möglicherweise keine Wahl. Wenn ein strategischer Prozess nicht verbessert werden kann, kann dies für ein Unternehmen als Ganzes fatal sein. Angenommen der Prozess zur Entwicklung neuer Produkte verursacht viele Konflikte innerhalb eines Unternehmens: Wenn die Probleme nicht gelöst werden können, ist das gesamte Unternehmen in Gefahr. In anderen Fällen kann es wichtiger sein, zuerst mit weniger ambitionierten Prozessmanagement-Aktivitäten an Glaubwürdigkeit zu gewinnen. Dies kann erreicht werden, indem man sich zunächst auf problematische Prozesse von milderer strategischer Bedeutung konzentriert, bei denen jedoch der Wunsch nach Veränderung groß ist. Bei Erfolg verleiht dieses Verbesserungsprojekt der BPM-Initiative Glaubwürdigkeit. Dies sind keine Entscheidungen, die leicht zu treffen sind, ohne den spezifischen Kontext zu berücksichtigen. Die verschiedenen Bewertungen sollten ausgewogen sein, um eine Liste der priorisierten Prozesse zu erhalten.

Frage: Sollen alle Prozesse, die verbesserungswürdig, strategisch bedeutsam und verbesserungsfähig sind, einer Prozessverbesserung unterzogen werden?

In den meisten Unternehmen wird das so nicht machbar sein, weil BPM Ressourcen benötigt. Auch wenn ein klarer Anreiz besteht, z. B. verschiedene bestehende Geschäftsprozesse neu zu gestalten, fehlt es den meisten Unternehmen an ausreichenden Ressourcen – Personal, Geld und Zeit – dafür. Nur die größten und profitabelsten Unternehmen sind in der Lage, mehr als eine Handvoll BPM-Projekte gleichzeitig zu unterstützen. Ein gutes Beispiel ist IBM, ein Unternehmen, von dem bekannt ist, dass es fortlaufend Verbesserungsprojekte für alle bestehenden Geschäftsprozesse durchführt. Ein weiterer Vorbehalt bei der Durchführung vieler gleichzeitiger BPM-Aktivitäten besteht darin, dass diese zu Koordinationskomplexität führen. Prozesse sind in verschiedener Hinsicht miteinander verknüpft, so dass die für einen Prozess getroffenen Maßnahmen mit denen für andere Prozesse abgestimmt werden müssen.

Davenport betont, dass sich viele Unternehmen auf eine kleine Anzahl kritischer Geschäftsprozesse konzentrieren, um Erfahrungen mit Verbesserungsinitiativen zu sammeln. Jede erfolgreiche Initiative kann dann für zukünftige Bemühungen Modell stehen [5].

2.3.2 Prozesskennzahlen

Für viele prozessbezogene Managementaktivitäten benötigen wir eine genaue Messung des Zustands eines Geschäftsprozesses. In diesem Zusammenhang unterscheiden wir generische Leistungsdimensionen und spezifische Kennzahlen. Häufig werden vier Dimensionen von der Prozessleistung unterschieden: Zeit, Kosten, Qualität und Flexibilität. Jedes Unternehmen möchte seine Prozesse im Idealfall schneller, billiger und besser machen. Diese einfache Beobachtung führt uns bereits zur Identifizierung von drei *Leistungsdimensionen:* Zeit, Kosten und Qualität. Eine vierte Dimension wird einbezogen, sobald wir uns mit der Frage der Veränderung befassen. Ein Prozess kann unter normalen Umständen sehr gut funktionieren, aber dann unter anderen, vielleicht sogar wichtiger werdenden Umständen schlecht. Van der Aalst et al. [6] beschreiben den Geschäftsprozess zur Schadenbearbeitung bei einem australischen Versicherungsunternehmen. Unter normalen Bedingungen funktioniert der Prozess zur vollen Zufriedenheit aller Beteiligten (einschließlich des Prozessverantwortlichen). Australien ist jedoch anfällig für Stürme, und einige dieser Stürme verursachen Schäden an verschiedenen Arten von Vermögensgegenständen (z. B. Häuser und Autos). Das führt dazu, dass in kurzer Zeit zahlreiche Schäden geltend gemacht werden. Die am Prozess beteiligten Call-Center-Mitarbeiter und Abwicklungsmitarbeiter werden in einer solchen Situation buchstäblich mit Reklamationen überflutet. Die Leistung des Prozesses verschlechtert sich dramatisch – genau zu diesem Zeitpunkt, wenn die Kunden am stärksten auf den Prozess angewiesen sind. Daher gilt es weniger, den Prozess in normalen Zeiten schneller, billiger oder besser zu machen. Vielmehr kommt es darauf an, den Prozess flexibler auf ein plötzliches Ansteigen der Schadensfälle einzustellen. Diese Beobachtung führt uns zur Identifizierung einer vierten Dimension der Prozessleistung, nämlich der Flexibilität.

Jede der vier oben genannten Leistungsdimensionen (Zeit, Kosten, Qualität und Flexibilität) kann zu einer Reihe von Prozesskennzahlen *(engl.: key performance indicator (KPI))* weiterentwickelt werden. Eine Prozesskennzahl ist eine Maßzahl, die für einen bestimmten Geschäftsprozess eindeutig bestimmt werden kann – vorausgesetzt, dass die Daten zur Berechnung dieser Maßzahl verfügbar sind.

Es gibt unter anderem verschiedene Arten von Kosten wie Produktionskosten, Lieferkosten oder Personalkosten. Jede dieser Kostenarten kann die Basis für spezifischen Kennzahlen sein. Dazu muss man eine Aggregationsfunktion auswählen, wie z. B. Anzahl, Durchschnitt, Varianz, Perzentil, Minimum, Maximum oder Verhältnisse dieser Aggregationsfunktionen. Ein konkretes Beispiel für eine Kostenkennzahl sind die durchschnittlichen Lieferkosten pro Artikel.

Im Folgenden wird jede der vier Dimensionen, und wie sie typischerweise zu spezifischen Kennzahlen verfeinert wird, kurz erläutert.

Zeit Oft ist die erste Leistungsdimension, die bei der Analyse von Prozessen in den Sinn kommt, die Zeit. Ein sehr häufiges Erfolgsmerkmal für Prozesse ist die *Durchlaufzeit*. Die Durchlaufzeit ist die Zeit, die benötigt wird, um einen Fall von Anfang bis Ende zu bearbeiten. Die Prozessauswahl zielt oft darauf ab, die Durchlaufzeit zu verkürzen, und es gibt viele verschiedene Möglichkeiten, dieses Ziel zu konkretisieren. So kann man beispielsweise eine Reduzierung der durchschnittlichen Durchlaufzeit oder der maximalen Durchlaufzeit anstreben. Es ist auch möglich, sich auf die Fähigkeit zu konzentrieren, die mit dem Kunden vereinbarte Durchlaufzeit einzuhalten. Eine weitere Betrachtungsmöglichkeit besteht darin, sich auf ihre Abweichung zu konzentrieren. Diese Idee steckt insbesondere hinter Ansätzen wie Six Sigma (siehe Kap. 1). Andere Aspekte der Zeitdimension kommen in Betracht, wenn wir die Durchlaufzeit in ihre Bestandteile zerlegen, nämlich:

- *Bearbeitungszeit*: Dies ist die Zeit, welche im Prozess eingebundene Ressourcen, wie Prozessbeteiligte oder Softwareanwendungen, für die eigentliche Bearbeitung des Falles aufwenden.
- *Wartezeit:* Die Wartezeit ist die Zeit, welche ohne Bearbeitung verstreicht. Die Wartezeit beinhaltet die Zeit in der Warteschlange, wenn keine Ressourcen für die Bearbeitung des Falles zur Verfügung stehen, und andere Wartezeiten, z. B. weil die Synchronisation mit einem anderen Prozess, mit anderen Aktivitäten, mit einer Eingabe von einem Kunden oder von einer anderen externen Partei erwartet wird.

Kosten Eine weitere wichtige Leistungsdimension bei der Analyse und Neugestaltung von Geschäftsprozessen sind Kosten. Während wir hier Kosten hervorheben, wäre es auch möglich gewesen, auf Umsatz, Rendite oder Ertrag zu fokussieren. Natürlich kann eine Renditeerhöhung den gleichen Effekt auf den Gewinn eines Unternehmens haben wie eine Kostensenkung. Allerdings ist die Neugestaltung von Prozessen häufiger mit einer

Kostensenkung motiviert. Es gibt eine Reihe von Unterscheidungen zu Kosten. Als Erstes kann zwischen fixen und variablen Kosten unterschieden werden. Fixkosten sind Gemeinkosten, die (fast) nicht von der Verarbeitung beeinflusst werden. Typische Fixkosten entstehen durch die Nutzung der Infrastruktur und die Wartung von Softwaresystemen. Variable Kosten korrelieren positiv mit einer zugrundeliegenden Menge, wie z. B. dem Umsatzniveau, der Anzahl der gekauften Waren, der Anzahl der Neueinstellungen usw. Ein Kostenbegriff, der eng mit der Produktivität verbunden ist, sind die *Betriebskosten*. Betriebskosten können in direktem Zusammenhang mit den Ergebnissen eines Geschäftsprozesses stehen. Ein wesentlicher Teil der Betriebskosten sind in der Regel die Arbeitskosten, also die Kosten der Personalressourcen bei der Herstellung einer Ware oder der Erbringung einer Dienstleistung. Im Rahmen der Prozessverbesserung ist es üblich, sich auf die Senkung der Betriebskosten, insbesondere der Arbeitskosten, zu konzentrieren. Die Automatisierung von Aufgaben wird oft als Alternative zur Arbeit angesehen. Obwohl die Automatisierung die Arbeitskosten senken kann, kann sie natürlich Nebenkosten für die Entwicklung der jeweiligen Anwendung und feste Wartungskosten während der gesamten Lebensdauer der Anwendung verursachen.

Qualität Die Qualität eines Geschäftsprozesses kann aus mindestens zwei verschiedenen Blickwinkeln betrachtet werden: aus der Sicht des Kunden und aus der Sicht der Prozessbeteiligten. Diese Betrachtung wird für die Unterscheidung zwischen externer und interner Qualität zugrunde gelegt. Die *externe Qualität* kann als die Zufriedenheit des Kunden mit dem Produkt oder dem Prozess gemessen werden. Die Zufriedenheit mit dem Produkt kann als das Ausmaß ausgedrückt werden, in dem ein Kunde das Gefühl hat, dass die Spezifikationen oder Erwartungen durch das gelieferte Produkt erfüllt werden. Dienstgütevereinbarungen *(engl.: service level agreement (SLA))* legen genau fest, was zu erwarten ist. Zudem betrifft die Kundenzufriedenheit die Art und Weise, wie der Prozess ausgeführt wird. Ein typisches Problem ist die Menge, Relevanz, Qualität und Aktualität der Informationen, die ein Kunde während der Ausführung über den Prozessfortschritt erhält. Zur Erfassung der Kundenzufriedenheit werden verschiedene Kennzahlen eingesetzt:

- *Abwanderungsrate (engl.: churn rate)*: Insbesondere bei Prozessen, die über das Internet mit dem Kunden verbunden sind, ist es wichtig zu wissen, wie viele Kunden ihre Interaktion nicht erfolgreich abschließen. Solche Prozesse mit Kundeninteraktionen werden auch als Kundenprozesse *(engl.: customer journey)* bezeichnet. Die Abwanderungsrate errechnet sich aus der Anzahl der Abwanderungen im Verhältnis zu der Anzahl aller Interaktionen.

- *Promotorenüberhang (engl.: net promoter score)*: Dieses Maß wird oft in einem Bereich von 1 bis 10 definiert und erfasst, inwieweit Kunden bereit wären, ein Produkt oder eine Dienstleistung weiterzuempfehlen. Insbesondere bei Dienstleistungen hängt der Wert direkt mit dem dahinter liegenden Geschäftsprozess zusammen.

Im Gegensatz dazu bezieht sich die *interne Qualität* eines Geschäftsprozesses auf die Sichtweise der Prozessbeteiligten. Typische interne Qualitätsaspekte hängen damit zusammen, wie sehr sich ein Prozessbeteiligter kontrolliert fühlt, wie abwechslungsreich die Arbeit ist, und wie sehr die Arbeit als herausfordernd empfunden wird. Es gibt verschiedene direkte Beziehungen zwischen diesen Qualitätsaspekten und anderen Dimensionen. So wird beispielsweise die externe Prozessqualität oft an der Dimension Zeit gemessen, z. B. an der Durchlaufzeit oder dem Prozentsatz der Fälle, in denen Termine nicht eingehalten wurden. Dementsprechend ordnen wir eine Kennzahl mit Zeitbezug der Dimension Zeit zu, auch wenn sie mit der Qualität zusammenhängt.

Flexibilität Das Kriterium, das am wenigsten beachtet wird, um den Effekt der Prozessverbesserung zu messen, ist die Flexibilität eines Geschäftsprozesses. Flexibilität kann allgemein definiert werden als die Fähigkeit, auf Veränderungen angemessen reagieren zu können. Diese Änderungen können sich z. B. auf verschiedene Perspektiven des Geschäftsprozesses beziehen:

- Die Fähigkeit von Ressourcen, unterschiedliche Aufgaben innerhalb eines Geschäftsprozesses ausführen zu können;
- Die Fähigkeit eines Geschäftsprozesses als Ganzes, unterschiedliche Fälle und wechselnde Arbeitslasten bewältigen zu können;
- Die Fähigkeit des Managements, die Struktur und die Zuweisungsregeln ändern zu können;
- Die Fähigkeit des Unternehmens, die Struktur und Reaktionsfähigkeit des Geschäftsprozesses auf die Wünsche des Marktes und der Geschäftspartner anpassen zu können.

Eine weitere Möglichkeit, sich der Flexibilitätsdimension zu nähern, besteht darin, zwischen Laufzeit- und Bauzeit-Flexibilität zu unterscheiden. Die Laufzeitflexibilität *(engl.: runtime flexibility)* betrifft die Möglichkeit, Änderungen und Abweichungen bei der Ausführung eines bestimmten Geschäftsprozesses zu berücksichtigen. Bauzeitflexibilität *(engl.: build-time flexibility)* betrifft die Möglichkeit, die Geschäftsprozessstruktur zu ändern. Es wird zunehmend wichtiger, die Flexibilität eines Geschäftsprozesses von den anderen Dimensionen zu unterscheiden.

Beispiel 2.3 Betrachten wir das folgende Szenario.

Ein Restaurant hat in letzter Zeit viele Kunden durch schlechten Kundenservice verloren. Das Managementteam hat beschlossen, sich bei der Problemlösung auf das Servieren von Mahlzeiten zu konzentrieren. Das Team fragt daher Kunden, wie schnell sie ihre Mahlzeiten erhalten möchten und was sie für eine akzeptable Wartezeit hielten. Die Daten deuten darauf hin, dass die Hälfte der Kunden ihre Mahlzeiten in 15 Minuten oder weniger serviert haben möchten. Alle Kunden waren sich einig, dass eine Wartezeit von 30 min oder mehr nicht akzeptabel ist.

In diesem Szenario scheint es, dass die wichtigste Leistungsdimension die Zeit ist, insbesondere die Durchlaufzeit. Ein sich daraus ergebendes Ziel ist es, Wartezeiten über 30 min vollständig zu vermeiden. Mit anderen Worten, der Prozentsatz der Kunden, die in weniger als 30 min bedient werden, sollte so nah wie möglich an 100 % liegen. Entsprechend lässt sich eine Kennzahl definieren als der Prozentsatz der Kunden, die in weniger als 30 min bedient werden. Eine weitere im Szenario erwähnte Schwelle beträgt 15 min. Hierfür kann man auf die durchschnittliche Servierzeit von weniger als 15 min abzielen oder erneut auf die Minimierung der servierten Mahlzeiten über 15 min. Mit anderen Worten, es besteht die Wahl zwischen zwei Kennzahlen: der durchschnittlichen Lieferzeit der Mahlzeiten oder der Prozentsatz der Kunden, die in 15 min bedient wurden. □

Dieses Beispiel veranschaulicht, dass die Definition von Prozesskennzahlen eng mit der Definition von *Leistungszielen* verbunden ist. Das Ableiten von solchen Kennzahlen und Leistungszielen für einen bestimmten Prozess kann so erfolgen:

1. Formulieren Sie ambitionierte Leistungsziele für den Prozess, welche dieser im Idealfall erreichen sollte, z. B. sollten Kunden in weniger als 30 min bedient werden.
2. Identifizieren Sie für jedes Leistungsziel die relevanten Leistungsdimensionen und Aggregationsfunktionen und definieren Sie damit eine oder mehrere Kennzahlen, z. B. den Prozentsatz der Kunden, die in weniger als 30 min bedient wurden. Nennen wir dieses Maß der Durchlaufzeit DZ_{30}.
3. Definieren Sie ein präziseres Ziel für diese Kennzahl, wie z. B. $DZ_{30} \geq 99\,\%$.

Während der Verbesserungs- und Implementierungsphase ist ein möglicher zusätzlicher Schritt, dem präzisierten Ziel einen Zeitrahmen hinzuzufügen. Beispielsweise sollte das oben genannte Leistungsziel auf einem Zielhorizont von 12 Monaten erreicht werden. Ein Leistungsziel mit einem damit verbundenen Zeitrahmen wird in der Regel als *Zielvorgabe* bezeichnet. Am Ende des gewählten Zeithorizonts wird dann beurteilt, inwieweit der neu gestaltete Prozess seine Ziele erreicht hat.

Übung 2.9 Betrachten Sie die folgende Zusammenfassung der in einem Reisebüro gemeldeten Probleme.

Ein Reisebüro hat in letzter Zeit mehrere mittelgroße und große Firmenkunden aufgrund von Beschwerden über schlechten Kundenservice verloren. Das Managementteam des Reisebüros hat beschlossen, ein Analystenteam zusammenzustellen, um dieses Problem zu lösen. Das Team hat den Auftrag, Interviews anzusetzen und Umfragen mit aktuellen und vergangenen Firmenkunden durchzuführen sowie Daten über Kundenfeedback zu sammeln. Etwa 2 % der Kunden beschwerten sich über Fehler, die bei ihren Buchungen gemacht wurden. Bei einer Gelegenheit hatte ein Kunde eine Änderung einer Flugbuchung beantragt. Das Reisebüro schrieb dem Kunden eine E-Mail mit einer Bestätigung, dass die Änderung vorgenommen wurde und fügte eine geänderte Reiseroute bei. Später stellte sich jedoch heraus, dass die geänderte Buchung im Flugreservierungssystem nicht bestätigt wurde. Infolgedessen durfte der Kunde den Flug nicht antreten, was zu einer Reihe schwerer Unannehmlichkeiten für den Kunden führte. Ähnliche Probleme gab es bei der ursprünglichen Flugbuchung: Der Kunde

hatte nach bestimmten Terminen gefragt, aber die Flugtickets waren zu anderen Terminen ausgestellt worden. Darüber hinaus beschwerten sich die Kunden über die langen Wartezeiten, bis
sie Antworten auf ihre Anfragen nach Angeboten und Reiserouten erhielten. In den meisten
Fällen beantworteten die Mitarbeiter des Reisebüros Anfragen innerhalb von 2–4 Arbeitsstunden, aber bei einigen komplizierten Reiseanfragen (ca. 10 % der Anfragen) dauerten es bis zu
2 Tage. Schließlich beschwerten sich etwa 5 % der Kunden auch darüber, dass die Reisebüros
nicht die besten Flugverbindungen und Preise für sie gefunden haben. Diese Kunden gaben
an, dass sie durch eigene Suche bessere Reiserouten und Preise im Internet gefunden hätten.

1. Welche Geschäftsprozesse sollte das Reisebüro zur Verbesserung auswählen?
2. Geben Sie für jeden der oben genannten Geschäftsprozesse an, welche Kennzahl das
   Reisebüro verbessern soll.

Alle spezifischen Prozesskennzahlen, die sich auf die Dimensionen Zeit, Kosten, Qualität
und Flexibilität beziehen, können weiter aggregiert werden, um ein einziges Maß für den
Prozesszustand zu erhalten. Eine solche aggregierte Kennzahl muss für jeden Geschäftsprozess separat definiert werden, da sich Prozesse in Bezug auf ihre Vision und Leistungsziele
unterscheiden. Die Verbesserungswürdigkeit erfasst dann, inwieweit diese Ziele erreicht
wurden.

Zu diesem Zweck können Balanced Scorecards verwendet werden. Abb. 2.10 zeigt das
Beispiel einer Balanced Scorecard für drei Prozesse eines Versorgungsunternehmens. Für
jeden Prozess stellt die Balanced Scorecard eine Hierarchie von Prozesskennzahlen über
vier Ebenen zur Verfügung: von detaillierten Prozesskennzahlen (3. und 4. Ebene) bis hin zu
wichtigen Prozessleistungsdimensionen (1. Ebene). Durch das Befüllen der Kennzahlen auf
der untersten Ebene mit konkreten Messungen und die Aggregation der Ergebnisse kann man
für jeden Geschäftsprozess eine einzige Maßzahl für die Prozessverbesserungswürdigkeit
erhalten.

2.3.3 Prozessportfolio

Der Begriff *Prozessportfolio* bezieht sich im Allgemeinen auf die Menge aller Prozesse und
im Spezifischen auf deren Visualisierung mithilfe verschiedener Kriterien. Die Prozessauswahl basiert auf den drei Kriterien strategische Bedeutung, Verbesserungswürdigkeit und
-fähigkeit. Die strategische Bedeutung eines jeden Prozesses kann von den Führungskräften auf Basis der Unternehmensstrategie bewertet werden. Der Verbesserungswürdigkeit
kann quantifiziert werden, indem die Differenz zwischen den Zielen und Istwerten für die
wichtigsten Prozesskennzahlen eines jeden Prozesses berechnet wird. Die Verbesserungsfähigkeit erfordert eine Bewertung durch den Prozessverantwortlichen. Auf diese Weise
erhalten wir numerische Werte für jedes der drei Kriterien und für jeden einzelnen Prozess,
so dass das Prozessportfolio wie in Abb. 2.11 dargestellt werden kann.

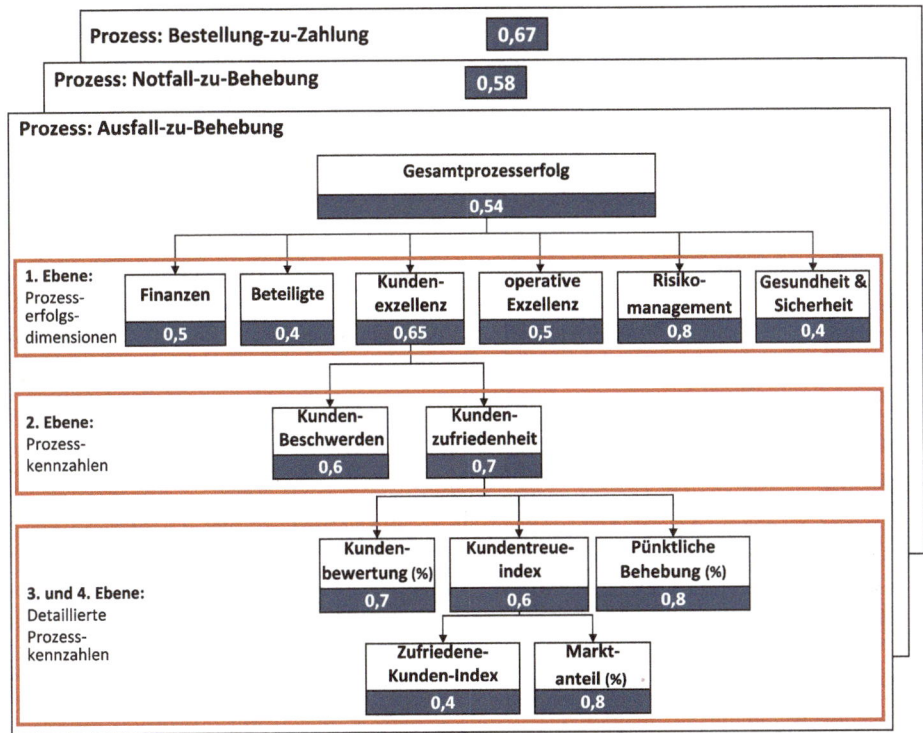

Abb. 2.10 Beispiel für Balanced Scorecards mit der kaskadierenden Definition und Messung verschiedener Prozesskennzahlen

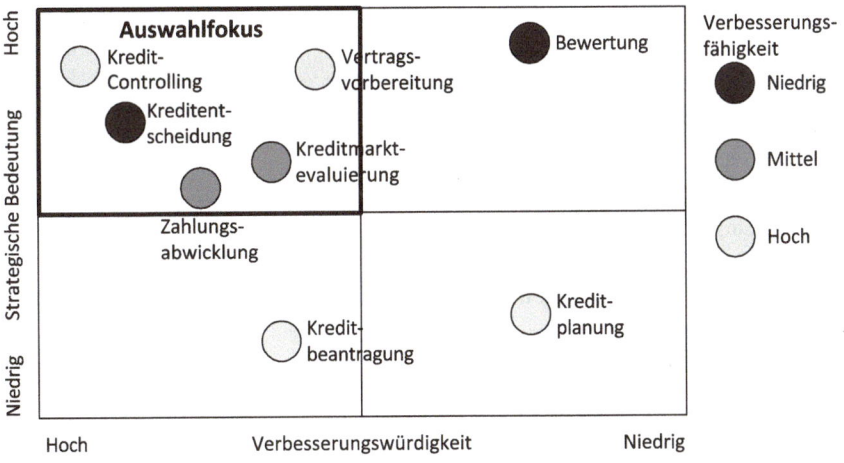

Abb. 2.11 Prozessportfolio eines Finanzinstituts

Die Prozessauswahl sollte Prozesse im linken oberen Quadranten des Prozessportfolios priorisieren, aber auch die Verbesserungsfähigkeit berücksichtigen. Ein detaillierter Business Case könnte mithilfe einer Machbarkeitsstudie weiter untermauert werden. Wie bereits erwähnt, sollten aus zwei Gründen nicht zu viele Prozesse zur Verbesserung ausgewählt werden. Erstens sind die zeitlichen und finanziellen Ressourcen der BPM-Teams begrenzt. Zweitens führt die Tatsache, dass zu viele Verbesserungsprojekte laufen, zu einer Komplexität der Koordination, da die Prozesse oft miteinander verbunden sind. Davenport schlägt vor, nicht den wichtigsten Prozess, der am schlechtesten funktioniert, zuerst in Angriff zu nehmen, da man eine hohe Wahrscheinlichkeit des Scheiterns hat. Vielmehr sollte man mit einer kleinen Anzahl von Projekten beginnen und daraus lernen. Unter Bezugnahme auf Abb. 2.11 wäre ein guter Kandidat für die Auswahl der Prozess des Kreditcontrollings.

Übung 2.10 Eine Universität hat vier Kernprozesse in Bezug auf die Lehre definiert. Eine Bewertung der strategischen Bedeutung, der Verbesserungswürdigkeit und -fähigkeit mittels einer Umfrage unter den Abteilungsleitern hat zu folgender Bewertung geführt:

- Studienprogramme entwickeln und verwalten:
  strategische Bedeutung 90 %,
  Verbesserungswürdigkeit 10 %,
  Verbesserungsfähigkeit 40 %.
- Studienprogramme vermarkten:
  strategische Bedeutung 75 %,
  Verbesserungswürdigkeit 20 %,
  Verbesserungsfähigkeit 60 %.
- Kurse ansetzen:
  strategische Bedeutung 95 %,
  Verbesserungswürdigkeit 70 %,
  Verbesserungsfähigkeit 50 %.
- Kurse durchführen:
  strategische Bedeutung 95 %,
  Verbesserungswürdigkeit 30 %,
  Verbesserungsfähigkeit 30 %.
- Studierendenberatung verwalten:
  strategische Bedeutung 85 %,
  Verbesserungswürdigkeit 50 %,
  Verbesserungsfähigkeit 40 %.
- Räume verwalten:
  strategische Bedeutung 40 %,
  Verbesserungswürdigkeit 65 %,
  Verbesserungsfähigkeit 70 %.

Zeichnen Sie ein Prozessportfolio und schlagen Sie einen Prozess vor, der zur Prozessverbesserung ausgewählt werden soll. Begründen Sie Ihre Wahl.

Wir haben bereits betont, dass es nicht möglich ist, zu viele BPM-Projekte gleichzeitig zu haben, und dass eine BPM-Initiative zuerst einmal versuchen sollte, Erfolgsgeschichten zu schreiben. Was allerdings in einigen Unternehmen *wirklich* passiert, sind umfassende Anstrengungen, um alle wichtigen Geschäftsprozesse auf einer abstrakten Ebene zu *modellieren*. Dadurch werden oft fortgeschrittenere BPM-Aktivitäten (z. B. Prozessverbesserung oder Automatisierung) verzögert. Tatsächlich sind Prozessmodelle ein Eckpfeiler für sämtliche BPM-Aktivitäten und eine wichtige Hilfe um zu verstehen, wo Verbesserungen erzielt werden können. Die Erstellung eines Prozessmodells führt zu wertvollen Erkenntnissen darüber, wie dieser Prozess überhaupt funktioniert und kann eine gute Grundlage für kleine Verbesserungen bieten, die leicht umzusetzen sind. Auf der anderen Seite birgt ein solcher Ansatz das Risiko, dass wesentliche Verbesserungen verpasst werden und die Beteiligten das Gefühl haben, dass der Lohn für die Bemühungen sich nicht einstellt. Auch hier ist zu betonen, dass die eigentliche Modellierung von Geschäftsprozessen kein Bestandteil der Prozessidentifikation ist. Zudem verändern sich Prozesse, und wenn die Prozessmodelle nicht weiter bis zur Analyse und Verbesserung verwendet werden, bleiben die Potenziale von BPM ungenutzt.

2.4   Die wichtigsten Punkte

In diesem Kapitel haben wir die Schritte der Prozessidentifikation des BPM-Lebenszyklus diskutiert. Wir unterscheiden die beiden Schritte der Definition der Prozessarchitektur und der Prozessauswahl. Der Schritt der Definition der Prozessarchitektur zielt darauf ab, die wichtigsten Prozesse innerhalb eines Unternehmens aufzulisten und diese Prozesse gegeneinander abzugrenzen. Ein Einblick in die wichtigsten Prozesse einer Organisation ist wichtig, bevor weitere BPM-Aktivitäten durchgeführt werden.

Eine Prozessarchitektur definiert die Beziehungen zwischen den verschiedenen Prozessen auf verschiedenen Detaillierungsgraden. Wir diskutierten zudem eine siebenstufige Methode zur Definition einer Prozessarchitektur einschließlich der Prozesslandkarte.

Der Schritt der Prozessauswahl befasst sich mit der Priorisierung von Prozessen, die erhoben, analysiert und verbessert werden sollen. Es ist gute Praxis, Prioritäten auf Grundlage der strategischen Bedeutung von Prozessen, ihrer Verbesserungswürdigkeit und -fähigkeit zu legen. Diese drei Kriterien können von Prozessverantwortlichen bewertet werden oder auf Prozesskennzahlen und -zielen basieren. Die gängigsten Leistungsdimensionen sind Zeit, Kosten, Qualität und Flexibilität. Prozessportfolios helfen bei der Auswahl von zu verbessernden Prozessen, indem sie die wichtigsten Verbesserungskriterien visualisieren. Die ausgewählten Prozesse werden zum Gegenstand der restlichen Phasen des BPM-Lebenszyklus.

2.5   Lösungen zu Übungsaufgaben

Lösung 2.1 Der Bestellung-bis-Bezahlung-Prozess gehört zu den wichtigsten operativen Prozessen. Die Art und Weise, wie er organisiert ist, hat Auswirkungen auf die Kunden-perspektive. Wenn er nicht gut funktioniert, führt dies zu Problemen bei Verfügbarkeit und Qualität. Bei Problemen sind Kunden wahrscheinlich weniger bereit, einen hohen Preis zu zahlen und die Geschäftsbeziehung zu vertiefen. Insgesamt würden diese Probleme auch zu einem schlechten Markenimage führen. Der Bestellung-bis-Bezahlung-Prozess wird davon beeinflusst, wie gut der Prozessverantwortliche den Prozess auf die strategischen Ziele aus-richtet. Probleme treten weniger häufig auf, wenn eine gute Zusammenarbeit der Prozess-beteiligten und eine lösungsorientierte Organisationskultur vorhanden ist.

Lösung 2.2 Aus organisatorischer Sicht baut der Prozess auf den drei Rollen Bauinge-nieur, Sachbearbeiter und Arbeitsingenieur auf. Organigramme können verwendet werden, um zu beschreiben, zu welchen Abteilungen sie gehören. Die Produktperspektive erfasst, welche Produkte und Dienstleistungen BuildIT anbietet. Dies können verschiedene Arten von Bauarbeiten sein. Mit Hilfe eines Leistungskatalogs können diese Leistungen syste-matisch spezifiziert werden. Zur Bearbeitung einer Anfrage zwischen den verschiedenen beteiligten Rollen, wie z. B. „verfügbar" oder „genehmigt", werden verschiedene Datenfel-der verwendet. Ein Datenmodell kann verwendet werden, um die Elemente der Datenper-spektive zu definieren. Die Anwendungslandschaft von BuildIT umfasst ein E-Mail-System und ein Finanzinformationssystem. Die gesamte Anwendungslandschaft kann mit einem Anwendungsmodell beschrieben werden. Die technische Infrastruktur umfasst die Compu-terhardware und die Baumaschinen von BuildIT. Es kann mit einem Infrastrukturmodell beschrieben werden.

Lösung 2.3 Die Managementprozesse einer Universität beziehen sich auf Vision und Stra-tegie. Die Kernprozesse konzentrieren sich typischerweise auf Forschung und Lehre. Im Bereich der Forschung gibt es Prozesse zur Erarbeitung von Forschungsergebnissen und möglicherweise zur Vermarktung von Forschungsergebnissen. In der Lehre gibt es Prozesse zur Verwaltung der Studiengänge, zur semesterweisen Planung von Kursen, zur Verwaltung der Anmeldung von Studierenden in Kursen und viele andere Prozesse, die den gesamten Lebenszyklus eines Studierenden abdecken. Darüber hinaus gibt es Unterstützungsprozesse für die Personalverwaltung, das Informationstechnologiemanagement und das Infrastruk-turmanagement.

Lösung 2.4 Unternehmen wollen bestimmte *Ziele* erreichen. Prozesse sind ein Mittel, um diese Ziele zu erreichen. Eine Beziehung zwischen Prozessen besteht, wenn sie zu gleichen oder ähnlichen Zielen beitragen. Andere, kontextspezifische Beziehungen können auch für Unternehmen wichtig sein. Für ein Unternehmen kann es wichtig sein zu wissen, auf welchen *Technologien* seine Prozesse basieren. Wenn eine bestimmte Technologie veraltet ist, kann man nachvollziehen, welche Prozesse betroffen sind. Eine ähnliche Überlegung kann für geografische Gebiete, Vorschriften usw. relevant sein.

Lösung 2.5 Im Allgemeinen sind alle Kategorien der Ebene 1 des APQC Prozessklassifikationsrahmens relevant. Die Kategorien 1–3 und 13 beziehen sich auf die Managementprozesse von BuildIT. Die Bauaktivitäten von BuildIT beziehen sich auf die Kategorien 4–6, könnten aber zu allgemein sein, um das Baugeschäft zu erfassen. Die Kategorien 7–12 beziehen sich auf die Unterstützungsprozesse von BuildIT. Obwohl BuildIT versucht, das Eigentum an Baumaschinen zu minimieren, müssen sie diese Vermögenswerte verwalten, was mit der Kategorie 10 zusammenhängt.

Lösung 2.6 Wir verwenden die sieben Schritte unserer Entwurfsmethode für Prozesslandkarten.

1. Klärung der Terminologie: Wo immer möglich, nutzen wir die vordefinierten Begriffe.
2. Identifizierung der Ende-bis-Ende-Prozesse: Wir verfeinern die APQC-Kategorien 4–6 wie folgt: Forschungsergebnisse liefern, Lehrveranstaltungen durchführen, Studierendendienste bereitstellen.
3. Identifizierung von Prozesssequenzen für jeden Ende-bis-Ende-Prozess:
   - Forschungsergebnisse liefern: Wir identifizieren die Sequenz anhand des Produktlebenszyklus. Die Schritte sind Forschung planen, Forschung durchführen, Forschungsergebnisse berichten.
   - Lehrveranstaltungen durchführen: Wir lassen uns von den Phasen der Lieferkette leiten. Die Sequenz umfasst Lehrmaterial vorbereiten, Lehreinheit durchführen, Studierende benoten, Qualität kontrollieren.
   - Studierendendienste bereitstellen: Wir nutzen die Kundenbeziehung als Grundlage. Die Sequenz ist Interessenten gewinnen, Zulassung gewähren, Studium durchführen, Studium abschließen.
4. Identifizieren Sie für jeden Geschäftsprozess die wichtigsten Management- und Unterstützungsprozesse: Managementprozesse sind die Entwicklung von Vision und Strategie, die Entwicklung und Verwaltung von Studienprogrammen, die Vermarktung und der Verkauf von Studienprogrammen sowie die Verwaltung von Geschäftsfähigkeiten. Unterstützungsprozesse sind Personalmanagement, IT-Management, Finanzmanagement, Anlagenverwaltung, Risiko- und Regelkonformitätsmanagement sowie externe Beziehungen verwalten.
5. Zerlegung und Spezialisierung von Geschäftsprozessen: Die Kernprozesse sollten weiter zerlegt werden.
6. Erstellen Sie Prozessprofile: Alle Prozesse sollten mit einem Profil beschrieben werden.
7. Überprüfen Sie die Vollständigkeit und Konsistenz: Alle wichtigen Abteilungen müssen vertreten sein.

Lösung 2.7 Ein umfassender Prozess hat per Definition einen großen Umfang. Ein aktives Management kann potenziell eine große Wirkung auf den Erfolg eines Unternehmens erzielen. Die Kehrseite ist, dass es schwieriger ist, einen umfassenden Prozess und die damit verbundenen Verbesserungsprojekte aktiv zu steuern. Für einen eng eingegrenzten Prozess ist dies genau umgekehrt: Aufgrund seines geringeren Umfangs ist er leichter zu steuern, wird aber wahrscheinlich weniger Einfluss auf den Erfolg eines Unternehmens als Ganzes haben.

Lösung 2.8 Der Bestellung-bis-Bezahlung-Prozess von BuildIT hat einen internen Kunden und ist daher von untergeordneter Bedeutung. Die Beschreibung in Kap. 1 weist auf mehrere Probleme hin, es ist aber auch explizit definiert, wer was tut. Deshalb können wir seine Verbesserungswürdigkeit als mittelmäßig einstufen. Eine Verbesserung scheint möglich, da nur wenige Prozessbeteiligte involviert sind.

Das Zulassungsverfahren ist von großer Bedeutung, da es neue Studierende an die Universität bringt. Die Beschreibung in Kap. 1 weist auf mehrere Probleme hin, es ist aber auch explizit definiert, wer was tut. Eine Verbesserung ist schwieriger zu erreichen, da viele Parteien beteiligt sind.

Lösung 2.9 Es gibt mindestens zwei Geschäftsprozesse, die verbessert werden sollten: den Angebot-bis-Buchung-Prozess, der vom Eingang eines Angebots bis zum Abschluss einer Buchung geht, und den Prozess zur Änderung von Buchungen.

Der Angebot-bis-Buchung-Prozess muss in Bezug auf die Durchlaufzeit und die Fehlerquote verbessert werden. Der Prozess der Buchungsänderung muss in Bezug auf die Fehlerquote verbessert werden.

Lösung 2.10 Das Prozessportfolio kann wie in Abb. 2.12 dargestellt werden. Es wird empfohlen, den Prozess *Kurse ansetzen* zur Verbesserung auszuwählen.

2.6   Weitere Übungsaufgaben

Übung 2.11 Betrachten Sie die Universität und das Zulassungsverfahren, das in Übung 1.1 beschrieben ist. Zu welcher Kategorie von Prozessen in der internen Perspektive von Abb. 2.1 gehört dieser? Wie beeinflusst er verschiedene Aspekte der Kundenperspektive, wie ist er durch Aspekte der Lern- und Wachstumsperspektive geprägt?

Übung 2.12 Betrachten Sie die folgende Organisation.

Die University of West Holland bietet ihren Studierenden Bildung und Dienstleistungen an. Das beginnt bei der Zulassung zum Studium an der Universität. Wenn Schüler, die von einem niederländischen Gymnasium kommen, ihr Aufnahmeformular einreichen, werden sie von

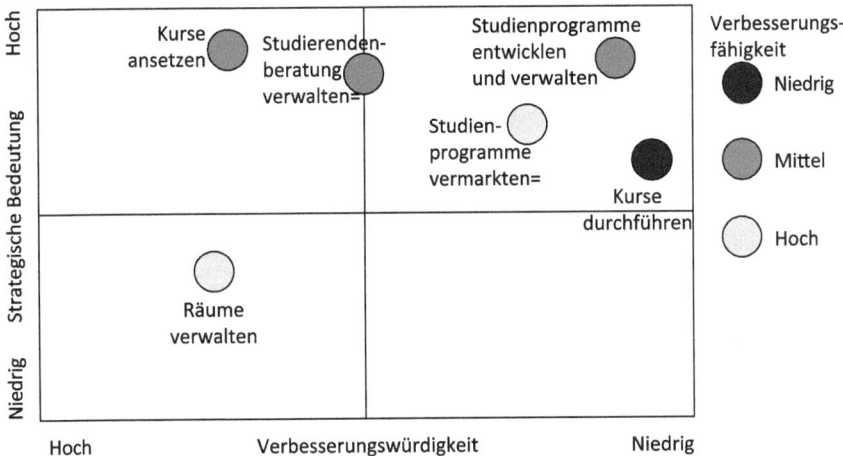

Abb. 2.12 Prozessportfolio einer Universität

der Zulassungsstelle registriert. Anschließend wird ihre Berechtigung zum Studium in einem bestimmten Studiengang anhand der Angaben auf dem Zulassungsformular überprüft. Für Schüler, die von einer anderen Schule, wie z. B. einer Fachhochschule, kommen, muss das auf dem Aufnahmeformular genannte Studium im Detail geprüft werden. Schüler von polytechnische Schulen können entweder nach einem Jahr Studienzeit oder nach Abschluss eines polytechnischen Abschlusses an die Universität kommen. Auch Studierende von Universitäten im Ausland werden akzeptiert. Für sie müssen ebenfalls die absolvierten Studien im Detail geprüft werden. Wenn Studierende und die Kurse, die sie gegebenenfalls bereits besucht haben, als zulassungsfähig eingestuft werden, werden sie an der Universität zugelassen. Dies erfolgt mithilfe der Zusendung eines Schreibens über die Zulassung und die Dateneingabe ihrer Einschreibung in das Informationssystem der Universität. Nach der Immatrikulation beginnen die Studierenden schließlich ihr jeweiliges Studienprogramm, z. B. Jura, Medizin oder Wirtschaftsingenieurwesen.

Nach der Immatrikulation können die Studenten an Kursen oder Projekten teilnehmen und die von der Universität angebotenen Dienstleistungen nutzen, darunter: Sprachkurse und Sportanlagen. Projekte werden von Studierenden gemeinsam mit einem Dozenten durchgeführt. Die Universität erkennt Teilzeitstudierende an, die ihr Studium während ihrer Tätigkeit in einem Unternehmen absolvieren. Diese Studierenden machen typischerweise Projekte mit eher praktischem Charakter, und daher sind die Prozesse zur Überwachung des Studienfortschritts anders als für reguläre Studierende.

Entwerfen Sie eine Prozessarchitektur wie folgt:

1. Identifizieren Sie die Ende-bis-Ende-Prozesse, die in der Prozesslandkarte aufscheinen sollen,
2. identifizieren Sie die Geschäftsprozesse jedes Ende-bis-Ende-Prozesses,
3. identifizieren Sie für jeden Geschäftsprozess die wichtigsten Management- und Unterstützungsprozesse.

Übung 2.13 Betrachten Sie die folgende Organisation.

Ein Beratungsunternehmen bietet Dienstleistungen in den Bereichen Beratung, Outsourcing und Interimsmanagement an. Die Firma betrachtet die Akquisition von Projekten als Teil dieser Dienstleistungen. Die Akquisition kann sowohl für bestehende als auch für neue Kunden erfolgen, da der Fokus eher auf den Projekten als auf die Kunden gerichtet ist. Die Akquisition wird typischerweise bei Vernetzungsveranstaltungen durch Partner des Beratungsunternehmens gestartet. Es wird nach einem festen Prozess vorgegangen, aber es werden keine standardisierten Dokumente verwendet. Wenn ein Kunde Interesse an einer Beratungsleistung zeigt, wird eine Projektaufnahme mit dem Kunden durchgeführt. Um eine langfristige Beziehung zu den Mandanten aufzubauen versucht das Unternehmen, während der Aufnahme mit neuen Mandanten einen Rahmenvertrag abzuschließen. Für bestehende Kunden muss kein Rahmenvertrag abgeschlossen werden. Als weitere Form des Beziehungsmanagements finden regelmäßige Treffen mit bestehenden Kunden statt. Während dieser Gespräche werden mit dem Kunden Fragen der Arbeitsorganisation besprochen. Auf diese Weise kann der Kunde erkennen, ob zusätzliche Beratung nützlich sein könnte, um die Organisation weiter zu verbessern. Gleichzeitig ermöglicht dies dem Unternehmen, zusätzliche Aufträge zu akquirieren. Die Aufnahme und die regelmäßigen Besprechungen erfolgen nach dem gleichen Schema, welches auch bei der Projektaufnahme verwendet wird.

Bei Beratungs- und Outsourcing-Dienstleistungen muss direkt nach Erteilung eines Projektauftrages an das Beratungsunternehmen ein Projektteam gebildet werden. Nachdem ein Projektteam gebildet wurde, findet ein Kick-off-Meeting mit dem Kunden statt und nach dem Kick-off-Meeting wird das Projekt durchgeführt. Das Kick-Off-Meeting ist für jeden Projekttyp gleich, aber die Art und Weise, wie das Projekt durchgeführt wird, ist je nach Art der Dienstleistung sehr unterschiedlich. Am Ende des Projekts findet immer ein Evaluationsgespräch mit dem Kunden zur Qualitätskontrolle statt. Die Bildung des Projektteams, das Kick-off-Meeting, die Durchführung des Projekts und die Bewertung des Projekts erfolgen nach einem Projektplan.

Das Beratungsunternehmen verfügt über eine Dienstleistungsabteilung, die sich um die Marktforschung für die Berater kümmert, das Leasing von Autos verwaltet und Sekretariatsdienste anbietet.

Entwerfen Sie eine Prozessarchitektur wie folgt:

1. Identifizieren Sie die Ende-bis-Ende-Prozesse, die in der Prozesslandkarte aufscheinen sollen,
2. identifizieren Sie die Geschäftsprozesse jedes Ende-bis-Ende-Prozesses,
3. identifizieren Sie für jeden Geschäftsprozess die wichtigsten Management- und Unterstützungsprozesse.

Übung 2.14 Betrachten Sie die folgende Organisation.

RentIT ist ein Geräteverleihunternehmen, das eine breite Palette von Baumaschinen auf Anfrage anbietet, von kleineren Geräten wie Wasserpumpen und Bohrern bis hin zu Großgeräten wie Planierraupen, Raupenbaggern und Kränen.

RentIT erhält Aufträge hauptsächlich von Bauunternehmen, mit denen es langfristige Beziehungen unterhält. Um diese Beziehungen aufrechtzuerhalten, treffen sich die Außendienstmitarbeiter regelmäßig mit Stammkunden, um ihre bevorstehende Nachfrage nach Baumaschinen zu verstehen, Wege zu finden, ihre Bedürfnisse besser zu erfüllen und Sonderangebote und Rabatte auszuhandeln.

Der Hauptprozess bei RentIT ist der Auftrag-bis-Zahlungseingang-Prozess, der mit dem Eingang eines neuen Auftrags über das Informationssystem beginnt. In dem Auftrag sind unter anderem das zu mietende Gerät und die Mietdauer angegeben.

Beim Eingang eines Auftrags prüft ein Vertriebsmitarbeiter bei RentIT die Auftragsdaten und die Verfügbarkeit des in dem Auftrag angeforderten Geräts. Dies kann zu einem von drei Ergebnissen führen: (i) der Auftrag wird bestätigt; (ii) der Auftrag wird abgelehnt, der Kunde entsprechend informiert und der Fall abgeschlossen; oder (iii) es wird eine Frage an den Kunden gesendet. Im letzten Fall sollte der Kunde innerhalb von 3 Tagen antworten. Wenn der Kunde nicht innerhalb dieser Zeit antwortet, wird eine Erinnerung durch das Informationssystem von RentIT verschickt, und wenn der Kunde 3 Tage nach der Erinnerung nicht geantwortet hat, wird der Auftrag storniert. Wenn ein Kunde auf eine Frage antwortet, kann der Mitarbeiter den Auftrag annehmen, ablehnen oder eine weitere Frage an den Kunden stellen; in diesem letzten Fall werden die oben genannten 3-tägigen Verzögerungen für das Versenden von Erinnerungen und das Stornieren des Auftrags erneut angewandt.

Nach der Annahme des Auftrags kennzeichnet das Informationssystem von RentIT die entsprechenden Geräte für die Dauer der Vermietung als belegt. Das System plant auch automatisch die Lieferung und Abholung Geräte von und zu dem Lager, in dem es sich befindet. Lieferungen und Abholungen werden an ein externes Logistikunternehmen ausgelagert.

Ein Kunde kann eine Anfrage zur Stornierung eines Auftrags senden. In diesem Fall wird das Gerät freigegeben und die Lieferung storniert. Eine Stornierungsanfrage muss vor der Lieferung des Geräts aus dem Lager von RentIT eingegangen sein. Nach der Lieferung des Geräts (d. h. nachdem es das Lager von RentIT verlassen hat) ist es nicht mehr möglich, die Stornierungsanfrage des Kunden zu akzeptieren.

Am Fälligkeitstag holt das Logistikunternehmen das Gerät aus dem Lager von RentIT ab und liefert es auf die Baustelle. Auf der Baustelle prüft ein Bauingenieur der Baufirma zusammen mit dem Logistiker das Gerät. In der Regel wird die Lieferung angenommen. Gelegentlich lehnt der Bauingenieur die Lieferung jedoch ab. Es kann zwei Gründe für die Ablehnung geben: (i) wegen eines Fehlers des Kunden oder weil der Kunde seine Meinung geändert hat; oder (ii) wegen eines Fehlers an den gelieferten Geräten oder eines Fehlers, der auf RentIT zurückzuführen ist. Im ersten Fall wird dem Kunden eine Rechnung in Höhe der Kosten von einem Tag der Anmietung zugesandt und es findet das unten beschriebene Zahlungsverfahren statt. Im letzteren Fall wird der Vertriebsmitarbeiter über das Informationssystem von RentIT benachrichtigt. Der Vertriebsmitarbeiter kontaktiert den Kunden unverzüglich, um eine alternative Vereinbarung auszuhandeln. Dies kann dazu führen, dass entweder der Auftrag storniert oder eine neue Lieferung so schnell wie möglich eingeplant wird.

In der Regel wird das Equipment zu dem im Auftrag angegebenen Enddatum abgeholt. Es kann jedoch vorkommen, dass der Kunde eine Fristverlängerung durch Übersendung eines aktualisierten Auftrags (auch Auftragsaktualisierung genannt) wünscht. Wenn eine Auftragsaktualisierung mit der Bitte um eine Fristverlängerung eingeht, prüft der Vertriebsmitarbeiter, ob es möglich ist, diese Verlängerung zu gewähren. Falls ja wird die Fristverlängerung im Informationssystem von RentIT erfasst. Ist eine Verlängerung nicht möglich, bleibt die Frist unverändert. In beiden Fällen wird der Kunde informiert.

Nach Abholung des Geräts stellt RentIT eine Rechnung über den in der neuesten Version des Auftrags angegebenen Betrag aus. Rechnungen sind 14 Tage nach Rechnungsstellung zu begleichen. Wenn die Zahlung nicht innerhalb dieser Frist eingegangen ist, wird dem Kunden eine Zahlungserinnerung übermittelt. Wenn 14 Tage nach dem Versand der Rechnung keine Zahlung eingegangen ist, wird die Rechnung in die Inkassoabwicklung gestellt.

Es kann vorkommen, dass der Kunde mit einer Rechnung nicht einverstanden ist. In diesem Fall kontaktiert der Vertriebsmitarbeiter den Kunden und ändert die Rechnung bei Bedarf. Dies führt zur Ausstellung einer geänderten Rechnung. Der Kunde hat nach Ausstellung einer geänderten Rechnung 14 Tage Zeit zur Zahlung (danach wird derselbe Prozess wie oben beschrieben für die Zahlungserinnerung und Inkassoabwicklung durchgeführt).

Wenn eine Rechnung in den Inkassobereich fällt, versucht der Vertriebsmitarbeiter, mit dem Kunden eine Tilgungsvereinbarung auszuhandeln. In der Regel führt dies zu einer Rückzahlung innerhalb weniger Wochen. In extremen Fällen, in denen die Forderung nach zwei Monaten nach Fälligkeit der Rechnung noch offen ist, wird die Rechnung an ein Inkassobüro verkauft.

Das Gerät, das RentIT besitzt, wird in einem von mehreren Lagern gelagert. Jedes Gerät wird regelmäßig gewartet. Wenn ein Gerät zur Wartung ansteht, kommt ein Reparatur- und Wartungsdienstleister, um es abzuholen (es gibt mehrere solcher Dienstleister für verschiedene Arten von Geräten). Der gleiche Dienstleister liefert die Geräte, sobald die Wartung abgeschlossen ist. Gleiches gilt, wenn ein Gerät kaputt geht. In einigen Fällen geht das Gerät kaputt, während es sich beim Kunden befindet. In diesem Fall holt der Dienstleister die defekten Geräte beim Kunden ab oder führt in einigen Fällen eine Reparatur vor Ort durch. Wenn das Gerät während der Nutzung durch einen Kunden nicht verfügbar ist, sendet der Vertriebsmitarbeiter ein alternatives Gerät an den Kunden. Ist dies nicht möglich, wird die ursprüngliche Bestellung entsprechend aktualisiert, so dass dem Kunden nur die Tage in Rechnung gestellt werden, an denen das Gerät im Einsatz war. Der Vertriebsmitarbeiter kann einen speziellen Rabatt gewähren, falls ein Gerät während der Nutzung ausfällt.

RentIT muss Eingangsrechnungen von Reparaturdienstleistern und Logistikdienstleistern sowie Rechnungen aus der indirekten Beschaffung bearbeiten. RentIT muss auch wiederkehrende Zahlungen für das Geräteleasing leisten. Zur Optimierung der Zahlungsströme besitzt RentIT nicht tatsächlich die von ihr vermieteten Geräte, sondern bezieht sie über Gerätevermieter. Der Finanzvorstand und sein Team sind für die strategische Beschaffung von Geräten verantwortlich, was die Planung neuer Geräteanschaffungen, die Stilllegung älterer oder defekter Geräte und die Aushandlung von Konditionen mit den Gerätevermietern umfasst. Der Finanzvorstand und sein Team sind auch für die Finanzplanung und -budgetierung, die Finanzüberwachung, die Genehmigung größerer Ausgaben sowie die Erstellung der Quartals- und Jahresabschlüsse verantwortlich. Daneben überwacht das Team des Leiters des operativen Geschäfts die Verwaltung des Lagers, des Personalwesens, der IT-Systeme, der Büroeinrichtungen sowie der Beziehungen zu Logistikdienstleistern und Reparatur- und Wartungsdienstleistern.

Schließlich leitet die Vertriebs- und Marketingdirektorin alle Außendienstmitarbeiter und überwacht zusammen mit ihrem Team alle Aktivitäten im Zusammenhang mit Marketing, Neukundengewinnung und strategischer Weiterentwicklung der Beziehungen zu den Stammkunden.

Entwerfen Sie eine Prozessarchitektur wie folgt:

1. Identifizieren Sie die Ende-bis-Ende-Prozesse, die in der Prozesslandkarte aufscheinen sollen,
2. identifizieren Sie die Geschäftsprozesse jedes Ende-bis-Ende-Prozesses,
3. identifizieren Sie für jeden Geschäftsprozess die wichtigsten Management- und Unterstützungsprozesse.

2.7 Vertiefende Lektüre

Einer der ersten Autoren, der die Bedeutung der Prozessidentifikation beleuchtet, ist Davenport [5]. Ähnliche Überlegungen finden sich bei Hammer & Champy [7]. Sharp & McDermott [8] geben praktische Tipps zur Identifikation der Prozesslandschaft. Ein weiteres praktisches Buch über Prozessarchitekturdesign ist das von Ould [9]. Eine der offenen Fragen dieser Bücher ist, inwieweit es sich lohnt, Prozesse unternehmensspezifisch zu identifizieren und abzugrenzen, anstatt standardisierte Referenzmodelle einzusetzen.

Dijkman [10] gibt einen Überblick über gängige Ansätze der Prozessarchitektur. Eines der Ergebnisse ist, dass Praktiker einen Stilmix verwenden, um Prozessarchitekturen abzuleiten, und dass kein einzelner Ansatz systematisch verfolgt wird. In den letzten Jahren wurden in diesem Bereich einige Untersuchungen durchgeführt. Die Arbeiten von Frolov et al. [11] und Zur Muehlen et al. [12] unterstreichen die Bedeutung einer hierarchischen Prozessarchitektur. Malinova und Mendling untersuchen verschiedene Ansätze zur abstrakten Modellierung von Prozessen und schlagen ein integriertes Metamodell zur Prozesslandkartenmodellierung vor [13]. Die gleichen Autoren finden Zusammenhänge zwischen der Designqualität der Prozessarchitektur und dem BPM-Erfolg [14]. Verschiedene empirische Erkenntnisse über die Qualität von Prozesslandkarten werden in der Dissertation von Malinova [15] vorgestellt.

Es wurden verschiedene Frameworks zur Erfassung der verschiedenen Perspektiven einer Unternehmensarchitektur vorgeschlagen, darunter das bereits erwähnte TOGAF-Framework, das von der Open Group entwickelt wurde. Dieses Standardisierungsgremium stellt auch eine Modellierungssprache zur Verfügung namens ArchiMate[10], welche zur Unterstützung der Modellierung von Unternehmensarchitekturen nach TOGAF genutzt wird. Eine Alternative ist der Zachman-Ordnungsrahmen. Ursprünglich von Zachman in den 1980er Jahren entwickelt, hat sich dieser Zachman-Ordnungsrahmen im Laufe der Zeit weiterentwickelt und wird derzeit von Zachman International gepflegt.[11]

Das Konzept der Wertschöpfungskette, welches für Prozesslandkarten genutzt wird, wurde von Porter [16] eingeführt. Verwandt und teilweise komplementär zum Konzept

---

[10]https://publications.opengroup.org/c179
[11]https://www.zachman.com/about-the-zachman-framework

der Wertschöpfungskette ist der organisatorische Leistungsrahmen von Rummler & Brache [17]. Dieser betrachtet Unternehmen als Systeme, deren Zweck es ist, innerhalb eines bestimmten Umfelds Mehrwert zu schaffen. Dieses Umfeld wird durch Wettbewerber, Lieferanten, Kapitalmärkte, Arbeitsmärkte, Vorschriften und andere externe Faktoren bestimmt. Rummler & Ramias [18] beschreiben eine Variante des Leistungsrahmens von Rummler & Brache, nämlich die sogenannte Value Creation Hierarchy (VCH). In diesem Rahmen wird das System, welches Ressourcen in Produkte oder Dienstleistungen umwandelt, als Value Creation System (VCS) bezeichnet. Das VCS wird in Teilsysteme zerlegt, die wiederum in Ende-bis-Ende-Prozesse und dann in Teilprozesse, Aufgaben und Teilaufgaben zerlegt werden. Die VCH bietet damit einen konzeptionellen Rahmen, der vom organisatorischen Kontext bis zur untersten Ebene einer Prozessarchitektur reicht. Ein weiterer wichtiger Rahmen, welcher Wertschöpfungsmodelle nutzt, ist die von Scheer vorgeschlagene Architecture of Integrated Information Systems (ARIS) [19]. In ihrem Mittelpunkt stehen Prozessmodelle, ergänzt durch verschiedene Sichten wie die Organisationssicht, die Funktionssicht, die Datensicht und die Leistungssicht.

Das Konzept der Balanced Scorecard wurde 1992 von Kaplan & Norton vorgeschlagen [1] und erfreute sich danach schnell großer Beliebtheit als Instrument zur Definition von Unternehmensstrategien und Kennzahlen. Harmon [20] argumentiert, dass der traditionelle Ansatz zur Anwendung der Balanced Scorecard zu einer Verzerrung in Richtung funktionaler Einheiten führt (d. h. Kennzahlen werden hauptsächlich für Unternehmensbereiche definiert). Um dieser Verzerrung entgegenzuwirken, entwickelt er einen Ansatz, um die Balanced Scorecard entlang der Prozessarchitektur und nicht entlang der funktionalen Architektur anzuwenden. Fürstenau [21] gibt einen detaillierteren Überblick über Ansätze zur Prozessleistungsmessung, von der Identifikation von Kennzahlen mittels der Balanced Scorecard bis hin zu deren Umsetzung im Rahmen von IT-unterstützten Prozessen.

Literatur

1. Kaplan, R.S., Norton, D.P.: The balanced scorecard–measures that drive performance. Harv. Bus. Rev. **70**(1), 71–79 (1992)
2. Steinbauer, G., Ossberger, M., Dorazin, D.: Wiener linien: Infrastruktur für den öffentlichen verkehr bereitstellen: Prozessmanagement mit hoher komplexität. In: Prozessmanagement individuell umgesetzt, pp. 221–236. Springer, Heidelberg (2012)
3. Wagner, K.W., Patzak, G.: Performance Excellence-Der Praxisleitfaden zum effektiven Prozessmanagement. Carl Hanser Verlag GmbH Co KG, München (2015)
4. Reisert, C., Zelt, S., Wacker, J.: How to move from paper to impact in business process management: The journey of sap. In: vom Brocke, J., Mendling, J. (eds.) Business Process Management Cases. Springer (2018)
5. Davenport, T.H.: Process Innovation: Reengineering Work Through Information Technology. Harvard Business School Press, Boston (1993)
6. van der Aalst, W.M.P., Rosemann, M., Dumas, M.: Deadline-based escalation in process-aware information systems. Decis. Support Syst. **43**(2), 492–511 (2007)

7. Hammer, M., Champy, J.: Reengineering the Corporation: A Manifesto for Business Revolution. Harpercollins, New York (1993)

8. Sharp, A., McDermott, P.: Workflow Modeling: Tools for Process Improvement and Applications Development, 2nd edn. Artech House, Boston (2008)

9. Ould, M.A.: Business Process Management: A Rigorous Approach. British Informatics Society Ltd, Swindon (2005)

10. Dijkman, R., Vanderfeesten, I., Reijers, H.A.: Business process architectures: overview, comparison and framework. Enterp. Inf. Syst. **10**(2), 129–158 (2016)

11. Frolov, V., Megel, D., Wasana, B., Sun, Y., Ma, L.: Building an ontology and process architecture for engineering asset management. In: Proceedings of the 4th World Congress on Engineering Asset Management (WCEAM), Athens, Greece, September 2009. Springer

12. zur Muehlen, M., Wisnosky, D.E., Kindrick, J.: Primitives: Design guidelines and architecture for BPMN models. In: Proceedings of the Australasian Conference on Information Systems (ACIS) (2010)

13. Malinova, M., Leopold, H., Mendling, J.: An explorative study for process map design. In: Nurcan, S., Pimenidis, E. (Hrsg.) Information Systems Engineering in Complex Environments - CAiSE Forum 2014, Thessaloniki, Greece, June 16–20 2014, Selected Extended Papers, volume 204 of Lecture Notes in Business Information Processing, S. 36–51. Springer (2015)

14. Malinova, M., Mendling, J.: The effect of process map design quality on process management success. In 21st European Conference on Information Systems, ECIS 2013, Utrecht, The Netherlands, S. 160, June 5–8 2013

15. Malinova, M.: Language for Designing Process Maps. PhD thesis, Wirtschaftsuniversität Wien (2016)

16. Porter, M.E.: Competitive Advantage: Creating and Sustaining Superior Performance. Free Press, New York (1985)

17. Rummler, G.A., Brache, A.P.: Improving Performance: Managing the White Space on the Organizational Chart. Jossey-Bass (1990)

18. Rummler, G.A., Ramias, A.J.: A framework for defining and designing the structure of work. In: Rosemann, M., vom Brocke, J. (eds.) Handbook of Business Process Management 1, S. 81–104. Springer, Heidelberg (2015)

19. Scheer, A.-W.: ARIS Business Process Modelling. Springer, London (2000)

20. Harmon, P.: Business Process Change: A Guide for Business Managers and BPM and Six Sigma Professionals, 2. Aufl. Morgan Kaufmann, Burlington (2007)

21. Fürstenau, D.: Process Performance Measurement. GRIN Publishing GmbH, München (2008)

Grundlagen der Geschäftsprozessmodellierung 3

„Alle Modelle sind falsch, doch manche sind nützlich."

George E.P. Box (1919–2013)

Modelle von Geschäftsprozessen sind in verschiedenen Phasen des BPM-Lebenszyklus von Bedeutung. Bevor wir mit der Modellierung eines Prozesses beginnen, ist es wichtig zu verstehen, *warum* wir diesen modellieren. Die Modelle, die wir erstellen, werden je nach dem Zweck, für den wir sie erstellen, recht unterschiedlich aussehen. Es gibt viele Gründe, einen Prozess zu modellieren. Der erste Grund ist, den Prozess zu verstehen und unser Verständnis des Prozesses mit den Personen zu teilen, die täglich an diesem beteiligt sind. Tatsächlich sind Prozessbeteiligte für recht spezialisierte Aktivitäten eines Prozesses verantwortlich, so dass sie kaum mit dessen voller Komplexität konfrontiert werden. Prozessmodelle helfen uns daher, den Prozess besser zu verstehen sowie Probleme zu erkennen und zu vermeiden. Dieser Schritt zu einem umfangreichen Verständnis der Geschäftsprozesse ist die Voraussetzung für die Durchführung der Prozessanalyse, -verbesserung oder -implementierung.

In diesem Kapitel werden wir uns mit den grundlegenden Bestandteilen der Prozessmodellierung unter Verwendung der BPMN-Modellierungssprache vertraut machen. Zuerst werden die wesentlichen Konzepte von Prozessmodellen beschrieben, nämlich wie sich Prozessmodelle auf Prozessinstanzen beziehen. Als Nächstes werden die vier wichtigsten Strukturblöcke von Prozessmodellen sowie deren entsprechende Verzweigungen und Zusammenführungen erläutert. Diese definieren ausschließliche Entscheidungen, parallele Ausführungen, inklusive Entscheidungen und Wiederholungen. Anschließend zeigen wir, wie Geschäftsobjekte und Ressourcen modelliert werden, die an einem Prozess beteiligt sind. Schließlich beschreiben wir, wie mithilfe von Teilprozessen die Komplexität des Modells reduziert und wie Modelle dieser Teilprozesse in verschiedenen Prozessmodellen wiederverwendet werden können.

© Springer-Verlag GmbH Deutschland, ein Teil von Springer Nature 2021
M. Dumas et al., *Grundlagen des Geschäftsprozessmanagements*,
https://doi.org/10.1007/978-3-662-58736-2_3

3.1 Erste Schritte mit der BPMN

Mit über 100 Symbolen ist die BPMN eine recht komplexe Sprache. Das sollte uns allerdings nicht einschüchtern. Mit einer Handvoll dieser Symbole können Sie bereits viele Ihrer Modellierungsanforderungen abdecken. Sobald Sie diese Teilmenge von BPMN beherrschen, werden Sie die verbleibenden Symbole Schritt für Schritt kennenlernen. Anstatt jedes einzelne BPMN-Symbol ausführlich zu beschreiben, stellen wir die Symbole und Konzepte der BPMN anhand von Beispielen vor.

In diesem Kapitel werden wir uns mit den wichtigsten BPMN-Symbolen befassen. Wie bereits erwähnt, umfasst ein Geschäftsprozess *Ereignisse* und *Aktivitäten*. Ereignisse stellen Geschehnisse dar, die zu einem Zeitpunkt unmittelbar und verzögerungsfrei geschehen (z. B. eine Rechnung wurde empfangen), während Aktivitäten Arbeitseinheiten darstellen, die eine Zeitdauer haben (z. B. eine Aktivität zum Begleichen einer Rechnung). Wir erinnern uns auch daran, dass Ereignisse und Aktivitäten in einem Prozess logisch miteinander in Beziehung stehen. Die elementarste Form der Beziehung ist eine *Sequenz,* was bedeutet, dass auf ein Ereignis oder eine Aktivität *A* ein anderes Ereignis oder eine Aktivität *B* folgt. Dementsprechend sind die drei grundlegende Konzepte von BPMN Ereignisse, Aktivitäten und Sequenzen. Ereignisse werden durch Kreise dargestellt, Aktivitäten durch abgerundete Rechtecke und Sequenzen (als *Sequenzflüsse* in BPMN bezeichnet) werden durch Kanten mit einer ausgefüllten Pfeilspitze dargestellt.

Beispiel 3.1 Abb. 3.1 zeigt eine einfache Sequenz von Aktivitäten, die einen Bestellung-bis-Zahlungseingang-Prozess in BPMN modellieren. Dieser Prozess beginnt, wenn eine Bestellung von einem Kunden erhalten wurde. Die erste auszuführende Aktivität ist die Bestätigung der Bestellung. Als nächstes wird die Lieferadresse erfragt, damit der Artikel an den Kunden versandt werden kann. Danach wird die Rechnung erstellt und sobald der Zahlungseingang verbucht wurde, wird die Bestellung archiviert, wodurch der Prozess abgeschlossen wird. □

Im obigen Beispiel können wir beobachten, dass die beiden Ereignisse mit zwei leicht unterschiedlichen Symbolen dargestellt sind. Wir verwenden Kreise mit einem dünnen Rand für Startereignisse und Kreise mit einem dicken Rand für Endereignisse. Start- und Endereignisse spielen in einem Prozessmodell eine wichtige Rolle: Das Startereignis gibt an, wann *Instanzen* des Prozesses starten, während das Endereignis angibt, wann die Instanzen abgeschlossen sind. Zum Beispiel wird eine neue Instanz des Bestellung-bis-Zahlungseingang-

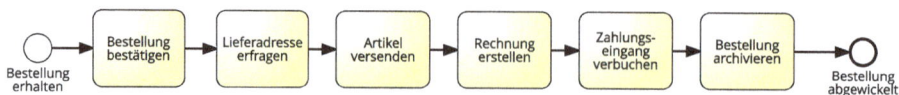

Abb. 3.1 Das Modell eines einfachen Bestellung-bis-Zahlungseingang-Prozesses

Prozesses ausgelöst, sobald eine Bestellung eingeht, und sie wird abgeschlossen, wenn die Bestellung erfüllt wurde. Prozessinstanzen werden auch als Geschäftsfälle bzw. als Fälle bezeichnet. Stellen wir uns vor, dass der Bestellung-bis-Zahlungseingang-Prozess von einem Anbieter durchgeführt wird. Jeden Tag führt dieses Unternehmen eine Reihe von Instanzen dieses Prozesses aus, wobei jede Instanz von den anderen unabhängig ist. Sobald eine Prozessinstanz erzeugt wurde, verwenden wir das Konzept der Marke *(engl.: token)*, um den Fortschritt (oder *Zustand*) dieser Instanz zu beschreiben. Marken werden durch das Startereignis erstellt und durchlaufen das Prozessmodell bis sie in einem Endereignis archiviert werden. Wir stellen Marken als farbige Punkte im Prozessmodell dar. Als Beispiel zeigt Abb. 3.2 den Status von drei Instanzen des Bestellung-bis-Zahlungseingang-Prozesses: Eine Instanz wurde gerade gestartet (schwarze Marke beim Startereignis), eine andere befindet sich beim Versand des Artikels (rote Marke bei Aktivität *Artikel versenden*) und für die dritte Marke ist der Zahlungseingang verbucht und die Archivierung der Bestellung kann beginnen (grüne Marke auf dem Sequenzfluss zwischen *Zahlung erhalten* und *Bestellung archivieren*).

Es ist naheliegend, jeder Aktivität einen Namen (auch Bezeichnung *(engl.: label)* genannt) zu geben, aber wir sollten auch nicht vergessen, Ereignisse zu bezeichnen. Mit der Bezeichnung des Startereignisses können wir klarstellen, was dazu führen kann, dass eine neue Instanz des Prozesses erstellt wird. Dementsprechend können wir mit der Bezeichnung des Endereignisses mitteilen, mit welchem Ergebnis eine Prozessinstanz abgeschlossen wurde.

Wir empfehlen folgende *Bezeichnungsregeln*: Aktivitäten sollten mit einem Geschäftsobjekt gefolgt von einem Verb im Infinitiv bezeichnet werden. Das Verb beschreibt, welche Tätigkeit am Geschäftsobjekt vorgenommen wird, z. B. *Bestellung bestätigen*. Dem Verb kann ein Adverbialsatz voran- oder nachgestellt werden, welcher erläutert, wie die Aktivität ausgeführt wird, z. B. *Führerschein über Behördengang verlängern*. Wir werden jedoch versuchen, lange Beschreibungen zu vermeiden, da dies die Lesbarkeit des Modells beeinträchtigt. Als Daumenregel sollten wir Beschreibungen mit mehr als fünf Wörtern, ohne Berücksichtigung von Präpositionen und Konjunktionen, vermeiden. Artikel werden normalerweise vermieden, um Bezeichnungen zu verkürzen. Bei Ereignissen sollte die Bezeichnung mit einem Nomen beginnen (dies wäre in der Regel ein Geschäftsobjekt) und mit einem Partizip enden, z. B. *Rechnung erstellt*. Ähnlich wie bei Aktivitätsbezeichnungen kann dem Nomen ein Adjektiv voran- oder nachgestellt werden, z. B. *Dringende Bestellung versandt*.

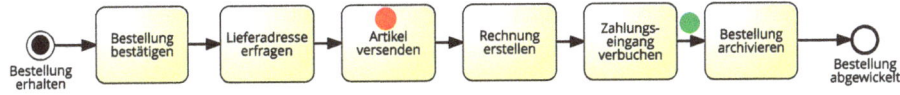

Abb. 3.2 Fortschritt der drei Instanzen des Bestellung-bis-Zahlungseingang-Prozesses

Unspezifische Verben wie *machen*, *tun*, oder *ausführen* sollten durch spezifischere Alternativen ersetzt werden, welche die Besonderheiten der durchgeführten Aktivität oder des auftretenden Ereignisses angeben.

Um ein Prozessmodell zu bezeichnen, sollten wir ein Nomen mit einem substantivierten Verb kombinieren, z. B. *Kreditvergabe*, *Auftragsabwicklung* oder *Forderungsabwicklung*. Durch die Substantivierung jenes Verbs, das die Hauptaktivität eines Geschäftsprozesses beschreibt, erhält man die passende Bezeichnung für den Prozess. Beispielsweise wird *Auftrag ausführen* (Hauptaktivität) zu *Auftragserfüllung* (Prozessbezeichnung). Mit Bindestrich verbundene Nomen wie *Bestellung-bis-Zahlungseingang* und *Beschaffung-bis-Bezahlung*, welche die Eingabe und Ausgabe des Prozesses angeben, sind ebenfalls möglich.

Das Beispiel in Abb. 3.1 stellt eine Möglichkeit dar, den Bestellung-bis-Zahlungseingang-Prozess zu modellieren. Wir hätten den Prozess jedoch auch ganz anders modellieren können. Zum Beispiel hätten wir bestimmte Aktivitäten vernachlässigen oder das Modell um andere erweitern können, abhängig vom spezifischen Zweck der Modellierung. Die Infobox „Zuordnung, Abstraktion und Zweck eines Modells" beschreibt die grundlegenden Eigenschaften eines Modells und erläutert diese speziell für Prozessmodelle.

Abbildung, Abstraktion, und Zweck eines Modells

Ein Modell zeichnet sich durch drei Eigenschaften aus: Abbildung, Abstraktion und Zweck. Erstens impliziert ein Modell eine *Abbildung* eines realen Phänomens - des Modellierungsgegenstandes. Beispielsweise könnte ein zu errichtendes Wohngebäude durch eine Holzminiatur modelliert werden. Zweitens dokumentiert ein Modell nur relevante Aspekte des Modellierungsgegenstandes, d. h. es *abstrahiert* von irrelevanten Details. Das Holzmodell des Gebäudes abstrahiert von den Materialien, aus denen das Gebäude gebaut wird. Drittens dient ein Modell einem bestimmten *Zweck*, der die Aspekte der Realität bestimmt, die beim Erstellen eines Modells weggelassen werden sollen. Ohne einen bestimmten Zweck hätten wir keinen Hinweis darauf, was wir weglassen sollten. Betrachten Sie das Holzmodell erneut. Es dient der Veranschaulichung, wie das Gebäude aussehen wird. Es vernachlässigt daher Aspekte, die für die Beurteilung des Aussehens irrelevant sind, wie etwa die Elektrik des Gebäudes. Wir können also sagen, dass ein Modell ein Mittel ist, um einem bestimmten Modellierungsgegenstand zu abstrahieren und auf relevante Aspekte zu fokussieren.

Eine Möglichkeit, den Zweck eines Modells zu bestimmen, ist, dessen *Zielgruppe* zu verstehen. Im Falle des Holzmodells könnte die Zielgruppe potentielle Käufer des Gebäudes sein. Daher fokussiert sich das Holzmodell auf das Aussehen des Gebäudes und nicht auf dessen technische Aspekte. Andererseits ist das Holzmodell für einen Ingenieur, der die Elektrik entwerfen soll, wenig hilfreich. In diesem Fall wäre ein Bauplan des Gebäudes angemessener.

Abb. 3.3 Das Solomon R. Guggenheim Gebäude in New York (a), dessen Holzminiatur (b) und dessen Bauplan (c)[1]

Wir müssen bei der Modellierung eines Geschäftsprozesses den spezifischen Zweck und die Zielgruppe berücksichtigen, für welche wir das Modell erstellen. Die Prozessmodellierung hat zwei Hauptziele: *Organisationsgestaltung* und *Systementwicklung*. Prozessmodelle für die Organisationsgestaltung sind meist *konzeptioneller* Gestalt. Diese konzeptionellen Modelle werden von Prozessanalysten erstellt und dienen dazu, das Verständnis und die Kommunikation während der verschiedenen Phasen des BPM-Lebenszyklus zu erleichtern. Sie werden auch als Grundlage für die Prozessanalyse und die Verbesserung von Geschäftsprozessen verwendet. Daher müssen diese Modelle von den verschiedenen am Prozessmanagement beteiligten Interessengruppen, einschließlich Managern, Prozessverantwortlichen, Analysten und Prozessbeteiligten, leicht verstanden werden. Aufgrund dieser Anforderung sollten konzeptionelle Prozessmodelle keine IT-bezogenen Implementierungsdetails enthalten, wie z. B. Definitionen von Datentypen, Datenoperationen oder Systemschnittstellen.

Im Gegensatz dazu sind Prozessmodelle für die Systementwicklung *IT-orientiert*. Sie werden von technischen Akteuren wie Systemingenieuren, Anwendungsarchitekten oder Softwareentwicklern zur Prozessautomatisierung erstellt. Sie enthalten Implementierungsdetails, die als Entwurf für die Softwareentwicklung verwendet werden oder in einem BPMS implementiert werden. Diese Modelle heißen *ausführbare Prozessmodelle*.

In diesem und in den nächsten beiden Kapiteln beschäftigen wir uns mit konzeptionellen Prozessmodellen. In Kap. 10 zeigen wir, wie aus konzeptionellen Prozessmodellen ausführbare Prozessmodelle abgeleitet werden können.

---

[1]Figure 3.3b: © 2010, Bree Industries; Figure 3.3c: verwendet mit freundlicher Genehmigung von planetclaire.org.

3.2   Verzweigung und Zusammenführung

Aktivitäten und Ereignisse werden nicht immer nur sequentiell ausgeführt. Beispielsweise sind die Genehmigung und die Ablehnung eines Antrags auf Schadenserstattung zwei sich gegenseitig ausschließende Aktivitäten eines Schadenbearbeitungsprozesses. Dies bedeutet, dass eine Instanz dieses Prozesses nur eine dieser Aktivitäten ausführen kann. Wir sprechen dann davon, dass sich zwei oder mehr Aktivitäten *gegenseitig ausschließen.*

Zurück zu unserem Schadenbearbeitungsprozesses: Sobald der Antrag genehmigt wurde, wird der Antragsteller benachrichtigt und die Zahlung freigegeben. Benachrichtigung und Zahlung sind zwei Aktivitäten, die in der Regel von zwei verschiedenen Geschäftseinheiten ausgeführt werden. Daher sind sie unabhängig voneinander und müssen nicht in einer vorgegebenen Reihenfolge ausgeführt werden. Sie können parallel ausgeführt werden, d. h. nebenläufig. Wenn zwei oder mehr Aktivitäten nicht voneinander abhängig sind, sind sie *nebenläufig.*

Um diese Verhaltensweisen zu modellieren, müssen wir das Konzept des Gatters *(engl.: gateway)* einführen, welches in der BPMN-Notation mithilfe einer Raute dargestellt wird. Der Begriff *Gatter* impliziert, dass es eine Schaltregel gibt, welche das Weiterleiten von Marken durch das Gatter entweder zulässt oder nicht zulässt. Wenn Marken an einem Gatter auflaufen, können sie auf der Eingabeseite zusammengeführt oder auf der Ausgabeseite je nach Gatter-Typ aufgeteilt werden. Dementsprechend unterscheiden wir zwischen verzweigenden und zusammenführenden Gattern. Bei einem *verzweigenden* Gatter wird der Sequenzfluss aufgeteilt, während bei einem *zusammenführenden* Gatter der Sequenzfluss zusammenläuft. Verzweigende Gatter haben eine eingehende Sequenzflusskante und mehrere ausgehende Sequenzflusskanten (welche unterschiedliche Pfade darstellen, den Prozess fortzuführen), während zusammenführende Gatter mehrere eingehende Sequenzflusskanten (die zusammenlaufende Pfade darstellen) und eine ausgehende Sequenzflusskante aufweisen.

Betrachten wir nun eine Reihe von Beispielen, welche die Modellierung mithilfe von Gattern veranschaulichen.

3.2.1   Exklusive Entscheidung

Um die Beziehung zwischen zwei oder mehr alternativen Aktivitäten zu modellieren, wie im Falle der Genehmigung oder Ablehnung eines Antrags, verwenden wir eine *exklusive Verzweigung (XOR-Verzweigung).* Wir verwenden eine *XOR-Zusammenführung,* um zwei oder mehr alternative Pfade, die zuvor mit einer XOR-Verzweigung getrennt wurden, zusammenzuführen. Ein XOR-Gatter wird mit einer Raute dargestellt, die entweder leer ist oder mit einem *X* gekennzeichnet ist. Im Folgenden verwenden wir immer die Kennzeichnung mit einem *X*.

Beispiel 3.2 Betrachten wir den folgenden Rechnungsprüfungsprozess.

Wenn wir eine Rechnung von einem Lieferanten erhalten, muss sie auf Abweichungen geprüft werden. Die Prüfung kann zu einer der folgenden drei Optionen führen: i) Es gibt keine Abweichung. In diesem Fall wird die Rechnung verbucht. ii) Es gibt Abweichungen, die jedoch korrigiert werden können; in diesem Fall wird die Rechnung an den Lieferanten zurückgesandt. iii) Es gibt Abweichungen, die jedoch nicht korrigiert werden können. In diesem Fall wird die Rechnung gesperrt. Sobald eine dieser drei Aktivitäten ausgeführt wird, wird die Rechnung abgelegt und der Vorgang abgeschlossen.

Um diesen Prozess zu modellieren, beginnen wir mit dem Startereignis *Rechnung erhalten*, gefolgt von der Entscheidungsaktivität *Rechnung auf Abweichungen prüfen*. Eine *Entscheidungsaktivität* ist eine Aktivität, die zu unterschiedlichen Ergebnissen führt. In unserem Beispiel führt diese Aktivität zu drei möglichen Ergebnissen, die sich gegenseitig ausschließen. Daher müssen wir nach dieser Aktivität eine XOR-Verzweigung verwenden, um den Sequenzfluss in drei Pfade aufzuteilen. Dementsprechend gehen drei Sequenzflusskanten von diesem Gatter aus: eine zu der Aktivität *Rechnung verbuchen*, die ausgeführt wird, wenn keine Abweichungen vorhanden sind; eine andere zu *Rechnung an Lieferanten zurücksenden*, wenn Abweichungen vorhanden sind, aber korrigiert werden können; und eine dritte zu *Rechnung sperren*, für den Fall, dass Abweichungen bestehen, die nicht korrigiert werden können (siehe Abb. 3.4). Somit leitet die XOR-Verzweigung eine Marke auf der Eingangskante zu der Ausgangskante, welche der zutreffenden Bedingung entspricht.

Wenn Sie eine XOR-Verzweigung verwenden, stellen Sie sicher, dass jede ausgehende Kante mit der Bedingung beschrieben wurde, unter der dieser Pfad gewählt wird. Verwenden Sie außerdem immer sich gegenseitig ausschließende Bedingungen, d. h. nur eine der Bedingungen darf wahr sein, wenn die XOR-Verzweigung von einer Marke erreicht wird. Dies ist kennzeichnend für die Verwendung von XOR-Verzweigungen. In unserem Beispiel kann eine Rechnung entweder korrekt sein oder Abweichungen enthalten, die behoben werden können, oder Abweichungen enthalten, die nicht behoben werden können. Nur eine dieser Bedingungen trifft auf eine einzelne erhaltene Rechnung zu.

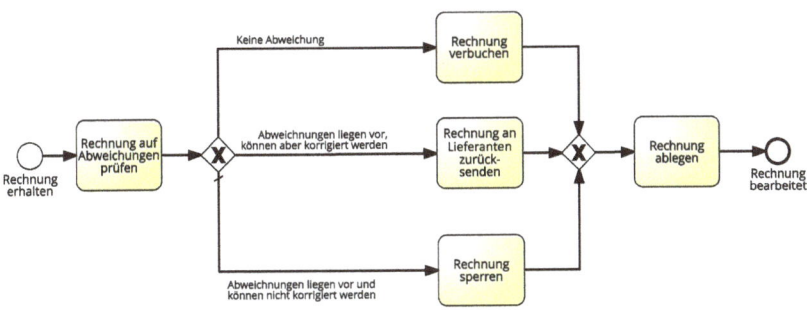

Abb. 3.4 Ein Beispiel für die Verwendung des XOR-Gatters

In Abb. 3.4 ist der Sequenzfluss mit der Bedingung *Abweichungen liegen vor und können nicht korrigiert werden* mit einem schrägen Strich markiert. Diese Schreibweise wird wahlweise verwendet, um die *Standardkante* anzugeben, d. h. die Kante, welche von der Marke nach der XOR-Verzweigung genommen wird, falls alle anderen Bedingungen falsch sind. Da diese Kante die Bedeutung von *in allen anderen Fällen* hat, kann sie unbeschriftet bleiben. Aus Gründen der besseren Lesbarkeit führen wir trotzdem eine explizite Bezeichnung der Bedingung an.

Sobald eine der drei alternativen Aktivitäten ausgeführt wurde, führen wir den Sequenzfluss wieder zusammen, um die in allen drei Fällen folgende Aktivität *Rechnung ablegen* auszuführen. Dazu verwenden wir eine XOR-Zusammenführung. Dieses Gatter fungiert als *Weiterreichung,* d. h. es wartet, bis eine Marke von einer eingehenden Kante empfangen wird. Diese Marke wird dann an die ausgehende Kante weitergereicht. Die XOR-Zusammenführung schaltet also jede eingehende Marke direkt weiter.

Kommen wir zu unserem Beispiel zurück. Wir schließen das Prozessmodell mit dem Endereignis *Rechnung bearbeitet* ab. Stellen Sie sicher, dass Sie ein Prozessmodell immer mit einem Endereignis abschließen, auch wenn es offensichtlich ist, mit welchem Ergebnis der Prozess abschließt. □

Übung 3.1 Modellieren Sie das folgende Fragment eines Geschäftsprozesses zur Prüfung von Darlehensanträgen (Prozess der Darlehensvergabe).

Sobald ein Darlehensantrag vom Darlehensgeber genehmigt wurde, wird ein Annahmepaket erstellt und an den Kunden gesendet. Das Annahmepaket enthält einen Rückzahlungsplan, dem der Kunde durch Rücksendung der unterzeichneten Dokumente an den Darlehensgeber zustimmen muss. Dieser prüft dann die Rückzahlungsvereinbarung: Wenn der Antragsteller mit dem Rückzahlungsplan nicht einverstanden ist, storniert der Darlehensgeber den Antrag. Stimmt der Antragsteller zu, so stimmt auch der Darlehensgeber dem Antrag zu. In beiden Fällen wird der Prozess abgeschlossen, indem der Darlehensgeber den Antragsteller über den Status des Antrags informiert.

3.2.2 Parallele Ausführung

Wenn zwei oder mehrere Aktivitäten in der Reihenfolge nicht voneinander abhängen (d. h. eine Aktivität muss der anderen nicht zwangsläufig folgen oder die andere nicht ausschließen), können sie nebenläufig ausgeführt werden, oder anders gesagt *parallel*. Das *parallele Gatter (UND-Gatter)* wird zum Modellieren von solchen Nebenläufigkeiten verwendet. Wir verwenden eine *UND-Verzweigung*, um die parallele Ausführung von zwei oder mehr Pfaden zu modellieren, und eine *UND-Zusammenführung,* um die Ausführung von zwei oder mehreren parallelen Pfaden zu synchronisieren. Ein UND-Gatter wird als Raute mit einem + dargestellt.

Beispiel 3.3 Betrachten wir die Sicherheitsüberprüfung an einem Flughafen.

Nach Erhalt der Bordkarte gehen die Passagiere zur Sicherheitskontrolle. Hier müssen sie die Personenkontrolle und die Gepäckkontrolle durchlaufen. Danach können sie zur Abflugebene gehen.

Dieser Prozess besteht aus vier Aktivitäten. Er beginnt mit der Aktivität *Zur Sicherheitskontrolle gehen* und endet mit der Aktivität *Zur Abflugebene gehen*. Die Reihenfolge dieser beiden Aktivitäten ist klar definiert: Ein Passagier kann nur nach der erforderlichen Sicherheitskontrolle zur Abflugebene gehen. Nach der ersten und vor der letzten Aktivität müssen wir zwei Aktivitäten ausführen, die in beliebiger Reihenfolge ausgeführt werden können, d. h. die nicht voneinander abhängig sind: *Personenkontrolle durchlaufen* und *Gepäckkontrolle durchlaufen*. Um diese Situation zu modellieren, verwenden wir eine UND-Verzweigung, um die Aktivitäten *Zur Sicherheitskontrolle gehen* mit den beiden Kontrollaktivitäten zu verbinden und eine UND-Zusammenführung, um die Kontrollaktivitäten mit der Aktivität *Zur Abflugebene gehen* zu verbinden (siehe Abb. 3.5).

Die UND-Verzweigung *teilt* die Marke aus der Aktivität *Zur Sicherheitskontrolle gehen* in zwei Marken auf. Jede dieser Marken läuft unabhängig durch einen der beiden Pfade. Das bedeutet, dass wir beim Erreichen einer UND-Verzweigung alle ausgehenden Pfade benutzen (eine UND-Verzweigung kann mehr als zwei ausgehende Kanten haben). Wie bereits erwähnt, wird eine Marke verwendet, um den Status einer bestimmten Instanz anzuzeigen. Wenn mehrere Marken derselben Farbe über ein Prozessmodell verteilt werden, beispielsweise nach der Ausführung einer UND-Verzweigung, repräsentieren sie gemeinsam den Zustand einer Instanz. Wenn sich zum Beispiel eine Marke auf der Kante befindet, die von der Aktivität *Gepäckkontrolle durchlaufen* ausgeht, und sich eine andere Marke der gleichen Farbe auf der Kante zu der Aktivität *Personenkontrolle durchlaufen* befindet, weist dies auf einen Zustand hin, in dem die Gepäckkontrolle für einen Passagier gerade durchlaufen wurde, die Personenkontrolle jedoch noch nicht begonnen hat.

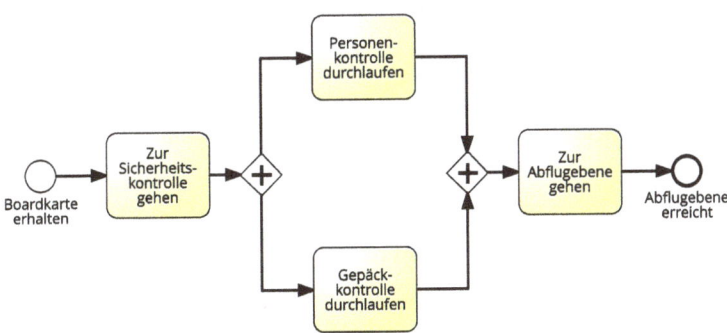

Abb. 3.5 Ein Beispiel für die Verwendung des UND-Gatters

Die UND-Zusammenführung unseres Beispiels wartet darauf, dass eine Marke auf jeder der zwei eingehenden Kanten vorhanden ist. Sobald alle Marken verfügbar sind, werden sie wieder zu einer Marke *zusammengeführt*. Die einzelne Marke wird dann an die Aktivität *Zur Abflugebene gehen* gesendet. Dies bedeutet, dass wir fortfahren, wenn alle eingehenden Pfade abgeschlossen sind (beachten Sie, dass eine UND-Zusammenführung mehr als zwei eingehende Pfade haben kann). Dieses Verhalten des Wartens auf das Eintreffen mehrerer Marken und deren anschließendes Zusammenführen zu einer einzigen Marke wird als *Synchronisation* bezeichnet.   □

Beispiel 3.4 Lassen Sie uns das Bestellung-bis-Zahlungseingang-Beispiel aus Abb. 3.1 erweitern, indem wir davon ausgehen, dass eine Bestellung nur dann bestätigt wird, wenn der Artikel auf Lager ist. Andernfalls wird der Vorgang durch Abweisen der Bestellung abgeschlossen. Wenn die Bestellung bestätigt ist, wird die Lieferadresse erfragt und der angeforderte Artikel wird versandt *während* die Rechnung ausgestellt und die Zahlung verbucht wird. Anschließend wird die Bestellung archiviert und der Vorgang abgeschlossen.

Abb. 3.6 zeigt das resultierende Modell. Lassen Sie uns einige Anmerkungen machen. Erstens verfügt dieses Modell über zwei Aktivitäten, die sich gegenseitig ausschließen: *Bestellung bestätigen* und *Bestellung abweisen*. Daher haben wir diesen eine XOR-Verzweigung vorangestellt (denken Sie daran, immer eine Aktivität vor eine XOR-Verzweigung zu setzen, welche die Entscheidung herbeiführt, z. B. eine Prüfung, wie in diesem Fall, oder eine Genehmigung). Zweitens können die beiden Sequenzen *Lieferadresse erfragen - Artikel versenden* und *Rechnung erstellen - Zahlungseingang verbuchen* unabhängig voneinander ausgeführt werden, weshalb wir sie in einen Block zwischen einer UND-Verzweigung und einer UND-Zusammenführung platzieren. Tatsächlich werden diese beiden Aktivitäten normalerweise durch verschiedene Ressourcen auf Seiten des Anbieters bearbeitet, beispielsweise von einem Lagerarbeiter und einem Vertriebsmitarbeiter. Daher können sie parallel ausgeführt werden (beachten Sie das Wort *während* in der Prozessbeschreibung, das angibt, dass zwei oder mehrere Aktivitäten gleichzeitig ausgeführt werden können).   □

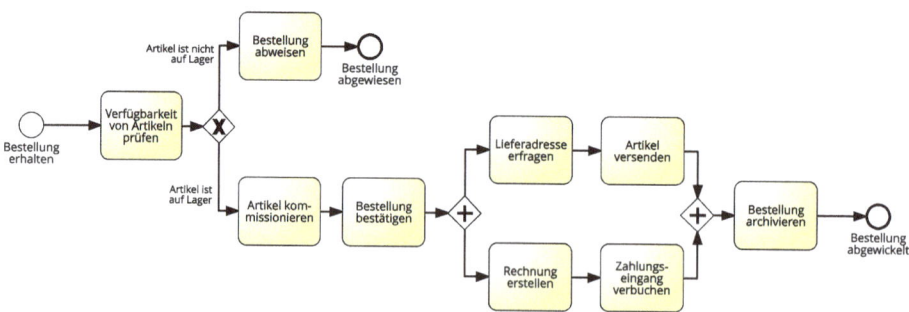

Abb. 3.6 Ein detailliertes Modell des Bestellung-bis-Zahlungseingang-Prozesses

Vergleichen wir diese neue Version des Bestellung-bis-Zahlungseingang-Prozesses mit der in Abb. 3.1 in Bezug auf die modellierten Ereignisse. Die neue Version enthält zwei Endereignisse, während die erste Version ein Endereignis hatte. In einem BPMN-Modell können wir mehrere Endereignisse darstellen, von denen jedes ein anderes Ergebnis des Prozesses beschreibt (z. B. Bestellung bestätigt vs. Bestellung abgewiesen). BPMN verwendet eine Semantik der sogenannten impliziten Terminierung *(engl.: implicit termination)*. Diese besagt, dass eine Prozessinstanz nur dann abgeschlossen ist, wenn jede verbleibende Marke ein Endereignis erreicht hat. In ähnlicher Weise können in einem BPMN-Modell mehrere Startereignisse vorhanden sein, wobei jedes Ereignis einen anderen Auslöser beschreibt, um eine Prozessinstanz zu starten. Zum Beispiel können wir unseren Bestellung-bis-Zahlungseingang-Prozess entweder starten, wenn eine neue Bestellung eingeht oder wenn eine überarbeitete Bestellung erneut übermittelt wird. Wenn eine überarbeitete Bestellung erneut übermittelt wird, fragen wir die Bestelldetails aus der Auftragsdatenbank ab und fahren mit dem Rest des Prozesses fort. Diese Variante des Bestellung-bis-Zahlungseingang-Modells ist in Abb. 3.7 dargestellt. Eine Instanz dieses Prozesses wird durch das erste Ereignis ausgelöst, das auftritt.

Übung 3.2 Modellieren Sie den folgenden Ausschnitt der Darlehensbewertung des Darlehensantragsprozesses.

> Ein Darlehensantrag wird genehmigt, wenn folgende beiden Prüfungen erfolgreich sind: i) Die Kreditrisikobewertung des Antragstellers, die automatisch von einem System vorgenommen wird, und ii) die Bewertung der Immobilie, für die das Darlehen beantragt wurde, durchgeführt durch einen Immobilienbewerter. Die Risikobewertung erfordert eine Prüfung der Kredithistorie des Antragstellers, welche von einem Sachbearbeiter durchgeführt wird. Nachdem sowohl die Kreditrisikobewertung als auch die Immobilienbewertung durchgeführt wurden, kann ein Sachbearbeiter die Eignung des Antragstellers beurteilen. Wenn der Antragsteller nicht geeignet ist, wird der Antrag abgelehnt. Andernfalls wird das Annahmepaket erstellt und an den Antragsteller gesendet.

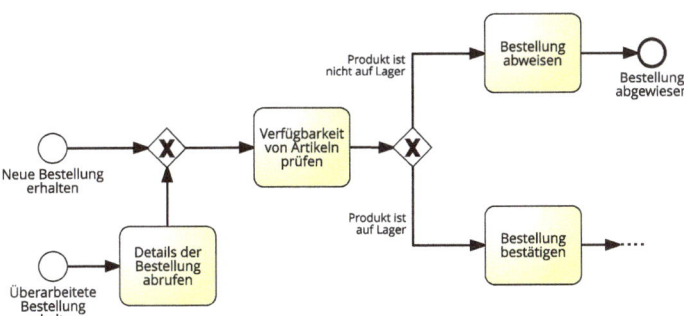

Abb. 3.7 Eine Variante des Bestellung-bis-Zahlungseingang-Prozesses mit zwei verschiedenen Auslösern

Es gibt zwei Fälle, in denen ein Gatter weggelassen werden kann. Eine XOR-Zusammenführung kann vor einer Aktivität oder einem Ereignis weggelassen werden. In diesem Fall sind die an der XOR-Zusammenführung eingehende Kanten direkt mit der Aktivität oder dem Ereignis zu verbinden. Ein Beispiel für diese Kurzschreibweise ist in Abb. 1.6 (Kap. 1) dargestellt. In diesem Modell gibt es zwei eingehende Kanten zu der Aktivität *Geeignete Baumaschine auswählen*. Eine UND-Verzweigung kann weggelassen werden, wenn diese einer Aktivität oder einem Ereignis folgt. In diesem Fall entspringen die ausgehenden Kanten der UND-Verzweigung direkt von der Aktivität oder dem Ereignis aus.

Nachdem wir nun die wichtigsten Elemente der BPMN kennen gelernt haben, möchten Sie vielleicht mit einem Prozessmodellierungswerkzeug üben. Eine Übersicht über solche Werkzeuge finden Sie in der folgenden Infobox.

Werkzeuge für die Prozessmodellierung

Es gibt verschiedene Werkzeuge zum Erstellen von Geschäftsprozessmodellen, einschließlich:[2]

Stift and Papier: Diese Werkzeuge eignen sich für eine erste Skizze. Sie sind jedoch nicht für den systematischen Austausch von Wissen innerhalb einer Organisation geeignet.

Haptische Werkzeuge: Mit haptischen Werkzeugen kann die Modellierung interaktiv gestaltet werden, etwa im Rahmen von Workshops. Beispiele für solche Werkzeuge sind Karten oder Haftnotizen, die auf Packpapier oder auf Weißwandtafeln aufgebracht werden können. Es gibt auch Moderationskoffer mit Kunststoff- und magnetischen BPMN-Elementen sowie interaktive Tische mit Tastbildschirmen. Einer der Vorteile dieser Werkzeuge besteht darin, dass sie die Einbindung von Prozessbeteiligten fördern.

Einzelanwendungen: Ein universelles Zeichnenwerkzeug, das zum Skizzieren von BPMN-Modellen verwendet wird, ist Microsoft Visio[3]. Visio enthält eine BPMN-Schablone. Bei Werkzeugen wie Visio ist es jedoch lediglich möglich, das Modell als Zeichnung (z. B. als JPEG oder PDF) zu exportieren, anstatt in einem Austauschformat (z. B. XML oder JSON), das den Import von BPMN-Modellen in ein anderes Programm ermöglicht. Dieses Problem wird durch *spezialisierte* Werkzeuge für die Geschäftsprozessmodellierung gelöst. Beispiele dafür sind der Bizagi Modeler[4], das von der BOC-Gruppe angebotene ADONIS:CE[5], ARIS Express der Software AG[6] und der Camunda Modeler[7], welcher BPMN nativ unterstützen. Einzelanwendungen wie diese Werkzeuge haben jedoch den Nachteil, dass sie die gemeinsame Gestaltung und Steuerung von Geschäftsprozessen innerhalb eines Unternehmens kaum unterstützen.

Zentrale Anwendungen: Zentrale Anwendungen stellen einen gemeinsam genutzte Datenbank bereit, in der Modelle gespeichert und verwaltet werden können. Werkzeuge dieser Kategorie unterstützen die Modellfreigabe und kollaborative Prozessmodellierung und sind lokal oder in der Cloud verfügbar. Beispiele sind ADONIS NP der BOC-Gruppe[8], IBM BlueWorks Live[9], ARIS der Software AG[10] und der Signavio Process Manager[11] (letzteres ist das Werkzeug, mit dem wir die Modelle in diesem Buch erstellt haben). Eine Open-Source-Alternative zu diesen kommerziellen Werkzeugen ist die Prozessanalyseplattform Apromore[12].

3.2.3 Inklusive Entscheidung

Manchmal müssen wir nach einer Entscheidungsaktivität nicht nur einen, sondern mehrere Pfade ausführen.

Beispiel 3.5 Betrachten wir den folgenden Vertriebsprozess.

Ein Unternehmen verfügt über zwei Lagerhäuser, in denen unterschiedliche Artikel gelagert werden: Amsterdam und Hamburg. Wenn eine Bestellung eingeht, wird sie auf diese Lager verteilt: Wenn einige der relevanten Artikel in Amsterdam gelagert werden, wird ein Unterauftrag dorthin geschickt. Wenn einige relevante Artikel in Hamburg gelagert werden, wird ebenfalls dorthin ein Unterauftrag gesendet. Danach wird die Bestellung erfasst und der Vorgang abgeschlossen.

Kann das obige Szenario mit einer Kombination aus UND- und XOR-Gattern modelliert werden? Die Antwort ist ja. Es gibt jedoch einige Probleme. Die Abb. 3.8 und 3.9 zeigen zwei mögliche Lösungen. Im ersten Modell verwenden wir eine XOR-Verzweigung mit

---

[2]Eine Liste von BPMN Hilfsmitteln wird auf Wikipedia gepflegt: https://en.wikipedia.org/wiki/Comparison_of_Business_Process_Modeling_Notation_tools

[3]https://products.office.com/visio

[4]https://www.bizagi.com/modeler

[5]http://en.adonis-community.com

[6]http://www.ariscommunity.com/aris-express

[7]https://camunda.org/download/modeler

[8]https://www.boc-group.com/adonis

[9]https://www.blueworkslive.com

[10]http://www.softwareag.com/aris

[11]https://www.signavio.com

[12]http://apromore.org

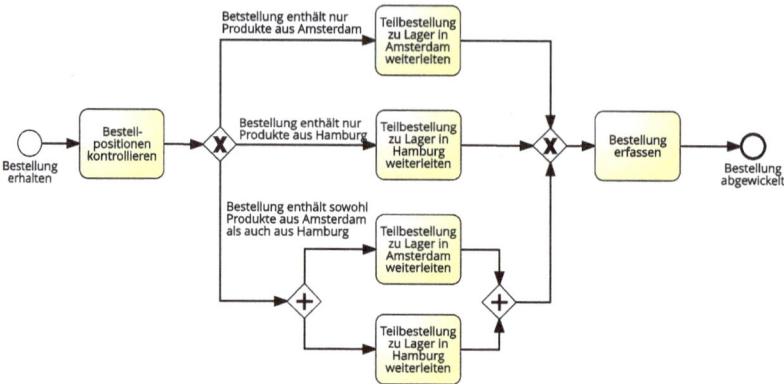

Abb. 3.8 Modellierung einer inklusiven Entscheidung: Erster Versuch

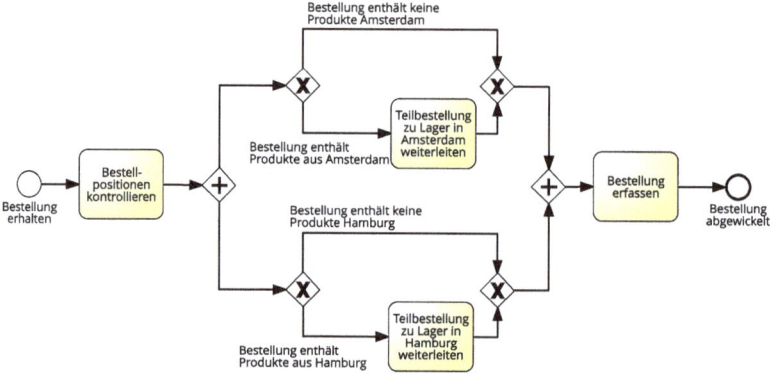

Abb. 3.9 Modellierung einer inklusiven Entscheidung: Zweiter Versuch

drei alternativen Pfaden: Einer dieser Pfade wird gewählt, wenn die Bestellung nur Artikel
für Amsterdam enthält und entsprechend der Unterauftrag an das Amsterdamer Lagerhaus
weitergeleitet wird, der andere, wenn die Bestellung nur Artikel aus Hamburg enthält und
entsprechend der Unterauftrag an das Hamburger Lager weitergeleitet wird, sowie eine
dritte Alternative, falls der Auftrag Artikel aus beiden Lagern enthält und entsprechend
Unteraufträge an beide Lager weitergeleitet werden. Diese drei Pfade werden mithilfe einer
XOR-Zusammenführung abgeschlossen, welche zur Erfassung der Bestellung überleitet.

Während dieses Modell unser Szenario korrekt erfasst, ist das resultierende Diagramm
unangemessen kompliziert, da wir die beiden Aktivitäten duplizieren müssen, welche die
Weiterleitung des Unterauftrags beschreiben. Wenn wir mehr als zwei Lagerhäuser hätten,
würde die Anzahl der duplizierten Aktivitäten weiter steigen. Wenn wir beispielsweise drei
Lager haben, benötigen wir eine XOR-Verzweigung mit sieben ausgehenden Sequenzen, und
jede Aktivität muss viermal dupliziert werden. Natürlich ist diese Lösung nicht skalierbar.

In der zweiten Lösung verwenden wir eine UND-Verzweigung mit zwei ausgehenden Kanten, von denen jede zu einer XOR-Verzweigung mit zwei alternativen Pfaden führt. Eine der Kanten wird genommen, wenn der Auftrag Artikel von Amsterdam (beziehungsweise Hamburg) enthält. In diesem Fall wird eine Aktivität zur Weiterleitung des Unterauftrags an das jeweilige Lager ausgeführt. Die andere Niederlassung wird genutzt, wenn die Bestellung keine Artikel von Amsterdam (beziehungsweise Hamburg) enthält. In diesem Fall wird bis zur XOR-Zusammenführung, die beiden Pfade zusammenführt, nichts unternommen. Dann führt eine UND-Zusammenführung die beiden parallelen Pfade aus der UND-Verzweigung wieder zusammen, und der Vorgang wird abgeschlossen, indem die Bestellung erfasst wird.

Was ist das Problem mit dieser zweiten Lösung? Unser Beispielszenario lässt drei Fälle zu: Die Artikel befinden sich nur in Amsterdam, nur in Hamburg oder in beiden Lagern. Allerdings lässt das letzte Modell einen weiteren Fall zu: Wenn sich die Artikel in keinem der Lager befinden. Dieser Fall tritt auf, wenn die beiden leeren Pfade der beiden XOR-Verzweigungen verwendet werden, was dazu führt, dass zwischen der Aktivität *Bestellpositionen kontrollieren* und der Aktivität *Bestellung erfassen* nichts ausgeführt wird. Daher ist diese Lösung, obwohl sie kompakter als die erste ist, falsch.

Um Situationen modellieren zu können, in denen eine Entscheidung dazu führen kann, dass eine oder mehrere Optionen gleichzeitig ausgewählt werden, müssen wir eine *inklusive Verzweigung (ODER-Verzweigung)* verwenden.

Eine *ODER-Verzweigung* ähnelt der XOR-Verzweigung, aber die Bedingungen in den ausgehenden Kanten müssen sich nicht gegenseitig ausschließen, d. h. mehrere von ihnen können gleichzeitig wahr sein. Bei einer ODER-Verzweigung wählen wir einen oder mehrere Pfade, je nachdem, welche Bedingungen zutreffen. In Bezug auf die Schaltsemantik bedeutet dies, dass die ODER-Verzweigung die Eingabemarke nimmt und eine Anzahl von Marken generiert, die der Anzahl der zutreffenden Ausgabebedingungen entspricht, wobei diese Anzahl mindestens eine und höchstens die Gesamtzahl der ausgehenden Kanten sein kann. Ähnlich wie die XOR-Verzweigung kann eine ODER-Verzweigung auch mit einem Strich für die Standardkante ausgezeichnet werden, der nur dann verwendet wird, wenn alle anderen Bedingungen als falsch ausgewertet werden.

Abb. 3.10 zeigt die Lösung für unseren Beispielprozess unter Verwendung von ODER-Gattern. Nachdem Unteraufträge an eines der beiden Lager oder an beide weitergeleitet wurde, verwenden wir eine *ODER-Zusammenführung,* um die aktiven Pfade zu synchronisieren und mit der Erfassung der Bestellung fortzufahren. Eine ODER-Verknüpfung schaltet erst dann weiter, wenn alle eingehenden *aktiven* Pfade abgeschlossen sind. Warten auf einen aktiven Pfad bedeutet, auf einen eingehenden Pfad zu warten, welcher letztendlich eine Marke an die ODER-Zusammenführung liefern wird. Wenn der Pfad aktiv ist, wartet die ODER-Zusammenführung auf diese Marke, andernfalls nicht. Wenn alle Marken aktiver Pfade angekommen sind, führt die ODER-Zusammenführung diese Marken zu einer einzigen Marke zusammen (ähnlich wie bei einer UND-Zusammenführung) und sendet diese Marke an die Ausgangskante. Wir nennen dieses Verhalten *synchronisierte Zusammenfüh-*

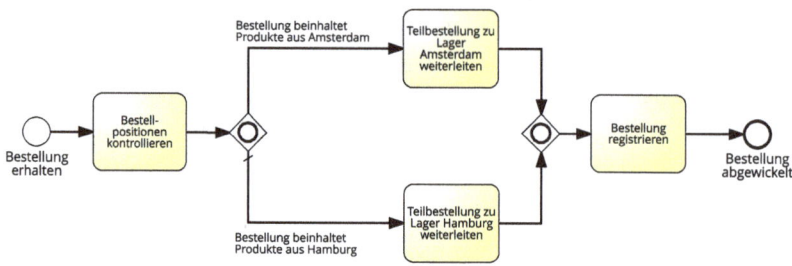

Abb. 3.10 Modellierung einer inklusiven Entscheidung mithilfe von ODER-Gattern

rung im Gegensatz zur einfachen Zusammenführung mithilfe eines XOR-Gatters und der Synchronisation mithilfe einer UND-Zusammenführung.   □

Lassen Sie uns das Konzept eines aktiven Pfads etwas detaillierter diskutieren. Betrachten Sie das Modell in Abb. 3.11, das ein zusammenführendes Gatter mit undefiniertem Typ enthält (ausgegraut mit Fragezeichen). Welchen Gattertyp sollten wir dieser Zusammenführung zuordnen? Betrachten wir als erstes eine UND-Zusammenführung, welche dem Typ der vorangehenden UND-Verzweigung entspricht. Wir erinnern daran, dass eine UND-Zusammenführung wartet, bis eine Marke von jedem eingehenden Pfad vorliegt. Während die Marke aus dem Pfad mit der Aktivität *C* immer eintreffen wird, kann die Marke aus dem Pfad mit den Aktivitäten *B* und *D* möglicherweise nicht bereitgestellt werden, wenn diese von der XOR-Verzweigung in Richtung *E* weitergegeben wird. Wenn also die Aktivität *D* nicht ausgeführt wird, wartet die UND-Zusammenführung fortwährend auf diese Marke mit der Folge, dass die Prozessinstanz nicht weiterlaufen kann. Diese Verhaltensanomalie wird als *Verklemmung* bezeichnet und sollte vermieden werden.

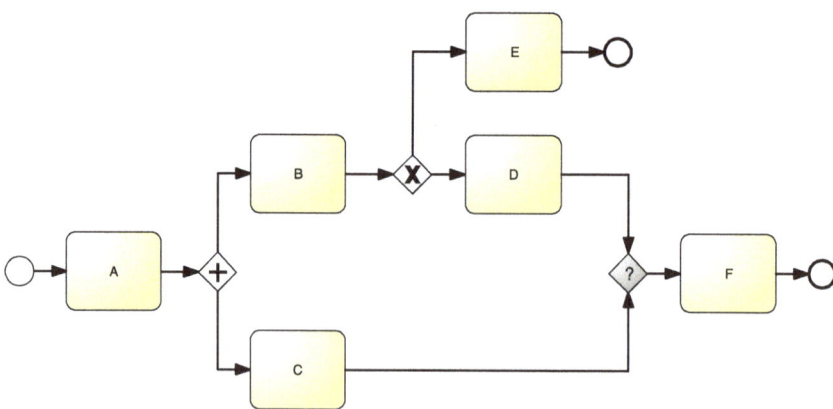

Abb. 3.11 Welcher Typ eignet sich für das zusammenführende Gatter, damit Instanzen dieses Prozesses ordnungsgemäß abgeschlossen werden können?

Betrachten wir als zweites eine XOR-Zusammenführung. Wir erinnern daran, dass die XOR-Zusammenführung jede Marke, die auf einer Eingangskante eintrifft, an die Ausgangskante weiterreicht. In unserem Beispiel bedeutet dies, dass wir die Aktivität F einmal oder zweimal ausführen können, abhängig davon, ob die vorangehende XOR-Verzweigung die Marke zu E weiterleitet (in diesem Fall wird F einmal ausgeführt) oder zu D (F wird zweimal ausgeführt). Diese Lösung kann zwar funktionieren, wir haben jedoch das Problem, dass wir nicht sichergestellt haben, dass die Aktivität F exakt einmal und nicht etwa zweimal ausführt wird. Wenn dies der Fall ist, würden wir außerdem signalisieren, dass der Prozess zweimal abgeschlossen wurde, da das Endereignis nach F zwei Marken erhält. Dies wäre eine Verhaltensanomalie, die als *fehlende Synchronisation* bezeichnet wird, und die vermieden werden sollte.

Die einzige Zusammenführung, die wir noch ausprobieren können, ist die ODER-Zusammenführung. Eine ODER-Zusammenführung wartet, bis alle eingehenden aktiven Pfade abgeschlossen sind. Wenn die XOR-Verzweigung die Marke an E weiterleitet, wartet die ODER-Zusammenführung nicht auf eine Marke aus dem Pfad mit Aktivität D, da eine solche niemals eintreffen wird. Es wird also fortgefahren, sobald die Marke von Aktivität C ankommt. Wenn dagegen die XOR-Verzweigung die Marke an D weiterleitet, wartet die ODER-Zusammenführung, bis auch eine Marke auf diesem Pfad ankommt. Sobald beide Marken angekommen sind, führt die ODER-Zusammenführung sie zu einer Marke zusammen und reicht diese weiter, sodass F einmal ausgeführt wird und der Prozess normal abgeschlossen wird.

Frage: Wann sollten wir eine ODER-Zusammenführung verwenden?

Da die Semantik der ODER-Zusammenführung anspruchsvoll ist, kann die Verwendung dieses Elements in einem Modell den Leser verwirren. Daher empfehlen wir, sie nur zu verwenden, wenn es unbedingt erforderlich ist. Es ist klar zu erkennen, dass eine ODER-Zusammenführung verwendet werden muss, wenn die Pfade aus einer vorangehenden ODER-Verzweigung synchronisiert werden müssen. In ähnlicher Weise sollten wir eine UND-Zusammenführung verwenden, um die Pfade aus einer vorhergehenden UND-Verzweigung zu synchronisieren, und eine XOR-Zusammenführung nutzen, um verschiedene Pfaden zusammenzuführen, die sich gegenseitig ausschließen. Andernfalls erhalten wir kein Modell mit kompakter Struktur wie in den Beispielen in Abb. 3.8 oder 3.10, welches aus geschachtelten Blöcken besteht, die jeweils durch eine Verzweigung und eine Zusammenführung vom gleichen Typ voneinander abgegrenzt sind. Stattdessen sähe das Modell vielleicht eher so aus wie in Abb. 3.11, wo es mehrere Einstiegspunkte in eine oder Ausstiegspunkte aus einer Blockstruktur gibt. Spielen Sie in diesen Fällen das Weiterschalten der Marken durch, um den richtigen Gattertyp zu identifizieren. Beginnen Sie mit einer XOR-Zusammenführung. Versuchen Sie anschließend eine UND-Zusammenführung. Wenn beide Gatter zu falschen Modellen führen, verwenden Sie die ODER-Zusammenführung. Diese funktioniert auf jeden Fall.

Nachdem wir nun die drei wichtigsten Gatter kennengelernt haben, können wir sie nutzen, um den Bestellung-bis-Zahlungseingang-Prozess zu erweitern. Wir nehmen an, dass der Artikel hergestellt werden kann, falls er nicht auf Lager liegt. Daher muss eine Bestellung niemals abgelehnt werden.

Beispiel 3.6 Erweitern wir den Bestellung-bis-Zahlungseingang-Prozess um die Möglichkeit, Artikel zu fertigen, die nicht gelagert sind.

Wenn der angeforderte Artikel nicht auf Lager liegt, muss er gefertigt werden, bevor die Bestellabwicklung fortgesetzt werden kann. Um einen Artikel herzustellen, müssen die benötigten Werkstoffe bestellt werden. Zwei bevorzugte Lieferanten liefern verschiedene Arten von Werkstoffen. Je nach herzustellendem Artikel können Werkstoffe entweder bei Lieferant 1 oder Lieferant 2 oder bei beiden bestellt werden. Sobald die Werkstoffe verfügbar sind, kann der Artikel gefertigt und die Bestellung bestätigt werden. Wenn der Artikel jedoch auf Lager liegt, wird dieser vor der Bestätigung der Bestellung kommissioniert. In beiden Fällen wird der Vorgang normal fortgesetzt.

Das Modell für diesen Prozess ist in Abb. 3.12 dargestellt.   □

Übung 3.3 Modellieren Sie das folgende Fragment eines Geschäftsprozesses für die Prüfung von Darlehensanträgen.

Ein Darlehensantrag kann mit einer Gebäudeversicherung gekoppelt werden, die zu ermäßigten Preisen angeboten wird. Antragsteller können zum Zeitpunkt der Einreichung des Darlehensantrags ihr Interesse an einer Gebäudeversicherung bekunden. Basierend auf diesen

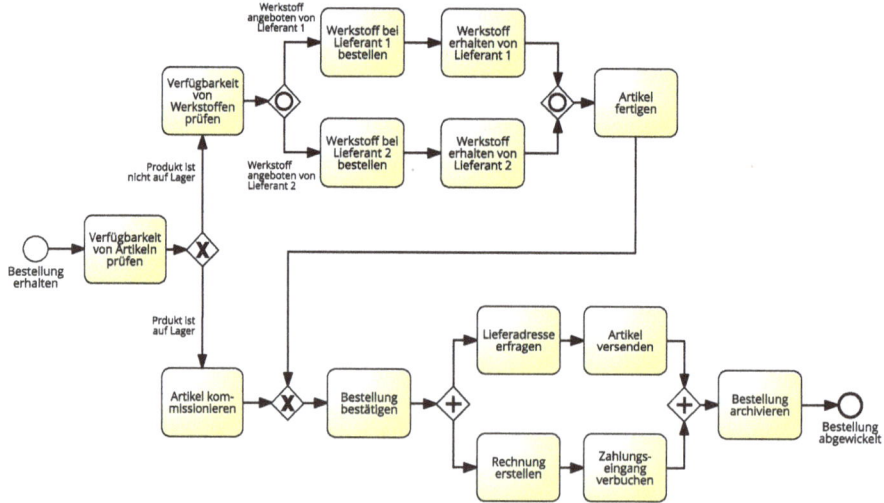

Abb. 3.12 Das Modell des Bestellung-bis-Zahlungseingang-Prozesses mit Fertigung des Artikel

Informationen kann der Darlehensgeber bei Genehmigung des Darlehensantrags entweder nur ein Annahmepaket an den Antragsteller senden oder auch ein Angebot für die Gebäudeversicherung beilegen. Der Prozess wird dann mit der Überprüfung der Rückzahlungsvereinbarung fortgesetzt.

3.2.4 Nacharbeit und Wiederholung

Bisher haben wir uns mit sequentiellen Abläufen beschäftigt, bei denen jede Aktivität höchstens einmal ausgeführt wird. Manchmal müssen wir jedoch eine oder mehrere Aktivitäten wiederholen, beispielsweise aufgrund einer fehlgeschlagenen Prüfung.

Beispiel 3.7 Betrachten wir den Prozess zur Beantwortung des ministeriellen Schriftverkehrs.

> Im Büro des Finanzministeriums wird eine eingehende ministerielle Anfrage zunächst in einem System erfasst. Dann wird der mit der Anfrage verbundene Sachverhalt untersucht. Im Rahmen des Verfassens einer Antwort erfolgt der Entwurf der Antwort selbst durch den Sachbearbeiter und die Überprüfung der Antwort durch den Abteilungsleiter. Wenn der Abteilungsleiter der Antwort nicht zustimmt und diese nicht genehmigt, muss der Sachbearbeiter den Entwurf überarbeiten und erneut zur Überprüfung vorbereiten. Der Prozess wird erst beendet, wenn die Antwort genehmigt wurde.

Um die Nacharbeit oder Wiederholung zu modellieren, müssen wir zunächst die Aktivitäten, beziehungsweise das Prozessfragment identifizieren, das wiederholt werden kann. In unserem Beispiel besteht dies aus der Abfolge der Aktivitäten *Ministerielle Antwort entwerfen* und *Ministerielle Antwort überprüfen*. Wir bezeichnen dieses Fragment als *Wiederholungsblock*. Kennzeichnend für einen Wiederholungsblock ist es, dass die letzte Aktivität eine Entscheidungsaktivität sein muss. Diese ermöglicht es uns zu entscheiden, ob wir zurück zum Anfang des Wiederholungsblock springen oder mit dem Rest des Prozesses fortfahren möchten. Dementsprechend sollte die Entscheidungsaktivität zu zwei alternativen Ergebnissen führen können. In unserem Beispiel handelt es sich bei der Entscheidungsaktivität um *Ministerielle Antwort überprüfen* und die Ergebnisse lauten *Antwort genehmigt* (in diesem Fall setzen wir den Prozess fort) und *Antwort nicht genehmigt* (wir springen zurück). Um diese beiden Ergebnisse zu modellieren, verwenden wir eine XOR-Verzweigung mit zwei ausgehenden Pfaden: Einer ermöglicht es uns, den Rest des Prozesses fortzusetzen (in unserem Beispiel ist dies lediglich das Endereignis *Ministerielle Anfrage genehmigt*). Der andere Pfad führt bis vor die Aktivität *Ministerielle Antwort entwerfen* zurück. Wir verwenden eine XOR-Zusammenführung, um diesen Pfad wieder an diese Stelle des Prozessmodells unmittelbar vor dem Wiederholungsblock anzuschließen. Das Modell für unser Beispiel ist in Abb. 3.13 dargestellt.   □

Frage: Warum müssen wir die Rückschleife eines Wiederholungsblocks mit einem XOR-Gatter zusammenführen?

Der Grund für die Verwendung einer XOR-Zusammenführung besteht darin, dass dieses Gatter eine sehr einfache Semantik hat: Jede Marke, die das Gatter auf seiner Eingangskante empfängt, wird auf seine Ausgangskante weitergereicht, was in diesem Fall das gewünschte Verhalten ist. Würden wir die Rückschleife mit dem Rest des Modells unter Verwendung einer UND-Zusammenführung verbinden, würden wir eine Verklemmung verursachen, da dieses Gatter versuchen würde, die beiden eingehenden Pfade zu synchronisieren, obwohl wir wissen, dass immer nur einer von ihnen aktiv sein kann: Im Fall einer Wiederholung würden wir die Marke von der Rückschleife erhalten. Andernfalls würden wir sie vom Eingangspfad erhalten, und somit erstmalig den Wiederholungsblock ausführen. Eine ODER-Zusammenführung würde funktionieren, ist allerdings unangemessen, da klar ist, dass jeweils nur ein Pfad zu einem Zeitpunkt aktiv ist.

Übung 3.4 Modellieren Sie das folgende Fragment eines Geschäftsprozesses für die Beurteilung von Darlehensanträgen.

> Sobald ein Darlehensantrag beim Darlehensgeber eingeht und bevor dieser mit seiner Beurteilung fortfährt, muss der Antrag auf Vollständigkeit geprüft werden. Wenn der Antrag unvollständig ist, wird er an den Antragsteller zurückgeschickt, damit dieser die fehlenden Informationen ausfüllen und an den Darlehensgeber zurücksenden kann. Dieser Vorgang wird wiederholt, bis der Antrag vollständig ist.

Wir haben gelernt, Aktivitäten, Ereignisse und Gatter zu verbinden, um grundlegende Geschäftsprozesse zu modellieren. Für jedes dieser Elemente haben wir dessen grafische Darstellung und die Regeln für deren Verbindung mit anderen Modellierungselementen diskutiert. Wir haben auch das Verhalten jedes Elements mithilfe von Schaltregeln erläutert. Alle diese Aspekte fallen unter den Begriff *Komponenten einer Modellierungssprache*. Wenn Sie mehr zu diesem Thema erfahren möchten, lesen Sie die Infobox „Komponenten einer Modellierungssprache".

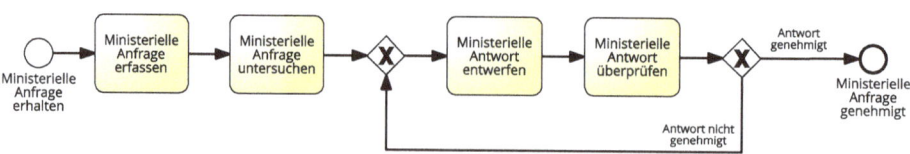

Abb. 3.13 Ein Prozessmodell zur Beantwortung ministerieller Anfragen

Komponenten einer Modellierungssprache

Eine *Modellierungssprache* besteht wie jede andere Sprache aus vier Komponenten: Vokabular, Syntax, Semantik und Notation. Das *Vokabular* enthält die Menge der Modellierungselemente der Sprache. Die *Syntax* definiert eine Reihe von Regeln, die festlegen, wie verschiedene Elemente verbunden werden können. Die *Semantik* beschreibt die genaue Bedeutung diese Elemente und deren Textbeschreibungen. Die *Notation* definiert einen Satz grafischer Symbole für die Visualisierung der Elemente.

Im Fall der BPMN-Sprache umfasst das BPMN-Vokabular Aktivitäten, Ereignisse, Gatter und Sequenzflusskanten. Ein Beispiel für eine syntaktische Regel ist, dass Startereignisse nur ausgehende Kanten haben, wohingegen Endereignisse nur eingehende Kanten haben. Eine andere ist, dass sich jedes Element auf einem Pfad von einem Start- zu einem Endereignis befinden sollte, d. h. es sollte keine unverbundenen Gatter oder lose Kanten geben. Die BPMN-Semantik beschreibt die Bedeutung jedes der Elemente im Vokabular sowie die Gesamtbedeutung des modellierten Geschäftsprozesses. Aktivitäten modellieren beispielsweise etwas, das während des Geschäftsprozesses aktiv ausgeführt wird, während XOR-Gatter exklusive Entscheidungen und einfache Zusammenführungen modellieren. Indem wir die einzelnen Bedeutungen aller Elemente in einem bestimmten Modell betrachten, können wir die Gesamtbedeutung des zugrunde liegenden Geschäftsprozesses ableiten. Beispielsweise beschreibt unser Modell in Abb. 3.12 einen Bestellung-bis-Zahlungseingang-Prozess, der mit dem Eingang einer Bestellung beginnt, die dann mit den Lagerbeständen abgeglichen wird: Wenn der Artikel auf Lager ist, wird er direkt aus dem Lager abgerufen, andernfalls muss der Artikel hergestellt werden, und so weiter. Beispiele für die BPMN-Notation sind schließlich die beschrifteten, gerundeten Kästchen zur Darstellung von Aktivitäten und die Kreise mit einem dünnen Rand zur Darstellung von Startereignissen. In Kap. 5 werden wir mehr über die BPMN-Syntax und -Semantik sprechen.

3.3 Geschäftsobjekte

Wie in Kap. 2 beschrieben, bezieht sich ein Geschäftsprozess auf verschiedene organisatorische Aspekte wie Funktionen, Geschäftsobjekte, Personen und Softwaresysteme. Diese Aspekte werden durch unterschiedliche Prozessmodellierungsperspektiven beschrieben. Bisher haben wir die *funktionale Perspektive* betrachtet, die angibt, welche Aktivitäten in dem Prozess ausgeführt werden sollen, und die *Kontrollflussperspektive*, die besagt, wann und in welcher Reihenfolge Aktivitäten und Ereignisse stattfinden. Eine weitere wichtige Perspektive, die wir beim Modellieren von Geschäftsprozessen berücksichtigen sollten, ist die *Objektperspektive,* die auch als *Datenperspektive* bezeichnet wird. Die Objektperspektive gibt an, welche Geschäftsobjekte, auch Artefakte genannt, (z. B. Dokumente, Dateien,

Material) zum Ausführen einer Aktivität erforderlich sind und welche als Ergebnis einer Aktivität erzeugt werden.

Lassen Sie uns den Bestellung-bis-Zahlungseingang-Prozess aus Beispiel 3.6 mit Geschäftsobjekten anreichern. Beginnen wir mit der Identifizierung der Objekte, die jede Aktivität zur Ausführung benötigt, und jener Objekte, die als Ergebnis ihrer Ausführung erstellt werden. Zum Beispiel ist die erste Aktivität des Bestellung-bis-Zahlungseingang-Prozesses *Verfügbarkeit von Artikeln prüfen*. Diese erfordert eine Bestellung als Eingabe, um zu prüfen, ob der bestellte Artikel auf Lager ist oder nicht. Dieses Objekt wird auch für die Aktivität *Verfügbarkeit von Werkstoffen überprüfen* benötigt, wenn der Artikel herge-stellt werden soll. Geschäftsobjekte wie *Bestellung* werden in BPMN *Datenobjekte* genannt. Datenobjekte repräsentieren Informationen und Materialien, welche als Ein- und Ausgabe von Aktivitäten dienen. Hierbei kann es sich um physische Objekte handeln, die Informa-tionen wie eine Papierrechnung, Materialien wie einen Artikel, oder auch elektronische Objekte wie eine E-Mail oder eine Rechnung als PDF-Dokument enthalten. Wir stellen sie mithilfe eines Dokumentsymbols dar, wobei die obere rechte Ecke umgeschlagen ist. Verbunden werden sie mit der jeweiligen Aktivität durch eine gepunktete Kante mit einer offenen Pfeilspitze (in BPMN *Datenassoziation* genannt). Abb. 3.14 zeigt die am Bestellung-bis-Zahlungseingang-Prozessmodell beteiligten Datenobjekte.

Wir verwenden die Richtung der Datenassoziation, um anzuzeigen, ob ein Datenobjekt eine Eingabe oder eine Ausgabe für eine bestimmte Aktivität ist. Eine eingehende Kante, wie sie von der Bestellung hin zur Aktivität *Verfügbarkeit von Artikeln prüfen* verwendet wird, zeigt an, dass die Bestellung ein Eingabeobjekt für diese Aktivität ist. Eine ausgehende Assoziation, wie sie von der Aktivität *Werkstoff erhalten von Lieferant 1* auf Werkstoffe verweist, gibt an, dass Werkstoffe ein Ausgangsobjekt für diese Aktivität sind. Um zu ver-meiden, dass das Diagramm durch sich überschneidende Datenassoziationen unleserlich wird, können wir ein Datenobjekt innerhalb eines Prozessmodells mehrmals wiederholen. Jedes Auftreten eines bestimmten Objekts bezieht sich jedoch konzeptionell auf das gleiche Artefakt. In Abb. 3.14 wird beispielsweise *Bestellung* zweimal als Eingabe für *Verfügbarkeit von Artikeln prüfen* und *Bestellung bestätigen* wiederholt, da diese beiden Aktivitäten im Modell weit voneinander entfernt angeordnet sind.

Häufig wird das Ergebnis einer Aktivität als Eingabe für eine nachfolgende Aktivität genutzt. Sobald beispielsweise Werkstoffe geliefert wurden, werden diese von der Aktivität *Artikel fertigen* verwendet. Der Artikel wird wiederum verpackt und durch die Aktivität *Arti-kel versenden* an den Kunden gesendet. Durch Datenobjekte können wir den Informations- oder Materialfluss zwischen Aktivitäten effektiv modellieren. Beachten Sie jedoch, dass Datenobjekte und ihre Assoziationen mit Aktivitäten den Sequenzfluss nicht ersetzen kön-nen. Mit anderen Worten: Selbst wenn ein Objekt von einer Aktivität A an eine Aktivität B übergeben wird, müssen wir dies explizit mit den Sequenzfluss von A nach B model-lieren. Eine Kurzschreibweise für die Weitergabe eines Objekts von einer Aktivität an die nächste besteht darin, das Datenobjekt über eine ungerichtete Verbindung direkt mit der Sequenzflusskante zwischen zwei aufeinander folgenden Aktivitäten zu verbinden. Siehe

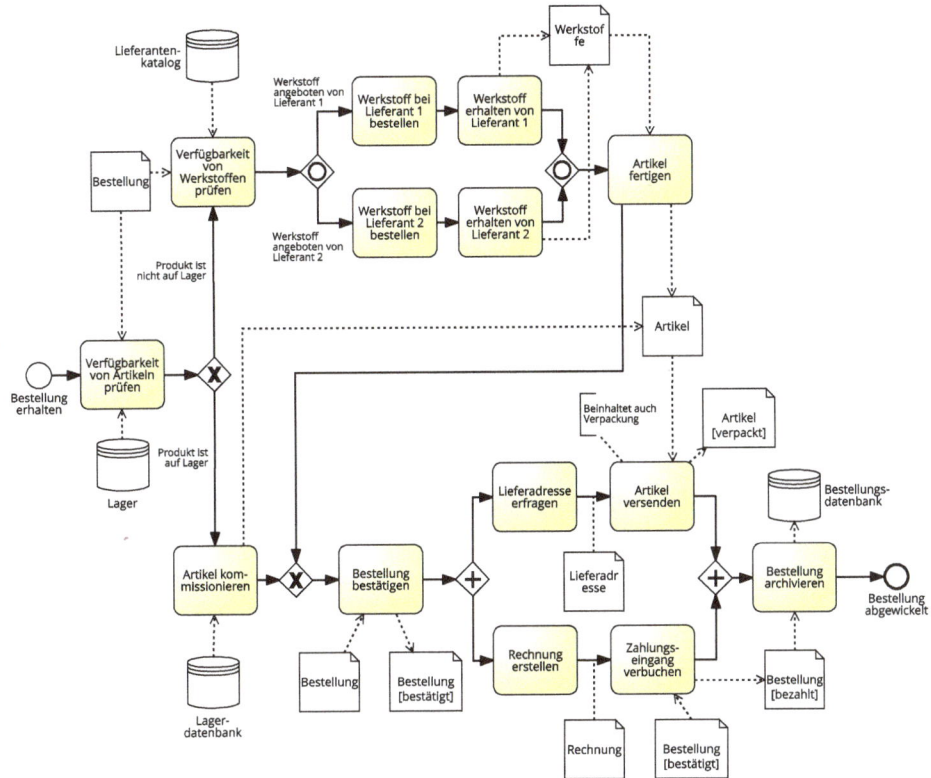

Abb. 3.14 Der Bestellung-bis-Zahlungseingang-Prozess mit Geschäftsobjekten und Datenspeichern

beispielsweise die Lieferadresse, die von der Aktivität *Lieferadresse erfragen* an die Aktivität *Artikel versenden* übergeben wird. Dies ist eine Abkürzung, um anzugeben, dass die Lieferadresse eine Ausgabe von *Lieferadresse erfragen* und eine Eingabe für *Artikel versenden* ist.

Manchmal müssen wir den *Zustand* eines Datenobjekts explizit bezeichnen. In Abb. 3.14 nimmt die Aktivität *Bestellung bestätigen* eine Bestellung als Eingabe und gibt eine bestätigte Bestellung als Ausgabe zurück: Eingabe- und Ausgabeobjekte sind dieselben, jedoch hat sich der Zustand des Objekts zu *bestätigt* geändert. In ähnlicher Weise nimmt die Aktivität *Zahlung erhalten* eine Bestellung als *bestätigt* an und ändert sie in eine *bezahlte* Bestellung. Ein Objekt kann eine Abfolge von Zuständen durchlaufen, beispielsweise wird eine Rechnung zuerst *geöffnet*, dann *genehmigt* oder *abgelehnt* und schließlich *archiviert*. Das Anzeigen des Zustands von Datenobjekten ist optional. Dafür können Sie den Zustand zwischen eckigen Klammern an die Bezeichnung eines Datenobjekts anhängen, z. B. *Bestellung [bestätigt]* oder *Artikel [verpackt]*.

Ein *Datenspeicher* ist ein Ort, der Datenobjekte enthält, die über die Dauer einer Prozessinstanz hinaus gespeichert werden müssen, z. B. eine Datenbank für elektronische Objekte oder ein Aktenschrank für physische Objekte. Prozessaktivitäten können Datenobjekte aus dem Datenspeicher laden bzw. diese dort speichern. In Abb. 3.14 fragt die Aktivität *Verfügbarkeit von Artikeln prüfen* den Lagerbestand für den bestellten Artikel aus dem Lager ab. In diesem Fall werden Informationen geladen, nämlich der Lagerbestand, der als elektronisches Datenobjekt dargestellt werden kann. Diese Darstellung ist bei konzeptionellen Modellen wie unserem Bestellung-bis-Zahlungseingang-Beispiel nicht sehr verbreitet, und wird daher einfach weggelassen. Ebenso wird in der Aktivität *Verfügbarkeit von Werkstoffen prüfen* der Lieferantenkatalog abgefragt, aus welchem hervorgeht, an welchen Lieferanten man sich wenden soll. In unserem Bestellung-bis-Zahlungseingang-Beispiel wird mit der Aktivität *Artikel kommissionieren* ein physisches Datenobjekt, nämlich der Artikel, aus dem Lager abgerufen. Die Lagerdatenbank, der Lieferantenkatalog und das Lager sind Beispiele für Datenspeicher, die als Eingabe für Aktivitäten verwendet werden. Ein Beispiel für einen Datenspeicher, der für Ausgaben verwendet wird, ist die Bestellungsdatenbank, in der das Ergebnis der Aktivität *Bestellung archivieren* gespeichert wird. Auf diese Weise steht die soeben archivierte Bestellung für andere Geschäftsprozesse innerhalb derselben Organisation zur Verfügung, z. B. für einen Geschäftsprozess, der Artikelrückgaben bearbeitet. Datenspeicher werden als leerer Zylinder (das typische Datenbanksymbol) mit einer dreifachen oberen Umrandung dargestellt. Ähnlich wie Datenobjekte sind sie über Datenassoziationen mit Aktivitäten verbunden.

Frage: Beeinflussen Datenobjekte das Weiterschalten von Marken?

Eingabedatenobjekte sind für die Ausführung einer Aktivität erforderlich. Selbst wenn auf der eingehenden Kante dieser Aktivität eine Marke verfügbar ist, kann diese nicht ausgeführt werden, bis auch alle Eingabedatenobjekte verfügbar sind. Ein Datenobjekt ist verfügbar, wenn es als Ergebnis einer vorherigen Aktivität erstellt wurde (dessen Ausgabe das Datenobjekt selbst war) oder weil es eine Eingabe für den gesamten Prozess ist (wie eine Bestellung). Ausgabedatenobjekte wirken sich nur indirekt auf das Weiterschalten von Marken aus. Das ist zum Beispiel dann der Fall, wenn sie von nachfolgenden Aktivitäten verwendet werden.

Übung 3.5 Gibt es im Beispiel von Abb. 3.14 ein fehlendes Datenobjekt oder einen fehlenden Datenspeicher (Abschn. 3.3)?

Frage: Müssen wir Datenobjekte immer modellieren?

Datenobjekte helfen dem Leser, den Informations- und Materialfluss von einer Aktivität zu einer anderen zu verstehen. Der dafür zu zahlende Preis ist jedoch eine erhöhte Komplexität des Diagramms. Daher empfehlen wir, Datenobjekte nur dann zu verwenden, wenn sie für einen bestimmten Zweck benötigt werden, beispielsweise wenn später das Prozessmodell als Spezifikation von einem Systementwickler verwendet wird, der den Prozess automatisieren soll (vgl. Kap. 10).

Es gibt Fälle, in denen wir dem Leser des Prozessmodells zusätzliche Informationen zur Verfügung stellen müssen, um das Verständnis des Modells zu verbessern. Beispielsweise möchten wir im Bestellung-bis-Zahlungseingang-Prozess festlegen, dass die Aktivität *Artikel versenden* das Verpacken des Artikels mit einschließt. Möglicherweise möchten wir auch klären, nach welchen Geschäftsregeln die Auswahl der Werkstoffe von den Lieferanten erfolgt. Solche zusätzlichen Informationen können über *Anmerkungen* bereitgestellt werden. Eine Anmerkung wird als offenes Rechteck dargestellt, das den Text der Anmerkung einkapselt. Diese ist über eine gepunktete Linie (eine sogenannte *Assoziation*) mit einem Element des Prozessmodells verbunden. Abb. 3.14 zeigt dafür ein Beispiel. Anmerkungen haben keine Semantik und beeinflussen daher nicht das Weiterschalten von Marken durch das Prozessmodell.

Übung 3.6 Verbinden Sie die vier Fragmente des Darlehensbewertungsprozesses, welche Sie in den Übungen 3.1–3.4 erstellt haben.

Hinweis: Schauen Sie sich die Bezeichnungen der Start- und Endereignisse an, um die Abhängigkeiten der Reihenfolge zwischen den verschiedenen Fragmenten zu verstehen. Erweitern Sie dann das resultierende Modell, indem Sie alle erforderlichen Geschäftsobjekte hinzufügen. Fügen Sie außerdem Anmerkungen hinzu, um die Geschäftsregeln anzugeben, die sich hinter i) der Überprüfung der Vollständigkeit eines Antrags, ii) der Beurteilung der Eignung des Antragstellers und iii) der Überprüfung der Zahlungsvereinbarung befinden.

3.4 Ressourcen

Ein weiterer Aspekt, den wir bei der Modellierung von Geschäftsprozessen berücksichtigen müssen, ist die *Ressourcenperspektive.* Diese Perspektive wird auch als *Organisationsperspektive* bezeichnet und gibt an, wer oder was welche Aktivität ausübt. *Ressource* ist ein Oberbegriff, der sich auf alle Personen und Dinge bezieht, die an der Ausführung einer Aktivität beteiligt sind. Ressourcen können sein:

- *am Prozess beteiligte Personen,* d. h. eine Einzelperson wie der Angestellte Hannes Schmitt,
- *Softwaresysteme,* zum Beispiel ein Server oder eine Softwareanwendung,
- *Geräte und Anlagen,* wie ein Drucker oder eine Produktionsanlage.

Wir unterscheiden zwischen *aktiven Ressourcen,* d. h. Ressourcen, die eine Aktivität eigenständig ausführen können, und *passiven Ressourcen,* d. h. Ressourcen, die lediglich an der

Durchführung einer Tätigkeit beteiligt sind. Zum Beispiel wird ein Fotokopierer von Prozessbeteiligten verwendet, um eine Kopie eines Dokuments anzufertigen, aber es sind die Prozessbeteiligten, welche die Fotokopie erstellen. Der Fotokopierer ist also eine passive Ressource, während die Prozessbeteiligten aktive Ressourcen sind. Ein Bulldozer ist ein weiteres Beispiel für eine passive Ressource, da der Fahrer die Aktivität ausführt, für die der Bulldozer verwendet wird.

Die Ressourcenperspektive eines Prozesses betrachtet vorrangig aktive Ressourcen, daher bezeichnen wir mit dem Begriff „Ressource" im folgenden eine „aktive Ressource".

Häufig beziehen wir uns in einem Prozessmodell nicht explizit auf eine Ressource, wie zum Beispiel den Angestellten Hannes Schmitt, sondern auf eine Gruppe von Ressourcen, die austauschbar sind in dem Sinne, dass jedes Mitglied der Gruppe eine gegebene Tätigkeit ausführen kann. Solche Gruppen werden *Ressourcenklassen* genannt. Beispiele sind eine ganze Organisation, eine Organisationseinheit oder eine Rolle.[13]

Beispiel 3.8 Lassen Sie uns die Ressourcen untersuchen, die an unserem Bestellung-bis-Zahlungseingang-Beispiel beteiligt sind.

> Der Bestellung-bis-Zahlungseingang-Prozess wird von einem Anbieter durchgeführt, der sich in zwei Abteilungen gliedert: die Vertriebsabteilung und die Abteilung Lager & Logistik. Die von Lager & Logistik erhaltene Bestellung wird mit dem Bestand verglichen. Dieser Vorgang wird automatisch vom ERP-System dieser Abteilung durchgeführt, welches dafür die Lagerdatenbank abfragt. Wenn der Artikel auf Lager ist, wird er durch den Lagerangestellten kommissioniert, bevor der Vertrieb die Bestellung bestätigt. Als nächstes erstellt der Vertrieb eine Rechnung und wartet auf die Zahlung, während der Artikel durch das Lager und die Logistikabteilung ausgeliefert wird. Der Prozess wird mit der Archivierung der Bestellung durch den Vertrieb abgeschlossen. Wenn der Artikel nicht auf Lager ist, prüft das ERP-System die Verfügbarkeit der Werkstoffe durch Abfrage im Lieferantenerkatalog. Sobald die Werkstoffe erhalten wurden, kümmert sich Lager & Logistik um die Fertigung des Artikels. Der Prozess wird abgeschlossen, indem die Bestellung vom Vertrieb bestätigt und archiviert wird.

BPMN stellt zwei Konstrukte zur Verfügung, um Ressourcenaspekte zu modellieren: Becken *(engl.: pool)* und Bahnen *(engl.: lane)*. Becken werden im Allgemeinen zum Modellieren von Ressourcenklassen verwendet. Mit Hilfe von Bahnen wird ein Becken in Unterklassen oder einzelne Ressourcen unterteilt. Es gibt keine Einschränkungen hinsichtlich des spezifischen Ressourcentyps, den ein Becken oder eine Bahn modellieren soll. In der Regel verwenden wir ein Becken, um eine *Partei* als gesamte Organisation, wie z. B. den Anbieter in unserem Beispiel, zu modellieren, und eine Bahn, um eine Abteilung, eine Einheit, ein Team, ein Softwaresystem oder Geräte und Anlagen innerhalb dieser Organisation zu modellieren. In unserem Beispiel unterteilen wir das Becken des Anbieters in zwei Bahnen: eine für die Abteilung Lager & Logistik, die andere für den Vertrieb.

---

[13] In BPMN wird der Begriff „Prozessbeteiligter" im weitesten Sinne als Synonym für Ressourcenklasse verwendet. In diesem Buch übernehmen wir diese Definition jedoch nicht.

Bahnen können auf mehreren Ebenen ineinander verschachtelt sein. Wenn zum Beispiel sowohl eine Abteilung als auch die Rollen innerhalb dieser Abteilung modelliert werden müssen, können wir eine äußere Bahn für die Abteilung und eine innere Bahn für jede einzelne Rolle verwenden. Im Bestellung-bis-Zahlungseingang-Beispiel verschachteln wir eine Bahn in Lager & Logistik, um das ERP-System dieser Abteilung und die Lagerarbeiter darzustellen.

Becken und Bahnen werden als Rechtecke dargestellt, in denen Aktivitäten, Ereignisse, Gatter und Datenobjekte platziert werden können. Normalerweise modellieren wir diese Rechtecke horizontal, aber auch eine vertikale Modellierung ist möglich. Der Name des Pools oder des Beckens wird vertikal auf der linken Seite eines horizontalen Rechtecks angezeigt (oder horizontal, wenn das Becken oder die Bahn vertikal verläuft). Für Becken und für jene Bahnen, die verschachtelte Bahnen enthalten, ist der Name in einem Band am Rand angegeben. Abb. 3.15 zeigt das überarbeitete Bestellung-bis-Zahlungseingang-Beispiel unter Berücksichtigung der Ressourcen.

Es ist wichtig, eine Aktivität in der richtigen Bahn zu platzieren. Wir haben beispielsweise die Aktivität *Verfügbarkeit von Artikeln* innerhalb der Bahn des ERP-Systems platziert, um anzuzeigen, dass diese Aktivität automatisch von diesem ausgeführt wird. Es ist auch wichtig, Ereignisse ordnungsgemäß in den Bahnen zu platzieren. In unserem Beispiel fügen wir das Ereignis *Bestellung wurde erhalten* in die ERP-System-Bahn, um hervorzuheben, dass der Prozess innerhalb dieses Systems beginnt. Das Ereignis *Bestellung wurde abgeschlossen* platzieren wir der Bahn des Vertriebs, um anzuzeigen, dass der Prozess in dieser Abteilung abgeschlossen wird. Es ist nicht relevant, wo Datenobjekte platziert werden, da sie von den Aktivitäten abhängen, mit denen sie verknüpft sind. Wie bei Gattern müssen wir zu modellierende XOR- bzw. ODER-Verzweigungen in die gleiche Bahn setzen, der die vorhergehende Entscheidungsaktivität zugeordnet wurde. Andererseits ist es irrelevant, wo wir eine UND-Verzweigung und alle zusammenführenden Gatter platzieren, da diese Elemente in dem Sinne passiv sind, dass sie sich entsprechend ihres Kontexts verhalten. □

Wir können Bahnen innerhalb von Becken in einer Matrix organisieren, wenn wir komplexe Organisationsstrukturen modellieren müssen. Wenn wir beispielsweise eine Organisation betrachten, in der sich Rollen über verschiedene Abteilungen erstrecken, können wir horizontale Bahnen verwenden, um die verschiedenen Abteilungen zu modellieren und vertikale Bahnen, um die Rollen innerhalb dieser Abteilungen darzustellen.

Beachten Sie jedoch, dass in BPMN jede Aktivität nur von einer Ressource ausgeführt werden kann. Wenn also eine Aktivität im Überlappungsbereich einer horizontalen und einer vertikalen Bahn liegt, wird sie von der Ressource ausgeführt, welche die Anforderungen beider Bahnen erfüllt, z. B. eine Ressource, welche die geforderte Rolle inne hat und zu der entsprechenden Abteilung gehört.

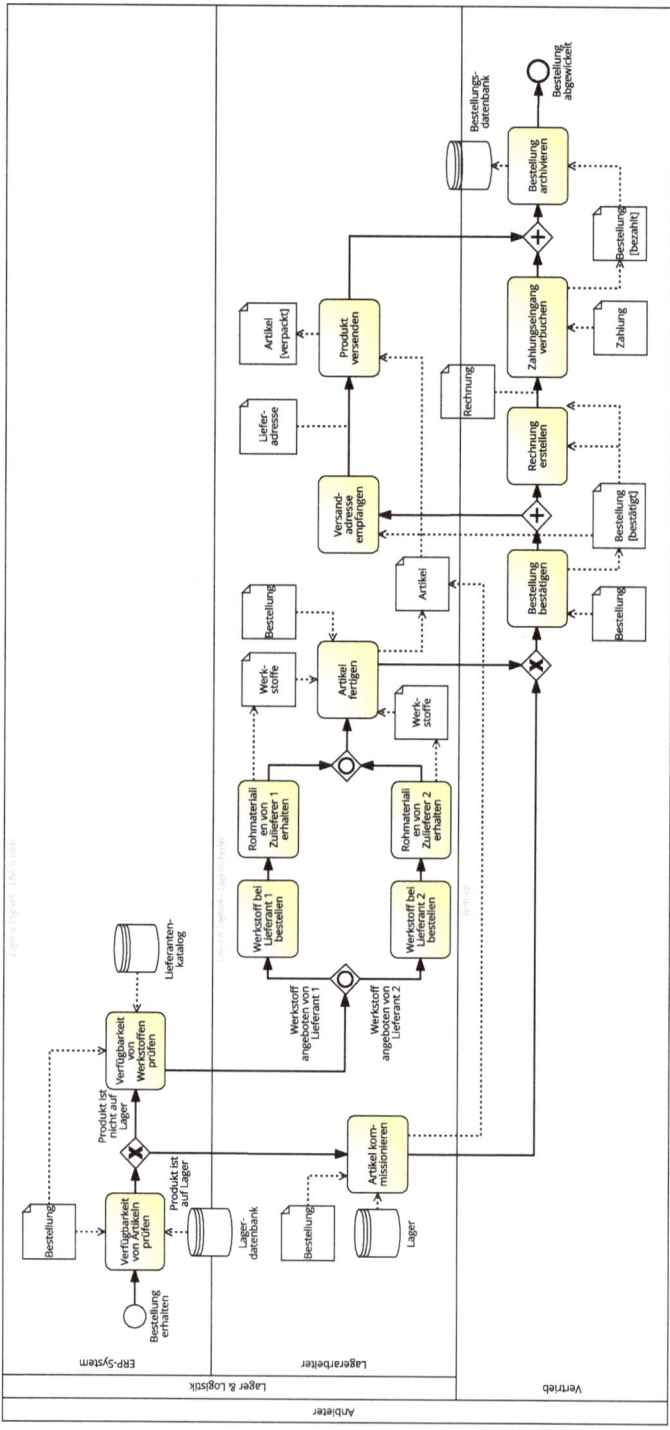

Abb. 3.15 Das Bestellung-bis-Zahlungseingang-Beispiel mit Ressourcen

Übung 3.7 Erweitern Sie den Geschäftsprozess für die Bewertung von Darlehensanträgen, den Sie in Übung 3.6 erstellt haben, indem Sie die folgenden Ressourcenaspekte berücksichtigen.

Der Prozess zur Bewertung von Darlehensanträgen wird von vier Rollen innerhalb des Darlehensgebers durchgeführt: Ein Risikomanager überprüft die Kredithistorie des Antragstellers; ein Immobilienbewerter ist für die Bewertung der Immobilie verantwortlich; Ein Versicherungsvertreter sendet dem Antragsteller das Angebot der Gebäudeversicherung, falls dies erforderlich ist. Alle anderen Tätigkeiten werden von dem Sachbearbeiter ausgeführt, welcher der Hauptansprechpartner für den Antragsteller ist.

Häufig ist mehr als eine Partei in denselben Geschäftsprozess eingebunden. Im Bestellung-bis-Zahlungseingang-Prozess gibt es beispielsweise vier Parteien: den Anbieter, den Kunden und die beiden Lieferanten.

Wenn wir voneinander unabhängige Parteien modellieren, repräsentieren wir sie als Becken. In unserem Beispiel können wir also ein Becken für den Kunden, eines für den Anbieter und eines für jeden Lieferanten verwenden. Jedes dieser Becken enthält die Aktivitäten, Ereignisse, Gatter und Datenobjekte, die den spezifischen Teil des Geschäftsprozesses beschreiben, der von der entsprechenden Partei ausgeführt wird. Oder anders ausgedrückt: Jedes Becken modelliert denselben Geschäftsprozess aus der Perspektive einer bestimmten Partei. Beispielsweise entspricht das Ereignis *Bestellung wurde erhalten*, das sich in der ERP-System-Bahn befindet, der dazugehörenden Aktivität *Bestellung senden* im Kundenbecken. In ähnlicher Weise hat die Aktivität *Artikel versenden* aus der Bahn *Lagerarbeiter* die Aktivität *Artikel erhalten* im Kundenbecken als Gegenstück. Wie können wir also die Interaktionen zwischen den Becken zweier kooperierender Parteien modellieren? Den Sequenzfluss dürfen wir hierfür nicht verwenden. Sequenzflusskanten dürfen die Grenze eines Beckens nicht überschreiten. Deshalb müssen wir ein spezielles Verbindungselement namens *Nachrichtenfluss* verwenden.

Ein Nachrichtenfluss repräsentiert den Informationsfluss zwischen zwei separaten Ressourcenklassen, die als Becken repräsentiert werden. Er wird als gestrichelte Kante dargestellt, die mit einem leeren Kreis beginnt und mit einer leeren Pfeilspitze endet. Zudem ist er mit einer Bezeichnung versehen, die den Inhalt der Nachricht angibt, z. B. ein Fax, eine Bestellung, aber auch ein Brief oder ein Anruf. Der Nachrichtenfluss modelliert also jede Art von Kommunikation zwischen zwei Organisationen, unabhängig davon, ob es sich um eine elektronische Information handelt, z. B. das Senden einer Bestellung per E-Mail, das Senden eines Faxes oder um nicht-elektronische Informationsflüsse, wie die Übergabe eines Briefes. Trotz seines Namens kann ein Nachrichtenfluss auch verwendet werden, um einen Materialaustausch zwischen Organisationen zu erfassen, wie beispielsweise die Lieferung physischer Artikel.

Abb. 3.16 zeigt das vollständige Modell des Bestellung-bis-Zahlungseingang-Prozesses einschließlich der Becken für den Kunden und die beiden Lieferanten. Hier können wir sehen, dass Nachrichtenflüsse mit der Information gekennzeichnet sind, die sie übermitteln,

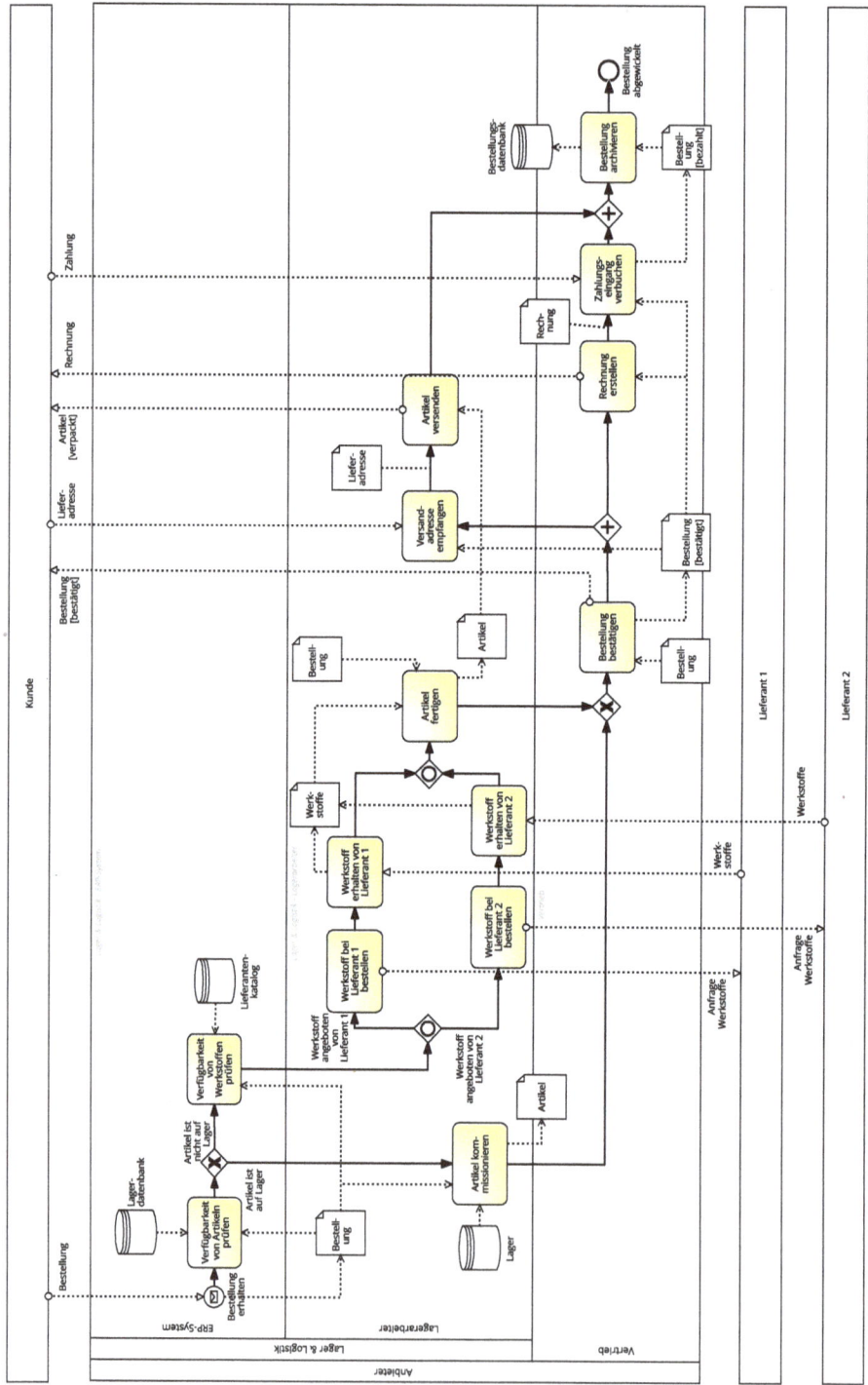

Abb. 3.16 Kollaborationsdiagramm zwischen einem Anbieter, einem Kunden und zwei Lieferanten

beispielsweise *Werkstoffe* oder *Lieferadresse*. Ein eingehender Nachrichtenfluss kann zur Erstellung eines Datenobjekts durch die empfangende Aktivität anstoßen. Der Nachrichtenfluss *Werkstoffe* wird beispielsweise durch die Aktivität *Werkstoffe erhalten von Lieferant 1* empfangen, die dann das Datenobjekt *Werkstoffe* erstellt. Dies ist auch der Fall bei der Bestellung, die durch das Startereignis *Bestellung erhalten* aus dem Inhalt des eingehenden Nachrichtenflusses generiert wird. Wir müssen kein Datenobjekt für jeden eingehenden Nachrichtenfluss erstellen. Dies ist nur dann notwendig, wenn die von der Nachricht übertragenen Informationen an anderer Stelle im Prozess benötigt werden. In unserem Fall wird *Werkstoffe* durch die Aktivität *Artikel fertigen* verbraucht. Daher müssen wir es als Datenobjekt darstellen. Ebenso müssen wir das Datenobjekt, das für eine ausgehende Nachricht verwendet wird, nicht explizit darstellen, wenn dieses Datenobjekt nicht an anderer Stelle im Prozess benötigt wird. Die Aktivität *Rechnung erstellen* generiert beispielsweise eine Rechnung, die an den Kunden gesendet wird. Es gibt jedoch kein Datenobjekt *Rechnung*, da dieses von keiner Aktivität im Anbieterbecken verwendet wird.

Ein BPMN-Diagramm mit zwei oder mehr Becken wird als *Kollaborationsdiagramm* bezeichnet. Abb. 3.16 zeigt die verschiedenen Verwendungsmöglichkeiten eines Beckens in einem Kollaborationsdiagramm. Einen aus der Sicht des Anbieters dargestellten Prozess bezeichnen wir als *privaten Prozess* in einem *transparenten* Becken, da hier angezeigt wird, wie sich der Anbieter am Bestellung-bis-Zahlungseingang-Prozess in Bezug auf Aktivitäten, Ereignisse, Gatter und Datenobjekte beteiligt. Im Gegensatz dazu nennen wir die Prozesse des Kunden und der beiden Lieferanten *private Prozesse* in einem *undurchsichtigen* Becken, da verborgen wird, wie diese Organisationen tatsächlich am Bestellung-bis-Zahlungseingang-Prozess teilnehmen. Um Platz zu sparen, können wir ein undurchsichtiges Becken mit einem *zusammengeklappten Becken* darstellen. Dieses modellieren wir als leeres Rechteck mit dem Namen des Pools in der Mitte.

Frage: Transparentes oder undurchsichtiges Becken?

Das Modellieren eines Beckens als transparentes oder undurchsichtiges Becken ist eine wichtige Entscheidung. Bei der Arbeit an einem Kollaborationsdiagramm muss eine Organisation unter Berücksichtigung der Anforderungen des Projekts entscheiden, ob sie ihr internes Verhalten offenlegt oder nicht. Wenn wir zum Beispiel den Bestellung-bis-Zahlungseingang-Prozess aus der Sicht des Anbieters modellieren, kann es relevant sein, nur den Geschäftsprozess des Anbieters offenzulegen, nicht jedoch den des Kunden und der Lieferanten. Das interne Verhalten des Kunden und das der Lieferanten ist also nicht relevant, um zu verstehen, wie der Anbieter seine Bestellungen ausführen soll, und kann daher verborgen werden. Wenn wir andererseits die Art und Weise, wie der Anbieter seine Bestellungen ausführt, verbessern müssen, möchten wir vielleicht auch wissen, was ein Lieferant für die Bereitstellung von Werkstoffen benötigt, da eine Verzögerung auf Lieferantenseite eine entsprechende Verzögerung der Fertigung der Artikel auf der Anbieterseite nach sich zieht. In diesem Fall sollten wir auch die Lieferanten mit transparenten Becken modellieren.

Der Typ des Beckens beeinflusst die Art und Weise, wie wir den Nachrichtenfluss verwenden, der die Becken verbindet. Dementsprechend kann ein Nachrichtenfluss die Grenze eines transparenten Beckens überqueren und eine direkte Verbindung zu einer Aktivität oder einem Ereignis innerhalb dieses Beckens herstellen. Ein Beispiel dafür ist die Bestellungsnachricht, die mit dem Startereignis im Anbieterbecken verbunden ist. Da ein undurchsichtiges Becken jedoch leer ist, müssen Nachrichtenflüsse an der Grenze beendet werden oder von der Grenze eines undurchsichtigen Beckens ausgehen.

Beachten Sie, dass ein Nachrichtenfluss ausschließlich dazu verwendet wird, Verbindungen über zwei Becken hinweg herzustellen, niemals jedoch, um zwei Aktivitäten innerhalb desselben Beckens zu verbinden. Dafür verwenden wir immer einen Sequenzfluss.

Eine Aktivität, die der Ausgangspunkt für eine Nachricht ist, beispielsweise *Rechnung erstellen* im Anbieterbecken, wird als *Sendeaktivität* bezeichnet. Die Nachricht wird nach Abschluss der Aktivität gesendet. Auf der anderen Seite steht eine Aktivität, die eine Nachricht empfängt, z. B. *Lieferadresse empfangen*, welche als *Empfangsaktivität* bezeichnet wird.

Die Ausführung einer solchen Aktivität wird erst begonnen, wenn die eingehende Nachricht verfügbar ist. Eine Aktivität kann sowohl als Empfangs- als auch als Sendeaktivität fungieren, wenn sie sowohl einen eingehenden als auch einen ausgehenden Nachrichtenfluss hat, z. B. *Artikel fertigen*. Die Ausführung dieser Aktivität wird gestartet, wenn sowohl die Kontrollflussmarke als auch die eingehende Nachricht verfügbar sind. Nach Abschluss der Aktivität wird eine Marke auf die Ausgangskante gesetzt und die ausgehende Nachricht wird gesendet. Wenn ein Nachrichtenfluss als Startereignis wie *Bestellung erhalten* fungiert, müssen wir dieses Ereignis mit einem hellen Briefumschlag markieren (siehe Abb. 3.16). Dieser Ereignistyp wird *Nachrichtenereignis* genannt. Ein Nachrichtenereignis kann mit einem ausgehenden Datenobjekt verknüpft werden, um den Inhalt der eingehenden Nachricht zu speichern. Im nächsten Kapitel erfahren Sie mehr über Ereignisse.

Übung 3.8 Erweitern Sie das Modell aus Übung 3.7, indem Sie die Interaktionen zwischen dem Darlehensgeber und dem Antragsteller darstellen.

Im Bestellung-bis-Zahlungseingang-Beispiel haben wir Becken verwendet, um Geschäftspartner darzustellen und Bahnen, um die Abteilungen und Systeme auf Seiten des Anbieters zu repräsentieren. Wir haben nur den Anbieter untergliedert, weil wir uns auf die Interaktionen zwischen dem Anbieter, dem Kunden und den beiden Lieferanten konzentrieren wollten. Wie bereits erwähnt, ist dies die typische Verwendung für Becken und Bahnen. Da BPMN jedoch nicht vorschreibt, welchen Ressourcentypen Becken und Bahnen zugeordnet werden sollen, verwenden wir diese Elemente je nach Anforderung unterschiedlich. Wenn der Fokus beispielsweise auf den Interaktionen zwischen den Abteilungen einer Organisation liegt, können wir jede Abteilung mit einem Becken modellieren und Bahnen verwenden, um die Abteilungen zu unterteilen, beispielsweise in Einheiten oder Rollen. In jedem Fall sollten wir es vermeiden, Becken und Bahnen zu verwenden, um die Teilnehmer anhand ihres Namens zu erfassen, da sich zuständige Personen innerhalb einer Organisation häufig ändern. Vielmehr sollten wir die Rolle des Prozessbeteiligten nutzen, z. B. Sachbearbeiter. Auf der anderen Seite können Becken und Bahnen verwendet werden, um ein Softwaresystem darzustellen, beispielsweise ein ERP-System, da solche Systeme für lange Zeiträume verwendet werden.

3.5 Prozesszerlegung

Wenn wir uns mit komplexeren Geschäftsprozessen befassen, werden wir zweifellos größere Modelle erstellen, d. h. Modelle mit vielen Elementen. Die Größe wird die Verständlichkeit des Gesamtmodells beeinträchtigen. Nehmen Sie das Bestellung-bis-Zahlungseingang-Prozessmodell in Abb. 3.12. Während der vorliegende Prozess noch relativ einfach ist, enthält dieses Modell bereits 14 Aktivitäten, sechs Gatter und zwei Ereignisse. Und da wir es mit Datenobjekten, Ressourcen und Nachrichtenflüssen anreichern, wird das Modell größer und damit schwerer zu verstehen (vergleichen Sie Abb. 3.16 mit Abb. 3.12). Wie können wir also das Problem der zunehmenden Modellkomplexität angehen? Um die Verständlichkeit zu verbessern, können wir das Modell vereinfachen, indem wir bestimmte Modellfragmente in *Teilprozesse* auslagern. Ein Teilprozess stellt eine in sich geschlossene zusammengesetzte Aktivität dar, die in kleinere Arbeitseinheiten unterteilt werden kann. Umgekehrt handelt es sich bei einer atomaren Aktivität, auch als *Aufgabe* bezeichnet, um eine Arbeitseinheit, die nicht weiter zerlegt werden kann.

Um einen Teilprozess zu verwenden, müssen wir zunächst Gruppen zusammenhängender Aktivitäten identifizieren, d. h. solche Aktivitäten, die zusammen ein bestimmtes Ziel erreichen oder ein bestimmtes Ergebnis erzielen. In unserem Bestellung-bis-Zahlungseingang-Beispiel können wir sehen, dass die Aktivitäten *Verfügbarkeit von Werkstoffen prüfen* und *Werkstoff erhalten von Lieferant 1* gemeinsam zur Beschaffung von Werkstoffen führen. Somit können diese Aktivitäten und die Gatter, die sie verbinden, in einem Teilprozess zusammengefasst werden. Mit anderen Worten, sie können als die internen Schritte einer umfassenden Aktivität mit dem Namen *Beschaffung Werkstoffe* betrachtet werden. In ähnlicher Weise können die zwei parallelen Pfade für Versand und Rechnungsstellung als ein weiterer Teilprozess namens *Versand und Rechnung* zusammengefasst werden. Abb. 3.17 veranschaulicht das resultierende Modell, in welchem die oben genannten Aktivitäten in zwei Teilprozessaktivitäten enthalten sind. Wir stellen solche Aktivitäten als ein großes abgerundetes Rechteck dar, das die internen Schritte umschließt. Abb. 3.17 zeigt, dass wir auch ein Startereignis und ein Endereignis in jeder Teilprozessaktivität hinzugefügt haben, um explizit anzugeben, wann der Teilprozess startet und wann dieser abgeschlossen ist.

Es sei daran erinnert, dass unser ursprüngliches Ziel darin bestand, die Verständlichkeit mithilfe von Teilprozessen zu verbessern. Sobald wir die Grenzen dieser Teilprozesse identifiziert haben, können wir das Modell vereinfachen und somit die Lesbarkeit erhöhen, indem wir den Inhalt der Teilprozesse ausblenden, wie Abb. 3.18 veranschaulicht. Dies geschieht

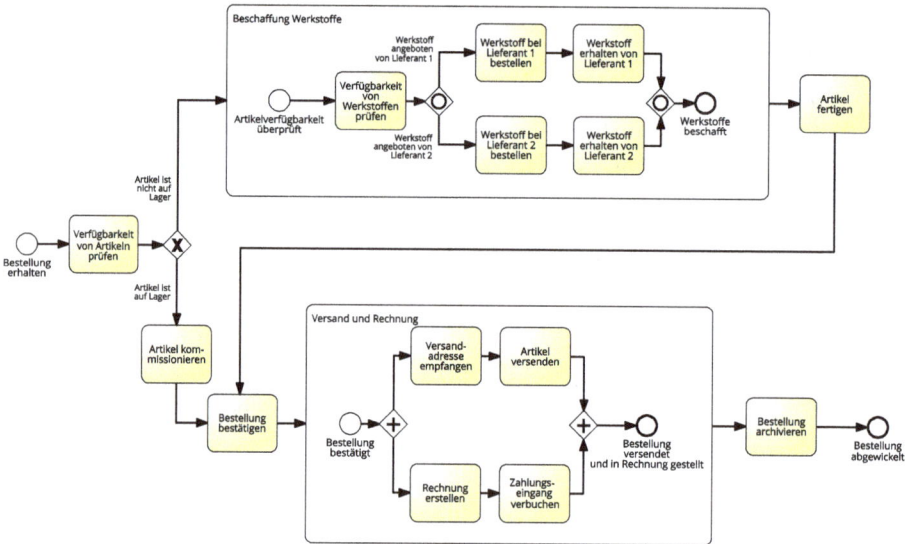

Abb. 3.17 Identifikation von Teilprozessen im Bestellung-bis-Zahlungseingang-Prozess aus Abb. 3.12

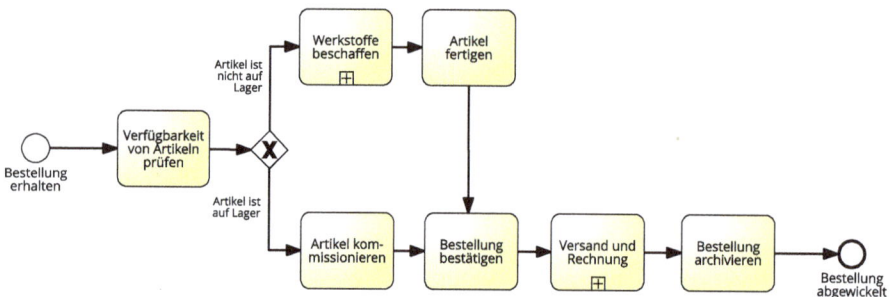

Abb. 3.18 Eine vereinfachte Version des Bestellung-bis-Zahlungseingang-Prozesses, nachdem der Inhalt der Teilprozesse ausgeblendet wurde

durch Ersetzen der umfassenden Aktivität, die den Teilprozess darstellt, durch eine Aktivität in Standardgröße. Wir weisen darauf hin, dass mithilfe dieser Aktivität ein Teilprozess ausgeblendet wird, indem diese mit einem kleinen Quadrat mit einem Pluszeichen (+) markiert wird (als ob wir den Inhalt dieser Aktivität durch Drücken der Pluszeichens aufklappen könnten). Daher spricht man auch von Auf- und Zusammenklappen eines Teilprozesses. Durch das Zusammenklappen eines Teilprozesses reduzieren wir die Gesamtzahl der Aktivitäten (der Bestellung-bis-Zahlungseingang-Prozess hat jetzt nur noch sechs Aktivitäten), wodurch die Lesbarkeit des Modells verbessert wird. In BPMN wird ein Teilprozess, der seine internen Schritte verbirgt, als *zusammengeklappter Teilprozess* bezeichnet, im Gegensatz zu einem *aufgeklappten Teilprozess,* der seine internen Schritte zeigt (wie in Abb. 3.17).

Übung 3.9 Identifizieren Sie geeignete Teilprozesse im Prozess zur Bewertung von Darlehensanträgen, welcher in Übung 3.6 (Abschn. 3.3) modelliert wurde.

Hinweis. Verwenden Sie die Bausteine, die Sie in den Übungen 3.1–3.4 erstellt haben.

Das Zusammenklappen eines Teilprozesses bedeutet nicht, dass der Inhalt verloren geht. Der Teilprozess ist noch vorhanden, er wird nur auf einer niedrigeren Abstraktionsebene definiert. Tatsächlich können wir Teilprozesse auf mehreren Ebenen verschachteln, um ein Prozessmodell hierarchisch zu zerlegen. Ein Beispiel ist in Abb. 3.19 dargestellt, das einen Geschäftsprozess für die Auszahlung von Wohnbaudarlehen modelliert. Auf der ersten Ebene haben wir zwei Teilprozesse identifiziert: einen für die Überprüfung der Verbindlichkeiten des Antragstellers, den anderen für die Unterzeichnung des Darlehens. Auf der zweiten Ebene haben wir innerhalb des Prozesses für die Unterzeichnung des Darlehens einen separaten Teilprozess für die Planung der Darlehensauszahlung beschrieben.

Bei der hierarchischen Zerlegung eines Prozessmodells können wir weitere Details hinzufügen. Entsprechend können wir Regeln definieren, dass wir z. B. auf der obersten Ebene nur Kerngeschäftsaktivitäten modellieren, auf der zweiten Ebene Entscheidungspunkte hinzufügen und so weiter bis hin zur Modellierung von Ausnahmen und Details, die nur für die Prozessautomatisierung relevant sind.

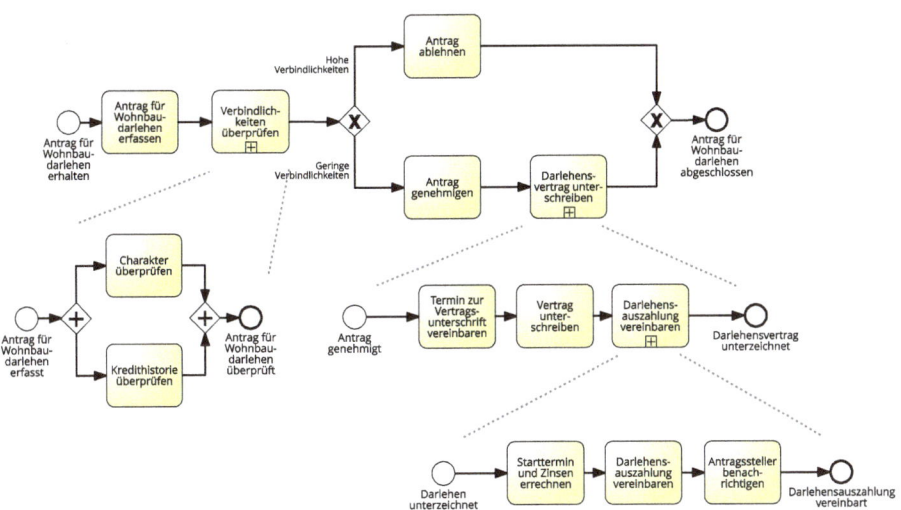

Abb. 3.19 Ein Prozessmodell für die Auszahlung von Wohnbaudarlehen, das mithilfe von Teilprozessen auf drei hierarchischen Ebenen dargestellt wird

Frage: Wann sollten wir ein Prozessmodell in Teilprozesse zerlegen?

Wir sollten Teilprozesse verwenden, wenn ein Modell so groß wird, dass es schwer zu verstehen ist. Es kann kaum exakt definiert werden, wann ein Prozessmodell subjekt empfunden „zu groß" ist, aber orientieren wir uns an der Tatsache, dass Modelle mit mehr als 30 Elementen (d. h. Aktivitäten, Ereignisse, Gatter) zu einer erhöhten Wahrscheinlichkeit von Fehlern in einem Prozessmodell führen (wie z. B. Verklemmungen). Daher empfehlen wir, auf jeder Prozessmodellebene so wenig Elemente wie möglich zu verwenden. Als Faustregel empfehlen wir daher, ein Prozessmodell in mehrere Teilmodelle zu zerlegen, wenn das Modell mehr als 30 Elemente umfasst.

Das Reduzieren der Größe eines Prozessmodells, z. B. durch das Zusammenklappen seiner Teilprozesse, ist eine der effektivsten Möglichkeiten, die Lesbarkeit eines Prozessmodells zu verbessern. Andere strukturelle Aspekte, welche die Lesbarkeit beeinflussen, sind die Dichte der Prozessmodellverbindungen, die Anzahl paralleler Verzweigungen, der längste Pfad vom Start- zum Endereignis sowie ästhetische Aspekte wie die Anordnung der Elemente und der Bezeichnungen (z. B. die konsistente Verwenden des Verb-Objekt-Stils), die Farbpalette, die Linienstärke usw. Weitere Informationen zum Erstellen von Prozessmodellierungsrichtlinien finden Sie in Kap. 5.

Wir haben gezeigt, dass wir ein Prozessmodell vereinfachen können, indem wir zunächst den Inhalt eines Teilprozesses identifizieren und diesen Inhalt dann als Teilprozessaktivität zusammenklappen. Eventuell möchten wir manchmal in der entgegengesetzte Logik vorgehen. Das bedeutet, dass wir bereits bei der Modellierung eines Prozesses Aktivitäten identifizieren, die in kleinere Schritte unterteilt werden können, deren Inhalt wir jedoch absichtlich nicht näher beschreiben. Mit anderen Worten, wir verknüpfen die Teilprozessaktivität nicht mit einem Prozessmodell auf einer niedrigeren Ebene und erfassen dessen Inhalt auch nicht (als ob durch das Drücken der Plus-Taste nichts passieren würde). Der Grund dafür ist, dem Leser mitzuteilen, dass einige Aktivitäten aus Teilschritten bestehen, die Angabe der Details jedoch nicht relevant ist. Dies ist für die Aktivität *Artikel versenden* im Beispiel *Bestellung-bis-Zahlungseingang* der Fall, bei der die Unterscheidung zwischen den internen Schritten für das Verpacken und den Versand nicht relevant ist.

3.6   Wiederverwendung von Prozessmodellen

Standardmäßig ist ein Teilprozess in ein übergeordnetes Prozessmodell eingebettet und kann daher nur von diesem Prozessmodell aus aufgerufen werden. Allerdings müssen wir bei der Modellierung eines Geschäftsprozesses häufig Teile anderer Prozessmodelle wiederverwenden. Zum Beispiel kann ein Darlehensgeber den Teilprozess für die Unterzeichnung von Wohnbaudarlehen für andere Arten von Darlehen wiederverwenden, beispielsweise für einen Prozess zur Auszahlung von Studentendarlehen oder Kfz-Darlehen.

In BPMN können Sie den Inhalt eines Teilprozesses außerhalb seines übergeordneten Prozesses definieren, indem Sie den Teilprozess als *globales* Prozessmodell definieren. Ein globales Prozessmodell ist ein Prozessmodell, das nicht in ein Prozessmodell eingebettet ist und als solches von anderen Prozessmodellen innerhalb derselben Prozessmodellsammlung aufgerufen werden kann. Um anzuzeigen, dass es sich bei dem aufgerufenen Teilprozess um ein globales Prozessmodell handelt, verwenden wir die zusammengeklappte Teilprozessaktivität mit einem dickeren Rand (dieser Aktivitätstyp wird in BPMN als *aufrufende Aktivität* bezeichnet). Kommen wir noch einmal auf das Darlehensbeispiel aus Abb. 3.19 zurück. Wir können den Teilprozess für die Unterzeichnung von Darlehen auslagern und als globales Prozessmodell definieren, so dass dieser auch von einem Prozessmodell für die Auszahlung von Studentendarlehen aufgerufen werden kann (siehe Abb. 3.20).

Frage: Integrierter oder globaler Teilprozess?

In der Regel sollten wir Teilprozesse dann als globale Prozessmodelle definieren, wenn wir deren Wiederverwendbarkeit innerhalb unserer Prozessmodellsammlung maximieren wollen. Unterstützende Prozesse wie Zahlung, Rechnungsstellung, Personalwesen oder Drucken sind gute Kandidaten, um als globale Prozessmodelle definiert zu werden, da sie normalerweise von verschiedenen Geschäftsprozessen innerhalb einer Organisation gemeinsam genutzt werden. Neben der Wiederverwendbarkeit besteht ein weiterer Vorteil der Verwendung globaler Prozessmodelle darin, dass Änderungen, die an diesen Modellen vorgenommen werden, automatisch für alle Prozessmodelle verfügbar werden, die sie aufrufen. In

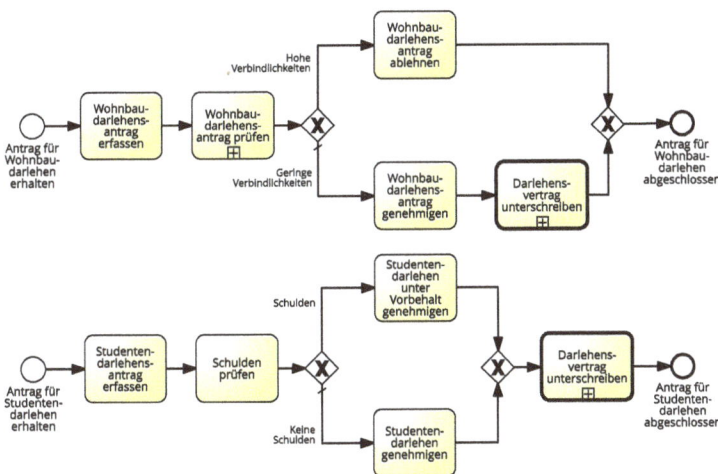

Abb. 3.20 Das Prozessmodell für die Auszahlung von Studentendarlehen verwendet dasselbe Teilmodell für die Unterzeichnung von Darlehen, das für die Auszahlung von Wohnbaudarlehen verwendet wird

einigen Fällen möchten wir jedoch die Änderungen lediglich auf einen bestimmten Prozess anwenden. Beispielsweise unterscheidet sich ein Rechnungsprozess für die Abwicklung von Großbestellungen normalerweise von dem Rechnungsprozess für geringfügige Bestellungen. In diesem Fall sollten wir zwei Modellvarianten des Rechnungsteilprozesses beibehalten, die jeweils in das übergeordnete Prozessmodell eingebettet sind.

Beispiel 3.9 Betrachten wir den Beschaffungsprozess eines Pharmaunternehmens.

> Ein Pharmaunternehmen hat verschiedene Geschäftsbereiche in seiner Produktionsabteilung, von denen jeder eine bestimmte Art von Arzneimitteln produziert. Zum Beispiel gibt es einen Geschäftsbereich, der an Medikamente zur Inhalation arbeitet, und einen anderen, der Impfstoffe produziert. Die verschiedenen Geschäftsbereiche nutzen einen direkten Beschaffungsprozess für die Bestellung von Chemikalien und einen indirekten Beschaffungsprozess für die Bestellung von Ersatzteilen für ihre Produktionsanlagen.

Der direkte Beschaffungsprozess hängt mit den Werkstoffen zusammen, die zur Herstellung eines bestimmten Arzneimittelns erforderlich sind. Beispielsweise enthalten Impfstoffe typischerweise Substanzen, die zur Verbesserung der Wirksamkeit des Impfstoffs beitragen und nicht in Medikamenten zur Inhalation enthalten sind. Ebenso enthalten Medikamente zur Inhalation ein chemisches Treibmittel, um das Medikament aus dem Inhalator zu sprühen, was wiederum für Impfstoffe nicht erforderlich ist. Da dieser Beschaffungsprozess für jeden Geschäftsbereich spezifisch ist, müssen wir ihn als eingebetteten Teilprozess innerhalb des Herstellungsprozessmodells jeder Einheit modellieren. Andererseits kann der Beschaffungsprozess von Ersatzteilen für die Produktionsanlagen zum Synthetisieren von Chemikalien über alle Einheiten genutzt werden, da alle Einheiten dieselben Anlagen verwenden. Daher werden wir diesen Prozess als globales Prozessmodell modellieren.   □

Bevor wir unsere Diskussion zu Teilprozessen abschließen, müssen wir auf einige syntaktische Regeln für die Verwendung dieses Elements verweisen. Ein Teilprozess ist ein reguläres Prozessmodell. Er sollte mit mindestens einem Startereignis beginnen und mit mindestens einem Endereignis abgeschlossen werden. Bei mehreren Startereignissen wird der Teilprozess durch das erste derartige Ereignis ausgelöst, das auftritt. Wenn mehrere Endereignisse vorhanden sind, gibt der Teilprozess die Steuerung nur dann an seinen übergeordneten Prozess zurück, wenn jede Marke dieses Modells ein Endereignis erreicht hat. Darüber hinaus können wir die Grenze eines Teilprozesses nicht mit einem Sequenzfluss überschreiten. Um die Kontrolle an einen Teilprozess zu übergeben oder die Kontrolle von einem Teilprozess zu erhalten, müssen wir Start- und Endereignisse verwenden. Andererseits können Nachrichtenflüsse die Grenzen eines Teilprozesses überschreiten, um Nachrichten zu beschreiben, die von internen Aktivitäten oder Ereignissen des Teilprozesses stammen oder an diese gerichtet sind.

Übung 3.10 Identifizieren Sie geeignete Teilprozesse für den Prozess aus der Übung 1.7 (Abschn. 1.7). Identifizieren Sie unter diesen Teilprozessen solche, die für diesen Prozess spezifisch sind, und solche, die möglicherweise von anderen Prozessen desselben Unternehmens gemeinsam genutzt werden können.

3.7 Die wichtigsten Punkte

Am Ende dieses Kapitels sollten Sie einfache BPMN-Modelle verstehen und erstellen können. Ein BPMN-Grundmodell umfasst einfache Aktivitäten, Ereignisse, Gatter, Datenobjekte, Becken und Bahnen. Aktivitäten beschreiben Arbeitseinheiten in einem Prozess. Ereignisse definieren den Beginn und das Ende eines Prozesses und zeigen an, was während der Ausführung des Prozesses passieren kann. Gatter modellieren exklusive und inklusive Entscheidungen, Zusammenführungen, Parallelität und Synchronisation sowie Wiederholungen.

Wir haben den Unterschied zwischen Prozessmodell und Prozessinstanz beschrieben. Ein Prozessmodell stellt alle möglichen Variationen dar, wie ein bestimmter Geschäftsprozess ausgeführt werden kann, während eine Prozessinstanz genau eine bestimmte Prozessausführung von all diesen Möglichkeiten darstellt. Der Fortschritt oder Zustand einer Prozessinstanz wird mithilfe von Marken beschrieben, die wir ebenfalls dazu benutzen, um das Verhalten von Gattern zu definieren.

Wir haben auch gelernt, Datenobjekte zu verwenden, um den Informations- und Materialfluss zwischen Aktivitäten und Ereignissen zu modellieren. Ein Datenobjekt erfasst ein physisches oder ein elektronisches Geschäftsobjekt, das zur Ausführung einer Aktivität oder zum Auslösen eines Ereignisses erforderlich ist oder aus der Ausführung einer Aktivität oder eines Ereignisses resultiert. Datenobjekte können in einem Datenspeicher wie einer Datenbank oder einem Archiv gespeichert werden, so dass sie über die Prozessinstanz hinaus verwendet werden können, in der sie erstellt werden. Außerdem haben wir beschrieben, wie Becken und Bahnen verwendet werden, um sowohl menschliche als auch nicht-menschliche Ressourcen zu modellieren, die Aktivitäten ausführen. Becken modellieren im Allgemeinen Ressourcenklassen, während zur Partitionierung von Becken einzelne Bahnen verwendet werden. Die Interaktion zwischen mehreren Becken wird mit Nachrichtenflüssen beschrieben. Nachrichtenflüsse können an die Begrenzung eines Beckens angehängt werden, falls die Details der Interaktion nicht relevant sind.

Aktivitäten, Ereignisse, Gatter, Geschäftsobjekte und Ressourcen gehören zu den wichtigsten Modellierungsperspektiven eines Geschäftsprozesses. Die Funktionsperspektive erfasst die Aktivitäten, die in einem Geschäftsprozess ausgeführt werden, während die Kontrollflussperspektive diese Aktivitäten und dazugehörende Ereignisse in einer bestimmten Reihenfolge miteinander verbindet. Die Datenperspektive deckt die Geschäftsobjekte ab, die im Prozess bearbeitet werden, während die Ressourcenperspektive die Ressourcen umfasst, die die verschiedenen Aktivitäten ausführen. Im nächsten Kapitel lernen wir, wie man komplexe Geschäftsprozesse modelliert, indem wir uns mit den verschiedenen Erweiterungen der hier vorgestellten BPMN-Kernelemente beschäftigen.

Schließlich haben wir gelernt, Prozessmodelle in hierarchischen Ebenen über Teilprozessaktivitäten zu strukturieren. Teilprozesse stellen Aktivitäten dar, die im Gegensatz zu Aufgaben, in denen einzelne Arbeitseinheiten erfasst werden, in mehrere interne Schritte unterteilt werden können. Eine wichtige Funktionalität von Teilprozessen ist, dass sie zum Ausblenden von Details zusammengeklappt werden können. Wir haben auch diskutiert, wie die Wiederverwendung von Modellen erhöht werden kann, indem globale Teilprozesse in einer Prozessmodellsammlung definiert und über Aufrufaktivitäten aufgerufen werden. Ein globaler Teilprozess wird einmal modelliert und von verschiedenen Prozessmodellen in einer Prozessmodelldatenbank gemeinsam genutzt.

3.8   Lösungen zu Übungsaufgaben

Lösung 3.1

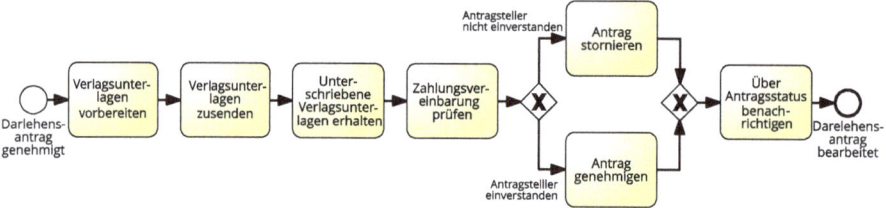

Lösung 3.2

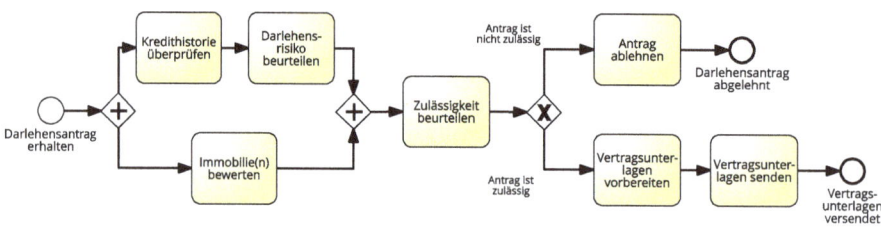

Lösung 3.3

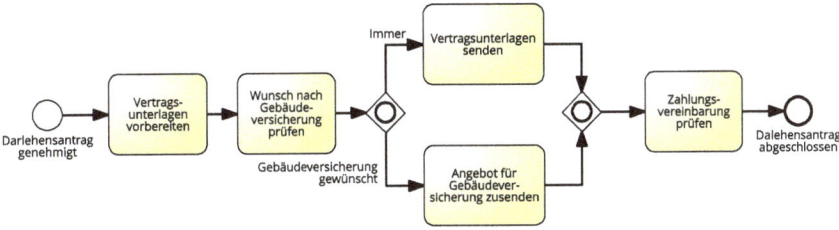

Lösung 3.4

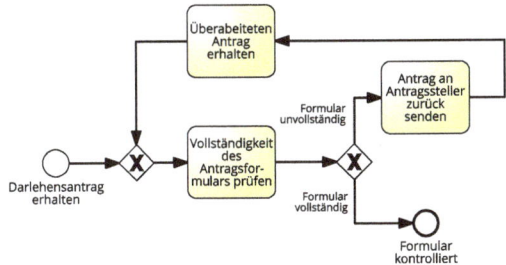

Lösung 3.5 Die Aktivitäten *Artikel kommissionieren* und *Artikel fertigen* benötigen die Bestellung als Eingabe, um zu ermitteln, welcher Artikel aus dem Lager entnommen oder gefertigt werden soll. Ebenso erfordern die Aktivitäten *Lieferadresse erfragen* und *Rechnung erstellen* die bestätigte Bestellung als Eingabe, während die Aktivität *Zahlungseingang verbuchen* die Zahlung zusätzlich zu der bestätigten Bestellung benötigt.

Lösung 3.6

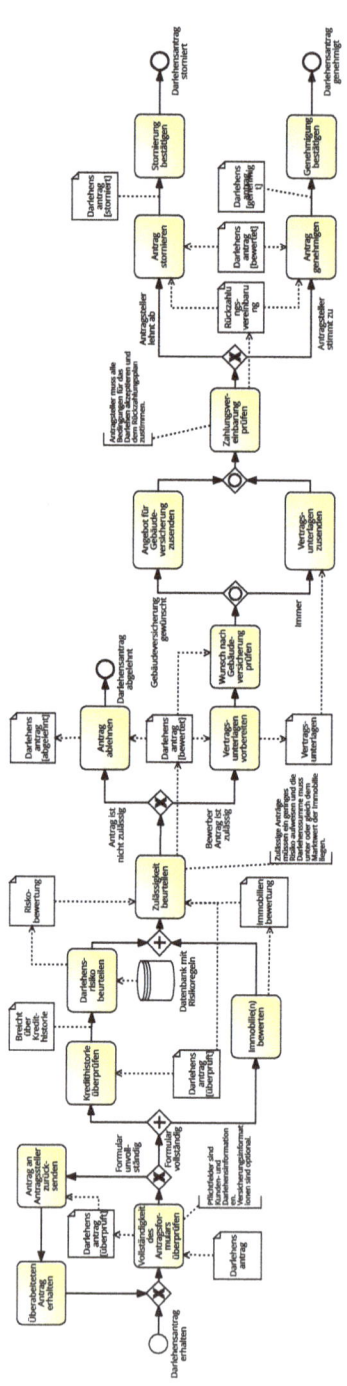

Lösung 3.7 Betrachten Sie das Darlehensgeberbecken im Modell der Lösung 3.8.

Lösung 3.8

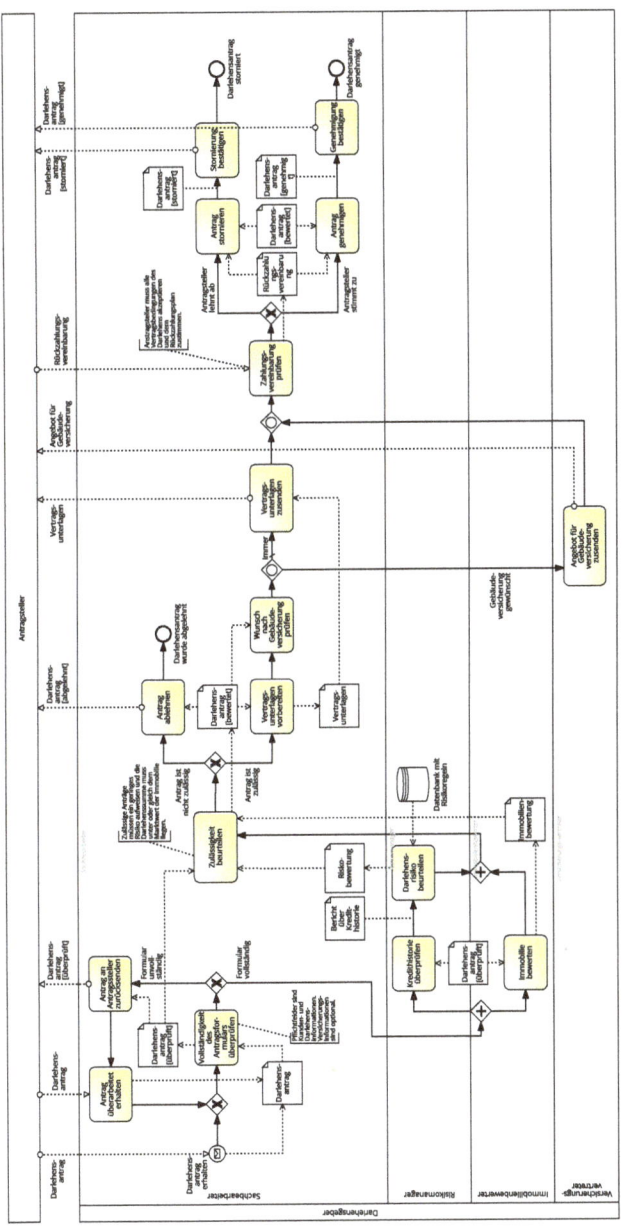

Lösung 3.9

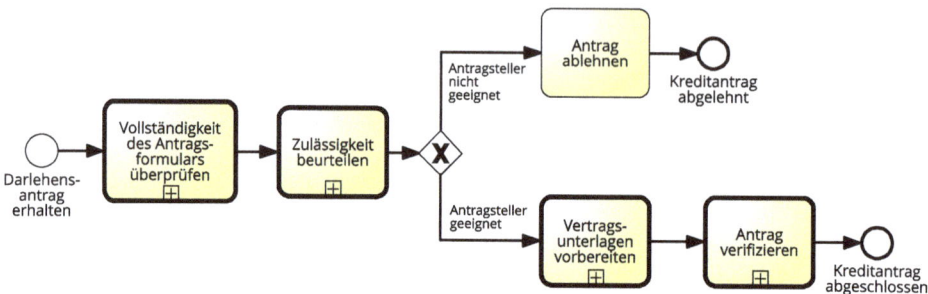

Lösung 3.10 Mögliche Teilprozesse sind *Bestellung anfordern, Bestellung ausstellen, Waren erhalten* und *Rechnung bearbeiten*. Von diesen kann *Rechnung bearbeiten* von anderen Beschaffung-bis-Bezahlung-Prozessen desselben Unternehmens wiederverwendet werden, beispielsweise für den Prozess aus Beispiel 1.1. Die ersten drei Teilprozesse sind in diesen Beschaffung-bis-Bezahlung-Prozess eingebettet, da sie speziell auf die Unternehmenssoftware zugeschnitten sind, die diesen Prozess ausführt.

3.9   Weitere Übungsaufgaben

Übung 3.11 Welche Arten von Verzweigungen und Zusammenführungen können wir in einem Prozess modellieren? Erstellen Sie für jede Verzweigung und Zusammenführung ein Beispiel, indem Sie die Sicherheitsprüfung an einem Flughafen als Szenario verwenden.

Übung 3.12 Beschreiben Sie das folgende Prozessmodell in Textform.

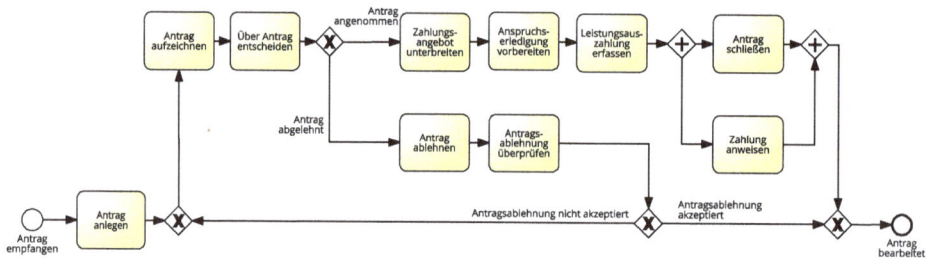

Übung 3.13 Modellieren Sie den folgenden Geschäftsprozess für die Abwicklung von Vorschüssen.

Der Prozess für die Bearbeitung von Vorschüssen beginnt, sobald eine entsprechende Anfrage genehmigt wurde. Der Prozess beinhaltet die Eingabe der Vorschussangaben in das System, die automatisch ausgelöste Zahlung, die Erstellung der Rechnung und die Freigabe des Kreditorenpostens. Die Verrechnung des Kreditorenposten kann zu einem Schuldsaldo oder Guthaben führen. Im Falle eines Schuldsaldos werden die Zahlungsrückstände bearbeitet, ansonsten wird der Restbetrag ausgezahlt.

Übung 3.14 Modellieren Sie den folgenden Geschäftsprozess zur Bewertung von Kreditrisiken.

Wenn eine neue Darlehensanfrage eingeht, wird das Risiko bewertet. Wenn das Risiko über einer festgelegten Schwelle liegt, muss eine ausführliche Risikobewertung durchgeführt werden, andernfalls reicht eine einfache Risikobewertung aus. Nach Abschluss der Bewertung wird der Kunde über das Ergebnis der Bewertung benachrichtigt, während die Auszahlung organisiert wird. Nehmen Sie der Einfachheit halber an, dass das Ergebnis einer Bewertung immer positiv ist.

Übung 3.15 Modellieren Sie das folgende Fragment eines Geschäftsprozesses zur Schadenbearbeitung bei einer Versicherung.

Nachdem ein Erstattungsantrag erfasst wurde, wird er von einem Sachbearbeiter geprüft, der eine Empfehlung verfasst. Diese Empfehlung wird dann von einem erfahrenen Sachbearbeiter geprüft, der die Forderung als *OK* oder *Nicht OK* kennzeichnet. Wenn der Antrag als *Nicht OK* gekennzeichnet wurde, wird er an den Sachbearbeiter zurückgeschickt und die Empfehlung wird überprüft. Wenn der Antrag *OK* ist, wird der Schadenbearbeitungsprozess fortgesetzt.

Übung 3.16 Modellieren Sie den Kontrollfluss des folgenden Geschäftsprozesses zur Schadenbearbeitung.

Wenn eine Gewerbeimmobilie aufgrund von vom Mieter verursachten Schäden zwangsgeräumt wird, muss das Gericht ein Verfahren einleiten. Es findet eine Anhörung statt, um die Höhe der Entschädigung zu ermitteln, die der Mieter dem Eigentümer der Gewerbeimmobilie schuldet. Dieser Prozess beginnt, wenn die Gerichtskasse eine Entschädigungsanfrage vom Eigentümer erhält. Die Gerichtskasse ruft dann die Daten dieser bestimmten Gewerbeimmobilie ab und prüft, ob die Forderung sowohl für die Einreichung geeignet ist als auch mit der Beschreibung der hinterlegten Gewerbeimmobilie übereinstimmt. Nach diesen Prüfungen muss die Gerichtskasse einen Termin für die Anhörung festlegen. Die Festlegung eines Verhandlungstermins verursacht Gebühren für den Eigentümer. Es kann sein, dass der Eigentümer die Gebühren bereits mit der Anfrage bezahlt hat. In diesem Fall weist die Gerichtskasse einen Verhandlungstermin zu und der Prozess wird abgeschlossen. Es kann sein, dass zusätzliche Gebühren erforderlich sind, aber der Eigentümer auch diese Gebühren bereits bezahlt hat. In diesem Fall stellt die Gerichtskasse eine Quittung für die zusätzlichen Gebühren aus und fährt mit der Zuordnung des Verhandlungstermins fort. Wenn der Eigentümer die erforderlichen Gebühren noch nicht bezahlt hat, erstellt die Gerichtskasse eine Rechnung und wartet, bis der Eigentümer die Gebühren bezahlt, bevor sie die Übereinstimmung der Dokumente überprüft.

Übung 3.17 Erweitern Sie das Modell aus der Übung 3.16, indem Sie die an diesem Prozess beteiligten Geschäftsobjekte hinzufügen.

Übung 3.18 Erweitern Sie das Modell aus der Übung 3.17, indem Sie die beteiligten Ressourcen hinzufügen. Gibt es eine nicht-menschliche Ressource?

Übung 3.19 Modellieren Sie den folgenden Geschäftsprozess. Verwenden Sie bei Bedarf Gatter und Datenobjekte.

In einem Gericht werden jeden Morgen die Akten für die Gerichtsverhandlungen des Tages zusammengestellt. Die verfügbaren Akten werden bereitgestellt und solche, die fehlen, werden gesucht. Sobald alle Akten verfügbar sind, werden diese dem Mitarbeiter des Gerichts übergeben. In der Zwischenzeit wird die Anhörungsliste des Richters an die betroffenen Personen ausgehändigt. Anschließend werden die Anhörungen durchgeführt.

Übung 3.20 Modellieren Sie den folgenden Geschäftsprozess. Benutzen Sie Becken und Bahnen.

Der Prozess zur Bearbeitung von Schadensansprüchen für Motoren beginnt, wenn ein Kunde einen Antrag mit der entsprechenden Dokumentation einreicht. Die Schadensabteilung des Autoversicherers prüft die Unterlagen auf Vollständigkeit und nimmt den Schadensfall auf. Als nächstes ruft die Bewertungsabteilung den Antrag ab und prüft die Versicherung des Antragstellers. Dann wird eine Bewertung des Schadensfalls durchgeführt. Wenn die Bewertung positiv ist, wird eine Werkstatt angerufen, um die Reparatur durchzuführen, und die Zahlung wird veranlasst (in dieser Reihenfolge). Andernfalls wird der Antrag zurückgewiesen. In jedem Fall (unabhängig davon, ob das Ergebnis positiv oder negativ ist) wird ein Brief an den Kunden gesendet, und der Vorgang wird als abgeschlossen betrachtet.

Übung 3.21 Modellieren Sie den folgenden Geschäftsprozess. Benutzen Sie Becken und Bahnen.

Bei Erhalt eines Antrags prüft ein Sachbearbeiter zunächst, ob der Antragsteller versichert ist. Wenn nicht, wird der Antragsteller darüber informiert, dass der Antrag abgelehnt werden muss, indem eine automatische Benachrichtigung über ein SAP-System gesendet wird. Ansonsten beurteilt ein erfahrener Sachbearbeiter die Schwere des Schadens. Basierend auf dem Ergebnis (einfache oder komplexe Ansprüche) werden die entsprechenden Formulare erneut über das SAP-System an den Antragsteller gesendet. Sobald die Formulare zurückgegeben wurden, werden sie vom Sachbearbeiter auf Vollständigkeit überprüft. Wenn die Formulare alle relevanten Details enthalten, wird der Anspruch im Schadensmanagementsystem erfasst und der Prozess wird beendet. Andernfalls wird der Antragsteller über das SAP-System aufgefordert, die Formulare zu aktualisieren. Nach Erhalt der aktualisierten Formulare werden diese erneut vom Sachbearbeiter überprüft, um zu sehen, ob die Details bereitgestellt wurden.

Übung 3.22 Erstellen Sie ein BPMN-Modell für den in Übung 1.1 (Abschn. 1.2) beschriebenen Prozess. Stellen Sie sicher, dass Sie gegebenenfalls Geschäftsobjekte und Bezeichnungen hinzufügen.

Übung 3.23

1. Modellieren Sie den Rezeptbearbeitungsprozess, der in Übung 1.6 (Abschn. 1.7) beschrieben wird. Verwenden Sie bei Bedarf Teilprozesse und verschachteln Sie diese entsprechend.
2. Gibt es einen Teilprozess, der möglicherweise mit anderen Geschäftsprozessen derselben Apotheke oder anderer Apotheken gemeinsam genutzt werden kann, z. B. als Teil einer Arbeitsgemeinschaft der Apotheken?

3.10 Vertiefende Lektüre

Ereignisgesteuerte Prozessketten (EPKs) wurden ursprünglich für das Design des SAP R/3-Referenzprozessmodells [1] entwickelt. Sie erlangten bei verschiedenen Organisationen eine breite Akzeptanz, als sie zur Kernmodellierungssprache des ARIS-Toolsets [2, 3] wurden. Später wurden sie von anderen Anbietern für das Design von SAP-unabhängigen Referenzmodellen wie ITIL und SCOR verwendet. Die EPK-Sprache enthält Modellierungselemente, die in die BPMN übernommen wurden, wie etwa Aktivitäten, UND-, XOR- und ODER-Gatter, Ereignisse und Datenobjekte. Die Popularität von EPKs ist im letzten Jahrzehnt zurückgegangen, nachdem das ARIS-Toolset den BPMN-Standard als Hauptsprache für die Prozessmodellierung übernommen hat.

WS-BPEL (oder kurz BPEL) [4] ist eine Sprache zum Angeben ausführbarer Geschäftsprozesse, die auf Web-Services basiert. Im Gegensatz zu BPMN bietet BPEL keine grafische Notation, sondern nur eine XML-Syntax. BPEL war in den 2000er Jahren relativ beliebt, jedoch ist die Popularität in letzter Zeit zurückgegangen. BPEL wurde als Sprache weitgehend durch BPMN ersetzt.

Andere Prozessmodellierungssprachen stammen aus verschiedenen Forschungsinitiativen. Zwei davon sind Workflownetze und Yet-Another-Workflow-Language (YAWL). Workflownetze [5] sind eine Erweiterung von Petrinetzen zur Modellierung von Geschäftsprozessen. Ihre Syntax ist absichtlich einfach gehalten und basiert auf lediglich zwei Elementen: Stellen und Transitionen. Erstere entsprechen in etwa den BPMN-Ereignissen, während letztere die BPMN-Aktivitäten abbilden. YAWL ist ein Nachfolger von Workflownetzen. YAWL führt mehrere zusätzliche Elemente ein, darunter ODER-Zusammenführungen, Multi-Instanz-Aktivitäten, Teilprozesse und Löschbereiche. YAWL und seine Entwicklungsumgebung werden in [6] ausführlich beschrieben.

Einen Vergleich der oben genannten Sprachen hinsichtlich ihrer Ausdruckskraft entlang der Kontrollfluss-, Daten- und Ressourcenperspektive findet sich auf der Webseite der Initiative für Workflowmuster [7]. Diese Initiative hat eine Sammlung von Workflowmustern zusammengetragen, d. h. wiederkehrendes Prozessverhalten, wie es anhand einer gründlichen Analyse verschiedener Prozessmodellierungssprachen und Werkzeuge zur Prozessimplementierung beobachtet wurde. Verschiedene Sprachen und Werkzeuge wurden auf Basis ihrer Unterstützung der verschiedenen Muster verglichen.

In diesem Kapitel haben wir gezeigt, wie Subprozesse verwendet werden können, um die Komplexität eines Prozessmodells zu reduzieren, indem dessen *Größe* reduziert wird. Die Größe ist eine Messgröße, die stark mit der Verständlichkeit eines Prozessmodells zusammenhängt. Je kleiner das Prozessmodell, desto verständlicher ist es. Es gibt weitere Messgrößen, die anhand eines Prozessmodell gemessen werden können, um die Verständlichkeit zu bewerten, beispielsweise den *Grad der Strukturiertheit, Durchmesser* und *Konnektivitätskoeffizient*. Eine umfassende Darstellung von Prozessmodellmetriken findet sich in [8]. Die Vorteile der Modularisierung von Prozessmodellen in Teilprozesse und automatische Techniken zur Modularisierung von Prozessmodellen werden in [9] behandelt, während die Korrelation zwischen der Anzahl der Elemente und der Fehlerwahrscheinlichkeit in Prozessmodellen in [10, 11] untersucht wird.

Schließlich haben wir die Verwendung globaler Prozessmodelle diskutiert, um die Wiederverwendung innerhalb einer Prozessmodellsammlung zu verbessern. Es gibt Techniken, um automatisch *Klone*[12] oder *ungefähre Klone*[13] in einer Sammlung von Prozessmodellen zu identifizieren, das bedeutet gemeinsam genutzte Prozessmodellfragmente, die identisch oder sehr ähnlich sind. Diese Fragmente bieten Möglichkeiten zur Verbesserung der Wiederverwendung, da sie als separate Teilprozesse abgelegt werden können, die als globale Prozessmodelle definiert sind, beispielsweise mit der in [14] beschriebenen Technik.

Literatur

1. Curran, T., Keller, G.: SAP R/3 Business Blueprint: Understanding the Business Process Reference Model. Prentice Hall, Upper Saddle River (1997)
2. Scheer, A.-W.: ARIS Business Process Modelling. Springer (2000)
3. Davis, R.B., Brabander, E.: ARIS Design Platform: Getting Started with BPM. Springer, New York (2007)
4. Alves, A., Arkin, A., Askary, S., Barreto, C., Bloch, B., Curbera, F., Ford, M., Goland, Y., Guizar, A., Kartha, N., Liu, C.K., Khalaf, R., Koenig, D., Marin, M., Mehta, V., Thatte, S., van der Rijn, D., Yendluri, P., Yiu, A.: Web services business process execution language version version 2.0. Committee specification 31 Jan 2007, OASIS (2007)
5. van der Aalst, W., van Hee, K.: Workflow Management: Models, Methods, and Systems. MIT Press, Cambridge MA (2004)
6. ter Hofstede, A.H.M., van der Aalst, W.M.P., Adams, M., Russell, N. (Hrsg.): Modern Business Process Automation: YAWL and its Support Environment. Springer (2010)
7. Workflow Patterns Initiative. Workflow Patterns Home Page, 2001. http://www.workflowpatterns.com
8. Mendling, J.: Metrics for Process Models: Empirical Foundations of Verification, Error Prediction, and Guidelines for Correctness. Lecture Notes in Business Information Processing, Bd. 6. Springer (2008)

9. Reijers, H.A., Mendling, J., Dijkman, R.M.: Human and automatic modularizations of process models to enhance their comprehension. Inf. Syst. **36**(5), 881–897 (2011)
10. Mendling, J., Sánchez-González, L., García, F., La Rosa, M.: Thresholds for error probability measures of business process models. J. Syst. Softw. **85**(5), 1188–1197 (2012)
11. Mendling, J., Strembeck, M., Recker, J.: Factors of process model comprehension – findings from a series of experiments. Decis. Supp. Syst. **53**(1), 195–206 (2012)
12. Dumas, M., Garcia-Banuelos, L., La Rosa, M., Uba, R.: Fast detection of exact clones in business process model repositories. Inf. Syst. **38**(4), 619–633 (2013)
13. La Rosa, M., Dumas, M., Ekanayake, C.C., Garcia-Banuelos, L., Recker, J.: Detecting approximate clones in business process model repositories. Inf. Syst. **49**, 102–125 (2015)
14. Ekanayake, C.C., La Rosa, M., ter Hofstede, A.H.M., Fauvet, M.C.: Fragment-based version management for repositories of business process models. In: Proceedings of the International Conference on Cooperative Information Systems (CoopIS), volume 7044 of Lecture Notes in Computer Science, S. 20–37. Springer (2011)

Fortgeschrittene Prozessmodellierung

4

Wissenschaften versuchen nicht zu erklären, sie versuchen kaum zu interpretieren, sie erstellen überwiegend Modelle.

Johann von Neumann (1903–1957)

In diesem Kapitel werden wir weiter vertiefen, wie komplexe Geschäftsprozesse mit BPMN modelliert werden können. Die hier vorgestellten Elemente bauen auf dem erworbenen Wissen von Kap. 3 auf. Wir werden insbesondere näher auf Aktivitäten, Ereignisse und Gatter eingehen. Wir werden Aktivitäten erweitern, um komplexere Formen von Nacharbeit und Wiederholung zu modellieren. Wir werden außerdem spezifischere Arten von Ereignissen diskutieren, wie Nachrichten-, Zeit- und Abbruch-Ereignisse. Diese können verwendet werden, um in Verbindung mit einem neuen Gattertyp Wettlaufsituationen zu modellieren. Abschließend besprechen wir, wie wir Ausnahmefälle von Geschäftsprozessen mithilfe von Ereignissen darstellen können.

4.1 Weitere Konzepte der Nacharbeit und Wiederholung

Im vorherigen Kapitel haben wir beschrieben, wie Nacharbeiten und Wiederholungen mittels des XOR-Gatters modelliert werden können. Aufgeklappte Teilprozesse bieten ebenfalls die Möglichkeit, Teile eines Prozesses zu modellieren, die wiederholt werden können. Betrachten wir nochmal den Prozess für die Beantwortung des ministeriellen Schriftverkehrs aus Beispiel 3.7. Um dieses Modell einfacher darzustellen, können wir ein Fragment des Prozesses durch einen Teilprozess ersetzen, der die Aktivitäten des Wiederholungsblocks beinhaltet. Das Fragment ist erkennbar anhand der XOR-Zusammenführung und der XOR-Verzweigung (welches den Wiederholungsblock wie auch die Rückschleife beinhaltet). Um zu erkennen, dass dieser Teilprozess wiederholt werden kann (falls der Entwurf nicht genehmigt wurde), markieren wir die Teilprozess-Aktivität mit einem Schleifen-Symbol, wie in

© Springer-Verlag GmbH Deutschland, ein Teil von Springer Nature 2021
M. Dumas et al., *Grundlagen des Geschäftsprozessmanagements*,
https://doi.org/10.1007/978-3-662-58736-2_4

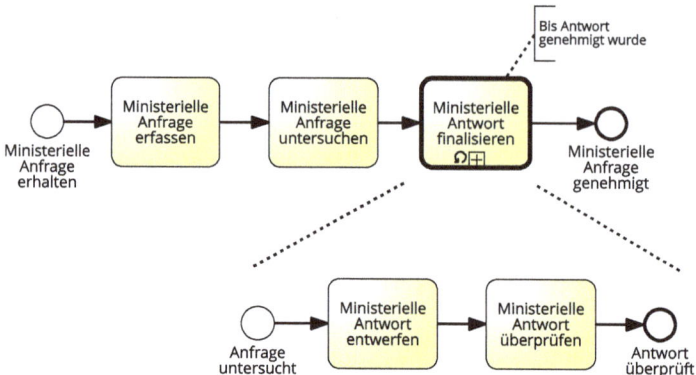

Abb. 4.1 Das Prozessmodell zur Bearbeitung des ministeriellen Schriftverkehrs aus Abb. 3.13 wurde mithilfe einer Schleifenaktivität vereinfacht

Abb. 4.1 zu sehen ist. Wir können eine Anmerkung verwenden, um die Abbruchbedingung explizit zu machen, etwa *Bis Antwort genehmigt wurde*.

Wie für jeden Teilprozess können wir uns dazu entscheiden, den Inhalt des sich wiederholenden Teilprozesses nicht weiter zu spezifizieren. Falls wir den Inhalt jedoch explizit modellieren, sollten wir daran denken, eine Entscheidung als letzte Aktivität innerhalb des Teilprozesses zu definieren. Ansonsten gibt es keine Möglichkeit zu prüfen, ob der Teilprozess wiederholt werden soll.

Frage: Schleifenaktivität oder Wiederholungsblock?

Die Schleifenaktivität ist eine Kurzschreibweise für einen strukturierten Wiederholungsblock, der durch genau einen Eingang und einen Ausgang begrenzt ist, wie in Beispiel 4.1. Unter Umständen kann es mehr als einen Eingang und einen Ausgang geben oder diese sind innerhalb des Wiederholungsblocks. Beachten wir z. B. das Modell in Abb. 4.2. Hier gibt

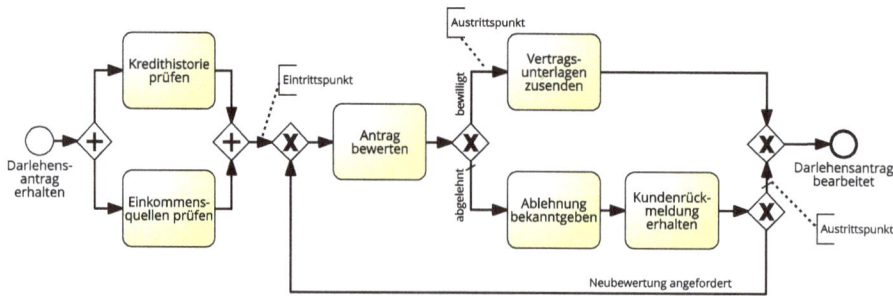

Abb. 4.2 Beispiel einer unstrukturierten Schleife

es eine Schleife bestehend aus den Aktivitäten *Antrag bewerten*, *Ablehnung bekanntgeben* und *Kundenrückmeldung erhalten*. Diese Schleife hat einen Eingang und zwei Ausgänge, folglich ist sie unstrukturiert. Eine Schleife mit mehreren Ausgängen wie in diesem Beispiel kann nicht ohne Weiteres in eine Schleife mit nur einem Ausgang umgeschrieben werden, es sei denn, weitere Bedingungen werden eingesetzt, welche die Fälle unterscheiden, in denen die Schleife verlassen werden kann.

Übung 4.1

1. Identifizieren Sie die Eingänge und Ausgänge, welche die unstrukturierten Schleifen in den Prozessmodellen der Übung 3.12 und der Lösung 3.4 begrenzen. Was sind die Wiederholungsblöcke?
2. Modellieren Sie den Geschäftsprozess der Lösung 3.4 mithilfe einer Schleifenaktivität.

4.1.1 Parallele Mehrfachausführung

Die Schleifenaktivität ermöglicht es uns, sequentielle Wiederholungen zu erfassen, also nacheinander ausgeführte Instanzen der Schleifenaktivität. Manchmal jedoch ist es notwendig, mehrere Instanzen derselben Aktivität nebenläufig auszuführen, wie in dem folgenden Beispiel.

Beispiel 4.1 In einem Beschaffungsprozess soll ein Angebot von allen Lieferanten eingeholt werden. Sobald alle Angebote eingegangen sind, werden diese bewertet und das beste Angebot ausgewählt. Eine entsprechende Bestellung wird dann aufgegeben.

Wir gehen davon aus, dass es fünf bevorzugte Lieferanten gibt. Wir können eine UND-Verzweigung nutzen, um diese fünf Aktivitäten parallel zu modellieren, wobei jede ein Angebot eines Lieferanten einholt, wie in Abb. 4.3 dargestellt. Es gibt jedoch zwei Probleme mit dieser Lösungsmöglichkeit. Erstens wächst das Prozessmodell mit der Anzahl der Lieferanten, da wir eine Aktivität je Lieferant benötigen. Zweitens muss das Prozessmodell jedes Mal abgeändert werden, wenn sich die Anzahl der Lieferanten ändert. Tatsächlich ist es in der Praxis oft der Fall, dass eine aktualisierte Liste der Lieferanten in der Datenbank der Organisation hinterlegt ist, welche abgefragt wird, bevor die Lieferanten kontaktiert werden.

Um diese Probleme zu verhindern, stellt BPMN ein Element bereit, welches *Mehrfachaktivität* genannt wird. Eine Mehrfachaktivität deutet auf eine Aktivität (eine Aufgabe oder einen Teilprozess) hin, welche mehrfach *nebenläufig* ausgeführt wird, also potentiell parallel. Dieses Element ist hilfreich, wenn dieselbe Aktivität für mehrere Entitäten oder Datenelemente ausgeführt wird, wie etwa zum Abrufen von Angeboten mehrerer Lieferanten (wie in unserem Beispiel), zur separaten Überprüfung der Verfügbarkeit von Bestellpositionen in einer Bestellung, zum Versenden und Erhalten von Fragebögen von mehreren Zeugen im Rahmen eines Versicherungsfalls, etc.

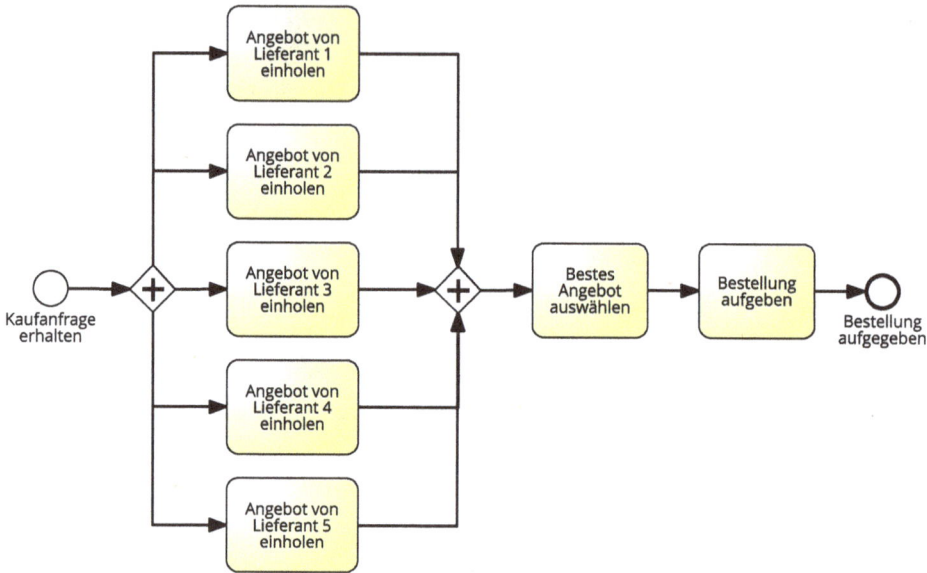

Abb. 4.3 Einholen der Angebote von fünf Lieferanten

Eine Mehrfachaktivität *(engl.: multi-instance activity)* wird durch eine am unteren Teil mit drei kleinen vertikalen Linien versehene Aktivität dargestellt. Abb. 4.4 zeigt eine abge-änderte Version des Beschaffungsprozessmodels von Abb. 4.3. Dieses Modell ist nicht nur kompakter, sondern kann auch mit einer dynamischen Liste von Lieferanten arbeiten, wel-che sich von Mal zu Mal ändern kann. Hierzu haben wir eine Aktivität hinzugefügt, welche die Liste von Lieferanten abfragt und diese an eine Mehrfachaktivität weitergibt. Mit ihrer Hilfe werden wiederum Anfragen an verschiedene Lieferanten gesandt. Wie Sie vielleicht bemerkt haben, wurde in diesem Beispiel das Datenobjekt *Lieferantenliste* ebenfalls mit

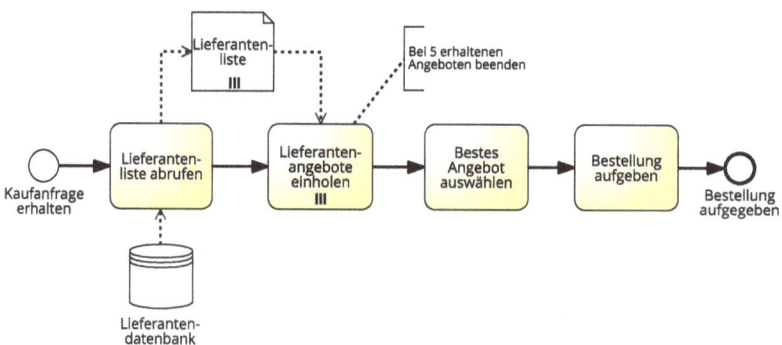

Abb. 4.4 Nebenläufiges Einholen der Angebote von mehreren Lieferanten

einem Mehrfachsymbol versehen. Dieses wird verwendet, um eine *Menge* gleicher Datenobjekte, wie eine Liste von Bestellartikeln oder eine Liste von Kunden, zu beschreiben. Wenn eine Menge als Eingabe für eine Mehrfachaktivität verwendet wird, bestimmt die Anzahl der Elemente dieser Menge die Anzahl der Aktivitätsausführungen. Alternativ können wir die Anzahl der auszuführenden Aktivitäten auch in einer Anmerkung hinterlegen (z. B. *15 Lieferanten* oder *wie in der Lieferantendatenbank hinterlegt*).

Kommen wir zu unserem Beispiel zurück. Nehmen wir an, die Liste der Lieferanten ist im Laufe der Zeit ziemlich groß geworden. In der Datenbank befinden sich 20 Lieferanten. Unseren Beschaffungsrichtlinien entsprechend reichen jedoch Angebote von fünf verschiedenen Lieferanten aus, um eine Entscheidung zu treffen. Daher möchten wir nicht warten, bis alle 20 Lieferanten auf unsere Anfrage geantwortet haben. Dazu können wir für die Mehrfachaktivität eine minimale Anzahl von Ausführungen vermerken, die erforderlich sind, bevor die Kontrolle an die ausgehende Kante übergeben wird (z. B. *Bei 5 erhaltenen Angeboten beenden*, wie in Abb. 4.4 dargestellt). Wenn die Mehrfachaktivität ausgelöst wird, werden 20 Marken generiert, die jeweils den Fortschritt einer der 20 Ausführungen kennzeichnen. Sobald die ersten fünf Instanzen abgeschlossen sind, werden alle anderen Ausführungen abgebrochen (die entsprechenden Marken werden zerstört) und eine Marke wird an die ausgehende Kante weitergeleitet, um den Abschluss zu signalisieren.   □

Betrachten wir das Auftrag-bis-Zahlungseingang-Beispiel aus Abb. 3.18 und erweitern den Teilprozess für die Werkstoffbeschaffung. Um dieses Modell realistischer zu gestalten, können wir anstelle der durch die beiden ODER-Gatter begrenzten Elemente einen Mehrfachteilprozess verwenden. Wir nehmen hierbei an, dass die Liste der zu kontaktierenden Lieferanten aus einer Lieferantendatenbank abgefragt wird (das aktualisierte Modell ist in Abb. 4.5 zu finden). Nach dem gleichen Prinzip ersetzen wir die beiden Becken *Lieferant 1* und *Lieferant 2* durch ein einziges Becken namens *Lieferanten*, welches wir ebenfalls mit dem Mehrfachsymbol kennzeichnen. Ein mit einem Mehrfachsymbol gekennzeichnetes Becken repräsentiert eine Gruppe von Ressourcenklassen oder Ressourcen mit ähnlichen Eigenschaften.

In dieser Abbildung ist zu beachten, dass vier Nachrichtenflüsse mit dem Teilprozess *Abrechnen und versenden* verbunden sind, weil diese Aktivität zusammengeklappt wurde. Die Reihenfolge, in der diese Nachrichten ausgetauscht werden, wird durch die Aktivitäten in dem Teilprozess bestimmt, welche diese empfangen und versenden. Mit anderen Worten: Wenn es sich um Aktivitäten eines zusammengeklappten Teilprozesses handelt, wird die Nachrichtensemantik für die in Abschn. 3.4 beschriebene Aktivität nicht erzwungen.

Übung 4.2 Modellieren Sie das folgende Prozessfragment.

Nach einem Autounfall wird von zwei der fünf anwesenden Zeugen eine Aussage verlangt, um den Versicherungsanspruch geltend zu machen. Sobald die ersten beiden Aussagen vorliegen, kann der Versicherungsanspruch bei der Versicherungsgesellschaft eingereicht werden, ohne auf die anderen Erklärungen zu warten.

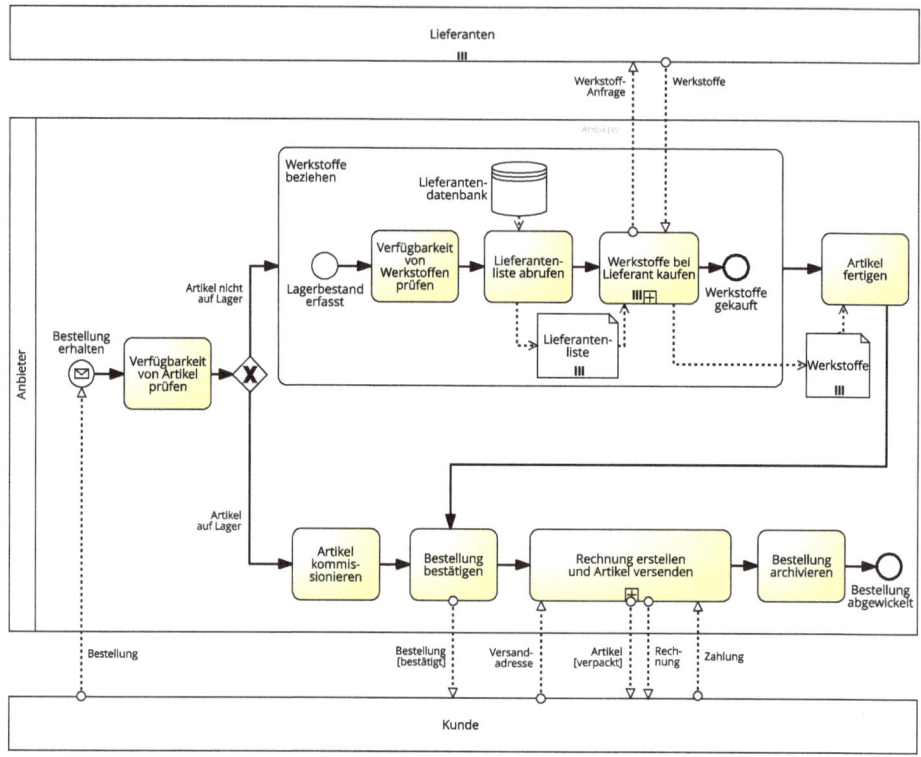

Abb. 4.5 Verwenden eines Mehrfachbeckens zur Darstellung mehrerer Lieferanten

4.1.2 Unkontrollierte Wiederholung

Manchmal wollen wir modellieren, dass eine oder mehrere Aktivitäten ohne eine bestimmte Reihenfolge mehrmals wiederholt werden können, bis eine Bedingung erfüllt ist. Nehmen wir beispielsweise an, dass der Kunde unseres Auftrag-bis-Zahlungseingang-Prozesses den Fortschritt seiner Bestellung abfragen möchte. Der Kunde kann dies tun, indem er einfach eine E-Mail an den Anbieter sendet. Dies kann jederzeit nach der Aufgabe der Bestellung durch den Kunden und so oft wie es der Kunde wünscht erfolgen. Ebenso kann der Kunde versuchen, die Bestellung zu stornieren oder die persönlichen Daten zu aktualisieren, bevor die Bestellung ausgeführt wurde. Diese Aktivitäten sind *unkontrolliert* in dem Sinne, dass sie mehrmals ohne bestimmte Reihenfolge wiederholt oder auch gar nicht ausgeführt werden können bis die Bedingung erfüllt ist – in unserem Fall bis die Bestellung durchgeführt wurde.

Um eine Reihe unkontrollierter Aktivitäten zu modellieren, können wir einen *Ad-hoc-Teilprozess* verwenden. Abb. 4.6 zeigt das Beispiel des Kundenprozesses, bei dem die Abschlussbedingung *(Bis Bestellung bezahlt wurde)* als Anmerkung angegeben wurde. Ein Ad-hoc-Teilprozess wird am unteren Rand der Teilprozessaktivität mit einem Tildesymbol gekennzeichnet.

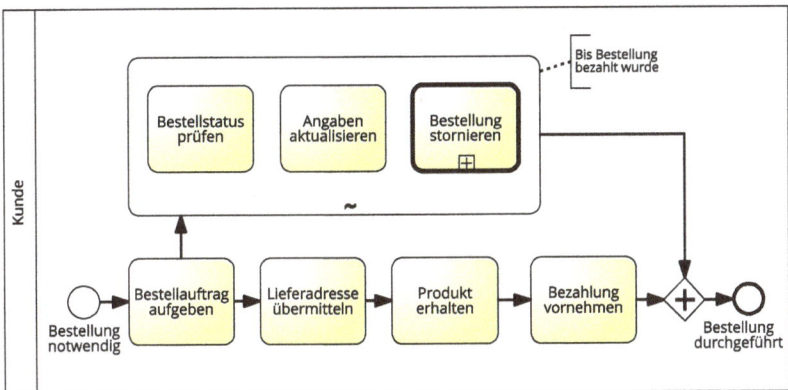

Abb. 4.6 Verwendung eines Ad-hoc-Teilprozesses zum Modellieren unkontrollierter Wiederholungen

Unter den Aktivitäten eines Ad-hoc-Teilprozesses kann mithilfe des Sequenzflusses eine teilweise Reihenfolge festgelegt werden. Wir können jedoch keine Start- und Endereignisse in einem Ad-hoc-Teilprozess darstellen.

Übung 4.3 Modellieren Sie das folgende Prozessfragment.

Ein typischer Rekrutierungsprozess der Armee beginnt mit der Vorauswahl aller Bewerbungen. Die in die engere Auswahl genommenen Personen werden dann aufgefordert, die folgenden Tests durchzuführen: Drogen- und Alkoholtests, Augenkontrolle und Farbsehtest, Hörtest, Blut- und Urinuntersuchung, Gewichtskontrolle, Fingerabdruckabgleich und eine ärztliche Untersuchung. Der Farbsehtest kann nur nach der Augenkontrolle durchgeführt werden, während die ärztliche Untersuchung nur durchgeführt werden kann, nachdem Farbsehtest, Hörtest, Blut- und Urinuntersuchung sowie die Gewichtskontrolle durchgeführt wurden. Darüber hinaus kann es für einige Kandidaten erforderlich sein, einige dieser Tests mehrmals zu wiederholen, um eine korrekte Beurteilung zu erhalten, z. B. muss der Bluttest wiederholt werden, wenn der Kandidat in den letzten 24 Stunden zu viel Zucker zu sich genommen hat. Jene Bewerber, die alle Prüfungen bestanden haben, werden gebeten, sich einer psychischen und einer körperlichen Untersuchung zu unterziehen, gefolgt von einer Befragung. Nur diejenigen, die all diese Tests bestehen und in der Befragung gute Leistungen erbringen, können für die Armee rekrutiert werden.

4.2 Behandlung von Ereignissen

In Kap. 3 haben wir gelernt, dass Ereignisse verwendet werden, um Geschehnisse zu modellieren, welche unmittelbar (also verzögerungsfrei) in einem Prozess stattfinden. Wir haben Startereignisse kennengelernt, welche beschreiben, wie Prozessinstanzen beginnen (Marken werden erstellt), und Endereignisse, die beschreiben, wann Prozessinstanzen enden

(Marken werden archiviert). Wenn ein Ereignis während eines Prozesses eintritt, wenn z. B. eine Bestellbestätigung empfangen wird, nachdem eine Bestellung an den Lieferanten gesendet wurde und bevor mit der Lieferung fortgefahren wird, wird das Ereignis als Zwischenereignis *(engl.: intermediary event)* bezeichnet. Eine Marke verharrt auf dem eingehenden Sequenzfluss eines Zwischenereignisses, bis dieses Ereignis eintritt. Erst dann wird auch die Marke direkt an die ausgehende Sequenzflusskante weitergereicht. Ereignisse können also keine Marken aufnehmen. Ein Zwischenereignis wird als Kreis mit doppelter Umrandung dargestellt.

4.2.1 Nachrichten-Ereignisse

Im vorherigen Kapitel haben wir gezeigt, dass wir ein Startereignis mit einem leeren Umschlag markieren können. Damit bringen wir zum Ausdruck, dass neue Prozessinstanzen durch den Empfang einer Nachricht ausgelöst werden (siehe Abb. 3.16). Neben dem Nachrichten-Startereignis können wir auch ein Endereignis und ein Zwischenereignis mit einem Umschlag markieren, um die Interaktion zwischen unserem Prozess und einer anderen Partei zu beschreiben. Solche Ereignisse werden als Nachrichten-Ereignisse *(engl.: message event)* bezeichnet. Ein Nachrichten-Endereignis bringt zum Ausdruck, dass ein Prozess mit dem Senden einer Nachricht endet. Ein Nachrichten-Zwischenereignis signalisiert den Empfang einer Nachricht, oder dass während der Ausführung des Prozesses eine Nachricht gesendet wird. Zwischen- und Endereignisse dieses Typs stellen eine Alternative zu solchen Aktivitäten dar, die ausschließlich zum Senden oder Empfangen einer Nachricht verwendet werden. Nehmen Sie z. B. die Aktivitäten *Antrag an Antragsteller zurücksenden* und *überarbeiteten Antrag erhalten* in Abb. 4.7a, welche dem Kreditbewertungsmodell aus Lösung 3.8 entstammen. Es ist sinnvoller, die erste Aktivität durch ein Zwischenereignis zum Senden von Nachrichten und die zweite durch ein Zwischenereignis zum Empfangen von Nachrichten zu ersetzen, wie in Abb. 4.7b veranschaulicht. Diese Aktivitäten stellen nicht wirklich Arbeitseinheiten dar, sondern das mechanische Senden oder Empfangen einer Nachricht. Ein Nachrichten-Zwischenereignis, das eine Nachricht empfängt, wird ähnlich wie ein Nachrichten-Startereignis dargestellt, jedoch mit einer doppelten Umrandung. Wenn das Zwischenereignis das Senden einer Nachricht signalisiert, ist der Umschlag dunkel.

Wenn direkt auf die Sendeaktivität ein nicht typisiertes Endereignis folgt, können wir dieses durch ein Nachrichten-Endereignis ersetzen, da diese Aktivität wiederum nur zum Senden einer Nachricht verwendet wird, worauf der Prozess abschließt. Ein Nachrichten-Endereignis wird als Endereignis dargestellt, welches mit einem dunklen Umschlag markiert ist. Beachten Sie, dass ein Nachrichten-Startereignis keine alternative Notation für ein nicht typisiertes Startereignis ist, welches von einer Empfangsaktivität gefolgt wird: Diese beiden Elemente sind nicht austauschbar.

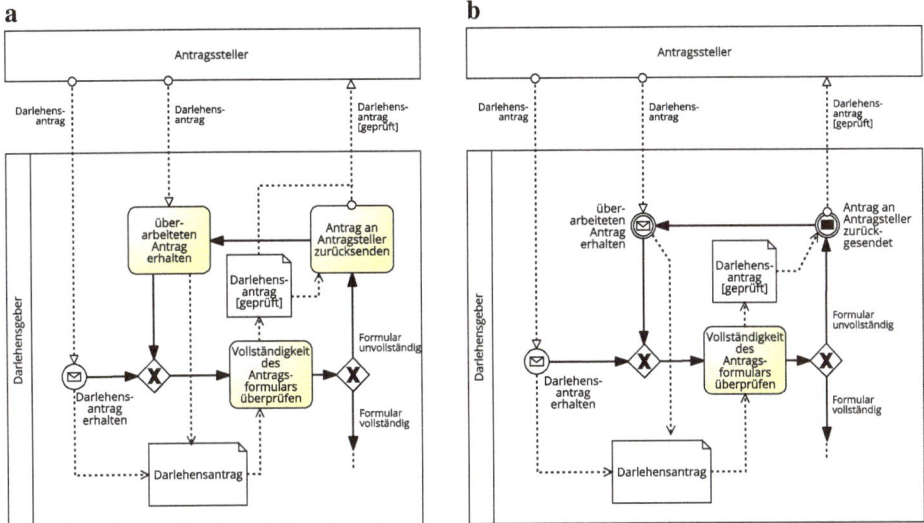

Abb. 4.7 Ersetzen von Aktivitäten, die nur Nachrichten senden oder empfangen (**a**) durch Nachrichten-Ereignisse (**b**)

Im ersten Fall beginnen Prozessinstanzen mit dem Empfang einer bestimmten Nachricht. Im letzteren Fall können Prozessinstanzen jederzeit beginnen, worauf für die erste Aktivität eine Nachricht empfangen werden muss.

Frage: Typisiertes oder nicht typisiertes Ereignis

Wir empfehlen, Ereignisse nach Möglichkeit zu typisieren, da dies dem Leser hilft, das Prozessmodell besser zu verstehen.

Übung 4.4 Gibt es noch eine andere Aktivität im Darlehensbewertungsmodell von Lösung 3.8, die durch ein Nachrichten-Ereignis ersetzt werden kann?

In BPMN gibt es zwei Arten von Ereignissen, welche sich durch die farbliche Füllung des Ereigniselements unterscheiden. Ein Element ohne Füllung, wie das des Nachrichten-Starereignisses, bezeichnet ein *behandelndes Ereignis*, also ein Ereignis, das einen Auslöseimpuls empfängt, der normalerweise von außerhalb des Prozesses stammt. Ein Symbol mit einer schwarzen Füllung, wie etwa bei einem Nachrichten-Endereignis, kennzeichnet ein *auslösendes Ereignis,* d. h. ein Ereignis, welches einen Auslöseimpuls innerhalb des Prozesses erzeugt. Ein Zwischenereignis kann sowohl als behandelndes Ereignis (die Nachricht wird von einem anderen Becken empfangen) wie auch als auslösendes Ereignis (die Nachricht wird an ein anderes Becken gesendet) verwendet werden.

4.2.2 Zeit-Ereignisse

Neben dem Nachrichten-Ereignis gibt es noch andere Auslöser, die ein Starterereignis bezeichnen können. Einer davon ist das Zeit-Ereignis. Dieser Ereignistyp gibt an, dass Prozessinstanzen mit dem Auftreten eines bestimmten zeitlichen Ereignisses beginnen, z. B. jeden Freitagmorgen, jeden Arbeitstag des Monats, oder jeden Morgen um 7.00 Uhr.

Ein Zeit-Ereignis *(engl.: timer event)* kann auch als Zwischenereignis verwendet werden, um zu erfassen, dass ein zeitliches Intervall verstreichen muss, bevor die Prozessinstanz fortfahren kann. Zeit-Ereignisse werden mit dem Symbol einer Uhr hervorgehoben. Sie können nur als Empfangsereignis verwendet werden, da der Zeitgeber ein Auslöser ist, der außerhalb der Kontrolle des Prozesses liegt. Der Prozess generiert also nicht die Zeit, sondern reagiert darauf.

Beispiel 4.2 Betrachten wir den folgenden Prozess in einem Gericht.

> In einem Gericht finden einmal im Monat Anhörungen statt, um die anstehenden Gerichts-
> verfahren zu besprechen. Der Prozess zur Organisation einer Anhörung beginnt drei Wochen
> vorher mit der Erstellung der Anhörungsliste, welche Kontaktinformationen der beteiligten
> Parteien und die voraussichtlichen Anhörungstermine enthält. Eine Woche vor der Anhörung
> werden die beteiligten Personen kontaktiert, um festzustellen, ob diese am Verhandlungster-
> min verfügbar sind. Ist dies der Fall, wird die Anhörung angesetzt, andernfalls wird sie auf
> den nächsten verfügbaren Termin verschoben. Am Tag der Anhörung wird schließlich das
> Anhörungsmaterial vorbereitet und die Anhörung abgehalten.

Dieser Prozess wird von drei Zeit-Ereignissen gesteuert: Er beginnt drei Wochen vor der Anhörung, wird eine Woche vor der Anhörung fortgesetzt und endet am Tag der Anhörung. Um diese Zeit-Ereignisse zu modellieren, benötigen wir ein Start- und zwei Zwischen- ereignisse, wie in Abb. 4.8 dargestellt. Lassen Sie uns nachvollziehen, wie dieser Prozess aus Sicht der Schaltsemantik funktioniert. Eine Marke, welche eine neue Instanz darstellt, wird drei Wochen vor dem Anhörungsdatum generiert (wir nehmen an, dass dieses Datum

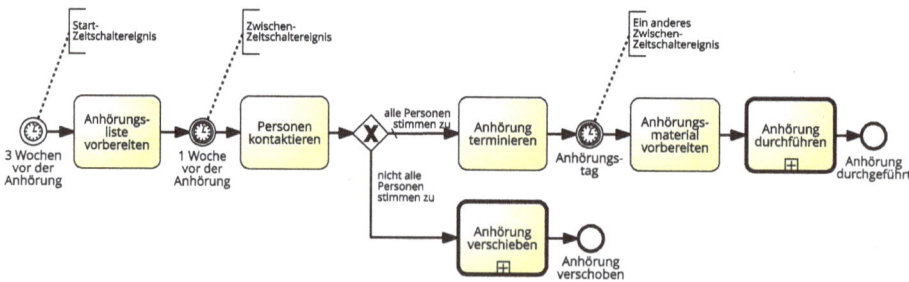

Abb. 4.8 Verwendung von Zeit-Ereignissen, um die verschiedenen Aktivitäten eines Geschäftspro- zesses zu steuern

mit einem anderen Prozess geplant wurde). Sobald die erste Aktivität *Anhörungsliste vorbereiten* abgeschlossen ist, wird die Marke durch die eingehende Kante des folgenden Zeit-Zwischenereignisses gesendet, nämlich *1 Woche vor der Anhörung.* Das Ereignis wird somit *ausgelöst.* Die Marke verharrt auf der eingehenden Kante dieses Ereignisses, bis das Zeit-Ereignis eintritt, also eine Woche vor der Anhörung. Sobald dies der Fall ist, wird die Marke durch das Ereignis sofort weitergereicht und auf der ausgehenden Kante platziert. Aus diesem Grund werden Ereignisse als verzögerungsfrei bezeichnet: Im Gegensatz zu Aktivitäten können Ereignisse keine Marke aufnehmen. Lediglich bei Aktivitäten können diese für die Dauer der Ausführung aufgenommen werden (erinnern Sie sich daran, dass Aktivitäten Zeit beanspruchen).   □

Übung 4.5 Modellieren Sie den Abrechnungsprozess eines Internetanbieters.

> Der Internetanbieter sendet dem Kunden am ersten Werktag eines Monats (Tag 1) eine Rechnung per E-Mail. An Tag 7 wird dem Kunde der gesamte ausstehende Betrag automatisch von seinem Bankkonto abgebucht. Wenn eine automatische Transaktion aus irgendeinem Grund fehlschlägt, wird der Kunde an Tag 8 benachrichtigt. An Tag 9 wird die an Tag 7 fehlgeschlagene Transaktion erneut vorgenommen. Wenn diese erneut fehlschlägt, wird an Tag 10 eine Verspätungsgebühr erhoben. Zu diesem Zeitpunkt wird keine automatische Abbuchung mehr vorgenommen. An Tag 14 wird der Internetdienst bis zum Zahlungseingang ausgesetzt. Wenn die Zahlung an Tag 30 noch aussteht, wird das Nutzungskonto geschlossen und eine Trennungsgebühr erhoben. Anschließend wird ein Inkassoverfahren eingeleitet.

4.2.3 Wettlauf-Ereignisse

Es gibt eine Vielzahl von Szenarien, bei denen ein Prozess modelliert werden soll, in dem zwei externe Ereignisse sich *im Wettlauf* miteinander befinden. Das erste Ereignis, das eintritt, bestimmt die Fortsetzung des Prozesses. Nachdem ein Versicherungsangebot an einen Kunden gesendet wurde, kann der Kunde z. B. mit einer Angebotsannahme antworten. In diesem Fall wird ein Versicherungsvertrag abgeschlossen. Alternativ kann der Kunde die Ablehnung mitteilen. In diesem Fall wird das Angebot verworfen.

Der Wettlauf zwischen externen Ereignissen wird mithilfe des *ereignisbasierten exklusiven* Gatters erfasst. Eine ereignisbasierte exklusive Verzweigung wird durch ein Gatter dargestellt, welches mit einem leeren Fünfeck versehen ist, umschlossen von einer doppelten Umrahmung. Das Modell in Abb. 4.9 enthält ein solches ereignisbasiertes exklusives Gatter. Wenn die Ausführung des Prozesses an diesem Punkt angelangt ist (mit anderen Worten, wenn eine Marke an diesem Gatter ankommt), wird die Ausführung angehalten, bis entweder das Nachrichten-Ereignis oder das Zeit-Ereignis eintritt. Welches Ereignis zuerst eintritt, bestimmt, wie der Prozess weiterschaltet. Wenn das Zeit-Ereignis zuerst eintritt, wird eine Sendungsstatusabfrage initiiert und der Prozess kehrt zum ereignisbasierten exklusiven

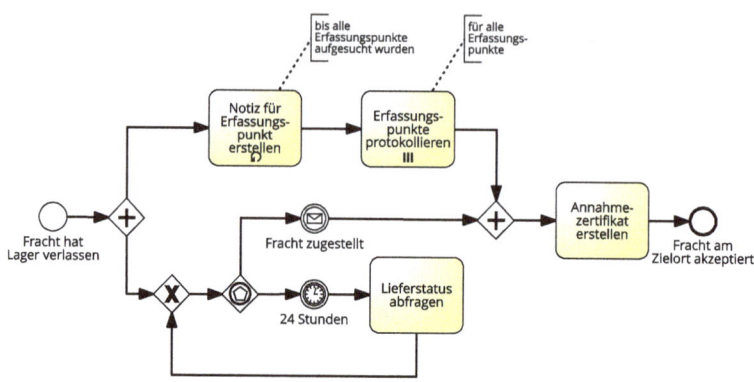

Abb. 4.9 Ein Wettlauf zwischen einer eingehenden Nachricht und einem Zeit-Ereignis

Gatter zurück. Wenn die Nachricht, welche die Frachtzustellung bestätigt, zuerst empfangen wird, wird der Sequenzfluss in Richtung der UND-Zusammenführung weiter verfolgt.

Der Unterschied zwischen der XOR-Verzweigung, die wir bereits aus Kap. 3 kennen, und der ereignisbasierten XOR-Verzweigung ist, dass die erste eine interne Entscheidung modelliert, welche durch das Ergebnis einer Entscheidungsaktivität bestimmt wird. Hingegen modelliert die ereignisbasierte Verzweigung eine Entscheidung, die von der Umgebung des Prozesses bestimmt wird. Aus diesem Grund wird die XOR-Verzweigung aus Kap. 3 auch *datenbasierte XOR-Verzweigung* genannt. Der anschließende Pfad wird auf Basis der Bedingungen und der vorliegenden Daten ausgewählt, welche von einer Entscheidungsaktivität erzeugt werden. Einer ereignisbasierten XOR-Verzweigung kann daher nur ein behandelndes Zwischenereignis wie ein Zeit-Ereignis, ein Nachrichten-Ereignis oder eine empfangende Aktivität folgen. Da die Auswahl bis zum Auftreten eines Ereignisses verzögert wird, wird die ereignisbasierte Verzweigung auch als *verzögerte Auswahl* bezeichnet. Es gibt keine ereignisbasierte XOR-Zusammenführung. Deshalb werden die Pfade, die von einer ereignisbasierten Verzweigung ausgehen, immer mit einem normalen XOR-Gatter zusammengeführt.

Übung 4.6 Modellieren Sie den folgenden Prozess.

Eine Restaurantkette übermittelt jeden Donnerstag eine Bestellung, um ihre Lager aufzufüllen. Das Beschaffungssystem der Restaurantkette setzt voraus, dass entweder eine *Bestellbestätigung* oder eine Fehlernachricht eingeht. Es kann jedoch auch vorkommen, dass aufgrund von Systemfehlern oder Verzögerungen bei der Bearbeitung der Bestellung beim Lieferanten überhaupt keine Antwort eingeht. Wenn bis Freitagnachmittag keine Antwort oder eine Fehlermeldung eingeht, sollte ein Mitarbeiter in der Zentrale der Restaurantkette benachrichtigt werden. Andernfalls wird die Bestellbestätigung normal verarbeitet.

Die ereignisbasierte XOR-Verzweigung kann oft als Gegenstück zu einer internen Entscheidung eines Geschäftspartners betrachtet werden (siehe z. B. Abb. 4.10). Die Entscheidung,
die innerhalb des Kundenbeckens getroffen wird, um entweder eine Bestätigungs- oder
eine Ablehnungsnachricht an einen Versicherer zu senden, muss mit einer ereignisbasierten
Entscheidung im Versichererbecken einhergehen, um auf die durch den Kunden getroffene
Entscheidung zu reagieren.

Ereignisbasierte Gatter können verwendet werden, um Ausführungsfehler bei der Interaktion mehrerer Becken zu vermeiden. Sehen Sie sich z. B. das Kollaborationsdiagramm
des Auktionsdienstes und des Anbieters in Abb. 4.11 an. Diese Kollaboration kann zu einer
Verklemmung führen, wenn der Anbieter bereits registriert ist, da diese Partei auf die Nachricht zur Kontoerstellungsaufforderung wartet, die niemals ankommen kann. Um dieses
Problem zu beheben, müssen wir dem Anbieter gestatten, die Bestätigungsnachricht für die
Erstellung sofort zu erhalten, falls der Anbieter bereits registriert ist (siehe Abb. 4.12).

Wenn wir Becken über Nachrichtenflüsse miteinander verbinden, müssen wir die
Reihenfolge dieser Verbindungen überprüfen, um Verklemmungen zu vermeiden. Es sei
insbesondere daran erinnert, dass die interne Entscheidung einer Partei mit einer ereignisbasierten Entscheidung der anderen einhergeht und dass ein ausgehender Nachrichtenfluss

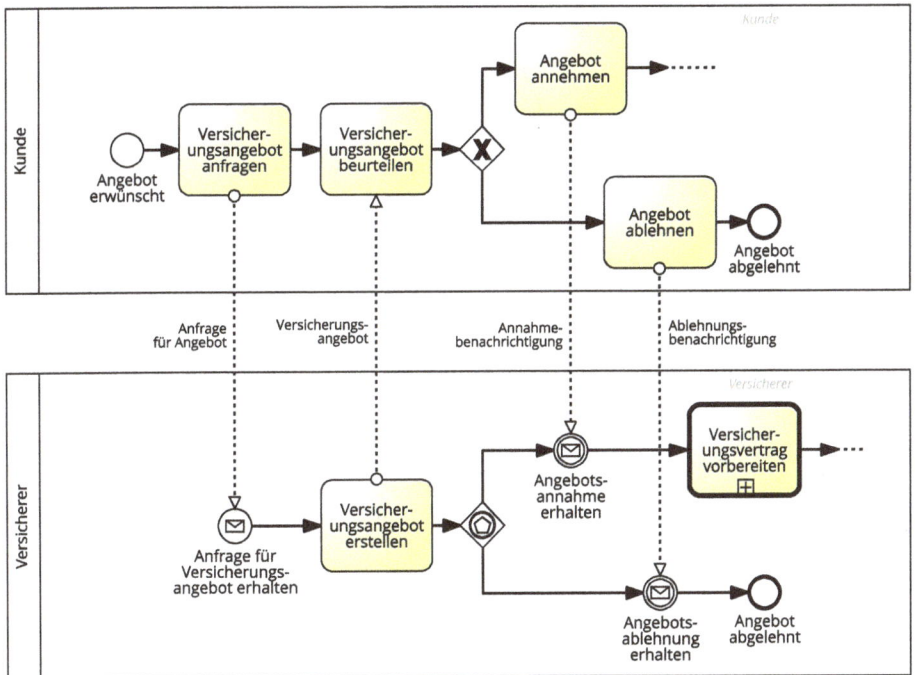

Abb. 4.10 Abgleichen der internen Entscheidung einer Partei mit der ereignisbasierten Entscheidung
einer anderen Partei

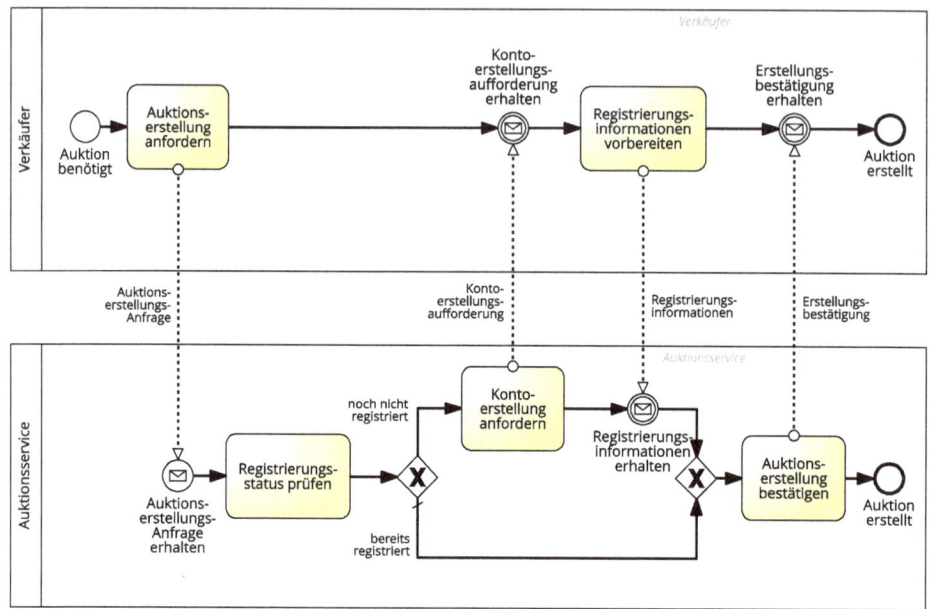

Abb. 4.11 Ein Beispiel für eine Kollaboration, die eine Verklemmung verursachen kann, wenn die Entscheidung *bereits registriert* getroffen wird

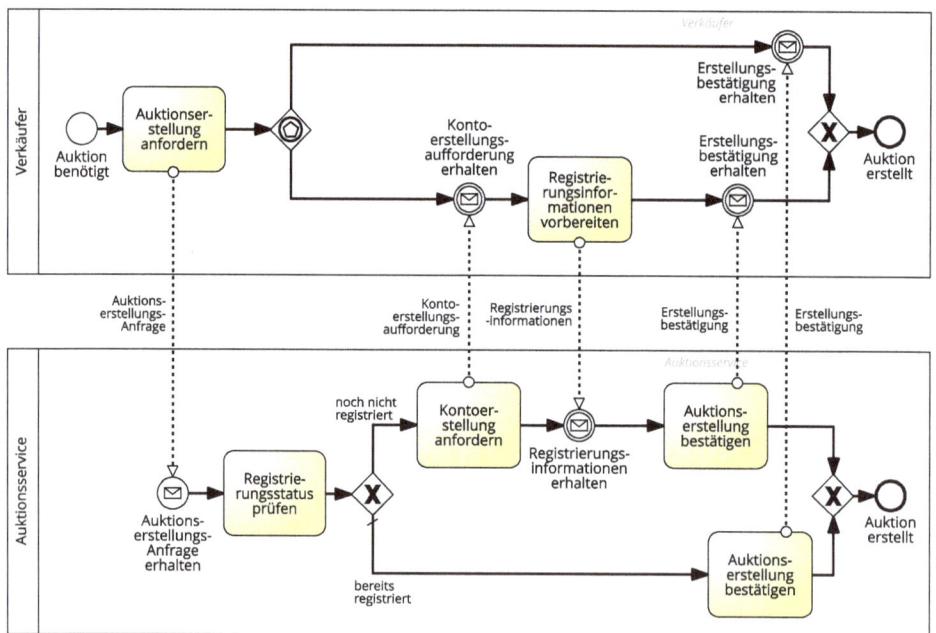

Abb. 4.12 Verwendung eines ereignisbasierten Gatters zur Behebung des Problems einer potenziellen Verklemmung im Kollaborationsdiagramm aus Abb. 4.11

nach Abschluss der Aktivität gesendet wird, während eine Aktivität mit einem eingehenden Nachrichtenfluss wartet, bis diese Nachricht eintrifft (Abb. 4.13).

Übung 4.7   Korrigieren Sie das folgende Kollaborationsdiagramm.

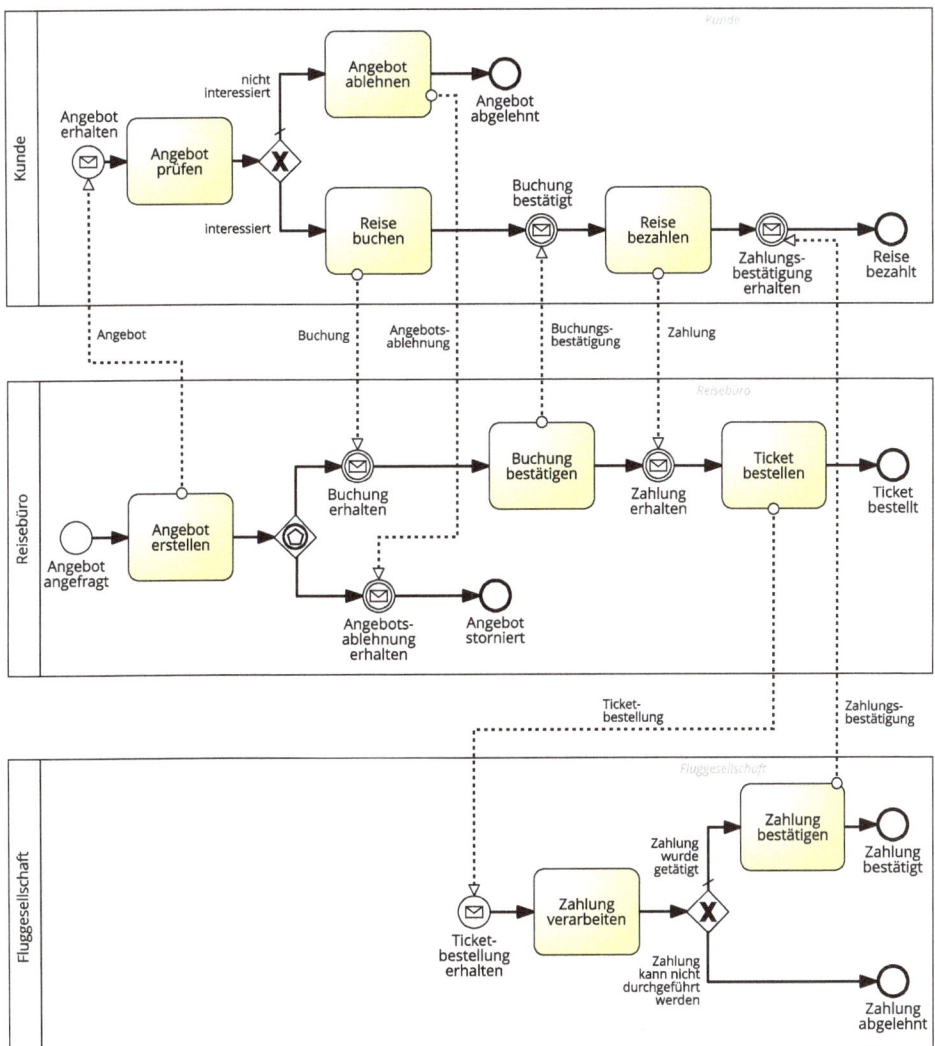

Abb. 4.13 Ein Diagramm zur Kollaboration zwischen einem Kunden, einem Reisebüro und einer Fluggesellschaft. (*Quelle:* Diese Übung ist zum Teil an [1] angelehnt)

4.3   Behandlung von Ausnahmen

Ausnahmen *(engl.: exceptions)* sind Ereignisse, die einen Prozess von seinem normalen Verlauf abweichen lassen, also von dem, was allgemein als *Wunschszenario* bezeichnet wird. *Horrorszenarien* kommen in der Realität häufig vor und sollten als solche modelliert werden, wenn das Ziel darin besteht, alle möglichen Ursachen von Problemen in einem bestimmten Prozess zu identifizieren. Horrorszenarien hängen oft mit Ausnahmen zusammen. Solche Ausnahmen sind meist *Geschäftsfehler,* z. B. ein nicht vorrätiges oder ein einge-stelltes Produkt, und *Technologiefehler* wie ein Datenbankabsturz, ein Netzwerkausfall oder eine Verletzung der Programmlogik. Sie verursachen eine Unterbrechung oder den Abbruch eines laufenden Prozesses. Im Falle eines nicht vorrätigen Produkts muss beispielsweise ein Auftrag-bis-Zahlungseingang-Prozess unterbrochen werden, um das Produkt bei einem Lie-feranten zu bestellen, oder er wird komplett abgebrochen, wenn das Produkt nicht innerhalb eines bestimmten Zeitraums geliefert werden kann.

4.3.1   Prozessabbruch

Die einfachste Möglichkeit, eine Ausnahme zu behandeln, besteht darin, den laufenden Prozess abzubrechen und eine fehlerhafte Prozessbeendigung zu dokumentieren. Dies kann durch Verwendung eines Abbruch-Ereignisses *(engl.: terminate event)* erfolgen, wie in Abb. 4.14 dargestellt. Ein Abbruch-Ereignis (dargestellt als Endereignis mit einem schwarz ausgefülltem Kreis) bewirkt das sofortige Stoppen der Prozessinstanz auf der aktuellen Ebene und für jeden Teilprozess.

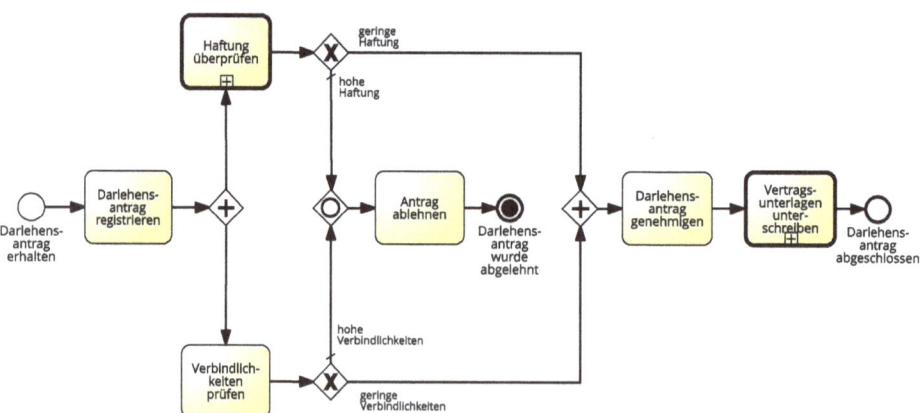

Abb. 4.14 Verwenden eines Abbruch-Ereignisses

Im Beispiel von Abb. 4.14 – eine Variante des bereits in Abb. 3.19 dargestellten Darlehensprozesses – wird ein Darlehnsantrag abgelehnt und der Prozess abgebrochen, wenn der Antragsteller hohe Verbindlichkeiten oder Haftungen aufweist. Das Abbruch-Ereignis zerstört alle Marken im Prozessmodell und in jedem Teilprozess. In unserem Beispiel ist dies erforderlich, um die Verklemmung des Prozesses an der UND-Zusammenführung zu verhindern, da eine Marke vor der UND-Zusammenführung stecken bleiben kann, wenn eine hohe Haftung und geringe Verbindlichkeiten vorliegen oder eine geringe Haftung und hohe Verbindlichkeiten.

Beachten Sie, dass das Auslösen eines Abbruch-Ereignisses innerhalb eines Teilprozesses nicht zu einem Abbruch des übergeordneten Prozesses führt, sondern nur zu dem des Teilprozesses. Das heißt, das Abbruch-Ereignis wird in einer Prozesshierarchie nur nach unten weitergegeben.

Übung 4.8 Überarbeiten Sie die bisher in diesem Kapitel vorgestellten Beispiele, indem Sie das Abbruch-Ereignis geeignet verwenden.

4.3.2 Interne Ausnahmen

Anstatt den gesamten Prozess abzubrechen, können wir eine Ausnahme abfangen. Damit können wir jene Aktivität unterbrechen, welche die Ausnahme verursacht hat. Als nächstes können wir einen Wiederherstellungsvorgang starten, um den Prozess wieder in einen konsistenten Zustand zu bringen und seine Ausführung fortzusetzen. Nur wenn dies nicht möglich ist, wird der Prozess vollständig abgebrochen. BPMN bietet das Fehler-Ereignis *(engl.: error event)*, um diese Situationen zu erfassen. Ein Fehler-Endereignis wird verwendet, um den umschließenden Teilprozess zu unterbrechen und eine Ausnahme auszulösen. Diese Ausnahme wird dann von einem Fehler-Zwischenereignis abgefangen, welches an den Rand desselben Teilprozesses angehängt wird. Dieses angeheftete Ereignis *(engl.: boundary event)* löst den Wiederherstellungsvorgang über einen ausgehenden Pfad aus, der als Ausnahmefluss *(engl.: exception flow)* bezeichnet wird.

Das Fehler-Ereignis wird als Ereignis mit einem Blitzsymbol dargestellt. Gemäß der BPMN-Konvention für das Auslösen und Behandeln von Ereignissen ist der Blitz für das behandelnde Zwischenereignis leer und für das auslösende Endereignis schwarz gefüllt.

Ein Beispiel für Fehler-Ereignisse ist in Abb. 4.15 für unseren Auftrag-bis-Zahlungseingang-Prozess dargestellt. Wenn eine Nicht-auf-Lager-Ausnahme eintritt, wird die Beschaffung von Werkstoffen unterbrochen und der Wiederherstellungsvorgang ausgelöst. In diesem Fall besteht dieser lediglich aus einer Benachrichtigung an den Kunden, bevor der Prozess abgebrochen wird. In Bezug auf die Schaltsemantik werden beim Auslösen eines Fehler-Endereignisses alle Marken aus dem einschließenden Teilprozess entfernt (wodurch dessen Unterbrechung verursacht wird) und eine Marke wird an den Ausnahmefluss gesendet, der vom angehefteten Fehler-Ereignis ausgeht. Es gibt keine Einschränkung

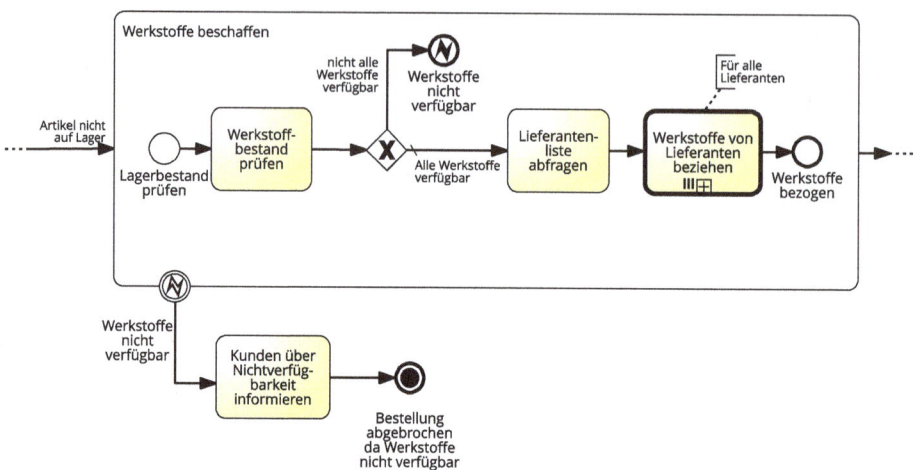

Abb. 4.15 Fehler-Ereignisse zum Modellieren interner Ausnahmen

der Modellierungselemente, welche wir in den Ausnahmefluss einfügen können, um den Wiederherstellungsvorgang zu modellieren. Normalerweise beenden wir den Ausnahmefluss mit einem Abbruch-Ereignis, um den Prozess abzubrechen, oder verbinden diesen Fluss mit dem normalen Sequenzfluss, wenn die Ausnahme ordnungsgemäß behandelt wurde.

4.3.3   Externe Ausnahmen

Eine Ausnahme kann auch durch ein externes Ereignis verursacht werden, das während einer Aktivität auftritt. Während der Anbieter beispielsweise die Verfügbarkeit eines Produkts in einer Bestellung überprüft, erhält er möglicherweise eine Stornierung vom Kunden. Auf diese Nachricht sollte der Anbieter die Verfügbarkeitsprüfung unterbrechen und die Stornierung durchführen. Szenarien wie die oben genannten werden als *unaufgeforderte Ausnahmen* bezeichnet, da sie extern vom Prozess ausgehen. Sie können erfasst werden, indem ein behandelndes Zwischenereignis an den Aktivitätsrand angeheftet wird (siehe Abb. 4.16). Aus der Perspektive der Schaltsemantik wird, wenn das Nachrichten-Zwischenereignis ausgelöst wird, die Marke aus der einschließenden Aktivität entfernt. Dadurch wird die Aktivitätsunterbrechung verursacht und über den vom angehefteten Ereignis ausgehenden Ausnahmefluss gesendet, um den Wiederherstellungsvorgang auszuführen.

Bevor wir ein angeheftetes Ereignis verwenden, müssen wir den *Bereich* identifizieren, in dem der Prozess für dieses Ereignis empfänglich sein soll. Beispielsweise können in dem Auftrag-bis-Zahlungseingang-Beispiel Anfragen zur Stornierung nur während der Ausführung der Aktivität *Bestandsverfügbarkeit prüfen* bearbeitet werden. Somit besteht die Möglichkeit, für dieses Ereignis empfänglich zu sein, nur durch diese Aktivität. Manchmal sollte

Abb. 4.16 Angeheftete
Ereignisse fangen externe
Ereignisse ab, die während
einer Aktivität auftreten
können

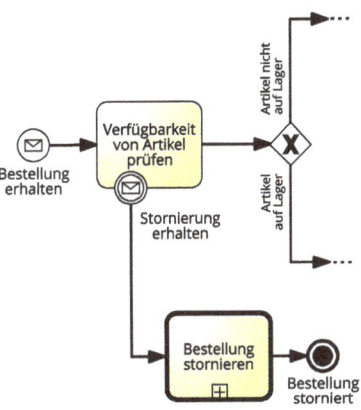

der Umfang mehrere Aktivitäten umfassen. In diesen Fällen können wir die entsprechenden Aktivitäten in einen Teilprozess einkapseln und das Ereignis an den Rand des Teilprozesses anheften.

Übung 4.9 Modellieren Sie die folgende Routine für den Zugriff auf einen Internetbank-dienst.

Die Routine für die Anmeldung bei einem Internetbankkonto beginnt, sobald die vom Benutzer eingegebenen Anmeldeinformationen erfasst wurden. Zunächst wird der Benutzername über-prüft. Wenn der Benutzername nicht gültig ist, wird die Routine unterbrochen und der ungül-tige Benutzername wird protokolliert. Wenn der Benutzername gültig ist, wird die Anzahl der Kennwortversuche auf Null gesetzt. Dann wird das Passwort überprüft. Wenn dies nicht gültig ist, wird der Zähler für die Anzahl der Versuche erhöht. Wenn der Wert unter drei liegt, wird der Benutzer aufgefordert, das Kennwort erneut einzugeben. Diesmal erfolgt das zusammen mit einem CAPTCHA-Test, um die Sicherheitsstufe zu erhöhen. Wenn die Anzahl der fehl-geschlagenen Versuche drei erreicht, wird die Routine unterbrochen und das Konto gesperrt. Darüber hinaus kann die Überprüfung des Benutzernamens und des Kennworts unterbrochen werden, wenn der Validierungsserver nicht verfügbar ist. Ebenso ist der Server zum Testen des CAPTCHA zum Zeitpunkt der Anmeldung möglicherweise nicht verfügbar. In diesen Fällen wird die Prozess unterbrochen, nachdem der Benutzer aufgefordert wurde, es später erneut zu versuchen. Der Kunde kann die Webseite jederzeit während der Anmelde-Routine schließen, was zu einer Unterbrechung der Routine führt.

4.3.4 Aktivitäten mit Befristung

Eine andere Art von Ausnahmen ist die Unterbrechung einer Aktivität, deren Ausführung zu lange dauert. Um zu modellieren, dass eine Aktivität mit einer bestimmten Befristung abgeschlossen werden muss (z. B. muss eine Genehmigung innerhalb von 24 h abgeschlossen sein), können wir ein Zwischenereignis an den Rand der Aktivität anheften: Die Befristung wird aktiviert, sobald die umschließende Aktivität beginnt. Wenn die Frist erreicht wird, bevor die Aktivität abgeschlossen ist, wird diese unterbrochen. Mit anderen Worten, ein Zeit-Ereignis fungiert als Befristung, wenn es an einen Aktivitätsrand angeheftet wird.

Übung 4.10 Modellieren Sie das folgende Prozessfragment.

> Sobald eine Großbestellung bestätigt wurde, übermittelt sie der Lieferant an den Spediteur zur Erstellung des Transportangebots. Um das Angebot vorzubereiten, muss der Spediteur den Routenplan (einschließlich aller anzufahrenden Standorte) berechnen und die Auslastung des Laderaums schätzen (z. B. ob es sich um eine volle Last, eine halbe Last oder ein einzelnes Paket handelt). Großaufträge müssen vertraglich innerhalb von vier Tagen nach Erhalt der Bestellung bestätigt werden. Dies bedeutet, dass Transportangebote innerhalb von 48 Stunden nach Erhalt der Bestellung erstellt werden müssen, um die vertraglichen Fristen einzuhalten.

4.3.5   Nicht unterbrechende Ereignisse und komplexe Ausnahmen

Es gibt Situationen, in denen während der Ausführung einer Aktivität ein externes Ereignis auftritt, das einen Vorgang auslösen soll, ohne die Aktivität selbst zu unterbrechen. Beispielsweise kann der Kunde im Auftrag-bis-Zahlungseingang-Prozess einen Antrag zur Aktualisierung seiner Daten durchgeben, während die Verfügbarkeitsprüfung passiert. Diese Daten sollten in der Kundendatenbank aktualisiert werden, ohne die Bestandsprüfung zu unterbrechen. Um anzuzeigen, dass das angeheftete Ereignis *nicht unterbrechend* ist, verwenden wir eine gestrichelte doppelte Umrandung, wie in Abb. 4.17 dargestellt.

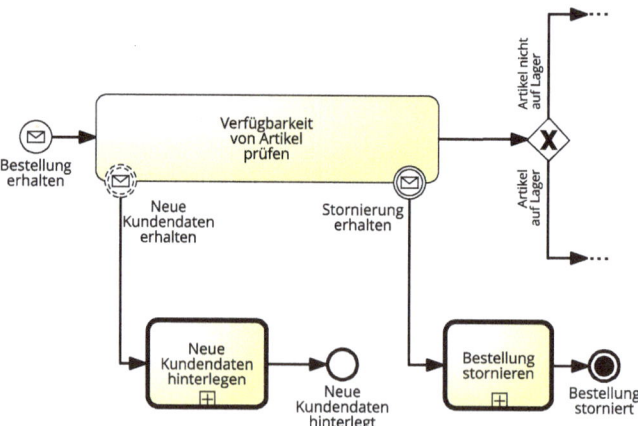

Abb. 4.17 Nicht unterbrechende angeheftete Ereignisse fangen externe Ereignisse ab, die während einer Aktivität auftreten, und lösen einen parallelen Vorgang aus, ohne die einschließende Aktivität zu unterbrechen

Übung 4.11 Erweitern Sie den Prozess für die Prüfung von Darlehensanträgen aus Lösung 3.8 wie folgt.

> Ein Antragsteller, der beschlossen hat, das Darlehen nicht mit einer Hausversicherung zu kombinieren, kann seine Meinung jederzeit ändern, bevor die Eignungsprüfung abgeschlossen ist. Wenn in diesem Zeitraum eine Anfrage zum Hinzufügen einer Versicherung eingeht, aktualisiert der Darlehensgeber den Darlehensantrag entsprechend.

Nicht unterbrechende Ereignisse können verwendet werden, um komplexere Ausnahmebehandlungen zu modellieren. Betrachten Sie noch einmal das Beispiel in Abb. 4.15 und nehmen Sie an, dass der Kunde während der Werkstoffbeschaffung eine Anfrage sendet, die Bestellung zu stornieren. Wir fangen diese Anfrage mit einem nicht unterbrechenden angehefteten Nachrichten-Ereignis ab und bestimmen zunächst die Strafe, die der Kunde für seine Bestellung leisten muss, basierend auf den bereits bestellten Werkstoffen. Wir leiten diese Informationen an den Kunden weiter, der innerhalb von 48 h entscheiden kann, die Stornierung zu bestätigen oder abzubrechen. Im Abbruchsfall wird nichts unternommen. Wird die Entscheidung getroffen, die Stornierung zu bestätigen (siehe Abb. 4.18), wird ein *Signal-Endereignis* ausgelöst. Dieses Ereignis, das mit einem Dreieck markiert ist, sendet ein durch die Ereignisbezeichnung definiertes Signal. Dieses Signal kann von allen empfangenden Signal-Ereignissen mit der gleichen Kennzeichnung erfasst werden. In unserem Fall lösen wir ein *Bestellung storniert*-Signal aus und behandeln dieses mit einem passenden Signal-Zwischenereignis, das am Rand des Teilprozesses zur Beschaffung von Werkstoffen angeheftet ist. Dieses Ereignis bewirkt, dass der umschließende Teilprozess unterbrochen wird, und löst anschließend einen Wiederherstellungsvorgang aus, um den Kunden zu belasten und danach den Prozess abzubrechen. Wir stellen fest, dass in diesem Szenario der Abbruch innerhalb des Prozesses, aber außerhalb der Aktivität selbst ausgelöst wird.

Beachten Sie, dass sich das Signal-Ereignis vom Nachrichten-Ereignis unterscheidet, da es eine Quelle, aber kein bestimmtes Ziel hat, während eine Nachricht sowohl eine bestimmte Quelle als auch ein bestimmtes Ziel aufweist. Wie Nachrichten können Signale auch von einem Prozess stammen, der in einem separaten Diagramm modelliert ist.

4.3.6 Ereignis-Teilprozesse

Eine alternative Darstellung für angeheftete Ereignisse ist der *Ereignis-Teilprozess*. Ein Ereignis-Teilprozess wird durch das Ereignis gestartet, das andernfalls an den Rand einer Aktivität angehängt wäre und beschreibt den Vorgang, der durch das angeheftete Ereignis ausgelöst wird. Ein wichtiger Unterschied zu angehefteten Ereignissen besteht darin, dass Ereignis-Teilprozesse nicht auf eine bestimmte Aktivität verweisen müssen. Stattdessen können die Ereignisse während der Ausführung des gesamten Prozesses auftreten. z. B. kann der Kunde während des Auftrag-bis-Zahlungseingang-Prozesses jederzeit den

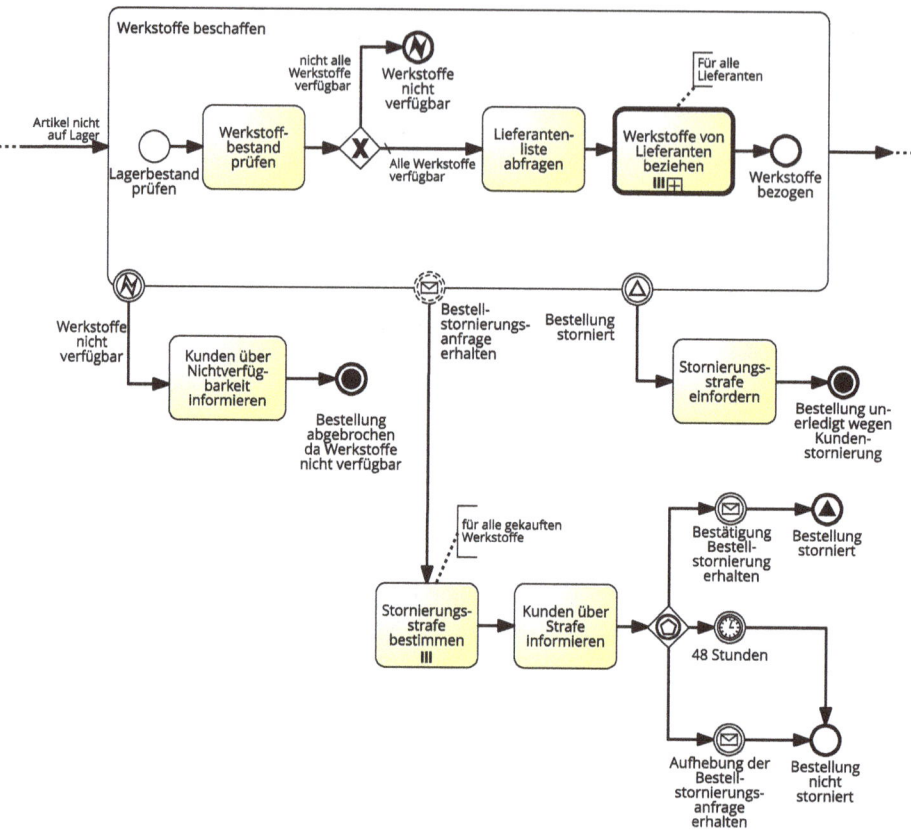

Abb. 4.18 Nicht unterbrechende Ereignisse können in Kombination mit Signal-Ereignissen zur Modellierung komplexer Ausnahmebehandlungen verwendet werden

Bestellstatus abfragen. Um diese Anfrage zu bearbeiten, die sich nicht speziell auf eine bestimmte Aktivität dieses Prozesses bezieht, können wir, wie in Abb. 4.19 dargestellt, einen Ereignis-Teilprozess verwenden.

Der Ereignis-Teilprozess wird mit einem gepunkteten Rechteck mit abgerundeten Ecken dargestellt, das in einem aufgeklappten Teilprozess oder in dem Prozess der obersten Abstraktionsebene platziert wird. Ähnlich wie bei angehefteten Ereignissen kann ein Ereignis-Teilprozess den umschließenden Prozess unterbrechen oder nicht, abhängig davon, ob das Startereignis unterbrechend oder nicht unterbrechend ist. Wenn das Startereignis nicht unterbrechend ist, wird dies mit einer gestrichelten (einfachen) Umrandung dargestellt.

Alle syntaktischen Regeln für Teilprozesse gelten auch für Ereignis-Teilprozesse, mit Ausnahme von angehefteten Ereignissen, die nicht für Ereignis-Teilprozesse definiert werden können. Beispielsweise kann ein Ereignis-Teilprozess auch als zusammengeklappter Teilprozess dargestellt werden. In diesem Fall wird das Startereignis in der oberen linken

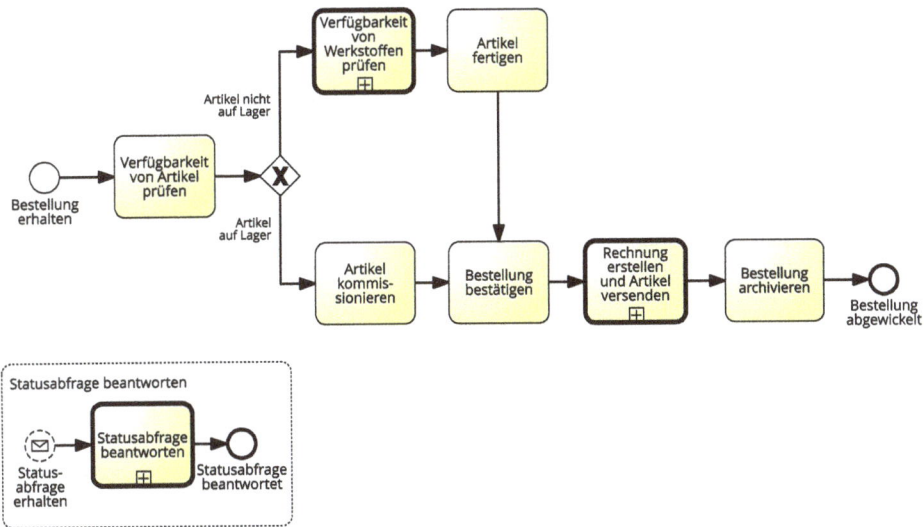

Abb. 4.19 Ereignis-Teilprozesse können anstelle von angehefteten Ereignissen zur Behandlung von Ereignissen verwendet werden, die außerhalb des Bereichs eines bestimmten Teilprozesses ausgelöst werden

Ecke des Rechtecks des untergeordneten Ereignis-Teilprozesses angezeigt, um zu signalisieren, wie der Ereignis-Teilprozess ausgelöst wird.

Frage: Ereignis-Teilprozess oder angeheftetes Ereignis?

Ereignis-Teilprozesse sind in sich abgeschlossen, d. h. sie müssen mit einem Endereignis abschließen. Dies hat den Nachteil, dass der innerhalb eines Ereignis-Teilprozesses beschriebene Vorgang nicht mit dem Rest des Sequenzflusses verbunden werden kann. Der Vorteil ist, dass ein Ereignis-Teilprozess auch als globaler Prozess definiert werden und somit in anderen Prozessmodellen derselben Organisation wiederverwendet werden kann. Ein weiterer Vorteil besteht darin, dass Ereignis-Teilprozesse auf der Ebene eines gesamten Prozesses definiert werden können, während sich angeheftete Ereignisse auf eine bestimmte Aktivität beziehen müssen. Daher empfehlen wir die Verwendung von Ereignis-Teilprozessen, wenn das zu behandelnde Ereignis jederzeit während des Prozesses auftreten kann oder wenn eine wiederverwendbare Sequenz erfasst werden soll. In allen anderen Fällen sind angeheftete Ereignisse besser geeignet, da die durch diese Ereignisse ausgelöste Sequenz mit dem Rest des Flusses verbunden werden kann.

Übung 4.12 Modellieren Sie den folgenden Geschäftsprozess zur Kostenerstattung.

Nachdem eine Spesenabrechnung empfangen wurde, wird der Mitarbeiter über den Erhalt informiert. Als nächstes muss das Bankkonto des Mitarbeiters erfasst werden, falls noch keines hinterlegt ist. Die Abrechnung wird dann mithilfe eines automatischen Verfahrens überprüft. Beträge unter € 1000 werden automatisch genehmigt, während Beträge von oder über € 1000 manuell genehmigt werden müssen. Im Falle einer Ablehnung muss der Mitarbeiter eine Ablehnungsbenachrichtigung per E-Mail erhalten. Im Falle einer Genehmigung wird die Rückerstattung direkt auf das hinterlegte Bankkonto des Mitarbeiters überwiesen und eine E-Mail mit den Einzelheiten der Geldüberweisung an ihn gesendet. Während der Überprüfung kann der Mitarbeiter jederzeit eine Anfrage zur Betragskorrektur senden. In diesem Fall wird die Korrektur erfasst und die Abrechnung muss erneut überprüft werden. Wenn die Abrechnung nicht innerhalb von 30 Tagen bearbeitet wird, wird der Prozess gestoppt und der Mitarbeiter erhält eine E-Mail mit einer Stornierungsbenachrichtigung, damit er die Spesenabrechnung von Grund auf neu einreichen kann.

4.3.7 Kompensation von Aktivitäten

Als Teil eines Wiederherstellungsvorgangs müssen wir aufgrund einer Ausnahme, die im umschließenden Teilprozess aufgetreten ist, möglicherweise einen oder mehrere Schritte *rückgängig* machen, welche bereits abgeschlossen wurden. Tatsächlich sind die Ergebnisse dieser Schritte und ihre Folgen möglicherweise hinfällig und aus diesem Grund sollten sie rückgängig gemacht werden. Ein solcher Vorgang des Rückgängigmachens wird als *Kompensation* bezeichnet. Es wird dabei versucht, den Prozess in einen Geschäftszustand zurückzuführen, der jenem vor dem Start des unterbrochenen Teilprozesses entspricht.

Lassen Sie uns den Teilprozess für die Versand- und Rechnungsabwicklung des Auftrag-bis-Zahlungseingang-Beispiels näher betrachten. Wir gehen davon aus, dass auch diese Aktivität bei Erhalt einer Stornierungsanfrage unterbrochen werden kann (siehe Abb. 4.20). Nach Mitteilung der Stornierungsstrafe an den Kunden müssen wir die Ergebnisse der Lieferung und der Zahlung rückgängig machen. Insbesondere wenn die Sendung bereits erfolgt ist, müssen wir die Rücksendung des Artikels abwickeln. Wenn die Zahlung bereits erfolgt ist, müssen wir diese dem Kunden erstatten. Diese Kompensationen können als eine *Kompensationsbehandlung* modelliert werden. Eine Kompensationsbehandlung besteht aus einem auslösenden *Kompensationsereignis* (ein Ereignis, das mit einem Rückspulsymbol gekennzeichnet ist), einem behandelnden Kompensationsereignis und einer Kompensationsaktivität. Das auslösende Kompensationsereignis wird innerhalb des Wiederherstellungsvorgangs zum Starten der Kompensation verwendet und kann ein Zwischen- oder Endereignis sein (im letzteren Fall schließt der Wiederherstellungsvorgang mit der Kompensation ab). Das behandelnde Zwischenereignis ist an die Aktivitäten angeheftet, die kompensiert werden müssen - in unserem Beispiel *Artikel versenden* und *Zahlungseingang verbuchen*. Diese angehefteten Ereignisse behandeln die Kompensationsanfrage und lösen eine *Kompensationsaktivität* aus, die für die zu kompensierende Aktivität spezifisch ist. Die Kompensationsaktivität

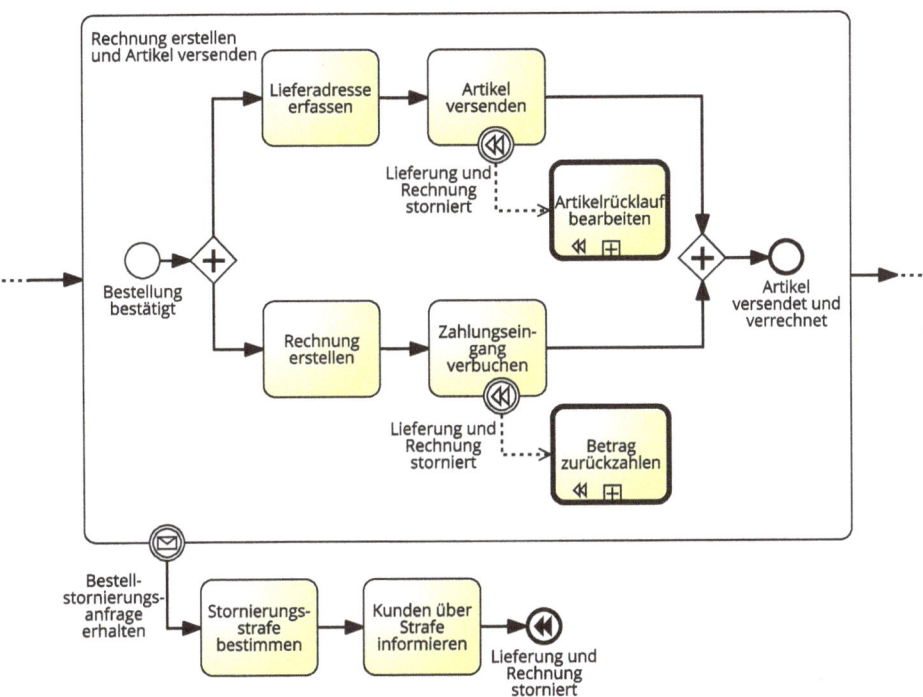

Abb. 4.20 Kompensation der Lieferung und der Zahlung

für *Zahlungseingang verbuchen* lautet beispielsweise *Betrag zurückzahlen*. Das angeheftete Ereignis ist mit der Kompensationsaktivität über eine gepunkteten Kante mit einer offenen Pfeilspitze verbunden, welche als *Kompensationsassoziation* bezeichnet wird (deren Notation der Datenassoziation entspricht). Diese Aktivität ist mit dem Kompensationssymbol gekennzeichnet, um ihren Zweck anzugeben. Sie darf keinen ausgehenden Fluss haben. Wenn das Kompensationsverfahren komplex ist, kann diese Aktivität ein Teilprozess sein.

Die Kompensation wird nur dann ausgelöst, wenn die entsprechende Aktivität bereits abgeschlossen wurde. Sobald alle Aktivitäten kompensiert wurden, die kompensiert werden könnten, wird der Prozess nach dem auslösenden Kompensationsereignis wieder aufgenommen, sofern es sich nicht um ein Endereignis handelt. Wenn die Kompensation für den gesamten Prozess gilt, können wir einen Ereignis-Teilprozess mit einem Kompensationsstartereignis anstelle des angehefteten Ereignisses verwenden.

4.3.8 Schrittweise Identifikation von Ausnahmen

In diesem Abschnitt haben wir verschiedene Möglichkeiten zur Behandlung von Ausnahmen in einem Geschäftsprozess kennengelernt, die von einfachen Prozessabbrüchen bis hin zu komplexen Fehlerereignissen und Kompensationen reichen. Bevor wir Ausnahmen hinzufügen, ist es wichtig, das Wunschszenario gut zu verstehen. Wir empfehlen daher, zunächst das einfache Wunschszenario für den Prozess zu modellieren. Denken Sie dann alle möglichen Situationen durch, die schief gehen können. Bestimmen Sie für jede dieser Situationen, welche Art von Ausnahmen verwendet werden sollte. Bestimmen Sie zunächst die Ursache der Ausnahme: intern oder extern. Als nächstes entscheiden Sie, ob ein Abbruch des Prozesses ausreichend ist, oder ob ein Wiederherstellungsvorgang ausgelöst werden muss. Beurteilen Sie schließlich, ob die unterbrochene Aktivität im Rahmen des Wiederherstellungsvorgangs kompensiert werden muss.

Übung 4.13 Ändern Sie das in Übung 4.12 erstellte Modell wie folgt.

> Wenn der Bericht nicht innerhalb von 30 Tagen bearbeitet wird, wird der Vorgang angehalten, der Mitarbeiter erhält eine E-Mail mit einer Stornierungsbenachrichtigung und muss die Spesenabrechnung erneut einreichen. Wenn jedoch die Erstattung der Kosten des Mitarbeiters bereits erfolgt ist, muss ein Rückruf vorgenommen werden, um das Geld vom Mitarbeiter zurückzufordern, bevor die E-Mail zur Stornierungsbenachrichtigung gesendet wird.

4.4   Prozesse und Geschäftsregeln

Eine Geschäftsregel präzisiert eine betriebliche Richtlinie oder Entscheidungspraxis. In einem Online-Shop erhalten Platin-Kunden z. B. einen Rabatt von 20 % für jeden Einkauf über 250 €. Geschäftsregeln können in einem Prozessmodell in verschiedenen Formen angezeigt werden. Wir haben diese bisher in einer Entscheidungsaktivität und mit den aus einer XOR- bzw. ODER-Verzweigung kommenden Kanten modelliert (siehe Übung 3.6 für einige Beispiele). Eine dritte Option ist die Verwendung eines dedizierten BPMN-Ereignisses vom Typ eines bedingten Ereignisses *(engl.: conditional event)*. Ein bedingtes Ereignis bewirkt die Aktivierung des ausgehenden Pfads, wenn die jeweilige Geschäftsregel erfüllt ist. Bedingte Ereignisse, deren Symbol an eine linierte Seite erinnert, können als Start- oder Zwischenereignis verwendet werden, etwa nach einem ereignisbasierten Gatter oder durch das Anheften an eine Aktivität. Ein Beispiel für ein bedingtes Ereignis wird in Abb. 4.21 gezeigt.

Der Unterschied zwischen einem bedingten Zwischenereignis und einer Bedingung auf einer Kante besteht darin, dass letztere nur einmal getestet wird, und bei Nichterfüllung die entsprechende Kante nicht durchlaufen wird (stattdessen wird eine andere Kante oder der Standardpfad verwendet). Das bedingte Ereignis wird dagegen getestet, bis die zugehörige Regel erfüllt ist. Mit anderen Worten, die Marke verbleibt wartend vor dem Ereignis, bis die Regel erfüllt ist.

Beachten Sie im Beispiel der Abb. 4.21 die Verwendung des Fehler-Ereignisses am Rand einer Mehrfachaktivität. Dieses Ereignis unterbricht nur die Aktivitätsinstanz, die sich auf einen bestimmten Artikel bezieht, der gerade eingestellt wird, also die Instanz, von der das

Abb. 4.21 Ein
Nachschubauftrag wird jedes
Mal ausgelöst, wenn die
Lagerbestände einen
Grenzwert unterschreiten

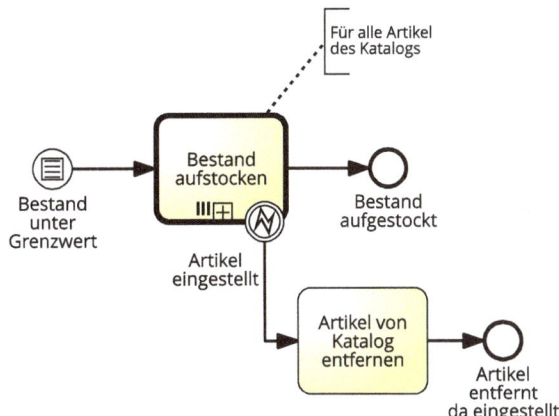

Fehler-Ereignis ausgelöst wird. Alle anderen Ausnahmen, wie Nachrichten-, Zeit-, Signal-
und bedingte Ereignisse, unterbrechen alle Instanzen einer Mehrfachaktivität.

In Kap. 10 wird veranschaulicht, wie Geschäftsregeln mithilfe von Entscheidungstabellen
implementiert werden können, die mit der DMN (Decision Model and Notation, englisch
für „Entscheidungsmodell und Notation") angegeben werden.

Übung 4.14 Modellieren Sie das folgenden Geschäftsprozessfragment.

An einer Börse werden die Kursschwankungen während des Tages kontinuierlich überwacht.
Ein Tag beginnt, wenn die Eröffnungsglocke läutet, und endet, wenn die Schlussglocke läutet.
Zwischen den beiden Glockenschlägen wird jedes Mal, wenn sich der Aktienkurs um mehr als
10% ändert, die entsprechende Aktie ermittelt. Wenn die Änderung hoch ist, wird als nächstes
eine Warnung *hoher Aktienkurs* gesendet, andernfalls wird eine Warnung *niedriger Aktienkurs*
gesendet.

4.5   Die wichtigsten Punkte

In diesem Kapitel haben wir fortgeschrittene Elemente zur Modellierung komplexer
Geschäftsprozesse kennengelernt. Zunächst haben wir uns mit Nacharbeit und Wiederholungen beschäftigt. Wir haben beschrieben, wie strukturierte Schleifen mithilfe einer Schleifenaktivität modelliert werden können. Außerdem haben wir die Mehrfachaktivität als eine
Möglichkeit vorgestellt, eine Aktivität zu modellieren, die mehrmals ausgeführt werden
kann, ohne dass die Anzahl der Vorkommnisse vorher bekannt ist. Wir haben auch gesehen,
wie dieses Konzept der Mehrfachausführung auch auf Datenobjekte und auf Becken erweitert werden kann. Außerdem haben wir Ad-hoc-Teilprozesse zur Erfassung unstrukturierter
Wiederholungen diskutiert.

Als nächstes haben wir unser bisheriges Wissen über verschiedene Arten von Ereignissen erweitert. Wir haben den Unterschied zwischen auslösenden und behandelnden Ereignissen erläutert und zwischen Start-, End- und Zwischenereignissen unterschieden. Wir haben gesehen, wie der Nachrichtenaustausch zwischen Becken mittels Nachrichten-Ereignissen geschehen kann und wie Zeit-Ereignisse verwendet werden können, um zeitliche Auslöser für den Prozess oder Verzögerungen während des Prozesses zu modellieren. Anschließend haben wir dargestellt, wie man einen Wettlauf zwischen externen Ereignissen mithilfe der ereignisbasierten XOR-Verzweigung beschreibt.

Des Weiteren haben wir gezeigt, wie Ausnahmen behandelt werden können. Die einfachste Möglichkeit, auf eine Ausnahme zu reagieren, besteht darin, den Prozess über ein Abbruch-Ereignis abzubrechen. Ausnahmen können behandelt werden, indem ein behandelndes Zwischenereignis an den Rand einer Aktivität gesetzt wird. Wenn das Ereignis während der Ausführung der Aktivität behandelt wird, wird die Aktivität unterbrochen und ein Wiederherstellungsvorgang kann gestartet werden. Eine andere Art von Ausnahme ist die Befristung von Aktivitäten. Diese wird ausgelöst, wenn eine Aktivität nicht innerhalb einer bestimmten Frist abgeschlossen wird. Ein angeheftetes Ereignis kann auch nicht unterbrechend sein, um Vorgänge zu modellieren, die parallel zur Ausführung einer Aktivität gestartet werden müssen.

Mit der Ausnahmebehandlung ist der Begriff der Kompensation verbunden. Eine Kompensation ist erforderlich, um die Auswirkungen einer abgeschlossenen Aktivität rückgängig zu machen, wenn diese aufgrund einer aufgetretenen Ausnahme nicht mehr erwünscht sind.

Wir haben auch beschrieben, wie Geschäftsregeln über bedingte Ereignisse definiert werden können. Ein bedingtes Ereignis ermöglicht das Starten oder Fortschreiten einer Prozessinstanz nur dann, wenn die entsprechende Geschäftsregel wahr ist.

4.6   Lösungen zu Übungsaufgaben

Lösung 4.1

1. In Übung 3.12 reicht der Wiederholungsblock von der Aktivität *Reklamationsanspruch einreichen* bis zur Aktivität *Reklamationsanfrage ablehnen*. Der Eingang der Schleife ist die Kante von der Aktivität *Anspruch erstellen* zur nachfolgenden XOR-Zusammenführung. Ausgänge sind die Kanten mit der Beschriftung *Anspruchannahme* und *Anspruchsabweisung akzeptiert*, wobei der erste Teil aus dem Wiederholungsblock stammt.

2. In Lösung 3.4 besteht der Wiederholungsblock aus den Aktivitäten *Antrag an Antragssteller zurücksenden*, *Antrag überarbeitet erhalten* und *Vollständigkeit des Antragsformulars überprüfen*. Der Eingang in die Schleife ist die ausgehende Kante der XOR-Zusammenführung, während der Ausgang die Kante *Antrag vollständig* ist, welche aus dem Wiederholungsblock herausführt. Um diese Schleife mit einer Schleifenaktivität zu modellieren, müssen Sie die Aktivität *Vollständigkeit des Antragsformulars überprüfen* außerhalb der Schleifenaktivität wiederholen (siehe unten).

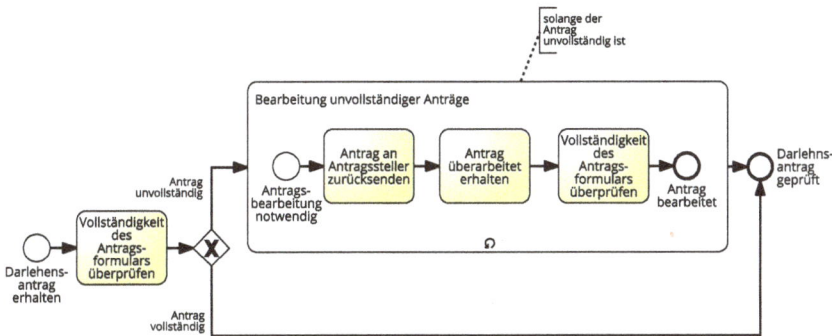

In diesem Fall ist die Verwendung einer Schleifenaktivität immer noch von Vorteil, da wir hierbei die Größe des ursprünglichen Modells reduzieren, wenn wir den Teilprozess zusammenklappen.

Lösung 4.2

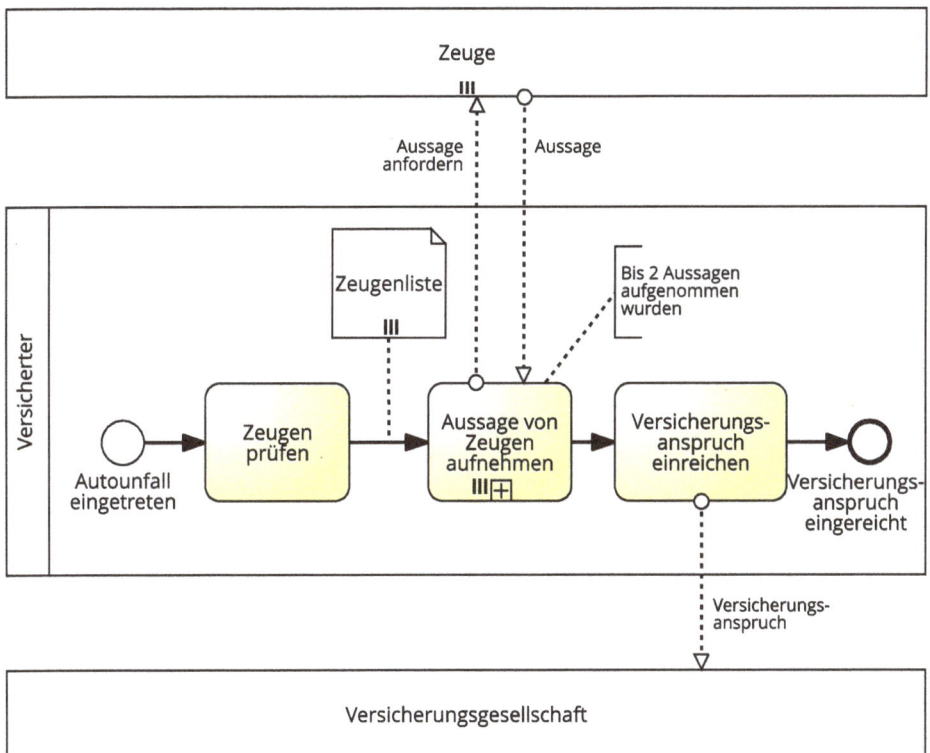

Lösung 4.3

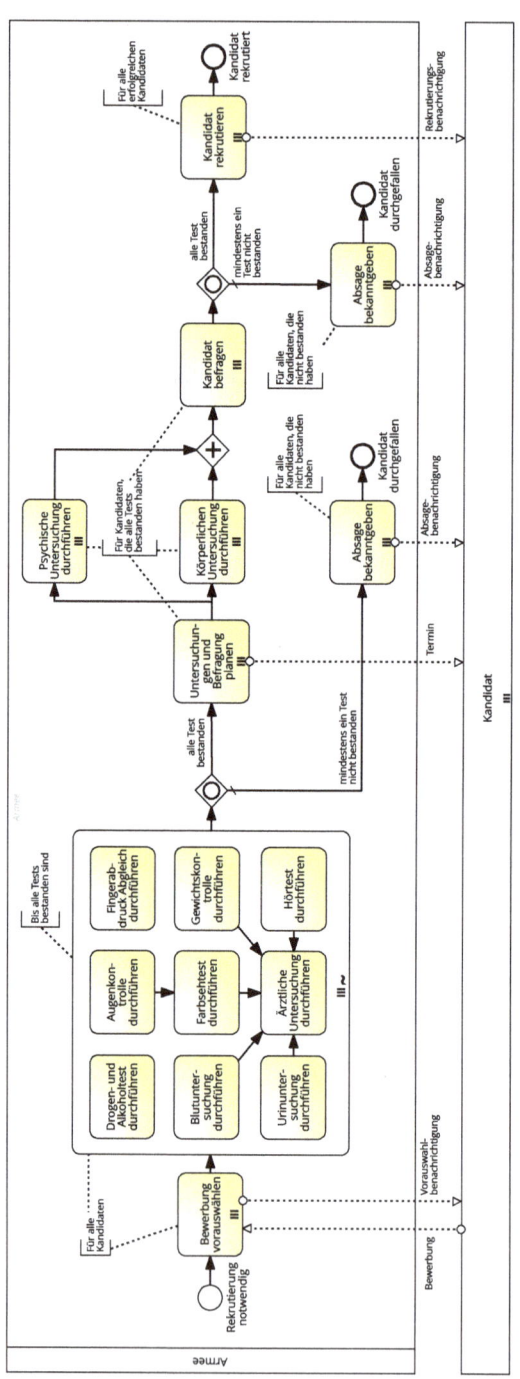

Lösung 4.4 Die Aktivität *Annahmepaket senden* kann durch ein Zwischenereignis zum Senden von Nachrichten ersetzt werden. Die Aktivitäten *Abbruch verkünden* und *Bewilligung verkünden* können jeweils durch ein Nachrichten-Endereignis ersetzt werden, wodurch die letzte XOR-Zusammenführung und das nicht typisierte Endereignis vollständig entfernt werden. Beachten Sie, dass die Aktivität *Hausversicherungsangebot senden* nicht durch ein Nachrichten-Ereignis ersetzt werden kann, da hier die Angebotserstellung zusammengefasst wird. In der Tat wäre eine geeignetere Bezeichnung für diese Aktivität *Hausversicherung vorbereiten*. In ähnlicher Weise können wir die Aktivität *Antrag ablehnen* nicht entfernen, da diese Aktivität den Status des Antrags ändert, bevor diese gesendet wird.

Lösung 4.5

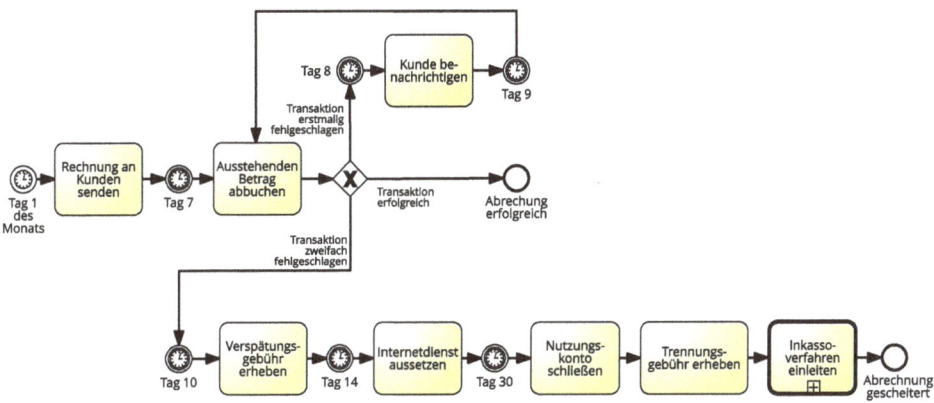

Lösung 4.6

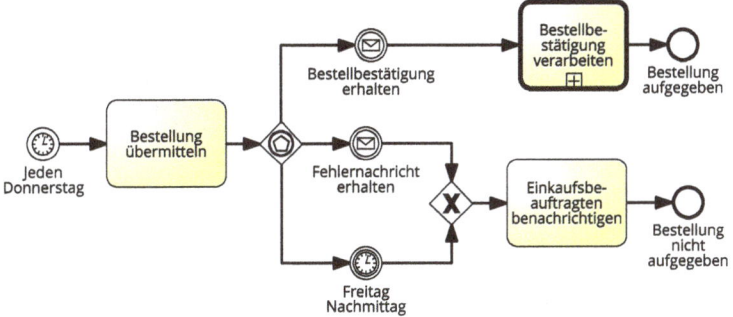

Lösung 4.7

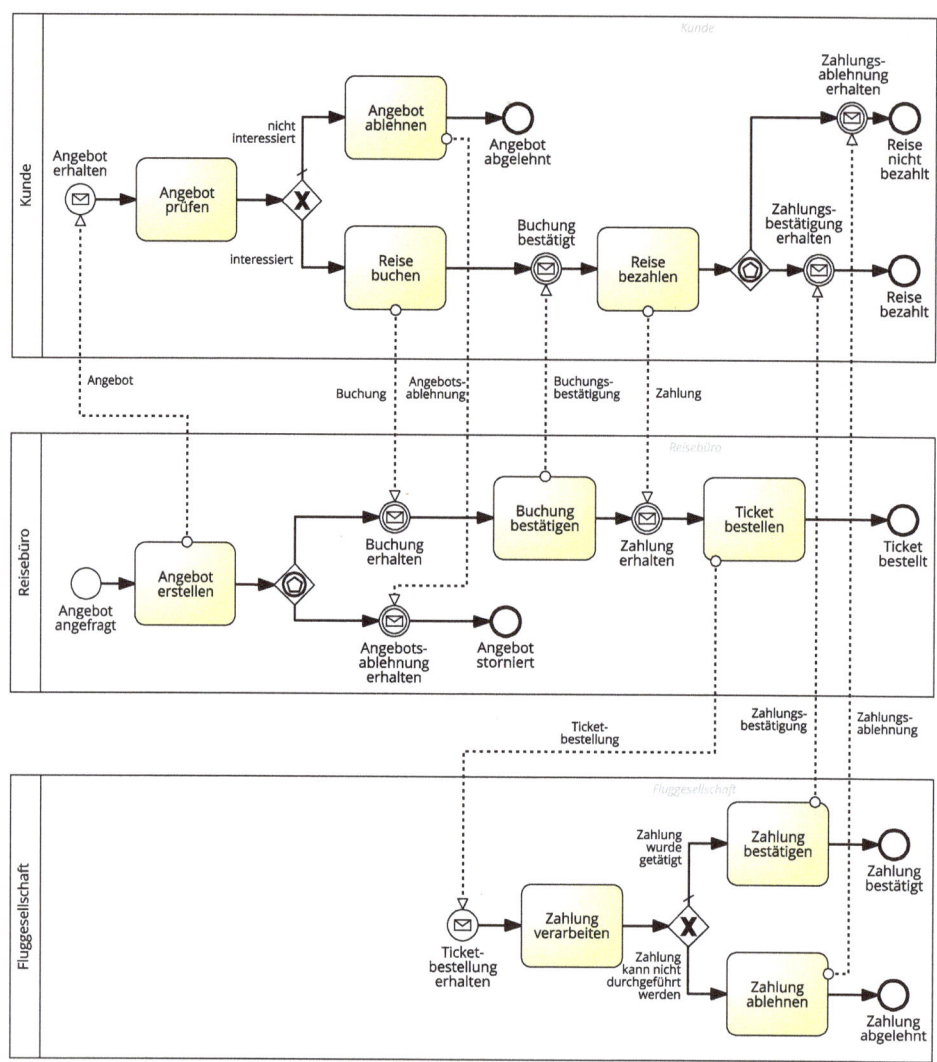

Lösung 4.8 Die folgenden Endereignisse sollten Abbruch-Ereignisse sein. Abb. 4.8: *Anhörung verschoben*, Abb. 4.10: *Angebot abgelehnt* im Kunden- und Versichererbecken, Abb. 4.13: *Angebot abgelehnt* im Kundenbecken, *Angebot storniert* im Reisebürobecken und *Zahlung abgelehnt* im Fluggesellschaftsbecken.

Lösung 4.9

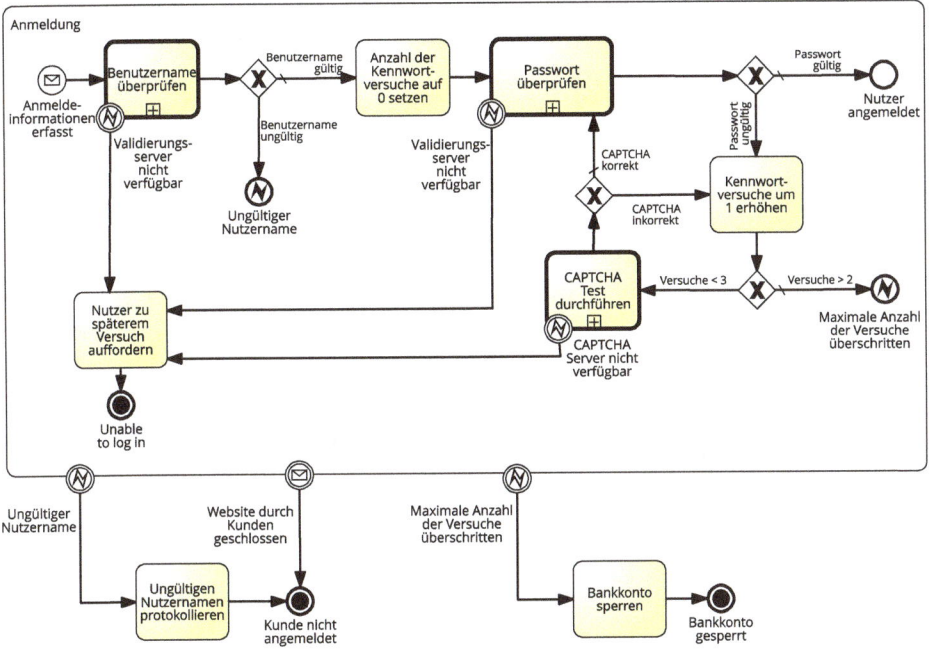

Lösung 4.10

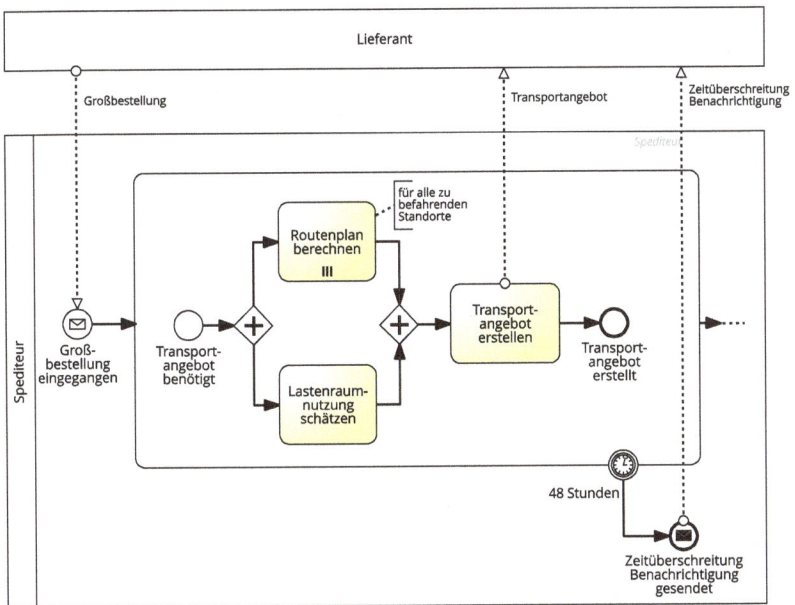

Lösung 4.11

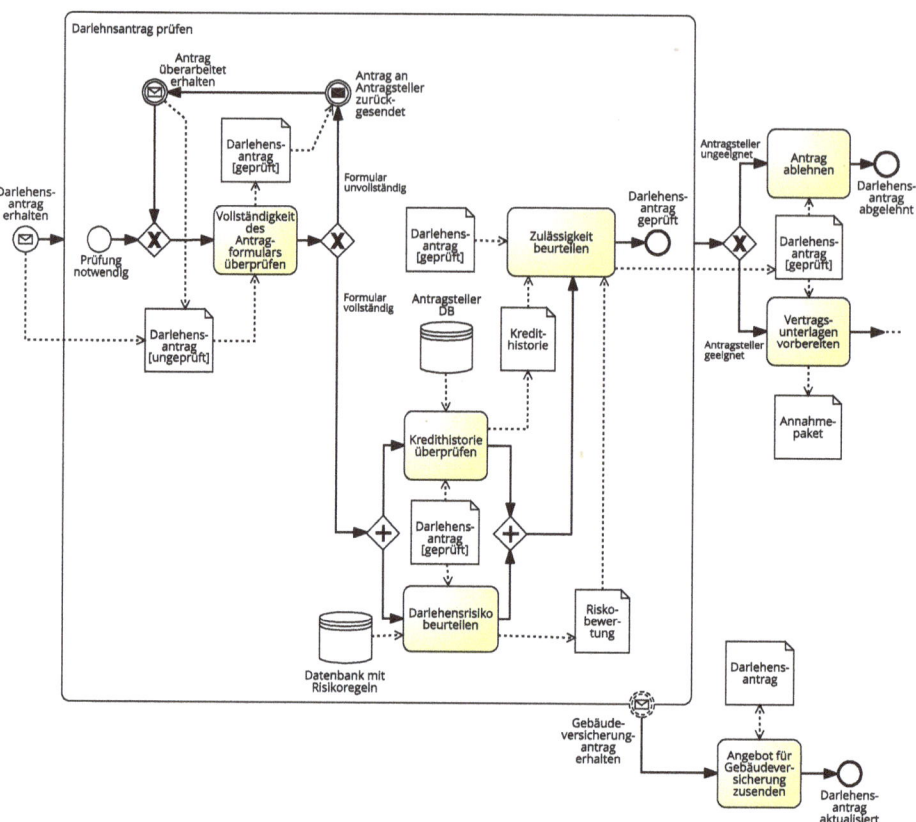

Beachten Sie, dass der Darlehensantrag im Teilprozess *Darlehensantrag prüfen* zwei mögliche Zustände haben kann: *geprüft* oder *ungeprüft*. Um den Darlehensantrag in jedem der beiden Zustände als Eingang der Aktivität *Angebot für Gebäudeversicherung zusenden* zu verwenden, spezifizieren wir im obigen Modell keinen Zustand für dieses Datenobjekt.

Lösung 4.12

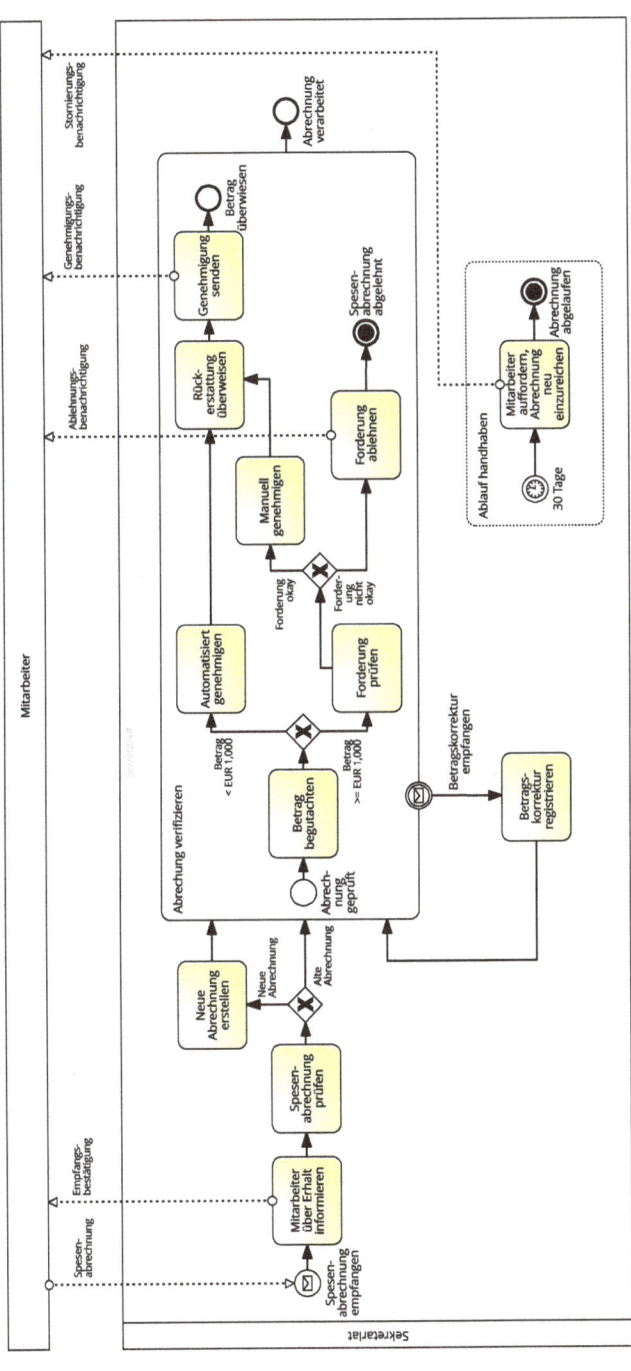

Lösung 4.13

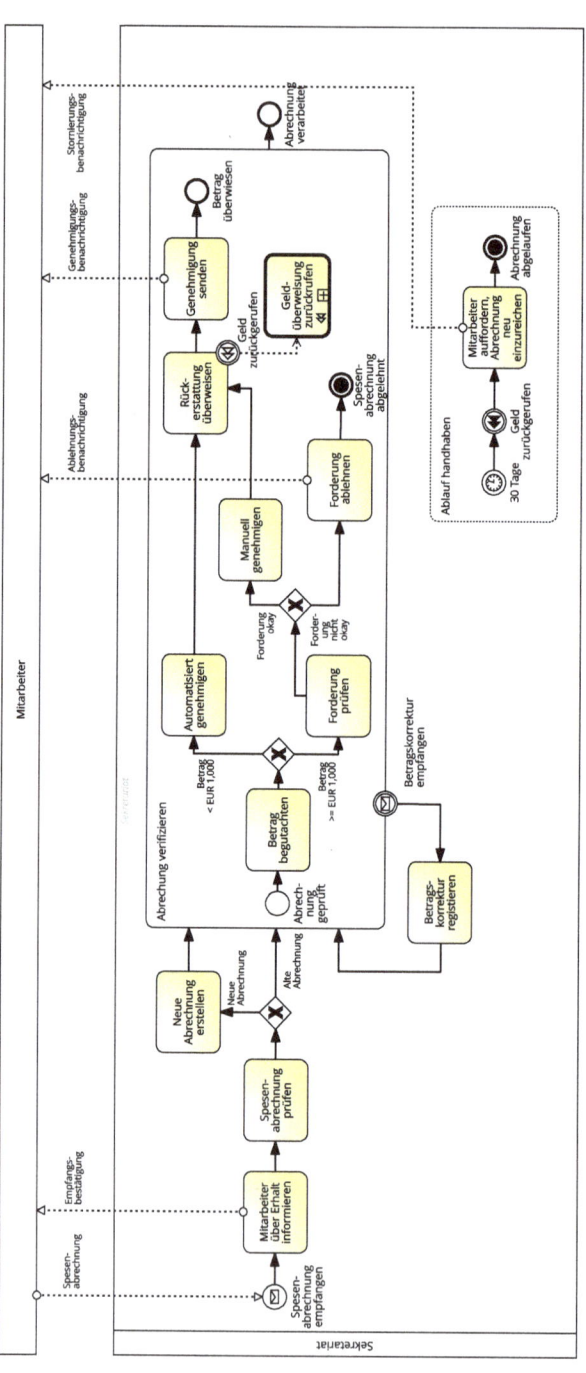

Lösung 4.14

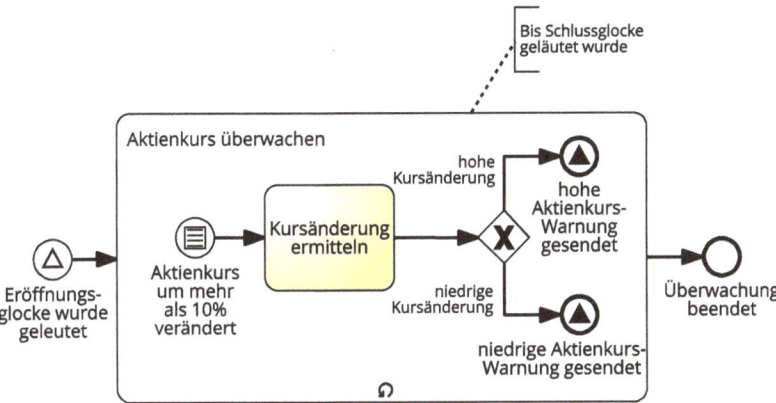

Hier haben wir kein angeheftetes Ereignis verwendet, um den Teilprozess zur Überwachung von Aktienkursänderungen zu stoppen, da auf diese Weise der Teilprozess nur aufgrund einer Ausnahme gestoppt werden würde. Vielmehr haben wir eine Schleifenbedingung verwendet, um den Teilprozess normal abschließen zu lassen, also ohne unterbrochen zu werden.

4.7   Weitere Übungsaufgaben

Übung 4.15 Modellieren Sie den in Übung 3.15 beschriebenen Geschäftsprozess mithilfe einer Schleifenaktivität.

Übung 4.16 Beantworten Sie die folgenden Fragen.

1. Welche Einschränkungen bringt die Verwendung einer Schleifenaktivität mit sich, im Gegensatz zum Modellieren von Wiederholungen mithilfe unstrukturierter Schleifen?
2. Was ist die Voraussetzung dafür, dass ein Teilprozess als Schleifenaktivität verwendet werden kann?
3. Modellieren Sie den Bestellung-bis-Bezahlung-Prozess, der in Beispiel 1.1 beschrieben ist. Verwenden Sie das Modell aus Abb. 1.6 als Ausgangspunkt.

Übung 4.17 Modellieren Sie den folgenden Geschäftsprozess.

Die Post der Verhandlungsparteien wird täglich von Mitarbeitern der Poststelle abgeholt. In der Poststelle sortiert der Mitarbeiter die ungeöffnete Post in die verschiedenen Geschäftsbereiche. Die Post wird dann verteilt. Wenn die Post vom Sekretariat empfangen wird, wird diese geöffnet, in Gruppen zur Verteilung sortiert und in einem Postverzeichnis erfasst. Anschließend führt der stellvertretende Sekretariatsleiter im Sekretariat eine Qualitätsprüfung durch. Wenn das postalische Schreiben nicht sachgerecht ist, wird eine Liste von Anforderungen erstellt, welche die Gründe für die Ablehnung erläutert. Anschließend wird das Schreiben an die Verhandlungspartei zurückgesandt. Andernfalls werden die Details der Angelegenheit erfasst und dem Kassenwart zur Verfügung gestellt, der die anfallenden Gebühren in Rechnung stellt. Zu diesem Zeitpunkt legt der stellvertretende Sekretariatsleiter die Quittung und die kopierten Dokumente in einen Umschlag und verbucht sie der Verhandlungspartei. In der Zwischenzeit erfasst der Kassenwart die Daten der Verhandlungsparteien und druckt die physische Gerichtsakte.

Übung 4.18 Modellieren Sie den folgenden Prozess für die Auswahl von Nobelpreisträgern für Chemie.

September: Nominierungsformulare werden verschickt. Das Nobelkomitee sendet vertrauliche Formulare an rund 3.000 Persönlichkeiten – ausgewählte Professoren von Universitäten weltweit, Nobelpreisträger für Physik und Chemie sowie Mitglieder der Königlich Schwedischen Akademie der Wissenschaften.

Februar: Frist für die Einreichung. Die ausgefüllten Nominierungsformulare müssen spätestens am 31. Januar des folgenden Jahres beim Nobelausschuss eingegangen sein. Das Komitee prüft die Nominierungen und wählt die vorläufigen Kandidaten aus. Etwa 250–350 Namen werden nominiert, da mehrere Nominatoren oft denselben Namen einreichen.

März – Mai: Konsultation mit Experten. Das Nobelkomitee schickt die Liste der vorläufigen Kandidaten an speziell ernannte Experten zur Bewertung der Leistungen der Kandidaten.

Juni – August: Verfassen des Berichts. Das Nobelkomitee stellt den Bericht mit Empfehlungen an die Akademie zusammen. Der Bericht wird von allen Mitgliedern des Ausschusses unterzeichnet.

September – Ausschuss gibt Empfehlungen ab. Das Nobelkomitee legt den Mitgliedern der Akademie seinen Bericht mit Empfehlungen zu den endgültigen Kandidaten vor. Der Bericht wird in zwei Sitzungen der Chemiesektion der Akademie erörtert.

Oktober: Nobelpreisträger werden ausgewählt. Anfang Oktober wählt die Akademie die Nobelpreisträger für Chemie durch Mehrheit der Stimmen aus. Die Entscheidung ist endgültig und ohne Berufung. Die Namen der Nobelpreisträger werden dann bekanntgegeben.

Dezember: Nobelpreisträger erhalten ihren Preis. Die Verleihung des Nobelpreises findet am 10. Dezember in Stockholm statt, wo die Nobelpreisträger ihren Nobelpreis erhalten. Dieser besteht aus einer Nobel-Medaille, einem Diplom und einem Dokument zur Bestätigung der Preissumme.

Quelle: Diese Übung ist angelehnt an *Nomination and Selection of Chemistry Laureates*, Nobelprize.org, 9. Oktober 2017 (https://www.nobelprize.org/nomination/chemistry/).

Übung 4.19

1. Was ist der Unterschied zwischen auslösenden und behandelnden Ereignissen?
2. Was ist die Bedeutung eines Ereignisses, das an einem Aktivitätsrand angeheftet ist und welche Ereignisse können an den Aktivitätsrand angeheftet werden?
3. Was ist der Unterschied zwischen dem nicht typisierten Endereignis und dem Abbruch-Ereignis?

Übung 4.20   Was stimmt nicht mit dem folgenden Modell?

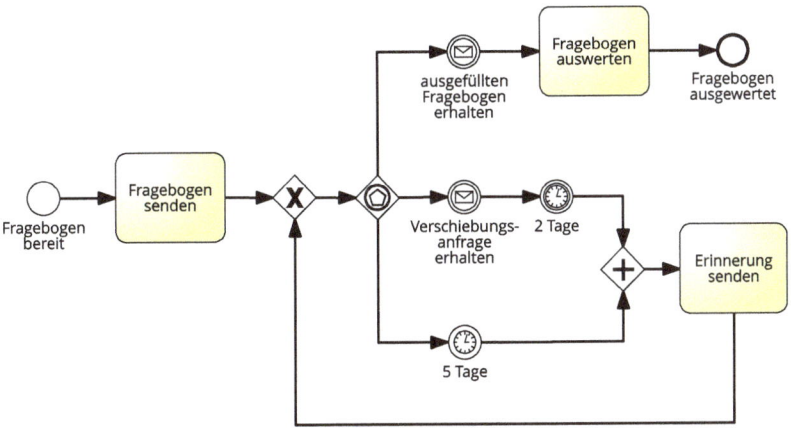

Übung 4.21   Erweitern Sie das Abrechnungsprozessmodell aus Übung 4.5 wie folgt.

Nach dem Scheitern der ersten Transaktion kann der Kunde die Rechnung direkt an den Internetdienstanbieter zahlen. In diesem Fall wird der Rechnungsprozess unterbrochen und die Zahlung wird erfasst. Diese Direktzahlung muss auch die verspäteten Gebühren abdecken, die sich auf die Anzahl der Tage beziehen, die seit Tag 7 vergangen sind (der letzte Tag, um Verzugsgebühren zu vermeiden). Wenn die Direktzahlung keine verspäteten Gebühren beinhaltet, sendet der Internetdienstanbieter eine Benachrichtigung an den Kunden, dass die Gebühren in der nächsten Rechnungsperiode in Rechnung gestellt werden, bevor der Vorgang abgeschlossen wird.

Übung 4.22 Was stimmt nicht mit dem folgenden Modell?

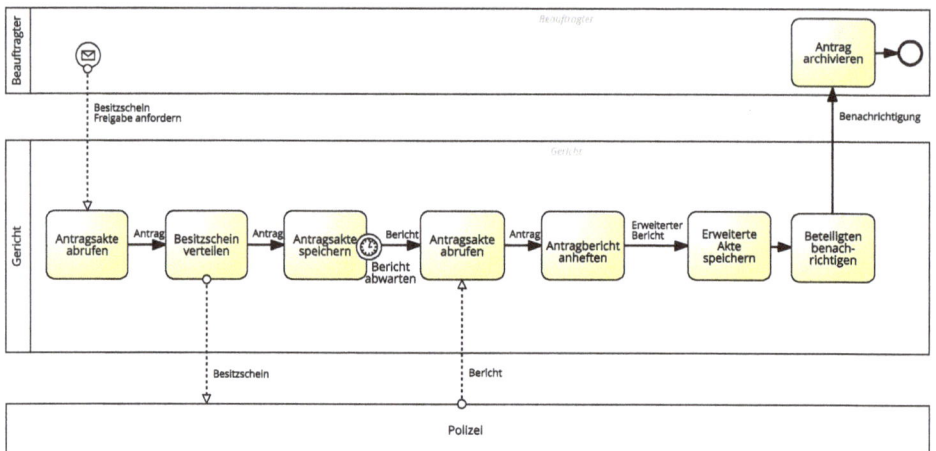

Übung 4.23 Modellieren Sie den folgenden Geschäftsprozess eines Lieferanten.

Nachdem ein Lieferant einen Händler über die Annahme einer Bestellung informiert hat, kann der Lieferant eine Bestellbestätigung, eine Bestelländerung oder eine Bestellstornierung vom Händler erhalten. Es kann vorkommen, dass überhaupt keine Antwort eingeht. Wenn nach 48 Stunden keine Antwort eingeht oder eine Bestellung storniert wird, wird der Lieferant die Bestellung stornieren. Wenn eine Bestellbestätigung innerhalb von 48 Stunden eingeht, wird der Lieferant die Bestellung normal bearbeiten. Wenn eine Bestelländerung innerhalb von 48 Stunden eingeht, aktualisiert der Lieferant die Bestellung und fordert den Händler erneut zur Bestätigung auf. Der Einzelhändler darf eine Bestellung höchstens dreimal ändern. Danach storniert der Lieferant die Bestellung automatisch.

Übung 4.24 Überarbeiten Sie das Modell aus Übung 3.12 mithilfe des Abbruch-Ereignisses.

Übung 4.25 Modellieren Sie den folgenden Geschäftsprozess.

Wenn eine Schadensmeldung eingeht, wird diese zunächst erfasst. Danach wird der Schadensfall klassifiziert, was zu zwei möglichen Ergebnissen führt: einfach oder komplex. Wenn der Schadensfall einfach ist, wird die Versicherungspolizze geprüft. Bei komplexen Schadensfällen werden sowohl die Polizze als auch der Schadensfall unabhängig voneinander geprüft. Ein mögliches Ergebnis der Richtlinienprüfung ist, dass der Anspruch ungültig ist. In diesem Fall wird die Bearbeitung abgebrochen und ein Brief an den Kunden gesendet. Im Falle eines komplexen Schadensfalles bedeutet dies, dass die Schadensprüfung abgebrochen wird, wenn diese noch nicht abgeschlossen ist. Nach der Überprüfung wird eine Bewertung durchgeführt, die zu zwei möglichen Ergebnissen führen kann: positiv oder negativ. Wenn die Bewertung positiv ist, wird die Werkstatt angerufen, um die Reparatur zu genehmigen, und die Zahlung wird veranlasst. In jedem Fall (egal ob das Ergebnis positiv oder negativ ist) wird ein Brief an den Kunden gesendet und der Prozess endet. Zu jedem Zeitpunkt nach der Erfassung und vor dem Ende des Prozesses kann der Kunde anrufen, um die Einzelheiten des Schadensfalls zu ändern. Wenn vor der Zahlung eine Änderung vorgenommen wird, wird der Schadensfall erneut klassifiziert (einfach oder komplex), und der Vorgang wird wiederholt. Wenn eine Anfrage zum Ändern der Forderung nach dem Veranlassen der Zahlung eingeht, wird dieser Schadensfall abgelehnt.

Übung 4.26 Modellieren Sie den folgenden Geschäftsprozess.

Eine Bestellabwicklung beginnt, sobald eine Bestellung eingeht. Die Bestellung wird zuerst erfasst. Wenn das aktuelle Datum kein Arbeitstag ist, wartet der Prozess bis zum nächsten Arbeitstag, bevor er fortfährt. Andernfalls wird eine Verfügbarkeitsprüfung durchgeführt und eine Bestellantwort an den Kunden zurückgesendet. Wenn ein Artikel nicht verfügbar ist, muss die Bearbeitung der Bestellung gestoppt werden. Danach muss der Kunde informiert werden, dass die Bestellung nicht weiter bearbeitet werden kann. Der Kunde kann jederzeit während des Vorgangs eine Anfrage zur Stornierung senden. Wenn eine solche Anfrage eingeht, wird der Bestellvorgang abgebrochen und die Stornierung bearbeitet. Der Kunde kann während des Bestellvorgangs auch eine Anfrage zur Änderung der Kundenadresse senden. Wenn eine solche Anfrage eingeht, wird diese ohne weitere Aktion erfasst.

Übung 4.27 Modellieren Sie den Auftrag-bis-Zahlungseingang-Prozess des Baumaschinenvermieters, der in Übung 2.14 beschrieben ist. Der Prozess beginnt mit dem Erhalt einer Bestellung und endet, wenn die Zahlung der Rechnung eingegangen ist oder die Rechnung zum Inkasso übergeben wird (das Inkasso selbst liegt außerhalb unserer Betrachtung).

Übung 4.28 Zeichnen Sie ein Kollaborationsdiagramm für den folgenden Geschäftsprozess.

Bei dem Intelligenten Elektronischen Entwicklungsbeurteilungssystem *(engl.: Smart Electronic Development Assessment System, Smart eDA)* handelt es sich um eine Initiative der Regierung von Queensland, Australien, die einen intuitiven Service für die Vorbereitung, Hinterlegung und Bewertung von Landentwicklungsanträgen bereitstellt.

Der Geschäftsprozess für die Landentwicklung beginnt mit dem Erhalt eines Antrags auf Landentwicklung eines Antragstellers. Nach Erhalt eines Landentwicklungsantrags koordiniert sich die Prüfstelle mit dem Katasteramt, um geographische Informationen über das ausgewiesene Entwicklungsgebiet abzurufen. Diese Informationen werden verwendet, um vom Stadtrat eine erste Validierung des Entwicklungsvorschlags zu erhalten. Wenn der Plan gültig ist, sendet die Prüfstelle dem Antragsteller ein Kostenangebot für die Bearbeitung des Antrags. Diese Kosten hängen von der Art des Bebauungsplans (für private oder kommerzielle Zwecke) und von der Genehmigung oder Lizenz ab, die für die Genehmigung des Plans erforderlich ist. Wenn der Antragsteller das Angebot akzeptiert, kann die Bewertung beginnen.

Die Bewertung besteht aus einer detaillierten Analyse des Entwicklungsplans. Erstens koordiniert sich die Prüfstelle mit dem Verkehrsamt (VA), um Konflikte mit geplanten Straßenentwicklungsprojekten zu überprüfen. Bei Konflikten kann der Antrag nicht fortgesetzt werden und muss abgelehnt werden. In diesem Fall wird der Antragsteller von der Prüfstelle benachrichtigt. Der Antragsteller möchte möglicherweise den Entwicklungsplan ändern und ihn erneut zur Bewertung vorlegen. In diesem Fall wird der Prozess dort fortgesetzt, wo er unterbrochen wurde.

Wenn der Bebauungsplan Änderungen an der natürlichen Umgebung beinhaltet, muss die Prüfstelle eine Genehmigung zur Landänderung bei der Abteilung für natürliche Ressourcen und Wasser (NRW) beantragen. Wenn der Plan kommerziellen Zwecken dient, werden zusätzliche Gebühren erhoben, um diese Genehmigung zu erhalten. Sobald die Genehmigung erteilt wurde, wird diese von NRW direkt an den Antragsteller gesendet. Wenn der ausgewiesene Entwicklungsbereich durch besondere Umweltschutzgesetze geregelt wird, muss die Prüfstelle eine Umweltlizenz bei der Umweltschutzbehörde (USB) beantragen. Sobald die Lizenz erteilt wurde, wird diese von der USB direkt an den Antragsteller gesendet. Nach Erhalt der erforderlichen Genehmigung und/oder Lizenz informiert die Prüfstelle den Antragsteller über die endgültige Genehmigung.

Während des Prozesses kann der Antragsteller jederzeit den Fortschritt seines Antrags verfolgen, indem er direkt bei der Prüfstelle anfragt. Darüber hinaus kann der Antragssteller den Antrag zurückziehen, wenn dies gewünscht ist. In diesem Fall müssen alle beteiligten Parteien benachrichtigt werden, und jegliche Lizenz oder Genehmigung muss widerrufen werden.

Prüfstelle, Kataster, VA, NRW und USB sind Behörden des Bundesstaats Queensland. NRW und USB gehören zur Abteilung für Umwelt und Ressourcenmanagement der Regierung von Queensland.

Übung 4.29 Zeichnen Sie ein Kollaborationsdiagramm für den folgenden Geschäftsprozess für die Beauftragung von Reparaturarbeiten bei Sparks.

Der Geschäftsprozess zur Bestellung beginnt mit dem Eingang einer Anfrage für einen Arbeitsauftrag von einem Kunden. Nach Erhalt dieser Anfrage schätzt die Auftragsabteilung von Sparks die erwartete Verwendung von Material, Teilen und Arbeitskräften und erstellt ein Angebot mit den geschätzten Gesamtkosten für die Reparaturarbeiten. Wenn das Fahrzeug des Kunden versichert ist, kommuniziert die Auftragsabteilung mit der Versicherungsabteilung, um den Versicherungsschutz des Kunden abzufragen, damit dieser im Angebot berücksichtigt werden kann. Die Auftragsabteilung sendet dann das Angebot an den Kunden, der dieses entweder durch Nachricht an die Auftragsabteilung innerhalb von fünf Tagen annehmen oder ablehnen kann. Wenn der Kunde das Angebot annimmt, kontaktiert die Auftragsabteilung die Lagerabteilung, um zu prüfen, ob die erforderlichen Teile vorrätig sind, bevor ein Termin mit dem Kunden vereinbart wird. Wenn einige Teile nicht vorrätig sind, bestellt die Auftragsabteilung die erforderlichen Teile bei einem zertifizierten Händler und wartet darauf, dass eine Bestellbestätigung des Händlers innerhalb von drei Tagen eingeht. Wenn diese nicht eingeht, bestellt die Auftragsabteilung die Teile erneut bei einem zweiten Händler. Wenn auch keine Antwort vom zweiten Händler eingeht, benachrichtigt die Auftragsabteilung den Kunden, dass die Teile nicht verfügbar sind und der Auftrag abgebrochen wird. Wenn die benötigten Teile vorrätig sind oder bestellt wurden, bucht die Auftragsabteilung bei einer externen Werkstatt einen entsprechend ausgestatteten Servicebereich und einen entsprechend qualifizierten Mechaniker für die Ausführung der Arbeiten. Eine Bestätigung des Termins wird von der Werkstatt an die Auftragsabteilung gesendet, welche die Bestätigung an den Kunden weiterleitet. Der Kunde hat eine Woche Zeit, um Sparks zu bezahlen, andernfalls storniert die Auftragsabteilung den Arbeitsauftrag, indem sie eine Stornierungsbenachrichtigung an die Serviceeinheit und den Mechaniker sendet, die für diesen Auftrag gebucht wurden. Wenn der Kunde rechtzeitig bezahlt, wird der Arbeitsauftrag ausgeführt.

Übung 4.30   Zeichnen Sie ein Kollaborationsdiagramm für den folgenden Geschäftsprozess bei MetalWorks.

Ein Herstellung-bis-Auftrag-Prozess *(engl.: make-to-order process)*, ist ein Auftrag-bis-Zahlungseingang-Prozess, bei dem die zu verkaufenden Produkte auf Basis einer bestätigten Bestellung hergestellt werden. Der Hersteller hält also keine versandfertigen Produkte in seinem Bestand. Stattdessen werden die Produkte auf Nachfrage hergestellt, wenn der Kunde sie bestellt. Dieser Ansatz wird im Zusammenhang mit kundenspezifischen Produkten wie metallurgischen Produkten verwendet, bei denen Kunden häufig Produkte mit sehr spezifischen Anforderungen in Auftrag geben.

Wir betrachten einen Herstellung-bis-Auftrag-Prozess in einer Firma namens MetalWorks. Der Prozess beginnt, wenn MetalWorks eine Bestellung von einem Kunden erhält. Diese Bestellung wird als *Kundenbestellung* bezeichnet. Die Kundenbestellung kann eine oder mehrere Positionen enthalten. Jede Einzelposition bezieht sich auf ein anderes Produkt.

Nach Erhalt einer Kundenbestellung überprüft ein Vertriebsmitarbeiter die Bestellung, um festzustellen, ob alle Positionen in der Bestellung innerhalb des in der Bestellung angegebenen Zeitraums produziert werden können. Als Ergebnis dieser Prüfung kann der Vertriebsmitarbeiter entweder die Bestellung des Kunden bestätigen oder den Kunden auffordern, die Bedingungen der Bestellung zu ändern (z. B. Änderung des Liefertermins auf einen späteren Zeitpunkt). In einigen extremen Fällen kann der Vertriebsmitarbeiter die Bestellung ablehnen, dies geschieht jedoch sehr selten. Wenn der Kunde aufgefordert wird die Bestellung zu überarbeiten, wird der Herstellung-bis-Auftrag-Prozess in den Wartemodus versetzt, bis der Kunde eine überarbeitete Bestellung einreicht. Der Vertriebsmitarbeiter überprüft dann die überarbeitete Bestellung und akzeptiert sie, lehnt sie ab oder fordert den Kunden erneut auf, weitere Änderungen vorzunehmen. Der Vertriebsmitarbeiter wurde jedoch angewiesen, bis zu dreimal Änderungen an der Bestellung zu akzeptieren. Danach muss die Bestellung an einen leitenden Vertriebsmitarbeiter weitergeleitet werden, der entweder die weiteren Änderungen noch einmal akzeptieren oder die Bestellung insgesamt ablehnen kann.

Sobald eine Bestellung bestätigt wurde, erstellt der Vertriebsmitarbeiter einen *Arbeitsauftrag* für jede Position in der Kundenbestellung. Mit anderen Worten, eine Kundenbestellung wird in mehrere Arbeitsaufträge (einen pro Einzelposition) zerlegt. Der Arbeitsauftrag ist ein Dokument, mit dem Mitarbeiter bei MetalWorks das von einem Kunden gewünschte Produkt herstellen können.

Um ein Produkt herzustellen, sind mehrere Werkstoffe erforderlich. Einige dieser Werkstoffe werden im Lager von MetalWorks vorrätig gehalten, andere müssen von einem oder mehreren Lieferanten bezogen werden. Dementsprechend wird jeder Arbeitsauftrag von einem Produktionsingenieur geprüft. Der Produktionsingenieur bestimmt, welche Werkstoffe zur Erfüllung des Arbeitsauftrags benötigt werden. Der Produktionsingenieur kommentiert den Arbeitsauftrag mit einer Liste der benötigten Werkstoffe. Jeder im Arbeitsauftrag aufgeführte Werkstoff wird später von einem Beschaffungsbeauftragten geprüft. Der Beschaffungsbeauftragte bestimmt, ob die benötigten Werkstoffe vorrätig sind oder ob diese bestellt werden müssen, indem der spezifische Katalog für diese Produktlinie aufgerufen wird. Wenn die Werkstoffe bestellt werden müssen, wählt der Beschaffungsbeauftragte aus der Lieferantendatenbank einen oder mehrere geeignete Lieferanten für den Werkstoff aus und sendet eine Angebotsanfrage an die ausgewählten Lieferanten. Wenn mehr als ein Lieferant identifiziert wird, wählt der Beschaffungsbeauftragte aus den ersten drei Lieferantenangeboten das beste Angebot aus (die anderen Angebote werden, falls sie eintreffen, verworfen) und sendet eine

Materialbestellung an den ausgewählten Lieferanten. Diese Materialbestellung ist eine Bestellung von Werkstoffen und unterscheidet sich von einer Kundenbestellung. Eine Materialbestellung ist eine Bestellung, die von MetalWorks an einen seiner Lieferanten gesendet wird, wohingegen eine Kundenbestellung eine Bestellung ist, welche seitens MetalWorks von einem Kunden erhalten wird.

Sobald alle Materialien zur Verfügung stehen, die zur Erfüllung eines Arbeitsauftrags erforderlich sind, kann die Produktion beginnen. Die Verantwortung für die Produktion eines Arbeitsauftrags wird demselben Produktionsingenieur zugewiesen, der zuvor den Arbeitsauftrag geprüft hat. Der Produktionsingenieur ist für die Planung der Produktion verantwortlich. Sobald das Produkt hergestellt ist, wird es von einem Qualitätsinspektor geprüft. Manchmal findet der Qualitätsprüfer einen Fehler im Produkt und meldet ihn dem Produktionsingenieur. Der Produktionsingenieur entscheidet dann, ob: (i) das Produkt einer kleineren Korrektur unterzogen werden soll; oder (ii) das Produkt verworfen und erneut hergestellt wird.

Sobald die Produktion abgeschlossen ist, wird das Produkt an den Kunden versandt. Es wird nicht gewartet, bis alle in einer Kundenbestellung angeforderten Positionen fertig sind, bevor diese versendet werden. Sobald ein Produkt fertig ist, kann es an den entsprechenden Kunden versendet werden.

Zu jedem Zeitpunkt vor dem Versand des Produkts kann der Kunde für eine bestimmte Bestellung eine *Bestellung stornieren* Nachricht senden. In diesem Fall bestimmt der Vertriebsmitarbeiter, ob die Bestellung noch storniert werden kann, und falls ja, ob der Kunde eine Vertragsstrafe zahlen soll oder nicht. Wenn die Bestellung ohne Vertragsstrafe storniert werden kann, werden alle mit dieser Bestellung verbundenen Arbeiten angehalten und der Kunde wird darüber informiert, dass die Stornierung erfolgreich war. Wenn der Kunde eine Strafe zahlen muss, fragt der Vertriebsmitarbeiter zuerst, ob er die Stornierungsstrafe bezahlen möchte. Wenn der Kunde die Stornierungsstrafe akzeptiert, wird die Bestellung storniert und alle mit der Bestellung zusammenhängenden Arbeiten werden eingestellt. Andernfalls wird die auftragsbezogene Arbeit fortgesetzt.

Übung 4.31 Zeichnen Sie ein Kollaborationsdiagramm des folgenden Buchung-bis-Zahlungseingang-Prozesses.

Fotof bietet Fotodienstleistungen in den Bereichen Familienfotografie, persönliche Veranstaltungsfotografie (z. B. Hochzeiten und Partyfotografie) und kommerzielle Fotografie (z. B. Firmenveranstaltungen) an. Einer der Kernprozesse von Fotof ist der Buchung-bis-Zahlungseingang-Prozess, vom Moment der Buchung von Fotoaufnahmen durch den Kunden über die Auftragserteilung bis zu dem Zeitpunkt, an dem der Kunde die Zahlung vornimmt und die bestellten Bilder erhält. Im letzten Jahr erhielt Fotof etwa 10.000 Bestellungen von gewerblichen Kunden und rund 80.000 Bestellungen von Privatkunden.

Der Buchung-bis-Zahlungseingang-Prozess beginnt, wenn ein Kunde eine Buchung für einen Fototermin in einem Fotostudio vornimmt. Eine Buchung kann per Telefon oder per E-Mail direkt an ein bestimmtes Fotostudio erfolgen. Die Anfrage wird von einem Kundendienstmitarbeiter im Fotostudio bearbeitet. Jedes Studio beschäftigt zwei Kundendienstmitarbeiter: einen leitenden Mitarbeiter, der auch der Leiter des Studios ist, und einen Angestellten. Der Kundendienstmitarbeiter gibt die Details der Buchung in das Fotostudio-Informationssystem ein.

Die Buchung ist einem der Fotografen des Studios zugeordnet. Nach der Aufnahme der Fotos lädt der Fotograf die Bilder auf einen Dateiserver hoch. Dann bereinigt ein Techniker die Bilder durch Löschen von Duplikaten und fehlgeschlagenen Aufnahmen. Später bearbeitet der Techniker die verbleibenden Aufnahmen und ordnet sie mit einer speziellen Fotostudiosoftware in einer Fotogalerie an. Sobald die Galerie fertiggestellt ist, wird der Kunde per E-Mail benachrichtigt. Die Benachrichtigung enthält einen Verweis zur Internetseite der Galerie.

Kunden können die Galerie einsehen, die Bilder auswählen, die sie drucken möchten (und wie viele Exemplare davon) und welche Bilder sie digital erhalten möchten (in voller Auflösung). Kunden können ein ausgewähltes Bild auch kommentieren, um eine weitere Bearbeitung der Bilder zu beauftragen (spezielle Anfragen). Wenn der Auftrag aufgegeben wird, können die Kunden angeben, ob sie die gedruckten Bilder im Studio abholen oder geliefert bekommen möchten. Bei einer Lieferung wird eine Liefergebühr zum Auftrag hinzugefügt.

Sobald ein Kunde eine Bestellung aufgibt, führt ein Techniker die zusätzlichen Bearbeitungen durch (sofern diese vom Kunden beauftragt wurden). Im Fall von Sonderwünschen muss der Techniker gegebenenfalls mit dem Kunden via Telefon oder E-Mail kommunizieren, um die Anliegen zu klären und zu bestimmen, wie diese umgesetzt werden. Außerdem wird kommuniziert, ob sich dadurch eine zusätzliche Gebühr ergibt und wie hoch diese ist. Sofern Ausdrucke angefordert werden, druckt der Techniker diese aus, steckt sie in einen Umschlag und hinterlegt diese beim Schalter des Studios.

Bilder von einem Fototermin werden bis zu 30 Tage in der entsprechenden Galerie aufbewahrt (eine Erinnerung wird 5 Tage vor dem Ablaufdatum an den Kunden gesendet). Wenn ein Kunde nach diesem Zeitraum keine Bestellung aufgegeben hat, wird eine Rechnung über den Mindestrechnungsbetrag gesendet (siehe unten). Rechnungen sind innerhalb von 7 Tagen nach Rechnungsstellung zahlbar. Ein Kundendienstmitarbeiter sendet eine Erinnerung, wenn eine Rechnung überfällig ist.

Sobald die Bilder fertig sind, bestimmt ein Kundendienstmitarbeiter den Rechnungsbetrag (einschließlich zusätzlicher Gebühren für Sonderwünsche). Der Kundendienstmitarbeiter erstellt dann eine Rechnung und sendet sie an den Kunden.

Nach Zahlungseingang der Rechnung verpackt der Kundendienstmitarbeiter die Ausdrucke für den Postversand (sofern vom Kunden bestellt) und sendet einen Link an den Kunden, unter welchem er die bestellten digitalen Bilder in voller Auflösung herunterladen kann. Der Abgleich der eingehenden Zahlungen mit den Rechnungen erfolgt automatisch durch ein Buchhaltungssystem (das gleiche System, das für die Rechnungserstellung verwendet wird).

Buchungen oder Auftragsstornierungen können auf drei Arten erfolgen: (i) vor dem Termin (Buchungsstornierung); (ii) im Falle des Nichterscheinens (der Kunde ist zum Termin nicht erschienen und hat den Termin nicht neu geplant); oder (iii) nach der Aufnahme, wenn der Kunde innerhalb von 30 Tagen keine Bilder bestellt. Bei Stornierungen vor dem Fototermin wird keine Gebühr erhoben. Bei Stornierungen aufgrund von Nichterscheinen fällt keine Gebühr an, wenn der Termin im Fotostudio geplant war. Wenn der Termin *vor Ort* beim Kunden vereinbar wurde, wird eine Gebühr von 50 € fällig. Im Falle des Nichterscheinens kann der Kunde die Buchung auf einen späteren Tag verschieben, die Gebühr für Nichterscheinung zu einem Termin vor Ort wird dem Kunden jedoch berechnet. Wenn ein Kunde nach einem Termin kein Bild bestellt, wird ihm eine Fotoaufnahmegebühr von 100 € für Studioaufnahmen (150 € für Aufnahmen vor Ort) in Rechnung gestellt.

Übung 4.32 Zeichnen Sie ein Kollaborationsdiagramm für folgenden Hypothekenprozess der Firma BestLoans.

Der Prozess beginnt mit dem Erhalt eines Hypothekenantrags eines Kunden. Wenn der Antrag vom Kunden an den Makler gesendet wird, prüft der Makler den Antrag, sofern der Betrag des Hypothekendarlehens innerhalb des von BestLoans erteilten Mandats liegt, oder leitet den Antrag an BestLoans weiter.

Wenn der Antrag vom Makler geprüft wird, muss der Makler innerhalb einer Woche entweder eine Ablehnung oder ein Genehmigungsschreiben an den Kunden senden. Wenn der Makler ein Genehmigungsschreiben sendet, leitet er dessen Details an BestLoans weiter, sodass der Kunde direkt mit BestLoans kommunizieren und sich das Darlehen auszahlen lassen kann. In diesem Fall erfasst BestLoans den Antrag und sendet eine Bestätigung an den Kunden.

Der Makler kann nur eine bestimmte Anzahl von Kunden gleichzeitig bearbeiten. Wenn der Makler nicht innerhalb einer Woche antworten kann, muss sich der Kunde direkt mit BestLoans in Verbindung setzen. In diesem Fall wird der Zinssatz gesenkt, wenn der Antrag genehmigt wird.

Wenn BestLoans den Antrag direkt abwickelt, prüft die Hypothekenabteilung die Kredite des Kunden mittels einer Abfrage bei der Schutzgemeinschaft für allgemeine Kreditsicherung. Wenn der Darlehensbetrag mehr als 90% der Gesamtkosten des vom Kunden erworbenen Hauses beträgt, muss die Hypothekenabteilung bei der Versicherungsabteilung ein Angebot für eine Hypothekenversicherung anfordern. Danach sendet BestLoans entweder ein Genehmigungsschreiben oder eine Ablehnung an den Makler, welche der Makler dann an den Kunden weiterleitet (diese Interaktion kann auch direkt zwischen der Hypothekenabteilung und dem Kunden erfolgen, wenn kein Makler beteiligt ist).

Nachdem ein Genehmigungsschreiben an den Kunden gesendet wurde, kann der Kunde das Angebot entweder annehmen oder ablehnen, indem er dies direkt der Hypothekenabteilung mitteilt. Erhält die Hypothekenabteilung eine Annahmebestätigung, stellt sie eine Urkunde aus und schickt sie zur Unterschrift an einen externen Notar. Der Notar sendet eine Kopie der unterzeichneten Urkunde an die Hypothekenabteilung. Als nächstes setzt die Versicherungsabteilung einen Versicherungsvertrag für die Hypothek auf. Schließlich übermittelt die Hypothekenabteilung einen Auszahlungsantrag an die Finanzabteilung. Wenn dieser Antrag bearbeitet wurde, benachrichtigt die Finanzabteilung den Kunden direkt.

Während des Antragsprozesses kann sich der Kunde jederzeit bei der Hypothekenabteilung oder beim Makler nach dem Status des Antrags erkundigen, je nachdem, welche Einheit mit dem Kunden zu tun hat. Darüber hinaus kann der Kunde die Stornierung des Antrags beantragen. In diesem Fall berechnet die Hypothekenabteilung oder der Makler die Gebühren für die Antragsbearbeitung, die davon abhängen, wie weit der Antragsprozess fortgeschritten ist, und teilt diese dem Kunden mit. Der Kunde kann innerhalb von zwei Tagen mit einer Stornierungsbestätigung antworten. In diesem Fall wird der Prozess abgebrochen. Alternativ kann der Kunde die Stornierung abbrechen, in diesem Fall wird der Prozess fortgesetzt. Wenn der Prozess abgebrochen wird, muss BestLoans möglicherweise das Darlehen zurückrufen (wenn die Auszahlung erfolgt ist), dann den Versicherungsvertrag aufheben (falls ein Versicherungsvertrag abgeschlossen wurde) und schließlich die Urkunde als ungültig markieren (wenn eine Urkunde vorliegt).

4.8   Vertiefende Lektüre

Wir haben Geschäftsprozessdiagramme mit einem Becken sowie Kollaborationsdiagramme mit mehreren Becken betrachtet. Es gibt zwei weitere Arten von Diagrammen in BPMN, nämlich Choreografiediagramme *(engl.: choreography diagram)* und Konversationsdiagramme *(engl.: conversation diagram)*. Choreographiediagramme ermöglichen es, Interaktionen zwischen Parteien (und nicht nur zwischen Aktivitäten) sowie deren Reihenfolge zu erfassen. Konversationsdiagramme helfen darzustellen, welche Parteien miteinander kommunizieren. Choreografie- und Konversationsdiagramme in BPMN stammen aus einer Sprache für die Modellierung von Web-Service-Interaktionen mit dem Namen *Let's Dance* [2].

Für weitere Informationen zur BPMN-Modellierungssprache verweisen wir auf die BPMN-Website.[1] Diese Website enthält auch einen Link zu praktischen BPMN-Materialien, einschließlich einer Kurzanleitung zu allen BPMN-Elementen und eine umfassende Liste von Büchern zu diesem Thema. Unter den vielen Büchern, die sich mit BPMN befassen, möchten wir die von Silver [3], Allweyer [4], sowie Freund und Rücker [5] hervorheben.

Ein kompaktes BPMN-Poster, das in 15 Sprachen erhältlich ist, kann von der Webseite der Berliner BPM-Offensive heruntergeladen werden.[2]

Literatur

1. Lohmann, N.: Correcting deadlocking service choreographies using a simulation-based graph edit distance. In: International Conference on Business Process Management, Lecture Notes in Computer Science, Bd. 5240, S. 132–147. Springer, Heidelberg (2008)
2. Johannes, M.Z., Alistair, P.B., Marlon, D., ter Hofstede, A.H.M.: Let's dance: a language for service behavior modeling. In: Proceedings of the OTM Conferences (1) of Lecture Notes in Computer Science, Bd. 4275, S. 145–162. Springer, Heidelberg (2006)
3. Silver, B.: BPMN Method and Style, 2. Aufl. Cody-Cassidy, London (2011)
4. Thomas, A.: BPMN 2.0: Introduction to the Standard for Business Process Modeling, 2. Aufl. Books on Demands (2016)
5. Jakob, F., Rücker, B.: Real-Life BPMN: With introductions to CMMN and DMN, 3. Aufl. CreateSpace Independent Publishing Platform (2016)

---

[1] http://www.bpmn.org

[2] http://www.bpmb.de/index.php/BPMNPoster

Prozesserhebung

5

Alle Wahrheiten sind leicht verständlich von dem Zeitpunkt an, wo sie aufgedeckt werden.

Galileo Galilei (1564–1642)

In den letzten beiden Kapiteln haben wir uns mit der Frage beschäftigt, wie man Prozessmodelle erstellt. Dabei sind wir meist von der Annahme ausgegangen, dass es eine textbasierte Beschreibung des Prozesses gibt. In der Praxis ist das aber nur selten der Fall, zumindest wenn ein Prozessmodell zum allerersten Mal erstellt wird. Es gibt verschiedene Methoden, um Prozessmodelle mithilfe von Informationen zu erstellen, die wir über Geschäftsprozesse innerhalb der Organisation erheben. Beispielsweise können wir Interviews mit Prozessbeteiligten oder Beobachtungen ihrer Arbeitsweise durchführen. Ebenso ist es wichtig, dass ein Prozessmodell nicht nur syntaktischen Regeln folgt, sondern auch den tatsächlichen Abläufen entspricht, die es darstellen soll. Daher müssen wir die genauen Vorgänge innerhalb eines Geschäftsprozesses kennen und darüber hinaus die Fähigkeit haben, den Geschäftsprozess in einem aussagekräftigen BPMN-Modell darzustellen. Diese beiden Fähigkeiten sind selten in ein und derselben Person vorhanden. Daher sind oft verschiedene Interessengruppen mit unterschiedlichen und komplementären Fähigkeiten an der Erstellung von Prozessmodellen beteiligt.

In diesem Kapitel wenden wir uns zunächst den Herausforderungen zu, mit denen relevante Interessengruppen bei der Erstellung eines Prozessmodells konfrontiert sind. Anschließend stellen wir Methoden vor, mit denen wir in so einem Kontext effektiv kommunizieren und Informationen einholen können. Aufbauend auf diesen Überlegungen beschreiben wir Schritt für Schritt, wie ein Prozessmodell erstellt wird und welche Qualitätskriterien überprüft werden müssen, bevor das Modell als verbindliche Darstellung eines bestimmten Geschäftsprozesses gelten kann.

© Springer-Verlag GmbH Deutschland, ein Teil von Springer Nature 2021
M. Dumas et al., *Grundlagen des Geschäftsprozessmanagements,*
https://doi.org/10.1007/978-3-662-58736-2_5

5.1   Der Rahmen der Prozesserhebung

Unter Prozesserhebung versteht man das Erheben von Informationen über einen gegebenen Prozess sowie das Organisieren dieser Informationen in Form eines Istmodells. Mit dieser Definition betonen wir das Erheben und Organisieren von Informationen. Das bedeutet, dass die Prozesserhebung eine viel breiter angelegte Aktivität ist als die Prozessmodellierung. Das Modellieren ist natürlich ein Teil dieser Aktivität. Das Problem ist aber, dass die Modellierung erst beginnen kann, wenn Informationen in ausreichendem Maße zusammengetragen wurden. In der Tat erweist sich das Erheben von Informationen in der Praxis oft als schwierig und zeitaufwändig. Daher müssen wir zuerst einen Rahmen definieren, um Informationen effektiv erheben zu können. Dabei unterscheiden wir vier Aufgaben der Prozesserhebung:

1. Den Rahmen definieren: Hier beschäftigen wir uns mit der Zusammenstellung eines Teams in einem Unternehmen, das an dem Prozess arbeiten wird.
2. Erheben von Informationen: Dieser Schritt zielt darauf ab, ein Verständnis für den Prozess zu entwickeln. Wir können verschiedene Erhebungsmethoden anwenden, um Informationen über einen Prozess einzuholen.
3. Durchführen der Modellierungsarbeit: Hier befassen wir uns mit der eigentlichen Erstellung des Prozessmodells. Eine Modellierungsmethode beschreibt Vorgaben für die systematische Abbildung eines Prozesses.
4. Sicherstellen der Qualität des Prozessmodells: Im Rahmen dieses Schrittes stellen wir sicher, dass das resultierende Prozessmodell verschiedene Qualitätskriterien erfüllt. Dieser Schritt ist wichtig, damit Vertrauen in das Prozessmodell aufgebaut wird.

Nachdem der Rahmen definiert wurde, werden die verbleibenden drei Aufgaben oft iterativ ausgeführt, d. h. während wir Informationen über einen bestimmten Prozess erheben, erstellen wir einen Modellentwurf und gehen sicher, dass der Entwurf eine hohe Qualität aufweist. Im Folgenden diskutieren wir die zentralen Rollen bei der Prozesserhebung.

5.1.1   Prozessanalyst versus Fachexperte

Bei der Prozesserhebung sind zwei Rollen von entscheidender Bedeutung: der *Prozessanalyst (engl.: process analyst)* und der *Fachexperte (engl.: domain expert)*. Ein oder mehrere Prozessanalysten sind normalerweise dafür zuständig, Informationen über einen bestimmten Geschäftsprozess zu erheben und den Modellierungsvorgang unter der Leitung des Prozessverantwortlichen zu koordinieren. Ein Prozessanalyst muss daher mit Prozessmodellierungssprachen wie BPMN sowie im Erheben und Organisieren von prozessrelevanten Informationen geübt sein. Prozessanalysten kennen aber in der Regel nicht alle Details eines bestimmten Prozesses.

Beispiel 5.1 Betrachten wir die folgenden zwei Modellierungsaufgaben:

- Modellierung eines Prozesses zur Bestellung von Büchern über eine Online-Buchhandlung aus Kundensicht.
- Modellierung desselben Prozesses aus Sicht der Buchhandlung.

Wenn Sie mithilfe dieses Buches bereits gelernt haben, Geschäftsprozesse zu modellieren, sollten Sie die erste der oben genannten Modellierungsaufgaben lösen können. Wahrscheinlich kennen Sie auch diesen Prozess, da Sie bereits das eine oder andere Buch online über das Buchgeschäft Ihres Vertrauens bestellt haben. Bei der zweiten Modellierungsaufgabe verhält es sich vermutlich anders: Sie können diese Aufgabe nur lösen, wenn Sie für einen Online-Buchhändler gearbeitet haben. Dies ist aber eher unwahrscheinlich. □

Letztlich entscheidet die Beteiligung an einem Geschäftsprozess auf Unternehmensseite, bspw. an Aktivitäten der Erbringung von Dienstleistung oder der Herstellung von Produkten, darüber, ob wir mit dem Prozess vertraut sind oder nicht. In der Praxis müssen Prozessanalysten Geschäftsprozesse modellieren, die sie weder als Prozessbeteiligte noch als Kunden kennen.

Daher müssen sie umfangreiche Informationen über den Prozess erheben, damit sie verstehen, wie der Prozess intern funktioniert. Das tun sie, indem sie den Prozess mit denjenigen besprechen, die mit ihm täglich zu tun haben: den Fachexperten.

Ein Fachexperte ist somit jede Person, die genau weiß, wie ein Prozess oder eine bestimmte Aktivität innerhalb dieses Prozesses ausgeführt wird. Normalerweise handelt es sich hierbei um Prozessbeteiligte, es kann jedoch auch der Prozessverantwortliche oder ein Manager sein, der ein Team von Prozessbeteiligten koordiniert. Externe Beteiligte wie Partner, Lieferanten und Kunden des Prozesses sollten auch als Fachexperten herangezogen werden, da sie eine ergänzende Sicht auf den Prozess einbringen können. Zweifellos ist ihre Kenntnis des Prozesses aber begrenzt, da sie nur mit nach außen sichtbaren Abschnitten des Prozesses zu tun haben. Leider können Fachexperten den Prozess oft nicht modellieren. In einigen Unternehmen weigern sich Fachexperten sogar, Prozessmodelle zu diskutieren, da es ihnen unangenehm ist, wenn sie ihre Beteiligung am Prozess mithilfe eines Prozessmodells erklären sollen. Daher verlassen sich Unternehmen häufig auf Prozessanalysten, um das Prozesswissen der Fachexperten in einem Prozessmodell zusammenzuführen.

Prozessanalysten und Fachexperten haben unterschiedliche Modellierungsfähigkeiten, da sie unterschiedliche Modellierungserfahrung haben und auch anders geschult sind. Viele Unternehmen bieten Schulungsprogramme an, um die Modellierungsfähigkeiten von Fachexperten zu verbessern. Eine Schulung ist die Voraussetzung für Projekte, in denen Prozessbeteiligte ihre eigenen Prozesse modellieren sollen. Auf der anderen Seite gibt es Beratungsunternehmen, die sich auf Prozesse in bestimmten Branchen, wie etwa Handel, Finanzdienstleistungen oder Produktion spezialisiert haben. Es ist vorteilhaft, wenn Berater in Modellierungsprojekten eingesetzt werden, in denen sie auch über Fachwissen verfügen.

Der *Prozessverantwortliche* sollte sicher stellen, dass sich Analysten und Fachexperten an der Festlegung des Rahmens der Prozesserhebung beteiligen. Wie viele und welche Prozessanalysten und Fachexperten einbezogen werden und welche Fähigkeiten sie mitbringen sollen, hängt von der Komplexität des jeweiligen Prozesses ab.

Im Folgenden werden wir diesen Punkt näher erläutern. Wir beginnen mit den drei Herausforderungen der Prozesserhebung.

Übung 5.1 Sie sind Manager eines Beratungsunternehmens und müssen eine Person für das neu angeworbene BPM-Projekt bei einer Online-Buchhandlung einstellen. Betrachten Sie die folgenden zwei Profile. Wen würden Sie als Prozessanalysten einstellen?

- Mike Miller verfügt über zehn Jahre Berufserfahrung bei einem Online-Händler. Er hat in verschiedenen Teams gearbeitet, die am Bestellung-bis-Zahlung-Prozess des Online-Händlers beteiligt waren.
- Sara Smith hat fünf Jahre Erfahrung als Prozessanalyst im Bankensektor. Sie kennt zwei verschiedene Prozessmodellierungssprachen sowie unterschiedliche Modellierungswerkzeuge.

5.1.2 Drei Herausforderungen der Prozesserhebung

Die Tatsache, dass Modellierungskenntnisse und Fachwissen häufig bei verschiedenen Personen liegen, führt zu drei wesentlichen Herausforderungen bei der Prozesserhebung: fragmentiertes Prozesswissen, fallbasiertes Denken und mangelnde Vertrautheit mit Prozessmodellsprachen.

Die erste Herausforderung der Prozesserhebung bezieht sich auf *fragmentiertes Prozesswissen*. Geschäftsprozesse stellen eine Reihe zusammenhängender Tätigkeiten dar. Infolge von Spezialisierung und Arbeitsteilung werden heutzutage aber kaum alle Aktivitäten eines Prozesses von ein und derselben Ressource durchgeführt. Vielmehr sind unterschiedliche Aktivitäten Ressourcen mit verschiedenen Fähigkeiten zugeordnet. Aus diesem Grund muss ein Prozessanalyst mit verschiedenen Fachexperten sprechen, die für verschiedene Aktivitäten zuständig sind, um umfassende Informationen über einen Prozess erheben. In der Regel haben Fachexperten einen groben Überblick über den Gesamtprozesses sowie ein sehr detailliertes Verständnis ihrer eigenen Tätigkeiten. Dies erschwert es, die verschiedenen Sichten zusammenzuführen. Möglicherweise hat ein Fachexperte eine andere Vorstellung davon, welches Ergebnis von einer vorgelagerten Aktivität erwartet werden muss, als jene Person, welche diese tatsächlich ausführt. Die erhobenen Informationen zeigen möglicherweise Konflikte auf, die gelöst werden müssen. Es ist auch oft der Fall, dass die Regeln des Prozesses nicht explizit im Detail definiert sind. In solchen Situationen haben verschiedene Fachexperten womöglich von einander abweichende Vorstellungen. Fragmentiertes Prozesswissen ist einer der Gründe, warum die Prozesserhebung in mehreren Iterationen erfolgen muss. Der Prozessanalyst muss nach dem Befragen aller relevanten Fachexperten Vorschläge erbringen, wie sich Widersprüche auflösen lassen. Dies erfordert wiederum die Rückmeldung und gegebenenfalls die Zustimmung der Fachexperten, bevor die endgültige Bestätigung durch den Prozessverantwortlichen erfolgen kann.

Die zweite Herausforderung ergibt sich aus der Tatsache, dass Fachexperten normalerweise Prozesse aus der Sicht von Einzelfällen betrachten. Fachexperten können Tätigkeiten leicht beschreiben, die von ihnen für einen bestimmten Fall durchgeführt wurden. Möglicherweise fällt es ihnen aber schwer, generelle Fragen zur Funktionsweise eines Prozesses zu beantworten. Prozessanalysten erhalten oft Antworten wie „Sie können das nicht wirklich verallgemeinern, jeder Fall ist anders" oder „Wir können niemals etwas genau auf dieselbe Weise tun, da gibt es zu viele besondere Umstände, um eine solche Frage zu beantworten". Es ist in der Tat die Aufgabe des Prozessanalysten, die vom Fachexperten bereitgestellten Informationen so zu organisieren und zu abstrahieren, dass ein systematisch definiertes Prozessmodell erstellt werden kann. Daher ist es erforderlich, die Fachexperten zu spezifischen Aspekten des Prozesses zu befragen, z. B. was geschieht, wenn bestimmte Bedingungen erfüllt sind oder nicht, wenn ein bestimmtes Ergebnis erzielt wird oder wenn bestimmte Fristen nicht eingehalten werden. Auf diese Weise kann der Prozessanalyst auf Bedingungen schließen, die den Verlauf des Prozesses entscheidend beeinflussen.

Die dritte Herausforderung bei der Prozesserhebung ergibt sich aus der Tatsache, dass Fachexperten in der Regel *nicht mit Prozessmodellierungssprachen vertraut sind*. Diese Beobachtung führte bereits zu der grundlegenden Unterscheidung zwischen Fachexperten und Prozessanalysten. In diesem Zusammenhang besteht das Problem nicht nur darin, dass Fachexperten Prozessmodelle selten selbst erstellen können, sondern sie können sie meist auch nicht lesen. Das erschwert es mitunter, Feedback zu einem Prozessentwurf zu erhalten. Normalerweise ist es daher nicht sinnvoll, das Modell dem Fachexperten zu zeigen und nach Korrekturen zu fragen. Selbst wenn Fachexperten die Bezeichnung der Aktivitäten gut nachvollziehen können, kennen sie häufig die Schaltsemantik einer Modellierungssprache wie BPMN nicht. Der Prozessanalyst muss daher den Inhalt eines Prozessmodells detailliert erklären, z. B. indem er das Modell umgangssprachlich beschreibt. Für Fachexperten ist es einfacher, solche Beschreibungen des Prozesses zu kommentieren und auf Aspekte hinzuweisen, die aus ihrer Sicht geändert oder klarer dargestellt werden müssen.

Die Infobox „Profil eines erfahrenen Prozessanalysten" erläutert, was einen Prozessanalysten zu einem Experten macht.

Übung 5.2 Betrachten Sie den   Auftrag-bis-Zahlungseingang-Prozess des Online-Buchhandels Ihres Vertrauens. Stellen Sie sich vor, dass Sie zu drei internen Ressourcen Zugang haben: eine Verantwortliche für Kundenbeziehungen (die für den Vertrieb und Beschwerden zuständig ist), einen Lagerarbeiter (der sich um den Versand kümmert) sowie eine Finanzbeauftragte (die Rechnungen erstellt und Zahlungseingänge bearbeitet). Welche Fragen sollten Sie als Prozessanalyst den Fachexperten stellen, damit Sie ein komplettes und systematisches Verständnis des Prozesses erlangen?

Hinweis. Führen Sie sich vor Augen, dass die drei Prozessbeteiligten verschiedene Blickwinkel auf den Prozess haben. Denken Sie an die möglichen Ereignisse, Prozessergebnisse und Ausnahmen, mit denen sie bei der Ausführung des Prozesses in Berührung kommen.

PROFIL EINES ERFAHRENEN PROZESSANALYSTEN

Die Fähigkeiten eines Prozessanalysten spielen eine wichtige Rolle bei der Prozesserhebung. *Erfahrenen Prozessanalysten* können anhand einer Reihe allgemeiner Eigenschaften, ihrer Vorgehensweise bei der Durchführung von BPM-Projekten und der Qualität der Prozessmodelle beschrieben werden, die aus ihrer Arbeit hervorgehen.

Forschungsarbeiten zum Thema Expertise im Rahmen der Systemanalyse und des Systemdesigns haben verschiedene Eigenschaften identifiziert, die erfahrene Prozessanalysten auszeichnen.

Eine Möglichkeit, um persönliche Eigenschaften zu beschreiben, ist das in der Psychologie entwickelte *Fünf-Faktoren-Modell*. Im Wesentlichen beschreibt dieses Modell fünf psychologische Faktoren, nämlich *Offenheit* (Neugierde und Wertschätzung von Kunst, Gefühlen und Abenteuer), *Gewissenhaftigkeit* (Tendenz zu Effizienz, Selbstdisziplin, Leistung und Planung), *Extraversion* (positiv, energetisch und nach Gesellschaft suchend sein), *Verträglichkeit* (mitfühlend und kooperativ sein) und *Neurotizismus* (ängstlich, deprimiert und verletzlich sein). Diese Faktoren wurden auch im Hinblick auf ihre Verbindung mit erfahrenen Analysten untersucht. Erfahrenen Analysten scheinen sich durch Gewissenhaftigkeit und Extraversion auszuzeichnen. In der Tat erfordern Prozesserhebungsprojekte eine gewissenhafte Planung und Koordination von Interviews oder Workshops mit verschiedenen Fachexperten innerhalb eines begrenzten Zeitraums. Außerdem können Prozesserhebungsprojekte Gegenstand interner politischer Dynamiken sein. Diese Dynamiken können entstehen, wenn die Ziele der relevanten Interessengruppen nicht restlos geklärt sind, wenn sie Angst haben, ihre Positionen zu verlieren, oder wenn sie entgegensetzte Ziele verfolgen. In so einem Umfeld benötigt man einen energetischen und extrovertierten Prozessanalysten, der eine positive Arbeitsatmosphäre in dem Projekt schafft und Kompromisse zwischen den relevanten Parteien herstellt, während er sich aber der einzelnen Interessen bewusst bleibt.

Generell fällt die Prozesserhebung in die Kategorie schlecht definierter Probleme *(engl.: ill-defined problems)*. Das bedeutet, dass zu Beginn eines Prozesserhebungsprojekts möglicherweise unklar ist, welche Fachexperten kontaktiert werden müssen, welche Dokumentation verwendet werden kann und welche Ziele die relevanten Interessengruppen verfolgen. Wie Analyseexperten ein Projekt voranbringen, ist stark von ihren Erfahrungen aus früheren Projekten abhängig. Daher besteht ein großer Unterschied zwischen der Art und Weise, wie Anfänger Probleme verstehen und lösen und wie erfahrene Prozessanalysten das tun. In Bezug auf das Problemverständnis wurde beobachtet, dass erfahrene Prozessanalysten ein Projekt aus der Perspektive der übergeordneten Zielsetzungen von oben nach unten verfolgen. Anfänger hingegen haben oft keine klare Zielorientierung und versuchen, Projekte von unten nach oben zu entwickeln. Das heißt, sie beginnen häufig mit der Durchsicht von leicht zugänglicher Dokumentation und sprechen mit Personen, die sich leicht dazu bereit erklären. Experten arbeiten anders. Sie können auf eine Reihe von expliziten Auslösern *(engl.: trigger)* und damit verbundenem Erfahrungswissen zurückgreifen, das sie in früheren Projekten gewonnen haben. Sie neigen dazu, die folgenden Aspekte besonders zu beachten:

- *Die richtigen Leute an Bord holen.* Wenn Sie mit einem bestimmten Prozessbeteiligten sprechen müssen, sollten Sie sicher stellen, dass sein unmittelbarer Vorgesetzter eingebunden ist. Der Prozessbeteiligte sollte sich bewusst sein, dass seine Vorgesetzten die Beteiligung an der Prozesserhebungsarbeit unterstützen.
- *Eine Reihe von Arbeitshypothesen entwickeln, wie der Prozess strukturiert ist.* Um mit dem Projekt fortzufahren, ist es wichtig, kurze und genaue Arbeitshypothesen zu haben, wie der Prozess in verschiedenen Detaillierungsgraden strukturiert ist, die Sie dann Schritt für Schritt validieren können. Bereiten Sie eine umfassende Reihe von Fragen und Annahmen vor, die mit Fachexperten besprochen werden können, z. B. im Rahmen von Interviews oder Workshops.
- *Muster in Informationen erkennen, die von Fachexperten zur Verfügung gestellt wurden.* Diese Muster können verwendet werden, um Teile des Prozesses zu erstellen. Solche Informationen beziehen sich typischerweise auf spezifische Kontrollflussstrukturen. Beispielsweise deuten Aussagen über bestimmte Aktivitäten, die wahlweise, exklusiv oder unter bestimmten Bedingungen auftreten, auf die Verwendung von XOR-Gattern hin. In ähnlicher Weise deuten Aussagen über Aktivitäten, die unabhängig voneinander oder in der einen oder anderen Reihenfolge erfolgen können, auf die Verwendung von UND-Gattern hin. Für Experten ist es meist einfach, Prozesse mithilfe einer Kombination dieser Muster zu skizzieren.
- *Auf die Modellqualität achten.* Leicht verständliche Modelle helfen dabei, alle relevanten Interessengruppen besser miteinzubeziehen. Sie sind auch für den Analysten bei der Erstellung des Modells selbst nützlich. Experten wählen gekonnt die richtige Abstraktionsebene. Beispielsweise sollten Sie einem Manager kein besonders detailliertes Modell zeigen. Die Bedeutung der Darstellung ergibt sich aus der Tatsache, dass sich erfahrene Prozessanalysten häufig viel Zeit nehmen, um die verschiedenen Modellelemente so anzuordnen, dass das Modell leicht verständlich ist.

5.2   Methoden der Prozesserhebung

Wir haben nun eine Vorstellung davon, welche Aufgaben Prozessanalysten erfüllen, welche
Fähigkeiten sie haben und auf welche Bedingungen sie beim Umgang mit Fachexperten
achten müssen. Wenden wir uns nun verschiedenen Methoden zu, mit denen Informationen
über einen Prozess erhoben werden können. Wir unterscheiden drei Typen von Erhebungsmethoden: evidenzbasierte, interviewbasierte und workshopbasierte Erhebungsmethoden.
Sie haben jeweils Stärken und Schwächen, die wir erläutern werden.

5.2.1   Evidenzbasierte Erhebungsmethoden

Es gibt in der Regel verschiedene Ansatzpunkte, um die Funktionsweise eines bestimmten
Prozesses zu untersuchen. Wir diskutieren drei evidenzbasierte Methoden: Dokumentenanalyse, Beobachtung und automatische Prozessmodellgenerierung.

Dokumentenanalyse: Die Dokumentenanalyse nutzt die Tatsache, dass meist ein bestehender Geschäftsprozess dokumentiert wird. Im Idealfall sind Prozessbeschreibungen
verfügbar, die in früheren Modellierungsprojekten erstellt wurden. Des Weiteren können
interne Richtlinien, Organigramme, Beschäftigungspläne, Qualitätszertifikatsberichte,
Glossare und Handbücher, Benutzerformulare, Daten- und Systemmodelle, Arbeitsanweisungen und Arbeitsprofile vorliegen. Die Nutzung dieser Dokumente als Analysebasis
ist allerdings nicht unproblematisch. Erstens ist der größte Teil der Dokumentation eines
Unternehmens nicht prozessorientiert. Betrachten wir z. B. ein Organigramm. Es definiert
die Organisationseinheiten und Stellen und ist hilfreich, um eine relevante Gruppe von
Prozessbeteiligten zu identifizieren. Bei unserem Online-Buchhändler könnte das beispielsweise bedeuten, dass der Vertrieb, die Logistikabteilung und die Finanzabteilung
wahrscheinlich in den Auftrag-bis-Zahlungseingang-Prozess einbezogen sind. Zweitens
ist die Granularität der Dokumentation oft nicht angemessen. Während ein Organigramm
ein eher abstraktes Bild der Organisation zeichnet, gibt es oft viele Dokumente, die Teile
eines Prozesses auf einer sehr feingranularen Ebene beschreiben. Viele Unternehmen
dokumentieren genaue Arbeitsanweisungen für Aufgaben und Stellenprofile. Diese sind
aber meist zu detailliert, um einen Geschäftsprozess auf einer konzeptionellen Ebene
zu modellieren. Daher müssen wir möglicherweise von den Inhalten dieser Dokumente
abstrahieren, um jene Informationen zu erhalten, die wir für die Modellierung unseres Geschäftsprozesses benötigen. Drittens sind viele Dokumente nur bedingt vertrau-
enswürdig. Für ein Prozesserhebungsprojekt müssen wir verstehen, wie ein Prozess in
der Realität funktioniert. Viele Dokumente spiegeln nicht unbedingt die gängige Praxis
wider. Manche sind veraltet und manche geben darüber Auskunft, wie Dinge idealerweise
funktionieren sollten (sie sind somit normative Dokumente) und nicht, wie Prozessbeteiligte ihre Arbeit tatsächlich verrichten. Auf der anderen Seite besteht der Vorteil der

Dokumentenanalyse darin, dass ein Prozessanalyst die verfügbaren Dokumentationen verwenden kann, um sich mit bestimmten Teilen eines Prozesses und dessen Umgebung vertraut zu machen und auch, um Hypothesen zu formulieren. Diese Methode ist hilfreich, bevor wir mit Fachexperten sprechen. Ein Analyst muss sich aber immer bewusst sein, dass Dokumente nicht unbedingt die Realität der tatsächlichen Prozessausführung widerspiegeln.

Beobachtung: Wenn wir die Beobachtung als Erhebungsmethode wählen, konzentrieren wir uns auf die Bearbeitung einzelner Fälle, um die Funktionsweise des Prozesses zu verstehen. Als Prozessanalyst können wir entweder die aktive Rolle eines Kunden oder die passive Rolle eines Beobachters einnehmen. Im Rahmen der *aktiven Rolle eines Kunden* setzen wir den Prozess in Gang und zeichnen die ausgeführten Schritte sowie die angebotenen Auswahlmöglichkeiten auf. In unserem Online-Buchhandel können wir beispielsweise eine neue Buchbestellung in Auftrag geben und verfolgen, welche Aktivitäten auf Händlerseite ausgeführt werden. Das schafft ein gutes Verständnis der Grenzen des Prozesses und dessen wesentliche Meilensteine. Gleichzeitig sehen wir nur jene Prozessabschnitte, die eine Interaktion mit dem Kunden erfordern. Die Verarbeitung im Hintergrund bleibt uns verborgen. Die Rolle eines *passiven Beobachters* ist besser geeignet, um den gesamten Prozess zu verstehen. Das erfordert jedoch, dass wir Zutritt zu den relevanten Personen und Standorten haben, an denen der Prozess ausgeführt wird. Normalerweise erfordert ein solcher Zutritt eine Genehmigung durch die Geschäftsführung sowie der Vorgesetzten der jeweiligen Teams, und außerdem werden wir nicht zu allen Standorten Zutritt erhalten können (denken Sie etwa an eine abgelegene Ölplattform). Darüber hinaus kann diese Methode problematisch sein, da Menschen sich mitunter anders verhalten, wenn sie wissen, dass sie beobachten werden. Normalerweise ändern Menschen ihr Verhalten unter Beobachtung so, dass sie schneller und fleißiger arbeiten. Dies gilt es zu beachten, wenn im Rahmen des Modellierungsprojekts Durchführungszeiten geschätzt und mögliche Ausnahmen des normalen Prozessablaufs identifiziert werden. Die auf Beobachtung basierende Erhebung hat jedoch den Vorteil, dass sie zeigt, wie ein Prozess in der Realität zu einem bestimmten Zeitpunkt ausgeführt wird. Dies steht im Gegensatz zur Dokumentenanalyse, die sich normalerweise auf die Vergangenheit bezieht.

Automatische Prozessmodellgenerierung: Die *automatische Prozessmodellgenerierung* ist eine Methode, die auf *Ereignislogdaten (engl.: event logs)* zurückgreift, d. h. Ausführungsdaten, die in unternehmensweiten Informationssystemen gespeichert werden. Aus diesen Daten können automatisch Modelle jener Geschäftsprozesse generiert werden, die von diesen Systemen unterstützt werden. Denken Sie zum Beispiel an ein Schadensmanagementsystem in einem Versicherungsunternehmen. Dieses System verfügt nicht unbedingt über ein Prozessmodell, das als explizite Vorlage für die Schadenbearbeitung dient. Mithilfe einer automatischen Prozessmodellgenerierung ist es aber möglich, ein solches Prozessmodell zu erzeugen, selbst wenn der Prozess fest im System verankert ist. Diese Methode hat drei Vorteile. Erstens erfassen Ereignislogdaten, wie der Geschäftsprozess tatsächlich ausgeführt wird. Daher erhalten wir eine objektive Darstellung des Prozesses, anstatt dass wir uns auf direkte Beobachtungen oder Auskünfte von Fachexperten verlassen müssen. Zweitens erfassen Ereignislogdaten meist eine Vielzahl von prozessbezogenen Informationen, die über die ausgeführten Arbeitsschritte hinausgehen, z. B. aktivitätsbezogene Zeitstempel *(engl.: time stamps)* und Angaben zu den Ressourcen, die diese Aktivität ausgeführt haben. Wir können diese Daten verwenden, um unsere Modelle mit Leistungsinformationen wie Durchlaufzeit und Häufigkeit der Aktivitäten anzureichern oder alternative Sichten auf den Prozess zu gewinnen. Beispielsweise zeigt eine soziale Netzwerkanalyse *(engl.: social network analysis)* auf, wie Prozessressourcen zusammenarbeiten. Drittens ist diese Methode nicht durch die Grenzen eines einzelnen Unternehmenssystems beschränkt, wodurch wir durchgängige Prozesse rekonstruieren können, die mithilfe verschiedener Systeme ausgeführt werden. Es wäre ein aufwändiges Unterfangen, wenn auf jedes System einzeln zugegriffen werden muss. Betrachten Sie zum Beispiel den Messung-bis-Zahlungseingang-Prozess eines Versorgungsunternehmens. Der Prozess beginnt zu dem Zeitpunkt, an dem der Verbrauch eines Kunden gemessen wird und endet, wenn dieser abgerechnet wird. Dieser Prozess kann von zwei verschiedenen Systemen unterstützt werden: einem ERP-System für die Messung und einem CRM-System für die Abrechnung. Die Erstellung einer einheitlichen Logdatei der Prozessausführungen beider Systeme würde es erlauben, den gesamten Messung-bis-Zahlungseingang-Prozess über die Grenzen der einzelnen Systeme hinaus zu verfolgen. Eine Einschränkung ist aber insofern gegeben, als dass Logdaten nicht immer verfügbar sind. Selbst wenn sie verfügbar sind, zeichnen sie manchmal nur bestimmte Aktivitäten auf und andere nicht (d. h. es gibt Lücken im Protokoll), oder sie enthalten Störgeräusche und andere Protokollierungsfehler. Abhängig vom Detailgrad, in welchem Informationen über den Prozess protokolliert werden, sind die daraus entstehenden Modelle möglicherweise zu feingranular und daher schwierig zu verstehen. In Abschn. 11.4 werden wir verschiedene Verfahren der automatische Prozessmodellgenerierung vorstellen sowie deren Stärken und Schwächen für die Prozesserhebung erörtern.

Übung 5.3 Als Prozessanalyst an der Universität Newtown hat Sie Mark Johnson, der Verantwortliche für den Prozess der Studienzulassung, in ein Projekt einbezogen, das auf die Verbesserung dieses Prozesses abzielt. Um den Istzustand zu modellieren, erheben Sie zunächst relevante Informationen über diesen Prozess. Die zur Verfügung stehende Dokumentation enthält das Organigramm des Büros des Vizerektors[1] für Studienangelegenheiten, bei dem Marks Team angesiedelt ist. Ebenfalls verfügbar sind das UML-Klassendiagramm des Studienzulassungssystems, das diesen Prozess unterstützt, sowie eine Reihe relevanter organisatorischer Richtlinien, die auf der Webseite der Universität zugänglich sind. Diese Dokumente sind in den Abb. 5.1, 5.2 und 5.3 dargestellt.

---

[1]Der Vizerektor ist eine der höchsten akademischen Positionen an einer Universität. Je nach Land wird diese Position auch als Vizepräsident bezeichnet.

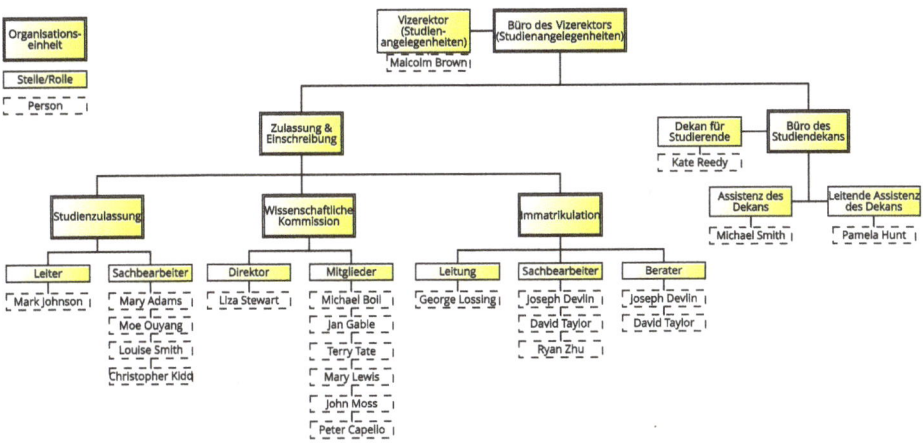

Abb. 5.1 Organigramm des Büros des Vizerektors für Studienangelegenheiten

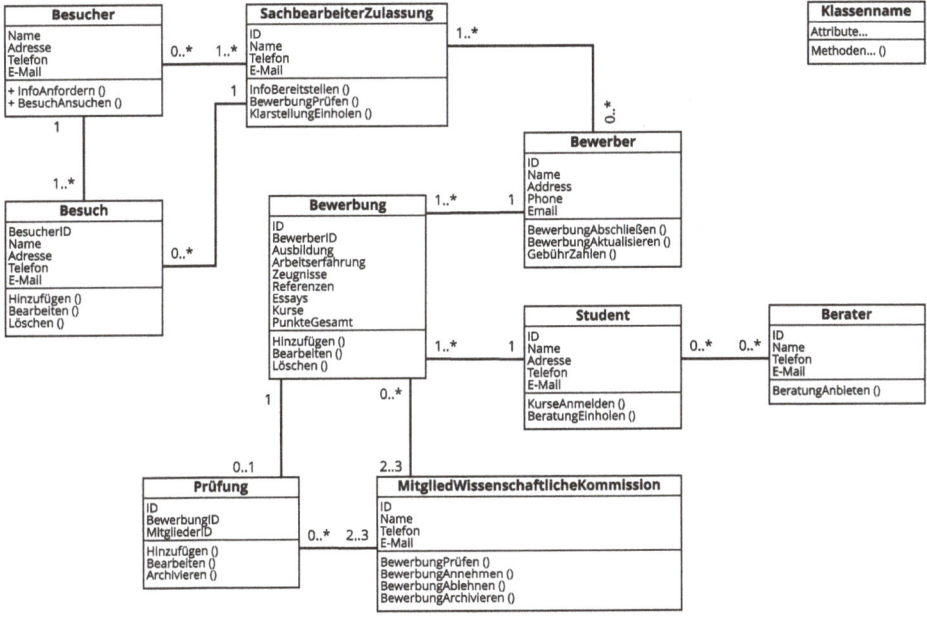

Abb. 5.2 Auszug aus dem UML-Klassendiagramm des Studienzulassungssystems

Formulieren Sie auf Grundlage dieser Dokumentation erste Hypothesen, wie der Zulassungsprozess für Studierende aussieht. Bestimmen Sie anschließend die relevanten Fachexperten, die Sie interviewen werden, sowie deren Vorgesetzte, deren Zustimmung Sie einholen sollten.

- *Ein Bewerber wird zugelassen, wenn:*

  - *die Vorstudien dem Fachgebiet des ausgewählten Studienprogramms entsprechen,*
  - *das abgegebene Essay kein Plagiat und qualitativ hochwertig ist,*
  - *die Vorstudien mit einem Wert von mindestens 70 Punkten abgeschlossen wurden (auf einer Standardskala von 100 Punkten) und*
  - *beide Referenzschreiben zufriedenstellend sind.*

- *Ausgewählte Bewerber müssen den Studienplatz innerhalb von vier Wochen nach Erhalt der Benachrichtigung annehmen.*

Abb. 5.3 Organisatorische Richtlinien für die Studienzulassung

5.2.2 Interviewbasierte Erhebungsmethoden

Die interviewbasierte Erhebung zielt darauf ab, Fachexperten über die Funktionsweise eines Prozesses zu befragen. Abb. 5.4 zeigt die typischen Phasen der Interviewmethode. Zunächst werden jene Personen befragt, die an einem bestimmten Prozess beteiligt sind. Wir haben erwähnt, dass Prozesswissen aufgrund von Spezialisierung und Arbeitsteilung fragmentiert ist (erste Herausforderung der Erhebung). Aus diesem Grund müssen wir mehrere Fachexperten befragen. Da wir zum Zeitpunkt der Befragung oft noch nicht im Detail wissen, wie die verschiedenen Fachexperten am Prozess beteiligt sind, müssen wir den Prozess möglicherweise Schritt für Schritt erheben. Wenn wir mehr über den Prozess erfahren, können wir Interviews mit weiteren Personen planen.

Bei der Durchführung eines Interviews können wir zwei Strategien verfolgen: i) ausgehend von den Prozessergebnissen (z. B. Abschließen einer Bestellung), arbeiten wir uns *rückwärts gerichtet* vor, bis wir die Auslöser des Prozesses erkennen (z. B. den Eingang einer Bestellung); oder ii) ausgehend von den Auslösern gehen wir *vorwärts gerichtet* vor, bis wir die Prozessergebnisse erreichen. Wenn wir Interviews in vorwärts gerichteter Weise durchführen, können wir bei den Befragten Prozesswissen abrufen, indem wir den Verarbeitungsfluss in jener Reihenfolge verfolgen, in der er tatsächlich durchgeführt wird. Dies ist insbesondere hilfreich, um zu verstehen, welche Entscheidungen zu welchem Zeitpunkt getroffen werden.

Abb. 5.4 Phasen der Interviewmethode

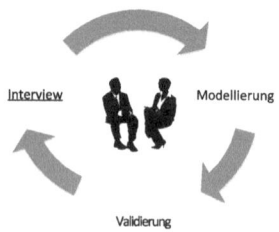

Den Prozess in rückwärts gerichteter Weise zu erheben kann auch hilfreich sein. Zum Beispiel kann es für einige Fachexperten einfach sein, die möglichen Ergebnisse eines Prozesses oder einer Aktivität (z. B. eine ausgeführte oder abgelehnte Bestellung) zu identifizieren und auf diese Weise zum auslösenden Ergebnis zu kommen, indem der Prozess rückwärts durchlaufen wird (z. B. Zahlung und Lieferschein sind erforderlich, damit eine Bestellung abgeschlossen werden kann). Sowohl die vorwärts als auch die rückwärts gerichtete Strategie sind wichtig, wenn wir mit Fachexperten sprechen. Mit jedem Interviewpartner muss geklärt werden, welche Eingabe von vorgelagerten Aktivitäten erwartet wird, welche Entscheidungen getroffen werden, welche Ergebnisse aus diesen Aktivitäten hervorgehen und an welche Ressource der Fall weitergereicht wird.

Bei der Durchführung eines Interviews ist es angemessen, eine Balance zwischen einem strukturierten und einem offenen Interviewansatz zu finden. Wenn man beispielsweise ein einstündiges Interview durchführt, kann man in den ersten 45 min eine Liste vordefinierter Fragen durchgehen, um die aktuellen Hypothesen zu überprüfen (strukturierter Teil). In den verbleibenden 15 min kann man die Interviewpartner nach Anliegen oder Aspekten fragen, die sie für relevant halten (offener Teil). *Offene* Interviews haben den Vorteil, dass Fachexperten den Prozess auf jener Detailebene diskutieren, die sie für richtig erachten. Das kann dazu führen, dass man auf bestimmte Aspekte des Prozesses zu sprechen kommt, die zuvor nicht betrachtet wurden. Im Gegensatz dazu erlauben uns *strukturierte* Interviews, Hypothesen zu überprüfen. Sie können beim Interviewten aber das Gefühl vermitteln, dass man eine Checkliste durchläuft, wodurch unter Umständen wichtige Informationen zurückgehalten werden, nach denen nicht ausdrücklich gefragt wird. Tatsächlich kann das Problem auftreten, dass wir Interviewpartner nach der Funktionsweise eines Prozesses fragen und sie beschreiben, wie der Prozess oder eine Aktivität für gewöhnlich abläuft. Ausnahmen bleiben eher unberücksichtigt. Mit anderen Worten, das Interview bildet das Wunschszenario ab, also wie der Prozess idealerweise abläuft. Eine Möglichkeit, eine solche Einseitigkeit zu verhindern, besteht darin, explizit nach Horrorszenarien zu fragen, also wie der Prozess alternativ ablaufen kann. Zum Beispiel könnte man fragen: „Wie sind Sie mit Ihrem schwierigsten Kunden umgegangen?", „Was war der schwierigste Fall, mit dem Sie zu tun hatten?", „Was passiert, wenn Kunden nicht rechtzeitig antworten?". Um diese Fragen zu formulieren, ist es nützlich, an die möglichen Ausnahmen zu denken, die in einem Prozess auftreten können (interne, externe oder zeitbezogene Ausnahmen) sowie an deren Ursachen (Geschäfts- oder Technologiegefehler). So können wir Ausnahmen identifizieren und allgemeinere Prozessvarianten in Betracht ziehen, die zwar nicht unbedingt häufig auftreten, aber zumindest hinlänglich dokumentiert werden sollten. In einem Bestellung-bis-Zahlungseingang-Prozess kann beispielsweise ein Vertriebsmitarbeiter gefragt werden, was passiert, wenn die bestellten Artikel nicht lagernd sind (interne Geschäftsausnahme) oder wenn Kunden die Bestellung stornieren möchten (externe Geschäftsausnahme) oder wenn das ERP-System auf die Prüfung der Lagerbestände nicht reagiert (interne technische Ausnahme).

Um auf die Phasen in Abb. 5.4 zurückzukommen, können wir nach einem ersten Interview ein Prozessmodell erstellen (zweite Phase), das auf unseren Interviewnotizen und -aufzeichnungen basiert. Da Fachexperten auf der Ebene von Einzelfällen denken (zweite Herausforderung der Erhebung), müssen wir Informationen zu solchen Fällen explizit erfragen. Das ist wichtig, damit wir aussagekräftige Prozessmodelle erstellen können. Nach der Erstellung des Modells müssen wir es mit den Fachexperten validieren (dritte Phase). Damit stellen wir sicher, dass das Modell ihre Sicht in korrekter Weise widerspiegelt (wir werden später in diesem Kapitel noch mehr über die Validierung sprechen). Wenn Fachexperten nicht mit Prozessmodellierungssprachen vertraut sind, müssen wir dieses Modell umgangssprachlich beschreiben (dritte Herausforderung der Erhebung). Die Validierung führt in der Regel dazu, dass die Person erneut befragt werden muss, um bestimmte Teile des Prozesses zu erläutern. Eine zweite Schleife des Zyklus in Abb. 5.4 reicht oft aus, um die Zustimmung der Befragten zu erhalten. Es können jedoch mehr als zwei Schleifen erforderlich sein, insbesondere dann, wenn es sich um komplexe Prozesse handelt.

Zusammenfassend bietet die interviewbasierte Erhebung ein umfassendes und detailliertes Bild des Prozesses und seiner Beteiligten. Durch die Befragung mehrerer Prozessbeteiligter (auch für dieselbe Rolle) können wir widersprüchliche Wahrnehmungen aufzeigen, die verschiedene Fachexperten über die Funktionsweise des Prozesses haben. Außerdem ermöglicht die interviewbasierte Erhebung dem Prozessanalysten, den Prozess im Detail zu verstehen. Es ist aber eine arbeitsintensive Erhebungsmethode, denn man muss die Zeit verschiedener Personen in Anspruch nehmen.

Übung 5.4 Nachdem Sie relevante Informationen über das Zulassungsverfahren für Studierende erhoben haben (siehe Übung 5.3), haben Sie einige Repräsentanten für die beiden an diesem Prozess beteiligten Rollen befragt: Mary Adams und Louise Smith als Sachbearbeiterinnen für die Zulassung von Studierenden sowie Peter Capello als Mitglied der wissenschaftlichen Kommission (Mark Johnson, der Prozessverantwortliche, bestätigte, dass die Immatrikulationsstelle an diesem Prozess nicht beteiligt ist). Die relevanten Teile der Interviewprotokolle sind unten angegeben.

Sachbearbeiterin für den Zulassungsprozess (Mary Adams):

„Mein Prozess beginnt damit, dass ich eine Bewerbung auf einen Studienplatz erhalte. Zuerst überprüfe ich die Vollständigkeit der Dokumente. Wenn die Bewerbung unvollständig ist, muss ich beim Bewerber um Klarstellung ersuchen. Andernfalls leite ich sie an die wissenschaftliche Kommission weiter. Von der wissenschaftlichen Kommission erhalte ich dann eine der folgenden Antworten:

- Eine Benachrichtigung über die Aufnahme durch die wissenschaftliche Kommission. In diesem Fall bereite ich ein Zulassungsschreiben vor und schicke es dem Bewerber per Post, damit dieser es unterschreiben kann. Meistens bekomme ich eine unterschriebene Zulassung vom Bewerber zurück, manchmal aber nicht.
- Eine Benachrichtigung über eine Ablehnung. In diesem Fall sende ich dem Bewerber ein Absageschreiben auf dem normalen Postweg.

Das Problem ist, dass die wissenschaftliche Kommission für die Antwort oft zu lange braucht. Ich frage mich, ob diese Wissenschaftler einfach zu viel Arbeit haben, um sich um die Zulassung von Studierenden zu kümmern..."

Sachbearbeiterin für den Zulassungsprozess (Louise Smith):

„Wenn ich eine neue Bewerbung erhalte, ist es wichtig, dass sie alle erforderlichen Informationen enthält, einschließlich Name, Adresse, Telefonnummer und E-Mail-Adresse des Bewerbers. Leider hat das Webportal viele Fehler und lässt manchmal unvollständige Bewerbungen durch. Die sind ein Alptraum zum Korrigieren! Denn das bedeutet, dass das mit dem Studenten einige Male hin- und hergeht. Wie auch immer, wenn die Bewerbung vollständig ist, sende ich sie an ein Mitglied der wissenschaftlichen Kommission über ein internes Zulassungssystem - dasselbe, das auch die Anträge über das Webportal erfasst. Meistens antwortet das Mitglied der wissenschaftlichen Kommission mit einer Aufnahmebestätigung. In diesem Fall muss ich ein Angebotsschreiben über einen Studienplatz vorbereiten und es dem Bewerber auf dem Postweg zusenden. Gemäß unseren Richtlinien müssen die Antragsteller innerhalb von vier Wochen antworten. Wir werden regelrecht mit Bewerbungen überschwemmt. Wenn sie nicht schnell genug antworten, bieten wir den Platz jemand anderem an. Manchmal gibt es aber auch Absagen. In einem solchen Fall verfasse ich ein Absageschreiben und sende es per Post an den Bewerber."

Mitglied der wissenschaftlichen Kommission (Peter Capello):

„Wenn ich einen Antrag von der Zulassungsstelle erhalte, bewerte ich dessen Qualität. Ich nehme die Note des vorherigen Abschlusses und übertrage sie in eine Standardbewertung. Dazu verwende ich eine Umrechnungstabelle. Die Punktezahl muss mindestens 70 Prozent betragen, ansonsten fliegt der Student an diesem Punkt raus. Als Nächstes führe ich eine Plagiatsprüfung des Essays durch, welcher der Bewerbung beigelegt ist. Das mache ich mithilfe unserer Plagiatserkennungssoftware. In den meisten Fällen beinhaltet das Essay keine Plagiate. Dann lese ich es durch und vergebe eine Punktzahl. Schließlich lese ich die beiden Referenzschreiben, die in der Bewerbung enthalten sind. Man kann aus diesen Referenzschreiben viel herauslesen. Oft gibt es subtile Botschaften, die der Verfasser gerne anbringen möchte, wie zum Beispiel: „Das ist ein großartiger Schüler, aber ich hatte schon bessere". Wie auch immer, wenn ich unter Berücksichtigung der Punktezahl, der Qualität des Essays und des Referenzschreiben finde, dass Bewerber qualifiziert sind, schicke ich eine Zusage an die Mitarbeiter bei der Zulassungsstelle. Andernfalls schicke ich eine Absage. In beiden Fällen archiviere ich die Ergebnisse meiner Beurteilung in meiner Datenbank. Ach ja, ich kommuniziere mit der Zulassungsstelle über unser internes Zulassungssystem. Das ist Schrott, manchmal gehen Nachrichten verloren und ich muss sie erneut schicken. Sofern ich das durch Zufall überhaupt herausfinde!"

Als Nächstes haben Sie die Rolle des aktiven Beobachters eingenommen. Sie fungierten als Antragsteller und haben sich ein Bild über die Funktionsweise des Prozesses gemacht. Mit einer gefälschten Identität (in Absprache mit dem Prozessverantwortlichen) haben Sie diesen Vorgang mehrmals ausgelöst, indem Sie verschiedene Bewerbungen über das Webportal eingereicht haben. Danach haben Sie folgende Beobachtungen gemacht.

Bewerber:

Um die Zulassung zu beantragen, muss der Bewerber einen Zulassungsantrag stellen und
diesen über ein Webportal an die Universität übermitteln. Die Bewerbung muss akademische
Zeugnisse, ein Essay und zwei Referenzschreiben enthalten. Der Bewerber erhält daraufhin
eine Antwort von einem Mitarbeiter der Zulassungsstelle per Post:

- Eine schriftliche Zusage über die Studienzulassung. In diesem Fall muss der Bewerber
  das Zulassungsschreiben unterzeichnen und innerhalb von vier Wochen per Post an die
  Zulassungsstelle zurückschicken.
- Eine schriftliche Absage. In diesem Fall macht der Antragsteller nichts weiter und der
  Prozess ist abgeschlossen.
- Eine Aufforderung von der Zulassungsstelle, die Bewerbung zu vervollständigen. Diese
  wird per E-Mail übermittelt. In diesem Fall stellt der Antragsteller der Zulassungsstelle die
  erforderlichen Unterlagen zur Verfügung, indem er eine aktualisierte Bewerbung über dasselbe Webportal einreicht, das für den ursprünglichen Antrag verwendet wurde. Anschließend erhält er eine Antwort, die eine Zusage, eine Absage oder eine erneute Aufforderung
  zur Vervollständigung beinhaltet.

Erstellen Sie anhand dieser Informationen einen Entwurf eines BPMN-Modells für den
Zulassungsprozess, wie er ist. Dieser Entwurf wird dann mit den befragten Personen validiert, bevor er vom Prozessverantwortlichen freigegeben wird. Treffen Sie geeignete Annahmen.

5.2.3   Workshopbasierte Erhebungsmethoden

Die *workshopbasierte Erhebung* bietet ebenfalls die Möglichkeit, ein umfassendes Verständnis des Geschäftsprozesses zu erhalten. Hier besteht der Vorteil, dass man widersprüchliche
Ansichten zwischen Fachexperten schneller klären kann als in Interviews. Denn im Gegensatz zu Interviews bezieht ein Workshop mehrere Prozessbeteiligte gleichzeitig ein. Darüber
hinaus kann man zwei weitere Rollen einführen, die anstelle oder zusätzlich zum Prozessanalysten bestehen. Ein *Moderator* koordiniert die Redebeiträge der Teilnehmer, während
ein *Prozessmodellierer* das Prozessmodell während des Workshops erstellt. Wenn diese
beiden Personen unterstützend zur Seite stehen, kann der Prozessanalyst den Workshop
steuern und als *Schreiber* fungieren, der all jene relevanten Äußerungen notiert, denen
man möglicherweise weiter nachgehen sollte. Wenn beispielsweise ein Prozessabschnitt
nicht eindeutig definiert ist, die Diskussion aber zu einer anderen Stelle abdriftet, würde
der Schreiber diesen Punkt festhalten. So kann man später darauf zurückkommen ohne den
Gesprächsfluss zu unterbrechen. In einem kleinen Rahmen können die beiden Rollen des
Moderators und Modellierers vom Prozessanalysten mit übernommen werden. In einem
großen Rahmen, in denen der betreffende Geschäftsprozess komplex ist, viele Beteiligte

dabei sind und ausreichend Budget vorhanden ist, ist es ratsam, diese zusätzlichen Rollen zu berücksichtigen.

Ein durchgängiges detailliertes Prozessmodell kann man kaum in einer einzigen Workshopsitzung erstellen. Normalerweise sind für die Erstellung eines kompletten Geschäftsprozesses drei bis fünf Einheiten erforderlich, die jeweils nicht länger als drei Stunden dauern sollten. Dies schließt mit ein, dass man das Modell zwischen den Sitzungen verfeinert, um ein hohes Maß an Qualität sicherzustellen.

Die Einbindung mehrerer Fachexperten erfordert eine sorgfältige Planung und Vorbereitung. Die Sitzungen sollten frühzeitig geplant werden, um die gleichzeitige Verfügbarkeit von Fachexperten sicherzustellen, die in unterschiedlicher Weise am Prozess beteiligt sind. Dazu gehört mindestens ein Vertreter für jede Rolle, die an dem Prozess beteiligt ist (z. B. Vertriebsmitarbeiter, Lagerarbeiter und Finanzbeauftragte für den Bestellung-bis-Zahlungseingang-Prozess unserer Online-Buchhandlung). Es ist sinnvoll, auch technische Mitarbeiter einzubeziehen, die zwar nicht direkt am Prozess beteiligt sind, aber unterstützende Systeme verwalten (z. B. der Systemadministrator des ERP-Systems, mit dem die Verfügbarkeit der Lagerbestände automatisch geprüft wird). Es ist außerdem vorteilhaft, den Auftraggeber des Projekts (das ist in der Regel der Prozessverantwortliche) zumindest in der ersten Sitzung zu involvieren, denn so wird die Bedeutung des Projekts unterstrichen. In jedem Fall sollten es nicht mehr als zehn bis zwölf Fachexperten pro Sitzung sein, andernfalls bleibt nicht ausreichend Zeit, um jeden zu Wort kommen zu lassen. Wenn es mehrere Varianten eines Prozesses gibt (z. B. geografisch oder pro Produkt verteilt), ist es besser, jede Variante in einem separaten Workshop zu ermitteln. So vermeidet man, dass durch die verschiedenen Varianten Verwirrung entsteht. Das gilt auch, wenn für alle Varianten ein verfeinertes Istprozessmodell erstellt werden soll. Dieses Modell wird im Nachgang der verschiedenen Sitzungen erstellt.

Zu Beginn der ersten Workshopsitzung sollte der Analyst die Erwartungshaltungen klären und das Format des Workshops vorstellen. Die Teilnehmer haben möglicherweise ein anderes Verständnis über die Ziele, die in dem Workshop verfolgt werden. Daher ist es wichtig, die Ziele (welcher Prozess erhoben werden soll), die Bedeutung (wie dieses Projekt zur Unternehmensstrategie beiträgt) und den Umfang (wie tief die Prozessmodellierung gehen soll) zu klären. In der ersten Workshopsitzung kann es auch von Vorteil sein, die Prozessmodellierung mit einem lockeren partizipativen Einstieg einzuleiten. Eine Technik, um die Workshopteilnehmer zu motivieren, besteht darin, dass sie gemeinsam ein grobes Modell des Prozesses (eine Skizze) erstellen sollen, wobei Haftnotizen an einer Wand gesammelt werden. Dazu teilt der Moderator Haftnotizblöcke aus. Jede Haftnotiz soll eine Aktivität oder ein Ereignis darstellen. Die Gruppe startet mit einer Diskussion, wie der Prozess typischerweise beginnt, d. h. was mögliche Auslöser sind und welche Aktivitäten in weiterer Folge ausgeführt werden. Der Moderator schreibt dann den Namen des Startereignisses auf eine Haftnotiz und bringt diese an der Wand an. Dann fragt er, was als nächstes passieren kann. Die Teilnehmer erwähnen eine oder mehrere mögliche Aktivitäten. Der Moderator hält diese auf neuen Haftnotizen fest und bringt sie an der Wand an, indem er sie beispielsweise von links nach rechts oder von oben nach unten anordnet, um die zeitliche Reihenfolge der Arbeitsschritte darzustellen. In dieser Übung werden weder Linien zwischen den Aufgaben gezogen noch Gatter berücksichtigt. Der Zweck besteht einzig und allein darin, eine Abfolge von Prozessaktivitäten zu erstellen. Manchmal sind sich die Teilnehmer nicht einig, ob es sich um eine oder zwei Aktivitäten handelt. Wenn eine derartige Meinungsverschiedenheit nicht geklärt werden kann, können die Aktivitäten als zwei zusammengefügte Haftnotizen aufgeschrieben werden. So entsteht eine zusammengesetzte Aktivität, z. B. da in bestimmten Prozessen die Aktivitäten *Rechnung vorbereiten* und *Rechnung versenden* durch dieselbe Ressource erledigt werden, bilden sie den Unterprozess *Rechnung abwickeln*. Im Allgemeinen sollte man aber allzu tiefgehende Diskussionen vermeiden, da sonst der Workshop an Schwung verlieren könnte. Der Moderator muss auch darauf achten, dass die Aktivitäten, die an der Wand angebracht werden, auf der gleichen Granularitätsebene liegen. Wenn Leute anfangen, winzige Schritte zu beschreiben, z. B. *Dokument auf ein Faxgerät legen*, sollte der Moderator die Abstraktion zurück auf eine konzeptionelle Prozessmodellebene bringen. Schlussendlich führen diese Schritte zu einem skizzierten Prozessmodell. Das kann der Prozessanalyst als Grundlage nehmen, um nach der Workshopsitzung ein erstes BPMN-Modell zu erstellen. Dies kann auch während der Sitzung durchgeführt werden, sofern ein Prozessmodellierer anwesend ist.

Zu Beginn der zweiten Einheit kann der Analyst den Teilnehmern eine kurze Einführung in die Grundlagen der BPMN-Notation (Start- und Endereignisse, Aktivitäten, XOR-Gatter und UND-Gatter) geben und ein erstes Modell präsentieren, das auf Grundlage der Workshopsitzung erstellt wurde. Dieses Modell kann auf einer Weißwandtafel oder direkt in einem Modellierungswerkzeug mithilfe eines Projektors gezeigt werden. Es dient als Rahmen, um das aktuelle Verständnis des Prozesses zu überprüfen und zu diskutieren. Es ist aber wichtig, dass man sich nicht in den Details der Modellierungsnotation verliert, da dies von der eigentlichen Erhebungsarbeit ablenkt.

Die workshopbasierte Erhebung erfordert eine gut organisierte Moderation und eine offene Atmosphäre. Der Moderator muss sicherstellen, dass die Wortmeldungen aller Teilnehmer ausgewogen berücksichtigt werden. Dies bedeutet einerseits, dass man die Sprechzeit der eher gesprächigen Teilnehmer begrenzt und andererseits, dass introvertiertere Teilnehmer ermutigt werden, ihre Sicht darzulegen. Darüber hinaus ist eine offene Atmosphäre für alle Teilnehmer unerlässlich.

Beispiel 5.2 Betrachten Sie die folgenden zwei Unternehmen.

Unternehmen A ist jung, wurde vor drei Jahren gegründet und ist schnell auf einhundert Mitarbeiter angewachsen. Unternehmen B befindet sich in staatlichem Besitz und ist in einem Bereich mit umfassenden Gesundheits- und Sicherheitsbestimmungen tätig. Welchen Einfluss könnten diese unterschiedlichen Merkmale auf die workshopbasierte Erhebung haben?

Eine offene Atmosphäre wird von der Unternehmenskultur beeinflusst. Organisationen mit starker Hierarchie können Ideen und Kritik unterdrücken. Daher ist es für Fachexperten möglicherweise schwierig, ihre Meinung offen anzusprechen, wenn ihr Vorgesetzter ebenfalls anwesend ist. Wenn hingegen Kreativität und freies Denken gefördert werden, fühlen sich die Teilnehmer eher dazu bereit, ihre Ideen und Probleme in Anwesenheit ihres Chefs zu äußern. In unserem Beispiel könnte es sein, dass das junge dynamische Unternehmen eine offenere Kultur hat als jenes Unternehmen, das mit umfangreichen Bestimmungen zu tun hat. Dies muss bei der Organisation eines Workshops berücksichtigt werden.   □

Es liegt in der Zuständigkeit des Analysten, die Teilnehmer im Hinblick auf die Organisationskultur sorgfältig auszuwählen. Darüber hinaus ist es dem Moderator vorbehalten, stets einen konstruktiven Austausch unter den Teilnehmern anzuregen, wenngleich er bei abweichenden Meinungen neutral bleiben sollte. Zwischenzeitlich sollte Kritik zwar erlaubt sein, der Moderator sollte aber negative Kommentare von Teilnehmern auf ein Minimum beschränken, damit zwischen den Teilnehmern keine unnötigen Spannungen entstehen. Der Moderator sollte auch Standpunkte in Frage stellen, bis eine ausgewogene Sicht auf den Prozess vorliegt.

Übung 5.5 Schauen Sie sich die Beschwerden an, die aus den Interviews in Aufgabe 5.4 hervorgehen. Welche Fragen würden Sie als Moderator den Teilnehmern stellen, um diesen Beschwerden im Workshop weiter nachzugehen?

5.2.4 Stärken und Schwächen

Die verschiedenen Methoden in der Prozesserhebung haben jeweils Stärken und Schwächen. Diese können im Hinblick auf Objektivität, Reichhaltigkeit, Zeitaufwand und Unmittelbarkeit von Feedback beschrieben werden (siehe Tab. 5.1).

- *Objektivität:* Evidenzbasierte Erhebungsmethoden bieten im Allgemeinen die höchste Objektivität. Bestehende Dokumente, Protokolle und Beobachtungen bieten einen unabhängigen Blick auf die Funktionsweise eines Prozesses. Interviewbasierte Erhebung und workshopbasierte Erhebung sind von den Beschreibungen und Interpretationen der Fach-

Tab. 5.1 Relative Stärken und Schwächen der Prozesserhebungsmethoden

Aspekt	Evidenzbasiert	Interviews	Workshops
Objektivität	Hoch	Mittel bis hoch	Mittel bis hoch
Reichhaltigkeit	Mittel	Hoch	Hoch
Zeitaufwand	Niedrig bis mittel	Mittel	Mittel
Unmittelbares Feedback	Niedrig	Hoch	Hoch

experten abhängig, die an dem Prozess beteiligt sind. Das Risiko besteht, dass diese Personen teilweise falsche Wahrnehmungen und Annahmen über den Prozessablauf haben. Schlimmer noch: Fachexperten können dem Analysten relevante Informationen über den Prozess absichtlich vorenthalten. Das kann passieren, wenn das Prozesserhebungsprojekt in einem politischen Umfeld stattfindet, in dem relevante Interessengruppen den Verlust von Macht, Einfluss oder Positionen fürchten.

- *Reichhaltigkeit:* Obwohl die Methoden, die auf Interviews und Workshops beruhen, einige Schwächen hinsichtlich ihrer Objektivität aufweisen, bieten sie umfassende Einblicke in den Prozess. Fachexperten, die an Interviews und Workshops teilnehmen, können Auskunft über die Gründe und Ziele geben und darlegen, wieso der Prozess so ist, wie er ist. Evidenzbasierte Methoden können Probleme aufzeigen, die diskutiert werden müssen, und Fragen aufwerfen, auf die sie selbst jedoch keine Antwort geben können. Fachexperten bieten auch einen Einblick in die historische Entwicklung des Prozesses und den organisatorischen Kontext. So kann man nachvollziehen, welche Interessengruppen welche Ziele verfolgen. Evidenzbasierte Erhebungsmethoden bieten manchmal Einblicke in strategische Überlegungen zu einem Prozess, sofern sie in Berichten dokumentiert sind. Sie lassen jedoch kaum Rückschlüsse auf die persönlichen Ziele der verschiedenen Interessengruppen zu.

- *Zeitaufwand:* Erhebungsmethoden unterscheiden sich im Hinblick auf die Zeit, die sie in Anspruch nehmen. Die Dokumentation eines bestimmten Prozesses kann einem Prozessanalysten problemlos zur Verfügung gestellt werden. Dagegen sind Interviews und Workshops viel zeitaufwändiger. Die *interviewbasierte Erhebung* erfordert mehrere Feedbackschleifen. Die Planung eines Workshops ist noch schwieriger, da alle relevanten Interessengruppen teilnehmen sollten. Besonders herausfordernd ist es, wenn der Workshop kurzfristig anberaumt wird. Die automatische Prozessmodellgenerierung erfordert häufig einen erheblichen Zeitaufwand für das Aufbereiten, Formatieren und Filtern von Ereignislogdaten. Passive Beobachtung erfordert Koordination und Genehmigungen, was sie ebenfalls zeitaufwändig macht. Aus diesen Gründen ist es ratsam, mit der Dokumentenanalyse zu beginnen, da Dokumentation häufig kurzfristig zugänglich gemacht werden kann.

- *Unmittelbarkeit von Feedback:* Methoden, die auf direktes Gespräch und Austausch mit Fachexperten basieren, sind am besten geeignet, um unmittelbares Feedback zu erhalten. Die workshopbasierte Erhebung ist in dieser Hinsicht am besten, da widersprüchliche Wahrnehmungen über den Prozessablauf direkt mit den beteiligten Parteien besprochen werden können. In Interviews können Fragen gestellt werden, wenn einzelne Aspekte des Prozesses unklar sind. Es können jedoch nicht alle Probleme mit einem einzelnen Fachexperten geklärt werden. Evidenzbasierte Erhebungsmethoden werfen verschiedene Fragen zur Funktionsweise eines Prozesses auf. Diese Fragen können oft nur in Gesprächen mit Fachexperten geklärt werden.

Tab. 5.2 Zusammenfassung der Stärken und Schwächen der einzelnen Erhebungsmethoden

Methode	Stärken	Schwächen
Dokumentenanalyse	Strukturierte Information, unabhängig von Verfügbarkeit der relevanten Interessengruppen	Veraltetes Material, falsche Abstraktionsebene
Beobachtung	Kontextspezifische Einblicke	Möglicherweise verstörend, Beteiligte verhalten sich vermutlich unnatürlich, nur einige wenige Fälle können beobachtet werden
Automatische Prozessmodellgenerierung	Umfangreiche Zusammenstellung von vielen Fällen, objektive Daten	Potenzielle Probleme mit Datenqualität und Abstraktionsebene, Daten könnten nicht oder nur zum Teil verfügbar sein, Datenaufbereitung ist zeitintensiv
Interviews	Kontextspezifische Einblicke	Zeitintensiv: mehrere Schleifen nötig, bevor Genehmigung erteilt wird
Workshops	Kontextspezifische Einblicke, direkte Klärung von Widersprüchen	Benötigt gleichzeitige Verfügbarkeit von vielen Interessengruppen, zeitintensiv, mehrere Einheiten typischerweise erforderlich

Die bisher genannten Stärken und Schwächen sind in der Tab. 5.2 zusammengefasst. Da jede Erhebungsmethode Stärken und Schwächen aufweist, sollte man auf einen Methodenmix zurückgreifen. In der Regel beginnt der Prozessanalyst mit Dokumentation, die einfach zugänglich ist. Es ist wichtig, das Projekt so zu organisieren, dass die Informationen von den zuständigen Fachexperten auf effiziente und effektive Weise erhoben werden können. Interviews und Workshops müssen während der regulären Arbeitszeit von Fachexperten stattfinden. Daher müssen sie motiviert werden, sich am Projekt zu beteiligen und sie sollten so einbezogen werden, dass sie möglichst wenig Zeit aufwenden müssen. Wenn es Unklarheiten zu Prozessdetails gibt, muss man möglicherweise evidenzbasierte Erhebungsmethoden anwenden.

Frage: In welchen Situationen ist es schlichtweg nicht möglich, eine oder mehrere der beschriebenen Erhebungsmethoden zu verwenden?

Es gibt verschiedene Umstände, unter denen die Anwendbarkeit einzelner Erhebungsmethoden eingeschränkt ist. Eine direkte Beobachtung ist vermutlich nicht möglich, wenn der Prozess zum Teil in einer entfernten oder gefährlichen Umgebung abläuft. Beispielsweise könnte die Erhebung eines Ölgewinnungsprozesses auf einer abgelegenen Ölplattform in diese Kategorie fallen. Es kann auch Fälle geben, in denen keine Dokumentation vorhanden ist, beispielsweise wenn ein Startup-Unternehmen nach einer rasanten Wachstumsphase den Einkaufsprozess strukturieren möchte. Das Fehlen von Daten kann auch ein Problem für die automatische Prozessmodellgenerierung darstellen, da diese auf Ereignislogdaten basiert. Wenn der relevante Prozess von einem IT-System noch nicht oder nur teilweise unterstützt wird, stehen keine Daten für die automatische Prozessmodellgenerierung des durchgängigen Prozesses zur Verfügung. Interviews sind grundsätzlich immer möglich. Es kann jedoch nach wie vor ein Problem sein, Fachexperten für die Teilnahme zu gewinnen, insbesondere, weil normalerweise mehr als ein Interview erforderlich ist. Dies kann vor allem der Fall sein, wenn das Prozesserhebungsprojekt von unternehmensinterner Politik und verborgenen Motiven geprägt wird. Die workshopbasierte Erhebung kann in streng hierarchischen Unternehmen mit einer verschlossenen Kultur eine besondere Herausforderung sein.

Übung 5.6 Der Bestellung-bis-Zahlungseingang-Prozess Ihrer bevorzugten Online-Buchhandlung umfasst zehn Hauptaktivitäten, die von zehn Mitarbeitern mit fünf verschiedenen Rollen durchgeführt werden. Wie viel Zeit benötigen Sie ungefähr, um ein Prozessmodell zu erstellen, das von den relevanten Interessengruppen validiert und vom Prozessverantwortlichen genehmigt wird? Betrachten Sie zwei Szenarien: Im ersten Fall führen Sie Interviews durch und im zweiten Fall führen Sie Workshops durch. In beiden Szenarien können Sie neben Interviews oder Workshops auch auf andere Erhebungsmethoden zurückgreifen. Können Sie den Unterschied zwischen den beiden Szenarien im Hinblick auf den Zeitaufwand abschätzen? Treffen Sie geeignete Annahmen.

5.3   Vorgehensweise der Prozessmodellierung

Das Modellieren eines Geschäftsprozesses während der Prozesserhebung ist ein komplexes Unterfangen. Daher ist es gut, diese Aufgabe systematisch anzugehen und eine strukturierte Vorgehensweise anzuwenden. Eine Möglichkeit ist es, den folgenden fünf Schritten zu folgen:

1. Identifizierung der Prozessgrenzen,
2. Identifizierung der Aktivitäten und Ereignisse,
3. Identifizierung der Ressourcen und Übergaben,
4. Identifizierung des Kontrollflusses und
5. Identifizierung weiterer Elemente.

5.3.1 Schritt 1: Identifizierung der Prozessgrenzen

Die Identifizierung der Prozessgrenzen ist entscheidend, um den Umfang des Prozesses zu verstehen. Ein Teil dieser Arbeit wurde möglicherweise bereits während der Prozessidentifikation erledigt und in der Prozessarchitektur dokumentiert. Die Prozessgrenzen variieren je nach Sicht einer am Prozess beteiligten Partei. Betrachten wir beispielsweise noch einmal den Bestellung-bis-Zahlungseingang-Prozess, den wir in Kap. 3 erstellt haben. An diesem Prozess sind drei Parteien beteiligt: Anbieter, Kunde und Lieferant (der Einfachheit halber betrachten wir nur einen Lieferanten statt zwei). Nehmen wir an, wir sind ein Prozessanalyst, der für den Anbieter arbeitet. Folglich müssen wir in Schritt 1 die Grenzen dieses Prozesses aus der Sicht des Anbieters festlegen. Technisch bedeutet dies, dass wir sowohl jene Ereignisse identifizieren müssen, die unseren Prozess auslösen, als auch jene, die zu dessen Beendigung führen. Eine Möglichkeit besteht darin, die Geschäftsobjekte zu betrachten, die als Eingabe für den Prozess benötigt und als Ergebnis hervorgebracht werden. Eine andere Möglichkeit für die Identifikation von Endereignissen besteht darin, die möglichen Ergebnisse des Prozesses zu ermitteln. Beispielsweise wird unser Bestellung-bis-Zahlungseingang-Prozess durch den Eingang einer Kundenbestellung ausgelöst (d. h. das Eingabeobjekt für den Prozess ist eine Bestellung) und endet mit der Abwicklung der Bestellung (die resultierenden Ergebnisse sind eine Rechnung und ein Artikel, der für die Abwicklung der Bestellung erforderlich ist). Dementsprechend können wir ein Ereignis identifizieren, das den Beginn signalisiert *(Bestellung erhalten)* und eines, welches das Ende darstellt *(Bestellung abgewickelt)*. Aus Sicht des Anbieters stellen diese Ereignisse den Beginn und das Ende des Prozesses dar.

Wenn der Prozess negative Ergebnisse hätte, würden wir diese als Abbruch-Ereignisse modellieren.

Übung 5.7 Identifizieren Sie die Prozessgrenzen des Beschaffung-bis-Zahlungseingang-Prozesses aus Übung 1.7 (Abschn. 1.7).

5.3.2 Schritt 2: Identifizierung der Aktivitäten und Ereignisse

Das Ziel des zweiten Schritts ist die Identifizierung der Hauptprozessaktivitäten und Zwischenereignisse. In Workshops oder Interviews ist es ratsam, zunächst Aktivitäten zu erheben. Selbst wenn Fachexperten den übergeordneten Geschäftsprozess nicht vollständig kennen, können sie ihre Aktivitäten beschreiben. In diesem Schritt müssen wir auch die Ereignisse identifizieren, die während des Prozesses auftreten und die als Zwischenereignisse in BPMN modelliert werden.

Abb. 5.5 zeigt die zwölf Aktivitäten und zwei Ereignisse unseres Bestellung-bis-Zahlungseingang-Prozesses (in diesem Beispiel gibt es keine Zwischenereignisse). Diese initiale Menge von Aktivitäten und Ereignissen kann überarbeitet werden. Beispielsweise

Abb. 5.5 Die Aktivitäten und Ereignisse in einem Bestellung-bis-Zahlungseingang-Prozess

könnten weitere Aktivitäten hinzugefügt werden, wenn wir unser Modell mit weiteren Details anreichern. Wenn der Prozess zu komplex wird, sollten wir uns zuerst einmal auf die Hauptaktivitäten und Zwischenereignisse konzentrieren und die anderen Elemente zu einem späteren Zeitpunkt hinzufügen, sobald ein besseres Verständnis dieser Elemente und ihrer Beziehungen besteht.

Übung 5.8 Identifizieren Sie die Hauptaktivitäten und Ereignisse im Beschaffung-bis-Zahlungseingang-Prozess aus Übung 1.7 (Abschn. 1.7).

5.3.3   Schritt 3: Identifizierung der Ressourcen und Übergaben

Nachdem wir die Hauptaktivitäten und Zwischenereignisse identifiziert haben, können wir uns mit der Frage beschäftigen, welche Ressource für welche Aktivität zuständig ist. Diese Informationen bilden die Grundlage für die Definition von Becken und Bahnen sowie für die Zuordnung von Aktivitäten und Ereignissen. Zu diesem Zeitpunkt ist die Reihenfolge der Aktivitäten noch nicht festgelegt. Daher ist es gut, zunächst jene Punkte im Prozess zu identifizieren, an denen Arbeit von einer Ressource an eine andere übergeben wird, z. B. von einer Abteilung zu einer anderen. Diese Übergaben *(engl.: handoff)* sind wichtig, da ein Beteiligter, dem eine neue Aufgabe zugewiesen wird, Annahmen treffen muss, was zuvor getan wurde. Ein wesentlicher Schritt bei der Prozesserhebung besteht darin, diese Annahmen explizit zu machen. Abb. 5.6 zeigt die Aktivitäten und Ereignisse des Bestellung-bis-Zahlungseingang-Prozesses, die jetzt den Bahnen innerhalb des Anbieterbeckens zugewiesen werden, wobei Sequenzflüsse Übergaben anzeigen. Punkte, an denen Übergaben stattfinden, sind auch hilfreich, um Abschnitte des Prozesses zu identifizieren, die isoliert vom Rest untersucht werden können. Diese Abschnitte können mithilfe der beteiligten Interessengruppen in Teilprozessen gesondert beschrieben werden. Zum Beispiel könnte im Bestellung-bis-Zahlungseingang-Prozess die Beschaffung von Werkstoffen (siehe Abb. 4.15) vom Rest des Prozesses isoliert erfolgen, da dieser Abschnitt lediglich die Lieferanten und das Personal aus der Lager- und Vertriebsabteilung betrifft.

Wenn an dem Prozess externe Parteien wie Kunden, Geschäftspartner oder Lieferanten beteiligt sind, verwenden wir Becken *(engl.: pools)*, um diese externen Parteien zu model-

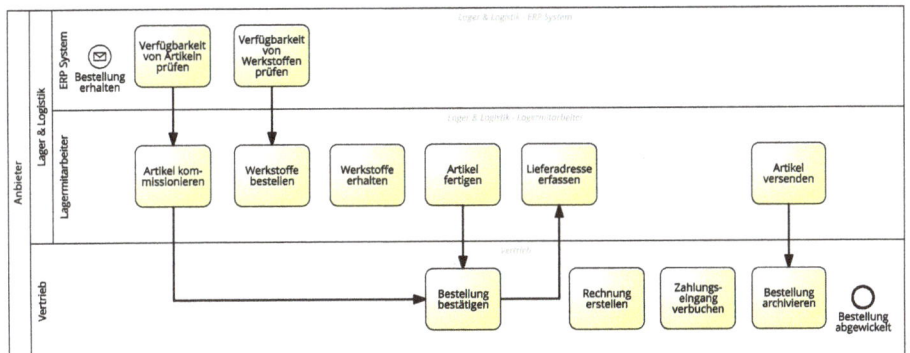

Abb. 5.6 Die Aktivitäten und Ereignisse des Bestellung-bis-Zahlungseingang-Prozesses, welche einzelnen Bahnen zugewiesen wurden

lieren, und Nachrichtenflüsse und Übergaben zwischen ihnen zu beschreiben. In Bezug auf unseren Bestellung-bis-Zahlungseingang-Prozess erhalten wir das Modell in Abb. 5.7.

Übung 5.9 Identifizieren Sie zunächst anhand der Prozessbeschreibung aus Übung 1.7 (Abschn. 1.7) die beteiligten Ressourcen. Weisen Sie dann die Aktivitäten und Ereignisse, die Sie in Übung 5.8 erhalten haben, diesen Ressourcen zu. Identifizieren Sie schließlich die Übergaben.

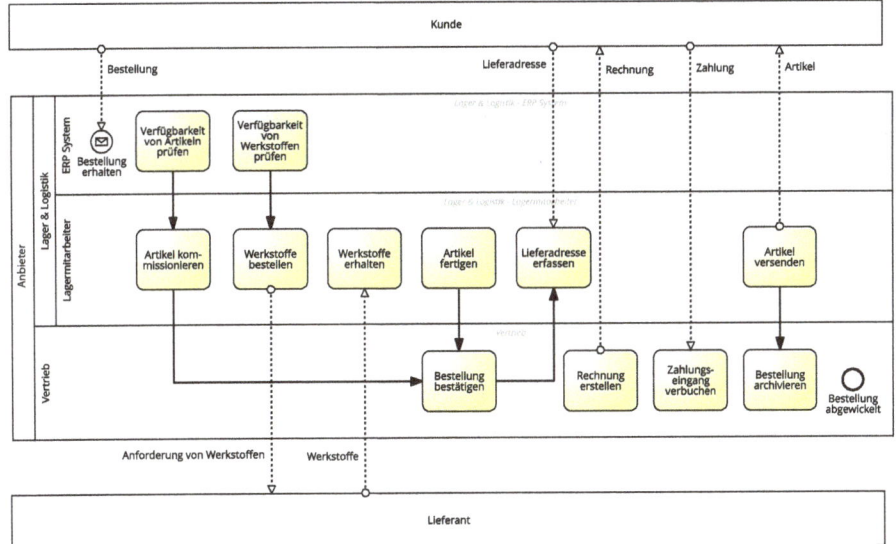

Abb. 5.7 Übergaben zwischen Anbieter, Kunde und Lieferant

5.3.4   Schritt 4: Identifizierung des Kontrollflusses

Die internen Übergaben innerhalb unserer betrachteten Organisation, die wir mithilfe der Sequenzflüsse beschrieben haben, führen zu einer ersten Struktur des Kontrollflusses *(engl.: control flow)*. Im Wesentlichen stellt der Kontrollfluss dar, *wann* und *warum* Aktivitäten und Ereignisse ausgeführt werden. Technisch gesehen müssen wir die Reihenfolge, Entscheidungspunkte, nebenläufige Ausführungen von Aktivitäten und Ereignissen, sowie mögliche Nacharbeiten und Wiederholungen festhalten. Für Entscheidungspunkte müssen XOR- oder ODER-Verzweigungen und relevante Bedingungen für die Sequenzflusskanten beschrieben werden, die von diesen Verzweigungen ausgehen. Nacharbeiten und Wiederholungen können mithilfe von Schleifen dargestellt werden. Nebenläufige Aktivitäten, die unabhängig voneinander ausgeführt werden, werden mit UND-Gattern spezifiziert. Ereignisbasierte Verzweigungen werden verwendet, um auch Entscheidungen zu berücksichtigen, die außerhalb des Prozesses getroffen werden. Abb. 5.8 zeigt, wie die Reihenfolge mithilfe von Kontrollflusskanten im Anbieterbecken des Bestellung-bis-Bezahlung-Prozesses beschrieben wird. Diese Kontrollflusskanten ergänzen die Übergaben, die wir im vorherigen Schritt identifiziert haben.

Übung 5.10 Betrachten Sie die Beschreibung aus Übung 1.7 (Abschn. 1.7). Verbessern Sie das Modell, das Sie in Übung 5.9 erstellt haben, indem Sie den vollständigen Kontrollfluss darstellen.

5.3.5   Schritt 5: Identifizierung weiterer Elemente

Schließlich können wir das Modell erweitern, indem wir die für den Modellierungszweck relevanten Geschäftsobjekte und Ausnahmebehandlungen ergänzen. Mit Blick auf die Objekte bedeutet das, dass Datenobjekte, Datenspeicher, und deren Beziehungen zu Aktivitäten und Ereignissen durch Datenverknüpfungen dargestellt werden. Für die Ausnahmebehandlung bedeutet das, dass angeheftete Ereignisse, Ausnahmeflüsse und Kompensationsassoziationen verwendet werden. Wie wir in den Kap. 3 und 4 erwähnt haben, hängt der Umfang der Ergänzung von Datenelementen und Ausnahmen vom jeweiligen Modellierungszweck ab. Wenn der Prozess beispielsweise automatisiert werden soll, ist es vorteilhaft, Daten und Ausnahmebedingungen explizit zu erfassen. Wir können auch weitere Anmerkungen hinzufügen, um bestimmte Anwendungsszenarien zu beschreiben. Wenn das Modell etwa zur Risikoanalyse oder zur Prozesskostenrechnung verwendet wird, müssen wir möglicherweise Risiko- und Kosteninformationen angeben. Welche Elemente hinzugefügt werden, hängt im Allgemeinen vom jeweiligen Anwendungsszenario ab.

Frage: Wann sollten wir mit der Modellierung eines Prozesses aufhören?

Abb. 5.8 Der Kontrollfluss des
Bestellung-bis-
Zahlungseingang-Prozesses

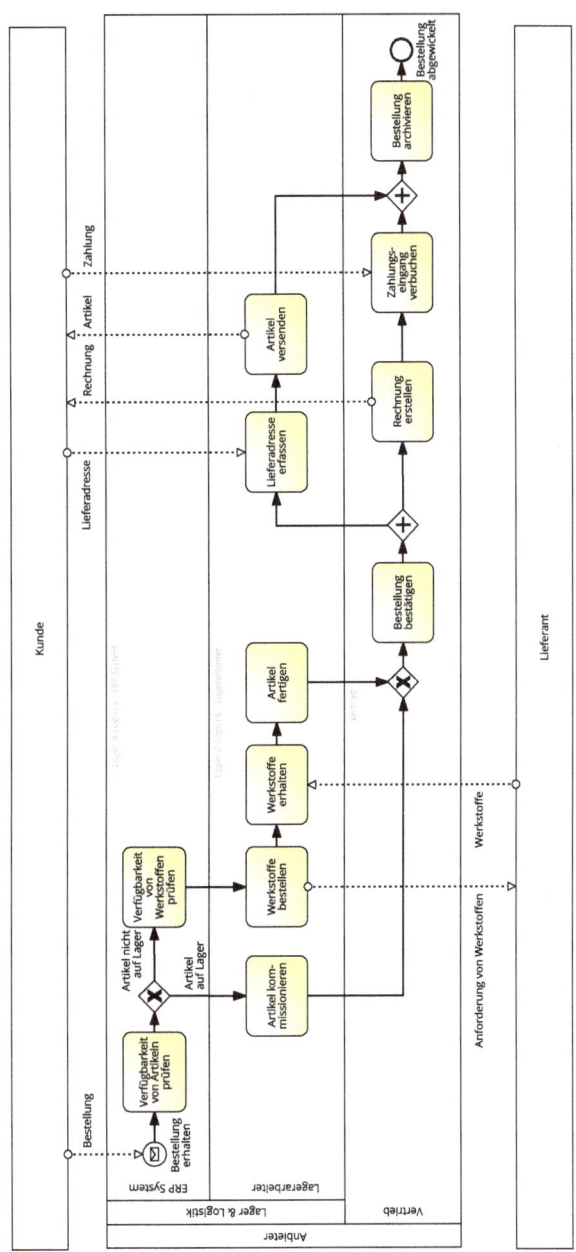

Wie wir in Kap. 3 erläutert haben, wird der Detaillierungsgrad der Modellierung durch den jeweiligen Modellierungszweck bestimmt. Während der Prozesserhebung verfolgen wir das Ziel, ein ausreichendes Verständnis des Prozesses zu erlangen, wie wir es für die nachfolgende Analyse benötigen. Daher ist es nicht erforderlich, den Prozess auf einem unnötig detaillierten Grad zu dokumentieren. Leider begehen aber viele Organisationen den Fehler, während der Prozesserhebung sehr detaillierte Modelle zu erstellen. Dies kann sich negativ auf die Gesamtkosten eines BPM-Projekts auswirken und die eigentliche Verbesserung der Prozesse hinauszögern.

Übung 5.11 Betrachten Sie die Beschreibung aus Übung 1.7 (Abschn. 1.7). Verbessern Sie das Modell, das Sie in Übung 5.10 erstellt haben, indem Sie Geschäftsobjekte und Ausnahmebehandlung ergänzen.

5.3.6 Prozessmodellierung in der Praxis

In den vorherigen Abschnitten haben wir eine Vorgehensweise zur schrittweisen Erstellung eines Prozessmodells beschrieben. Diese Vorgehensweise eignet sich gut für Workshops, da sie über mehrere Workshopsitzungen angewandt werden kann. Zum Beispiel können wir die Schritte 1 und 2 in der ersten Workshopsitzung und die Schritte 3, 4 und 5 jeweils in einer weiteren Sitzung durchführen. Beginnen Sie jede Sitzung damit, dass Sie die Ergebnisse des vorherigen Schrittes gemeinsam mit den Workshopteilnehmern erläutern.

Wenn Sie ein erfahrener Analyst sind und über fundierte BPMN-Kenntnisse und hervorragende Moderationsfähigkeiten verfügen, können Sie diese Vorgehensweise auf flexible Weise nutzen. In diesem Fall würden Sie den Kontrollfluss modellieren, während Sie Ressourcen hinzufügen, d. h. Sie würden die Schritte 3 und 4 gleichzeitig ausführen.

5.4 Qualitätssicherung von Prozessmodellen

Wie wir bereits besprochen haben, ist das Erheben und Organisieren von prozessbezogenen Informationen in einem Prozessmodell eine Arbeit, die ein Prozessanalyst Schritt für Schritt unter Einbeziehung von mehreren Fachexperten vorantreibt (z. B. mithilfe von Workshopsitzungen oder Interviews). Dabei muss sichergestellt werden, dass das erstellte Prozessmodell hohen Qualitätsansprüchen genügt. Abb. 5.9 stellt dar, dass für ein Prozessmodell drei Qualitätsaspekte relevant sind: die syntaktische, die semantische und die pragmatische Qualität. Die Verifikation bezeichnet eine Reihe von Verfahren, mit denen wir die syntaktische Qualität überprüfen. Bei der Validierung überprüfen wir die semantische Qualität. Im Rahmen der Zertifizierung stellen wir die pragmatische Qualität sicher. Darüber hinaus können Modellierungsrichtlinien und -konventionen herangezogen werden, um von Anfang an eine hohe Qualität sicher zu stellen.

Abb. 5.9 Aspekte der
Prozessmodellqualität und
Verfahren zu deren
Sicherstellung

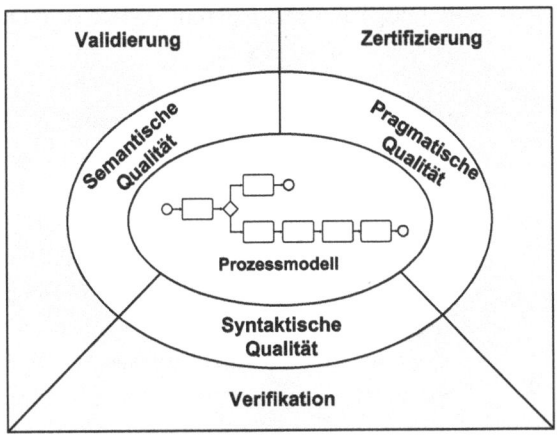

5.4.1 Syntaktische Qualität und Verifikation

Die *syntaktische Qualität* bezieht sich darauf, dass ein Prozessmodell den syntaktischen
Regeln der verwendeten Modellierungssprache entspricht. Wir unterscheiden zwei Arten
von syntaktischen Regeln: Struktur- und Verhaltensregeln. *Strukturregeln* beziehen sich auf
die Art und Weise, wie die verschiedenen Modellelemente miteinander verknüpft sind.
Verhaltensregeln beziehen sich darauf, wie ein Prozessmodell ausgeführt werden kann.
Syntaktische Regeln sind wichtig, um die Verständlichkeit der Modelle zu verbessern und
Unklarheiten zu vermeiden.

Im Folgenden führen wir die wichtigsten Strukturregeln auf, die für ein BPMN-Modell
gelten:

1. **Elementebene:**
   - Aktivitäten: Aktivitäten müssen zumindest über einen eingehenden und einen ausge-
     henden Sequenzfluss verfügen.
   - Ereignisse:
     – Startereignisse dürfen keinen eingehenden Sequenzfluss haben;
     – Ereignisse dürfen keinen ausgehenden Sequenzfluss haben;
     – Zwischenereignisse müssen zumindest einen eingehenden und einen ausgehenden
       Sequenzfluss haben;
     – nur angeheftete behandelnde Ereignisse dürfen auf dem Rand einer Aktivität ange-
       bracht werden.
   - Gatter:
     – Verzweigungen müssen genau eine eingehende und mindestens zwei ausgehende
       Sequenzflusskanten haben;
     – Zusammenführungen müssen zumindest zwei eingehende und genau eine ausge-
       hende Sequenzflusskante aufweisen;

- die ausgehenden Kanten einer XOR- bzw. ODER-Verzweigung müssen mit Bedingungen beschriftet sein.
- Flüsse:
  - Ein Sequenzfluss muss zwei Elemente (Aktivitäten, Ereignisse und Gatter) desselben Beckens verbinden, d. h. Sequenzflüsse dürfen die Grenzen von Becken nicht überschreiten;
  - ein Nachrichtenfluss muss ein Becken (eine Aktivität oder ein Nachrichtenereignis) mit einem anderen Becken (eine Aktivität oder ein Nachrichtenereignis) verbinden;
  - Ein Nachrichtenfluss kann nur von einem auslösenden Nachrichtenereignis aktiviert werden oder zu einem empfangenden Nachrichtenereignis führen.
  - Eine direkte Datenassoziation muss ein Datenobjekt mit einer Aktivität oder einem Nachrichtenereignis verbinden; oder ein Datenspeicher ist mit einer Aktivität verbunden oder umgekehrt.
  - Eine indirekte Datenassoziation muss ein Datenobjekt mit einem Sequenzfluss oder eine Anmerkung mit einem beliebigen Element verbinden.
2. **Modellebene:** Alle Elemente (Aktivitäten, Ereignisse und Gatter) müssen sich auf einem Pfad von einem Start- zu einem Endereignis befinden.

Regeln auf Elementebene schränken die Verwendungen der einzelnen Modellelemente ein und Regeln auf Modellebene stellen sicher, dass das Modell zusammenhängt. Ein Modell ist *strukturell korrekt*, wenn es alle genannten strukturellen Regeln befolgt. Diese Regeln können anhand der grafischen Struktur des Prozessmodells überprüft werden. Beispielsweise kann man leicht erkennen, dass das Modell in Abb. 5.10 nicht strukturell korrekt ist.

Verhaltensregeln werden benötigt, um Verhaltensanomalien während der Ausführung eines Prozessmodells zu vermeiden. Darunter fallen Verklemmungen und Endlosschleifen. Einige dieser Verhaltensanomalien haben wir bereits in Kap. 3 besprochen (siehe z. B. die Diskussion zu Abb. 3.11). Betrachten wir diese nun systematisch. Eine Verklemmung *(engl.: deadlock)* tritt auf, wenn eine laufende Prozessinstanz nicht weiter ausgeführt werden kann, sobald ein bestimmter Zustand erreicht ist, d. h. eine Marke bleibt in diesem Zustand stecken.

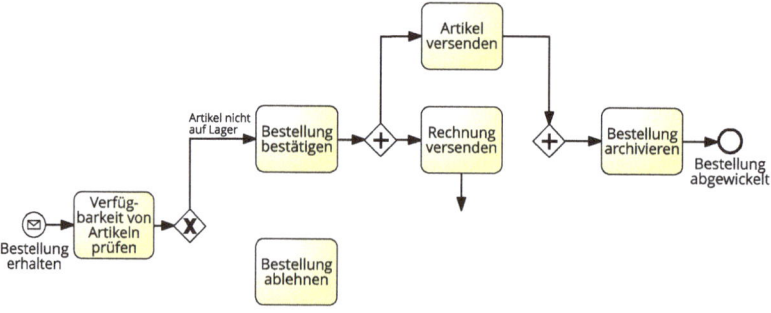

Abb. 5.10 Prozessmodell, welches strukturell nicht korrekt ist

Eine Endlosschleife *(engl.: livelock)* ist eine andere Form einer Verhaltensanomalie. Sie tritt auf, wenn eine Prozessinstanz in einer Schleife endlos weiterläuft. Mit anderen Worten, eine Marke bleibt in einer Schleife gefangen und bewegt sich dort im Kreis. Das kann beispielsweise der Fall sein, wenn die Bedingung einer Schleife immer als wahr gewertet wird. Sowohl Verklemmungen als auch Endlosschleifen verhindern, dass Marken ein Endereignis erreichen. Dadurch kann die Prozessinstanz möglicherweise nicht planmäßig abgeschlossen werden. Eine weitere Verhaltensanomalie ist die *fehlende Synchronisation*. Diese tritt auf, wenn zwei oder mehr Marken auf derselben Sequenzflusskante eintreffen, weil sie an einem vorangegangenen Gatter nicht zusammengeführt wurden. Schließlich wird eine Aktivität als *tote Aktivität (engl.: dead activity)* bezeichnet, wenn es keine Ausführungssequenz gibt, die sie aktivieren könnte.

Es springt nicht immer direkt ins Auge, dass diese Verhaltensanomalien in einem konkreten Prozessmodell auftreten können. Im einfachsten Fall entstehen solche Anomalien, wenn eine Verzweigung mit einer Zusammenführung eines anderen Typs in einer Blockstruktur kombiniert wird. Das ist in Abb. 5.11 der Fall. Eine *Blockstruktur* ist ein Prozessfragment mit einem Eingang und einem Ausgang, bei dem diese Ein- und Ausgänge zwei Gatter sind (eine Verzweigung und eine Zusammenführung) und jeder Pfad von Eingangsgatter zum Ausgangsgatter führt. Wenn die Verzweigung und die Zusammenführung vom gleichen Typ sind, entsteht keine Verhaltensanomalie. Wenn die beiden Gatter aber verschieden sind, wie das in Abb. 5.11 der Fall ist, kommt es zu verschiedenen Verhaltensanomalien. Solche Anomalien können aber auch außerhalb von Blockstrukturen auftreten, wodurch sie schwieriger zu erkennen sind. Zum Beispiel zeigt Abb. 5.12a ein Modell mit einer Verklemmung, die bei der UND-Zusammenführung auftritt, wenn Aktivität G ausgeführt wird. Das ist darauf zurückzuführen, dass eine Verzweigung in einen ansonsten abgeschlossenen UND-Block führt. Eine Marke kann von dieser Verzweigung zurückkommen und die UND-Zusammenführung erreichen, nachdem E ausgeführt wurde. Die UND-Zusammenführung wird nun aber blockieren, da sie nach Ausführung von F niemals eine Marke von C erhält.

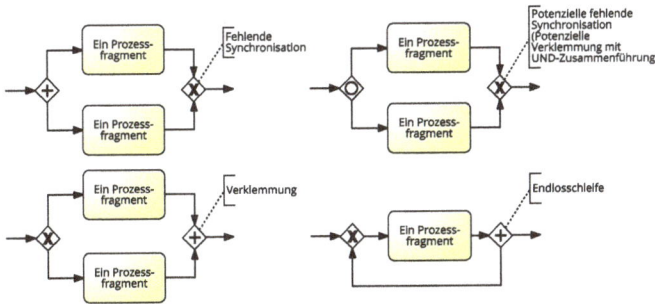

Abb. 5.11 Typische Verhaltensanomalien in Blockstrukturen

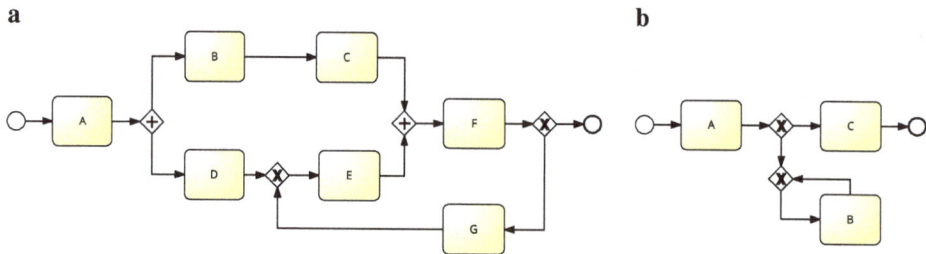

Abb. 5.12 Ein Prozessmodell mit einer Verklemmung (a) und eines mit einer Endlosschleife (b)

Übung 5.12 Sehen Sie sich Abb. 5.11 an. Was genau ist nicht korrekt an den jeweiligen Blockstrukturen?

Wir sagen, dass ein Prozessmodell verhaltensbezogen korrekt *(engl.: sound)* ist, wenn, und nur wenn, es die folgenden Verhaltensregeln erfüllt:

1. **Möglichkeit zur Beendigung:** jede laufende Prozessinstanz muss irgendwann einen Endzustand erreichen;
2. **Korrekte Beendigung:** zum Zeitpunkt der Beendigung muss sich jede Marke der Prozessinstanz in einem der Endereignisse befinden;
3. **Keine toten Aktivitäten:** jede Aktivität muss zumindest in einer Prozessinstanz ausgeführt werden können.

Die Möglichkeit zur Beendigung bedeutet, dass es keine Verklemmungen oder Endlosschleifen gibt, welche die Ausführung der Instanz verhindern. Eine korrekte Beendigung bedeutet, dass Synchronisationen in ausreichendem Maße vorhanden sind. Zum Beispiel verstößt das Modell in Abb. 5.12a gegen die Möglichkeit zur Beendigung, da eine Verklemmung entsteht, wenn der Pfad über G gewählt wird. Ein weiteres Beispiel, bei dem keine Möglichkeit zur Beendigung besteht, zeigt das Modell in Abb. 5.12b, da hier eine Endlosschleife vorliegt. Darüber hinaus ist dieses Modell nicht strukturell korrekt, da sich B nicht auf einem Pfad von einem Start- zu einem Endereignis befindet. Ein Beispiel für eine fehlerhafte Beendigung ist das Modell in Abb. 5.13a. Dieses Modell verfügt über keine Synchronisation (der letzte Sequenzfluss erhält immer zwei Marken) und in einigen Fällen kann Aktivität D sogar zweimal ausgeführt werden. Schließlich verstößt das Modell in Abb. 5.13b gegen die Regel, dass es keine toten Aktivitäten geben darf, denn D kann niemals ausgeführt werden. Außerdem kann dieses Modell nur fehlerhaft beendet werden, da bei Erreichen des Endereignisses eine Marke vor der UND-Zusammenführung hängen bleibt. Das liegt jedoch nicht an einer fehlenden Synchronisation (es können sich niemals zwei Marken im selben Sequenzfluss befinden), sondern an einer Verklemmung bei der UND-Zusammenführung. Während eine

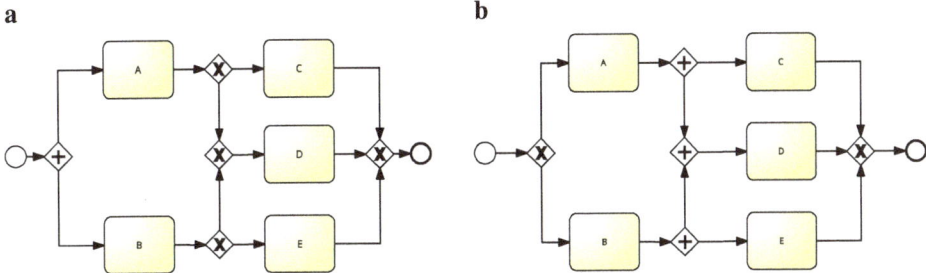

Abb. 5.13 Ein Modell mit einer fehlenden Synchronisation (a) und eines mit einer toten Aktivität (b)

korrekte Beendigung voraussetzt, dass keine Synchronisation fehlt, ist letztere jedoch nicht die einzige Ursache für eine fehlerhafte Beendigung.

Die obige Definition von *verhaltensbezogener Korrektheit* bezieht sich nur auf den Kontrollfluss eines Prozessmodells. Sie setzt voraus, dass alle eingehenden Datenobjekte sowie eingehenden Nachrichten verfügbar sind, wenn eine Aktivität ausgeführt werden soll, und alle Ausgabedatenobjekte sowie ausgehenden Nachrichten bereitgestellt werden, wenn eine Aktivität abgeschlossen ist. Kriterien wie die verhaltensbezogene Korrektheit können nach Erstellung des Prozessmodells überprüft werden. Alternativ kann ein Prozessmodellierungswerkzeug sicherstellen, dass ein Modell von vornherein korrekt erstellt wird. Das kann erreicht werden, indem nur Bearbeitungsoperationen zugelassen werden, die die strukturelle und verhaltensbezogene Korrektheit einhalten. Eine einfache Möglichkeit ist das Erstellen von Modellen, bei denen Gatter nur in Blockstrukturen vorhanden sind und im Typ übereinstimmen (sogenannte *strukturierte* Prozessmodelle), wie das in Abb. 3.12 dargestellte Modell. Diese Art von Modell hat jedoch im Vergleich zu unstrukturierten Modellen eine eingeschränkte Ausdrucksmächtigkeit, wie in Abschn. 4.1 diskutiert wird.

Fragmente eines Modells, die zu Verhaltensanomalien führen, sollten überarbeitet werden. In der Regel werfen diese Fragmente Fragen zu einem bestimmten Verhalten des Prozesses auf, die man mit Fachexperten klären muss. *Verifikation* ist die Aktivität der Überprüfung, ob ein Prozessmodell syntaktisch korrekt ist, d. h. es ist sowohl mit Blick auf Struktur wie auch Verhalten korrekt. Bei der Verifikation werden formale Eigenschaften eines Modells betrachtet, die überprüft werden können, ohne dass man den entsprechenden Prozess in der realen Welt kennt.

Übung 5.13 Welche Verhaltensregeln werden im Modell in Abb. 5.14 verletzt? Wie kann man bei diesem Modell das korrekte Verhalten sicher stellen?

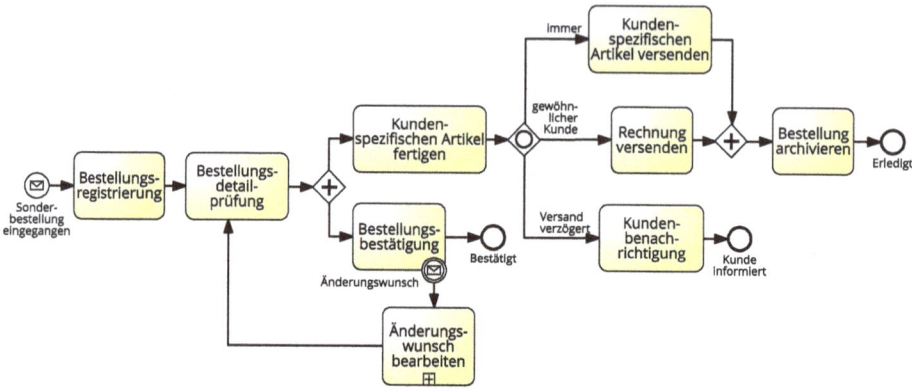

Abb. 5.14 Ein Prozessmodell, um besondere Bestellungen abzuwickeln

5.4.2   Semantische Qualität und Validierung

Die semantische Qualität beschreibt, ob das Prozessmodell mit dem realen Prozess überein-stimmt. Die *Validierung* bezeichnet entsprechende Verfahren zur Überprüfung der semanti-schen Qualität eines Modells, indem man es mit dem realen Geschäftsprozess vergleicht. Die besondere Herausforderung bei der Validierung besteht darin, dass es keine formalen Regeln gibt, mit denen man die semantische Qualität einfach überprüfen könnte. Vielmehr liegt der Fokus auf dem generellen Bedeutungsgehalt des Modells. Daher kann dieser Schritt nur durch Gespräche mit Prozessbeteiligten und mithilfe verfügbarer Dokumentation erfolgen.

Es gibt zwei wesentliche Aspekte der semantischen Qualität: Validität und Vollständig-keit. *Validität* bedeutet, dass alle Aussagen, die man auf Grundlage des Modells treffen kann, richtig und für den Prozess in der realen Welt korrekt sind. Die Validität kann ermit-telt werden, indem man Fachexperten erklärt, wie der Ablauf im Modell dargestellt wird, und diese dann die Unterschiede zwischen dem Modell und dem Verhalten des Prozesses in der Realität aufzeigen. *Vollständigkeit* bedeutet, dass das Modell alle relevanten Aussagen über den entsprechenden Geschäftsprozess enthält. Die Vollständigkeit ist schwieriger zu bewerten. Hier muss sich der Prozessanalyst nach verschiedenen alternativen Ausführungs-möglichkeiten des Prozesses erkundigen und sicherstellen, dass nichts fehlt. Vor diesem Hintergrund ist das Modell in Abb. 5.8 unvollständig, da es keine Ausnahmen erfasst, wie z. B. eine Auftragsstornierung durch den Kunden. Es ist die Aufgabe des Prozessanalysten, die Relevanz dieser zusätzlichen Elemente zu beurteilen. Die Beurteilung muss im Hinblick auf das Modellierungsziel erfolgen, dessen sich der Prozessanalyst bewusst sein sollte. Betrachten wir ein Beispiel, um den Unterschied zwischen Validität und Vollständigkeit zu verstehen. Wenn ein Prozessmodell der Kreditprüfung vorsieht, dass ein Risikomanager die Kredithistorie eines bestimmten Antragstellers überprüft, dieser Schritt aber in der Praxis eine spezielle Genehmigung erfordert, hat das Modell aufgrund einer nicht validen Aussage ein semantisches Problem. Wenn die Prüfung der Kredithistorie nicht berücksichtigt wird, hat das Modell aufgrund der Unvollständigkeit ebenfalls ein semantisches Problem.

Übung 5.14 Was können Sie über die semantische Qualität in Abb. 3.9 sagen? Beziehen Sie sich auf die Prozessbeschreibung 3.5.

Die Validierung kann durch Methoden wie Interviews oder Workshops unterstützt werden. Alternativ dazu gibt es Modellierungswerkzeuge, die von vornherein valide Modelle erstellen können. Ein Beispiel hierfür ist die automatische Generierung eines Prozessmodells auf Grundlage eines Ereignislogs, wie wir in Kap. 11 genauer besprechen werden. In der Praxis erfordern Prozessmodelle die *Abnahme* des Prozessverantwortlichen. Diese Abnahme ist ein wichtiger Validierungsschritt, da hier die Validität sowie die Vollständigkeit des Modells bestätigt wird. Darüber hinaus legt die Abnahme des Prozessverantwortlichen die Verbindlichkeit eines bestimmten Prozessmodells fest. In weiterer Folge kann das Prozessmodell dann veröffentlich werden, als Vorlage für die Prozessanalyse und -verbesserung dienen oder archiviert werden.

Übung 5.15 Betrachten Sie das Modell aus Abb. 5.14 in Bezug auf die folgende Prozessbeschreibung. Ist dieses Modell valide und vollständig? Wenn nein, welche Aussagen sind nicht valide und was fehlt?

Wenn eine Sonderbestellung eingeht, wird sie zuerst registriert und dann werden die Details überprüft. Als Nächstes wird die Bestellung bestätigt und der kundenspezifische Artikel gefertigt. Nachdem der Artikel gefertigt wurde, kann der Versand geplant werden. Danach werden Kundentyp und Versandstatus geprüft. Wenn es sich um Laufkundschaft handelt, muss eine Ad-hoc-Rechnung ausgestellt werden, die bei normalen Kunden nicht erforderlich ist. Im letzteren Fall wird lediglich das Kundenkonto mit jenen Kosten belastet, die mit der Auftragsabwicklung verbunden sind. Wenn der Versand verspätet ist, muss der Kunde darüber hinaus über die zu erwartende Verzögerung informiert werden. Parallel zu diesen Aktivitäten wird der kundenspezifische Artikel ausgeliefert. Nach der letztgenannten Aktivität, und nachdem die Rechnung ausgestellt wurde, wird der Prozess abgeschlossen, indem die Bestellung archiviert wird. Zu jeder Zeit zwischen der Bestätigung der Bestellung und der Herstellung des jeweiligen Produkts kann eine Anforderung zur Änderung der Bestellung eingehen. In diesem Fall muss jede Aktivität unterbrochen werden, damit der Änderungswunsch bearbeitet werden kann. Das beinhaltet die Registrierung der Bestellabweichung und eine Benachrichtigung an den Kunden, sobald der Vorgang nach der Bestellprüfung fortgesetzt wird.

5.4.3 Pragmatische Qualität und Zertifizierung

Die *pragmatische Qualität* bezieht sich auf die Verwendbarkeit eines Prozessmodells. Die besondere Herausforderung einer pragmatischen Qualitätsbeurteilung besteht darin, die tatsächliche Verwendbarkeit eines Prozessmodells im Vorhinein abzuschätzen. Dieser Aspekt konzentriert sich darauf, wie Menschen mit einem Modell arbeiten. Beispielsweise kann ein Prozessmodell auf pragmatische Qualität geprüft werden, indem betrachtet wird, wie gut ein Benutzer das Modell versteht.

Die *Zertifizierung* beschreibt das Vorgehen zur Überprüfung der pragmatischen Qualität eines Prozessmodells im Hinblick auf seine Verwendung. Es gibt mehrere Aspekte der Verwendbarkeit: Verständlichkeit, Wartbarkeit und Erlernbarkeit. *Verständlichkeit* bezieht sich darauf, wie einfach ein Prozessmodell gelesen und verstanden werden kann. *Wartbarkeit* beschreibt, wie einfach Änderungen am Modell vorgenommen werden können. *Erlernbarkeit* bezieht sich darauf, wie gut ein Prozessmodell den entsprechenden Geschäftsprozess in der Realität abbildet. Ein Modell verfügt über mehrere Merkmale, die die Verwendbarkeit beeinflussen, einschließlich seiner Größe, seiner strukturellen Komplexität und seiner grafischen Darstellung.

Die Zertifizierung kann durch Interviews oder Experimente mit Modellbenutzern durchgeführt werden, also denjenigen, die das Modell im Rahmen ihrer Tätigkeit verwenden sollen. Das könnte beispielsweise ein Prozessverantwortlicher sein, der ein Modell für Kommunikationszwecke benötigt, oder ein Prozessanalyst, der es als Grundlage für die Prozessanalyse und -verbesserung heranzieht. Zudem gibt es Regeln, die darauf abzielen, die Benutzerfreundlichkeit mithilfe der Darstellung zu gewährleisten. Eine davon ist die *Blockstrukturierung*: Ein strukturiertes Prozessmodell ist nicht nur immer korrekt mit Blick auf das Verhalten, sondern es wurde auch gezeigt, dass es oftmals einfacher zu verstehen ist als sein unstrukturiertes Gegenstück. Als Beispiel zeigt Abb. 5.15a ein unstrukturiertes Prozessmodell, während Abb. 5.15b die strukturierte Version desselben Modells zeigt. Bei letzterem wurde eine Aktivität dupliziert, um überkreuzende Kanten zu vermeiden. Zudem verwenden Verzweigungen und Zusammenführungen innerhalb desselben Blocks den gleichen Typ. Dieses Modell ist semantisch äquivalent zu dem in Abb. 5.15a.

Es gibt zwei grundlegende Möglichkeiten, um die Verständlichkeit, Wartbarkeit und Erlernbarkeit zu überprüfen. Die erste bezieht sich auf die Konsistenz zwischen visueller und logischer Struktur. Abb. 5.16a und b zeigen dasselbe Fragment eines Modells für den Bestellung-bis-Zahlungseingang-Prozess. Das zweite Modell stellt eine Überarbeitung des ersten Modells dar. Es unterscheidet sich in Bezug auf die Darstellung, bei der alle Elemente von links oben nach rechts unten angeordnet und keine überkreuzenden Kanten vorhanden sind. Hier wurde die Anordnung der Elemente geändert, um die Konsistenz zwischen visueller und logischer Struktur zu erhöhen. Ein Prozessmodell gegebenenfalls nach Blöcken zu strukturieren stellt ebenfalls einen Mechanismus zur Vereinheitlichung dar.

Die zweite Möglichkeit zur Überprüfung bezieht sich auf den Bedeutungsgehalt der Bezeichnungen. Aktivitäten, Ereignisse und andere Elemente müssen bestimmten Bezeichnungsregeln folgen. Beispielsweise folgen die Bezeichnungen im Modell von Abb. 5.17 keinen einheitlichen Bezeichnungsregeln und es wird kein gemeinsames Glossar verwendet. Das führt zu Unklarheiten, wodurch die Verständlichkeit des Modells beeinträchtigt wird.

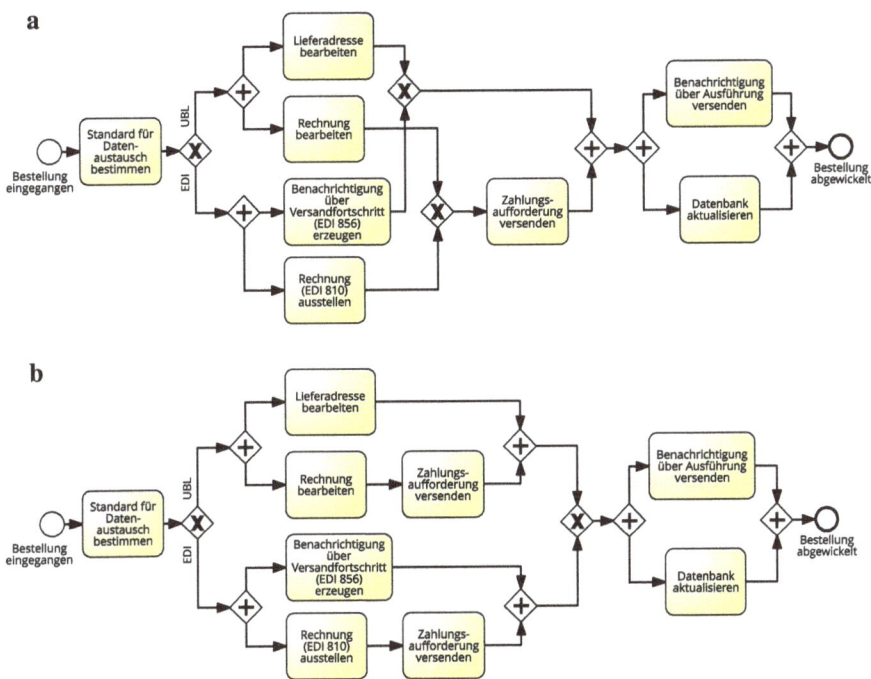

Abb. 5.15 Ein unstrukturiertes Modell (a) und sein strukturiertes Gegenstück (b). *Hinweis.* Dieses Beispiel ist [1] entnommen

Die Aktivität *Genehmigung für Ausgaben erhalten* folgt dem *Objekt-Verb*-Stil (Objekt + Infinitiv), der sich in der deutschen Sprache als der effektivste Stil für das Bezeichnen von Aktivitäten erwiesen hat. Im Gegensatz dazu erfassen die Bezeichnungen *Kostenplanung* und *Neuberechnung der Kosten* die Aktionen des Planens und Neuberechnens als Substantive an verschiedenen Positionen in den Bezeichnungsfeldern. Das wird als *Substantiv*-Stil bezeichnet. Durch das Mischen von verschiedenen Beschriftungsstilen ist die Bedeutung der Aktivität *Datentransfer Planung* unklar: Sie kann entweder bedeuten, dass eine Datenübertragung geplant ist oder die Daten der Planung übertragen werden. Da kein gemeinsames Glossar vorhanden ist, verwenden zwei Aktivitäten den Begriff *Kosten* und eine Aktivität den Begriff *Ausgaben,* obwohl sie sich vermutlich auf dasselbe beziehen. Wenn wir uns die Bezeichnung der Ereignisse und Gatter ansehen, fällt uns auf, dass die Bezeichnung des Endereignisses *Genehmigt* keinen Verweis auf ein Geschäftsobjekt enthält (es sollte *Spesen genehmigt* heißen, zusammengesetzt aus Geschäftsobjekt und Partizip). Die Bezeichnung bei der XOR-Verzweigung „Annehmbar?" verschleiert, dass es die Entscheidungsaktivität *Annehmbarkeit des Plans überprüfen* gibt. Wie in Abschn. 3.2 erläutert, ist es besser, auf die Verwendung von ODER-Verzweigungsgatter zu verzichten und Bedingungen auf

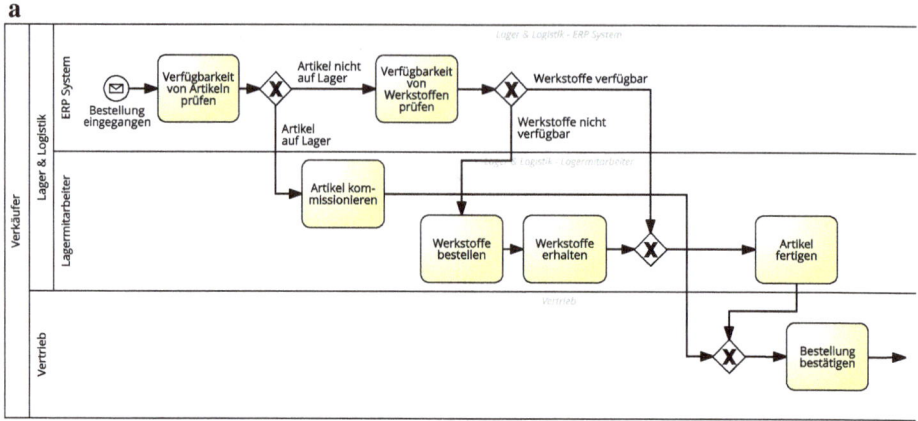

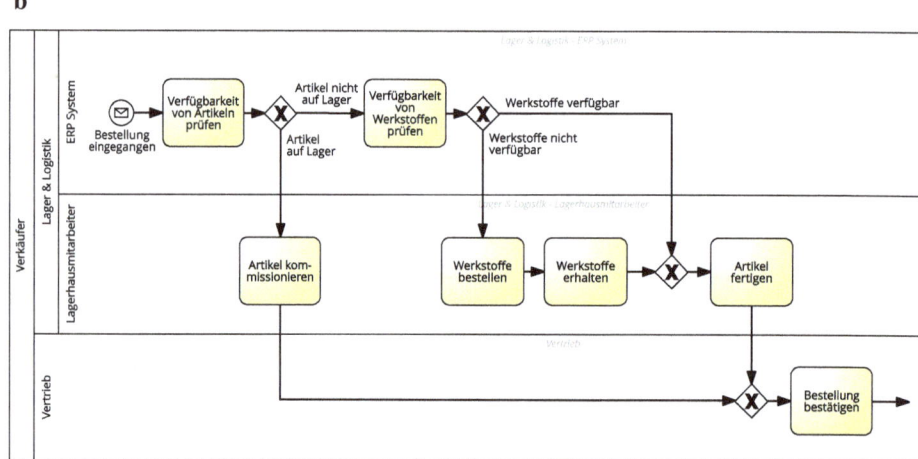

Abb. 5.16 Auszug des Bestellung-bis-Zahlungseingang-Prozess: mit schlechter Darstellung (a), mit guter Darstellung (b)

den ausgehenden Kanten zu verwenden, die klarer sind als „Ja" oder „Nein", z. B. „Plan annehmbar" und „Plan nicht annehmbar".

Übung 5.16 Weist das Prozessmodell in Abb. 5.14 eine hohe pragmatische Qualität auf? Wenn nein, wie kann das Modell verbessert werden?

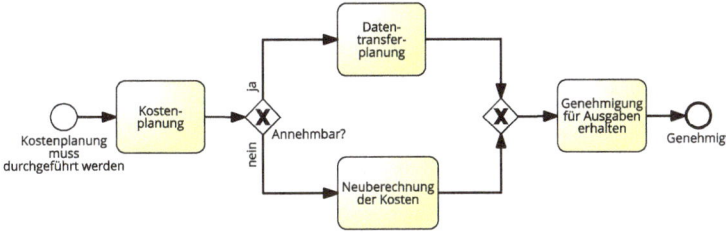

Abb. 5.17 Ein Prozessmodell zur Planung von Kosten. *Hinweis.* Dieses Beispiel ist [2] entnommen.

5.4.4   Modellierungsrichtlinien und Konventionen

Modellierungsrichtlinien und *Konventionen* stellen wichtige Hilfsmittel dar, um die pragmatische Qualität eines Prozessmodells zu verbessern. Die spezifischen Zielsetzungen für die Verwendung von Modellierungsrichtlinien und -konventionen sind vielfältig: i) Gewährleistung der Einheitlichkeit, Standardisierung und Wiederverwendung von Modellen, insbesondere im Zusammenhang mit umfangreichen Modellierungsinitiativen, an denen verschiedene Prozessanalysten beteiligt sind; ii) Verringerung der Abhängigkeit von Prozessanalysten, die das Unternehmen zu einem bestimmten Zeitpunkt verlassen könnten; und iii) Erleichterung der Zugänglichkeit der Modelle für Nicht-Experten. Betrachten wir beispielsweise eine Versicherungsgesellschaft, die über ein BPM-Team für jede Sparte verfügt (Haus, Auto, Gewerbe). Die verschiedenen BPM-Teams könnten dieselben Modellierungsrichtlinien verwenden, um die Einheitlichkeit und Wiederverwendung in den verschiedenen Versicherungssparten zu erhöhen. Auf diese Weise wird es beispielsweise einfacher, häufig benutzte Fragmente über alle Varianten des Schadenbearbeitungsprozesses hinweg zu standardisieren.

Der Unterschied zwischen Richtlinien und Konventionen besteht im Wesentlichen darin, dass erstere Vorschläge darstellen, während letztere bindende Regeln sind. Richtlinien oder Konventionen für die Modellierung stellen Einschränkungen für die folgenden Aspekte des Prozessmodells dar:

1. **Vokabular:** bestimmte Elemente vermeiden, z. B. niemals ereignisbezogene Teilprozesse verwenden.
2. **Struktur:** die Struktur eines Modells eingrenzen, z. B. einen Schwellenwert im Hinblick auf die Größe oder die Anzahl der hierarchischen Ebenen setzen, oder nur mit Blockstrukturen modellieren.
3. **Semantik:** bestimmte Spielarten von Elementen vermeiden, die selten gebraucht werden, z. B. angeheftete Ereignisse nutzen, um ausschließlich Geschäftsfehler zu modellieren, nicht aber Technologiefehler.
4. **Aussehen:** das Erscheinungsbild des Modells in Bezug auf Bezeichnungen, Layout und Notation einschränken, z. B. Verwenden des Objekt-Verb-Stils zum Benennen von

Aktivitäten, Verwenden von Begriffen, die aus einem Glossar stammen, oder mit einer Ausrichtung von links oben nach rechts unten modellieren.

Im Folgenden stellen wir eine Reihe von Modellierungsrichtlinien vor, die als die sieben Prozessmodellierungsgrundsätze (7PMG) *(engl.: seven process modeling guidelines)* bezeichnet werden. Die Zusammenstellung dieser Richtlinien beruht auf Erkenntnissen aus der Forschung. Durch die Analyse einer großen Anzahl von Prozessmodellen haben verschiedene Forscher zahlreiche syntaktische Fehler sowie komplexe Strukturen identifiziert, welche die pragmatische Qualität beeinträchtigen. Die vorliegenden Richtlinien helfen dabei, solche Probleme zu vermeiden.

R1: Verwenden Sie so wenige Modellelemente wie möglich. Studien haben gezeigt, dass große Modelle tendenziell schwieriger zu verstehen sind und eine höhere syntaktische Fehlerrate aufweisen.

R2: Minimieren Sie die Anzahl der Ausgangspfade einzelner Elemente. Für jedes Element in einem Prozessmodell kann die Anzahl der eingehenden und ausgehenden Kanten bestimmt werden. Diese Anzahl gibt einen Überblick darüber, wie viele Ausgangspfade durch das Element führen. Je höher die Anzahl, desto schwieriger ist es, das Modell zu verstehen. Es wurde gezeigt, dass die Anzahl der syntaktischen Fehler in einem Modell stark mit der Verwendung von Modellelementen mit einer großen Anzahl von Ausgangspfaden zusammenzuhängt.

R3: Verwenden Sie nur ein Startereignis für jeden Auslöser und ein Endereignis für jedes Ergebnis. Empirische Studien haben gezeigt, dass eine höhere Anzahl der Start- und Endereignisse zu einer Erhöhung der Fehlerwahrscheinlichkeit beiträgt. Modelle, die diese Regel berücksichtigen, sind leichter verständlich.

R4: Modellieren Sie so strukturiert wie möglich. Unstrukturierte Modelle weisen nicht nur häufiger Verhaltensanomalien auf, sie sind auch tendenziell schwieriger zu verstehen. Nichtsdestotrotz ist es, wie in Abschn. 4.1 gezeigt, manchmal nicht möglich oder gar nicht wünschenswert, ein unstrukturiertes Modellfragment (z. B. eine unstrukturierte Schleife) in ein strukturiertes Modellfragment umzuwandeln. Deshalb besagt diese Richtlinie „so strukturiert wie möglich".

R5: Vermeiden Sie ODER-Gatter wann immer es möglich ist. Modelle mit UND- und XOR-Gattern sind weniger fehleranfällig. Diese empirische Erkenntnis hängt offenbar mit der Tatsache zusammen, dass die Kombinationen von Entscheidungen, die durch eine ODER-Verzweigung dargestellt werden, schwieriger zu erfassen sind, als wenn der Prozessverlauf durch andere Gatter dargestellt wird. Darüber hinaus ist die Semantik der ODER-Zusammenführung komplex, da für jede der eingehenden Kanten überprüft werden muss, ob sie aktiv ist (siehe Abschn. 3.2.3). Das schränkt die Verständlichkeit ein.

R6: Verwenden Sie den Objekt-Verb-Stil, um Aktivitäten zu bezeichnen. Eine umfassende Untersuchung von Bezeichnungsstilen, die in Prozessmodellen in der Praxis zur Anwendung kommen, zeigte, dass es eine Reihe gebräuchlicher Stile gibt. Modellbenutzer betrachten den Objekt-Verb-Stil wie *Beschwerdeführer informieren* als klarer und nützlicher als Bezeichnungen durch Substantive (z. B. *Beschwerdeanalyse*) oder Bezeichnungen, die keinem dieser Stile folgen (z. B. *Vorfall Agenda*).

R7: Zerlegen Sie ein Modell, das mehr als 30 Elemente beinhaltet. Diese Richtlinie bezieht sich auf R1, die einen positiven Zusammenhang zwischen Modellgröße und syntaktischen Fehlern darlegt. Bei Modellen mit mehr als 30 Elementen steigt die Fehlerwahrscheinlichkeit stark an. Daher sollten große Modelle in kleinere Modelle zerlegt werden. Zum Beispiel können große Fragmente mit einem einzigen Eingang und einem einzigen Ausgang durch einen zusammengeklappten Teilprozess ersetzt werden.

Übung 5.17 Betrachten Sie das Prozessmodell in Abb. 5.18. Wie unten beschrieben, stellt das Modell einen Geschäftsprozess für die Bearbeitung von Beschwerden dar. Suchen Sie nach Verbesserungen für dieses Modell, indem Sie beurteilen, welche der 7PMG-Richtlinien verletzt werden. Modellieren Sie anschließend den Prozess auf Grundlage Ihrer Überlegungen neu.

Eine Beschwerdebearbeitung wird durch den Beschwerdeanruf eines Kunden ausgelöst. Es wird entschieden, ob die Beschwerde bearbeitet werden kann oder ob sie an eine interne oder externe Partei weitergeleitet werden muss. Eine externe Weiterleitung wird von der externen Partei telefonisch bestätigt. Eine interne Weiterleitung wird der Sammlung von Störfällen hinzugefügt. Wenn keine Weiterleitung erforderlich ist, wird eine Beschwerdeanalyse durchgeführt und der Beschwerdeführer kontaktiert. In beiden Fällen wird die Beschwerde archiviert und der Fall abgeschlossen.

Prozessmodellierungswerkzeuge wie Apromore, ARIS oder Signavio Process Manager enthalten eine vordefinierte Liste von Modellierungsrichtlinien, die für Modelle automatisch überprüft werden können. Sie bieten aber auch die Möglichkeit, selbst eigene Richtlinien

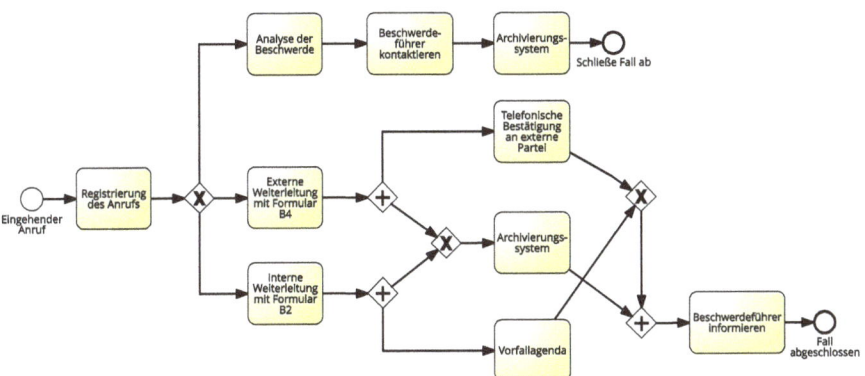

Abb. 5.18 Ein Prozessmodell einer in der Praxis üblichen Bearbeitung von Beschwerden

zu definieren. Beispielsweise kann man überprüfen, ob jede Aktivität dem Objekt-Verb-Stil folgt oder ob das Modell von links oben nach rechts unten angeordnet ist. Während die automatische Überprüfung von Modellierungsrichtlinien im Allgemeinen unterstützt wird, ist die automatische Überprüfung der BPMN-Strukturregeln viel weniger verbreitet.

5.5   Die wichtigsten Punkte

In diesem Kapitel wurde beschrieben, wie die verschiedenen Schritte der Prozesserhebung durchgeführt werden: man i) definiert den Rahmen, ii) erhebt erforderliche Informationen, iii) modelliert den Prozess und iv) stellt die Modellqualität sicher. Wir haben zudem die sich ergänzenden Fähigkeiten von Prozessanalysten und Fachexperten hervorgehoben. Prozessanalysten sind in der Lage, Prozesse zu analysieren und zu modellieren, ihnen fehlt jedoch oft detailliertes Fachwissen. Im Gegensatz dazu verfügen Fachexperten normalerweise über begrenzte Modellierungsfähigkeiten, sie haben aber eine detaillierte Kenntnis von jedem Prozessschritt, an dem sie beteiligt sind. Dies führt bei der Prozesserhebung zu mehreren Herausforderungen, denen sich Analysten stellen müssen.

In weiterer Folge haben wir verschiedene Erhebungsmethoden vorgestellt. Evidenzbasierte Methoden bieten in der Regel einen objektiven Einblick in den Prozess. Die Unmittelbarkeit der Rückmeldung ist jedoch gering und die Reichhaltigkeit der Einblicke meist begrenzt. Interviews können durch die Perspektiven der Befragten verzerrt sein, sie legen aber reichhaltige Details des Prozesses frei. Interviews bieten die Möglichkeit, für prozessrelevante Fragen direkte Rückmeldung zu erhalten. Workshops können dazu beitragen, widersprüchliche Ansichten unterschiedlicher Fachexperten zu klären. Es kann sich aber als schwierig erweisen, alle erforderlichen Fachexperten gleichzeitig an einen Tisch zu bekommen. Wir empfehlen, dass Sie auf eine Mischung der Erhebungsmethoden zurückgreifen, die auf die Anforderungen des jeweiligen Erhebungsprojekts abgestimmt sind.

Anschließend haben wir eine sechsstufige Prozessmodellierungsmethode beschrieben. Zunächst schlagen wir vor, die Grenzen des Prozesses anhand seiner Start- und Endereignisse festzulegen. Zweitens müssen wir die Hauptaktivitäten und -ereignisse, die verschiedenen beteiligten Ressourcen (intern und extern), sowie ihre Übergaben bestimmen. Sobald das geklärt ist, können wir den gesamten Kontrollfluss definieren und das Modell vervollständigen, indem wir zusätzliche Elemente wie Geschäftsobjekte und Ausnahmenbehandlungen hinzufügen.

Im letzten Abschnitt haben wir drei Aspekte der Prozessmodellqualität erörtert: syntaktische, semantische und pragmatische Qualität. Wir haben auch die jeweiligen Aktivitäten zur Qualitätssicherung beschrieben: Verifikation, Validierung und Zertifizierung. Zum Abschluss des Kapitels haben wir eine Reihe von Modellierungsrichtlinien vorgestellt, die zur Verbesserung der pragmatischen Qualität beitragen können.

5.6   Lösungen zu Übungsaufgaben

Lösung 5.1 Fachwissen *(engl.: domain knowledge)* kann für die Analyse von Prozessen sehr hilfreich sein. Es befähigt, die richtigen Fragen zu stellen und Analogien zu früheren Erfahrungen herzustellen. Andererseits sollten die Fähigkeiten eines erfahrenen Prozessanalysten nicht unterschätzt werden. Diese Fähigkeiten sind domänenunabhängig und beziehen sich auf die Organisation eines Prozesserhebungsprojekts. Erfahrene Prozessanalysten sind in der Lage, ein Projekt in die richtige Richtung zu lenken und voranzutreiben. Sie verfügen über Fähigkeiten zur Problemlösung und können mit verschiedenen kritischen Situationen in einem Prozesserhebungsprojekt umgehen. Man sollte zwischen diesen beiden Fähigkeiten abwägen. Es sollte sichergestellt werden, dass ein gewisses Maß an Erfahrung mit der Analyse von Prozessmodellen vorhanden ist. Ist dies beim ansuchenden Fachexperten nicht gegeben, wäre die Prozessanalystin zu bevorzugen.

Lösung 5.2 Um eine vollständige und systematische Sicht auf unseren Prozess zu erhalten, müssen wir zwei der drei Herausforderungen der Erhebung bewältigen. Fachexperten i) haben fragmentiertes Prozesswissen und ii) denken auf Fallebene. Um die erste Herausforderung zu meistern, müssen wir zunächst verstehen, wie jeder der drei Fachexperten (Verantwortliche für Kundenbeziehungen, Lagerarbeiter und Finanzbeauftragte) in dem Prozess eingebunden ist. Zu diesem Zweck können wir sie fragen, für welche Aktivitäten sie verantwortlich sind, welche Eingaben dafür erforderlich sind und welche Ergebnisse hervorgebracht werden. Damit erhalten wir auch einen Einblick, welche Übergaben zwischen ihnen existieren (vorausgesetzt, es sind keine anderen Ressourcen in dem Prozess involviert) und wir können eine erste Reihenfolge der Aktivitäten ableiten. Zum Beispiel können wir mithilfe dieser ersten Fragerunde herausfinden, dass der Lagerarbeiter Bücher erst aus dem Lager holt, nachdem er die Bestellung erhalten hat, die von der Verantwortlichen für Kundenbeziehungen versandt wurde. Das deutet auf eine Übergabe zwischen der Verantwortlichen für Kundenbeziehungen und dem Lagerarbeiter hin.

Wenn sich in ersten Diskussionen widersprüchliche Prozessbeschreibungen ergeben, müssen wir zusätzliche Fragen stellen. So können wir verborgene Annahmen und Bedingungen aufdecken, die diesen Beschreibungen zugrunde liegen. Zum Beispiel könnte der Lagerarbeiter eine einzige Bestellbestätigung für alle Bücher einer bestimmten Bestellung erwarten, weil er annimmt, dass eine Bestellung pausiert bis alle bestellten Bücher verfügbar sind. Der Kunde hat aber möglicherweise angegeben, dass seine Bücher in verschiedenen Paketen verschickt werden können, je nachdem, wann sie verfügbar sind. In diesem Fall kann die Kundenbeauftragte anstelle einer einzelnen Bestellung eine Reihe von Teilaufträgen (einen pro Paket) bestätigen. Um diese unterschiedlichen Annahmen zwischen der Kundenbeauftragten und dem Lagerarbeiter zu klären, können wir sie nach den verschiedenen Versandoptionen fragen, die den Kunden zur Verfügung stehen. Dann können wir abschätzen, welche Auswirkungen das für den Lagerarbeiter haben sollte, verglichen mit dem, was er tatsächlich tut. Die Betrachtung unterschiedlicher Ansichten der relevanten Interessengruppen kann uns bereits dabei helfen, Ansatzpunkte für die Prozessverbesserung zu identifizieren.

Um die zweite Herausforderung (Fachexperten denken auf der Ebene von Einzelfällen) zu bewältigen, können wir nach Ausnahmen aufgrund von *Geschäftsunterbrechungen* fragen, z. B. was passiert, wenn eine Bestellung vom Kunden storniert wird oder ein bestelltes Produkt nicht verfügbar ist oder eingestellt wird. Wir können uns auch nach dem Vorkommen von *Fristverletzungen* erkundigen, indem wir beispielsweise fragen, ob es eine vorgeschriebene Frist für die Abwicklung einer Bestellung gibt und wenn dem so ist, was passiert, wenn eine Frist nicht eingehalten wird. Das sind Beispiele für Fragen, die uns beim Verständnis auf der Prozessebene helfen, da sie sich auf unterschiedliche Bedingungen und Ergebnisse, nicht aber auf die Fallebene beziehen, d. h. in Bezug auf eine bestimmte Reihenfolge. Auf diese Weise können wir die Schaltsemantik identifizieren, die erforderlich ist, um alle Aktivitäten korrekt miteinander zu verknüpfen und den gesamten Kontrollfluss abzuleiten. Beispielsweise wird eine Bestellung von der Kundenbeauftragten nur dann bestätigt, wenn die bestellten Bücher verfügbar sind. Wenn sie nicht verfügbar sind, wird der Kunde entsprechend informiert und die Bestellung abgelehnt. Diese beiden Ergebnisse schließen sich gegenseitig aus, was auf eine XOR-Verzweigung nach der Verfügbarkeitsprüfung der Lagerbestände schließen lässt.

Lösung 5.3 Die Methoden in den Klassen des UML-Klassendiagramms können auf mögliche Prozessaktivitäten hindeuten, während die organisatorischen Richtlinien auf jene Bedingungen schließen lassen, die bestimmten Entscheidungsaktivitäten im Prozess zugrunde liegen. Führen wir uns das Klassendiagramm vor Augen, sind einige Klassen organisatorischen Rollen zugeordnet, die an unserem Prozess beteiligt sind, z. B. Antragsteller, Sachbearbeiter für die Zulassung und Mitglied der wissenschaftlichen Kommission. Andere Klassen sind Dokumenten zugeordnet, z. B. Begutachtung und Bewerbung. Unter der Annahme, dass dieses Klassendiagramm die Funktionalität des gesamten Systems modelliert und dieses System wahrscheinlich andere Prozesse innerhalb der Universität unterstützt, sind einige dieser Klassen für unseren spezifischen Prozess irrelevant. Beispielsweise beziehen sich Besucher und Besuch wahrscheinlich auf einen Prozess, der dem Zulassungsprozess für Studierende ähnlich ist, d. h. der die Zulassung von Besuchern zur Universität zum Gegenstand hat.

Wenn wir uns die Methoden für *Sachbearbeiter Zulassung* genauer ansehen, können wir drei Aktivitäten für unseren Prozess ableiten, die sich auf die Kandidaten beziehen: *Informationen bereitstellen*, *Bewerbung prüfen* und *Klarstellung einholen*. Welche dieser Aktivitäten tatsächlich in unserem Prozess vorhanden sind, muss durch direkte Gespräche mit einem Sachbearbeiter der Zulassungsstelle geklärt werden. Wenn wir uns *Mitglied Wissenschaftliche Kommission* ansehen, erkennen wir weitere kandidatenbezogene Aktivitäten wie *Bewerbung prüfen, Bewerbung annehmen, Bewerbung ablehnen* und *Bewertung archi-vieren*. Mit ähnlichen Überlegungen können aus der *Bewerber*-Klasse Aktivitäten abgelei-tet werden. Beachten Sie jedoch, dass nicht alle Aktivitäten eines bestimmten Beteiligten in einem UML-Klassendiagramm abgebildet werden. Dies liegt daran, dass einige dieser Aktivitäten möglicherweise manuell ausgeführt oder von dem betreffenden System nicht unterstützt werden. Auch das muss mit Fachexperten abgeklärt werden.

Unter Berücksichtigung der organisatorischen Richtlinien können wir auf Bedingungen schließen, die der endgültigen Entscheidung über einen Zulassungsantrag zugrunde liegen (z. B. basierend auf der Vereinbarkeit mit der vorherigen Ausbildung und der Qualität des Essays). Diese Bedingungen werden wahrscheinlich von einem Mitglied der wissenschaftli-chen Kommission mit der Aktivität *Bewerbung prüfen* geprüft, während die Sachbearbeiter für die Zulassung mit der Aktivität *Bewerbung prüfen* wahrscheinlich prüfen, ob alle erfor-derlichen Dokumente (akademischen Zeugnisse, Essays, Referenzschreiben usw.) vorhan-den sind. Wenn etwas fehlt oder unklar ist, können weitere Informationen oder Dokumente angefordert werden, indem die Aktivität *Klarstellung einholen* ausgeführt wird. Außerdem sieht die letzte Richtlinie vor, dass der Antragsteller eine Frist von vier Wochen einhalten muss, um ein Angebotsschreiben anzunehmen. Wir können diese Fristverletzung mit einer ereignisbasierten XOR-Verzweigung modellieren, die zu einem Zeit-Ereignis (4 Wochen) und zu einem Nachrichten-Ereignis führt, um das unterschriebene Angebotsschreiben zu erhalten. Aus der verfügbaren Dokumentation kann jedoch nicht abgeleitet werden, welche Ressource diese Prüfung durchführt. Möglicherweise handelt es sich um einen Sachbearbei-ter der Zulassungsstelle, sofern diese Rolle die gesamte Kommunikation mit den Bewerbern übernimmt.

Schließlich können wir mithilfe des Organigramms bestimmen, welche Personen inter-viewt werden sollen und welche Vorgesetzten um Erlaubnis gefragt werden müssen. Kan-didaten für ein Interview sind alle Sachbearbeiter der Zulassungsstelle (mit Mark Johnson als Vorgesetzten) und alle Mitglieder der wissenschaftlichen Kommission (mit Liza Stewart als Vorgesetzter). Zum jetzigen Zeitpunkt ist nicht klar, ob die Stelle für die Immatriku-lation überhaupt in unseren Prozess einbezogen wird. Wahrscheinlich ist diese Stelle nur für den Aufnahmeprozess relevant, der dem Zulassungsprozess folgt und den Studierenden ermöglicht, sich für bestimmte Fächer einzuschreiben. Mark kann uns dabei helfen, das herauszufinden.

Lösung 5.4

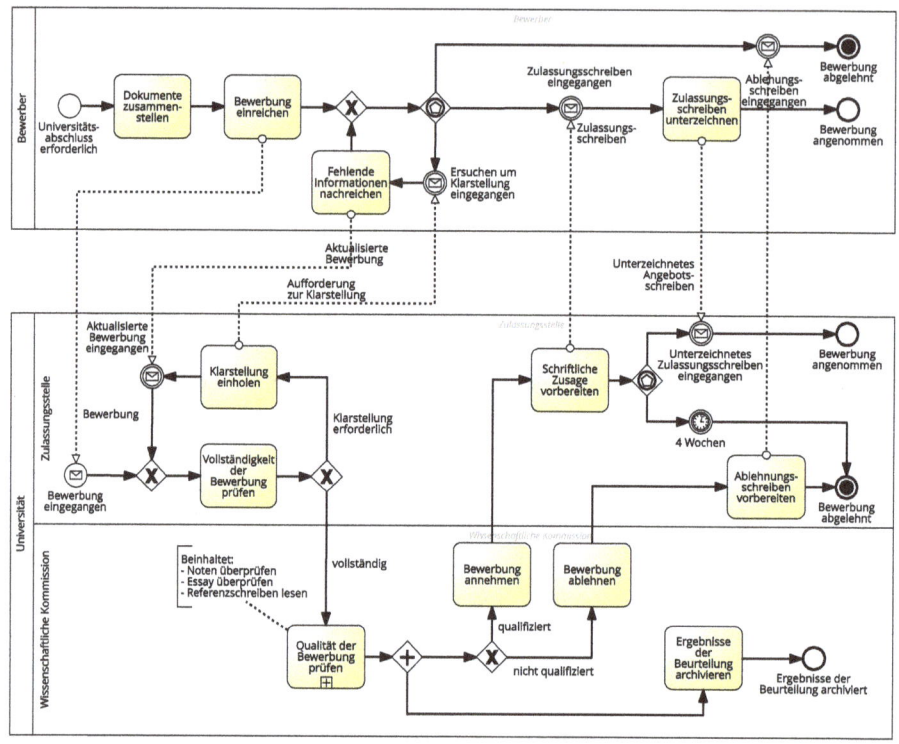

Lösung 5.5 Drei Beschwerden gehen aus den Interviews hervor. Louise Smith beschwert sich darüber, dass das Webportal fehleranfällig ist und daher unvollständige Bewerbungen weiterleitet. Sie weist darauf hin, dass die Korrektur dieser Anträge zeitaufwändig ist. Peter Capello klagt ebenfalls über die Technik. Er weist auf Kommunikationsprobleme mit der Zulassungsstelle hin, da im Zulassungssystem Nachrichten verloren gehen, die er erneut senden muss. Er fügt hinzu, dass er Nachrichten aber nur erneut senden kann, wenn er überhaupt feststellt, dass diese verschwunden sind. Das weist darauf hin, dass er manchmal nicht bemerkt, dass Nachrichten verloren gegangen sind. Auch in diesem Fall führt dieses Problem zu zusätzlicher Arbeit und verlangsamt den Prozess. Schließlich beklagt Mary Adams, dass die wissenschaftliche Kommission für ihre Antworten zu lange braucht.

Die Prozesserhebung kann bereits dabei helfen, Probleme des Prozesses zu dokumentieren, so dass ihre Auswirkungen während der Prozessanalyse weiter verfolgt werden können. Bevor diese Probleme jedoch in das Modell aufgenommen und für die Prozessanalyse vorgemerkt werden, ist es wichtig, dass diese Probleme untersucht werden. Insbesondere müssen wir feststellen, ob es sich tatsächlich um Probleme handelt, die im Modell berücksichtigt werden sollten, oder eher um sporadische Ausnahmen, die wir vernachlässigen können, um das Modell nicht zu überladen. Das können wir während eines Workshops machen, bei dem solche Beschwerden direkt mit allen relevanten Interessengruppen besprochen werden. Bei jeder Beschwerde können wir bei jener Person, die sie vorgebracht hat, nachfragen, wie häufig das beschriebene Problem auftritt. In unserem Beispiel können wir Louise fragen, wie oft sie im Durchschnitt den Antragsteller ersuchen muss, um den Antrag richtig zu stellen und erneut einzureichen, und wann dies das letzte Mal der Fall war. Wenn wir herausfinden, dass das Problem nicht wirklich häufig auftritt oder das letzte Mal vor einer sehr langen Zeit aufgetreten ist, dann wurde das Problem möglicherweise bereits behoben (z. B. mit einer neuen Softwareversion). In diesem Fall ist das Problem nicht so wichtig oder es ist mittlerweile gar nicht mehr relevant. Deshalb entscheiden wir uns, es im Prozessmodell nicht zu berücksichtigen.

Wir können Peter die gleichen Fragen bezüglich seines Kommunikationsproblems mit der Zulassungsstelle stellen. Interessanterweise kann ein Workshop, bei dem alle zusammen kommen, dabei helfen, die Ursachen bestimmter Probleme zu verstehen. Das könnte bei Marys Beschwerde über die Langsamkeit der wissenschaftlichen Kommission der Fall sein. Dieses Problem wird wahrscheinlich durch das Zulassungssystem verursacht, das, wie Peter berichtet hat, häufig keine Nachrichten an die Zulassungsstelle weiterleitet. An sich hängt das aber nicht von der wissenschaftlichen Kommission ab.

Wir sollten uns also merken, dass die Ergebnisse eines Workshops nicht nur auf das zu erstellende Prozessmodell beschränkt sind, sondern auch Erkenntnisse in Bezug auf die Probleme im Prozess zu Tage bringen. Workshops bieten ein Forum, in dem Prozessbeteiligte diesen Fragen weiter nachgehen können.

Lösung 5.6 Dieser Prozess umfasst zehn Hauptaktivitäten, die fünf verschiedenen Rollen zugeordnet sind. Neben dem Prozessverantwortlichen gibt es insgesamt zehn Fachexperten. Wir können davon ausgehen, dass es am ersten Tag eine Kickoff-Veranstaltung mit dem Prozessverantwortlichen und einigen wichtigen Fachexperten geben wird. Darüber hinaus ist möglicherweise ein Tag erforderlich, um die verfügbare Dokumentation durchzusehen.

Szenario 1: Interviews. Ein Interview mit einem Fachexperten kann zwei bis drei Stunden dauern, sodass wir uns täglich mit zwei Personen treffen und die Interviewergebnisse noch am selben Tag dokumentieren können. Nehmen wir an, dass wir manche Personen nur einmal treffen, während wir in zwei zusätzlichen Interviews Rückmeldungen von wichtigen Fachexperten einholen. Erst dann würde es eine endgültige Genehmigung des Prozessverantwortlichen geben. Dies bedeutet einen Tag für den Kickoff, einen Tag für die Durchsicht der Dokumentation, fünf Tage für die erste Interviewschleife und weitere fünf Tage, wenn wir davon ausgehen, dass wir fünf der zehn Experten dreimal treffen. Dann brauchen wir maximal einen Tag, um uns auf die Besprechung vorzubereiten, in der die endgültige Genehmigung vom Prozessverantwortlichen eingeholt wird. Diese würde dann am folgenden Tag stattfinden. Wenn es keine Verzögerungen und Terminprobleme gibt, ergeben sich durch die Dokumentenanalyse und die Interviews insgesamt mindestens $2 + 5 + 5 + 2 = 14$ Arbeitstage.

Szenario 2: Workshop. Angesichts der relativ geringen Komplexität dieses Prozesses (insgesamt zehn Hauptaktivitäten, fünf verschiedene Rollen und zehn Teilnehmer) sollten drei Workshopsitzungen von jeweils drei Stunden ausreichen, um ein vollständiges Prozessmodell zu erstellen und es zu validieren. Das ist natürlich nur möglich, wenn man davon ausgeht, dass wir für jede der fünf Rollen gleichzeitig auf mindestens einen Vertreter zugreifen können. Dies führt dazu, dass mindestens fünf und höchstens zehn Personen an jeder Workshopsitzung teilnehmen. Das ist machbar (denken Sie daran, dass nicht mehr als zehn bis zwölf Personen an einem Workshop teilnehmen sollten, um zu vermeiden, dass er unüberschaubar wird). Wir können die erste Sitzung verwenden, um eine Skizze des Modells mit relevanten Ressourcen zu erstellen und die zweite, um diese Skizze zu validieren und den Kontrollfluss zu identifizieren. In der letzte Sitzung können wir den Kontrollfluss verfeinern und das endgültige Modell validieren. Zwischen jeder Sitzung können wir zwei bis drei Stunden darauf verwenden, die Ergebnisse jeder Sitzung abzustimmen und uns auf die nächste Sitzung vorzubereiten. Ähnlich wie beim ersten Szenario benötigen wir dann maximal einen Tag, damit wir uns auf die Besprechung mit dem Prozessverantwortlichen vorbereiten, in dem wir die endgültige Genehmigung einholen. Diese Besprechung würde am folgenden Tag stattfinden. Wenn es keine Verzögerungen oder Terminprobleme gibt, ergeben sich mit der Dokumentenanalyse und den Workshops mindestens $2 + 3 + 2 = 7$ Arbeitstage.

Zusammenfassend würden wir ungefähr die Hälfte der Zeit benötigen, wenn wir Workshops anstelle von Interviews durchführen.

Lösung 5.7 Wir nehmen die Sicht des Unternehmens ein und betrachten den Mitarbeiter als Kunden. Dementsprechend identifizieren wir ein Starterereignis, nämlich *Bestellanforderung erhalten,* und drei Endereignisse, nämlich *Waren erhalten & bezahlt* (positives Ergebnis), *Bestellanforderung abgelehnt* und *Waren zurückgegeben* (negative Ergebnisse).

Lösung 5.8 Wir identifizieren 16 Hauptaktivitäten und vier Zwischenereignisse. In Bezug auf die Aktivitäten nehmen wir an, dass die Überprüfung der Notwendigkeit der Bestellung und die Übereinstimmung mit den Richtlinien von demselben Vorgesetzten vorgenommen wird. Daher können wir die beiden Überprüfungen in einem gemeinsamen Teilprozess zusammenfassen. Wir verwenden drei Zwischenereignisse, um die Ergebnisse von den Vorgesetzten und der Einkaufsabteilung durchgeführten Prüfungen an den Mitarbeiter zu übermitteln, sowie ein Zwischenereignis für den Wareneingang.

Lösung 5.9 Wir identifizieren ein Becken für den Mitarbeiter, eines für den Lieferanten und eines für unser Unternehmen. Zu letzterem gehören die folgenden Bahnen: Vorgesetzter, Einkauf, Unternehmenssystem, Kreditorenbuchhaltung und Wareneingang. In der

Bahn für den Vorgesetzten fügen wir eine Anmerkung hinzu, um festzuhalten, dass für
die beiden Prüfaktivitäten das Vier-Augen-Prinzip gilt (*Budgetfreigabe erteilen* sowie *Notwendigkeit der Bestellung und Übereinstimmung mit Richtlinien bestätigen*). Die Aktivität
Papierbasierte Notiz archivieren wird sowohl von der Abteilung für Einkauf als auch von
der Kreditorenbuchhaltung durchgeführt.

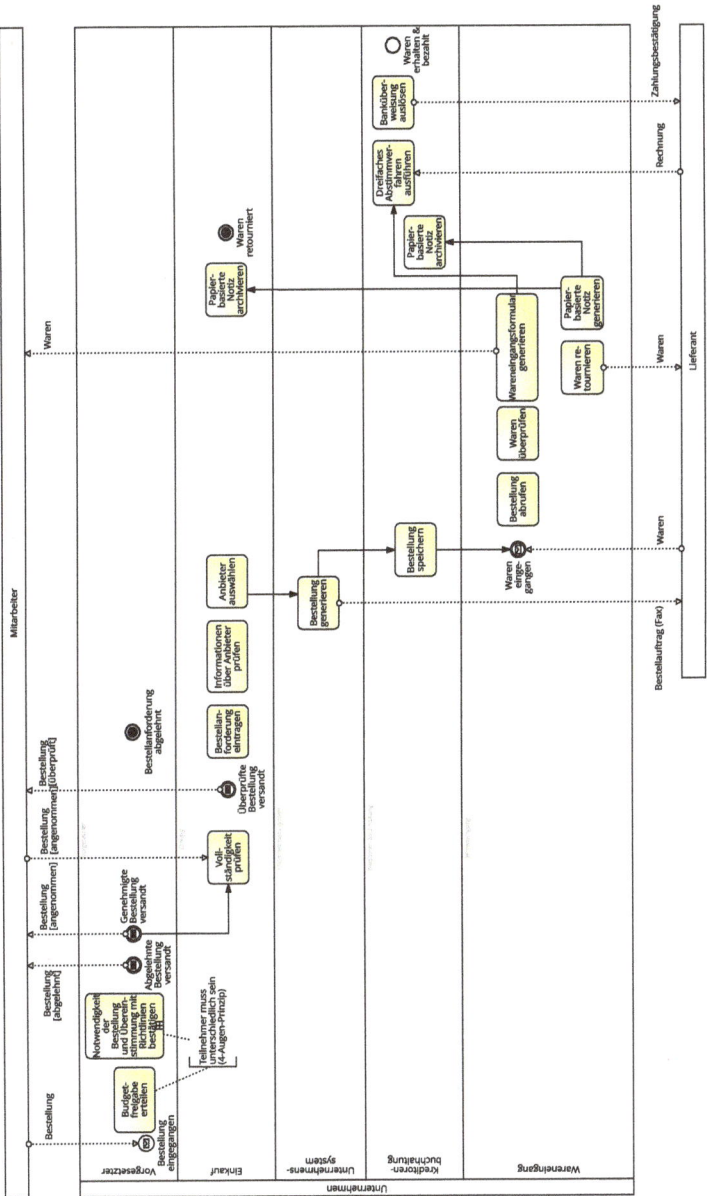

Lösung 5.10

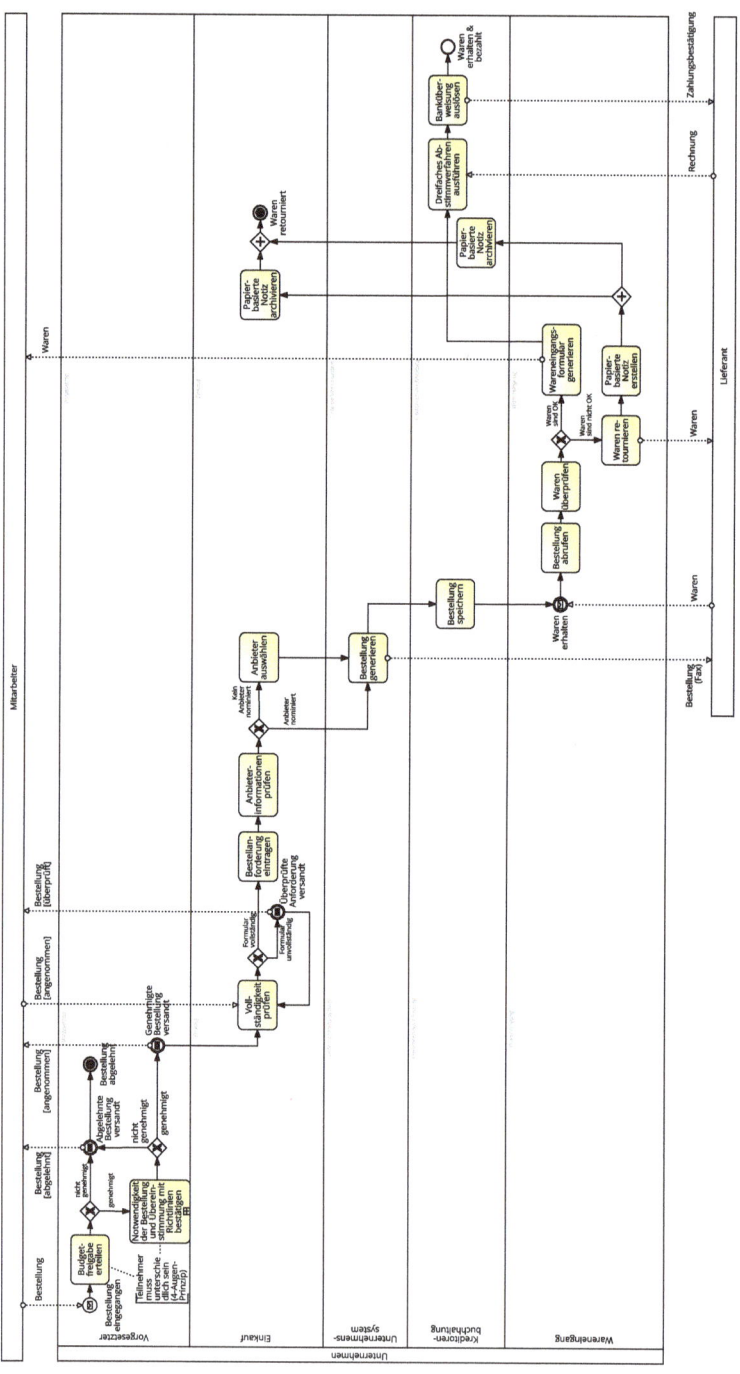

Lösung 5.11

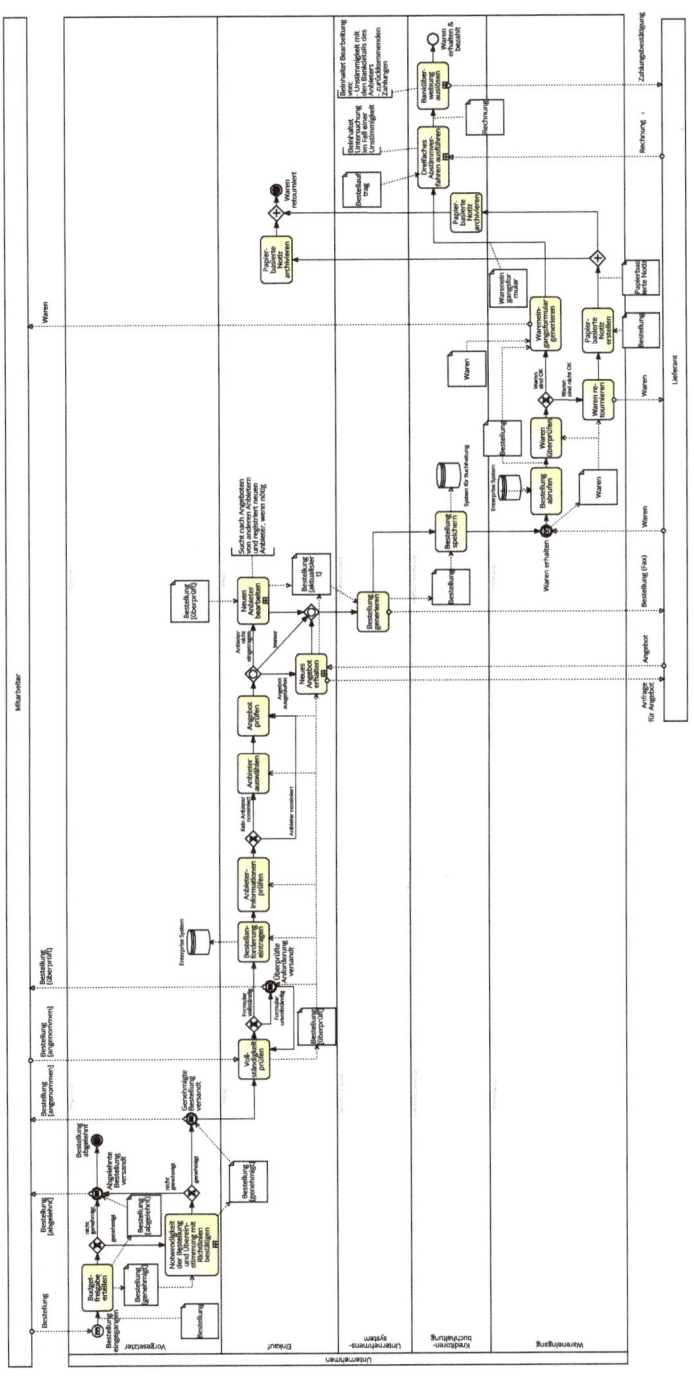

Lösung 5.12 Wir können die folgenden Verhaltensanomalien beobachten:

- Im oberen linken Fragment haben wir eine *fehlende Synchronisation,* da auf eine UND-Verzweigung eine XOR-Zusammenführung folgt. Die zwei Marken, die aus der UND-Verzweigung hervorgehen, werden durch die XOR-Zusammenführung nicht synchronisiert. Das führt dazu, dass zwei Marken auf der Kante auflaufen, die von der XOR-Verzweigung ausgeht.
- Im unteren linken Fragment haben wir eine *Verklemmung.* Bei der UND-Zusammenführung ist für jede eingehende Kante eine Marke erforderlich. Die XOR-Verzweigung erzeugt jedoch nur auf einer der ausgehenden Kanten eine Marke, was dazu führt, dass der Prozess bei der UND-Zusammenführung stecken bleibt und auf das Eintreffen einer zweiten Marken wartet.
- Wenn im oberen rechten Fragment nach der ODER-Verzweigung eine XOR-Zusammenführung folgt, kann es zu einer *fehlenden Synchronisation* kommen. Das passiert, wenn bei der ODER-Verzweigung mehrere Marken generiert werden (einer pro Kante). Ebenso gibt es eine potentielle *Verklemmung,* wenn auf die ODER-Verzweigung eine UND-Zusammenführung folgt. Die Verklemmung tritt auf, wenn die ODER-Verzweigung nur eine Marke erzeugt.
- Im unteren rechten Fragment befindet sich eine XOR-Zusammenführung, die als Einstieg in die Schleife dient, während der Ausgang der Schleife mit einer UND-Verzweigung modelliert wird. Das hat zur Folge, dass eine Marke bei jeder Wiederholung der Schleife in der Schleife hängen bleibt und eine *Endlosschleife* verursacht. Jedes Mal, wenn die UND-Verzweigung erreicht wird, wird eine zweite Marke erstellt und auf die ausgehende Kante gesetzt, was zu einer *fehlenden Synchronisation* führt (mehr als eine Marke wird auf die ausgehende Kante geleitet.

Lösung 5.13 Dieses Modell ist nicht korrekt, da zwei Merkmale der verhaltenbezogenen Korrektheit verletzt werden. Wenn wir uns den Ausnahmefluss ansehen, der vom angehefteten Ereignis ausgeht, werden zunächst zwei Marken auf den obersten Pfad der UND-Verzweigung gesetzt. Diese fehlende Synchronisation führt zu einer fehlerhaften Beendigung, da zwei Marken das gleiche Endereignis erreichen. Zweitens wird das Modell eine Verklemmung bei der UND-Zusammenführung verursachen, wenn man nicht der mittleren Verzweigung aus der ODER-Verzweigung folgt. Dies verletzt die Möglichkeit zur Beendigung.

Die verhaltenbezogene Korrektheit des Modells kann hergestellt werden, indem die UND-Zusammenführung durch eine ODER-Zusammenführung ersetzt wird und die beiden parallelen Aktivitäten *Kundenspezifischen Artikel fertigen* und *Bestätigung einholen* in einen erweiterten Teilprozess ausgelagert werden, dem das angeheftete Ereignis *Anfrage ändern* zugeordnet wird. Wenn nun eine Änderungsanfrage eingeht, werden sowohl die Auftragsbestätigung als auch die Produktherstellung unterbrochen, wodurch verhindert wird, dass eine Marke weiterläuft.

Lösung 5.14 Die Produkte sollten entweder in Amsterdam oder in Hamburg gelagert werden. Das Modell erlaubt es jedoch auch, Produkte in keinem der beiden Lager zu lagern, wenn die oberste Verzweigung aus jeder der beiden XOR-Verzweigungen verwendet wird. Dies führt zu einer nicht validen Aussage und das Modell ist somit insgesamt semantisch falsch.

Lösung 5.15 Das Modell ist aus mehreren Gründen semantisch falsch. Erstens gibt es keine Aktivitäten, um den Versand zu planen und den Kundentyp sowie den Versandstatus zu überprüfen. Das bedeutet, dass keine Prozessinstanz des Modells, die zur Abwicklung einer Bestellung führt, valide ist.

Zweitens unterbricht der Eingang einer Änderungsanforderung nur die Auftragsbestätigung. Die Herstellung des Artikels sollte aber auch unterbrochen werden. Daher sind keine der Instanzen, die zu einem Änderungswunsch führen, valide.

Schließlich ist das Modell unvollständig, da es nicht den Fall abdeckt, dass normale Kunden bestellen. In diesem Fall würde deren Konto belastet werden, bevor die Bestellung archiviert werden kann.

Lösung 5.16 Dieses Modell verwendet verschiedene Bezeichnungsstile. Zum Beispiel folgen die Aktivitäten *Bestellungsüberprüfung* und *Bestellungsdetailüberprüfung* dem Substantiv-Stil, während *Kundenspezifischen Artikel versenden* und *Rechnung versenden* dem Objekt-Verb-Stil folgen. Darüber hinaus fehlt bei den Bezeichnungen der Ereignisse *Bestätigt* und *Erfüllt* jeweils ein Verweis auf ein Geschäftsobjekt (die Bestellung). Gleiches gilt für das angeheftete Nachrichten-Ereignis *Anfrage ändern*, dem außerdem das Partizip *empfangen* fehlt. Um die pragmatische Qualität dieses Modells zu verbessern, müssen wir die verschiedenen Bezeichnungsstile vereinheitlichen, z. B. mithilfe einer durchgängigen Verwendung des Objekt-Verb-Stils für Aktivitäten und dem Objekt-Partizip-Stil für Ereignisse. Die Darstellung des Modells stimmt mit der Ausrichtung von links nach rechts überein, sodass das Modell nicht neu angeordnet werden muss. Ausgehend von den Ergebnissen aus Lösung 5.15 wird das resultierende Modell in Abb. 5.19 dargestellt.

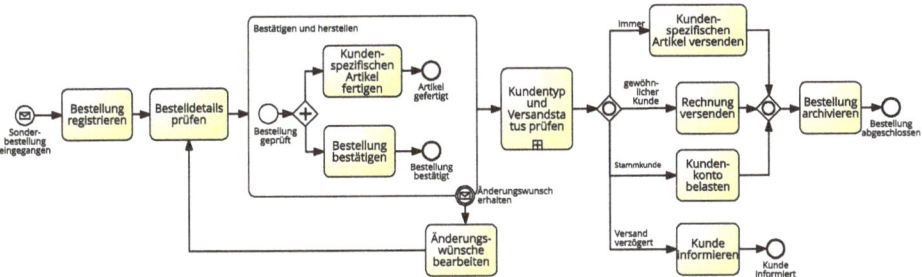

Abb. 5.19 Das Prozessmodell zur Abwicklung von Sonderbestellungen, das syntaktisch und semantisch korrekt ist und eine hohe pragmatische Qualität aufweist

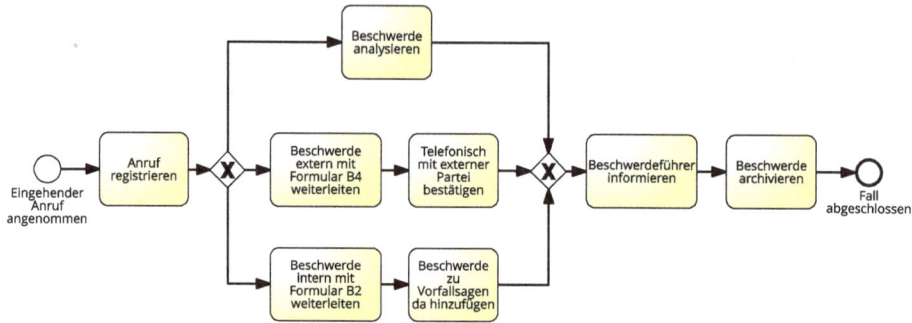

Abb. 5.20 Das überarbeitete Prozessmodell der Beschwerdebearbeitung

Lösung 5.17 Das Prozessmodell offenbart verschiedene Probleme. Mehrere Elemente mit demselben Namen werden zweimal angezeigt (das Endereignis und die Aktivität für die Archivierung), daher wird R1 verletzt. Auch die Kontrollstruktur ist äußerst kompliziert und das Modell ist nicht strukturiert, wodurch R4 verletzt wird. Schließlich folgen einige Aktivitäten nicht den Bezeichnungsregeln von R6. Das Modell kann zu jenem in Abb. 5.20 umgearbeitet werden, das viel einfacher und trotzdem semantisch gleichwertig ist.

5.7   Weitere Übungsaufgaben

Übung 5.18 Sie sind für die Personalabteilung eines Beratungsunternehmens verantwortlich. Wie würden Sie die Fähigkeiten Ihrer neuen Prozessanalysten bestmöglich entwickeln?

Übung 5.19 Wie würden Sie sich als Prozessanalyst auf ein Interview mit einem Fachexperten für den Kreditbewertungsprozess in Lösung 3.8 vorbereiten? Betrachten Sie die drei unterschiedlichen Fachexperten: den Prozessverantwortlichen, den Sachbearbeiter und den Risikomanager.

Übung 5.20 Als Prozessanalyst für einen Autoversicherer beteiligen Sie sich an einem Projekt, das den Prozess zur Registrierung von Versicherungsansprüchen verbessern möchte. Der erste Schritt ist das Modellieren des Istprozesses. Sie haben einige Vertreter dreier Schlüsselrollen des Prozesses befragt: eine Kundendienstmitarbeiterin aus der Kundendienstabteilung, einen Sachbearbeiter aus der Schadensabwicklungsabteilung und einen Schadensmanager. Die relevanten Teile der Interviewprotokolle für jede Rolle sind unten aufgeführt.

Kundendienstmitarbeiterin

„Wenn ich einen Antrag von einem Kunden erhalte, überprüfe ich ihn zuerst auf Vollständigkeit. Ist diese nicht gegeben, bitte ich den Kunden, die fehlenden Angaben nachzureichen und die Forderung erneut einzureichen. Wenn ich einen vollständigen Antrag erhalten habe, erfasse ich ihn und sende ihn an die Schadensabwicklungsabteilung. Ich warte dann auf eine Benachrichtigung des Sachbearbeiters, dass eine Entscheidung getroffen wurde. Nach Erhalt dieser Benachrichtigung sende ich einen Fragebogen an den Kunden, um die Kundenzufriedenheit zu ermitteln. Wenn der Kunde einen vollständigen Fragebogen zurücksendet, speichere ich diesen zunächst in der Datenbank, in der wir die Kundenzufriedenheit dokumentieren. Ich schaue mir dann genauer an, ob die vom Kunden angegebene Gesamtzufriedenheit auf einer Skala von 1 bis 10 bei mindestens 5 liegt. Wenn das der Fall ist, ist meine Arbeit erledigt. Wenn das nicht der Fall ist, muss ich den Sachbearbeiter benachrichtigen. Wenn ich den Fragebogen nicht innerhalb von zwei Monaten von dem Kunden zurückerhalte, mache ich in der Kundenzufriedenheitsdatenbank einen *keine Antwort*-Eintrag."

Sachbearbeiter:

„Wenn ich einen Antrag von der Kundendienstabteilung erhalte, überprüfe ich zuerst, ob der Antragsteller eine gültige Versicherungspolizze hat. Wenn nicht, informiere ich den Antragsteller, dass der Antrag abgelehnt wird, weil keine gültige Versicherungspolizze besteht. Ansonsten bewerte ich das Ausmaß des Versicherungsfalls. Basierend auf dem Bewertungsergebnis schicke ich dem Antragsteller entsprechende Formulare. Ich überprüfe auch, ob das Formular vollständig ist. Erst wenn das Formular vollständig ist, melde ich den Anspruch im Schadensmanagementsystem. Ansonsten bitte ich den Antragsteller, das Formular zu aktualisieren und auszufüllen. Nach Erhalt des aktualisierten Formulars überprüfe ich es erneut auf Vollständigkeit. Nachdem der Antrag registriert wurde, stufe ich ihn als einfach (für leichte Autounfälle) oder komplex (für schwere Autounfälle) ein. Wenn ein Antrag komplex ist, muss ich zusätzlich den entsprechenden Unfallbericht aus der polizeilichen Datenbank abrufen. Basierend auf dem Antrag und schließlich dem Unfallbericht stelle ich eine erste Schätzung des Schadens an und erstelle einen Aktionsplan. Schließlich sende ich sowohl die erste Schätzung über den Schaden als auch den Aktionsplan an den Schadensmanager."

Schadensmanager:

„Nachdem ich eine erste Schätzung des Schadens und einen Aktionsplan von der Schadensabwicklungsabteilung erhalten habe, treffe ich eine endgültige Entscheidung. Je nachdem, wie ich entscheide (genehmigen oder ablehnen), informiere ich den Kunden. Dann aktualisiere ich den Antrag und halte die Entscheidung fest. Zudem informiere ich den Kundendienst, dass eine Entscheidung getroffen wurde. Danach gibt es zwei Möglichkeiten:

- Ich erhalte vom Kundenservice eine Benachrichtigung, dass die Ergebnisse des Fragebogens über die Kundenzufriedenheit zeigen, dass die Gesamtzufriedenheit des Kunden sehr niedrig ist (d. h. weniger als 5). In diesem Fall rufe ich den entsprechenden Fragebogen und den Schadensfall aus unseren Datenbanken auf. Ich analysiere sie gründlich, um herauszufinden, ob wir unsere internen Abläufe anders durchgeführt hätten können oder diese in Zukunft verbessert werden sollten, damit unsere Kunden zufrieden sind. Schließlich sende ich einen Brief an den Antragsteller, in dem ich mich entschuldige und verspreche, in Zukunft für einen besseren Service zu sorgen.

- Ich höre nichts vom Kundenservice innerhalb von 2 Wochen. In diesem Fall sind von meiner Seite keine weiteren Schritte erforderlich.

Als Nächstes haben Sie eine aktive Rolle bei der Beobachtung der Funktionsweise dieses Prozesses eingenommen, indem Sie als Antragsteller fungierten. Durch die Verwendung einer gefälschten Identität (in Absprache mit dem Prozessverantwortlichen) haben Sie diesen Prozess mehrmals ausgelöst und die folgenden Beobachtungen gemacht.

Antragsteller:

Ich fülle ein Schadensformular aus und sende es an den Kundendienst meiner Kfz-Versicherung. Dann warte ich auf eine Antwort. Dies kann eine der folgenden sein:

- Benachrichtigung des Kundendienstes über die Genehmigung meines Antrags: in diesem Fall muss ich nichts weiter tun.
- Aufforderung des Kundendienstes, fehlende Informationen in den Formularen nachzureichen. In diesem Fall aktualisiere ich das Formular und sende es erneut an die Schadenbearbeitung.
- Ablehnung der Schadensabwicklung: in diesem Fall ziehe ich meinen Antrag zurück.

Nachdem ich ein ausgefülltes Formular an die Schadensabwicklungsabteilung gesendet habe, warte ich darauf, dass mir der Schadensmanager die endgültige Entscheidung über meine Forderung zustellt. Danach erhalte ich vom Kundenservice einen Fragebogen zur Kundenzufriedenheit. Ich kann dieses Formular einfach ignorieren. Ich kann mich aber auch entscheiden, es auszufüllen (normalerweise mache ich das, wenn ich mit dem Service nicht zufrieden bin) und es an den Kundendienst zurück senden. In diesem Fall erhalte ich möglicherweise innerhalb von zwei Monaten ein Entschuldigungsschreiben vom Schadensmanager; ansonsten gibt es nichts mehr zu tun.

Erstellen Sie anhand der obigen Informationen einen Entwurf eines BPMN-Modells für den Istzustand des Schadensbearbeitungsprozesses. Dieser Entwurf wird dann mit den Personen, die interviewt wurden, validiert, bevor er vom Prozessverantwortlichen genehmigt wird. Treffen Sie geeignete Annahmen.

Quelle: Diese Übung basiert auf einer ähnlichen Übung, die von Wasana Bandara an der Queensland University of Technology entwickelt wurde.

Übung 5.21 Als Prozessanalyst, der für ein Finanzinstitut arbeitet, engagieren Sie sich in einem Projekt zur Verbesserung des Kreditantragsprozesses. Der erste Schritt ist das Modellieren des Istzustands. Sie haben einige Vertreter dreier Schlüsselrollen befragt, die an diesem Prozess beteiligt sind: Sachbearbeiter, Risikoprüfer und Risikomanager. Die relevanten Teile der Interviewprotokolle aller Rollen sind unten aufgeführt.

Sachbearbeiter:

„Nachdem ich einen Kreditantrag vom Kunden erhalten habe, überprüfe ich, ob der Antrag vollständig ist. Wenn der Antrag unvollständig ist, sende ich eine Aufforderung zur Berichtigung an den Kunden. Sobald ich diese Berichtigung erhalten habe, überprüfe ich den Antrag erneut auf Vollständigkeit. Wenn ich den Antrag als vollständig erachte, leite ich ihn an einen unternehmensinternen Risikoprüfer weiter. Ich bereite dann weiteres Marketingmaterial für den Kunden vor (z. B. eine Auswahl von Anlagemöglichkeiten). Anschließend werde ich irgendwann eine der folgenden Benachrichtigungen erhalten:

a) Eine Benachrichtigung über die Genehmigung durch den unternehmensinternen Risikoprüfer,
b) eine Benachrichtigung über die Ablehnung durch den unternehmensinternen Risikoprüfer oder
c) eine Anfrage zur Klarstellung vom Risikomanagement.

Wenn a) eintritt, sende ich dem Kunden eine Kreditgenehmigung zusammen mit dem Marketingmaterial, woraufhin der Prozess für mich abgeschlossen ist. Im Falle von b) sende ich eine Gutschrift zurück, woraufhin der Vorgang für mich abgeschlossen ist. Im Falle von c) sende ich eine Aufforderung zur Klarstellung an den Kunden. Nachdem ich die Klarstellung erhalten habe, leite ich sie an den Risikomanager weiter. Ich werde dann wiederum eines der drei oben genannten Dokumente erhalten."

Risikoprüfer:

„Wenn ich einen Kreditantrag vom Sachbearbeiter erhalte, überprüfe ich ihn zuerst. Danach sende ich ihn an den Risikomanager, von dem ich entweder eine Benachrichtigung über eine Genehmigung oder eine Benachrichtigung über eine Ablehnung bekomme. In beiden Fällen leite ich die Benachrichtigung an den Sachbearbeiter weiter. Dann ist der Vorgang für mich abgeschlossen."

Risikomanager:

„Nach Erhalt eines Kreditantrags vom unternehmensinternen Risikoprüfer überprüfe ich die Vollständigkeit. Wenn der Antrag unvollständig ist, sende ich eine Anfrage zur Klarstellung an den Sachbearbeiter. Nachdem der Sachbearbeiter eine Klarstellung übermittelt hat, prüfe ich den Kreditantrag erneut. Wenn ein Antrag die Vollständigkeitsprüfung erfolgreich bestanden hat, bewerte ich seinen Inhalt. Diese Bewertung kann zu drei möglichen Ergebnissen führen:

a) Der Kreditantrag erfüllt unsere Genehmigungskriterien. In diesem Fall sende ich eine Benachrichtigung über eine Genehmigung an den unternehmensinternen Risikoprüfer. Dann führe ich eine formale Genehmigung in unseren IT-Systemen durch, wonach der Prozess für mich abgeschlossen ist.
b) Der Kreditantrag erfüllt unsere Genehmigungskriterien nicht. In diesem Fall sende ich eine Benachrichtigung über die Ablehnung an den unternehmensinternen Risikoprüfer, wonach der Prozess für mich abgeschlossen ist.

c) Einige Informationen in der Anfrage sind unklar. In diesem Fall sende ich eine Aufforderung zur Klarstellung an den Sachbearbeiter. Nach Erhalt der Berichtigung prüfe ich den Inhalt des Kreditantrags erneut. Dies führt zu einem der drei hier angeführten Ergebnisse."

Als Nächstes haben Sie eine aktive Rolle bei der Beobachtung der Funktionsweise dieses Prozesses eingenommen, indem Sie als Kunde agierten. Durch die Verwendung einer gefälschten Identität (in Absprache mit dem Prozessverantwortlichen) haben Sie diesen Prozess mehrmals ausgelöst und die folgenden Beobachtungen gemacht.

Kunde:

Um einen Kredit zu beantragen, muss der Kunde einen Kreditantrag ausfüllen und an das Finanzinstitut senden. Er erhält schließlich eine der folgenden Antworten:

- Eine Kreditgenehmigung mit zusätzlichem Marketingmaterial oder eine Ablehnung. In beiden Fällen ist der Prozess für den Kunden abgeschlossen.
- Eine Bitte um Klarstellung. In diesem Fall kann der Kunde eine Klarstellung vorbereiten und an das Finanzinstitut senden. Danach erhält er eine Antwort, die eine Kreditgenehmigung mit zusätzlichem Marketingmaterial, eine Kreditablehnung oder eine Aufforderung zu einer weiteren Klarstellung sein kann.

Erstellen Sie anhand der obigen Informationen einen Entwurf eines BPMN-Modells für den Istzustand des Prozesses für den Kreditantrag. Dieser Entwurf wird dann mit den Personen, die interviewt werden, validiert, bevor er vom Prozessverantwortlichen genehmigt wird. Treffen Sie geeignete Annahmen.

Quelle: Diese Übung basiert auf einer ähnlichen Übung, die von Wasana Bandara an der Queensland University of Technology entwickelt wurde.

Übung 5.22 Wie kann das Modell in Abb. 5.12a berichtigt werden, ohne die Schleife zu verändern, d. h. so, dass Aktivitäten F, G und E in der Schleife bleiben?

Übung 5.23 Betrachten Sie das Prozessmodell in Abb. 5.21. Weist dieses Modell Probleme hinsichtlich der verhaltensbezogenen Korrektheit auf? Wenn ja, gegen welche Verhaltensregeln verstößt es? Wenn das Modell nicht korrekt ist, wie kann es verbessert werden, ohne dass Aktivitäten gelöscht werden?

Übung 5.24 Betrachten Sie das Prozessmodell der Kreditrisikobewertung in Abb. 5.22. Weist es Probleme hinsichtlich der verhaltensbezogenen Korrektheit auf? Wenn ja, gegen welche Verhaltensregeln verstößt es? Wenn das Modell nicht korrekt ist, wie kann es verbessert werden, ohne dass Aktivitäten gelöscht werden?

Abb. 5.21 Ein Prozessmodell

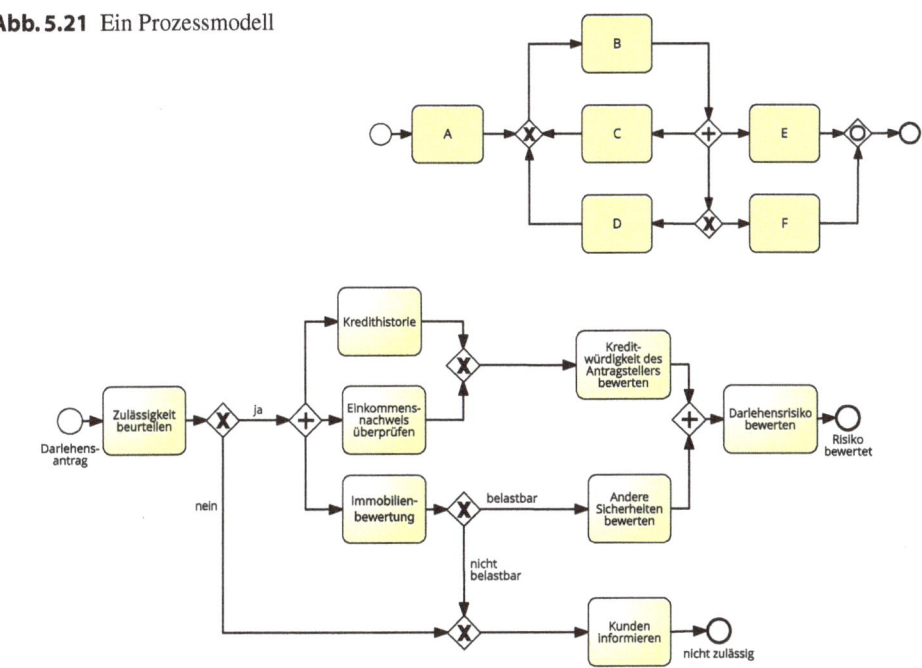

Abb. 5.22 Ein Prozessmodell der Kreditrisikobewertung

Übung 5.25 Betrachten Sie das Modell aus Abb. 5.23 in Bezug auf den in Übung 3.16 beschriebenen Prozess zur Schadenbearbeitung. Ist dieses Modell valide und vollständig? Wenn nein, welche Aussagen sind nicht valide und welche fehlen?

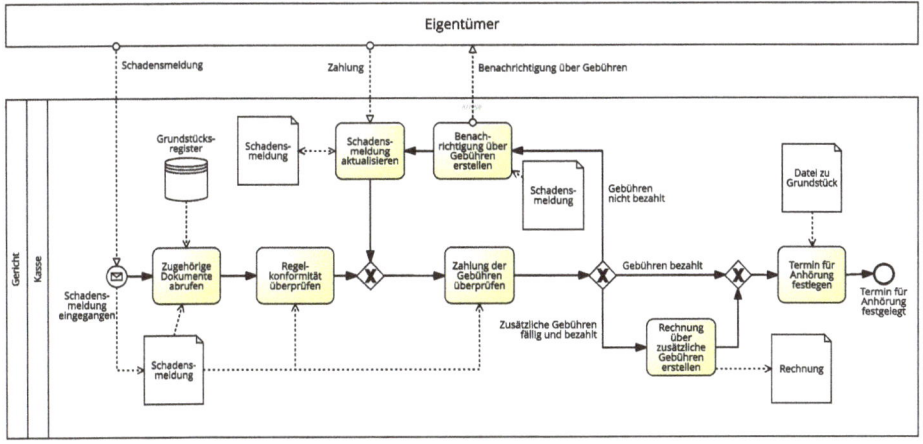

Abb. 5.23 Ein Prozessmodell der Schadenbearbeitung

Übung 5.26 Betrachten Sie das Modell aus Abb. 5.24 in Bezug auf den in Übung 3.20 beschriebenen Prozess zur Reparatur von Autoschäden. Ist dieses Modell valide und vollständig? Wenn nein, welche Aussagen sind nicht valide und welche fehlen?

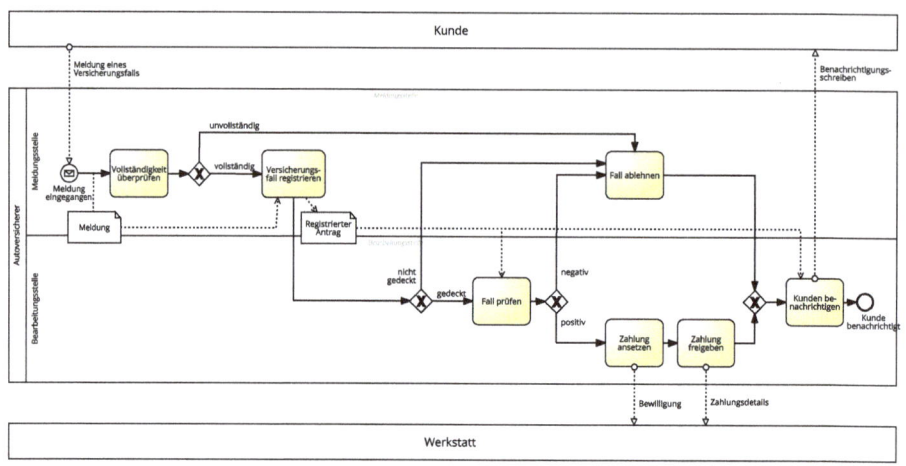

Abb. 5.24 Ein Prozessmodell der Bearbeitung von Autoschäden

Übung 5.27 Betrachten Sie das Modell aus Abb. 5.25 in Bezug auf den in Übung 3.21 beschriebenen Prozess zur Bearbeitung von Schadensfällen. Ist dieses Modell valide und vollständig? Wenn nein, welche Aussagen sind nicht valide und was fehlt?

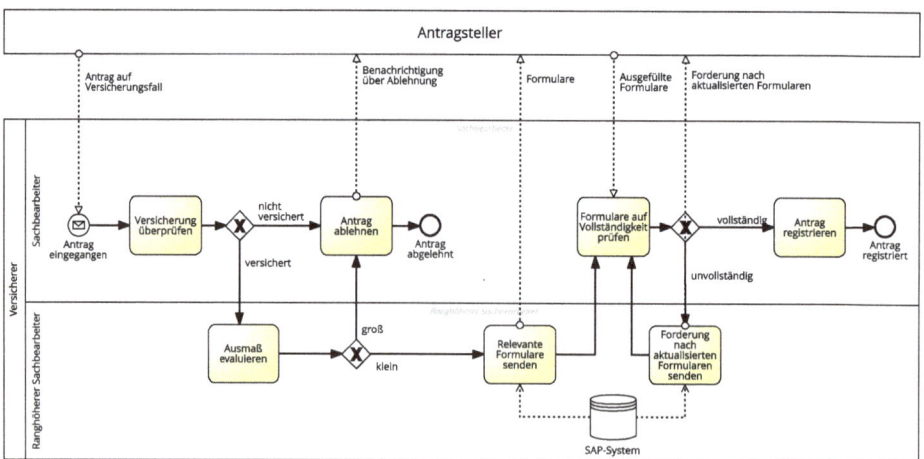

Abb. 5.25 Ein Prozessmodell zur Bearbeitung von Schäden

Übung 5.28 Wählen Sie gegebenenfalls verbesserte Bezeichnungen für die Elemente des Modells aus Abb. 5.22.

Übung 5.29 Betrachten Sie das Modell aus Abb. 5.26. Dieses Modell bezieht sich auf die Organisation einer Berufsweiterbildung.

1. Ist dieses Modell semantisch korrekt? Sie haben keine Beschreibung des Prozesses vorliegen. Verwenden Sie einfach Ihren gesunden Menschenverstand.
2. Welche Modellierungskonventionen sollten befolgt werden, damit die Verständlichkeit und Wartbarkeit des Modells erleichtert werden?
3. Gestalten Sie dieses Modell um, indem Sie Ihre Überlegungen zur semantischen und pragmatischen Qualität berücksichtigen, die Sie in den beiden oben genannten Punkten gemacht haben.

Übung 5.30 Betrachten Sie das Prozessmodell einer Verkaufskampagne in Abb. 5.27. Beschreiben Sie, welche 7PMG-Richtlinien verwendet werden können, um dieses Modell zu verbessern.

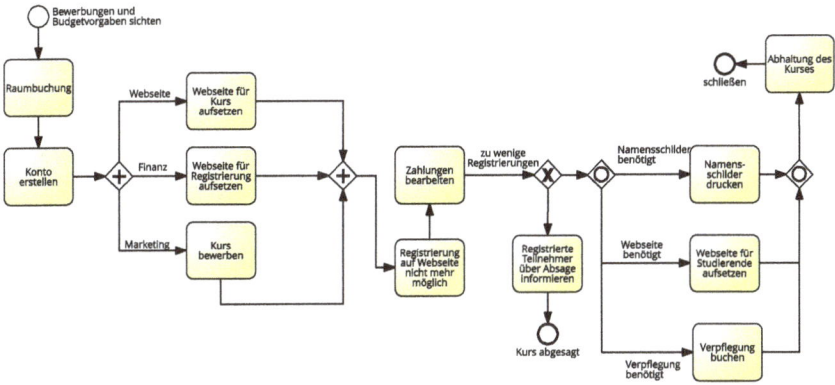

Abb. 5.26 Ein Prozessmodell der Organisation einer Berufsweiterbildung

Abb. 5.27 Das Prozessmodell
einer Verkaufskampagne

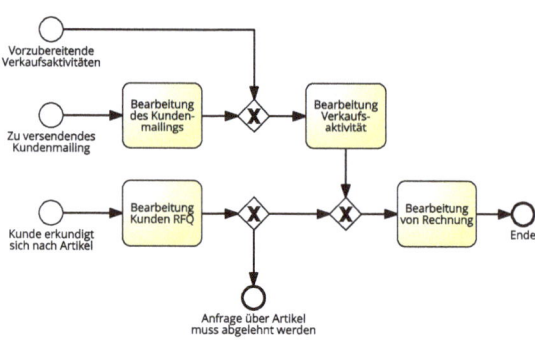

5.8   Vertiefende Lektüre

Ausführliche praktische Ratschläge zu allen Schritten der Prozesserhebung, insbesondere zum Erheben von Informationen und zur Organisation von Workshops, finden Sie in den Büchern von Sharp & McDermott [3] und Jeston & Nelis [4]. Weitere praktische Ratschläge zur Organisation von Workshops geben Verner [5] und Stirna et al. [6]. Interviewtechniken werden als sozialwissenschaftliche Forschungsmethode ausführlich diskutiert, beispielsweise in Büchern von Berg & Lune [7] und Seidman [8]. Allgemeine Überlegungen in Bezug auf das Erheben von Informationen werden im Bereich der Anforderungsanalyse diskutiert, zum Beispiel in den Büchern von van Lamsweerde [9], Pohl [10] und Dick et al. [11].

Frederiks & van der Weide [12] erörtern die Kompetenzen von Prozessanalysten, insbesondere bei der Prozesserhebung. In ähnlicher Weise diskutieren Schenk et al. [13] und Petre [14], welche Fähigkeiten erfahrene Prozessanalysten (im Gegensatz zu Anfängern) demonstrieren, wenn sie Prozesse erheben. Verschiedene Facetten der Moderatorenrolle werden von Rosemann et al. [15] untersucht. Das auf S. 188 besprochene Fünf-Faktoren-Modell wird von Digman [16] vorgeschlagen und von Clark et al. [17] in der Systemanalyse und -entwicklung angewandt.

In diesem Kapitel haben wir uns auf Prozesserhebungsmethoden konzentriert, bei denen Prozessmodelle manuell erstellt werden. Diese basieren auf Informationen, die von verschiedenen Prozessbeteiligten durch Interviews, Workshops oder Beobachtungen erhoben wurden. Wie wir in Abschn. 5.2.1 erwähnt haben, gibt es auch eine Reihe ergänzender Verfahren der automatischen Prozessmodellgenerierung. Diese Verfahren werden in Kap. 11 vorgestellt.

Die in Abschn. 5.3 eingeführte Vorgehensweise zur Modellierung beschäftigt sich mit der Erhebung von Aktivitäten und Kontrollflussbeziehungen zwischen Aktivitäten. Solche Vorgehensweisen werden als *aktivitätsbasierte Modellierung* [18] bezeichnet. Ein alternativer Ansatz zur Prozessmodellierung ist als *artefaktzentrierte Modellierung* [19] bekannt.

Dabei liegt der Schwerpunkt nicht auf der Identifizierung von Aktivitäten, sondern auf *Artfekaten* (physischen oder elektronischen Geschäftsobjekten), die innerhalb eines bestimmten Prozesses bearbeitet werden, wie z. B. einer Bestellung oder einer Rechnung im Bestellung-bis-Zahlungseingang-Prozess. Sobald diese Artefakte identifiziert wurden, werden sie hinsichtlich der Daten, die sie enthalten, und der Zustände, die sie während des Prozesses durchlaufen, analysiert. Eine Bestellung kann beispielsweise Zustände durchlaufen, wie *erhalten, bestätigt, versandt* und *verrechnet*. Diese Zustände und die Übergänge zwischen ihnen werden als *Artefaktlebenszyklus* bezeichnet. Die Erhebung solcher Lebenszyklen ist der Fokus der artefaktzentrierten Prozessmodellierung. Mehrere industrielle Anwendungen haben gezeigt, dass dieser Ansatz besonders für Prozesse geeignet ist, die erhebliche Abweichungen aufweisen können, z. B. Abweichungen zwischen Geschäftseinheiten, geografischen Regionen oder Kundentypen.

Die Qualität von konzeptionellen Modellen im Allgemeinen und von Prozessmodellen im Besonderen hat in der Forschungsliteratur große Aufmerksamkeit gefunden. Der *Sequal*-Rahmen von Lindland et al. wendet die semiotische Theorie, genauer gesagt die drei Perspektiven von Syntax, Semantik und Pragmatik, auf die Qualitätsbewertung eines konzeptionellen Modells an [20]. Eine erweiterte und überarbeitete Version dieses Rahmens wird in dem Buch von Krogstie [21] vorgestellt.

Auch die Verifikation und Validierung von Prozessmodellen hat in der Literatur breite Resonanz gefunden. Mendling [22] weist beispielsweise auf zahlreiche Anknüpfungspunkte mit verwandten Forschungsgebieten hin. Die Verifikation von Workflownetzen, einer weiteren Prozessmodellierungssprache, wird von van der Aalst [23] untersucht. Er verbindet die Analyse der verhaltensbezogenen Korrektheit des Prozessmodells mit formalen Eigenschaften von Petri-Netzen. In diesem Kapitel haben wir die wichtigsten syntaktischen Regeln von BPMN aufgeführt. Die vollständige Liste aller Regeln ist auf Silvers Method & Style Webseite zusammengestellt.[2]

Die in diesem Kapitel behandelten 7PMG stammen aus [24]. Diese Richtlinien bauen auf empirischen Arbeiten zum Verhältnis von Prozessmodellmetriken auf der einen Seite und Fehlerwahrscheinlichkeit und Verständlichkeit auf der anderen Seite auf [25–32]. Sie werden in der Praxis häufig angewandt. Die 7PMG sind eine der verfügbaren Richtlinien, die wir für die Modellierung verwenden können. Eine Reihe weiterer Richtlinien findet sich beispielsweise in Becker et al. [33]. Darüber hinaus entwickelt sich die Forschung im Bereich der Prozessmodellqualität rasant. In Anbetracht dieser neuen Erkenntnisse ist es wahrscheinlich und auch wünschenswert, dass diese Richtlinien aktualisiert und erweitert werden.

---

[2]https://methodandstyle.com/the-rules-of-bpmn

Ergänzend zu den Richtlinien und Konventionen für die Prozessmodellierung ist es auch hilfreich, mögliche Fallstricke zu kennen, die man bei Prozessmodellierungsprojekten vermeiden sollte. So stellt Rosemann [34, 35] eine Liste von 22 Fallstricken der Prozessmodellierung vor, wie zum Beispiel eine mangelnde strategische Ausrichtung sowie die Gefahr, dass man sich in Modellierungsdetails verliert. Sein Resümee ist, dass erfolgreiches Modellieren nicht unbedingt zu erfolgreichen Geschäftsprozessen führt.

Literatur

1. Dumas, M., La Rosa, M., Mendling, J., Mäesalu, R., Reijers, H., Semenenko, N.: Understanding business process models: the costs and benefits of structuredness. In: International Conference on Advanced Information Systems Engineering, pp. 31–46. Springer, United States (2012)
2. Leopold, H., Eid-Sabbagh, R-H., Mendling, J., Azevedo, L.G., Baião, F.A.: Detection of naming convention violations in process models for different languages. Decis. Support Syst. **56**:310–325 (2013)
3. Sharp, A., McDermott, P.: Workflow Modeling: Tools for Process Improvement and Applications Development, 2. Aufl. Artech House, Norwood (2008)
4. Jeston, J., Nelis, J.: Business Process Management: Practical Guidelines to Successful Implementations, 3. Aufl. Routledge, London (2014)
5. Verner, L.: The Challenge of Process Discovery. BPTrends, Wiley, New York (2004)
6. Stirna, J., Persson, A., Sandkuhl, K.: Participative enterprise modeling: experiences and recommendations. In: Krogstie, J., Opdahl, A.L., Sindre, G. (Hrsg.) Proceedings of the 19th Conference on Advanced Information Systems Engineering (CAiSE 2007), Bd. 4495 of Lecture Notes in Computer Science, S. 546–560. Springer, Trondheim (2007)
7. Berg, B.L., Lune, H.: Qualitative Research Methods for the Social Sciences. Pearson Boston, New York (2004)
8. Seidman, I.: Interviewing as Qualitative Research: A Guide for Researchers in Education and the Social Sciences. Teachers College Press, New York (2006)
9. van Lamsweerde, A.: Requirements Engineering: From System Goals to UML Models to Software Specifications. Wiley, New York (2009)
10. Klaus, P.: Requirements Engineering: Fundamentals, Principles, and Techniques. Springer, Berlin (2010)
11. Jeremy, D., Elizabeth, H., Ken, J.: Requirements Engineering, 4. Aufl. Springer, Heidelberg (2017)
12. Frederiks, P.J.M., van der Weide, T.P.: Information modeling: the process and the required competencies of its participants. Data Knowl. Eng. **58**(1), 4–20 (2006)
13. Schenk, K.D., Vitalari, N.P., Davis, K.S.: Differences between novice and expert systems analysts: what do we know and what do we do? J. Manage. Inf. Syst. **15**(1), 9–50 (1998)
14. Petre, M.: Why looking isn't always seeing: readership skills and graphical programming. Commun. ACM **38**(6), 33–44 (1995)
15. Rosemann, M., Hjalmarsson, A., Lind, M., Recker, J.: Four facets of a process modeling facilitator. In: Proceedings of the 32nd International Conference on Information Systems. Association for Information Systems (2011)
16. Digman, J.M.: Personality structure: Emergence of the five-factor model. Annu. Rev. Psycho **41**(1), 417–440 (1990)

17. Clark, J.G., Walz, D.B., Wynekoop, J.L.: Identifying exceptional application software developers: a comparison of students and professionals. Commun. Assoc. Inf. Syst. **11**(1), 8 (2003)

18. Redding, G., Dumas, M., ter Hofstede, A.H.M., Iordachescu, A.:. A flexible, object-centric approach for business process modelling. Service Oriented Comput. Appl. **4**(3):191–201 (2010)

19. Cohn, D., Hull, R.: Business artifacts: A data-centric approach to modeling business operations and processes. IEEE Data Eng. Bull. **32**(3), 3–9 (2009)

20. Lindland, O.I., Sindre, G., Sølvberg, A.: Understanding quality in conceptual modeling. IEEE Software **11**(2), 42–49 (1994)

21. Krogstie, J.: Quality in Business Process Modeling. Springer, Trondheim (2016)

22. Mendling, J.: Empirical studies in process model verification. Trans. Petri Nets Other Models Concurrency II (Special Issue on Concurrency in Process-Aware Information Systems) **5460**, 208–224 (2009)

23. van der Aalst, W.M.P.: Verification of Workflow Nets. In: Azéma, P., Balbo, G. (eds.) Application and Theory of Petri Nets 1997, vol. 1248 of Lecture Notes in Computer Science, pp. 407–426. Springer, Eindhoven (1997)

24. Mendling, J., Reijers, H.A., van der Aalst, W.M.P.: Seven process modeling guidelines (7pmg). Inf. Software Technol. **52**(2):127–136 (2010)

25. Mendling, J.: Metrics for Process Models: Empirical Foundations of Verification, Error Prediction, and Guidelines for Correctness. Lecture Notes in Business Information Processing, Bd. 6. Springer, Heidelberg (2008)

26. Reijers, Hajo A., Freytag, T., Mendling, J., Eckleder, A.: Syntax highlighting in business process models. Decis. Support Syst. **51**(3), 339–349 (2011)

27. Reijers, Hajo A., Mendling, Jan: A study into the factors that influence the understandability of business process models. IEEE Trans. Syst. Man, Cybern. Part A **41**(3), 449–462 (2011)

28. La Rosa, M., ter Hofstede, A.H.M., Wohed, P., Reijers, H.A., Mendling, J., van der Aalst, W.M.P.: Managing Process Model Complexity via Concrete Syntax Modifications. IEEE Trans. Industr. Inf. **7**(2), 255–265 (2011)

29. La Rosa, M., Wohed, P., Mendling, J., ter Hofstede, A.H.M., Reijers, H.A., van der Aalst, W.M.P.: Managing process model complexity via abstract syntaxmodifications. IEEE Trans. Industr. Inf. **7**(4), 614–629 (2011)

30. Mendling, J., Sánchez-González, L., García, F., La Rosa, M.: Thresholds for error probability measures of business process models. J. Syst. Software **85**(5), 1188–1197 (2012)

31. Mendling, J., Strembeck, M., Recker, J.: Factors of process model comprehension – findings from a series of experiments. Decis. Support Syst. **53**(1), 195–206 (2012)

32. Ottensooser, A., Fekete, A., Reijers, H.A., Mendling, J., Menictas, C.: Making sense of business process descriptions: an experimental comparison of graphical and textual notations. J. Syst. Software **85**(3), 596–606 (2012)

33. Becker, J., Rosemann, M., von Uthmann, C.: Guidelines of Business Process Modeling. In: van der Aalst, W.M.P., Desel, J., Oberweis, A. (eds.) Business Process Management. Models, Techniques, and Empirical Studies, pp 30–49. Springer, Berlin (2000)

34. Rosemann, M.: Potential pitfalls of process modeling: part a. Bus. Process Manage. J. **12**(2), 249–254 (2006a)

35. Rosemann, M.: Potential pitfalls of process modeling: part b. Bus. Process Manage. J. **12**(3), 377–384 (2006b)

Qualitative Prozessanalyse

> *Qualität ist gratis, aber nur für diejenigen, die bereit sind, dafür zu zahlen.*
>
> Tom DeMarco (1940–)

Die Analyse von Geschäftsprozessen ist sowohl eine Kunst als auch eine Wissenschaft. In dieser Hinsicht ist die qualitative Analyse die künstlerische Seite der Prozessanalyse. Wie in der bildenden Kunst, zum Beispiel in der Malerei, gibt es nicht nur eine einzige Möglichkeit, eine gute Prozessanalyse zu erstellen, sondern eine Reihe von Prinzipien und Verfahren, die uns sagen, welche Praktiken typischerweise in eine gute Prozessanalyse als Komposition einfließen.

In diesem Kapitel stellen wir eine Auswahl von Prinzipien und Techniken für die qualitative Prozessanalyse vor. Zunächst stellen wir zwei Techniken vor, welche unnötige Prozessschritte (Wertschöpfungsanalyse) und Verschwendungsquellen (Verschwendungsanalyse) identifizieren. Danach stellen wir Techniken vor, um Probleme in einem Prozess aus verschiedenen Perspektiven zu betrachten und zu dokumentieren und die eigentlichen Ursachen dieser Probleme zu ergründen.

6.1 Wertschöpfungsanalyse

Die Wertschöpfungsanalyse ist eine Technik, um unnötige Schritte in einem Prozess zu identifizieren und zu beseitigen. In diesem Zusammenhang kann ein *Schritt* eine Aktivität im Prozess oder ein Teil einer Aktivität sein. Häufig ist es so, dass eine Aktivität mehrere Schritte umfasst. So kann beispielsweise eine Aktivität *Rechnung prüfen* in folgenden Schritte unterteilt werden:

© Springer-Verlag GmbH Deutschland, ein Teil von Springer Nature 2021
M. Dumas et al., *Grundlagen des Geschäftsprozessmanagements*,
https://doi.org/10.1007/978-3-662-58736-2_6

1. Suche die Bestellung, die der Rechnung entspricht.
2. Überprüfe, ob die Beträge in der Rechnung und in der Bestellung übereinstimmen.
3. Überprüfe, ob die in der Bestellung genannten Produkte oder Dienstleistungen geliefert wurden.
4. Überprüfe, ob der Name und die Bankverbindung des Lieferanten in der Rechnung mit denen im Lieferantenmanagementsystem übereinstimmen.

In einigen Fällen werden die Schritte einer Aktivität in Form von Checklisten dokumentiert. Checklisten weisen Prozessbeteiligte darauf hin, was genau getan werden muss, um eine Aktivität zu erledigen. Wenn detaillierte Checklisten vorhanden sind, kann der Prozessanalyst diese verwenden, um Aktivitäten in Schritte zu zerlegen. Leider sind solche Checklisten nicht immer verfügbar. In vielen Fällen haben Prozessbeteiligte ein implizites Verständnis der Schritte einer Aktivität, weil sie diese Tag für Tag durchführen. Aber dieses implizite Verständnis ist nirgendwo dokumentiert. Fehlt eine solche Dokumentation, muss der Prozessanalyst jede Aktivität mithilfe von Beobachtung und Befragung in Schritte zerlegen.

Nach der schrittweisen Zerlegung des Prozesses zielt die zweite Vorüberlegung der Wertschöpfungsanalyse darauf ab, sowohl den Kunden des Prozesses zu identifizieren, als auch die Ergebnisse, welche der Kunde von der Prozessausführung erwartet. Diese Ergebnisse sollen dem Kunden einen Mehrwert bringen, sodass die Herbeiführung dieser Ergebnisse im Interesse des Kunden ist.

Nachdem wir den Prozess in Schritte zerlegt und die positiven Ergebnisse eines Prozesses identifiziert haben, können wir jeden Schritt hinsichtlich des Mehrwerts analysieren. Schritte, welche direkt zu positiven Ergebnissen beitragen, werden als wertschöpfende Schritte (WS) *(engl.: value adding steps)* bezeichnet. Betrachten wir beispielsweise die Reparatur einer Waschmaschine oder eines anderen Gerätes. Die Schritte, mit denen der Techniker das Problem der Maschine diagnostiziert, sind wertschöpfend, da sie direkt zu dem vom Kunden gewünschten Ergebnis beitragen, nämlich der Reparatur der Maschine. Auch die Schritte im Zusammenhang mit der Reparatur der Maschine sind wertschöpfend.

Einige Schritte bringen keinen direkten Mehrwert für den Kunden, sind aber für das Unternehmen notwendig. Betrachten wir wieder die Reparatur einer Waschmaschine. Angenommen dieser Prozess hat einen Schritt *Fehler erfassen,* bei dem der Techniker Daten in ein Informationssystem über die Waschmaschine eingibt und den darin gefundenen Fehler beschreibt. Dieser Schritt ist per se keine Wertschöpfung für den Kunden. Der Kunde wünscht die Reparatur der Maschine und erhält keinen Wert dadurch, dass der Fehler an seiner Maschine in einem Informationssystem erfasst wurde. Die Erfassung von Fehlern und deren Behebung hilft dem Unternehmen jedoch, eine Wissensbasis über typische Fehler und deren Behebung aufzubauen, was bei der Unterstützung der Techniker wertvoll ist. Außerdem ermöglichen es diese Daten dem Unternehmen, häufige Mängel zu erkennen und diese dem Hersteller oder Händler der Waschmaschine zu melden. Schritte wie *Fehler erfassen* werden als geschäftswertschöpfende Schritte (GWS) *(engl.: business value adding steps)* bezeichnet. GWS-Schritte sind solche, für welche der Kunde weder bereit ist zu bezahlen noch Zufriedenheit erlangt (da keine Wertschöpfung stattfindet), welche aber notwendig oder nützlich für das Unternehmen sind, das den Prozess durchgeführt.

Schritte, die weder WS noch GWS sind, werden als nicht wertschöpfende Schritte (NWS *(engl.: non value adding steps)* bezeichnet.

Zusammenfassend können wir festhalten, dass die Wertschöpfungsanalyse darauf abzielt, jede Aktivität in einem Prozess in Schritte zu zerlegen, wie zum Beispiel einen Vorbereitungsschritt, einen Ausführungsschritt oder Übergabeschritt. Danach wird jedem Schritt eine der drei Kategorien zugeordnet:

- Wertschöpfende Schritte (WS): Dieser Schritt schafft für den Kunden Wert oder Zufriedenheit. Um festsellen, ob ein Schritt WS ist oder nicht, können folgende Fragen gestellt werden: Wäre der Kunde bereit, für diesen Schritt zu bezahlen? Schätzt der Kunde diesen Schritt genug, um weiterhin mit uns Geschäfte zu tätigen? Und umgekehrt, wenn wir diesen Schritt entfernen, würde der Kunde dies wahrnehmen, bspw. weil das Ergebnis des Prozesses von geringer Qualität ist?
- Geschäftswertschöpfende Schritte (GWS): Dieser Schritt ist notwendig oder nützlich, damit das Unternehmen reibungslos funktioniert, oder er ist aufgrund gesetzlicher Anforderungen erforderlich. Bei der Entscheidung, ob ein Schritt GWS ist oder nicht, kann es hilfreich sein, die folgenden Fragen zu stellen: Ist dieser Schritt notwendig, um Einnahmen zu erzielen, das Geschäft zu verbessern oder zu erweitern? Würde das Unternehmen (potenziell) langfristig leiden, wenn dieser Schritt entfallen würde? Reduziert er das Risiko von Geschäftsverlusten? Ist dieser Schritt erforderlich, um die gesetzlichen Anforderungen zu erfüllen?
- Nicht wertschöpfende Schritte (NWS): Dieser Schritt passt in keine der beiden obigen Kategorien.

Beispiel 6.1 Betrachten wir den in Beispiel 1.1 beschriebenen Prozess des Anmietens von Baumaschinen. Der Kunde dieses Prozesses ist der Bauleiter, der eine Bestellanfrage stellt. Aus Sicht des Bauleiters ist das positive Ergebnis des Prozesses, dass die benötigte Baumaschine bei Bedarf auf der Baustelle zur Verfügung steht. Lassen Sie uns das in Abb. 1.6 beschriebene Fragment dieses Prozesses analysieren, welches in Abb. 6.1 der Einfachheit halber nochmals dargestellt ist. Um die relevanten Schritte zu identifizieren, gehen wir die Aktivitäten des Modells durch und klassifizieren jeden Schritt in WS, GWS und NWS.

- Die erste Aktivität im Prozessmodell ist die Erstellung der Bestellanfrage seitens des Bauleiters. Aus der Beschreibung in Beispiel 1.1 geht hervor, dass es bei dieser Aktivität drei Schritte gibt:

1. Der Bauleiter füllt die Anfrage aus.
2. Der Bauleiter sendet die Anfrage per E-Mail an den Sachbearbeiter (Übergabe).
3. Der Sachbearbeiter öffnet und liest die Anfrage (Übergabe).

Vermutlich ist die Erstellung der Anfrage insofern WS, als der Bauleiter nicht erwarten kann, dass die Ausrüstung gemietet wird, wenn er sie nicht verlangt. Auf die eine oder andere Weise muss der Bauleiter die Baumaschine anfordern, um sie zu erhalten. Andererseits erhält der Bauleiter weder einen Wert aus dem Versenden der Anfrage an den Sachbearbeiter per E-Mail noch aus dem Öffnen und Lesen der Anfrage. Generell sind Schritte im Zusammenhang mit der Übergabe zwischen Prozessbeteiligten, wie das Senden und Empfangen von internen Nachrichten, NWS.

- Die zweite Aktivität ist Auswahl von geeigneten Baumaschinen durch den Sachbearbeiter aus dem Katalog des Lieferanten. Wir können diese Aufgabe als einen einzigen Schritt behandeln. Dieser Schritt ist WS, insofern er dazu beiträgt, eine geeignete Ausrüstung zu identifizieren, welche den Anforderungen des Bauleiters entspricht.

- In der dritten Aktivität kontaktiert der Sachbearbeiter den Lieferanten, um die Verfügbarkeit der ausgewählten Baumaschine zu prüfen. Dieser Schritt ist insofern WS, als er zur Identifizierung einer geeigneten und verfügbaren Baumaschine beiträgt. Wenn die Baumaschine verfügbar ist, empfiehlt der Sachbearbeiter, diese anzumieten. Zu diesem Zweck fügt der Sachbearbeiter die Angaben zu den empfohlenen Geräten und Lieferanten in das Bestellformular ein und leitet das Formular zur Genehmigung an den Arbeitsingenieur weiter. Damit haben wir zwei weitere Schritte: (i) Hinzufügen der Details zur Bestellanfrage und (ii) Weiterleiten der Bestellanfrage an den Arbeitsingenieur. Der erste dieser Schritte ist GWS, da er dem Unternehmen hilft, den Überblick über die gemieteten Geräte und Lieferanten zu behalten. Die Aufrechterhaltung dieser Informationen

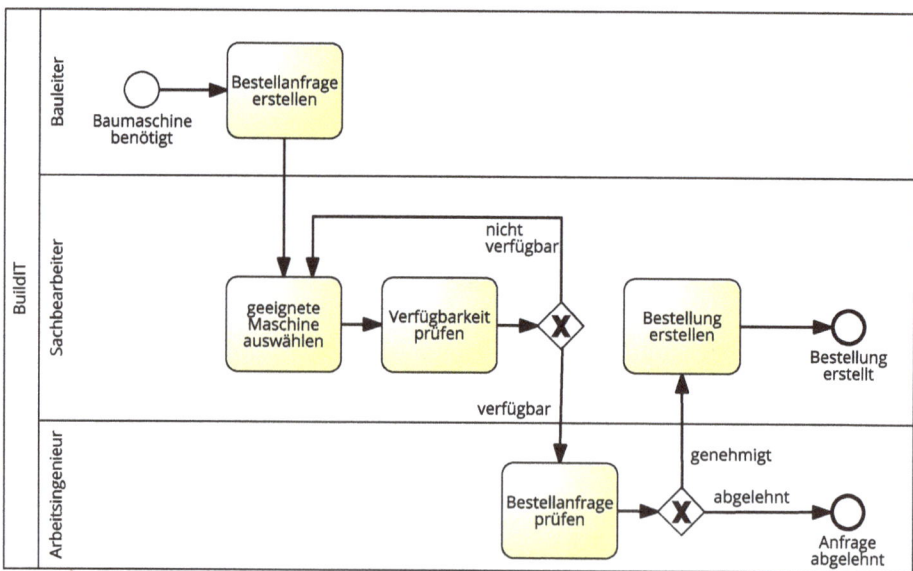

Abb. 6.1 Prozessmodell für das Anmieten von Baumaschinen

ist wertvoll, wenn es darum geht, Massenverträge mit Lieferanten auszuhandeln oder neu zu verhandeln. Andererseits ist die Übergabe zwischen dem Sachbearbeiter und dem Arbeitsingenieur (d. h. der Schritt des Weiterleitens) keine Wertschöpfung.

- Anschließend prüft der Arbeitsingenieur die Bestellanfrage auf Genehmigung oder Ablehnung. Wir können diese Aktivität als einen Schritt behandeln. Dieser Schritt ist ein Kontrollschritt, d. h. ein Schritt, bei dem ein Prozessbeteiligter oder eine Softwareanwendung überprüft, ob etwas korrekt durchgeführt wurde. In diesem Fall hilft dieser Kontrollschritt dem Unternehmen sicherzustellen, dass Baumaschinen nur dann gemietet werden, wenn sie benötigt werden und dass die Mietkosten innerhalb des Budgets eines bestimmten Bauprojekts bleiben. Kontrollschritte sind in der Regel GWS.

- Wenn der Arbeitsingenieur ein Problem mit der Bestellanfrage hat, teilt er es dem Sachbearbeiter oder dem Bauleiter mit. Diese Kommunikation ist ein weiterer Schritt und GWS, da sie dazu beiträgt, Missverständnisse im Unternehmen zu erkennen und zu vermeiden. Wenn genehmigt, wird die Anfrage an den Sachbearbeiter zurückgeschickt. Dies ist eine Übergabe und damit eine NWS.

- Abschließend, wenn die Anfrage genehmigt ist, erstellt und versendet der Sachbearbeiter die Bestellung. Hier können wir zwei weitere Schritte identifizieren: die Erstellung der Bestellung und den Versand der Bestellung an den entsprechenden Lieferanten. Das Anlegen der Bestellung ist GWS. Dies ist notwendig, um sicherzustellen, dass die Kosten des Mietgesuchs korrekt verbucht und schließlich bezahlt werden. Das Senden der Bestellung ist WS: Damit wird der Lieferant darüber informiert, zu welchem Zeitpunkt die Baumaschine geliefert werden muss. Wenn der Lieferant diese Informationen nicht erhält, wird die Baumaschine nicht geliefert. Beachten Sie jedoch, dass der Mehrwert darin besteht, dass der Lieferant vom Bauunternehmen ausdrücklich aufgefordert wird, die Baumaschine zu einem bestimmten Zeitpunkt zu liefern. Die Tatsache, dass diese Anfrage durch das Versenden einer Bestellung gestellt wird, ist von untergeordneter Bedeutung für die Wertschöpfung des Bauleiters.

Die identifizierten Schritte und ihre Klassifizierung sind in Tab. 6.1 zusammengefasst.

$\square$

Man kann sich fragen, ob das Anlegen der Bestellung WS oder GWS ist. Um die Verfügbarkeit der Baumaschine zu gewährleisten, muss der Lieferant die Zusicherung haben, dass der Mietbetrag für die Baumaschine bezahlt wird. Man könnte also sagen, dass die Erstellung der Bestellung zum Anmieten der Baumaschine beiträgt, da die Bestellung dazu dient, dem Lieferanten zu versichern, dass die Zahlung für das Anmieten erfolgt. Wie bereits erwähnt, bedeutet der Mehrwert für den Bauleiter jedoch, dass der Lieferant darüber informiert wird, dass die Baumaschine zum erforderlichen Zeitpunkt geliefert werden soll. Ob diese Benachrichtigung mittels einer Bestellung oder mittels einer einfachen elektronischen Nachricht an den Lieferanten erfolgt, ist irrelevant, solange sie geliefert wird. Die Erstellung eines formalen Dokuments (einer formalen Bestellung) stellt daher wohl keinen Mehrwert dar.

Tab. 6.1 Klassifikation der Schritte zum Anmieten von Baumaschinen

Schritt	Beteiligte	Klassifikation
Anfrage erstellen	Bauleiter	WS
Anfrage an Sachbearbeiter senden	Bauleiter	NWS
Anfrage öffnen und lesen	Sachbearbeiter	NWS
Geeignete Maschine auswählen	Sachbearbeiter	WS
Verfügbarkeit prüfen	Sachbearbeiter	WS
Ausgewählte Maschine und Lieferant festhalten	Sachbearbeiter	GWS
Anfrage and Arbeitsingenieur senden	Sachbearbeiter	NWS
Anfrage öffnen und prüfen	Arbeitsingenieur	GWS
Probleme kommunizieren	Arbeitsingenieur	GWS
Anfrage zurück an Sachbearbeiter senden	Arbeitsingenieur	NWS
Bestellung erstellen	Sachbearbeiter	GWS
Bestellung an Lieferant senden	Sachbearbeiter	WS

Es ist vielmehr ein Mechanismus, um den reibungslosen Ablauf der Finanzprozesse des Bauunternehmens zu gewährleisten und Streitigkeiten mit Lieferanten zu vermeiden, z. B. um zu verhindern, dass ein Lieferant eine nicht benötigte Baumaschine liefert und dann die Zahlung der Miete verlangt. Generell gehen wir davon aus, dass Dokumentations- und Kontrollschritte, die durch buchhalterische oder gesetzliche Anforderungen vorgegeben sind, GWS sind.

Übung 6.1 Betrachten Sie den in Übung 1.1 beschriebenen und in Abb. 5.4 modellierten Prozess der Zulassung zum Hochschulstudium. Welche Schritte können Sie für diesen Prozess identifizieren? Klassifizieren Sie diese Schritte als WS, GWS und NWS.

Nachdem man die Schritte des Prozesses wie oben beschrieben identifiziert und klassifiziert hat, kann man dann bestimmen, wie NWS-Schritte minimiert oder eliminiert werden können. Einige NWS-Schritte können durch Automatisierung eliminiert werden. Dies ist beispielsweise bei Übergaben der Fall, die durch die Einrichtung eines Informationssystems beseitigt werden. Mithilfe eines geeigneten Informationssystems können alle Beteiligten die Information nachschlagen, die sie für die Bearbeitung von Anfragen benötigen. Wenn der Bauleiter über dieses Informationssystem eine Anfrage einreicht, erscheint sie automatisch in der Aufgabenliste des Sachbearbeiters. Wenn der Sachbearbeiter den empfohlenen Lieferanten und die empfohlene Ausrüstung erfasst, wird der Arbeitsingenieur benachrichtigt und die Anfrage weitergeleitet. Diese Form der Automatisierung macht diese NWS-Schritte für die Beteiligten unsichtbar. Das Thema Prozessautomatisierung wird in Kap. 10 näher erläutert.

Ein radikalerer Ansatz zur Eliminierung von NWS-Schritten in diesem Beispiel besteht darin, den Sachbearbeiter vollständig aus dem Prozess zu eliminieren. Das bedeutet, dass ein Teil der Arbeit auf den Bauleiter verlagert wird, so dass es weniger Übergaben im Prozess gibt. Natürlich müssen die Folgen dieser Änderung in Bezug auf den zusätzlichen Arbeitsaufwand für den Bauleiter sorgfältig abgewogen werden. Ein weiterer Ansatz zur Eliminierung von NWS-Schritten (und GWS-Schritten) wäre, die Notwendigkeit der Bestätigung von Anfragen, in denen die geschätzten Kosten unter einem bestimmten Schwellenwert liegen, zu eliminieren. Auch hier sollte diese Option gegen die möglichen Folgen einer geringeren Kontrolle abgewogen werden. Insbesondere wenn den Bauleitern die Befugnis eingeräumt würde, Baumaschinen nach eigenem Ermessen zu bestellen, müsste ein Mechanismus eingerichtet werden, der sie zur Rechenschaft zieht, wenn sie unnötige Geräte mieten oder Geräte für übermäßig lange und unnötige Zeiträume mieten.

Während die Eliminierung von NWS-Schritten allgemein als wünschenswertes Ziel angesehen wird, sollte die Eliminierung von GWS-Schritten mit dem Geschäftsnutzen abgewogen werden. Bevor GWS-Schritte eliminiert werden, sollte man diese zunächst den Unternehmenszielen und Geschäftsanforderungen zuordnen, wie z. B. Vorschriften, welche das Unternehmen einhalten muss, und Risiken, welche das Unternehmen zu minimieren versucht. Bei einer Abbildung zwischen GWS-Schritten auf der einen Seite und Unternehmenszielen und -anforderungen auf der anderen Seite stellt sich dann die folgende Frage: Wie hoch ist der minimale Arbeitsaufwand, um den Prozess zur Zufriedenheit des Kunden durchzuführen und gleichzeitig die Ziele und Anforderungen an die GWS-Schritte im Prozess zu erfüllen? Die Antwort auf diese Frage ist ein Ausgangspunkt für die Prozessverbesserung (siehe Kap. 8).

6.2 Verschwendungsanalyse

Die Verschwendungsanalyse kann als Umkehrung der Wertschöpfungsanalyse angesehen werden. In der Wertschöpfungsanalyse betrachten wir den Prozess aus einem positiven Blickwinkel. Wir versuchen, wertschöpfende Schritte zu identifizieren, und dann die verbleibenden als geschäftswertschöpfend und nicht wertschöpfend zu klassifizieren. Die Verschwendungsanalyse nimmt den negativen Blickwinkel ein. Sie versucht, überall im Prozess Verschwendung zu identifizieren. Einige dieser Verschwendungen lassen sich bis zu bestimmten Schritten im Prozess zurückverfolgen, aber andere, wie wir sehen werden, sind zwischen den Schritten oder manchmal hinter dem gesamten Prozess verborgen.

Die Verschwendungsanalyse ist eine der Verfahren des Toyota-Produktionssystems *(engl.: Toyota Production System)* (TPS), das von Taiichi Ohno und seinem Team in den 1970er Jahren entwickelt wurde. Das Verfahren wurde in verschiedene Steuerungsansätze wie dem schlanken Management *(engl.: lean management)* integriert [1]. Ohno beschrieb das TPS wie folgt: Was wir fortlaufend tun, ist, uns die Zeitachse anzusehen: Von dem Moment an, an dem ein Kunde eine Bestellung aufgibt, bis zu dem Punkt, an dem die Zahlung für diese Bestellung eingeht. Und wenn wir uns diese Zeitachse ansehen, versuchen wir, den *Muda* zu reduzieren. *Muda* ist ein japanischer Begriff für Verschwendung. Ohno und sein Team unterteilen Verschwendungen in sieben verschiedene Arten, die wir in drei übergeordnete Kategorien einteilen, um sie sich leichter zu merken können:

- *Bewegung:* Verschwendungen, die mit Bewegungen zusammenhängen. Diese Kategorie umfasst zwei Arten von Verschwendungen: *Transport* und *Lange Wege.*
- *Halten:* Verschwendungen, die dadurch entstehen, dass man etwas vorhält. Auch diese Kategorie umfasst zwei Arten von Verschwendungen: *Inventar* und *Wartezeit.*
- *Überanstrengung:* Verschwendungen, die dadurch entstehen, dass man mehr tut, als notwendig ist, um dem Kunden oder dem Unternehmen einen Mehrwert zu bieten. Diese Kategorie umfasst drei Arten von Verschwendungen: *Fehler*, *Mehraufwand* und *Überproduktion.*

6.2.1 Bewegung

Die erste und vielleicht am weitesten verbreitete Verschwendungsquelle ist der *Transport.* In einem Produktionsprozess bedeutet Transport die Bewegung von Materialien von einem Ort zum anderen, z. B. von einem Lager zu einer Produktionsstätte.

In einem Geschäftsprozess findet der physische Transport statt, wenn z. B. Dokumente von einem Prozessbeteiligten zu einem anderen gesendet werden – oft verbunden mit einer Übergabe zwischen den Beteiligten – oder wenn physische Dokumente mit einem externen Partner ausgetauscht werden. In modernen Geschäftsprozessen wird der physische Dokumentenaustausch weitestgehend durch den elektronischen Datenaustausch *(engl.: Electronic Data Interchange (EDI))* ersetzt. So werden beispielsweise Bestellungen, Transportavis, Lieferscheine und Rechnungen oft über EDI-Kanäle ausgetauscht. Inzwischen werden interne Übergaben zwischen den Prozessbeteiligten in der Regel mithilfe von prozessorientierten Informationssystemen automatisiert, wie wir in Kap. 9 diskutieren werden. Aber trotz der Ablösung des physischen durch elektronischen Dokumentenaustausch, bleibt der Transport dennoch eine Verschwendungsquelle. Tatsächlich bringt jede Übergabe zwischen den Teilnehmern eine gewisse Verzögerung mit sich, da der Teilnehmer, der das Staffelholz übernimmt, wahrscheinlich mit anderen Arbeiten beschäftigt ist, wenn die Übergabe stattfindet.

Ein Prozessmodell mit Bahnen und Becken kann uns helfen, Transportverschwendung zu identifizieren. Typischerweise gibt es Transportverschwendung überall dort, wo ein Sequenzfluss von einer Bahn zur anderen im selben Becken verläuft. Ein solcher Sequenzfluss stellt eine Übergabe dar. In ähnlicher Weise ist jeder Nachrichtenfluss zwischen verschiedenen Becken eines Prozessmodells eine potenzielle Transportverschwendung.

Beispiel 6.2 Betrachten wir das in Beispiel 1.1 vorgestellte Prozessmodell des Anmietens von Baumaschinen. Das Fragment des Prozesses von der Erstellung der Bestellanfrage bis zur Genehmigung ist in Abb. 6.2 dargestellt. Die Abbildung zeigt vier Transportverschwendungen. Die ersten drei stammen aus Übergaben zwischen Prozessbeteiligten: (i) vom Bauleiter zum Sachbearbeiter; (ii) vom Sachbearbeiter zum Arbeitsingenieur; und (iii) vom Arbeitsingenieur zurück zum Sachbearbeiter. Der vierte Transportverschwendung entsteht, wenn der Sachbearbeiter die Bestellung an den Lieferanten sendet.

Später im Prozess können wir zwei weitere Transportereignisse identifizieren: die Lieferung der Baumaschine auf die Baustelle und deren anschließende Rückgabe am Ende der Mietzeit. Man könnte argumentieren, dass diese beiden Transportereignisse einen Mehrwert darstellen, da die Lieferung der Baumaschine genau das ist, was der Bauleiter sucht. Dennoch würde sich der Lieferant bemühen, diesen Transport zu minimieren, indem er beispielsweise die Depots der Baumaschinen so optimiert, dass sie in der Nähe der Baustellen liegen, auf denen sie voraussichtlich eingesetzt werden.

Eine letzte Transportverschwendung entsteht, wenn der Lieferant die Rechnung vorlegt. □

Dieses Beispiel zeigt, dass nicht alle Transportverschwendungen in einem Prozess eliminiert werden können. Insbesondere der Transport von Baumaschinen kann nicht vollständig

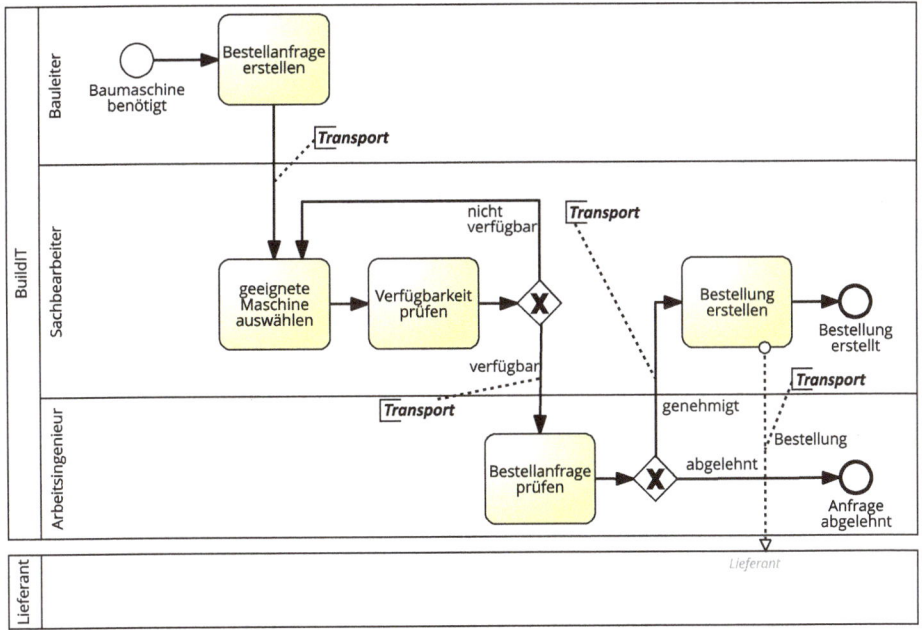

Abb. 6.2 Fragment des Prozesses zum Anmieten von Baumaschinen von der Erstellung der Bestellanfrage bis zur Erstellung der Bestellung

vermieden werden. Aber wir können uns bemühen, diese zu reduzieren oder die entsprechenden Kosten zu senken. Um beispielsweise die Kosten für den physischen Transport von Waren zu senken, können wir mehrere Lieferungen bündeln. Ebenso kann der Transport von physischen Dokumenten in einigen Fällen durch einen elektronischen Austausch ersetzt werden. In anderen Situationen kann es möglich sein, die Anzahl der Übergaben zu reduzieren, um die Wartezeiten und die für die Beteiligten entstehenden Kontextwechsel zu reduzieren.

Die zweite Art von Verschwendung, die mit *Bewegung* zusammenhängt, sind *lange Wege*. Lange Wege bezieht sich auf Prozessbeteiligte, die sich während der Ausführung eines Prozesses von einem Ort zum anderen bewegen. Lange Wege sind in Produktionsprozessen üblich, bei denen Arbeiter Teile von einem Ort zum anderen in der Produktionslinie bewegen. In Geschäftsprozessen sind lange Wege weniger verbreitet als in Produktionsprozessen, aber dennoch vorhanden.

Betrachten Sie beispielsweise einen Fahrzeuginspektionsprozess, bei dem Kunden ihre Fahrzeuge auf Verkehrstauglichkeit und die Einhaltung der Emissionsvorschriften zu überprüfen lassen. Dabei müssen die Fahrzeuge verschiedene Prüfschritte durchlaufen. Häufig müssen Prozessbeteiligte Geräte oder Werkzeuge von einer Prüfstation zur anderen bewegen, um bestimmte Tests durchzuführen. Das ist eine Bewegungsverschwendung.

Eine weitere Form der Bewegungsverschwendung – wie sie in digitalisierten Prozessen zu finden ist – entsteht, wenn Prozessbeteiligte während der Ausführung einer Aufgabe von einer Anwendung zur anderen wechseln müssen. Wenn sie beispielsweise eine Fahrzeuginspektion für einen neuen Kunden buchen, muss die Empfangsperson möglicherweise die Kundendaten in einer Anwendung erfassen und dann die Inspektion in einer anderen Anwendung planen. Die Bewegungen zwischen diesen beiden Anwendungen können als lange Wege, und somit als Bewegungsverschwendung, verstanden werden. Eine Reihe von Technologien und Werkzeugen, die unter dem Namen robotergesteuerte Prozessautomation *(engl.: Robotic Process Automation)* (RPA) [2] bekannt sind, zielen darauf ab, diese Art von Bewegungsverschwendungen zu reduzieren. RPA wird in Kap. 9 diskutiert.

6.2.2 Halten

Wir können auch Verschwendung verursachen, indem wir Materialien, Arbeitsaufträge oder Ressourcen halten. Die erste Art dieser Verschwendungen wird als *Inventar* bezeichnet. Bei Produktionsprozessen entsteht Inventarverschwendung, wenn wir mehr Bestände halten, als zu einem bestimmten Zeitpunkt erforderlich sind, um die Produktion fortsetzen zu können. Für Geschäftsprozesse manifestiert sich Bestandsverschwendung in der Regel nicht in Form von physischem Inventar. Stattdessen erscheint der Bestandsverschwendung in Form von Fällen in Bearbeitung (FiB) *(engl.: work in process, work in progress, WIP)*. FiB ist die Anzahl der Fälle, die bereits begonnen wurden und noch nicht abgeschlossen sind.

So kann es beispielsweise bei der oben genannten Fahrzeuginspektion vorkommen, dass ein Fahrzeug die Inspektion aufgrund eines kleineren Problems (z. B. abgenutzte Reifen) nicht auf Anhieb besteht. In diesem Fall wird der Kunde gebeten, das Problem in seiner bevorzugten Werkstatt zu beheben und zu einer zweiten Inspektion zurückzukehren. Zu jedem Zeitpunkt kann es sein, dass für Dutzende Fahrzeuge bereits eine erste, aber noch keine zweite Inspektion durchgeführt wurde. Diese Fahrzeuge tragen zu einem hohen FiB-Wert bei und stellen somit Inventarverschwendung dar. Man kann sich fragen, warum wir diese anstehenden Inspektionen als eine Art Verschwendung betrachten? Der Grund dafür ist, dass diese ausstehenden Inspektionen unrealisierte Wertschöpfung (*engl.: unrealized value*) darstellen. Erst wenn ein Fahrzeug die Inspektion bestanden hat, erhalten die Kunden einen Mehrwert aus diesem Prozess. Im Idealfall möchten wir, dass die Fälle so schnell wie möglich ein- und ausgehen, um ohne Verzögerung Wertschöpfung zu generieren.

Eine weitere Art von Verschwendung, die unter die Kategorie Halten fällt, ist die *Wartezeit*. In Produktionsprozessen entstehen Wartezeiten z. B. dann, wenn unfertige Produkte einen Produktionsschritt abschließen und darauf warten, dass Mitarbeiter für den nächsten Produktionsschritt verfügbar werden. Im Falle eines Geschäftsprozesses entsteht Wartezeit, wenn eine Aufgabe darauf wartet, dass geeignete Prozessbeteiligte verfügbar werden.

Wartezeitverschwendung kann auch in umgekehrter Richtung auftreten: Statt dass eine Aufgabe auf eine Ressource wartet, könnte eine Ressource auch auf eine Aufgabe warten. Diese Unterart von wartenden Verschwendungen wird als Leerlauf (*engl.: idleness*) bezeichnet.

Betrachten wir noch einmal den Prozess der Fahrzeuginspektion. Zu einem gewissen Zeitpunkt kann es sein, dass ein Werkstattmitarbeiter auf das nächste Auto wartet, weil dieses noch auf einer vorangehenden Station untersucht wird. Dies ist ein Beispiel für Leerlauf.

Betrachten Sie dagegen den Fall eines Reiseantrags, der bereits eine erste Genehmigung erhalten hat, aber einer zweiten bedarf. Diese zweite Genehmigung ist eine Aufgabe. Wenn der für die zweite Genehmigung verantwortliche Beteiligte nach Abschluss der ersten Genehmigung nicht verfügbar ist, wird der Antrag zurückgestellt. Die Zeit, welche der Antrag wartend verbringt, stellt Wartezeit dar.

Transportverschwendungen bringen oft Wartezeiten mit sich. So verursachen beispielsweise die Übergaben zwischen den drei Beteiligten in Abb. 6.2 Wartezeiten, da jene Prozessbeteiligte, welche die Bestellanfrage übergeben bekommen, oft nicht direkt verfügbar sind.

6.2.3 Überanstrengung

Die dritte Kategorie von Verschwendungen sind solche, die mit *Überanstrengung* zusammenhängen. Die erste Art solcher Verschwendungen wird als Fehler (*engl.: defect*) bezeichnet. Unter *Fehlerkorrektur* versteht man alle Arbeiten, die durchgeführt werden, um einen Fehler in einem Prozess zu korrigieren, zu reparieren oder zu kompensieren. Fehlerkorrekturen umfassen Nacharbeit *(engl.: rework)*, d. h. Situationen, in denen wir eine Aktivität, die zuvor für den gleichen Fall bereits ausgeführt wurde, wegen eines Fehlers erneut ausführen müssen.

In einem Dienstreiseprozess ist ein Beispiel für eine Verschwendung aufgrund von Fehlern, wenn ein Dienstreiseantrag vom Genehmigenden an den Antragsteller zurückgeschickt wird, weil wichtige Daten fehlen.

Eine weitere Verschwendungsart in dieser Kategorie wird als *Mehraufwand* bezeichnet. Unter Mehraufwand *(engl.: overprocessing)* versteht man Arbeiten, die aufgrund des Ergebnisses einer Prozessinstanz unnötig ausgeführt werden. Er beinhaltet unnötigen Perfektionismus, aber auch Aufgaben, die ausgeführt werden und sich später als nicht notwendig herausstellen.

Um auf den Prozess der Fahrzeuginspektion zurückzukommen, nehmen wir an, dass sich die Werkstattmitarbeiter viel Zeit nehmen, um die Fahrzeugemissionen mit einem höheren Maß an Genauigkeit zu messen. Dieser Perfektionismus ist Verschwendung. Wenn wir außerdem später herausfinden, dass jene Fahrzeuge, für die die Emissionen so genau gemessen wurden, am Ende die Emissionswerte weitestgehend nicht erfüllen, dann war all diese Genauigkeit unnötig.

Betrachten Sie nun das Beispiel der Dienstreisegenehmigung und gehen Sie davon aus, dass etwa 10 % der Anträge nach Erledigung mehrerer Aufgaben abgelehnt werden, da nicht genügend Budget für die Reise vorhanden ist. Diese unnötigen Aufgabenausführungen könnten durch eine frühzeitige Budgetprüfung vermieden werden, und so nicht die Zeit der Genehmiger verschwenden. Dieses Beispiel veranschaulicht, dass einfache Prüfschritte zu Beginn eines Prozesses dazu beitragen können, Mehraufwand zu minimieren. Dieser Ansatz zur Minimierung von Mehraufwand wird in Kap. 8 weiter diskutiert.

Die letzte Art der Verschwendung, nämlich die Überproduktion *(engl.: overproduction)*, steht in engem Zusammenhang mit der Mehraufwand. Während eine Mehraufwand auftritt, wenn eine Aufgabe ausgeführt und später als unnötig erachtet wird, tritt eine Überproduktion auf, wenn wir eine gesamte Prozessinstanz ausführen, die nach Abschluss keinen Mehrwert bringt.

Betrachten Sie einen Angebot-bis-Zahlungseingang-Prozess, bei dem der Angebot-bis-Auftrag-Unterprozess viele Angebote erzeugt, die später vom Kunden abgelehnt werden. Das heißt, der Kunde erhält ein Angebot, reicht aber keinen nachfolgenden Auftrag ein. Die abgelehnten Angebote sind eine Form der Überproduktion und somit Verschwendung. Wir sollten uns bemühen, diese Verschwendung zu minimieren, indem wir keine Angebote für Ausschreibungen einreichen, die nicht zu einer Bestellung führen, oder indem wir versuchen, jede Angebotsanfrage, die wir erhalten, in eine Bestellung umzuwandeln, denn die ausgeführte Bestellung ist das, was den Wert für das Unternehmen erhöht.

Ein weiteres typisches Beispiel für Überproduktion ist der Abbruch einer Prozessinstanz durch ihren Initiator (den Kunden). Betrachten Sie beispielsweise einen Dienstreisegenehmigungsprozess, bei dem einige Reiseanträge nur für den Fall erstellt werden, dass die Reise benötigt wird (ohne Sicherheit). Stellt sich heraus, dass die Reise nicht benötigt wird, wird der Reiseantrag storniert.

Diese abgebrochenen Instanzen erzeugen für die Prozessbeteiligte keine wertschöpfenden Ergebnisse. Im Idealfall möchten wir diese Verschwendung minimieren und sollten nur die wirklich notwendigen Anfragen bearbeiten.

Ebenso stellen Dienstreiseanträge, die aus Gründen abgelehnt werden, die vor der Erstellung der Prozessinstanz hätten vorhergesehen werden können, Überproduktion dar. So ist beispielsweise ein Dienstreiseantrag, der mangels Budget abgelehnt wird, was im Vorfeld hätte erkannt werden können, eine Überproduktion.

Dieses letztgenannte Beispiel veranschaulicht, dass die Grenze zwischen Überproduktion und Mehraufwand manchmal fließend ist. Der wesentliche Unterschied besteht darin, dass ein Mehraufwand dann anfällt, wenn es notwendig ist, die Prozessinstanz zu starten, um festzustellen, dass die Instanz nicht zu einem positiven Ergebnis führen kann, während eine Überproduktion in zwei Fällen auftritt:

- Wenn die Instanz zu einem positiven Ergebnis führt, sich aber herausstellt, dass die Instanz nicht benötigt wurde.
- Wenn die Instanz zu einem negativen Ergebnis führt, das vor der Erstellung der Instanz hätte vorhergesehen werden können.

Beispiel 6.3 Betrachten Sie das Fragment des in Abb. 6.2 erfassten Leihprozesses. Nach Ausführung der Aufgabe *Verfügbarkeit prüfen* kann es vorkommen, dass die ausgewählte Baumaschine nicht verfügbar ist. In diesem Fall muss der Sachbearbeiter eine Korrektur vornehmen und eine alternative Baumaschine auswählen. Mit anderen Worten, es gibt eine Nacharbeitsschleife. Diese Nacharbeit ist eine Verschwendung aufgrund eines Fehlers.

Sobald der Sachbearbeiter eine geeignete und verfügbare Baumaschine gefunden hat, kann der Arbeitsingenieur den Antrag ablehnen, da die Arbeit, für welche diese benötigt wird, mit einer auf einer nahegelegenen Baustelle verfügbaren Baumaschine ausgeführt werden kann. Mit anderen Worten, die Erstellung der Anfrage hätte vermieden werden können, wenn der Bauleiter überprüfen könnte, welche anderen Geräte an nahegelegenen Standorten verfügbar sind. Letzteres ist ein Beispiel für Überproduktionsverschwendung. □

Übung 6.2 Identifizieren Sie Verschwendung im Zulassungsverfahren der Übung 1.1 und klassifizieren Sie diese nach den sieben Verschwendungsarten. Beachten Sie die folgenden zusätzlichen Informationen.

Jedes Jahr erhält die Universität insgesamt 3000 Online-Bewerbungen. Es gibt 10 Studiengänge. Jeder Studiengang hat 30 Studienplätze. Den Top-5-Antragstellern in jedem Studiengang werden neben einem Studienplatz auch Stipendien angeboten. Antragstellern, die in ihrem Studiengang zunächst auf den Plätzen 6 bis 30 rangieren, wird ein Studienplatz ohne Stipendium angeboten.

Nachdem der Ausschuss die Anträge geprüft hat, ist jeder Antrag entweder: (i) mit einem Stipendium akzeptiert worden, (ii) ohne Stipendium akzeptiert worden, (iii) zulässig, aber nicht akzeptiert worden, es sei denn, ein Studienplatz wird von einem höherrangigen Antragsteller freigegeben, oder (iv) wegen niedriger Punktzahlen oder Plagiaten abgelehnt worden.

Erfolgreiche Antragsteller müssen das Angebot spätestens zwei Wochen nach Bekanntgabe annehmen oder ablehnen. Lehnt ein Antragsteller das Angebot ab, wird sein Studienplatz dem nächsten zulässigen, aber nicht zugelassenen Antragsteller in der Rangfolge seines Studiengangs zugewiesen. Lehnt ein Antragsteller mit einem vergebenen Stipendium seinen Studienplatz ab, wird das Stipendium dem nächsten Antragsteller in der entsprechenden Rangfolge zugewiesen, der noch kein Stipendium erhalten hat.

Anträge werden aus folgenden Gründen abgelehnt:

- 20 % der Bewerbungen werden zunächst aufgrund von Mängeln im Online-Bewerbungsformular (z. B. fehlende Unterlagen) abgelehnt. In der Hälfte der Fälle gelingt es dem Antragsteller, die identifizierten Probleme zu beheben, und die Bewerbung besteht nach dem zweiten Versuch die administrative Prüfung.
- 10 % der Anträge werden abgelehnt, weil die Papierversion nicht rechtzeitig eingetroffen ist.
- 3 % wurden wegen einer negativen Empfehlung der akademischen Anerkennungsagentur abgelehnt.
- 2 % wurden abgelehnt wegen ungültigem Englischsprachtest.
- 5 % wurden wegen eines plagiierten Motivationsschreibens abgelehnt.
- 5 % wurden wegen einem schlecht geschriebenen Motivationsschreiben abgelehnt.
- 15 % wurden aufgrund einer schlechten Notendurchschnitts abgelehnt.
- 20 % der Antragsteller erhalten ein Angebot, lehnen es aber ab. In 60 % dieser Fälle lehnt der Antragsteller ab, weil er ein Stipendium erwartet hat, aber seine Punktzahl dies nicht ermöglicht hat. In weiteren 30 % der Fälle lehnen Antragsteller ab, weil sie bereits ein Angebot anderswo angenommen haben. Die übrigen Fälle, in denen Antragsteller ein Angebot ablehnen, haben persönliche Gründe.
- 20 % der Antragsteller werden für zulässig erklärt, erhalten aber mangels Studienplätzen kein Angebot.

Die Zulassungsstelle bearbeitet ca. 10.000 E-Mails von Antragstellern über das Bewerbungsverfahren, einschließlich Fragen zum Bewerbungsformular, den erforderlichen Unterlagen, den Zulassungsbedingungen, dem Bewerbungsstatus etc.

6.3 Interessengruppenanalyse und Problemdokumentation

Bei der Analyse eines Geschäftsprozesses ist zu beachten, dass „auch ein guter Prozess besser gemacht werden kann" [3]. Die Erfahrung zeigt, dass jeder nicht triviale Geschäftsprozess, egal wie stark er verbessert wurde, unter einer Reihe von Problemen leidet. Es gibt immer wieder Fehler, Missverständnisse, Vorfälle, unnötige Schritte und andere Verschwendungen, wenn ein Geschäftsprozess täglich ausgeführt wird.

Ein Teil der Aufgabe eines Prozessanalysten besteht darin, jene *Probleme* zu identifizieren und zu dokumentieren, welche die Leistung eines Prozesses beeinflussen.

Zu diesem Zweck sammelt ein Analyst typischerweise Daten aus mehreren Quellen und befragt mehrere Interessengruppen, vor allem die Prozessbeteiligten, aber auch den Prozessverantwortlichen und Managern der am Prozess beteiligten Organisationseinheiten. Jede Interessengruppe hat eine andere Sicht auf den Prozess und wird natürlich dazu neigen, Problemen aus der eigenen Perspektive anzusprechen. Der gleiche Sachverhalt kann von zwei Interessengruppen unterschiedlich wahrgenommen werden. Ein Manager oder Prozessverantwortlicher erkennt typischerweise Probleme in Bezug auf das Nichterreichen von Leistungszielen oder in Bezug auf Anforderungen, die beispielsweise durch externen Druck (z. B. regulatorische oder Kontrollprobleme) entstehen. Währenddessen können sich Prozessbeteiligte über unzureichende Ressourcen, hektische Zeitpläne sowie Fehler oder Ausnahmen beschweren, die als von anderen Prozessbeteiligten oder Kunden verursacht wahrgenommen werden.

Im Folgenden stellen wir drei sich ergänzende Verfahren vor, um Probleme in einem Prozess zu sammeln, zu dokumentieren und zu analysieren:

1. Die Interessengruppenanalyse ermöglicht es, Sachverhalte aus unterschiedlichen Perspektiven zu betrachten.
2. Problemregister helfen dabei, Probleme strukturiert zu dokumentieren.
3. Die Paretoanalyse und Auswahldiagramme ermöglichen es, eine Teilmenge von Sachverhalten für die weitere Analyse und die Prozessverbesserung auszuwählen.

6.3.1 Interessengruppenanalyse

Die Interessengruppenanalyse ist ein weit verbreitetes Verfahren im Bereich des Projektmanagements. Diese Analyse wird in der Regel zu Beginn eines Projekts durchgeführt, um zu verstehen, wer ein Interesse an dem Projekt hat und somit zu der Durchführung des Projekts beitragen, es beeinflussen oder von ihr betroffen sein könnte und wie.

Mit Blick auf Prozesse wird die Interessengruppenanalyse häufig verwendet, um aus verschiedenen Perspektiven Informationen über Probleme zu sammeln, welche die Leistung des Prozesses beeinflussen. In diesem Zusammenhang gibt es typischerweise fünf Kategorien von Interessengruppen:

- Die Kunden des Prozesses.
- Die Prozessbeteiligten.
- Die am Prozess beteiligten externen Parteien (z. B. Lieferanten, Subunternehmer).
- Den Prozessverantwortlichen und die operativen Manager, welche die Prozessbeteiligten beaufsichtigen.
- Den Auftraggeber des Verbesserungsprojekts und andere Führungskräfte, die an der Leistung des Prozesses interessiert sind.

Jede dieser Kategorien von Interessengruppen bringt ihren eigenen Standpunkt ein und wird dabei unterschiedliche Probleme wahrnehmen. Die Kunden sind wahrscheinlich mit Problemen wie langsame Durchlaufzeiten, Fehler, mangelnde Transparenz oder mangelnde Rückverfolgbarkeit (d. h. Unfähigkeit, den aktuellen Stand des Prozesses zu beobachten) beschäftigt.

Die Prozessbeteiligten dürften sich eher über eine hohe Ressourcenauslastung sorgen, da dies für sie Arbeiten unter Stress bedeutet. Sie könnten auch über Fehler besorgt sein, wenn ihnen auch nicht unbedingt die gleichen Fehlertypen wie den Kunden auffallen, da sie den Prozess von innen betrachten. Insbesondere sehen die Prozessbeteiligten wahrscheinlich Fehler, die durch Übergaben im Prozess entstehen, während die Kunden diese Fehler nicht unbedingt bemerken, wenn sie intern behoben werden. Generell sind die Prozessbeteiligten in der Lage, mögliche Verschwendungen im Prozess zu benennen, nicht nur Fehler, sondern auch Bewegungs- und Wartezeitverschwendungen, sowie unnötigen Mehraufwand.

Externe Parteien können je nach ihrer Rolle verschiedene Interessen am Prozess haben. Lieferanten und Subunternehmer sind in der Regel daran interessiert, dass sie einen stetige oder wachsende Menge an Aufträgen aus dem Prozess erhalten, ihre Arbeit vorausplanen und die vertraglichen Anforderungen erfüllen können. Mit anderen Worten, sie streben nach Verlässlichkeit, und sie könnten Möglichkeiten erkennen, wie die Abstimmung zwischen ihrem eigenen Prozess und den Prozessen, in die sie integriert sind, verbessert werden kann.

Der Prozessverantwortliche und die operativen Manager haben ein Interesse an den Kennzahlen des Prozesses, seien es zu hohe Durchlaufzeiten oder hohe Berarbeitungszeiten. Tatsächlich stehen die Bearbeitungszeiten in direktem Zusammenhang mit den Arbeitskosten und beeinflussen somit die Effizienz des Prozesses. Ein Prozessverantwortlicher könnte auch über häufige Fehler im Prozess sowie über die Überproduktion besorgt sein. Der Prozessverantwortliche und andere Manager haben in der Regel die Einhaltung der internen Richtlinien und externen Vorschriften im Auge.

Der Auftraggeber und andere hochrangige Manager befassen sich im Allgemeinen mit der strategischen Ausrichtung des Prozesses und dessen Beitrag zu den wichtigsten Kennzahlen des Unternehmens. Sie haben dabei die Fähigkeit des Prozesses im Blick, sich an sich ändernde Kundenerwartungen, externen Wettbewerb und veränderte Marktbedingungen anzupassen. Auftraggeber und hochrangige Manager könnten auch Chancen (im Gegensatz zu Problemen) erkennen, wie etwa Möglichkeiten, zusätzliche Kunden zu gewinnen, in ein neues Marktsegment zu expandieren oder Produkte oder Dienstleistungen an bestehende Kunden zu verkaufen.

Wenn eine Prozessverbesserungsprojekt beginnt, werden der Auftraggeber und der Prozessverantwortliche meist eine Reihe von Zielen und Vorgaben vorschlagen, die durch das Projekt erreicht werden sollen. Sie können auch eine oder mehrere Hypothesen zu den wichtigsten Engpässen und Problemen im Prozess formulieren. Der Analyst geht von initialen Zielen, Vorgaben und wahrgenommenen Problemen aus. Zudem identifiziert er Interessengruppen und führt dann Interviews mit ihnen durch, um zusätzliche wahrgenommene Probleme festzuhalten. Durch das Gegenprüfen der in diesen Interviews aufgeworfenen

Probleme und deren Validierung durch zusätzliche Datenerhebung identifiziert der Analyst eine Reihe von validierten Problemen aus der Perspektive jeder der Interessengruppen. Diese validierten Probleme sind die Eingabe für den Aufbau eines Problemregisters, wie nachfolgend erläutert.

Beispiel 6.4 Betrachten Sie den in den vorangegangenen Übungen besprochenen Prozess des Anmietens von Baumaschinen. Der Prozessverantwortliche ist der Einkaufsleiter von BuildIT. Der Einkaufsleiter ist besorgt über die wachsende Anzahl von Anmietungen. Im vergangenen Jahr sind diese Ausgaben um 12 % gestiegen, während das Gesamtvolumen der Bautätigkeit (gemessen am Umsatz) nur um 8 % gestiegen ist. Der Einkaufsleiter startet ein Verbesserungsprojekt, um die Mietkosten um 5 % zu senken. Dieses Ziel entspricht dem vom Finanzvorstand festgelegten unternehmensweiten Ziel einer Kostensenkung von 5 %.

Ein Analyst wird gebeten, den Prozess zu überprüfen. Er identifiziert die folgenden Interessengruppen:

- interne Kunde: die Bauleiter.
- Prozessbeteiligte: die Sachbearbeiter, die Arbeitsingenieure und das Team der Kreditorenbuchhaltung in der Finanzabteilung (welche die Rechnungen bearbeitet).
- Prozessverantwortliche und operative Manager: Einkaufsleiter, Bauleiter, Teamleiter Kreditorenbuchhaltung.
- Auftraggeber: der Finanzvorstand, der als Auftraggeber im Rahmen einer umfassenderen Initiative zur Kostensenkung fungiert.
- Externe Partei: die Lieferanten der gemieteten Baumaschinen.

Nach der Befragung des Prozessverantwortlichen stellt der Analyst zwei wahrgenommene Probleme im Prozess fest:

- Oft werden die Geräte länger als nötig gemietet, was zu Inventarverschwendungen führt.
- Häufig werden an die Lieferanten Strafen gezahlt aufgrund von: (i) Baumaschinen, die nach Erhalt zurückgegeben werden, weil sie für die Arbeit nicht geeignet waren; und (ii) verspätete Rechnungszahlungen. In beiden Fällen entstehen diese Kosten durch Verschwendung vom Typ Fehler.

Diese Beobachtungen zeigen, dass die bei der Interessengruppenanalyse vom Prozessverantwortlichen und den Prozessbeteiligten aufgeworfenen Probleme oft mit Verschwendung verbunden sind. Daher können die Ergebnisse der Verschwendungsanalyse bei der Durchführung einer Interessengruppenanalyse hilfreich sein.

Der Analytiker beschließt, zunächst Daten vom Bauleiter, Sachbearbeiter und Arbeitsingenieur zu sammeln, da diese eine zentrale Rolle im Prozess spielen. Er fährt mit Interviews fort, um tiefere qualitative Erkenntnisse zu gewinnen. Die Interviews werden zum Teil durch die Verschwendungsanalyse beeinflusst, insbesondere durch Transport, Wartezeiten und Fehler sowie durch die vom Prozessverantwortlichen erhobene Inventarverschwendung.

Nach der Befragung von drei Bauleitern hält der Analytiker fest, dass die Hauptsorge der Bauleiter die Verzögerung zwischen dem Zeitpunkt, zu dem sie eine Bestellanfrage erstellen, und dem Zeitpunkt, zu dem die entsprechende Baumaschine eintrifft, ist. Der Analyst stellt fest, dass diese Verzögerung durchschnittlich 3,5 Arbeitstage beträgt (manchmal drei, manchmal vier Tage, selten weniger oder mehr). Die Bauleiter bestätigten auch, dass sie manchmal Geräte ablehnen müssen, weil die Geräte nicht für die Aufgabe geeignet sind – obwohl sie behaupten, dass sie in ihren Anfragen klar angeben, welche Art von Baumaschinen für welchen Zweck benötigt werden.

Auf der anderen Seite sind die Hauptanliegen der Sachbearbeiter:

- Mangelnde Klarheit in den Anforderungen, die sie von den Bauleitern erhalten, was dem Standpunkt der letzteren teilweise widerspricht.
- Ungenaue und unvollständige Beschreibungen in den Katalogen der Lieferanten.
- Langsame Durchlaufzeiten bei der Bearbeitung der Anfragen durch Arbeitsingenieure, die diese zu genehmigen haben.

Die Arbeitsingenieure bestätigen die Beobachtung der Einkäufer, dass die Bauleiter die gemieteten Baumaschinen manchmal länger als unbedingt erforderlich behalten (Inventarverschwendung). Sie sind sich bewusst, dass die gelieferten Baumaschinen manchmal nicht den Anforderungen der Bauleiter entsprechen und daher zurückgegeben werden, aber sie gestehen nicht ein, dass es sich um ein großes Problem handelt.

Das Kreditorenteam bestätigt dass für verspätete Rechnungszahlungen Strafen gezahlt werden. Sie behaupten jedoch, dass es nicht ihre Schuld ist. In 98 % der Fälle werden Rechnungen spätestens drei Werktage nach ihrer internen Freigabe bezahlt. Die Kreditorenbuchhaltung behauptet, dass es nicht möglich ist, schneller zu handeln, und dass auf jeden Fall die Sanktionen bei verspäteten Rechnungen immer noch auftreten würden, auch wenn sie die Zahlungsfrist von 3 Tagen auf 2 Tage verkürzen könnten.

Der Analyst befragte auch zwei Lieferanten, welche die Feststellung bestärkten, dass die gelieferten Baumaschinen manchmal vom Bauleiter abgelehnt wurden und dass die Bezahlung der Rechnungen zu lange dauert. Die Lieferanten stellten zudem fest, dass es an Integration zwischen ihren Systemen und den intern bei BuildIT verwendeten Systemen mangelt. Ein Lieferant kommentierte, dass diese mangelnde Integration einer der Gründe dafür sein könnte, dass auf diesem Weg Fehler gemacht werden.

Der Analyst bleibt dabei, dass die vom Prozessverantwortlichen aufgeworfenen Fragen von anderen Interessengruppen auf verschiedene Weise aufgegriffen werden. Der Analyst nimmt auch die vom Bauleiter gemeldeten langsamen Durchlaufzeiten sowie die vom Sachbearbeiter angesprochenen Missverständnisse und Datenqualitätsprobleme zur Kenntnis.   □

Übung 6.3 Betrachten wir noch einmal das in Übung 1.1 beschriebene Zulassungsverfahren für internationale Studierende. Prozessverantwortlicher dieses Verfahrens ist der Leiter der Studienabteilung, der an den Vizerektor für Studienangelegenheiten der Universität berichtet. Der Leiter der Studienabteilung ist gleichzeitig besorgt über die Kosten für die Durchführung des Zulassungsverfahrens, aber auch darüber, dass die Universität talentierte Antragsteller an konkurrierende Universitäten verliert.

Was die Kosten betrifft, so berichtet der Prozessverantwortliche, dass jede Instanz des Zulassungsverfahrens € 100 an Arbeitskosten verursacht, einschließlich der Zeit, die von der Zulassungsstelle aufgewendet wird, sowie der Zeit, die von den akademischen Ausschüssen aufgewendet wird, die für die Beurteilung und Rangfolge der Bewerbungen zuständig sind. Die Zulassungsstelle zahlt zusätzlich eine Gebühr von € 30 an eine externe Prüfagentur, um die Gültigkeit und Gleichwertigkeit jedes eingereichten Diploms zu überprüfen, sowie € 20 pro eingereichtem Antrag an den Anbieter des Online-Bewerbungssystems, mit dem die Studierenden ihre Anträge einreichen und verfolgen. Das Marketing-Büro der Universität gibt zusätzlich € 100 für Marketing pro Bewerbung aus. Die Universität erhebt vom Antragsteller eine nicht rückzahlbare Antragsgebühr von € 100 pro Antrag. Wie in Übung 6.2 erläutert, kommen von 3000 Bewerbungen nur 300 Antragsteller in einen Studiengang. Die verbleibenden Bewerbungen fallen während des Prozesses aus den in Übung 6.2 aufgeführten Gründen aus.

Was den Verlust von Kandidaten während des Zulassungsverfahrens betrifft, so ist der Prozessverantwortliche besonders besorgt über die relativ hohe Zahl von Antragstellern, die ein Zulassungsangebot erhalten, es aber nicht annehmen. Insbesondere lehnen 30 % der Antragsteller, die ein Angebot erhalten, es ab, wie in Übung 6.2 erwähnt, und 30 % derjenigen, die das Angebot ablehnen, tun dies zugunsten einer konkurrierenden Universität.

Sie haben die Aufgabe, eine Analyse des oben genannten Prozesses durchzuführen, um eine Liste von Problemen zu erstellen. Ausgehend von der Beschreibung des Prozesses aus Übung 1.1 und den oben genannten Informationen erstellen Sie einen Plan, der Folgendes beinhaltet:

- Die Liste der Interessengruppen, die Sie interviewen würden (begründen Sie Ihre Wahl).
- Besprechen Sie für jede Interessengruppe, welche Arten von wahrgenommenen Problemen Sie thematisieren würden und welche Fragen Sie stellen könnten, um festzustellen, ob diese wahrgenommenen Problemen tatsächlich existieren und wenn ja, was ihre Auswirkungen sind.

6.3.2   Problemregister

Die Interessengruppenanalyse ermöglicht es uns, Probleme in einem Geschäftsprozess aus verschiedenen Perspektiven zu identifizieren. Der nächste Schritt besteht darin, diese Probleme zu organisieren und zu dokumentieren und ihre Auswirkungen sowohl quantitativ,

z. B. in Bezug auf Zeit- oder finanzielle Verluste, als auch qualitativ im Hinblick auf wahrgenommene Nachteile für den Kunden oder wahrgenommene Risiken, welche das Problem
mit sich bringt, zu bewerten. Dies ist die Rolle des *Problemregisters*.

Konkret ist ein Problemregister *(engl.: issue register)* eine Auflistung, die eine detaillierte Analyse jedes Problems und seiner Auswirkungen in Form einer Tabelle anhand vor-
gegebener Felder umfasst. Die folgenden Felder werden typischerweise für jedes Problem
beschrieben:

- *Name des Problems.* Dieser Name sollte kurz gehalten werden, typischerweise 2–5 Wör-
  ter, und für alle Beteiligten im Prozess verständlich sein.
- *Beschreibung.* Eine kurze Beschreibung des Problems (z. B. 1–3 Sätze) mit einem Fokus
  auf das Problem selbst, und nicht auf seine Folgen oder Auswirkungen, die separat
  beschrieben werden.
- *Priorität.* Eine Zahl (1, 2, 3,...), die angibt, wie wichtig dieses Problem im Vergleich zu
  anderen Problemen ist. Beachten Sie, dass mehrere Probleme die gleiche Prioritätsnum-
  mer haben können.
- *Daten und Annahmen.* Alle Daten oder Annahmen, die bei der Schätzung der Auswirkungen des Problems verwendet werden, wie z. B. die Häufigkeit, mit der ein bestimmtes negatives Ergebnis auftritt, oder der geschätzte Verlust pro Auftreten eines negativen
  Ergebnisses. In den frühen Phasen der Entwicklung des Problemregisters werden die Zahlen in dieser Spalte hauptsächlich Annahmen oder Schätzungen sein. Im Laufe der Zeit
  werden diese Annahmen und groben Schätzungen durch zuverlässigere Zahlen ersetzt,
  die sich aus den tatsächlichen Daten über die Durchführung des Prozesses ergeben.
- *Qualitative Auswirkungen.* Eine Beschreibung der Auswirkungen des Problems in qualitativer Hinsicht, wie z. B. Auswirkungen des Problems auf die Kundenzufriedenheit,
  die Mitarbeiterzufriedenheit, langfristige Lieferantenbeziehungen, die Reputation des
  Unternehmens oder andere schwer quantifizierbare immaterielle Auswirkungen.
- *Quantitative Auswirkungen.* Eine Schätzung der Auswirkungen des Problems in quantitativer Hinsicht, wie z. B. Zeitverlust, Ertragsverlust oder vermeidbare Kosten. Dieses
  Feld im Problemregister stellt eine Verbindung zwischen qualitativen und quantitativen
  Analysetechniken her. Quantitative Analysetechniken, wie sie im nächsten Kapitel vorge-
  stellt werden, ermöglichen es uns, präzisere Schätzungen der quantitativen Auswirkungen
  eines Problems zu erhalten.

Andere Felder können einem Problemregister hinzugefügt werden. Im Hinblick auf die
Neugestaltung von Prozessen kann es beispielsweise sinnvoll sein, ein Feld für *mögliche
Verbesserungsmaßnahmen* aufzunehmen, welche zur Lösung des Problems beitragen könn-
ten.

Beispiel 6.5 Wir betrachten noch einmal den in Beispiel 1.1 beschriebenen Prozess der
Anmietung von Baumaschinen und die in Beispiel 6.4 zusammengefasste Interessengrup-

penanalyse. Als Ergebnis der Interessengruppenanalyse kam der Analyst zu dem Schluss, dass die vom Prozessverantwortlichen aufgeworfenen Fragen vom Kunden (dem Bauleiter) und den anderen Prozessbeteiligten aufgegriffen wurden. Der Analyst erfuhr auch von drei weiteren wahrgenommenen Problemen: eines vom Bauleiter (Verzögerungen im Mietprozess) und zwei vom Sachbearbeiter (unklare Anforderungen des Bauleiters und ungenaue oder unvollständige Katalogdaten). Der Analyst entschied sich, diese wahrgenommenen Probleme nicht in das anfängliche Problemregister aufzunehmen, da sie mögliche Ursachen für die vom Prozessverantwortlichen aufgeworfenen Probleme zu sein schienen und nicht eigenständige Probleme auf höherer Ebene. Dementsprechend analysierte der Analyst die vom Prozessverantwortlichen aufgeworfenen Probleme, indem er zusätzliche Daten über ihre Häufigkeit und die Auswirkungen jedes Auftretens dieser Probleme sammelte.

Basierend auf den gesammelten Daten erstellte der Analyst das Problemregister, welches in Tab. 6.2 dargestellt ist.[1]

□

Frage: Problem oder Ursache?
Ein Problemregister kann eine Mischung aus Problemen enthalten, die sich direkt auf die Geschäftsentwicklung auswirken, sowie andere Probleme, die kausale oder beitragende Ursachen von Problemen sind, die sich somit indirekt auf die Geschäftsentwicklung auswirken. Mit anderen Worten, das Problemregister enthält sowohl *Probleme* als auch *Ursachen*.

Beispielsweise könnte man bei der Vorbereitung des Problemregisters der Baumaschinenanmietung versucht sein, Einträge wie die folgenden aufzunehmen:

- Der Sachbearbeiter hat die Anforderungen des Bauleiters an eine Baumaschine missverstanden.
- Der Sachbearbeiter hat aufgrund von Unachtsamkeit nicht die richtige Baumaschine aus dem Katalog des Lieferanten ausgewählt.
- Der Sachbearbeiter hat in der Bestellung ein falsches Lieferdatum angegeben.
- Der Lieferant hat die bestellten Baumaschinen nicht geliefert.
- Die gelieferten Baumaschinen sind defekt oder nicht betriebsbereit.
- Der Lieferant lieferte die Baumaschine auf die falsche Baustelle oder zur falschen Zeit.
- Die Ausrüstung kam fünf Werktage nachdem der Bauleiter sie angefordert hatte, aber der Bauleiter benötigte die Baumaschine früher.

Alle oben genannten Punkte sind mögliche kausale oder beitragende Ursachen eines allgemeinen Problems, nämlich „Baumaschine wird vom Bauleiter abgelehnt." Die Tatsache, dass der Bauleiter die Baumaschine ablehnt, hat direkte Auswirkungen auf BuildIT, z. B. durch Verzögerungen im Bauablauf. Die oben genannten Punkte haben unterdessen indirekte geschäftliche Auswirkungen, da sie dazu führen, dass die Baumaschine abgelehnt und die

---

[1]In diesem Problemregister verwenden wir keine Spalte pro Feld, sondern eine Zeile pro Feld. Dies ist eine pragmatische Entscheidung, um das Problemregister besser auf einer Seite darzustellen.

Tab. 6.2 Problemregister des Prozesses zur Anmietung von Baumaschinen

Problem 1: Baumaschinen, die länger als nötig aufbewahrt werden
Priorität: 1
Beschreibung: Bauleiter behalten die Baumaschine länger als nötig
Daten und Annahmen: BuildIT mietet 3000 Baumaschinen pro Jahr. In 10 % der Fälle halten die Bauleiter die Baumaschine 2 Tage länger als nötig. Im Durchschnitt kosten gemietete Baumaschinen € 100 pro Tag
Qualitative Auswirkungen: Nicht anwendbar
Quantitative Auswirkungen: $0,1 \times 3000 \times 2 \times 100 =$ € 60.000 zusätzliche Mietkosten pro Jahr
Problem 2: Abgelehnte Geräte
Priorität: 2
Beschreibung: Bauleiter lehnen die gelieferten Baumaschinen manchmal ab, weil sie ihren Spezifikationen nicht entsprechen
Daten und Annahmen: BuildIT mietet 3000 Baumaschinen pro Jahr. Jedes Mal, wenn eine Baumaschine aufgrund eines Fehlers von BuildIT abgelehnt wird, werden BuildIT die Kosten für einen Tag Miete in Rechnung gestellt, d. h. € 100. 5 % von ihnen werden aufgrund eines internen Fehlers innerhalb von BuildIT abgelehnt (im Gegensatz zu einem Lieferantenfehler)
Qualitative Auswirkungen: Diese Ereignisse stören die Bauzeiten und verursachen Frustration und interne Konflikte
Quantitative Auswirkungen: $3000 \times 0,05 \times 100 =$ € 15.000 pro Jahr
Problem 3: Mahngebühren für verspätete Zahlungen
Priorität: 3
Beschreibung: BuildIT zahlt Mahngebühren, da Rechnungen nicht bis zum Fälligkeitsdatum bezahlt werden
Daten und Annahmen: BuildIT mietet 3000 Geräte pro Jahr. Jede Baumaschine wird durchschnittlich für 4 Tage gemietet, zu einem Preis von € 100 pro Tag. Jeder Mietvertrag führt zu einer Rechnung. Etwa 10 % der Rechnungen werden verspätet bezahlt. Im Durchschnitt beträgt die Mahngebühren 2 % des Rechnungsbetrages
Qualitative Auswirkungen: Die Lieferanten sind verärgert und später nicht bereit, günstigeren Konditionen für die Baumaschinenmiete zuzustimmen
Quantitative Auswirkungen: $0,1 \times 3000 \times 4 \times 100 \times 0,02 =$ € 2400 pro Jahr

benötigten Baumaschinen nicht rechtzeitig verfügbar sind, was wiederum zu Verzögerungen im Bauablauf führt.

Wenn ein Problemregister eine Mischung aus Problemen und Ursachen enthält, kann es sinnvoll sein, dem Register zwei Felder hinzuzufügen, nämlich *verursacht durch* und *ist Ursache von,* die für ein bestimmtes Problem angeben, welche anderen Problemen im Register über eine Ursache-Wirkungs-Beziehung damit verbunden sind. Auf diese Weise wird es einfacher zu erkennen, welche Probleme wie miteinander zusammenhängen, so dass verwandte Probleme gemeinsam analysiert werden können. Zudem, wenn ein Problem X eine Ursache für ein Problem Y ist, so können wir anstatt die Auswirkungen von X und Y zu analysieren, in den Feldern von X die qualitativen und quantitativen Auswirkungen von Y vermerken. Zum Beispiel, in den Auswirkungen des Problems „Sachbearbeiter hat die Anforderungen des Bauleiters missverstanden" können wir einfach auf die Auswirkungen von „Baumaschine wird vom Bauleiter abgelehnt" verweisen.

Alternativ können wir die Konvention anwenden, nur allgemeine Probleme, d. h. Problemen, die direkte geschäftliche Auswirkungen haben, in das Problemregister aufzunehmen, und separat können wir Warum-Warum-Diagramme und Ursache-Wirkungs-Diagramme verwenden, um die Ursachen zu dokumentieren, die diesen allgemeinen Problemen zugrunde liegen. Diese Konvention wird im weiteren Verlauf dieses Kapitels befolgt, was bedeutet, dass die unten gezeigten Problemregister nur allgemeine Probleme und keine Ursachen enthalten. Die Analyse und Dokumentation der Ursachen jedes Problems erfolgt außerhalb des Problemregisters mithilfe von Verfahren der Ursachenanalyse, auf die wir später in diesem Kapitel eingehen werden. Daher gibt es für jedes Thema, das wir in ein Problemregister aufnehmen, mindestens eine Interessengruppe, die direkt von dem Problem betroffen ist, und so können wir eine Folgenabschätzung für jedes Problem durchführen.

Im obigen Beispiel ist die Anzahl der Probleme gering. In einem großen Unternehmen kann eine Interessengruppenanalyse eines Kernprozesses zu Dutzenden von Problemen führen. Wenn wir zudem ein BPM-Programm für viele Prozesse durchführen, kann die Anzahl der Probleme über alle Prozesse hinweg in der Größenordnung von Hunderten liegen. In diesen Fällen lohnt es sich, ein Problembearbeitungssystem *(engl.: issue tracking system)* zur Verwaltung des Problemregisters einzusetzen. Ein Problembearbeitungssystem ist ein Kollaborationswerkzeug, welches es seinen Benutzern (unter anderem) ermöglicht, Probleme zu erstellen, zu dokumentieren, zu bearbeiten und zu kommentieren sowie gefilterte und sortierte Listen von Problemen nach einer Reihe von Kriterien zu erstellen.

Übung 6.4 Wir betrachten erneut den Zulassungsprozess. Wie in Übung 6.3 erläutert, ist der Prozessverantwortliche besorgt über die Kosten des Prozesses und darüber, dass gute Kandidaten während des Zulassungsverfahrens an konkurrierende Universitäten verloren gehen. Konkret haben wir in Übung 6.2 gesehen, dass 30 % der Studenten, die ein Angebot erhalten, es ablehnen, und dass 30 % von ihnen das Angebot ablehnen, weil sie ein Angebot von einer konkurrierenden Universität erhalten haben. Die Interviews sowie Daten aus Antragstellerbefragungen zeigen, dass eine der Herausforderungen für die Universität darin besteht, dass die Studierenden zu lange warten müssen, um das Ergebnis ihrer Bewerbung zu erfahren. Es kommt oft vor, dass der Student bei der Zulassung bereits beschlossen hat, an eine andere Universität zu gehen. Schreiben Sie ein Problemregister, um dieses Problem zu dokumentieren (nur dieses Problem). Berücksichtigen Sie die Daten aus den Übungen 6.2 und 6.3.

6.3.3   Paretoanalyse und Auswahldiagramme

Die beim Aufbau des Problemregisters durchgeführte Folgenabschätzung kann als Eingabe für die *Paretoanalyse* dienen. Ziel der Paretoanalyse ist es, herauszufinden, welche Probleme oder welche Ursachen eines Problems Priorität haben sollten. Die Paretoanalyse beruht auf dem Prinzip, dass eine kleine Anzahl von Ursachen für den größten Teil der Probleme verantwortlich sind. Mit anderen Worten:

- Eine kleine Teilmenge von Problemen im Problemregister ist wahrscheinlich für den größten Teil der Auswirkungen verantwortlich.
- Für ein bestimmtes Problem ist eine kleine Teilmenge von Ursachen, die hinter diesem Problem stehen, wahrscheinlich für den größten Teil der Vorkommnisse dieses Problems verantwortlich.

Manchmal wird dieses Prinzip auch als 80–20-Prinzip bezeichnet, was bedeutet, dass 20 % der Probleme für 80 % der Auswirkung verantwortlich sind. Man sollte jedoch bedenken, dass die spezifischen Anteile nur indikativ sind. Es kann beispielsweise sein, dass 30 % der Probleme für 70 % der Auswirkung verantwortlich sind.

Ein typischer Ansatz für die Durchführung von Paretoanalysen ist folgender:

1. Definieren Sie die zu analysierende Auswirkung und die Kennzahl, mit dem diese Auswirkung quantifiziert wird. Das Maß kann z. B. sein:
   - Finanzieller Schaden für den Kunden oder das Unternehmen.
   - Zeitverlust auf Seiten des Kunden oder der Prozessbeteiligten.
   - Anzahl der Vorkommnisse eines negativen Ergebnisses, wie z. B. die Anzahl der unzufriedenen Kunden aufgrund von Fehlern bei der Bearbeitung eines Falles.
2. Identifizieren Sie alle relevanten Probleme, die zu der zu analysierenden Auswirkung beitragen.
3. Quantifizieren Sie jede Ausgabe entsprechend der gewählten Kennzahl. Dieser Schritt kann auf der Grundlage des Problemregisters erfolgen, insbesondere der Spalte der quantitativen Auswirkungen des Registers.
4. Sortieren Sie die Probleme nach der gewählten Kennzahl (von der höchsten bis zur niedrigsten Auswirkung) und zeichnen Sie ein sogenanntes *Paretodiagramm*. Ein Paretodiagramm besteht aus zwei Komponenten:
   a) Einem Balkendiagramm, bei dem jeder Balken einem Problem entspricht und die Höhe des Balkens proportional zur Auswirkung des betrachteten Problems oder Ursache ist.

b) Eine Kurve, welche die kumulative prozentuale Auswirkung der Probleme darstellt. Wenn beispielsweise das Problem mit der größten Auswirkung für 40 % der Auswirkungen verantwortlich ist, hat diese Kurve einen Punkt mit einer y-Koordinate von 0,4 und einer x-Koordinate, die so positioniert ist, dass sie mit dem ersten Balken im Balkendiagramm übereinstimmt.

Beispiel 6.6 Betrachten Sie noch einmal den in Beispiel 1.1 beschriebenen Prozess der Baumaschinenanmietung und das Problemregister in Beispiel 6.5. Allen drei Problemen in diesem Problemregister ist gemeinsam, dass sie für unnötige Mietkosten verantwortlich sind. Aus den Daten in der Wirkungsspalte des Registers können wir das Paretodiagramm in Abb. 6.3 ableiten.

Dieses Paretodiagramm zeigt, dass das Problem *Verzögerte Genehmigung* bereits für 78 % der unnötigen Mietkosten verantwortlich ist. Da es in diesem Beispiel nur drei Punkte gibt, hätte man zu diesem Schluss kommen können, ohne eine Paretoanalyse durchzuführen. In der Praxis kann ein Problemregister jedoch Dutzende oder Hunderte von Problemen enthalten, was die Paretoanalyse zu einem nützlichen Werkzeug macht, um die Daten im Problemregister zusammenzufassen und die Analyse- und Verbesserungsbemühungen auf die Reihe von Problemen zu konzentrieren, die zu den spürbarsten Auswirkungen führen würden.   □

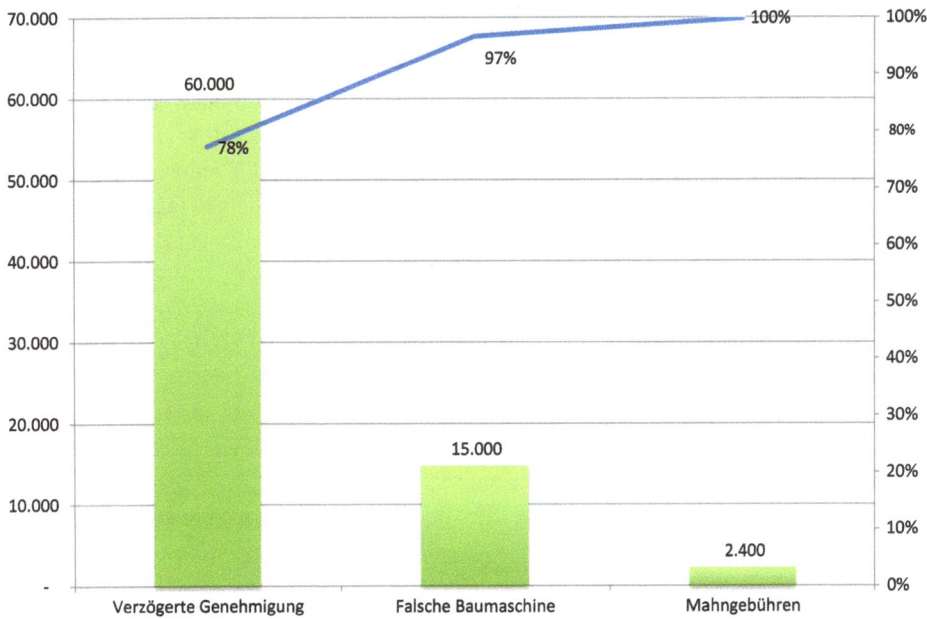

Abb. 6.3 Paretodiagramm für unnötige Mietkosten der Baumaschinen

Übung 6.5 Betrachten wir noch einmal den Prozess der Anmietung von Baumaschinen. Diesmal nehmen wir die Perspektive des Bauleiters ein, dessen Ziel es ist, die erforderliche Baumaschine bei Bedarf vor Ort zur Verfügung zu haben. Aus dieser Sicht besteht das Hauptproblem darin, dass in etwa 10 % der Fälle die angeforderte Baumaschine am Tag, an dem sie gebraucht wird, nicht vor Ort verfügbar ist. In diesem Fall kontaktiert der Bauleiter die Lieferanten direkt, um das Problem zu lösen, aber trotzdem kann die Lösung des Problems mehrere Tage dauern. Es wird geschätzt, dass jede solche Verzögerung € 400 pro Tag für BuildIT kostet. Durch die Untersuchung einer Stichprobe von verspäteten Baumaschinenlieferungen während eines Jahres und die Untersuchung der Ursache jedes Vorfalls stellte ein Analyst folgendes fest:

1. Insgesamt fünf Vorkommnisse sind darauf zurückzuführen, dass der Bauleiter die Baumaschine nicht rechtzeitig bestellt hat: Die Bauleiter bestellten die Ausrüstung am Tag vor ihrem Einsatz, obwohl mindestens 2 Tage benötigt werden. Diese Fälle führen zu Verzögerungen von durchschnittlich 1 Tag.
2. Neun Vorfälle waren darauf zurückzuführen, dass keiner der Lieferanten von BuildIT über die erforderliche Art von Baumaschinen am gewünschten Tag verfügte. Diese Fälle führen zu Verzögerungen von 1 bis 4 Tagen (durchschnittlich 3 Tage).
3. 13 Ereignisse sind darauf zurückzuführen, dass der Genehmigungsprozess aufgrund von Fehlern oder Missverständnissen zu lange (mehr als einen Tag) dauerte. In diesen Fällen betrug die Verzögerung durchschnittlich 1 Tag.
4. 27 Vorkommnisse waren darauf zurückzuführen, dass die Baumaschine rechtzeitig geliefert wurde, diese aber nicht geeignet und vom Bauleiter abgelehnt wurde. Diese Fälle führen zu Verzögerungen von durchschnittlich 2 Tagen.
5. Vier Ereignisse sind auf Fehler oder Verzögerungen zurückzuführen, die ausschließlich auf den Lieferanten zurückzuführen sind. Diese Fälle führen zu Verzögerungen von einem Tag. In diesen Fällen entschädigte der Lieferant BuildIT jedoch, indem er die Baumaschine 2 Tage kostenlos zur Verfügung stellte (die restlichen Tage werden noch berechnet). Denken Sie daran, dass die durchschnittlichen Mietkosten für eine Baumaschine pro Tag € 100 betragen.
6. Bei zwei Vorfällen gelang es dem Analysten nicht, die Ursache der Verzögerung zu ermitteln (die Prozessbeteiligten konnten sich nicht an Details erinnern). Die Verzögerungen betragen in diesen Fällen 2 Tage pro Ereignis.

Die Stichprobe der analysierten Vorkommnisse macht etwa 20 % aller Vorkommnisse des Problems während eines Zeitraums von einem Jahr aus.

Zeichnen Sie ein Paretodiagramm, welches den obigen Daten entspricht.

Es ist hervorzuheben, dass sich die Paretoanalyse auf eine einzige Dimension konzentriert. Im obigen Beispiel ist die zu analysierende Dimension die monetäre Auswirkung. Mit anderen Worten, wir konzentrieren uns auf aus dem Problem herrührenden Kosten. Neben den

Kosten gibt es noch eine weitere Dimension, die bei der Entscheidung, welchen Problemen eine höhere Priorität eingeräumt werden soll, berücksichtigt werden sollte, nämlich der
Schwierigkeitsgrad der Behebung eines Problems. Dieser Schwierigkeitsgrad kann durch
die Höhe der Investitionen quantifiziert werden, die erforderlich sind, um den Prozess so zu
ändern, dass das betreffende Problem gelöst wird.

Eine Art von Diagrammen, welche als Ergänzung zu Paretodiagrammen verwendet werden könnten, um die Schwierigkeitsdimension zu berücksichtigen, ist das Auswahldiagramm
(engl.: PICK chart), wobei PICK eine Abkürzung für *möglich (engl.: possible), umsetzen
(engl.: implement), herausfordernd (engl.: challenge)* und *auslöschen (engl.: kill)* ist. Dies
sind die Bezeichnungen der vier Quadranten eines Auswahldiagramms (siehe Abb. 6.4). In
einem Auswahldiagramm erscheint jedes Problem als Punkt. Die horizontale Koordinate
eines Punktes erfasst die Schwierigkeit, das Problem zu beheben (oder genauer gesagt die
Schwierigkeit, eine bestimmte Verbesserungsidee umzusetzen, die das Problem behebt). Die
vertikale Koordinate erfasst den potenziellen Ertrag einer Problemlösung. Die horizontale
Achse (Schwierigkeit) ist in zwei Abschnitte unterteilt (leicht und schwer), während die
vertikale Achse (Ertrag) in niedrig und hoch unterteilt ist. Diese Aufteilungen führen zu vier
Quadranten, die es Analysten ermöglichen, Probleme sowohl nach Ertrag und Schwierigkeit
zu klassifizieren:

- *Possible* (geringer Ertrag, leicht zu bewältigen): Dies sind Probleme, die angegangen
  werden können, wenn genügend Ressourcen dafür vorhanden sind.
- *Implement* (hoher Ertrag, leicht zu bewältigen): Dies sind Probleme, die unbedingt mit
  Vorrang umgesetzt werden sollten.
- *Challenge* (hoher Ertrag, schwer zu bewältigen): Dies sind Probleme, die angegangen
  werden sollten, aber einen erheblichen Aufwand erfordern. Im Allgemeinen würde man

Abb. 6.4 Auswahldiagramm,
welches den Ertrag und die
Schwierigkeit bei der Lösung
jedes einzelnen Problems
veranschaulicht

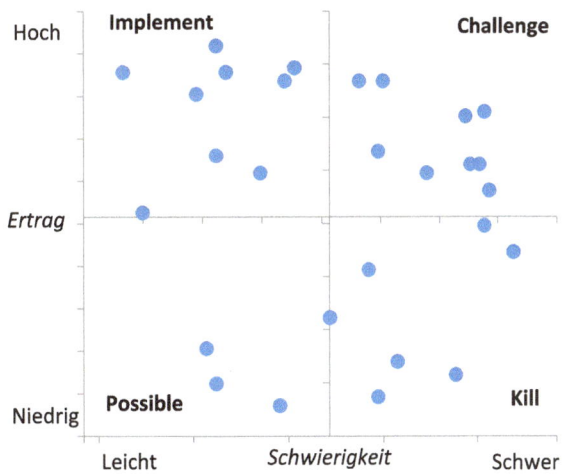

sich eine dieser Herausforderungen aussuchen und sich auf sie konzentrieren, anstatt alle oder mehrere Herausforderungen auf einmal anzugehen.

- *Kill* (geringer Ertrag, schwer zu bewältigen): Dies sind Probleme, die es wahrscheinlich nicht wert sind, behandelt zu werden, oder zumindest nicht in vollem Umfang.

6.4   Ursachenanalyse

Die Ursachenanalyse ist eine Gruppe von Verfahren, um Ursachen von Problemen oder unerwünschten Ereignissen zu identifizieren und zu verstehen. Die Ursachenanalyse beschränkt sich nicht nur auf die Geschäftsprozessanalyse. Tatsächlich wird die Ursachenanalyse häufig im Rahmen der Unfall- oder Störfallanalyse sowie in Produktionsprozessen eingesetzt, wo sie zum Verständnis der Ursachen von Fehlern in einem Produkt verwendet wird. Im Rahmen der Geschäftsprozessanalyse ist die Ursachenanalyse hilfreich, um Probleme zu identifizieren und zu verstehen, welche einer besseren Leistung eines Prozesses im Wege stehen.

Die Ursachenanalyse umfasst eine Vielzahl von Verfahren. Dazu gehören Richtlinien für die Befragung und Durchführung von Workshops mit relevanten Interessengruppen sowie Verfahren zur Organisation und Dokumentation der in diesen Interviews oder Workshops generierten Ideen. Im Folgenden werden zwei dieser Verfahren diskutiert, nämlich *Ursache-Wirkungs-Diagramme* und *Warum-Warum-Diagramme*.

6.4.1   Ursache-Wirkungs-Diagramme

Ursache-Wirkungs-Diagramme *(engl.: cause-effect diagrams)* stellen den Zusammenhang zwischen einem gegebenen *negativen Ergebnis* und seinen möglichen Ursachen dar. Im Rahmen der Prozessanalyse ist ein negatives Ergebnis in der Regel entweder ein wiederkehrendes Problem oder eine unbefriedigende Kennzahl der Prozessleistung. Mögliche Ursachen lassen sich in kausale und beitragende Ursachen unterteilen, wie in der folgenden Infobox erläutert.

KAUSALE VERSUS BEITRAGENDE URSACHEN

Im Bereich der Ursachenanalyse werden im Allgemeinen zwei breite Arten von Ursachen unterschieden, nämlich kausale Ursachen *(engl.: causal factors)* und beitragende Ursachen *(engl.: contributing factors)*. Kausale Ursachen sind jene Ursachen, deren Korrektur, Eliminierung und Vermeidung dazu führen, dass das Problem in Zukunft nicht mehr auftritt. So führen beispielsweise im Rahmen der Schadenbearbeitung bei Versicherungen Fehler in der Schadensbewertung zu falschen Schadensbeurteilungen. Würden die Fehler bei der Schadensbewertung beseitigt, ließen sich eine Reihe von

Ereignissen des Typs *Fehlerhafte Schadensbewertung* vermeiden. Beitragende Ursachen sind diejenigen, welche die Voraussetzungen dafür schaffen oder welche die Chancen für das Auftreten eines bestimmten Problems erhöhen. Betrachten Sie beispielsweise den Fall, dass die Benutzeroberfläche zur Einreichung von Schadensfällen die Eingabe einiger Daten durch den Anspruchsteller erfordert (z. B. das Datum, an dem der Schadensfall eingetreten ist), die Oberfläche aber keine Kalenderauswahl zur Verfügung stellt, um das Datum einfach auszuwählen. Dieser Mangel in der Benutzeroberfläche kann die Wahrscheinlichkeit erhöhen, dass der Benutzer das falsche Datum eingibt. Mit anderen Worten, dieser Mangel trägt zum Problem *Falsche Schadensdatenerfassung* bei.

Während die Unterscheidung in kausale und beitragende Ursachen bei der Untersuchung bestimmter Vorfälle (z. B. bei der Untersuchung der Ursachen eines Verkehrsunfalls) generell sinnvoll ist, ist die Unterscheidung im Rahmen der Geschäftsprozessanalyse oft nicht relevant oder nicht ausreichend scharf. Dementsprechend werden wir in diesem Kapitel den Begriff *Ursache* verwenden, um sowohl auf kausale als auch auf beitragende Ursachen zu verweisen.

In einem Ursache-Wirkungs-Diagramm werden Ursachen in Kategorien und ggf. auch Unterkategorien eingeteilt. Diese Kategorien helfen bei der Suche nach *potenziellen* Ursachen. Wenn Sie eine Brainstorming-Sitzung zur Ursachenanalyse organisieren, kann diese so strukturiert werden, dass alle Beteiligten ihre Ideen zu potenziellen kausalen oder beitragenden Ursachen des jeweiligen Problems äußern. Diese potenziellen Ursachen werden ohne bestimmte Reihenfolge festgehalten. Anschließend werden diese potenziellen Ursachen nach bestimmten Kategorien klassifiziert und die Diskussion mithilfe dieser Kategorien strukturiert fortgeführt. Das Ergebnis dieser Diskussion ist eine Liste potenzieller (oder hypothetischer) Ursachen. Jeder dieser hypothetischen Ursachen sollte anschließend validiert werden, indem Daten aus den relevanten Informationssystemen gesammelt oder die Ausführung des Prozesses über einen bestimmten Zeitraum beobachtet wird. Nur so kann man feststellen, ob das Auftreten der negativen Ereignisses tatsächlich auf das Auftreten der potenziellen Ursache zurückzuführen ist.

Eine bekannte Kategorisierung für die Ursache-Wirkungs-Analyse sind die sogenannten 6M, die im Folgenden zusammen mit möglichen Unterkategorien beschrieben werden.

1. Maschine *(engl.: machine)* bzw. Technologie im allgemeinen: Ursachen im Zusammenhang mit der verwendeten Technologie, wie z. B. Softwareausfälle, Hardwareausfälle, Netzwerkausfälle oder Systemabstürze von Informationssystemen, welche einen Geschäftsprozess unterstützen. Eine nützliche Unterkategorisierung dieser technologischen Ursachen ist die folgende:

a) Fehlende Funktionalität in Anwendungssystemen.

b) Redundante Speicherung von Daten systemübergreifend, was z. B. zu doppelter Dateneingabe (gleiche Daten werden in verschiedenen Systemen doppelt erfasst) und Dateninkonsistenzen zwischen Systemen führt.

c) Geringe Leistung der IT von Netzwerksystemen, was z. B. zu niedrigen Reaktionszeiten für Kunden und Prozessbeteiligte führt.

d) Schlechtes Design der Benutzeroberfläche, was beispielsweise dazu führt, dass Kunden oder Prozessbeteiligte nicht erkennen, dass einige Daten fehlen oder dass Daten zwar vorliegen, aber nicht leicht einsehbar sind.

e) Fehlende Integration zwischen mehreren Systemen innerhalb des Unternehmens oder mit externen Systemen wie dem Informationssystem eines Lieferanten oder dem Informationssystem eines Kunden.

2. Methode *(engl.: method)* bzw. Prozesse und Verfahren im Allgemeinen: Ursachen, die sich aus der Art und Weise ergeben, wie der Prozess definiert oder verstanden wird oder wie er durchgeführt wird. Ein Beispiel dafür ist, wenn ein bestimmter Prozessbeteiligter *A* denkt, dass ein anderer Teilnehmer *B* eine E-Mail an einen Kunden senden wird, aber der Beteiligte *B* dies nicht tut, weil er nicht weiß, dass er sie senden muss. Mögliche Unterkategorien von methodischen Ursachen sind unter anderem:

a) Unklare, ungeeignete oder inkonsistente Zuordnung von Entscheidungs- und Prozessverantwortlichkeiten zu den Prozessbeteiligten.

b) Fehlende Befugnisse der Prozessbeteiligten, was dazu führt, dass die Prozessbeteiligten nicht in der Lage sind, notwendige Entscheidungen zu treffen, ohne von Vorgesetzten Genehmigungen einzuholen. Umgekehrt können umfangreiche Befugnisse dazu führen, dass Prozessbeteiligte zu viel Ermessen haben und durch ihr Handeln Verluste für das Unternehmen verursachen.

c) Fehlende zeitnahe Kommunikation zwischen den Prozessbeteiligten oder zwischen Prozessbeteiligten und Kunden.

3. Material *(engl.: material):* Ursachen, die sich aus Beschaffenheiten der Rohstoffen, Verbrauchsmaterialien oder Daten ergeben, welche für die Aktivitäten im Prozess benötigt werden, wie z. B. falsche Daten, die zu einer falschen Entscheidung während der Ausführung des Prozesses führen. Die Unterscheidung zwischen Rohstoffen, Verbrauchsmaterialien und Daten bietet eine mögliche Unterkategorisierung dieser Ursachen.

4. Mensch *(engl.: man):* Ursachen, die mit falschen Einschätzungen oder falsch ausgeführten Schritten von Menschen zusammenhängen, wie z. B. ein Sachbearbeiter, der einen Schadensfall erstattet, obwohl die Angaben des Schadensfalls und die Bewertungsregeln eine Ablehnung erfordern. Mögliche Unterkategorien von menschlichen Ursachen sind unter anderem:

a) Fehlende Schulung und unklare Anweisungen für die Prozessbeteiligte.

b) Fehlende Anreizsysteme, um die Prozessbeteiligten ausreichend zu motivieren.

c) Zu hohe Erwartungen an die Prozessbeteiligten (z. B. zu gedrängte Zeitpläne).

d) Unzureichende Auswahl von Prozessbeteiligten.

5. Messgrößen *(engl.: measurement):* Ursachen im Zusammenhang mit Messungen oder Berechnungen während des Prozesses. Ein Beispiel im Rahmen der Schadenregulierung wäre, wenn der an den Kunden zu erstattende Betrag aufgrund einer falschen Bewertung des geltend gemachten Schadens falsch berechnet wird.

6. Milieu *(engl.: milieu):* Ursachen, die sich aus dem Umfeld ergeben, in dem der Prozess ausgeführt wird, wie z. B. Ursachen, die vom Kunden, Lieferanten oder anderen externen Akteuren stammen. Hier ist der auslösende externe Partner eine mögliche Unterkategorisierung. Im Allgemeinen liegen die Milieu-Ursachen außerhalb der Kontrolle der Prozessbeteiligten, des Prozessverantwortlichen und anderer Mitarbeiter. Betrachten Sie beispielsweise einen Prozess zur Bearbeitung von Schadensfällen durch Autounfälle. Dieser Prozess hängt zum Teil von Daten ab, die aus Polizeiberichten stammen (z. B. Polizeiberichte, die bei einem schweren Unfall erstellt wurden). In diesem Zusammenhang kann es vorkommen, dass einige Fehler bei der Schadenbearbeitung auf Ungenauigkeiten oder fehlende Angaben in den Polizeiberichten zurückzuführen sind. Diese Ursachen liegen teilweise außerhalb der Kontrolle des Versicherungsunternehmens. Dieses Beispiel zeigt, dass Ursachen im externen Umfeld möglicherweise anders behandelt werden müssen als interne Ursachen.

Diese Kategorien sind als Leitfaden für das Brainstorming bei der Ursachenanalyse gedacht und nicht als striktes Schema, das genauestens befolgt werden sollte. Andere Möglichkeiten, Ursachen zu kategorisieren, können ebenso nützlich sein. Außerdem ist es manchmal sinnvoll, Ursachen nach den Aktivitäten im Prozess zu klassifizieren (d. h. eine Kategorie pro Aktivität im Prozess).

Die oben genannten Kategorien sind nicht nur als Leitfaden für das Brainstorming bei der Ursachenanalyse nützlich, sondern auch als Grundlage für die Dokumentation der möglichen Ursachen in Form eines Ursache-Wirkungs-Diagramms. Dieses Diagramm besteht aus einer horizontalen Linie (dem *Stamm*), aus der eine Reihe von Ästen hervorgehen (siehe Abb. 6.5). An einem Ende des Stammes befindet sich eine Feld für das negative Ereignis, das analysiert wird (in unserem Fall das zu analysierende *Problem*). Der Stamm hat eine Reihe von Hauptästen, welche den Ursachenkategorien entsprechen (z. B. die 6M). Die eigentlichen Ursachen werden als Zweige an diesen Ästen beschrieben. Manchmal ist es wichtig, zwischen *primären Ursachen,* d. h. Ursachen, die einen direkten Einfluss auf das jeweilige Problem haben, und *sekundären Ursachen* zu unterscheiden, welche nachgeordnete Ursachen sind, die einen Einfluss auf die primären Ursachen haben. So führt beispielsweise im Rahmen der KfZ-Schadensregulierung eine ungenaue Bewertung des Schadens zu einer falschen Berechnung des für einen bestimmten Schadensfall zu zahlenden Betrags. Diese

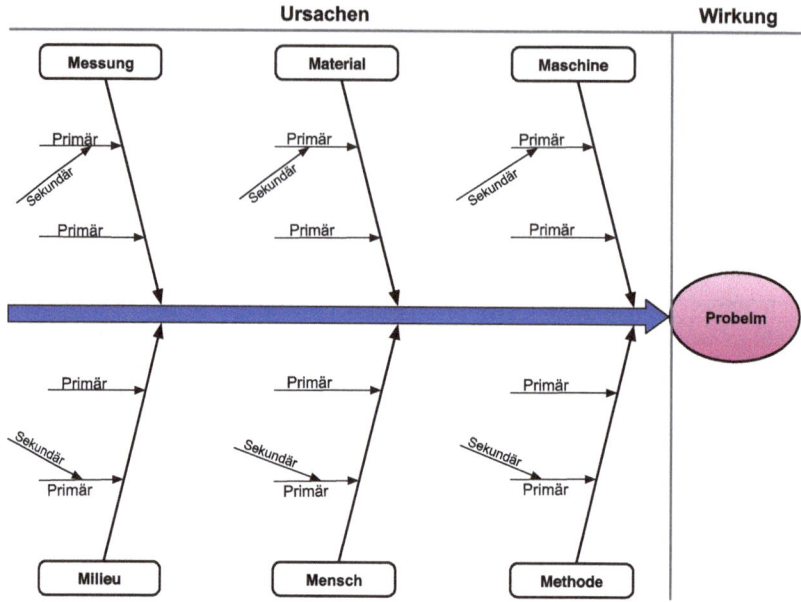

Abb. 6.5 Vorlage eines Ursache-Wirkungs-Diagramms auf Basis der 6M

ungenaue Bewertung der Schäden kann selbst darauf zurückzuführen sein, dass die Werkstatt keinen Anreiz hat, die Reparaturkosten genau zu berechnen. So kann *ungenaue Schadens-bewertung* als primäre Ursache für *Haftungsfehlberechnung* angesehen werden, während *mangelnder Anreiz zur genauen Berechnung der Reparaturkosten* eine sekundäre Ursache für die *ungenaue Schadensbewertung* ist. Die Unterscheidung zwischen primären und sekundären Ursachen ist ein erster Schritt, um Ketten von Ursachen hinter einem Problem zu identifizieren. Wir werden später in diesem Kapitel sehen, wie Warum-Warum-Diagramme es uns ermöglichen, solche Ketten von Ursachen genauer zu verstehen.

Aufgrund ihrer grafischen Darstellung werden Ursache-Wirkungs-Diagramme auch als Fischgrätendiagramme *(engl.: fishbone diagram)* bezeichnet. Ein weiterer gebräuchlicher Name für solche Diagramme ist *Ishikawa-Diagramme* als Referenz für einen seiner Verfechter, Kaoru Ishikawa, einem Pionier auf dem Gebiet des Qualitätsmanagements.

Beispiel 6.7 Wir betrachten noch einmal den in Beispiel 1.1 beschriebenen Prozess der Anmietung von Baumaschinen und das Problemregister aus Tab. 6.2.

Eines der im Problemregister identifizierten Probleme ist, dass die gelieferten Baumaschinen manchmal vom Bauleiter abgelehnt werden. Wir können drei Hauptursachen für das Problem erkennen, die im Ursache-Wirkungs-Diagramm in Abb. 6.6 zusammengefasst sind. Das Diagramm zeigt auch sekundäre Ursachen, die jeder der primären Ursachen zugrunde liegen. Beachten Sie, dass der Ursache *Sachbearbeiter wählt Baumaschine gemäß falscher*

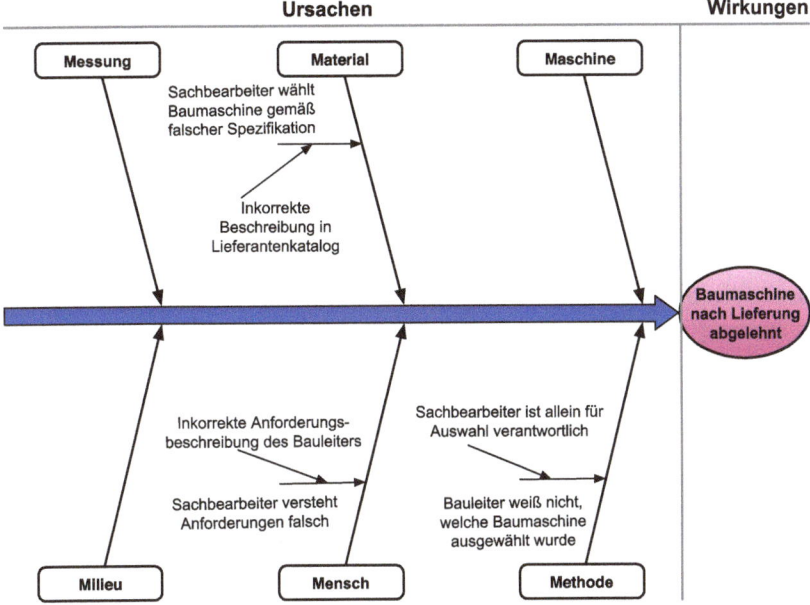

Abb. 6.6 Ursache-Wirkungs-Diagramm für das Problem *Baumaschine nach Lieferung abgelehnt*

Spezifikation unter der Kategorie Material klassifiziert wurde, da dieser Ursache auf falsche Eingabedaten zurückzuführen ist. Ein Fehler in den Eingabedaten des Prozess fällt unter die Kategorie Material. □

Übung 6.6 Wie in Übung 6.4 beschrieben ist es einer der Hauptprobleme des Zulassungsprozesses, dass Antragsteller auf einen Studienplatz zu lange auf eine Rückmeldung warten müssen. Es passiert oft, dass ein Antragsteller, wenn er letztendlich zugelassen wird, sich bereits für ein Studium an einer anderen Universität entschieden hat. Analysieren Sie potenzielle Ursachen mithilfe eines Ursache-Wirkungs-Diagramms.

6.4.2 Warum-Warum-Diagramme

Warum-Warum-Diagramme *(engl.: why-why diagrams)*, auch bekannt als *Baumdiagramme*, sind ein weiteres Verfahren zur Analyse der Ursache von negativen Ergebnissen, wie z. B. Probleme in einem Geschäftsprozess. Das Augenmerk dieses Verfahrens liegt darin, die Reihe von Ursache-Wirkungsbeziehungen zu erfassen, die zu einem bestimmten Ergebnis führen. Die Grundidee ist, die Warum-Frage wiederholt zu stellen: Warum ist etwas passiert? Diese Frage wird solange wiederholt, bis eine Ursache gefunden ist, welche die Beteiligten als eigentliche Ursache *(engl.: root cause)* betrachten. Eine Daumenregel des Qualitätsmanagements – bekannt als das 5-Warum-Prinzip – besagt, dass die fünfmalige Beantwortung der Warum-Frage es einem erlaubt, die eigentliche Ursache eines negativen Ergebnisses aufzudecken. Natürlich sollte dies nicht als strikte Regel betrachtet werden, sondern als Empfehlung, nicht zu wenige Warum-Fragen zu stellen.

Warum-Warum-Diagramme sind ein Verfahren zur Strukturierung von Brainstorming-Sitzungen zur Ursachenanalyse. Eine solche Sitzung würde mit einem Problem beginnen. Der erste Schritt besteht darin, dem Problem, über das sich die Beteiligten einig sind, einen Namen zu geben. Manchmal wird festgestellt, dass es nicht nur ein Problem gibt, sondern mehrere. In diesem Fall sollten diese separat analysiert werden. Sobald das Problem identifiziert und ein Name vereinbart wurde, wird dieser zur Wurzel des Baumes. Dann werden auf jeder Ebene die folgenden Fragen gestellt: „Warum ist das passiert?" und „Was sind die wichtigsten Unterpunkte, die zu diesem Problem führen können?". Mögliche Ursachen werden dann identifiziert. Jeder dieser Ursachen wird dann mit den gleichen Fragen weiter analysiert. Wenn man im Baum nach unten geht (z. B. zu den Stufen 3 oder 4), wird empfohlen, sich auf Ursachen zu konzentrieren, die beeinflusst werden können, was bedeutet, dass etwas getan werden kann, um sie zu ändern. Die Blätter des Baumes sollten Ursachen entsprechen, die von grundlegender Natur sind, d. h. sie lassen sich nicht mit anderen Ursachen erklären. Im Idealfall sollten diese Ursachen, die sogenannten eigentlichen Ursachen, so beschaffen sein, dass sie beseitigt oder gemildert werden können, auch wenn das nicht immer der Fall ist. So kann beispielsweise im Rahmen eines Schadensregulierungsprozesses ein bestimmter Fehler in einem Polizeibericht auf Zeitmangel der beteiligten Polizeibeamten zurückzuführen sein. Es gibt relativ wenig, was das Versicherungsunternehmen in diesem Fall tun kann, um den Fehler zu beheben, außer das Problem bei den zuständigen Behörden anzusprechen. Die Auswirkungen dieser Ursache könnten jedoch durch Kontrollen gemildert werden, um solche Fehler so früh wie möglich im Prozess zu erkennen.

Eine einfache Vorlage für Warum-Warum-Diagramme ist in Abb. 6.7 dargestellt. Eine weitere Möglichkeit, die Informationen eines solchen Diagramms darzustellen, sind verschachtelte Aufzählungslisten. Im Folgenden nutzen wir diese letztgenannte Darstellungsform.

Beispiel 6.8 Wir betrachten noch einmal den in Beispiel 1.1 beschriebenen Prozess zur Anmietung von Baumaschinen und das Problemregister aus Tab. 6.2.

Was das erste Problem betrifft, so identifizierte der Analyst ein Dutzend Fälle, bei denen die Baumaschinen länger als 10 Arbeitstage behalten und angeblich während der gesamten Mietdauer nicht verwendet wurden. Der Analyst stellte fest, dass in den meisten dieser Fälle die Baumaschinen zunächst für einen Zeitraum von weniger als 10 Tagen gemietet worden waren, aber durch eine Fristverlängerung länger gehalten wurden.

Durch die weitere Analyse der Daten stellte der Analyst fest, dass Fristverlängerungen durchaus üblich waren. Es stellte sich heraus, dass es für Bauleiter einfach ist, eine Fristverlängerung zu bekommen. Bauleiter wussten zudem, dass die Genehmigung einer neuen

Abb. 6.7 Vorlage eines
Warum-Warum-Diagramms

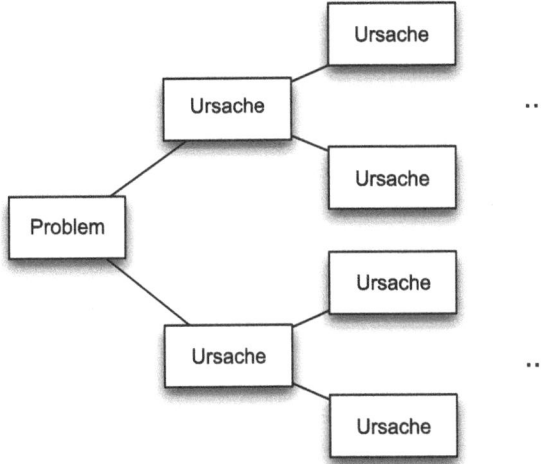

Bestellanfrage ein paar Tage oder länger dauerte, und je größer die Kosten und je länger die Dauer der Vermietung, desto länger dauert die Genehmigung. Als Problemumgehung mieteten die Bauleiter Baumaschinen mehrere Tage vor dem Datum, an dem sie diese tatsächlich benötigten. Außerdem spezifizierten sie in ihren Bestellanfragen kurze Zeiträume, um sie schneller genehmigen zu lassen. Als die Frist für die Rückgabe einer Baumaschine näher rückte, riefen sie kurzerhand den Lieferanten an, um das Gerät für einen längeren Zeitraum zu behalten.

Der Analyst hat sich dann das zweite Thema (abgelehnte Baumaschinen) genauer angesehen. Die ersten Gespräche mit den Sachbearbeitern hatten bereits einige Hinweise auf die Ursachen dieses Problems gegeben. Die Sachbearbeiter haben oft die Anforderungen des Bauleiters an eine Baumaschine missverstanden. Sie stellten auch fest, dass die Daten in den Katalogen der Lieferanten ungenau und unvollständig waren. Weitere Interviews mit den Bauleitern ergaben auch, dass die Bauleiter oft nicht wussten, welche Geräte auf Grundlage ihrer Anfrage bestellt wurden. Hätten sie es gewusst, hätten sie die Fehler korrigieren können, bevor die Baumaschine die Baustelle erreichte.

Schließlich nahm der Analyst die Frage der Mahngebühren genauer unter die Lupe. Wiederum stellte der Analyst anhand einiger konkreter Beispiele fest, dass das Problem zum Teil darauf zurückzuführen war, dass es den Angestellten schwer fiel, die Bauleiter dazu zu bringen, die Richtigkeit der Daten in den Rechnungen zu bestätigen. Den Bauleitern fehlte das Bewusstsein, dass die Überprüfung der Rechnungen zeitnah erfolgen muss. Die Sachbearbeiter wiesen auch darauf hin, dass es oft Unstimmigkeiten zwischen der Bestellung und der Rechnung gab. Eine der Ursachen für diese Inkonsistenzen war, dass einige der Lieferanten einen Behelfslösung entwickelt hatten, um den Aufwand für die Rücknahme und den Austausch der Baumaschinen gegen andere zu vermeiden: Jedes Mal, wenn der Lieferant eine Bestellung erhalten hat, hat sich der Lieferant direkt an den Bauleiter gewandt, um genau zu verhandeln, welche Geräte geliefert werden sollen. Als Ergebnis dieser Verhandlungen unterschied sich sehr oft die tatsächlich gelieferte Baumaschine von der in der Bestellung angegebenen.

Basierend auf den oben genannten und anderen Beobachtungen während der Interviews schrieb der Analyst die folgenden Warum-Warum-Diagramme (dargestellt als verschachtelte Aufzählungslisten).

Problem 1 Bauleiter lehnen gelieferte Baumaschinen ab, warum?

- falsche Baumaschinen wurden geliefert, warum?
  - Fehlerhafte Kommunikation zwischen Bauleiter und Sachbearbeiter, warum?

    Der Bauleiter liefert eine unvollständige oder ungenaue Beschreibung dessen, was er will.

    Der Bauleiter sieht bei einer Anfrage nicht immer die Lieferantenkataloge und kommuniziert nicht mit dem Lieferanten, warum?

    Der Bauleiter verfügt in der Regel über keine stabile Internetverbindung.

    Der Bauleiter überprüft nicht die Auswahl der Baumaschinen durch den Sachbearbeiter.
  - Gerätebeschreibungen im Lieferantenkatalog nicht korrekt.

Problem 2 Bauleiter halten die Baumaschinen länger als nötig mithilfe von Fristverlängerungen, warum?

- Der Bauleiter befürchtet, dass die Baumaschinen bei Bedarf später nicht mehr verfügbar sein werden, warum?
  - Zeit zwischen Anfrage und Lieferung zu lang, warum?

    zu lange Bearbeitungsdauer für die Suche nach einer geeigneten Baumaschine und der Genehmigung des Antrags, warum?

    Zeitaufwand für den Sachbearbeiter, der möglicherweise mehrere Lieferanten nacheinander kontaktiert;

    Zeit, die damit verbracht wurde, darauf zu warten, dass der Arbeitsingenieur die Anfragen überprüft;

Problem 3 BuildIT muss oft Mahngebühren und Verzugszinsen an Lieferanten zahlen, warum?

- Die Zeit zwischen Rechnungseingang beim Sachbearbeiter und Freigabe ist zu lang, warum?
  - Sachbearbeiter benötigt eine Freigabe des Bauleiters, warum?

    Der Sachbearbeiter kann nicht überprüfen, wann die Baumaschine angeliefert und abgeholt wurde, warum?

Lieferung und Abholung von Baumaschinen werden nicht in einem übergreifenden Informationssystem erfasst;

Bauleiter kann die Mietdauer der Baumaschine verlängern, ohne den Sachbearbeiter zu informieren;

Der Bauleiter braucht zu lange, um die Rechnung freizugeben, warum?

Die Freigabe von Rechnungen hat für den Bauleiter keine Priorität;

□

Übung 6.7 Betrachten Sie noch einmal den in Übung 1.1 beschriebene Zulassungsprozess einer Universität und das in Übung 6.6 beschriebene Problem. Analysieren Sie dieses Problem mithilfe eines Warum-Warum-Diagramms.

6.5 Die wichtigsten Punkte

In diesem Kapitel haben wir eine Auswahl von Verfahren zur qualitativen Analyse von Geschäftsprozessen vorgestellt. Das erste Verfahren, nämlich die Wertschöpfungsanalyse, ermöglicht es uns, Schritte im Prozess zu identifizieren, die weder für den Kunden noch für das Unternehmen einen Mehrwert darstellen. Wir diskutierten zudem ein ergänzendes Verfahren, welches es ermöglicht, verschiedene Arten von Verschwendungen zu identifizieren. Diese beiden Verfahren helfen dabei, potenzielle Ineffizienzen im Prozess zu identifizieren.

Als nächstes stellten wir ein Verfahren zur Sammlung von Problemen aus verschiedenen Perspektiven vor, nämlich die Interessengruppenanalyse, sowie eine Vorlage zur Dokumentation dieser Probleme in einem Problemregister. Zweck eines Problemregisters ist es, Probleme semistrukturiert zu dokumentieren und ihre Auswirkungen auf das Unternehmen sowohl aus qualitativer als auch aus quantitativer Sicht zu analysieren. Insbesondere bietet das Problemregister einen Ausgangspunkt für die Erstellung von Paretodiagrammen und Auswahldiagrammen – zwei Visualisierungsverfahren, die einen Gesamtüberblick über eine Reihe von Problemen bieten. Diese Diagramme helfen Analysten, ihre Aufmerksamkeit auf Probleme zu lenken, welche den höchsten Ertrag bieten (im Falle von Paretodiagrammen) oder den besten Kompromiss zwischen Ertrag und Schwierigkeit (im Falle von Auswahldiagrammen).

Schließlich stellten wir zwei Verfahren vor, um die Ursachen für ein bestimmtes Problem aufzudecken, nämlich das Ursache-Wirkungs-Diagramm und das Warum-Warum-Diagramm. Während sich das Ursache-Wirkungs-Diagramm auf die Klassifizierung der Ursachen konzentriert, die dem Auftreten eines Problems zugrunde liegen, konzentriert sich das Warum-Warum-Diagramm auf die Identifikation verschiedener Ketten von Ursache-Wirkungs-Beziehungen.

6.6   Lösungen zu Übungsaufgaben

Lösung 6.1

- WS: Online-Bewerbung erhalten, akademische Zulassungsfähigkeit prüfen, Benachrichtigung an den Antragsteller senden
- GWS: Vollständigkeitsprüfung, Prüfung der Agentur zur Prüfung akademischer Abschlüsse, Ergebnisse des Englisch-Sprachtests
- NWS: physische Dokumente von den Studenten erhalten, Dokumente an den Ausschuss weiterleiten, die Zulassungsstelle über die Ergebnisse der akademischen Zulassungsfähigkeit informieren.

Hinweis Bei dieser Lösung behandeln wir die gesamte Prüfung der Agentur als GWS. Ein Teil dieser Agenturprüfung besteht darin, dass die Zulassungsstelle die Dokumente an die Agentur sendet und die Agentur die Dokumente und deren Bewertung an die Zulassungsstelle zurückschickt. Diese beiden Teilschritte könnten als NWS behandelt werden. Wenn wir jedoch davon ausgehen, dass die Agentur verlangt, dass die Dokumente per Post an sie geschickt werden, lassen sich diese Teilschritte nicht ohne weiteres von der Agenturprüfung selbst trennen. Mit anderen Worten, es wäre nicht möglich, diese Übergabeschritte zu beseitigen, ohne die gesamte Prüfung der Agentur zu beseitigen. Daher sollten die gesamte Tätigkeit der Agentur als ein einziger Schritt behandelt werden.

Lösung 6.2

Transport Bereits zu Beginn des Prozesses können wir Transportverschwendung in Form von physischen Dokumenten, welche der Antragsteller an die Zulassungsstelle schickt, E-Mails von der Zulassungsstelle an den Antragsteller und weitere Dokumente, welche der Antragsteller bei unvollständigem Erstantrag schickt, erkennen. Letztere Ereignisse können auch als Fehlerverschwendung angesehen werden. Wir stellen auch fest, dass es eine Übergabe von der Zulassungsstelle an den Ausschuss und zurück gibt. Diese Übergaben sind auch Transportverschwendung. Weitere Transportverschwendung entstehen durch die Interaktion zwischen der Zulassungsstelle und der externen Agentur.

Warten Wenn die Zulassungsstelle feststellt, dass eine Bewerbung unvollständig ist, wird eine E-Mail an den Antragsteller geschickt, in der nach den fehlenden Informationen oder Dokumenten gefragt wird. Die Tatsache, dass die Bewerbung auf Eis gelegt wird, bis zusätzliche Eingaben des Antragstellers eingehen, ist Wartezeit. Später in diesem Prozess stapelt der Ausschuss die Anträge und prüft sie alle drei Monate. Diese Stapelverarbeitung erzeugt Warteverschwendung. Es kann auch während der Zeit, in der die Zulassungsstelle auf die Entscheidungen des Ausschusses wartet, Leerlaufverschwendung geben, aber ohne weitere Informationen kann nicht bestätigt werden, dass diese Leerlaufquote in der Praxis tatsächlich auftritt (es kann sein, dass der Ausschuss inzwischen andere Arbeiten erledigt).

Inventar Da der Ausschuss alle drei Monate tagt, können wir davon ausgehen, dass zu einem bestimmten Zeitpunkt mehrere hundert Anträge in einem unbearbeiteten Zustand vorliegen. Dabei handelt es sich um Inventarverschwendung.

Fehler Wenn eine unvollständige Bewerbung an den Antragsteller zurückgesandt wird, muss die Bewerbung erneut geprüft werden, nachdem eine überarbeitete Bewerbung neu eingereicht wurde. Diese zweite Überprüfung der Vollständigkeit ist eine Nacharbeit, also eine Fehlerverschwendung.

Mehraufwand Die Mitarbeiter der Zulassungsstelle verbringen Zeit damit, die Echtheit von rund 3000 Diplomen und Sprachtests der Antragsteller zu überprüfen. Am Ende zeigen jedoch nur 5 % der Fälle, dass es Probleme gibt. Später werden drei Viertel der Anträge an die Zulassungsausschüsse weitergeleitet. Am Ende macht die Universität ein Studienplatzangebot für nur 20 % der Bewerbungen, die sie erhält. Die Tatsache, dass die Authenzität des Dokuments für alle vom Ausschuss abgelehnten Anträge überprüft wurde, ist ein Beispiel für eine Mehraufwand.

Überproduktion Wir sehen zwei Ursachen für Überproduktionsverschwendung: Fälle, in denen ein Antragsteller das ihm vorliegende Zulassungsangebot ablehnt (20 % der Fälle) und Fälle, in denen der Antragsteller für zulässig erklärt wird, aber aufgrund von Platzmangel (20 %) kein Studienangebot erhält.

Lösung 6.3 Der Kunde des Zulassungsprozesses ist der Antragsteller. Wir unterscheiden zwischen Antragstellern, die kein Zulassungsangebot erhalten und solchen, die eines erhalten. Bei denjenigen, die ein Zulassungsangebot erhalten, unterscheiden wir zwischen denen, die das Zulassungsangebot annehmen und denen, die es ablehnen. Darüber hinaus können wir die Antragssteller, die ein Zulassungsangebot mit Stipendium erhalten, von denen unterscheiden, die dies nicht erhalten. Basierend auf dieser Klassifizierung können wir mindestens einen Antragsteller befragen, dessen Bewerbung abgelehnt wurde; einen, dessen Bewerbung ohne Stipendium angenommen wurde und das Angebot nicht angenommen hat; einen, dessen Bewerbung mit Stipendium angenommen wurde und das Angebot nicht angenommen hat; und einen, dessen Bewerbung ohne Stipendium angenommen und das Angebot angenommen wurde. Wir könnten auch einen Antragsteller interviewen, der mit einem Stipendium aufgenommen wurde und das Angebot angenommen hat, aber es unklar ist, ob dies angesichts der Ziele des Prozesseigners zusätzliche Erkenntnisse bringen würde.

Die Prozessbeteiligten sind die Mitarbeiter der Zulassungsstelle und die Zulassungsausschüsse (wir gehen davon aus, dass es pro Curriculum einen Ausschuss gibt). Wir sollten mindestens einen Vertreter dieser beiden Gruppen befragen, und im Falle der Zulassungsausschüsse sollten wir die Befragung von Vertretern von mindestens zwei Ausschüssen in Betracht ziehen.

Es ist eine externe Partei beteiligt (die Agentur). Da ihre Wichtigkeit im Prozess jedoch nachrangig ist und die Ziele des Prozessverantwortlichen gegeben sind, scheint es nicht notwendig zu sein, Informationen von der Agentur zu erhalten.

Angesichts der Beschreibung des Prozesses gehen wir davon aus, dass Antragsteller von der Komplexität und Langsamkeit des Prozesses betroffen sind, und deshalb sollten wir bereit sein, Fragen über den Aufwand, den der Prozess von ihnen erfordert, und ihre Wahrnehmung der Reaktionszeiten im Prozess zu stellen. Sie könnten auch während des Prozesses Fehler erkannt haben, wie z.B. falsche Antworten auf ihre Fragen, und daher sollten wir vorbereitet sein, diese Möglichkeit zu untersuchen.

Die Mitarbeiter der Zulassungsstelle haben eine große Anzahl von Bewerbungen zu bearbeiten. Sie könnten sich Sorgen über eine Arbeitsbelastung und die Menge der Anfragen machen, die sie von den Antragstellern erhalten. Es erfolgen Übergaben hin und zurück mit dem Zulassungsausschuss und dabei entstehen Fehler und Wartezeiten. Generell könnten wir jede der in Lösung 6.2 identifizierten Verschwendungen betrachten und Fragen vorbereiten, um die Größenordnung und die Auswirkungen der einzelnen Verschwendungen zu verstehen.

Der Zulassungsausschuss muss die Anträge aus verschiedenen Perspektiven prüfen und sich mit Unterschieden zwischen den verschiedenen Bewertungssystemen auseinandersetzen, da die Antragsteller aus verschiedenen Ländern kommen. Sie müssen auch die Motivationsschreiben und Referenzschreiben bewerten, die frei gestaltet sind. Man kann von ihnen erwarten, dass sie Probleme mit der Komplexität der von ihnen ausgeführten Aufgaben aufwerfen. Es könnten auch Fragen vorbereitet werden, um die in Lösung 6.2 identifizierten Verschwendung zu verstehen, insbesondere in Bezug auf die Übergabe.

Lösung 6.4 Im folgenden Problemregister analysieren wir nur das in diesem Kapitel beschriebene Problem, dass der Zulassungsprozess zu lange dauert. In der Praxis würde das Problemregister mehrere Probleme umfassen.

Problem 1: Studenten lehnen Angebot wegen langer Wartezeiten ab
Priorität: 1
Beschreibung: Die Zeit zwischen der Online-Einreichung eines Antrags auf Zulassung dauert zu lange, so dass einige Antragsteller ihr später erhaltenes Zulassungsangebot ablehnen
Daten und Annahmen: Von 3000 Antragstellern erhalten 20% (d. h. 600) ein Zulassungsangebot und lehnen es ab. Von ihnen lehnen 30% (d. h. 180) das Angebot ab, weil sie das Zulassungsangebot anderswo angenommen haben. Zusätzlich zu diesen Daten gehen wir davon aus, dass die Hälfte derjenigen, die ein Zulassungsangebot anderswo annehmen (d. h. 90 Studenten), unser Zulassungsangebot angenommen hätte, wenn wir unser Angebot früher gemacht hätten. Gemäß den Daten in Übung 6.3 kostet die Bewertung jeder Bewerbung € 100 pro Antragsteller in Form von Arbeitszeit, die von der Zulassungsstelle erbracht wird, zuzüglich € 50 der Gebühr für die akademische Anerkennung und der Gebühr für den Online-Bewerbungsservice. Die Universität gibt für jede Bewerbung, die sie erhält, € 100 für das Marketing aus, aber das ist durch die Anmeldegebühr von € 100 abgedeckt
Qualitative Auswirkungen: Antragsteller, die einen positiven Beitrag zum Studium leisten würden, gehen verloren. Verzögerungen im Zulassungsprozess wirken sich auf das Image der Universität gegenüber zukünftigen Interessenten aus und verursachen zusätzlichen Aufwand bei der Bearbeitung von Anfragen von Antragstellern, während sie auf die Zulassungsentscheidungen warten
Quantitative Wirkung: $90 \times € 150 = € 13.500$ pro Bewerbungsrunde

---

In der oben genannten Problemanalyse wird der Aufwand für die Bearbeitung von Anfragen während der Zeit vor der Zulassung im Bereich der qualitativen Auswirkungen aufgeführt. Wäre es mit vertretbarem Aufwand möglich abzuschätzen, wie viele solcher Anfragen ankommen und wie viel Zeit sie in Anspruch nehmen, könnte diese qualitative Auswirkung in eine quantitative umgerechnet werden.

Lösung 6.5 Zunächst analysieren wir die Kosten, die durch jede Art von Ereignis (d.h. jeden kausale Ursache) in der Stichprobe entstehen:

1. Kurzfristige Bestellung: 1 Tag Verspätung (da normalerweise 2 Tage Vorankündigung erforderlich sind), also € 400 Kosten × 5 = € 2000.
2. Nicht verfügbare Baumaschinen: 3 Tage Verzögerung = € 1200 × 9 = € 10.800.
3. Verzögerte Genehmigung: 1 Tag Verzögerung = € 400 × 13 = € 5200.
4. Abgelehnte Baumaschinen: 2 Tage Verzögerung = € 800 × 27 = € 21.600. Beachten Sie, dass in Beispiel 6.5 erwähnt wird, dass bei Ablehnung einer Baumaschine eine Gebühr von € 100 (im Durchschnitt) an den Lieferanten für die Rücknahme zu zahlen ist. Diese Gebühr wird jedoch hier nicht berücksichtigt, da wir daran interessiert sind, die Kosten zu analysieren, die dadurch entstehen, dass die Baumaschine nicht am gewünschten Tag verfügbar ist, im Gegensatz zu anderen Kosten, die durch die Ablehnung von Baumaschinen entstehen.
5. Lieferantenfehler: 1 Tag Verspätung = € 400 minus € 200 in der Mietkostenersparnis = € 200 × 4 = € 800.
6. Ursache unklar: 2 Tage Verzögerung = € 800 × 2 = € 1600.

Da die Stichprobe 20 % der Vorkommnisse über ein Jahr ausmacht, multiplizieren wir die obigen Zahlen mit 5, um den gesamten jährlichen Verlust zu schätzen, der auf jede kausale Ursache zurückzuführen ist. Das resultierende Paretodiagramm ist in Abb. 6.8 dargestellt.

Lösung 6.6 Das dieser Übung entsprechende Ursache-Wirkungs-Diagramm sollte mindestens den Namen des Problems (z.B. *Wartezeit der Antragsteller zu lang*) und die folgenden Ursachen beinhalten:

- Prozessverzögerung aufgrund der Prüfung durch die Agentur. Dies ist ein Methodenproblem, da das Problem auf die Tatsache zurückzuführen ist, dass der Prozess im Wesentlichen zum Stillstand kommt, bis eine Antwort von der Agentur eingeht. Man könnte argumentieren, dass es sich in gewissem Maße um ein Milieuproblem handelt. Aber während die Langsamkeit des Agentur-Checks ein Milieuproblem ist, ist die Tatsache, dass der Prozess zum Stillstand kommt, bis eine Antwort von der Agentur empfangen wird, ein Methodenproblem.

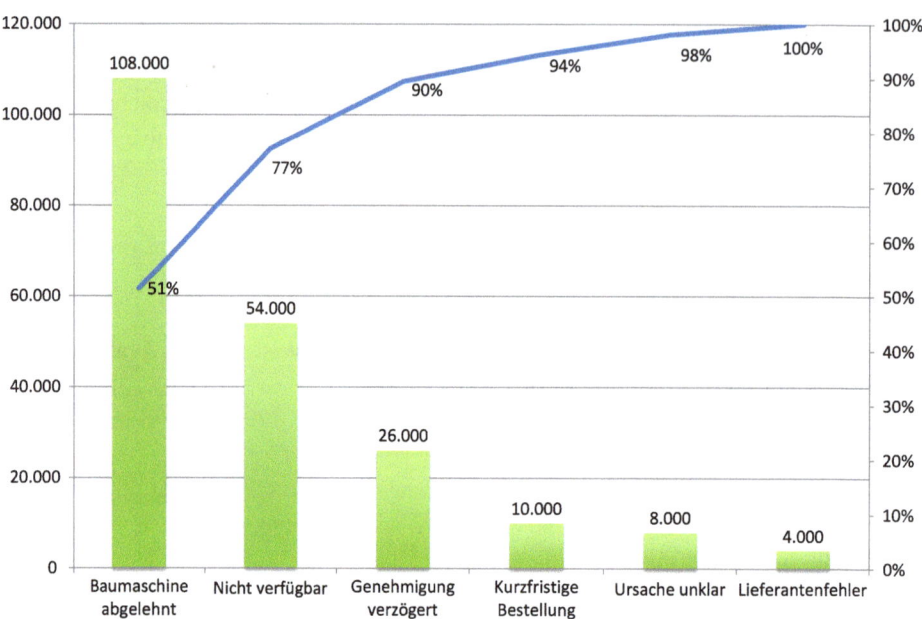

Abb. 6.8 Paretodiagramm der kausalen Ursachen des Problems *Nicht verfügbare Baumaschine trotz Bedarf*

- Die Agenturprüfung dauert zu lange. Dies ist ein Milieuproblem, da die Agentur eine eigenständige Einheit ist, die ihre eigenen Arbeitsweise selbst definiert.
- Die Bewertung durch den akademischen Ausschuss dauert zu lange. Dies ist ein methodisches Problem, da der Prozess vorschreibt, dass der akademische Ausschuss die Anträge nur zu bestimmten Zeiten (wenn er tagt) bewertet und nicht, wenn die Anträge zur Bewertung bereit sind.
- Physische Dokumente brauchen zu lange, um empfangen zu werden. Dies ist ein Milieuproblem aus zwei Gründen. Erstens werden die physischen Dokumente für die Agenturprüfung benötigt, und die Verzögerungen bei der Ankunft der physischen Dokumente werden durch die Antragsteller selbst und die Verzögerungen der Postdienste verursacht.
- Die Zulassungsstelle verzögert die Benachrichtigung nach der akademischen Beurteilung. Dies scheint eine Frage der Methode zu sein, aber die Beschreibung des Prozesses gibt uns nicht genügend Informationen, um dies abschließend zu klären. Hier müsste ein Prozessanalyst mehr Informationen sammeln, um dieses Problem im Detail zu verstehen.

Lösung 6.7

- Der Zulassungsprozess dauert zu lange, warum?
  - Prozessverzögerung bis zum Eintreffen physischer Dokumente, warum?

Die Agenturprüfung erfordert physische Dokumente;

Andere Aufgaben werden erst nach der Agenturprüfung durchgeführt, warum?

Traditionell ist der Prozess so aufgebaut, aber es gibt keinen wirklichen Grund dafür;

– Die Prüfung durch die Agentur dauert zu lange, warum?

Der Austausch mit der Agentur erfolgt per Post, warum?

Die Agentur benötigt aufgrund regulatorischer Anforderungen Originaldokumente (oder zertifizierte Dokumente).

• Der Akademische Ausschuss braucht zu lange, warum?
  – Der Dokumentenaustausch erfolgt per interner Post zwischen der Zulassungsstelle und dem Ausschuss.
  – Der Wissenschaftliche Ausschuss tagt nur zu bestimmten Zeiten.
• Die Zulassungsstelle verzögert die Benachrichtigung nach der akademischen Beurteilung, warum?
  – Nicht genügend Informationen zur Verfügung, um dieses Problem zu analysieren (wahrscheinlich aufgrund von Stapelverarbeitung. Zulassungen werden von der Zulassungsstelle in Stapeln versandt).

Die obige Analyse führt bereits zu einer offensichtlichen Verbesserungsidee: Führen Sie die Bewertung des akademischen Ausschusses parallel zur Prüfung durch die Agentur durch. Eine weitere Verbesserungsmöglichkeit besteht darin, die interne Kommunikation zwischen Zulassungsstelle und akademischem Komitee durch elektronische Kommunikation zu ersetzen (z. B. Dokumente, die den Ausschussmitgliedern über eine Webanwendung zur Verfügung gestellt werden).

6.7 Weitere Übungsaufgaben

Übung 6.8 Betrachten Sie den in Übung 1.6 beschriebenen Prozess der Rezeptbearbeitung einer Apotheke. Identifizieren Sie die Schritte in diesem Prozess und klassifizieren Sie diese in WS, GWS und NWS.

Übung 6.9 Betrachten Sie den in Übung 1.7 beschriebenen Bestellung-bis-Bezahlung-Prozess. Identifizieren Sie die Schritte in diesem Prozess und klassifizieren Sie sie in WS, GWS und NWS.

Übung 6.10 Betrachten Sie den in Übung 1.6 beschriebenen Prozess der Rezeptbearbeitung einer Apotheke. Welche Arten von Verschwendung können Sie in diesem Prozess identifizieren?

Übung 6.11 Betrachten Sie den in Übung 4.31 beschriebenen Buchungsprozess bei einem Fotounternehmen (Fotof). Welche Arten von Verschwendung können Sie in diesem Prozess identifizieren?

Übung 6.12 Betrachten Sie die folgende Zusammenfassung der in einem Reisebüro beobachteten Probleme.

Ein Reisebüro hat in letzter Zeit mehrere mittelgroße und große Firmenkunden aufgrund von Beschwerden über schlechten Kundenservice verloren. Das Managementteam des Reisebüros beschloss, ein Team von Analysten zu benennen, um dieses Problem zu lösen. Das Team sammelte Daten mithilfe von Interviews und Umfragen mit aktuellen und vergangenen Firmenkunden sowie durch die Erhebung von Kundenfeedbackdaten, welche das Reisebüro im Laufe der Zeit erfasst hat. Etwa 2 % der Kunden beschwerten sich über Fehler, die bei ihren Buchungen gemacht wurden. Bei einer Gelegenheit hatte ein Kunde eine Änderung einer Flugbuchung beantragt. Das Reisebüro schrieb dem Kunden eine E-Mail mit dem Vorschlag, dass die Änderung vorgenommen werde, und fügte eine geänderte Reiseroute bei. Später stellte sich jedoch heraus, dass die geänderte Buchung im Flugreservierungssystem nicht bestätigt wurde. Infolgedessen durfte der Kunde den Flug nicht antreten, was zu einer Reihe schwerer Unannehmlichkeiten für den Kunden führte. Ähnliche Probleme gab es bei der ursprünglichen Flugbuchung: Der Kunde hatte nach bestimmten Terminen gefragt, aber die Flugtickets waren zu unterschiedlichen Terminen ausgestellt worden. Darüber hinaus beschwerten sich die Kunden über die langen Antwortzeiten auf ihre Anfragen nach Angeboten und Reiserouten. In den meisten Fällen beantworteten die Mitarbeiter des Reisebüros Anfragen innerhalb von 2–4 Arbeitsstunden, aber bei einigen komplizierten Reiseanfragen (ca. 10% der Anfragen) dauerten dies bis zu 2 Tage. Schließlich beschwerten sich etwa 5 % der Kunden darüber, dass das Reisebüro nicht die besten Flugverbindungen und Preise für sie gefunden hatte. Mehrere Kunden berichteten, dass sie durch eigene Suche bessere Reiserouten und Preise im Internet gefunden hätten.

1. Dokumentieren Sie die Probleme in Form eines Problemregisters. Zu diesem Zweck können Sie davon ausgehen, dass das Reisebüro rund 100 Reiseanträge pro Tag erhält und das Reisebüro 50 Buchungen pro Tag tätigt. Jede Buchung bringt dem Reisebüro einen Bruttogewinn von € 100.
2. Analysieren Sie die oben beschriebenen Probleme mithilfe von Verfahren der Ursachenanalyse.

Übung 6.13 Berücksichtigen Sie den in Übung 4.31 beschriebenen Buchungsprozess bei einem Fotounternehmen (Fotof) sowie die folgenden Daten:

- Fotof verfügt über 25 Fotostudios und erzielt zuletzt einen Jahresumsatz von 17,6 Mio. €, davon 25 % aus dem Vertrieb an Firmenkunden und den Rest an Privatkunden.
- Das Unternehmen erwirtschaftet in seinen Studios zusätzliche 5 Mio. € Umsatz mit Fotoausrüstung und Zubehör.
- Im Durchschnitt gibt es 3,5 Fotografen und 2 Techniker pro Studio.

- Im Durchschnitt dauern Studioaufnahmen 45 min, während eine Außenaufnahmen 3,5 h
  (einschließlich Transportzeit) dauert.
- 20 % der Privatkundenaufnahmen und 100 % der Firmenkundenaufnahmen sind vor Ort.
  Die restlichen sind im Studio.

Ein Analyst führte eine Interessengruppenanalyse durch, die sich auf drei Arten von Interessengruppen konzentrierte: den Kunden, die Prozessbeteiligten und das Management (Prozessverantwortlicher und Auftraggeber). Die wichtigsten Ergebnisse dieser Analyse sind im
Folgenden zusammengefasst.

Kunden: Laut der jüngsten Kundenbefragung liegt die Kundenzufriedenheit bei 80 %
(Rückgang von 85 % im Vorjahr) und der Promotorenüberhang bei 70 % (Rückgang von
80 % im Vorjahr). Es gibt gängige Kundenbeschwerden in Bezug auf: (i) Bearbeitungszeiten
zwischen dem Aufnahmen und der Verfügbarkeit der Bilder zur Ansicht sowie die Bearbeitungszeiten für die Lieferung von Digitalkopien und Ausdrucken; (ii) Bearbeitungszeiten
für die Lösung von Kundenreklamationen, insbesondere in Bezug auf erkannte Mängel an
den gelieferten digitalen und gedruckten Kopien; (iii) fehlerhafte oder vergessene Bestellungen oder Sonderwünsche. Kunden nehmen häufig Änderungen an ihren Bestellungen
oder zusätzliche Sonderwünsche per Telefon oder E-Mail vor, und diese Änderungen und
Anfragen werden manchmal nicht (oder falsch) im Auftragssystem erfasst. Änderungen an
Aufträgen werden derzeit manuell bearbeitet.

Prozessbeteiligte: Die Zufriedenheit der Mitarbeiter ist ebenfalls gering. Über 60 % der
Kundendienstmitarbeiter sind der Meinung, dass ihr Job stressig ist. Die Fluktuationsrate ist
insgesamt auf einem Allzeithoch: 10 % der Mitarbeiter verließen das Unternehmen im Vorjahr und mussten von 6 % im Vorjahr ersetzt werden. Die durchschnittlichen Personalkosten
eines Fotografen in einem Fotof Studio betragen 41.000 pro Jahr (35.000 für Techniker und
37.000 für Kundendienstmitarbeiter). Diese Personalkosten bei Fotof entsprechen im Allgemeinen dem Branchendurchschnitt. Das Unternehmen beschäftigt zusätzlich 20 Mitarbeiter
am Firmensitz zu durchschnittlichen Personalkosten von 46.000.

Interviews mit Mitarbeitern haben die folgenden Punkte im Prozess aufgezeigt:

- Die Mitarbeiter des Kundendienstes empfinden das Terminmanagement als zu zeitaufwendig. Kunden rufen manchmal mehrmals an oder senden E-Mails, um einen geeigneten
  Termin zu erhalten. Kunden rufen auch häufig an, um ihre Termine für Aufnahmen zu
  ändern oder ihre Termine abzusagen. Etwa 1 % der Unternehmensaufträge führen zu einer
  Stornierung vor der Aufnahme, während 5 % der privaten Aufträge vor der Aufnahme
  storniert werden.
- Die Preise für Terminabsagen sind hoch: 10 % für Termine im Studio, 2 % für Termine
  vor Ort, 3 % für Termine im Studio und 1 % für Termine vor Ort.

- Es gibt zahlreiche Kundenanfragen per Telefon und E-Mail (im Durchschnitt drei pro Bestellung, zusätzlich zu buchungsbezogenen Anrufen oder E-Mails), sei es, um den Status von Bestellungen oder Lieferungen zu erfragen, Änderungen an der Bestellung vorzunehmen, Sonderwünsche zu besprechen, Preisfragen zu stellen sowie Beschwerden mit erhaltenen Bildern zu melden.

Die Dreijahresstrategie des *Managements* von Fotof ist auf Umsatzwachstum ausgerichtet. Das Unternehmen strebt über die nächsten drei Jahre eine Umsatzsteigerung von 50 % aus eigener Kraft an, d. h. durch Wachstum des bestehenden Geschäfts, ohne Unternehmenskäufe und ohne Eröffnung zusätzlicher Standorte. Um dieses Ziel zu erreichen, ist das Management von Fotof offen für Ideen zur Verbesserung des Kundenservice und zur Erweiterung des Angebots an Mehrwertdienstleistungen. Das Management von Fotof ist der Meinung, dass zusätzliche Einnahmen zum großen Teil aus Hochzeitsfotos, Partys und Zeremonien erzielt werden können. Derzeit kann nur der Kunde, der die Buchung veranlasst, bestellen. Aber bei persönlichen Veranstaltungen und wenn der Kunde zustimmt, besteht die Möglichkeit, an andere Veranstaltungsteilnehmer zu verkaufen. Das Management von Fotof ist sich auch bewusst, dass schnellere Durchlaufzeiten auch zur Umsatzsteigerung beitragen können.

Schreiben Sie ein Problemregister auf der Grundlage der oben genannten Informationen.

Übung 6.14 Schreiben Sie ein Problemregister für den in Übung 1.6 beschriebenen Prozess der Bearbeitung von Apothekenrezepten. Analysieren Sie mindestens die folgenden Punkte:

- Manchmal kann ein Rezept nicht bearbeitet werden, weil ein oder mehrere Medikamente auf dem Rezept nicht auf Lager sind. Das erfährt der Kunde erst, wenn er sein Rezept abholt.
- Oftmals, wenn Kunden ankommen, um die Medikamente abzuholen, stellen sie fest, dass sie mehr bezahlen müssen als erwartet, weil ihre Versicherung die verschreibungspflichtigen Medikamente nicht deckt oder weil die Versicherung nur einen kleinen Prozentsatz der Kosten der Medikamente übernimmt.
- In sehr wenigen Fällen kann das Rezept nicht bearbeitet werden, da es eine potenziell gefährliche Wechselwirkung zwischen einem der verschreibungspflichtigen Medikamente und anderen Medikamenten gibt, die dem Kunden in der Vergangenheit verabreicht wurden. Kunden erfahren dieses Problem erst, wenn sie zur Abholung des Rezepts kommen.
- Einige Rezepte können mehrfach genutzt werden. Dies wird als „Wiedereinreichung" bezeichnet. Jedes Rezept gibt explizit an, ob und wenn ja, wie viele Wiedereinreichungen erlaubt sind. Manchmal kann ein Rezept nicht bearbeitet werden, weil die Anzahl der zulässigen Wiedereinreichungen erreicht ist. Der Apotheker versucht dann, den Arzt, der das Rezept ausgestellt hat, anzurufen, um zu prüfen, ob er eine zusätzliche Wiedereinreichung zulassen würde. Manchmal ist der Arzt jedoch unerreichbar oder er genehmigt das

Wiedereinreichen nicht. Das Rezept wird dann nicht bearbeitet und der Kunde erfährt es erst, wenn er zur Abholung des Rezepts kommt.

- Oftmals, vor allem in Spitzenzeiten, müssen Kunden mehr als 10 min aufgrund von Warteschlangen warten, um ihr Rezept abzuholen. Die Kunden finden das ärgerlich, weil sie feststellen, dass die zweimalige Anwesenheit in der Apotheke (einmal für die Abgabe und einmal für die Abholung) der Apotheke genügend Zeit geben sollte, um solche Warteschlangen bei der Abholung zu vermeiden.
- Manchmal kommt der Kunde zur geplanten Zeit, aber die Verordnung ist aufgrund von Verzögerungen im Prozess der Rezeptbearbeitung noch nicht abgeschlossen.

Wenn Sie Annahmen zur Analyse dieser Probleme treffen, können Sie wählen, ob Sie *oft* mit „20 % der Verschreibungen", *manchmal* mit „5 % der Verschreibungen" und *sehr wenige Fälle* mit „1 % der Verschreibungen" gleichsetzen möchten. Gehen Sie auch davon aus, dass die gesamte Apothekenkette aus 200 Apotheken besteht, die 4 Mio. Rezepte pro Jahr bedienen und dass der auf Rezepte entfallende Jahresumsatz der Apothekenkette 200 Mio. € beträgt. Nehmen Sie zudem an, dass jedes Mal, wenn ein Kunde bei der Abholung eines Rezepts unzufrieden ist, die Wahrscheinlichkeit, dass dieser Kunde nach dieser Erfahrung nicht wiederkommt, 20 % beträgt. Sie können auch davon ausgehen, dass ein Kunde im Durchschnitt 5 Rezepte pro Jahr benötigt.

Verwenden Sie die Paretoanalyse, um eine Teilmenge von Problemen zu ermitteln, die angegangen werden sollten, um die Kundenabwanderung aufgrund von Unzufriedenheit um mindestens 70 % zu reduzieren. Kundenabwanderung ist die Anzahl der Kunden, welche die von einem Unternehmen zu einem bestimmten Zeitpunkt angebotenen Dienstleistungen nicht mehr in Anspruch nehmen. In diesem Zusammenhang ist dies die Anzahl der Kunden, die aufgrund einer schlechten Erfahrung nicht mehr in die Apotheke kommen.

Übung 6.15 Schreiben Sie ein Problemregister für den in Übung 1.7 beschriebenen Bestellung-bis-Bezahlung-Prozess.

Übung 6.16 Betrachten Sie den in Übung 1.6 beschriebenen Prozess der Bearbeitung von Apothekenrezepten und das folgenden Problem:

- Manchmal kommt der Kunde zur geplanten Zeit, aber das Rezept ist aufgrund von Verzögerungen im Prozess noch nicht bearbeitet.

Analysieren Sie die möglichen Ursachen dieses Problems anhand eines Ursache-Wirkungs-Diagramms oder eines Warum-Warum-Diagramms.

6.8   Vertiefende Lektüre

Wertschöpfungsanalyse,   Ursache-Wirkungs-Diagramme,   Warum-Warum-Diagramme,
Paretoanalyse und Auswahldiagramme sind Teil einer Vielzahl von Verfahren, die in der Six-
Sigma-Methodik enthalten sind (siehe Infobox „Verwandte Disziplinen" in Abschn. 1.2).
Conger [4] zeigt, wie diese und andere Six-Sigma-Verfahren auf die Geschäftsprozess-
analyse anwendbar sind. Die Verschwendungsanalyse ist inzwischen eine der wichtigsten
Verfahren von Lean-Six Sigma, das Six Sigma mit Elementen aus der schlanken Produktion
kombiniert, welche wiederum auf das Toyota-Produktionssystem zurückgehen.

Eine umfassende Liste der Six-Sigma-Verfahren wird im iSixSigma-Portal gepflegt.[2] Ein
bestimmtes Projekt zur Verbesserung von Geschäftsprozessen wird in der Regel nur eine
Teilmenge dieser Verfahren nutzen. In diesem Zusammenhang geben Johannsen et al. [5]
Empfehlungen für die Auswahl von Analyseverfahren für ein bestimmtes BPM-Projekt.

Die Quality Encyclopedia von Straker[3] bietet ein umfassendes Kompendium von Konzepten, die in Six Sigma und anderen Ansätzen des Qualitätsmanagements verwendet werden.
Insbesondere werden Definitionen und Veranschaulichungen der 6M-Kategorien, welche in
Ursache-Wirkungs-Diagrammen und anderen Konzepten der Ursachenanalyse verwendet
werden, bereitgestellt. Eine ähnliche Ressource – ebenfalls von Straker – ist das Quality
Toolbook, welches eine Reihe von Qualitätsmanagementverfahren darstellt. Ursprünglich
wurde das Quality Toolbook als Buch veröffentlicht [6], ist aber heute auch kostenlos erhältlich.[4]

Warum-Warum-Diagramme ermöglichen es, Ketten von Ursache-Wirkungs-Beziehungen
zu dokumentieren, welche Ursachen mit einem bestimmten Problem in Verbindung bringen.
Ein verwandtes Verfahren zur Erfassung von Ursache-Wirkungs-Ketten ist das
Kausalfaktoren-Schaubild *(engl.: causal factor chart)* [7]. Kausalfaktoren-Schaubilder
ähneln Warum-Warum-Diagrammen. Ein wesentlicher Unterschied besteht darin, dass
Kausalfaktoren-Schaubilder neben der Erfassung von Ursachen auch Bedingungen erfassen, welche die Ursachen umgeben. So könnte beispielsweise ein Kausalfaktoren-Schaubild
neben der Aussage „Der Sachbearbeiter hat bei der Erstellung der Bestellung einen Daten-
eingabefehler gemacht", auch eine Bedingung enthalten, die der Frage „In welchem Teil
der Bestellung hat der Sachbearbeiter einen Fehler gemacht" entspricht. Diese zusätzlichen
Bedingungen ermöglichen es den Analysten, jede Ursache klarer zu definieren.

Das Problemregister wurde von Schwegmann & Laske [8][5] als Instrument der Prozessanalyse vorgeschlagen, welche die längerfristige „Liste der Schwachstellen und Verbesserungspotenziale" als Referenz für ein Problemregister verwenden. Schwegmann & Laske
schlagen vor, das Problemregister parallel zum Istmodell aufzubauen. Die Begründung ist,

---

[2]http://www.isixsigma.com/tools-templates/

[3]http://www.syque.com/improvement/a_encyclopedia.htm

[4]http://www.syque.com/quality_tools/toolbook/toolbook.htm

[5]Die in Abschn. 6.4.1 angegebene Unterkategorisierung der 6M stammt ebenfalls von Schwegmann
& Laske [8].

dass sich die Workshopbeteiligten während der Workshops, die zum Zwecke der Prozesserhebung organisiert werden (siehe Kap. 5), oft gezwungen fühlen, Probleme zu verschiedenen Teilen des Prozesses zu diskutieren. Daher ist die Prozesserhebung eine gute Gelegenheit, mit der Auflistung von Problemen zu beginnen.

Ein weiteres Konzept, das häufig für die qualitative Prozessanalyse verwendet wird, ist die Engpasstheorie *(engl.: theory of constraints)* [9]. Diese ist besonders nützlich, wenn es darum geht, Schwachstellen im Prozess auf Engpässe zurückzuführen. Die Anwendung der Engpasstheorie auf die Geschäftsprozessanalyse und -verbesserung wird von Laguna & Marklund [10, Kap. 5] und von Rhee et al. [11] diskutiert.

Literatur

1. Modig, N., Ahlström, P.: This is Lean: Resolving the Efficiency Paradox. Rheologica, Stockholm (2012)
2. Barnett, G.: Robotic process automation: Adding to the process transformation toolkit. White paper IT0022-0005, Ovum Consulting (2015)
3. Hammer, M.: What is business process management. In: Rosemann, M., vom Brocke, J. (Hrsg.) Handbook of Business Process Management 1, S. 3–16. Springer, Berlin (2015)
4. Conger, S.: Six sigma and business process management. In: vom Brocke, J., Rosemann, M. (Hrsg.) Handbook of Business Process Management 1, S. 127–146. Springer, Berlin (2015)
5. Johannsen, F., Leist, S., Zellner, G.: Implementing six sigma for improving business processes at an automotive bank. In: vom Brocke, J., Rosemann, M. (Hrsg.) Handbook of Business Process Management 1, S. 393–416. Springer, Berlin (2015)
6. Straker, D.: A Toolbook for Quality Improvement and Problem Solving. Prentice Hall, London (1995)
7. Rooney, J.J., Vanden Heuvel, L.N.: Root cause analysis for beginners. Qual. Prog. July, 45–53 (2004)
8. Schwegmann, A., Laske, M.: As-is modeling and process analysis. In: Becker, J., Kugeler, M., Rosemann, M. (Hrsg.) Process Management: A Guide for the Design of Business Processes, S. 133–156. Springer, Berlin (2011)
9. Goldratt, E.M.: The Goal: A Process of Ongoing Improvement. North River Press, Great Barrington (1992)
10. Laguna, M., Marklund, J.: Business Process Modeling, Simulation and Design, 3. Aufl. CRC Press, Boca Raton (2019)
11. Rhee, S.-H., Wook Cho, N., Bae, H.: Increasing the efficiency of business processes using a theory of constraints. Inf. Syst. Front. **12**(4), 443–455 (2010)

Quantitative Prozessanalyse

„Es ist besser, ungefähr richtig zu sein als genau falsch."

Warren Buffett (1930–)

Die qualitative Analyse ist ein wertvolles Instrument, um systematische Einblicke in einen Prozess zu gewinnen. Die Ergebnisse der qualitativen Analyse sind jedoch manchmal nicht präzise genug, um eine solide Entscheidungsgrundlage zu schaffen. Denken Sie an den Prozessverantwortlichen des Vermietungsprozesses von BuildIT, der den Leiter der Abteilung Informationssysteme davon überzeugen möchte, dass jedem Bauleiter ein Tablet-Computer mit drahtlosem Internetzugriff zur Verfügung gestellt werden sollte, um die Kataloge der Lieferanten abzufragen und von jeder Baustelle aus Mietgesuche erstellen oder ändern zu können. Der Prozessverantwortliche wird gebeten, den Nutzen dieser Investition mithilfe von Zahlen zu belegen, indem er Schätzungen darüber abgibt, wie sich die Leistung des Prozesses messbar verbessern würde. Um solche Schätzungen vornehmen zu können, müsste er über die qualitative Analyse hinausgehen.

In diesem Kapitel werden Verfahren zur quantitativen Analyse von Geschäftsprozessen vorgestellt. Sie basieren auf Prozesskennzahlen wie Durchlaufzeit, Wartezeit, Kosten und anderen Maßzahlen, die wir bereits in Abschn. 2.3.2 erläutert haben. Dieses Kapitel konzentriert sich insbesondere auf drei Verfahren: Durchlaufzeitenanalyse, Warteschlangenanalyse und Simulation.

7.1 Durchlaufzeitenanalyse

Die Durchlaufzeitenanalyse ist eine Familie von Verfahren, die dazu dienen, die Leistung eines vollständigen Prozesses zu schätzen, wenn man etwas über die Leistung seiner untergeordneten Aktivitäten weiß. Mithilfe der Durchlaufzeitenanalyse können wir beispiels-

© Springer-Verlag GmbH Deutschland, ein Teil von Springer Nature 2021
M. Dumas et al., *Grundlagen des Geschäftsprozessmanagements*,
https://doi.org/10.1007/978-3-662-58736-2_7

weise die durchschnittliche Durchlaufzeit eines gesamten Prozesses berechnen, wenn wir die durchschnittliche Durchlaufzeit jeder einzelnen Aktivität und die Auswahlwahrscheinlichkeiten der einzelnen Entscheidungsgatter kennen. Ein Entscheidungsgatter ist entweder eine XOR- oder eine ODER-Verzweigung. Wir können die Durchlaufzeitenanalyse ebenfalls dazu verwenden, um die Durchschnittskosten einer Prozessinstanz auf Grundlage der Kosten einer Aktivität zu berechnen oder um die *Fehlerrate* eines Prozesses auf Basis der Fehlerrate einer jeden Aktivität zu bestimmen.

Um den Umfang und die Anwendbarkeit der Durchlaufzeitenanalyse zu verstehen, zeigen wir zunächst, wie die Durchlaufzeitenanalyse zur Berechnung der durchschnittlichen Durchlaufzeit eines Prozesses verwendet werden kann. Im weiteren Verlauf dieses Kapitels werden wir abkürzend den Begriff *Durchlaufzeit* verwenden, um auf die *durchschnittliche Durchlaufzeit* zu verweisen.

7.1.1 Berechnung der Durchlaufzeit

Wir erinnern uns, dass die Durchlaufzeit eines Prozesses die durchschnittliche Zeit ist, die vom Start bis zum Ende des Prozesses vergeht. Gleichermaßen können wir die Durchlaufzeit einer Aktivität als die durchschnittliche Zeit ansetzen, die vom Start bis zum Ende der Aktivität benötigt wird.

Um zu verstehen, wie die Durchlaufzeitenanalyse funktioniert, ist es sinnvoll, mit einem Beispiel eines einfachen sequentiellen Prozesses zu beginnen, wie in Abb. 7.1 dargestellt. Die Durchlaufzeit der Aktivitäten wird zwischen den Klammern in Stunden angezeigt. Da die beiden Aktivitäten in diesem Prozess nacheinander ausgeführt werden, können wir daraus schließen, dass die Durchlaufzeit dieses Prozesses $20 + 10 = 30$ h beträgt.

Generell können wir feststellen, dass die Durchlaufzeit eines sequentiellen Prozessfragments die Summe der Durchlaufzeiten der Aktivitäten ist. Wir verwenden T als Referenz für die Menge der Aktivitäten (von *engl.: task*) mit einem Index i und definieren:

$$DZ_{Sequenz} = \sum_{i=1}^{n} T_i \tag{7.1}$$

Wenn ein Prozessmodell oder Fragment allerdings Gatter enthält, ist die Durchlaufzeit im Durchschnitt nicht einfach die Summe der Durchlaufzeiten der Aktivitäten. Betrachten wir das in Abb. 7.2 dargestellte Beispiel: Hier ist klar, dass die Durchlaufzeit des Prozesses nicht 40 h sein kann (die Summe der Durchlaufzeiten der Aktivitäten). In der Tat wird in

Abb. 7.1 Einfaches sequentielles Prozessmodell (Dauer der Aktivitäten in Stunden in Klammern)

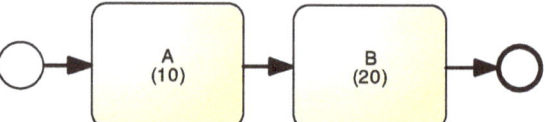

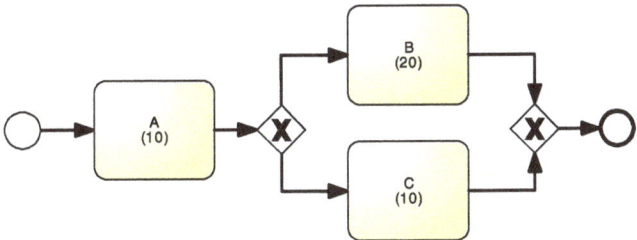

Abb. 7.2 Prozessmodell mit XOR-Block

einem bestimmten Fall dieses Prozesses entweder Aktivität B oder Aktivität C ausgeführt. Wenn B ausgeführt wird, beträgt die Durchlaufzeit 30 h, während wenn C ausgeführt wird, die Durchlaufzeit 20 h beträgt. Daraus lässt sich schließen, dass die Durchlaufzeit kleiner als 30 h sein muss.

Ob die Durchlaufzeit dieses Prozesses näher an 20 h oder näher an 30 h liegt, hängt davon ab, wie häufig die auf die XOR-Verzweigung folgenden Pfade genommen werden. Wenn beispielsweise in 50 % der Fälle der obere Pfad und in den restlichen 50 % der Fälle der untere Pfad genommen wird, beträgt die Durchlaufzeit des gesamten Prozesses 25 h. Andererseits, wenn der obere Pfad in 90 % und der untere Pfad in 10 % der Fälle genommen wird, sollte die Durchlaufzeit intuitiv näher an 30 h liegen. In diesem Fall beträgt die Durchlaufzeit des Fragments zwischen der XOR-Verzweigung und der XOR-Zusammenführung: $0,9 \times 20 + 0,1 \times 10 = 19$ h. Dann müssen wir noch die Durchlaufzeit der Aktivität A addieren, um die gesamte Durchlaufzeit zu erhalten, d. h. $10 + 19 = 29$ h. Im weiteren Verlauf dieses Kapitels werden wir den Begriff *Auswahlwahrscheinlichkeit* verwenden, um die Häufigkeit zu bezeichnen, mit der ein bestimmter Pfad eines Entscheidungsgatters gewählt wird.

Im Allgemeinen wird die Durchlaufzeit eines Prozessfragments mit der in Abb. 7.3 dargestellten Struktur wie folgt berechnet:

Abb. 7.3 Berechnungsmuster eines XOR-Blocks

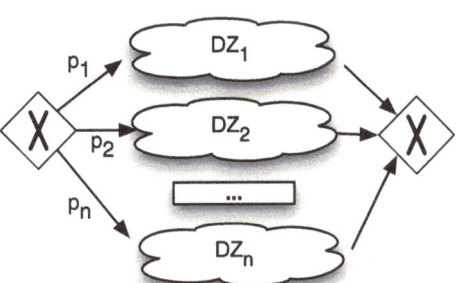

$$DZ_{XOR} = \sum_{i=1}^{n} p_i \times DZ_i \qquad (7.2)$$

In Abb. 7.3 sind p_1, p_2, etc. die Auswahlwahrscheinlichkeiten. Jede Wolke stellt ein Fragment dar, das einen einzelnen Eingang und einen einzelnen Ausgang hat. Die Durchlaufzeiten dieser verschachtelten Fragmente sind DZ_1, DZ_2, etc. Diese Art von Block wird als *XOR-Block* bezeichnet.

Betrachten wir nun den Fall, dass es sich um UND-Gatter handelt, wie in Abb. 7.4 dargestellt. Auch hier können wir feststellen, dass die Durchlaufzeit dieses Prozesses nicht 40 h sein kann (die Summe der einzelnen Durchlaufzeiten). Da die Aktivitäten B und C parallel ausgeführt werden, wird ihre kombinierte Durchlaufzeit stattdessen durch die langsamste der beiden Aktivitäten, d. h. durch B, bestimmt. Somit beträgt die Durchlaufzeit des in Abb. 7.4 dargestellten Prozesses $10 + 20 = 30$ h. Generell ist die Durchlaufzeit eines *UND-Blocks*, wie er in Abb. 7.5 dargestellt ist:

$$DZ_{UND} = Max(DZ_1, DZ_2, ..., DZ_n) \qquad (7.3)$$

Beispiel 7.1 Betrachten wir das Prozessmodell eines Darlehensantrags in Abb. 7.6 und die in Tab. 7.1 angegebenen Durchlaufzeiten der Aktivitäten. Nehmen wir auch an, dass in 60 % der Fälle der Kredit gewährt wird.

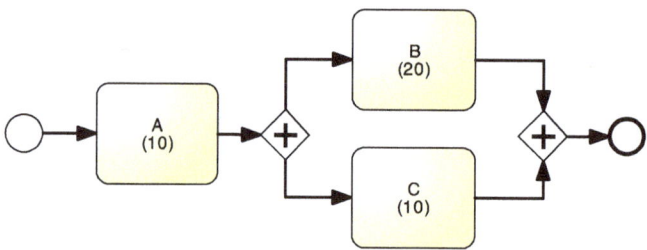

Abb. 7.4 Prozessmodell mit UND-Block

Abb. 7.5 Berechnungsmuster
eines UND-Blocks

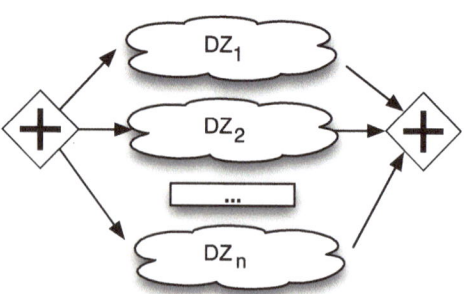

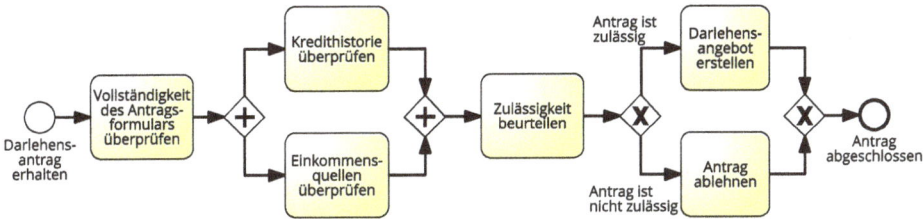

Abb. 7.6 Prozessmodell eines Darlehensantrags

Tab. 7.1 Durchlaufzeiten des Darlehensantrags

Aktivität	Durchlaufzeit
Vollständigkeit überprüfen	1 Tag
Kredithistorie überprüfen	1 Tag
Einkommensquellen überprüfen	3 Tage
Zulässigkeit beurteilen	3 Tage
Darlehensangebot erstellen	1 Tag
Antrag ablehnen	2 Tage

Um die Durchlaufzeit dieses Prozesses zu berechnen, beachten wir zunächst, dass die Durchlaufzeit des UND-Blocks 3 Tage beträgt (die Durchlaufzeit des langsamsten Pfades). Als nächstes berechnen wir die Durchlaufzeit des Fragments zwischen dem XOR-Block mithilfe von Formel 7.2, d. h. $0,6 \times 1 + 0,4 \times 2 = 1,4$ Tage. Die gesamte Durchlaufzeit beträgt dann: $1 + 3 + 3 + 1,4 = 8,4$ Tage.   □

Übung 7.1 Betrachten Sie das in Abb. 3.8 (Kap. 3) dargestellte Prozessmodell. Berechnen Sie die Durchlaufzeit unter den folgenden Annahmen:

- Jede Aktivität im Prozess dauert durchschnittlich 1 h.
- In 40 % der Fälle enthält die Bestellung nur Produkte aus Amsterdam.
- In 40 % der Fälle enthält die Bestellung nur Produkte aus Hamburg.
- In 20 % der Fälle enthält die Bestellung Produkte aus beiden Lagern.

Vergleichen Sie das Prozessmodell in Abb. 3.8 (Kap. 3) mit dem in Abb. 3.10 (Kap. 3). Gibt Ihnen dieser Vergleich eine Vorstellung davon, wie Sie Durchlaufzeiten für Prozessmodelle mit ODER-Gattern berechnen können?

Ein weiteres typisches Prozessfragment ist die Wiederholung. Das entsprechende Muster ist in Abb. 7.7 dargestellt. In dieser Abbildung geben die Prozentzahlen die Wahrscheinlichkeit an, dass der entsprechende Pfad beim Erreichen der XOR-Verzweigung ausgewählt wird.

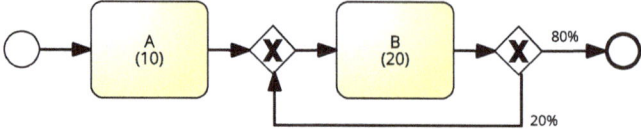

Abb. 7.7 Prozessmodell mit Schleife

Betrachten wir die Abbildung, kann man mit Sicherheit sagen, dass Aktivität B mindestens einmal ausgeführt wird. Als nächstes können wir feststellen, dass Aktivität B einmal wiederholt (d. h. ein zweites Mal ausgeführt) werden kann und zwar mit einer Wahrscheinlichkeit von 20 %. Dies ist die Wahrscheinlichkeit, von der XOR-Verzweigung zur XOR-Zusammenführung zurück zu springen. Setzen wir diese Argumentation fort, können wir schlussfolgern: Die Wahrscheinlichkeit, dass Aktivität B zweimal wiederholt wird (zusätzlich zur ersten Ausführung), beträgt $0,2 \times 0,2 = 0,04$. Generell ist die Wahrscheinlichkeit, dass Aktivität B N-mal wiederholt wird (zusätzlich zur ersten Ausführung), $0,2^N$.

Wenn wir die Durchlaufzeit der ersten Ausführung von B mit den Fällen aufaddieren, in denen B einmal, zweimal, dreimal usw. wiederholt wird, ergibt sich folgende Formel: $\sum_{n=0}^{\infty} 0,2^n$. Dies ist der Erwartungswert der Ausführungen von Aktivität B. Wenn wir $0,2$ durch eine Variable r ersetzen, ist diese Summe eine sogenannte *geometrische Reihe* und es kann gezeigt werden, dass diese Reihe $1/(1-r)$ entspricht. Daher ist die durchschnittliche Anzahl der Ausführungszeiten von B $1/(1-0,2) = 1,25$. Wenn wir nun diesen Erwartungswert von Instanzen von B mit der Durchlaufzeit von Aktivität B multiplizieren, erhalten wir $1,25 \times 20 = 25$ h. Somit ergibt sich die gesamte Durchlaufzeit des Prozesses in Abb. 7.7 als $10 + 25 = 35$ h.

Generell ist die Durchlaufzeit eines Fragments mit der in Abb. 7.8 dargestellten Struktur:

$$DZ_{Schleife} = \frac{DZ}{1 - r}. \tag{7.4}$$

In dieser Formel wird der Parameter r als *Wiederholungswahrscheinlichkeit* bezeichnet, d. h. die Wahrscheinlichkeit, dass das Fragment innerhalb der Schleife nachbearbeitet werden muss. Diese Art von Block wird als *Wiederholungsblock* bezeichnet.

In einigen Szenarien wird eine Aktivität höchstens einmal überarbeitet. Diese Situation wird wie in Abb. 7.9 dargestellt modelliert. Mit den bisher vorgestellten Formeln können wir bereits die Durchlaufzeit dieses Beispiels berechnen. Zunächst beobachten wir, dass die Durchlaufzeit des Fragments zwischen der XOR-Verzweigung und der XOR-Zusammenführung $0,2 \times 20 + 0,8 \times 0 = 4$ h beträgt. Hier ergibt sich die Null daraus,

Abb. 7.8 Berechnungsmuster
für Schleifen

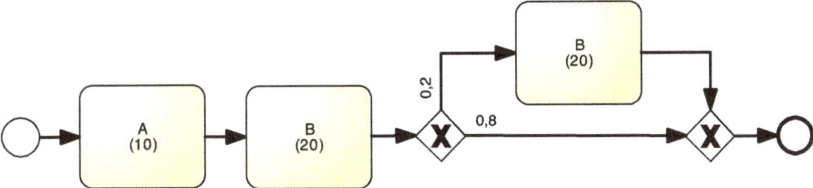

Abb. 7.9 Prozessmodell mit einer Aktivität, die höchstens einmal überarbeitet wird

dass einer der Pfade zwischen der XOR-Verzweigung und der XOR-Zusammenführung leer ist und somit nicht zur Durchlaufzeit beiträgt. Wir müssen also lediglich die Durchlaufzeit der vorhergehenden Aktivitäten dazu addieren, was eine gesamte Durchlaufzeit von 34 h ergibt.

Zusammenfassend stellen wir fest, dass die Durchlaufzeit eines Prozesses mit den folgenden vier Gleichungen berechnet werden kann:

- Die Durchlaufzeit DZ einer Sequenz von Fragmenten mit den einzelnen Durchlaufzeiten $DZ_1, \ldots DZ_n$ ist die Summe der Durchlaufzeiten dieser Fragmente: $DZ_{Sequenz} = \Sigma_{i=1}^{n} DZ_i$.
- Die Durchlaufzeit DZ eines XOR-Blocks ist der gewichtete Durchschnitt der Durchlaufzeiten seiner Verzweigungspfade (DZ_i), wobei die Auswahlwahrscheinlichkeiten p_i als Gewichte verwendet werden: $DZ_{XOR} = \Sigma_{i=1}^{n} p_i \times DZ_i$.
- Die Durchlaufzeit DZ eines UND-Blocks ist die Durchlaufzeit seines langsamsten Pfades, also das Maximum der Durchlaufzeiten der Pfade: $DZ_{UND} = Max(DZ_1, \ldots DZ_n)$.
- Die Durchlaufzeit DZ eines Wiederholungsblocks mit einer Wiederholungswahrscheinlichkeit r ist die Durchlaufzeit einer einzelnen Iteration der Schleife (nennen wir sie DZ_b) geteilt durch $(1 - r)$: $DZ_{Schleife} = DZ_b/(1 - r)$.

Beispiel 7.2 Betrachten wir das Prozessmodell des Darlehensantrags aus Abb. 7.10 und die zuvor in Tab. 7.1 angegebenen Durchlaufzeiten. Angenommen, nach jeder Ausführung von *Vollständigkeit überprüfen* ist der Antrag in 20 % der Fälle unvollständig. Nehmen wir auch an, dass in 60 % der Fälle das Darlehen gewährt wird.

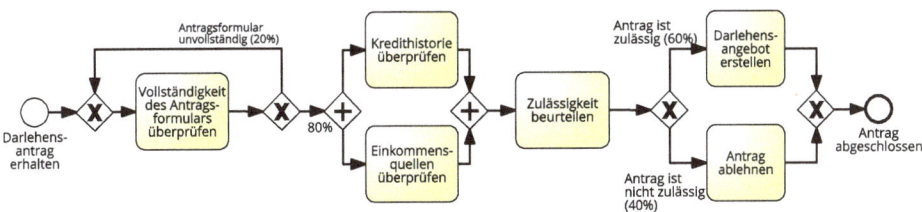

Abb. 7.10 Darlehensantragsprozess mit Wiederholungsschleife

Die Durchlaufzeit der Wiederholungsschleife beträgt $1/(1 - 0{,}2) = 1{,}25$ Tage. Die Durchlaufzeit des UND-Blocks beträgt 3 Tage und jene des XOR-Blocks 1,4 Tage, wie in Beispiel 7.1 erläutert. Somit beträgt die gesamte Durchlaufzeit $1{,}25 + 3 + 3 + 1{,}4 = 8{,}65$ Tage. $\qquad\qquad\qquad\qquad\qquad\qquad\qquad\qquad\qquad\qquad\qquad\qquad\qquad\qquad\qquad\quad\Box$

7.1.2 Durchlaufzeiteffizienz

Die Durchlaufzeit einer Aktivität oder eines Prozesses kann in *Wartezeit* und *Bearbeitungszeit* unterteilt werden. Die Wartezeit ist der Teil der Durchlaufzeit, in dem keine Arbeit verrichtet wird, um den Prozess voran zu bringen. Die Bearbeitungszeit hingegen bezieht sich auf jene Zeit, welche die Teilnehmer für die eigentliche Arbeit aufwenden. In vielen, wenn nicht den meisten, Prozessen ist ein erheblicher Teil der gesamten Durchlaufzeit Wartezeit. Die Wartezeit fällt typischerweise bei einer Übergabe zwischen zwei Teilnehmern an. Bei solchen Übergaben gibt es in der Regel eine Wartezeit zwischen dem Moment, in dem der erste Teilnehmer seine Aktivität beendet, und jenem Moment, in welchem ein anderer Teilnehmer die nächste beginnt. Diese Wartezeit kann relativ lang sein, wenn die Prozessteilnehmer ihre Arbeit stapelweise ausführen. Zum Beispiel kann sich in einem Bestellanforderungsprozess der für die Genehmigung verantwortliche Prozessbeteiligte seine Arbeit so organisieren, dass er alle eingehenden Bestellanforderungen am Ende des Arbeitstages auf einmal genehmigt. Manchmal wird auch Zeit damit verbracht, darauf zu warten, dass eine externe Partei Eingaben für eine Aktivität bereitstellt. So kann beispielsweise ein Apotheker im Rahmen der Rezeptbearbeitung eine Abklärung durch den Arzt verlangen. Dazu versucht er, diesen anzurufen. Wenn der Arzt dann nicht erreichbar ist, muss der Apotheker das Rezept beiseite legen und warten, bis dieser zurückruft.

Bei der Analyse eines Prozesses mit dem Ziel, die Durchlaufzeit zu verbessern, kann es sinnvoll sein, zunächst das Verhältnis der gesamten Bearbeitungszeit zur gesamten Durchlaufzeit zu bewerten. Dieses Verhältnis wird als *Durchlaufzeiteffizienz* (DZE) bezeichnet. Eine Durchlaufzeiteffizienz nahe 1 deutet darauf hin, dass es wenig Raum für eine Verbesserung der Durchlaufzeit gibt, es sei denn, es werden relativ radikale Änderungen im Prozess vorgenommen. Ein Verhältnis nahe Null zeigt hingegen an, dass es einen erheblichen Spielraum gibt, die Durchlaufzeit durch Reduzierung der Wartezeit zu verbessern.

Konkret wird die Durchlaufzeiteffizienz eines Prozesses wie folgt berechnet. Zuerst müssen wir die Durchlaufzeit und die Bearbeitungszeit jeder Aktivität bestimmen. Anhand dieser Informationen berechnen wir dann die Durchlaufzeit DZ des Prozesses unter Verwendung der vier oben genannten Gleichungen (siehe S. 305). Als nächstes berechnen wir die sogenannte *Theoretische Durchlaufzeit* (TDZ) des Prozesses. Die TDZ ist die durchschnittliche Zeit, die ein Fall in Anspruch nehmen würde, wenn es überhaupt keine Wartezeit gäbe. Die TDZ wird mit den gleichen vier Gleichungen berechnet, die wir oben vorgestellt haben, aber anstatt die Durchlaufzeit jeder Aktivität zu verwenden, müssen wir stattdessen die

Tab. 7.2 Bearbeitungszeiten des Darlehensantrags

Aktivität	Bearbeitungszeit
Vollständigkeit überprüfen	2 h
Kredithistorie überprüfen	30 min
Einkommensquellen überprüfen	3 h
Zulässigkeit beurteilen	2 h
Darlehensangebot erstellen	2 h
Antrag ablehnen	30 min

Bearbeitungszeit jeder Aktivität heranziehen. Nachdem wir die theoretische Durchlaufzeit TDZ berechnet haben, berechnen wir die Durchlaufzeiteffizienz DZE wie folgt:

$$DZE = \frac{TDZ}{DZ} \tag{7.5}$$

Beispiel 7.3 Betrachten wir das Prozessmodell eines Darlehensantrags in Abb. 7.10 und die in Tab. 7.2 angegebenen Bearbeitungszeiten. Die Durchlaufzeiten der Aktivitäten (einschließlich Warte- und Bearbeitungszeit) entsprechen den zuvor in Tab. 7.1 angegebenen Werten. Wir gehen wieder davon aus, dass in 20 % der Fälle der Antrag unvollständig ist und in 60 % der Fälle der Kredit gewährt wird. Nehmen wir zusätzlich an, dass ein Tag acht Arbeitsstunden entspricht.

Wir haben in Beispiel 7.2 gesehen, dass die gesamte Durchlaufzeit dieses Prozesses 8,65 Tage beträgt, das entspricht 69,2 Arbeitsstunden. Wir berechnen nun die theoretische Durchlaufzeit mit den in Tab. 7.2 angegebenen Bearbeitungszeiten. Daraus ergeben sich $2/(1-0,2)+3+2+0,6\times 2+0,4\times 0,5 = 8,9$ Arbeitsstunden. Die Durchlaufzeiteffizienz beträgt somit $8,9/69,2 = 12,9\,\%$. $\square$

Übung 7.2 Berechnen Sie die gesamte Durchlaufzeit, die theoretische Durchlaufzeit und die Durchlaufzeiteffizienz des in Beispiel 3.7 (S. 103) beschriebenen ministeriellen Anfrageprozesses. Angenommen, die Nacharbeitswahrscheinlichkeit ist 0,2 und die Wartezeiten und Bearbeitungszeiten entsprechen den Angaben in Tab. 7.3.

Eine wichtige Frage ist, welche Werte wir in der Praxis typischerweise für die Durchlaufzeiteffizienz beobachten würden. Einige Messungen werden in einer Studie von Blackburn aus dem Jahr 1992 angeführt, siehe Tab. 7.4 und [1]. Diese Messungen scheinen meist bei etwa 5 % oder darunter zu liegen, was darauf hindeutet, dass es in vielen Geschäftsprozessen erhebliche Wartezeiten gibt. Dies ist eine wichtige Beobachtung. Es bedeutet, dass Durchlaufzeiten und Durchlaufzeiteffizienz durch die Reduzierung dieser Wartezeiten oft erheblich verbessert werden können. Prozessorientierte Informationssysteme und

Tab. 7.3 Durchlaufzeiten und Bearbeitungszeiten der Aktivitäten des ministeriellen Anfrageprozess

Aktivität	Durchlaufzeit	Bearbeitungszeit
Ministerielle Anfrage erfassen	2 Tage	30 min
Ministerielle Anfrage untersuchen	8 Tage	12 h
Ministerielle Antwort entwerfen	4 Tage	4 h
Ministerielle Antwort überprüfen	4 Tage	2 h

Tab. 7.4 Analyse der Durchlaufzeiten in informationsintensiven Prozessen [1]

Industrie	Prozess	DZ	TDZ	DZE
Lebensversicherung	Neue Richtlinienanwendung	72 h	7 min	0.16 %
Konsumverpackungen	Neues Grafikdesign	18 Tage	2 h	0.14 %
Geschäftsbank	Konsumentenkredit	24 h	34 min	2.36 %
Krankenhaus	Patientenabrechnung	10 Tage	3 h	3.75 %
Automobilherstellung	Finanzabschluss	11 Tage	5 h	5.60 %

insbesondere BPM-Systeme bieten eine Reihe von Funktionen, die in dieser Hinsicht hilfreich sind, wie wir in Kap. 9 sehen werden.

Übung 7.3 Die in Tab. 7.4 aufgeführten Messungen stammen aus dem Jahr 1992. Wie würden Sie erwarten, dass sich diese Messungen seitdem geändert haben? Welche Rolle spielen dabei Informationssysteme?

7.1.3 Methode des kritischen Pfades

Eine niedrige Durchlaufzeiteffizienz wirft die Frage auf, welche Abschnitte des Prozesses am besten beschleunigt werden sollen. Um diese Frage zu beantworten, müssen wir genauer verstehen, welche Aktivitäten zur theoretischen Durchlaufzeit beitragen. Die Methode des kritischen Pfades *(engl.: critical path method)* ist eine bekannte Methode, um diese Frage im Rahmen der Projektplanung zu beantworten. Diese Methode kann ebenfalls auf Prozessmodelle angewandt werden, die keine Entscheidungsgatter enthalten. Daher müssen Prozessmodelle, die XOR- oder ODER-Gatter enthalten, erst durch Entfernen dieser Gatter vereinfachen werden, bevor wir den kritischen Pfad bestimmen können. Wir können dies tun, indem wir entweder sämtliche XOR-, ODER- und Schleifenblöcke durch eine einzige Aktivität ersetzen oder indem wir nur bestimmte Pfade unseres Prozesses berücksichtigen und uns auf diese konzentrieren. So können wir beispielsweise die Pfade einer XOR-Verzweigung, die zu einem frühen Abschluss des Falles führen, sowie die mit Schleifen verbundenen Gatter (wie die Schleife in Abb. 7.10) entfernen. Wenn wir die theoretische

Durchlaufzeit des Prozesses ohne Berücksichtigung von Schleifen optimieren, würde dies nämlich dazu beitragen, den Prozess auch mit Wiederholungen zu verbessern.

Betrachten wir noch einmal den Darlehensantragsprozess ohne Wiederholung und mit einer angenommenen positiven Bonitätsprüfung, wie in Abb. 7.11 dargestellt. Die theoretische Durchlaufzeit wird durch die Bearbeitungszeit der Aktivitäten *Vollständigkeit überprüfen*, *Einkommensquellen überprüfen*, *Zulässigkeit beurteilen* und *Darlehensangebot erstellen* bestimmt, die jeweils 2, 3, 2 und 2 h dauern. Diese Aktivitäten sind Teil des kritischen Pfades dieses Prozesses (grau hinterlegt). Der *kritische Pfad* eines Prozesses ist die Abfolge jener Aktivitäten, welche die theoretische Durchlaufzeit des Prozesses bestimmen. Bei der Verbesserung der theoretischen Durchlaufzeit eines Prozesses sollte man sich auf die Bearbeitungszeiten jener Aktivitäten konzentrieren, die auf dem kritischen Pfad liegen.

Die beschriebene Methode identifiziert den kritischen Pfad basierend auf den Konzepten *Früher Start (FS)*, *Frühes Ende (FE)*, *Später Start (ST)* und *Spätes Ende (SE)* jeder Aktivität des Prozesses. Früher Start und frühes Ende werden in einem Vorwärtsdurchlauf durch den Prozess bestimmt. Wir beginnen mit der Zeit Null beim Startereignis. Jeder Aktivität wird als früher Start das frühe Ende ihres Vorgängers zugeordnet. Das frühe Ende ergibt sich dann als früher Start plus Bearbeitungszeit. Wenn der Vorgänger das Eingangsgatter eines UND-Blocks ist, wird ihm die frühe Endzeit des vorhergehenden Fragments als frühe Startzeit zugewiesen. Wenn es sich um das Ausgangsgatter eines UND-Blocks handelt, wird ihm das Maximum des frühen Endes aller seiner parallelen Pfade zugewiesen. Mit diesem Verfahren können wir bestimmen, zu welchem Zeitpunkt jede Aktivität beginnen und enden muss, so dass die Durchlaufzeit gleich der theoretischen Durchlaufzeit ist.

Nicht alle Aktivitäten sind gleichermaßen kritisch für den Abschluss des Prozesses innerhalb der theoretischen Durchlaufzeit. Betrachten wir die beiden Prüfaktivitäten des Darlehensantragsprozesses. Sie sind Teil eines UND-Blocks. Verzögert sich die zeitaufwändigere Aktivität *Einkommensquellen überprüfen* (3 h), verzögert sich der Prozess insgesamt. Wird *Kredithistorie überprüfen* (30 min) verzögert, verzögert sich der Prozess nur dann, wenn die Aktivität länger dauert als die Bearbeitungszeit der zeitaufwändigeren Parallelaktivität *Einkommensquellen überprüfen*. Aus diesem Grund müssen wir auch den späten Start und

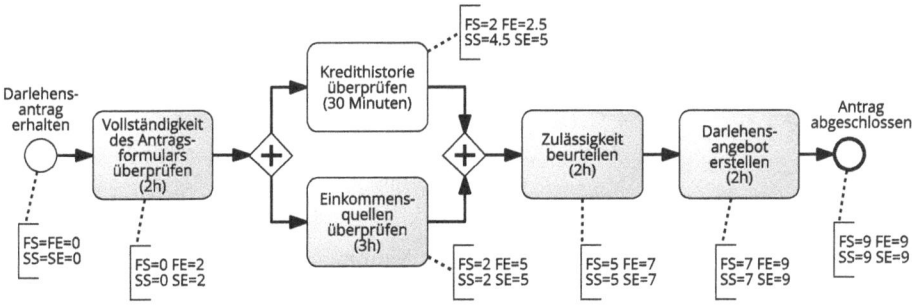

Abb. 7.11 Darlehensantragsprozess ohne XOR-Gatter

das späte Ende aller Aktivitäten in einem Rückwärtsgang über den Prozess bestimmen. Nun beginnen wir mit dem Endereignis, wobei dessen Zeit auf die theoretische Durchlaufzeit gesetzt wird. Für jede Aktivität wird ihrem späten Ende der späte Start ihres Nachfolgers zugeordnet. Sein später Start ist das späte Ende abzüglich seiner Bearbeitungszeit. Wir durchlaufen unseren Prozess von rechts nach links und nehmen nun die früheste Zeit für das Eingangsgatter eines UND-Blocks.

Beispiel 7.4 Lassen Sie uns nun diese Berechnungsschritte für den in Abb. 7.11 dargestellten Darlehensantragsprozess und die in Tab. 7.2 dargestellten Bearbeitungszeiten anwenden. Wir beginnen mit der Berechnung der frühen Start- und frühen Endzeiten (FS and FE).

- Das Startereignis *Darlehensantrag erhalten* wird mit Null gesetzt ($FS = FE = 0$).
- Der frühe Start von *Vollständigkeit überprüfen* ist derselbe wie das frühe Ende des Vorgängers. Das bedeutet $FS = 0$, wir berechnen $FE = FS + Bearbeitungszeit = 2$.
- Jede Aktivität nach der UND-Verzweigung erhält die gleiche FS wie die FE der vorhergehenden Aktivität. Ihre FE entspricht dem Wert von FS plus der jeweiligen Bearbeitungszeit. Das bedeutet, dass wir für *Kredithistorie überprüfen* $FS = 2$ und $FE = 2,5$ und für *Einkommensquellen überprüfen* $FS = 2$ und $FE = 5$ erhalten.
- Bei der UND-Zusammenführung müssen wir die maximale FE ihrer vorhergehenden Aktivitäten bestimmen. Dies ist $Max(2,5; 5) = 5$.
- Die nachfolgende Aktivität *Zulässigkeit beurteilen* erhält dieses Maximum als $FS = 5$. Bezogen auf die Bearbeitungszeit ist $FE = 7$.
- Für *Darlehensangebot erstellen* erhalten wir $FS = 7$ und $FE = 9$.
- Daher gilt $FS = FE = 9$ für das Endereignis *Antrag abgeschlossen* und somit auch für den Gesamtprozess.

Mit diesem Wert von $FE = 9$ beginnen wir unseren Durchlauf rückwärts, um den späten Start und das späte Ende (ST and SE) zu berechnen.

- Für die Aktivität *Darlehensangebot erstellen* weisen wir die späte Endzeit des Endereignisses ($SE = 9$) zu und ziehen die Bearbeitungszeit ab, so dass wir $ST = 7$ erhalten.
- Auf die gleiche Weise erhalten wir zuerst $SE = 7$ und dann $ST = 5$ für *Zulässigkeit beurteilen*.
- Für die Aktivitäten, die der UND-Zusammenführung vorausgehen, erhalten wir als spätes Ende den späten Beginn der Aktivität danach. Daher haben sowohl *Kredithistorie überprüfen* als auch *Einkommensquellen überprüfen* $SE = 5$. Wir ziehen ihre jeweiligen Bearbeitungszeiten ab, um $ST = 4,5$ und $ST = 2$ zu erhalten.
- Bei der UND-Verzweigung bestimmen wir das Minimum ST ihrer Nachfolgeaktivitäten. Das ist $Min(4,5; 2) = 2$.

- Die vorhergehende Aktivität *Vollständigkeit überprüfen* erhält dieses Minimum als $SE = 2$. In Anbetracht der Bearbeitungszeit erhalten wir $ST = 0$.
- Daher haben wir auch $ST = SE = 0$ für das Startereignis. □

In diesem Beispiel beobachten wir, dass die frühen Start- und Endzeiten für die meisten Aktivitäten gleich sind. Der *kritische Pfad* ist die Menge der Aktivitäten, für die diese beiden Werte gleich sind. Die Aktivitäten mit einem späten Start größer als der frühe Start ($ST > FS$) oder einem späten Ende größer als das frühe Ende ($SE > FE$) haben *Pufferzeit*. Das bedeutet, auch wenn diese später beginnen oder abgeschlossen werden, ist es möglich, den Prozess ohne Verzögerung abzuschließen. Dies ist in unserem Beispiel der Fall bei *Kredithistorie überprüfen*. Aktivitäten mit Pufferzeit sind typischerweise die weniger zeitaufwendigen Aktivitäten in UND-Blöcken.

Übung 7.4 Betrachten Sie das in Abb. 7.4 dargestellte Prozessmodell mit den in den Klammern der Aktivitäten angegebenen Bearbeitungszeiten. Was ist sein kritischer Pfad? Wie viel Pufferzeit gibt es für die Aktivität, die sich nicht auf dem kritischen Pfad befindet?

7.1.4 Littles Gesetz

Die Durchlaufzeit steht in direktem Zusammenhang mit zwei Kennzahlen, die bei der Analyse eines Prozesses eine wichtige Rolle spielen, nämlich der Ankunftsrate und der Anzahl der Fälle in Bearbeitung (FiB) *(engl.: work in process, work in progress, WIP)*.

Die *Ankunftsrate* eines Prozesses ist die durchschnittliche Anzahl der neuen Fälle, die pro Zeiteinheit auflaufen. In einem Darlehensantragsprozess ist die Ankunftsrate beispielsweise die Anzahl der pro Tag (oder einer anderen von uns gewählte Zeiteinheit) erhaltenen Darlehensanträge. In einem Auftrag-bis-Zahlungseingang-Prozess ist die Ankunftsrate die durchschnittliche Anzahl der neuen Aufträge, die pro Tag eingehen. Traditionell wird das Symbol λ (Lambda) für die Ankunftsrate verwendet.[1]

Die Abkürzung FiB verweist auf die durchschnittliche Anzahl der in Bearbeitung befindlichen Fälle, d. h. die durchschnittliche Anzahl von Instanzen, die noch nicht abgeschlossen sind. In einem Darlehensantragsverfahren bezeichnet FiB die durchschnittliche Anzahl von Anträgen, die eingereicht und noch nicht genehmigt oder abgelehnt wurden. Ebenso bezeichnet FiB in einem Auftrag-bis-Zahlungseingang-Prozess die durchschnittliche Anzahl von Aufträgen, die eingegangen, aber noch nicht geliefert und bezahlt wurden.

---

[1]Ein verwandtes Konzept ist das des *Durchsatzes,* d. h. die durchschnittliche Anzahl der pro Zeiteinheit durchgeführten Fälle. In einem stabilen System und über lange Zeiträume sollte der Durchsatz gleich der Ankunftsrate sein (sonst sind wir nicht in der Lage, die gesamte Arbeitsbelastung zu bewältigen).

Durchlaufzeit (DZ), Ankunftsrate (λ) und Fälle in Bearbeitung (FiB) sind durch ein Gesetz verbunden, das als *Littles Gesetz* bekannt ist (benannt nach dessen Entdecker John Little):

$$FiB = \lambda \times DZ \qquad\qquad (7.6)$$

Im Wesentlichen besagt dieses Gesetz Folgendes:

- Die Fälle in Bearbeitung steigen, wenn sich die Durchlaufzeit erhöht oder die Ankunfts-rate steigt. Mit anderen Worten, wenn der Prozess langsamer wird (d. h. wenn sich seine Durchlaufzeit erhöht), werden mehr Fälle des Prozesses gleichzeitig in Bearbeitung sein. Je schneller neue Fälle erstellt werden, desto höher ist die Anzahl der Fälle in Bearbeitung.
- Wenn die Ankunftsrate steigt und wir die Fälle in Bearbeitung auf dem aktuellen Niveau halten wollen, muss die Durchlaufzeit verkürzt werden.

Das Gesetz von Little gilt für jeden stabilen Prozess. Mit stabil meinen wir, dass die Anzahl der Fälle in Bearbeitung nicht unendlich steigt. Mit anderen Worten, in einem stabilen Prozess wächst die Menge an Arbeit, die darauf wartet, ausgeführt zu werden, nicht unkon-trolliert.

Gerade weil es so einfach ist, kann Littles Gesetz ein interessantes Werkzeug für Was-wäre-wenn-Analysen sein. Wir können es auch als alternative Methode zur Berechnung der Durchlaufzeit eines Prozesses verwenden, wenn wir die Ankunftsrate und die Anzahl der Fälle in Bearbeitung kennen. Dies ist nützlich, da das Bestimmen der Ankunftsrate und der Fälle in Bearbeitung manchmal einfacher ist als das Bestimmen der Durchlaufzeit. So kann für den Darlehensantragsprozess die Ankunftsrate leicht berechnet werden, wenn wir die Gesamtzahl der über einen bestimmten Zeitraum bearbeiteten Anträge kennen. Neh-men wir an, dass es 250 Geschäftstage pro Jahr gibt und dass die Anzahl der Anträge im letzten Jahr 2.500 betrug. Dann können wir daraus schließen, dass die durchschnittliche Anzahl der Anträge pro Geschäftstag 10 betrug. Die Anzahl der Fälle in Bearbeitung hin-gegen kann durch Stichprobenverfahren berechnet werden. Wir können fragen, wie viele Anträge zu einem bestimmten Zeitpunkt in Bearbeitung sind, dann diese Frage eine Woche später und zwei Wochen später noch einmal stellen. Angenommen, wir beobachten, dass im Durchschnitt 200 Fälle gleichzeitig in Bearbeitung sind. Die Durchlaufzeit beträgt dann $FiB/\lambda = 200/10 = 20$ Werktage.

Übung 7.5 Ein Restaurant empfängt durchschnittlich 1.200 Kunden pro Tag (zwischen 10.00 und 22.00 Uhr). In Stoßzeiten (12.00 bis 15.00 Uhr und 18.00 bis 21.00 Uhr) werden insgesamt rund 900 Kunden bewirtet und durchschnittlich befinden sich 90 Kunden zur gleichen Zeit im Restaurant. In Randzeiten empfängt das Restaurant insgesamt 300 Kunden und im Durchschnitt sind 30 Kunden gleichzeitig im Restaurant.

- Wie hoch ist die durchschnittliche Zeit, die ein Kunde zu Stoßzeiten im Restaurant verbringt?
- Wie hoch ist die durchschnittliche Zeit, die ein Kunde während der Randzeiten im Restaurant verbringt?
- Die Räumlichkeiten des Restaurants haben eine maximale Kapazität von 110 Personen. Diese maximale Kapazität wird in Stoßzeiten manchmal erreicht. Der Restaurantleiter geht davon aus, dass die Zahl der Kunden in Stoßzeiten in den kommenden Monaten leicht steigen wird. Was kann das Restaurant tun, um dieses Problem anzugehen, ohne in den Ausbau der Räumlichkeiten zu investieren?

7.1.5 Kapazität und Engpässe

Die Berechnungen von Littles Gesetz basieren auf der Annahme, dass der Prozess stabil ist. Um zu beurteilen, ob diese Annahme zutrifft oder nicht, müssen wir die *theoretische Kapazität* des Prozesses und die *Ressourcenauslastung* der am Prozess beteiligten Ressourcen kennen.[2]

Die *theoretische Kapazität* eines Prozesses ist die maximale Anzahl von Fällen, die pro Zeiteinheit bei einer gegebenen Anzahl von Ressourcen abgearbeitet werden können. Die theoretische Kapazität ist erreicht, wenn eine Teilmenge der Ressourcen voll ausgelastet ist (also keine Leerlaufzeiten mehr hat) und die anderen Ressourcen sie aufgrund der bestehenden Arbeitsteilung im Prozess nicht entlasten können. Wenn diese Grenze erreicht ist, können die Ressourcen, die voll ausgelastet sind, keine zusätzliche Arbeit pro Zeiteinheit bewältigen.

Um den Begriff der theoretischen Kapazität besser zu verstehen, müssen wir auf den Begriff der Ressourcenklasse *(engl.: resource pool, resource class)* zurückkommen. Eine Ressourcenklasse ist eine Menge austauschbarer Ressourcen, die für die Ausführung einer Reihe von Aktivitäten in einem Prozess verantwortlich sind. Nehmen wir zum Beispiel an, dass im Darlehensantragsprozess die Aktivitäten *Vollständigkeit überprüfen*, *Kredithistorie überprüfen* und *Einkommensquellen überprüfen* von *Sachbearbeitern* durchgeführt werden, während *Zulässigkeit beurteilen*, *Darlehensangebot erstellen* und *Antrag ablehnen* von *Kundenberatern* durchgeführt werden. Daher verfügt dieser Prozess über zwei Ressourcenklassen (Sachbearbeiter und Kundenberater). Höchstwahrscheinlich gibt es mehrere Sachbearbeiter und mehrere Kundenberater. Das bedeutet, dass jede Ressourcenklasse eine bestimmte Größe hat.

Jeder Fall benötigt im Durchschnitt eine bestimmte Zeit zur Bearbeitung durch eine Ressourcenklasse. Die Zeit, die eine Ressourcenklasse rk für einen Fall des Prozesses benötigt, wird als Beanspruchung ba der Klasse *(engl.: unit load)* bezeichnet. Jede Aktivität, die eine Ressourcenklasse zugeordnet ist, trägt zur Beanspruchung bei. Je öfter eine Aktivität pro Fall ausgeführt wird, desto mehr erhöht diese Aktivität die Beanspruchung ihrer Ressour-

---

[2]Der Begriff *Auslastungsgrad* wird manchmal als Synonym für die Ressourcenauslastung verwendet.

cenklasse. Wenn beispielsweise zwei Aktivitäten a_1 und a_2 die gleiche Bearbeitungszeit haben, aber a_1 im Durchschnitt 0,5 mal pro Fall ausgeführt wird, während a_2 im Durchschnitt zweimal pro Fall ausgeführt wird, dann trägt a_2 viermal mehr zur Beanspruchung bei wie a_1.

Um die Beanspruchung zu berechnen, addieren wir daher die Bearbeitungszeiten jeder Aktivität a, die der Ressourcenklasse rk zugeordnet ist, auf und berücksichtigen dabei, wie oft jede Aktivität pro Fall ausgeführt wird.

Im Folgenden stellen wir eine zweistufige Methode zur Berechnung von ba (für eine gegebene Klasse rk) unter Verwendung von Gleichungen vor, die jenen ähneln, die wir zur Berechnung der durchschnittlichen und der theoretischen Durchlaufzeit verwendet haben. Im ersten Schritt weisen wir jeder Aktivität in Bezug auf die Ressourcenklasse rk wie folgt eine Beanspruchung zu:

- Für jede Aktivität, die der Ressourcenklasse rk zugeordnet ist, entspricht ihre Beanspruchung der Bearbeitungszeit.
- Für jede Aktivität, die nicht der Ressourcenklasse rk zugeordnet ist, ist ihre Beanspruchung Null.

Im zweiten Schritt verwenden wir die folgenden Gleichungen, um ba für einen Pool zu berechnen:

- Die Beanspruchung einer Sequenz von Fragmenten mit Beanspruchungen $ba_1, \ldots ba_n$ ist die Summe der Werte der Fragmente: $ba_{Sequenz} = \Sigma_{i=1}^{n} ba_i$
- Die Beanspruchung eines XOR-Blocks ist der gewichtete Durchschnitt der Beanspruchungen seiner Pfade (ba_i), wobei die Auswahlwahrscheinlichkeiten p_i als Gewichte verwendet werden: $ba_{XOR} = \Sigma_{i=1}^{n} p_i \times ba_i$.
- Die Beanspruchung eines UND-Blocks ist die Summe der Beanspruchungen seiner Pfade: $ba_{UND} = \Sigma_{i=1}^{n} ba_i$. Dies entspricht der Gleichung für Sequenzen. Der Grund dafür ist, dass, wenn eine Ressourcenklasse an mehreren Pfaden eines UND-Blocks beteiligt ist, jeder dieser Pfade die Beanspruchungen dieser Ressourcenklasse belastet (d. h. jeder Pfad erfordert einen gewissen Aufwand und diese Anstrengungen müssen addiert werden).
- Die Beanspruchung einer Schleife mit einer Nacharbeitswahrscheinlichkeit r ist die Beanspruchung jeder Iteration der Schleife (nennen wir sie ba) geteilt durch $1 - r$, d. h. $ba_{Schleife} = ba/(1 - r)$.

Beispiel 7.5 Betrachten wir das Prozessmodell des Darlehensantrags in Abb. 7.10 und die in Tab. 7.2 angegebenen Bearbeitungszeiten. Die Aktivitäten *Vollständigkeit überprüfen*, *Kredithistorie überprüfen* und *Einkommensquellen überprüfen* werden von *Sachbearbeitern* durchgeführt, während *Zulässigkeit beurteilen*, *Kreditangebot erstellen* und *Antrag ablehnen* von *Kundenberatern* durchgeführt werden.

Unter Verwendung der obigen Gleichungen sind die Beanspruchungen der drei Aktivitäten, die dem Sachbearbeiter zugeordnet sind, 2 h (*Vollständigkeit überprüfen*), 0,5 h (*Kredithistorie überprüfen*) und 3 h (*Einkommensquellen überprüfen*). Die verbleibenden Aktivitäten nach der UND-Zusammenführung tragen nicht zur Beanspruchung der Sachbearbeiterklasse bei. Somit ist die Beanspruchung dieser Ressourcenklasse $2/(1-0,2)+3+0,5=6$ Arbeitsstunden. Das bedeutet, dass jeder Darlehensantrag 6 h Zeit der Sachbearbeiterklasse benötigt.

Die Beanspruchungen der dem Kundenberater zugewiesenen Aktivitäten betragen unterdessen 2 h sowohl für *Zulässigkeit beurteilen* als auch für *Darlehensangebot erstellen*, aber 0,5 h für *Darlehensantrag ablehnen*. Die ersten drei Aktivitäten tragen nicht zur Beanspruchung der Kundenberater bei. Unter Berücksichtigung der Auswahlwahrscheinlichkeiten der XOR-Verzweigung beträgt die Beanspruchung der Kundenberaterklasse $2+0,6\times2+0,4\times0,5=3,4$ Arbeitsstunden. Auch hier bedeutet dies, dass jeder Darlehensantrag durchschnittlich 3,4 h der Kundenberaterklasse beansprucht. □

Wir haben gesehen, wie man die Beanspruchung *ba* einer Ressourcenklasse *rk* berechnet. Diese beziffert die Zeitspanne, die eine Ressourcenklasse *rk* pro Prozessinstanz beansprucht wird.

Um die theoretische Kapazität zu berechnen, müssen wir nun bestimmen, wie viel Zeit jede Ressourcenklasse pro Zeiteinheit beansprucht werden kann. Dies wird als *Einheitskapazität* der Ressourcenklasse bezeichnet. Dazu ist es sinnvoll, die zeitliche Granularität um eine Stufe zu erhöhen. Da wir bis dato mit Stunden gearbeitet haben, werden wir nun zur nächsthöheren Granularität übergehen, nämlich zum Arbeitstag. Angenommen, ein Arbeitstag hat 8 h. Das bedeutet, dass eine Ressource in einer Ressourcenklasse 8 h Arbeit pro Tag bereitstellen kann. Dies wird als Einheitskapazität der Ressource bezeichnet. Für eine Ressourcenklasse definieren wir die Einheitskapazität *ek* als die Größe der Klasse mal der Kapazität einer Ressource.

Dementsprechend ist die theoretische Kapazität[3] μ_{rk} der Ressourcenklasse *rk*:

$$\mu_{rk}=\frac{ek}{ba} \tag{7.7}$$

Beispiel 7.6 In Fortführung des vorherigen Beispiels gehen wir davon aus, dass die Größe der Sachbearbeiter- als auch der Kundenberaterklasse 3 beträgt. Nehmen wir auch an, dass einem Tag 8 Arbeitsstunden entsprechen. Die Einheitskapazität eines Sachbearbeiters (gleiches gilt für einen Kundenberater) beträgt 8 h/Tag. Die Einheitskapazität der gesamten Sachbearbeiterklasse beträgt 24 h/Tag (analog für die Kundenberaterklasse). Das bedeutet, dass die drei Sachbearbeiter zusammen bis zu 24 h Arbeit pro Arbeitstag aufwenden können. Da jeder Fall 6 h ihrer Arbeit beansprucht, können sie gemeinsam $24/6=4$ Anträge pro Tag bearbeiten (d. h. $\mu=4$ Fälle/Tag für die Sachbearbeiterklasse). Ebenso können drei

[3]Der griechische Buchstabe μ wird „mü" ausgesprochen.

Kundenberater bis zu 24 h/Tag einplanen. Und da jeder Fall 3,4 h ihrer Kapazität benötigt, beträgt ihre theoretische Kapazität $24/3,4 = 7,06$ Kreditanträge pro Tag (d. h. $\mu = 7,06$ für die Kundenberaterklasse). $\quad\Box$

Wir sehen, dass die Sachbearbeiter weniger Kreditanträge pro Tag bearbeiten können als die Kundenberater (4 gegenüber 7,06). Wenn wir also viele Kreditanträge erhalten, werden die Sachbearbeiter die ersten sein, die ihre theoretische Kapazität erreichen. Wir sagen, dass die Sachbearbeiterklasse der Engpass des Prozesses ist. Generell ist der *Engpass* die Ressourcenklasse mit der geringsten theoretischen Kapazität aller Klassen eines Prozess.

Die *theoretische Kapazität eines Prozesses* ist die theoretische Kapazität seiner Engpassressourcenklasse. In unserem Beispiel sind das vier Fälle pro Tag. Langfristig ist es unmöglich, mehr Fälle pro Tag zu bearbeiten, wenn sich nichts ändert, wie z. B. könnten wir der Ressourcenklasse mehr Ressourcen hinzufügen oder die Bearbeitungszeit der Aktivitäten, an denen sie beteiligt ist, verkürzen.

Ein weiteres nützliches und verwandtes Konzept ist die *Ressourcenauslastung*. Die Ressourcenauslastung ρ_{rk} einer Ressourcenklasse rk ist die Ankunftsrate λ von Instanzen des Prozesses (die wir in Littles Gesetz betrachtet haben), geteilt durch die theoretische Kapazität μ_{rk} der Ressourcenklasse, d. h.

$$\rho_{rk} = \lambda/\mu_{rk} \qquad (7.8)$$

Wenn es eindeutig ist, auf welche Ressourcenklasse wir uns beziehen, lassen wir den Index von ρ_{rk} weg, und schreiben einfach nur ρ.

Beispiel 7.7 In Fortführung des vorherigen Beispiels und unter der Annahme, dass 3 Kreditanträge pro Tag eingehen (d. h. $\lambda = 3$), beträgt die Ressourcenauslastung der Sachbearbeiterklasse $3/4 = 0,75$ und die der Kundenberaterklasse $3/7,06 \sim 0,42$. Das bedeutet, dass die Klassen mit 75 % bzw. 42 % ihrer theoretischen Kapazität ausgelastet sind. $\quad\Box$

Übung 7.6 Eine Versicherungsgesellschaft erhält 220 Anrufe pro Tag von Kunden, die einen Versicherungsanspruch geltend machen wollen. Alle Anrufe werden von 7 Call-Center-Mitarbeitern bearbeitet, die täglich von 8.00 bis 17.00 Uhr verfügbar sind. Die Art und Weise, wie Anrufe bearbeitet werden, ist in Abb. 7.12 dargestellt. Das Prozessmodell in dieser Abbildung zeigt auch die Bearbeitungszeiten und Auswahlwahrscheinlichkeiten.

Beantworten Sie auf der Grundlage dieser Informationen die folgenden Fragen:

- Wie hoch ist die Beanspruchung der Ressourcenklasse *Call-Center-Mitarbeiter*?
- Wie hoch ist die Einheitskapazität des Pools *Call-Center-Mitarbeiter*? Konkret, wie viele Sekunden pro Stunde können die Mitarbeiter gemeinsam dem Prozess bereitstellen?
- Wie hoch ist die theoretische Kapazität der Ressourcenklasse *Call-Center-Mitarbeiter*?
- Wie ist die Ressourcenauslastung der Ressourcenklasse *Call-Center-Mitarbeiter*?

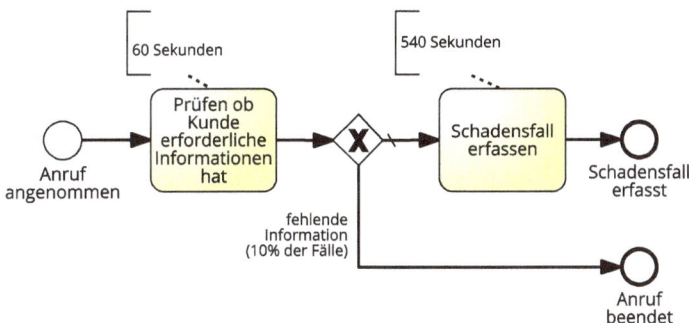

Abb. 7.12 Prozessmodell eines Call-Centers

7.1.6 Durchlaufzeitenanalyse mit Kosten

Wie bereits erwähnt, kann die Durchlaufzeitenanalyse auch zur Berechnung anderer Kenn-
zahlen verwendet werden. Angenommen, wir kennen die durchschnittlichen Kosten jeder
Aktivität, so können wir die Kosten eines Prozesses mehr oder weniger auf die gleiche Weise
berechnen wie die Durchlaufzeit. Insbesondere entsprechen die Kosten einer Sequenz von
Aktivitäten der Summe der Kosten der einzelnen Aktivitäten. Ebenso sind die Kosten eines
XOR-Blocks der gewichtete Durchschnitt der Kosten der Pfade des XOR-Blocks und die
Kosten einer Schleife, wie in Abb. 7.8 dargestellt, die Kosten des Schleifenkörpers geteilt
durch $1 - r$. Der einzige Unterschied zwischen der Berechnung der Durchlaufzeit und der
Berechnung der Kosten bezieht sich auf die Behandlung von UND-Blöcken. Die Kosten
eines UND-Blocks, wie in Abb. 7.5 dargestellt, sind nicht das Maximum der Kosten der
Pfade des UND-Blocks. Stattdessen sind die Kosten eines solchen Blocks die Summe der
Kosten der Pfade. Denn nach dem Durchlaufen der UND-Verzweigung wird jeder der folgenden Pfad ausgeführt. Daher summieren sich die Kosten über alle Pfade.

Beispiel 7.8 Betrachten wir noch einmal das Prozessmodell des Darlehensantrags in
Abb. 7.10 und die in Tab. 7.2 angegebenen Bearbeitungszeiten. Wie bisher gehen wir davon
aus, dass in 20 % der Fälle der Antrag unvollständig ist und in 60 % der Fälle der Kredit
gewährt wird. Weiterhin gehen wir davon aus, dass die Aktivitäten *Vollständigkeit überprüfen*, *Kredithistorie überprüfen* und *Einkommensquellen überprüfen* von einem Sachbearbeiter übernommen werden, während *Antrag prüfen*, *Darlehensangebot erstellen* und
Antrag ablehnen von einem Kundenberater durchgeführt werden. Die Kosten pro Stunde
betragen für einen Sachbearbeiter € 25 und für Kundenberater € 50. Die Überprüfung der
Kredithistorie erfordert, dass die Bank eine Anfrage an einen externen Anbieter für Kreditinformationen stellt. Der Bank wird von diesem Anbieter € 1 pro Anfrage in Rechnung
gestellt.

Tab. 7.5 Kostenkalkulationstabelle für den Darlehensantragsprozess

Aktivität	Ressourcenkosten	Sonstige Kosten	Gesamtkosten
Vollständigkeit überprüfen	$2 \times €\ 25 = €\ 50$	€ 0	€ 50
Kredithistorie überprüfen	$0,5 \times €\ 25 = €\ 12,5$	€ 1	€ 13,5
Einkommensquellen überprüfen	$3 \times €\ 25 = €\ 75$	€ 0	€ 75
Zulässigkeit beurteilen	$2 \times €\ 50 = €\ 100$	€ 0	€ 100
Darlehensangebot erstellen	$2 \times €\ 50 = €\ 100$	€ 0	€ 100
Darlehensantrag ablehnen	$0,5 \times €\ 50 = €\ 25$	€ 0	€ 25

Aus diesem Szenario erkennen wir, dass die Kosten jeder Aktivität in zwei Komponenten aufgeteilt werden können: die *Arbeitskosten* und *andere Kosten*. Die Arbeitskosten sind die Kosten der Personalressource, die die Aktivität ausführt. Diese können als Produkt aus den Kosten pro Stunde der Ressource und der Bearbeitungszeit (in Stunden) der Aktivität berechnet werden. Des Weiteren entstehen Kosten durch die Ausführung einer Aktivität, die nicht im Zusammenhang mit dem Zeitaufwand der Ressourcen stehen. In diesem Beispiel würden die Kosten pro Anfrage an den externen Anbieter als *sonstige Kosten* für die Aktivität *Kredithistorie überprüfen* klassifiziert werden. Die übrigen Aktivitäten haben keine *sonstigen Kosten*. Für das vorliegende Beispiel ist die Aufschlüsselung der Bearbeitungskosten, der sonstigen Kosten und der Gesamtkosten pro Aktivität in Tab. 7.5 dargestellt. Anhand dieser Angaben können wir die Gesamtkosten in € für eine Ausführung des Prozesses wie folgt berechnen: $50/(1 - 0,2) + 13,5 + 75 + 100 + 0,6 \times 100 + 0,4 \times 25 = 321$. □

Übung 7.7 Berechnen Sie die Kosten pro Durchführung des in Übung 3.7 (S. 103) beschriebenen Bearbeitungsprozesses für eine ministerielle Anfrage. Angenommen, die Nacharbeitswahrscheinlichkeit beträgt 0,2 und die Zeiten entsprechen den Angaben in Tab. 7.3. Die Aktivität *Ministerielle Anfrage erfassen* wird von einem Sachbearbeiter durchgeführt, die Aktivität *Ministerielle Anfrage untersuchen* von einem Berater, *Ministerielle Antwort entwerfen* von einem leitenden Berater und *Ministerielle Antwort überprüfen* von einem Staatssekretär. Die stündlichen Ressourcenkosten für Sachbearbeiter, Berater, leitenden Berater und Staatssekretäre betragen € 25, € 50, € 75 bzw. € 100. Mit diesen Aktivitäten sind außer den Ressourcenkosten keine weiteren Kosten verbunden.

7.1.7 Grenzen der Durchlaufzeitenanalyse

Bevor wir die Diskussion über die Durchlaufzeitenanalyse abschließen, ist es wichtig, einige der Fallstricke und Grenzen aufzuzeigen. Zunächst einmal sollten wir beachten, dass die in Abschn. 7.1.1 dargestellten Gleichungen es uns nicht erlauben, die Durchlaufzeit eines beliebigen Prozessmodells zu berechnen. Tatsächlich funktionieren diese Gleichungen nur bei *blockstrukturierten* Prozessmodellen. Insbesondere können wir diese Gleichungen nicht verwenden, um die Durchlaufzeit eines unstrukturierten Prozessmodells, wie etwa in Übung 3.12 (S. 128) dargestellt, zu berechnen. Tatsächlich passt dieses Beispiel in keines der Berechnungsmuster, die wir oben beschrieben haben. Wenn das Modell neben UND- und XOR-Gattern noch weitere Modellierungskonstrukte enthält, wird das Verfahren zur Berechnung der Durchlaufzeit nochmals komplizierter.

Glücklicherweise ist dies keine grundlegende Einschränkung der Durchlaufzeitenanalyse, sondern nur eine Einschränkung der in Abschn. 7.1.1 beschriebenen Gleichungen. Es gibt ausgefeiltere Verfahren der Durchlaufzeitenanalyse, die für jedes Prozessmodell verwendet werden können. Die Berechnung wird allerdings komplexer. Dies ist jedoch in der Regel kein Problem, da moderne Prozessmodellierungswerkzeuge Funktionen zur Berechnung von Durchlaufzeit, Kosten und anderen Kennzahlen eines Prozessmodells mittels Durchlaufzeitenanalyse beinhalten.

Eine grundlegendere Hürde für Analysten bei der Anwendung der Durchlaufzeitenanalyse ist die Tatsache, dass sie zunächst die durchschnittliche Durchlaufzeit jeder Aktivität im Prozessmodell schätzen müssen. Dies ist in der Tat ein häufiges Hindernis für die Anwendung quantitativer Prozessanalyseverfahren. Es gibt mindestens zwei Ansätze, um dieses Hindernis anzugehen. Der erste basiert auf Interviews oder Beobachtungen. In diesem Ansatz befragen Analysten die an jeder Aktivität beteiligten Mitarbeiter oder beobachten, wie Prozessbeteiligte während eines bestimmten Tages oder Zeitraums arbeiten. Dies ermöglicht es Analysten, zumindest eine fundierte Schätzung der durchschnittlichen Zeit vorzunehmen, die ein Fall für jede Aktivität beansprucht, sowohl in Bezug auf die Wartezeit als auch auf die Bearbeitungszeit. In der Praxis sollte die Erhebung von Daten unter Verwendung von Interviews und Beobachtungen am besten in die in Abschn. 5.2 beschriebenen Prozesserhebung integriert werden. Ein zweiter Ansatz besteht darin, Logdaten aus den im Prozess verwendeten Informationssystemen zu analysieren. Wenn beispielsweise eine Aktivität *Bestellanforderung genehmigen* über ein Webportal ausgeführt wird, können die Administratoren des Portals entsprechende Logdaten bereitstellen, um die durchschnittliche Zeit für die Genehmigung eines Bestellauftrags sowie zwischen dem Öffnen des Bestellauftrags durch Vorgesetzte und der letztendlichen Genehmigung zu schätzen.

Eine grundlegendere Einschränkung der Durchlaufzeitenanalyse besteht darin, dass sie die Tatsache nicht berücksichtigt, dass sich ein Prozess je nach Auslastung unterschiedlich verhält. Intuitiv sollte die Prozessdurchlaufzeit bei gleichzeitiger Bearbeitung von tausenden Versicherungsschäden, z. B. aufgrund einer aktuellen Naturkatastrophe wie eines Unwetters, viel langsamer sein als bei einer vergleichsweise geringen Auslastung von nur hundert Schadensmeldungen. Wenn die Last steigt und die Anzahl der Ressourcen (z. B. Sachbearbeiter) relativ konstant bleibt, ist klar, dass die Wartezeiten länger werden. Dies ist auf ein Phänomen zurückzuführen, das als *Ressourcenkonflikt* bekannt ist. Ressourcenkonflikte treten auf, wenn mehr Arbeit zu leisten ist als Ressourcen zur Verfügung stehen, um die Arbeit auszuführen, wie z. B. mehr Schadensfälle als Versicherungsfallbearbeiter. In solchen Szenarien befinden sich einige Aktivitäten im Wartemodus, bis eine der erforderlichen Ressourcen frei wird. Die Durchlaufzeitenanalyse betrachtet die Auswirkungen erhöhter Ressourcenkonflikte nicht direkt. Stattdessen sind die aus der Durchlaufzeitenanalyse gewonnenen Schätzungen nur dann anwendbar, wenn der Grad der Ressourcenbeanspruchung langfristig relativ stabil bleibt.

7.2   Warteschlangen

Die Warteschlangentheorie ist eine Sammlung mathematischer Verfahren zur Analyse von Systemen, die Ressourcenkonflikte aufweisen. Ressourcenkonflikte führen unweigerlich zu Warteschlangen, wie wir sie wahrscheinlich an Supermarktkassen, in Bankfilialen, Postämtern oder Behörden bereits erlebt haben. Die Warteschlangentheorie liefert uns Verfahren zur Analyse wichtiger Parameter einer Warteschlange, wie z. B. die erwartete Länge der Warteschlange oder die erwartete Wartezeit eines einzelnen Falles in einer Warteschlange.

7.2.1   Grundlagen der Warteschlangentheorie

In der grundlegenden Warteschlangentheorie besteht ein *Warteschlangensystem* aus einer oder mehreren *Warteschlangen* und einer *Aktivität* (meist als *Dienst* bezeichnet), die von einer oder mehreren *Ressourcen* bereitgestellt wird. Die Elemente innerhalb einer Warteschlange werden je nach Kontext als *Aufträge* oder *Kunden* bezeichnet. Wir können im Allgemeinen von *Fällen* bzw. *Prozessinstanzen* sprechen. In einem Supermarkt ist die Aktivität beispielsweise das Bezahlen an der Kasse. Diese Aktivität wird von mehreren Kassierern (den Ressourcen) bereitgestellt. In einer Bankfiliale sind die Aktivitäten beispielsweise Auszahlungen, die von Schalterbeamten durchgeführt werden. Es gibt in der Regel eine einzige Warteschlange, die zu mehreren Ressourcen führt. Diese beiden Beispiele veranschaulichen einen wichtigen Unterschied zwischen mehrzeiligen Warteschlangensystemen (wie dem Supermarkt) und einzeiligen Warteschlangensystemen (wie der Bank).

Die Warteschlangentheorie bietet eine sehr breite Palette von Verfahren. Anstatt zu versuchen, alles darzustellen, was die Warteschlangentheorie zu bieten hat, stellen wir zwei Warteschlangenmodelle vor, die relativ einfach, aber nützlich bei der Analyse von Geschäftsprozessen oder Aktivitäten innerhalb eines Prozesses sind.

In diesen beiden Modellen gibt es eine einzige Warteschlange. Instanzen treffen zu einer bestimmten durchschnittlichen Ankunftsrate λ ein. Dies ist derselbe Begriff der

Ankunftsrate, den wir oben bei der Vorstellung des Gesetzes von Little diskutiert haben. Zum Beispiel können wir sagen, dass durchschnittlich 20 Kunden pro Stunde die Bank betreten. Dies bedeutet, dass im Durchschnitt alle 3 min ($\frac{1}{20}$ h) ein Kunde eintrifft. Diese letzte Zahl wird als mittlere *Zwischenankunftszeit* bezeichnet. Wir stellen fest: wenn λ die Ankunftsrate pro Zeiteinheit ist, dann ist $1/\lambda$ die mittlere Zwischenankunftszeit.

Es wäre illusorisch zu denken, dass die Zeit zwischen der Ankunft von zwei Kunden in der Bank immer 3 min beträgt. Dies ist nur der Mittelwert. In der Praxis kommen die Kunden unabhängig voneinander, sodass die Zeit zwischen der Ankunft eines Kunden und des nächsten völlig zufällig ist. Nehmen wir an, die Zeit zwischen der Ankunft des ersten und des zweiten Kunden beträgt eine Minute. Diese Beobachtung sagt nichts über die Zeit zwischen der Ankunft des zweiten und des dritten Kunden aus. Es kann sein, dass der dritte Kunde eine Minute nach dem zweiten, 5 min oder 10 min später kommt. Wir werden es erst wissen, wenn der dritte Kunde eintrifft.

Ein solcher Ankunftsprozess wird als *Poisson-Prozess* bezeichnet. In diesem Fall folgt die Verteilung der Ankünfte einer sogenannten *Exponentialverteilung* (genauer gesagt einer *negativen Exponentialverteilung*) mit einem Mittelwert von $1/\lambda$. Zusammengefasst bedeutet dies, dass die Wahrscheinlichkeit, dass die Zwischenankunftszeit genau gleich t ist (wobei t eine positive Zahl ist), exponentiell abnimmt, wenn t steigt. So ist beispielsweise die Wahrscheinlichkeit einer Zwischenankunftszeit von 10 min deutlich geringer als die Wahrscheinlichkeit, dass die Zwischenankunftszeit eine Minute beträgt. Daher sind kürzere Zwischenankunftszeiten viel wahrscheinlicher als längere, aber es besteht immer eine Wahrscheinlichkeit (vielleicht eine sehr kleine), dass die Zwischenankunftszeit groß sein wird.

In der Praxis beschreiben der Poisson-Prozess und die Exponentialverteilung eine große Klasse von Ankunftsprozessen. Wir werden sie nutzen, um die Ankunft von Fällen, wie Aufträgen oder Kunden, in einem Geschäftsprozess oder einer Aktivität in einem Geschäftsprozess zu erfassen. Der Poisson-Prozess lässt sich auch beobachten, wenn wir untersuchen, wie oft Autos in ein bestimmtes Segment einer Autobahn einfahren oder wie oft Anrufe über eine Telefonzentrale laufen.

Allerdings muss immer überprüft werden, ob es sich tatsächlich um eine Exponentialverteilung der Fälle für einen bestimmten Prozess oder eine Aktivität handelt. Diese Prüfung kann durchgeführt werden, indem die Ankunftszeiten für einen bestimmten Zeitraum aufgezeichnet und diese Zahlen dann in ein statistisches Analysewerkzeug, wie beispielsweise R, Mathworks oder EasyFit, eingegeben werden. Diese Werkzeuge verwenden die Eingabe einer Reihe von beobachteten Zwischenankunftszeiten, um zu überprüfen, ob sie einer negativen Exponentialverteilung folgen.

Exponentialverteilungen sind nicht nur bei der Modellierung der Ankunftszeit nützlich. Sie sind in einigen Fällen auch nützlich, um die Bearbeitungszeit einer Aktivität zu beschreiben. In der Warteschlangentheorie wird oft der Begriff *Servicezeit* anstelle von Bearbeitungszeit verwendet. Bei Aktivitäten, die eine Diagnose, eine nicht triviale Entscheidungsfindung erfordern, ist es oft der Fall, dass die Bearbeitungszeit exponentiell verteilt ist. Nehmen wir zum Beispiel die Zeit, die ein Mechaniker benötigt, um eine Reparatur an einem Auto durchzuführen. Die meisten Reparaturen entsprechen dem Standard und die Mechaniker benötigen vielleicht eine Stunde, um sie durchzuführen. Einige Reparaturen sind jedoch komplex und in solchen Fällen kann es mehrere Stunden dauern, bis der Mechaniker sie abgeschlossen hat. Eine ähnliche Bemerkung kann man auch für Behandlungen in einer Notaufnahme machen. Eine große Anzahl von Notfällen entspricht dem Standard und kann in weniger als einer Stunde erledigt werden, aber einige Notfälle sind extrem kompliziert und können viele Stunden dauern. Es ist also anzunehmen, dass solche Aktivitäten einer Exponentialverteilung folgen. Wie bereits erwähnt, ist es bei einer solchen Hypothese wichtig, sie zu überprüfen, indem man eine Stichprobe der Bearbeitungszeiten entnimmt und sie mithilfe eines Statistikwerkzeugs untersucht.

Im Bereich der Warteschlangentheorie wird ein System mit einer Warteschlange als *M/M/1*-Warteschlangensystem[4] bezeichnet, wenn die Ankunftszeiten der Kunden und die Bearbeitungszeiten einer Exponentialverteilung folgen und es eine einzige Ressource gibt, die die Instanzen der Reihe nach bedient *(engl.: first in, first out)*. Im Falle der M/M/1-Warteschlange gehen wir auch davon aus, dass eine eintreffende Instanz in die Warteschlange eingereiht wird und dort bleibt, bis sie von der Ressource verarbeitet wird.

Wenn die oben genannten Bedingungen erfüllt sind, es aber mehrere Ressourcen statt einer einzigen gibt, spricht man von einem *M/M/c*-Warteschlangensystem, wobei *c* die Anzahl der Ressourcen ist. Ein System ist beispielsweise M/M/5, wenn die Ankunftszeiten der Kunden als auch die Bearbeitungszeiten einer Exponentialverteilung folgen und am Ende der Warteschlange fünf Ressourcen bereit stehen. Die beiden Buchstaben *M* in dieser Bezeichnung stehen für *Markowsche Verteilung*. Sie weisen auf die Annahme hin, dass Zwischenankunftszeiten und Bearbeitungszeiten einer Exponentialverteilung folgen. Es gibt andere Warteschlangenmodelle, die auf anderen Annahmen basieren. Jedes dieser Modelle ist anders, sodass sich die Ergebnisse für andere Verteilungen gänzlich von jenen unterscheiden, die wir für eine M/M/1- oder M/M/c-Warteschlagen erhalten.

7.2.2 Warteschlangensysteme der Typen M/M/1 und M/M/c

Die erwähnte Unterscheidung von Warteschlangensystemen der Typen M/M/1 und M/M/c kann mithilfe der folgenden Parameter definiert werden:

- λ ist die durchschnittliche Ankunftsrate pro Zeiteinheit. Die mittlere Zwischenankunftszeit beträgt dann $1/\lambda$. Zum Beispiel bedeutet $\lambda = 5$, dass es 5 Ankünfte pro Stunde gibt. Das wiederum bedeutet, dass die mittlere Zwischenankunftszeit zwischen zwei aufeinander folgenden Instanzen 1/5 h beträgt, also 12 min.
- μ ist die theoretische Kapazität pro Ressource oder mit anderen Worten die Anzahl der Instanzen, die eine Ressource pro Zeiteinheit bearbeiten kann. Zum Beispiel bedeutet

---

[4]Diese Notation ist allgemein bekannt als *Kendalls Notation*.

$\mu = 6$, dass 6 Instanzen pro Stunde bedient werden können, was impliziert, dass die Bearbeitung einer Instanz durchschnittlich 10 min beträgt.[5]

- Im Falle von M/M/c ist die Anzahl der Ressourcen c.

Mit den Parametern λ und μ haben wir in Abschn. 7.1.5 die *Ressourcenauslastung* $\rho = \lambda/\mu$ definiert (siehe Formel 7.8). Im obigen Beispiel beträgt die Ressourcenauslastung 5/6 = 83.34 %. Es ist zu beachten, dass es sich um eine relativ hohe Ressourcenauslastung handelt. Ein System mit einer Ressourcenauslastung von mehr als 100 % ist instabil. Das bedeutet, die Warteschlange wird immer länger, da die Ressource nicht in der Lage ist, den gesamten Bedarf zu decken. Tatsächlich ist selbst ein System mit einer Ressourcenauslastung von nahezu 100 % instabil, da die Ankunft neuer Instanzen und die Bearbeitungszeiten pro Instanz einer Zufallsverteilung folgen. Um zu verstehen, warum dies der Fall ist, stellen Sie sich einen Arzt vor, der 8 h lang Patienten mit einer Rate von 6 pro Stunde empfängt und weiß, dass jeder Patient durchschnittlich 10 min für die Behandlung benötigt (manchmal weniger, manchmal mehr). Ohne Puffer wird der Arzt am Ende des Tages mit einem enormen Rückstau rechnen müssen.

Im Falle eines M/M/c-Systems ist die Ressourcenauslastung $\frac{\lambda}{c \times \mu}$, da das System aus einer Klasse von Ressourcen besteht, die gemeinsam Instanzen mit einer Rate von $c \times \mu$ verarbeiten können. Wenn das System beispielsweise 2 Ressourcen hat und jede Ressource 2 Instanzen pro Stunde verarbeiten kann, dann kann das gesamte System 4 Instanzen pro Stunde verarbeiten. Wenn die Instanzen mit einer mittleren Rate von 3 pro Stunde eintreffen, beträgt die Ressourcenauslastung des Systems 3/4 = 75%.

Bei einem M/M/1- oder M/M/c-System ermöglicht uns die Warteschlangentheorie die Berechnung der folgenden Parameter:

- *FiW* ist die durchschnittliche Anzahl der Fälle in der Warteschlange.
- *DZW* ist die durchschnittliche Zeit, die eine Instanz in der Warteschlange verbringt.
- *DZ* ist die durchschnittliche Zeit, die eine Instanz im gesamten System verbringt. Dazu gehört sowohl die Zeit, welche die Instanz in der Warteschlange verbringt, als auch die Zeit, die sie für die Bearbeitung aufwendet.
- *FiB* ist die durchschnittliche Anzahl von Instanzen im System (d. h. Fälle in Bearbeitung, auf die in Littles Gesetz verwiesen wird).

Zusammenfassend lässt sich sagen, dass die allgemeine Struktur eines einfachen Warteschlangensystems, das aus einer einzigen Warteschlange und einer oder mehreren Ressourcen besteht, in Abb. 7.13 dargestellt ist. Die Parameter der Warteschlange (λ, c und μ) werden oben angezeigt. Die Parameter, die aus diesen drei Eingabeparametern berechnet werden

---

[5]In Abschn. 7.1.5 haben wir das Symbol μ verwendet, um auf die theoretische Kapazität einer Ressourcenklasse zu verweisen, während wir hier das Symbol μ verwenden, um auf die theoretische Kapazität jeder einzelnen Ressource in einer Klasse hinzuweisen. Dies liegt daran, dass die Größe der Klasse über den Parameter c separat beschrieben wird.

Abb. 7.13 Struktur eines
M/M/1- oder M/M/c-Systems,
Eingabeparameter und
berechenbare Parameter

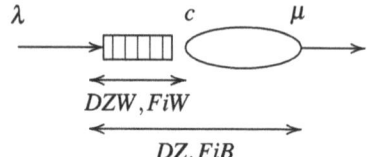

können, werden unter der Warteschlange und der Ressource angezeigt. Die durchschnittliche Wartezeit einer Instanz in der Warteschlange ist DZW, während die durchschnittliche Länge der Warteschlange FiW ist. Schließlich wird eine Instanz von der Ressource bearbeitet und beansprucht dabei durchschnittlich $1/\mu$ Zeiteinheiten.[6] Die durchschnittliche Zeit zwischen dem Eintritt einer Instanz in das System und ihrem Austritt aus diesem beträgt DZ, während die durchschnittliche Anzahl der Instanzen innerhalb des Systems (in der Warteschlange oder in einer Ressource) FiB beträgt.

Die Warteschlangentheorie gibt uns die folgenden Gleichungen zur Berechnung der obigen Parameter für M/M/1-Modelle:

$$FiW = \rho^2/(1 - \rho) \tag{7.9}$$

$$DZW = \frac{FiW}{\lambda} \tag{7.10}$$

$$DZ = DZW + \frac{1}{\mu} \tag{7.11}$$

$$FiB = \lambda \times DZ \tag{7.12}$$

Die Formeln 7.10, 7.11 und 7.12 können auch auf M/M/c-Modelle angewandt werden. Einzig der Parameter FiW muss bei M/M/c-Modellen anders, und zwar mithilfe folgender Formel, berechnet werden:

$$FiW = \frac{(\lambda/\mu)^c \rho}{c!(1 - \rho)^2 \left(\frac{(\lambda/\mu)^c}{c!(1 - \rho)} + \sum_{n=0}^{c-1} \frac{(\lambda/\mu)^n}{n!} \right)} \tag{7.13}$$

Diese Formel ist aufgrund der Summierungen und Fakultäten besonders kompliziert. Glücklicherweise gibt es Werkzeuge, die sie für uns berechnen können. Das Queueing Toolpak[7] unterstützt beispielsweise Berechnungen für M/M/c-Systeme (dort *M/M/s* genannt) sowie M/M/c/K-Systeme, wobei k die maximale Anzahl von Instanzen in der Warteschlange ist. Instanzen, die ankommen, wenn die Länge der Warteschlange k ist, werden abgelehnt

---

[6]Dies entspricht dem Begriff der Beanspruchung aus Abschn. 7.1.5.

[7]https://queueingtoolpak.org

(und müssen später wiederkommen). Weitere Werkzeuge zur Analyse von Warteschlangen-systemen sind QSim[8] und PDQ.[9]

Beispiel 7.9 Ein Unternehmen entwickelt kundenspezifische elektronische Hardware für eine Reihe von Kunden aus der Elektronikindustrie. Das Unternehmen erhält im Durch-schnitt alle 20 Arbeitstage Aufträge zur Planung eines neuen Schaltkreises. Ein Team von Ingenieuren benötigt durchschnittlich 10 Arbeitstage, um ein Hardwaregerät zu entwickeln.

Dieses Problem kann als ein M/M/1-Modell beschrieben werden, unter folgenden Annah-men: die Ankunft von Entwürfen erfolgt nach einem Poisson-Prozess, die Zeit für den Entwurf eines Schaltkreises folgt einer Exponentialverteilung und neue Entwurfsanforde-rungen werden der Reihe nach bearbeitet. Beachten Sie, dass das Team zwar aus mehreren Personen besteht, diese aber als monolithische Einheit agieren und daher wie eine ein-zelne Ressource behandelt werden sollen. Nehmen wir den Arbeitstag als Zeiteinheit. Im Durchschnitt gehen pro Tag 0,05 Bestellungen ein ($\lambda = 0{,}05$) und 0,1 Bestellungen wer-den pro Tag ausgeführt ($\mu = 0{,}1$). Somit ist die Ressourcenauslastung dieses Systems $\rho = 0{,}05/0{,}1 = 0{,}5$. Aus den Formeln für M/M/1-Modelle leiten wir die durchschnittli-che Länge der Warteschlange ab, sie beträgt $FiW = 0{,}5^2/(1 - 0{,}5) = 0{,}5$ Bestellungen. Daraus lässt sich schließen, dass die durchschnittliche Verweildauer eines Auftrags in der Warteschlange $DZW = 0{,}5/0{,}05 = 10$ Tage beträgt. Daher dauert es im Durchschnitt $DZ = 10 + 1/0{,}1 = 20$ Arbeitstage, bis ein Auftrag erfüllt ist. □

Übung 7.8 Betrachten Sie nun den Fall, dass das Ingenieursteam im vorherigen Beispiel 16 Arbeitstage benötigt, um einen Schaltkreis zu entwerfen. Wie lange dauert es dann durch-schnittlich, bis ein Auftrag erfüllt ist?

Übung 7.9 Eine Versicherungsgesellschaft erhält 220 Anrufe pro Tag von Kunden, die Ver-sicherungsansprüche geltend machen. Das Call-Center ist von 8.00 bis 17.00 Uhr besetzt. Die Ankunft der Anrufe erfolgt nach einem Poisson-Prozess. Betrachtet man die Intensität der Ankunft von Anrufen, so lassen sich drei Perioden während des Tages unterscheiden: die Periode von 8 bis 11 Uhr, die Periode von 11 bis 14 Uhr und die Periode von 14 bis 17 Uhr. Während der Zeit von 11.00 bis 14.00 Uhr werden 120 Anrufe entgegengenommen und zwischen der Zeit von 14.00 bis 17.00 Uhr werden 40 Anrufe empfangen. Eine Kundenbe-fragung hat gezeigt, dass die Kunden in der Regel zwischen 11.00 und 14.00 Uhr anrufen, weil sie in dieser Zeit eine Arbeitspause haben.

Statistische Analysen zeigen, dass die Dauer der Anrufe einer Exponentialverteilung folgt. Gemäß der Vorgaben des Unternehmens sollten Kunden im Durchschnitt nicht länger als eine Minute auf die Annahme ihres Anrufs warten.

---

[8] http://www.stat.auckland.ac.nz/~stats255/qsim/qsim.html
[9] http://www.perfdynamics.com/Werkzeugs/PDQ.html

- Angenommen, das Call-Center kann 70 Anrufe pro Stunde über 7 Call-Center-Mitarbeiter abwickeln. Reicht das aus, um die in der Vorgabe festgelegte Beschränkung von einer Minute zu erfüllen? Bitte erläutern Sie Ihre Antwort, indem Sie zeigen, wie Sie die durchschnittliche Länge der Warteschlange und die durchschnittliche Wartezeit berechnen.
- Was passiert, wenn die Kapazität des Call-Centers erhöht wird, sodass es 80 Anrufe pro Stunde (mit 8 Call-Center-Mitarbeitern) bewältigen kann?
- Der Call-Center Manager hat den Auftrag, die Kosten um mindestens 20 % zu senken. Beschreiben Sie mindestens zwei Ideen, um diese Kürzung zu erreichen, ohne die Gehälter der Call-Center-Mitarbeiter zu reduzieren und unter Einhaltung einer durchschnittlichen Wartezeit von weniger als einer Minute.

7.2.3   Grenzen der Warteschlangentheorie

Die oben vorgestellten grundlegenden Verfahren der Warteschlangenanalyse ermöglichen es uns, Wartezeiten und Warteschlangenlängen zu schätzen, basierend auf den Annahmen, dass Zwischenankunftszeiten und Bearbeitungszeiten einer Exponentialverteilung folgen. Wenn diese Parameter anderen Verteilungen folgen, muss man entsprechend andere Warteschlangenmodelle verwenden. Glücklicherweise unterstützen die Werkzeuge der Warteschlangentheorie heutzutage eine breite Palette von Warteschlangenmodellen und können diese Berechnungen für uns durchführen. Die obige Diskussion ist als ein Überblick über einfache Warteschlangenmodelle zu verstehen, der als Ausgangspunkt für die folgenden Erläuterungen zu dieser Familie von Verfahren dienen soll.

Eine grundlegendere Einschränkung der in diesem Abschnitt vorgestellten Verfahren besteht darin, dass sie jeweils nur eine einzige Aktivität betrachten. Wenn wir einen gesamten Prozess analysieren müssen, der mehrere Aktivitäten, Ereignisse und Ressourcen umfasst, sind diese grundlegenden Verfahren nicht ausreichend. Es gibt viele andere Verfahren zur Analyse von Warteschlangen, die für diesen Zweck verwendet werden könnten, wie z. B. Warteschlangennetzwerke. Im Wesentlichen sind Warteschlangennetzwerke Systeme, die aus mehreren miteinander verbundenen Warteschlangen bestehen. Allerdings kann die Mathematik hinter Warteschlangennetzwerken recht komplex werden, insbesondere wenn der Prozess gleichzeitige Aktivitäten beinhaltet. Ein populärerer Ansatz für die quantitative Analyse von Prozessmodellen unter der Berücksichtigung von Ressourcenkonflikten ist die Prozesssimulation, wie im Folgenden erläutert.

7.3   Simulation

Die Prozesssimulation ist wohl das beliebteste und am weitesten verbreitete Verfahren zur quantitativen Analyse von Prozessmodellen. Die wesentliche Idee der Prozesssimulation besteht darin, mit einem Prozess-Simulator eine große Anzahl von hypothetischen Instanzen eines Prozesses zu erzeugen, diese Schritt für Schritt auszuführen und jeden Schritt in dieser Ausführung aufzuzeichnen. Die Ausgabe eines Simulators umfasst dann die Logdaten der Simulation sowie Statistiken über Durchlaufzeiten, durchschnittliche Wartezeiten und die durchschnittliche Ressourcenauslastung.

7.3.1 Funktionsweise der Prozesssimulation

Während einer Prozesssimulation werden die Aktivitäten des Prozesses nicht tatsächlich ausgeführt. Stattdessen geht die Simulation einer Aktivität wie folgt vor. Wenn eine Aktivität zur Ausführung bereit ist, wird ein Arbeitsauftrag *(engl.: work item)* erzeugt und der Simulator versucht zunächst eine Ressource zu finden, der er diesen Arbeitsauftrag zuordnen kann. Wenn keine Ressource zur Verfügung steht, stellt der Simulator den Arbeitsauftrag in den Wartemodus, bis eine geeignete Ressource bereitsteht. Sobald eine Ressource einem Arbeitsauftrag zugeordnet ist, bestimmt der Simulator die Dauer des Arbeitsauftrags, indem er mithilfe der Wahrscheinlichkeitsverteilung der *Aktivitätenbearbeitungszeit* eine Zufallszahl zieht. Diese Wahrscheinlichkeitsverteilung und deren Parameter müssen im Simulationsmodell definiert werden.

Nachdem der Simulator die Dauer eines Arbeitsauftrags bestimmt hat, versetzt er den Arbeitsauftrag in den Schlafmodus. Dieser Schlafmodus simuliert die Bearbeitungsdauer der Aktivität. Nach Ablauf dieses Zeitintervalls wird der Arbeitsauftrag als beendet deklariert und die ihm zugeordnete Ressource wird wieder verfügbar.

In Wirklichkeit wartet der Simulator nicht auf die Rückkehr der Aktivitäten aus dem Schlafmodus. Wenn der Simulator beispielsweise feststellt, dass die Dauer eines Arbeitsauftrags 2 Tage und 2 h beträgt, wartet er nicht auf das tatsächliche Verstreichen dieser Zeitspanne. Sie können sich vorstellen, wie lange eine Simulation dauern würde, wenn das der Fall wäre. Stattdessen verwenden Simulatoren intelligente Algorithmen, um die Simulation so schnell wie möglich abzuschließen. Moderne Prozess-Simulatoren können Tausende von Prozessinstanzen und Zehntausende von Arbeitsaufträgen in Sekundenschnelle simulieren.

Für jeden Arbeitsauftrag, der während einer Simulation erzeugt wird, zeichnet der Simulator die Kennung der Ressource auf, die dieser Instanz zugeordnet wurde, sowie drei Zeitstempel:

- Die Zeit, zu der die Aktivität zur Ausführung bereit stand.
- Die Zeit, zu der die Aktivität gestartet wurde, d. h. sie wurde einer Ressource zugeordnet.
- Die Zeit, zu der die Aktivität abgeschlossen wurde.

Aus den gesammelten Daten kann der Simulator die durchschnittliche Wartezeit für jede Aktivität berechnen. Diese Maßzahlen sind sehr wichtig, um Engpässe im Prozess zu identifizieren. Wenn eine Aktivität eine hohe durchschnittliche Wartezeit hat, stellt diese einen

Engpass dar. Der Analyst kann dann verschiedene Optionen zur Behebung dieses Engpasses in Betracht ziehen.

Da der Simulator außerdem erfasst, welche Ressourcen welche Arbeitsaufträge ausführen und wie lange jeder Arbeitsauftrag dauert, kann der Simulator die Gesamtzeit ermitteln, in der eine bestimmte Ressource mit Arbeitsaufträgen beschäftigt ist. Wir erhalten die *Ressourcenauslastung*, indem wir die Zeit, die eine Ressource während einer Simulation in Anspruch genommen wurde, durch die Gesamtdauer der Simulation teilen. Dies ergibt den Prozentsatz der Zeit, die die Ressource im Durchschnitt ausgelastet ist.

7.3.2   Eingaben für die Prozesssimulation

Aus der obigen Beschreibung der Funktionsweise einer Simulation ergibt sich, dass wir für jede Aktivität im Prozessmodell die folgenden Informationen angeben müssen, um sie zu simulieren:

- Die Wahrscheinlichkeitsverteilung der Bearbeitungszeit.
- Andere Leistungsmerkmale wie Kosten und Erträge.
- Die Ressourcenklasse, die für die Ausführung der Aktivität verantwortlich ist. Im Antragsverfahren für Darlehen gibt es drei Ressourcenklassen: die Sachbearbeiter, die Kundenberater und die Manager. Für jede Ressourcenklasse müssen wir die Anzahl (z. B. jene der Sachbearbeiter oder der Kundeberater) und optional die Kosten pro Zeiteinheit (z. B. die Stundenkosten eines Sachbearbeiters) angeben. Wenn wir die Kosten pro Zeiteinheit für jede Ressourcenklasse kennen, berechnet die Simulation neben Durchlaufzeiten und Wartezeiten auch die durchschnittlichen Bearbeitungskosten pro Fall.

Zu den gängigen Wahrscheinlichkeitsverteilungen für die Bearbeitungsdauern im Rahmen der Prozesssimulation gehören:

- *Konstant:* Dies ist der Fall, wenn die Bearbeitungszeit der Aktivität für alle Ausführungen gleich ist. Solche Aktivitäten sind selten anzutreffen, da die Bearbeitungszeit durch Mitarbeiter eine gewisse Variabilität mit sich bringt. Beispiele für konstante Bearbeitungszeiten finden sich bei automatisierten Aktivitäten, wie z. B. der automatischen Erstellung eines Berichts aus einer Datenbank. Eine solche Aktivität würde in etwa immer die gleiche Zeit in Anspruch nehmen, z. B. 5 s.
- *Exponentialverteilung:* Wie in Abschn. 7.2 erläutert, eignet sich die Exponentialverteilung, wenn die Bearbeitungszeit der Aktivität am häufigsten um einen bestimmten Mittelwert schwankt, manchmal aber auch wesentlich länger dauert. Betrachten Sie beispielsweise eine Aktivität *Versicherungsfälle beurteilen* in einem Prozess der Schadenbearbeitung. Im Normalfall wird der Anspruch in einer Stunde oder weniger bewertet. Einige Versicherungsfälle bedürfen jedoch einer genaueren Betrachtung, z. B. weil der

Gutachter der Ansicht ist, dass ein Betrugsrisiko besteht. In diesem Fall kann der Prüfer mehrere Stunden oder sogar einen ganzen Tag damit verbringen, einen einzelnen Schadensfall zu beurteilen. Eine ähnliche Beobachtung kann bei Diagnoseaufgaben erfolgen, wie z. B. der Diagnose eines Problems in einer IT-Infrastruktur oder der Diagnose eines Problems während der Autoreparatur.

- *Normalverteilung:* Diese Verteilung wird verwendet, wenn die Bearbeitungszeit der Aktivität um einen bestimmten Mittelwert schwankt und die Abweichung um diesen Wert symmetrisch ist, d. h. die tatsächliche Bearbeitungszeit kann mit gleicher Wahrscheinlichkeit über oder unter dem Mittelwert liegen. Einfache Prüfungen, wie z. B. die Überprüfung, ob ein Papierformular vollständig ausgefüllt ist oder nicht, können dieser Verteilung folgen. Tatsächlich dauert es in der Regel etwa 3 min, bis eine solche Überprüfung abgeschlossen ist. In manchen Fällen kann diese Zeit geringer sein, weil z. B. das Formular eindeutig unvollständig oder vollständig ist. In anderen Fällen kann es etwas länger dauern, da einige Felder leer gelassen wurden und es unklar ist, ob diese Felder für den betrachteten Kunden relevant sind oder nicht. Einige Simulatoren unterstützen auch die *Halbnormalverteilung,* die der Normalverteilung ähnlich ist, aber nur positive Werte zulässt. Negative Werte sind nicht sinnvoll, wenn es um Bearbeitungszeiten oder Kosten geht.

Wenn die Bearbeitungszeit mithilfe einer Exponentialverteilung beschrieben wird, muss der Analyst den Mittelwert angeben. Wenn die Bearbeitungszeit einer Normalverteilung folgt, muss der Analyst zwei Parameter angeben: Mittelwert und Standardabweichung. Diese Parameter müssen auf der Grundlage einer fundierten Schätzung (basierend auf Interviews mit den relevanten Interessengruppen), vorzugsweise aber durch Stichprobenauswahl (der Analyst sammelt Daten für eine Stichprobe von Bearbeitungszeiten) oder durch Analyse von Ereignislogdaten relevanter Informationssysteme ermittelt werden. Einige Simulationswerkzeuge ermöglichen es Analysten, Logdaten in das Simulationswerkzeug zu importieren und unterstützen auf dieser Grundlage die Auswahl der richtigen Wahrscheinlichkeitsverteilung. Diese Funktionalität wird als *Simulationseingabeanalyse* bezeichnet.

Zusätzlich zu den oben genannten aufgabenbezogenen Simulationsdaten muss für jeden Ausgangspfad eines Entscheidungsgatters eine Auswahlwahrscheinlichkeit angegeben werden. Diese Wahrscheinlichkeiten können durch Befragung, Beobachtung oder die Auswertung von Logdaten aus relevanten Informationssystemen ermittelt werden.

Um eine Simulation durchführen zu können, muss der Analyst schließlich mindestens Folgendes angeben:

- Die mittlere Ankunftszeit und die damit verbundene Wahrscheinlichkeitsverteilung. Wie bereits erwähnt, eignet sich die Exponentialverteilung gut für Ankunftszeiten und wird daher von Prozess-Simulatoren oft als Standard ausgewählt. Es kann jedoch vorkommen, dass die Ankunftszeiten einer anderen Verteilung folgen, z. B. einer *Normalverteilung.* Wir können eine Stichprobe von Zwischenankunftszeiten über einen bestimmten Zeitraums erheben und statistisch auswerten, um die passende Verteilung zu bestimmen. Einige Simulatoren unterstützen eine solche Bestimmung der Verteilung auf der Grundlage von Beispieldaten.

- Das Startdatum und die Startzeit der Simulation (z. B. *11. November 2017 um 8:00 Uhr*).
- Eine der folgenden Optionen:
  - Das Enddatum und die Endzeit der Simulation. Wenn diese Option ausgewählt ist, erzeugt die Simulation keine weiteren Prozessinstanzen mehr, sobald der Simulationslauf die Endzeit erreicht.
  - Die Zeitspanne der Simulation (z. B. 7 Tage, 14 Tage). Bei dieser Option ergibt sich die Endzeit der Simulation aus der Summe von Zeitspanne und Startzeit.
  - Die erforderliche Anzahl der zu simulierenden Prozessinstanzen (z. B. 1.000). Bei dieser Option erzeugt der Simulator Prozessinstanzen gemäß der Ankunftsrate, bis er die erforderliche Anzahl von Prozessinstanzen erreicht hat. Dann stoppt die Simulation. Einige Simulatoren stoppen nicht sofort, sondern lassen die aktiven Prozessinstanzen bis zum Ende durchlaufen, bevor sie die Simulation stoppen.

Beispiel 7.10 Wir betrachten den in Abb. 4.2 (S. 136) modellierten Prozess der Bearbeitung von Darlehensanträgen. Wir simulieren dieses Modell mit dem BIMP-Simulator.[10] Dieser Simulator benutzt BPMN-Prozessmodelle als Eingabe.

Wir stellen die folgenden Eingaben für die Simulation zur Verfügung.

- Im Durchschnitt treffen pro Stunde drei Kreditanträge ein, was einer Zwischenankunftszeit von 20 min entspricht. Darlehensanträge kommen werktags nur von 9.00 bis 17.00 Uhr an.
- Die Aktivitäten *Kredithistorie prüfen* und *Einkommensquellen prüfen* werden von Sachbearbeitern übernommen.
- Die Aktivitäten *Ablehnung bekanntgeben*, *Vertragsunterlagen zusenden* und *Antrag bewerten* werden von Kundenberatern wahrgenommen.
- Die Aktivität *Kundenrückmeldung erhalten* ist in Wirklichkeit ein Ereignis. Es dauert Null Zeiteinheiten und bezieht sich nur auf das Kreditinformationssystem. Es erfolgt keine Bearbeitung von Ressourcen. Um dies zu erfassen, wird die Aktivität einer speziellen Rolle *System* zugeordnet.
- Es gibt zwei Sachbearbeiter und zwei Kundenberater. Die Stundenkosten eines Sachbearbeiters betragen € 25, während die eines Kundenberaters € 50 betragen.
- Sachbearbeiter und Kundenberater arbeiten werktags von 9.00 bis 17.00 Uhr.
- Die Durchlaufzeit der Aktivität *Anwendung bewerten* folgt einer Exponentialverteilung mit einem Mittelwert von 20 min.
- Die Durchlaufzeiten aller anderen Aktivitäten folgen einer Normalverteilung. Die Aktivitäten *Kredithistorie prüfen*, *Ablehnung bekanntgeben* und *Vertragsunterlagen zusenden*

---

[10]http://bimp.cs.ut.ee

haben eine mittlere Durchlaufzeit von 10 min bei einer Standardabweichung von 20 %, während *Einkommensquellen prüfen* eine Durchlaufzeit von 20 min bei einer Standardabweichung von 20 % hat.

- Die Wahrscheinlichkeit, dass ein Antrag angenommen wird, beträgt 80 %.
- Die Wahrscheinlichkeit, dass ein Kunde, dessen Antrag abgelehnt wurde, eine Neubewertung des Antrags beantragt, beträgt 20 %.

Wir führen eine Simulation mit 2.400 Instanzen durch. Das entspricht 100 Arbeitstagen und 24 eingehenden Darlehensanträgen pro Tag.

Die Simulation ergibt eine durchschnittliche Durchlaufzeit von ca. 7,5 h, wenn wir die Zeit außerhalb der Arbeitszeit berücksichtigen (*Durchlaufzeit einschließlich Überstunden* in BIMP). Wenn wir nur die Arbeitsstunden zählen, beträgt die Durchlaufzeit 2 h. Letzteres nennt man in BIMP die *Durchlaufzeit ohne Überstunden*. Diese Durchlaufzeitmessungen können um ca. ±10 % variieren, wenn wir die Simulation mehrfach ausführen. Diese Schwankungen sind aufgrund des stochastischen Charakters der Simulation zu erwarten. Aus diesem Grund empfehlen wir, die Simulation mehrfach auszuführen, um die Simulationsergebnisse zu berechnen.

Abb. 7.14 zeigt die Histogramme für Durchlaufzeiten des Gesamtprozesses (sowohl mit als auch ohne Überstunden), Prozesswartezeiten und Prozesskosten (ohne Überstundenkosten). Es zeigt sich, dass die Wartezeiten relativ gering sind, weil die Ressourcenauslastung von Sachbearbeitern und Kundenberatern bei etwa 76–80 % liegt.   □

Übung 7.10 Die Versicherungsgesellschaft Cetera steht vor folgendem Problem: wann immer ein großes Schadensereignis (z. B. ein Unwetter) eintritt, ist ihr Schadenbearbeitungsprozess nicht in der Lage, den daraus resultierenden Nachfragespitzen zu begegnen. Während der normalen Zeiten erhält die Versicherung etwa 9.000 Anrufe pro Woche, aber bei einem Unwettern verdoppelt sich die Anzahl der Anrufe.

Das Prozessmodell der Schadenbearbeitung von Cetera ist in Abb. 7.15 dargestellt. Der Prozess beginnt, wenn ein Anruf zur Meldung eines Schadens eingeht. Der Anruf wird je nach Standort des Anrufers an eines von zwei Call-Centern weitergeleitet. Jedes Call-Center erhält ungefähr die gleiche Anzahl von Anrufen und hat die gleiche Anzahl von Mitarbeitern (40 pro Call-Center). Der Prozess ist in beiden Call-Centern identisch. Wenn ein Anruf eingeht, wird er von einem Mitarbeiter entgegengenommen. Dieser geht mit dem Kunden zunächst einen Standardfragebogen durch, um festzustellen, ob für die Geltendmachung eines Anspruchs alle erforderlichen Mindestinformationen (z. B. Versicherungsnummer) vorliegen. Wenn der Kunde die geforderten Angaben machen kann, erfasst der Mitarbeiter die entsprechenden Informationen gemeinsam mit dem Kunden, gibt diese ins System ein, prüft die Vollständigkeit und schließt somit die Erfassung ab.

Sobald ein Schadensfall erfasst ist, wird er an die Schadenbearbeitungsstelle weitergeleitet, wo alle weiteren Schritte durchgeführt werden. Es gibt eine einzige Schadenbearbeitungsstelle, egal ob der Schaden von Call-Center 1 oder 2 erfasst wurde. In der

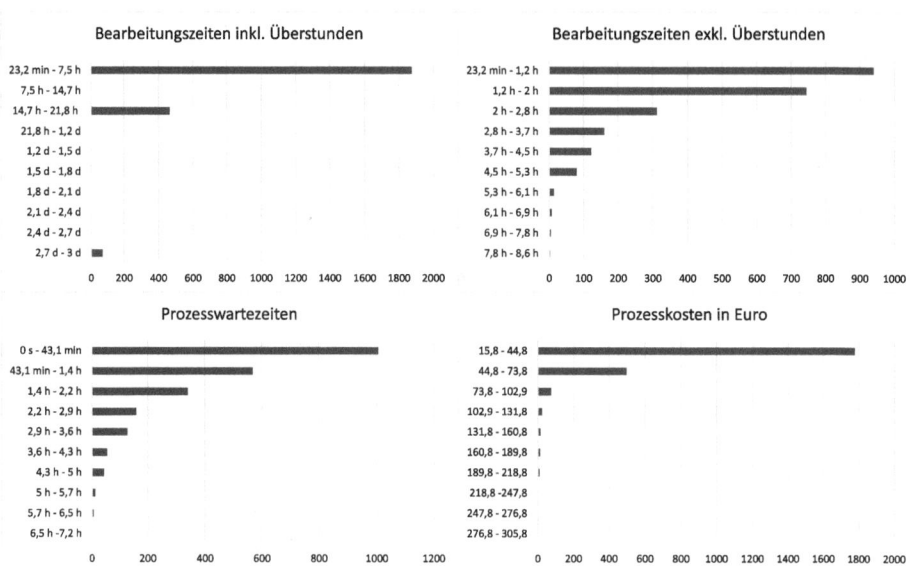

Abb. 7.14 Histogramme, die durch die Simulation des Darlehensantragsprozesses mit BIMP erzeugt wurden

Schadenbearbeitungsstelle durchläuft der Schadensfall ein zweistufiges Bewertungsverfahren. Zunächst wird die Haftung des Kunden ermittelt. Zweitens wird der Anspruch für den Schadensfall geprüft, um festzustellen, ob und in welchem Umfang das Versicherungsunternehmen diese Haftung zu decken hat. Wird der Anspruch akzeptiert, wird die Zahlung veranlasst und der Kunde über die Erstattung informiert. Die Aktivitäten der Abteilung Schadenbearbeitung werden von Sachbearbeitern wahrgenommen. Insgesamt gibt es 150 Sachbearbeiter.

Die mittlere Durchlaufzeit jeder Aktivität (in Sekunden) ist in Abb. 7.15 dargestellt. Für jede Aktivität folgt die Durchlaufzeit einer Exponentialverteilung. Die Stundenkosten eines Call-Center-Mitarbeiters betragen € 30, während die Stundenkosten eines Sachbearbeiters € 50 betragen.

Beschreiben Sie die Eingaben, die in einem Simulator angegeben werden müssen, um diesen Prozess im Normalszenario und im Unwetterszenario zu simulieren. Modellieren Sie mit einem Simulationswerkzeug das Normal- und das Unwetterszenario und führen Sie eine Simulation durch, um diese beiden Szenarien zu vergleichen.

7.3.3   Simulationswerkzeuge

Heutzutage unterstützen die meisten Prozessmodellierungswerkzeuge auch die Simulation. Beispiele für solche Softwareprodukte mit Simulationsunterstützung sind Appian, ARIS,

Abb. 7.15 Ceteras Prozess der
Schadenbearbeitung

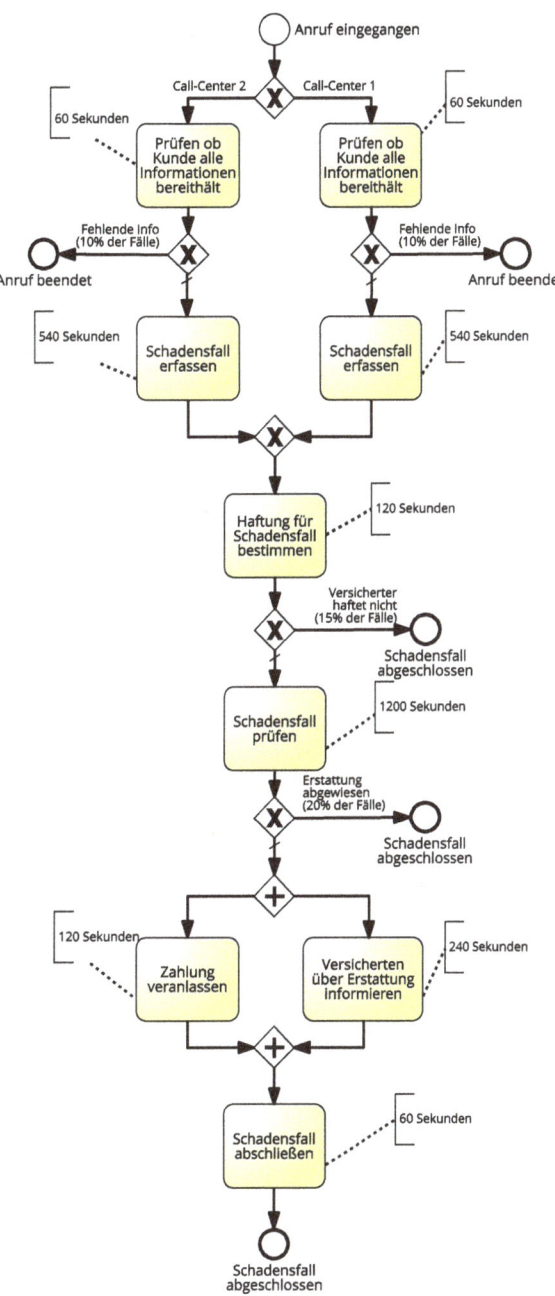

IBM BPM, Logizian, Oracle Business Process Analysis Suite und Signavio Process Manager. Die Funktionalität solcher Prozessmodellierungswerkzeuge entwickelt sich ständig weiter. Daher ist es wichtig, die grundlegenden Konzepte der Prozesssimulation zu verstehen, bevor man versucht, die spezifischen Eigenschaften eines bestimmten Produkts zu bewerten.

Die zur Verfügung gestellte Simulationsfunktionalität variiert von Werkzeug zu Werkzeug. Einige bieten beispielsweise die Möglichkeit festzulegen, dass Ressourcen nicht fortlaufend, sondern nur in bestimmten Zeiträumen zur Verfügung stehen. Diese Verfügbarkeit wird durch das Anhängen eines Kalenders an jede Ressourcenklasse festgelegt. Andere erlauben es zusätzlich festzulegen, dass neue Prozessinstanzen nur in bestimmten Zeiträumen, z. B. nur während der Geschäftszeiten, angelegt werden können. Auch dies wird über einen Kalender festgelegt.

Einige der anspruchsvolleren Werkzeuge erfassen nicht nur Verzweigungsbedingungen, sondern auch boolesche Ausdrücke, die Attribute von Datenobjekten des Prozessmodells verwenden. Auf diese Weise können wir z. B. festlegen, dass ein bestimmter Pfad aus einer XOR-Verzweigung dann ausgewählt wird, wenn das Attribut *Darlehenssumme* eines Datenobjekts namens *Darlehensantrag* größer als € 10.000 ist, während ein anderer Pfad genommen werden soll, wenn dieser Betrag bis zu € 10.000 beträgt. Erzeugt der Simulator Objekte vom Typ *Darlehen,* gibt er ihnen einen Wert entsprechend einer Wahrscheinlichkeitsverteilung, die an dieses Attribut angehängt ist.

Es gibt geringfügige Unterschiede in der Art und Weise, wie Parameter in den Simulationswerkzeugen spezifiziert werden. Einige Werkzeuge erfordern die Angabe der mittleren Ankunftsrate, d. h. der Anzahl der Fälle, die während einer Zeiteinheit gestartet werden (z. B. 50 Fälle pro Tag). Andere erfordern die Angabe der mittleren Ankunftszeit zwischen den Fällen (z. B. 2 min bis ein neuer Fall eintrifft). Erinnern Sie sich daran, dass die mittlere Ankunftsrate λ und die mittlere Zwischenankunftszeit $(1/\lambda)$ in Abschn. 7.2.1 diskutiert wurden. Einige Werkzeuge gehen noch weiter, indem sie es ermöglichen, neben der Ankunftszeit auch die Anzahl der jedes Mal erstellten anzugeben. Standardmäßig kommen die Fälle einzeln an, aber in einigen Geschäftsprozessen können die Fälle in Stapeln eintreffen.

Beispiel 7.11 Ein Beispiel für einen Prozess mit stapelweise eintreffenden Fällen ist ein Archivierungsprozess im Macau Historical Archive. Zu Beginn eines jeden Jahres werden von verschiedenen Organisationen Übergabelisten an das Historische Archiv geschickt. Jede Übergabeliste enthält ca. 225 historische Datensätze. Im Durchschnitt gehen pro Jahr zwei Übergabelisten ein. Jeder Datensatz in einer Übergabeliste muss einen Prozess durchlaufen, welcher Beurteilung, Klassifizierung, Annotation, Sicherung und Neueinbindung umfasst. Wenn wir bedenken, dass jeder Datensatz ein Fall dieses Archivierungsprozesses ist, dann können wir sagen, dass die Fälle in Stapeln von $225 \times 2 = 450$ Fällen eingehen. Darüber hinaus kommen diese Stapel zu einer festen Zwischenankunftszeit von einem Jahr.   □

Schließlich unterscheiden sich die Werkzeuge der Prozesssimulation in Bezug auf die Art und Weise, wie Ressourcenklassen und Ressourcenkosten spezifiziert werden. Einige Werkzeuge beschränken die Angabe auf eine Ressourcenklasse und deren Anzahl von Ressourcen. Ein einzelner Aufwand pro Zeiteinheit wird dann der gesamten Ressourcenklasse zugeordnet. Andere Werkzeugs unterstützen eine separate Spezifikation der Ressourcen einer Klasse mit spezifischen Kostensätzen für jede eingebundene Ressource (z. B. 10 Sachbearbeiter können jeder mit seinem Namen und seinen Stundenkosten angelegt werden).

Die obige Diskussion veranschaulicht einige der Nuancen, die in den Simulationswerkzeugen zu finden sind. Um nicht sofort in die zahlreichen Details eines bestimmten Werkzeugs einzutauchen, kann es für Anfänger sinnvoll sein, die ersten Schritte mit dem in Beispiel 7.10 genannten BIMP-Simulator zu unternehmen. BIMP ist ein einfacher BPMN-Prozessmodellsimulator, der die Kernfunktionalität kommerzieller Prozesssimulationswerkzeuge bietet.

7.3.4 Validierung von Simulationsmodellen

Man sollte bedenken, dass die quantitativen Analyseverfahren, die wir in diesem Kapitel betrachtet haben, insbesondere die Simulation, auf Modellen und deren vereinfachenden Annahmen basieren. Die Zuverlässigkeit der von diesen Verfahren erzeugten Ausgabe hängt weitgehend von der Genauigkeit der Zahlen ab, die als Eingabe benutzt werden. Zusätzlich geht die Simulation davon aus, dass die Prozessteilnehmer mechanisch arbeiten. Prozessteilnehmer sind jedoch keine Roboter. Sie erfahren unvorhergesehene Unterbrechungen, weisen aufgrund einer Vielzahl von Faktoren schwankende Arbeitsleistungen auf und können sich an neue Arbeitsweisen anpassen.

Es ist gute Praxis, wenn möglich die Eingabeparameter einer Simulation aus tatsächlichen Beobachtungen, d. h. aus historischen Prozessausführungsdaten, abzuleiten. Dies ist möglich bei der Simulation eines Istprozesses, der bereits so im Unternehmen ausgeführt wird, aber nicht bei der Simulation eines Sollprozesses. Zudem wird empfohlen, die Simulationsergebnisse mit Experten zu besprechen, wie z. B. Prozessbeteiligten und Prozessverantwortlichen. Die Prozessbeteiligten sind in der Regel in der Lage, die Glaubwürdigkeit der durch die Simulation berechneten Ressourcenauslastung und aufgezeigten Engpässe zu hinterfragen. Wenn die Simulation beispielsweise auf einen Engpass in einer bestimmten Aktivität hinweist, während die Prozessbeteiligten diese Aktivität als unkritisch empfinden, gibt dies einen Hinweis darauf, dass falsche Annahmen getroffen wurden. Die Einschätzung von Prozessbeteiligten hilft, die Parameter so zu rekonfigurieren, dass die Ergebnisse näher am tatsächlichen Verhalten liegen. Mit anderen Worten, die Prozesssimulation ist ein iteratives Analyseverfahren.

Schließlich ist es ratsam, eine Sensitivitätsanalyse der Simulation durchzuführen. Konkret bedeutet dies, zu beobachten, wie sich die Ausgabe der Simulation ändert, wenn eine Ressource zu einer Ressourcenklasse hinzugefügt oder aus dieser entfernt wird oder wenn sich die Bearbeitungszeiten z. B. um $\pm 10\,\%$ ändern. Wenn solche kleinen Änderungen der Simu-

lationseingangsparameter die Schlussfolgerungen aus den Simulationsausgaben erheblich
beeinflussen, muss man bei der Interpretation der Simulationsergebnisse vorsichtig sein.

7.4   Die wichtigsten Punkte

In diesem Kapitel betrachteten wir drei quantitative Prozessanalyseverfahren, nämlich
Durchlaufzeitenanalyse, Warteschlangentheorie und Simulation. Diese Verfahren ermöglichen es uns, Kennzahlen wie Durchlaufzeit oder Kosten abzuleiten und zu verstehen, wie
verschiedene Aktivitäten und Ressourcenklassen zur Gesamtleistung eines Prozesses beitragen.

Die Durchlaufzeitenanalyse ermöglicht es uns, Kennzahlen eines Prozessmodells aus
Leistungsdaten jeder einzelnen Aktivität abzuleiten. Wir haben auch den kritischen Pfad
eines Prozesses analysiert. Schließlich haben wir die Kapazität eines Prozesses untersucht
und den Begriff der Ressourcenauslastung definiert.

Die Wartezeiten eines Prozesses sind stark von der Ressourcenauslastung abhängig - je
beschäftigter die Ressourcen sind, desto länger sind die Wartezeiten. Grundlegende Warteschlangenmodelle, wie das M/M/1-Modell, ermöglichen es uns, Wartezeiten für einzelne
Aktivitäten anhand von Daten über die Anzahl der Ressourcen und deren Bearbeitungszeiten
zu berechnen. Andere Modelle der Warteschlangentheorie, wie beispielsweise Warteschlangennetzwerke, können verwendet werden, um feinkörnige Analysen auf der Ebene ganzer
Prozesse durchzuführen. In der Praxis ist es jedoch sinnvoll, die Prozesssimulation für die
Detailanalyse einzusetzen. Die Prozesssimulation ermöglicht es uns, aus Daten über die
Aktivitäten (z. B. Durchlaufzeiten oder Kosten) und Daten über die am Prozess beteiligten
Ressourcen Kennzahlen abzuleiten. Die Prozesssimulation ist ein vielseitiges Verfahren, das
von verschiedenen Prozessmodellierungs- und Analysewerkzeugen unterstützt wird.

7.5   Lösungen zu Übungsaufgaben

Lösung 7.1 Zuerst stellen wir fest, dass die Durchlaufzeit des UND-Blocks 1 ist. Dann
berechnen wir die Durchlaufzeit des XOR-Blocks wie folgt: $0,4 \times 1 + 0,4 \times 1 + 0,2 \times 1$
h. Die gesamte Durchlaufzeit beträgt somit $1 + 1 + 1 = 3$ h.

Lösung 7.2 Die Durchlaufzeit des Prozesses beträgt $2 + 8 + \frac{4+4}{1-0,2} = 20$ Tage. Wenn wir
8 Arbeitsstunden pro Tag annehmen, entspricht das 160 Arbeitsstunden. Die theoretische
Durchlaufzeit ist $0,5 + 12 + \frac{4+2}{1-0,2} = 20$ h. Daher beträgt die Durchlaufzeiteffizienz 12,5 %.

Lösung 7.3 Es ist zu erwarten, dass sich die durchschnittlichen Durchlaufzeiten des gemeldeten Prozesses im Allgemeinen verbessert haben. Seit 1992 haben mehrere technologische
Fortschritte die Produktivität der Büroarbeit drastisch verbessert. Diese Verbesserungen

beziehen sich auf eine bessere Koordination von Aktivitäten durch den Einsatz von Informationstechnologie wie insbesondere Büroanwendungen, ERP-systemen und Internettechnologie. In Kap. 9 werden wir darüber diskutieren, wie Geschäftsprozessmanagementsysteme und verschiedene Arten von prozessorientierten Informationssystemen zu einer besseren Koordination und Automatisierung von Aktivitäten beigetragen haben. Diese Fortschritte haben wahrscheinlich die Wartezeiten in vielen Geschäftsprozessen verkürzt. Daher dürfte sich auch die Effizienz der Durchlaufzeit seit 1992 verbessert haben.

Lösung 7.4 Das in Abb. 7.4 dargestellte Prozessmodell hat drei Aktivitäten mit den folgenden FS, FE, ST und SE:

- Startereignis: $FS = FE = ST = SE = 0$.
- Aktivität A: $FS = ST = 0$ und $FE = SE = 10$.
- Aktivität B: $FS = ST = 10$ und $FE = SE = 30$.
- Aktivität C: $FS = 10$ und $FE = 20$. Hier ist Pufferzeit, weil $ST = 20$ und $SE = 30$.
- Endereignis: $FS = FE = ST = SE = 30$.

Aktivität C hat einen Puffer von 10. Der kritische Pfad umfasst alle Aktivitäten außer C.

Lösung 7.5 Littles Gesetz besagt, dass $DZ = FiB/\lambda$. Zu Stoßzeiten kommen 900 Kunden über 6 h verteilt, sodass die durchschnittliche Ankunftsrate $\lambda = 150$ Kunden pro Stunde beträgt. Andererseits ist $FiB = 90$ während der Stoßzeiten. Somit ist $DZ = 90/150 = 0,6$ h (d.h. 36 min). Zu den Randzeiten kommen $\lambda = 300/6 = 50$ Kunden pro Stunde und $FiB = 30$, was zu $DZ = 30/50 = 0,6$ h (wiederum 36 min) führt. Wenn die Anzahl der Kunden pro Stunde in Stoßzeiten steigen soll, die Fälle in Bearbeitung aber konstant bleiben, müssen wir die Durchlaufzeit pro Kunde reduzieren. Dies kann durch Verkürzung der Bedienzeit, der Zeitspanne zwischen dem Betreten des Restaurants und der Bestellung oder der Zahlungsdauer des Kunden erreicht werden. Mit anderen Worten, der Prozess der Bedienung und Bezahlung muss möglicherweise neu gestaltet werden.

Lösung 7.6
- Ein Call-Center-Mitarbeiter benötigt $60 + 0,9 \times 540 = 546$ Sekunden pro Instanz.
- Ein Call-Center-Mitarbeiter kann 3.600 s/h bereitstellen, also 7 Mitarbeiter 25.200 s/h.
- $\mu = 25.200/546 = 46,155$ Anrufe pro Stunde.
- Aus Gründen der Übersichtlichkeit verwenden wir die Stunde als Zeiteinheit. Daher sind $\lambda = 24,44$ und $\mu = 46,15$, und somit $\rho = 24,44/46,15 = 0,53$.

Lösung 7.7 Da es keine weiteren Kosten gibt, berechnen wir die Kosten des Prozesses, indem wir die Ressourcenkosten wie folgt aggregieren: $0,5 \times €\,25 + 12 \times €\,50 + (4 \times €\,75 + 2 \times €\,100)/(1 - 0,2) = €\,1237,50$.

Lösung 7.8 Im Durchschnitt werden 0,05 Bestellungen pro Tag erhalten ($\lambda = 0{,}05$) und 0,0625 Bestellungen pro Tag ausgeführt ($\mu = 0{,}0625$). Somit ist die Ressourcenauslastung dieses Systems $\rho = 0{,}05/0{,}0625 = 0{,}8$. Aus den Formeln für M/M/1-Modelle lässt sich ableiten, dass die durchschnittliche Länge der Warteschlange FiW $0{,}8^2/(1-0{,}8) = 3{,}2$ Bestellungen beträgt. Daher beträgt die durchschnittliche Verweildauer eines Auftrags in der Warteschlange $DZW = 3{,}2/0{,}05 = 64$ Tage. So dauert es im Durchschnitt $DZ = 64 + 16 = 80$ Arbeitstage, bis ein Auftrag abgearbeitet ist.

Lösung 7.9 Streng genommen sollten wir dieses Problem mit einem M/M/c-Warteschlangenmodell analysieren. Die Formeln für M/M/c sind jedoch recht komplex, um die Berechnungen im Detail darzustellen. Aus diesem Grund gehen wir in dieser Lösung davon aus, dass sich das gesamte Call-Center wie ein einziges monolithisches Team verhält, sodass wir ein M/M/1-Warteschlangenmodell zur Analyse des Problems verwenden können. Aufgrund dieser Annahme werden die Ergebnisse nicht exakt sein.

Hätten wir nur 7 Call-Center-Mitarbeiter, dann wäre die Ressourcenauslastung $\rho = 40/70 = 0{,}57$, $FiW = \rho^2/(1-\rho) = 0{,}57^2/(1-0{,}57) = 0{,}76$ und $DZW = FiW/\lambda = 0{,}76/40 = 0{,}0189$ h $= 1{,}13$ min. Daher können wir die Vorgaben nicht erfüllen.

Wenn wir 80 Anrufe pro Stunde mit 8 Call-Center-Mitarbeitern bewältigen können, dann ist die Ressourcenauslastung $\rho = 40/80 = 0{,}5$, $FiW = \rho^2/(1-\rho) = 0{,}5^2/(1-0{,}5) = 0{,}5$ und $DZW = FiW/\lambda = 0{,}5/40 = 0{,}0125$ h $= 45$ s, womit wir die Vorgaben erfüllen.

Möglichkeiten, Kosten zu senken und gleichzeitig so nah wie möglich an den Vorgaben zu bleiben, sind:

- Wir könnten die Anzahl der Call-Center-Mitarbeiter auf 7 reduzieren und haben trotzdem eine durchschnittliche Wartezeit von 1,13 min. Das senkt die Kosten um 12,5 % (ein Call-Center-Mitarbeiter weniger).
- Wir könnten ein Selbstbedienungssystem einführen, bei dem Kunden ihre Anträge online einreichen (zumindest für einfache Ansprüche).
- Wir könnten die Arbeitszeiten im Call-Center verlängern (z. B. bis 18.00 Uhr oder 19.00 Uhr statt 17.00 Uhr), damit die Mitarbeiter nach der Arbeit anrufen können. Auf diese Weise können wir das Call-Center während der Stoßzeiten entlasten.
- Wir könnten die Zeit für jeden Anruf reduzieren, indem wir die Call-Center-Mitarbeiter auf eine schnelle Bearbeitung schulen.

Lösung 7.10 Dieses Problem werden wir ausschließlich nach der Arbeitszeit als Zeiteinheit und nicht nach Kalenderstunden beurteilen. Wir gehen davon aus, dass eine Woche aus 40 Arbeitsstunden besteht. Anrufe treffen nur während dieser 40 Arbeitsstunden ein und Call-Center-Mitarbeiter sowie Sachbearbeiter arbeiten nur während dieser 40 h. Durch die Betrachtung der Arbeitszeiten als Zeiteinheit vermeiden wir die Notwendigkeit, Kalender für Ressourcen hinzuzufügen.

Im Normalfall (kein Unwetter) beträgt die Ankunftsrate 9.000 Fälle pro Woche, d. h. ein Fall alle 16 s (das ist die Zwischenankunftszeit). Im Unwetterszenario beträgt die Ankunftszeit 8 s. In beiden Fällen verwenden wir eine Exponentialverteilung für die Ankunftszeit. Wir führen Simulationen durch, die einer Arbeitswoche entsprechen, d. h. 9.000 Fälle für das Normalszenario und 18.000 Fälle für das Unwetterszenario.

Um zwischen den beiden Call-Centern zu unterscheiden, definieren wir zwei separate Ressourcenklassen mit den Namen *Call-Center 1* und *Call-Center 2*, die jeweils 40 Ressourcen zu Stundenkosten von € 30, sowie eine Ressourcenklasse *Sachbearbeiter* mit 150 Ressourcen enthalten. Wir ordnen Aktivitäten Ressourcenklassen zu, wie im Szenario angegeben, und verwenden die im Prozessmodell angegebenen Durchlaufzeiten als Eingabe für die Simulation. Die Durchführung der Simulation mit dem BIMP-Simulator liefert uns die folgenden Ergebnisse. Im Normalfall erreichen wir eine Ressourcenauslastung von rund 48 % bei den Schadensachbearbeitern und 34–36 % bei den Call-Center-Mitarbeitern. Die durchschnittliche Durchlaufzeit (ohne Überstunden) beträgt etwa 0,5 Arbeitsstunden und die maximal beobachtete Durchlaufzeit etwa 3,3 Arbeitsstunden. Mit anderen Worten, die Ressourcen sind nicht voll ausgelastet und somit ist die Durchlaufzeit gering.

In der Unwettersaison liegt die Ressourcenauslastung der Sachbearbeiter bei über 95 % und bei den Call-Center-Mitarbeitern bei rund 78 %. Die durchschnittliche Durchlaufzeit beträgt 2 h, während das Maximum etwa 7,5 h beträgt (ohne Überstunden). Die hohe Ressourcenauslastung deutet darauf hin, dass die Sachbearbeiter während der Unwettersaison überlastet sind. Andererseits verfügt das Call-Center über eine ausreichende Kapazität. Die durchschnittliche Wartezeit im Call-Center liegt in der Größenordnung von Sekunden.

Ein BPMN-Modell dieses Prozesses zusammen mit den Simulationsparametern (in dem von BIMP geforderten Format) finden Sie auf der Webseite des Buches.[11]

7.6 Weitere Übungsaufgaben

Übung 7.11 Berechnen Sie die Durchlaufzeit, die Durchlaufzeiteffizienz und die Kosten des in Übung 1.1 (S. 6) beschriebenen Zulassungsprozesses, folgende Punkte vorausgesetzt:

- Der Prozess beginnt mit der Einreichung einer Online-Bewerbung.
- Es dauert durchschnittlich 2 Wochen (nach Einreichung der Online-Bewerbung), bis die Unterlagen per Post bei der Zulassungsabteilung eintreffen.
- Die Prüfung auf Vollständigkeit der Dokumente dauert ca. 10 min. In 20 % der Fälle zeigt die Vollständigkeitsprüfung, dass einige Dokumente fehlen. In diesem Fall wird den Bewerbern automatisch eine E-Mail vom Zulassungssystem der Universität geschickt, basierend auf den Ergebnissen der Vollständigkeitsprüfung der internationalen Abteilung.
- Ein Mitarbeiter der Zulassungsabteilung verbringt durchschnittlich 10 min damit, die Abschlüsse und Zeugnisse in einen Umschlag zu stecken und an die akademische Aner-

---

[11] http://fundamentals-of-bpm.org/supplementary-material/

kennungsstelle zu senden. Die Zeit, die benötigt wird, um die Abschlüsse und Zeugnisse an die akademische Anerkennungsstelle zu senden und eine Antwort zu erhalten, beträgt durchschnittlich 2 Wochen.

- Etwa 10 % der Anträge werden nach der Beurteilung der akademischen Anerkennung abgelehnt.
- Die Universität zahlt eine Gebühr von € 5, wenn sie die akademische Anerkennungsstelle auffordert, einen Antrag zu bearbeiten.
- Die Überprüfung der Testergebnisse der englischen Sprache dauert durchschnittlich 1 Tag, aber der Mitarbeiter, der die Prüfung durchführt, verbringt im Durchschnitt nur 10 min pro Prüfung. Dieser Sprachtest ist kostenlos.
- Etwa 10 % der Bewerbungen werden nach dem Englischtest abgelehnt.
- Es dauert durchschnittlich 2 Wochen zwischen dem Zeitpunkt, zu dem die Zulassungsabteilung die Kopie eines Antrags an die Ausschussmitglieder sendet, und dem Zeitpunkt, zu dem der Ausschuss eine Entscheidung trifft (annehmen oder ablehnen). Im Durchschnitt verbringt der Ausschuss 1 h damit, jeden Antrag zu prüfen.
- Es dauert durchschnittlich 2 Tage (nachdem die Entscheidung von der akademischen Kommission getroffen wurde), bis der Studentendienst die Entscheidung der akademischen Kommission im Zulassungssystem erfasst hat. Die Erfassung einer Entscheidung dauert durchschnittlich 2 min. Sobald eine Entscheidung aufgezeichnet wurde, wird automatisch eine Benachrichtigung an den Antragsteller gesendet.
- Die Stundenkosten für die Mitarbeiter in der internationalen Abteilung betragen € 50.
- Die Stundenkosten der akademischen Kommission (als Ganzes) betragen € 200.

Übung 7.12 Betrachten wir den folgenden Prozess, der von einem IT-Helpdesk durchgeführt wird, der Anfragen von Kunden bearbeitet. Die Kunden sind Mitarbeiter eines Unternehmens. Insgesamt gibt es rund 500 Mitarbeiter. Eine Anfrage kann ein IT-bezogenes Problem eines Kunden oder eine Zugriffsanforderung sein (z. B. die Anforderung von Zugriffsrechten auf ein System). Anfragen müssen entsprechend ihrer Art und ihrer Priorität behandelt werden. Es gibt drei Prioritätsstufen: *kritisch*, *dringend* oder *normal*. Der aktuelle Prozess funktioniert wie folgt.

Ein Kunde ruft den Helpdesk an oder sendet eine E-Mail, um eine Anfrage zu stellen. Der Helpdesk besteht aus 5 Mitarbeitern der Stufe 1, die in der Regel junge Leute mit weniger als 12 Monaten Erfahrung sind, aber kompetent sind, bekannte Probleme und einfache Anfragen zu lösen. Die Stundenkosten für einen Stufe-1-Mitarbeiter betragen € 40.

Wenn der Stufe-1-Mitarbeiter die Lösung einer Anfrage nicht kennt, wird die Anfrage an einen erfahrenen Stufe-2-Mitarbeiter weitergeleitet. Es gibt 3 Stufe-2-Mitarbeiter und ihre Stundenkosten betragen € 60. Wenn ein Mitarbeiter der Stufe 2 eine neue Anfrage erhält, wertet er diese aus, um eine Prioritätsstufe zu vergeben. Das Fallbearbeitungssystem, das den Prozess verfolgt, ordnet die Anforderung später dem gleichen oder einem anderen Mitarbeiter der Stufe 2 zu, je nach der zugewiesenen Prioritätsstufe und dem Rückstand an Anfragen.

Sobald die Anfrage einem Stufe-2-Mitarbeiter zugeordnet ist, wird die Anfrage vom Stufe-2-Mitarbeiter recherchiert und eine Lösung entwickelt, und anschließend an den Stufe-1-Mitarbeiter zurückgesandt. Schließlich leitet der Stufe-1-Mitarbeiter die Lösung an den Kunden weiter, der die Lösung testet. Der Kunde informiert den Stufe-1-Mitarbeiter per E-Mail über das Ergebnis des Tests. Wenn der Kunde angibt, dass die Anfrage erledigt ist, wird sie als abgeschlossen markiert und der Prozess beendet. Wenn die Anfrage nicht abgeschlossen ist, wird sie erneut an die Stufe-2-Mitarbeiter für weitere Maßnahmen weitergeleitet und durchläuft den Prozess erneut.

Die Anfragen werden in einem Fallbearbeitungssystem erfasst. Das Fallbearbeitungssystem ermöglicht es den Mitarbeitern des Helpdesks, die Details der Anfrage, die Prioritätsstufe und den Namen des Kunden, der die Anfrage generiert hat, zu erfassen. Wenn eine Anfrage erfasst ist, wird sie als *offen* gekennzeichnet. Wenn sie auf Stufe 2 verschoben wird, wird sie als *weitergeleitet zu Stufe 2* markiert. Wenn die Lösung an Stufe-1 zurückgesendet wird, wird die Anforderung als *zurück an Stufe 1* markiert. Schließlich wird eine Anfrage, wenn sie gelöst ist, als *geschlossen* markiert. Jede Anfrage hat eine eindeutige Kennung. Wenn eine Anfrage erfasst ist, sendet das Fallbearbeitungssystem eine E-Mail an den Kunden. Die E-Mail enthält eine so genannte Anfragereferenznummer, die der Kunde angeben muss, wenn er Fragen zu der Anfrage stellt.

Berechnen Sie die Durchlaufzeiteffizienz und die Kosten pro Ausführung des Istprozesses unter folgenden Annahmen:

- Das Einreichen und Erfassen eines neuen Antrags dauert durchschnittlich 5 min.
- Anfragen verweilen durchschnittlich 1 h wartend, bis ein Stufe-1-Mitarbeiter sie überprüft. Dies gilt sowohl für neue Anfragen als auch für wieder eingereichte Anfragen.
- Die Überprüfung, ob eine neue Anfrage bekannt ist, dauert durchschnittlich 10 min. In 20 % der Fälle ist die Anfrage bekannt. In diesem Fall dauert es zwischen 2 und 10 min (durchschnittlich 5 min), bis der Stufe-1-Mitarbeiter die Lösung dem Kunden mitgeteilt hat. Danach wird die Anfrage als *geschlossen* markiert. Ist die Anforderung dagegen nicht bekannt, wird die Anforderung automatisch an Stufe-2 weitergeleitet.
- Neue Anfragen verbringen durchschnittlich 2 h damit, darauf zu warten, dass ein Stufe-2-Mitarbeiter sie bewertet. Die Mitarbeiter der Stufe 2 benötigen durchschnittlich 20 min, um eine neue Anfrage zu bewerten.
- Stufe-2-Mitarbeiter benötigen 5 min, um eine Anfrage zu priorisieren.
- Die Zeit zwischen dem Moment, in dem eine Anfrage priorisiert wurde, und dem Moment, in dem die Anfrage von einem Stufe-2-Mitarbeiter aufgenommen wird, beträgt 20 h.
- Der Zeitaufwand für die Recherche und Lösung einer Anfrage beträgt durchschnittlich 2 h.
- Die Zeit, um die Lösung einer Anfrage nieder zu schreiben, beträgt durchschnittlich 20 min.
- Sobald ein Stufe-2-Mitarbeiter die Lösung einer Anfrage niedergeschrieben hat, dauert es durchschnittlich 20 h, bis sie von einem Stufe-1-Mitarbeiter aus dem Fallbearbeitungssystem zur Bearbeitung aufgenommen wird.

- Im Durchschnitt dauert es 20 min, bis ein Stufe-1-Mitarbeiter eine Problemlösung an den Kunden sendet, die zuvor von einem Stufe-2-Mitarbeiter geschrieben wurde.
- Es dauert durchschnittlich 20 h zwischen dem Zeitpunkt, an dem eine Lösung vom Stufe-1-Mitarbeiter gesendet wird, und dem Zeitpunkt, an dem die Lösung vom Kunden getestet wird.
- Es dauert ca. 10 min, bis der Kunde die Testergebnisse per E-Mail an die Stufe-1-Mitarbeiter geschickt hat.
- In 20 % der Fälle wird der Antrag nicht gelöst und muss erneut an Stufe-2 weitergeleitet werden. In diesem letztgenannten Fall dauert es etwa 2 min, bis das Personal der Stufe 1 den Antrag an das Personal der Stufe 2 weitergeleitet hat. Ungelöste Anfragen, die auf diese Weise weitergeleitet werden, werden automatisch als priorisiert gekennzeichnet, da sie bereits in der vorherigen Iteration priorisiert wurden.
- Außer den Ressourcenkosten gibt es keine weiteren Kosten.

Hinweis. Zur Berechnung der theoretischen Durchlaufzeit und -kosten ist nur die Zeit für die eigentliche Arbeit zu berücksichtigen, ohne Wartezeiten und Übergaben.
Quelle: Diese Übung ist an ein Beispiel aus [2] angelehnt.

Übung 7.13 Wir betrachten einen vereinfachten Prozess für die Bearbeitung einer Angebotsanfrage für maßgeschneiderte Metallprodukte bei einem Unternehmen namens Metal-Works. Das Prozessmodell mit Bearbeitungszeiten und Auswahlwahrscheinlichkeiten ist in Abb. 7.16 dargestellt. Es gibt zwei Vertriebsingenieure, die diesem Prozess zugeordnet sind, und einen Produktionsleiter. Die Arbeit der Vertriebsingenieure kann bis zu 32 h pro Woche für diesen Prozess betragen (jeweils) und der Produktionsleiter widmet sich bis zu 18 h pro Woche diesem Prozess. Berechnen Sie die theoretische Kapazität jeder dieser beiden Ressourcenklassen. Welche der Klassen ist der Engpass?

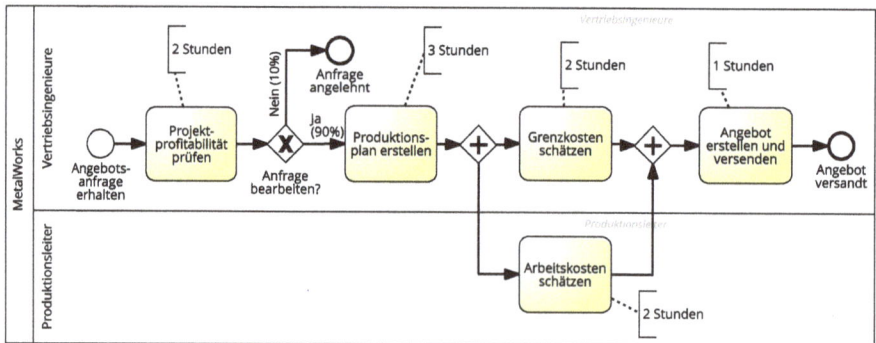

Abb. 7.16 Prozess zur Bearbeitung einer Angebotsanfrage bei MetalWorks

Übung 7.14 Betrachten Sie das in Übung 7.8 (S. 325) beschriebene Szenario. Das betreffende Unternehmen wird von mehreren seiner Kunden gedrängt, ihre Bestellungen schneller zu bearbeiten. Die Unternehmensleitung schätzt, dass das Unternehmen € 250.000 Umsatz einbüßen wird, wenn es seine Auftragsabwicklung nicht auf weniger als 40 Arbeitstage reduziert. Die Aufnahme eines Ingenieurs in das bestehende Team würde die Zeit für die Entwicklung eines Schaltkreises auf 14 Arbeitstage (statt 16 Tagen) reduzieren. Ein zusätzlicher Ingenieur würde das Unternehmen € 50.000 kosten. Andererseits würde die Einstellung eines zweiten Ingenieurteams € 250.000 kosten. Analysieren Sie diese beiden Szenarien und formulieren Sie eine Empfehlung an das Unternehmen.

Übung 7.15 Wir betrachten einen Stufe-2 IT-Helpdesk mit 2 Mitarbeitern. Jeder Mitarbeiter kann eine Anfrage in durchschnittlich 4 Arbeitsstunden bearbeiten. Die Bearbeitungszeiten sind exponentiell verteilt. Anfragen treffen im Durchschnitt alle 3 h nach einem Poisson-Prozess ein. Wie lange ist die durchschnittliche Zeit zwischen dem Zeitpunkt, an dem eine Anfrage an diesem Schreibtisch eintrifft, und dem Zeitpunkt, an dem sie erledigt ist?

Übung 7.16 Betrachten Sie den in Übung 7.15 beschriebenen Stufe-2 IT-Helpsdesk. Angenommen, die Anzahl der Anfragen ist eine pro Stunde. Wie viele Mitarbeiter der Stufe 2 werden benötigt, um sicherzustellen, dass die durchschnittliche Wartezeit auf einen Antrag weniger als zwei Arbeitsstunden beträgt?

Übung 7.17 Betrachten Sie erneut den in Übung 7.12 (S. 340) beschriebenen IT-Helpdesk-Prozess. Modellieren und simulieren Sie diesen unter der Annahme, dass die Fälle mit einer Rate von 50 Stück pro Tag gemäß einer Exponentialverteilung eintreffen. Angenommen, die Durchlaufzeiten aller Aktivitäten folgen einer Exponentialverteilung mit dem in Übung 7.12 angegebenen Durchschnitt.
Hinweis. Bei der Modellierung des Prozesses sollten Sie nicht die Wartezeiten zwischen den Aktivitäten modellieren, sondern nur die Aktivitäten selbst.

Übung 7.18 Betrachten Sie das Prozessmodell in Abb. 7.17 (S. 344). Dieses Modell beschreibt einen vereinfachten Prozess für die Bearbeitung von Darlehensanträgen. Es handelt sich um zwei Prüfungen. FP1 befasst sich mit der Prüfung der finanziellen Deckung des Darlehensantrags. FP2 betrifft die Prüfung der zu verpfändenden Immobilie. Wenn das Ergebnis beider Prüfungen positiv ist, wird die Anfrage bewilligt (Aktivität DB). Im Durchschnitt werden nach der Ausführung der Aktivität FP1 20 % aller Anträge abgelehnt. Die Aktivität FP2 führt zu 30 % der weiteren Ablehnungen. Wenn eine der Prüfungen ein unbefriedigendes Ergebnis hat, wird der Antrag abgelehnt (Aktivität DA). Der Ankunftsprozess ist Poisson-verteilt, mit einer durchschnittlichen Ankunft von 5 Fällen pro Stunde während der Geschäftszeiten. Für jede Aktivität steht genau eine dedizierte Ressource zur Verfügung. Die Bearbeitungszeit jeder Aktivität folgt einer Exponentialverteilung. Die durchschnittlichen Bearbeitungszeiten für die Aktivitäten FP1, FP2, DB und DA betragen jeweils 5, 4, 3

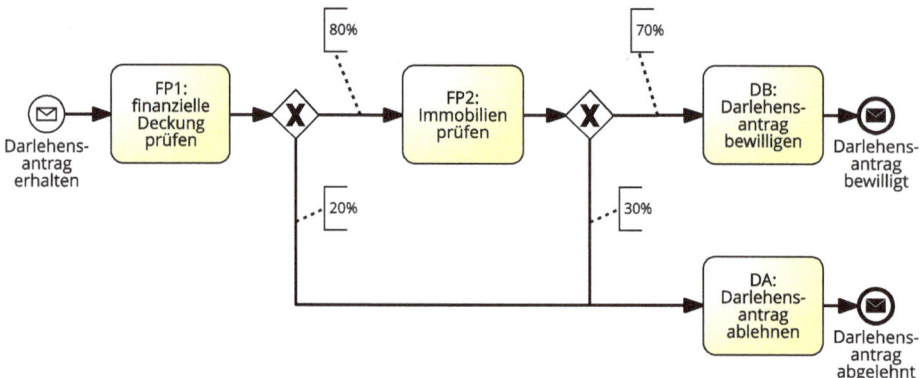

Abb. 7.17 Prozessmodell zur Bearbeitung von Darlehensanträgen

und 3 min. Die Kosten für jede Ressource betragen € 20 pro Stunde. Die Öffnungszeiten sind von Montag bis Freitag von 9.00 bis 17.00 Uhr. Ressourcen sind nur während dieser Zeiten verfügbar.

a. Bestimmen Sie die Ressourcenauslastung jeder Ressource.
b. Bestimmen Sie die durchschnittliche Durchlaufzeit des Prozesses.
c. Bestimmen Sie die Durchlaufzeiteffizienz des Prozesses.
d. Bestimmen Sie die durchschnittliche Anzahl der Darlehensanträge, die zu einem bestimmten Zeitpunkt bearbeitet werden.

Hinweis. Für diese Übung könnte es sinnvoll sein, eine Kombination aus Prozesssimulation, Littles Gesetz und Durchlaufzeitenanalyse zu verwenden.

7.7   Vertiefende Lektüre

In Abschn. 7.1 haben wir gezeigt, wie Durchlaufzeitenanalyseverfahren zur Berechnung von Durchlaufzeit und -kosten eingesetzt werden können. Laguna und Marklund [3] diskutieren die Durchlaufzeitenanalyse im Detail.

Eine weitere mögliche Anwendung der Durchlaufzeitenanalyse ist die Schätzung der Fehlerquote des Prozesses, d. h. der Anzahl jener Fälle, die zu einem negativen Ergebnis führen. Diese letztgenannte Anwendung der Durchlaufzeitenanalyse wird beispielsweise von Yang et al. [4] diskutiert. Yang et al. stellen auch ein Verfahren zur Durchlaufzeitenanalyse vor, das nicht nur für blockstrukturierte Prozessmodelle, sondern auch für eine breitere Klasse von Prozessmodellen geeignet ist.

Wie in Abschn. 7.2 erwähnt, ist die Formel zur Bestimmung der durchschnittlichen Warteschlangenlänge im Rahmen des M/M/c-Modells besonders kompliziert. Laguna und Marklund [3, Kap. 6] analysieren das M/M/c-Modell (einschließlich der Formel für die durchschnittliche Warteschlangenlänge) und seine Anwendung auf die Prozessanalyse. Sie analysieren auch das M/M/c/K-Modell, bei dem eine Obergrenze für die Länge der Warteschlange festgelegt wird (dies ist Parameter K im Modell). Das M/M/c/K/K-Modell eignet sich beispielsweise dann, wenn es eine maximale Länge der Warteschlange gibt, ab der Kunden aus der Warteschlange abgelehnt werden. Adan und Resing [5] geben detaillierte Einführungen in M/M/1, M/M/c, M/M/c/K und andere Warteschlangenmodelle.

Wie in Abschn. 7.3 dargelegt, ist die Geschäftsprozesssimulation ein vielseitiger Ansatz für die quantitative Prozessanalyse. In der Literatur finden sich zahlreiche Fallstudien, die den Einsatz der Prozesssimulation in verschiedenen Bereichen veranschaulichen. Greasley [6] beschreibt beispielsweise den Einsatz der Geschäftsprozesssimulation bei der Neugestaltung eines Prozesses zur Meldung von Verkehrsunfällen. In ähnlicher Weise diskutieren van der Aalst et al. [7] den Einsatz von Geschäftsprozesssimulationen zur Bewertung verschiedener Strategien zur Vermeidung oder Minderung von Terminüberschreitungen im Rahmen eines Schadenbearbeitungsprozesses in einem Versicherungsunternehmen. Die Übung 7.10 basiert auf diesem letztgenannten Papier.

Aktuelle Werkzeuge zur Geschäftsprozesssimulation haben verschiedene Einschränkungen. Einige dieser Einschränkungen werden von van der Aalst et al. [8] ausführlich diskutiert. Die Forschung von Martin et al. untersucht, wie Daten über frühere Ausführungen des Prozesses verwendet werden können, um genauere Simulationsmodelle zu erstellen [9, 10].

Van der Aalst et al. [8] schlagen vor, anspruchsvollere Werkzeuge für die Prozesssimulation einzusetzen, nämlich diskrete ereignisorientierte Simulation (DES). Sie schlagen *CPN-Tools* als mögliches DES-Werkzeug vor, um die Geschäftsprozesssimulationen durchzuführen. CPN-Tools basiert auf *gefärbten Petrinetzen* – einer Sprache, die Petrinetze erweitert. Weitere DES-Werkzeuge, die für die Geschäftsprozesssimulation verwendet werden können, sind ExtendSim [3] und Arena [11]. Arena wird beispielsweise in einer Fallstudie eines Straßenverkehrsmeldeverfahrens verwendet [6]. DES-Werkzeuge sind deutlich leistungsfähiger als spezialisierte Prozesssimulationswerkzeuge. Die Wahl eines DES-Werkzeugs bedeutet jedoch, dass man ein BPMN-Modell nicht direkt zur Simulation verwenden kann. Stattdessen muss das Modell in einer anderen Notation neu erfasst werden. Darüber hinaus erfordert der Einsatz von DES-Werkzeugen ein höheres technisches Wissen vom Analysten. Diese Kompromisse sollten bei der Wahl zwischen DES-Werkzeugen und spezialisierten Prozesssimulationswerkzeugen, die beispielsweise auf BPMN basieren, berücksichtigt werden.

Wir haben im Laufe des Kapitels gesehen, dass uns quantitative Analyseverfahren ermöglichen, kritische Pfade und Engpässe zu identifizieren. Dies sind im Wesentlichen Pfade im Prozess, die besondere Aufmerksamkeit erfordern, wenn es darum geht, die Durchlaufzeit zu reduzieren. Anupindi et al. [12] bieten detaillierte Ratschläge, wie man mit kritischen

Pfaden sowie Engpässen in Geschäftsprozessen umgeht und wie man Verschwendung sowie Wiederholungen reduziert. Im folgenden Kapitel werden einige dieser Erkenntnisse diskutiert.

Literatur

1. Blackburn, J.D.: Time-based competition: White-collar activities. Bus. Horiz. **35**(4), 96–101 (1992)
2. Conger, S.: Six sigma and business process management. In vom Brocke, J., Rosemann, M. (Eds.) Handbook of Business Process Management, Bd. 1, S. 127–146. Springer, Berlin (2015)
3. Laguna, M., Marklund, J.: Business Process Modeling, Simulation and Design, 3rd edition. CRC Press, Boca Raton (2019)
4. Yang, Y., Dumas, M., García-Bañuelos, L., Polyvyanyy, A., Zhang, L.: Generalized aggregate quality of service computation for composite services. J. Syst. Softw. **85**(8), 1818–1830 (2012)
5. Adan, I., Resing, J.: Queueing Theory. Eindhoven University of Technology (2002)
6. Greasley, A.: A redesign of a road traffic accident reporting system using business process simulation. Bus. Process Manage. J. **10**(6), 635–644 (2004)
7. van der Aalst, W.M.P., Rosemann, M., Dumas, M.: Deadline-based escalation in process-aware information systems. Decis. Support Syst. **43**(2):492–511 (2007)
8. van der Aalst, W.M.P.: Business process simulation survival guide. In: vom Brocke, J., Rosemann, M. (Eds.) Handbook of Business Process Management, Bd. 1, S. 337–370. Springer, Berlin (2015)
9. Martin, N., Depaire, B., Caris, A.: The use of process mining in business process simulation model construction – structuring the field. Bus. Inf. Syst. Eng. **58**(1), 73–87 (2016)
10. Martin, N., Swennen, M., Depaire, B., Jans, M., Caris, A., Vanhoof, K.: Retrieving batch organisation of work insights from event logs. Decis. Support Syst. **100**, 119–128 (2017)
11. David Kelton, W., Sadowski, R.P., Swets, N.B.: Simulation with Arena, 5. Aufl. McGraw-Hill, New York (2009)
12. Anupindi, R., Chopra, S., Deshmukh, S.D., van Mieghem, J.A., Zemel, E.: Managing Business Process Flows. Prentice Hall, Upper Saddle River, NJ (1999)

Prozessverbesserung   8

„Wir wissen wohl, was wir sind, aber nicht, was wir werden können."

William Shakespeare (1564–1616)

Die gründliche Analyse eines Geschäftsprozesses bringt eine ganze Reihe von Problemen zu Tage. Beispielsweise verlangsamen Engpässe den Prozess oder die Kosten für die Ausführung sind zu hoch. Diese Probleme deuten auf verschiedene Möglichkeiten zur Prozessverbesserung hin. Das Problem ist jedoch, dass die Verbesserung oft nicht systematisch angegangen wird. Der Nachteil dabei ist, dass sinnvolle Verbesserungsmöglichkeiten übersehen werden können. Aus diesem Grund ist es wichtig, Verbesserungsmethoden einzusetzen, mit denen systematisch eine Vielzahl von Verbesserungsmöglichkeiten identifiziert werden können.

In diesem Kapitel werden Methoden behandelt, die helfen, Geschäftsprozesse zu überdenken und so neu zu organisieren, dass sie leistungsfähiger sind. Zuerst klären wir, warum Prozesse fortlaufend verbessert werden müssen und was es bedeutet, einen Prozess zu verbessern. Anschließend stellen wir das Spektrum an Verbesserungsmethoden vor und diskutieren typische Methoden im Detail. Insbesondere unterscheiden wir dabei transaktionale und transformative Methoden.

8.1   Die Grundlagen der Prozessverbesserung

In diesem Abschnitt beschreiben wir die Grundlagen der Prozessverbesserung und diskutieren, was sie auszeichnet. Zudem diskutieren wir Konflikte zwischen den vier Dimensionen der Prozessleistung, die manchmal auch als Teufelsviereck [1] bezeichnet werden.

© Springer-Verlag GmbH Deutschland, ein Teil von Springer Nature 2021   347
M. Dumas et al., *Grundlagen des Geschäftsprozessmanagements*,
https://doi.org/10.1007/978-3-662-58736-2_8

8.1.1 Produkt- und Prozessinnovation

Bevor wir erklären, worum es bei einer Verbesserung geht, sollten wir noch einmal überlegen, warum es sinnvoll ist, sich überhaupt auf Geschäftsprozesse zu konzentrieren. In jedem Unternehmen kann Innovation von *Produkten* und *Prozessen* stattfinden. Bei der *Produktinnovation* geht es um die Entwicklung neuer Produkte oder die Ergänzung bestehender Produkte um neue Funktionen. Denken Sie zum Beispiel an die Einführung des ersten iPhone, das Apple im Jahr 2007 vorstellte. In den folgenden Jahren wurden neue Generationen dieses Smartphones entwickelt, die jeweils bessere Funktionen als ihre Vorgänger enthielten. Die Möglichkeiten, durch Produktinnovationen neue Kunden zu gewinnen und bestehende zu halten, sind jedoch nicht unbegrenzt. Deshalb hat sich eine zweite Innovationsform, die *Prozessinnovation,* bei vielen Unternehmen durchgesetzt. Dabei liegt der Fokus auf der Neugestaltung von Geschäftsprozessen, sodass Kunden dazu angeregt werden, die vom Anbieter erzeugten Produkte oder Dienstleistungen zu erwerben. Ein gutes Beispiel für ein Unternehmen, das stark auf Prozessinnovationen setzt, ist Amazon. Dieses Unternehmen findet ständig Wege, seine Prozesse zu verbessern. So wurde beispielsweise 2009 die 1-Klick-Bestellung patentiert, um den Bestellvorgang für die Kunden zu vereinfachen. In jüngster Zeit stellte Amazon Roboter zur Verbesserung des Lagerbetriebs ein und nutzt Drohnen, um den Lieferprozess zu beschleunigen.

Untersuchungen haben ergeben, dass es für viele Unternehmen selbstverständlich ist, dass ihrem anfänglichen Schwerpunkt auf Produktinnovationen irgendwann ein Fokus auf Prozessinnovationen folgt [2]. Diese beiden aufeinander folgenden Wellen sind in Abb. 8.1 dargestellt. Aus den Kurven in der Abbildung wird deutlich, warum die Innovation eines Geschäftsprozesses auch als „die zweite Welle der Innovation" bezeichnet wird.

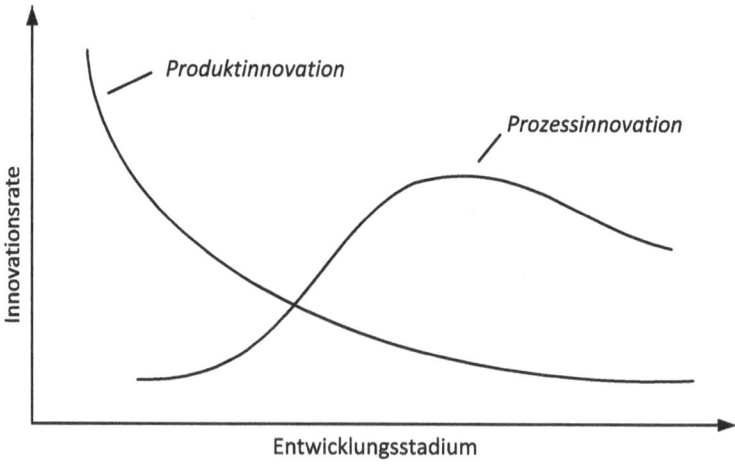

Abb. 8.1 Die Wellen der Produkt- und Prozessinnovation

Frage: Können Sie sich Firmen oder Organisationen vorstellen, für die Produktinnovationen überhaupt keine Option sind?

Die Innovationsperspektive ist ein Blickwinkel, um zu verstehen, warum Unternehmen ihre Geschäftsprozesse verbessern wollen. Wir erachten dies als einen *positiven* Beweggrund, da der Drang zur Innovation als Ausgangspunkt dient. Es gibt auch einen weniger positiven, *reaktiven* Beweggrund, der sich auf das Phänomen der *organisatorischen Entropie* bezieht: Alle Geschäftsprozesse entwickeln sich im Laufe der Zeit weiter. Dadurch werden sie komplexer und ihre Leistung verschlechtert sich allmählich. Betrachten Sie die folgenden Beispiele:

- Ein Sachbearbeiter in einem Lager vergisst, eine Qualitätsprüfung für einen bestimmten Auftrag durchzuführen. Der Kunde, der das fehlerhafte Produkt erhält, ist verärgert. Um zu verhindern, dass sich eine solche Situation wiederholt, beschließt die Unternehmensleitung, den Prozess um eine zusätzliche Prüfung zu erweitern: Ein zweiter Sachbearbeiter überprüft nun, ob die Qualitätsprüfung durch den ersten ordnungsgemäß durchgeführt wurde. Dies ist eine gute Lösung, aber nach einiger Zeit wird die erste Qualitätskontrolle durch die Einführung eines neuen Produktionssystems automatisiert. Die Kontrolle der Kontrolle ist überflüssig geworden, aber immer noch Teil des Prozesses. Aufgrund solcher Veränderungen verbrauchen Prozesse immer wieder unnötige Ressourcen und Zeit.
- Das Marketingteam eines Unternehmens setzt eine neue Kampagne auf. Jedes Mal, wenn ein Kunde mit dem Unternehmen zusammenarbeitet, fragt sein Kundenbetreuer nach zusätzlichen Informationen, die über das hinausgehen, was normalerweise verlangt wird. Auf diese Weise kann das Marketingteam jedem Kunden ein perfekt angepasstes Angebot unterbreiten. Doch die Informationen gehen über die Informationen hinaus, die der Kunde normalerweise bereitstellen muss. Nach einiger Zeit endet die Marketingkampagne, aber die Kundenbetreuer fragen immer noch nach zusätzlichen Informationen, wenn sie mit Kunden kommunizieren. Dies ist jedoch ein unnötiger und zeitaufwendiger Schritt geworden.
- Eine interne Prüfabteilung verlangt, dass der monetäre Gegenwert von Finanztransaktionen immer ausgewiesen wird, wenn diese durchgeführt werden. Dies führt zu einer zusätzlichen Berechnung und einem zusätzlichen Berichtsschritt in jedem der betroffenen Geschäftsprozesse. Im Laufe der Zeit ändert das Management der Prüfabteilung seine Prioritäten und beginnt, sich mit anderen, nicht finanziellen Informationen zu befassen. Dennoch werden die Berichte weiterhin erstellt.

Alle in den drei Beispielen genannten Probleme können natürlich überwunden werden. Grundsätzlich geht es darum, dass Menschen, die sich mit der Durchführung des Tagesgeschäfts befassen, in der Regel weder geneigt noch dafür ausgebildet sind, bestehende Geschäftsprozesse in ihrem Unternehmen zu hinterfragen. Insbesondere ist es häufig so, dass Mitarbeiter nur einen begrenzten Einblick dahingehend haben, warum ein Geschäftsprozess so organisiert ist, wie er ist. Die Mitarbeiter wissen, wie sie ihre eigene Arbeit und vielleicht auch einige der Aktivitäten, die vor- und nachgelagert sind, ausführen können. Aber darüber hinaus stößt ihr Wissen auf Grenzen. Selbst Manager, von denen erwartet wird, dass sie eine Vogelperspektive einnehmen, sind in der Regel mehr an der täglichen Umsetzung als an der strukturellen Verbesserung interessiert. Mitarbeiter, so scheint es, sind Gewohnheitstiere. Eine Geschäftsprozessperspektive hilft, die Hemmschwelle zur Verbesserung zu überwinden. Um also die Probleme anzugehen, die mit der organisatorischen Verschlechterung eines Prozesses einhergehen, ist die Prozessverbesserung ein geeignetes Werkzeug.

Übung 8.1 Können Sie aus eigener Erfahrung Geschäftsprozesse identifizieren, die irgendwann effizient waren, aber unnötig komplex geworden sind?

Während sowohl (1) der positive Innovationsimpuls von Organisationen als auch (2) das Phänomen der organisatorischen Entropie die Bedeutung der Verbesserung *bestehender Prozesse* zeigen, sind die Prinzipien hinter den Verbesserungsansätzen auch hilfreich, um *völlig neue* Geschäftsprozesse zu entwickeln. Neue Geschäftsprozesse entstehen kontinuierlich. Denken Sie zum Beispiel daran, wie neue Gesetze die Entwicklung neuer Geschäftsprozesse erforderlich machen. Als Reaktion auf die Finanzkrise zu Beginn dieses Jahrhunderts riefen viele nationale Regierungen ihre Bankenaufsicht auf, die Banken besser zu überwachen. Die Geschäftsprozesse, welche die Interaktion der Banken mit den Nationalbanken regeln, mussten oft von Grund auf neu entwickelt werden. Weitere Beispiele für neue Geschäftsprozesse sind auch im Gesundheitswesen zu sehen, in dem neues medizinisches Wissen völlig neue Behandlungsprozesse ermöglicht. Es ist wichtig, Folgendes in Erinnerung zu rufen: Jeder existierende Geschäftsprozess musste irgendwann einmal entwickelt werden. Verbesserungsmethoden können auch für neue Prozesse hilfreich sein.

Übung 8.2 Können Sie weitere Beispiele nennen, in denen die Entwicklung völlig neuer Geschäftsprozesse erforderlich war?

Beachten Sie, dass wir auch dann, wenn neue Geschäftsprozesse entwickelt werden, von der *Prozessverbesserung* sprechen werden. Technisch gesehen ist dies natürlich ein Irrtum – es wäre angemessener, dies als *Prozessentwicklung* zu bezeichnen. Wir werden speziell auf die Frage der Neuentwicklung von Prozessen zurückkommen, wenn wir die verschiedenen Arten von Verbesserungsansätzen diskutieren.

8.1.2 Verbesserungskonzepte

Lassen Sie uns nun einen genaueren Blick darauf werfen, was Prozessverbesserung eigentlich ist. Wenn Sie den Begriff sehr weit auslegen, qualifiziert sich *jede* Änderung eines bestehenden Prozesses, egal ob sie von kleinem oder großen Umfang ist. Bei Geschäftsprozessen handelt es sich um komplexe Artefakte. Änderungen können sich unter anderem auf die Aktivitäten in einem Prozess, die Prozessbeteiligten, die ein- und ausgehenden Daten und die eingebundenen Informationssysteme beziehen. Wenn wir also im Rahmen dieses Buches über Prozessverbesserung sprechen, werden wir uns nicht auf kleinere Aktualisierungen eines Geschäftsprozesses beziehen, weder auf Änderungen von nebensächlichen Teilaspekten, noch auf Änderungen, die nichts mit dem Geschäftsprozess zu tun haben.

Nehmen wir zum Beispiel an, dass eine Bank die Bedingungen, unter denen eine Hypothek gewährt wird, auf gewöhnlichem Papier ausdruckt. Die Bank ist es auch gewohnt, die Unterlagen an die Antragssteller zu senden, wenn die Bedingungen vollständig geklärt und genehmigt sind. In diesem Zusammenhang würden wir eine Änderung des Firmenlogos auf den Dokumenten nicht als Akt der Prozessverbesserung betrachten. Wenn dem Kunden dagegen jederzeit ein Einblick in eine digitale Datei gewährt werden würde, welche die Bedingungen zeigt, während diese bei der Ausführung des Prozesses erstellt werden, wäre dies klarerweise als Prozessverbesserung zu bezeichnen. Dies wäre vor allem dann der Fall, wenn es darum geht, die Zufriedenheit eines Kunden mit der Dienstleistung zu verbessern.

Ein weiterer Punkt, der geklärt werden muss, ist, wie sich die Begriffe *Verbesserung* und *Innovation* zueinander verhalten. Der letztgenannte Begriff wird von einer Reihe von Wissenschaftlern als besondere Art der Prozessverbesserung verwendet, nämlich als eine Art, die zu einer bahnbrechenden Veränderung gegenüber der bisherigen Vorgehensweise führt. Wir folgen dieser Unterscheidung nicht genau und verwenden die Begriffe in austauschbarer Weise. Wir erkennen an, dass es einen grundlegenden Unterschied zwischen inkrementellen und radikalen Methoden zur Prozessverbesserung gibt, wie wir später sehen werden (siehe Abschn. 8.1.5).

Verschiedene Prozessaspekte können mit einer Verbesserung verbunden sein. Wir stellen eine Liste von solchen Prozessaspekten vor, die dabei helfen, über die wichtigsten Erscheinungsformen der Prozessverbesserung nachzudenken und diese zu begründen. Dies sind die folgenden:

1. Die internen oder externen *Kunden* des Geschäftsprozesses,
2. die *Prozessimplementierungssicht,* welche sich darauf bezieht, wie ein Geschäftsprozess umgesetzt wird, insbesondere die Menge der Aktivitäten des Prozesses und deren Charakteristiken, und
3. die *Prozessverhaltenssicht,* die sich auf die Art und Weise bezieht, wie ein Geschäftsprozess ausgeführt wird, insbesondere die Reihenfolge, in der Aktivitäten ausgeführt werden und wie diese zur Ausführung eingeplant und zugeordnet werden,
4. die *Organisation* und die Beteiligten des Geschäftsprozesses, die auf zwei Ebenen erfasst werden: die Organisationsstruktur (Elemente: Rollen, Benutzer, Gruppen, Abteilungen usw.) und die Mitarbeiter (Personen: Akteure, denen Aktivitäten zur Ausführung zugeordnet werden können, und die Beziehungen zwischen ihnen),
5. die *Informationen,* die der Geschäftsprozess verwendet oder erzeugt,

6. die *Technologie,* die der Geschäftsprozess verwendet, und
7. das *externe Umfeld,* in der sich der Prozess befindet.

Unter Berücksichtigung dieser Aspekte kann man sagen, dass eine Prozessverbesserung eine wesentliche und absichtliche Veränderung eines Geschäftsprozesses ist. Es geht in erster Linie darum, den Geschäftsprozess selbst zu verändern, sowohl aus *operativer* als auch aus *verhaltensorientierter* Sicht. Eine Prozessverbesserung bezieht sich auf Veränderungen, die im Zusammenspiel zwischen dem Prozess und der *Organisation* oder sogar dem *externen Umfeld,* in dem der Prozess eingebettet ist, den eingesetzten *Informationen* und *Technologien* sowie den Leistungen, die er seinen *Kunden* bereitstellt, stattfinden.

Beachten Sie, dass dies immer noch eine eher weitreichende Perspektive auf Prozessverbesserungen ist, aber einige Aktivitäten werden dadurch ausgeschlossen. Nicht eingeschlossen sind beispielsweise: Schulung von Menschen, um bestimmte Tätigkeiten optimal auszuführen, die Entscheidung, welche Produkte ausgemustert werden sollen und die Übernahme eines Wettbewerbers.

Übung 8.3 Betrachten Sie die folgende Auflistung und geben Sie an, welche Sie davon als Initiative zur Prozessverbesserung betrachten würden. Begründen Sie Ihre Antwort und beschreiben Sie die Verbindung zu den diskutierten Prozessaspekten.

1. Eine Fluggesellschaft hat im vergangenen Jahr einen Rückgang ihrer Gewinne zu verzeichnen. Sie beschließt, eine Marketingkampagne für Firmenkunden zu starten, in der Hoffnung, ihr profitables Frachtgeschäft ausbauen zu können.
2. Eine Regierungsbehörde stellt fest, dass es strukturelle Verzögerungen gibt, um auf die Anfragen von Bürgern zu antworten. Die Behörde beschließt, eine Führungskraft mit der Überwachung dieses Prozesses zu beauftragen und geeignete Gegenmaßnahmen zu ergreifen.
3. Ein Videoverleiher beobachtet, dass sich sein Kundenstamm verkleinert. Der Verleiher beschließt, auf den Verkauf elektronischer Dienste umzusteigen, mit denen Kunden Filme online und auf Abruf schauen können.
4. Eine Bank bemerkt interne Konflikte zwischen zwei verschiedenen Abteilungen über die Art und Weise, wie Hypothekenanträge bearbeitet werden sollen. Sie beschließt, die Rolle der verschiedenen Abteilungen bei der Entgegennahme und Bearbeitung von Anträgen zu analysieren, um eine neue Rollenverteilung zu entwickeln.
5. Eine Klinik will eine zentrale Anlaufstelle einführen, damit ihre Patienten keine separaten Termine für die verschiedenen Diagnosetests, die Teil einer Hautkrebsvorsorgeuntersuchung sind, vereinbaren müssen.

Nicht jede Branche ist für Geschäftsprozessverbesserung gleichermaßen geeignet. Um dies zu verstehen, sollten wir die Unterschiede zwischen Wirtschaftszweigen berücksichtigen, welche physische Objekte auf der einen Seite und Informationsprodukte auf der anderen

Seite bereitstellen. Um ein *physisches* Produkt bereitzustellen, liegt der Schwerpunkt auf der Umwandlung von Werkstoffen in materielle Produkte. Bei dieser Umwandlung wird oft auf den Einsatz von Robotern und teilautomatisierten Maschinen zurückgegriffen. Bei einem Informationsprodukt liegt der Schwerpunkt auf der Erfassung, Verarbeitung und Aggregation von Informationen. Vergleichen wir z. B. einen Automobilhersteller mit einer Versicherungsgesellschaft als zwei charakteristische Beispiele für die jeweiligen Wirtschaftszweige. Im Allgemeinen kann man sagen, dass für Unternehmen, die hauptsächlich Informationsprodukte liefern, die folgenden Eigenschaften gelten:

- Eine Kopie zu machen ist einfach und billig. Im Gegensatz zur Herstellung einer physischen Kopie etwa eines Autos, ist es relativ einfach, eine Information zu kopieren, insbesondere wenn die Information in elektronischer Form vorliegt.
- Es gibt keine wirklichen Einschränkungen in Bezug auf den Bestand an unfertigen Erzeugnissen. Informationsprodukte benötigen nicht viel Platz und sind leicht zugänglich, insbesondere wenn sie in einer Datenbank gespeichert werden.
- Es gibt weniger Einschränkungen der Reihenfolge, in der die Aktivitäten ausgeführt werden können: Der Einsatz von Mitarbeitern ist im Vergleich zu Maschinen flexibler; es gibt nur wenige technische Einschränkungen in Bezug auf die Gestaltung des Dienstleistungsprozesses.
- Qualität ist schwer zu messen. Die Kriterien zur Beurteilung der Qualität einer Dienstleistung (oder eines Informationsprodukts) sind in der Regel weniger explizit als die in einer Produktionsumgebung.
- Die Qualität der Endprodukte kann variieren. Ein Hersteller von Waren kennt in der Regel eine minimale Anzahl von Komponenten, die in jedes Produkt einfließen müssen. Im Dienstleistungsbereich könnte es jedoch attraktiv sein, bestimmte Kontrollen bei der Herstellung des Informationsprodukts zu überspringen, um den Arbeitsaufwand zu reduzieren.
- Der Transport von elektronischen Daten beansprucht kaum nennenswerte Zeit. In einem Computernetzwerk bewegen sich Informationen fast mit Lichtgeschwindigkeit fort; in einer Produktionsumgebung ist der Transport von Werkstoffen ein wesentlicher Bestandteil der gesamten Durchlaufzeit, z. B. wenn Werkstoffe und Unterbaugruppen von einem Werk zum anderen transportiert werden müssen.

Aus diesen Unterschieden lässt sich schließen, dass es mehr Freiheitsgrade bei der Neugestaltung von Geschäftsprozessen gibt, die Informationsprodukte und nicht physische Produkte erzeugen. Um einen Fertigungsprozess zu optimieren, muss man nach Möglichkeiten der Verbesserung suchen, während man mit vielen physischen Einschränkungen konfrontiert ist. So müssen beispielsweise zu montierende Betonteile an den gleichen geografischen Ort transportiert werden, während ihre digitale Darstellung an verschiedenen Orten gespeichert werden kann. Gleiches gilt für die Logistik. Wenn dort die Inventur von Werkstoffen und Halbfabrikaten vorgenommen wird, ist die Speicherung von digitalen Informationen in der

Regel eine Frage der Leistungsfähigkeit der Hardware. Das Verbessern von Geschäftsprozessen ist daher im Informationsbereich einfacher anzuwenden. In physischen Umgebungen
ist dies schwieriger, was dazu führt, dass der Schwerpunkt stärker auf der Optimierung der
Planung und der Verwaltung von Beständen liegt.

Übung 8.4 Betrachten Sie die folgenden Geschäftsprozesse und entscheiden Sie, ob diese
für eine Verbesserung geeignet sind. Verwenden Sie die Eigenschaften, welche die Bereiche
Produktion und Dienstleistungen unterscheiden, als mentale Prüfliste, um Ihre Einschätzung
zu untermauern.

1. Bearbeitung einer Kundenbeschwerde.
2. Durchführung einer kardiovaskulären Operation.
3. Die Herstellung einer Halbleiter-Fertigungsmaschine.
4. Transport eines Pakets.
5. Die Finanzberatung bei der Zusammenstellung eines Portfolios.
6. Entwurf eines Bahnhofs.

Während die Möglichkeiten für eine Prozessverbesserung in den einzelnen Bereichen unterschiedlich sind, ist es wichtig, diesen Trend hervorzuheben: Produktions- und Technolo-
gieunternehmen, die sich früher auf die Herstellung physischer Produkte konzentrierten,
verdienen zunehmend Geld mit der Bereitstellung von Informationsdienstleistungen rund
um die von ihnen bereitgestellten physischen Produkte. Daher gewinnt das Verbessern von
Prozessen für Unternehmen in diesem Bereich immer mehr an Bedeutung.

8.1.3   Konflikte zwischen den vier Dimensionen der Prozessleistung

Bisher waren wir bei den Zielen der Verbesserung nicht sehr spezifisch, außer dass wir gesagt
haben, dass der Zweck darin besteht, die Leistung der Geschäftsprozesse zu verbessern. Da
es in der Tat verschiedene Verbesserungsmöglichkeiten gibt, ist es an der Zeit, dass wir dies
konkretisieren.

Frage: Was wollen wir genau erreichen, wenn ein Prozess verbessert wird?

Eine Veranschaulichung, die bei der Beantwortung dieser Frage hilfreich ist, ist das *Teufelsviereck,* das in Abb. 8.2 dargestellt ist. Diese Veranschaulichung basiert auf den vier in
Kap. 2 behandelten Leistungsdimensionen Zeit, Kosten, Qualität und Flexibilität. In einer
idealen Welt *verringert* eine Geschäftsprozessverbesserung die Zeit, die für die Bearbeitung
eines Falles benötigt wird, *senkt* die erforderlichen Kosten für die Ausführung des Prozesses, *verbessert* die Qualität der erbrachten Leistung und *erhöht* die Widerstandsfähigkeit
des Geschäftsprozesses gegen Abweichungen.

Abb. 8.2 Konflikte zwischen den vier Leistungsdimensionen, dargestellt als Teufelsviereck

Der lästige Aspekt des Teufelsvierecks ist dieser: Es veranschaulicht, dass die Verbesserung eines Prozesses entlang einer Dimension die Leistung entlang einer anderen Dimensionen sehr wohl vermindern kann. Wenn wir eine Ecke des Quadrats in Richtung einer Verbesserung ziehen, können die anderen Ecken in die unerwünschte Richtung nachgeben. Angenommen, ein Prozess wird mit einer Kontrollaktivität erweitert, um die Qualität der erbrachten Leistung zu *verbessern*. Diese Erweiterung kann die Durchlaufzeit der betreffenden Leistungserbringung tatsächlich *verlangsamen*, was ein unerwünschter Nebeneffekt wäre. Der ominöse Name des Konzepts bezieht sich auf die Konflikte zwischen den Dimensionen und die entsprechenden Kompromisse, die manchmal eingegangen werden müssen. Das Bewusstsein für diese Kompromisse ist äußerst wichtig, um zu einer geeigneten Verbesserung eines Prozesses zu gelangen.

Übung 8.5 Berücksichtigen Sie die folgenden Verbesserungsmaßnahmen. Welche Leistungsdimensionen sind davon betroffen, positiv oder negativ?

1. Es wird eine neue Computeranwendung entwickelt, die die Berechnung des maximalen Kreditbetrags, der einem Kunden angeboten werden kann, beschleunigt.
2. Wann immer ein Angebot eines Finanzdienstleisters benötigt wird, muss ein Sachbearbeiter anstelle von E-Mails ein Instant-Messaging-System verwenden.
3. Bis zum Jahresende werden Leiharbeiter eingestellt und der Kommissionierung von Artikeln zur Bearbeitung von Weihnachtsaufträgen zugeordnet.
4. Ein Roboter führt einen Teil eines chirurgischen Eingriffs durch und ersetzt so eine Tätigkeit, die zuvor vollständig von einem Chirurgen durchgeführt wurde.

Während die vier Leistungsdimensionen hilfreich sind, um über die gewünschten Effekte der Verbesserung von Geschäftsprozessen im Allgemeinen und für einen bestimmten Geschäftsprozess im Besonderen nachzudenken, sind sie auch nützlich, um über mögliche Ansätze zur Verbesserung von Geschäftsprozessen nachzudenken. Wir werden diesem Thema mehr Aufmerksamkeit widmen, wenn wir uns später mit spezifischen Verbesserungsansätzen befassen, insbesondere dem der heuristischen Prozessverbesserung (siehe Abschn. 8.2.3).

8.1.4   Ansätze zur Verbesserung

Es gibt eine Vielfalt an Büchern und Artikeln zur Prozessverbesserung. Diese befassen sich mit verschiedenen Methoden, präsentieren Fallstudien und bieten Empfehlungen für das Management. Wir nutzen die folgende Klassifizierung, um zu vermeiden, dass wir den Wald vor lauter Bäumen nicht sehen. Es gibt drei Abstraktionsebenen, um über Prozessverbesserungen zu sprechen: Methoden, Techniken und Werkzeuge.

Methoden befinden sich auf der höchsten Abstraktionsebene in der Verbesserungslandschaft. Sie beziehen sich auf eine Sammlung von Problemlösungsansätzen, die von einer Reihe von Prinzipien und einer gemeinsamen Philosophie zur Lösung spezifischer Probleme bestimmt sind. Einzelne Methoden zur Prozessverbesserung wurden von Management-Gurus, Beratungsfirmen und Wissenschaftlern vorgeschlagen, mit teils unterschiedlichen Schwerpunkten. Die Methoden erstrecken sich in der Regel von der frühen Analysephase eines Verbesserungsprojekts bis zur Umsetzung der vorgeschlagenen Änderungen.

Auf der nächsten, niedrigeren Abstraktionsebene wird eine *Technik* definiert als eine Reihe von genau beschriebenen Abfolgen von Schritten zur Bewältigung einer standardisierten Aufgabe. Einige Techniken, die bei der Analyse eines Geschäftsprozesses häufig anzutreffen sind, sind z. B. Ursache-Wirkungs-Diagramme, die Paretoanalyse und die Interessengruppenanalyse (siehe Kap. 6). Um das Entdecken von Veränderungsoptionen für Prozesse zu unterstützen, stehen Kreativitätstechniken wie Brainstorming, SCAMPER, Six Thinking Hats und Delphi zur Verfügung. Um Geschäftsprozesse zu modellieren und zu bewerten, werden wiederum andere Techniken eingesetzt, wie z. B. BPMN, IDEF3, Prozesskostenrechnung, Petrinetze, Rollenspiele und Simulationen, neben vielen anderen.

Auf der untersten, konkretesten Ebene ist ein *Werkzeug* definiert als ein Softwareprogramm, das die Ausführung einer oder mehrerer Techniken unterstützt. Die Mehrheit der so genannten *Prozessverbesserungswerkzeuge* sind in der Tat nur Prozessmodellierungswerkzeuge: Sie unterstützen die Nutzung einer Notation zur Erhebung eines Geschäftsprozesses in einem Diagramm, manchmal auch das kollaborative Arbeiten. Für die Bewertung von Geschäftsprozessmodellen steht eine Vielzahl von Werkzeugen zur Verfügung, insbesondere zur Unterstützung der Simulation (siehe Kap. 7). Es gibt nur wenige Werkzeuge, um strukturiertes Wissen über die Verbesserungsmöglichkeiten zu erfassen oder Kreativitätstechniken zu unterstützen.

Unser Hauptaugenmerk in diesem Kapitel gilt den *Verbesserungsmethoden*. Generell ist zu beobachten, dass diese in der Regel sehr spezifisch auf die vorgelagerten Schritte eines Prozessverbesserungsprojekts, z. B. die Zusammensetzung des Projektteams, und ähnlich spezifisch auf das Ziel bezogen sind, z. B. wie man den Nutzen eines neu implementierten Geschäftsprozesses bewertet. Sie behandeln seltener Details darüber, *wie* man einen bestehenden Prozess in einen leistungsfähigeren umwandelt. Wir werden diesen Mittelteil als die *technische Herausforderung* der Prozessverbesserung bezeichnen. Es ist seltsamerweise der am wenigsten entwickelte Teil vieler Verbesserungsmethoden, aber wohl der wichtigste. Schließlich sind Anfang und Ziel eines Verbesserungsprojekts meist eine Frage des guten Projektmanagements. Alec Sharp und Patrick McDermott machten eine witzige Beobachtung zu diesem Phänomen:

> Wie man vom Istprozess zum Sollprozess kommt, wird nicht erklärt, daher kommen wir zu dem Schluss, dass in einer Pause die berühmte *ATAMO-Methode* aufgerufen wird *(„And Then, A Miracle Occurs", engl. für „Und dann geschah ein Wunder")*.

Unser Ziel mit dem verbleibenden Teil dieses Kapitels ist es, uns auf Methoden zu konzentrieren, die konkrete Hinweise für die technische Herausforderung der Prozessverbesserung geben. Bevor wir eine Reihe von ihnen erklären, müssen wir uns die Faktoren ansehen, die sie voneinander unterscheiden.

8.1.5 Der Verbesserungsorbit

Wir können ein ganzes Spektrum von Methoden zur Verbesserung von Geschäftsprozessen unterscheiden. Wir haben dieses Spektrum als den *Verbesserungsorbit* in Abb. 8.3 visualisiert. Die vertikale Achse unterscheidet die *transaktionalen Methoden,* die auf der linken Seite der Abbildung positioniert sind, wie Six Sigma, von den *transformativen Methoden* auf

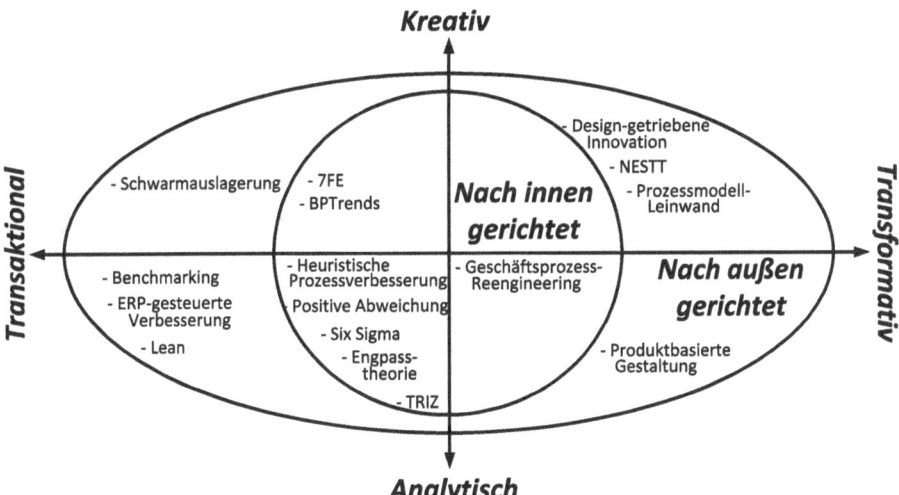

Abb. 8.3 Der Verbesserungsorbit: Ein Spektrum von Methoden zur Verbesserung von Geschäftsprozessen

der rechten Seite, wie NESTT. Die horizontale Achse im Verbesserungsorbit zeigt die Unterscheidung zwischen den *kreativen Methoden,* wie 7FE, in der oberen Hälfte der Abbildung und den *analytischen Methoden,* wie Geschäftsprozess-Reengineering *(engl.: Business Process Reengineering (BPR)),* die unterhalb der horizontalen Achse liegen. Der innere Kreis des Verbesserungsorbits enthält solche Methoden, die als *nach innen* gerichtet charakterisiert werden können, während die Methoden außerhalb dieses Kreises *nach außen* gerichtet sind. Ein Beispiel für die erste Kategorie ist wiederum 7FE, während ein Beispiel für das zweite Lean wäre. Die drei jeweiligen Achsen in diesem Verbesserungsorbit betreffen die *Ambition* hinter der Methode, das *Wesen* der Techniken, die sie verkörpert, und die *Perspektive,* die sie auf den Geschäftsprozess einnimmt. Wir werden diese nun näher erläutern.

Die *Ambition* hinter einer Verbesserungsmethode bezieht sich auf das Ausmaß der Veränderung, die sie herbeiführen will. Wir unterscheiden zwischen transaktionalen und transformativen Methoden. Die Unterscheidung zwischen transaktionalen und transformativen Verbesserungsmethoden kann auch als Unterschied zwischen Methoden verstanden werden, die als *inkrementelle* und *revolutionäre* Ansätze zur Prozessverbesserung bezeichnet werden.

- Eine *transaktionale Methode* unterstützt die Identifizierung von Problemen oder Engpässen in einem Prozess und hilft, diese inkrementell zu lösen. Eine transaktionale Methode stellt somit nicht die Grundlagen des bestehenden Prozesses in Frage, sondern versucht, den Gesamtprozess schrittweise zu verbessern.
- Eine *transformative Methode* zielt auf einen Durchbruch ab: Eine Veränderung im großen Stil. Diese Art von Verfahren stellt die grundlegenden Annahmen und Prinzipien eines bestehenden Prozesses in Frage und zielt darauf ab, sich radikal von diesen zu lösen.

Verbesserungsmethoden unterscheiden sich auch in ihrem *Wesen,* mit analytischen und kreativen Methoden als Gegenpole.

- Eine *analytisches Verbesserungsmethode* zeichnet sich durch eine mathematische Grundlage und den Einsatz quantitativer Techniken aus. Diese Art von Methoden setzt oft auch Werkzeuge zur Unterstützung der verschiedenen Phasen ein, insbesondere zur Analyse von Prozessproblemen oder zur Generierung von Prozessalternativen.
- Im Gegensatz dazu setzt eine *kreative Verbesserungsmethode* auf menschliche Kreativität und Einfallsreichtum. Sie baut oft auf den Vorteilen auf, die sich aus dem Phänomen der *Gruppendynamik* ergeben: Menschen regen sich gegenseitig an, neue Ideen zur Organisation eines Geschäftsprozesses zu entwickeln, typischerweise im Rahmen eines Workshops.

Ein letzter Differenzierungsfaktor ist die *Perspektive,* die die Verbesserungsmethode einnimmt.

- Eine *nach innen gerichtete Verbesserungsmethode* geht von dem Standpunkt des Unternehmens aus, das den Geschäftsprozess bereitstellt. Bei einer solchen Methode stehen die Anliegen und Interessen dieser Organisation selbst im Mittelpunkt. Die Informationen, die über den Prozess gesammelt werden, stammen oft auch aus dem Unternehmen selbst.
- Das Gegenstück ist eine *nach außen gerichtete Verbesserungsmethode*. Eine solche Methode nimmt die Perspektive eines Außenstehenden auf den Prozess ein, sehr oft die des Kunden oder sogar eines Dritten. Darüber hinaus wird eine nach außen gerichtete Methode typischerweise von Chancen und Entwicklungen getrieben, die außerhalb des Unternehmens stattfinden.

Es ist wichtig zu beachten, dass die Zuordnungen entlang der hier diskutierten Achsen orthogonal sind. Eine Methode könnte beispielsweise transaktional, kreativ und nach innen gerichtet sein, wie etwa 7FE in Abb. 8.3. Außerdem haben sich einige der Methoden als Varianten von anderen entwickelt. Beispielsweise ist die heuristische Prozessverbesserung eine Methode, die aus den Kerngedanken des Geschäftsprozess-Reengineering und Lean abgeleitet wurde.

Übung 8.6 Es könnte argumentiert werden, dass Total Quality Management eine eigenständige Verbesserungsmethode ist (siehe Infobox „Verwandte Disziplinen" in Kap. 1). Wie würden Sie diese Methode im Verbesserungsorbit im Hinblick auf ihre Ambition positionieren?

Der Rest dieses Kapitels konzentriert sich auf die Beschreibung verschiedener Verbesserungsmethoden, die im Verbesserungsorbit enthalten sind. Wir werden zuerst transaktionale Methoden diskutieren und dann transformative.

8.2 Transaktionale Methoden

Wir werden kurz die verschiedenen transaktionalen Methoden überblicksartig beschreiben. Konkret werden wir uns mit den in Abb. 8.3 genannten Methoden befassen. Nach diesem Überblick werden wir zwei Methoden ausführlicher erläutern: 7FE und die heuristische Prozessverbesserung.

8.2.1 Übersicht der transaktionalen Methoden

Der transaktionale Teil des Verbesserungsorbits kann anhand der *Wesensachse,* die zwischen kreativen und analytischen Methoden unterscheidet, weiter untergliedert werden.

Analytische Transaktionale Methoden

Das wohl bekannteste Beispiel für eine *analytische Methode* in diesem Umfeld ist *Six Sigma*, das wir bereits am Anfang erwähnten (siehe Infobox „Verwandte Disziplinen" in Kap. 1 und vertiefende Lektüre in Kap. 6). Die Grundidee von Six Sigma ist, dass eine Reihe von Prozesskennzahlen auf Abweichungen von einer Norm oder einem Zielwert genau überwacht werden. Solche Maßnahmen beziehen sich typischerweise auf den Ressourcenverbrauch, Kosten, Durchlaufzeit oder Kundenzufriedenheit. Ziel ist es, Abweichungen im Verhältnis zu den gewünschten Ergebnissen auf einen sehr kleinen Bruchteil zu reduzieren.[1] Six Sigma besteht aus einer großen Sammlung von Techniken, um Maßnahmen zu spezifizieren, Abweichungen quantitativ zu analysieren und die Ursachen für festgestellte Abweichungen zu ermitteln. Es betont den Einsatz von statistischen Instrumenten zur Bestimmung der Größe von Abweichungen. Auf diese Weise konzentriert sich Six Sigma eher auf die Identifizierung und Rechtfertigung von Prozessverbesserungsmöglichkeiten als auf die Generierung konkreter Verbesserungsmaßnahmen selbst.

Eine weitere bekannte Analysemethode ist die Engpasstheorie *(engl.: theory of constraints)*. Die Engpasstheorie basiert auf der Annahme, dass jedes Produktionssystem bei der Erreichung seiner Ziele durch mindestens einen Engpass beschränkt ist. Zum Beispiel haben wir in Abschn. 7.1.5 den Koch als Engpass im Restaurant identifiziert. Die Idee ist daher, sich darauf zu konzentrieren, diesen Engpass zu überwinden, um die Produktivität des Gesamtsystems zu verbessern. Sofern erfolgreich, wird sich die Leistung verbessern, und ein neuer Engpass wird sich einstellen. Daher müssen die Schritte zum Identifizieren und Aufheben eines Engpasses wiederholt werden, und entsprechend legt die Engpasstheorie großen Wert auf die Prozessverbesserung als laufenden Prozess. Beispiele für Engpässe, die in einem bestimmten Geschäftsprozesskontext relevant sein können, sind: die verfügbare Ausrüstung oder Infrastruktur, die Fähigkeiten der am Prozess beteiligten Personen und die Richtlinien, die die Ausführung des Prozesses regeln. Die Engpasstheorie umfasst eine Reihe von Instrumenten, die dem Projektteam helfen, sich bei der Bewertung von Leistungsproblemen und deren Lösungen zu einigen. Dabei liegt der Schwerpunkt auf den logischen Zusammenhängen zwischen den Ergebnissen dieser verschiedenen Werkzeuge als Grundlage für die Validierung und Entscheidungsfindung.

Relativ unbekannt außerhalb Osteuropas ist *TRIZ*, welches eine generische Theorie der Problemlösung darstellt. Sein Schöpfer, Genrich Altshuller, analysierte mehr als 40.000 Patente, um herauszufinden, wie Produktinnovationen entstehen. Seine wichtigste Erkenntnis war, dass Innovationen einer Evolution von *Mustern* folgen. Ein solches Muster ist zum Beispiel, dass bei einem ausgeschöpften Verbesserungspotential eines technischen Systems der nächste Schritt darin besteht, es als Teil in ein Supersystem aufzunehmen. Verschiedene Forscher haben die TRIZ-Muster aufgegriffen, um sie auf die Verbesserung soziotechnischer Systeme, Dienstleistungen und insbesondere von Geschäftsprozessen zu übertragen. REPRO ist ein gutes Beispiel für eine solche Verbesserungsmethode, die verschiedene

---

[1]Das Sigma (σ) bezieht sich auf das in der Statistik gebräuchliche Symbol für eine Standardabweichung, die den Grad der Variation quantifiziert.

TRIZ-Prinzipien zusammenfasst, um insbesondere inkrementelle Verbesserungen bestehender Prozesse zu erzielen [3]. Eines der Muster ist es, die Mitarbeiter zu einem bestimmten Zeitpunkt in einem Prozess Feedback generieren zu lassen, während ein anderes Muster die Einführung von Abkürzungen durch einen Prozessablauf betrifft. Methoden, die auf TRIZ basieren, teilen sich alle die analytische Komponente, indem sie eine Reihe expliziter Prinzipien verwenden, um Verbesserungsoptionen zu generieren.

Ein etwas anderer Ansatz zur Prozessverbesserung zielt auf die Identifizierung und Nutzung von abweichendem Verhalten im organisatorischen Kontext. Es wird davon ausgegangen, dass sich Einzelpersonen oder Gruppen manchmal bewusst anders verhalten, als es eine Norm vorgibt, jedoch mit bemerkenswerten positiven Effekten. Diese positive Abweichung *(engl.: positive deviance)* kann als Entwurf für die Verbreitung dieses Verhaltens verwendet werden, hoffentlich mit ähnlich positiven Effekten. So wurde beispielsweise festgestellt, dass im Umfeld der Bäckereiabteilungen eines großen Einzelhandelsunternehmens einige davon das Angebot am Ende des Tages strategisch reduziert haben, um den Abfall zu minimieren, obwohl dies gegen die Unternehmensrichtlinien verstieß [4]. Ein Ansatz der positiven Abweichung kann entweder auf qualitativen (Interviews und Beobachtungen) oder quantitativen Techniken (Statistiken) aufbauen. Entscheidend ist, dass eine zuverlässige Verbindung zwischen der Absicht, dem tatsächlichen Verhalten und dem gewünschten Ergebnis hergestellt wird. Ähnlich wie bei Six Sigma ist es daher wichtig, relevante Maßnahmen genau zu definieren und die Zusammenhänge aufzudecken.

Six Sigma, Engpasstheorie, TRIZ und positive Abweichung haben alle gemeinsam, dass sie sich stark auf den bestehenden Prozess in einem Unternehmen als Ausgangspunkt konzentrieren. Dies ist ein deutliches Zeichen für eine *nach innen gerichtete* Perspektive. Dies gilt auch für die heuristische Prozessverbesserung, auf die wir in Abschn. 8.2.3 näher eingehen werden. Natürlich berücksichtigen alle genannten Methoden bis zu einem gewissen Grad Einflüsse aus dem externen Umfeld. Doch andere Methoden sind *grundsätzlich* nach außen gerichtet. Im Folgenden werden Benchmarking, ERP-getriebene Verbesserung und Lean diskutiert, die alle eine grundlegende nach außen gerichtete Perspektive einnehmen.

Benchmarking (engl. für „Maßstäbe vergleichen") im Rahmen von BPM ist ein Sammelbegriff für eine Reihe von Ansätzen. All diese zielen darauf ab, verschiedene Umsetzungen eines bestimmten Prozesses zu vergleichen und eine Reihung zwischen diesen nach den Kriterien vorzunehmen, die für ein Unternehmen am relevantesten sind. Grundsätzlich können Unternehmen eine Benchmarking-Studie selbst durchführen. Ein Beispiel dafür ist das niederländische Projekt CoSeLoG, das fünf niederländische Gemeinden zusammenführte, die ihre Geschäftsprozesse in Bezug auf Gestaltung und Leistung vergleichen wollten.[2] Häufiger wird der Vergleich von Beratungsunternehmen, IT-Lösungsanbietern oder Standardisierungskonsortien durchgeführt, welche *standardisierte* Versionen von Geschäftsprozessen für eine bestimmte Branche entwickeln. Diese standardisierten Prozesse werden dann als *Blaupause, Erfolgspraktiken, Industriestandards* oder *Referenzmodelle* dargestellt. Beispiele sind die Information Technology Infrastructure Library (ITIL) für das

---

[2]http://www.win.tue.nl/coselog/wiki

IT-Servicemanagement und das Supply Chain Operations Reference Model (SCOR) für das Supply-Chain-Management (zuvor in Kap. 2 erwähnt). Der Nutzen solcher standardisierten Prozesse für einzelne Unternehmen besteht darin, dass sie den Aufwand für die Entwicklung neuer oder die Änderung bestehender Prozesse verringern können, während gleichzeitig der Eindruck entsteht, dass die vorgefertigten Prozessentwürfe in gewisser Weise dem überlegen sind, was einzelne Unternehmen hervorbringen können. Da diese Entwürfe in gewissem Maße repräsentieren, wie in einer Branche bestimmte wichtige Prozesse umgesetzt sind, haben sie oft einen eher konventionellen Charakter. Dies erklärt auch, warum ein Benchmarking-Ansatz als *transaktionaler* Ansatz betrachtet werden sollte.

Eine spezielle Variante des Benchmarking-Ansatzes ist die Prozessverbesserung durch die Einführung *von einem unternehmensweiten IT-System*. Die Anschaffung eines solchen Systems inkludiert die Unterstützung der wichtigsten Geschäftsprozesse in einer vorgegebenen Form. Dies ist, genauer gesagt, der Fall, wenn ein Unternehmen mit der Implementierung eines ERP-Systems wie SAP, Oracle ERP oder Dynamics ERP beginnt. Ein ERP-System ist ein standardisiertes Softwaresystem, das auf einer integrierten Datenbank basiert und aus mehreren Modulen besteht, die bestimmte Geschäftsfunktionen wie Einkauf, Finanzen und Personalwesen unterstützen. Die wichtigste Erkenntnis bei der Prozessverbesserung ist, dass die Logik, die den Modulen eines ERP-Systems zugrunde liegt, bereits eine gewisse Gestaltung der Geschäftsprozesse, die sie unterstützen sollen, voraussetzt. Diese Logik basiert oft auf der Vorstellung des Anbieters, wie Geschäftsprozesse in bestimmten Branchen typischerweise organisiert sind. Dies bedeutet, dass Unternehmen, die ein ERP-System einführen, tatsächlich auch die Sichtweise des Lieferanten auf die Organisation bestimmter Geschäftsprozesse akzeptieren. Dies ist die Verbindung zu dem Benchmarking-Ansatz, den wir gerade diskutiert haben. Bei der Flexibilität, die Unternehmen haben, um ERP-Systeme an ihre spezifischen Präferenzen anzupassen, sind beachtliche Fortschritte zu verzeichnen. Diese Systeme wurden in den vergangenen Jahren zunehmend prozessorientierter (siehe Kap. 10 für eine Diskussion dieses Konzepts). Es scheint immer noch zuzutreffen, dass sich die Mehrheit der Anstrengungen, die ein Unternehmen auf sich nehmen muss, um ein ERP-System zu implementieren, auf die Angleichung der Funktionalitäten dieses Systems und die Merkmale des Unternehmens konzentriert.

Die letzte analytische Verbesserungsmethode, die es auf der transaktionalen Seite des Verbesserungsorbits zu diskutieren gilt, ist *Lean (engl. für „schlank")*. Auf diese Methode sind wir bereits in unserer Infobox „Verwandte Disziplinen" in Kap. 1 kurz eingegangen. Lean befasst sich mit der Verbesserung der Geschäftsaktivitäten (1) auf der gesamten Unternehmensebene sowie (2) auf der Ebene der operativen Geschäftsprozesse. Das Hauptinstrument für erstere ist die Wertstromanalyse, die darauf abzielt, eine gesamte Wertschöpfungskette zu erfassen. Dies ist dem Ende-bis-Ende-Prozesskonzept sehr ähnlich, das wir zuvor in Kap. 2 betrachtet haben. Ein zentrales Prinzip von Lean ist, dass ein solcher Wertstrom reflektieren muss, wie Wert aus Sicht des Kunden generiert wird. Die Abbildung von Wertströmen dient dazu, Abhängigkeiten zwischen Prozessen zu identifizieren und, wenn möglich, zu sogenannten Just-in-Time *(engl. für „gerade rechtzeitig")* Abhängigkeiten zu formen.

Dies verringert die Bestände, wenn Werkstoffe oder Unterbaugruppen von einem Prozess zum anderen übergeben werden. Auf der Ebene der operativen Geschäftsprozesse liegt der Schwerpunkt von Lean auf der Beseitigung von Verschwendung (siehe Abschn. 6.2). In einer Lean-Initiative werden einzelne Prozessaktivitäten daraufhin bewertet, ob sie einen Mehrwert schaffen oder nicht, wobei wiederum die Perspektive des Kunden berücksichtigt wird. Tatsächlich stehen die Interessen der Kunden in der Lean-Philosophie so im Mittelpunkt, dass die Stimme des Kunden *(engl.: voice of the customer)* zu einem festen Begriff geworden ist. Dies erklärt auch, dass wir die Gesamtmethode als nach außen gerichtet betrachten. Es ist auch zu beachten, dass Lean-Prinzipien zur Prozessverbesserung häufig nach der Six Sigma Methode angewandt werden, so dass sich beide zur übergreifenden *Lean-Six-Sigma-Methode* entwickelt haben.

Kreative Transaktionale Methoden

Wir wenden uns nun den *kreativen* Gegenstücken der bisher diskutierten transaktionalen Methoden zu. Wir haben gesehen, dass Methoden wie Six Sigma, TRIZ und Benchmarking alle Arten von Werkzeugen einsetzen, Statistiken beinhalten und stark rationalisiert sind, da sie Informationen aggregieren, die innerhalb einer ganzen Branche gesammelt wurden. Im Vergleich zu diesem analytischen Ansatz ist der konventionellere Ansatz zur Prozessverbesserung für viele Unternehmen, die menschliche Kreativität zu nutzen. Dies betrifft insbesondere die Personen, die bereits in oder mit Geschäftsprozessen arbeiten oder anderweitig über fundierte Kenntnisse dieser Prozesse verfügen. In Abb. 8.3 haben wir zwei Methoden aufgenommen, die für eine Vielzahl solcher Methoden repräsentativ sind: *7FE* und *BPTrends*. Diese beinhalten ähnliche Schritte und eine ähnliche Logik zur Verbesserung von Prozessen. Im Wesentlichen geht es darum, Menschen mit Kenntnissen über einen bestehenden Geschäftsprozess in einer Reihe von Workshops zusammenzubringen. Typischerweise repräsentieren solche Personen die verschiedenen Geschäftsfunktionen und Rollen, die in einem bestimmten Geschäftskontext relevant sind. Unter der Leitung eines professionellen Moderators identifizieren die Workshopteilnehmer Prozessschwächen, hinterfragen die dem Prozess zugrunde liegenden Annahmen und generieren dann Ideen, um Aspekte dieses Prozesses zum Besseren zu verändern. Um Menschen zur Ideenfindung anzuregen, werden Kreativitätstechniken wie Brainstorming, SCAMPER und Gruppen-Ideenbildung eingesetzt. Die Workshopteilnehmer können Ideen auf Haftnotizen niederschreiben, die dann für alle Teilnehmer auf Weißwandtafeln visualisiert und gemischt werden, um Synergien oder Ähnlichkeiten mit anderen Ideen zu identifizieren, oder beiseite gelegt werden, wenn sie keine ausreichende Unterstützung finden. Alle großen Beratungsunternehmen haben ihre eigenen proprietären Versionen dieser Art von Verbesserungsmethoden entwickelt, die sie ihren Kunden anbieten, zusammen mit den Moderatoren, die mit der Anwendung dieser Methoden vertraut sind. Um ein tieferes Verständnis für diese Art von Methode zu erhalten, werden wir uns in Abschn. 8.2.2 die verschiedenen Schritte von 7FE genauer ansehen.

Sowohl 7FE als auch BPTrends sind klar nach innen gerichtet, da sie sich darauf konzentrieren, Fachleute zu gewinnen, die bereits eine Rolle in einem bestimmten Geschäftsprozess spielen. Interessanterweise ist es für Unternehmen durch das Aufkommen von Schwarmauslagerung *(engl.; crowdsourcing)* und der offenen Innovation *(engl.: open innovation)* einfacher als bisher möglich geworden, die Fähigkeiten und das Wissen von Menschen außerhalb ihrer Unternehmensgrenzen zu nutzen. Dies kann die Art und Weise beeinflussen, wie eine Prozessverbesserung stattfindet, auch wenn dies irgendwann zu einer *nach außen gerichteten* Variante einer transaktionalen, kreativen Verbesserungsmethode führen kann. Obwohl es in diesem Bereich noch keine vollwertigen Methoden gibt, kann man sich vorstellen, wie Massen von Kunden oder Lieferanten helfen können, Prozessschwächen zu identifizieren und Verbesserungsideen zu generieren. Experimente im Gesundheitswesen zum Beispiel haben bereits das Potenzial erkannt, die Ideen der Patienten zu erheben, um die nichtklinischen Teile der Behandlung zu verbessern. Außerdem durchforsten Fluggesellschaften aktiv soziale Medien, um strukturelle Leistungsprobleme zu identifizieren. Natürlich ist es wahrscheinlich, dass die Mobilisierung von externem Wissen und Standpunkten mit internen Bemühungen kombiniert werden muss, um einen Prozess zu verbessern. Dass solche menschenzentrierten Methoden die Aufmerksamkeit von der internen Perspektive auf die von Außenstehenden lenken, macht sie dennoch eindeutig *nach außen gerichtet.*

Übung 8.7 Sind Sie mit einer transaktionalen Verbesserungsmethode vertraut, die nicht im Orbit enthalten ist? Wenn ja, welche andere Methode ähnelt ihr am meisten?

Damit endet unser Überblick über transaktionale Verbesserungsmethoden innerhalb des Verbesserungsorbits. Wie angekündigt, werden wir uns nun mit zwei transaktionalen Verbesserungsmethoden näher befassen.

8.2.2 7FE

Der *7FE*-Rahmen von Jeston und Nelis ist im Wesentlichen ein Rahmen für BPM-Projekte oder sogar BPM-Programme, welche mehrere BPM-Projekte umfassen. Der 7FE-Rahmen[3] besteht aus mehreren Phasen, um ein BPM-Projekt erfolgreich abzuschließen. Dies reicht von der Formulierung der Organisationsstrategie zu Beginn über Phasen, in denen sich das Projektteam zusammensetzt und die Ist-Situation analysiert, bis hin zur Verbesserung eines Prozesses und seiner endgültigen Umsetzung. In diesem Sinne ist 7FE wesentlich umfangreicher als das, was wir in diesem Kapitel als Verbesserungsmethode bezeichnen. Dennoch deckt die spezifische *Innovationsphase* von 7FE die so genannte *technische Herausforderung* der Prozessgestaltung ab. 7FE untermauert diese Phase ausdrücklich mit der Ansicht, dass Workshops der beste Weg sind, um neue Prozessoptionen und Alternativen zu entwickeln, was sie in den *kreativen* Bereich des Verbesserungsorbits rückt. Es ist dieser Teil des Rahmens, auf den wir uns nun konzentrieren werden.

---

[3]Der Name leitet sich von vier grundlegenden Konzepten dieser Methode ab, die mit einem F beginnen und drei weiteren, die mit einem E beginnen: insgesamt sieben.

Es gibt drei wesentliche Phasen, die sich bei der Prozessverbesserungsmethode von 7FE unterscheiden lassen:

1. *Vorbereitung:* In dieser Phase werden alle notwendigen Eingaben für die Workshops gesammelt. Konkret ist zu klären, (a) wie das Verbesserungsprojekt und die neue Prozessanbindung an die Unternehmensstrategie aussehen, (b) was die Ziele für den Prozess sowie die damit verbundenen Kennzahlen sind, (c) welche Einschränkungen bei den Verbesserungsoptionen bestehen und (d) wie der gewünschte Zeitrahmen für die Umsetzung des neu gestalteten Prozesses ist. Um die Position des Geschäftsprozesses in seinem organisatorischen Kontext zu verstehen, ist es sinnvoll, die Prozessarchitektur zu betrachten (siehe Kap. 2). Aus der Sicht des Managements der Erwartungen von Interessengruppen ist es auch sinnvoll, von externen Interessengruppen Informationen darüber zu erhalten, wie sie in Zukunft vorzugsweise mit dem Prozess interagieren möchten. Schließlich kann es auch sinnvoll sein, eine Bestandsaufnahme der neuesten Technologien vorzunehmen, die für die Automatisierung (von Teilen) des jeweiligen Geschäftsprozesses relevant sein können.

2. *Generierung:* In den eigentlichen Workshops liegt der Schwerpunkt auf der Generierung von Ideen für eine Verbesserung der im Fokus stehenden Geschäftsprozesse. 7FE besteht auf die Einbeziehung eines externen, unabhängigen Moderators, der diesen Workshop leitet. Auf diese Weise wird erwartet, dass eine neutrale Sicht auf den Prozess erhalten bleibt. Die anderen Teilnehmer sollten den Prozess genau kennen. Wenn sich der Zeitrahmen für die Verbesserung über 24 Monate erstreckt, ist es auch wichtig, Führungskräfte einzubeziehen, die Entscheidungen über strategische Fragen treffen können. In dieser Phase werden zunächst eine Reihe von Ideen generiert, woraufhin Konvergenz und Konsens angestrebt werden. Dies führt vorzugsweise zu einem oder mehreren Szenarien für einen verbesserten Prozess.

3. *Bestätigung*: Nach der Festlegung der Szenarien wird es wichtig, diese auf ihre Effektivität und Machbarkeit zu testen. In 7FE ist die bevorzugte Technik zur Beurteilung dieser Elemente die Verwendung von Simulation (siehe Kap. 7). Das attraktivste der generierten Szenarien sollte dann weiter bewertet werden, um festzustellen, ob es alle Bedürfnisse der Interessengruppen erfüllt. Auch dies ist eine Aktivität, die in einem Workshop durchgeführt werden kann. In dieser Phase wird es relevant, Teilnehmer mit Expertise in den Bereichen Revision, IT, operative Risiken und Prüfung einzubeziehen, sodass festgestellt werden kann, ob die Verbesserung auch Bedenken aus diesen Bereichen berücksichtigt. Eine letzte Technik zur Beurteilung der Qualität eines Verbesserungsszenarios, insbesondere eines, das auf Automatisierung basiert, ist die Entwicklung eines Prototypen des Prozesses. Eine Alternative ist die Durchführung virtueller Rundgänge durch den beabsichtigten, neuen Prozess. Die Verbesserung endet mit der Dokumentation des Prozesses und der Ergebnisse der verschiedenen Bewertungsmaßnahmen.

Wir werden uns nun auf die verschiedenen Techniken von 7FE konzentrieren, die vorgeschlagen werden, um Workshopteilnehmer in der *Generierungsphase* zur Erzeugung von Verbesserungsoptionen anzuregen. Diese beziehen sich auf die Moderation, die Kundenperspektive und die Auslöser.

Der Moderator spielt eine besondere Rolle bei der Durchführung des Workshops und ist in hohem Maße dafür verantwortlich, das richtige Klima für die Ideenfindung zu schaffen. Das erste Ziel für den Moderator ist es, jede Beurteilung der Workshopteilnehmer während des ersten Teils der *Generierungsphase* zu verhindern. Erst in einer späteren Phase ist es wichtig, Ideen herauszufiltern, die undurchführbar oder unpraktisch sind. Jeston und Nelis empfehlen dem Moderator ausdrücklich:

- Stelle viele Fragen zu „Was wäre wenn" und „Warum das",
- Akzeptiere nicht, was jemandem (zunächst) gesagt wurde,
- Suche nach der zweiten „richtigen" Antwort,
- Ändere regelmäßig die Frage und Perspektive,
- Stelle die Regeln des Prozesses in Frage,
- Nutze und würdige Intuition.

Übung 8.8 Die hier genannten spezifischen Empfehlungen ähneln stark denen einer Gruppen-Kreativitätstechnik namens *Brainstorming*. Dieser Ansatz ist in der Praxis zur Problemlösung zwar sehr beliebt, hat aber auch seine Nachteile. Fallen Ihnen welche ein?

Aus der Liste wird deutlich, dass ein Moderator auf umfangreiche Erfahrungen zurückgreifen muss, um diese Prinzipien erfolgreich anzuwenden.

7FE schlägt vor, dass eine gute Möglichkeit, die Workshopteilnehmer in die Stimmung zu bringen, um Ideen zu generieren, darin besteht, dass sie den neu zu gestaltenden Prozess aus *Kundensicht* modellieren. Mit anderen Worten, sie sollten identifizieren, wann Kunden mit dem Prozess interagieren, wie die Interaktion abläuft, welche Informationen ausgetauscht werden, etc. Dies kann eine ganz andere Perspektive auf den Prozess sein, welche die Workshopteilnehmer normalerweise einnehmen. Schließlich interessiert sich ein Kunde oft nicht dafür, was genau innerhalb eines Unternehmens vor sich geht, während die Prozessbeteiligten verschiedene Schritte durchführen, welche nicht in direktem Kontakt mit dem Kunden stehen. Wenn man den Prozess mit den Augen eines Kunden betrachtet, können die Workshopteilnehmer Fehler oder Ineffizienzen innerhalb des Geschäftsprozesses erkennen, die sie sonst übersehen würden. Zusätzlich zu dieser Übung kann es auch nützlich sein, zu vergleichen, was ein Kunde bei der Interaktion mit einem Wettbewerber der Organisation, für die die Workshopteilnehmer arbeiten, erleben würde.

Die Empfehlung, die Perspektive eines Kunden auf einen Geschäftsprozess einzunehmen, steht im engem Zusammenhang mit der Identifizierung des Kundenprozesses *(engl.: customer journey)*. Diese hat sich zu einer der am meisten verbreiteten Werkzeuge in der Dienstleistungsgestaltung entwickelt. Sie beinhaltet auch die Gefühle, Motivationen und

Probleme, die Kunden über die sogenannten Berührungspunkte *(engl.: touch point)* mit einem Unternehmen haben können. Es ist klar, dass diese letztgenannten Informationen nicht immer direkt im Rahmen eines 7FE-Workshops verfügbar sind, obwohl es sich dabei um Informationen handeln kann, die im Vorfeld, z. B. durch Kundenbefragungen, gesammelt werden können.

Die Durchführung von Testkäufen *(engl.: mystery shopping)* ist ein weiterer nützlicher Ansatz. Dies ist eine Technik, die in der Marktforschung verwendet wird, bei der ein speziell angeheuerter Fachmann Aufgaben durchführt, wie den Kauf eines Produkts, Fragen stellen, Beschwerden einreichen oder sich in einer bestimmten Weise zu verhalten, um Einblicke in die Funktionsweise eines Unternehmens zu gewinnen. Dass dieses exemplarische Durchspielen eines Prozesses nützlich ist, um seine Ineffizienzen zu verstehen, wird auch in Übung 8.15 (Abschn. 8.6) deutlich.

Eine weitere Möglichkeit, den Ideenfluss zu stimulieren, besteht darin, die Teilnehmer zu *problematischen Elementen* eines Geschäftsprozesses sowie zu *generischen Lösungen* zu leiten, die für den jeweiligen Geschäftsprozess anwendbar sind. In 7FE können sowohl Probleme als auch Lösungen als *Auslöser* für eine bessere Prozessgestaltung verwendet werden.

Ein Beispiel für ein typisches *Problem,* das als Auslöser verwendet werden könnte, ist das Konzept der *Übergaben.* Dabei geht es um die Punkte, an denen die Übergabe von Fällen von einer Organisationseinheit oder Rolle zur anderen stattfindet. Bei dieser Übergabe ist die Spannung zwischen der traditionellen, funktionalen Ausrichtung einer Organisation und einer horizontalen, prozessorientierten Sichtweise am stärksten. Schließlich sind die Ziele der unabhängigen Abteilungen selbst möglicherweise nicht geeignet, die Arbeit zwischen diesen Abteilungen richtig zu koordinieren. Zum Beispiel schließen in vielen Unternehmen Menschen aus dem Vertrieb ein Geschäft ab, das von Menschen aus anderen Abteilungen erfasst und bearbeitet werden muss. Es ist dann sinnvoll zu untersuchen, wie lange es dauert, bis Informationen über das abgeschlossene Geschäft von den anderen Prozessbeteiligten aufgenommen werden. Wenn dies zu viel Zeit in Anspruch nimmt, kann es sich um ein spezifisches Problem handeln, das Verbesserungen im Gesamtprozess auslösen kann. Konkret zu diesem Beispiel könnten die Workshopteilnehmer dann vorschlagen, den Informationsfluss von einem Außendienstmitarbeiter zu einem Sachbearbeiter durch die Integration der IT-Systeme der einzelnen Abteilungen zu verbessern.

Ein Beispiel für einen Auslöser in Form einer *generischen Lösung* ist die Möglichkeit, dass die Workshopteilnehmer den Einsatz einer bestimmten Technologie, wie beispielsweise Funketiketten, in Betracht ziehen. Funketiketten ermöglichen eine wirtschaftlich sinnvollere Verfolgung des Aufenthalts wichtiger physischer Elemente in einem Geschäftsprozess als viele ältere Ansätze. Funketiketten können nützlich sein, wenn Ineffizienzen des Prozesses mit verloren gegangenen Gegenständen zu tun haben und erhebliche Anstrengungen erforderlich sind, um sie wiederzufinden. Außerdem kann diese Art von Technologie dazu beitragen, Kunden oder Lieferanten genauere Informationen über den Fortschritt der Arbeit zu liefern, die für sie relevant sind. In 7FE werden eine Reihe weiterer Beispiele für generische

Lösungen genannt. Sie ähneln in der Tat weitgehend einigen der Verbesserungsheuristiken, die den Kern der Verbesserungsmethode bilden, mit der wir uns als nächstes befassen werden: der heuristischen Prozessverbesserung.

8.2.3 Heuristische Prozessverbesserung

Im Gegensatz zu 7FE ist der Einsatz von Workshops kein wichtiger Bestandteil der *heuristischen Prozessverbesserungsmethode*. Vielmehr liegt der Schwerpunkt auf der systematischen Berücksichtigung einer Vielzahl von Verbesserungsgrundsätzen, was diese zu einem *analytischen* statt zu einem *kreativen* Ansatz macht. Die *Verbesserungsheuristiken* ähneln in ihrer Art einigen der Auslöser, die wir in 7FE gesehen haben. Ihre Anzahl ist jedoch viel größer als die Prinzipien, die in 7FE und vergleichbaren Verbesserungsmethoden zu finden sind. In diesem breiten Spektrum von Heuristiken liegt in der Tat die Stärke der heuristischen Prozessverbesserung.

Zur Erläuterung der heuristischen Prozessverbesserung werden wir uns erneut auf die *technische Herausforderung* der Prozessverbesserung konzentrieren. Wir werden hier auch Hinweise auf andere Teile des Buches geben. Zuerst werden wir die Phasen der Methode skizzieren und uns dann näher mit ihrem wichtigsten Bestandteil befassen, nämlich den für die *Gestaltungsphase* wichtigen Verbesserungsheuristiken.

1. *Initiieren:* In der ersten Phase wird das Verbesserungsprojekt gestartet. Es gibt verschiedene organisatorische Maßnahmen, die ergriffen werden müssen, z. B. die Bildung des Projektteams. Aus technischer Sicht sind die wichtigsten Ziele: (a) ein Verständnis der bestehenden Situation zu schaffen und (b) die Leistungsziele für das Verbesserungsprojekt festzulegen. Für (a) sind die Modellierungstechniken, die in den Kap. 3 und 4 diskutiert wurden, sowie die in den Kap. 6 und 7 erläuterten Analysetechniken nützlich, um ein Verständnis für die Probleme, Engpässe und Verbesserungsmöglichkeiten zu gewinnen. Um ein klareres Bild für (b) zu erhalten, ist das Teufelsviereck, das in diesem Kapitel diskutiert wurde, von großem Vorteil.
2. *Gestalten:* Auf Basis der Ergebnisse der Initiierungsphase verwendet die Gestaltungsphase eine Liste von Verbesserungsheuristiken, um mögliche Verbesserungsmaßnahmen für den bestehenden Prozess zu ermitteln. Für jedes der Leistungsziele muss das Projektteam eine Reihe von geeigneten Heuristiken auswählen. Eine Verbesserungsheuristik ist geeignet, wenn sie dazu beiträgt, die gewünschte Leistungssteigerung des betrachteten Prozesses zu erreichen. Nachdem festgestellt wurde, welche Verbesserungsheuristiken hilfreich sein können, ist es sinnvoll zu prüfen, ob sich daraus Gruppen bilden lassen. Einige der Heuristiken können gemeinsam angewandt werden, andere wiederum nicht. Wenn Sie sich beispielsweise für die Automatisierung einer bestimmten Aktivität entscheiden, ist es nicht sinnvoll, der Ressource, die diese Aktivität ursprünglich ausgeführt hat, mehr Freiräume zu geben. Auf der Grundlage relevanter Gruppierungen kann eine

Reihe von Szenarien generiert werden, die jeweils beschreiben, welche Verbesserungsheuristiken angewandt werden und, vor allem, wie. Wenn beispielsweise die Heuristik zur Automatisierung einer Aktivität angewandt wird, muss angegeben werden, welche Aktivitäten betroffen sind. Die Szenarien sind daher als *Alternativen* für die Prozessverbesserung zu verstehen.

3. *Bewerten*: Dies ist die Phase, in der die verschiedenen Verbesserungsszenarien, welche in der vorherigen Phase entwickelt wurden, bewertet werden. Diese Bewertung kann auf qualitative Weise erfolgen, z. B. unter Verwendung der Techniken aus Kap. 6, oder auf quantitative Weise, siehe Kap. 7. In vielen praktischen Situationen wird eine Kombination aus beiden verwendet, wenn ein Expertengremium die Attraktivität der verschiedenen Szenarien bewertet und Simulationsstudien verwendet werden, um die Entscheidung für die Weiterentwicklung eines bestimmten Szenarios bis hin zur Umsetzung zu untermauern. Ein Ergebnis der Bewertungsphase kann auch sein, dass keines der Szenarien attraktiv ist oder als leistungsfähig genug angesehen wird, um die gewünschte Leistungssteigerung zu erzielen. Abhängig vom genauen Ergebnis kann die Entscheidung darin bestehen, die Leistungsziele anzupassen, in die Gestaltungsphase zurückzukehren oder das Verbesserungsprojekt ganz einzustellen.

Die Phasen werden hier als separat beschrieben, aber in der Praxis werden sie in sehr iterativer und überlappender Weise durchgeführt.

Wir werden nun die Diskussion zur Methode der heuristischen Prozessverbesserung darauf konzentrieren, wie man die Heuristiken in der *Gestaltungsphase* einsetzen kann.

Verbesserungsheuristiken

Die Hauptkomponente der Gestaltungsphase ist die methodische Bewertung einer Reihe von *Verbesserungsheuristiken*. Verbesserungsheuristiken können als Faustregeln für die Ableitung eines veränderten Prozesses angesehen werden. Die gesamte Menge, die wir in diesem Buch betrachten, besteht aus 29 Verbesserungsheuristiken, die im Anhang A zu finden sind. Alle Heuristiken basieren auf historischen Verbesserungsprojekten, bei denen sie erfolgreich zur Generierung von Verbesserungsszenarien eingesetzt wurden. Der Leser, der sich für die Herleitung dieser Heuristiken interessiert, wird auf [5] verwiesen.

Während der Gestaltungsphase sollte für jedes der festgelegten Leistungsziele eine Bewertung der Verbesserungsheuristiken erfolgen. Diese Bewertung muss sich auf diejenigen Heuristiken konzentrieren, von denen bekannt ist, dass sie Verbesserungen der mit dem jeweiligen Leistungsziel verbundenen Dimensionen bewirken. Wenn das Leistungsziel beispielsweise darin besteht, die durchschnittliche Durchlaufzeit eines bestimmten Geschäftsprozesses um 15 % zu reduzieren, dann wäre die Leistungsdimension Zeit. Für jede der Verbesserungsheuristiken ist bekannt, zu welchen der vier Leistungsdimensionen sie im Allgemeinen einen positiven Beitrag leistet, basierend auf dem, was bei früheren Anwendungsszenarien mit den Verbesserungsheuristik erreicht wurde. Das ist zwar keine

Garantie für eine erfolgreiche Anwendung in einem neuen Kontext, aber dennoch ein guter Ausgangspunkt.

Um zu erklären, wie dies funktionieren kann, betrachten wir die Auswahl der Verbesserungsheuristiken in Abb. 8.4.

Für jede der vier Leistungsdimensionen sind in Abb. 8.4 zwei Beispiele von Verbesserungsheuristiken aufgeführt. Dies sind die folgenden:

Parallelisierung: „Parallelisiere Aktivitäten." Aktivitäten in einem Geschäftsprozess werden oft streng sequentiell angeordnet, obwohl es keinen triftigen Grund dafür gibt. Einige Tätigkeiten können durchaus in beliebiger Reihenfolge oder sogar gleichzeitig durchgeführt werden. Durch eine weniger restriktive Festlegung der Reihenfolge, in der die Aktivitäten ausgeführt werden, kann ein Geschäftsprozess schneller ausgeführt werden.

Fallbasierte Arbeit: „Beseitige Stapelverarbeitung und periodische Aktivitäten." Häufige Ursachen für Verzögerungen in Geschäftsprozessen sind, dass der Fall (a) auf die Stapelverarbeitung warten muss oder (b) durch periodische Aktivitäten verlangsamt wird, z. B. weil Computersysteme nur zu bestimmten Zeiten verfügbar sind. Die Beseitigung dieser Einschränkungen kann einzelne Fälle erheblich beschleunigen.

Beseitigung von Aktivitäten: „Beseitige unnötige Aktivitäten aus einem Geschäftsprozess." Im Laufe der Zeit werden Prozesse durch Aktivitäten aufgeblasen, die irgendwann nützlich waren, aber ihren Zweck oder ihre Berechtigung verloren haben. Kontrollaktivitäten, d. h. Aktivitäten, die in einem Prozess zur Problemlösung eingebunden sind, sind Paradebeispiele für nicht wertschöpfende Aktivitäten. Die Beseitigung unnötiger Aktivitäten ist ein effektiver Weg, um die Kosten für die Bearbeitung eines Falles zu senken.

Befähigen: „Gebe den Mitarbeitern Entscheidungskompetenz." In traditionellen Geschäftsprozessen wird viel Zeit darauf verwendet, die Ergebnisse von Aktivitäten zu genehmigen, die von anderen durchgeführt wurden. Wenn Mitarbeiter befugt sind, Entscheidungen autonom zu treffen, kann dies zu reibungslosen Abläufen mit geringeren Durchlaufzeiten führen. Die Entlastung des mittleren Managements reduziert auch die Arbeitskosten.

Triage: „Teile eine Aktivität in alternative Versionen auf." Durch die Erstellung alternativer Versionen einer Aktivität ist es möglich, die Vielfalt der zu bearbeitenden Fälle besser zu bewältigen. Eine alternative Aktivität verfolgt im Wesentlichen das übergeordnete Ziel der ursprünglichen Aktivität, ist aber entweder spezifisch auf eine Unterkategorie

Zeit	Kosten	Qualität	Flexibilität
Parallelisierung Fallbasierte Arbeit	Beseitigung von Aktivitäten Befähigen	Fallzuweisung Triage	Flexible Zuordnung Zentralisierung

Abb. 8.4 Eine Auswahl an Verbesserungsheuristiken

von Fällen ausgerichtet, denen begegnet wird (z. B. Bestellungen von Sonderkunden versus alle Kunden) oder nutzt die Merkmale der ihr zugeordneten Ressourcenklasse (z. B. leitende Angestellte versus alle Angestellte). Durch die genauere Abstimmung der Arbeit auf die Eigenschaften der einzelnen Fälle verbessert sich die Qualität der geleisteten Arbeit.

Fallzuweisung: „Lasse einzelne Prozessbeteiligte so viele Schritte wie möglich ausführen." Wenn jemand eine Aktivität ausübt, dann arbeitet sich diese Person in den Fall ein, für den die Arbeit ausgeführt wird. Dieses Wissen ist nützlich für jede weitere Aktivität, die für den gleichen Fall durchgeführt wird. Indem man einen Prozessbeteiligten zur bevorzugten Ressource für alle Arbeiten im Zusammenhang mit diesem Fall macht, kann dieses Wissen genutzt werden, um eine effektive Arbeit zu gewährleisten.

Flexible Zuordnung: „Halte Generalisten so lange wie möglich von Aufgaben frei." Angenommen, eine Aktivität kann von zwei verfügbaren Mitarbeiter ausgeführt werden, dann sollte sie der am meisten spezialisierten Person zugeordnet werden. Auf diese Weise ist die Wahrscheinlichkeit, den freien, eher allgemeiner qualifizierten Mitarbeiter einen anderen Arbeitsauftrag zuweisen zu können, maximal. Der Vorteil dieser Heuristik ist, dass ein Unternehmen flexibel bleibt, was die Vergabe von Aufgaben betrifft.

Zentralisierung: „Lass geographisch verteilte Mitarbeiter so handeln, als ob sie zentralisiert wären." Diese Heuristik zielt ausdrücklich darauf ab, die Vorteile eines Business Process Management Systems (BPMS) zu nutzen (siehe Kap. 10). Denn wenn ein BPMS die Zuordnung von Arbeit zu Prozessbeteiligten übernimmt, verliert es an Bedeutung, wo sich diese Ressourcen geografisch befinden. Auf diese Weise können Ressourcen flexibler eingesetzt werden.

Schauen wir uns nun an, wie das funktionieren kann. Stellen wir uns die hypothetische Autovermietung *Frequenz* vor, die den Geschäftsprozess verbessern will, der sich um die Annahme von Mietwagen bei deren Rückgabe kümmert. Das Interesse von Frequenz ist es, diesen Prozess sowohl aus zeitlicher als auch aus qualitativer Sicht zu verbessern. Der bestehende Geschäftsprozess umfasst vier wesentliche Schritte, die in der folgenden Reihenfolge für alle zurückgegebenen Fahrzeuge durchgeführt werden: (a) ein Interview mit dem Mieter über besondere Vorfälle während der Mietzeit; (b) eine Inspektion der Außenseite des zurückgegebenen Fahrzeugs; (c) eine Inspektion des Innenraums des zurückgegebenen Fahrzeugs; (d) die Fertigstellung der Kundenrechnung auf der Grundlage der Ergebnisse der vorangegangenen Tätigkeiten.

Um die Pünktlichkeit des Geschäftsprozesses zu verbessern, müsste *Frequenz* zunächst die Heuristiken der Parallelisierung und der fallbasierten Arbeit berücksichtigen. Tatsächlich kann die Agentur die Tätigkeiten (a), (b) und (c) gleichzeitig ausführen (Parallelisierung). Durch die Anwendung der Heuristik der fallbasierten Arbeit können jedoch keine Einschränkungen aufgehoben werden. Diese Heuristik ist hier nicht anwendbar.

Aus qualitativer Sicht sind die Triage und Fallzuweisung die ersten relevanten Heuristiken, die es zu betrachten gilt. Nach reiflicher Überlegung kann es durchaus sinnvoll sein, spezifische Versionen der Tätigkeiten (b) und (c) für *Geländefahrzeuge* zu entwickeln, da diese in der Regel während der Mietdauer stärker beansprucht werden. Auf diese Weise kann eine gründlichere Inspektion der zurückgegebenen Geländefahrzeuge erfolgen, wodurch die Qualität der Tätigkeiten (b) und (c) verbessert wird. Es kann auch von Vorteil sein, wenn ein Prozessbeteiligter alle Schritte durchführt (Fallzuweisung), so dass beispielsweise alle während (a) gesammelten Informationen dazu verwendet werden, die Gründlichkeit der Aktivitäten (b) und (c) sowie die Vollständigkeit von (d) zu verbessern. *Frequenz* erkennt jedoch, wie dies die frühere Entscheidung, diese Schritte gleichzeitig durchzuführen, um Zeit zu gewinnen, beeinträchtigen kann. Die Agentur zieht es deshalb vor, diese Heuristik nicht einzusetzen und stattdessen eine Parallelisierung durchzuführen.

Beachten Sie, dass in diesem Beispiel sowohl eine Bewertung einzelner Heuristiken als auch der Kombination von anwendbaren Heuristiken stattgefunden hat. Dies ist ein wichtiger Schritt in der *Gestaltungsphase* der heuristischen Prozessverbesserung. Im obigen Fall wird nur ein Szenario erstellt. Aus dem Beispiel geht auch hervor, dass es notwendig sein kann, spezifische Erkenntnisse über den Prozess selbst, die Umstände, in denen der Prozess eingesetzt wird, und seine historische Leistungsfähigkeit zu gewinnen.

Übung 8.9 In Bezug auf die vier Leistungsdimensionen kann die Anwendung jeder Heuristik auch negative Auswirkungen haben. Können Sie sich vorstellen, welche negativen Auswirkungen das *Frequenz-Verbesserungsszenario* auf die Leistung des Mietwagenrücknahmeprozesses in Bezug auf Kosten und Flexibilität haben kann?

Dies beendet unsere Beschreibung der heuristischen Prozessverbesserung im Speziellen und unsere Diskussion über transaktionale Prozessverbesserungsmethoden im Allgemeinen. Der nächste Abschnitt widmet sich transformativen Methoden für die Prozessverbesserung.

8.3   Transformative Methoden

Wie bei den transaktionalen Verbesserungsmethoden geben wir auch hier zuerst einen Überblick über bestehende transformative Methoden. Wir werden auf alle Beispiele eingehen, die in Abb. 8.3 erwähnt werden. Nach diesem Durchlauf werden wir drei Methoden näher erläutern und uns erneut auf die *technische Herausforderung* der Verbesserung konzentrieren. Die Methoden, die wir diskutieren werden, sind: NESTT, Geschäftsprozess-Reengineering und produktbasierte Prozessgestaltung.

8.3.1   Überblick über transformative Methoden

In Abb. 8.3 ist sofort zu erkennen, dass weniger Methoden auf der transformativen, rechten Seite des Verbesserungsorbits zu finden sind, als auf der transaktionalen, linken Seite.

Dies beschreibt den aktuellen Stand sehr gut, was angesichts der Tatsache, wie die Prozessgestaltung begann, etwas überraschend sein mag. Was allgemein als der erste Aufruf zur Verbesserung von Geschäftsprozessen und der erste Versuch gilt, dauerhafte Muster für dieses Vorhaben zu identifizieren, wird als *Geschäftsprozess-Reengineering* bezeichnet. Michael Hammer [6] war der Vordenker dieses Ansatzes. Eines der Kernkonzepte dieser Methode, wie wir in Abschn. 8.3.2 näher erläutern werden, ist, dass sie für die Gestaltung eines Prozesses einen *Neustart* fordert. Wie Hammer es ausdrückte:

> Für viele ist das Reengineering die einzige Hoffnung, sich von den veralteten Prozessen zu lösen, die sie zu Fall zu bringen drohen.

Ein solcher Gedanke erfordert eindeutig eine bahnbrechende Veränderung, also eine Transformation. Mit anderen Worten, die Prozessverbesserung begann als reine Transformation durch das Aufkommen des Geschäftsprozess-Reengineerings, aber im Laufe der Zeit sind transaktionale Verbesserungsmethoden verbreiteter und beliebter geworden als der revolutionäre Ansatz, den Hammer propagierte.

Übung 8.10 Können Sie sich einen Grund vorstellen, warum transaktionale Methoden für die Verbesserung beliebter geworden sind als transformative Methoden?

Trotz des festgestellten Ungleichgewichts zwischen den beiden Hälften des Verbesserungsorbits werden transformative Methoden in der Tat von Organisationen angewandt und neue Methoden kommen regelmäßig hinzu. Interessanterweise sind einige dieser Methoden tatsächlich populär geworden, *ohne* sich zunächst besonders auf Geschäftsprozesse zu konzentrieren. Nach einer anfänglichen Fokussierung auf ganze Organisationen oder Produkte wurden prozessspezifische Anwendungen solcher Methoden entwickelt. Ein gutes Beispiel dafür ist die *Design-getriebene Innovation (engl.: design-led innovation, design-driven innovation)*. Diese grundlegende Methode zielt darauf ab, Unternehmen ein Verständnis der tiefen emotionalen Bindungen zu vermitteln, die Verbraucher zu ihren Produkten entwickeln. Der Grundgedanke ist, dass der Mensch nicht nur durch die Form und Funktion eines Produkts bedient wird, sondern auch durch die *Erfahrung,* die seine Nutzung hervorruft. Auf der Grundlage dieses Verständnisses können Unternehmen Innovationen verfolgen, die Kunden nicht erwarten, aber schließlich leidenschaftlich annehmen. Die Methode wurde von Roberto Verganti [7] entwickelt, der über einen Zeitraum von 10 Jahren erfolgreiche Designunternehmen wie Apple, Nintendo und Alessi studierte. Die Methode durchläuft Phasen des Zuhörens (Erlangen von Wissen darüber, was die Menschen sich wünschen), der Interpretation (Kombinieren von Benutzerwissen mit den Fähigkeiten eines Unternehmens) und der Adressierung (Vorbereitung der Kunden und Unterstützung des soziokulturellen Wandels). Entscheidende Aspekte der Methode sind: (1) das Ziel der radikalen Innovation, das den *transformativen* Charakter der Methode erklärt, (2) die Einbeziehung von Außenstehenden, um dieses entscheidende Verständnis in der Phase des Zuhörens zu erlangen, welches die Methode spezifisch *nach außen* orientiert, und (3) ihr Vertrauen in den Einfallsreichtum von Designern, Wissenschaftlern und Künstlern, der ihr ihre *kreative* Ausrichtung verleiht. Insbesondere Geschäftsprozesse, bei denen die Interaktion mit Kunden ein entscheidendes Element ist, sind gute Kandidaten für eine Überarbeitung durch Design-getriebene Innovation: Neue Wege, wie ein Unternehmen mit seinen Kunden interagiert, können zu einer gehaltvolleren Erfahrung beitragen.

Übung 8.11 Können Sie Beispiele für Geschäftsprozesse finden, bei denen die Interaktion mit dem Kunden entscheidend ist?

Ein weiteres Beispiel für ein inspirierendes Modell für eine Methode zur transformativen Geschäftsprozessverbesserung ist die von Osterwalder und Pigneur entwickelte *Geschäftsmodell-Leinwand* [8] *(engl.: Business Model Canvas)*. Die Geschäftsmodell-Leinwand ist eine grafische Darstellung, die zeigt, wie sich das Wertangebot eines Unternehmens auf seine Infrastruktur, Kunden und Finanzstruktur bezieht. Die Entwicklung und Beurteilung neuer Wertangebote ist besonders wichtig, da sie einen strategischen Einblick in die Unternehmensfähigkeiten vermittelt. Inspiriert von dieser Denkweise wurde die Prozessmodell-Leinwand entwickelt, die es Unternehmen ermöglicht, auf ähnliche grafische Weise über das Wertangebot von Geschäftsprozessen nachzudenken. Die *Prozessmodell-Leinwand*[4] ist in Abb. 8.5 dargestellt.

Wie zu sehen ist, zeigt die Leinwand unter den verschiedenen Überschriften Leerräume, die während eines Workshops diskutiert und ausgefüllt werden sollen. Die wesentliche Vorgehensweise, die Leinwand zu verwenden, besteht darin, mit der Ausarbeitung des *Wow!*-Effekts für einen Geschäftsprozess zu beginnen (siehe rechte Seite der Abbildung), d. h. mit dem, was die Workshopteilnehmer als Aspekte betrachten, die Kunden wirklich beeindrucken würden. Aus dieser Vision wird dann ermittelt, *was* notwendig ist, um diesen Effekt in Bezug auf die großen Schritte im Geschäftsprozess und die Informationen, die zur Unterstützung dieser Schritte erforderlich sind, zu erreichen. Die letzte Verbindung, die hergestellt werden muss, ist die vom Geschäftsprozess zur strategischen Ausrichtung des Unternehmens, dem *Warum* auf der linken Seite. Auf diese Weise entwickelt die Methode aus den Erwartungen des Kunden *(nach außen gerichtet)* eine bahnbrechende Prozessgestaltung, und zwar *transformativ* durch den workshopbasierten Einsatz eines *kreativen* grafischen Hilfsmittels.

Übung 8.12 Was ist Ihrer Meinung nach die größte Ähnlichkeit zwischen der Gestaltung von Prozessen nach den Prinzipien der Design-getriebenen Innovation und der Prozessmodell-Leinwand?

Die letzte Verbesserungsmethode, die Teil derselben Schnittmenge ist wie Design-getriebene Innovation und die Prozessmodell-Leinwand, ist *NESTT,* eine neue Ergänzung des Spek-

---

[4]Siehe www.processmodelcanvas.org.

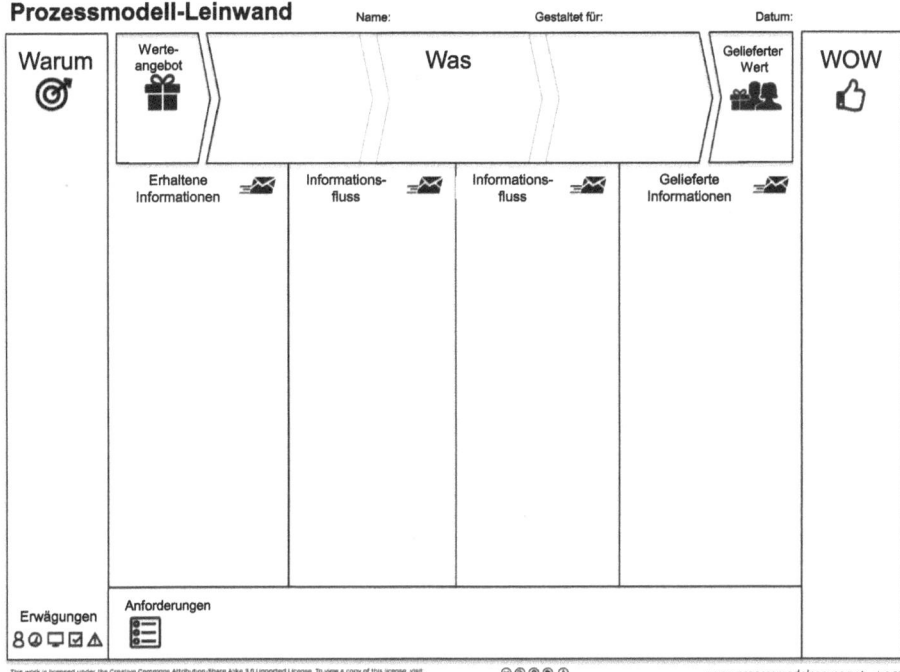

Abb. 8.5 Die Prozessmodell-Leinwand

trums. Das Verfahren wurde an der Queensland University of Technology entwickelt. Das Akronym NESTT erfasst die vier Hauptstufen des Verfahrens: Navigieren, Erweitern, Verstärken und Abstimmen/Abheben *(engl.: Navigate, Expand, Strengthen, Tune/Take-off)*. Definierend für die Methode ist, wie die Teilnehmer eines Workshops die räumlichen Möglichkeiten eines eigenen Projektraumes nutzen (siehe Abb. 8.6).

Zwischen 8 und 10 Personen nutzen die vier Wände und den Boden des Raumes, um verschiedene Blickwinkel auf einen Geschäftsprozess zu visualisieren und anzusprechen. Sie beginnen damit, eine Vision für den neuen Prozess zu formulieren und können sich dabei beispielsweise von Anbietern neuer Technologien oder vergleichbaren Organisationen inspirieren lassen. Dies verleiht NESTT eine klar *nach außen* gerichtete Perspektive. Wie in Abb. 8.6 zu sehen ist, wird diese Zukunftsvision über drei verschiedene Zeithorizonte gestaltet: 20 Tage ab Beginn der NESTT-Anwendung, 20 Monate ab diesem Zeitpunkt und nach 3 Jahren (unter Berücksichtigung einer Startzeit im Jahr 2017). Indem sie sich dieser Vision verpflichten, bestimmen die Teilnehmer, wie Probleme überwunden und Chancen zur Realisierung dieser Vision genutzt werden können. Dazu nutzen sie Erkenntnisse über den bestehenden Prozess (dem Jetzt), verfügbare und benötigte Ressourcen sowie relevante Verfahren. Der kreative Aspekt ist stark in dieser Methode ausgeprägt, da sie eine Reihe von Techniken nutzt, um Menschen dabei zu helfen, einen neuen Prozess gemeinsam zu

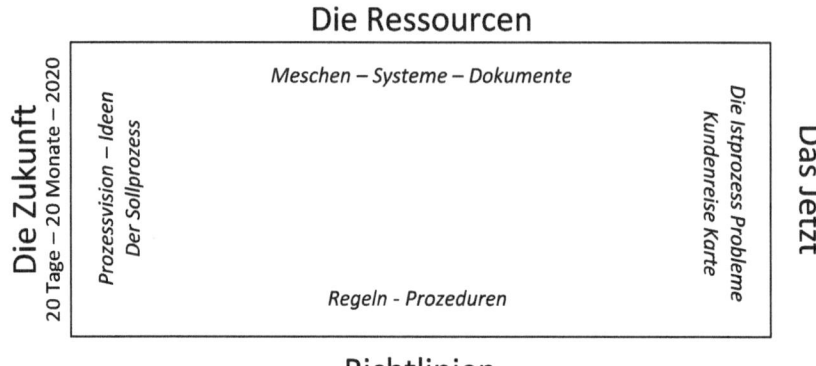

Abb. 8.6 Der NESTT-Raum

gestalten. Obwohl es wichtig ist, dass es kurzfristig zu einem Ergebnis kommt, ist NESTT in der Tat eine transformative Methode, die auch eine langfristige Perspektive entwickelt.

Übung 8.13 Was ist die entscheidende Ähnlichkeit zwischen der Gestaltung von Prozessen mittels der Prozessmodell-Leinwand einerseits und den Prinzipien von NESTT andererseits? Was ist anders?

Diese Diskussion beendet den Überblick über transformative Verbesserungsmethoden. Wie man im Verbesserungsorbit sehen kann, ist die Schnittstelle von nach innen gerichteten und transformativen Methoden tatsächlich leer. Dies signalisiert den weit verbreiteten Glauben, dass wahre Transformationen kaum nur aus einer internen Perspektive entstehen kann. Das bedeutet natürlich nicht, dass die interne Perspektive völlig ignoriert wird (z. B. NESTT). Auffällig ist, dass alle bisher diskutierten transformativen Methoden *kreativer* Natur sind. Dies ist jedoch kein universelles Merkmal. Es gibt zwei transformative Methoden im Verbesserungsorbit, die bisher nicht diskutiert wurden: Geschäftsprozess-Reengineering und produktbasierte Prozessgestaltung. Wir werden uns in den kommenden Abschnitten mit diesen Methoden, die beide analytischer Natur sind, befassen.

8.3.2 Geschäftsprozess-Reengineering

Das Konzept des *Geschäftsprozess-Reengineerings* wurde Anfang der 90er Jahre von Michael Hammer geprägt. Dieser Zeitpunkt wird von vielen als der eigentliche Beginn von Methoden zur Prozessverbesserung und sogar von der Disziplin des Geschäftsprozessmanagements insgesamt angesehen. Hammer hatte eine Reihe von Unternehmen untersucht, die unter enormem Druck standen, es aber schafften, zu überleben und sogar zu wachsen.

Die bekannteste Fallstudie ist die der Ford Motor Company, die wir in Abschn. 1.3.2 in Kap. 1 vorgestellt haben.

Es gibt drei wesentliche Erkenntnisse, die Hammer aus seinen Beobachtungen ableitete. Erstens, kein erfolgreiches Unternehmen beruht auf der stückweisen Verbesserung des bereits Erreichten. Vielmehr führt ein starker Ehrgeiz zu enormen Erträgen. Zweitens, während die Informationstechnologie ein entscheidender Faktor bei der Verbesserung von Geschäftsprozessen ist, ist es notwendig, über die reine Automatisierung des bereits Erreichten hinauszugehen. Hammer fasste diese beiden Erkenntnisse wie folgt zusammen:

> Wir haben die Werkzeuge, um das zu tun, was wir tun müssen. Die Informationstechnologie bietet viele Möglichkeiten, die Arbeit zu reorganisieren. Aber unsere Vorstellungskraft muss unsere Entscheidungen über die Technologie leiten – nicht umgekehrt. Wir müssen den Mut haben, uns vorzustellen, 78 Tage aus einer 80-tägigen Bearbeitungszeit herauszukürzen, 75% der Fixkosten zu reduzieren und 80% der Fehler zu eliminieren. Das sind keine unrealistischen Ziele. Wenn Manager die Vision haben, bietet das Reengineering einen Weg.

Die dritte Erkenntnis von Hammer ist, dass Unternehmen sich von einer Reihe tief verwurzelter Muster der Arbeitsorganisation lösen müssen, die verhindern, dass Geschäftsprozesse integriert und funktionsübergreifend durchgeführt werden. Stattdessen müssen eine Reihe neuer Grundsätze angenommen werden. Das Vertrauen in eine solche Reihe klar definierter Prinzipien, im Gegensatz zu dem, was eine Gruppe von Menschen hervorbringt, macht Geschäftsprozess-Reengineering klar zu einer *analytischen Methode*. Gleichzeitig ist es meist nach *innen gerichtet*, da es immer noch im Rahmen und Kontext des bestehenden Prozesses operiert, den es zu überarbeiten gilt.

Im Gegensatz zu transaktionalen Methoden, die wir in den Abschn. 8.2.2 und 8.2.3 ausführlich erläutert haben, sind die Prinzipien des Geschäftsprozess-Reengineering nicht in ein explizites, stufenweises Vorgehen zur Durchführung von Prozessverbesserungen eingebettet. Dies lässt sich durch den bahnbrechenden Charakter des Verfahrens erklären. Zum Zeitpunkt seiner Begründung war es wichtiger, die Menschen von der Durchführbarkeit der Verbesserung selbst zu überzeugen, als es genau zu beschreiben. Die Prinzipien sind jedoch klar mit der *technischen Herausforderung* verbunden, eine neue Prozessgestaltung auszuarbeiten. Wir werden uns nun mit einigen dieser Prinzipien befassen.

Das erste tief verwurzelte Muster, das Hammer identifizierte, ist, dass viele Organisationen immer wieder dieselben Informationen sammeln, selbst in dem Ausmaß, dass verschiedene Abteilungen ihre eigenen Formulare für bereits vorliegende Informationen verwenden. Auch wenn dies in Zeiten, in denen es schwierig war, Daten innerhalb eines Unternehmens auszutauschen und zu verteilen, sinnvoll gewesen sein mag, machen moderne Datenbanktechnologien, sowie Netzwerk- und Cloud-Lösungen dieses Verhalten der Informationsbeschaffung obsolet.

Das positive Gegenprinzip besteht darin, sicherzustellen, dass Informationen neu erfasst werden, und zwar in dem Moment, in dem diese produziert werden, und an der Quelle durch den Beteiligten, der sie produziert. Diese Informationen müssen anderen zur Verfügung gestellt werden, die sie benötigen und für ihre Wiederverwendung autorisiert sind, insbesondere über einen gemeinsamen Datenspeicher. Dadurch wird das Versenden von Dokumenten oder E-Mails mit den dabei entstehenden Daten überflüssig. Ebenso wichtig ist es, dass Kunden nicht verärgert werden, wenn sie immer wieder nach den gleichen Informationen gefragt werden. Jeder, der eine etwas komplexe Behandlung in einem Krankenhaus hinter sich hat, kennt dieses Phänomen.

Das zweite von Hammer identifizierte Problem ist, dass Mitarbeiter, die wertvolle Informationen produzieren, diese Informationen nicht nachverfolgen können, entweder weil sie dazu nicht berechtigt sind oder weil ihnen die technischen Mittel hierfür fehlen. Dieses Vorgehen spiegelt insbesondere den Glauben wider, dass Menschen auf niedrigeren Organisationsebenen nicht in der Lage sind, auf die von ihnen erzeugten Informationen angemessen zu reagieren. Infolgedessen haben viele Abteilungen nichts anderes zu tun, als Informationen, die andere erstellt haben, zu sammeln und zu verarbeiten. Natürlich führt dies zu Ineffizienzen und Verzögerungen.

Um diesem Problem zu begegnen, ist das zweite Prinzip des Geschäftsprozess-Reengineerings, dass die Informationsverarbeitung, d.h. die Arbeit, bei der Informationen erfasst oder verarbeitet werden, in die eigentliche Arbeit integriert werden muss, bei der diese Informationen erzeugt werden. Dies kann natürlich ein anderes Maß an Vertrauen, aber auch die Schulung der Mitarbeiter zur Übernahme von anderen Arbeitsschritten erfordern. Der potenzielle Vorteil ist jedoch, dass die Arbeitsabläufe reibungslos funktionieren.

Die dritte unerwünschte Situation, wie sie in vielen Unternehmen zu beobachten ist, ist, dass äußerst spezialisierte Abteilungen entstanden sind. Diese kümmern sich um alles, was nach „ihrer Arbeit" aussieht. Auf diese Weise wird eine Abteilung letztendlich zum Kunden einer anderen Abteilung für etwas, was sie selbst wünscht, obwohl sie es im Prinzip für sich selbst besorgen könnte, dies aber nicht mehr tun darf. Denken Sie zum Beispiel an eine Abteilung, die Büroartikel einkaufen möchte, dies aber nur über ihren spezialisierten Einkauf tun kann, der sich auch um den Einkauf teurer Werkstoffe kümmert, die das Unternehmen für seine Hauptprodukte verwendet. Während ein zentralisierter Ansatz die Vorteile der Spezialisierung und Skaleneffekte verfolgt, sind viele interne Prozesse langsam und bürokratisch. Der Hauptgrund dafür ist, dass die Einheit, die sich um einen Prozess kümmert, nicht der Hauptbegünstigte der Ergebnisse ist und sich womöglich lieber auf andere Aufgaben konzentriert.

In einem Umfeld, in dem Prozessbeteiligte und sogar Kunden durch Daten und Technologien bei der Erreichung ihrer Ziele unterstützt werden können, ist es sinnvoll, zumindest in bestimmten Situationen zuzulassen, dass sich Arbeitnehmer, die etwas brauchen, selbstständig darum kümmern. Diejenigen, die ein Interesse am Ergebnis eines Prozesses haben, sollten nicht nur daran teilnehmen, sondern ihn potenziell bis zum Ende vorantreiben. Eine andere Sichtweise ist, dass nach diesem Prinzip die Arbeit auf den Akteur übertragen werden kann, der den höchsten Anreiz dazu hat, die Aktualität und Qualität des Erreichten positiv zu beeinflussen.

Das letzte tief verwurzelte Muster vieler Organisationen, das diese überwinden müssen, ist die strikte Unterscheidung zwischen denen, welche die Arbeit machen, und denen, welche diese überwachen und Entscheidungen darüber treffen. Wie Hammer es ausdrückt:

> Die stillschweigende Annahme ist, dass die Personen, welche die Arbeit tatsächlich verrichten, weder die Zeit noch die Neigung haben, diese zu überwachen und zu kontrollieren, und dass ihnen das Wissen und der Weitblick fehlen, um Entscheidungen darüber zu treffen. Auf dieser Annahme basiert die gesamte hierarchische Führungsstruktur.

Als Ergebnis dieses Musters ist in Unternehmen ein Überschuss an Buchhaltern, Auditoren und Vorgesetzten zu finden, um Arbeit zu überprüfen, zu protokollieren und zu überwachen. Es versteht sich von selbst, dass diese Personen Verzögerungen und erhebliche Kosten verursachen.

Das Prinzip, das dieses negative Muster ersetzen soll, besteht darin, jeden Entscheidungspunkt in einem Prozess vorzugsweise an den Ort zu bringen, an dem gearbeitet wird. Konkret geht es um jene Arbeiten, bei denen die Informationen produziert werden, die für Entscheidung erforderlich sind. Darüber hinaus ist es ein Aufruf, alle Kontrollaktivitäten nahtlos in Aktivitäten zu integrieren, welche die Kernaufgaben eines Prozesses bilden. Der Gegenpart dazu ist natürlich, dass die Prozessbeteiligten mit den Informationen versorgt werden müssen, die sie benötigen, um Entscheidungen selbst zu treffen. Die Bedeutung dieses Prinzips besteht darin, dass hin- und hergehende Übergaben zwischen Prozessbeteiligten und Prozessmanagern durch gut durchdachte Kontrollen von befähigten Prozessbeteiligten ersetzt werden können.

Übung 8.14 Betrachten Sie die in Abschn. 1.3.2 beschriebene Ford-Fallstudie erneut. Welche der oben genannten Prinzipien wurden angewandt?

Die ersten Prinzipien waren nur der Anfang der Geschäftsprozess-Reengineering-Welle der frühen 1990er Jahre. Hammer selbst fügte neue hinzu und entwickelte nach und nach zusätzliche Erkenntnisse über den Erfolg von Verbesserungsprogrammen. Der letzte und relativ aktuelle Beitrag in dieser Reihe ist ein Instrument, mit dem Unternehmen den Reifegrad ihres Prozessmanagements beurteilen können. Das Geschäftsprozess-Reengineering wiederum hat die Entwicklung vieler anderer Methoden beeinflusst. Dies zeigt sich zum Beispiel in den Heuristiken, die den Kern der heuristischen Prozessverbesserung bilden (siehe Abschn. 8.2.3).

Wir werfen nun einen Blick auf die letzte verbleibende transformative Verbesserungsmethode, die produktbasierte Prozessgestaltung.

8.3.3 Produktbasierte Prozessgestaltung

Die Methode der produktbasierten Prozessgestaltung *(engl.: product-based design, product-based workflow design)* wurde zu Beginn des 21. Jahrhunderts an der Technischen Universität Eindhoven entwickelt [9]. Die Methode ist *analytischer* Natur, da sie auf einem formalen, fast rein algorithmischen Verfahren einen neuen Geschäftsprozess entwickelt. Ziel ist es, einen Prozess komplett zu überarbeiten, weshalb die Methode auf der *transformativen* Seite zu finden ist. Um zu erklären, warum sie *nach außen* gerichtet ist, muss man das Artefakt berücksichtigen, das bei dieser Methode im Mittelpunkt steht: Es ist das *Produkt*, das ein Geschäftsprozess bereitstellen soll. Die Merkmale dieses Produkts (oder der Dienstleistung) werden verwendet, um *rückwärts* abzuleiten, wie der Prozess gestaltet sein soll. Wir können uns das wie folgt vorstellen: Wenn wir ein rotes, elektrisches Auto mit vier Rädern herstellen möchten, sind wir sicher, dass der Produktionsprozess irgendwann die Herstellung oder den Kauf einer Karosserie beinhalten muss, dass es einen Schritt gibt, um vier Räder an dieser Karosserie zu montieren, dass wir irgendwann eine Batterie einsetzen müssen und dass wir das Fahrzeug lackieren müssen (falls die Teile nicht schon lackiert sind). Vielleicht sind wir uns nicht sicher, in welcher Reihenfolge diese Dinge genau ablaufen müssen, aber wir können zumindest einige logische Abhängigkeiten erkennen. Zum Beispiel wäre es besser, wenn wir das Fahrzeug lackieren, *nachdem* wir die Karosserie erworben haben.

Die Idee hinter der produktbasierten Prozessgestaltung ist es, dass es unter *Unkenntnis* des bestehenden Prozesses und der reinen Berücksichtigung der Produkteigenschaften möglich wird, den schlankesten und leistungsfähigsten Prozess zu entwickeln. Obwohl die produktbasierte Prozessgestaltung ehrgeiziger ist als transaktionale Verbesserungsmethoden, ist sie auch in ihrem Anwendungsbereich eingeschränkter. Sie wurde speziell für die Gestaltung von Prozessen entwickelt, die *Informationsprodukte* produzieren, z. B. Entscheidungen, Vorschläge, Dokumente, Genehmigungen, etc. Es ist dieses Informationsprodukt, das analysiert und in einem *Produktdatenmodell* festgehalten wird. Es besteht eine auffällige Ähnlichkeit zwischen diesem Modell und der *Stückliste*, wie sie in der Fertigung verwendet wird. Das Produktdatenmodell ist das wichtigste Instrument, mit dem ein Prozessgestalter die beste Prozessstruktur für die Erstellung und Auslieferung dieses Produkts ermittelt. Da es im Allgemeinen mehrere Möglichkeiten gibt, ein Informationsprodukt herzustellen, gibt die produktbasierte Prozessgestaltung Einblicke in all diese Möglichkeiten.

Die wichtigsten Phasen der produktbasierten Prozessgestaltung sind die folgenden:

1. Umfang: In dieser ersten Phase wird der zu verbessernde Geschäftsprozess ausgewählt. Die Leistungsziele für diesen Prozess werden ebenso identifiziert wie die Grenzen, die bei der endgültigen Gestaltung zu berücksichtigen sind.
2. Analyse: Eine Analyse der Produktspezifikation führt zu ihrer Zerlegung in Informationselemente und deren logische Abhängigkeiten in Form eines *Produktdatenmodells*. Der bestehende Geschäftsprozess – falls vorhanden – wird untersucht, um Daten zu

sammeln, die sowohl für die Gestaltung des neuen Geschäftsprozesses als auch für die Bewertung von Bedeutung sind.

3. Gestaltung: Basierend auf den Leistungszielen der Verbesserung, dem Produktdatenmodell und den geschätzten Leistungskennzahlen werden ein oder mehrere Prozessentwürfe abgeleitet, die bestmöglich zu den Gestaltungszielen passen.

4. Bewertung: Die Prozessentwürfe werden validiert, mit den Endanwendern besprochen und ihre geschätzte Leistung wird genauer analysiert. Die vielversprechendsten Entwürfe können der Geschäftsführung zur Inbetriebnahme vorgestellt werden, um den Grad der Zielerreichung zu beurteilen und den besten Entwurf zur Umsetzung auszuwählen.

Diese Phasen werden in einer sequentiellen Reihenfolge dargestellt, aber in der Praxis ist es oft wünschenswert, dass Iterationen stattfinden. So zielt beispielsweise die Bewertungsphase explizit darauf ab, Gestaltungsfehler zu identifizieren, die zu einer Überarbeitung der Gestaltung führen können. Der Rest dieses Abschnitts konzentriert sich auf zwei wichtige Elemente der Methode: das Produktdatenmodell und die Ableitung eines Prozessentwurfs daraus.

Das Produktdatenmodell

In der Analysephase werden Quellen gesammelt, die Aufschluss darüber geben, was die Herstellung eines bestimmten Produkts genau bewirken soll. Der Zweck ist die Identifizierung von:

1. Informationselementen: Jene Informationen, die zu einem bestimmten Zeitpunkt für die Erstellung eines Informationsprodukts benötigt werden,

2. Abhängigkeiten zwischen Informationselementen: Erkenntnisse darüber, welche Informationen benötigt werden, um andere Elemente abzuleiten, und

3. der Produktionslogik: die Art und Weise, wie Informationselemente kombiniert werden können, um zu neuen Informationen zusammengefasst zu werden.

Um beispielsweise einen Prozess zur Bewertung von Darlehensanträgen zu gestalten, können wir eine Reihe von *Informationselementen* identifizieren, die in diesem Prozess eine Rolle spielen: den Zweck des Darlehens, sowie den angeforderten Betrag und den Finanzstatus des Antragstellers. Die Entscheidung über die Gewährung eines Darlehens *ist abhängig von* diesen drei Elementen. Die Logik kann sein, dass Darlehen für bestimmte Zwecke automatisch abgelehnt werden, z. B. wenn sie sich auf ökologisch schädliche Projekte beziehen, aber ansonsten gewährt werden, wenn die finanzielle Situation des Kunden mindestens eine Reihe von Kriterien erfüllt.

Zur Darstellung dieser Informationen wird eine baumartige Struktur verwendet, die als *Produktdatenmodell* bezeichnet wird. Diese Struktur unterscheidet sich von der traditionellen Stückliste in der Fertigung. Dies ist auf mehrere Unterschiede zwischen Informationsprodukten und physischen Produkten zurückzuführen. Diese Unterschiede führen zu zwei wichtigen Merkmalen eines Produktdatenmodells. Erstens kann dieselbe Information verwendet werden, um verschiedene andere Informationselemente abzuleiten. So kann beispielsweise das Alter eines Antragstellers für eine Lebensversicherung verwendet werden, um sowohl (a) die damit verbundenen Gesundheitsrisiken für diesen Patienten als auch (b) die Risiken von Arbeitsunfällen abzuschätzen. Zweitens kann es mehrere Möglichkeiten geben, die gleiche Information abzuleiten. So können beispielsweise Gesundheitsrisiken entweder anhand eines Patientenfragebogens oder einer vollständigen medizinischen Untersuchung dieses Patienten abgeschätzt werden.

Ein grafisches Beispiel für ein Produktdatenmodell ist in Abb. 8.7 dargestellt. Alle Knoten in dieser Abbildung entsprechen Informationselementen, die in einem Einstellungsprozess von Hubschrauberpiloten durch die niederländische Luftwaffe verwendet werden. Pfeile werden verwendet, um die Abhängigkeiten zwischen den verschiedenen Informationen, d. h. den Informationselementen, auszudrücken.

Die Informationselemente sind hier wie folgt zu verstehen:

- A: Die Eignung des Kandidaten für den Beruf des Hubschrauberpiloten,
- B: die psychische Verfassung des Kandidaten,
- C: die körperliche Kondition des Kandidaten,
- D: das neueste Ergebnis eines Eignungstests des Kandidaten aus den letzten zwei Jahren,
- E: die Qualität der Reflexe des Kandidaten,
- F: die Qualität des Sehvermögens des Kandidaten.

Im Allgemeinen bedeutet jeder Eingangspfeil eines Knotens in einem Produktdatenmodell eine *alternative Möglichkeit*, einen Wert für das entsprechende Informationselement in einem konkreten Fall zu bestimmen. Wenn ausgehende Pfeile von mehreren Knoten *verbunden* werden, bedeutet dies, dass Werte aller entsprechenden Informationselemente benötigt werden, um einen Wert für das Informationselement zu bestimmen, zu dem der

Abb. 8.7 Ein exemplarisches
Produktdatenmodell

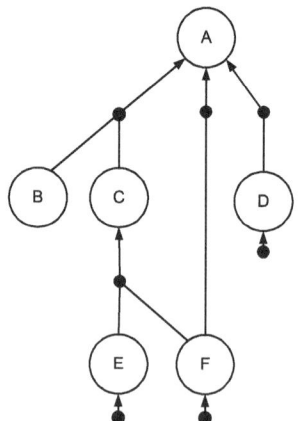

Pfeil führt. Es gibt auch Informationselemente, die eingehende Pfeile haben, die nicht von anderen Informationselementen stammen. Diese beziehen sich auf diejenigen Elemente, die sich nicht auf die Werte anderer Informationselemente stützen, z. B. Element B. Wir nennen solche Informationselemente *Blattelemente*.

Wie man in Abb. 8.7 sieht, gibt es drei Möglichkeiten, einen Wert für das Informationselement A abzuleiten. Die Eignung eines Kandidaten (a) kann bestimmt werden auf der Grundlage von:

1. den kombinierten Ergebnissen des psychologischen Tests (B) und des physischen Tests (C) des Kandidaten,
2. dem Ergebnis einer früheren Eignungsprüfung (D) oder
3. der Sehqualität des Kandidaten (F).

Die Art und Weise, wie eine neue Information auf der Grundlage von anderen Informationen ermittelt wird, wird als *Produktionsregel* bezeichnet. Eine Produktionsregel legt fest, wie der ausgehende Wert eines Informationselements auf der Grundlage der Werte seiner Eingänge bestimmt werden kann. Die Beschreibung einer Produktionsregel kann im Pseudocode oder in einer anderen Spezifikationssprache erfolgen. Wenn man beispielsweise das Helikopterpilot-Produktdatenmodell betrachtet, kann die Produktionsregel, die einen Wert von F zur Bestimmung eines Wertes für A bezieht, lauten: „Wenn das Sehvermögen eines Kandidaten auf einem oder beiden Augen, ausgedrückt in Dioptrien, über $+0,5$ oder unter $-0,5$ liegt, dann gilt ein solcher Kandidat als *ungeeignet,* um Hubschrauberpilot zu werden." Ein vollständiges Produktdatenmodell beschreibt alle beteiligten Produktionsregeln. Eine solche vollständige Beschreibung wird als *Produktionslogik* bezeichnet. In Wirklichkeit können unter verschiedenen Umständen unterschiedliche Produktionsregeln gelten. Wir haben gerade das Beispiel betrachtet, dass das Sehvermögen eines Kandidaten so schlecht ist (F), dass der Kandidat als nicht geeignet gilt (A). Im allgemeineren Fall ist die Qualität des Sehvermögens jedoch nur eine von vielen Aspekten, welche in einem physischen Test (B) einbezogen werden, welches wiederum mit dem Ergebnis des psychologischen Tests (C) kombiniert werden sollte, um die Eignung (A) zu bestimmen.

Ableitung eines Prozesses

Aus einem Produktdatenmodell und der Produktionslogik wird deutlich, was die relevanten Informationen und deren Abhängigkeiten sind, sowie welche Logik zu berücksichtigen ist. Dies ist die Grundlage, um alternative Gestaltungen für einen Prozess abzuleiten. Das wesentliche Prinzip ist, dass jeder *Schritt* durch ein Produktdatenmodell, d. h. ausgehend von einem oder mehreren der Blattelemente, über die Ableitung von Informationselementen in der Mittelschicht des Produktdatenmodells bis hin zum obersten Element, ein gültiger Weg sein muss, um einen Geschäftsprozess zur Erstellung des gewünschten Produkts auszuführen. Vor diesem Hintergrund ist eine Prozessgestaltung nichts anderes, als zu bestimmen, wie die bevorzugte Art der Durchquerung eines Produktdatenmodells von unten nach oben erfolgt.

Entscheidend ist, dass es für viele Produkte, die in Form von Produktdatenmodellen zerlegt werden, unterschiedliche Wege gibt, das gleiche Endergebnis zu erzielen. Jeder dieser Wege hat seine eigenen Leistungsmerkmale, was ihn mehr oder weniger attraktiver macht als seine Alternativen. Im Falle des Beispiels des Einstellungsprozess kann das Ziel darin bestehen, die Kosten zu minimieren. In diesem Fall kann es sinnvoll sein, zunächst die Qualität der Augen eines Kandidaten zu überprüfen: Wenn dies nicht zu einer sofortigen Ablehnung führt, werden die anderen Tests durchgeführt. Wenn die Durchlaufzeit des Prozesses wichtiger ist als die Kosten, kann es vorteilhaft sein, dass das einstellende Personal sofort mit der Überprüfung der Qualität des Sehvermögens *und* der Reflexe eines Kandidaten beginnt.

Offensichtlich sind die zu erwartete Leistung, Durchlaufzeit und Kosten beim Ermitteln von Informationen entscheidende Aspekte bei der Ableitung der besten Prozessentwürfe. Dementsprechend beinhaltet die produktbasierte Prozessgestaltung verschiedene Schritte, um diese wichtigen Informationen zu sammeln und zu validieren. Eine rein algorithmische Umsetzung dieses Verfahrens erfordert die Verfügbarkeit von Werkzeugen, um verschiedene Prozessentwürfe aus einem vollständigen Produktdatenmodells abzuleiten. Die neueste Version der Methode schreibt nicht einmal mehr eine einzige beste Durchquerung des Produktdatenmodells vor, sondern ermöglicht es den Prozessbeteiligten, dies von Fall zu Fall zu entscheiden [10]. Der flexible Case-Management-Ansatz kann mit Kenntnissen des Produktdatenmodells unterstützt werden und einem Prozessbeteiligten bei der Entscheidung, wie er den Prozess für jeden einzelnen Fall am besten durchführt, behilflich sein.

8.4   Die wichtigsten Punkte

In diesem Kapitel haben wir die Grundlagen der Prozessverbesserung diskutiert. Wir haben zwei Auffassungen über die Bedeutung von Prozessverbesserungen angeboten: eine aus einem positiven Blickwinkel, welche zeigt, dass Prozessinnovation oft eine gute Strategie für Unternehmen ist, nachdem sie ihre Produktinnovationen etabliert haben. Die andere Auffassung betrachtet Verbesserung als eine notwendige Arznei gegen organisatorische Entropie. Wir haben auch betont, dass Methoden der Prozessverbesserung für das Gestalten völlig neuer Prozesse nützlich sein können.

Wir haben die Prozessverbesserung näher beschrieben, indem wir uns auf eine Reihe relevanter Elemente konzentrierten: Kunden, Prozessimplementierungssicht, Prozessverhaltenssicht, Organisationsstruktur und Mitarbeiter, Informationen, Technologie und das externe Umfeld. Anhand dieser Elemente wurde erläutert, wie sich die Prozessverbesserung von anderen organisatorischen Maßnahmen oder Programmen unterscheidet. Das Teufelsviereck half uns zu verstehen, dass viele Verbesserungsoptionen aus der Perspektive eines Kompromisses zwischen Zeit, Kosten, Qualität und Flexibilität diskutiert werden müssen.

Wir haben auch das Spektrum der Verbesserungsmethoden in Form des Verbesserungsorbits dargestellt. Wir haben dabei drei Achsen identifiziert, um solche Methoden voneinander zu unterscheiden: Ambition, Wesen und Perspektive. Der Rest des Kapitels war einer Diskussion über transaktionale und transformativen Methoden gewidmet. Für beide Kategorien wurden zwei Methoden ausführlich diskutiert, insbesondere im Hinblick auf die technische Herausforderung der Verbesserung: 7FE, heuristische Prozessverbesserung, Geschäftsprozess-Reengineering und produktbasierte Prozessgestaltung.

8.5 Lösungen zu Übungsaufgaben

Lösung 8.1 Dies ist eine praxisbezogene Übung. Ein möglicher Ansatz für diese Frage könnte sein, an Unternehmen zu denken, die Dienstleistungen anbieten, die heute von anderen Unternehmen über das Internet angeboten werden.

Lösung 8.2 Dies ist eine praxisbezogene Übung. Neben neuen Vorschriften oder Innovationen im Gesundheitswesen können neue Prozesse aus den Geschäftsmodellen von Unternehmensneugründungen, der Integration einer neuen Dienstleistung zusammen mit einem bestehenden Produkt (z. B. ein Wartungsvertrag), einer neuen Datenerhebung (z. B. Fitnessinformationen von einer Smartwatch, die in Gesundheitsratschläge umgewandelt werden) usw. entstehen.

Lösung 8.3
1. „Eine Fluggesellschaft hat im vergangenen Jahr einen Rückgang ihrer Gewinne zu verzeichnen. Sie beschließt, eine Marketingkampagne für Firmenkunden zu starten, in der Hoffnung, ihr profitables Frachtgeschäft ausbauen zu können." Keine Verbesserungsinitiative, keine Verknüpfung zum Prozess.
2. „Eine Regierungsbehörde stellt fest, dass es strukturelle Verzögerungen gibt, um auf die Anfragen der Bürger zu antworten. Die Behörde beschließt, eine Führungskraft mit der Überwachung dieses Prozesses zu beauftragen und geeignete Gegenmaßnahmen zu ergreifen." Verbesserung, bezieht sich auf die *Prozessbeteiligten* und den *Geschäftsprozess* selbst.
3. „Ein Videoverleiher beobachtet, dass sich sein Kundenstamm verkleinert. Der Verleiher beschließt, auf den Verkauf elektronischer Dienste umzusteigen, mit denen Kunden Filme online und auf Abruf schauen können." Nicht unmittelbar eine Prozessverbesserungsinitiative, obwohl es sicherlich eine Verbindung zu Prozessen und Produkten gibt, ist dies viel mehr eine strategische Initiative.
4. „Eine Bank bemerkt interne Konflikte zwischen zwei verschiedenen Abteilungen über die Art und Weise, wie Hypothekenanträge bearbeitet werden sollen. Sie beschließt, die Rolle der verschiedenen Abteilungen bei der Entgegennahme und Bearbeitung von Anträgen zu

analysieren, um eine neue Rollenstruktur zu entwickeln." Eine Verbesserungsinitiative, die *Prozesse* und *Prozessbeteiligte* berührt.

5. „Eine Klinik will eine zentrale Anlaufstelle einführen, damit ihre Patienten keine separate Termine für die verschiedenen Diagnosetests, die Teil einer Hautkrebsvorsorgeuntersuchung sind, vereinbaren müssen." Eine Verbesserungsinitiative, die *Prozesse* und *Kunden* berührt.

Lösung 8.4

1. Bearbeitung einer Kundenbeschwerde: Geeignet.
2. Durchführung von kardiovaskulären Operationen: Eingeschränkt geeignet, es gibt hier physische Einschränkungen.
3. Die Herstellung einer Halbleiter-Fertigungsmaschine: Nicht besonders geeignet, sehr physikalischer Prozess.
4. Transport eines Pakets: Eingeschränkt geeignet, es gibt hier physische Einschränkungen.
5. Die Finanzberatung bei der Zusammenstellung eines Portfolios: Geeignet.
6. Entwurf eines Bahnhofs: Geeignet.

Lösung 8.5

1. „Es wird eine neue Computeranwendung entwickelt, die die Berechnung des maximalen Kreditbetrags, der einem Kunden angeboten werden kann, beschleunigt." Die Zeit wird positiv beeinflusst, die Entwicklung der Anwendung kann kostspielig sein.
2. „Wann immer ein Angebot eines Finanzdienstleisters benötigt wird, muss ein Sachbearbeiter anstelle von E-Mails ein Instant-Messaging-System verwenden." Qualität und Zeit können positiv beeinflusst werden, da Rückmeldungen direkt und möglicherweise zielgerichteter erhalten werden. Die Qualität kann auch negativ beeinflusst werden, je nachdem, welche Art von Feedback diese Interaktion erzeugt.
3. „Bis zum Jahresende werden Leiharbeiter eingestellt und der Kommissionierung von Artikeln zur Bearbeitung von Weihnachtsaufträgen zugeordnet." Dies bietet mehr Flexibilität, die auch genutzt werden kann, um die Pünktlichkeit zu verbessern. Es ist eindeutig eine kostspielige Angelegenheit und Leiharbeiter können eine geringere Qualität liefern, da sie mit den Abläufen weniger vertraut sind.
4. „Ein Roboter führt einen Teil eines chirurgischen Eingriffs durch und ersetzt so eine Tätigkeit, die zuvor vollständig von einem Chirurgen durchgeführt wurde." Dies erhöht die Qualität sofern der Roboter akkurat und verlässlich arbeitet. Die Operationszeiten dürften sich verkürzen. Es ist zu erwarten, dass zumindest kurzfristig die Kosten aufgrund der hohen Investitionskosten höher sind.

Lösung 8.6 TQM wird von vielen als Vorläufer von BPM und dessen Fokus auf Prozessverbesserung angesehen. Klar ist, dass es bei TQM nicht um bahnbrechende Innovationen geht, sondern um kontinuierliche und schrittweise Verbesserungen. In diesem Sinne sollte es als *transaktional* betrachtet werden.

Lösung 8.7 Dies ist eine praxisbezogene Übung. Der interessierte Leser, der nach Inspiration sucht, um sein Wissen zu testen, kann einen Blick auf den Wikipedia-Eintrag für Geschäftsprozess-Reengineering[5] werfen, um eine Liste von industriellen Verbesserungsmethoden zu erhalten.

Lösung 8.8 Es gibt eine Vielzahl von kritischen Ansichten zum Brainstorming, die durch eine Internetrecherche leicht gefunden werden können. Ein kurzer Überblick über die Erklärungen, warum Brainstorming möglicherweise nicht so effektiv ist, um Probleme zu lösen oder die Kreativität zu stimulieren, findet sich in [11], in dem *soziales Faulenzen, soziale Angst, Regression zum Mittelwert* und *Produktionsblockaden* erwähnt werden.

Lösung 8.9

- Kosten: Um die verschiedenen Aktivitäten wirklich gleichzeitig durchzuführen, müssen verschiedene Prozessbeteiligte zur Verfügung stehen. Je nach Situation kann dies mit Kosten verbunden sein.
- Flexibilität: Durch die Erstellung von Alternativen zu einer einzelnen Aktivität wird der Prozess komplexer. Wenn diese alternativen Aufgaben alle aus dem gleichen Grund geändert werden müssen, z. B. aufgrund neuer Gesetze oder Technologien, wird der Prozess weniger flexibel.

Lösung 8.10 Im Allgemeinen sind transformative Methoden tendenziell risikoreicher, da sie sich von bestehenden, bekannten Verfahren lösen. Dies wirkt sich negativ auf die Erfolgsrate von Programmen aus, die auf transformativen Methoden setzen. Im Laufe der Zeit haben Unternehmen dazu tendiert, Verbesserungsprojekte mit einem fast garantierten Erträgen von (Teil-)Verbesserungen zu bevorzugen; daher die Popularität von transaktionalen Verbesserungsmethoden.

Lösung 8.11 Sie können an Dienstleistungen denken, bei denen die Interaktion mit einem Berater tatsächlich das ist, was den Prozess für einen Kunden attraktiv machen würde. So ist beispielsweise das Privatbankwesen ein Bereich der Finanzdienstleistungen, in dem vermögende Privatpersonen persönlich bei der Verwaltung ihrer Vermögenswerte beraten werden. Ebenso würden spezialisierte Reisebüros, die maßgeschneiderte Reisepläne entwickeln, auf eine ausgezeichnete Kundeninteraktion angewiesen sein.

Lösung 8.12 Offensichtlich bestehen mehrere Gemeinsamkeiten. Beide Methoden basieren stark auf den kreativen Beiträgen von Personen. Noch bemerkenswerter ist, dass beide Methoden darauf abzielen, den Kunden tief zu beeindrucken und dies als Ausgangspunkt für die Gestaltung verwenden.

---

[5]https://de.wikipedia.org/wiki/Business_Process_Reengineering

Lösung 8.13 Auch hier lassen sich mehrere Ähnlichkeiten erkennen. Die Verwendung eines physischen Hilfsmittels (Leinwand, Wände, Raum) zur Unterstützung des Verbesserungsprozesses ist eine starke Ähnlichkeit. Ein wesentlicher Unterschied ist die explizite Identifizierung verschiedener Zeithorizonte beim NESTT-Ansatz im Vergleich zu einem fixen Zeitpunkt in der Anwendung der Prozessmodell-Leinwand.

Lösung 8.14 Die Entscheidung, das Lagerpersonal sofort prüfen zu lassen, ob eine Lieferung tatsächlich dem entspricht, was ursprünglich gekauft wurde, ist ein Beispiel dafür, wie *Informationsverarbeitung in der Praxis umgesetzt werden kann*. Die Tatsache, nicht die gleichen Informationen vom Lieferanten sowohl über eine Rechnung als auch über einen Lieferschein zu erfassen, kann als eine Instanziierung der *einmaligen Erfassung von Informationen* angesehen werden.

8.6   Weitere Übungsaufgaben

Übung 8.15 Der folgende Text ist die übersetzte Beschreibung einer Verbesserungs-Fallstudie bei der IBM Credit Corporation, entnommen aus dem Buch „Reengineering the Corporation" von Hammer und Champy [12]. Sie ist in mehrere Teile aufgeteilt. Bitte lesen Sie diese und beantworten Sie die Fragen im Anschluss.

> Unser erster Fall betrifft die IBM Credit Corporation, eine hundertprozentige Tochtergesellschaft von IBM, die, wenn sie unabhängig wäre, zu den Fortune-100-Dienstleistungsunternehmen gehören würde. IBM Credit ist im Geschäft der Finanzierung von Computern, Software und Dienstleistungen, welche die IBM Corporation verkauft. Es ist ein gutes Geschäft für IBM, da die Finanzierung von Kundenkäufen ein äußerst profitabler Zweig ist.
>
> In den ersten Jahren war der Arbeitsablauf von IBM Credit etwas antiquiert. Wenn IBM-Außendienstmitarbeiter mit einem Finanzierungsantrag anriefen, erreichten sie eine von vierzehn Personen, die an einem Konferenzraumtisch in Old Greenwich, Connecticut, saßen. Die Person, die den Anruf entgegennahm, protokollierte den Antrag auf einem Blatt Papier. Das war der erste Schritt.
>
> Im zweiten Schritt brachte jemand dieses Stück Papier nach oben zur Kreditabteilung, wo ein Spezialist die Informationen in ein Computersystem eingab und die Bonität des potenziellen Kreditnehmers überprüfte. Der Spezialist schrieb die Ergebnisse der Kreditprüfung auf das Blatt Papier und schickte es an das nächste Glied in der Kette, nämlich zur Abteilung für Geschäftspraktiken.
>
> Die Abteilung für Geschäftspraktiken, Schritt drei, war damit beauftragt, die Standardkreditvereinbarung auf Kundenwunsch zu ändern. Die Abteilung für Geschäftspraktiken hatte ein eigenes Computersystem. Wenn dies erledigt ist, fügte eine Person in dieser Abteilung die Sonderbedingungen dem Antragsformular bei.
>
> Als nächstes ging die Anfrage an einen Analysten, Schritt vier, der die Daten in eine PC-Tabelle eingab, um den entsprechenden Zinssatz für die Belastung des Kunden zu ermitteln. Der Analyst schrieb den Zinssatz auf ein Blatt Papier, das zusammen mit den anderen Papieren an entsprechende Büroangestellte weitergeleitet wurde, Schritt fünf.

Dort übertrug ein Administrator all diese Informationen in ein Angebotsschreiben, das mit der Post an den Außendienstmitarbeiter gesendet wurde.

(a) Modellieren Sie den beschriebenen Geschäftsprozess. Benutzen Sie bei Bedarf Becken und Bahnen.

Der gesamte Prozess dauerte durchschnittlich 6 Tage, allerdings konnte es manchmal auch bis zu 2 Wochen dauern. Aus Sicht des Außendienstes war diese Bearbeitungzeit zu lange, da der Kunde 6 Tage Zeit hatte, eine andere Finanzierungsquelle zu finden, sich von einem anderen Computerhersteller überzeugen zu lassen, oder das Ganze einfach abzubrechen. Also rief der Außendienstmitarbeiter wieder und wieder an, um zu fragen: „Wo ist meine Vereinbarung, und wann wirst du sie endlich rausschicken?" Natürlich hatte niemand eine Ahnung, da die Anfrage irgendwo in der Kette verloren ging.

(b) Welche der vier Leistungsdimensionen wäre für eine Verbesserung dominant? Geben Sie eine genaue Definition des Leistungskriteriums an.

In ihren Bemühungen, diesen Prozess zu verbessern, versuchte IBM Credit mehrere Korrekturen. Sie beschlossen zum Beispiel, eine zentrale Anlaufstelle zu installieren, um die Fragen des Außendienstmitarbeiters nach dem Status des Geschäfts zu beantworten. Das heißt, anstatt dass jede Abteilung den Kreditantrag an den nächsten Schritt in der Kette weiterleitet, würde sie ihn an die zentrale Anlaufstelle zurückgeben, wo die Anrufe ursprünglich angenommen wurden. Dort protokollierte ein Administrator den Abschluss eines jedes Schrittes, bevor die Person die Papiere erneut versandte. Diese Lösung hat in der Tat ein Problem gelöst: Die zentrale Anlaufstelle kannte die Position jeder Anfrage im Labyrinth und konnte dem Außendienstmitarbeiter die gewünschten Informationen geben. Leider wurde diese zusätzliche Transparenz auf Kosten der Bearbeitungsdauer erreicht.

(c) Modellieren Sie den angepassten Prozess. Benutzen Sie bei Bedarf Becken und Bahnen.
(d) Können Sie in Bezug auf die vier Leistungsdimensionen erklären, was passiert ist?

Schließlich führten zwei leitende Angestellte von IBM Credit ein Brainstorming durch. Sie nahmen einen Finanzierungsantrag entgegen und gingen selbst durch alle fünf Schritte und baten die Mitarbeiter in jedem Büro, das, was sie taten, beseite zu legen und diesen Antrag wie gewohnt zu bearbeiten, jedoch ohne die Verzögerung, die sonst zustande kommt, wenn der Antrag auf dem Schreibtisch von jemandem liegt. Sie erfuhren aus ihren Experimenten, dass die eigentliche Arbeit insgesamt nur 90 min – eineinhalb Stunden – dauerte. Der Rest – jetzt durchschnittlich mehr als 7 Tage – wurde durch die Übergabe des Formulars von einer Abteilung zur nächsten verbraucht. Das Management hatte begonnen, sich mit dem Kern des Themas, dem gesamten Kreditvergabeprozess, zu befassen. Tatsächlich, wenn das Unternehmen mit einem Zauberstab in der Lage gewesen wäre, die persönliche Produktivität jedes Einzelnen in der Organisation zu verdoppeln, wäre die gesamte Bearbeitungszeit um nur 45 min reduziert worden. Das Problem waren also nicht die Aktivitäten und die Personen, die diese durchführten, sondern lag in der Struktur des Prozesses selbst. Mit anderen Worten, es war der Prozess, der sich ändern musste, nicht die einzelnen Schritte.

Am Ende ersetzte IBM Credit seine Spezialisten – Kreditprüfer, Analysten und so weiter – durch Generalisten. Jetzt, anstatt einen Antrag von Büro zu Büro zu senden, bearbeitet eine Person, die Vertragsmanager genannt wird, den gesamten Antrag von Anfang bis Ende – ganz ohne Übergaben.

Wie kann ein Generalist vier Spezialisten ersetzen? Die alte Prozessgestaltung basierte in der Tat auf einer tief verwurzelten (aber tief verborgenen) Annahme: dass jede Angebotsanfrage einzigartig und schwierig zu bearbeiten ist, was die Intervention von vier hochqualifizierten Spezialisten erfordert. Tatsächlich war diese Annahme falsch, denn die meisten Anfragen waren einfach und unkompliziert. Der alte Prozess war gestaltet worden, um die schwierigsten Anfragen zu bewältigen, die sich die Unternehmensführung vorstellen konnte. Als die leitenden Führungskräfte von IBM Credit die Arbeit der Spezialisten unter die Lupe nahmen, stellten sie fest, dass das meiste davon kaum mehr als normale Büroarbeit war: eine Bonitätsprüfung mithilfe einer Datenbank durchführen, Zahlen in ein Standardmodell einfügen, und Standardklauseln aus einer Datei zusammenstellen. Diese Aktivitäten fallen unter die Kompetenz einer einzelnen Person, wenn diese durch ein einfach zu bedienendes Computersystem unterstützt wird, das Zugang zu allen Daten und Werkzeugen bietet, welche die Spezialisten verwenden würden.

IBM Credit entwickelte auch ein neues, hochentwickeltes Computersystem zur Unterstützung der Vertragsmanager. In den meisten Situationen stellt das System den Vertragsmanagern die erforderliche Unterstützung zur Verfügung. In wirklich schwierigen Situationen kann ein Vertragsmanager Hilfe von einem kleinen Verbund echter Spezialisten erhalten – Experten für Kreditprüfung, Preisgestaltung und so weiter. Auch hier sind Übergaben verschwunden, weil der Vertragsmanager und die von ihm hinzugezogenen Spezialisten als Team zusammenarbeiten.

Die durch die Verbesserung erzielte Leistungssteigerung ist außergewöhnlich. IBM Credit hat seine siebentägige Bearbeitungszeit auf 4 h reduziert. Dies geschah ohne Erhöhung der Mitarbeiterzahl – tatsächlich gelang es, das Personal leicht zu reduzieren. Gleichzeitig hat sich die Zahl der Geschäfte, die IBM Credit abwickelt, verhundertfacht. Nicht um 100 Prozent, sondern hundertmal soviel.

(e) Betrachten Sie die Liste der in diesem Kapitel behandelten Heuristiken. Welche davon erkennen Sie in der neuen Prozessgestaltung?

Übung 8.16 Geben Sie an, inwieweit die Anwendung der *Auslagerungsheuristik* und die Zusammensetzung größerer Aktivitäten als spezifischer Fall der *Zusammenfassung von Aktivitäten-Heuristik* zu ähnlichen oder unterschiedlichen Ergebnissen führen kann. Nutzen Sie die vier Leistungsdimensionen und beschreiben Sie mögliche Interpretationen.

Übung 8.17 Betrachten Sie den in Beispiel 1.1 (Abschn. 1.1) beschriebenen Prozess der Baumaschinenmiete und die entsprechenden in Beispiel 6.5 (Abschn. 6.3.2) dokumentierten Probleme.

(a) Wenden Sie die Verbesserungsheuristiken aus Anhang A an, um die in Beispiel 6.5 dokumentierten Probleme zu lösen.

(b) Erfassen Sie das resultierende Sollmodell in BPMN.

(c) Erklären Sie die Auswirkungen der von Ihnen vorgeschlagenen Änderungen in Bezug auf die vier Leistungsdimensionen.

Übung 8.18 Betrachten Sie das in Übung 1.1 (Abschn. 1.2) beschriebene Zulassungsverfahren und die entsprechenden in Übung 6.4 (Abschn. 6.3.2) dokumentierten Probleme.

(a) Wenden Sie die Verbesserungsheuristiken aus Anhang A an, um die in Übung 6.4 dokumentierten Probleme zu lösen.
(b) Erfassen Sie das resultierende Sollmodell in BPMN.
(c) Erklären Sie die Auswirkungen der von Ihnen vorgeschlagenen Änderungen in Bezug auf die vier Leistungsdimensionen.

Übung 8.19 Betrachten Sie den in Übung 1.6 (Abschn. 1.7) beschriebenen Prozess zur Bereitstellung von Verschreibungen und die entsprechenden in Übung 6.14 (Abschn. 6.7) dokumentierten Probleme.

(a) Wenden Sie die Verbesserungsheuristiken aus Anhang A an, um die in Beispiel 6.14 dokumentierten Probleme zu lösen.
(b) Erfassen Sie das resultierende Sollmodell in BPMN.
(c) Erklären Sie die Auswirkungen der von Ihnen vorgeschlagenen Änderungen in Bezug auf die vier Leistungsdimensionen.

Übung 8.20 Betrachten Sie den in Übung 1.7 (Abschn. 1.2) beschriebenen Angebot-bis-Auftrag-Prozess und die entsprechenden in Übung 6.15 (Abschn. 6.3.2) dokumentierten Probleme.

(a) Wenden Sie die Verbesserungsheuristiken aus Anhang A an, um die in Beispiel 6.15 dokumentierten Probleme zu lösen.
(b) Erfassen Sie das resultierende Soll-Modell in BPMN.
(c) Erklären Sie die Auswirkungen der von Ihnen vorgeschlagenen Änderungen in Bezug auf die vier Leistungsdimensionen.

Übung 8.21 Betrachten Sie den folgenden Geschäftsprozess, der in einem Gesundheitszentrum durchgeführt wird (Abb. 8.8). Er zeigt das Aufnahmeverfahren für ältere Menschen mit psychischen Problemen, wie er in der Region Eindhoven durchgeführt wird.

Das Aufnahmeverfahren beginnt im Sekretariat des Gesundheitszentrums mit dem Eingang einer telefonischen Überweisung. Diese Überweisung wird vom Hausarzt der Person übermittelt, die einer psychischen Behandlung bedarf. Der Sekretär erkundigt sich nach dem Namen und dem Wohnort des Patienten. Auf der Grundlage dieser Informationen wird der

Abb. 8.8 Das Modell des
Aufnahmeverfahrens

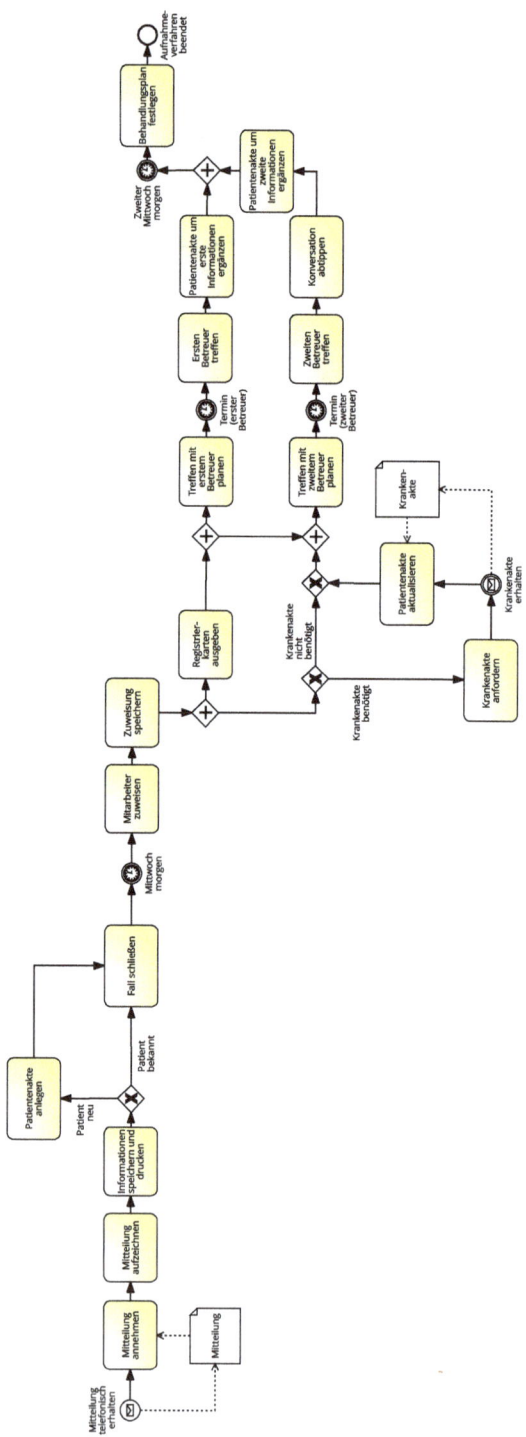

Arzt an den für den Teil der Region, in dem der Patient wohnt, zuständigen Pflegebeauftragten weitergeleitet.

Der Pflegedienst führt eine umfassende Untersuchung des psychischen, gesundheitlichen und sozialen Status des betreffenden Patienten durch. Diese Informationen werden auf einem Anmeldeformular festgehalten. Nach Abschluss dieses Gesprächs wird dieses Formular im Sekretariat des Instituts abgegeben. Hier werden die Informationen des Formulars im Informationssystem abgelegt und anschließend gedruckt. Für neue Patienten wird eine Patientenakte angelegt. Das Anmeldeformular sowie der Ausdruck aus dem Informationssystem werden in der Patientenakte gespeichert. Die Patientenakten werden im Sekretariat aufbewahrt und dürfen das Gebäude nicht verlassen. Im Sekretariat werden zwei Registrierungskarten für die (zukünftigen) zwei Betreuer des Patienten erstellt. Die Registrierungskarten speichern die grundlegenden Patientendaten. Der neue Patient wird in die Liste der neuen Meldungen aufgenommen.

In der Mitte jeder Woche, am Mittwoch, findet eine Mitarbeiterversammlung des gesamten Ärzteteams statt. Das medizinische Team besteht aus sozialmedizinischen Mitarbeitern, Ärzten und einem Psychiater. Während dieses Treffens weist der Teamleiter alle neuen Patienten auf der Liste der neuen Anmeldungen den Mitgliedern des Teams zu. Jeder Patient wird einem sozialmedizinischen Mitarbeiter zugewiesen, der als *erster Ansprechpartner* des Patienten fungiert. Einer der Ärzte wird als *zweiter Ansprechpartner* fungieren. Bei der Zuordnung der Mitarbeiter berücksichtigt der Teamleiter ihr Fachwissen, die geografische Region, für die sie verantwortlich sind, frühere Kontakte, die sie mit dem Patienten hatten, und ihre aktuelle Belastung. Die Zuweisungen werden in einer Zuweisungsliste festgehalten, die dem Sekretariat übergeben wird. Bei jeder neuen Zuordnung wird auch ermittelt, ob die Krankenakte des Patienten benötigt wird. Diese Informationen werden in die Zuweisungsliste aufgenommen.

Das Sekretariat speichert die Zuordnung jedes Patienten der Zuweisungsliste im Informationssystem. Es übergibt die produzierten Registrierkarten an den ersten und zweiten Betreuer jedes neu zugewiesenen Patienten. Einer der Betreuer führt dabei diese Registrierkarten mit, wenn er den Patienten besucht. Für jeden Patienten, für den die Krankenakte benötigt wird, bereitet das Sekretariat ein Schreiben vor und sendet es an den Hausarzt des Patienten, in dem es eine Kopie der Krankenakte anfordert. Sobald diese Kopie vorliegt, informiert das Sekretariat den zweiten Ansprechpartner und fügt sie der Patientenakte hinzu.

Der erste Betreuer plant ein Treffen mit dem Patienten, sobald dies möglich ist. Im ersten Gespräch wird der Patient anhand einer Standard-Checkliste untersucht, die ausgefüllt wird. Zusätzliche Beobachtungen werden in einem persönlichen Notizbuch festgehalten. Nach einem Besuch legt die erste ankommende Person eine Kopie dieser Notizen in die Akte eines Patienten. Die Standard-Checkliste wird ebenfalls in die Patientenakte aufgenommen.

Der zweite Betreuer plant das erste Treffen erst nach Erhalt der medizinischen Informationen des Arztes – wenn erforderlich. Betreuer verwenden Diktiergeräte, um ihre Beobachtungen bei Patientenbesuchen aufzuzeichnen. Das Sekretariat schreibt diese Bänder aus, woraufhin die Informationen in die Patientenakte aufgenommen werden.

Sobald die Treffen des ersten und zweiten Betreuers mit dem Patienten stattgefunden haben, setzt das Sekretariat den Patienten auf die Liste der Patienten, die diesen Status erreicht haben. Für die Mitarbeiterversammlung am Mittwoch (wie bereits erwähnt) stellen sie dem Teamleiter eine Liste dieser Patienten zur Verfügung. Für jeden dieser Patienten erstellen der erste und zweite Betreuer zusammen mit dem Teamleiter und dem behandelnden Psychiater einen Behandlungsplan. Die Festlegung des Behandlungsplans beendet formal das Aufnahmeverfahren.

(a) Entwickeln Sie zwei Verbesserungsszenarien für das Aufnahmeverfahren mit der Methode der heuristischen Prozessverbesserung unter Verwendung der vollständigen Liste, wie in Anhang A beschrieben. Für jedes der Szenarien:
  - Definieren Sie das Leistungsziel klar und deutlich;
  - Führen Sie alle über die Fallbeschreibung hinausgehenden Informationen auf, die Sie annehmen;
  - Spezifizieren und motivieren Sie, welche Verbesserungsheuristiken Teil des Szenarios sind.

(b) Modellieren Sie für jedes Szenario den neu gestalteten Prozess in BPMN.

Übung 8.22 Betrachten Sie den in Übung 4.31 (Abschn. 1.7) beschriebenen Buchungsprozess bei Fotof und die in Übung 6.13 entwickelte Interessengruppenanalyse sowie das Problemregister. Entwickeln Sie im Sinne der NESTT-Methode folgendes:

(a) Ein Sollprozess, der innerhalb von 20 Tagen gestartet werden kann.
(b) Ein Sollprozess, der innerhalb von 20 Monaten gestartet werden kann.
(c) Ein Sollprozess, der innerhalb von 3 Jahren gestartet werden kann.

Wenden Sie die Verbesserungsheuristiken aus Anhang A an, um die verschiedenen Szenarien zu generieren. Modellieren Sie für jedes Szenario den neu gestalteten Prozess in BPMN.

Tipp: Um diese Übung im Sinne der NESTT-Methode anzugehen, führen Sie sie in Zusammenarbeit mit ein oder zwei Kommilitonen durch. Finden Sie einen Konsens über die Probleme, die Art und Weise, wie diese angegangen werden können, und den bevorzugten Zeithorizont dafür.

Übung 8.23 Nachfolgend ein Auszug aus den Bestimmungen einer niederländischen Bank zu mittelgroßen Unternehmensdarlehen.

Wird einem Kunden ein mittelgroßes Darlehen zur Verfügung gestellt, werden die von diesem Kunden nicht vollständig abgehobenen Mittel vorübergehend am Geldmarkt platziert. Diese temporäre Platzierung führt zu einem finanziellen Ertrag. Der verbleibende Teil des Darlehens steht dem Kunden jedoch jederzeit zur Verfügung, was zu Finanzierungskosten führt. Sind die Finanzierungskosten höher als der temporäre Ertrag, so ist diese Differenz Grundlage für eine monatliche Veräußerungsrückstellung, die vom Kunden [...] zu zahlen ist. Die Veräußerungsrückstellung beträgt die Hälfte der Differenz zwischen den Finanzierungskosten und dem temporären Ertrag mit mindestens 1/12% pro Monat [...]. Die Veräußerungsrückstellung ist Teil des Darlehensangebots.

Entwickeln Sie ein Produktdatenmodell, bei dem der „Kreditantrag" das wichtigste Informationselement und die „Veräußerungsrückstellung" eines der anderen Elemente ist. Sie können die Produktionsregeln für diese Übung weglassen.

8.7 Vertiefende Lektüre

Hammer hat mit seinen Koautoren viele gut lesbare Bücher über Prozessverbesserung geschrieben, zum Beispiel [12, 13]. Weitere Managementbücher, die sich mit dem Thema befassen, sind z. B. [14–16]. Im Gegensatz zum Thema Prozessmodellierung hat das Thema Prozessverbesserung in der wissenschaftlichen Gemeinschaft nicht so viel Aufmerksamkeit erlangt. Bei der Untersuchung von Geschäftsprozess-Reengineering liegt der Schwerpunkt vor allem auf Fallstudien oder der Verbreitung des Konzepts in der Praxis selbst, z. B. in welchen Bereichen es angewandt wird oder in welchen Ländern es am beliebtesten ist. Eine der interessantesten Studien in dieser Kategorie ist ziemlich alt [17], aber sie zeigt deutlich die Probleme dessen, was zu Beginn als Geschäftsprozessverbesserung galt und wie es sich im Laufe der Zeit schnell zu einem inkrementelleren Ansatz entwickelte. Eine sehr interessante Studie über die Eigenschaften verschiedener Verbesserungsmethoden ist in [18] dargestellt, die verschiedene Konzepte inspiriert hat, welche in diesem Teil des Buches behandelt wurden.

Die in diesem Kapitel behandelten Verbesserungsheuristiken wurden ausführlich beschrieben. Nach ihrer ersten Darstellung als Erfolgspraktiken in [5] wurden sie validiert und in Folgestudien weiter analysiert [19, 20]. Neuere Bemühungen verschiedener Forscher zielen darauf ab, Praktiker bei der sinnvollen Auswahl von Verbesserungsheuristiken in Einzelfällen zu unterstützen [21, 22]. Es wurden auch Versuche unternommen, die Anwendung der Verbesserungsheuristiken in anderen Bereichen auszudehnen, zum Beispiel in [23].

Wie man Organisationen durch die Einführung von ERP-Systemen verändert, ist ein Thema, das große Beachtung gefunden hat, siehe z. B. [24] und [25].

Die produktbasierte Prozessgestaltung wurde an der Technischen Universität Eindhoven in Zusammenarbeit mit einem niederländischen Beratungsunternehmen entwickelt. Es liegen verschiedene Fallstudien vor, die einen besseren Überblick über die praktische Anwendung dieser Methode und ihre möglichen Vorteile geben [26, 27]. Der Schwerpunkt der an diesem Thema arbeitenden Forscher liegt in jüngster Zeit auf der automatischen Generierung von Prozessentwürfen und der automatisierten Unterstützung der Ausführung solcher Prozesse [10]. Eine weitere Möglichkeit, die produktbasierte Prozessgestaltung zu betrachten, besteht darin, Daten und Prozess miteinander zu verbinden. Der artefaktzentrierte Ansatz von IBM [28] und die von der Universität Ulm entwickelten datengesteuerten Prozessstrukturen

[29] sind weitere Ansätze, die in diese Richtung gehen, aber eher Modellierungstechniken als Verbesserungsmethoden sind.

Wie bereits erwähnt, ist NESTT eine sehr junge Verbesserungsmethode. Der interessierte Leser kann ihre Beschreibung und Anwendung in [30] nachlesen. Das Buch, das dieses Kapitel enthält, ist eine gute Quelle, um Fälle von Unternehmenstransformation und Prozessverbesserung zu studieren [31].

Eine der wichtigsten offenen Fragen im Bereich der Prozessverbesserung ist, inwieweit es sinnvoll ist, industrielle Referenzmodelle zu befolgen oder zu versuchen, unternehmensspezifische Gestaltungen zu entwickeln. Obwohl industrielle Referenzmodelle von vielen Anbietern angeboten werden, ist es nicht so offensichtlich, dass sie den bestmöglichen Weg zur Durchführung von Prozessen darstellen.

Literatur

1. Brand, N., van der Kolk, H.: Workflow Analysis and Design (In Dutch). Kluwer Bedrijfswetenschappen (1995)
2. Utterback, J.M., Abernathy, W.J.: A dynamic model of process and product innovation. Omega **3**(6):639–656 (1975)
3. Vanwersch, R.J.B., Vanderfeesten, I., Rietzschel, E., Reijers, H.A.: Improving business processes: does anybody have an idea? In: International Conference on Business Process Management, S. 3–18. Springer, New York (2015)
4. Mertens, Willem., Recker, Jan., Kummer, Tyge-F., Kohlborn, Thomas, Viaene, Stijn: Constructive deviance as a driver for performance in retail. J. Retail. Consum. Serv. **30**, 193–203 (2016)
5. Reijers, H.A., Liman Mansar, S: Best practices in business process redesign: an overview and qualitative evaluation of successful redesign heuristics. Omega **33**(4), 283–306 (2005)
6. Hammer, Michael: Constructive deviance as a driver for performance in retail. Harvard Bus. Rev. **68**(4), 104–112 (1990)
7. Verganti, R.: Design-driven Innovation. Harvard Business Press, Boston, MA (2009)
8. Osterwalder, A., Pigneur, Y.: Business Model Generation: A Handbook for Visionaries, Game Changers, and Challengers. Wiley, New Jersey (2010)
9. Reijers, H.A., Limam, S., Van Der Aalst, W.M.P.: Product-based workflow design. J. Manage. Inf. Syst. **20**(1), 229–262 (2003)
10. Vanderfeesten, Irene., Reijers, H.A., Van der Aalst, W.M.P.: Product-based workflow support. Inf. Syst. **36**(2), 517–535 (2011)
11. Chamorro-Premuzic, T.: Why Group Brainstorming is a Waste of Time. Harvard Business Review, Boston, MA (2015)
12. Hammer, Michael, Champy, James: Reengineering the Corporation: A Manifesto for Business Revolution. Harpercollins, New York (1993)
13. Hammer, Michael: Beyond Reengineering: How the Process-Centered Organization Is Changing Our Work and Our Lives. HarperBusiness, New York (1997)
14. Davenport, T.H.: Process Innovation: Reengineering Work Through Information Technology. Harvard Business School Press, Boston (1993)
15. Manganelli, R.L., Klein, M.M., American Management Association.: The Reengineering Handbook: A Step-by-Step Guide to Business Transformation. AMACOM, New York (1994)

16. Sharp, A., McDermott, P.: Workflow Modeling: Tools for Process Improvement and Applications Development, 2. Aufl. Artech House, Boston (2008)

17. O'Neill, P., Sohal, A.S.: Business process reengineering a review of recent literature. Technovation **19**(9), 571–581 (1999)

18. Kettinger, W.J., Teng, J.T.C., Guha, S.: Business process change: a study of methodologies, techniques, and tools. MIS Q. 55–80 (1997)

19. Mansar, S.L., Reijers, H.A.: Best practices in business process redesign: validation of a redesign framework. Comput. Indus. **56**(5), 457–471 (2005)

20. Mansar, S.L., Reijers, H.A.: Best practices in business process redesign: use and impact. Bus. Process Manage. J. **13**(2), 193–213 (2007)

21. Limam Mansar, S., Reijers, H.A., Ounnar, F.: Development of a decision-making strategy to improve the efficiency of BPR. Expert Syst. Appl. **36**(2), 3248–3262 (2009)

22. Hanafizadeh, P., Moosakhani, M., Bakhshi, J.: Selecting the best strategic practices for business process redesign. Bus. Process Manage. J. **15**(4), 609–627 (2009)

23. Netjes, M., Mans, R.S., Reijers, H.A., Aalst, W.M.P., Vanwersch, R.J.B.: BPR best practices for the healthcare domain. In: Business Process Management Workshops, S. 605–616. Springer, New York (2010)

24. Grabot, B., Mayère, A., Bazet, I.: ERP systems and organisational change: a socio-technical insight. Springer Science & Business Media, London (2008)

25. Shtub, A., Karni, R.: ERP: The Dynamics of Supply Chain and Process Management. Springer Science & Business Media, London (2010)

26. Reijers, H.A.: Product-based design of business processes applied within the financial services. J. Res. Pract. Inf. Technol. **34**(2), 110–122 (2002)

27. Reijers, H.A.: Design and Control of Workflow Processes: Business Process Management for the Service Industry. Springer, Berlin (2003)

28. Cohn, David, Hull, Richard: Business artifacts: A data-centric approach to modeling business operations and processes. IEEE Data Eng. Bull. **32**(3), 3–9 (2009)

29. Müller, D., Reichert, M., Herbst, J.: A new paradigm for the enactment and dynamic adaptation of data-driven process structures. In: Advanced Information Systems Engineering, S. 48–63. Springer, Berlin (2008)

30. Rosemann, M.: The nestt: Rapid process redesign at queensland university of technology. In: Business Process Management Cases, S. 169–185. Springer, Cham (2018)

31. vom Brocke, J., Mendling, J.: Business Process Management Cases: Digital Innovation and Business Transformation in Practice. Springer, Cham (2018)

Prozessorientierte Informationssysteme 9

> *Neben der schwarzen Kunst gibt es nur noch Automatisierung und Mechanisierung.*
>
> Federico García Lorca (1898–1936)

In den vorangegangenen Kapiteln haben wir gelernt, wie man qualitative und quantitative Analyseverfahren einsetzt, um Probleme in bestehenden Geschäftsprozessen zu identifizieren. Wir haben auch gesehen, dass viele Prozesse in der Praxis Probleme mit der Durchlaufzeiteffizienz haben. Verschiedene Heuristiken unterstreichen das Potenzial, das im Einsatz von Informationssystemen zur Verbesserung der Prozessleistung liegt.

Dieses Kapitel betrachtet Informationssysteme, die die Prozessautomatisierung unterstützen. Zunächst erläutern wir kurz, was ein automatisierter Geschäftsprozess ist. Danach konzentrieren wir uns auf eine bestimmte Technologie, die sich besonders gut für die Prozessautomatisierung eignet, nämlich prozessorientierte Informationssysteme *(engl.: process-aware information system)* und Geschäftsprozessmanagementsysteme *(engl.: business process management system)*. Diese werden abgekürzt als BPM-Systeme oder BPMS bezeichnet. Wir stellen die verschiedenen Varianten dieser Systeme vor und erklären ihre Eigenschaften. Schließlich werden wir einige der Vorteile und Herausforderungen diskutieren, die mit der Einführung eines BPMS in einem Unternehmen verbunden sind.

9.1 Verschiedene Arten von prozessorientierten Informationssystemen

Die Prozessautomatisierung ist ein Thema, das aus verschiedenen Blickwinkeln betrachtet werden kann. Im weitesten Sinne bezieht es sich auf die Absicht, *jeden* erdenklichen Teil der Routinearbeit zu automatisieren, der in einem Geschäftsprozess enthalten ist. Dies reicht von *einfachen* Operationen, die Teil einer *einzelnen* Prozessaktivität sind, bis hin zur automatisierten Koordination *ganzer,* komplexer Prozesse.

Nehmen wir zum Beispiel den Auftrag-bis-Zahlungseingang-Prozess, den wir in Kap. 3 modelliert haben. Die Automatisierung eines solchen Prozesses kann bedeuten, dass jedes Mal, wenn der Anbieter eine Bestellung erhält, diese automatisch an das ERP-System der Lager- und Logistikabteilung gesendet wird. Dort wird die Verfügbarkeit des Artikels mithilfe der Lagerdatenbank überprüft. Wenn der Artikel nicht auf Lager ist, werden die entsprechenden Lieferanten automatisch kontaktiert, um den Artikel zu fertigen. Dies kann beispielsweise über eine Webservice-Schnittstelle erfolgen. Andernfalls werden Anweisungen an einen Lagerarbeiter übermittelt, z. B. mit einem elektronischen Formular, um das Produkt manuell aus dem Lager zu holen. Anschließend erhält ein Sachbearbeiter aus dem Vertrieb eine Benachrichtigung, dass ein neuer Auftrag bestätigt werden muss, z. B. per E-Mail. Dieser Sachbearbeiter loggt sich dann in das Bestellverfolgungssystem im Vertrieb ein, überprüft die Bestellung elektronisch und bestätigt sie mit einem Knopfdruck.

In diesem Beispiel stellen der Versand der Bestellung, die automatisierte Prüfung der Verfügbarkeit des Produkts und die automatisierten Webservice-Nachrichten Beispiele für Prozessautomatisierung im weiteren Sinne dar: Sie automatisieren einen bestimmten Aspekt eines Prozesses. In diesem Zusammenhang wird von einem *automatisierten Geschäftsprozess* gesprochen, auch *Workflow* genannt. Das ist ein Prozess, der ganz oder teilweise durch ein Softwaresystem automatisiert wird, das Informationen von einem Beteiligten an einen anderen weiterleitet, um einen Arbeitsauftrag auszuführen. Dies erfolgt entsprechend den zeitlichen und logischen Abhängigkeiten, die im zugrunde liegenden Prozessmodell festgelegt sind. Betrachten wir nun Systeme, die mit automatisierten Geschäftsprozessen arbeiten. Diese Systeme werden als *prozessorientierte Informationssysteme* bezeichnet.

9.1.1 Domänenspezifische prozessorientierte Informationssysteme

Eine spezielle Art der Prozessautomatisierung, die uns in diesem Buch am meisten interessiert, nutzt das Wissen darüber, wie verschiedene Prozessaktivitäten miteinander *verbunden* sind. Mit anderen Worten, die Art der Informationssysteme, für die wir uns interessieren, sind *prozessorientiert*. Die übergreifende Gruppe der prozessorientierten Informationssysteme lässt sich in zwei Hauptkategorien unterteilen: domänenspezifische und domänenunabhängige.

Es gibt eine Vielzahl von *domänenspezifischen* prozessorientierten Informationssystemen. Wir werden vier prominente Beispiele beschreiben, die als kommerzielle Pakete von verschiedenen Softwareanbietern wie Microsoft,[1] Oracle,[2] Salesforce,[3] und SAP[4] angeboten werden. Dazu gehören:

---

[1] https://www.microsoft.com/en-us/dynamics365

[2] https://www.oracle.com/applications/erp

[3] https://www.salesforce.com

[4] https://www.sap.com/products/erp.html

Enterprise-Resource-Planning-Systeme (ERP-Systeme): Diese Systeme bieten wesentliche und generische Geschäftsfunktionen, die in verschiedenen Branchen benötigt werden. Die Kernmodule von ERP-Systemen unterstützen Geschäftsprozesse in den Bereichen Rechnungswesen und Rechnungsprüfung, Personalwesen und Produktionsmanagement. Die beiden wichtigsten Prozesse, welche die meisten ERP-Systeme vollständig abdecken, sind der Bestellung-bis-Bezahlung-Prozess und der Auftrag-bis-Zahlungseingang-Prozess.

Customer-Relationship-Management-Systeme (CRM-Systeme): Diese Systeme unterstützen Marketing- und Vertriebsprozesse, die direkt mit den Kunden interagieren, sowohl auf individueller als auch auf aggregierter Ebene. Auf der individuellen Ebene helfen CRM-Systeme, die Interaktion mit einzelnen Kunden über verschiedene Kanäle zu dokumentieren, z. B. Telefon, E-Mail, Internetportal und persönliche Begegnungen in den Läden. Auf aggregierter Ebene unterstützen CRM-Systeme Vertriebs- und Marketingaktivitäten in Bezug auf Produkte, Preisgestaltung, Vertrieb und Bewerbung. Das Herzstück eines CRM-Systems ist eine umfangreiche Datenbank, die Informationen über bestehende und potenzielle Kunden liefert. Viele CRM-Systeme integrieren Data-Mining-Techniken, um die Kundensegmentierung zu unterstützen. Wichtige Prozesse, die von CRM-Systemen unterstützt werden, sind Kampagne-bis-Kontakt und Kontakt-bis-Bestellung.

Supply-Chain-Management-Systeme (SCM-Systeme): Diese Systeme konzentrieren sich auf die Unterstützung von Logistikprozessen, die mit Lieferanten und Kunden verbunden sind. Auf operativer Ebene unterstützen SCM-Systeme das Management von Fracht und Transport, Ein- und Auslagerung, Lagerhaltung und Inventur sowie entsprechende Planungs- und Kalkulationsprozesse. Auf technischer Ebene unterstützen SCM-Systeme den elektronischen Datenaustausch mit Lieferanten und Kunden sowie verschiedene Technologien der Nachverfolgung wie Funketiketten *(engl.: radio-frequency identification, RFID)* und Strichcodeleser. Wichtige Lieferkettenprozesse sind Auftrag-bis-Lieferung und Rückgabe-bis-Erstattung.

Produktlebenszyklus-Management-Systeme (PLM-Systeme): PLM-Systeme unterstützen die verschiedenen Prozesse des Lebenszyklus eines Produkts aus technischer Sicht. Dazu gehört die Konzeptions- und Designphase, in der das Produkt spezifiziert, gestaltet und validiert wird. In der Realisierungsphase wird das Fertigungssystem geplant und die eigentlichen Produkte werden gebaut, montiert und getestet. In der Dienstleistungsphase werden Produkte verkauft und geliefert, verwendet, gewartet und schließlich entsorgt. Wichtige Prozesse, die von PLM-Systemen unterstützt werden, sind Idee-bis-Markteinführung und verschiedene Arten von Auftragsprozessen, einschließlich Auftragsfertigung, Auftragsentwicklung oder Auftragsmontage.

Es gibt auch mehrere Arten von *domänenunabhängigen* prozessorientierten Informationssystemen, wenngleich diese weniger vielfältig sind. Zu ihnen gehören Fallbearbeitungssysteme, Dokumentenmanagementsysteme (DMS), und Geschäftsprozessmanagementsysteme

(BPMS). Fallbearbeitungssysteme wie JIRA[5] und Pivotal Tracker[6] haben ihre Wurzeln im Bereich der Softwareentwicklung und des IT-Servicemanagements. Das zentrale Konzept hinter diesen Systemen ist der Problemfall. Solche zu bearbeitenden Problemfälle können zum Beispiel für ein Softwaresystem gemeldete Fehler *(engl.: issue)*, als auch Anfragen zum Hinzufügen einer Funktion *(engl.: change request)* oder zum Gewähren von Rechten, um auf ein IT-System zugreifen zu können, sein. Jeder Problemfall durchläuft verschiedene Zustände, wie z. B. geöffnet, einem Mitarbeiter zugeordnet, ausgesetzt, abgebrochen, geschlossen, wieder geöffnet, etc. Ein Problemfall wechselt von einem Zustand zum anderen gemäß eines vordefinierten Lebenszyklus. Verschiedene Aufgaben können ausgeführt werden, wenn sich ein Problem in einem bestimmten Zustand befindet, einige davon manuell, andere automatisch. Auf diese Weise unterstützt ein Fallbearbeitungssystem die Lösung eines Problems, und dementsprechend werden sie häufig zur Unterstützung von Fehler-bis-Behebung-Prozessen eingesetzt. Heutzutage werden Fallbearbeitungssystem häufig eingesetzt, um Fehler-bis-Behebung-Prozesse auch außerhalb der Bereiche Softwareentwicklung oder IT-Servicemanagement zu unterstützen.

Ein DMS unterstützt die Verwaltung von Dokumenten von der Erstellung bis zur Archivierung oder Löschung. Es bietet Funktionen zum Erstellen, Suchen, Zugreifen und Aktualisieren von Dokumenten, aber auch Funktionen zum Weiterleiten eines Dokuments an verschiedene Benutzergruppen. Ursprünglich waren die Möglichkeiten der Dokumentenweitergabe von DMS eher begrenzt, aber im Laufe der Zeit wurden sie so weit verfeinert, dass moderne DMS relativ komplexe Prozesse unterstützen können. Heutzutage setzen viele Unternehmen DMS ein, um administrative Prozesse wie Urlaubsanträge und Reiseantragsgenehmigungen abzuwickeln. Dabei startet ein Mitarbeiter eine Instanz eines Urlaubsantragsprozesses, indem er einen Urlaubsantrag aus einer vordefinierten Vorlage erstellt. Diese Vorlage enthält Regeln, dass der Antrags z. B. vom Mitarbeiter an den Vorgesetzten weitergeleitet werden soll. Nach der Genehmigung wird der Antrag an die Personalabteilung weitergeleitet, wo der Urlaub erfasst und die entsprechenden Dienstpläne aktualisiert werden.

DMS haben sich im Laufe der Zeit weiterentwickelt. Sie unterstützen nicht nur Dokumente, sondern fast alle Arten von Inhalten, seien es strukturierte Inhalte wie Urlaubsanträge oder Reiseanträge, oder unstrukturierte Inhalte wie gescannte Dokumente, Bilder und Audioaufnahmen (z. B. Aufzeichnungen von Telefongesprächen mit Kunden). Mit zunehmender Verfeinerung der DMS und der wachsenden Verbreitung in Unternehmen werden sie unter dem Namen Enterprise-Content-Management-Systeme (ECM-Systeme) geführt. Zu den wichtigsten ECM-Systemen gehören IBM FileNet,[7] Microsoft SharePoint,[8] und OpenText.[9]

---

[5] https://www.atlassian.com/software/jira

[6] https://www.pivotaltracker.com

[7] https://www.ibm.com/us-en/marketplace/filenet-content-manager

[8] https://products.office.com/en-us/sharepoint

[9] https://www.opentext.com

Übung 9.1 Die oben genannten prozessorientierten Informationssystemen (ERP-, CRM-, SCM-, PLM- und ECM-Systeme) sind eine spezifische Kategorie auf dem Markt für Unternehmenssoftware. Unternehmenssoftware ist nicht immer nur prozessorientiert, sondern umfasst auch Datenbanksysteme, Middleware, Office-Software und Analysesoftware. Der Markt für Unternehmenssoftware ist riesig. Laut einem Gartner-Report von 2017 wird er auf ein Umsatzvolumen von fast $ 400 Mrd. (mehr als € 340 Mrd.) geschätzt. Führen Sie eine Internetsuche durch, um die Top 5 Anbieter von (a) Unternehmenssoftware im Allgemeinen und (b) ERP-Systemen im Besonderen zu finden.

9.1.2 BPM-Systeme

Ein Geschäftsprozessmanagementsysteme (BPM-System bzw. BPMS) ist ein System, das die Gestaltung, Analyse, Ausführung und Überwachung von Geschäftsprozessen auf Basis expliziter Prozessmodelle unterstützt. Wie wir in Kap. 1 erläutert haben, haben sich BPMS aus einer älteren Art von prozessorientierten Informationssystemen entwickelt, die als *Workflowsysteme* bezeichnet werden. Diese Workflowsysteme haben sich auf Modellierung und Ausführung konzentriert und die anderen Phasen des BPM-Lebenszyklus nicht sehr gut unterstützt.

Ein BPMS verfolgt den Zweck, einen automatisierten Geschäftsprozess so zu koordinieren, dass alle Arbeiten zur richtigen Zeit von der richtigen Ressource ausgeführt werden. Um zu erklären, wie ein BPMS das erreicht, sollten wir uns vor Augen führen, dass es einem *Datenbankmanagementsystem* (DBMS) in gewisser Weise ähnlich ist. Ein DBMS ist ein standardisiertes Softwaresystem, das von vielen Anbietern in vielen verschiedenen Varianten angeboten wird, wie Microsoft SQL Server,[10] IBM DB2,[11] und Oracle Database Server.[12] Mit einem DBMS ist es möglich, unternehmensspezifische Daten strukturiert zu erfassen, ohne jemals darüber nachdenken zu müssen, wie die genaue Abfrage und Speicherung der beteiligten Daten erfolgt. Diese Aufgaben werden von den Standardeinstellungen des Systems übernommen. Natürlich ist es irgendwann notwendig, das DBMS zu konfigurieren, mit Daten zu füllen und das System und seine Inhalte regelmäßig an die tatsächlichen Anforderungen anzupassen.

In ähnlicher Weise ist ein BPMS auch ein standardisiertes Softwaresystem. Die Anbieter bieten verschiedene BPMS mit unterschiedlichen Funktionen an, die verschiedene Phasen des BPM-Lebenszyklus abdecken: von einfachen Systemen, die nur für die Gestaltung und Automatisierung von Geschäftsprozessen geeignet sind, bis hin zu komplexeren Systemen mit Funktionalität für die Prozessüberwachung (z. B. Prozess-Mining), die Verarbeitung komplexer Ereignisse *(engl.: complex event processing),* serviceorientierter Architekturen (SOA) und Integration mit Drittanwendungen und sozialen Netzwerken.

---

[10]https://www.microsoft.com/sql-server

[11]https://www.ibm.com/analytics/us/en/db2

[12]https://www.oracle.com/database

Abb. 9.1 Das Spektrum der
BPM-System-Typen

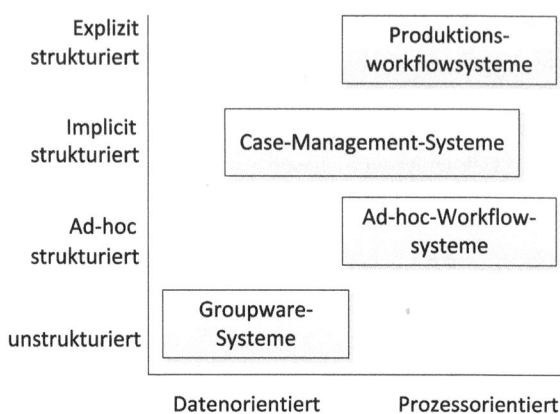

Es gibt mehrere Möglichkeiten, die verfügbaren BPMS zu klassifizieren. Abb. 9.1 zeigt eine Klassifikation, die auf zwei Achsen basiert: eine erfasst den Grad der *Unterstützung,* den das BPMS leistet, während die andere darstellt, wie sich diese Systeme in Bezug auf ihre *Ausrichtung auf Prozesse oder Daten* voneinander unterscheiden. Wir beschreiben und veranschaulichen vier verschiedene Arten von Systemen: Groupware-Systeme, Ad-hoc-Workflowsysteme, Produktionsworkflowsysteme und Case-Management-Systeme. Die Abb. 9.1 zeigt, dass diese Systeme im Spektrum der BPMS positioniert werden können.

Groupware-Systeme: Die beiden Grundprinzipien von Groupware-Systemen sind, dass Benutzer die Möglichkeit haben, (i) Dokumente und Informationen leicht miteinander auszutauschen und (ii) direkt mit anderen Benutzern zu kommunizieren. Das bekannteste Beispiel für ein Groupware-System ist IBM Notes.[13] Groupware-Systeme sind weit verbreitet und werden vor allem wegen ihrer hohen Flexibilität eingesetzt. Auf der anderen Seite unterstützen Groupware-Systeme traditioneller Weise Geschäftsprozesse nicht wirklich, aber mehrere kommerzielle Groupware-Systeme bieten Workflow-Erweiterungen.

Ad-hoc-Workflowsysteme: Ad-hoc-Workflowsysteme, wie ActiveMatrix Business-Works[14] oder Comala Workflows[15] von TIBCO ermöglichen die Erstellung und Änderung von Prozessdefinitionen während diese ausgeführt werden. Auch wenn bereits ein Prozess für einen bestimmten Fall definiert ist, ist es möglich, den Prozess während der Ausführung anzupassen, z. B. indem man Schritte hinzufügt. Auf der technischen Ebene unterhalten diese Systeme oft für jeden Fall eine im Hintergrund liegende Prozessdefinition, um diese Flexibilität zu bieten. Das bedeutet, dass die Arbeit an einem Fall sogar von einer vollständig leeren Prozessdefinition ausgehen kann, die erweitert wird, wenn klarer wird, was geschehen soll und in welcher Reihenfolge.

---

[13] https://www.ibm.com/us-en/marketplace/enterprise-email

[14] https://docs.tibco.com/products/tibco-activematrix-businessworks

[15] https://www.comalatech.com/products/comalaworkflows

Alternativ kann das Ad-hoc-Workflowsystem auch auf der Grundlage einer Standardlö-
sung oder eines Standardmusters arbeiten, das während der Ausführung geändert werden kann. Interessanterweise kann ein solches modifiziertes Verfahren als Vorlage für
den Beginn der Bearbeitung eines neuen Falles verwendet werden. Im Allgemeinen gibt
es zwei wesentliche Voraussetzungen für die erfolgreiche Anwendung eines Ad-hoc-
Workflowsystems in einem Unternehmen. Die erste Voraussetzung besteht darin, dass
die Endanwender die Prozesse kennen, in denen sie arbeiten. Das bedeutet, dass Prozesse
nur von Personen definiert oder modifiziert werden sollten, die einen guten Überblick
über den Prozess haben und abschätzen können, welche Folgen eine Abweichung von
der üblichen Praxis mit sich bringen. Die zweite Voraussetzung ist, dass den Anwendern
ausgefeilte Werkzeuge zur Verfügung stehen, um Geschäftsprozesse zu modellieren und
dass sie auch in der Lage sind, diese zu nutzen. Die Kombination dieser Anforderungen
schränkt die Anwendung dieser Systeme an dieser Stelle ein.

Produktionsworkflowsysteme: Die bekannteste Art von BPMS sind Produktionsworkflowsysteme. Typische Vertreter sind der Business Process Manager von IBM,[16] Bizagi
Studio,[17] und Camunda BPM.[18] Vieles von dem, was wir in den vorangegangenen
Abschnitten über Workflowsysteme beschrieben haben, gilt für diese Klasse von BPMS.
Die Arbeit wird strikt auf der Grundlage von explizit definierten Prozessbeschreibungen
koordiniert, die mittels Prozessmodellen erfasst sind. Die Verwaltung der operationa-
len Daten wird typischerweise durch ein ergänzendes DBMS übernommen. Generell ist
es nicht erlaubt, von einer Prozesslogik abzuweichen, solange diese nicht explizit im
Prozessmodell erfasst ist. Manchmal werden die beiden Arten von *administrativen* und
transaktionsverarbeitenden BPMS nach dem Grad der Automatisierung der koordinierten Arbeit unterschieden. Administrative BPMS werden in Umgebungen eingesetzt, in
denen ein großer Teil der Arbeit von Menschen erledigt wird; die transaktionsverarbeitenden BPMS kommen bei Geschäftsprozessen zur Anwendung, die nahezu vollständig
automatisiert sind.

Case-Management-Systeme: Die Idee hinter einem Case-Management-System (oder
Adaptive-Case-Management-System (ACM)) ist es, Prozesse zu unterstützen, die weder
detailliert noch vollständig spezifiziert sind. Vielmehr werden *implizite* Prozessmodelle
verwendet, die einen konventionellen Kontrollfluss erfassen, von dem ein Benutzer
abweichen kann – sofern dies nicht ausdrücklich verboten ist.

Ein Case-Management-System kennt in der Regel die genauen Details der zu einem
Fall gehörenden Daten (etwa Kundendaten, Finanzdaten oder medizinische Daten).
Auf Basis dieser Daten ist das System in der Lage, die Benutzer über den Status
und die Historie eines Falles sowie über die naheliegendsten nächsten Schritte zu
informieren. Aktuelle Beispiele sind die Case-Management-Systeme von i-Sight,[19] Case-

---

[16] https://www.ibm.com/us-en/marketplace/business-process-manager

[17] https://www.bizagi.com/en/products/bpm-suite/studio

[18] https://camunda.com/bpm

[19] https://i-sight.com

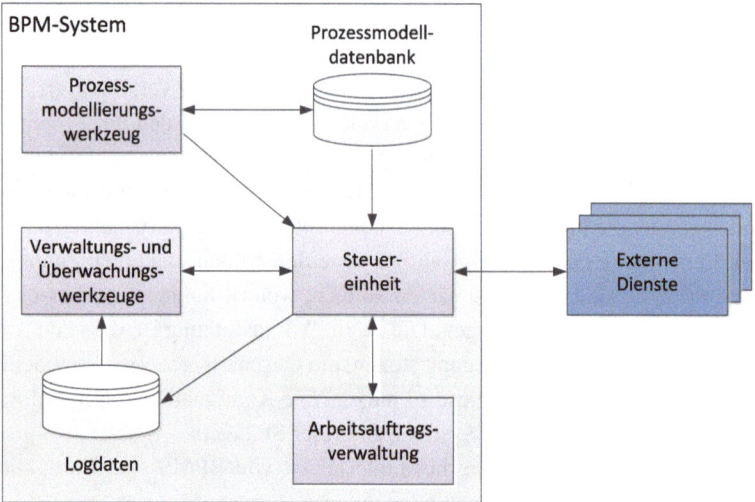

Abb. 9.2 Architektur eines BPM-Systems

Management von PEGA,[20] und ISIS Papyrus.[21] Letzteres unterstützt auf Wunsch auch einen mit BPMN spezifizierten Prozess und ist in diesem Sinne ein hybrides BPMS.

Es gibt andere Arten von Systemen, die oft Merkmale und Funktionalitäten von BPMS integrieren. Dokumentenmanagementsysteme unterstützen in erster Linie die Speicherung und das Abrufen von Dokumenten wie Dokumentenscans und PDFs, bieten aber oft auch Funktionen zur Prozessautomatisierung. Ein Beispiel ist Adobe LiveCycle.[22] *Prozessorchestrierungssysteme* konzentrieren sich auf die Prozessautomatisierung, haben aber einen besonderen Schwerpunkt auf automatisierte Prozesse, die die Integration mehrerer Unternehmensanwendungen erfordern. Ein Beispiel ist die Oracle SOA Suite.[23]

9.1.3   Architektur eines BPM-Systems

Wie funktioniert ein BPMS und was sind seine Komponenten? Abb. 9.2 zeigt die Hauptkomponenten eines BPMS, nämlich die Steuereinheit *(engl.: execution engine)*, das Prozessmodellierungswerkzeug *(engl.: process modeling tool)*, die Arbeitsauftragsverwaltung *(engl.: worklist handler)* sowie die Verwaltungs- und Überwachungswerkzeuge *(engl.: administration and monitoring tools)*.

---

[20]https://www.pega.com/de/case-management

[21]https://www.isis-papyrus.com

[22]http://www.adobe.com/products/livecycle.html

[23]www.oracle.com/technetwork/middleware/soasuite

Steuereinheit: Im Mittelpunkt des BPMS steht die *Steuereinheit*. Die Steuereinheit bietet verschiedene Funktionalitäten, darunter: (i) die Fähigkeit, ausführbare Prozessinstanzen (auch Fälle genannt) zu erstellen; (ii) die Fähigkeit, Arbeit an Prozessbeteiligte zu verteilen, um einen Geschäftsprozess von Anfang bis Ende auszuführen; (iii) die Fähigkeit, automatisch Daten abzurufen und zu speichern, die für die Ausführung des Prozesses erforderlich sind, und automatisierte Aktivitäten an Softwareanwendungen in der gesamten Organisation zu delegieren. Insgesamt überwacht die Steuereinheit kontinuierlich den Fortschritt der verschiedenen Fälle und koordiniert, welche Aktivitäten als nächstes bearbeitet werden sollen, indem sie Arbeitsaufträge *(engl.: work item)* erzeugt, d. h. Instanzen von Prozessaktivitäten, die für bestimmte Fälle behandelt werden müssen. Arbeitsaufträge werden dann Ressourcen zugeordnet, die sowohl qualifiziert als auch berechtigt sind, daran zu arbeiten. Die Steuereinheit interagiert auch mit den anderen Komponenten, die wir im Folgenden erläutern.

Prozessmodellierungswerkzeug: Das *Prozessmodellierungswerkzeug* bietet Funktionen wie (i) die Möglichkeit, Prozessmodelle zu erstellen und zu modifizieren; (ii) die Möglichkeit, Prozessmodelle mit zusätzlichen Daten zu versehen, wie Datenein- und -ausgabe, Beteiligte, Geschäftsregeln (die mit Aktivitäten verbunden sind) und Leistungskennzahlen (die mit einem Prozess oder einer Aktivität verbunden sind); und (iii) die Möglichkeit, Prozessmodelle in einer *Prozessmodelldatenbank* zu speichern, zu teilen und abzurufen. Ein Prozessmodell kann zur Ausführung an die Steuereinheit *übergeben* werden. Dies kann entweder direkt aus dem Modellierungswerkzeug oder aus der Sammlung erfolgen. Die Steuereinheit bestimmt anhand des Prozessmodells die zeitliche und logische Reihenfolge, in der die Aktivitäten eines Prozesses ausgeführt werden müssen. Abb. 9.3 zeigt das Prozessmodellierungswerkzeug von Bonita BPM.[24]

Arbeitsauftragsverwaltung: Die Arbeitsauftragsverwaltung ist die Komponente eines BPMS, über die Prozessbeteiligten (i) Arbeitsaufträge angeboten und (ii) diesen zugeordnet werden. Die Steuereinheit verfolgt, welche Arbeitsaufträge ausständig sind und stellt diese über die Arbeitsauftragsverwaltung den einzelnen Prozessbeteiligten zur Verfügung. Die standardisierte Arbeitsauftragsverwaltung eines BPMS kann man sich am besten als *Posteingang* vorstellen, ähnlich wie bei einem E-Mail-Programm. Über einen Posteingang können die Beteiligten sehen, welche Arbeitsaufträge auszuführen sind. Die Arbeitsauftragsverwaltung stellt für diese elektronische Formulare mit den Ein- und Ausgabedaten bereit. Wenn ein Beteiligter einen Arbeitsauftrag aus der Liste der Arbeitsaufträge auswählt und startet, wird das entsprechende elektronische Formular auf dem Bildschirm angezeigt. Dieser Schritt wird als *Auftragsübernahme* bezeichnet. Die Beteiligten können dann Daten in das Formular eingeben und der Steuereinheit die Fertigstellung signalisieren. Dieser Schritt wird als *Auftragserledigung* bezeichnet. Anschließend ermittelt die Steuereinheit die nächsten Arbeitsaufträge, die für den jeweiligen Fall ausgeführt werden müssen. Häufig können die Beteiligten bis zu einem gewissen Grad die Liste der Arbeitsaufträge eigenständig verwalten, z. B. in Bezug auf die Reihenfolge,

---

[24]https://www.bonitasoft.com

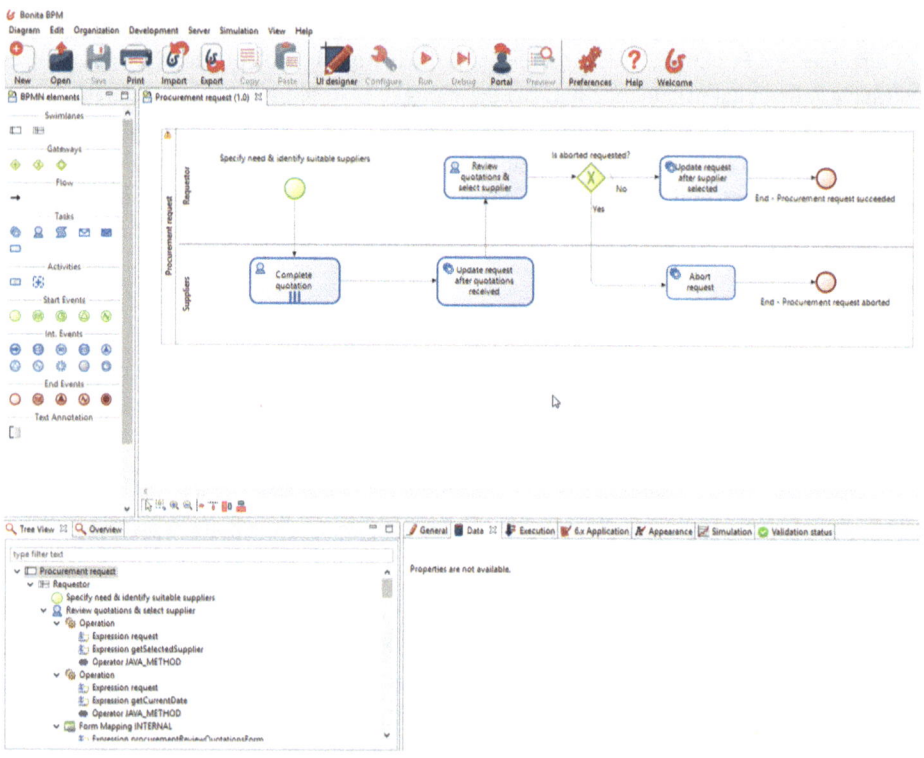

Abb. 9.3 Das Prozessmodellierungswerkzeug von Bonita BPM

in der sie angezeigt werden und die Priorität, die sie diesen Arbeitsaufträgen zuweisen. Außerdem unterstützt die Arbeitsauftragsverwaltung einen Prozessbeteiligten dabei, Arbeitsaufträge vorübergehend auszusetzen oder die Beauftragung an eine andere Person weiterzugeben. Welche genauen Funktionen zur Verfügung stehen, hängt vom jeweiligen BPMS und seiner spezifischen Konfiguration ab. Es ist weit verbreitet, die Arbeitsauftragsverwaltung z. B. an das Erscheinungsbild der Unternehmenswebseite anzupassen, um ihre effiziente Nutzung und Akzeptanz innerhalb eines Unternehmens zu fördern. Abb. 9.4 zeigt die standardmäßige Arbeitsauftragsverwaltung von Camunda BPM.

Externe Dienste: Es ist oft sinnvoll, externe Dienste in die Ausführung eines Geschäftsprozesses mit einzubeziehen. In vielen Geschäftsprozessen gibt es Aktivitäten, die vollautomatisch ausgeführt werden, indem die Steuereinheit einen externen Dienst aufruft, z. B. um die Kreditwürdigkeit eines Kunden zu prüfen. Der externe Dienst muss eine Dienstschnittstelle freigeben, mit der die Steuereinheit kommunizieren kann. Wir bezeichnen einen solchen Dienst als *externen Dienst*. Die Steuereinheit stellt dem aufgerufenen Dienst die notwendigen Daten zur Verfügung, die dieser für die Ausführung der Aktivität für einen bestimmten Fall benötigt. Nach Abschluss der Ausführung gibt der Dienst das

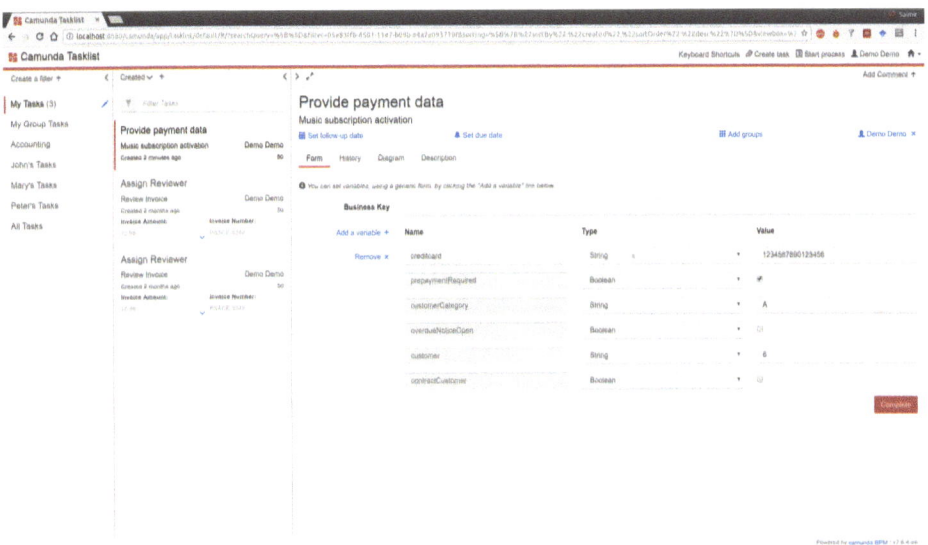

Abb. 9.4 Die Arbeitsauftragsverwaltung von Camunda BPM

Ergebnis an die Steuereinheit zurück und signalisiert so, dass der Arbeitsauftrag abgeschlossen wurde. Manchmal muss ein BPMS auch die Kontrolle über Fälle zwischen verschiedenen Organisationseinheiten oder Organisationen übertragen. Eine Möglichkeit, dies zu erreichen, ist die Kommunikation mit einem externen BPMS, das zu diesem Zweck eine Anwenderschnittstelle bereitstellt. Nehmen wir zum Beispiel ein globales Versicherungsunternehmen, das Büros in drei verschiedenen Zeitzonen hat: Japan, Großbritannien und Kalifornien. Am Ende des Arbeitstages in jeder dieser Zeitzonen können alle Arbeitsaufträge an die Steuereinheit in der nächsten Zone übergeben werden, in welcher der Arbeitstag gerade begonnen hat. Auf diese Weise hört die Ausführung des Geschäftsprozesses nie auf.

Verwaltungs- und Überwachungswerkzeuge: Verwaltungs- und Überwachungswerkzeuge sind Werkzeuge, die für die Verwaltung aller operativen Angelegenheiten eines BPMS erforderlich sind. Betrachten wir z. B. die tatsächliche Verfügbarkeit bestimmter Prozessbeteiligter. Wenn jemand aufgrund von Krankheit oder Urlaub nicht arbeitsfähig ist, muss das BPMS auf diese Tatsache aufmerksam gemacht werden, um zu vermeiden, dass dieser Person Arbeitsaufträge zugewiesen werden. Auch für Ausnahmesituationen sind Verwaltungswerkzeuge erforderlich, z. B. um veraltete Arbeitsaufträge aus dem System zu entfernen. Verwaltungswerkzeuge sind ebenfalls mit einer Funktionalität zur Prozessüberwachung ausgestattet. Mit diesen Werkzeugen kann man die Leistung der laufenden Geschäftsprozesse überwachen, insbesondere im Hinblick auf den Fortschritt der einzelnen Fälle. Diese Werkzeuge können Daten aus verschiedenen Fällen aggregieren, wie z. B. durchschnittliche Durchlaufzeiten von Fällen oder dem Anteil der Fälle,

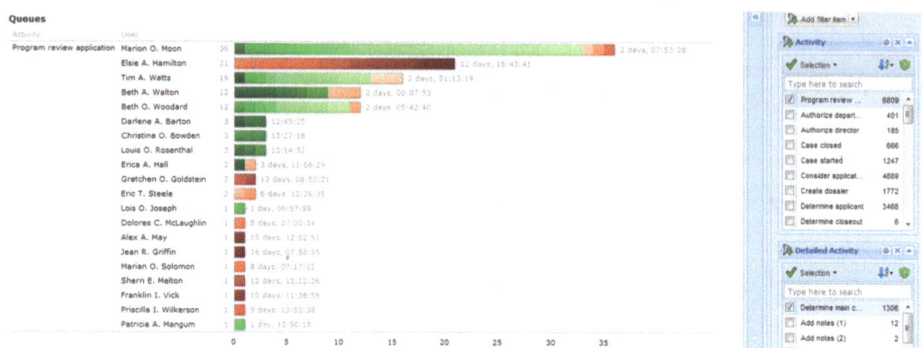

Abb. 9.5 Übersicht des Überwachungswerkzeugs von Perceptive

die verspätet sind. Das BPMS zeichnet die Ausführung eines Prozessmodells Schritt
für Schritt auf. Die so aufgezeichneten Ereignisse werden gespeichert und können in
Form von Logdaten *(engl.: execution logs)* verarbeitet werden, um Leistungsübersichten *(engl.: performance dashboard)* zu erzeugen. Ein Beispiel für eine mit Perceptive[25]
entwickelte Übersicht ist in Abb. 9.5 dargestellt. Das Thema Leistungsübersicht wird in
Kap. 11 behandelt.

Übung 9.2 Die Überwachung von Benutzerwarteschlangen bietet eine gute Transparenz
über die aktuelle Auslastung der verschiedenen Prozessbeteiligten. Allerdings sollte jede
Art von Übersicht sorgfältig hinterfragt werden, bevor Entscheidungen getroffen werden.
Bevor wir etwa die Übersicht auf Abb. 9.5 interpretieren, müssen wir die folgenden Fragen
beantworten.

1. Welche wichtigen Informationen sind in der Übersicht nicht dargestellt?
2. Kann man mithilfe der Übersicht wirklich feststellen, wer ein guter und wer ein schlechter
   Mitarbeiter ist?

Die oben beschriebene generische BPMS-Architektur ist die Weiterentwicklung eines Referenzmodells für Workflowsysteme, das von der Workflow Management Coalition (WfMC)
in den 90er Jahren vorgeschlagen wurde. Die Infobox „WfMC-Referenzmodell" erläutert
dieses Modell.

---

[25]https://www.hyland.com/en/perceptive

Um zu veranschaulichen, wie ein BPMS funktioniert, erinnern wir uns an den Geschäftsprozess von BuildIT zur Anmiete von Baumaschinen aus Kap. 1. Nehmen wir an, der Prozess wird von einem BPMS unterstützt. Die Steuereinheit kann verfolgen, dass verschiedene *Bauleiter* für die Aufträge #1220 und #1230 die Anfragen zur Vermietung von Baumaschinen bereits ausgefüllt haben. Auf Basis eines Prozessmodells für die Vermietung von Baumaschinen kann die Steuereinheit feststellen, dass für beide Fälle die richtige Maschine bestimmt werden muss. Dies muss von einem der Sachbearbeiter im Lager durchgeführt werden. Daher leitet das BPMS die Anfrage an die Arbeitsauftragsverwaltung aller Sachbearbeiter zur Bearbeitung weiter. Für den Auftrag #1240 hingegen ist die Anfrage zur Vermietung von Maschinen noch nicht verfügbar. Daher wird die BPMS-Steuereinheit diese Anfrage noch nicht weiterleiten. Stattdessen wartet sie auf den Abschluss dieses Arbeitsauftrags.

Übung 9.3 In welchem Zustand befindet sich der Prozess, nachdem alle Aktionen des Vermietungsprozesses von BuildIT wie oben beschrieben durchgeführt wurden? Welche Arbeitsaufträge können Sie identifizieren, die unter der Kontrolle des BPMS stehen? Achten Sie darauf, dass Sie für jeden Arbeitsauftrag sowohl den Fall als auch die Aktivität identifizieren.

WfMC-REFERENZMODELL

Die Workflow Management Coalition (WfMC) ist eine 1993 gegründete Standardisierungsorganisation, in der BPMS-Anbieter, Anwender und Forscher vertreten sind. Ziel der WfMC ist es, allgemein anerkannte Standards in Bezug auf Terminologie und Schnittstellen für die Komponenten eines BPMS [1] zu etablieren.

Beispielsweise ist die Kompatibilität proprietärer Prozessmodellierungswerkzeuge, welche die verschiedenen BPMS begleiten, oft begrenzt. Wenn ein Prozess in einem bestimmten Format modelliert wurde, wäre es wünschenswert, diesen in einem anderen Kontext (z. B. in einem anderen BPMS) oder für einen anderen Zweck (z. B. für die Kommunikation mit Endbenutzern) wiederzuverwenden. Die Bemühungen der WfMC zielen unter anderem darauf ab, Modellierungstechniken zu standardisieren, die von verschiedenen BPMS verwendet und verarbeitet werden können.

Die WfMC hat das sogenannte *WfMC-Referenzmodell* entwickelt, das sich in der Welt der Prozessautomatisierung etabliert hat. Die Idee hinter diesem Referenzmodell ist, dass jeder Anbieter eines BPMS die Funktionsweise seines spezifischen Systems auf dieser Basis erklären kann. Das ursprüngliche Referenzmodell enthielt sechs Komponenten, die den Komponenten der BPMS-Architektur in Abb. 9.2 ähneln. Dies sind: Steuereinheit, Prozessmodellierungswerkzeuge, Verwaltungs- und Überwachungswerkzeuge, Arbeitsauftragsverwaltung, externe Dienste und externe BPMS.

Im Referenzmodell erfolgt die Kommunikation zwischen den Komponenten über so genannte *Schnittstellen,* die von 1 bis 5 nummeriert sind. Drei dieser Schnittstellen sind direkt in der BPMS-Architektur zu erkennen, die in diesem Kapitel dargestellt ist: *Schnittstelle 1* bezieht sich auf die Kommunikation zwischen der Steuereinheit und dem Prozessmodellierungswerkzeug, *Schnittstelle 2* bezieht sich auf die Kommunikation zwischen der Steuereinheit und der Arbeitsauftragsverwaltung, *Schnittstelle 5* bezieht sich auf die Kommunikation zwischen der Steuereinheit und den Verwaltungs- und Überwachungswerkzeugen. Die anderen Schnittstellen des WfMC-Referenzmodells sind seit der Einführung von Webservices obsolet geworden.

Übung 9.4 Betrachten Sie die folgenden Fragen zu einem BPMS:

- Kann ein BPMS ein Geschäftsprozessmodell ausführen, ohne Informationen über die Ressourcen zu haben, die für die Bearbeitung der Aufgaben zur Verfügung stehen? Auf welche Probleme würde das BPMS bei der Ausführung dieses Prozesses stoßen?
- In welcher Situation erzeugt die Steuereinheit nach Abschluss eines einzelnen Arbeitsauftrags mehrere neue Arbeitsaufträge?
- Können Sie Beispiele für externe Dienste nennen, die in einem Prozess für Darlehensanträge sinnvoll wären?
- Was wäre eine Mindestanforderung, um Arbeitsaufträge mithilfe des BPMS der Versicherungsgesellschaft, die als Beispiel diente, weiterleiten zu können?
- Ein BPMS soll Arbeitsaufträge an verfügbare Ressourcen verteilen. Welche Informationen über Ressourcen sind nützlich, damit die Arbeitsauftragsverwaltung eine gute Zuordnung vornehmen kann (abgesehen davon, ob sie krank oder im Urlaub sind)?

9.1.4   Die Nutzung eines BPM-Systems am Beispiel von ESKS

Aufbauend auf der Erklärung der BPMS-Architektur im vorherigen Abschnitt ist es nun möglich, ein Beispiel für ein funktionsfähiges BPMS zu skizzieren. Wir verwenden eine vereinfachte Sicht auf einen Prozess, in dem Forderungen aus Schadensfällen innerhalb des Unternehmens ESKS *(Ein Schaden ist keine Schande)* bewertet werden. Die erste Aktivität in diesem Prozess ist die Bewertung einer Forderung, die von einem *leitenden Sachbearbeiter* oder einem *einfachen Sachbearbeiter* durchgeführt wird. Einfache Sachbearbeiter sind für die Beurteilung verantwortlich, wenn die Höhe der Forderung unter € 1000 liegt. Höhere Forderungen werden von leitenden Sachbearbeitern bewertet. Im Falle einer negativen Beurteilung liegt es in der Verantwortung des Kundenbetreuers, dem Kunden die schlechte Nachricht zu übermitteln. Im Falle einer positiven Beurteilung ist eine elektronische Rechnung von einem Sachbearbeiter der Finanzabteilung zu erstellen, der diese an den Kunden versendet. Nach diesen Aktivitäten ist die Bearbeitung abgeschlossen. Abb. 9.6 zeigt diesen Prozess.

Die obige Beschreibung zeigt, dass es zwei Aspekte gibt, die von dem Prozessmodellierungswerkzeug des BPMS abgedeckt werden müssen: (1) die Spezifikation der verschiedenen Aktivitäten und (2) die Beschreibung der verschiedenen Beteiligten, welche die Aktivitäten ausführen. Der erste Aspekt wird in einem Prozessmodell erfasst, der zweite wird mit der Definition von *Ressourcenklassen* erfasst. Darüber hinaus müssen die Beziehungen zwischen diesen beiden Spezifikationen definiert werden, d. h. wer in der Lage und qualifiziert ist, welche Tätigkeit auszuüben. Häufig werden diese Beziehungen als Teil des Prozessmodells spezifiziert. Diese Beziehungen können von verschiedenen Geschäftsregeln abhängen. So ist beispielsweise die Unterscheidung zwischen den Berechtigungsstufen des leitenden und des einfachen Sachbearbeiters bei der Beurteilung von Schadensfällen ein Beispiel für eine dynamische Regel, d. h. sie wird durch den Wert einer Variablen bestimmt.

Sobald diese Prozess- und Ressourcenspezifikationen definiert sind, kann die Steuereinheit eines BPMS den Prozess gemäß der Regeln unterstützen. Nehmen wir nun an, dass fast gleichzeitig zwei Schadensfälle eintreffen:

1. Ein Autoschaden von € 12.500 wird von Herrn Bouman eingebracht.
2. Ein Autoschaden von € 500 wird von Frau Fillers eingebracht.

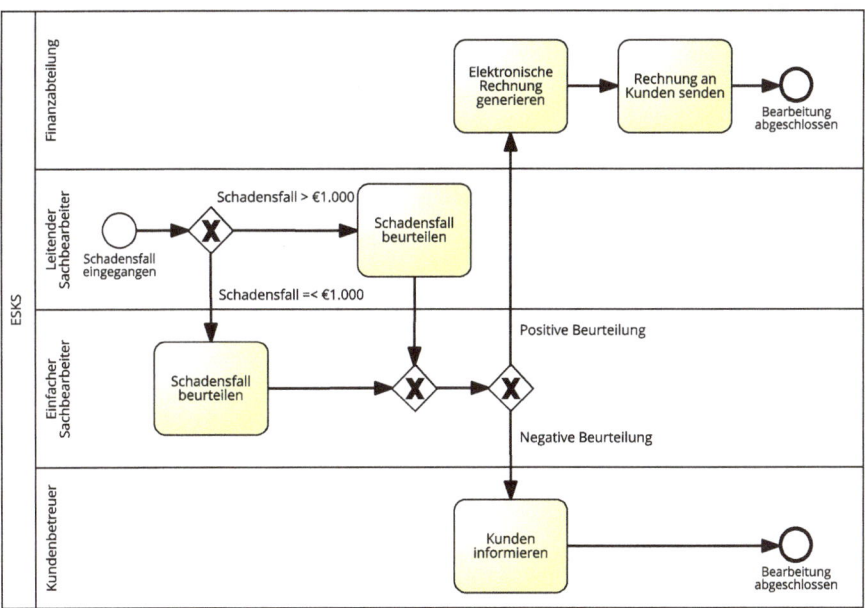

Abb. 9.6 Modell des Schadenbearbeitungsprozesses bei ESKS

Frau Senora ist seit langem bei ESKS und arbeitet seit einigen Jahren als *leitende Sachbe-arbeiterin*. In diesem Monat hat *Herr Regulo* seine Ausbildung begonnen und arbeitet als *einfacher Sachbearbeiter*. Zu Beginn seines Vertrages hat der Systemadministrator mithilfe des BPMS-Verwaltungswerkeugs Herrn Regulo in die Ressourcenklasse der verfügbaren Sachbearbeiter aufgenommen.

Basierend auf dem Prozessmodell, der Ressourcenklassen und den operativen Daten zur Verfügbarkeit der verschiedenen Mitarbeiter übernimmt die Steuereinheit des BPMS nun die Weiterleitung der beiden neu eingegangenen Schadensfälle an die Arbeitsauftragsver-waltung von Frau Senora. Schließlich kann sie beide Ansprüche aufgrund ihrer Qualifikation beurteilen. Herr Regulo wiederum wird in seiner Arbeitsauftragsverwaltung nur den Scha-densfall von Frau Fillers sehen.

Wenn Herr Regulo den Arbeitsauftrag in der Liste aller Arbeitsaufträge bemerkt, beginnt er sofort mit der Bearbeitung. Er wählt den Schadensfall von Frau Fillers aus. Als Reaktion auf diese Aktion stellt die Steuereinheit sicher, dass der entsprechende Arbeitsauftrag aus der Liste der Arbeitsaufträge von Frau Senora *verschwindet*. Der Grund dafür ist, dass diese Arbeit nur einmal ausgeführt werden muss. Frau Senora selbst bearbeitet derzeit noch einen früheren Fall, wählt aber kurz darauf über ihre Arbeitsauftragsverwaltung den Fall von Herrn Bouman aus.

Als Reaktion auf die Auswahl der Arbeitsaufträge durch Herrn Regulo und Frau Senora wird die Steuereinheit sicherstellen, dass beide den elektronischen Schadensfall des jewei-ligen Kunden auf ihrem Bildschirm sehen. Die Steuereinheit tut dies, indem sie die ent-sprechenden Parameter des Dokumentenmanagementsystems (DMS) von ESKS auf dem Arbeitsplatz des Sachbearbeiters abruft. Das DMS zeigt auch die gescannte Version der Schadensfälle an, die ursprünglich auf Papier eingereicht wurden. Darüber hinaus kümmert sich das BPMS darum, den beiden Empfängern ein elektronisches Formular anzuzeigen, mit dem sie ihre Bewertung erfassen können.

Herr Regulo beschließt, den Antrag abzulehnen. Die Arbeitsauftragsverwaltung bemerkt dies, indem sie das spezifische Feld auf dem elektronischen Formular überwacht, das einen negativen Wert erhält. Basierend auf der im Prozessmodell erfassten Logik kann die Steuereinheit bestimmen, dass der Fall an den Kundenbetreuer von Frau Fillers überge-ben wird und sendet einen Arbeitsauftrag an diesen Beteiligten, der den Kunden über die negative Bewertung informiert.

Frau Senora kommt zu einer positiven Beurteilung ihres Schadensfalls und beschließt, diesen zu genehmigen. Die Steuereinheit stellt sicher, dass ein Dienst aufgerufen wird, um die neue monatliche Prämie für Herrn Bouman unter Berücksichtigung seiner schadens-freien Historie zu ermitteln, die in einer Schadensfalldatenbank erfasst ist. Der Abruf der Informationen aus dieser Datenbank erfolgt ebenfalls über einen Dienst. Nach Abschluss dieser Berechnung wird ein Arbeitsauftrag für die verschiedenen verfügbaren Mitarbeiter der Finanzabteilung erstellt, um den Schaden zu ersetzen. Der Arbeitsauftrag erscheint in der Liste der Arbeitsaufträge eines jeden Mitarbeiters der Finanzabteilung, bis einer von ihnen diesen zur Bearbeitung auswählt. Nachdem die Zahlung durchgeführt wurde, ist der Prozess abgeschlossen.

Wie im ESKS-Beispiel zu sehen ist, spielen alle Komponenten der BPMS-Architektur eine wichtige Rolle bei der Koordination der Arbeit, insbesondere um sicherzustellen, dass die entsprechenden Arbeitsaufträge von den Beteiligten erstellt und ausgeführt werden.

Übung 9.5 Betrachten Sie die folgenden Entwicklungen und geben Sie an, welche Komponenten der BPMS-Architektur betroffen sind, um diese zu adressieren.

1. Ein neues Entscheidungsunterstützungssystem wird entwickelt, um die Sachbearbeiter bei der Beurteilung von Schadensfällen zu unterstützen.
2. Frau Senora geht in den Ruhestand.
3. Eine neue Unterscheidung zwischen Schadensfällen wird eingeführt: Einfache Sachbearbeiter sind nun auch für Fälle über € 1000 qualifiziert, sofern sie an früheren Fällen desselben Kunden gearbeitet haben.
4. Ansprüche, die zu Fahrzeugen gestellt werden, die über 10 Jahre alt sind, müssen fortlaufende vom Management überwacht werden.

9.2 Vorteile der Einführung eines BPM-Systems

In diesem Abschnitt überlegen wir, warum es für Unternehmen attraktiv ist, ein BPMS zu verwenden. Es gibt vier große Kategorien von Vorteilen, die wir im folgenden diskutieren werden: Arbeitserleichterung, flexible Systemintegration, Ausführungstransparenz und Durchsetzung von Regeln.

9.2.1 Arbeitserleichterung

Ein BPMS automatisiert einen Teil der Arbeit, die normalerweise von Personen übernommen werden muss, wenn ein solches System nicht vorhanden ist. Zunächst einmal wird es sich um die *Weitergabe von Arbeitsaufträgen* selbst kümmern. In einem papierbasierten Unternehmen werden Arbeitsaufträge in der Regel durch die interne Post weitergegeben, was die Bearbeitung oft um einen Arbeitstag pro Übergabe verzögert, oder durch die Beteiligten selbst, was deren Arbeitszeit beansprucht. Alle diese Verzögerungen werden vollständig beseitigt, wenn Arbeitsaufträge mit einem BPMS elektronisch versendet werden können. In einigen Situationen kann das BPMS den gesamten Prozess durch den Aufruf vollautomatischer Anwendungen übernehmen. In solchen Fällen sprechen wir von Dunkelverarbeitung *(engl.: straight-through processing)*. Vor allem im Bereich der Finanzdienstleistungen werden heute viele Geschäftsprozesse, die früher von Menschen ausgeführt wurden, im Modus der Dunkelverarbeitung abgewickelt und von BPMS koordiniert. Auch in anderen

Bereichen – z. B. beim elektronischen Visum – kann zumindest ein Teil der Fälle vollautomatisch bearbeitet werden.

Die zweite Art von Arbeit, die vom BPMS übernommen wird, betrifft die *Koordination*. Das BPMS greift auf das Prozessmodell zurück, um festzustellen, welche Aktivitäten in welcher Reihenfolge durchgeführt werden müssen. Jedes Mal, wenn das BPMS auf diese Informationen zurückgreift, um einen Arbeitsauftrag weiterzuleiten, spart es jemandem möglicherweise Zeit, darüber nachzudenken, was als nächstes getan werden sollte. Eine weitere Form der Zeitersparnis bei der Koordination ist die Signalisierung abgeschlossener Arbeiten. In einer papierbasierten Organisation wird bei einer Übergabe noch einige Zeit lang Arbeit herumliegen. Was zudem oft passiert, ist, dass jemand eine Arbeit übernimmt, sie aus irgendeinem Grund aussetzt, woraufhin der Arbeitsauftrag in einem anderen Stapel stecken bleibt. Das BPMS ist jederzeit in der Lage, den Status aller Arbeitsaufträge nachzuverfolgen und es kann Maßnahmen ergreifen, um sicherzustellen, dass die Arbeit voranschreitet.

Die letzte Möglichkeit, um die Arbeit durch den Einsatz eines BPMS zu erleichtern, ist die *Sammlung aller relevanten Informationen* für die Bearbeitung einer bestimmten Aufgabe. Wenn es kein BPMS gibt, muss der Mitarbeiter diese Informationen selbst sammeln. Insbesondere die richtige Datei zu finden – sie ist nie dort, wo man sie erwarten würde – kann eine zeitaufwändige Angelegenheit sein. Beachten Sie, dass diese Art von Vorteil auf der Annahme beruht, dass zusammen mit der Einführung des BPMS auch die Digitalisierung der Dokumentenverarbeitung vorangetrieben wird. Die Implementierung eines DMS wird oft gemeinsam mit einer BPMS-Implementierung umgesetzt. Bestimmte Anbieter, wie IBM und ISIS Papyrus, bieten integrierte Lösungen mit BPMS- und DMS-Funktionalität an. Andere BPMS-Anbieter haben oft strategische Kooperationen mit Unternehmen, die ein DMS anbieten, sodass es relativ einfach ist, diese Systeme zu integrieren.

9.2.2 Flexible Systemintegration

Ursprünglich war es ein beliebtes Argument, die Verwendung eines BPMS mit einer erhöhten Flexibilität zu begründen, die Unternehmen mit dieser Technologie erreichen. Um dies am besten zu erklären, ist ein kurzer Rückblick auf die Geschichte betrieblicher Computeranwendungen erforderlich. Wie van der Aalst und van Hee [2] festgestellt haben, gibt es den allgemeinen Trend, dass generische Funktionalität von Anwendungen irgendwann gekapselt wird.

Etwa in den Jahren 1965–1975 wurden Computeranwendungen direkt auf dem Betriebssystem eines Computers ausgeführt. Jede Anwendung kümmerte sich um ihre eigene Datenverwaltung und verwendete dabei proprietäre Lösungen. Infolgedessen erwies es sich als schwierig, Daten zwischen den Anwendungen auszutauschen und konsistent zu halten. Allerdings entwickelten Programmierer verschiedener Anwendungen ähnliche Lösungen, um ähnliche Probleme zu adressieren. Ab 1975 entstanden DBMS als neuartige Standardsoftware, die die generische Aufgabe der effizienten Datenverwaltung übernahmen. Dadurch konnten Daten relativ einfach ausgetauscht werden und Programmierer neuer Anwendungen mussten sich keine Gedanken mehr über das Speichern, Abfragen oder Abrufen von Daten machen. 10 Jahre später, etwa 1985, wurden Systeme mit grafischer Benutzeroberfläche eingeführt, um vielen Anwendungen eine komfortable Schnittstellenkomponente zu bieten. Durch die Bereitstellung von Steuerelementen wie Listenfeldern oder Auswahlknöpfen in wiederverwendbaren Bibliotheken konnte sie jeder Computerprogrammierer leicht nutzen. Im Jahre 1995 kam das erste kommerzielle BPMS auf den Markt. Wo DBMS und grafische Benutzeroberflächen Schwerpunkte setzen, unterstützen BPMS den Bereich der Geschäftsprozesslogik auf generische Weise.

Die Einführung eines BPMS ist eine logische Folge der Trennung dieser generischen Funktionalität von einst monolithischen Computerprogrammen. Noch in den 1990er Jahren wurde geschätzt, dass 40 % aller Codezeilen, die auf Großrechnern *(engl.: mainframe computer)* von Banken laufen, mit Geschäftsprozesslogik zu tun haben, also nicht mit den Berechnungen oder der Datenverarbeitung selbst. Die typische Art der Informationsverarbeitung im Zusammenhang damit bezieht sich auf die Identifizierung von Aktivitäten, ihre Reihenfolge der Ausführung oder die für ihre Durchführung verantwortlichen Beteiligten. So wird beispielsweise festgelegt, dass nach Abschluss eines Hypothekenangebots dies an die Leiterin der Abteilung gemeldet werden muss, wodurch ein Signal auf ihrem Monitor ausgelöst wird.

Der offensichtliche Vorteil dieser Entwicklung besteht darin, dass es mit einem BPMS viel einfacher geworden ist, die Geschäftsprozesslogik selbst zu verwalten. Dies liegt daran, dass es viel bequemer ist, die Beschreibung eines Geschäftsprozesses zu aktualisieren, ohne den Anwendungscode überprüfen zu müssen. Auch umgekehrt wird es einfacher z. B. eine Anwendung zu modifizieren, ohne die Reihenfolge der Aktivitäten eines Geschäftsprozesses zu berühren. BPMS, kurz gesagt, ermöglichen es Unternehmen, flexibler bei der Verwaltung und Aktualisierung ihrer Geschäftsprozesse und Anwendungen zu werden.

BPMS bieten auch die Möglichkeit, einzelne Systeme zu verbinden. Große Dienstleistungsunternehmen setzen in der Regel unzählige IT-Systeme ein, die mehr oder weniger unabhängig voneinander existieren. Eine solche Situation wird oft als Inselautomatisierung bezeichnet. Ein BPMS kann in einer solchen Situation als Werkzeug zur Integration solcher Systeme genutzt werden. Es wird sichergestellt, dass alle einzelnen Systeme eine angemessene Rolle in den von ihnen unterstützten Geschäftsprozessen spielen.

Die Rolle von BPMS als Integrationstechnologie spiegelt sich in der Tatsache wider, dass im Laufe der Zeit Middleware-Anbieter oftmals BPMS-Anbieter übernommen und deren BPMS in ihr Angebot aufgenommen haben. Beispielsweise erwarb Mitte der 2000er Jahre der Middleware-Anbieter TIBCO die Firma Staffware, während später der Middleware-Anbieter BEA den BPMS-Anbieter Fuego (und später Oracle BEA) erwarb.

Die geschilderten Vorteile gelten mit folgenden Einschränkungen. Das BPMS selbst bietet keine direkte Lösung für das Problem der redundanten Datenspeicherung über viele verschiedene IT-Systeme. Tatsächlich hat ein BPMS im Allgemeinen keine Kenntnis von den tatsächlichen Daten, die Endbenutzer mithilfe der verschiedenen IT-Systeme verändern.

Wenn das BPMS als Integrationdrehscheibe zwischen diesen bestehenden Systemen fungieren soll, erfordert dies eine gründliche Informationsanalyse, um zu verstehen, welche Daten verwendbar und verfügbar sind.

9.2.3 Ausführungstransparenz

Ein oft übersehener Vorteil besteht darin, dass ein BPMS eine Schatzkammer voller Daten von Prozessausführungen ist. Diese Logdaten geben an, wie Geschäftsprozesse tatsächlich ausgeführt werden. Vermutlich hatten es die Entwickler der ersten BPMS gar nicht im Sinn, anderen Personen Einblicke in den Prozess zu gewähren als denjenigen, die ihn ausführen. Um ein BPMS überhaupt betreiben zu können, muss es den Überblick über die zu erfüllenden Arbeitsaufträge haben. Dies kann nur durch eine aktive Überwachung erreicht werden, welche Arbeitsaufträge von welchen Ressourcen erledigt werden und zu welchem Zeitpunkt neue Fälle durch den Prozess bearbeitet werden müssen. Damit ein BPMS jedoch ordnungsgemäß funktioniert, ist es nicht notwendig, alle diese Daten nach Abschluss der zugehörigen Fälle verfügbar zu halten. Das Management, das einen solchen Prozess überwacht, kann jedoch eine ganz andere Perspektive auf dieses Thema haben. Es gibt zwei Arten von Informationen, die nützlich sein können, um geschäftsrelevante Einblicke aus BPMS-Logdaten zu erlangen:

1. *Operative Informationen,* die sich auf aktuelle, laufende Fälle beziehen, und
2. *Historische Informationen,* die sich auf abgeschlossene Fälle beziehen.

Operative Informationen sind für das Management von Einzelfällen, Beteiligten oder bestimmten Teilen eines Geschäftsprozesses relevant. Ein charakteristisches Beispiel ist das folgende. Aus Analysen verschiedener Regierungsstellen, die an der Erteilung von Genehmigungen in den Niederlanden beteiligt sind, ging hervor, dass die Ermittlung des genauen Status eines Genehmigungsantrags eine der zeitaufwändigsten Tätigkeiten für die beteiligten Beamten war. Durch den Einsatz der meisten kommerziell erhältlichen BPMS wäre das Abrufen dieses Status eine Kleinigkeit. Ein solcher Status kann beispielsweise sein, dass der Antrag von Herrn Benders eingegangen ist, der sein Haus um einen zusätzlichen Gartenflügel erweitern möchte. Dieser müsste mit den Bebauungsplänen des Wohngebiets, in dem er wohnt, abgeglichen werden. Die weitere Verarbeitung hängt nun von der Stellungnahme eines externen Sachverständigen ab. Eine weitere Verwendung von operativen Informationen bezieht sich auf die Länge der Warteschlange von Arbeitsaufträgen. So gibt es beispielsweise 29 Baugesuche, die auf den Rat eines externen Sachverständigen warten. Aus diesen Beispielen wird deutlich, dass Initiativen zur Verbesserung des Kundenservice, insbesondere in Bezug auf die Beantwortung von Fragen zu ihren Anliegen, oft auf den Einsatz eines BPMS angewiesen sind.

Historische Informationen sind im Gegensatz zu operativen Informationen oft auf aggregierter Ebene von Interesse, z. B. über mehrere Fälle und einen längeren Zeitraum hinweg. Diese Art von Informationen ist von größter Bedeutung, um die Leistung eines bestimmten Prozesses oder dessen Übereinstimmung mit bestimmten Vorgaben zu definieren. In Bezug auf ersteres können Sie an durchschnittliche Durchlaufzeiten, die Anzahl der abgeschlossenen Fälle innerhalb eines bestimmten Zeitraums sowie die Auslastung der Ressourcen denken. Die letztgenannte Kategorie könnte Themen wie die Art der erzeugten Ausnahmen oder die Anzahl der Fälle, die eine bestimmte Frist verletzt haben, umfassen.

Es ist sinnvoll, die Art der möglichen Einblicke zu berücksichtigen, die aus einem BPMS gewonnen werden können, bevor es tatsächlich in einem Unternehmen implementiert wird. Dabei spielen technische Fragen eine Rolle, wie z. B. der Zeitraum, in dem die Logdaten eines BPMS aufbewahrt werden müssen und somit auch wie viel Speicherplatz dafür aufgewendet werden sollte. Es wäre ein Problem, wenn historische Informationen auf aggregierter Ebene über Jahre wichtig sind, während es aber nur Platz gibt, um die Ereignisse von höchstens einem Monat zu speichern. Es gibt auch konzeptionelle Probleme. Wenn es wichtig ist, einen bestimmten Meilenstein innerhalb eines Prozesses zu überwachen, ist es wichtig, dass er in dem Modell explizit dargestellt wird, das für die Ausführung des zugehörigen Geschäftsprozesses verwendet wird. Um auf das vorherige Beispiel zurückzukommen: Wenn es wichtig ist, den Status eines Falls abfragen zu können, der z. B. auf die Stellungnahme eines externen Sachverständigen wartet, dann muss dieser Meilenstein Teil des Prozessmodells sein. Auf diese Weise bildet die Prozessautomatisierung die Grundlage für die Prozessüberwachung (siehe Kap. 11).

9.2.4 Durchsetzung von Regeln

Abgesehen von dem offensichtlichen Vorteil, dass ein Geschäftsprozess durch den Einsatz eines BPMS effizienter ausgeführt werden kann, stellt ein solches System auch sicher, dass der Prozess genau so abläuft, wie er definiert wurde. Wenn Regeln explizit durchgesetzt werden müssen, kann dies als Qualitätsvorteil angesehen werden: Der Prozess hält, was er verspricht. In vielen Situationen haben die Mitarbeiter große Freiheiten, einen Geschäftsprozess so auszuführen, wie es für sie am besten oder am bequemsten ist. Diese Einzelbetrachtung stimmt nicht unbedingt mit der bestmöglichen Art und Weise überein, wie ein Geschäftsprozess aus der Gesamtperspektive eines Unternehmens ausgeführt werden sollte. In diesem Zusammenhang kann ein BPMS helfen, dass Geschäftsprozesse auf eine vordefinierte Weise und ohne Zugeständnisse ausgeführt werden.

Als Beispiel sei das im Bereich der Finanzdienstleistungen bekannte *Vieraugenprinzip* genannt. Das bedeutet, dass die Erfassung und Freigabe einer Finanztransaktion von verschiedenen Personen durchgeführt werden muss. Diese Art von Logik ist recht einfach zu implementieren und in einem BPMS durchzusetzen. Das BPMS erfasst, welche Personen welche Arbeitsaufträge ausgeführt haben und kann diese Informationen bei der Zuordnung neuer Arbeitsaufträge berücksichtigen. Beachten Sie, dass ein BPMS ausreichend entwickelt ist, sodass den Mitarbeitern alternativ die Erfassungs- oder Prüfrolle für verschiedene Fälle zugeteilt werden kann.

Die Fähigkeit eines BPMS, Regeln durchzusetzen, ist für Unternehmen derzeit wieder von großem Interesse. Um das Jahr 2000 herum verwendeten staatliche Organisationen BPMS ausschließlich aus Gründen der Regeldurchsetzung, damit sie nachweisen konnten, dass sie die Gesetze einhalten. Heutzutage sind Finanz- und andere professionelle Dienstleistungsunternehmen von BPMS ähnlich begeistert. Eine wichtige Triebfeder dieser Entwicklungen ist die steigende Bedeutung verschiedener Steuerungsmechanismen, die 2002 mit dem *Sarbanes-Oxley Act* als Reaktion auf die Betrugsfälle von Enron und Worldcom begannen. Das Gesetz überträgt den Führungskräften des Unternehmens ein hohes Maß an Verantwortung, was die Einrichtung von internen Kontrollsystemen sowie die Überprüfung ihrer ordnungsgemäßen Umsetzung betrifft. Hier können BPMS natürlich eine wichtige Rolle spielen.

Übung 9.6 Welcher Kategorie würden Sie die folgenden Vorteile zur Einführung eines BPMS zuordnen?

- Eine Wirtschaftsprüfungsgesellschaft hat festgestellt, dass die Verfahrenshinweise und die tatsächliche Ausführung der Geschäftsprozesse nicht aufeinander abgestimmt sind. Das Management dieses Unternehmens möchte die Verfahrenshinweise durchsetzen und beschließt die Einführung eines BPMS.
- Die Kunden eines Unternehmens beschweren sich, dass sie nur sehr oberflächlich über den Fortschritt der von ihnen getätigten Bestellungen informiert werden. Der IT-Manager dieses Unternehmens stellt Überlegungen an, ein BPMS zur Erfassung und Bereitstellung von Statusinformationen zu all diesen Aufträgen einzuführen.
- Ein Versicherungsunternehmen stellt fest, dass es seine Schadenbearbeitung so schnell wie möglich anpassen muss, um Konkurrenzangeboten zu begegnen. Die Verwendung eines BPMS soll dies ermöglichen.

9.3   Herausforderungen bei der Einführung eines BPM-Systems

Trotz der vielen Vorteile gibt es einige nennenswerte Hindernisse für die Einführung eines BPMS in einem Unternehmen. Wir unterscheiden zwischen technischen und organisatorischen Herausforderungen.

9.3.1   Technische Herausforderungen

Was eine der Stärken eines BPMS sein sollte, ist auch eine der Herausforderungen. Ein BPMS ist in der Lage, verschiedene Arten von Informationssystemen zur Unterstützung eines Geschäftsprozesses zu integrieren. Die Herausforderung besteht dabei darin, dass viele Anwendungen nicht für einen solchen koordinierten Einsatzzweck entwickelt wurden. Die Großrechneranwendungen, die heute noch bei Banken und Versicherungen zu finden sind, wären in diesem Zusammenhang zu nennen. Im günstigsten Fall sind solche Systeme technisch dokumentiert, aber es kommt oft vor, dass niemand aus dem ursprünglichen Entwicklungsteam mehr zur Verfügung steht, der genau weiß, wie diese aufgebaut sind. In solchen Fällen ist es sehr schwierig festzustellen, wie ein BPMS solche Systeme steuern und dazu bringen kann, die Ausführung eines bestimmten Arbeitsauftrages zu unterstützen, Informationen zwischen dem BPMS und einem solchen System auszutauschen (z. B. Daten zu einem bestimmten Fall), sowie zu bestimmen, wann ein Mitarbeiter ein solches System zur Bearbeitung eines Arbeitsauftrags genutzt hat.

Eine Technik, die verwendet wurde, um die Interaktion mit solchen Altsystemen überhaupt erst zu ermöglichen, ist das Bildschirmauslesen *(engl.: screen scraping)*. Die Kommunikation zwischen einem BPMS und der Großrechneranwendung erfolgt dann auf der Ebene der Benutzeroberfläche: Die Tastenanschläge, die ein Endbenutzer ausführt, werden vom BPMS emuliert und die an die Anzeige gesendeten Signale werden ausgelesen, um den Fortschritt bei der Ausführung einer Aktivität festzustellen. Es ist wohl nicht überraschend, dass solche Integrationslösungen auf niedrigster Ebene in weiterer Folge viel Starrheit in die Gesamtlösung bringen und tatsächlich die Flexibilitätsvorteile untergraben, die normalerweise mit dem Einsatz eines BPMS verbunden sind. Neuere Systeme, welche die so genannte robotergesteuerte Prozessautomatisierung *(engl.: robotic process automation)* bereitstellt, versprechen eine flexiblere Integration. In der folgenden Infobox wird erklärt, wie sie funktioniert.

ROBOTERGESTEUERTE PROZESSAUTOMATISIERUNG

Robotergesteuerte Prozessautomatisierung (RPA) [3] bezieht sich auf eine neue Klasse von Softwarelösungen, die Aufgaben oder ganze Geschäftsprozesse automatisieren, die stark auf Büroarbeit beruhen. Dazu gehören hochrepetitive Aufgaben oder Aufgabenabfolgen, die recht zeitaufwendig und fehleranfällig sind und somit von der Automatisierung profitieren können. Ein Beispiel ist das Kopieren von Daten von einem Bildschirm auf einen anderen. RPA-Werkzeuge werden konfiguriert, indem beobachtet wird, was menschliche Mitarbeiter in verschiedenen Bildschirmen verschiedener Systemanwendungen eingeben, wie beispielsweise in einem Schadensmanagementsystem oder einem Altsystem auf Großrechnerbasis.

Beispielsweise kann ein RPA-Werkzeug konfiguriert werden, um folgendes menschliches Verhalten zu automatisieren: Wenn ein Kunde ein Webformular ausfüllt, um nach dem Status einer Bestellung zu fragen, kopiert ein Mitarbeiter die Bestellnummer aus diesem Formular, verwendet diese Nummer, um nach dem Auftragsstatus in einem ERP-System zu suchen, kopiert den Status von dort und fügt ihn in eine Antwort-E-Mail ein. RPA-Werkzeuge können relevante Informationen aus Benutzeroberflächen identifizieren, extrahieren und analysieren, die in einer Vielzahl von Technologien implementiert sind. Diese reichen von webbasierten Formularen und Java-Anwendungen bis hin zu älteren bestehenden Schnittstellen für Eingabeaufforderungen, für die ein Bildschirmauslesen erforderlich ist. Damit stellt RPA eine leistungsstarke und vielseitige Technologie dar. RPA kann menschliche Mitarbeiter von ermüdender Arbeit befreien, die durch Standardvorgänge anfällt. Oft wird es von Unternehmen eingerichtet, um eine bessere Skalierbarkeit der Prozesse und Kosteneinsparungen zu erzielen.

Die Konfiguration eines RPA-Werkzeugs erfordert jedoch Kenntnisse der in einem Unternehmen vorhandenen Systeme sowie technische Fähigkeiten, um die Softwareroboter zu trainieren und zu testen, die das menschliche Verhalten nachahmen.

Ein besonderes Problem bei der Integration bestehender Anwendungen mit BPMS ist die fehlende Prozessorientierung traditioneller Systeme. In einem prozessorientierten System werden einzelne Fälle separat behandelt. Mit anderen Worten, ein solches System arbeitet von Fall zu Fall. In vielen traditionellen Systemen ist jedoch die *stapelweise Verarbeitung* das dominierende Paradigma. Das bedeutet, dass eine bestimmte Aufgabe für eine große Anzahl von Fällen ausgeführt wird, was nicht mit der Philosophie eines BPMS übereinstimmt. Beachten Sie, dass die in Kap. 8 erwähnte Heuristik *Fallbasierte Arbeit* explizit auf diese Situation abzielt.

Erfreulicherweise wurden im Bereich der Systemintegration in den letzten zehn Jahren große Fortschritte erzielt. Viele alte Systeme werden abgebaut und an ihre Stelle treten neue, offene Systeme mit klar definierten Schnittstellen. Mittlerweile stehen Technologien zur Verfügung, die als *Middleware-* und *Enterprise-Application-Integration*-Werkzeuge bezeichnet werden und welche die Kommunikation und Verwaltung von Daten über verteilte Anwendungen hinweg stark vereinfachen. Microsofts BizTalk Server[26] und IBMs WebSphere[27] sind bekannte Softwarelösungen, die hierfür eingesetzt werden können. Es gibt auch Open-Source-Technologien. Der Erfolg von *Webservices* ist ein weiterer Treiber für die verbesserte und koordinierte Nutzung verschiedener Arten von Informationssystemen, einschließlich BPMS. Ein Webservice bietet die Funktionalität, Informationen über das Internet aufzu-

---

[26] https://www.microsoft.com/en-us/cloud-platform/biztalk

[27] https://www.ibm.com/developerworks/downloads/ws/was

rufen, wie z. B. die Ermittlung des bestmöglichen Preises für einen bestimmtes Artikel. Die meisten BPMS bieten eine gute Unterstützung für die Integration bestimmter Webservices in ausführbare Geschäftsprozesse. Diese Art von Konfiguration würde in ein populäres Softwarearchitektur-Paradigma passen, das allgemein als *serviceorientierte Architektur* bezeichnet wird.

Im Hinblick auf die Fähigkeiten zur technischen Integration kann man sagen, dass die jüngsten Entwicklungen für den Einsatz von BPMS günstig sind und dass die technischen Herausforderungen, zumindest in diesem Bereich, in den nächsten Jahren weiter abnehmen dürften.

9.3.2 Organisatorische Herausforderungen

Die Einführung eines operativen BPMS hat Auswirkungen auf weite Teile eines Unternehmens. Dies bedeutet, dass die Einführung eines BPMS aus organisatorischer Sicht eine Herausforderung darstellen kann. Die Interessen der verschiedenen Interessengruppen müssen gegeneinander abgewogen werden, da sie in der Regel unterschiedliche Vorgaben haben und um die gleichen Ressourcen kämpfen. Einen Einblick in die Entwicklung bestehender Prozesse zu erhalten, stellt eine enorme Herausforderung dar und erfordert manchmal monatelange Arbeit. Dabei können nicht nur politische Motive eine Rolle spielen – nicht jeder möchte teilen, wie man bestimmte Arbeiten verrichtet, vor allem, wenn gar nicht so viel Arbeit geleistet wird – sondern auch psychologische: Menschen neigen dazu, sich darauf zu konzentrieren, die schlimmstmöglichen Ausnahmen zu beschreiben, wenn sie gebeten werden, ihre Rolle in einem Prozess zu beschreiben. Ein Wissenschaftler hat diese Tendenz einmal als den Grund genannt, warum „Modellierer Workflowinnovation im Keim ersticken".

Ein Faktor, der diese Komplexität noch erhöht, ist, dass Unternehmen dynamische Einheiten sind. Es ist üblich, dass während der Einführung eines BPMS, die sich über mehrere Monate erstrecken kann, organisatorische Regeln geändert werden, Abteilungen aufgelöst oder zusammengelegt werden, Mitarbeiter andere Verantwortlichkeiten erhalten sowie neue Produkte eingeführt oder vom Markt genommen werden. Dies sind alles Beispiele für Ereignisse, die wichtig sein können, wenn es darum geht, ein BPMS in einem organisatorischen Umfeld richtig einzubetten. In der Praxis lässt sich daraus die Erkenntnis ableiten, dass die schrittweise Einführung eines BPMS in der Regel erfolgreicher ist als eine Strategie des großen Paukenschlags, bei der erwartet wird, dass ein BPMS von einem Tag auf den anderen bestehende Abläufe ersetzt.

Die Sicht der Benutzer auf die Einführung eines BPMS sollte sorgfältig geprüft werden. Die meisten Prozessbeteiligten müssen erst einmal *praktisch* erfahren, was es bedeutet, ein BPMS zu verwenden, bevor sie wirklich abschätzen können, was das für ihren Job bedeutet. Es können auch Bedenken und Ängste entstehen. Zunächst könnte es sein, dass Überwachungsängste aufkommen. Tatsächlich zeichnet ein BPMS alle Ereignisse auf, die an der

Ausführung eines Prozesses beteiligt sind, einschließlich der Frage, wer welche Arbeit zu welchem Zeitpunkt ausgeführt hat. Es nützt nichts – und aus Sicht des Änderungsmanagements könnte es sogar kontraproduktiv sein – diese Tatsache zu ignorieren oder gar zu verleugnen. Vielmehr ist es Aufgabe der Unternehmen, klarzustellen, wie diese Informationen verwendet werden und dass auch von der Verwendung dieser Informationen positive Auswirkungen zu erwarten sind.

Eine weitere Angst, die bei Prozessbeteiligten verbreitet ist, besteht darin, dass ihre Arbeit mit einem BPMS einen mechanistischen Charakter annehmen könnte, fast so, als ob sie am Fließband arbeiten würden. Diese Angst ist zum Teil begründet. Es ist tatsächlich so, dass sich das BPMS um die Zuordnung und Verteilung von Arbeitsaufträgen kümmert. Man kann jedoch argumentieren, dass dies nicht die aufregendsten oder wertvollsten Teile der zu erledigenden Arbeit sind (was eben der Grund dafür ist, dass sie überhaupt erst automatisiert werden können). Wenn Sie an jene Situation denken, in denen Mitarbeiter einen Großteil ihrer Zeit damit verbringen müssen, nach richtigen Informationen zu suchen, um die Arbeit zu erledigen, kann das BPMS ein nützlicher Gehilfe sein, um den Mitarbeitern diese Zeit ersparen. Eine weitere Argumentation ist, dass es stark von der Konfiguration des BPMS abhängt, ob ein solcher Mechanisierungseffekt tatsächlich eintritt. Vergleichen Sie z. B. die Situation, in der ein BPMS einen einzelnen Arbeitsauftrag auf einmal einem Mitarbeiter zuordnet, mit einer Reihe von Arbeitsaufträgen, so dass jemand nach seinen eigenen Präferenzen wählen und vorgehen kann. Diese Optionen, die sich aus einer Konfigurationsentscheidung ergeben, können einen großen Unterschied mit Blick auf den wahrgenommenen Wert eines BPMS machen.

Zusammenfassend lässt sich sagen, dass die Einführung eines BPMS besonders herausfordernd ist, gerade weil es gesamte Geschäftsprozesse unterstützt. Nicht ohne Grund identifiziert die Forschung in IT-Projekten *starke Managementunterstützung* als einen wesentlichen Faktor für die erfolgreiche Umsetzung. Die Einführung eines BPMS ist, vielleicht noch mehr als bei anderen Arten von Technologien, nichts für schwache Nerven. Die Infobox „Änderungsmanagement" verweist auf Prinzipien, die jedes Projekt bei der Einführung eines BPMS berücksichtigen sollte.

ÄNDERUNGSMANAGEMENT

Die Einführung eines BPMS ist oft Teil größerer Transformationsinitiativen, die in der Regel alles andere als einfach sind. Einige Studien haben gezeigt, dass zwei von drei Transformationsinitiativen scheitern. Der Grund für das Scheitern ist oft ein schlechtes Management: schlechte Planung, Überwachung und Kontrolle, Mangel an Ressourcen und Wissen sowie inkompatible Unternehmensrichtlinien und – praktiken [4]. Änderungsmanagement ist der Sammelbegriff für Ansätze, die sich mit Veränderungen aus der Perspektive eines Unternehmens sowie einzelner Mitarbeiter befassen, um diese zum Erfolg zu führen. Im Folgenden fassen wir kurz einige der Prinzipien zusammen, die sich als förderlich für eine erfolgreiche Veränderung herausgebildet haben.

Einflussfaktoren: Eine beliebte Sicht auf die Faktoren, die den Erfolg des Änderungsmanagements beeinflussen, ist die folgende: Was wirklich zählt, sind die **Dauer** der Initiative, die **Integrität** des Projektteams, die **Unterstützung** des Top-Managements auf der einen Seite und der betroffenen Mitarbeiter auf der anderen Seite sowie der **Aufwand,** der von den Mitarbeitern neben ihrer normalen Arbeit verlangt wird. Dies wird als *DICE* (von *engl.: duration, integrity, commitment, effort*) bezeichnet. Die Maxime ist: Je kürzer das Projekt ist, desto (1) leistungsfähiger das Projektteam, (2) höher das Engagement von Management und Mitarbeitern, (3) geringer die Überforderung der Mitarbeiter und (4) so größer die Erfolgsaussichten [5].

Früher Sieg: Ein Phänomen, das in vielen Prozessverbesserungsprojekten beobachtet wurde, ist, dass der „Sieg" zu früh erklärt wurde. Nach zwei oder drei Jahren im Projekt wird das Team aufgelöst und man vertraut der Organisation, dass sie mit der frischen neuen Arbeitsweise oder der eingesetzten Technologie weiterarbeiten kann. Doch dann, innerhalb von zwei weiteren Jahren, verschwinden langsam die scheinbar nützlichen Veränderungen, die eingeführt wurden – das kann sogar soweit gehen, dass alle Spuren der ursprünglichen Veränderung verschwinden. Was den Schwung bremst, ist eine vorzeitige Siegesfeier. Im Gegensatz dazu konzentrieren sich erfolgreiche Bemühungen auf kurzfristige Erfolge oder kleine Projekte, um diese als Sprungbrett für noch größere Projekte im Zeitablauf zu nutzen [6].

Die Art des Widerstandes: Eine der verstörendsten Beobachtungen für Manager ist, dass qualifizierte und intelligente Mitarbeiter, die sich stark für das Unternehmen engagieren und eine Veränderung aufrichtig gutheißen, tatsächlich *nichts tun,* um die Veränderung erfolgreich mit zu gestalten. Der Grund dafür ist, dass viele Menschen unbewusst produktive Energie auf eine versteckte, *rivalisierende Verpflichtung* richten. Zum Beispiel kann ein Experte erlebt haben, dass er jedes Mal, wenn er eine schwierige Aufgabe erfüllt, mit einer noch schwierigeren beauftragt wurde. Diese Art von Erfahrung kann den Willen zurückdrängen, eine weitere neue Initiative voranzubringen. Das kann auch unbewusst ablaufen. Der Schlüssel ist hier, sich die Zeit zu nehmen, das Verhalten der Mitarbeiter ernsthaft zu verstehen und die Annahmen hinter den Positionen zu analysieren, die sie vertreten [7].

Trugschluss der programmatischen Veränderung: Der wohl größte Fehler ist die Erwartung, dass Veränderungen nur durch unternehmensweite Veränderungsprogramme herbeigeführt werden können, die von offiziellen Projektteams der Unternehmen gesteuert werden. Dies wird auch als Trugschluss der programmatischen Veränderung bezeichnet. Ein Schlüsselelement eines erfolgreichen Veränderungsprogramms ist, dass es sich auf alle Abteilungen ausdehnt, ohne dass es zu stark von oben nach unten gedrängt wird. Das bedeutet, dass die einzelnen Einheiten Raum haben müssen, eine angepasste Version der geplanten Änderung anzunehmen. Erst nachdem die Veränderung auf diese Weise Fuß gefasst hat, sollte sich die formale Struktur des Unternehmens ändern, um die angewandten Veränderungen zu institutionalisieren [8].

Übung 9.7 Berücksichtigen Sie die folgenden Punkte, die bei der Einführung eines BPMS in einem Krankenhaus zur Unterstützung der präoperativen Versorgung auftreten, d. h. der Vorbereitung und Behandlung eines Patienten vor der Operation. Klassifizieren Sie diese in Bezug auf technische oder organisatorische Probleme.

1. Als sie von den Plänen zur Einführung eines BPMS hören, lehnen die Chirurgen eine Zusammenarbeit bei diesem Vorhaben strikt ab. Ihr Anspruch ist es, dass jeder Patient eine eigenständige Person ist. Bei der Pflege könne man sich nicht auf ein System verlassen, das einen patientenübergreifenden Standard verfolgt.
2. Die Anästhesisten im Krankenhaus verwenden ein Entscheidungsunterstützungssystem, das die korrekte Dosierung von Anästhetika für Patienten überwacht. Das System ist als eigenständiges System entwickelt worden, das schwer mit dem BPMS zu synchronisieren ist, welches das Entscheidungsunterstützungssystem mit Patientendaten versorgen muss.
3. Die Krankenpfleger werden mit mobilen Geräten ausgestattet, mit denen sie auf ihre Arbeitsauftragsverwaltung zugreifen können. Sie haben jedoch Schwierigkeiten, die automatischen Benachrichtigungen zu bemerken, die ihnen durch das leichte Vibrieren des Gerätes signalisiert werden.

9.4 Die wichtigsten Punkte

In diesem Kapitel haben wir uns mit prozessorientierten Informationssystemen und im Besonderen mit Geschäftsprozessmanagementsystemen (BPMS) beschäftigt. Wir haben die Architektur eines BPMS und seine Hauptkomponenten beschrieben: *die Steuereinheit, das Prozessmodellierungswerkzeug* und *die Prozessmodelldatenbank,* die *Arbeitsauftragsverwaltung,* die *Verwaltungs- und Überwachungswerkzeuge* und die *Logdaten* sowie die *externen Dienste,* die aufgerufen werden können.

Es gibt viele Gründe, die für eine Prozessautomatisierung mit einem prozessorientierten Informationssystem sprechen. Erstens bietet es eine Arbeitserleichterung in Bezug auf die Koordination: Die Arbeit wird den Prozessbeteiligten oder Softwarediensten zugewiesen, sobald sie anfällt. Zweitens bietet es Integrationsflexibilität. Prozesse können im Vergleich zu Altsystemen mit deutlich geringerem Aufwand geändert werden, sofern sie explizit über

Prozessmodelle abgebildet werden. Drittens liefert die Ausführung mithilfe eines BPMS wertvolle Daten über die Prozesse, einschließlich leistungsrelevanter Daten. Schließlich verbessern BPMS die Qualität der Prozesskoordination, da sie Regeln wie das Vieraugenprinzip direkt durchsetzen.

Die Einführung von BPMS bringt verschiedene Herausforderungen mit sich. Technische Herausforderungen ergeben sich daraus, dass viele zu integrierende Anwendungen in der Regel nicht als offene Systeme mit transparenten Schnittstellen konzipiert wurden. Darüber hinaus sind organisatorische Herausforderungen in der Tatsache begründet, dass BPMS direkt in die Art und Weise eingreifen, wie Menschen ihre Arbeit verrichten. Diese Tatsache erfordert ein sensibles Änderungsmanagement.

9.5 Lösungen zu Übungsaufgaben

Lösung 9.1 Es liegen Marktforschungsberichte mit unterschiedlichen Schätzungen vor. Für das Jahr 2016 werden häufig Microsoft, Oracle, IBM, SAP und EMC unter den fünf führenden Anbietern von Unternehmenssoftware gereiht. Zu den fünf führenden ERP-Anbietern gehören oft SAP, Oracle, Microsoft, Infor und Epicor.

Lösung 9.2 Im Zusammenhang mit der Überwachung von Benutzerwarteschlangen gilt es Folgendes zu beachten.

1. Es gibt verschiedene Informationen, die in der Abbildung nicht sichtbar sind. Es ist nicht klar, mit welcher Verteilungsstrategie den Prozessbeteiligten Arbeitsaufträge zugeordnet werden. Es ist auch nicht klar, ob die verschiedenen Beteiligten Vollzeit oder nur Teilzeit arbeiten. Es wird auch nicht angegeben, inwieweit die Beteiligten über vergleichbare Fähigkeiten und Kompetenzen verfügen. Schließlich ist nicht klar, ob die Aktivität *Program review application* vollständig homogen und standardisiert ist oder ob es relevante Unterschiede in den Eigenschaften der Bewerbungen gibt.
2. Ohne die Details zu den diskutierten Themen zu kennen, ist es schwierig, die Abbildung so zu interpretieren, dass wir den Beteiligten gerecht werden. Beachten Sie in diesem Zusammenhang, dass oft die kompetenten Mitarbeiter überlastet sind. Das ist der Tatsache geschuldet, dass sie weniger qualifizierten Kollegen helfen, wenn diese nicht wissen, wie sie weiter vorgehen sollen.

Lösung 9.3 Es gibt drei aktuelle Arbeitsaufträge:

1. Fall #1220: Bestimme eine geeignete Baumaschine
2. Fall #1230: Bestimme eine geeignete Baumaschine
3. Fall #1240: Vervollständige die Anfrage für Baumaschinenmiete

Lösung 9.4

- Die Steuereinheit wäre nicht in der Lage, den Ressourcen Arbeitsaufträge allein auf der Grundlage eines Prozessmodells zuzuordnen, wenn dieses nur Kontrollflussinformationen umfasst.
- Eine solche Situation liegt vor, wenn das betreffende Prozessmodell angibt, dass nach einer bestimmten Aktivität eine UND-Verzweigung erfolgt, die die Ausführung mehrerer Folgeaktivitäten anstößt.
- Weitere Beispiele für Dienste, die in Anspruch genommen werden können: Berechnungsdienste (z. B. zur Ermittlung eines Hypothekenzins oder zur Schätzung der Gesamtkosten), Informationsspeicherungs- und Abfragedienste (z. B. zur Erfassung des Ergebnisses eines abgeschlossenen Arbeitsauftrags oder zum Nachschlagen von Kundeninformationen), Planungsdienste (z. B. zur Planung von Folgearbeiten oder zur Schätzung eines Liefertermins) oder Kommunikationsdienste (z. B. um mit dem Kunden oder einem Geschäftspartner in Kontakt zu treten).
- Vor allem wäre es wichtig zu präzisieren, an welchen Arbeitstagen bestimmte Ressourcen zur Verfügung stehen und zu welchen Zeiten. Beispielsweise arbeitet Frau Senora nur montags und freitags und dann nur von 9 bis 16 Uhr. Nur auf Basis dieser Information kann die Steuereinheit die Arbeitsaufträge effizient verteilen.

Lösung 9.5

1. Es sollte ermöglicht werden, dass das neue Entscheidungsunterstützungssystem als externer Dienst aufgerufen werden kann.
2. Wenn Frau Senora in den Ruhestand geht, muss dies mit dem Verwaltungswerkzeug erfasst werden.
3. Die neue Regel zur Zuordnung von Arbeitsaufträgen zu Ressourcen muss in einem aktualisierten Prozessmodell erfasst werden.
4. Der Überwachungsdienst muss in einem Überwachungswerkzeug implementiert sein.

Lösung 9.6

- Regeldurchsetzung
- Ausführungstransparenz
- Flexible Systemintegration

Lösung 9.7

1. Organisatorisches Problem: BPMS können sehr individuell gestaltet werden, um patientenbezogene Daten zu berücksichtigen.
2. Technisches Problem: Die Integration des Entscheidungsunterstützungssystems kann zusätzliche Softwareentwicklung erfordern.
3. Organisatorisches und technisches Problem: Die Krankenpfleger können sich einerseits an die Verwendung des BPMS im Allgemeinen und die Arbeitsauftragsverwaltung

im Besonderen gewöhnen. Andererseits ist es vielleicht keine gute technische Lösung, Vibrationssignale zu verwenden – eine Alternative wäre zum Beispiel die Verwendung von akustischen Signalen.

9.6 Weitere Übungsaufgaben

Übung 9.8 Skizzieren Sie die Architektur eines bestimmten kommerziellen oder Open-Source-BPMS und identifizieren Sie alle seine Komponenten.

Übung 9.9 Erläutern Sie die Gemeinsamkeiten und Unterschiede zwischen Produktions- und Ad-hoc-Workflowsystemen. Berücksichtigen Sie in Ihrer Antwort die Art der gebotenen Unterstützung sowie die Daten- bzw. Prozessorientierung.

Übung 9.10 Klassifizieren Sie die folgenden Ziele der verschiedenen beschriebenen Unternehmen, die ein BPMS verwenden, und verwenden Sie die Kategorien von Vorteilen, die in Abschn. 9.2 erläutert wurden.

- Eine Anwaltskanzlei möchte alle Beteiligten dokumentieren, die sie an ihrem formellen Prozess zur Vorbereitung von Rechtsstreitigkeiten miteinbezogen hat.
- Eine Regierungsbehörde möchte die Strafen, die sie für verspätete Zahlungen von Rechnungen zahlen muss, reduzieren.
- Eine Bank möchte ihrem externen Prüfer beweisen, dass gemäß der Geschäftsvorgaben jeder Großkredit von zwei separaten Sachbearbeitern genehmigt wird.

Übung 9.11 In einem Beitrag auf LinkedIn im Jahr 2009 fragt der Direktor der Online-Apotheke Walgreens, was die häufigsten Schwierigkeiten bei der Implementierung eines Workflowsystems sind. Ein Berater von Microsoft antwortet wie folgt:

> Es geht wirklich nur darum, dass die Leute das System annehmen. Die allgemeine Tendenz von Menschen ist, dass sie Veränderungen nicht mögen, auch wenn sie anderes behaupten. Auch wenn ihre derzeitigen Prozesse sehr ineffizient sind, wissen sie, wie sie funktionieren. Wenn also etwas eingeführt wird, das ihre Welt verändert (insbesondere ein Workflowsystem), werden sie sehr ängstlich sein. Je mehr das System die Art und Weise, wie sie ihre Arbeit verrichten, ändert, desto mehr Widerstand werden Sie bekommen. Dann wird es zu einer Frage, wie die Geschäftsanforderungen erfasst wurden. Es besteht die Möglichkeit, dass aufgrund von Missverständnissen die Anforderungen anders sind als die Erwartungen, wie die Dinge geschehen sollen.

Erklären Sie, ob sich diese Erklärung Ihrer Meinung nach auf eine technische oder organisatorische Herausforderung bezieht.

9.7 Vertiefende Lektüre

Das Buch von van der Aalst und van Hee [2] aus dem Jahr 2004 ist ein Klassiker und bietet eine Einführung in die Technologie der Workflowsysteme. Die Entwicklung von Workflowsystemen hin zu BPMS, die in anschließenden Jahren stattgefunden hat, wird von Weske [9] ausführlich diskutiert. Wie in diesem Kapitel dargelegt, hat das WfMC-Referenzmodell maßgeblich die Entwicklung der Architektur von Workflowsystemen und später von BPMS geprägt. Details zum WfMC-Referenzmodell finden sich auf der Webseite der Workflow Management Coalition,[28] während Hollingsworth [10] einen Überblick über die Entwicklung dieses Referenzmodells gibt.

Eine häufige Kritik an BPMS ist, dass sie einem fordistischen Paradigma folgen. Das bedeutet, dass das BPMS die Prozessbeteiligten zwingt, in eine bestimmten Weise zu arbeiten, d. h. genau so, wie es in einem Prozessmodell vorgegeben wird. Im Kontext von Prozessen, in denen unvorhergesehene Ausnahmen vorkommen und in denen es keine vorhersehbare Möglichkeit gibt, den Prozess durchzuführen, behindert ein BPMS womöglich die Arbeit der Prozessbeteiligten und unterstützt sie nicht. Ansätze zur Unterstützung nicht standardisierter oder unvorhersehbarer Prozesse werden von Reichert et al. [11] beschrieben. Einer dieser Ansätze ist die fallbasierte Bearbeitung. Eine Einführung in dieses Thema geben van der Aalst et al. [12], während Swenson [13] eine umfassende Beschreibung des Themas anbietet.

Eine Verlaufsstudie von Reijers et al. mit zehn Unternehmen gibt Aufschluss über den Erfolg von BPMS-Implementierungen und deren Auswirkungen auf das Geschäft [14]. Die Hälfte der Unternehmen in dieser Studie hat ihre BPMS-Einführungsbemühungen aus einer Vielzahl von organisatorischen Gründen aufgegeben. Diese stehen hauptsächlich im Zusammenhang mit dem Änderungsmanagement. Diese Erkenntnis unterstreicht die Bedeutung des Änderungsmanagements bei der Einführung eines BPMS in einem Unternehmen, wie in der Infobox „Änderungsmanagement" in Abschn. 9.3.2 beschrieben (siehe Abschn. 9.3.2). Andererseits profitierten jene Unternehmen, die ein BPMS erfolgreich eingesetzt haben, von erheblichen Prozessverbesserungen.

BPMS konzentrieren sich hauptsächlich auf die Automatisierung von Geschäftsprozessen innerhalb eines Unternehmens *(innerbetriebliche Prozesse)*. Viele Prozesse erstrecken sich jedoch über Unternehmensgrenzen hinweg. Zum Beispiel umfasst ein Auftrag-bis-Zahlungseingang-Prozess typischerweise ein Beschaffungsunternehmen, einen Lieferanten und ein Logistikunternehmen. Es können auch Subunternehmer (z. B. ein Zollspediteur) sowie Versicherer und Exportkreditagenturen beteiligt sein. Traditionell erfolgt die Koordination all dieser Parteien über den Nachrichtenaustausch. Die Streitbeilegung ist ein wiederkehrendes Problem in diesen Prozessen, z. B. wenn eine Partei behauptet, dass Waren nicht geliefert wurden oder wenn eine Partei eine von einer anderen Partei ausgestellte Rechnung nicht akzeptiert. Diese Probleme sind besonders akut, wenn das Vertrauen zwischen den Parteien fehlt. Blockchain ist eine neue Technologie, mit der sich *zwischenbetriebliche*

---

[28] http://wfmc.org/reference-model.html

Prozesse mit nicht vertrauenswürdigen Parteien koordinieren lassen. Eine Blockchain bietet die Möglichkeit, aufzuzeichnen, dass etwas passiert ist. Das Besondere ist, dass etwas nicht gelöscht werden kann, wenn es einmal aufgezeichnet wurde. Moderne Blockchains bieten auch Mechanismen, um sicherzustellen, dass eine bestimmte Routine (ein so genannter Smart-Contract, von *engl.: intelligenter Vertrag*) bei jeder Aufzeichnung einer bestimmten Art von Transaktion ausgestellt wird. Anstatt Nachrichten auszutauschen, können die an einem zwischenbetrieblichen Prozess beteiligten Parteien Transaktionen auf einer Blockchain ausführen. Dieser alternative Ansatz stellt sicher, dass wichtige Geschäftsregeln immer eingehalten werden (z. B., dass eine Zahlung einer akzeptierten Lieferung folgt).

Möglichkeiten der Anwendung der Blockchain-Technologie für Geschäftsprozesse werden in [15] diskutiert. Die Forschung auf diesem Gebiet hat die Umsetzbarkeit von Geschäftsprozessen auf Blockchains belegt, wobei Prozessmodelle als Ausgangspunkt für die Implementierung genutzt werden [16, 17]. Zum Zeitpunkt der Erstellung dieses Buches haben BPMS-Anbieter und andere Anbieter von prozessorientierten Informationssystemen begonnen, blockchainbasierte Funktionen in ihre Produkte zu integrieren. Ein Open-Source-BPMS, das vollständig auf Blockchain läuft, ist Caterpillar [18].[29]

Literatur

1. Hollingsworth, D.: The Workflow Reference Model. TC00-1003 Issue 1.1, Workflow Management Coalition, 24 November (1994)
2. van der Aalst, W., van Hee, K.: Workflow Management: Models, Methods, and Systems. MIT Press, Cambridge MA (2004)
3. Barnett, G.: Robotic Process Automation: Adding to the Process Transformation Toolkit. White paper IT0022-0005, Ovum Consulting (2015)
4. Gill, R.: Change management-or change leadership? J. Change Manage. **3**(4), 307–318 (2002)
5. Sirkin, H. L., Keenan, P., Jackson, A.: The hard side of change management. Harvard Bus. Rev. **83**(10):108 (2005)
6. Kofter., J.P.: Leading change: why transformation efforts fail. Harvard Bus. Rev. **92**, 107 (2007)
7. Kegan, R., Lahey, L.L.: The real reason people won't change. In: HBR's 10 Must Reads on Change, S. 77 (2001)
8. Beer, M., Eisenstat, R.A., Spector, B.: Why change programs don't produce change. Harvard Bus. Rev. **68**(6), 158–166 (1990)
9. Weske, M.: Business Process Management: Concepts, Languages, Architectures, 2. Aufl. Springer, Heidelberg (2012)
10. Hollingsworth, D.: The workflow reference model: 10 Years on. In: Fischer, L. (Hrsg.) The Workflow Handbook 2014, S. 295–312. Workflow Management Coalition (2004)
11. Reichert, M., Weber, B.: Enabling Flexibility in Process-Aware Information Systems. Springer, Heidelberg (2012)
12. van der Aalst, W.M.P., Weske, M., Grünbauer, D.: Case handling: a new paradigm for business process support. Data Knowl. Eng. **53**(2), 129–162 (2005)

[29]http://git.io/caterpillar

13. Swenson, K.D.: Mastering the Unpredictable: How Adaptive Case Management will Revolutionize the Way that Knowledge Workers get Things Done. Meghan-Kiffer Press, Tampa FL (2010)
14. Reijers, H.A., Vanderfeesten, I.T.P., van der Aalst, W.M.P.: The effectiveness of workflow management systems: a longitudinal study. Int. J. Inform. Manage. **36**(1), 126–141 (2016)
15. Mendling, J., Weber, I., van der Aalst, W.M.P., Brocke, J.V, Cabanillas, C., Daniel, F., Debois, S., Ciccio, C.D., Dumas, M., Dustdar, S., Gal, A., García-Bañuelos, L., Governatori, G., Hull, R., La Rosa, M., Leopold, H., Leymann, F., Recker, J., Reichert, M., Reijers, H.A., Rinderle-Ma, S., Solti, A., Rosemann, M., Schulte, S., Singh, M.P., Slaats, T., Staples, M., Weber, B., Weidlich, M., Weske, M., Xu, X., Zhu, L.: Blockchains for business process management – challenges and opportunities. ACM Trans. Manag. Inf. Syst. **9**(1), 4,1–4,16 (2018)
16. Weber, I., Xu, X., Riveret, R., Governatori, G., Ponomarev, A., Mendling, J.: Untrusted business process monitoring and execution using blockchain. In: Proceedings of the 14th International Conference on Business Process Management (BPM), Bd. 9850 of Lecture Notes in Computer Science, S. 329–347. Springer, Heidelberg (2016)
17. García-Bañuelos, L., Ponomarev, A., Dumas, M., Weber, I.: Optimized execution of business processes on blockchain. In: Proceedings of the 15th International Conference on Business Process Management (BPM), Bd. 10445 of Lecture Notes in Computer Science, S. 130–146. Springer, Heidelberg (2017)
18. López-Pintado, O., García-Bañuelos, L., Dumas, M., Weber, I.: Caterpillar: a blockchain-based business process management system. In: Clarisó, R., Leopold, H., Mendling, J., van der Aalst, W.M.P., Kumar, A., Pentland, B.T., Weske, M. (Hrsg.) Proceedings of the BPM Demo Track and BPM Dissertation Award co-located with 15th International Conference on Business Process Modeling (BPM 2017), Barcelona, Spain, September 13, 2017. Bd. 1920 of CEUR Workshop Proceedings. CEUR-WS.org (2017)

Prozessimplementierung mit ausführbaren Modellen

Man kommt nicht voran, wenn man an der Seitenlinie steht, winselt und jammert. Man macht Fortschritte, indem man Ideen umsetzt.

Shirley Chisholm (1924–2005)

In den vorangegangenen Kapiteln haben wir gelernt, wie man *konzeptionelle Prozessmodelle* erstellt und diese für Dokumentations- und Analysezwecke einsetzt. Diese Modelle sind aufgrund ihres Zwecks bewusst abstrakt, d.h. sie enthalten keine Details zur technischen Umsetzung. Das bedeutet, dass konzeptionelle Prozessmodelle systematisch in *ausführbare Prozessmodelle* überführt werden müssen, die von einem Softwaresystem, wie beispielsweise einem Geschäftsprozessmanagementsystem *(engl.: business process management system (BPMS))*, interpretiert und automatisch ausgeführt werden.

In diesem Kapitel schlagen wir eine fünfstufige Methode vor, um ein konzeptionelles BPMN-Prozessmodell schrittweise in ein ausführbares zu überführen. Als Teil dieser Methode zeigen wir auch, wie man zwei weitere Standards nutzen kann, die BPMN ergänzen: die *Case Management Model and Notation* (CMMN) und die *Decision Model and Notation* (DMN). Die Schritte sind:

1. Identifizierung der Automatisierungsgrenzen,
2. Überprüfung der manuellen Aktivitäten,
3. Vervollständigung des Prozessmodells,
4. Wahl der geeigneten Granularitätsstufe für das Prozessmodell und
5. Festlegung der Ausführungseigenschaften.

Durch diese Schritte wird das konzeptionelle Modell schrittweise weniger abstrakt und mehr IT-orientiert. Diese Schritte sollten nur an einem syntaktisch korrekten Prozessmodell durchgeführt werden. Wenn das Modell beispielsweise Verhaltensanomalien wie Verklemmungen

© Springer-Verlag GmbH Deutschland, ein Teil von Springer Nature 2021
M. Dumas et al., *Grundlagen des Geschäftsprozessmanagements*,
https://doi.org/10.1007/978-3-662-58736-2_10

enthält, kann das BPMS beim Ausführen einer Instanz dieses Prozessmodells stecken bleiben. Dies kann negative Auswirkungen auf die Geschäftstätigkeit des Unternehmens haben
(z. B. Probleme bei der Bearbeitung von Bestellungen). Wir haben die Überprüfung von
Prozessmodellen bereits in Abschn. 5.4.1 besprochen. Im Folgenden gehen wir davon aus,
dass das Prozessmodell verhaltensbezogen korrekt ist.

10.1 Identifizierung der Automatisierungsgrenzen

Ein konzeptionelles Prozessmodell beschreibt typischerweise nicht, wie die einzelnen Prozessaktivitäten umgesetzt werden sollen. Je nach Art der Aktivität kann es sein, dass diese
nicht einfach automatisch oder gar nicht über ein BPMS umgesetzt werden kann. Dementsprechend basiert dieser erste Schritt auf der Einsicht, dass *nicht alle Aktivitäten automatisiert werden können.* Deshalb identifizieren wir zunächst, welche Teile unseres Prozesses
durch das BPMS unterstützt werden können und welche nicht. Dabei unterscheiden wir
entsprechend der BPMN-Spezifikation drei Arten von Aktivitäten: *automatisierte, manuelle* und *Benutzeraktivitäten.* Automatisierte Aktivitäten werden vom BPMS selbst oder von
einem externen Dienst ausgeführt. Manuelle Aktivitäten werden von den Prozessbeteiligten
ohne Hilfe einer Software durchgeführt. Benutzeraktivitäten stehen zwischen automatisierten und manuellen Aktivitäten. Eine Benutzeraktivität ist eine Aktivität, die von einem
Prozessbeteiligten mithilfe der Arbeitsauftragsverwaltung des BPMS oder einer externen
Anwendung ausgeführt wird.

Die Unterscheidung zwischen automatisierten, manuellen und benutzerdefinierten Aktivitäten ist wichtig: Automatisierte und benutzerdefinierte Aktivitäten können leicht von
einem BPMS koordiniert werden, während dies bei manuellen Aktivitäten nicht möglich ist.
Daher müssen wir zunächst den Typ jeder einzelnen Aktivität identifizieren. Im Anschluss
daran betrachten wir die manuellen Aktivitäten und prüfen, ob wir einen Weg finden, sie an
das BPMS anzubinden. Wenn dies nicht möglich ist, müssen wir überlegen, ob es sinnvoll
ist, den Rest des Prozesses ohne diese manuellen Aktivitäten zu automatisieren.

Betrachten wir noch einmal das Auftrag-bis-Zahlungseingang-Prozessmodell, das wir
in Kap. 3 erstellt haben. Es ist in Abb. 10.1 aus Gründen der Übersichtlichkeit dargestellt
(für den Augenblick können die kleinen Symbole auf den Aktivitäten ignoriert werden).
Nehmen wir an, wir erhalten dieses Modell von einem Prozessanalysten. Unsere Aufgabe
ist es, es aus Sicht des Anbieters zu automatisieren. Daher müssen wir uns auf den Prozess
im Anbieterbecken konzentrieren und den Rest entfernen. Die erste Aktivität, *Verfügbarkeit
von Artikeln prüfen,* gehört zur ERP-Bahn. Das bedeutet, dass es sich bereits auf der konzeptionellen Ebene um eine automatisierte Aktivität handelt. ERP-Systeme bieten Module zur
Bestandsverwaltung, die automatisch den Lagerbestand eines Artikels mit einer Lagerdatenbank abgleichen. Diese Aktivität ist repetitiv, da sie für jede erhaltene Bestellung ausgeführt
wird. Eine manuelle Durchführung wäre ineffizient, da ein Prozessbeteiligter mit einer tri-
vialen, aber zeitaufwendigen Aktivität beschäftigt wäre. Ähnliche Beobachtungen lassen

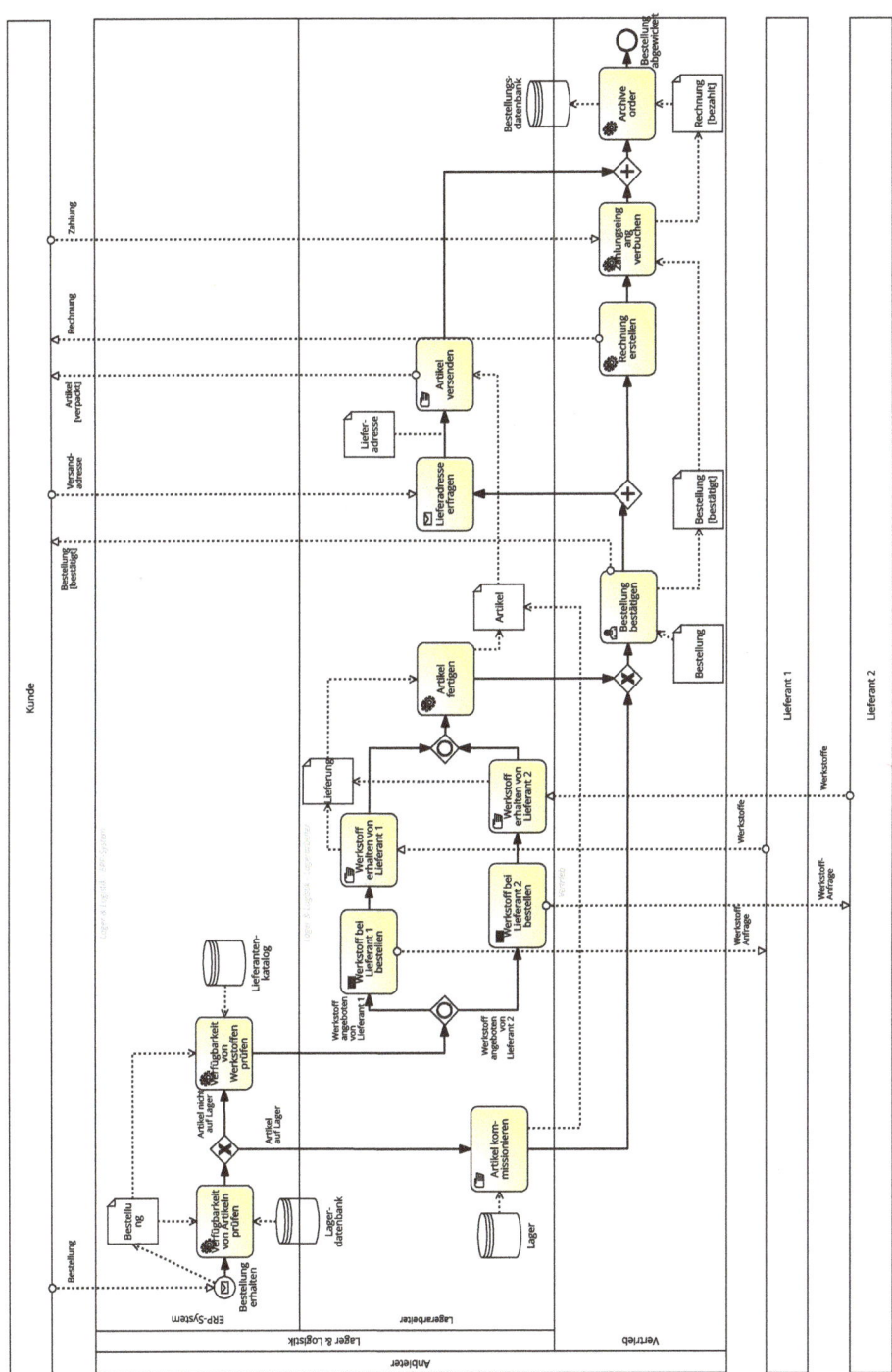

Abb. 10.1 Das Auftrag-bis-Zahlungseingang-Modell, das wir automatisieren wollen

sich auch für die ebenfalls automatisierte Aktivität *Verfügbarkeit von Werkstoffen prüfen* machen. Ein weiteres Beispiel ist die Aktivität *Artikel fertigen*. Dies geschieht durch die Produktionsstätte, die ihre Funktionalität über eine IT-Schnittstelle zur Verfügung stellt. Aus der Sicht eines BPMS ist es auch eine automatisierte Aktivität.

In Fortführung unseres Beispiels gibt es weitere Aktivitäten, wie z. B. *Werkstoffe bei Lieferanten 1 (bzw. 2) bestellen* und *Lieferadresse erfragen,* die das Senden und Empfangen von Nachrichten abbilden. Diese sind ebenfalls Beispiele für automatisierte Aktivitäten. Sie können über automatische E-Mail-Kommunikation oder einen Webservice-Aufruf implementiert werden. Beachten Sie, dass BPMS diese Funktionen standardmäßig bereitstellen. Bisher sind diese Aktivitäten nicht explizit innerhalb einer Bahn für Systeme modelliert. Erinnern Sie sich, dass wir es mit einem konzeptionellen Prozessmodell zu tun haben, bei dem es möglicherweise nicht relevant ist, alle beteiligten Systeme (in diesem Fall einen E-Mail-Dienst oder einen Webservice) als Bahnen zu modellieren.

Andere Aktivitäten wie *Artikel kommissionieren, Werkstoff erhalten von Lieferanten 1 (bzw. 2)* und *Artikel versenden* sind manuell. Beispielsweise erfordert *Artikel kommissionieren,* dass ein Lagerarbeiter den Artikel physisch aus dem Regal holt und für den Versand vorbereitet. Bei manuellen Aktivität haben wir zwei Möglichkeiten: i) wir isolieren die Aktivität und konzentrieren uns auf die Automatisierung des Prozesses vor und nach ihr, oder ii) wir finden einen Weg, wie das BPMS benachrichtigt werden kann, wenn die manuelle Aktivität begonnen oder abgeschlossen ist. Auf diesen Punkt werden wir beim zweiten Schritt zurückkommen. Im Moment müssen wir lediglich diese manuellen Aktivitäten identifizieren.

Bestellung bestätigen ist ein Beispiel für eine Benutzeraktivität: Sie erfordert, dass jemand im Vertrieb (z. B. ein Sachbearbeiter) die Bestellung überprüft und dann bestätigt, dass die Bestellung korrekt ist. Benutzeraktivitäten werden typischerweise von der Arbeitsauftragsverwaltung des BPMS bereitgestellt. In unserem Beispiel wird ein elektronisches Formular der Bestellung auf dem Bildschirm des Sachbearbeiters angezeigt, der den ordnungsgemäßen Zustand der Bestellung überprüft, die Bestellung bestätigt und das Formular an die Steuereinheit zurücksendet.

Die Unterscheidung zwischen automatisierten, manuellen und Benutzeraktivitäten erfolgt in BPMN durch die Markierung der Aktivität mithilfe von spezifischen Symbolen in der linken oberen Ecke. Manuelle Aktivitäten werden mit einer Hand markiert, während Benutzeraktivitäten mit einem Benutzersymbol gekennzeichnet werden. Automatisierte Aktivitäten werden in BPMN in die folgenden Subtypen unterteilt:

- *Skript* (Skriptsymbol), wenn die Aktivität einen Programmcode (das Skript) intern durch das BPMS ausführen lässt. Diese Aktivität kann verwendet werden, wenn die Funktionalität einfach ist und keinen Zugriff auf eine externe Anwendung erfordert, z. B. das Öffnen einer Datei oder die Auswahl des besten Angebots von einer Reihe von Lieferanten.

- *Dienst* (Zahnradsymbol), wenn die Aktivität von einer externen Anwendung ausgeführt wird, die ihre Funktionalität über eine Dienstschnittstelle freigibt, wie in unserem Beispiel *Bestandsverfügbarkeit von Artikeln prüfen*.
- *Geschäftsregel* (Tabellensymbol), wenn die Aktivität eine Geschäftsregel auslöst, die von einem Regelprozessors *(engl.: rule engine)* außerhalb des BPMS ausgeführt wird, z. B. die Regel für die Genehmigung eines Darlehens.
- *Senden* (schwarz ausgefülltes Kuvertsymbol), wenn die Aktivität eine Nachricht an einen externen Dienstleister sendet, z. B. *Werkstoffe bei Lieferant 1 bestellen*.
- *Empfangen* (weißes leeres Kuvertsymbol), wenn die Aktivität auf eine Nachricht von einem externen Dienst wartet, z. B. *Lieferadresse erfragen*.

Diese Markierungen werden nur für Aktivitäten benutzt. Sie können nicht für Teilprozessen verwendet werden, da ein Teilprozess Aktivitäten unterschiedlicher Art enthalten kann.

Die relevanten Markierungssymbole für unser Beispiel sind in Abb. 10.1 dargestellt.

Übung 10.1 Angenommen, Sie müssen das Prozessmodell der Darlehensbearbeitung aus Lösung 3.8 für den Darlehensgeber automatisieren. Beginnen Sie, indem Sie die Aktivitäten dieses Prozesses in manuelle, automatisierte und benutzerdefinierte Aktivitäten unterteilen. Stellen Sie diese dann mit entsprechenden Aktivitätsmarkierungen dar.

10.2 Überprüfung der manuellen Aktivitäten

Nachdem wir die einzelnen Aktivitäten klassifiziert haben, müssen wir im zweiten Schritt unserer Methode prüfen, ob wir die manuellen Aktivitäten mit dem BPMS unterstützen können. Die Beobachtung hinter diesem Schritt ist: *Wenn die Aktivität für das BPMS nicht sichtbar ist, existiert sie nicht.* Das heißt, wir finden entweder einen Weg, manuelle Aktivitäten technisch zu unterstützen, oder wir müssen diese isolieren und lediglich den Rest des Prozesses automatisieren. Es gibt zwei Möglichkeiten, eine manuelle Aktivität mit einem BPMS zu verbinden: Wir implementieren sie entweder über eine Benutzeraktivität oder über eine automatisierte Aktivität.

Implementierung als Benutzeraktivität: Wenn die für die manuelle Aktivität verantwortlichen Prozessbeteiligten das BPMS mithilfe der Arbeitsauftragsverwaltung über die Erledigung der Aktivität informieren können, kann die manuelle Aktivität in eine Benutzeraktivität umgewandelt werden. So könnte beispielsweise der Lagerarbeiter, der die Aktivität *Artikel kommissionieren* ausführt, einen Arbeitsauftrag aus der Auftragsliste übernehmen *(engl.: to check out)*, um anzuzeigen, dass an der Aktivität gearbeitet wird. Nachdem der Artikel manuell aus dem Regal geholt wurde, kann dann der Arbeitsauftrag rückbestätigt werden *(engl.: to check in)*, so dass die Steuereinheit des BPMS Kenntnis über die Erledigung dieser Aktivität erlangt. Alternativ können Übernahme und Rückbestätigung in einem einzigen Schritt kombiniert werden, wodurch der Mitarbeiter die Arbeitsauftragsverwaltung über die Erledigung der Aktivität informiert.

Implementierung als automatisierte Aktivität: In einigen Fällen kann ein Prozessbeteiligter eine mit dem BPMS integrierte Technologie verwenden, um die Steuereinheit über den Abschluss eines Arbeitsauftrags zu informieren. So könnte der Lagerarbeiter beispielsweise mit einem Strichcodeleser den Strichcode der abgeholten Werkstoffe erfassen. Wenn dieses Gerät an das BPMS angeschlossen ist, signalisiert das Erfassen des Strichcodes automatisch die Erledigung der Aktivität *Werkstoffe vom Lieferanten beziehen*. In diesem Fall kann die manuelle Aktivität als Empfangsaktivität, die auf die Benachrichtigung durch das Lesegerät wartet, oder als Benutzeraktivität implementiert werden, die über die Arbeitsauftragsverwaltung bearbeitet wird, welche wiederum mit dem Lesegerät verbunden ist. Wenn wir eine Empfangsaktivität verwenden, wird dem BPMS nur das Ende des Arbeitsauftrags bekannt gegeben: Die Information des Lagerarbeiters, dass ein neuer Arbeitsauftrag verfügbar ist, liegt außerhalb der Kontrolle des BPMS. Wenn wir eine Benutzeraktivität verwenden, wird der Mitarbeiter vom BPMS über den neuen Arbeitsauftrag informiert und kann mit dem Lesegerät den Abschluss des Arbeitsauftrags an die BPMS-Steuereinheit melden. Ähnliche Überlegungen gelten für die Aktivität *Artikel versenden*. Da jede manuelle Aktivität unseres Beispiels mit einem BPMS verknüpft werden kann, kann dieser Prozess vollständig automatisiert werden.

Übung 10.2 Betrachten Sie das Prozessmodell der Darlehensantragsbearbeitung, das Sie in Übung 10.1 analysiert haben. Überprüfen Sie die manuellen Aktivitäten dieses Modells dahingehend, wie sie mit einem BPMS verknüpft werden können.

Es gibt Fälle, in denen es nicht sinnvoll ist, manuelle Aktivitäten mit einem BPMS zu verknüpfen.

Beispiel 10.1 Betrachten wir den in Übung 1.1 (siehe den in Abschn. 1.2 beschriebenen Zulassungsprozess mit den in Lösung 1.5 beschriebenen Verbesserungen. Der Prozess kann bis zu dem Punkt automatisiert werden, an dem die Bewerbung durch die Zulassungsstelle gesammelt und in die Auswahlliste genommen werden (siehe Abb. 10.2a). Sobald die Auswahlliste vollständig ist, tritt die Kommission zusammen und prüft alle Bewerbungen auf einmal. Dieser Teil des Prozesses (dargestellt in Abb. 10.2b) liegt jedoch außerhalb der Unterstützung durch ein BPMS. Die für die Beurteilung von Bewerbungen erforderlichen Aktivitäten können nicht automatisiert werden, da sie verschiedene menschliche Prozessbeteiligte betreffen, die diese gemeinsam diskutieren. Es wäre unangemessen, alle diese Aktivitäten mit dem BPMS zu synchronisieren. Schließlich entscheidet die Kommission über eine Liste der angenommenen Bewerbungen und übergibt die Ergebnisse an die Zulassungsstelle. Danach aktualisiert ein Sachbearbeiter der Zulassungsstelle die verschiedenen Bewerberakten. Ab diesem Punkt kann der weitere Verlauf des Prozesses wieder mit einem BPMS unterstützt werden (siehe Abb. 10.2c).

Abb. 10.2 Der Prozess der Zulassung: Die ersten (**a**) und letzten (**c**) Aktivitäten können mit einem BPM-System unterstützt werden. Die Bewertung durch die Kommission (**b**) ist ein manueller Prozess außerhalb des BPM-Systems

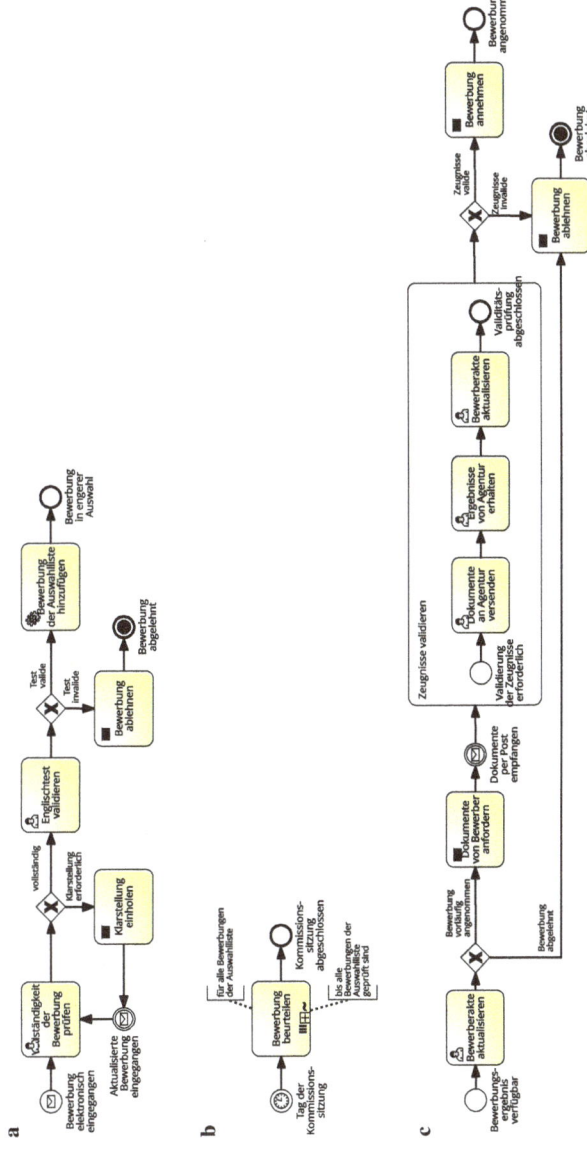

In diesem Beispiel können wir nicht den gesamten Prozess automatisieren. Daher müssen wir die Aktivität *Bewerbung beurteilen* als eine Ad-hoc-Aktivität mit verschiedenen manuellen Aktivitäten isolieren und den Prozess vor und nach dieser Aktivität automatisieren. Eine Möglichkeit besteht darin, das Modell in drei Fragmente aufzuteilen, wie in Abb. 10.2 dargestellt, und nur das erste und das dritte Fragment zu automatisieren. Eine weitere Möglichkeit besteht darin, das Modell zu übernehmen und einfach die Ad-hoc-Aktivität wegzulassen. Einige BPMS lassen manuelle Aktivitäten und Ad-hoc-Aktivitäten in ausführbaren Modellen zu und verwerfen sie zum Zeitpunkt der Bereitstellung (ähnlich wie Kommentare in einer Programmiersprache). Wenn dies der Fall ist, können wir diese Elemente im Modell belassen.

Beachten Sie die Verwendung des nicht typisierten Ereignisses zum Starten des dritten Prozessmodellfragments in Abb. 10.2. In BPMN zeigt ein Prozess, der mit einem nicht typisierten Ereignis beginnt, an, dass Instanzen dieses Prozesses explizit von einem BPMS-Benutzer gestartet werden, in unserem Fall einem Sachbearbeiter in der Zulassungsstelle. Diese Prozessauslösung wird als *explizite Instanziierung* bezeichnet. Die *implizite Instanziierung* bezieht sich auf die Situation, in der Prozessinstanzen automatisch durch den im Startereignis angegebenen Ereignistyp ausgelöst werden, z. B. eine eingehende Nachricht oder einen Zeitpunkt.   ☐

Übung 10.3 Betrachten Sie den letzten Teil des in Übung 1.6 beschriebenen Prozesses der Rezeptbearbeitung:

> Sobald das Rezept die Versicherungsprüfung durchlaufen hat, wird es einem Angestellten zugewiesen, der die Medikamente aus den Regalen holt und in eine Tasche mit dem darauf gehefteten Rezept legt. Nachdem der Angestellte ein bestimmtes Rezept ausgefüllt hat, wird der Beutel an den Apotheker weitergegeben, der erneut überprüft, ob das Rezept korrekt ausgefüllt wurde. Nach dieser Qualitätskontrolle verschließt der Apotheker den Beutel und legt ihn in den Abholbereich. Wenn ein Kunde kommt, um ein Rezept abzuholen, nimmt ein Angestellter das Rezept entgegen und bittet den Kunden um Zuzahlung oder um vollständige Zahlung, falls die in dem Rezept enthaltenen Medikamente nicht durch die Versicherung des Kunden abgedeckt sind.

Eine Möglichkeit, dieses Fragment zu modellieren, besteht darin, die folgenden Aktivitäten zu definieren: *Versicherung prüfen*, *Arzneimittel aus dem Regal holen*, *Qualität prüfen* und *Zahlung bearbeiten* (ausgelöst durch die Ankunft des Kunden). Nehmen wir an, das Apothekensystem automatisiert den Prozess der Rezeptbearbeitung. Identifizieren Sie den Typ jeder Aktivität und geben Sie bei manuellen Aktivitäten an, wie diese mit dem Apothekensystem verknüpft werden können.

Neben manuellen Aktivitäten gibt es weitere Modellierungselemente, die auf konzeptioneller Ebene relevant sind, aber von einem BPMS nicht interpretiert werden können. Dies sind physische Datenobjekte und Datenspeicher, Nachrichten mit physischen Objekten und

Textanmerkungen. Auch Becken und Bahnen sind nur auf der konzeptionellen Ebene sinnvoll. Wie wir gesehen haben, werden sie häufig zur Erfassung grober Ressourcenzuordnungen verwendet, z. B. wird die Aktivität *Auftrag bestätigen* innerhalb der Vertriebsabteilung durchgeführt. Wenn es um die Ausführung geht, müssen wir Ressourcenzuweisungen für jede Aktivität definieren, und die Erfassung dieser Informationen über dedizierte Spuren (möglicherweise eine für jede Aktivität) würde das Modell zu unübersichtlich machen. Elektronische Datenspeicher werden auch nicht direkt von einem BPMS interpretiert, da das BPMS von der Existenz dedizierter Dienste ausgeht, die auf diese Datenspeicher zugreifen können, z. B. ein Bestandsinformationsdienst, der auf die Lagerdatenbank zugreifen kann. Das BPMS wird also mit diesen Diensten und nicht direkt mit den Datenspeichern verbunden sein. Auch der Zustand eines Datenobjekts, das in der Bezeichnung des Objekts angegeben ist, z. B. *Bestellung[bestätigt],* kann von einem BPMS nicht als solcher interpretiert werden. Später werden wir zeigen, wie man Objektzustände explizit darstellt, so dass sie von einem BPMS interpretiert werden können.

Einige BPMS tolerieren das Vorhandensein von nicht ausführbaren Elementen in ihrem Modellierungswerkzeug. Wenn dies der Fall ist, ist es eine gute Praxis, diese Elemente beizubehalten. Insbesondere Becken, Bahnen, Nachrichtenflüsse mit elektronischen Objekten, elektronische Datenspeicher und Anmerkungen werden uns bei der Spezifikation einiger Ausführungseigenschaften unterstützen. Beispielsweise gibt die Vertriebsbahn im Auftragbis-Zahlungseingang-Modell an, dass der Prozessbeteiligte, dem die Aktivität *Auftrag bestätigen* zugewiesen werden soll, aus dem Vertrieb kommen muss. Andere BPMS unterstützen diese Elemente nicht, so dass es nicht möglich ist, sie im Prozessmodell darzustellen.

Übung 10.4 Betrachten Sie das Prozessmodell zur Darlehensbearbeitung, das Sie für Übung 10.2 erhalten haben. Identifizieren Sie die Modellierungselemente, die von einem BPMS nicht interpretiert werden können.

10.3   Vervollständigung des Prozessmodells

Sobald wir die Automatisierungsgrenzen des Prozesses festgelegt und die manuellen Aktivitäten überarbeitet haben, müssen wir überprüfen, ob unser Prozessmodell *vollständig* ist. Zwei Beobachtungen liegen diesem Schritt zugrunde: (i) *Ausnahmen sind die Regel* und (ii) *keine Daten bedeuten keine Entscheidungen und keine Aktivitätsübergaben.* Häufig vernachlässigen konzeptionelle Prozessmodelle bestimmte Informationen, weil Modellierer sie für den spezifischen Modellierungszweck als irrelevant erachten, sie davon ausgehen, dass Dinge selbsterklärend sind oder sie die Details schlichtweg nicht kennen. Je nach Anwendungsszenario kann es sinnvoll sein, entsprechende Angaben in einem konzeptionellen Modell zu vernachlässigen. Informationen, die in einem konzeptionellen Modell nicht relevant sind, können jedoch für die Ausführung eines Prozessmodells sehr wohl relevant sein.

Häufig konzentriert sich das Prozessmodell auf das Wunschszenario und vernachlässigt alle unerwünschten Abweichungen, die während der Ausführung des Prozesses auftreten können. Man könnte sagen, es reflektiert die Annahme, dass schon alles gut gehen wird. Wie wir in Kap. 4 gesehen haben, gibt es verschiedene Ausnahmen, die im Auftrag-bis-Zahlungseingang-Prozess auftreten können. Dieser Prozess kann abgebrochen werden, wenn die für die Herstellung der Artikel benötigten Materialien bei den Lieferanten nicht verfügbar sind oder wenn der Kunde die Bestellung storniert. Gemäß der ersten Beobachtung, müssen wir also sicherstellen, dass alle Ausnahmen mit einer geeigneten Ausnahmebehandlung adressiert werden. Wenn beispielsweise die Stornierung der Bestellung nach dem Versand des Artikels oder nach Erhalt der Zahlung erfolgt, müssen wir diese Aktivitäten auch durch Rücksendung des Artikels und Rückerstattung an den Kunden kompensieren. Eine weitere Ausnahme, die häufig vernachlässigt wird, ist die Situation, in der eine Aktivität nicht korrekt ausgeführt werden kann. Was passiert, wenn die Adresse des Kunden nie erhalten wird? Oder wenn das ERP-Modul zur Überprüfung der Lagerverfügbarkeit nicht reagiert? Wir können nicht davon ausgehen, dass die andere Partei immer antworten wird oder dass ein System immer funktionsfähig ist. Ebenso können wir nicht davon ausgehen, dass Aktivitäten immer zu einem positiven Ergebnis führen. Beispielsweise kann es vorkommen, dass ein Auftrag nicht immer bestätigt wird.

Sie werden überrascht sein, wie selten Ausnahmen in der Praxis in einem konzeptionellen Prozessmodell erfasst werden. Daher muss ein solches Modell in den meisten Fällen vor der Ausführung um diese Aspekte erweitert werden.

Betrachtet man die zweite Beobachtung, so müssen wir in diesem Schritt auch alle *elektronischen Datenobjekte* spezifizieren, die von den Aktivitäten unseres Prozesses als Eingabe und Ausgabe benötigt werden. So gibt es beispielsweise in Abb. 10.1 (siehe Abschn. 10.1) kein Eingabedatenobjekt zur Aktivität *Werkstoffe bei Lieferanten 1 (bzw. 2) bestellen,* obwohl diese Aktivität die Liste der zu bestellenden Werkstoffe benötigt. Ein weiteres Beispiel ist die Aktivität *Verfügbarkeit von Artikeln prüfen*. Diese Aktivität verwendet die Bestellung als Eingabe (um den Code des nachzuschlagenden Artikels in der Lagerdatenbank zu erhalten), erzeugt aber keine Ausgabedaten zur Speicherung der Suchergebnisse. Ohne diese Informationen kann die nachfolgende XOR-Verzweigung jedoch nicht bestimmen, welcher Pfad genommen werden soll (wir können nun besser verstehen, warum diese als *datenbasierte* XOR-Verzweigung bezeichnet wird). Wenn Sie das Fehlen dieser Datenobjekte bisher nicht bemerkt haben, liegt es wahrscheinlich daran, dass Sie deren Existenz angenommen haben. Dies ist in einem konzeptionellen Modell, in dem nur für den spezifischen Modellierungszweck relevante Aspekte dokumentiert sind, in Ordnung, aber nicht in einem ausführbaren Modell, in dem eine softwarebasierte Steuereinheit das Modell ausführen muss. Stellen Sie also sicher, dass jede Aktivität über die erforderlichen elektronischen Ein- und Ausgabesdatenobjekte verfügt. Achten Sie auch darauf, dass jedes Datenobjekt, das die Steuereinheit benötigt, um Aktivitäten zu koordinieren und Entscheidungen zu treffen, modelliert werden muss.

Das vollständige Auftrag-bis-Zahlungseingang-Beispiel mit Ausnahmebehandlung und ausführungsrelevanten Datenobjekten ist in Abb. 10.3 dargestellt.[1]

Übung 10.5 Nehmen Sie das Modell des Darlehensbewertungsprozesses, das Sie in Übung 10.1 nach Einbeziehung der Änderungen aus Übung 10.2 erhalten haben. Vervollständigen Sie dieses Modell mit automatisierungsrelevanten Kontroll- und Datenflussaspekten. Der Einfachheit halber können Sie die Modellierungselemente ignorieren, die von einem BPMS nicht interpretierbar sind.

10.4   Wahl der geeigneten Granularitätsstufe

Aktivitäten in einem konzeptionellen Modell sind möglicherweise nicht auf der richtigen Granularitätsstufe für die Implementierung. Sie können entweder zu abstrakt sein, in diesem Fall müssen wir sie zerlegen, oder zu detailliert, in diesem Fall sollten sie zusammengefasst werden. Beispielsweise sind zwei aufeinanderfolgende Aktivitäten, die derselben Ressource zugeordnet sind, Kandidaten für die *Zusammenfassung*. In ähnlicher Weise, wenn eine Aktivität erfordert, dass mehr als eine Ressource ausgeführt wird, dann ist sie zu *grobkörnig*. Wir sollten sie dann in feingliedrigere Aktivitäten zerlegen, so dass diesen verschiedenen Ressourcen zugeordnet werden können. Das Prinzip, das diesen Beispielen zugrunde liegt, ist, dass ein *BPMS einen Nutzen stiftet, wenn es die Übergaben zwischen den Ressourcen koordiniert*. Tatsächlich sollten wir bedenken, dass ein BPMS dazu bestimmt ist, die Übergabe von Arbeit zwischen mehreren Ressourcen zu koordinieren und zu verwalten. Wenn dies nicht der Fall wäre, würde das BPMS keinen Mehrwert schaffen.

Ein Sonderfall sind Ad-hoc-Teilprozesse, die in Bezug auf die Reihenfolge der Aktivitäten schwer zu definieren sind. Diese Teilprozesse können mit der *Case Management Model and Notation* (CMMN), einer zu BPMN komplementären Sprache, implementiert werden.

10.4.1   Aktivitätszerlegung

Wenn eine Aktivität die Ausführung von mehr als einer Ressource erfordert, sollten wir sie in feinere Aktivitäten *zerlegen,* so dass diese verschiedenen Ressourcen zugeordnet werden können. Beispielsweise wird eine Aktivität *Überweisung erfassen und genehmigen* wahrscheinlich von zwei verschiedenen Prozessbeteiligten ausgeführt, auch wenn sie die gleiche Rolle haben. In diesem Fall wollen wir typischerweise eine *Aktivitätszerlegung* vornehmen: Zuerst gibt ein Sachbearbeiter den Auftrag ein, dann genehmigt ein anderer diesen.

---

[1]Der Inhalt der Teilprozesse und einige der Elemente, die von einem BPMS nicht interpretiert werden können, wurden der Einfachheit halber weggelassen.

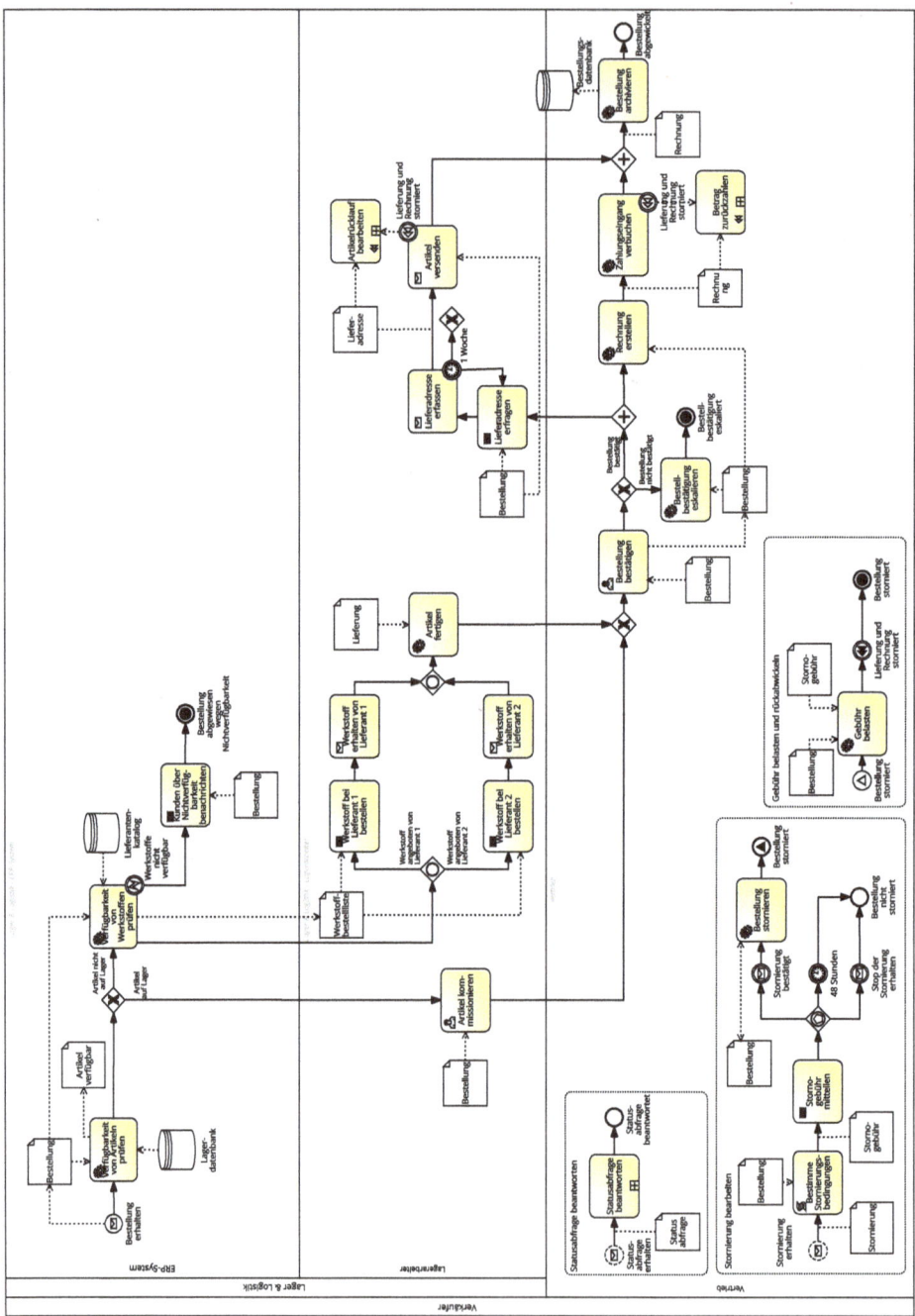

Abb. 10.3 Das Auftrag-bis-Zahlungseingang-Modell aus Abb. 10.1, ergänzt um Kontroll- und Daten-flussaspekte, die für die Automatisierung relevant sind

Übung 10.6 Abb. 10.4 zeigt das Modell für den Verkaufsprozess eines Großkundendienstleisters. Der Prozess beginnt, wenn eine Anfrage von einem potenziellen Kunden eingeht.
Der Kunde erhält dann eine Übersicht über die verfügbaren Dienste. Eine Antwort des Kunden wird entweder als Anfrage per E-Mail oder per Post erwartet. Wenn die Anfrage eingeht,
wird über die nächsten Schritte entschieden. Entweder kann ein Termin mit dem Kunden
vereinbart werden, um mögliche Optionen persönlich zu besprechen, oder die Anfrage wird
angenommen. Sie könnte auch sofort abgelehnt werden. Wird die Anfrage angenommen,
wird dem Kunden ein Angebot zugestellt und gleichzeitig ein Auftrag angelegt. Wird die
Anfrage abgelehnt, erhält der Kunde eine Dankesnachricht. Wenn ein Termin vereinbart werden muss, geschieht dies und zum Zeitpunkt des Termins wird das Angebot mit dem Kunden
besprochen. Dann geht das Verfahren so weiter, wie wenn das Angebot sofort angenommen
worden wäre.

1. Identifizieren Sie den Typ jeder Aktivität und finden Sie Möglichkeiten, die manuellen
   Aktivitäten mit einem BPMS zu unterstützen.
2. Entfernen Sie Elemente, die von einem BPMS nicht interpretiert werden können.
3. Vervollständigen Sie das Modell, indem Sie die für die Ausführung erforderlichen
   Kontroll- und Datenaspekte hinzufügen.
4. Bringen Sie das resultierende Modell auf eine Granularitätsstufe, die für die Ausführung
   geeignet ist.

Quelle: Diese Übung ist an eine ähnliche Übung angelehnt, die von Remco Dijkman, Technische Universität Eindhoven, entwickelt wurde.

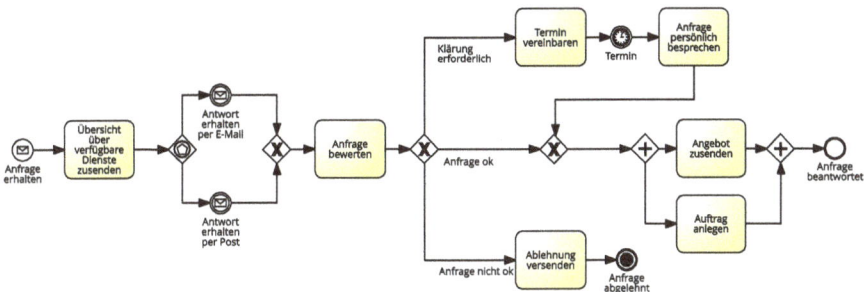

Abb. 10.4 Der Verkaufsprozess eines Großkundendienstleisters

10.4.2 Zerlegung von Ad-hoc-Teilprozessen mit CMMN

Ungeordnete Aktivitäten, wie sie beispielsweise innerhalb eines Ad-hoc-Teilprozesses (siehe Abschn. 4.1.2) anfallen, sind mit einem BPMS auf Basis der Sprache BPMN oft schwer zu implementieren. Nehmen wir zum Beispiel das Modell in Abb. 4.6. Dieses Modell, das den Auftrag-bis-Zahlungseingang-Prozess aus Kundensicht erfasst, hat drei Aktivitäten innerhalb eines Ad-hoc-Teilprozesses: *Bestellstatus prüfen*, *Angaben aktualisieren* und *Bestellung stornieren*. Diese Aktivitäten können von einem BPMS auf Basis von BPMN kaum koordiniert werden, da es keine strenge Reihenfolge für ihre Ausführung gibt. Außerdem kann jeder dieser Schritte möglicherweise mehrfach wiederholt werden. Als Faustregel gilt, dass ein Teilprozess, dessen Aktivitäten ad hoc und ohne vorhersehbare Reihenfolge ausgeführt werden, nicht für die Automatisierung über ein BPMN-basiertes BPMS geeignet ist. In diesem Fall ist ein Fallbearbeitungssystem oder ein Ad-hoc-Workflowsystem besser geeignet.

Mehrere BPMS, wie z. B. Camunda, unterstützen nicht nur die Sprache BPMN, sondern auch die Sprache Case Management Model and Notation (CMMN). Dies ist ein weiterer Standard der OMG, der in der Version 1.1 verfügbar ist. BPMN und CMMN unterscheiden sich in der Art und Weise, wie sie Prozesse beschreiben. BPMN baut auf der Angabe der zulässigen Ausführungssequenzen auf. Dabei verbietet sie jede Reihenfolge der Verarbeitung, die nicht explizit spezifiziert wurde. CMMN definiert, welche Aktivitäten ausgeführt werden müssen, allerdings möglicherweise durch bestimmte Bedingungen eingeschränkt. Somit bleibt es zumindest teilweise unspezifiziert, wie der Fall auszuführen ist, mit Ausnahme der Aktivitäten, die an Bedingungen gebunden sind. Daher wird CMMN oft als eine flexiblere Methode angesehen, um zu beschreiben, *was* in einem Prozess erreicht werden muss, anstatt *wie* man es erreicht. Häufig wird CMMN als eine Art Unterprozess in einem BPMN-Modell verwendet, aber auch umgekehrt: Aktivitäten in einem CMMN-Modell können BPMN-Unterprozesse haben.

CMMN bietet eine Reihe von Elementen zur Beschreibung von Prozessen. Dazu gehören auch Aktivitäten und Ereignisse mit den gleichen grafischen Symbolen, wie wir sie von BPMN her kennen. Abb. 10.5 zeigt ein einfaches Beispiel mit den wichtigsten CMMN-Elementen. Das Modell wurde von einem Prozessanalysten erstellt, der der Meinung war, dass der Auftrag-bis-Zahlungseingang-Prozess in seinem Unternehmen schwer in BPMN zu modellieren sei, und zwar insbesondere vom Zeitpunkt, an dem der Artikel nicht mehr vorrätig ist, bis zur Bereitstellung des Artikels. In einem CMMN-Modell ist alles in einem *Fall* organisiert, dargestellt als ein großer Kasten mit einer Registerkarte, damit es wie ein Ordner aussieht. Betrachten Sie in unserem Beispiel den Fall *Artikel bereitstellen*. Ein Fall enthält einen Abschnitt *(engl.: stage)*, Aktivitäten, Meilensteine, Schranken *(engl.: sentry)* und Verbindungen. Der *Abschnitt* ist ein großes Achteck, mit dem man andere Elemente gruppieren kann. Hier wird beschrieben, wie Werkstoffe als *Aktivität* auf Verfügbarkeit geprüft werden, wie dies zum *Meilenstein* der Erstellung einer Liste

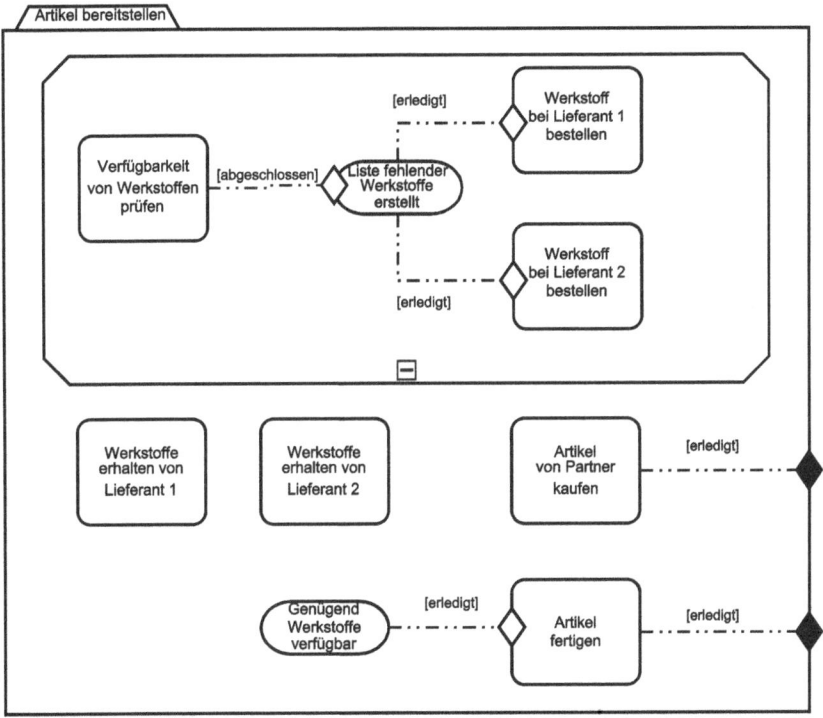

Abb. 10.5 Auszug aus einem Auftrag-bis-Zahlungseingang-Prozessmodell (vom nicht verfügbaren Artikel zum bereitgestellten Artikel), beschrieben in CMMN

fehlender Werkstoffe beiträgt und dass dieser Meilenstein erfolgen muss, bevor Werkstoffe bei Lieferant 1 oder 2 angefordert werden können.

Diese Bedingung wird durch eine *Schranke* ausgedrückt, die ein kleines, rautenförmiges Symbol auf der Eingangsseite von Elementen ist. Der Grund, warum sich der Prozessanalyst für CMMN entschieden hat, ist die Tatsache, dass diese Anfragen nicht genau mit den Lieferungen übereinstimmen. Erstens liefern die Lieferanten regelmäßig Standardwerkstoffe, auch ohne ausdrückliche Bestellung. Zweitens kommt es häufig vor, dass eine Anfrage von mehreren separaten Lieferungen bedient wird. Andererseits, um die Tatsache auszudrücken, dass Lieferungen jederzeit erfolgen können, haben die beiden Aktivitäten *Werkstoffe erhalten* keine Schranken. Im unteren Teil des Modells befindet sich ein weiterer Meilenstein, der als *Genügend Werkstoffe verfügbar* bezeichnet wird. Wird dieser erreicht, kann der Artikel hergestellt werden. Dies führt zu einem erfolgreichen Abschluss des Falles, wie die schwarze Raute am Rand des großen Kastens anzeigt. Unser Beispielmodell beinhaltet auch eine weitere Option zur Bereitstellung des Artikels durch den Kauf bei einem Partner.

10.4.3 Zusammenfassung von Aktivitäten

Konzeptionelle Aktivitäten können auch zu feinkörnig sein. Beispielsweise sollte eine Sequenz der Benutzeraktivitäten *Kundenname eingeben, Kundenpolizzennummer eingeben* und *Schadensdetails eingeben* zu einer einzigen Benutzeraktivität *Schadensfall erfassen* zusammengefasst werden, wenn sie alle vom gleichen Sachbearbeiter ausgeführt werden sollen. Andernfalls würde das BPMS die Arbeit des Sachbearbeiters unnötig zerstückeln. Dementsprechend sind zwei oder mehr aufeinanderfolgende Aktivitäten, die derselben Ressource zugeordnet sind, Kandidaten für eine *Zusammenfassung.*

Es gibt jedoch einige Fälle, in denen wir aufeinanderfolgende Aktivitäten tatsächlich getrennt halten müssen, obwohl sie von derselben Ressource ausgeführt werden. In Abb. 10.2c haben wir beispielsweise drei Benutzeraktivitäten innerhalb des Teilprozesses *Gültigkeit der Zeugnisse prüfen*: *Dokumente an die Agentur senden, Ergebnisse von der Agentur erhalten* und *Bewerberakte aktualisieren.* Diese können zwar vom gleichen Sachbearbeiter durchgeführt werden, aber wir möchten verfolgen, wann jede Aktivität abgeschlossen ist, um den Fortschritt des Prozesses zu überwachen und mögliche Ausnahmen zu behandeln. Wenn die Ergebnisse beispielsweise nicht innerhalb eines bestimmten Zeitraums empfangen werden, können wir diese Verzögerung mithilfe einer Ausnahmebehandlung für die Aktivität *Ergebnisse von der Agentur empfangen* adressieren.

Übung 10.7 Gibt es Aktivitäten, die im Modell so wie in Übung 10.5 beschrieben zusammengefasst werden können? Hinweis: Kandidaten für die Zusammenfassung müssen nicht unbedingt aufeinanderfolgend sein, da die Reihenfolge der Aktivitäten im konzeptionellen Modell nicht optimal ist. In diesem Fall müssen Sie zuerst die Aktivitäten neu ordnen.

10.5   Festlegung der Ausführungseigenschaften

Am Ende des vierten Schrittes erhalten wir ein *Sollprozessmodell,* d. h. ein Prozessmodell, das die richtigen Elemente enthält und auf der richtigen Granularitätsstufe ist, um mit einem BPMS automatisiert zu werden. Dieses Modell ist jedoch immer noch technologieunabhängig. Das heißt, es ist unabhängig von einer spezifischen BPMS-Technologie, die wir für die Automatisierung auswählen werden. Bis hierhin konnten Softwareentwickler von Prozessanalysten bei der schrittweisen Transformation eines konzeptionellen Modells in ein auszuführendes Modell unterstützt werden.

Um das Modell *vollständig ausführbar* zu machen, müssen wir im letzten Schritt angeben, *wie* jedes Modellelement durch unser BPMS der Wahl effektiv implementiert wird. Nehmen wir zum Beispiel die erste Dienstaktivität unseres überarbeiteten Auftrag-bis-Zahlungseingang-Beispiels: *Lagerverfügbarkeit prüfen.* Zu sagen, dass diese Aktivität die Bestellung als Eingabe erfordert, um das ERP-System abzufragen, reicht nicht aus. Wir müssen angeben, welcher spezifische Dienst des ERP-Systems zur Bestandsabfrage verwendet werden soll, die Adresse seiner Schnittstelle im Netzwerk, das Format seines Eingabeobjekts (die Bestellung) und das Format seines Ausgabeobjekts (die Bestandsverfügbarkeit). Diese Implementierungsangaben werden als *Ausführungseigenschaften* bezeichnet. Sie sind erforderlich, um ein vollständig ausführbares Prozessmodell zu erhalten. Genauer gesagt, diese Eigenschaften umfassen:

- Variablen, Nachrichten, Signale, Fehler und deren Datentypen,
- Datentransformationen,
- Dienstangaben für Dienst-, Sende- und Empfangsaktivitäten sowie für Nachrichten- und Signalereignisse,
- Codefragmente für Skriptaktivitäten,
- Regeln für die Zuweisung von Prozessbeteiligten und Benutzeroberflächen für Benutzeraktivitäten,
- Ausdrücke für Bedingungen von Aktivitäten-, Ereignis- und Sequenzflüssen und
- Andere BPMS-spezifische Eigenschaften.

BPMN bietet die Möglichkeit, die meisten dieser Eigenschaften zu spezifizieren. In der Praxis weichen die BPMS-Anbieter jedoch oft von der üblichen Art der Spezifikation dieser Eigenschaften ab und bieten alternative, manchmal proprietäre Mechanismen an. Dies kann aufgrund von Altsystemen oder zur Erlangung eines Wettbewerbsvorteils erfolgen. Im weiteren Verlauf dieses Abschnitts werden wir uns darauf konzentrieren, wie die oben genannten Eigenschaften gemäß der Standard-BPMN-Spezifikation definiert werden können, und auf einige Alternativen hinweisen, sofern erforderlich.

Ausführungseigenschaften haben keine grafische Darstellung in einem BPMN-Modell, sondern werden im BPMN-Austauschformat gespeichert. Das BPMN-Austauschformat ist eine textuelle Darstellung eines BPMN-Modells im XML-Format. Es soll den Austausch von BPMN-Modellen zwischen Werkzeugen unterstützen und dient gleichzeitig als Eingabe für eine BPMN-Steuereinheit. BPMN-Modellierungswerkzeuge bieten eine visuelle Oberfläche, um die meisten dieser nichtgrafischen Eigenschaften zu bearbeiten. Deshalb werden wir in den meisten Fällen nicht direkt XML niederschreiben müssen. Dennoch müssen wir zumindest die Standard-Web-Technologie verstehen und mit dem Begriff Webservice vertraut sein, um ein ausführbares Prozessmodell implementieren zu können. Dieser Abschnitt geht davon aus, dass Sie über Grundkenntnisse in Technologien wie XML und XML-Schema (XSD) verfügen. Wir geben Hinweise auf weiterführende Literatur zu diesen Technologien am Ende dieses Kapitels.

Abb. 10.6 zeigt die Struktur des BPMN-Austauschformats. Es besteht aus einer Liste von Elementen, von denen einige optional sind (die mit gestricheltem Rand) und andere obligatorisch sind (die mit durchgezogenen Rändern). Das Prozesselement ist obligatorisch. Es besteht aus Datenobjekten, Ereignissen, Aktivitäten und Sequenzflüssen. Die Elemente außerhalb des Prozesses sind wiederverwendbare Komponenten, die von den verschiedenen Prozesselementen benötigt werden, wie Nachrichtendefinitionen und Dienstschnittstellen,

Abb. 10.6 Struktur des
BPMN-Austauschformats

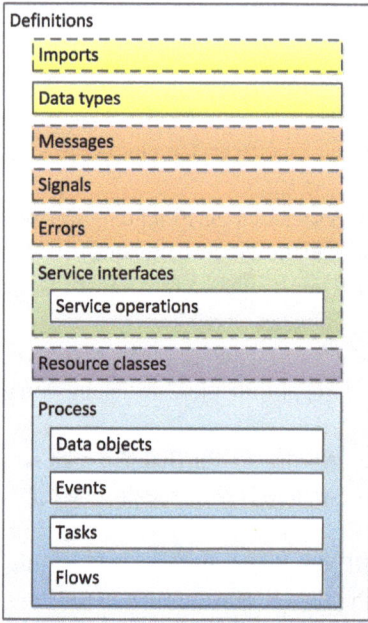

die von Dienst-, Sende- und Empfangsaktivitäten sowie von Nachrichten- und Signalereignissen verwendet werden. In Bezug auf diese Struktur gehen wir nun jede der oben
aufgeführten Ausführungseigenschaften durch.

10.5.1 Datentypen von Variablen, Nachrichten, Signalen und Fehlern

Prozessvariablen werden von der BPMS-Steuereinheit verwaltet, um den Datenaustausch
zwischen Prozesselementen zu ermöglichen. Jedes elektronische Datenobjekt, z. B. die
Bestellung im Auftrag-bis-Zahlungseingang-Prozess, wird durch eine Prozessvariable repräsentiert. Jede der Variablen, die wir im Prozess verwenden wollen, muss explizit definiert
werden, indem ihr ein *Datentyp* zugewiesen wird. In BPMN wird der Typ von Variablen als
XSD-Typ angegeben. Einige BPMS können jedoch verschiedene Sprachen oder proprietäre Definitionen verwenden. In XSD können Variablen als *einfache* oder *komplexe* Typen
definiert werden. Die komplexen Typen können entweder direkt im BPMN-Modell definiert oder importiert werden (siehe Abb. 10.6). Einfache Typen können genutzt werden, um
Zeichenketten, ganze Zahlen, Zahlen mit Dezimalstellen, Boolesche Ausdrücke, Datumsangaben, Zeitstempel, etc. zu verwalten. Diese sind bereits in der XSD-Spezifikation definiert.
So kann beispielsweise das Objekt *Lagerverfügbarkeit* als Variable vom Typ Integer spezifiziert werden (Erfassung der Anzahl der verfügbaren Einheiten eines Artikels). Komplexe
Typen sind hierarchische Zusammensetzungen anderer Typen. Ein komplexer Typ kann

beispielsweise zur Darstellung eines Geschäftsdokuments, wie z. B. einer Bestellung oder einer Rechnung, verwendet werden. Abb. 10.7a zeigt das mögliche Format einer Bestellung, die als komplexer Typ namens *purchaseOrderType* erfasst wird. Abb. 10.7b ist die XML-Darstellung einer bestimmten Instanz dieser Bestellung zur Laufzeit. Aus der Typdefinition ist ersichtlich, dass eine Bestellung eine Folge von zwei Elementen enthält:

- Bestellung *(engl.: order)* zur Speicherung der Bestellinformationen wie Bestellnummer *(engl.: order number)*, Bestelldatum *(engl.: order date)*, Status *(engl.: status)*, Währung *(engl.: currency)*, Artikelnummer *(engl.: product code)* und Menge *(engl.: quantity)* und
- Kunde *(engl.: customer)* zur Speicherung der Kundendaten wie Vorname *(engl.: name)*, Nachname *(engl.: surname)*, Adresse *(engl.: address)*, Telefonnummer *(engl.: phone)* und Fax *(engl.: fax)*.

a

```
<complexType name="purchaseOrderType">
  <sequence>
    <element name="order">
      <complexType>
        <sequence>
          <element name="orderNumber" type="integer"/>
          <element name="orderDate" type="date"/>
          <element name="status" type="string"/>
          <element name="currency" type="string"/>
          <element name="productCode" type="string"/>
          <element name="quantity" type="integer"/>
        </sequence>
      </complexType>
    </element>
    <element name="customer">
      <complexType>
        <element name="name" type="string"/>
        <element name="surname" type="string"/>
        <element name="address">
          <complexType>
            <sequence>
              <element name="street" type="string"/>
              <element name="city" type="string"/>
              <element name="state" type="string"/>
              <element name="postCode" type="string"/>
              <element name="country" type="string"/>
            </sequence>
          </complexType>
        </element>
        <element name="phone" type="string"/>
        <element name="fax" type="string"/>
      </complexType>
    </element>
  </sequence>
</complexType>
```

b

```
<purchaseOrder>
  <order>
    <orderNumber>15664</orderNumber>
    <orderDate>2012-10-23</orderDate>
    <status>confirmed</status>
    <currency>EUR</currency>
    <productCode>345-EAR</productCode>
    <quantity>10</quantity>
  </order>
  <customer>
    <name>John</name>
    <surname>Brown</surname>
    <address>
      <street>8 George St</street>
      <city>Brisbane</city>
      <state>Queensland</state>
      <postCode>4000</postCode>
      <country>Australia</country>
    </address>
    <phone>+61 7 3240 0010</phone>
    <fax>+61 7 3221 0412</fax>
  </customer>
</purchaseOrder>
```

Abb. 10.7 Das XSD, das die Bestellung definiert in (**a**), und eine seiner Instanzen (**b**)

Die Datenfelder Auftrag, Kunde und Adresse sind komplexe Typen, die Unterelemente enthalten können. Beachten Sie auch das Feld *status* innerhalb der Bestellung: Es wird verwendet, um den Status der Bestellung zu erfassen, z. B. *bestätigt*.

Prozessvariablen werden einem Datentyp zugeordnet und so definiert, dass sie während der gesamten Lebensdauer einer Prozessinstanz verwendet werden können. Sie sind auf der Prozessebene, in der sie definiert sind, und in allen Teilprozessen innerhalb des Prozessmodells sichtbar. Dies bedeutet, dass eine in einem Teilprozess definierte Variable (d. h. eine Teilprozessvariable) im übergeordneten Prozess nicht sichtbar ist. Die Datenobjekte, die wir oben besprochen haben, wie z. B. die Bestellung, sind typischerweise als Prozessvariablen definiert.

Ähnlich wie bei Prozessvariablen müssen wir jeder Nachricht, jedem Signal und jedem Fehler, welche im Prozessmodell verwendet werden, Datentypen zuordnen. Für *Nachrichten* können wir die vorhandenen Nachrichtenflüsse im Diagramm betrachten und für jeden eindeutig benannten Nachrichtenfluss einen Datentyp definieren. Wenn wir also zum Beispiel zwei Nachrichtenflüsse mit der Bezeichnung *Bestellung* haben, dann werden sie natürlich den gleichen Typ *purchaseOrderType* verwenden. Wenn Nachrichtenflüsse nicht modelliert werden, können wir uns die Sende-, Empfangs- und Dienstaktivitäten sowie die im Modell vorhandenen Nachrichtenereignisse ansehen, um zu verstehen, welche Nachrichten zu definieren sind.

Für *Signale* und *Fehler* müssen wir uns die Signal- und Fehlerereignisse ansehen, die wir im Diagramm definiert haben. Während der Datentyp für ein Signal den Inhalt des zu sendenden oder zu behandelnden Signals beschreibt, definiert der Datentyp bei einem Fehler, welche Informationen mit dem Fehler übertragen werden. Wenn es sich beispielsweise um einen Systemfehler handelt, können wir damit die vom System zurückgegebene Fehlermeldung angeben. Außerdem müssen wir jedem Fehler einen *Fehlercode* zuweisen. Dieser Code identifiziert einen Fehler eindeutig, so dass ein behandelndes mit einem auslösenden Ereignis in Verbindung gebracht werden kann.

Neben den oben genannten Datenelementen müssen wir die *internen Variablen* jeder Aktivität definieren, die in BPMN *Dateneingaben* und *Datenausgaben* genannt werden. Datenein- und -ausgaben dienen als Schnittstellen zwischen einer Aktivität und ihren Ein- und Ausgabedatenobjekten. Sie müssen sich auch auf einen XSD-Typ beziehen, der ihre Struktur definiert, sind aber im Gegensatz zu Prozessvariablen nur innerhalb der Aktivität (oder des Teilprozesses) sichtbar, in der sie definiert sind. Dateneingaben übernehmen Daten, die für die auszuführende Aktivität erforderlich sind. Die Datenausgaben erhalten Daten zugewiesen, die von der Aktivität nach Abschluss bereitgestellt werden. Dateneingaben werden mit dem Inhalt von Eingabedatenobjekten gefüllt, während Datenausgaben verwendet werden, um den Inhalt von Ausgabedatenobjekten zu füllen. Beispielsweise benötigen wir eine Dateneingabe für die Aktivität *Bestandsverfügbarkeit prüfen*, um den Inhalt der Bestellung zu speichern. Daher muss der Typ dieser Dateneingabe mit dem des Eingabeobjekts übereinstimmen, d. h. *purchaseOrderType*. Ebenso muss die Datenausgabe vom Typ Integer sein, um die Anzahl der Artikel im Bestand zu speichern, damit diese Information nach Abschluss der Aktivität in das Ausgabeobjekt Bestandsverfügbarkeit kopiert werden kann.

Ähnlich wie bei Aktivitäten haben auch Ereignisse, die Daten senden oder empfangen, d. h. Nachrichten-, Signal- und Fehlerereignisse, interne Variablen. Insbesondere hat die Behandlung dieser Ereignisse eine Datenausgabe, die dazu dient, den Inhalt des zu behandelnden Ereignisses (z. B. eine eingehende Nachricht) zu speichern. Die auslösende Version hat nur eine Dateneingabe, die dazu dient, den Inhalt des ausgelösten Ereignisses (z. B. einen Fehler) zu speichern. Daher müssen wir diesen Datenein- und -ausgaben auch einen Typ zuweisen, der mit dem der Nachricht, des Signals oder des Fehlers übereinstimmen muss, der damit verbunden ist. So verwendet beispielsweise das Starttereignis *Bestellung erhalten* im Auftrag-bis-Zahlungseingang-Beispiel eine Datenausgabe, um die Bestellnachricht nach Erhalt zu speichern. Diese Datenausgabe muss also dem Typ der eingehenden Nachricht entsprechen, der *purchaseOrderType* ist. Das Ausgabeobjekt wiederum muss den gleichen Typ wie die Ausgabedaten haben, um die Bestellung zu enthalten.

10.5.2 Datentransformationen

In BPMN werden Daten innerhalb von Aktivitäten und Ereignissen transformiert und verarbeitet. Die *Transformation* zwischen Datenobjekten sowie Datenein- oder -ausgaben von Aktivitäten und Ereignissen wird mithilfe von Datenassoziationen definiert. *Datenassoziationen* können auch verwendet werden, um komplexe Datentransformationen über Eins-zu-Eins-Abbildungen hinaus zu definieren. Betrachten Sie beispielsweise die Aktivität *Artikel herstellen* in unserem Beispiel des Auftrag-bis-Zahlungseingang-Prozesses. Die von dieser Aktivität in Anspruch genommene Dienstleistung benötigt nur Artikelnummer und Bestellmenge, um die Herstellung des Artikels zu starten. Wir können eine Datentransformation verwenden, um die Artikelnummer und die Menge aus der eingegebenen Bestellung zu extrahieren und eine Dateneingabe zu füllen, die zwei Unterelemente vom Typ String bzw. Integer enthält. In den meisten Fällen erstellt das BPMS automatisch alle komplexen Datentransformationen zwischen Datenobjekten und Aktivitäten. Für den obigen Fall müssen wir beispielsweise nur die Unterelemente der Bestellung auswählen, die wir als Eingabe für *Artikel herstellen* verwenden möchten. Das BPMS erstellt dann die erforderlichen Dateneingaben und deren Transformation für diese Aktivität. BPMN setzt auf XPath 1.0 als Standardsprache für die Darstellung von Datentransformationen wie der obigen. Es können jedoch auch andere Sprachen wie Java Unified Expression Language (UEL) oder Groovy verwendet werden. Die Wahl hängt von dem verwendeten BPMS ab. Activiti unterstützt beispielsweise UEL, Bonita und Camunda unterstützen Groovy, während Bizagi seine eigene Ausdruckssprache unterstützt.

10.5.3 Dienstaktivitäten

Nachdem wir die Typen aller Datenelemente definiert und die Ein- und Ausgaben der
Aktivitäten- und Ereignisse diesen Typen zugeordnet haben, müssen wir festlegen, wie
Aktivitäten und Ereignisse implementiert werden. Für Dienstaktivitäten müssen wir festlegen, wie mit der externen Anwendung, die die Aktivität ausführen soll, kommuniziert wird.
Ob komplexes System oder einfache Anwendung, das BPMS muss nur seine *Dienstschnittstelle* kennen, welche die Dienstaktivität nutzen kann. Eine Dienstschnittstelle beschreibt
eine oder mehrere *Operationen,* von denen jede eine bestimmte Art der Interaktion mit
einem bestimmten Dienst beschreibt. Ein Dienst zum Abrufen von Bestandsinformationen
bietet beispielsweise zwei Operationen: eine zur Überprüfung des aktuellen Lagerbestands
und eine zur Überprüfung der Bestandsprognose für einen bestimmten Artikel (basierend
auf Artikelnummer oder Artikelbezeichnung). Eine Operation kann entweder *synchron* oder
asychron sein. Bei einem *Synchronbetrieb* erwartet der Dienst eine Anfragenachricht, antwortet dann nach Abschluss des Vorgangs mit einer Antwortnachricht oder liefert optional
eine Fehlermeldung, wenn etwas schief geht. So erhält beispielsweise der von der Aktivität *Werkstoffverfügbarkeit prüfen* aufgerufene Dienst Bestandsverfügbarkeitsinformationen
als Eingabenachricht und antwortet mit einer Liste von zu bestellenden Werkstoffen als
Ausgabenachricht. Wenn der Dienst hingegen eine Ausnahme feststellt (z. B. ist der Lieferantenkatalog nicht erreichbar), antwortet er mit einer Fehlermeldung. Die Nachricht löst
das angeheftete Fehler-Ereignis dieser Aktivität aus, so dass die zugehörige Ausnahmebehandlung ausgeführt werden kann.[2] Umgekehrt erwartet der Dienst in einem asynchronen
Betrieb eine Anfragenachricht, antwortet aber nicht mit einer Antwortnachricht. Beispielsweise benachrichtigt die Aktivität *Auftrag archivieren* einen Archivdienst für die aktuelle
Bestellung, der Prozess wartet jedoch nicht auf eine Archivierungsbestätigung.

Jede Nachricht eines Dienstaufrufs muss auf eine Nachricht im BPMN-Modell verweisen, damit ihr ein Datentyp zugewiesen werden kann. So haben beispielsweise die Anfrage-
und die Antwortnachrichten zur Interaktion mit dem Bestandsdienst den Datentyp *purchaseOrderType* bzw. Integer. Für jede Schnittstelle müssen wir zudem angeben, wie diese
konkret umgesetzt wird, d. h. welche Kommunikationsprotokolle vom Dienst verwendet
werden und wo sich der Dienst im Netzwerk befindet. Die BPMN-Spezifikation empfiehlt
den Einsatz von Webservice-Technologie zur Implementierung von Dienstschnittstellen. Für
die Angabe dieser Informationen ist die WSDL 2.0 erforderlich. In der Praxis entspricht dies
der Definition eines oder mehrerer externer WSDL-Dokumente (die die Schnittstelle des zu
erreichenden Dienstes festlegen) und deren Import in unser BPMN-Modell. Wiederum sind
andere Implementierungen möglich, z. B. könnte man eine Dienstschnittstelle über einen
Java Remote Procedure Call oder XML über HTTP implementieren.

---

[2]Beachten Sie, dass innerhalb von *Werkstoffverfügbarkeit prüfen* kein auslösendes Fehler-Ereignis
vorliegt, da das behandelnde Fehler-Ereignis durch den Empfang einer Fehlermeldung ausgelöst wird.
Die Möglichkeit, Fehlermeldungen mit Fehler-Ereignissen zu verknüpfen, ist ein häufiges Merkmal
von BPMS.

Moderne BPMS ermöglichen die Verwendung von Webservices, die nach dem Architekturstil des *Representational State Transfer* (REST) gestaltet sind, ein Stil, der von WSDL 2.0 unterstützt wird. Ein RESTful-Dienst wird als Ressource oder als Quelle spezifischer Informationen (Daten und Funktionalität) betrachtet und mit einem Uniform Resource Identifier (URI) identifiziert. Eine Dienstaktivität greift über die URI und einen festen Satz von Operationen auf einen RESTful-Dienst zu. Der Dienst gibt eine Darstellung der Ressource zurück. Letzteres erfolgt typischerweise in Form einer XML- oder JavaScript Object Notation (JSON)-Datei, die über HTTP übertragen wird. Wenn HTTP als Transportprotokoll verwendet wird, können Operationen zum Erstellen, Abrufen, Aktualisieren und Löschen von Ressourcen ausgeführt werden. BPMS wie Camunda oder Bonita bieten die Möglichkeit, RESTful-Dienste aufzurufen. Darüber hinaus stellen diese BPMS ihre eigene Funktionalität (z. B. die Möglichkeit, neue Fälle eines Prozesses zu erstellen oder den Status eines Falles zu überprüfen) über ein REST Application Programming Interface (API) zur Verfügung.

Nachdem wir die Dienstschnittstellen für unseren Prozess definiert haben, müssen wir jede Dienstaktivität einem Dienstaufruf zuordnen, wie er in einer Dienstschnittstelle definiert ist. Basierend auf der Art der Operation (synchron oder asynchron) müssen wir dann eine einzige Dateneingabe definieren, die mit der Art der Anfragenachricht im referenzierten Dienstaufruf übereinstimmen muss, und optional eine einzige Datenausgabe, die mit der Art der Antwortnachricht im Vorgang übereinstimmen muss. Die BPMS-Steuereinheit bindet die Dateneingabe der Aktivität korrekt an die Anfragenachricht und sendet sie an den Dienst. Sobald die Antwortnachricht empfangen wurde, bindet sie den Inhalt dieser Nachricht an die Datenausgabe der Aktivität.

10.5.4 Sende- und Empfangsaktivitäten sowie Nachrichten- und Signal-Ereignisse

Sende- und Empfangsaktivitäten funktionieren ähnlich wie Dienstaktivitäten. Eine Sendeaktivität ist ein Sonderfall der Dienstaktivität: Sie sendet eine über ihre Dateneingabe erhaltene Nachricht an einen externen Dienst, ohne eine Antwort zu erwarten. Ein Beispiel ist die Aktivität *Nichtverfügbarkeit für Kunden melden*. Eine Empfangsaktivität wartet auf eine eingehende Nachricht und speichert über ihre Datenausgabe den Nachrichteninhalt. Die Aktivität *Lieferadresse abrufen* ist ein Beispiel dafür. Beide Aktivitätstypen basieren auf einem synchronen Dienstaufruf mit entsprechendem Nachrichteninhalt. Für den Empfänger stellt sich die eingehende Nachricht als Anfrage eines externen Partners dar. In diesem Fall fungiert also der Prozess selbst als Dienstanbieter.

Eine Empfangsaktivität kann auch verwendet werden, um die Antwort eines asynchronen Dienstes zu empfangen, der zuvor mit einer Sendeaktivität aufgerufen wurde. Dies ist der Fall bei den Aktivitäten *Lieferadresse erfragen* und *Lieferadresse erfassen*. Der asynchrone Service wird vom Kunden bereitgestellt. Dementsprechend stellt die Sendeaktivität des Prozesses des Anbieters eine Dienstanfrage dar, die eine Anfragenachricht an den Kunden sendet. In der Empfangsaktivität werden die Rollen getauscht: Der Anbieter fungiert als Dienstleister, um die Antwortnachricht des Kunden zu erhalten. Dieses Muster wird für solche Interaktionen verwendet, bei denen die Antwort erst nach einer Weile eintreffen kann. Der Nachteil der Verwendung einer synchronen Dienstaktivität anstelle eines Paares von Sende-Empfangsaktivität besteht darin, dass die Dienstaktivität die Ausführung des Prozesses (oder die Ausführung des Prozesspfads, in dem er sich befindet) blockiert, bis eine Antwort empfangen wird. Dies ist in Abb. 10.3 nicht der Fall. Hier laufen die Sende- und Empfangsaktivitäten parallel zu *Rechnung erstellen,* was zwischen diesen Aktivitäten durchaus möglich ist.

Nachrichten- und Signal-Ereignisse funktionieren genau wie Sende- und Empfangsaktivitäten. Signalereignisse sollten verwendet werden, wenn der zu nutzende Dienst über Publish-Subscribe-Funktionen verfügt, z. B. ein Webservice zum Abonnieren von RSS-Feeds. In allen anderen Fällen sollten wir entweder Nachrichten-Ereignisse verwenden oder Aktivitäten senden und empfangen.

10.5.5 Skriptaktivitäten

Für Skriptaktivitäten müssen wir das Codefragment bereitstellen, das vom BPMS ausgeführt wird. Dieser Code kann in einer Skript- oder Programmiersprache wie JavaScript oder Python geschrieben werden. BPMN schreibt keine bestimmte Sprache vor, so dass die Wahl von dem zu verwendenden BPMS und den organisatorischen Präferenzen abhängt. Die Dateneingaben der Aktivität speichern die Parameter für den Aufruf des Skripts, während die Datenausgaben die Ergebnisse der Ausführung des Skripts speichern. So können wir beispielsweise für die Aktivität *Stornogebühr ermitteln* ein Skript definieren, das aus zwei Dateneingaben das Bestelldatum und das Stornoanforderungsdatum extrahiert. Diese werden auf die Eingabeobjekte Bestellung und Stornoanforderung abgebildet. Aus den Informationen wird dann für jeden Tag nach dem Bestelldatum eine Strafe von € 15 berechnet, die dann in die Datenausgabe kopiert wird.

10.5.6 Benutzeraktivitäten

Für jede Benutzeraktivität müssen wir die Regeln für die Zuordnung von Arbeitsaufträgen zu Prozessbeteiligten zur Laufzeit, die Technologie für die Kommunikation mit Prozessbeteiligten und die Details der zu verwendenden Benutzeroberfläche festlegen. Darüber hinaus müssen wir, wie bei jeder anderen Aktivität, Dateneingaben definieren, um Informationen an Prozessbeteiligte weiterzugeben, sowie die Datenausgaben, um deren Ergebnisse zu erhalten.

Prozessbeteiligte, denen Benutzeraktivitäten zugewiesen werden können, werden in BPMN als potenzielle Eigentümer *(engl.: potential owner)* bezeichnet. Ein potenzieller

Eigentümer ist Mitglied einer Ressourcenklasse. Im Rahmen von Benutzeraktivitäten identifiziert eine Ressourcenklasse eine statische Liste von *Prozessbeteiligten,* die bestimmte Eigenschaften teilen, z. B. dieselbe Rolle innehaben oder derselben Abteilung oder Einheit angehören. Ein Beispiel für eine Ressourcenklasse für den Auftrag-bis-Zahlungseingang-Prozess ist der *Auftragssachbearbeiter,* der alle Prozessbeteiligten mit dieser Rolle in der Vertriebsabteilung des Anbieters gruppiert. Beachten Sie, dass diese Ressourcenklassen nichts mit Becken und Bahnen zu tun haben, die in einem konzeptionellen Prozessmodell lediglich Notationselemente sind. Eine Ressourcenklasse kann ferner durch einen oder mehrere *Ressourcenparameter* gekennzeichnet werden, wobei ein Parameter einen Namen und einen Datentyp hat. So können wir beispielsweise zwei Parameter *Artikel* und *Region* vom Typ String definieren, um anzugeben, mit welchen Artikeln ein Auftragssachbearbeiter arbeitet und in welcher Region er arbeitet.

Nachdem wir alle erforderlichen Ressourcenklassen und optional deren Parameter definiert haben, können wir mithilfe von Regeln jede Benutzeraktivität einer oder mehreren Ressourcenklassen zuordnen. Beispielsweise können wir Regeln dafür formulieren, dass Arbeitsaufträge der Aktivität *Auftrag bestätigen* allen Prozessbeteiligten vom Typ *Auftragssachbearbeiter* zugeordnet werden müssen, die sich mit dem jeweiligen bestellten Artikel befassen und in der gleichen Region wie der Kunde arbeiten. Dazu können wir eine Regel mithilfe eines XPath-Ausdrucks definieren, der alle Mitglieder der Ressourcenklasse Auftragssachbearbeiter selektiert, die für das in der Bestellung angegebene Land verantwortlich sind.

Schließlich müssen wir die Implementierungstechnologie angeben, mit der der Arbeitsauftrag den ausgewählten Prozessbeteiligten angeboten wird. Dazu gehören Aspekte wie die Erreichbarkeit des Prozessbeteiligten (z. B. per E-Mail oder Worklist-Benachrichtigung), die Darstellung des Inhalts der Aktivitätendateneingaben auf dem Bildschirm (z. B. über ein oder mehrere, durch einen bestimmten Screenflow organisierte Webformulare) und die Strategie, den Arbeitsauftrag einem einzelnen Prozessbeteiligten zuzuordnen, der den Zuordnungsausdruck erfüllt (z. B. dem Auftragssachbearbeiter mit der kürzesten Warteschlange zuordnen). Unterschiedliche Zuordnungsstrategien für die Zuordnung von Arbeitsaufträgen zu Prozessbeteiligten werden in der Box *Strategien zur Aufgabenverteilung* erläutert. Die Konfiguration all dieser Aspekte sowie die Zuordnung der Prozessbeteiligte zu Ressourcenklassen ist abhängig von der Verwendung des spezifischen BPMS.

STRATEGIEN ZUR AUFGABENVERTEILUNG
Es gibt verschiedene Strategien, mit denen Aktivitäten den Prozessbeteiligten zugeordnet werden können. Die Forschung zu Workflow-Ressourcenmustern hat eine umfangreiche Sammlung solcher Strategien zusammengestellt. Sie beinhalten Muster zur Bestimmung derjenigen Prozessbeteiligten, die für eine Aktivität in Betracht gezogen werden (sogenannte *Erstellungsmuster*), einschließlich der folgenden:

Direkte Zuordnung: Der für eine Aktivität verantwortliche Prozessbeteiligte wird fest zugeordnet.

Rollenbasierte Zuordnung: Eine Aktivität wird einer bestimmten Rolle zugeordnet. Zur Laufzeit werden allen Prozessbeteiligten, die zu dieser Rolle gehören, Arbeitsaufträge angeboten.

Verzögerte Zuordnung: Der Prozessbeteiligte, der an einer Aktivität arbeitet, wird erst zur Laufzeit ermittelt.

Autorisierung: Arbeitsaufträge werden nur denjenigen Prozessbeteiligten zur Verfügung gestellt, die berechtigt sind, an ihnen zu arbeiten.

Vieraugenprinzip: Zwei bestimmte Aktivitäten müssen von verschiedenen Prozessbeteiligten ausgeführt werden.

Fallbearbeitung: Arbeitsaufträge eines Falles werden alle der gleichen Ressource zugeordnet.

Vertraute Zuordnung: Zwei bestimmte Aktivitäten müssen von demselben Prozessbeteiligten ausgeführt werden.

Fähigkeitsbasierte Zuweisung: Arbeitsaufträge werden denjenigen Prozessbeteiligten zur Verfügung gestellt, die über die richtigen Fähigkeiten verfügen, um an ihnen zu arbeiten.

Historienbasierte Zuordnung: Arbeitsaufträge werden denjenigen Prozessbeteiligten zugeordnet, die sie in der Vergangenheit erfolgreich durchgeführt haben.

Organisatorische Zuordnung: Arbeitsaufträge werden den Prozessbeteiligten zugeordnet, die eine bestimmte Position in der Organisationshierarchie einnehmen.

Sobald der Kreis dieser Prozessbeteiligten festgelegt ist, kann das BPMS bewusst einen bestimmten Prozessbeteiligten für die Bearbeitung einer Aktivität auswählen. Unter anderem können die folgenden Strategien verwendet werden:

Zuordnung durch Angebot: Einem ausgewählten Prozessbeteiligten wird ein neuer Arbeitsauftrag angeboten, was dazu führt, dass dieser für andere nicht mehr verfügbar ist.

Zufällige Zuordnung: Ein neuer Arbeitsauftrag wird einem zufällig ausgewählten Prozessbeteiligten zugeordnet, der die Zuordnungsbedingung erfüllt.

Lastverteilung: Ein neuer Arbeitsauftrag wird zirkulär dem Prozessbeteiligten zugeordnet, der seit längerer Zeit keinen Arbeitsauftrag mehr erhalten hat.

Kürzeste Warteschlange: Ein neuer Arbeitsauftrag wird dem Prozessbeteiligten mit der kürzesten Warteschlange an Arbeitsaufträgen übergeben.

Andere Mechanismen der Arbeitsverteilung sind möglich, z. B. Mechanismen, bei denen die Prozessbeteiligten die Arbeitsaufträge auswählen können, an denen sie arbeiten möchten. In der Praxis sind zwei weitere Mechanismen wichtig. **Delegation** bezieht sich auf Mechanismen, mit denen Prozessbeteiligte Arbeitsaufträge an andere Prozessbeteiligte weitergeben können. Nehmen wir an, dass John im Begriff ist, seine Arbeit einen Tag vor seinem Jahresurlaub abzuschließen. Er delegiert alle Arbeitsaufträge, die sich noch in seiner Liste befinden, an einen Kollegen. **Eskalation** bezieht sich auf Mechanismen zur Überwachung des Fortschritts und zur automatischen Einleitung von Gegenmaßnahmen. Angenommen, John hat vergessen, einen seiner Arbeitsaufträge zu delegieren. In der ersten Woche seines Urlaubs entdeckt das BPMS, dass ein Arbeitsauftrag seit 3 Tagen ohne Fortschritt anhängig ist und eskaliert ihn an seine Chefin Mary. Mary ordnet den Arbeitsauftrag einem Kollegen von John neu zu.

10.5.7 Ausdrücke für Aktivitäten, Ereignisse und Sequenzflüsse

Schließlich müssen wir Ausdrücke für die verschiedenen Attribute von Aktivitäten, Ereignissen und Bedingungen von Sequenzflüssen definieren. Zum Beispiel müssen wir in einer Schleifenaktivität einen booleschen Ausdruck angeben, der die Schleifenbedingung angibt (z. B. *bis Antwort genehmigt*). Dieser boolesche Ausdruck bestimmt, ob die Schleifenaktivität wiederholt wird. Dieser Ausdruck kann über Datenelemente definiert werden, z. B. kann es ein XPath-Ausdruck sein, der den Wert des booleschen Elements *genehmigt* aus dem Antwortobjekt extrahiert. Wir können auch *Instanzattribute* innerhalb dieser Ausdrücke verwenden. Dies sind Variablen, die zur Laufzeit je nach Instanz variieren. Ein Beispiel ist die *Schleifenzählung*, welche die Anzahl der Durchläufe einer Schleifenaktivität zählt.

Für das Zeit-Ereignis müssen wir einen Ausdruck angeben, um das zeitliche Ereignis zu erfassen, das durch seine Bezeichnung informell ausgedrückt wird (z. B. *Freitagnachmittag*). Hier haben wir drei Möglichkeiten: Wir können entweder einen zeitlichen Ausdruck in Form eines genauen Datums oder einer bestimmten Uhrzeit, einer relativen Dauer oder eines sich wiederholenden Intervalls bereitstellen. Auch hier können diese Ausdrücke mit Datenelementen und Instanzeigenschaften verknüpft werden, um zur Laufzeit dynamisch ausgewertet zu werden. So können wir beispielsweise eine Frist für die Auftragsbestätigung basierend auf der Anzahl der Positionen in einem Auftrag festlegen.

Schließlich müssen wir einen booleschen Ausdruck angeben, um die Bedingung zu erfassen, die an jeden Sequenzfluss nach einer XOR- oder ODER-Verzweigung gebunden ist. So kann beispielsweise die Bedingung *Artikel auf Lager* nach der ersten XOR-Verzweigung im Auftrag-bis-Zahlungseingang-Beispiel als XPath-Ausdruck implementiert werden, der prüft, ob der Wert der variablen Bestandsverfügbarkeit mindestens gleich der in der Bestellung enthaltenen Artikelmenge ist. Es ist nicht erforderlich, einen Ausdruck für einen Standard-Sequenzfluss anzugeben, da dieser von der BPMS-Steuereinheit übernommen wird, wenn die Ausdrücke, die allen anderen Pfaden zugeordnet sind, die aus derselben Verzweigung stammen, als falsch ausgewertet werden.

10.5.8 Implementierung von Regeln mit DMN

Manchmal können die Bedingungen, unter denen eine Prozessinstanz auf den einen oder anderen Pfad im Modell geleitet werden kann, recht komplex sein. Der Grund dafür ist, dass die diesen Bedingungen zugrunde liegenden Geschäftsregeln von Natur aus komplex sind, wie beispielsweise die Regeln zur Beurteilung des Kreditrisikos eines Darlehensantragstellers. Geschäftsregeln können sich im Laufe der Zeit auch ändern, z. B. wann ein Antrag genehmigt oder angenommen wird. Es wäre praktisch, wenn in einem solchen Fall nur die Regeln geändert würden, nicht aber das gesamte Prozessmodell. Aus diesen Gründen hat die OMG den Standard Decision Model and Notation (DMN) entwickelt, der in der Version 1.1 verfügbar ist. Anstatt komplexe Ausdrücke in den ausgehenden Pfaden von Verzweigungen zu definieren, ermöglicht uns DMN die separate Definition von Geschäftsregeln und deren Verknüpfung mit BPMN-Geschäftsregelaktivitäten oder bedingten Ereignissen. Konkret wird die Regel vorab definiert und zur Laufzeit von einem DMN-Regelprozessor ausgewertet. Dieser Regelprozessor wird durch eine Prüfaktivität oder ein bedingtes Ereignis aufgerufen, wenn während der Ausführung einer Prozessinstanz solche Elemente erreicht werden. Beachten Sie jedoch, dass die Verbindung zwischen BPMN und DMN von der OMG noch nicht standardisiert wurde. Daher bietet jeder BPMS-Anbieter einen proprietären Mechanismus zur Verknüpfung von BPMN-Elementen mit DMN-Regeln an.

Im Wesentlichen stellt DMN drei Teile für die Spezifikation von Geschäftsregeln zur Verfügung: den Entscheidungsanforderungsgraph *(engl.: decision requirements graph (DRG))*, der beschreibt, wie Daten zwischen verschiedenen Entscheidungen übertragen werden, die einfache Ausdruckssprache *(engl.: simple expression language (S-FEEL))*, um zu definieren, wie Werte aus Variablen extrahiert werden, und Entscheidungstabellen *(engl.: decision table)* (DMN-Tabellen). Hier stellen wir Ihnen kurz DMN-Tabellen vor.

Abb. 10.8 zeigt eine DMN-Tabelle, welche die Regeln für die Bewertung von Darlehensanträgen erfasst. Die Abbildung erläutert die verschiedenen Komponenten einer DMN-Tabelle. Jede Tabelle hat einen Namen, Trefferindikatoren, Vollständigkeit und Priorität, Ein- und Ausgabeattribute mit entsprechenden Einträgen, Wertebereiche und Regeln. Jede Zeile repräsentiert eine *Regel* und die Spalten ihre jeweiligen *Ein- und Ausgabeattribute*. Spalten haben einen Typ (z. B. String, Integer oder Datum) oder spezifisch definierte Wertebereiche, die Facetten genannt werden. In unserem Beispiel wird eine *Facette* mit den Werten *SG* (sehr gut), *G* (gut), *Z* (zufriedenstellend) und *M* (mangelhaft) definiert. Für eine bestimmte Kombination von Eingabeattributen, wie $Jahreseinkommen = 500$ und $Darlehenssumme = 4230$, müssen wir die *passende* Zeile finden, um den Ausgabewert

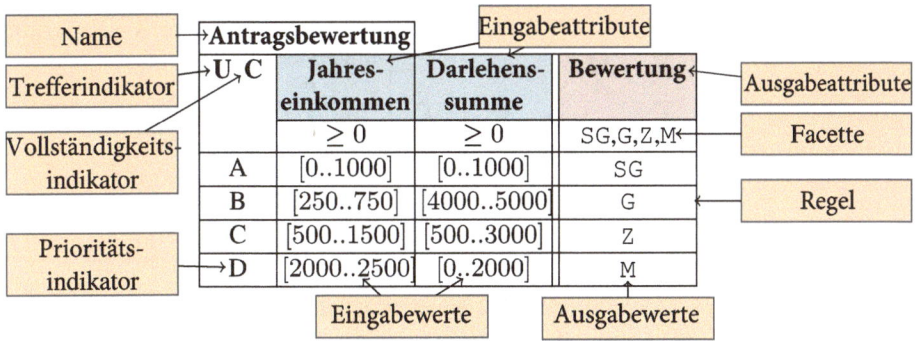

Abb. 10.8 Beispiel einer Entscheidungstabelle für Darlehensanträge

zu identifizieren. Die angegebenen Werte stimmen mit Zeile *B* überein und ergeben die *Note = G* wie gut.

DMN-Tabellen haben unterschiedliche Indikatoren. Der *Trefferindikator* gibt an, ob eine oder mehrere Zeilen mit einer bestimmten Eingabe übereinstimmen dürfen. Der wichtigste Trefferindikator ist *U,* was bedeutet, dass jede Kombination von Eingabewerten eine eindeutige Ausgabe ergeben sollte. Wenn es mehr als eine Übereinstimmung gibt, definiert der *Prioritätsindikator*, welche Zeile ausgewählt werden soll. In unserem Beispiel definieren *A*, *B*, *C*, *D* eine alphabetische Reihenfolge der Prioritäten. Es ist auch möglich, z. B. festzulegen, dass der Minimal- oder Maximalwert gewählt werden soll. Der *Vollständigkeitsindikator* gibt an, ob für jede mögliche Eingabekombination mindestens eine Zeile vorhanden sein muss oder ob auch keine Übereinstimmungen erlaubt sind. Die bedeutendste ist *C,* was bedeutet, dass die Tabelle vollständig sein sollte, was bedeutet, dass jede Kombination von Eingabewerten auf eine Ausgabe abgebildet werden sollte. Es ist eine gute Praxis, dass DMN-Tabellen eindeutige Treffer und ein komplettes Regelwerk abbilden sollen.

Analysten können bei der Erstellung von DMN-Tabellen Fehler machen. Beispielsweise ist es ein Fehler, *überlappende Regeln* anzugeben, wenn der Trefferindikator dies nicht zulässt. In diesem Fall gibt es eine Eingabekombination, die auf mehrere Zeilen zutrifft. Es ist auch ein Fehler, *fehlende Regeln* zu haben, wenn der Vollständigkeitsindikator dies nicht zulässt. Wenn eine Regel fehlt, gibt es keine Zeile, die einer bestimmten Kombination entspricht.

Beispiel 10.2 Überprüfen wir, ob die Entscheidungstabelle in Abb. 10.8 überlappende und fehlende Regeln aufweist. Zwei Regeln überschneiden sich, wenn sich ihre Werte auf allen Eingabespalten überschneiden. Für die erste Spalte des Jahreseinkommens stellen wir folgende Überschneidungen fest: A und B, A und C, und B und C. Für die Spalte Darlehenssumme, beobachten wir: B und C, A und C und A und D. Das bedeutet, dass es eine Überlappung für die Werte gibt, bei denen sich A und C überschneiden. Dies ist ein

Abb. 10.9 Eine weitere
Entscheidungstabelle

U C	Jahreseinkommen ≥ 0	Darlehenssumme ≥ 0	Bewertung SG,G,Z,M
A	[0..2000]	[0..3000]	SG
B	[1000..3000]	[2000..5000]	G
C	[4000..6000]	[7000..9000]	Z
D	[7000..8000]	[6000..6500]	M

Jahreseinkommen zwischen 500 und 1000 und eine Kredithöhe zwischen 500 und 1000. Das bedeutet, dass A und C sich überschneidende Regeln sind.

Um fehlende Regeln zu finden, müssen wir Werte finden, die in keiner der beiden Spalten enthalten sind. Wir stellen fest, dass es fehlende Regeln für ein Jahreseinkommen zwischen 1500 und 2000 sowie für Einkommen über 2500 gibt. Es fehlen auch Regeln für eine Darlehenssumme zwischen 3000 und 4000 und mehr als 5000. ☐

Übung 10.8 Betrachten Sie die DMN-Tabelle in Abb. 10.9. Identifizieren Sie überlappende und fehlende Regeln.

10.5.9 BPM-System-spezifische Eigenschaften

Streng genommen sind die einzigen BPMS-spezifischen Eigenschaften, die wir für ein vollständig ausführbares Prozessmodell konfigurieren müssen, die von Benutzeraktivitäten. In der Praxis können BPMS jedoch, wie bereits erwähnt, von der Standardmethode zur Angabe von Ausführungseigenschaften abweichen. Darüber hinaus müssen wir wahrscheinlich unser ausführbares Prozessmodell mit einem oder mehreren spezifischen Systemen verbinden, die in unserer Organisation im Einsatz sind. Dies wird als *Systemanbindung* bezeichnet. BPMS bieten eine Reihe von vordefinierten Dienstaktivitätserweiterungen, sogenannten *Adaptern* (oder *Konnektoren*), um gängige Systemanbindungsfunktionen komfortabel zu implementieren. Beispiele für solche Anbindungsfunktionen sind: Durchführen einer Datenbankabfrage, Senden einer E-Mail-Benachrichtigung, Posten einer Nachricht auf Twitter, Setzen eines Ereignisses in einem Google-Kalender, Lesen oder Schreiben einer Datei und Hinzufügen eines Kunden in ein CRM-System. Jeder Adapter wird mit einer Liste von Parametern bereitgestellt, die wir konfigurieren müssen. Viele BPMS bieten *Assistenten,* die einige der Parameterwerte automatisch erkennen. Beispielsweise erfordert eine Datenbankabfrage den Typ des Datenbankservers (z. B. MySQL) und die URL, unter welcher der Server erreichbar ist, das Schema, auf das zugegriffen werden soll, die auszuführende SQL-Abfrage und die Anmeldeinformationen des Benutzers, der berechtigt ist, die Abfrage auszuführen.

In unserem Beispiel könnten wir *Verfügbarkeit prüfen* nicht als Dienstaktivität implementieren, sondern mit einem generischen Datenbankadapter, sofern wir wissen, wonach und wo wir suchen sollen. Ebenso könnten wir die Aktivitäten für die Kommunikation mit dem Kunden, wie z. B. *Lieferadresse anfordern,* als E-Mail-Adapter umsetzen. Auf diese Weise müssen wir in unserem Unternehmen keinen dedizierten E-Mail-Dienst bereitstellen. Die Anzahl und Vielfalt der Adapter, die ein BPMS bietet, trägt dazu bei, die Entwicklungsproduktivität zu erhöhen.

Übung 10.9 Betrachten Sie das Prozessmodell der Bearbeitung von Darlehensanträgen, das Sie in Übung 10.7 erhalten haben. Der Darlehensantrag enthält diese Datenfelder:

- Bewerberinformationen:
    - Identifizierende Informationen (Vorname, Nachname....)
    - Kontaktinformationen (Telefonnummer, Mobilfunknummer....)
    - Aktuelle Adresse (Straßenname und Hausnummer, Ort....)
    - Vorherige Adresse (wie oben plus Aufenthaltsdauer)
    - Finanzinformationen (Jobdaten, Bankverbindung)
- Referenzinformationen (Identifikation, Kontakt, Adresse, Beziehung zum Antragsteller)
- Immobilieninformationen (Objekttyp, Adresse, Kaufpreis)
- Darlehensinformationen (Betrag, Anzahl der Jahre, Startdatum, Zinsart: variabel/fest)
- Applikationskennung
- Datum und Uhrzeit der Einreichung
- Datum und Uhrzeit der Überarbeitung.
- Verwaltungsinformationen (ein Abschnitt, der vom Darlehensgeber auszufüllen ist):
    - Status (ein Zeichenkettenattribut mit vordefinierten Werten: *unvollständig, vollständig, bewertet, abgelehnt, storniert, genehmigt*)
    - Kommentare zum Status (optional, z. B. zur Erläuterung der Ablehnungsgründe)
    - Zulässigkeit (unabhängig davon, ob der Antragsteller für ein Darlehen in Frage kommt oder nicht)
    - Kennung des Sachbearbeiters
    - Versicherungsangebot erforderlich (ein Boolescher Ausdruck, um zu speichern, ob ein Gebäudeversicherungsangebot gewünscht wird oder nicht).

Der Darlehensverlaufsbericht enthält diese Datenfelder:

- Berichtskennung
- Kennung des Finanzleiters
- Referenz auf einen Darlehensantrag
- Kreditinformationen des Antragstellers:
    - Kreditanträge der letzten fünf Jahre (Kreditart: Haushalt/Privat/Wohn, Betrag, Laufzeit, Zinssatz)

– Überfällige Kreditkonten (Kreditart, Ausfallbetrag, Dauer, Zinssatz)
– Aktuelle Kreditkarteninformationen (Anbieter: Visa, Mastercard...., Startdatum, Enddatum, Zinssatz)
– Informationen zu öffentlichen Aufzeichnungen (optional, falls vorhanden):
  – Informationen zu Gerichtsurteilen
  – Informationen zu Insolvenz
- Bonitätsbeurteilung (eine Zeichenfolge mit vordefinierten Werten: AAA, AA, A, BBB, BB, B, nicht bewertet).

Die Risikobeurteilung enthält die folgenden Datenfelder:

- Kennung der Bewertung
- Verweis auf einen Darlehensantrag
- Verweis auf einen Bericht zur Kreditgeschichte
- Risikogewicht (eine ganze Zahl von 0 bis 100).

Die Immobilienbewertung enthält die folgenden Datenfelder:

- Kennung der Bewertung
- Verweis auf einen Darlehensantrag
- Kennung des Immobilienbewerters
- Grundstücksinformationen (Grundstückstyp, Adresse)
- Wert von drei umgebenden Liegenschaften mit ähnlichen Merkmalen
- Geschätzter Immobilienwert
- Kommentare zum Eigentum (optional, um auf schwerwiegende Mängel des Eigentums hinzuweisen).

Die Vertragszusammenfassung enthält die folgenden Datenfelder:

- Verweis auf einen Darlehensantrag
- Vereinbarte Bedingungen (ein Boolescher Wert, der angibt, ob der Antragsteller mit den Darlehensbedingungen einverstanden war)
- Rückzahlung vereinbart (ein Boolescher Wert, der angibt, ob der Antragsteller mit dem Rückzahlungsplan einverstanden war)
- Link zur digitalisierten Kopie der Rückzahlungsvereinbarung.

Der Darlehensgeber bietet eine Webseite an, auf der Antragsteller Darlehensanträge online einreichen und überarbeiten, den Fortschritt ihrer Anträge verfolgen und, falls erforderlich, laufende Anträge stornieren können. Diese Webseite stellt einen zugrundeliegenden Webservice bereit, mit dem der Darlehensbewertungsprozess interagiert. In der Praxis agiert dieser Webservice aus der Perspektive des Darlehensbewertungsprozesses als Antragsteller. Wenn der Antragsteller beispielsweise einen neuen Darlehensantrag über die Webseite einreicht, verpackt dieser Webservice diesen Antrag in eine Nachricht und sendet ihn an die BPMS-Steuereinheit des Darlehensanbieters. Dadurch wird wiederum eine neue Instanz des Darlehensbewertungsprozesses gestartet. Wenn der Darlehensbewertungsprozess einen Antrag zur Prüfung an diesen Webservice sendet, stellt dieser die Informationen dem Antragsteller über die Webseite des Darlehensanbieters zur Verfügung.

Darüber hinaus interagiert der Darlehensprozess mit einem internen Dienst für die Beurteilung von Kreditrisiken. Dieser Dienst bestimmt auf der Grundlage der geltenden Risikoregeln ein Risikogewicht, das proportional zur Bonitätsbeurteilung ist, die im Bericht über die Kredithistorie enthalten ist. Der Risikobewertungsdienst gibt eine Risikobewertung zurück, die eine Kennung (frisch generiert), einen Verweis auf den Darlehensantrag und einen Verweis auf den Kredithistorienbericht (beide aus dem Kredithistorienbericht extrahiert) sowie das Risikogewicht enthält.

Auf der Grundlage der obigen Informationen können wir die Ausführungseigenschaften für die Elemente dieses Prozessmodells spezifizieren. Es ist weder erforderlich, den tatsächlichen XSD-Typ jedes Datenelements zu definieren, noch die tatsächlichen Skripts oder XPath-Ausdrücke anzugeben. Stattdessen identifizieren wir, welche Eigenschaften spezifiziert werden müssen, d. h. welche Datenein- und -ausgaben, Dienstschnittstellen, Operationen, Nachrichten und Fehler erforderlich sind, und bestimmen ihren Datentyp im Verhältnis zu dem der Prozessvariablen. Beispielsweise kann eine Dateneingabe auf eine Prozessvariable oder auf eines ihrer Datenfelder abgebildet werden. Bei Skripten definieren wir über Aktivitätsein- und -ausgaben, welche Daten vom Skript benötigt werden, welche Daten erzeugt werden und wie die Eingabedaten in die Ausgabedaten umgewandelt werden. Beispielsweise kann ein Skript auf der Grundlage des Wertes eines Datenfeldes in einer Prozessvariablen einen bestimmten Wert in das Datenfeld einer anderen Prozessvariablen schreiben. In ähnlicher Weise identifizieren wir für jede Benutzeraktivität, welche Informationen dem der Aktivität zugewiesenen Prozessbeteiligten präsentiert werden und wie die Datenausgabe erhalten wird. Schließlich erläutern wir, wie jeder Ausdruck auf der Grundlage von Datenfeldern innerhalb von Prozessvariablen (z. B. zur Implementierung der Bedingung eines Sequenzflusses) oder konstanten Werten wie einem Datum (z. B. zur Implementierung eines Zeitgeberereignisses) ausgewertet werden kann.

10.6 Abschluss der Implementierung

Nachdem wir uns nun damit vertraut gemacht haben, was erforderlich ist, um ein Prozessmodell in ein ausführbares Modell zu überführen, besteht unser letzter Schritt darin, ein Prozessmodell herzunehmen und es mit dem BPMS unserer Wahl (z. B. Activiti, Bonita, Bizagi, Camunda, IBM, Oracle, YAWL) zu implementieren. Die Landschaft der BPMS und ihre Besonderheiten entwickeln sich ständig weiter. Wir können drei Kategorien von BPMS im Hinblick auf ihre Unterstützung von BPMN identifizieren:

1. **Reine BPMN-Unterstützung:** Diese Systeme wurden von Grund auf so konzipiert, dass sie BPMN nativ unterstützen. Sie folgen der Spezifikation *buchstabengetreu,* auch wenn sie diese möglicherweise nicht vollständig unterstützen. Beispiele sind Activiti und Camunda.

2. **Angepasste BPMN-Unterstützung:** Diese Systeme verwenden einen BPMN-Fassade, stützen sich aber zur Ausführung des Prozessmodells auf eine interne Repräsentation. Sie können BPMN importieren und oft auch exportieren. Sie sind in der Regel älter als BPMN und haben sich aus früheren Versionen entwickelt, um die Spezifikation zu unterstützen. Beispiele sind Bizagi und Bonita.

3. **Keine BPMN-Unterstützung:** Schließlich gibt es eine allgemeine Kategorie von BPMS, die eine eigene proprietäre Sprache und Semantik verwenden. Diese Systeme unterstützen kein BPMN. Ein Beispiel für ein solches System ist YAWL.

Beachten Sie, dass ein BPMS möglicherweise nicht alle Aspekte der BPMN-Spezifikation vollständig abdeckt, die für die Ausführung relevant sind. Beispielsweise unterstützen einige Systeme möglicherweise keine Kompensation oder nicht-unterbrechende Ereignisse. In diesem Fall müssen wir auf eines oder mehrere dieser Elemente verzichten, je nachdem, welches BPMS wir wählen.

Dieser Abschnitt veranschaulichte, wie ausführbare BPMN-Modelle herstellerunabhängig entworfen werden können. Auf der Website des Buches[3] finden Sie Anleitungen, wie der letzte Schritt unserer Methode (die Spezifikation der Ausführungseigenschaften) für verschiedene konkrete BPMS durchgeführt werden kann.

Übung 10.10 Implementieren Sie auf der Grundlage der Ausführungseigenschaften, die Sie in Übung 10.9 angegeben haben, den Darlehensbewertungsprozess mit einem BPMS Ihrer Wahl.

10.7 Die wichtigsten Punkte

In diesem Kapitel haben wir eine Methode zur Überführung konzeptueller Prozessmodelle in ausführbare Modelle, die von einem BPMS interpretiert werden können, vorgestellt. Bei dieser Methode müssen wir zunächst den Typ jeder Aktivität (automatisiert, manuell oder Benutzeraktivität) identifizieren. Für manuelle Aktivitäten müssen wir überprüfen, wie wir diese, wann immer möglich, mit der BPMS verknüpfen können. Als nächstes müssen wir das Prozessmodell vervollständigen, indem wir alle Kontrollfluss- und Datenaspekte spezifizieren, die für die Ausführung relevant sind. Als Teil dieses Schritts müssen wir den unterschiedlichen Detailgrad zwischen konzeptionellen und ausführbaren Prozessmodellen überbrücken. Schließlich müssen wir für jedes Modellelement eine Reihe von Ausführungseigenschaften spezifizieren. Einige dieser Eigenschaften, z. B. diejenigen, die sich auf

---

[3] http://fundamentals-of-bpm.org/DE

Benutzeraktivitäten beziehen, sind herstellerspezifisch. Sie werden von den verschiedenen BPMS-Anbietern auf unterschiedliche Weise unterstützt.

10.8   Lösungen zu Übungsaufgaben

Lösung 10.1   Siehe Abb. 10.10.

Lösung 10.2   Alle fünf manuellen Aktivitäten dieses Prozesses, nämlich *Immobilie bewerten, Vertragsunterlagen vorbereiten, Vertragsunterlagen zusenden, Angebot für Gebäudeversicherung zusenden* und *Zahlungsvereinbarung prüfen*, können als Benutzeraktivitäten implementiert werden. Bei *Immobilien bewerten* wird der Immobiliengutachter über die Arbeitsauftragsverwaltung benachrichtigt, dass eine neue Immobilie bewertet werden muss. Die Informationen zur Immobilie werden durch den Arbeitsauftrag dieser Aktivität bereitgestellt (z. B. Immobilienart und Adresse). Der Immobiliengutachter begibt sich physisch zu einer Besichtigung der Immobilienadresse und überprüft den Wert der umliegenden Immobilien. Danach bereitet er das Gutachten auf einem elektronischen Formular vor und übermittelt es über die Arbeitsauftragsverwaltung an die BPMS-Steuereinheit. *Vertragsunterlagen vorbereiten, Vertragsunterlagen zusenden, Angebot für Gebäudeversicherung zusenden* können auf ähnliche Weise als Benutzeraktivitäten implementiert werden.

Zahlungsvereinbarung prüfen erscheint in der Arbeitsauftragsverwaltung des Sachbearbeiters, sobald die Vertragsunterlagen und, optional, das Versicherungsangebot an den Antragsteller zurück gesendet wurden. Der Sachbearbeiter wählt diesen Arbeitsauftrag aus, sobald er die Zahlungsvereinbarung vom Antragsteller per Post erhält. Er überprüft die Vereinbarung manuell, digitalisiert sie und hängt sie als Datei an die Vertragsunterlagen an – ein elektronisches Formular, das mit diesem Arbeitsauftrag verknüpft und mit Informationen aus dem Darlehensantrag vorausgefüllt ist. Wenn der Antragsteller alle Darlehensbedingungen akzeptiert hat und mit dem Zahlungsplan einverstanden ist, kreuzt der Sachbearbeiter die entsprechenden Kästchen in der Vertragszusammenfassung an und übermittelt diese an die BPMS-Steuereinheit.

Lösung 10.3   Die Aktivität *Versicherung prüfen* kann durch einen Dienst automatisiert werden, der die Höhe der Zuzahlung auf der Grundlage der Einzelheiten des Rezeptes und der Versicherungspolizze des Kunden bestimmt.

Die Aktivitäten *Medikamente aus den Regalen holen* und *Qualität prüfen* sind manuelle Aktivitäten. Diese Aktivitäten können als Benutzeraktivitäten im automatisierten Prozess implementiert werden. Zu diesem Zweck sollten der Angestellte, der die Arzneimittel abholt, und der Apotheker, der das Rezept auf Qualität prüft und den Beutel versiegelt, über einen passenden Mechanismus verfügen, um dem BPMS den Abschluss dieser Aktivitäten zu signalisieren. Dies könnte durch die Einführung eines Systems erreicht werden, das Strich-

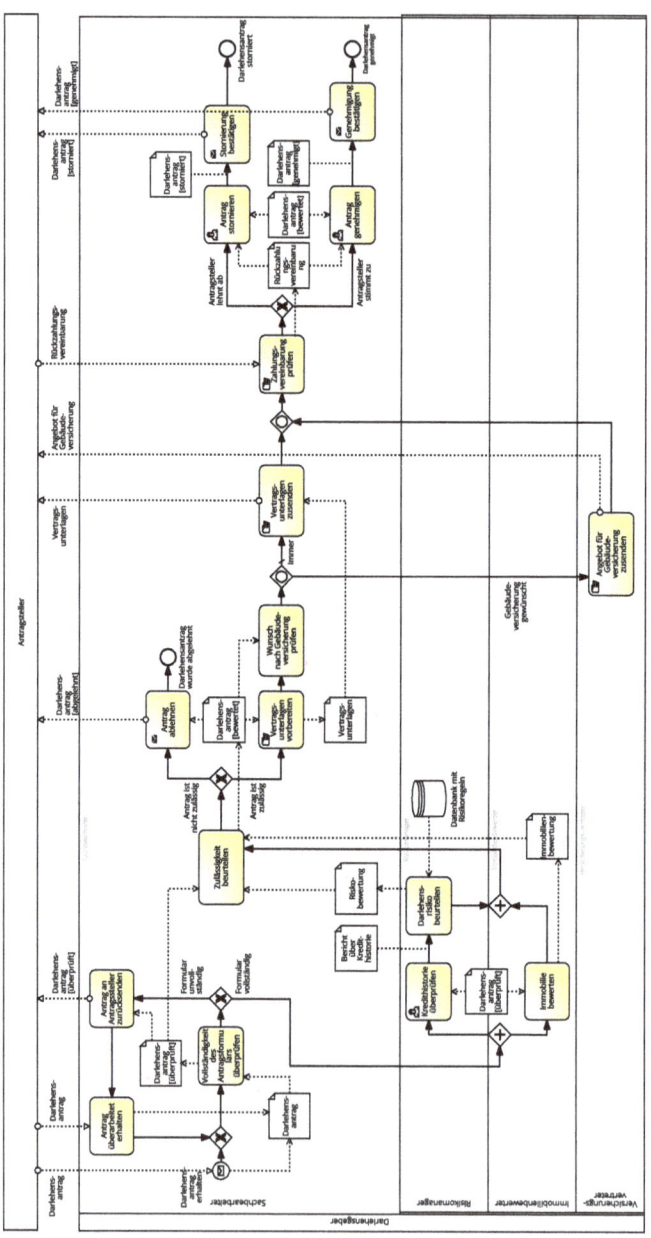

Abb. 10.10 Darlehensantragsprozess mit Aktivitätsmarkierungen

codeleser einsetzt. Beispielsweise würde der Angestellte eine Liste der zu bearbeitenden Rezepte in der Arbeitsauftragsverwaltung sehen. Er würde dann eines der Rezepte auswählen, und das System würde das Rezept mit einem neuen Strichcode verbinden, der auf einen Etikettaufkleber gedruckt wird. Der Angestellte würde dann das Etikett auf einen Beutel kleben, die Medikamente einsammeln und in einen Beutel stecken, und wenn er fertig ist, würde er den Strichcode vom Etikett einscannen, um festzuhalten, dass das Rezept bearbeitet wurde. Dies signalisiert dem Apothekensystem den Abschluss der Aktivität *Arzneimittel aus dem Regal holen*. Im Gegenzug erzeugt es einen neuen Arbeitsauftrag der Aktivität *Qualität prüfen* in der Arbeitsauftragsliste des Apothekers. Der Apotheker kann dann das Rezept auf Qualität kontrollieren und den Strichcode erneut einscannen.

Die Aktivität *Zahlung bearbeiten* ist ebenfalls eine manuelle Aktivität. Diese Aktivität könnte als Dienstaktivität implementiert werden, bei der das Apothekensystem die Aktivität, die Zahlung für ein Rezept einzuziehen, an ein Zahlungssystem sendet und wartet, bis dieses System anzeigt, dass die Zahlung eingezogen wurde. Der Angestellte würde mit dem Zahlungssystem arbeiten, aber diese Interaktion liegt außerhalb der Reichweite des Apothekensystems. Das Apothekensystem reicht lediglich die Arbeit an das Zahlungssystem weiter und wartet auf deren Abschluss.

Die Beschreibung des Verfahrens bezieht sich implizit auf eine manuelle Aktivität, bei der der Apotheker den Beutel versiegelt und in den Abholbereich stellt. Diese Aktivität *Beutel versiegeln* ist jedoch nicht im ausführbaren Prozessmodell enthalten. Stattdessen ist diese Aktivität in die Aktivität *Qualität prüfen* integriert. Mit anderen Worten, am Ende der Qualitätsprüfung wird erwartet, dass der Apotheker den Beutel versiegelt, wenn das Rezept fertig ist, und den Beutel in den Abholbereich legt.

Die Aktivität *Rezeptbeutel abholen* ist ebenfalls manuell, aber es ist nicht sinnvoll, sie in irgendeiner Weise zu automatisieren. Daher wird diese Aktivität im ausführbaren Prozessmodell, das mit der Bezahlung abgeschlossen ist, nicht berücksichtigt.

Das ausführbare Modell des gesamten Rezeptbearbeitungsprozesses ist in Abb. 10.11 dargestellt.

Lösung 10.4

- Physische Datenobjekte: Vertragsunterlagen (dies ist das Darlehensangebot auf Papier), Zahlungsvereinbarung (diese wird vom Antragsteller auf Papier unterzeichnet und durch die Zusammenfassung der Vereinbarung ersetzt, ein elektronisches Dokument, das einen Link zu einer digitalisierten Kopie der Zahlungsvereinbarung sowie einen Verweis auf den Darlehensantrag enthält). Wir können davon ausgehen, dass alle anderen Kommunikationen zwischen Antragsteller und Darlehensgeber per E-Mail erfolgen.
- Nachrichten mit physischen Objekten: Vertragsunterlagen, Zahlungsvereinbarung, Angebot für Gebäudeversicherung (wird in Papierform versandt)
- Datenspeicher: Datenbank mit Risikoregeln
- Zustände von Datenobjekten (jeweils pro Datenobjekt).
- Becken und Bahnen (wie im Modell angegeben).

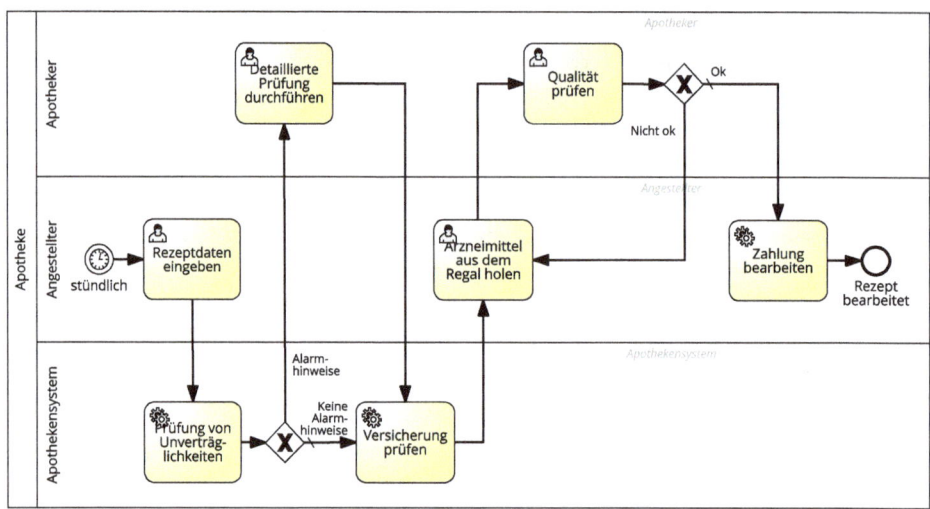

Abb. 10.11 Der automatisierte Prozess der Rezeptbearbeitung

Lösung 10.5 Eine mögliche Lösung ist in Abb. 10.12 dargestellt. Beachten Sie, dass bei dieser Lösung ein Arbeitsauftrag der Aktivität *Zahlungsvereinbarung prüfen* automatisch von der Arbeitsliste des Sachbearbeiters verschwindet, wenn der Sachbearbeiter es nicht innerhalb von 2 Wochen startet. Dies geschieht, wenn der Sachbearbeiter die Zahlungsvereinbarung nicht innerhalb dieses Zeitrahmens per Post erhalten hat.

Lösung 10.6 Eine mögliche Lösung ist in Abb. 10.13 dargestellt.

1. Aktivitätentypen: Die manuelle Aktivität dieses Prozesses ist *Anfrage persönlich besprechen*. Dies kann als Benutzeraktivität implementiert werden, die mit der Erstellung einer Empfehlung abgeschlossen wird.
2. Nicht ausführbare Elemente: alle Elemente können von einem BPMS interpretiert werden. Beachten Sie, dass das abfangende Nachrichtenereignis *Antwort erhalten per Post* die Existenz eines internen Dienstes voraussetzt, der den Prozess benachrichtigt, wenn die Antwort per Post eingegangen ist.
3.1. Fehlender Kontrollfluss: Die Aktivität *Elektronische Antwort erstellen* wird benötigt, um die per Post erhaltene Antwort in eine elektronische Version umzuwandeln, die von einem BPMS verarbeitet werden kann. Die Aktivität *Anfrage bewerten* kann durch das Ereignis des Zurückziehens der Anfrage unterbrochen werden, wofür der Prozess abgebrochen wird. Eine ähnliche Nachricht zur Stornierung kann auch während der Bearbeitung der Annahme empfangen werden; in diesem Fall müssen die Aktivitäten *Angebot zusenden* und *Antrag anlegen* kompensiert werden. Für den Empfang der Antwort wird ein Timeout von 1 Woche hinzugefügt.
3.2. Fehlende Daten: Alle elektronischen Datenobjekte fehlten im konzeptionellen Modell.

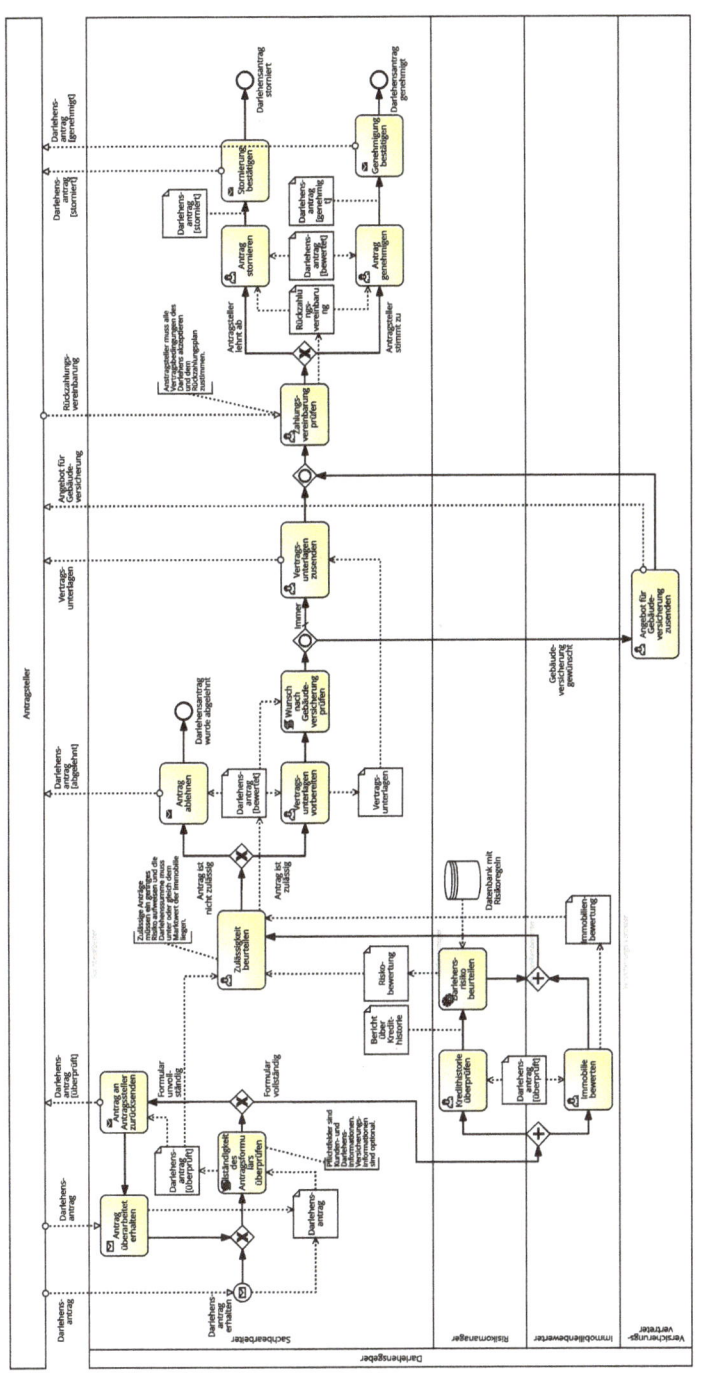

Abb. 10.12 Vollständige Version des Darlehensantragsmodells

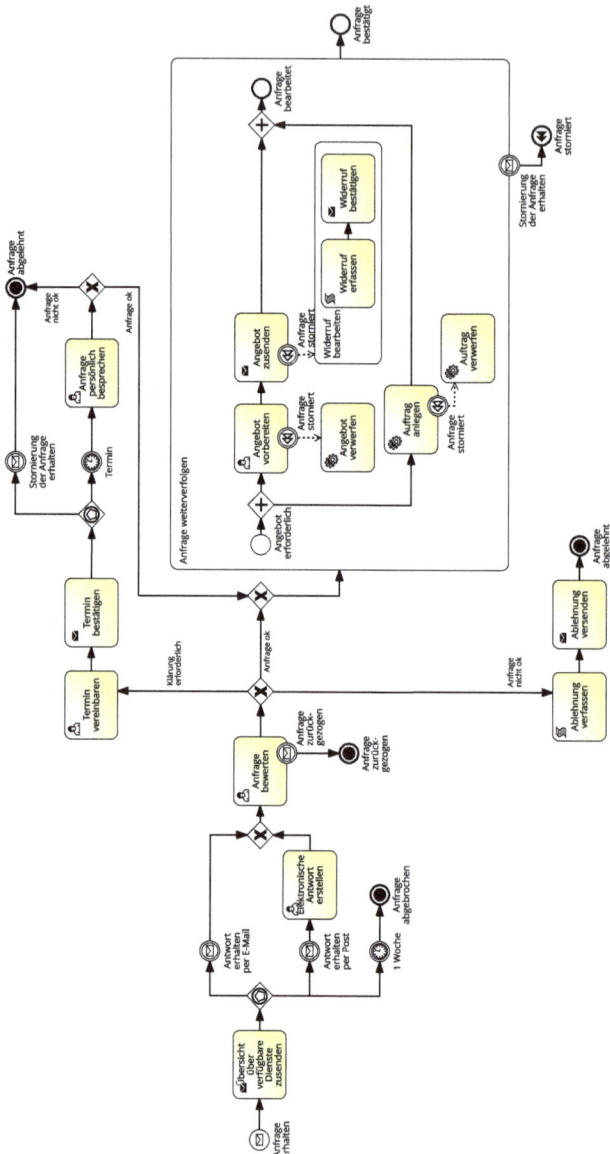

Abb. 10.13 Das Modell des Verkaufsprozesses eines Großkundendienstleisters, ergänzt um den fehlenden Kontrollfluss und die für die Ausführung relevanten Daten

4. Granularitätsebene: Die Aktivität *Termin vereinbaren* wurde disaggregiert, um die Aktivität *Termin bestätigen*, explizit zu modellieren. In ähnlicher Weise wurden *Angebot zusenden* und *Ablehnung versenden* disaggregiert, um die Erstellung des Angebots bzw. des Ablehnungsschreibens zu modellieren. Da *Angebot zusenden* in zwei Aktivitäten aufgeteilt wurde *(Angebot vorbereiten* und *Angebot zusenden),* muss jede Aktivität kompensiert werden, wenn eine Stornierungsanfrage eingeht.

Lösung 10.7 Es ist sinnvoll, dass die Aktivitäten *Vertragsunterlagen vorbereiten* und *Vertragsunterlagen zusenden* von ein und demselben Sachbearbeiter ausgeführt werden. Die Aktivität *Wunsch nach Gebäudeversicherung prüfen* soll jedoch zwischen diesen beiden Aktivitäten ausgeführt werden. Da es keine zeitliche Abhängigkeit zwischen dieser und den anderen beiden Aktivitäten gibt, können wir die erstere auf nach *Vertragsunterlagen zusenden* verschieben oder sie mit den beiden anderen Aktivitäten parallelisieren. Auf diese Weise können wir die beiden aufeinander folgenden Aktivitäten zu *Vertragsunterlagen vorbereiten und versenden* zusammenfassen.

Lösung 10.8 Überschneidungen in der Spalte Jahreseinkommen gibt es in Zeile A und B für Werte zwischen 1000 und 2000. A und B überschneiden sich auch bei Darlehenssummen von 2000 und 3000. Dies bedeutet, dass A und B sich überschneidende Regeln sind. Fehlende Regeln gibt es für Jahreseinkommen zwischen 3000 und 4000, 6000 und 7000 sowie größer als 8000. Fehlende Regeln gibt es auch für Darlehenssummen zwischen 5000 und 6000, 6500 und 7000 sowie größer als 9000.

Lösung 10.9 Wir benötigen zwei Dienstschnittstellen, um mit dem Webservice hinter der Webseite des Darlehensanbieters zu interagieren. Eine Schnittstelle, bei der der Darlehensanbieter als Dienstanbieter fungiert, und eine weitere, bei der die Webseite als Dienstanbieter fungiert. Die erstgenannte Schnittstelle enthält eine asynchrone Operation, über die der Darlehensanbieter den ersten Darlehensantrag erhält. Die zweite Schnittstelle enthält die folgenden vier Vorgänge für den Webseitendienst:

- eine synchrone Operation zur Entgegennahme des bewerteten Darlehensantrags (mit Änderungswünschen) und zur Beantwortung des revidierten Darlehensantrags (wenn Änderungen vorgenommen wurden),
- eine asynchrone Operation zur Entgegennahme des abgelehnten Darlehensantrags,
- eine asynchrone Operation zur Entgegennahme des genehmigten oder stornierten Darlehensantrags.

Für die vier oben genannten Operationen sind insgesamt fünf Meldungen erforderlich, die alle denselben Datentyp wie der Darlehensantrag haben. Diese Operationen sind dem Startereignis, den vier Sendeaktivitäten und der Empfangsaktivität des Prozesses zugeordnet, die über geeignete Datenein- und -ausgaben verfügen müssen, um den Darlehensantrag zu enthalten. Die Zuordnung dieser Datenein- und -ausgaben für Datenobjekte ist einfach, mit Ausnahme der Sendeaktivität *Antrag ablehnen,* die den Status des Darlehensantrags auf *abgelehnt* ändern muss, während dieses Eingabedatenobjekt in die Aktivitätsdateneingabe kopiert wird.

Eine dritte Dienstschnittstelle ist erforderlich, um mit dem Dienst zur Bewertung von Darlehensrisiken in der Aktivität *Darlehensrisiko beurteilen* zu interagieren. Diese Schnittstelle verfügt über eine synchrone Operation mit zwei Nachrichten: eine Eingabenachricht, die den Bericht zur Kredithistorie enthält, und eine Ausgabenachricht für die Risikobewertung.

Das Skript für die Aktivität *Vollständigkeit des Antragsformulars überprüfen* nimmt einen Darlehensantrag als Eingabe und prüft, ob alle erforderlichen Informationen vorhanden sind. Abhängig vom Ergebnis der Prüfung ändert es den Status des Antrags auf *vollständig* oder *unvollständig*, weist dem Antrag eine neue Antragskennung zu, falls diese leer ist, schreibt das Datum und die Uhrzeit der Einreichung oder Überarbeitung und füllt gegebenenfalls den Abschnitt *Statuskommentare* mit Verweisen auf unvollständige Datenfelder aus. Die Skriptaktivität *Wunsch nach Gebäudeversicherung prüfen* wird eigentlich nicht benötigt. Während es in einem konzeptionellen Modell wichtig ist, jede Entscheidung explizit mit einer Aktivität zu erfassen, wie wir in Kap. 3 gezeigt haben, kann diese in einem ausführbaren Modell direkt in die Bedingungen der ausgehenden Pfade einer Verzweigung eingebettet werden, wenn das Ergebnis der Entscheidung leicht verifiziert werden kann. Tatsächlich muss in unserem Beispiel nur der Wert eines booleschen Feldes in der Anwendung überprüft werden, was mit einem XPath-Ausdruck direkt auf dem Pfad mit der Bezeichnung *Zitat angefordert* erreicht werden kann.

Alle Benutzeraktivitäten dieses Prozesses werden über die Arbeitsauftragsverwaltung des Darlehensanbieters implementiert und den Prozessbeteiligten mit der erforderlichen Rolle angeboten (z. B. wird die Aktivität *Zulässigkeit beurteilen* einem Prozessbeteiligten mit der Rolle Sachbearbeiter angeboten). Diese Implementierung hängt von dem gewählten BPMS ab. Die Zuordnung zwischen Datenobjekten und Dateneingaben und -ausgaben für diese Aktivitäten ist einfach. Im Falle der Aktivität *Anspruchsberechtigung beurteilen* sieht der Sachbearbeiter zur Laufzeit ein elektronisches Formular für den Darlehensantrag (editierbar) und zwei weitere Formulare für die Risikobeurteilung und für die Immobilienbewertung (nicht editierbar). Der Sachbearbeiter muss den Darlehensantrag bearbeiten, indem er die Kennung eingibt, angibt, ob der Antragsteller für das Darlehen in Frage kommt oder nicht, und im Falle einer Nichtberechtigung Statuskommentare hinzufügt. Die anderen Benutzeraktivitäten funktionieren ähnlich.

Wir haben bereits erörtert, wie die Bedingung der Kante *Angebot für Gebäudeversicherung zusenden* umgesetzt werden kann. Die Bedingungen auf den anderen Sequenzflüssen können mit einem Ausdruck beschrieben werden, der auf ähnliche Weise Daten aus einem Datenobjekt extrahiert. Der Ausdruck für den mit *immer* bezeichneten Pfad ist einfach *wahr,* da dieser Pfad immer genommen wird. Der zeitliche Ausdruck für die beiden Zeit-Ereignisse ist eine relative Dauer (5 Tage und 2 Wochen).

Lösung 10.10 Die Begleitwebseite des Buches[4] bietet Tutorials, die zeigen, wie der Darlehensantragsprozess in verschiedenen BPMS, einschließlich Bizagi, Camunda, IBM BPM und Oracle, automatisiert werden kann.

10.9 Weitere Übungsaufgaben

Übung 10.11 Identifizieren Sie den Typ der Aktivitäten in Abb. 4.13 und stellen Sie diese mit geeigneten BPMN-Markern dar.

Übung 10.12 Betrachten Sie die folgenden Geschäftsprozesse. Stellen Sie fest, welche von ihnen automatisiert werden können, und begründen Sie Ihre Wahl.

1. Rekrutierung eines neuen Soldaten.
2. Organisieren einer Gerichtsverhandlung.
3. Einen Artikel bei einer Auktion auf eBay kaufen.
4. Verwaltung der Disposition von Lagerbeständen.
5. Eine Reise online buchen.
6. Bearbeitung eines IT-Systemwartungsauftrags.
7. Wartung eines Gebrauchtwagens bei einem Mechaniker.
8. Online-Handelszollerklärungen abgeben.
9. Bearbeitung von Mitarbeiterabrechnungen.
10. Synchronisieren von Datenservern in einer verteilten Umgebung.

Übung 10.13 Abb. 10.14 zeigt das Prozessmodell, dem FixComp folgt, wenn ein Kunde eine Beschwerde einreicht. Bei Erhalt einer neuen Beschwerde von einem Kunden beginnt der Prozess mit dem Senden einer automatischen Antwort an den Kunden, um ihm zu versichern, dass FixComp seiner Anfrage nachgeht. Ein Beschwerdebeauftragter nimmt die Beschwerde dann zur Diskussion mit den Personen in der Abteilung, auf die sich die Beschwerde bezieht. Als nächstes sendet der Beschwerdebeauftragte ein persönliches Entschuldigungsschreiben an den Kunden und schlägt eine Lösung vor. Der Kunde kann die Lösung entweder akzeptieren oder ablehnen. Wenn der Kunde die Lösung akzeptiert, wird die Lösung von der zuständigen Abteilung ausgeführt. Lehnt der Kunde die Lösung ab, wird er telefonisch angerufen, um mögliche Alternativen mit dem Beschwerdebeauftragten zu besprechen. Wenn eine dieser Alternativen vielversprechend ist, wird sie mit der Abteilung besprochen und der Prozess wird fortgesetzt. Wenn keine Einigung erzielt werden kann, wird der Fall vor Gericht gebracht.

Das Unternehmen möchte diesen Prozess automatisieren, um Beschwerden effizienter bearbeiten zu können. Ihre Aufgabe ist es, dieses Modell für die Ausführung vorzubereiten.

---

[4]http://fundamentals-of-bpm.org/supplementary-material

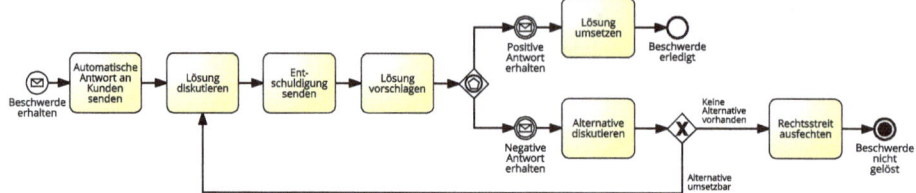

Abb. 10.14 FixComps Prozessmodell zur Behandlung von Beschwerden

Quelle: Diese Übung ist an eine ähnliche Übung angelehnt, die von Remco Dijkman, Technische Universität Eindhoven, entwickelt wurde.

Übung 10.14 Betrachten Sie den in Abb. 10.15 modellierten Schadenbearbeitungsprozess. Implementieren Sie diesen Geschäftsprozess mit einem BPMS Ihrer Wahl.

Der Prozess beginnt, wenn ein Kunde einen neuen Versicherungsantrag einreicht. Jeder Schadensfall durchläuft einen zweistufigen Bewertungsprozess. Zuerst wird die Haftung des Kunden bestimmt. Zweitens wird der Anspruch bewertet, um festzustellen, ob und in welchem Umfang die Versicherungsgesellschaft diese Haftung decken muss. Wenn der Anspruch anerkannt wird, wird die Zahlung veranlasst und der Kunde wird über den zu zahlenden Betrag informiert. Alle Aktivitäten mit Ausnahme von *Zahlung veranlassen* werden von Schadenbearbeitern ausgeführt. Es gibt drei Sachbearbeiter für Schadensfälle. Die Aktivität *Zahlung veranlassen* wird von einem Finanzbeauftragten ausgeführt. Es gibt zwei Finanzbeauftragte.

Wie im Modell dargestellt, sind an diesem Prozess zwei Datenobjekte beteiligt: Antrag und Antragsentscheidung. Ein Leistungsfall umfasst die folgenden Datenfelder:

- Name des Antragstellers
- Polizzennummer (eine Zeichenfolge mit alphanumerischen Zeichen)
- Beschreibung des Anspruchs

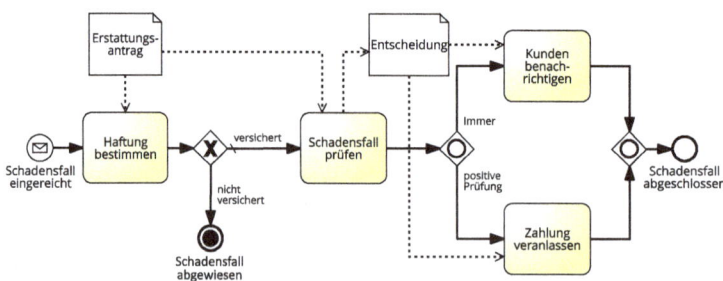

Abb. 10.15 Prozessmodell der Schadenbearbeitung

● Beanspruchter Betrag.

Ein Fallentscheid besteht aus den folgenden Datenfeldern:

● Verweis auf einen Anspruch
● Entscheidung (positiv oder negativ)
● Erläuterung
● Zu erstattender Betrag (größer als Null, wenn die Entscheidung positiv ist).

Sie können weitere Datenfelder zu den oben genannten Objekten hinzufügen, wenn Sie dies für notwendig erachten.

Übung 10.15 Betrachten Sie den folgenden Mietprozess, der eine Variante des in Beispiel 1.1 beschriebenen Prozesses ist. Implementieren Sie diesen Geschäftsprozess mit einem BPMS Ihrer Wahl.

Der Mietvorgang beginnt, wenn ein Bauleiter einen Bestellung von Baumaschine ausfüllt, welcher die folgenden Angaben enthält:

● Name oder Kennung des Bauleiters, der die Anfrage initiiert
● Gewünschtes Startdatum und Uhrzeit der Baumaschinenmiete
● Erwartetes Enddatum und -zeit der Baumaschinenmiete
● Projekt, für das die Baumaschine gemietet werden soll
● Baustelle, auf der die Baumaschine eingesetzt wird
● Beschreibung der erforderlichen Baumaschine
● Erwartete Mietkosten pro Tag (optional)
● Bevorzugter Lieferant (optional)
● Referenznummer der Baumaschine des Lieferanten (optional)
● Kommentare an den Lieferanten (optional).

Das Mietgesuch wird von einem der Sachbearbeiter im Depot des Unternehmens übernommen. Der Sachbearbeiter konsultiert die Kataloge der Baumaschinenlieferanten und ruft die Lieferanten an oder sendet ihnen E-Mails, um die kostengünstigste verfügbare Baumaschine zu finden, die der Anfrage entspricht. Sobald der Sachbearbeiter ein geeignetes Gerät gefunden hat, das zur Vermietung zur Verfügung steht, empfiehlt er, es zu mieten. Zu diesem Zeitpunkt muss der Sachbearbeiter die folgenden Daten zur Anfrage für die Baumaschinemiete hinzufügen:

● Ausgewählter Anbieter
● Referenznummer der ausgewählten Baumaschine
● Kosten pro Tag.

Anträge auf Baumaschinenmiete müssen von einem Arbeitsingenieur (der auch im Depot arbeitet) genehmigt werden. In einigen Fällen lehnt der Arbeitsingenieur den Antrag auf Baumaschinenmiete ab, was bedeutet, dass keine Geräte gemietet werden. Bevor ein Antrag auf diese Weise abgelehnt wird, sollte der Arbeitsingenieur natürlich zunächst seine Entscheidung mit dem Bauleiter vor Ort besprechen und dem Antrag auf Baumaschinenmiete eine Erläuterung beifügen. In anderen Fällen lehnt der Arbeitsingenieur die empfohlene Ausrüstung (aber nicht den gesamten Antrag) ab und bittet den Sachbearbeiter, eine alternative Ausrüstung zu finden. Auch in diesem Fall sollte der Arbeitsingenieur die Entscheidung dem Sachbearbeiter mitteilen und eine Erläuterung hinzufügen.

Mietanträge, bei denen die Kosten pro Tag unter € 100 liegen, werden automatisch genehmigt, ohne über einen Arbeitsingenieur zu gehen.

Sobald ein Antrag genehmigt ist, wird aus den Daten des genehmigten Mietgesuchs automatisch eine Bestellung generiert. Die Bestellung umfasst:

- Referenznummer der Baumaschine des Lieferanten
- Kosten pro Tag
- Baustelle, an die die Baumaschine geliefert werden soll
- Lieferdatum und -zeit
- Datum und Uhrzeit der Abholung
- Kommentare an den Lieferanten (optional).

Der Lieferant liefert die Baumaschine zum gewünschten Termin auf die Baustelle. Der Bauleiter inspiziert die Maschine. Wenn alles in Ordnung ist, nimmt er sie entgegen, fügt das Lieferdatum der Bestellung hinzu und fügt optional eine Notiz hinzu, um auf alle bei der Inspektion festgestellten Probleme hinzuweisen. Ebenso wird bei der Abholung der Baumaschine durch den Lieferanten am Ende der Mietzeit eine weitere Inspektion durchgeführt, und der Lieferant vermerkt das Abholdatum in der Bestellung (eventuell mit einem Abholschein).

Manchmal bittet der Bauleiter um eine Verlängerung der Mietdauer. In diesem Fall vermerkt er die verlängerte Abholzeit in der Bestellung, und die überarbeitete Bestellung wird automatisch erneut an den Lieferanten gesendet. Bevor er diese Änderung vornimmt, wird erwartet, dass der Bauleiter den Lieferanten anruft, um die Änderung des Abholdatums zu vereinbaren.

Einige Tage nach der Abholung der Bamaschine schickt der Lieferant eine Rechnung per E-Mail an den Verkäufer. Der Sachbearbeiter erfasst die folgenden Details:

- Angaben zum Lieferanten
- Rechnungsnummer
- Bestellnummer
- Referenznummer der Baumaschine
- Lieferdatum und -zeit

- Datum und Uhrzeit der Abholung
- Zu zahlender Gesamtbetrag.

Nachdem diese Rechnungsdetails eingegeben wurden, überprüft der Sachbearbeiter die Rechnungsdetails anhand der Bestellung und markiert die Rechnung als akzeptiert oder abgelehnt. Im Falle einer Ablehnung fügt der Sachbearbeiter eine Erläuterung hinzu (z. B. die Aufforderung an den Lieferanten, eine überarbeitete Rechnung zu senden). Schließlich kann der Lieferant bei Bedarf eine überarbeitete Rechnung senden.

Die akzeptierte Rechnung wird zur Zahlung an die Finanzabteilung weitergeleitet, aber dieser Teil des Prozesses wird separat behandelt und ist nicht Teil dieser Übung.

Übung 10.16 Definieren Sie geeignete Datentypen für den in Abb. 10.13 dargestellten Vertriebsprozess und implementieren Sie ihn mit einem BPMS Ihrer Wahl.

10.10 Vertiefende Lektüre

Eine Diskussion über ausführbare BPMN 2.0 ist in Silvers Buch [1] enthalten. Zusammen mit Sayles schrieb er auch ein Buch über DMN [2]. Eine gute Darstellung der drei Modellierungsstandards BPMN, CMMN und DMN und ihrer Verwendung bei der Ausführung von Prozessen findet sich in dem Buch von Freund & Rücker [3]. Eine ausführliche Darstellung der Prozessautomatisierung mithilfe der Sprache YAWL findet sich in ter Hofstede et al. [4]. Auch Weske geht in seinem Buch [5] ausführlich auf die Implementierungsaspekte von ausführbaren Geschäftsprozessen ein. Ein klassisches Buch darüber, wie die Prozessausführung innerhalb der Steuereinheit funktioniert, ist Leymann & Roller [6].

Eine leichte Einführung in XML, XML-Schema und XPath findet sich in Møller & Schwartzbachs Buch [7]. Webservices werden von Erl et al. ausführlich behandelt [8]. Letzteres Buch enthält auch eine Diskussion von WSDL 2.0, der Standardtechnologie zur Implementierung von Dienstschnittstellen in BPMN 2.0. Es gibt auch Bücher über RESTful Webservices, einschließlich des Buches von Richardson & Ruby [9]. Eine gute Diskussion technischer Überlegungen, jedoch aus einer technologieunabhängigen Perspektive, findet sich im Buch über Workflowmuster [10]. In diesem Buch werden auch verschiedene Strategien der Zuweisung von Arbeit zu Ressourcen diskutiert.

Literatur

1. Silver, B.: BPMN Method and Style, 2. Aufl. Cody-Cassidy Press, London (2011)
2. Silver, B., Sayles, A.: DMN Method and Style: The Practitioner's Guide to Decision Modeling with Business Rules. Cody-Cassidy Press, London (2016)
3. Freund, J., Rücker, B.: Real-Life BPMN: With introductions to CMMN and DMN. CreateSpace Independent Publishing Platform, 3. Aufl. (2016)

4. ter Hofstede, A.H.M., van der Aalst, W.M.P., Adams, M., Russell, N. (Hrsg.): Modern Business Process Automation: YAWL and its Support Environment. Springer, Heidelberg (2010)
5. Weske, M.: Business Process Management: Concepts, Languages, Architectures. Springer, 2. Aufl. Heidelberg (2012)
6. Leymann, F., Roller, D.: Production Workflow – Concepts and Techniques. Prentice Hall, Kent, OH, United States (2000)
7. Møller, A., Schwartzbach, M.I.: An Introduction to XML and Web Technologies. Addison-Wesley, Boston MA (2006)
8. Erl, T., Karmarkar, A., Walmsley, P., Haas, H.: Web Service Contract Design and Versioning for SOA. Prentice Hall, Kent, OH, United States (2008)
9. Richardson, L., Ruby, S.: RESTful web services. O'Reilly Media Inc, Sebastopol, CA (2008)
10. Russell, N., van der Aalst, Wil M.P., ter Hofstede, A.H.M.: The Definitive Guide. MIT Press, Workflow Patterns, Cambridge MA (2016)

Prozessüberwachung 11

Wenn man etwas nicht messen kann, kann man es nicht verstehen. Wenn man es nicht verstehen kann, kann man es auch nicht kontrollieren. Wenn man es nicht kontrollieren kann, kann man es auch nicht verbessern.

H. James Harrington (1929–)

Sobald wir einen neu gestalteten Geschäftsprozess implementiert und eingeführt haben, kann es passieren, dass der neue Prozess nicht unseren Erwartungen entspricht. Beispielsweise können bestimmte Arten von unvorhergesehenen Ausnahmen auftreten, die Bearbeitungszeit einiger Aufgaben kann aufgrund dieser Ausnahmen viel höher sein als erwartet, und Warteschlangen können sich in dem Maße aufbauen, dass die Prozessbeteiligten aufgrund des hohen Drucks anfangen, Abkürzungen zu nehmen, während die Kunden aufgrund der langen Wartezeiten unzufrieden werden. Ein erster Schritt, um diese Probleme anzugehen (und ihnen vorzubeugen), besteht darin, zu verstehen, was während der Ausführung des Prozesses tatsächlich geschieht. Dies ist das übergreifende Ziel der letzten Phase des BPM-Lebenszyklus, nämlich der *Prozessüberwachung*.

Wir beginnen dieses Kapitel mit der Erörterung der Zusammenhänge rund um die Prozessüberwachung, d. h. wann eine Prozessüberwachung durchgeführt werden kann, welche Klassen von Verfahren existieren, welche Daten als Eingabe benötigt werden und welche Ausgaben durch diese Verfahren erzeugt werden können. Als Nächstes stellen wir gängige Arten von Übersichten für die Prozessleistung vor, die oft als Armaturenbrett *(engl.: dashboard)* bezeichnet werden und sowohl für die periodische als auch für die fortlaufende Prozessüberwachung genutzt werden. Dann gehen wir zu Prozess-Mining-Verfahren über, bei denen die Verwendung von Prozessmodellen für die Prozessüberwachung im Vordergrund steht. Abschließend zeigen wir, wie diese Verfahren eine Brücke von der Überwachungsphase zurück zu den Erhebungs- und Analysephasen des BPM-Lebenszyklus schlagen.

© Springer-Verlag GmbH Deutschland, ein Teil von Springer Nature 2021
M. Dumas et al., *Grundlagen des Geschäftsprozessmanagements,*
https://doi.org/10.1007/978-3-662-58736-2_11

11.1   Der Kontext der Prozessüberwachung

Bei der Prozessüberwachung geht es darum, die bei der Ausführung eines Geschäftsprozesses anfallenden Daten zu nutzen, um Erkenntnisse über die tatsächliche Leistung des Prozesses zu gewinnen und seine Konformität in Bezug auf Normen, Richtlinien oder Vorschriften zu überprüfen. Die durch die Ausführung von Geschäftsprozessen erzeugten Daten haben im Allgemeinen die Form von Ereignisaufzeichnungen. Jeder Ereignisdatensatz erfasst eine Zustandsänderung in einem Prozess, wie z. B. den Start oder Abschluss einer Aufgabe, eine eingehende oder ausgehende Nachricht oder eine Zeitüberschreitung oder Eskalation. Dateibestände mit solcher Ereignisaufzeichnungen werden als Ereignislogdaten *(engl.: event logs)*, oder kurz Logdaten, bezeichnet.

Verfahren zur Überwachung von Geschäftsprozessen benutzen als Eingabe Ereignislogdaten und erzeugen eine Reihe von Artefakten, welche Prozessbeteiligten, Analysten, Prozessverantwortlichen und anderen Managern helfen, sich ein Bild von der Leistung des Prozesses auf verschiedenen Detailebenen zu machen. Mit einigen Überwachungsverfahren können wir feststellen, dass die tatsächliche Ausführung des Prozesses von der in einem Prozessmodell beschriebenen beabsichtigten Ausführung abweicht, z. B. wenn eine Rechnung bezahlt wird, bevor sie von einem Sachbearbeiter genehmigt wird, obwohl dies normalerweise nicht der Fall sein sollte. Andere Verfahren helfen zu verstehen, wie und warum die Leistung eines Prozesses für verschiedene Fälle oder Fallgruppen variiert, z. B. warum es für manche Geschäftsfälle zu lange dauert, bis sie abgeschlossen sind, oder warum manche Geschäftsfälle zu Kundenbeschwerden führen.

Verfahren der Prozessüberwachung lassen sich grob einteilen in solche, die eine nachträgliche Sicht auf einen Prozess bieten, sprich die sich auf bereits abgeschlossene Fälle konzentrieren, und solche, die eine direkte Sicht auf laufende Fälle bieten. Dementsprechend können wir Prozessüberwachungsverfahren in zwei Kategorien einteilen:

Die periodische Prozessüberwachung befasst sich mit der Analyse historischer Prozessausführungen. Die Eingabe für die periodische Prozessüberwachung sind Ereignislogdaten, die Geschäftsfälle eines bestimmten Zeitraums abdecken, z. B. einem Monat, einem Quartal oder einem ganzen Jahr. Verfahren der periodischen Prozessüberwachung liefern eine Darstellung der Leistung des Prozesses, und somit Rückschlüsse auf Gründe für eine schlechte Leistung oder für unerwünschte Leistungsschwankungen sowie der Regelkonformität des Prozesses.

Die fortlaufende Prozessüberwachung befasst sich mit der Bewertung der Leistung von aktuell laufenden Prozessinstanzen. Die wichtigste Eingabe für die Prozessüberwachung sind (unvollständige) Ereignissequenzen laufender Fälle. Verfahren der fortlaufenden Prozessüberwachung bieten Echtzeitdarstellungen der Leistung laufender Fälle und lösen Alarme oder automatische Gegenmaßnahmen aus, wenn bestimmte Zielvorgaben oder Regeln nicht erfüllt werden, z. B. wenn eine Kundenanfrage über einen bestimmten Zeitraum unbeantwortet bleibt.

Prozessüberwachungsverfahren können auch in *statistikbasierte* und *modellbasierte* Verfahren eingeteilt werden. Die erstgenannte Kategorie von Verfahren stützt sich auf die statistische Analyse von Prozesskennzahlen. Diese Kategorie umfasst deskriptive Analysen der Verteilung einer bestimmten Prozesskennzahl mithilfe von Aggregationsfunktionen wie Mittelwert, Standardabweichung, minimale und maximale Durchlaufzeit und Verarbeitungszeit. Sie umfasst auch Visualisierungsverfahren, die es ermöglichen, die Verteilung der Durchlaufzeit von laufenden Fällen eines Prozesses mit denen im gleichen Monat des Vorjahres zu vergleichen. Prozessüberwachungswerkzeuge, bei denen statistikbasierte Verfahren im Vordergrund stehen, werden als Werkzeuge der Geschäftsaktivitätsüberwachung (*engl.: Business Activity Monitoring*) oder Prozessleistungsmessung (*engl.: Process Performance Measurement*) bezeichnet. Der wesentliche Nutzen dieser Werkzeuge besteht in der Bereitstellung von Leistungsübersichten (*engl.: performance dashboards*), welche die Leistung eines Prozesses mithilfe einer Kombination aus aggregierten Maßen (z. B. mittlere Durchlaufzeit, mittlere Verarbeitungszeit) und verschiedenen Arten von Diagrammen anzeigen, wie im nächsten Abschnitt besprochen.

Auf der anderen Seite ermöglichen modellbasierte Verfahren die Analyse der Geschäftsfälle auf der Grundlage von Prozessmodellen. Wenn wir zum Beispiel eine Ereignislogdatei mit Angaben zu Bestellungen, Sendungen, Lieferungen und Rechnungen erhalten, können wir mit einigen modellbasierten Verfahren ein Prozessmodell für diesen Auftrag-bis-Zahlungseingang-Prozess generieren und die Leistung des Prozesses (z. B. Wartezeiten) gemeinsam mit dem automatisch generierten Modell visualisieren. Andere modellbasierte Überwachungsverfahren ermöglichen es, Abweichungen zwischen einer Ereignislogdatei und einem manuell erstellten Prozessmodell zu erkennen. Mit den letztgenannten Verfahren können wir beispielsweise feststellen, dass in einigen Fällen eine Rechnung ohne eine erforderliche Genehmigung bezahlt wurde. Prozessüberwachungswerkzeuge, die den Schwerpunkt auf die Verwendung von Prozessmodellen legen, werden als Prozess-Mining-Werkzeuge (*engl.: process mining tools*) bezeichnet.

11.2 Übersichten zur Prozessleistung

Eine Prozessübersicht ist eine grafische Darstellung einer oder mehrerer Prozesskennzahlen oder anderer Merkmale eines Geschäftsprozesses. Je nach Zweck und Zielgruppe lassen sich Prozessübersichten in drei Kategorien einteilen: *operativ, taktisch* und *strategisch*.

11.2.1 Operative Übersichten

Operative Prozessübersichten richten sich an Prozessbeteiligte und ihre operativen Manager (einschließlich des Prozessverantwortlichen). Ihr Zweck ist es, die Leistung laufender oder kürzlich abgeschlossener Fälle so darzustellen, dass die Prozessbeteiligten und ihre

Manager ihre kurzfristige Arbeit planen können. Im Zusammenhang mit einem Auftrag-bis-Zahlungseingang-Prozess könnte eine operative Übersicht beispielsweise einen am Geschäftsprozess beteiligten Finanzleiter oder einen Disponenten in einem Lagerhaus ansprechen.

Zu den typischen Sachverhalten, die in einer operativen Übersicht angezeigt werden, gehört die Anzahl der laufenden Fälle (in Bearbeitung), klassifiziert nach Art der Fälle. Beispielsweise kann eine Übersicht die Anzahl der Fälle anzeigen, die pünktlich, überfällig und von Überfälligkeit bedroht sind. Diese Überlegung wird in Abb. 11.1 veranschaulicht, die eine mithilfe von Bizagi erstellte Übersicht zeigt. Die linke Seite zeigt die in Bearbeitung befindlichen Fälle in Form eines Tortendiagramms. Die rechte Seite ist ein Histogramm, welches die Anzahl der Fälle anzeigt sowie deren Fristigkeiten.

Manchmal werden operative Übersichten eher für Ressourcen oder Aufgaben als für Fälle definiert. Als Beispiel zeigt Abb. 9.5 eine Prozessübersicht für das BPMS Perceptive, welches die Anzahl der ausstehenden Arbeitsaufgaben pro Ressource anzeigt.

Übung 11.1 Wir betrachten den Prozess der Rezeptbearbeitung in Übung 1.6. Während eines Arbeitstages müssen die Apotheker und Angestellten in der Apotheke die Arbeitsbe-lastung der kommenden Stunden überwachen und Situationen erkennen, in denen Termine versäumt werden könnten. Beachten Sie, dass jeder Fall (d. h. jedes Rezept) eine bestimmte Abholzeit hat (z. B. werden einige Rezepte um 17 Uhr abgeholt, andere um 18 Uhr usw.).

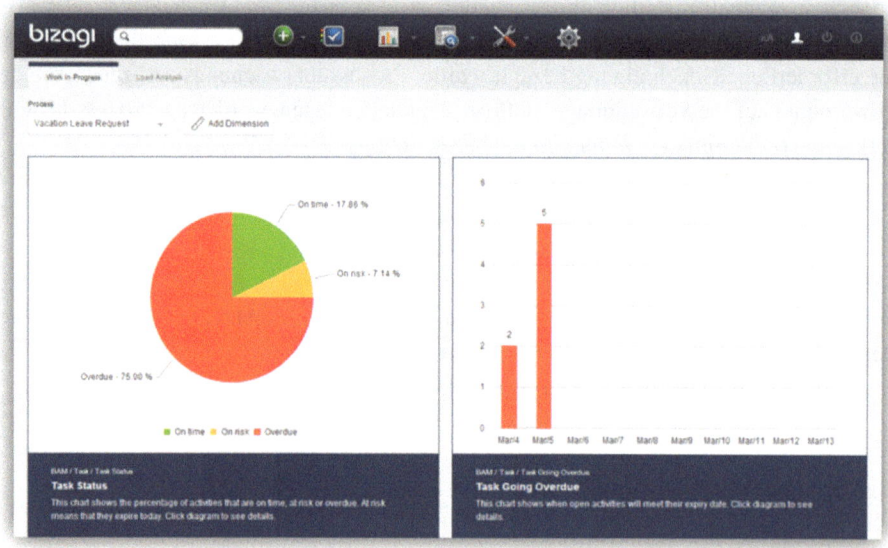

Abb. 11.1 Beispiel einer Prozessübersicht, erstellt mithilfe der Komponente für Geschäftsaktivitäts-überwachung von Bizagi

Wir können auch davon ausgehen, dass jeder Apotheker und jeder Angestellte eine Anzahl von Fällen pro Stunde bearbeiten kann. Man kann davon ausgehen, dass Apotheker ihren Teil der Arbeit an einem bestimmten Rezept in etwa 6 min Bearbeitungszeit erledigen können, während Angestellten 10 min Bearbeitungszeit pro Rezept benötigen, um ihren Teil der Arbeit zu erledigen. Ein bestimmtes Rezept wird sich dabei immer in einem der folgenden Zustände befinden wird: unbearbeitet, erfasst und geprüft, versandfertig und zugestellt. Beschreiben Sie zwei mögliche operative Prozessübersichten, um die Überwachung des Prozesses zu unterstützen.

11.2.2 Taktische Übersichten

Taktische Prozessübersichten richten sich an Prozessverantwortliche, an Manager mit Verantwortung für Teile eines Prozesses und an Analysten, auf welche sich diese Manager verlassen. Der Zweck taktischer Übersichten besteht darin, einen Überblick über die Leistung eines Prozesses über einen relativ langen Zeitraum (z. B. einen Monat oder ein Quartal oder sogar ein Jahr) zu vermitteln, um unerwünschte Leistungsschwankungen und ihre möglichen Ursachen, langfristige Engpässe und Abweichungen oder häufige Fehlerquellen aufzudecken.

Zu den typischen Maßnahmen, welche in einer taktischen Prozessübersicht angezeigt werden, gehören die Anzahl der abgeschlossenen Fälle, Durchlaufzeit, Wartezeiten, Bearbeitungszeiten, Ressourcenauslastung, Kosten pro Fall und Fehlerquoten. Für bestimmte Prozesskennzahlen kann eine taktische Übersicht Statistiken wie Minimum, Maximum, Mittelwert und Standardabweichung dieses Maßes oder deren gesamte Verteilung in Form eines Histogramms anzeigen. Abb. 11.2 zeigt als Beispiel ein Histogramm der Durchlaufzeit von Fällen, die über einen Zeitraum von einem Jahr abgeschlossen wurden. Für jeden Bereich im Histogramm können wir in der Übersicht die Anzahl und den Prozentsatz der Fälle ablesen, deren Durchlaufzeit in diesen Bereich fällt. Interaktive Übersichten ermöglichen es zudem, in die Tiefe zu gehen und die einzelnen Fälle hinter jedem Balken zu inspizieren.[1]

Da einige der oben genannten Kennzahlen auch auf der Ebene der Aktivitäten eines Prozesses definiert werden können, kann eine taktische Übersicht in feingliedrigere Übersichten auf Aktivitätsebene zerlegt werden. Beispielsweise kann eine taktische Übersicht die mittlere Wartezeit jeder Aktivität eines Prozesses anzeigen. Solche Übersichten ermöglichen es Analysten, Leistungsengpässe zu identifizieren.

Taktische Übersichten können auch Längs- oder Querschnittsdarstellung der Leistung eines Prozesses liefern. Eine *Längsschnittdarstellung* zeigt die Variation einer bestimmten Prozesskennzahl über die Zeit. Eine solche Darstellung kann bspw. die mittlere Durchlaufzeit eines Prozesses pro Monat anzeigen. Sie ermöglicht das Erkennen von Trends.

---

[1]Dieses Histogramm wurde von Celonis erstellt – ein Werkzeug, das wir später noch einmal im Zusammenhang mit dem Prozess-Mining erwähnen werden.

Abb. 11.2 Durchlaufzeithistogramm der in einem Zeitraum von einem Jahr abgeschlossenen Fälle

Eine *Querschnittsdarstellung* ist eine Ansicht, welche die Verteilung einer Prozesskennzahl gemäß einer gegebenen Fallklassifikation zeigt. Eine taktische Übersicht kann z. B. die Verteilung der Fälle nach geografischen Regionen (projeziert auf eine Karte) und innerhalb jeder Region auch die Verteilung der Fälle nach Produkttyp zeigen.

Wir können taktische Prozessübersichten auch dafür verwenden, um die Leistung verschiedener Teams zu vergleichen. Wenn beispielsweise ein Kontakt-bis-Auftrag-Prozess von mehreren Vertriebsteams an verschiedenen geografischen Standorten durchgeführt wird, kann eine taktische Übersicht die Zeit anzeigen, die jedes Team für jede Phase dieses Kontakt-bis-Auftrag-Prozesses benötigt. Eine solche vergleichende Übersicht ermöglicht es Analysten und Managern zu verstehen, warum einige Teams besser abschneiden als andere.

Übung 11.2 Betrachten wir noch einmal den Prozess des Rezeptbearbeitung in der Apotheke aus Übung 1.6. Der Prozessverantwortliche dieses Prozesses beaufsichtigt Hunderte von Apotheken, die über mehrere Regionen verteilt sind. Geben Sie an, welche Prozesskennzahlen angezeigt werden sollen, und beschreiben Sie, wie sie angezeigt werden könnten, um dem Prozessverantwortlichen zu helfen, Probleme im Zusammenhang mit schlechtem Kundendienst zu erkennen.

11.2.3 Strategische Übersichten

Strategische Prozessübersichten richten sich an Führungskräfte. Ihr Zweck ist es, auf hoher Ebene ein Bild der Leistung von Gruppen von Prozessen entlang mehrerer Leistungsdimensionen zu liefern. Dementsprechend werden strategische Übersichten in der Regel durch die Aggregation von Prozesskennzahlen auf zwei Arten erstellt: i) Aggregation von Prozesskennzahlen, die für einzelne Prozesse definiert sind, bis hin zu Prozesskennzahlen, die für ganze Gruppen von Prozessen in einer Prozessarchitektur definiert sind; und ii) Aggregation mehrerer Prozesskennzahlen, die sich auf dieselbe Leistungsdimension beziehen (z. B. mehrere Messgrößen, die sich auf die Effizienz beziehen), zu einer einzigen Messgröße.

Beispiel 11.1 Wir betrachten ein Versicherungsunternehmen mit drei Gruppen von Kernprozessen: Dienstleistungsentwicklung, Vertrieb und Schadenbearbeitung. Für jede dieser Gruppen gibt es mehrere Prozesskennzahlen in Bezug auf die Effizienz, wie z. B. Durchlaufzeit-Effizienz, Ressourcenauslastung und Kosten-Einnahmen-Verhältnis pro Fall.[2] Auf Basis dieser Kennzahlen und unter der Annahme, dass wir ihnen gleiches Gewicht beimessen, können wir ein einziges Maß für die Prozesseffizienz unter Verwendung eines gewichteten Durchschnitts definieren. Nehmen wir an, es gäbe zwölf Prozesse im Bereich der Schadenbearbeitung (ein Prozess pro Leistungsart, z. B. Schadenbearbeitung für die Kfz-Versicherung, für die Nutzfahrzeugversicherung, für die Hausratversicherung usw.). Wenn wir jedem dieser zwölf Prozesse das gleiche Gewicht beimessen, können wir ein Maß für die Effizienz der gesamten Gruppe von Schadenbearbeitungsprozessen in der Architektur definieren. Wenn wir dieses Verfahren für jede Art von Leistungsdimension (Effizienz ist nur eine davon) und für jede Gruppe von Prozessen (Schadenbearbeitung ist nur einer davon) wiederholen, erhalten wir eine Reihe von Prozesskennzahlen für jede Gruppe von Prozessen in der Architektur. Auf dieser Grundlage können wir eine strategisches Prozessübersicht konstruieren, welche uns eine Reihe von aggregierten Prozesskennzahlen für jede Gruppe von Prozessen in einer Prozessarchitektur anzeigt. Dies kann z. B. durch die Verwendung von Balanced Scorecards erreicht werden, wie in Abb. 2.10 dargestellt. Diese Übersicht kann dann von Führungskräften verwendet werden, um einen Überblick über die Leistung eines bestimmten Geschäftsbereichs über einen bestimmten Zeitraum (einen Monat, ein Quartal oder ein Jahr) aus der Vogelperspektive zu erhalten und mit der Leistung in früheren Perioden oder in anderen Geschäftsbereichen zu vergleichen. □

Übung 11.3 Betrachten Sie die in Abb. 2.6 dargestellte Prozesslandschaft des Verkehrsunternehmens Wiener Linien. Nehmen wir an, der Finanzvorstand habe das langfristige Ziel, die Effizienz zu verbessern, hauptsächlich durch Kostensenkung. Welche Übersicht (die monatlich aktualisiert wird) könnte dem Finanzvorstand angeboten werden, um seine Aufmerksamkeit auf Prozessverbesserungsbemühungen zu richten? Welche Daten würden wir zur Erstellung dieser Übersichten benötigen?

11.2.4 Werkzeuge zur Übersichtserstellung

Operationelle und taktische Prozessübersichten werden von fast allen BPMS standardmäßig zur Verfügung gestellt. Sie können auch mit speziellen Übersichtswerkzeugen erstellt

---

[2]Die Leistungsdimensionen einer Organisation werden normalerweise in einer *Balanced Scorecard* definiert, die in Abschn. 2.1 eingeführt wird. In einer Balanced Scorecard ist die Effizienz eine der Leistungsdimensionen der *internen Perspektive.*

werden, die in anderen Systemen, z. B. CRM- und ERP-Systemen wie Microsoft Dynamics und SAP, verfügbar sind. Einige Arten von Prozessübersichten werden auch standardmäßig von Prozess-Mining-Werkzeugen bereitgestellt, auf die wir im Folgenden eingehen werden.

Darüber hinaus ist es gängige Praxis, Prozessübersichten (auf allen drei Ebenen) mithilfe von Werkzeugen zur Geschäftsanalyse *(engl.: business analytics)* und Geschäftsdatenvisualisierung *(engl.: business data visualization)* wie Microsoft PowerBI,[3] QlikView,[4] und Tableau zu erstellen.[5] Mit diesen Werkzeugen lassen sich benutzerdefinierte Übersichten aus konfigurierbaren Schablonen mit einem visuellen Editor entwerfen und Daten aus Dateien oder Datenbanken importieren.

Einer der Trends auf dem Gebiet der Prozessübersichten ist die Einbeziehung von Verfahren des maschinellen Lernens, um Vorhersagen über die zukünftige Leistung zu treffen. Zum Zeitpunkt der Abfassung dieses Buches bauen BPMS- und Prozess-Mining-Anbieter nach und nach Prognosefunktionalität in ihre Produkte ein. Ein Beispiel für ein Open-Source-Werkzeug zur Erstellung solcher Prognosen ist Nirdizati.[6]

11.3   Einführung in das Prozess-Mining

Prozess-Mining ist eine Familie von Verfahren zur Analyse der Leistung und Konformität von Geschäftsprozessen auf der Grundlage von Ereignislogdaten, die während ihrer Ausführung erstellt werden. Prozess-Mining-Verfahren ergänzen taktische Übersichten zur Prozessüberwachung. Während es taktische Übersichten Managern und Analysten ermöglichen, sich ein umfassendes Bild des Zustands eines Prozesses zu verschaffen, können sie mit Prozess-Mining-Verfahren in die Tiefe gehen. Insbesondere ermöglichen es diese Verfahren zu verstehen, wie der Prozess tatsächlich ausgeführt wird, und die Leistung eines Prozesses bis hinunter auf die Ebene der einzelnen Aufgaben, Ressourcen und Übergaben herunterzubrechen.

In diesem Abschnitt geben wir einen Überblick über Prozess-Mining-Verfahren und beschreiben die Struktur der Ereignislogdaten, die als Eingabe für diese Verfahren verwendet werden.

11.3.1 Verfahren des Prozess-Minings

Wie in Abb. 11.3 dargestellt, können Prozessgewinnungsverfahren vier Anwendungsfällen zugeordnet werden: i) automatische Prozessmodellgenerierung, ii) Konformitätsprüfung, iii) Leistungsanalyse und iv) Variantenanalyse.

---

[3]http://powerbi.microsoft.com

[4]http://www.qlik.com

[5]https://www.tableau.com

[6]http://nirdizati.org

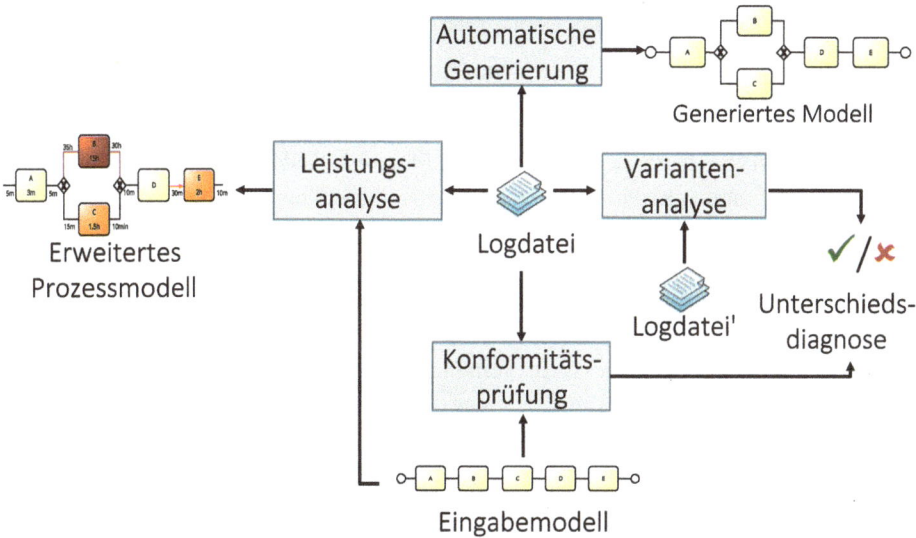

Abb. 11.3 Kategorien von Prozess-Mining-Verfahren und ihre Ein- und Ausgaben

Verfahren der *automatischen Prozessmodellgenerierung* nehmen als Eingabe eine Ereignislogdatei und erzeugen ein Geschäftsprozessmodell, das dem in den Ereignislogdaten beobachteten oder angedeuteten Verhalten genau entspricht. Die automatische Generierung kann zur Unterstützung der Prozesserhebung in Verbindung mit anderen in Kap. 5 vorgestellten Erhebungsmethoden oder als Teil einer taktischen Überwachung der Prozessleistung, wie im Folgenden erörtert, eingesetzt werden.

Verfahren der *Konformitätsprüfung* nehmen als Eingabe eine Ereignislogdatei und ein Prozessmodell, und sie geben uns als Ausgabe eine Liste der Unterschiede zwischen dem Modell und den Logdaten. Beispielsweise könnte das Prozessmodell vorgeben, dass nach der Ausführung einer Aufgabe A eine weitere Aufgabe B ausgeführt werden muss. Aber vielleicht lässt sich in den Logdaten nach Aufgabe A manchmal keine Aufgabe B beobachten. Dies kann auf einen Fehler zurückzuführen sein oder, was häufiger vorkommt, auf eine Ausnahme, die im Prozessmodell nicht erfasst wurde. Einige Prüfungsverfahren verwenden als Eingabe eine Logdatei und eine Reihe von Geschäftsregeln anstelle eines Prozessmodells. Diese Verfahren prüfen, ob die Logdaten die Geschäftsregeln erfüllen, und wenn nicht, zeigen sie deren Regelverstöße an.

Verfahren der *Leistungsanalyse* verwenden als Eingabe ein Prozessmodell und eine Logdatei und erzeugen als Ausgabe ein *erweitertes Prozessmodell*. Das erweiterte Prozessmodell enthält zusätzliche Elemente (z. B. Farbhervorhebungen), die Fragen beantworten wie „Warum ist der Prozess langsam?" oder „Wo verschwenden wir in einem Geschäftsprozess die meiste Zeit?" Mit anderen Worten, sie können die Engpässe ausfindig machen, die den Prozess verlangsamen. Beachten Sie, dass das für die Leistungsanalyse verwendete Prozessmodell ein vom Analysten bereitgestelltes oder ein automatisch generiertes Prozessmodell sein kann.

Schließlich nehmen Verfahren der *Variantenanalyse* als Eingabe zwei Ereignislogdateien (die zwei Varianten eines Prozesses entsprechen) und erzeugen als Ausgabe eine Liste von Unterschieden. Typischerweise enthält eine der Ereignislogdateien sämtliche Fälle, welche nach einem bestimmten Kriterium zu einem positiven Ergebnis führen, während die andere Datei alle jene Fälle enthält, welche zu einem negativen Ergebnis führen. Beispielsweise kann die erste Datei alle Fälle enthalten, in denen der Kunde zufrieden war, während die zweite alle Fälle umfasst, die zu einer Beschwerde geführt haben. Oder die erste Datei enthält alle Fälle, in denen der Prozess fristgerecht abgeschlossen wurde, während die zweite die verzögerten Fälle zusammenfasst. Verfahren der Variantenanalyse helfen Gründe zu diagnostizieren, warum die Ausführung eines Geschäftsprozesses manchmal nicht zu dem gewünschten Ergebnis führt.

Wie Abb. 11.3 zeigt, werden für alle diese vier Kategorien von Prozess-Mining-Verfahren Ereignislogdaten als Eingabe verwendet. Dementsprechend werden wir vor der Erörterung der einzelnen Verfahren die Struktur einer Ereignislogdatei darstellen, sowie die Herausforderung, sie überhaupt erst einmal zu erstellen.

11.3.2 Ereignislogdaten

Wenn ein Prozess in einem BPMS, in eine Unternehmensanwendung oder in einem anderen unterstützenden System ausgeführt wird, übernimmt dieses System die Koordination der einzelnen Fälle und informiert die Teilnehmer darüber, welche Aufgaben sie bearbeiten müssen. Die Teilnehmer sehen oft nur die Aufgaben, für die sie direkt verantwortlich sind, während das System die Komplexität des Gesamtprozesses verbirgt. Jeder Teilnehmer hat eine persönliche Liste von Arbeitsaufträgen, welche die Menge der zu erledigenden *Aufgaben* anzeigt. Wenn ein explizites Prozessmodell benutzt wird, entspricht jede Aufgabe einer Aktivität im Prozessmodell. Es kann mehrere Aufgaben geben, die einer einzigen Aktivität entsprechen, wenn derzeit mehrere Fälle bearbeitet werden. Zum Beispiel könnte Chuck (als Prozessbeteiligter) sehen, dass sich vier Aufgaben in seiner Aufgabenliste befinden, die sich alle auf die Aktivität *Bestellung bestätigen* des Auftrag-bis-Zahlungseingang-Prozesses beziehen: eine Aufgabe bezieht sich auf einen Auftrag von Kunde A, eine von Kunde B und zwei von Kunde C.

Die Struktur einer Aufgabe ist im ausführbaren Prozessmodell definiert oder direkt in der Software implementiert. Das heißt die Teilnehmer sehen diejenigen Datenfelder, die als Eingabe für eine Aufgabe deklariert wurden. Sie sollen für jede Aufgabe, an der sie arbeiten, zumindest den Abschluss dokumentieren. Auf diese Weise kann das System den Stand des Prozesses zu jedem Zeitpunkt nachverfolgen. Unter anderem lässt sich leicht festhalten, zu welchem Zeitpunkt jemand mit der Arbeit an einer Aufgabe begonnen hat, welche Eingabedaten zur Verfügung standen, welche Ausgabedaten erstellt wurden und wer der Teilnehmer war, der daran gearbeitet hat. Wenn Chuck zum Beispiel den Auftrag von Kunde B bestätigt hat, gibt er das Ergebnis in das System ein, und das System kann entscheiden, ob als nächstes die Rechnung ausgestellt oder die Auftragsbestätigung an einem Vorgesetzten von Chuck vorgelegt werden soll.

Die meisten BPMS und auch andere Unternehmensanwendungen zeichnen Ereignisse auf, die der Ausführung von Aufgaben und anderen relevanten Ereignissen entsprechen, wie z. B. dem Empfang einer Nachricht, die sich auf einen bestimmten Fall eines Prozesses bezieht. Diese Ereignisaufzeichnungen können aus der Datenbank des BPMS oder der Unternehmensanwendung extrahiert und als *Ereignislogdatei* dargestellt werden.

Eine *Ereignislogdatei* ist eine Menge von Ereignisaufzeichnungen mit Zeitstempel. Jeder Ereignisdatensatz umfasst Angaben zur Ausführung einer Aufgabe des Prozesses (z. B. dass eine Aufgabe begonnen oder abgeschlossen wurde), oder zu einem bestimmten Nachrichtenereignis, Eskalationsereignis oder einem anderen relevanten Ereignis, welches im Kontext eines bestimmten Falles im Prozess aufgetreten ist. Beispielsweise kann ein Datensatz in einer Ereignislogdatei die Tatsache erfassen, dass Chuck eine bestimmte Bestellung zu einem bestimmten Zeitpunkt bestätigt hat.

Abb. 11.4 veranschaulicht, welche Daten typischerweise in einer Ereignislogdatei gespeichert werden. Wir können sehen, dass ein einzelnes Ereignis eine eindeutige Identifikation hat. Darüber hinaus bezieht es sich auf einen einzelnen Geschäftsfall, es hat einen Zeitstempel und verweist auf die Ressource, welche die Aufgabe ausgeführt hat. Dies können Teilnehmer (z. B. Chuck und Susi) oder Softwaresysteme (SYS. 1, SYS. 2, DMS) sein. Für die meisten in diesem Kapitel besprochenen Mining-Verfahren ist es eine Mindestanforderung, dass wir für jedes Ereignis in einer Logdatei drei Attribute haben: i) zu welchem Fall das Ereignis gehört, genannt Fallidentifikator bzw. Fall-ID *(engl.: case identifier or case ID)*; ii) auf welche Aufgabe sich das Ereignis bezieht, genannt Ereignistyp bzw. Ereignis-ID *(engl.: event type or event ID)* ; und iii) wann das Ereignis eingetreten ist, genannt Zeitstempel *(engl.: timestamp)*. In der Praxis kann es weitere Ereignisattribute geben, wie z. B. die Ressource, die eine bestimmte Aufgabe ausgeführt hat, die Kosten oder domänenspezifische Daten, wie z. B. den Darlehensbetrag im Falle eines Kreditprozesses.

Abb. 11.4 zeigt die Ereignislogdaten als Liste in tabellarischer Form.[7] Einfache Ereignislogdaten wie dieses werden üblicherweise als Tabellen dargestellt und in Dateiformaten wie bspw. Comma-Separated-Values (CSV) gespeichert. In komplexeren Ereignislogdaten, in denen die Ereignisse Datenattribute haben (z. B. der Betrag eines Kreditantrags, die Lieferadresse einer Bestellung), ist eine flache CSV-Datei jedoch kein geeignetes Format.

Ein vielseitigeres Dateiformat zum Speichern und Austauschen von Ereignislogdaten ist das erweiterbare Ereignisstrom-Format *(engl.: eXtensible Event Stream (XES))*[8], das von der *IEEE Task Force on Process Mining* standardisiert wurde.[9] Die Mehrzahl der Prozess-Mining-Werkzeuge kann Logdaten im XES-Format verarbeiten. Die Struktur einer

---

[7]Der Einfachheit halber betrachten wir in diesem Beispiel nur einen Lieferanten.

[8]http://www.xes-standard.org

[9]https://www.tf-pm.org/

Fall-ID	Ereignis-ID	Zeitstempel	Aktivität	Ressource
1	Ch-4680555556-1	2012-07-30 11:14	Verfügbarkeit von Artikeln prüfen	SYS1
1	Re-5972222222-1	2012-07-30 14:20	Artikel kommissionieren	Rick
1	Co-6319444444-1	2012-07-30 15:10	Bestellung bestätigen	Chuck
1	Ge-6402777778-1	2012-07-30 15:22	Lieferadresse erfassen	SYS2
1	Em-6555555556-1	2012-07-30 15:44	Rechnung erstellen	SYS2
1	Re-4180555556-1	2012-08-04 10:02	Zahlungseingang verbuchen	SYS2
1	Sh-4659722222-1	2012-08-05 11:11	Artikel versenden	Susi
1	Ar-3833333333-1	2012-08-06 09:12	Bestellung archivieren	DMS
2	Ch-4055555556-2	2012-08-01 09:44	Verfügbarkeit von Artikeln prüfen	SYS1
2	Ch-4208333333-2	2012-08-01 10:06	Verfügbarkeit von Werkstoffen prüfen	SYS1
2	Re-4666666667-2	2012-08-01 11:12	Werkstoffe bestellen	Ringo
2	Ob-3263888889-2	2012-08-03 07:50	Werkstoffe erhalten	Olaf
2	Ma-6131944444-2	2012-08-04 14:43	Artikel fertigen	SYS1
2	Co-6187615741-2	2012-08-04 14:51	Bestellung bestätigen	Conny
2	Em-6388888889-2	2012-08-04 15:20	Rechnung erstellen	SYS2
2	Ge-6439814815-2	2012-08-04 15:27	Lieferadresse erfassen	SYS2
2	Sh-7277777778-2	2012-08-04 17:28	Artikel versenden	Sara
2	Re-3611111111-2	2012-08-07 08:40	Zahlungseingang verbuchen	SYS2
2	Ar-3680555556-2	2012-08-07 08:50	Bestellung archivieren	DMS
3	Ch-4208333333-3	2012-08-02 10:06	Verfügbarkeit von Artikeln prüfen	SYS1
3	Ch-4243055556-3	2012-08-02 10:11	Verfügbarkeit von Werkstoffen prüfen	SYS1
3	Ma-6694444444-3	2012-08-02 16:04	Artikel fertigen	SYS1
3	Co-6751157407-3	2012-08-02 16:12	Bestellung bestätigen	Chuck
3	Em-6895833333-3	2012-08-02 16:33	Rechnung erstellen	SYS2
3	Sh-7013888889-3	2012-08-02 16:50	Lieferadresse erfassen	SYS2
3	Ge-7069444444-3	2012-08-02 16:58	Artikel versenden	Emil
3	Re-4305555556-3	2012-08-06 10:20	Zahlungseingang verbuchen	SYS2
3	Ar-4340277778-3	2012-08-06 10:25	Bestellung archivieren	DMS
4	Ch-3409722222-4	2012-08-04 08:11	Verfügbarkeit von Artikeln prüfen	SYS1
4	Re-5000115741-4	2012-08-04 12:00	Artikel kommissionieren	SYS1
4	Co-5041898148-4	2012-08-04 12:06	Bestellung bestätigen	Hans
4	Ge-5223148148-4	2012-08-04 12:32	Lieferadresse erfassen	SYS2
4	Em-4034837963-4	2012-08-08 09:41	Rechnung erstellen	SYS2
4	Re-4180555556-4	2012-08-08 10:02	Zahlungseingang verbuchen	SYS2
4	Sh-5715277778-4	2012-08-08 13:43	Artikel versenden	Susi
4	Ar-5888888889-4	2012-08-08 14:08	Bestellung archivieren	DMS

Abb. 11.4 Beispiel einer Ereignislogdatei für den Auftrag-bis-Zahlungseingang-Prozess

XES-Datei basiert auf einem Datenmodell, das teilweise in Abb. 11.5 dargestellt ist. Eine XES-Datei repräsentiert eine Ereignislogdatei. Sie enthält mehrere Sequenzen *(engl.: trace)*, und jede Sequenzen kann mehrere Ereignisse *(engl.: event)* enthalten. Sämtliche Elemente können verschiedene Attribute haben. Ein Attribut muss ein String-, Datums-, Integer-, Float- oder Boolean-Element als Schlüssel-Wert-Paar sein. Attribute müssen sich auf eine globale Definition beziehen. In der XES-Datei gibt es zwei globale Elemente: eines zur Definition von Sequenz-Attributen *(engl. trace-global)*, das andere zur Definition von Ereignisattributen *(engl. event-global)*. In XES können mehrere Klassifikatoren *(engl.: classifier)* definiert werden. Ein Klassifikator bildet eines von mehreren Attributen eines Ereignisses

Abb. 11.5 Metamodell des
XES-Formats

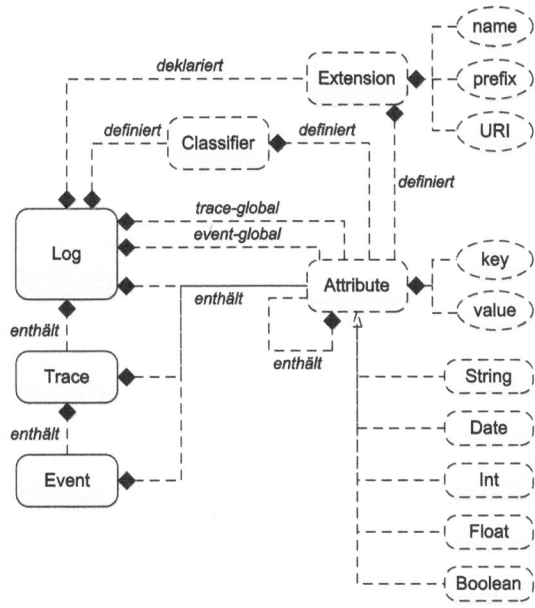

auf eine Bezeichnung ab, welche in der Ausgabe eines Prozess-Mining-Werkzeuge verwendet wird. Auf diese Weise können z. B. Ereignisse mit Aufgaben verknüpft werden.

Abb. 11.6 zeigt einen Auszug aus einer XES-Datei, welche den Ereignislogdaten in Abb. 11.4 entspricht. Das erste *global* Element mit *(scope = „trace")* in dieser Datei besagt, dass jede Sequenz ein untergeordnetes Element mit dem Namen *„concept:name"* haben sollte. Dieses Unterelement wird zur Speicherung der Fall-ID verwendet. In diesem Beispiel gibt es eine Sequenz, welche für dieses Unterelement den Wert 1 hat. Auf der Ebene der einzelnen Ereignisse gibt es drei definiert Elemente: ein *global* Element mit *scope = „event"*, *„concept:Name"*, *„time:timestamp"* und *„resource"*. Das *„concept:name"*-Unterelement eines Ereignisses wird verwendet, um den Namen der Aufgabe zu speichern, auf welche sich das Ereignis bezieht. Die Attribute *„time:timestamp"* und *„resource"* geben uns den Zeitpunkt des Auftretens des Ereignisses bzw. die entsprechende Ressource an. Der Rest des XES-Beispiels stellt eine Sequenz mit zwei Ereignissen dar. Das erste Ereignis bezieht sich auf *„Verfügbarkeit von Artikeln prüfen"*, welches von *SYS1* am 30. Juli 2012 um 11:14 Uhr ausgeführt wurde. Das zweite Ereignis bezieht sich auf *„Artikel kommissionieren"*, das von *Rick* um 14:20 Uhr durchgeführt wurde.

Ereignisdaten, die in tabellarischer Form wie in Abb. 11.4 verfügbar sind, können problemlos in XES konvertiert werden. In vielen Fällen sind die für Ereignislogdateien relevanten Daten jedoch nicht direkt im gewünschten Format zugänglich, sondern müssen aus verschiedenen Quellsystemen extrahiert und integriert werden. Dieser Extraktions- und Integrationsaufwand ist im Allgemeinen nicht trivial. Wir können vier große Herausforderungen

```
<log xes.version="1.0" xes.features="arbitrary-depth" xmlns="http://.../xes">
    <extension name="Concept" prefix="concept" uri="http://.../xes/concept.xesext"/>
    <extension name="Time" prefix="time" uri="http://.../xes/time.xesext"/>
    <global scope="trace">
        <string key="concept:name" value=""/>
    </global>
    <global scope="event">
        <string key="concept:name" value=""/>
        <date key="time:timestamp" value="1970-01-01T00:00:00.000+00:00"/>
        <string key="resource" value=""/>
    </global>
    <classifier name="Activity" keys="concept:name"/>
    <float key="log attribute" value="2335.23"/>
    <trace>
        <string key="concept:name" value="1"/>
        <event>
            <string key="concept:name" value="Verfügbarkeit prüfen"/>
            <date key="time:timestamp" value="2012-07-30T11:14:00:000+01:00"/>
            <string key="resource" value=" SYS1 "/>
        </event>
        <event>
            <string key="concept:name" value="Produkt kommissionieren"/>
            <date key="time:timestamp" value="2012-07-30T14:20:00:000+01:00"/>
            <string key="resource" value="Rick"/>
        </event>
    </trace>
</log>
```

Abb. 11.6 Beispiel einer Datei im XES-Format

für die Extraktion von Ereignislogdaten identifizieren, die möglicherweise einen erheblichen Aufwand in einem Projekt erfordern:

1. **Korrelation mit Fällen:** Korrelation bezeichnet das Problem der Identifikation des Falles, zu dem ein Ereignis gehört. In vielen Unternehmensanwendungen ist keine explizite Kennung des Prozesses definiert. Daher müssen wir untersuchen, welches Attribut von prozessbezogenen Einheiten als Fall-Identifikator dienen könnte. Häufig ist es möglich, Kennungen wie Bestellnummer, Rechnungsnummer oder Sendungsnummer zu verwenden.

2. **Zeitstempeln:** Die Herausforderung, mit Zeitstempeln richtig zu arbeiten, ergibt sich aus der Tatsache, dass viele Systeme die Ereignisprotokollierung nicht als primäre Aufgabe betrachten. Das bedeutet, dass die Protokollierung oft so lange verzögert wird, bis das

System Leerlaufzeiten oder wenig Last hat. Daher kann es vorkommen, dass wir Ereignisse mit dem gleichen Zeitstempel in den Logdaten finden, obwohl diese nacheinander stattfanden. Dieses Problem wird noch verschärft, wenn Logdaten von verschiedenen Systemen, die möglicherweise in verschiedenen Zeitzonen arbeiten, integriert werden müssen. Teilweise können solche Probleme mit Domänenwissen gelöst werden, z. B. wenn bekannt ist, dass Ereignisse immer in einer bestimmten Reihenfolge auftreten.

3. **Langlebigkeit von Prozessen:** Bei lang laufenden Prozessen (z. B. Prozesse mit Durchlaufzeiten in der Größenordnung von Wochen oder Monaten) haben wir möglicherweise noch nicht alle Fälle, die vor Kurzem begonnen wurden (z. B. Fälle, die in den letzten 4 Wochen begonnen wurden), bis zu ihrem Abschluss beobachtet. Daher könnten einige Fälle noch unvollständig sein. Eine Vermischung dieser unvollständigen Fälle mit abgeschlossenen Fällen kann zu einem verzerrten Bild des Prozesses führen. Beispielsweise sollten die Durchlaufzeiten oder andere Prozesskennzahlen, die über unvollständige Fälle berechnet wurden, nicht mit denen der abgeschlossenen Fälle vermischt werden, da sie eine unterschiedliche Bedeutung haben. Um solche Verzerrungen zu vermeiden, sollten unvollständige Fälle aus einer Ereignislogdatei aussortiert werden. Außerdem sollte man sicherstellen, dass die in einer Logdatei erfasste Zeitspanne deutlich länger als die mittlere Durchlaufzeit des Prozesses ist, so dass die Logdatei sowohl kurzlebige als auch langlebige Fälle enthält.

4. **Granularität:** Normalerweise sind wir daran interessiert, Analysen von Ereignislogdaten auf einer konzeptionellen Ebene durchzuführen, für die wir Prozessmodelle definiert haben. Im Allgemeinen ist die Granularität der Logdaten viel feiner, so dass jede Aufgabe eines Prozessmodells einer Reihe von Ereignissen zugeordnet werden kann. Beispielsweise wird eine Aufgabe wie *Artikel kommissionieren* auf der Abstraktionsebene eines Prozessmodells einer Reihe von Ereignissen wie *Aufgabe #1211 zugewiesen*, *Aufgabe #1211 gestartet*, *Bestellformular geöffnet*, *Artikel ausgewählt* und *Aufgabe #1211 abgeschlossen* dargestellt. Oft tauchen in den Logdaten viele feingranulare Ereignisse wiederholt auf, während auf abstrakter Ebene nur eine einzige Aktivität ausgeführt wird. Daher ist es schwierig, eine genaue Zuordnung zwischen den beiden Abstraktionsebenen zu definieren.

Übung 11.4 Betrachten Sie den Endmontageprozess von Airbus für ihre A380-Serie. Die Endmontage dieser Flugzeugserie befindet sich in der Produktionsstätte in Toulouse, Frankreich. Große Teile werden per Schiff zunächst nach Bordeaux und anschließend per Wasser- und Straßentransport nach Toulouse gebracht. Was ist die Herausforderung, wenn die Logdaten des A380-Produktionsprozesses integriert werden müssen?

Sobald wir die oben genannten Herausforderungen an die Datenqualität überwunden haben, sind wir in der Lage, eine Ereignislogdatei zu erstellen, welche aus *Sequenzen* besteht, welche eine exakte geordnete Abfolge der für einen bestimmten Fall beobachteten Ereignisse darstellt, wobei sich jedes Ereignis auf genau eine Aufgabe bezieht und jede Aufgabe

Fall-ID	Ereignis-ID	Zeitstempel	Aktivität
1	Ch-468	2012-07-30 11:14	Verfügbarkeit von Artikeln prüfen
1	Re-597	2012-07-30 14:20	Artikel kommissieren
1	Co-631	2012-07-30 15:10	Bestellung bestätigen
1	Ge-640	2012-07-30 15:22	Lieferadresse erfassen
1	Em-655	2012-07-30 15:44	Rechnung erstellen
1	Re-418	2012-08-04 10:02	Zahlungseingang verbuchen
1	Sh-465	2012-08-05 11:11	Artikel versenden
1	Ar-383	2012-08-06 09:12	Bestellung archivieren
2	Ch-405	2012-08-01 09:44	Verfügbarkeit von Artikeln prüfen
2	Ch-420	2012-08-01 10:06	Verfügbarkeit von Werkstoffen prüfen
2	Re-466	2012-08-01 11:12	Werkstoffe bestellen
2	Ob-326	2012-08-03 07:50	Werkstoffe erhalten
2	Ma-613	2012-08-04 14:43	Artikel fertigen
2	Co-618	2012-08-04 14:51	Bestellung bestätigen
2	Em-638	2012-08-04 15:20	Rechnung erstellen
2	Ge-643	2012-08-04 15:27	Lieferadresse erfassen
2	Sh-727	2012-08-04 17:28	Artikel versenden
2	Re-361	2012-08-07 08:40	Zahlungseingang verbuchen
2	Ar-368	2012-08-07 08:50	Bestellung archivieren

Kürzel	Aktivität
a	Verfügbarkeit von Artikeln prüfen
b	Artikel kommissieren
c	Verfügbarkeit von Werkstoffen prüfen
d	Werkstoffe bestellen
e	Werkstoffe erhalten
f	Artikel fertigen
g	Bestellung bestätigen
h	Lieferadresse erfassen
i	Artikel versenden
j	Rechnung erstellen
k	Zahlungseingang verbuchen
l	Bestellung archivieren

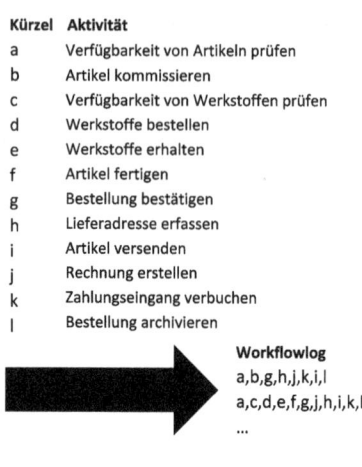

Workflowlog
a,b,g,h,j,k,i,l
a,c,d,e,f,g,j,h,i,k,l
...

Abb. 11.7 Definition eines Workflowlogs

im Prozess in den Logdaten enthalten ist. Eine Logdatei mit diesen Eigenschaften kann in einer vereinfachten Darstellung, die als *Workflowlog* bezeichnet wird, dargestellt werden. Ein Workflowlog ist ein Menge verschiedener Sequenzen, welche aus einer Folge von Symbolen besteht und jedes Symbol die Ausführung einer Aufgabe darstellt. Ein mögliches Workflowlog für die Aufgaben mit den Symbole $\{a, b, c, d\}$ wäre beispielsweise $\{\langle a, b, c, d \rangle, \langle a, c, b, d \rangle, \langle a, c, d \rangle\}$.

Abb. 11.7 skizziert, wie aus einer Logdatei ein Workflowlog erstellt werden kann.

Übung 11.5 Werfen Sie einen Blick auf Abb. 11.4 und komplettieren Sie die Übertragung dieser Ereignislogdaten in ein Workflowlog, indem Sie den in Abb. 11.7 skizzierten Abbildungsregeln folgen. Beachten Sie, dass wir in dieser Abbildung die Trennzeichen $\langle$ und $\rangle$ am Anfang und am Ende der Sequenzen weggelassen haben.

Meist ist es nützlich zu wissen, wie oft jede *einzelne Sequenz* in den Logdaten beobachtet wurde. Dies ist zum Beispiel bei robusten Prozessgenerierungsverfahren der Fall, die später in diesem Kapitel besprochen werden. Wenn eine Sequenz in einem Workflowlog mehrfach auftritt, schreiben wir die Anzahl der Vorkommnisse vor die Sequenz. Zum Beispiel schreiben wir $10 \times \langle a, b, c, g, e, h \rangle$, um auf eine bestimmte Sequenz $\langle a, b, c, g, e, h \rangle$ zu verweisen, die 10 Mal in einer Logdatei vorkommt.

11.4   Automatische Prozessmodellgenerierung

Die automatische Prozessmodellgenerierung benötigt als Eingabe eine Ereignislogdatei und erzeugt als Ausgabe ein Prozessmodell, welches das Verhalten des Logs auf *repräsentative* Weise darstellen soll. Repräsentativ bedeutet hier, dass das generierte Prozessmodell die Sequenzen der Ereignislogdaten wiedergeben können soll und dass es Sequenzen, welche nicht im Log enthalten oder impliziert sind, nicht wiedergeben können soll.

Es gibt eine breite Palette von Verfahren der automatischen Prozessmodellgenerierung. Im Folgenden stellen wir einige davon vor. Wir beginnen mit einem Verfahren, das eine einfache, wenn auch ziemlich unvollständige Darstellung der Prozesssequenzen erzeugt, nämlich dem so genannten *Abhängigkeitsgraphen*. Dann stellen wir ein einfaches Verfahren vor, mit dem ein BPMN-Prozessmodell aus einer Ereignislogdatei unter sehr starken Annahmen generiert wird, die in der Praxis oft nicht haltbar sind. Dieses Verfahren gibt uns eine Vorstellung davon, wie schwierig es ist, BPMN-Prozessmodelle aus Ereignislogdaten automatisch zu generieren. Schließlich stellen wir anspruchsvollere und robustere Verfahren vor, die in der Lage sind, relativ lesbare Prozessmodelle aus großen, realen Ereignislogdaten zu generieren.

11.4.1 Abhängigkeitsgraphen

Abhängigkeitsgraphen sind eine beliebte Technik zur Visualisierung von Ereignislogdaten. Ein Abhängigkeitsgraph *(engl.: dependency or directly-follows graph)* ist ein Graph, bei dem jeder Knoten einen Ereignistyp (d. h. eine Aktivität oder Aufgabe) und jede Kante eine „Direkter-Nachfolger"-Relation darstellt. Ein Kante besteht zwischen zwei Ereignistypen a und b, wenn es mindestens eine Sequenz gibt, in der b unmittelbar auf a folgt. Die Kanten in einem Abhängigkeitsgraphen können mit der Anzahl annotiert werden, wie oft b direkt auf a folgt (hier als *absolute Häufigkeit* bezeichnet). In einigen Prozess-Mining-Werkzeugen ist es auch möglich, jede Kante mit einer Zeitdauer zu annotieren, z. B. der durchschnittlichen Dauer zwischen den Aktivitäten a und b unter allen Vorkommnissen von b, die unmittelbar auf ein a folgen. Diese Zeitdauer gibt einen Hinweis auf die Wartezeit zwischen einem gegebenen Aktivitätspaar im Prozess.

Beispiel 11.2 Abb. 11.8 zeigt eine Ereignislogdatei (links) und einen entsprechenden Abhängigkeitsgraphen (rechts). Wir beobachten, dass die Kante von Aktivität a zu c eine absolute Häufigkeit von 20 hat. Dies ergibt sich daraus, dass die Ereignislogdatei zwei verschiedene Sequenzen aufweist, wobei c unmittelbar nach a auftritt und jede dieser beiden Sequenzen 10 Mal auftritt.   □

Übung 11.6 Erstellen Sie den Abhängigkeitsgraphen, welcher dem aus Übung 11.5 resultierenden Workflowlog entspricht.

Abb. 11.8 Ereignislogdaten
und entsprechender
Abhängigkeitsgraph

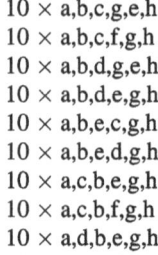

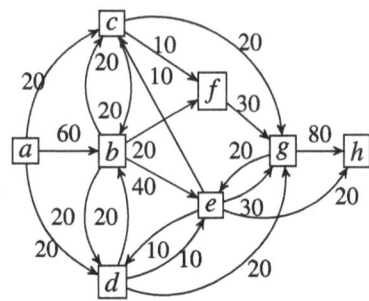

$10 \times$ a,b,c,g,e,h
$10 \times$ a,b,c,f,g,h
$10 \times$ a,b,d,g,e,h
$10 \times$ a,b,d,e,g,h
$10 \times$ a,b,e,c,g,h
$10 \times$ a,b,e,d,g,h
$10 \times$ a,c,b,e,g,h
$10 \times$ a,c,b,f,g,h
$10 \times$ a,d,b,e,g,h
$10 \times$ a,d,b,f,g,h

Aufgrund ihrer Einfachheit werden Abhängigkeitsgraphen von den meisten kommerziellen Prozess-Mining-Werkzeugen unterstützt, wie z. B. Celonis,[10] Disco,[11] Minit,[12] myInvenio,[13] und ProcessGold.[14] Sie werden auch von dem so genannten *Fuzzy-Mining*-Plugin
von ProM[15] und von Apromore[16], zwei Open-Source-Werkzeugen für das Prozess-Mining,
unterstützt. Alle diese Tools bieten visuelle Hervorhebungen zur besseren Lesbarkeit des
Abhängigkeitsgraphen. So kann z. B. die Farbe und die Dicke der Kanten kodieren, wie
häufig eine Aktivität direkt auf eine andere folgt (z. B. kann eine dicke und dunkelblaue
Kante eine häufige Direkter-Nachfolger-Relation darstellen und eine dünne, hellblaue eine
weniger häufige). Diese Werkzeuge bieten auch Operationen, um bestimmte Teile eines
Abhängigkeitsgraphen im Detail zu betrachten.

Neben ihrer Einfachheit ist eines der attraktivsten Merkmale von Abhängigkeitsgraphen,
dass sie für *Abstraktionsoperationen* zugänglich sind. In diesem Zusammenhang bezieht
sich Abstraktion auf das Entfernen einzelner Knoten oder Kanten eines Abhängigkeitsgraphen, um einen übersichtlicheren Graphen einer bestimmten Logdatei zu erhalten. Mithilfe
von Prozess-Mining-Werkzeugen können wir beispielsweise die Knoten oder Kanten mit
geringen Häufigkeiten aus einem Abhängigkeitsgraphen entfernen, um eine einfachere und
leichter verständliche Darstellung zu erhalten. Abstraktion ist eine unverzichtbare Funktion,
wenn wir eine Ereignislogdatei von realistischer Komplexität untersuchen wollen, wie unten
dargestellt.

Beispiel 11.3 Wir betrachten die Ereignislogdaten der Business Process Intelligence Challenge 2017, die unter https://tinyurl.com/bpic2017 verfügbar ist. Dies ist eine Logdatei eines
Kreditvergabeprozesses eines niederländischen Finanzinstituts. Die Logdaten umfassen die

---

[10]http://www.celonis.com

[11]https://fluxicon.com/disco

[12]http://minitlabs.com

[13]http://www.my-invenio.com

[14]https://processgold.com/en

[15]http://www.promtools.org

[16]http://apromore.org

Teilprozesse Antrag-bis-Genehmigung und Angebot-bis-Annahme eines Kreditvergabeprozesses. Dieser Prozess beginnt, wenn ein Kreditantrag von einem Kunden eingereicht wird,
und endet, wenn der Kunde das entsprechende Kreditangebot annimmt (oder ablehnt). Der
vollständige Abhängigkeitsgraph, den das Werkzeug Celonis für diese Ereignislogdaten
erstellt, ist in Abb. 11.9a dargestellt. Dieser Graph ist zu detailliert, um für einen Benutzer
verständlich zu sein. Selbst wenn wir visuell hineinzoomen, um bestimmte Teile des Graphen zu inspizieren, ist es schwierig zu verstehen, was in diesem Prozess vor sich geht. Aus
diesem Grund können Celonis und andere Werkzeuge den Graph abstrahieren, indem sie
nur die häufigsten Kanten beibehalten. Abb. 11.9b zeigt den gefilterten Graph, welcher von
Celonis erzeugt wird, wenn der Schieberegler für die Aktivitätsabstraktion auf 98 % und der
Schieberegler für die Kanteabstraktion auf 90 % eingestellt wird. □

Während die Abstraktion ein nützlicher Mechanismus bei der Visualisierung großer Ereignislogdaten ist, reicht sie nicht aus, um die volle Komplexität von realen Logdaten zu bewältigen. Dementsprechend bieten Prozess-Mining-Werkzeuge auch eine zweite Art von Ver-
einfachungsoperationen an, die als *Logdatenfilterung* bezeichnet wird. Das Filtern einer
Logdatei bedeutet, eine Teilmenge der Sequenzen, Ereignisse oder Ereignispaare zu entfernen, um ein einfacheres Log zu erhalten. Beachten Sie, dass Filterung und Abstraktion
unterschiedliche Ein- und Ausgaben haben. Während die Filterung eine Logdatei in eine
kleinere Datei umwandelt, wirkt sich die Abstraktion nur auf den Abhängigkeitsgraphen
aus, nicht auf die Logdatei.

Im Allgemeinen bieten Prozess-Mining-Werkzeuge drei Arten von Filtern:

- *Ereignisfilter* ermöglichen es, alle Ereignisse einer Logdatei zu entfernen, die eine spezifische Bedingung erfüllen, oder umgekehrt nur solche auszuwählen, die eine Bedingung
erfüllen. Beispielsweise können wir in einer Logdatei eines Bestellung-bis-Bezahlung-
Prozesses einen Filter definieren, der alle Ereignisse entfernt, die dem Ereignistyp *Bestellanforderung ändern* entsprechen. Dieses Filtern gibt eine Logdatei zurück, welche denselben Satz von Sequenzen wie die Originaldatei enthält, aber aus diesen Sequenzen
Ereignisse des Types *Bestellanforderung ändern* entfernt. Die in einem Filter verwendeten Bedingungen können mehrere Unterbedingungen umfassen. Beispielsweise können
wir einen Ereignisfilter definieren, der alle Vorkommnisse des Ereignisses *Bestellanforderung ändern* entfernt, wenn der Wert des Attributs *Grund* gleich *Lieferant geändert* ist,
d. h. alle Änderungen der Bestellanforderung, die einem Lieferantenwechsel entsprechen.
Auf ähnliche Weise können wir einen Filter definieren, der alle Ereignisse *Bestellanforderung ändern* entfernt, die von einer bestimmten Ressource (z. B. Rick) durchgeführt
wurden.

- *Ereignispaarfilter* ermöglichen es, alle Ereignispaare einer Logdatei zu entfernen, die
eine Bedingung erfüllen, oder nur diejenigen Ereignispaare auszuwählen, die eine
bestimmte Bedingung erfüllen. Wir können z. B. einen Filter definieren, der nur Ereignispaare (e_1, e_2) einer Sequenz auswählt, wenn e_2 nach e_1 erfolgte, und e_1 der Aktivität

a

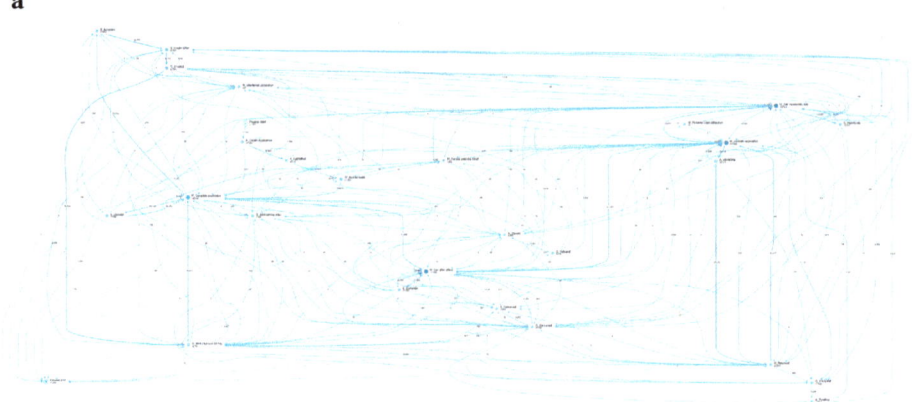

Vollständiger Abhängigkeitsgraph

b

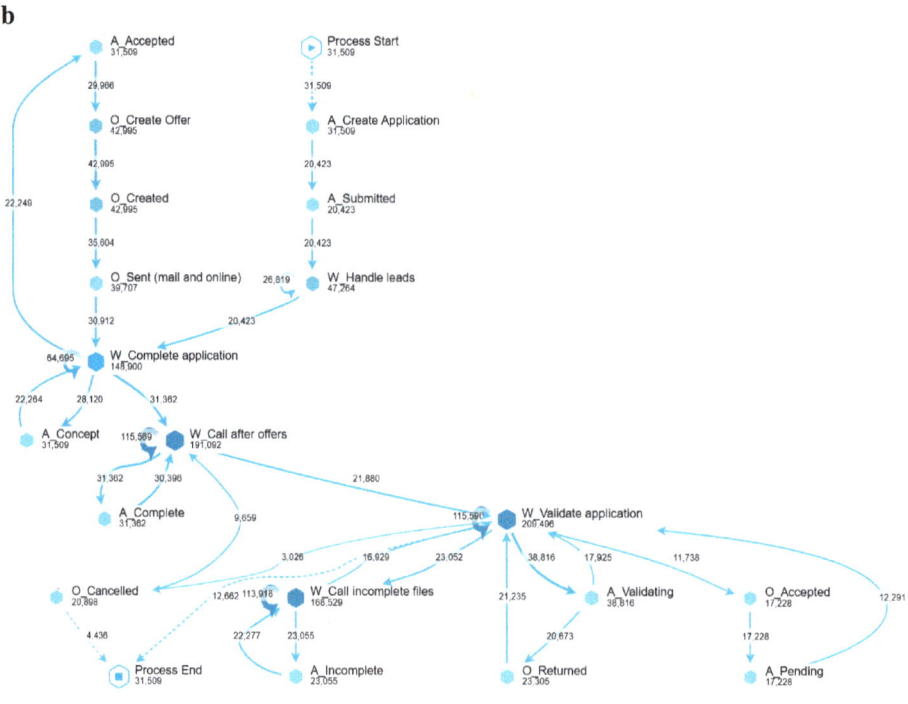

Gefilterter Abhängigkeitsgraph

Abb. 11.9 Beispiel für einen vollständigen Abhängigkeitsgraphen und eine abstrahierte Version davon

Bestellanforderung ändern und e_2 der Aktivität *Bestellanforderungsänderung genehmigen* entspricht.

- *Sequenzfilter* ermöglichen es, alle Sequenzen einer Logdatei zu entfernen, die eine bestimmte Bedingung erfüllen, oder nur solche auszuwählen, die eine Bedingung erfüllen. Beispielsweise können wir alle Sequenzen entfernen, in denen eine bestimmte Aktivität auftritt (z. B. alle Sequenzen entfernen, wenn das Ereignis *Bestellanforderung ändern* enthalten ist). Wir können hier auch zeitliche Bedingungen verwenden, wie z.B. alle Sequenzen entfernen, die eine Durchlaufzeit von weniger als 20 Tagen haben. Zu beachten ist, dass hier ganze Sequenzen entfernt werden und nicht nur einzelne Ereignisse.

Übung 11.7 Beantworten Sie mit einem Prozess-Mining-Werkzeug Ihrer Wahl die folgenden Fragen unter Bezugnahme auf die Logdaten der Business Process Intelligence Challenge 2017 (https://tinyurl.com/bpic2017):

A. Wie viele Fälle sind insgesamt in dieser Logdatei vertreten?
B. Was ist die mittlere Durchlaufzeit der Fälle, die in dieser Logdatei erfasst sind?
C. Nehmen wir an, dass ein Fall erfolgreich ist, wenn seine Sequenz mindestens ein Ereignis O_Accepted enthält, was bedeutet, dass der Kunde das Kreditangebot angenommen hat. Wie viele Fälle sind erfolgreich? Was ist die mittlere Durchlaufzeit der erfolgreichen Fälle?
D. Nehmen wir an, dass ein Fall erfolglos ist, wenn seine Sequenz mindestens ein Vorkommen des Ereignisses O_Refused enthält. Wie viele Fälle sind erfolglos? Was ist die mittlere Durchlaufzeit der erfolglosen Fälle?
E. Nehmen wir an, dass ein Fall abgebrochen wird, wenn das letzte Ereignis in seiner Sequenz O_Cancelled ist. Beachten Sie, dass eine Sequenz O_Cancelled enthalten kann, aber wenn sie andere Ereignisse nach O_Cancelled enthält, ist sie nicht als abgebrochen zu behandeln, da der Fall trotz des Auftretens eines Abbruchereignisses weitergelaufen ist. Wie viele Fälle wurden abgebrochen? Was ist die mittlere Durchlaufzeit der abgebrochenen Fälle?

Obwohl Abhängigkeitsgraphen ein nützlicher Ansatz zur Visualisierung von Logdaten sind, insbesondere wenn sie in Kombination mit Filter- und Abstraktionsoperationen verwendet werden, verschaffen sie kein detailliertes Verständnis des Prozessablaufs. Insbesondere unterscheiden sie nicht, ob zwei Aktivitäten parallel, in einer Schleife oder in einer anderen Beziehung zueinander stehen, wie es aus einem BPMN-Prozessmodell ersichtlich wäre. Wenn es das Ziel ist, solche Details der Prozessausführung zu verstehen, eignen sich BPMN-Prozessmodelle besser. Glücklicherweise gibt es eine Reihe von automatischen Verfahren, um aus Logdaten ein BPMN-Prozessmodell zu generieren. Im Folgenden stellen wir zunächst ein einfaches, aber begrenztes Verfahren vor, nämlich den α-Algorithmus, und erörtern dann andere, anspruchsvollere Verfahren, mit denen verständliche Prozessmodelle aus großen Logdateien generiert werden können.

11.4.2 Der α-Algorithmus

Der α-*Algorithmus* ist ein einfacher Algorithmus zur Generierung von Prozessmodellen aus Logdaten. Der Algorithmus ist so einfach, dass wir leicht nachvollziehen können, wie er im Detail funktioniert. Er macht jedoch eine starke Annahme über die Logdaten, nämlich die *Vollständigkeit des Verhaltens*. Eine Logdatei ist verhaltensvollständig, wenn im eigentlichen Prozess auf eine Aktivität a direkt b folgen kann, und es mindestens ein Auftreten von ab in den Logdaten gibt. In der Praxis können wir kaum davon ausgehen, dass wir eine vollständige Menge von Sequenzen in einer Logdatei haben. Fortgeschrittene Verfahren, auf die wir später eingehen werden, versuchen ohne diese Annahme zu arbeiten. Sie versuchen abzuleiten, welche Sequenzen der Prozess haben könnte, die in den Logdaten nicht vorhanden sind.

Der α-Algorithmus konstruiert ein Prozessmodell aus einer verhaltensvollständigen Logdatei in zwei Phasen. In der ersten Phase wird eine Reihe von *Ordnungsrelationen* zwischen Ereignispaaren aus dem Workflowlog extrahiert. In der zweiten Phase wird das Prozessmodell schrittweise aus diesen identifizierten Relationen aufgebaut. Die *Ordnungsrelationen* ergeben sich aus Aktivitätspaaren, die im Log direkt aufeinander folgen. Sie bilden die Grundlage für die Definition von drei spezifischeren Relationen, die sich auf *Kausalität*, auf potentielle *Parallelität* und auf *keine direkte Abfolge* beziehen. Wir bezeichnen diese Menge von Relationen als die α-Relationen.

- Die grundlegende Direkter-Nachfolger-Relation $a > b$ gilt, wenn wir in einem Workflowlog L beobachten können, dass eine Aktivität a direkt von b gefolgt wird. Dies ist die gleiche Relation, wie sie in einem Abhängigkeitsgraphen darstellt wird.
- Der Kausalitätsrelation $a \rightarrow b$ wird aus der Direkter-Nachfolger-Relation abgeleitet. Sie gilt, wenn wir in L beobachten, dass $a > b$ und dass $b \not> a$ ist.
- Die Relation der potentiellen Parallelität $a\|b$ gilt, wenn sowohl $a > b$ als auch $b > a$ im Workflowlog L beobachtet worden ist.
- Die Nicht-Direkter-Nachfolger-Relation $a\#b$ gilt, wenn $a \not> b$ und $b \not> a$ ist. Diese Relation wird auch als Exklusivitätsrelation bezeichnet.

Der Grund, warum genau diese Relationen verwendet werden, ist in Abb. 11.10 veranschaulicht. Es gibt fünf charakteristische Kombinationen von Relationen zwischen den Aktivitäten eines Workflowlogs, die sich mithilfe einfacher Kontrollflussmuster abbilden lassen.

Muster (a) stellt eine Abfolge von Aktivitäten a und b dar. Wenn wir sie so modellieren, sollte gewährleistet sein, dass wir in einem Workflowlog a gefolgt von b finden, d. h. $a > b$, aber niemals b gefolgt von a, d. h. $b \not> a$. Dies bedeutet, dass die Kausalitätsrelation $a \rightarrow b$ gelten sollte.

Abb. 11.10 Einfache
Kontrollflussmuster

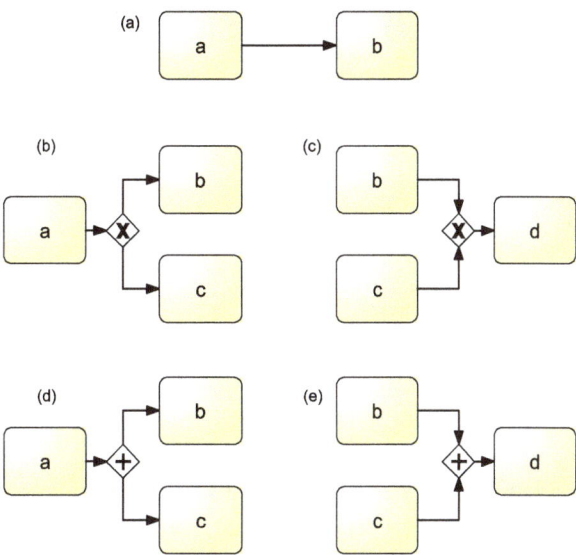

Muster (b) bezieht sich auch auf eine charakteristische Kombination von mehreren Relationen. Das Workflowlog sollte zeigen, dass $a \to b$ und $a \to c$ gelten und dass b und c keine wechselseitigen Nachfolger, d. h. $b\#c$, sind.

Muster (c) verlangt auch, dass b und c keine gegenseitigen Nachfolger sind, d. h. $b\#c$, während sowohl $b \to d$ als auch $c \to d$ gelten müssen.

Muster (d) fordert, dass $a \to b$ und $a \to c$ gelten und dass b und c eine potenzielle Parallelität aufweisen, d. h. $b||c$.

Muster (e) bezieht sich auf $b \to d$ und $c \to d$, während b und c eine potenzielle Parallelität aufweisen, d. h. $b||c$.

Die Idee des α-Algorithmus besteht darin, die Relationen zwischen allen Aktivitätspaaren aus dem Workflowlog abzuleiten, um ein Prozessmodell basierend auf den Mustern (a) bis (e) zu erstellen. Daher müssen wir vor der Anwendung des α-Algorithmus alle grundlegenden Ordnungsrelationen aus dem Workflowlog L extrahieren. Betrachten Sie das in Abb. 11.7 dargestellte Workflowlog mit den beiden Fällen $\langle a, b, g, h, j, k, i, l \rangle$ und $\langle a, c, d, e, f, g, j, h, i, k, l \rangle$. Aus diesem Workflowlog können wir die folgenden Beziehungen ableiten.

- Die grundlegenden Ordnungsrelationen $>$ beziehen sich auf Aktivitätspaare, bei denen eine Aufgabe direkt auf die andere folgt. Diese Relationen können direkt aus dem Log abgelesen werden:

$a > b$	$h > j$	$i > l$	$d > e$	$g > j$	$i > k$
$b > g$	$j > k$	$a > c$	$e > f$	$j > h$	$k > l$
$g > h$	$k > i$	$c > d$	$f > g$	$h > i$	

- Die Kausalrelationen ergeben sich daraus, dass eine Ordnungsrelation nicht in der entgegengesetzten Richtung auftritt. Dies ist bei allen Paaren außer (h, j) und (i, k) und ihren Umkehrungen der Fall. Wir erhalten:

$a \rightarrow b$	$j \rightarrow k$	$a \rightarrow c$	$d \rightarrow e$	$f \rightarrow g$	$h \rightarrow i$
$b \rightarrow g$	$i \rightarrow l$	$c \rightarrow d$	$e \rightarrow f$	$g \rightarrow j$	$k \rightarrow l$
$g \rightarrow h$					

- Die potentielle Parallelitätsrelation gilt sowohl für $h \| j$ als auch für $k \| i$ (und die entsprechenden symmetrischen Fälle).
- Die verbleibenden Relationen der Nicht-Direkten-Nachfolger gelten für alle Paare, für die nicht $\rightarrow$ (bzw. die Gegenrichtung) und $\|$ gilt. Sie können leicht abgeleitet werden, wenn wir die Relationen in einer Matrix aufschreiben, wie in Abb. 11.11 gezeigt. Diese Matrix wird auch als Fußspur-Matrix *(engl.: footprint matrix)* des Ereignislogs bezeichnet.

	a	b	c	d	e	f	g	h	i	j	k	l
a	#	→	→	#	#	#	#	#	#	#	#	#
b	←	#	#	#	#	#	→	#	#	#	#	#
c	←	#	#	→	#	#	#	#	#	#	#	#
d	#	#	←	#	→	#	#	#	#	#	#	#
e	#	#	#	←	#	→	#	#	#	#	#	#
f	#	#	#	#	←	#	→	#	#	#	#	#
g	#	←	#	#	#	←	#	→	#	→	#	#
h	#	#	#	#	#	#	←	#	→	‖	#	#
i	#	#	#	#	#	#	#	←	#	#	‖	→
j	#	#	#	#	#	#	←	‖	#	#	→	#
k	#	#	#	#	#	#	#	#	‖	←	#	→
l	#	#	#	#	#	#	#	#	←	#	←	#

Abb. 11.11 Fußspur-Matrix des Workflowlogs $L = [\langle a, b, g, h, j, k, i, l \rangle, \langle a, c, d, e, f, g, j, h, i, k, l \rangle]$

Übung 11.8 Werfen Sie einen Blick auf das Workflowlog, das Sie in Übung 11.5 erstellt haben. Definieren Sie die Relationen $>$, $\rightarrow$, $||$, #, sowie die Fußspur-Matrix dieses Logs.

Der α-Algorithmus geht von einer Logdatei L und seinen α-Relationen aus. Die wesentliche Idee des Algorithmus besteht darin, dass immer dann, wenn eine Aktivität direkt auf eine andere folgt, diese beiden im Prozessmodell direkt miteinander verbunden werden sollten. Wenn es darüber hinaus mehr als eine Aktivität gibt, die auf eine andere folgen kann, müssen wir bestimmen, ob diese als exklusiv oder nebenläufig sind. Eine Ausnahme dieser Regel ist der Fall, wenn zwei Aktivitäten potenziell parallel sind, d.h. die in $||$ enthaltenen Paare. Die Verfahrensweise des α-Algorithmus ist gemäß der folgenden acht Schritte definiert.[17]

1. Es sei T_L die Menge aller Aktivitäten im Log.
2. Es sei T_I die Menge der Aktivitäten, die mindestens einmal als erste in einer Sequenz aufscheint.
3. Es sei T_O die Menge der Aktivitäten, die mindestens einmal als letzte in einer Sequenz aufscheint.
4. Es sei X_L die Menge der potenziellen Aktivitätsrelationen. X_L besteht aus:
   a) Muster (a): alle Paare, für die $a \rightarrow b$ gilt.
   b) Muster (b): alle Tripel, für die $a \rightarrow (b\#c)$ gilt.
   c) Muster (c): alle Tripel, für die $(b\#c) \rightarrow d$ gilt.
   Beachten Sie, dass Tripel, für welche die Muster (d) $a \rightarrow (b||c)$ oder Muster (e) $(b||c) \rightarrow d$ gelten, nicht in X_L enthalten sind.
5. Die Menge Y_L wird als eine Teilmenge von X_L folgendermaßen konstruiert:
   a) Eliminierung von $a \rightarrow b$ und $a \rightarrow c$, falls es Relationen der Form $a \rightarrow (b\#c)$ gibt.
   b) Eliminierung von $b \rightarrow d$ und $c \rightarrow d$, falls es Relationen der Form $(b\#c) \rightarrow d$ gibt.
6. Start- und Endereignisse werden auf folgende Weise verbunden:
   a) Wenn es mehrere Aktivitäten in der Menge T_I der ersten Aktivitäten gibt, dann füge ein Startereignis ein, welches zu einer XOR-Verzweigung führt, und welche mit jeder Aktivität in T_I verbunden wird. Andernfalls wird das Startereignis direkt mit der ersten Aktivität verbunden.
   b) Füge für jede Aktivität in der Menge T_O der letzten Aktivitäten ein Endereignis hinzu und ergänze eine Kante von der Aktivität zum entsprechenden Endereignis.
7. Konstruiere die KontrollflussKanten auf folgende Weise:
   a) Muster (a): Zeichne für jede Relation $a \rightarrow b$ in Y_L eine Kante von a nach b.
   b) Muster (b): Zeichne für jede Relation $a \rightarrow (b\#c)$ in Y_L eine Kante von a zu einer XOR-Verzweigung, und von dort nach b und c.

---

[17]Beachten Sie, dass der α-Algorithmus ursprünglich für die Konstruktion von Petrinetzen definiert wurde. Die hier gezeigte Version ist eine Vereinfachung, die auf den fünf einfachen Kontrollflussmustern aus Abb. 11.10 basiert, um BPMN-Modelle zu konstruieren.

c) Muster (c): Zeichne für jede Relation $(b\#c) \rightarrow d$ in Y_L eine Kante von b und c zu einer XOR-Zusammenführung und von dort zu d.

d) Muster (d) und (e): Wenn eine Aktivität in dem so konstruierten Prozessmodell mehrere eingehende oder mehrere ausgehende Kanten hat, bündele diese Kanten mit einer UND-Verzweigung bzw. UND-Zusammenführung.

8. Gebe das neu erstellte Prozessmodell aus.

Wenden wir den α-Algorithmus auf $L = [\langle a, b, g, h, j, k, i, l\rangle, \langle a, c, d, e, f, g, j, h, i, k, l\rangle]$ an. Die Schritte 1–3 identifizieren $T_L = \{a, b, c, d, e, f, g, h, i, j, k, l\}$, $T_I = \{a\}$, und $T_O = \{l\}$. In Schritt 4.a werden alle kausalen Relationen zu X_L hinzugefügt, einschließlich $a \rightarrow b, a \rightarrow c$, usw. In Schritt 4.b arbeiten wir Zeile für Zeile die Fußspur-Matrix von Abb. 11.11 durch und prüfen, ob es Zellen gibt, die eine $\rightarrow$ Relation teilen, während sie sich auf Aktivitäten beziehen, die paarweise in # stehen. In der Zeile a beobachten wir sowohl $a \rightarrow b$ als auch $a \rightarrow c$. Außerdem gilt $b\#c$. Daher fügen wir $a \rightarrow (b\#c)$ zu X_L hinzu. Wir betrachten auch die Zeile g und ihre Beziehung zu h und j. Da jedoch $h\|j$ gilt, fügen wir sie nicht hinzu.

In Schritt 4.c gehen wir Spalte für Spalte durch die Fußspur-Matrix und prüfen, ob es Zellen gibt, die eine $\rightarrow$ Relation teilen, während sie sich auf Aktivitäten beziehen, die sich gegenseitig in # befinden. In Spalte g beobachten wir zwei $\rightarrow$ Relationen zu b und f. Auch $b\#f$ gilt. Dementsprechend fügen wir $(b\#f) \rightarrow g$ zu X_L hinzu. Wir prüfen auch i und k, welche dieselbe Relation zu l haben. Da $i\|k$ gilt, fügen wir sie jedoch nicht hinzu. In Schritt 4.d werden keine weiteren komplexen Kombinationen gefunden.

In Schritt 5 eliminieren wir die Grundelemente in X_L, die von den komplexen Mustern der Schritte 4.b und 4.c abgedeckt werden. Dementsprechend streichen wir $a \rightarrow b, a \rightarrow c$, $b \rightarrow g$ und $f \rightarrow g$. In Schritt 6.a führen wir ein Startereignis ein und verbinden es mit a; in 6.b wird Aktivität l mit einem Endereignis verbunden. In Schritt 7 werden Kanten und Gatter für die Elemente von Y_L hinzugefügt. Schließlich wird in Schritt 8 das resultierende Prozessmodell ausgegeben, wie in Abb. 11.12 dargestellt.

Übung 11.9 Betrachten Sie das Workflowlog und die Fußspur-Matrix, die Sie in den Übungen 11.5 und 11.8 erstellt haben. Zeigen Sie anhand dieses Workflowlogs Schritt für Schritt, wie der α-Algorithmus funktioniert, und zeichnen Sie das resultierende Prozessmodell.

11.4.3 Robuste Prozessmodellgenerierung

Der α-Algorithmus kann ein Prozessmodell aus einer bezüglich des Verhaltens vollständigen Logdatei generieren, wenn diese Logdaten mit einem strukturierten Prozessmodell erstellt wurden. Es sind jedoch auch Einschränkungen zu beachten. Der α-Algorithmus ist nicht in der Lage, so genannte *kurze Schleifen* von echter Parallelität zu unterscheiden. Wie in Abb. 11.13 zu sehen ist, können alle drei Modelle ein Workflowlog erzeugen, welches zu $b\|c$

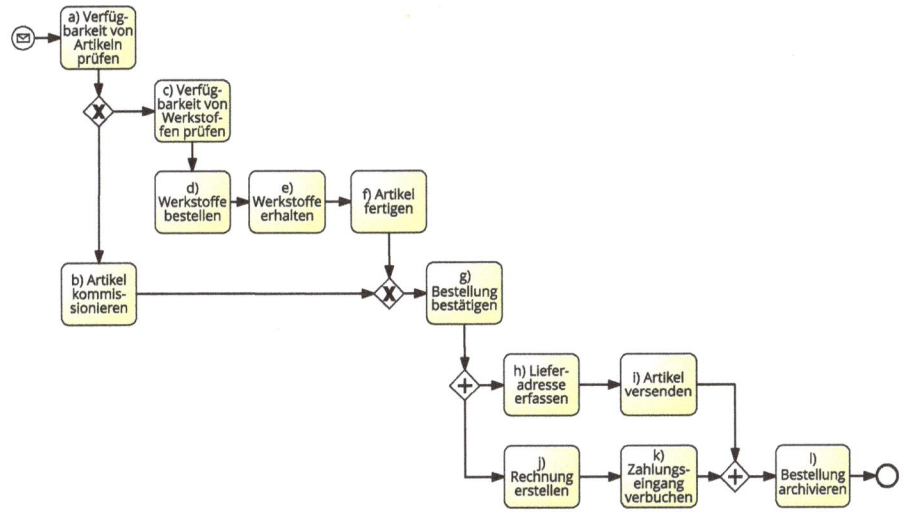

Abb. 11.12 Durch den α-Algorithmus konstruiertes Prozessmodell aus log $L = [\langle a, b, g, h, j, k, i, l \rangle, \langle a, c, d, e, f, g, j, h, i, k, l \rangle]$

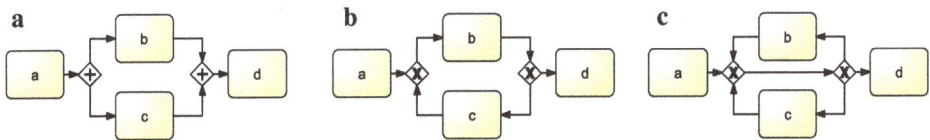

Abb. 11.13 Beispiele für zwei kurze Schleifen, (b) und (c), die durch den α-Algorithmus nicht von Modell (a) unterschieden werden können

Relationen führt. Es wurden mehrere Erweiterungen für den α-Algorithmus vorgeschlagen. Die Idee des $\alpha+$-Algorithmus besteht darin, die Relationen $\|$ in einer strengeren Weise zu definieren, so dass $b\|c$ nur dann gilt, wenn es keine Sequenz bcb im Protokoll gibt. Auf diese Weise können die Modelle (b) und (c) in Abb. 11.13 gemäß ihrer Sequenzen von Modell (a) unterschieden werden. Darüber hinaus können wir eine Vorverarbeitung verwenden, um direkte Wiederholungen wie aa oder bb aus einem Log zu notieren und mit einem Log fortzufahren, aus dem ein solches wiederholtes Verhalten auf eine einzige Ausführung abgebildet wird.

Eine weitere Einschränkung des α-Algorithmus ist seine Unfähigkeit, mit *Unvollständigkeiten* und *Qualitätsmängeln* einer Logdatei angemessen zu verfahren. Diese werden auch als Rauschen *(engl.: noise)* bezeichnet. Der α-Algorithmus geht davon aus, dass die $>$ Relation (aus der die anderen Relationen abgeleitet sind) vollständig ist, d. h. wenn der Prozess es erlaubt, dass Aktivität a direkt von b gefolgt wird, dann muss die Relation $a > b$ in mindestens einer Sequenz des Logs eingehalten sein. Diese Annahme ist für Prozesse, die viel Parallelität aufweisen, zu stark. Wenn es zum Beispiel in einem Prozess einen Block von zehn gleichzeitigen Aufgaben $a_1, \ldots a_{10}$ gibt, müsste jede Relation $a_i > a_j$ für jedes $i, j \in [1 \ldots 10]$, d.h. 100 mögliche Kombinationen, vorhanden sein. Es reicht aus, dass eine dieser Kombinationen in den Ereignislogdaten für den α-Algorithmus nicht beobachtet wurde, um das falsche Modell zu generieren. Dieses Beispiel zeigt, dass wir robustere Algorithmen zur Prozessmodellgenerierung benötigen, die auf intelligente Weise auf Relationen schließen können, die nicht explizit in den Logdaten beobachtet wurden, die aber durch das Verhalten im Log impliziert sind.

Eine damit zusammenhängende Einschränkung ist die Unfähigkeit des α-Algorithmus, mit verrauschten Daten umzugehen. Logdaten enthalten oft Fälle, bei denen die ersten Ereignisse, die letzten Ereignisse oder eine Zwischenepisode fehlen, weil sie nicht aufgezeichnet wurden. Zum Beispiel könnte ein Mitarbeiter vergessen haben, eine Rechnung als *bezahlt* zu markieren, und daher fehlt das Ereignis *Zahlungseingang verbuchen* in der entsprechenden Sequenz. Darüber hinaus kann es Protokollierungsfehler geben, die zu einer falschen Reihenfolge (oder falschen Zeitstempeln) oder doppelten Aufzeichnungen führen. Im Idealfall sollten solche Probleme das automatisch generierte Prozessmodell nicht verzerren.

Glücklicherweise gibt es andere, robustere Algorithmen für die automatische Prozessmodellgenerierung, wie z.B. den heuristischen Algorithmus *(engl.: heuristics miner)* [1], den strukturierenden Algorithmus *(engl.: structured miner)* [2], den induktiven Algorithmus *(engl.: inductive miner)* [3] und den Split-Algorithmus *(engl.: split miner)* [4].

Diese Verfahren funktionieren im Allgemeinen wie folgt. Zunächst konstruieren sie den Abhängigkeitsgraphen der Logdaten. Dann entfernen sie einige der Knoten und Kanten, um mit seltenem Verhalten umzugehen. Schließlich wenden sie verschiedene heuristische Regeln an, um passende Verzweigungen und Zusammenführungen zu generieren, und somit den gefilterten Abhängigkeitsgraphen in ein BPMN-Prozessmodell zu überführen.

Zum Beispiel verwendet der heuristische Algorithmus [1] die relative Häufigkeit zwischen Aktivitätspaaren, definiert als $a \Rightarrow b = \left(\frac{|a>b|-|b>a|}{|a>b|+|b>a|+1} \right)$, wobei $|a > b|$ die Anzahl ist, wie oft Aktivität a im Log direkt von b gefolgt wird. Diese Metrik hat einen Wert nahe $+1$, wenn Aktivität a oft direkt von b gefolgt wird und b fast nie direkt von a gefolgt wird. Dies bedeutet, dass es eine klare direkte Ordnungsrelation von a zu b gibt. Wenn der Wert von $a \Rightarrow b$ nicht nahe bei 1 liegt (z.B. wenn er weniger als 0,8 beträgt), bedeutet dies, dass die direkte Ordnungsrelation nicht sehr klar ist und daher gelöscht wird. Andere ähnliche häufigkeitsbasierte Metriken werden zur Erkennung von Selbstschleifen und kurzen Schleifen verwendet, um die Einschränkungen des α-Algorithmus zu umgehen.

Nachdem der Abhängigkeitsgraph gefiltert und Selbst- und Kurzschleifen identifiziert worden sind, identifiziert der heuristische Algorithmus Verzweigungen und Zusammenführungen, indem er sowohl den gefilterten Abhängigkeitsgraphen als auch die Sequenzen im Log analysiert. Insbesondere wenn Aktivität a direkt von b und c, aber nicht von beiden gefolgt wird (d.h. nach b beobachten wir c nicht oder nur sehr selten), wird dieser Algorithmus eine XOR-Verzweigung zwischen Aktivität a einerseits und den Aktivitäten b und c andererseits einfügen. Wenn a *im Allgemeinen* sowohl von b als auch von c gefolgt wird, wird der Algorithmus nach Aktivität a und vor b und c eine UND-Verzweigung einfügen.

Diese Regel gilt hier im Allgemeinen, da der Algorithmus einige Fälle toleriert, in denen a nicht von b oder von c gefolgt wird, sofern dies nur selten geschieht. Zusammenführungen werden auf ähnliche Weise generiert: Eine XOR-Zusammenführung wird zwischen den Aktivitäten b und c einerseits und der Aktivität d andererseits platziert, wenn d im Allgemeinen entweder der Aktivität b oder c, aber nicht beiden vorangeht, während eine UND-Zusammenführung dort platziert wird, wenn d im Allgemeinen sowohl b als auch c vorangeht.

Im Gegensatz zum α-Algorithmus ist der heuristische Algorithmus in der Lage, Selbstschleifen und kurze Schleifen zu erkennen und unvollständige und verrauschte Ereignislogdaten zu verarbeiten. Wenn der heuristische Algorithmus jedoch auf große Logdaten von realistischer Komplexität angewandt wird, erzeugt er häufig Prozessmodelle, die so groß und unübersichtlich sind, dass man auch von Spaghettimodellen spricht. Oft sind diese auch nicht verhaltensbezogen korrekt (siehe Abschn. 5.4.1 für eine Definition der verhaltensbezogenen Korrektheit von Prozessmodellen).

Wie in Abschn. 5.4.3 erörtert, ist Blockstruktur eine wünschenswerte Eigenschaft von Prozessmodellen. Blockstrukturierte Prozessmodelle sind immer verhaltensbezogen korrekt und zudem im Allgemeinen leichter verständlich als unstrukturierte.

Dementsprechend versuchen einige der robusten Algorithmen, blockstrukturierte Prozessmodelle zu erzeugen. Dies gilt zum Beispiel für den induktiven Algorithmus und den strukturierenden Algorithmus. Wie der heuristische Algorithmus beginnt der induktive Algorithmus damit, einen Abhängigkeitsgraphen zu erstellen und Kanten mit geringer Häufigkeit herauszufiltern. Anstatt jedoch sofort mit dem Ableiten von Gattern fortzufahren, identifiziert er zunächst Kanten im gefilterten Abhängigkeitsgraphen, deren Entfernen diesen in zwei separate Teile halbiert. Durch mehrmaliges Ausführen dieses Vorgangs wird der Abhängigkeitsgraph schließlich in Blöcke unterteilt. Schließlich generiert er die lokalen Gatter innerhalb jedes Blocks, und zwar so, dass jede Verzweigung eine entsprechende Zusammenführung desselben Typs hat, was das Hauptmerkmal blockstrukturierter Prozessmodelle ist.

Der strukturierende Algorithmus setzt einen alternativen Ansatz um. Er wendet zunächst den heuristische Algorithmus an, um ein Prozessmodell zu generieren. Dieses Prozessmodell kann relativ komplex (hohe Anzahl von Gattern) und unstrukturiert sein. Zur Verbesserung dieses Modells wendet der strukturierende Algorithmus dann ein Verfahren an, um unstrukturierte Prozessmodellfragmente in blockstrukturierte umzuwandeln. Dabei stellt der Algorithmus auch sicher, dass das resultierende Modell korrekt ist.

Der Split-Algorithmus geht über den induktiven Algorithmus und den strukturierenden Algorithmus hinaus, indem er Prozessmodelle generiert, die zwar korrekt, aber nicht immer perfekt blockstrukturiert sind. Indem der Split-Algorithmus zulässt, dass nicht blockstrukturierte Modelle entstehen, generiert er qualitativ hochwertigere Modelle, wie weiter unten besprochen.

Der heuristische und der induktive Algorithmus sind beide in ProM verfügbar, während diese beiden Algorithmen sowie der strukturierende Algorithmus und der Split-Algorithmus in Apromore bereitgestellt werden.

11.4.4 Qualitätsmaße für die automatische Prozessmodellgenerierung

Angesichts der Verfügbarkeit mehrerer Algorithmen stellt sich die Frage, welcher Algorithmus für die Generierung von Modellen aus Logdaten benutzt werden sollte. Eine Reihe von Experimenten (siehe [5]) legt nahe, dass der induktive Algorithmus und der Split-Algorithmus am robustesten funktionieren. Ihre Ausgabequalität bei einer gegebenen Logdatei kann jedoch variieren, und es ist eine gewisse Anpassung erforderlich. Unter *Anpassung* ist gemeint, dass der Algorithmus mit unterschiedlichen Parametereinstellungen verwendet werden kann. Jede Parametereinstellung führt zu einem anderen Prozessmodell. Es kann dann das beste von ihnen ausgewählt werden.

Dies wirft die Frage auf, wie die Qualität eines aus einer Logdatei generierten Prozessmodells bewertet werden kann. Die Qualität automatisch generierter Prozessmodelle wird normalerweise anhand von vier Kriterien bewertet: *Fitness, Präzision, Generalisierung* und *Komplexität* [6].

Fitness ist die Fähigkeit des generierten Prozessmodells, das im Log enthaltene Verhalten wiederzugeben. Eine Fitness von 1 bedeutet, dass das Modell jede Sequenz im Protokoll wiedergeben kann. Wir werden später besprechen, wie die Sequenzen des Log wiedergegeben werden, um ein Fitnessmaß zu berechnen.

Präzision bezieht sich auf das Ausmaß, in dem das generierte Prozessmodell nur die im Log enthaltenen Sequenzen erzeugt. Eine Präzision von 1 bedeutet, dass jede durch das Prozessmodell erzeugte Sequenz auch im Log enthalten ist. Wenn ein Prozessmodell eine Sequenz erzeugen kann, die nicht im Log enthalten ist, verringert dies die Präzision. Eine Präzision von 0 würde bedeuten, dass keine der vom Modell erzeugten Sequenzen im Log zu finden ist.

Die *Generalisierung* bezieht sich auf das Ausmaß, in dem das generierte Prozessmodell Sequenzen erfasst, die im Log nicht vorhanden sind, weil das Log unvollständig ist, die aber wahrscheinlich durch den zugrunde liegenden Geschäftsprozess zugelassen werden. Es ist schwierig, die Generalisierung zu messen, denn es ist kaum zu entscheiden, ob eine Sequenz T zu einem Prozess gehört, wenn wir nur eine unvollständige Ereignislogdatei haben und die Sequenz T nicht in diesem Log aufscheint. Ein Standardtrick zur Messung der Generalisierung wird als k-fache Kreuzvalidierung *(engl.: cross validation)* bezeichnet. Die Idee besteht darin, das Log in k Teile (z. B. fünf Teile) zu unterteilen, das Modell aus $k - 1$ Teilen zu generieren (d. h. wir halten einen Teil zurück) und die Fitness des generierten Modells gegenüber dem zurückgehaltenden Teil und die Präzision des generierten Modells gegenüber dem gesamten Log zu messen. Diese Operation wird für jedes zurückgehaltenden Teil wiederholt, und die entsprechend erhaltenen Fitness- und Präzisionsmaße werden gemittelt. Dies führt zu zwei Maßen, die als *k-fache Fitness* bzw. *k-fache Präzision* bezeichnet werden. Eine k-fache Fitness gleich 1 bedeutet, dass das generierte Modell alle Sequenzen erzeugt, die Teil des beobachteten Prozesses sind, auch wenn diese Sequenzen nicht in den Ereignislogdaten enthalten sind. In ähnlicher Weise bedeutet eine k-fache Präzision von knapp 1, dass das generierte Modell den Prozess nicht übergeneralisiert, d. h. es erzeugt keine Sequenzen, die nicht Teil des Prozesses sind.

Schließlich quantifiziert die *Komplexität* eines Prozessmodells, wie schwierig es ist, das Modell zu verstehen. Die Komplexität kann anhand der Größe (Anzahl der Knoten in einem BPMN-Modell) gemessen werden. Gewöhnlich sind größere Modelle komplexer und daher schwer zu verstehen. Zwei Modelle können jedoch die gleiche Größe haben, und eines von ihnen könnte aufgrund der höheren Anzahl von Gattern schwieriger zu verstehen sein. Daher ist es üblich, die Komplexität eines BPMN-Prozessmodells auch mit einer Metrik namens Konnektionskoeffizient *(engl.: Coefficient of Network Connectivity (CNC))* zu messen, der die Anzahl der Kanten in einem BPMN-Modell geteilt durch die Anzahl der Knoten angibt. Je höher dieser Koeffizient ist, desto höher ist die Anzahl der Gatter im Verhältnis zu den Knoten, wodurch das Modell schwieriger zu verstehen ist. Außerdem sind, wie in Abschn. 5.4.3 erörtert, blockstrukturierte Prozessmodelle leichter verständlich als unstrukturierte. Dementsprechend ist es auch üblich, die Komplexität eines Prozessmodells über ein Maß namens *Strukturiertheit* zu messen. Die Strukturiertheit eines Prozessmodells ist der Prozentsatz der Knoten, die sich direkt innerhalb eines gut strukturierten Fragments mit einem einzigen Eingang und einem einzigen Ausgang befinden. Ein perfekt blockstrukturiertes Prozessmodell hat eine Strukturiertheit von 1, wohingegen ein spaghetti-ähnliches Prozessmodell eine geringe Strukturiertheit aufweisen würde.

Beispiel 11.4 Wir betrachten die Daten der Ereignislogdatei von http://tinyurl.com/ sampleSAPLog. Das unter Verwendung des heuristischen Algorithmus in ProM Version 6 generierte Prozessmodell ist in Abb. 11.14a dargestellt. Dieses Prozessmodell ist nicht verhaltensbezogen korrekt. Wenn z. B. Aktivität D ausgeführt wird, sollte die nächste Aktivität gemäß dem Modell N sein. Nachdem N ausgeführt wurde, wird eine Marke auf die Kante zwischen N und der UND-Zusammenführung gelegt. Nirgendwo sonst im Modell gibt es eine Marke. Daher wird die andere eingehende Kante dieser UND-Zusammenführung niemals eine Marke erhalten. Der Prozess befindet sich daher in einer Verklemmung. Gleichermaßen gilt das für den Fall, wenn nach der Ausführung von Aktivität K die Aktivität E ausgeführt wird. Auch hier läuft der Prozess in eine Verklemmung.

Das Modell, das mit dem induktiven Algorithmus (in ProM v6) für dieselben Logdaten generiert wurde, ist in Abb. 11.14b dargestellt. Dieses Modell ist blockstrukturiert und korrekt. Das Modell ist jedoch unpräzise - es kann zu viele Sequenzen erzeugen. Nach der Ausführung von Aktivität A kann vom ersten XOR-Split aus jede Aktivität zwischen B und N ausgeführt werden, wonach der zweite XOR-Split erreicht wird (der vor dem Endereignis). Sobald dieser Split erreicht ist, kann jede der Aktivitäten im Prozess ausgeführt werden, möglicherweise wiederholend, oder der Fall kann sofort beendet werden. Auf diese Weise erlaubt dieses Prozessmodell die Ausführung der Aktivitäten B bis N in beliebiger Reihen-folge und beliebig oft. Aufgrund der gezeigten Struktur kann dieses Prozessmodell viele Sequenzen erzeugen, die nicht in den Logdaten enthalten sind. Somit weist das Modell eine geringe Präzision auf. Auf der anderen Seite hat das Prozessmodell eine perfekte Fitness. Da es in der Tat fast jede Abfolge von Aktivitäten A bis N darstellen kann, kann es insbesondere jede der Sequenzen ausführen, die in den Ereignislogdaten enthalten sind.

Das Modell, das mit dem strukturierenden Algorithmus generiert wurde, ist schließlich in Abb. 11.14c dargestellt.[18] Auch dieses Modell ist blockstrukturiert und korrekt. Wir stellen fest, dass es in diesem Modell zwei mit N gekennzeichnete Aktivitäten gibt. Das liegt daran, dass der strukturierende Algorithmus das vom heuristischen Algorithmus erzeugte Prozess-modell in ein strukturiertes umwandelt. Und wenn ein unstrukturiertes Prozessmodell in ein äquivalentes blockstrukturiertes transformiert wird, ist es meist notwendig, einige der Aktivitäten zu duplizieren. Das resultierende Prozessmodell erlaubt weniger Verhalten als das vom induktiven Algorithmus generierte. Tatsächlich ist die Fitness dieses Modells in Bezug auf das Log fast 1, die Präzision 1 und die Generalisierung nahe 1.   □

Übung 11.10 Wir betrachten eine Logdatei mit den Behandlungspfaden von Patienten, die an einer Blutvergiftung (Sepsis) in einem Krankenhaus behandelt wurden: http://tinyurl.com/SepsisLog. Generieren Sie mit einem oder mehreren Prozess-Mining-Werkzeugen min-destens zwei Prozessmodelle aus dieser Logdatei unter Verwendung verschiedener Prozess-generierungsalgorithmen. Vergleichen Sie die generierten Modelle in Bezug auf Komplexi-tät, Fitness und Präzision.

11.5   Leistungsanalyse

Ereignislogdaten liefern uns detaillierte Angaben zur Bewertung und Visualisierung der Leistung eines Prozesses. In Abschn. 8.1.3 diskutierten wir die vier Leistungsdimensionen, die das so genannte Teufelsviereck bilden: Zeit, Kosten, Qualität und Flexibilität. In diesem Abschnitt zeigen wir, wie Ereignislogdaten verwendet werden können, um die Leistung eines Prozesses in Bezug auf jede dieser Dimensionen zu bewerten.

11.5.1 Zeitdimension

Die Zeit und ihre spezifischeren Maße *Durchlaufzeit* und *Wartezeit* sind wichtige allgemeine Prozesskennzahlen. Ereignislogdaten haben typischerweise Zeitstempel, so dass sie für die

---

[18]Der Split-Algorithmus produziert dasselbe Modell für diese Logdaten (mit einem Schwellenwert von 40 % für Parallelität).

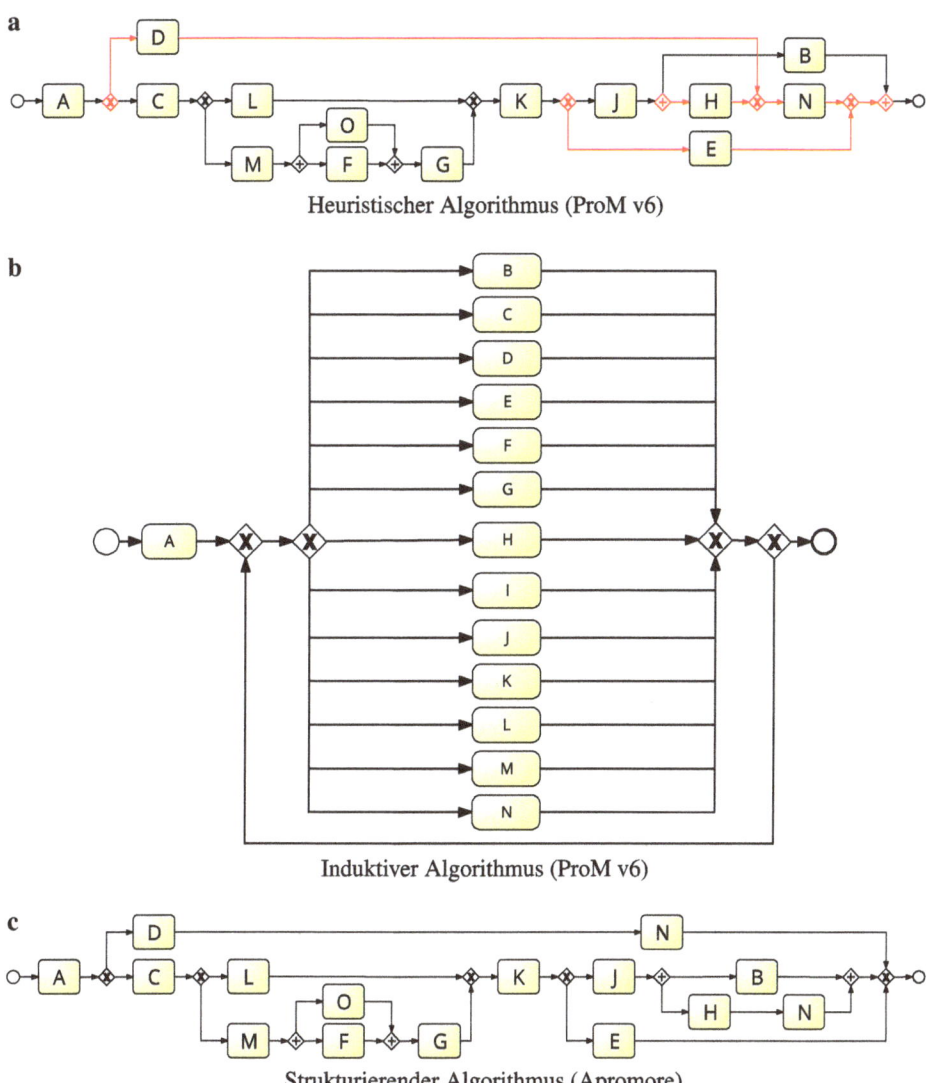

Abb. 11.14 Mit drei verschiedenen Algorithmen aus derselben Logdatei generierte Modelle

Zeitanalyse verwendet werden können. Die Zeitanalyse befasst sich mit dem zeitlichen Auftreten und den Wahrscheinlichkeiten verschiedener Arten von Ereignissen.

Die Ereignislogdaten eines Prozesses weisen im Allgemeinen für jedes Ereignis einen Zeitstempel aus. Daher können diese Ereignisse leicht auf der Zeitachse dargestellt werden. Darüber hinaus können wir Gruppierungsmerkmale verwenden, um Ereignisse auf einer zweiten Achse zu zusammenzufassen. Ein Gruppierungsmerkmale bezieht sich typischerweise auf eines der Attribute eines Ereignisses, wie Fall-ID oder Teilnehmer-ID. Es gibt zwei Detailebenen für die zeitliche Darstellung von Ereignissen in einem Diagramm: *Punktdiagramme,* bei denen der Zeitstempel zur Darstellung eines Ereignisses verwendet wird, und ein *Zeitleistendiagramm,* welches die Bearbeitungszeit einer Aktivität und ihre Wartezeit anzeigt.

Das Punktdiagramm *(engl.: dotted chart)* ist eine einfache, aber wirkungsvolle Visualisierungstechnik für Ereignislogdaten. Jedes Ereignis wird auf einer zweidimensionalen Fläche dargestellt, wobei die erste Achse sein zeitliches Auftreten und die zweite Achse seine Zuordnung zu einem Gruppierungsmerkmal wie der Fall-ID darstellt. Es gibt verschiedene Optionen zur Organisation der ersten Achse. Die Zeit kann entweder *relativ* dargestellt werden, so dass das erste Ereignis als Null gezählt wird, oder *absolut,* so dass spätere Fälle mit einem späteren Startereignis im Vergleich zu früher gestarteten Fällen weiter rechts liegen. Die zweite Achse kann nach verschiedenen Kriterien sortiert werden. Beispielsweise können Fälle nach ihrer historischen Reihenfolge oder ihrer Durchlaufzeit dargestellt werden.

Abb. 11.15 zeigt das Punktdiagramm der Logdaten eines Behandlungsprozesses. Dieses Diagramm wurde mit dem ProM-Werkzeug erstellt. Die Ereignisse sind gemäß ihrer relativen Zeit dargestellt und nach ihrer Durchlaufzeit sortiert. Es ist zu erkennen, dass es eine beträchtliche Variation der Durchlaufzeit gibt. Darüber hinaus lässt das Diagramm vermuten, dass es drei verschiedene Klassen von Fällen geben könnte: Fälle mit 60 Tagen Durchlaufzeit, Fälle mit 60 bis 210 Tagen Durchlaufzeit und eine kleine Klasse von Fällen mit mehr als 210 Tagen Durchlaufzeit. Eine solche explorative Untersuchung kann eine gute Grundlage für eine detailliertere Analyse der Faktoren bieten, welche die Durchlaufzeit beeinflussen.

Übung 11.11 Zeichnen Sie ein Punktdiagramm der Ereignislogdaten in Abb. 11.4, welches die relative Durchlaufzeit zeigt und nach der Durchlaufzeit sortiert ist.

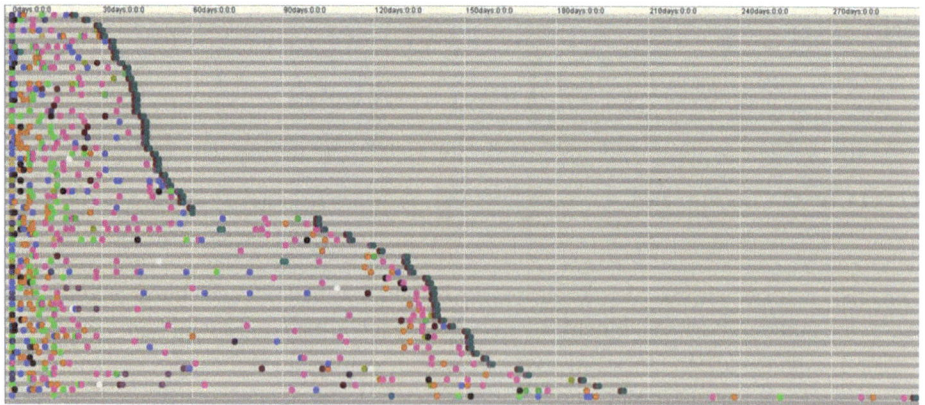

Abb. 11.15 Punktdiagramm der Logdaten

Wenn die Logdaten Zeitstempel enthalten, die sowohl den Beginn als auch das Ende einer Aktivität beschreiben, können wir Aktivitäten nicht nur als Punkte, sondern als Balken darstellen, wie Abb. 11.16 zeigt. Diese Art der Visualisierung wird als Zeitleistendiagramm *(engl.: timeline chart)* bezeichnet. Ein Zeitleistendiagramm zeigt die Wartezeit (von der Aktivierung bis zum Start) und die Bearbeitungszeit (vom Start bis zum Abschluss) für jede Aktivität. Das Zeitleistendiagramm ist aussagekräftiger als das Punktdiagramm, da es die Warte- und Verarbeitungszeiten getrennt darstellt und es somit ermöglicht, Engpässe im Prozess zu erkennen.

In Abschn. 11.4.1 haben wir gesehen, dass Abhängigkeitsgraphen eine vielseitige Technik zur Visualisierung von Ereignislogdaten sind. Insbesondere haben wir gesehen, dass Abhängigkeitsgraphen einen Überblick über die häufigsten Pfade eines Prozesses vermitteln können.

Eine weitere nützliche Eigenschaft von Abhängigkeitsgraphen ist, dass sie dazu verwendet werden können, zeitliche Verzögerungen (z. B. Wartezeiten oder Verarbeitungszeiten) durch Farbhervorhebung oder Linienstärke zu visualisieren. Konkret können Kanten im Abhängigkeitsgraphen durch die entsprechende zeitliche Verzögerung zwischen dem Quellereignis und dem Zielereignis der Kante farblich hervorgehoben werden. Diese Visualisierung ermöglicht es, die längsten Wartezeiten im Prozess - auch Engpässe *(engl.: bottleneck)* genannt - zu identifizieren. Zudem können die Knoten in einem Abhängigkeitsgraphen mit den Verarbeitungszeiten der einzelnen Aktivitäten farblich hervorgehoben werden. Letzteres setzt voraus, dass jede im Log erfasste Aktivität sowohl einen Start- als auch einen Endzeitstempel hat, damit die Verarbeitungszeit berechnet werden kann. Wenn das Log nur den Fertigstellungszeitstempel enthält, ist es nur möglich, die Durchlaufzeiten der Aktivitäten, aber nicht die Verarbeitungszeiten zu analysieren.

Beispiel 11.5 Abb. 11.17 zeigt die von Disco erstellte zeitliche Übersicht des Prozesses, wenn sie auf Logdaten der BPI Challenge 2017 angewandt wird. Die seltensten Kanten wurden hier entfernt, um die Lesbarkeit zu verbessern. Die Aktivität und die Kante mit den längsten Zeitdauer sind in rot dargestellt. Wenn wir mit dem Werkzeug hineinzoomen, können wir sehen, dass die Aktivität mit der langsamsten Verarbeitungszeit W_Assess Potential Fraud (3.1 Tage) ist und die höchste Zeit zwischen den Ereignissen zwischen A_Complete und A_Cancelled (27.4 Tage) liegt.   □

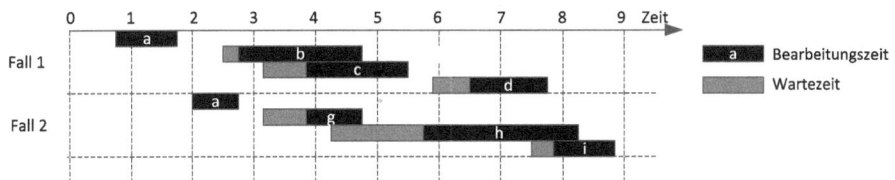

Abb. 11.16 Beispiel eines Zeitleistendiagramms

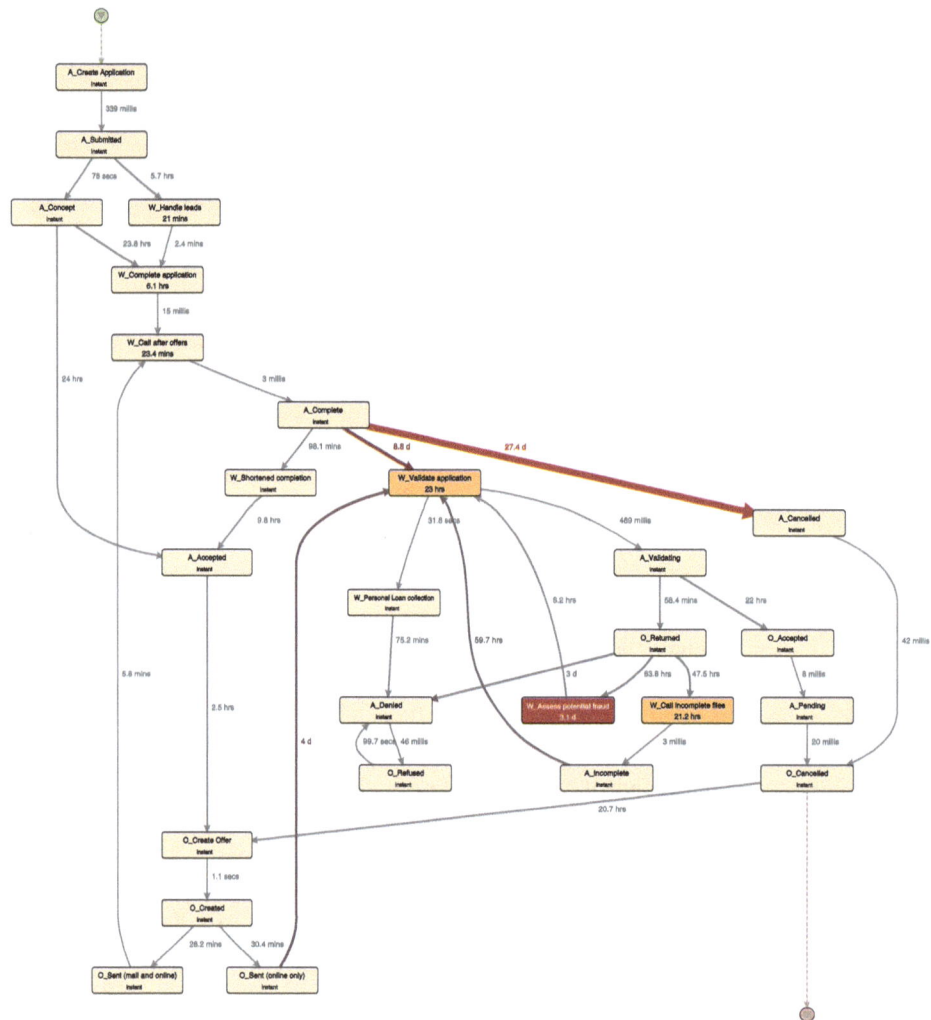

Abb. 11.17 Zeitliche Übersicht der Ereignislogdaten der BPI Challenge 2017 in Disco

Übung 11.12 Analysieren Sie mit einem Prozess-Mining-Werkzeug die folgende Ereignislogdatei eines Telefonreparaturprozesses: http://tinyurl.com/repairLogs mit dem Ziel,
die Engpässe in diesem Prozess zu identifizieren. Welche Aktivität hat die längste Wartezeit
und welche die längste Bearbeitungszeit?

Abhängigkeitsgraphen können auch zur Analyse von Verzögerungen verwendet werden, die
sich aus Übergaben zwischen Prozessbeteiligten ergeben - zusätzlich zu den oben beschrie-

benen Verzögerungen zwischen aufeinander folgenden Aufgaben. Bei der Erörterung der Struktur von Ereignislogdaten wiesen wir darauf hin, dass ein Ereignisdatensatz in einer Logdatei mindestens eine Fall-ID, einen Zeitstempel und einen Ereignistyp (d. h. einen Verweis auf eine Aktivität im Prozess) haben sollte, dass es aber auch andere Ereignisattribute geben kann, wie z. B. die *Ressource* (Prozessbeteiligte), welche die fragliche Aufgabe ausgeführt hat. Der Ereignistyp ist das Attribut, das in jedem Knoten eines Abhängigkeitsgraphen angezeigt wird.

Beim Importieren einer Logdatei in ein Werkzeug, das Abhängigkeitsgraphen unterstützt, kann das Ereignisattribut ausgewählt werden, welches als Ereignistyp verwendet werden soll.[19] Wir können das Werkzeug so einstellen, dass das Ressourcenattribut als Ereignistyp verwendet wird.[20] Wenn wir dies tun, enthält der resultierende Abhängigkeitsgraph einen Knoten pro Ressource (Prozessbeteiligte) und es gibt einen Kante zwischen Knoten A und B, wenn Ressource B eine Aufgabe unmittelbar nach Ressource A in mindestens einer Sequenz im Log ausgeführt hat. Somit erfasst das resultierende Modell alle Übergaben, die im Prozess stattgefunden haben. Wir können dann Filter und Abstraktionsoperationen auf dieses Modell der Übergaben anwenden, genauso wie wir Filter und Abstraktionsoperationen auf Abhängigkeitsgraphen anwenden können, bei denen die Knoten Aktivitäten entsprechen. Das Modell der Übergaben kann auch farblich kodiert werden, wobei die Farben entweder der Häufigkeit der einzelnen Übergaben oder der Wartezeit zwischen den Übergaben entsprechen.

Beispiel 11.6 Abb. 11.18 zeigt ein Fragment der von myInvenio erstellten Ansicht der durchschnittlichen Dauer für das zuvor erwähnte Sepsis-Log.[21] Dieses Modell zeigt, dass ein Fall zu Beginn (Knoten ganz links) zunächst von Ressource A bearbeitet wird. Nach einigen Minuten oder etwa einer Stunde wechselt Ressource A zu Ressource H oder zu den Ressourcen D, F, …R. Ressource H übergibt an E, während F, …, R an B übergeben, welche dann wiederum an E übergibt. Übergaben, die länger als einen Tag dauern, werden rot angezeigt (dieser Schwellenwert kann konfiguriert werden). Zum Beispiel dauern die Übergaben von H an E und von B an E 2–3 Tage. Ressource E übergibt an eine mit „?" gekennzeichnete Ressource. Diese letzte Übergabe nimmt die meiste Zeit in Anspruch (81 Tage und 6 h), höchstwahrscheinlich deshalb, weil die Fälle bis 81 Tage und 6 h (im Durchschnitt) nach der letzten Aufgabe in einem Schwebezustand belassen werden, sobald klar ist, dass der Patient

---

[19] In einigen Werkzeugen wird der Ereignistyp als „Aktivität" bezeichnet.

[20] In Disco ist diese Option nur beim Importieren von Logdaten im CSV-Format verfügbar. In Celonis, Minit und myInvenio ist sie auch beim Importieren von XES-Dateien verfügbar.

[21] Wir importierten das Log im CSV-Format, markierten die Spalte „org:resource" als „Aktivität" im Import-Assistenten, die Spalte „Fall-ID" als „Prozess-ID" und den „Vollständigen Zeitstempel" als „Startzeitstempel", da MyInvenio eine Startzeitstempelspalte benötigt. Wir haben das Diagramm so gefiltert, dass es 60 % der häufigsten Knoten anzeigt, und wir haben den *Kantenfilter* auf seinen Mindestwert gesetzt. Schließlich gingen wir zur Ansicht der durchschnittlichen Dauer über, schalteten die KPI-Palette ein und setzten den Höchstwert für den „Schwellenwert der Aktivitäts-Warteschlange" auf 1 Tag, so dass alle Kanten mit einer Dauer von mehr als einem Tag in rot angezeigt werden.

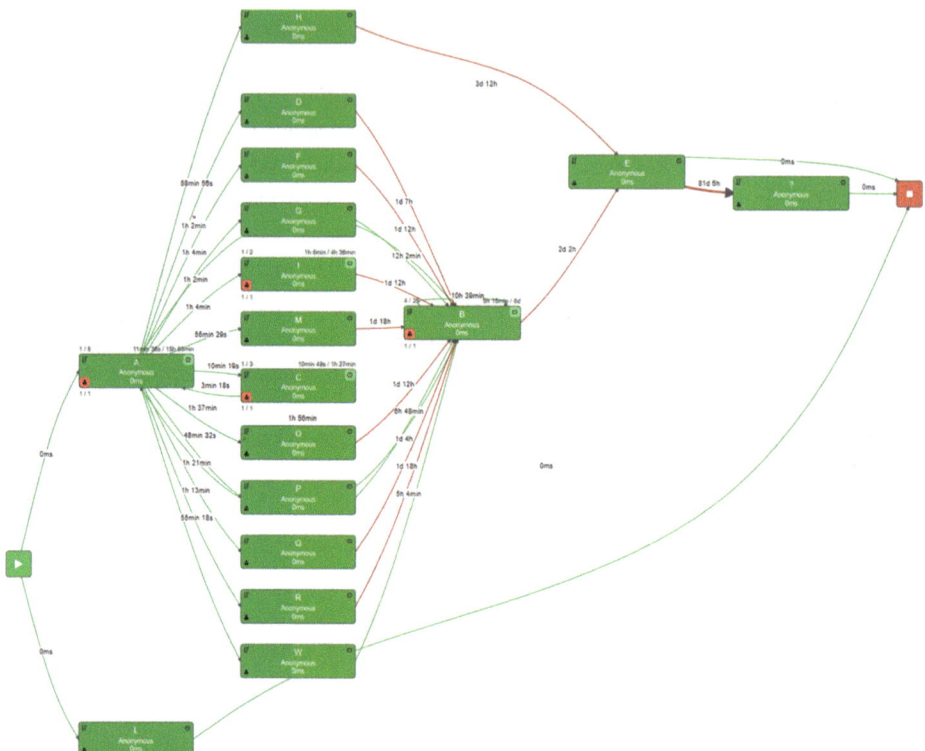

Abb. 11.18 Darstellung der Übergaben der Sepsis-Ereignislogdatei in myInvenio

keine weitere Behandlung benötigt. In diesem Modell haben die Knoten eine Dauer von
Null, da diese Ereignislogdatei nur Endzeitstempel (keine Startzeitstempel) hat und daher
die Verarbeitungszeit nicht berechnet werden kann.   □

11.5.2 Kostendimension

Wenn wir die Kosten eines Geschäftsprozesses messen, müssen wir sowohl direkte als auch
indirekte Kosten berücksichtigen. Direkte Kosten, wie z. B. die Anschaffungskosten von
vier Rädern, die auf ein Auto montiert werden, lassen sich direkt einem einzelnen Fall
(hier Auto) zuordnen. Indirekte Arbeitskosten Arbeitskosten oder Abschreibungskosten für
Maschinen und Infrastruktur sind schwieriger zu handhaben. Im Rechnungswesen wurde
das Konzept der Prozesskostenrechnung *(engl.: activity-based costing)* entwickelt, um die
indirekten Kosten den Produkten und Dienstleistungen sowie den einzelnen Kunden zuzuordnen. Die Motivation der Prozesskostenrechnung besteht darin, dass Personalressourcen

und Maschinen oft von verschiedenen Produkten und Dienstleistungen gemeinsam genutzt werden und dass sie zur Bedienung verschiedener Kunden eingesetzt werden. Beispielsweise vermietet das Depot von BuildIT teure Maschinen wie Bulldozer an verschiedene Baustellen. Das ist einerseits mit Kosten in Form von Arbeitsstunden der im Depot arbeitenden Personen verbunden. Andererseits verlieren Maschinen wie Bulldozer mit der Zeit an Wert und müssen gewartet werden. Die Idee der Prozesskostenrechnung besteht darin, Aktivitäten zur Aufteilung der indirekten Kosten, z. B. für Arbeiten im Depot, zu verwenden.

Beispiel 11.7 Abb. 1.6 in Kap. 1 (siehe Seite 21) zeigt den Vermietungsprozess von BuildIT mit fünf Aktivitäten. In den Ereignislogdaten für den Fall einer Bulldozer-Vermietung, die am 21. August beantragt wurde, werden folgende Zeitspannen festgehalten:

- *Antrag auf Gerätemiete einreichen* wird vom Bauingenieur durchgeführt. Der Ingenieur benötigt 20 min, um das Formular auf Papier auszufüllen. Die Herstellung jedes Papierformulars kostet € 1. Der Bauingenieur erhält ein Jahresgehalt von € 60.000.
- Der Sachbearbeiter erhält das Formular, wählt ein geeignetes Gerät aus und prüft dessen Verfügbarkeit. Diese Aufgaben dauern insgesamt 15 min. Der Sachbearbeiter hat ein Jahresgehalt von € 40.000.
- Der Arbeitsingenieur prüft den Mietantrag (Jahresgehalt von € 50.000). Diese Prüfung dauert 10 min.
- Der Sachbearbeiter ist auch dafür verantwortlich, eine Bestätigung einschließlich eines Kaufauftrags für die Miete der Ausrüstung zu versenden, was 30 min dauert.

Um mit diesen Zahlen arbeiten zu können, müssen wir einige Annahmen treffen. Zunächst einmal umfasst das tatsächliche Arbeitsjahr bei BuildIT 250 Arbeitstage zu je 8 h. Darüber hinaus erhalten alle Mitarbeiter Krankenversicherung und Rentenbeiträge von 20 % auf ihr Gehalt. Schließlich nehmen die Mitarbeiter durchschnittlich 10 Krankheitstage pro Jahr in Anspruch. Gemäß dieser Angaben betragen die Arbeitskosten Arbeitskosten jedes Teilnehmers pro Minute $\frac{Gehalt \times 120\,\%}{(250-10) \times 8 \times 60}$. Dies macht für den Bauingenieur € 0,63 pro Minute, für den Sachbearbeiter€ 0,42 pro Minute und für den Arbeitsingenieur € 0,52 pro Minute. Insgesamt entstanden im beschriebenen Fall Kosten von 20 min × € 0,63 pro Minute + (15 + 30) min × € 0,42 pro Minute + 10 min × € 0,52 pro Minute, was sich auf € 36,70 summiert.

Betrachten wir nun den Fall eines Straßenbauprozesses. Wir stellen mithilfe der Logdatei die Bearbeitungszeiten für die beiden folgenden Aktivitäten fest:

- *Fundament vorbereiten* wird von vier Mitarbeitern durchgeführt. Bei einem konkreten Bauvorhaben dauerte dies eine Woche. Der benötigte Bagger kostet € 100.000. Er wird über 5 Jahre abgeschrieben und hat jährliche Unterhaltskosten von € 5000. Ein Arbeiter erhält ein Jahresgehalt von € 35.000.

- *Straße teeren* wird von sechs Arbeitern durchgeführt. In diesem Fall dauerte es 2 Tage. Die Teermaschine kostet € 200.000, wird ebenfalls in 5 Jahren abgeschrieben und kostet € 10.000 für die jährliche Wartung.

Für diesen Fall können wir auch die Kosten für die Maschinen berücksichtigen. Die Arbeitskosten Arbeitskosten pro Tag betragen € 175 für einen Arbeiter. Der Bagger kostet € 20.000 + 5000 pro Jahr für Abschreibung und Wartung, das sind € 104,17 pro Arbeitstag. Die Kosten für die Vorbereitung des Fundaments belaufen sich auf 4 × 5 × € 175 + 5 × € 104,17 = € 4020,85. Für das Teeren der Straße betragen die Kosten 6 × 2 × € 175 + 2 × € 208,34 = € 2.516,68.   □

Übung 11.13 Angenommen das Papierformular wird vom Bauleiter ausgedruckt, der Drucker kostet € 300, abgeschrieben in 3 Jahren, und ein Stapel von 500 Stück Papier kostet € 10. Warum wäre es sinnvoll, diese Kosten in die Berechnung einzubeziehen? Oder warum nicht?

Ein inhärentes Problem der Prozesskostenrechnung ist die Notwendigkeit, die Dauer von Aktivitäten wie der Vermietung von Baumaschinen oder der Genehmigung von Mietanträgen festzuhalten. Ereignisdaten, die in prozessorientierten Informationssystemen gespeichert sind, können bei der Bereitstellung solcher Daten helfen. Einige Systeme verfolgen lediglich die Erledigung von Aktivitäten. Die Prozesskostenrechnung erfordert jedoch auch, dass deren Beginn festgehalten wird. Das bedeutet, dass wir die Zeitstempel des Zeitpunkts festhalten müssen, an dem eine Ressource mit der Arbeit an einer bestimmten Aktivität beginnt. Was hier zu berücksichtigen ist, sind die Kosten für die Schaffung zusätzlicher Transparenz. Es gibt einen Kompromiss, und wenn es einmal zu teuer wird, mehr Transparenz zu erreichen, ist es gut, diese Kosten nicht in die Berechnung einzubeziehen.

11.5.3 Qualitätsdimension

Die Qualität eines in einem Prozess erstellten Produkts ist oft nicht direkt aus Logdaten erkennbar. Ein guter Anhaltspunkt ist jedoch zu prüfen, ob es in den Logdaten Wiederholungen gibt, da diese typischerweise auftreten, wenn eine Aktivität nicht erfolgreich abgeschlossen wurde. Wiederholungen finden sich in Aktivitätensequenzen. In Kap. 7 haben wir gesehen, dass die Wiederholung zur Nachbearbeitung die Durchlaufzeit einer Aufgabe auf $CT = \frac{T}{1-r}$ verlängert, während T die Zeit ist, wenn die Aktivität nur einmal ausgeführt wird. Die Frage ist nun, wie die Wiederholungswahrscheinlichkeit r aus einer Reihe von Ereignislogdaten bestimmt werden kann.

Der erste Teil dieser Frage kann beantwortet werden, indem man die Gleichung so umformuliert, dass sie für r gelöst wird. Durch Multiplikation mit $1 - r$ erhalten wir $CT - r \times CT = T$. Die Subtraktion von CT ergibt $-r \times CT = T - CT$, die durch $-CT$ geteilt werden kann, was dann letztlich

$$r = 1 - \frac{T}{CT}$$

ergibt.

Sowohl CT als auch T können nun anhand der Daten der Logdaten bestimmt werden. Betrachten wir die fünf Fälle, in denen wir die folgenden Ausführungszeiten für Aktivität a betrachten:

1. 5 min, 10 min;
2. 10 min;
3. 20 min, 6 min, 10 min;
4. 5 min;
5. 10 min, 10 min.

Die Durchlaufzeit CT von a kann nun als die durchschnittliche Ausführungszeit von a pro Fall berechnet werden, während die durchschnittliche Ausführungszeit T die durchschnittliche Ausführungszeit von a pro Instanziierung ist. Beide lassen sich aus der Summe aller Ausführungen von a ermitteln, die hier 86 min beträgt. Wir haben fünf Fälle, so dass $CT = 86/5 = 17,2$ ist. Insgesamt ist a neunmal ausgeführt, was $T = 86/9 = 9,56$ ergibt. Daher erhalten wir $r = 1 - \frac{86/9}{86/5} = 1 - \frac{5}{9} = 0,44$ Diese Berechnung ist natürlich nur eine Annäherung an den realen Wert für r. Sie baut auf der Annahme auf, dass die Dauer einer Aktivität immer der gleichen Verteilung folgt, unabhängig davon, ob es sich um die erste, die zweite oder eine andere Iteration handelt.

Übung 11.14 Bestimmen Sie die Wahrscheinlichkeit der Wiederholung r für die folgenden Ausführungszeiten der Aufgabe b:

1. 20 min, 10 min;
2. 30 min;
3. 30 min, 5 min;
4. 20 min;
5. 20 min, 5 min;
6. 25 min.

Erklären Sie auch, warum der Wert für diese Logdaten irreführend ist.

In einigen Softwaresystemen könnte es einfacher sein, Wiederholungen auf der Grundlage der Zuordnung von Aktivitäten zu Ressourcen zu identifizieren. Ein Beispiel sind Fallbearbeitungssysteme *(engl.: ticketing systems)*, die aufzeichnen, welche Ressource an einem Fall arbeitet. Auch die Logdaten dieser Systeme bieten Einblicke in Wiederholungen. Ein typischer Prozess, der durch Fallbearbeitungssysteme unterstützt wird, ist die Lösung von Problemen, Anfragen und Störfällen. Ein Vorfall kann zum Beispiel ein Anruf eines Kunden sein, der sich beschwert, dass das Online-Banking-System nicht funktioniert. Ein solcher Vorfall wird von einem Prozessbeteiligten, z.B. einem Mitarbeiter des Telefonberatungszentrums, aufgezeichnet. Dann wird der Fall an einen Sachbearbeiter der ersten Ebene weitergeleitet, der versucht, das Problem zu lösen. Falls sich das Problem als zu spezifisch herausstellt, wird es an einen Sachbearbeiter der zweiten Ebene weitergeleitet, welcher über spezielle Kenntnisse in der Problemdomäne verfügt. Im besten Fall wird das Problem gelöst und der Kunde benachrichtigt. Im unerwünschten Fall stellt dieser fest, dass das Problem in einen anderen Kompetenzbereich fällt. Dies hat zur Folge, dass das Problem an den ersten Sachbearbeiter zurück gespielt wird. Ähnlich wie bei der Wiederholung von Aktivitäten sehen wir nun, dass es eine wiederholte Zuweisung des Problems an dieselbe Ressource gibt. Durch die Analyse der Logdaten können wir feststellen, wie oft diese wiederholte Zuordnung auftritt und inwieweit sie sich auf die mittlere Durchlaufzeit des Prozesses auswirkt.

Mithilfe eines Prozess-Mining-Werkzeugs können wir einen Filter auf eine Logdatei anwenden, um nur die Fälle darzustellen, in denen die gleiche Aufgabe (mindestens) zweimal auftritt. In Disco wird dies mit einem so genannten „Follower"-Filter erreicht, während dies in Celonis als „Process Flow Selection"-Filter bezeichnet wird.

Übung 11.15 Betrachten Sie die Logdaten der Business Process Intelligence Challenge 2017 (https://tinyurl.com/bpic2017). In wie vielen Fällen wurde `W_Assess Potential Fraud` mindestens zweimal im gleichen Fall durchgeführt?

11.5.4 Flexibilitätsdimension

Flexibilität bezieht sich auf den Grad der Variation, den ein Prozess zulässt. Diese Flexibilität kann in Bezug auf die Ereignislogdaten, die der Prozess produziert, diskutiert werden. Für den Prozessverantwortlichen ist dies eine wichtige Information, um das gewünschte Maß an Flexibilität mit der tatsächlichen Flexibilität zu vergleichen. Es könnte sich herausstellen, dass der Prozess flexibler ist als gefordert. Dies ist dann der Fall, wenn Flexibilität mit mangelnder Standardisierung gleichgesetzt werden kann. Häufig leidet die Leistungsfähigkeit von Prozessen, wenn zu viele Optionen zugelassen werden. Betrachten Sie noch einmal den Prozess für das Mieten von Baumaschinen bei BuildIT. Der Prozess erfordert ein Antragsformular, das per E-Mail versandt wird. Einige Ingenieure ziehen es jedoch vor, das Depot direkt anzurufen, anstatt das Formular auszufüllen. Da diese Ingenieure sehr angesehen sind, ist es für den Sachbearbeiter nicht leicht, diese Anrufe abzuweisen. Infolgedessen füllt der

Sachbearbeiter das Formular aus, während er am Telefon ist. Dieses Verfahren nimmt nicht nur mehr Zeit in Anspruch, sondern erhöht aufgrund des Lärms auf der Baustelle auch die Fehlerwahrscheinlichkeit. In der Praxis bedeutet dies, dass der Prozess zwei Möglichkeiten bietet, einen Antrag zu stellen: per Formular (das Standardverfahren) und per Telefon.

Teilweise kann eine solche beschriebene Flexibilität direkt in einer Ereignislogdatei beobachtet werden. Wir haben gesehen, dass das Workflowlog eines Prozesses eine wichtige Rolle für die automatische Prozessmodellgenerierung spielt. Es kann auch zur Beurteilung der Flexibilität des Prozesses verwendet werden. Das Workflowlog fasst das wesentliche Verhalten des Prozesses zusammen. Da es jede Ausführung als eine Folge von Aufgaben definiert, abstrahiert es vom zeitlichen Abstand zwischen ihnen. Auf diese Weise enthält das Workflowlog eine Reihe von Sequenzen, die eine eindeutige Reihenfolge haben. Das heißt, wenn zwei Ausführungen dieselbe Aktivitätsfolge enthalten, führen sie nur zu einer einzigen Sequenz, die in das Workflowlog aufgenommen wird. Diese Abstraktion von Prozessausführungen in Form eines Workflowlogs ist ein guter Ausgangspunkt für die Diskussion der Flexibilität. Dementsprechend kann die Anzahl der verschiedenen Sequenzen *(engl.: distinct executions (DE))* auf der Grundlage eines Workflowlogs L definiert werden als

$$DE = |L|.$$

Übung 11.16 Betrachten Sie die Ereignislogdaten des Auftrag-bis-Zahlungseingang-Prozesses in Abb. 11.4. Wie hoch ist die Anzahl der verschiedenen Ausführungen DE?

Es stellt sich die Frage, ob die Anzahl der verschiedenen Sequenzen immer ein guter Indikator für Flexibilität ist. Zuweilen könnte die Anzahl der verschiedenen Sequenzen eine zu hohe Maßzahl für die Flexibilität ergeben. Dies könnte bei Prozessen mit Nebenläufigkeiten der Fall sein. Solche Prozesse können hochgradig strukturiert sein, aber wenn man nur eine kleine Anzahl nebenläufiger Aktivitäten hat, ergibt sich eine große Anzahl potenzieller Ausführungssequenzen. Betrachten Sie das durch den α-Algorithmus konstruierte Prozessmodell in Abb. 11.12. Die Aktivitäten i und h sind nebenläufig mit j und k. Tatsächlich gibt es sechs Möglichkeiten, sie auszuführen:

1. $i, h, j, k,$
2. $j, k, i, h,$
3. $i, j, k, h,$
4. $j, i, h, k,$
5. i, j, h, k und
6. $j, i, k, h.$

Die Reihenfolge ist zwar nicht streng definiert, aber alle müssen ausgeführt werden. Daher könnte es eine gute Idee sein, zusätzlich zu prüfen, ob eine Aktivität optional ist. Wenn sich T auf die Anzahl der Aktivitäten bezieht, die im Workflowlog enthalten sind, dann enthält die Menge T_{opt} diejenigen Aktivitäten, die optional sind. Optionalität bedeutet mit Blick auf das Log, dass es für eine bestimmte Aktivität mindestens eine Sequenz gibt, in der sie nicht vorkommt. Für das Log in Abb. 11.4 stellen wir fest, dass die Aktivitäten b bis f von der Verfügbarkeit von Werkstoffen abhängen. Wir können den Grad der *Optionalität OPT* quantifizieren als

$$OPT = \frac{T_{opt}}{T}.$$

11.6   Konformitätsprüfung

Bei der Konformitätsprüfung geht es um die Frage, ob die Ausführung eines Prozesses vordefinierten Regeln und Bedingungen folgt oder nicht. Diese Frage kann durch Untersuchung der Ereignislogdaten beantwortet werden. Wenn eine bestimmte Regel sich als nicht gültig erweist, spricht man von einem Regelverstoß *(engl.: violation)*. Bei der Konformitätsprüfung geht es insbesondere darum, diese Regelverstöße zu identifizieren und Aussagen über das Ausmaß der Regelverstöße insgesamt zu machen.

Regelverstöße können sich auf die drei Prozessperspektiven Kontrollfluss, Daten und Ressourcen beziehen, isoliert oder in Kombination. Im Folgenden wird beschrieben, wie sie spezifiziert werden können.

11.6.1 Konformität des Kontrollflusses

Aus der Perspektive des Kontrollflusses kann die Konformität auf zwei Arten analysiert werden: auf der Grundlage von *Bedingungen* oder auf der Grundlage eines *normativen Prozessmodells*. Im Folgenden diskutieren wir diese beiden Ansätze nacheinander.

Es gibt drei wiederkehrende Arten von Kontrollflussbedingungen: verpflichtende und ausschließende Bedingungen sowie Reihenfolgebedingungen. Diese drei Bedingungstypen definieren, wie zwei Aktivitäten in einem Prozess miteinander verbunden werden dürfen. Ein Unternehmen könnte für bestimmte Aktivitäten eine *verpflichtende Bedingung* definieren, wenn diese Aktivitäten aus der Kontrollperspektive erforderlich sind. Betrachten wir noch einmal den Fall von BuildIT und seinen Baumaschinenmietprozess. Ein Arbeitsingenieur soll den Mietantrag überprüfen. Diese Aufgabe dient zur Kontrolle, dass nur geeignete Baumaschinen gemietet werden. Diese Maßnahme kann dazu beitragen, die Mietkosten im Rahmen zu halten. Diese Überprüfungsaufgabe sollte wahrscheinlich verpflichtend sein. Auf der Ebene der Ereignislogdaten können Regelverstöße gegen verpflichtende Bedingungen gefunden werden, indem nach Sequenzen gesucht wird, in denen die fragliche Aktivität nicht ausgeführt wird.

Eine *Ausschließlichkeitsbedingung* besagt, dass zwei oder mehr Aktivitäten nicht gleichzeitig in ein und demselben Fall auftreten können. Im Falle des Mietprozesses könnte eine solche Bedingung beispielsweise besagen, dass auf die Ablehnung eines Mietantrags keine Genehmigung folgen kann. Diese Ausschließlichkeit kann überprüft werden, indem nach Sequenzen gesucht wird, in denen beide Aktivitäten vorkommen.

Eine *Reihenfolgebedingung* besagt, dass zwei Aufgaben immer in einer bestimmten Reihenfolge auftreten müssen. Bei der Miete von Baumaschinen könnte eine Bestellbedingung besagen, dass die Verfügbarkeit der angeforderten Maschine geprüft werden muss, bevor die Anfrage überprüft wird. Es ist natürlich ein unnötiger Aufwand, Anfragen zu prüfen, die nicht erfüllt werden können, weil die Maschine nicht verfügbar ist. Regelverstöße gegen diese Bedingungen können durch die Suche nach Sequenzen gefunden werden, bei denen die Aktivitäten in der falschen Reihenfolge aufscheinen.

Übung 11.17 Betrachten Sie die Ereignislogdaten in Abb. 11.4. Welche Aktivitäten können in Bezug aufeinander als verpflichtend oder ausschließend betrachtet werden?

Die Konformität des Kontrollflusses kann auch überprüft werden, indem das im Log beobachtete Verhalten mit einem Prozessmodell verglichen wird. Bei diesem Ansatz der Konformitätsprüfung besteht das Ziel darin, zwei Arten von Diskrepanzen zu identifizieren:

- Unerlaubtes Logverhalten: im Log beobachtetes Verhalten, welches vom normativen Prozessmodell nicht zugelassen wird.
- Zusätzliches Modellverhalten: Verhalten, welches im normativen Prozessmodell erlaubt, aber im Log nie beobachtet wurde.

Wenn Diskrepanzen vorhanden sind, ermittelt die Konformitätsprüfung, wo jede dieser Diskrepanzen auftritt und was der genaue Unterscheid zwischen der Ereignislogdatei und dem Prozessmodell ist.

Es gibt im Großen und Ganzen drei Familien von Verfahren zur Konformitätsprüfung zwischen einer Ereignislogdatei und einem Prozessmodell: Wiedergabe *(engl.: replay)*, Sequenzabgleich *(engl.: trace alignment)* und Verhaltensabgleich *(engl.: behavioral alignment)*. Beim Wiedergabeverfahren [7] wird jede Sequenz im Prozessmodell Schritt für Schritt wiedergegeben, beginnend mit dem Anfangszustand des Prozessmodells (d. h. dem Zustand, in dem eine Marke im Startereignis vorhanden ist). Bei jedem Schritt der Wiedergabe wird bestimmt, ob das nächste Ereignis in den Ereignislogdaten gemäß dem Prozessmodell ausgeführt werden durfte. Wenn das nächste Ereignis wiedergegeben werden kann, gehen wir zum nächsten Zustand im Prozessmodell über, indem wir die Marken im Modell vorwärts bewegen. Wenn das nächste Ereignis nicht wiedergegeben werden kann, zeichnen wir einen Wiedergabefehler *(engl.: replay error)* auf, und es wird eine lokale Korrektur vorgenommen, um den Wiedergabevorgang fortzusetzen. Die lokale Korrektur kann z. B. darin bestehen, eine Aktivität im Prozessmodell zu ignorieren oder ein Ereignis im Log zu überspringen.

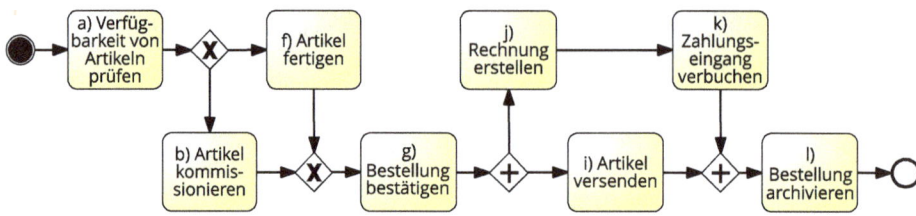

Abb. 11.19 BPMN-Modell mit einer Marke auf dem Startereignis für die Wiedergabe der Sequenz $\langle a, b, g, i, j, k, l \rangle$

Beispiel 11.8 Unter Verwendung der Schaltregeln der BPMN können wir die Sequenz $\langle a, b, g, i, j, k, l \rangle$ auf dem in Abb. 11.19 gezeigten Modell wiedergeben. Im Ausgangszustand hat der Prozess eine Marke auf dem Startereignis. Sobald die Sequenz gestartet wird, wandert diese Marke entlang der Ausgabekante des Startereignisses zur Aktivität a (*Verfügbarkeit von Artikeln prüfen*), was bedeutet, dass die Marke die Ausführung dieser Aktivität ermöglicht. Die Marke wandert nach der Ausführung dieser Aktivität auf deren Ausgabekante. Damit wird die XOR-Verzweigung aktiviert, was bedeutet, dass eine Entscheidung getroffen werden muss, um entweder mit b (*Artikel kommissionieren*) oder mit f (*Artikel fertigen*) fortzufahren. Für den betrachteten Fall fahren wir mit b fort.

Nachdem g (*Bestellung bestätigen*) abgeschlossen ist, kommen wir zu einer UND-Verzweigung. Eine UND-Verzweigung entfernt eine Marke auf ihrer Eingangskante und erzeugt eine Marke auf jeder ihrer Ausgangskanten. Als Ergebnis haben wir anschließend zwei Marken: eine Marke vor i (*Produkt versenden*) und ein Marke vor j (*Rechnung erstellen*). In diesem Zustand können wir entweder mit i oder j fortfahren. Diese Aktivitäten können gleichzeitig ausgeführt werden. Um die Sequenz wiederzugeben, führen wir zuerst i und danach j aus. Sobald i und später k abgeschlossen sind, darf die UND-Zusammenführung schalten. Dazu ist auf jedem ihrer Eingangskanten eine Marke erforderlich. Diese beiden Marken werden entfernt, und auf der Ausgangskante wird eine einzige Marke erzeugt. Als letztes kann dann l (*Auftrag archivieren*) ausgeführt werden.

Wenn ein Wiedergabefehler festgestellt wird, wird dieser vermerkt und eine lokale Korrektur vorgenommen, um den Wiedergabevorgang fortzusetzen. Die lokale Korrektur kann z. B. das Überspringen einer Aktivität im Log oder im Prozessmodell sein.   □

Mit Hilfe des Markenspiels können wir auch die Konformität einer Wiedergabe mit einem Prozessmodell messen, indem wir bei jedem Schritt die Anzahl der Marken, die zur Wiedergabe eines Ereignisses erforderlich sind, mit den tatsächlich verfügbaren Marken vergleichen. Konkret können wir bei jedem Schritt die folgenden Werte festhalten:

- c: die Anzahl der Marken, die korrekt entfernt werden (*engl.: correctly consumed*),
- p: die Anzahl der Marken, die korrekt erzeugt werden (*engl.: correctly produced*),

- m: die Anzahl der Marken, die für die Ausführung des nächsten Ereignisses in der Sequenz fehlen *(engl.: missing)*, und
- r: die Anzahl der verbleibenden Marken, die nach der Ausführung des letzten Ereignisses in der Sequenz nicht entfernt wurden *(engl.: remaining)*.

Beispiel 11.9 Betrachten Sie die Sequenz $\langle a, b, i, j, k, l \rangle$, in der die Auftragsbestätigung ausgelassen wurde. Abb. 11.20 zeigt zunächst den Zustand vor der Wiedergabe von b in der Sequenz $\langle a, b, i, j, k, l \rangle$. Nach der Wiedergabe von b steht eine Marke zur Ausführung von g zur Verfügung, welche jedoch nicht entfernt wird. Stattdessen fehlt eine Marke für die Ausführung der UND-Verzweigung, die i und j aktivieren würde. Die Abbildung zeigt auch die Anzahl der korrekt produzierten und entfernten Marken für jeden Schritt bis zum Abschluss. Mit den vier Werten c, p, m und r können wir das Fitnessmaß für eine vollständige Sequenz als Konformitätsindikator berechnen. Es wird auf der Grundlage des Anteils der fehlenden Marken zu korrekt entfernten Marken ($\frac{m}{c}$) und des Anteils der verbleibenden Marken zu produzierten Marken ($\frac{r}{p}$) definiert als

$$fitness = \frac{1}{2}(1 - \frac{m}{c}) + \frac{1}{2}(1 - \frac{r}{p}).$$

Wenn wir alle unsere Werte von c, von p, von m und von r addieren, erhalten wir insgesamt $c = 12$, $p = 12$, $m = 1$ und $r = 1$. Daraus ergibt sich eine Fitness von $\frac{1}{2}(1 - \frac{1}{12}) + \frac{1}{2}(1 - \frac{1}{12}) = 0{,}9166$. Wenn wir eine Reihe von Sequenzen und nicht nur einen einzelnen Fall betrachten, können wir die Fitness auf die gleiche Weise leicht berechnen. Die Idee besteht darin, einfach mit der Zählung von c, p, m und r fortzufahren, indem der nächste Fall im Prozessmodell wiedergegeben wird. Wenn wir alle Fälle noch einmal wiedergegeben haben, erhalten wir die resultierende Gesamtfitness dieser Sequenzen. $\square$

Die Ergebnisse der Konformitätsprüfung können auf zwei Arten interpretiert werden. Erstens können wir das Maß der Gesamtfitness verwenden, um die Übereinstimmung zwischen Prozessmodell und dem tatsächlich im Log beobachteten Verhalten zu beschreiben. Obwohl die Fitness als Gesamtmaß zu diesem Zweck nützlich ist, hilft sie nicht dabei, die Abweichungen genauer zu analysieren. Deshalb kann zweitens festgestellt werden, bei welchen Kanten des Prozessmodells Marken fehlen oder verblieben sind. Abb. 11.21 zeigt die entsprechenden Zahlen aus der Wiedergabe mehrerer Sequenzen im Prozessmodell. Es ist zu erkennen, dass sich offenbar die meisten Abweichungen auf Aufgabe g und einige auf Aufgabe l beziehen. Diese Informationen können dazu verwendet werden, die Prozessbeteiligten zu fragen, warum g in einigen Fällen ausgelassen wurde. Das Ziel einer solchen Untersuchung wäre es, herauszufinden, ob diese Auslassung wünschenswert ist. Es stellt sich die Frage, ob die Prozessbeteiligten einen effizienteren Weg gefunden haben, mit der Bestätigung umzugehen, oder ob eine Auslassung als Fehlverhalten zu betrachten und als solches zu verhindern wäre. Für den Fall der Archivierung (Aktivität l) dürfte die Auslassung als Fehlverhalten angesehen werden.

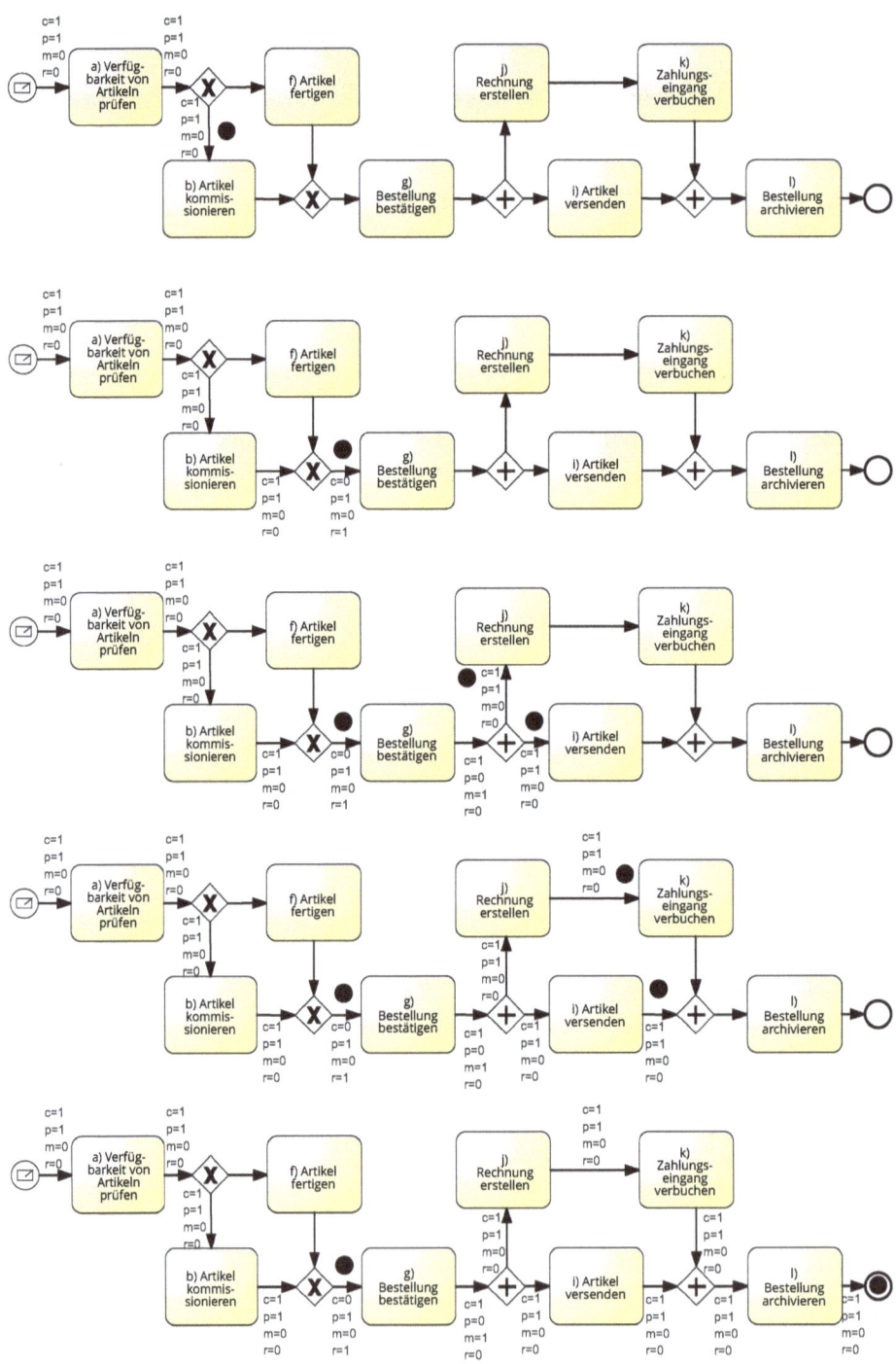

Abb. 11.20 Wiederholen der nichtkonformen Sequenz ⟨a, b, i, j, k, l⟩

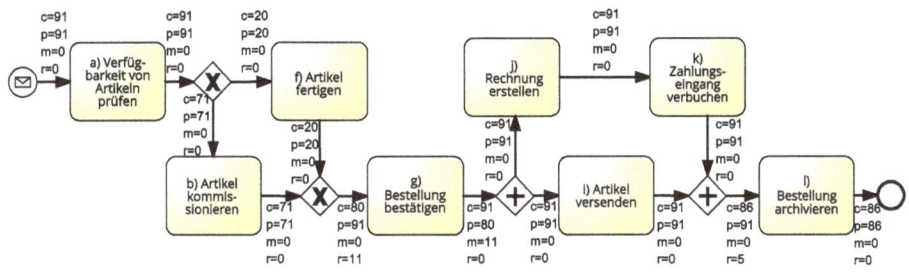

Abb. 11.21 Ergebnis der Wiedergabe von Sequenzen im Prozessmodell

Bei Wiedergabeverfahren erfolgt die Behebung eines Fehlers lokal. Daher identifizieren diese Verfahren möglicherweise nicht die Mindestanzahl von Fehlern, die das unpassende Logverhalten erklären können. Diese Einschränkung wird durch *Sequenzabgleichverfahren* [8] behoben. Diese Verfahren identifizieren für jede Sequenz im Log die nächstliegende passende Sequenz, die vom Modell wiedergegeben werden kann. Sequenzabgleichverfahren berechnen auch einen Abgleich, welcher die Abweichungen zwischen diesen beiden Sequenzen anzeigt. Die Ausgabe ist eine Menge von Paaren abgeglichener Sequenzen. Jedes Paar zeigt im Log eine Sequenz, die nicht genau mit einer Sequenz im Modell übereinstimmt, zusammen mit der entsprechenden nächstliegenden Sequenz, die vom Modell erzeugt werden kann.

Sequenzabgleichverfahren behandeln weder explizit nebenläufige Aktivitäten noch Wiederholungen von Aktivitäten. Wenn z. B. vier Aktivitäten nur in einer festen Reihenfolge im Prozessmodell (z. B. $\langle a, b, c, d \rangle$), aber nebenläufig im Log (d. h. in beliebiger Reihenfolge) auftreten können, kann dieser Unterschied nicht direkt durch Sequenzabgleich erkannt werden, da er nicht auf der Ebene einzelner Sequenzen beobachtet werden kann. Diese Einschränkung wird von Verfahren des *Verhaltensabgleichs* adressiert [9]. Im Gegensatz zum Sequenzabgleich richtet der Verhaltensabgleich nicht eine Sequenz nach der anderen aus, sondern die gesamte Ereignislogdatei auf einmal am Prozessmodell, so dass Unterschiede beobachtet werden können, die auf der Ebene der einzelnen Sequenzen nicht sichtbar sind.

Das Ergebnis eines Verhaltensabgleichs ist eine Datenstruktur, die als partiell synchronisiertes Produkt (PSP) *(engl.: partially synchronized product)* bekannt ist und jeden Zustand erfasst, in dem eine Aufgabe oder eine Verhaltensabhängigkeit im Prozessmodell auftritt, aber nicht in den Ereignislogdaten, oder umgekehrt. Verhaltenssynchronisierende Verfahren können daher sowohl unpassendes Verhalten als auch zusätzliches Verhalten erkennen.

Das PSP ist eine eher unleserliche Struktur, aber es kann verwendet werden, um eine Reihe von *Differenzaussagen* in natürlicher Sprache zu generieren. Eine mögliche Differenzaussage ist zum Beispiel die folgende: „Im Modell tritt nach Aufgabe *a* die Aufgabe *b* immer vor *c* auf, während im Protokoll die Aufgaben *b* und *c* gleichzeitig auftreten." Jede solche Differenz kann nicht nur textlich, sondern auch visuell dargestellt werden. Abb. 11.22 zeigt zum Beispiel eine Diskrepanz, die von Apromores Konformitätsprüfung erkannt wurde.

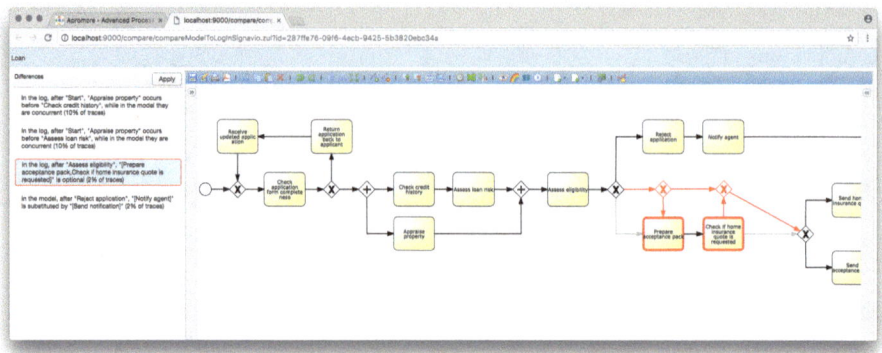

Abb. 11.22 Visualisierung einer Modell-Log-Diskrepanz in Apromore

Ähnliche Visualisierungen von Modell-Log-Diskrepanzen werden von Signavio Process Intelligence,[22] LANA,[23] Celonis und MyInvenio bereitgestellt.

Sobald eine Diskrepanz wie die oben genannte festgestellt wurde, kann der Benutzer entweder entscheiden, sie zu ignorieren – z. B. weil die Diskrepanz selten auftritt und es sich nicht lohnt, solche seltenen Ausnahmen im Modell zu erfassen – oder entscheiden, sie zu beheben. Der Prozess, ein Modell so zu reparieren, damit es besser zu einer Ereignislogdatei passt, wird als *Modellreparatur* bezeichnet. Apromore bietet Funktionen zur automatischen Behebung jeder identifizierten Diskrepanz. Bei anderen Werkzeugen kann diese Reparatur manuell durchgeführt werden, indem das Modell entsprechend der festgestellten Abweichung aktualisiert wird und dann erneut der Konformitätsprüfung unterzogen wird.

11.6.2 Konformität von Daten und Ressourcen

In der obigen Diskussion haben wir uns darauf konzentriert, die Konformität entlang des Kontrollflusses zu überprüfen, d. h. zu prüfen, ob das Auftreten und die Reihenfolge von Aktivitäten in den Ereignislogdaten mit einem vorgegebenen Prozessmodell konsistent sind.

Ebenso wichtig ist es aber auch, die Regelkonformität von Daten und Ressourcen eines Geschäftsprozesses zu überprüfen. Angenommen es wird eine teure Raupe für eine Baustelle von BuildIT angefordert. Viele Unternehmen haben zusätzliche Regeln für hohe Kosten oder riskante Geschäfte. Im Fall von BuildIT erfordert die Anmietung der Raupe die zusätzliche Unterschrift eines Managers. Ähnliche Fälle sind bei Banken zu finden, wo bei einem Darlehen von mehr als € 1.000.000 die zusätzliche Unterschrift eines Geschäftsführers

---

[22]https://www.signavio.com

[23]https://lana-labs.com/en

erforderlich sein kann. Möglicherweise gibt es auch eine Vorschrift, die besagt, dass ein Darlehen nicht an einen auf der schwarzen Liste stehenden Antragsteller gewährt werden darf. Solche Einschränkungen können überprüft werden, indem im Log nach Fällen gesucht wird, in denen ein bestimmtes Datenfeld einen verbotenen Wert annimmt.

Das Beispiel der zusätzlich geforderten Signatur weist bereits auf eine Kombination von Daten- und Ressourcenbedingungen hin. Wenn ein bestimmter Betrag überschritten wird, dann gibt es eine dedizierte Ressource, die zur Genehmigung erforderlich ist. Es gibt jedoch auch Bedingungen, die sich rein auf die Ressourcenperspektive beziehen. Teilnehmer benötigen in der Regel *Berechtigungen* zur Ausführung bestimmter Aufgaben. Beispielsweise muss die Person, welche die Raupenmiete freigibt, ein Manager sein, und es ist nicht erlaubt, dass diese Person ein Bauarbeiter ist. Oft werden Berechtigungen mithilfe entsprechender *Rollen* gebündelt. Dies kann beispielsweise dadurch geschehen, dass explizit definiert wird, was Manager und Bauarbeiter tun dürfen. Berechtigungsverletzungen können überprüft werden, indem nach jenen Aktivitäten gesucht wird, die von einem Teilnehmer ausgeführt werden, und überprüft wird, ob die entsprechende Rolle oder Berechtigung vorhanden ist. Eine Regel, welche die Genehmigung eines Geschäftsvorgangs durch zwei verschiedene Personen erfordert, wird als Vieraugenprinzip *(engl.: separation of duties)* bezeichnet. An diesen Regeln sind nicht unbedingt Vorgesetzte beteiligt. So kann es beispielsweise für eine bestimmte Bank in Ordnung sein, wenn ein Darlehen von € 100.000 von zwei Bankangestellten unterzeichnet wird, während ein Darlehen von € 1.000.000 die Unterschrift eines Sachbearbeiters und eines Direktors erfordert. Diese Regel zur Umsetzung eines Vieraugenprinzips kann überprüft werden, indem im Protokoll nach Fällen gesucht wird, in denen derselbe Teilnehmer oder zwei Teilnehmer mit derselben Rolle die betreffende Transaktion genehmigt haben.

Übung 11.18 Betrachten Sie die Ereignislogdaten der Business Process Intelligence Challenge 2017 (https://tinyurl.com/bpic2017). In wie vielen Fällen wurde `W_Assess Potential Fraud` mindestens zweimal im selben Fall von derselben Ressource durchgeführt? Hinweis: Diese Übung ist angelehnt an die Übung 11.15, aber sie beinhaltet eine zusätzliche Einschränkung: Dieselbe Ressource sollte in beiden Aktivitätssequenzen involviert sein.

11.7 Variantenanalyse

Die Leistung eines Geschäftsprozesses kann im Laufe der Zeit erheblich variieren (z. B. kann die Leistung im aktuellen Monat geringer sein als im Vormonat), geografisch (die Leistung der Rezeptbearbeitung über mehrere Apotheken hinweg kann unterschiedlich sein) oder über Geschäftsbereiche, Produkttypen oder Kundentypen hinweg. Und selbst innerhalb eines bestimmten Zeitraums, eines bestimmten Ortes, einer bestimmten Geschäftseinheit, eines bestimmten Produkttyps und eines bestimmten Kundentyps werden oft erhebliche

Unterschiede zwischen den Fällen mit der besten und der schlechtesten Leistung festgestellt. Einige Fälle verlaufen reibungslos und führen rechtzeitig zu einem positiven Ergebnis, während andere zu negativen Ergebnissen führen oder sich verzögern, was zur Unzufriedenheit der Kunden führt. Die häufigste Frage eines Prozessverantwortlichen ist: „Warum ist die Leistung in einigen Fällen so viel schlechter als in anderen?"

Variantenanalysen erlauben es, Unterschiede zwischen Teilmengen von Fällen in einem Prozess (d. h. zwei Varianten) zu analysieren. Anhand von zwei Untermengen der Logdaten L_1 und L_2 können diese Verfahren Merkmale identifizieren, die in den Fällen in L_1 häufig auftreten und in den Fällen in L_2 selten oder gar nicht vorhanden sind. Es mag viele solcher Merkmale geben, und natürlich sind wir daran interessiert, diejenigen zu finden, die erklären, warum die Fälle in L_1 eine bessere oder schlechtere Leistung als die in L_2 aufweisen könnten.

Wir können ein beliebiges Kriterium verwenden, um die Fälle in einem Log in L_1 und L_2 aufzuteilen. Dieses Kriterium könnte auf dem Zeitpunkt des Fallbeginns basieren (z. B. alle Fälle mit Beginn im Jahr 2019 bilden L_1, alle Fälle mit Beginn im Jahr 2020 bilden L_2). Oder die Zuordnung könnte auf dem Produkttyp basieren (z. B. alle Kfz-Versicherungsansprüche für Sportwagen in L_1, alle anderen Kfz-Versicherungsansprüche in L_2). Es ist auch üblich, das Log in Fälle mit normaler (oder zufriedenstellender) Leistung (L_1) und Fälle mit unbefriedigender Leistung (L_2) aufzuteilen. Diese Art der Analyse wird Abweichungsanalyse *(engl.: deviance mining)* genannt, weil sie darauf abzielt zu verstehen, warum einzelne Fälle abweichen (d. h. die in L_2). Beachten Sie, dass eine Abweichung auch aus einer positiven Perspektive betrachtet werden kann. Tatsächlich könnten wir das Log in Fälle mit normaler oder unterdurchschnittlicher Leistung (L_1) und Fälle mit überdurchschnittlicher Leistung (L_2) unterteilen. Die Fälle im Protokoll L_2 sind also positiv abweichend.

Die Variantenanalyse kann manuell oder automatisch durchgeführt werden. Beim manuellen Ansatz beginnen wir meist damit, ein Prozessmodell für L_1 und ein weiteres für L_2 zu generieren, und vergleichen diese beiden Modelle visuell. Wir können z. B. einen Abhängigkeitsgraphen für L_1 und ein weiteres für L_2 generieren, sie nebeneinander stellen und sie unter Verwendung der Häufigkeitsübersicht (Knoten und Kanten werden mit der Häufigkeit beschriftet) und der Leistungsübersicht (Knoten und Kanten werden mit Zeiten beschriftet) vergleichen. Auf diese Weise können wir Aufgaben oder Pfade erkennen, die in L_1 häufiger sind als in L_2 oder umgekehrt, oder wir können Unterschiede in den Durchlaufzeiten von Aufgaben erkennen. Wir können noch weiter gehen und die Datenperspektive untersuchen, z. B. um festzustellen, ob einige Datenattributwerte in L_1 häufiger vorkommen als in L_2, oder ob einige Ressourcen in L_1 aktiver sind als in L_2.

Eine Alternative ist die Anwendung automatischer Logdifferenzanalysen *(engl.: log delta analysis)* [10]. Diese Verfahren nehmen als Eingabe zwei Ereignislogdateien und erzeugen eine Menge von *Mustern,* welche in L_1 üblich und in L_2 ungewöhnlich sind oder umgekehrt. Auf diese Weise kann analysiert werden, welche der beobachteten Unterschiede die Leistungsdifferenz erklären könnten. Das im Apromore-Werkzeug implementierte Verfahren der Logdifferenzanalyse nimmt beispielsweise zwei Ereignislogdateien als Eingabe und erzeugt eine Menge von *Differenzaussagen,* die den Ergebnissen der Konformitätsprüfung ähneln, z. B.: „In Log L_1 wird Aufgabe a manchmal übersprungen, während in Log L_2 Aufgabe a immer ausgeführt wird," oder „In Log L_1 wird Aufgabe a manchmal wiederholt, während in Log L_2 Aufgabe a fast nie wiederholt wird."

Andere Verfahren zur Logdifferenzanalyse basieren auf so genannten *Assoziationsregeln,* die im Bereich des Data Mining üblich sind. Diese Verfahren nehmen als Eingabe ein Log (das sie als eine Menge von Sequenzen sehen) und erzeugen als Ausgabe Muster der Form „nach a beobachten wir irgendwann b." Einige dieser Verfahren, die als diskriminierende Sequenzmustererkennung *(engl.: discriminative sequence mining)* bezeichnet werden, nehmen als Eingabe zwei Logdateien und identifizieren Assoziationsregeln wie die oben genannten, die für den einen Log typisch sind, für den anderen aber nicht.

Der manuelle Differenzvergleich eignet sich eher für relativ kleine Ereignislogdaten oder in Fällen, in denen die Ereignislogdaten gefiltert oder den Abhängigkeitsgraphen ausreichend abstrahiert werden können, so dass die wichtigsten Unterschiede noch sichtbar sind und diese nicht übermäßig komplex sind. Für komplexere Szenarien können wir den automatischen Differenzvergleich verwenden, um eine Reihe von Mustern zu identifizieren, eine Teilmenge dieser Muster auszuwählen und sie weiter zu analysieren. Dabei können wir einige wenige Fälle, in denen diese Muster auftreten, manuell untersuchen und feststellen, ob das Auftreten dieser Muster dazu beitragen könnte, dass diese Fälle eine höhere oder niedrigere Leistung aufweisen.

Beispiel 11.10 Wir betrachten nochmals die Ereignislogdaten der Business Process Intelligence Challenge 2017 (https://tinyurl.com/bpic2017), welche in Beispiel 11.3 verwendet wurden. Wir beobachten, dass die Durchlaufzeit über die Fälle rechtsschief verteilt ist. Konkret benötigen 96 % der Fälle weniger als 45 Tage, um abgeschlossen zu werden, aber die verbleibenden 4 % der Fälle haben Durchlaufzeiten, die in einigen Fällen bis zu 169 Tage dauern. Um zu klären, warum das so ist, haben wir das Log in zwei aufgeteilt: Ein Log enthält die Fälle, die weniger als 45 Tage dauern (wir nennen diese die *schnellen Fälle*), und das andere enthält alle Fälle, die 45 Tage oder länger dauern (*langsame Fälle*).[24] Dann generieren wir für jedes dieser beiden Unterprotokolle einen Abhängigkeitsgraphen.

Wenn wir diese Abhängigkeitsgraphen nebeneinander betrachten, stellen wir fest, dass die Angebotsablehnung (Ereignistyp O_Cancelled) bei den langsamen Fällen sehr häufig ist, während sie bei den schnellen Fällen nicht so häufig ist. Konkret tritt dieser Ereignistyp unter den 1299 langsamen Fällen 2061 Mal in 1035 Fällen (80 % der langsamen Fälle) auf, also etwa zweimal pro Fall, in dem er auftritt. Von den 30.209 schnellen Fällen tritt dieser Ereignistyp 18.834 Mal in 14.466 Fällen (48 % der langsamen Fälle) auf, also etwa 1,37 Mal pro Fall.[25]

---

[24]Diese Aufteilung kann mit den Filteroperationen erreicht werden, die von Celonis, Disco, Minit, myInvenio und anderen Prozess-Mining-Werkzeuge unterstützt werden.
[25]Diese Zahlen werden mit Disco berechnet. Die Zahlen können bei anderen Tools leicht abweichen. Zum Beispiel findet Celonis 1378 langsame Fälle, von denen 1088 O_Cancelled enthalten.

Außerdem enden 994 Fälle von 1299 langsamen Fällen mit einem O_Cancelled-Ereignis (wiederum etwa 80 % der Fälle).[26] Ähnliche Beobachtungen können zum Ereignis A_Cancelled (Antragsstornierung) gemacht werden, welches in etwa der Hälfte der langsamen Fälle auftritt, aber nur in etwa einem Drittel der schnellen Fälle.

Wir beobachten auch, dass in langsamen Fällen der Kunde viel häufiger wegen unvollständiger Akten angerufen wird. Tatsächlich kommt die Aufgabe W_Call Incomplete files in 793 langsamen Fällen (61 % der langsamen Fälle) 1725 Mal vor, während sie in 14.210 Fällen der schnellen Fälle (47 % der schnellen Fälle) 21.493 Mal vorkommt. Betrachtet man die Durchlaufzeiten, so stellt man fest, dass diese Aktivität in den langsamen Fällen (5,9 Tage Bearbeitungszeit) einen Engpass darstellt, in den schnellen Fällen (11,4 h) jedoch weniger. Das deutet darauf hin, dass sich der Kunde in den langsamen Fällen als schwieriger zu erreichen erweist.

Zusammenfassend kommen wir zu dem Schluss, dass Stornierungen und unvollständige Unterlagen mögliche Faktoren sind, die erklären, warum die Bearbeitung einiger Fälle mehr als 45 Tage dauert.   □

Übung 11.19 Wir betrachten einen Prozess zur Bearbeitung von Erstattungsanträgen einer Krankenversicherung, für den wir zwei Ereignislogdateien, nämlich L_1 und L_2, erstellt haben. Das Log L_1 enthält alle Fälle, die 2011 ausgeführt wurden, während L_2 alle Fälle enthält, die 2012 ausgeführt wurden. Die Logdateien sind auf der Begleitwebsite des Buches oder direkt unter http://tinyurl.com/InsuranceLogs verfügbar.

Beantworten Sie auf der Grundlage dieser Logdaten die folgenden Fragen mithilfe eines Prozess-Mining-Werkzeugs:

1. Was ist die Durchlaufzeit der einzelnen Logs?
2. Beschreiben Sie die Unterschiede zwischen der Häufigkeit der Aufgaben und der Reihenfolge, in der die Aufgaben im Jahr 2011 (L_1) gegenüber 2012 (L_2) ausgeführt werden. Tipp: Wenn Sie Abhängigkeitsgraphen verwenden, sollten Sie den Abstraktionsschieberegler in Ihrem Werkzeug verwenden, um einige der seltensten Kanten auszublenden, und somit ein besser lesbares Modell zu erhalten.
3. Wo liegen die Engpässe (die längsten Wartezeiten) in jedem der beiden Logdateien und wie unterscheiden sich diese Engpässe?

---

[26]Um zu bestimmen, welche Fälle mit einem bestimmten Ereignistyp in einem Log enden, können wir einen zweiten Filter hinzufügen, insbesondere einen Filter vom Typ „endpoint" in Disco, einen „activity selection" zusammen mit einem „case ends with" Filter in Celonis endet, oder eine „match at the end of case" Filter in myInvenio.

11.8 Prozess-Mining-Projekte

Wir haben gesehen, dass sich der Begriff *Prozess-Mining* auf eine breite Sammlung von Verfahren zur Gewinnung von Erkenntnissen aus Ereignislogdaten bezieht, die während der Ausführung eines Geschäftsprozesses erzeugt werden. Einige dieser Verfahren konzentrieren sich darauf, ein Modell des Prozesses zu generieren, während andere es uns ermöglichen, den Prozess aus verschiedenen Perspektiven (Konformität, Leistung, Varianten) zu analysieren.

Wenn ein Prozessanalyst mit einem geschäftlichen Problem konfrontiert wird, wird er wahrscheinlich mehrere dieser Verfahren zusammen anwenden. Es gibt zwei verschiedene Ansätze, um Prozess-Mining auf einen bestimmten Geschäftsprozess anzuwenden:

1. Der *explorative* Ansatz, der darauf abzielt einen Geschäftsprozess zu verstehen, ohne eine spezifische Frage zu stellen. Bei diesem Ansatz beginnen wir typischerweise damit, ein Prozessmodell zu generieren oder die Konformität mit einem bestehenden Modell zu überprüfen. Diese Analyse wird dann durch eine allgemeine Analyse von Engpässen und durch eine Längsschnittanalyse (z. B. Vergleich der Leistung des Prozesses im letzten Monat gegenüber dem Vormonat) oder eine Querschnittsanalyse (z. B. Vergleich der Leistung des Prozesses für verschiedene Kunden- oder Produkttypen) ergänzt.
2. Der *problemgetriebene* Ansatz fokussiert von vornherein auf ein spezifisches geschäftliches Problem. Zum Beispiel könnte das Ziel sein herauszufinden, warum die Bearbeitung bestimmter Erstattungsanträgen zu lange braucht. In diesem Fall beginnen wir damit, das Problem zu identifizieren und abzugrenzen, Fragen zu formulieren und dann Prozess-Mining-Verfahren anzuwenden, um diese Fragen zu beantworten.

Diese beiden Ansätze sind komplementär. Oftmals beginnen wir mit einem explorativen Ansatz, und wenn wir ein klareres Bild des Prozesses und seiner Engpässe haben, setzen wir die Analyse mit konkreten geschäftlichen Fragen fort.

Bei einem problemgetriebenen Ansatz sind in der Regel fünf Phasen vorgesehen: 1) Formulierung des Problems; 2) Sammlung der Daten; 3) Analyse der Daten; 4) Interpretation der Ergebnisse; und 5) Formulierung eines Vorschlags zur Prozessverbesserung.

Beispiel 11.11 Wir diskutieren jede dieser Phasen anhand eines Beispiels für ein Prozess-Mining-Projekt, über das in [11] berichtet wurde.

Mit seinen neun Millionen Kunden und 16.000 Mitarbeitern ist Suncorp der größte Versicherer in Australien und der zweitgrößte in Neuseeland. Neben Versicherungsdienstleistungen bietet Suncorp Vermögensverwaltungs-, Bank- und Altersvorsorgeprodukte an. Im Jahr 2012 bestand die typische Wertschöpfungskette für Versicherungen aus vier Kernprozessen: Entwicklung von Versicherungsdienstleistungen, Vertrieb, Kundendienst und Schadenbearbeitung, welche insgesamt rund 500 Aktivitäten umfassen.

Suncorp bietet eine breite Palette von Versicherungsdienstleistungen an, z. B. Hausratsversicherung, gewerbliche Versicherung und Kfz-Versicherung. Das Unternehmen hat im Laufe der Zeit eine Reihe von Versicherungsmarken erworben, die auf verschiedene Marktsegmente abzielen. Im Jahr 2012 verwaltete Suncorp neun verschiedene Marken und 30 zentrale Wertschöpfungsketten.

Dieser hohe Grad an Variation manifestierte sich innerhalb der Organisation in unterschiedlicher Effizienz und Effektivität in ihren Schadenbearbeitungsprozessen, insbesondere im Bereich der gewerblichen Versicherungen.

Die Prozessverantwortliche bemerkte, dass Schadensfälle mit geringer Auszahlung (d.h. Schadensfälle mit geringem Wert), die innerhalb weniger Tage hätten gelöst werden müssen, häufig unerwartet lange dauerten. Tatsächlich dauerte es bei einigen dieser geringwertigen Schadensfälle länger, bis sie erledigt waren, als bei einigen höherwertigen Schadensfällen.

Im Gespräch mit verschiedenen Interessengruppen nannte die Prozessverantwortliche verschiedene mögliche Gründe für diese unerwarteten Verzögerungen. Sie stellte zum Beispiel die Hypothese auf, dass die Verzögerungen darauf zurückzuführen seien, dass vor kurzem ein neues System zur Verwaltung von Erstattungsanträgen eingeführt wurde und dass die Mitarbeiter, die dieses neue System nutzen, vielleicht nicht entsprechend geschult waren. Das Eingehen auf diese oder andere Hypothesen führte jedoch zu keiner wesentlichen Prozessverbesserung.

In diesem Zusammenhang wurde ein problemgetriebenes Prozess-Mining-Projekt gestartet, um die Ursachen für die beobachteten Verzögerungen aufzuklären.

□

In der ersten Phase des problemgetriebenes Ansatzes müssen wir ein Problem oder eine allgemeine Frage für das Prozess-Mining-Projekt formulieren. Zum Beispiel: Warum funktioniert der Prozess schlecht, zum Beispiel in Bezug auf die Durchlaufzeit? Oder warum haben wir hohe Fehlerquoten?

In der Suncorp-Fallstudie bestand das allgemeine Problem darin, dass einfache Erstattungsanträge oft unerwartet lange dauern, bis sie abgeschlossen sind. Dieses Problem führt zu den folgenden Detailfragen: Was unterscheidet die Bearbeitung einfacher und fristgerecht abgeschlossener Anträge von einfachen Anträgen, die nicht fristgerecht abgeschlossen werden? Und welche Frühindikatoren können verwendet werden, um vorherzusagen, dass ein bestimmter einfacher Antrag nicht fristgerecht abgeschlossen wird? Der nächste Schritt bestand darin zu definieren, was ein *langsamer einfacher Antrag* ist. Nach einer Analyse der Verteilung der Durchlaufzeiten wurde beschlossen, ihn als einen Antrag mit einer Auszahlung von weniger als X (für ein nicht bekannt gegebenes X) zu definieren, der mehr als 5 Tage bis zur Freigabe benötigt.

Nachdem das Problem auf diese Weise formuliert worden war, wurden im Rahmen des Projekts zwei Prozessanalysten mit Vorkenntnissen in diesem Geschäftsprozess auf Teilzeitbasis, ein Datenbankadministrator und ein Prozess-Mining-Experte an Bord geholt. Der Prozessverantwortliche fungierte als geschäftlicher Auftraggeber des Projekts. Das Projekt dauerte 4 Monate.

Die zweite Phase des problemgetriebene Ansatzes ist die *Datenerhebung*. Hier müssen wir relevante Datenquellen finden, bei denen es sich in der Regel um die Datenbanken der Unternehmenssysteme handelt, über die der Prozess ausgeführt wird.

Als Teil der Datenextraktion müssen wir die prozessbezogenen Entitäten und ihre Identifikatoren (insbesondere den Fallidentifikator) identifizieren. Damit können verschiedene Ereignisse in Sequenzen gruppiert werden, was für die Erstellung einer Ereignislogdatei im XES-Format erforderlich ist. Im Fall von Suncorp wurden die Daten aus verschiedenen Tabellen eines Schadenbearbeitungssystems extrahiert.

Ein zeitaufwändiger Schritt innerhalb dieser Phase ist die Datenvorverarbeitung. Sobald wir die Ereignislogdaten haben, müssen wir die Daten bereinigen, indem wir irrelevante Ereignisse filtern, Lücken bearbeitetn, die aufgrund von Aufzeichnungsfehlern bestehen können, und äquivalente Ereignisse aus verschiedenen Tabellen kombinieren, wenn die Daten über mehrere Tabellen verstreut sind (die möglicherweise aus verschiedenen Systemen stammen, z.B. einem CRM- und einem ERP-System). Denken Sie daran, dass wir daran interessiert sind, den gesamten Geschäftsprozess nachzuvollziehen. Häufig sind z.B. die Kontrollflussdaten (Ereignisse und ihre Zeitstempel) in einer Tabelle verfügbar, während die Ressourcendaten in einer anderen Tabelle und die Geschäftsobjekte (welche die Datenattribute enthalten) in einer weiteren Tabellen enthalten sind. Es kommt auch vor, dass verschiedene Tabellen verschiedene Varianten desselben Prozesses aufzeichnen, z.B. eine Tabelle pro Produkt.

Die dritte Phase widmet sich der *Analyse*. Im Fall von Suncorp nahm ein Datenanalyst die Logdatei, die aus Sequenzen von Ansprüchen von geringem Wert bestand, und teilte es in zwei Unterprotokolle auf: schnelle einfache Ansprüche und langsame einfache Ansprüche, wie oben definiert. Der Datenanalyst wandte eine manuelle Variantenanalyse an. Insbesondere wurde das Log durch Anwendung von Filteroperationen (weniger als 5 Tage, mehr als 5 Tage) in zwei Teile geteilt, es wurden zwei Abhängigkeitsgraphen generiert und visuell verglichen. Nach einiger Anstrengung stellte sich heraus, dass es einige relevante Unterschiede gab, insbesondere zwei Arten unerwünschter Wiederholungen, die in den langsamen Fällen häufig, in den schnellen Fällen jedoch selten auftraten. Diese Ergebnisse wurden durch eine statistische Analyse der Wiederholungen untermauert.

Die vierte Phase ist der Gewinnung von Erkenntnissen aus den Analyseergebnissen und der Validierung dieser Erkenntnisse mit den Domänenexperten und anderen Interessengruppen gewidmet. In der Fallstudie von Suncorp diskutierten die Analysten die Ergebnisse mit mehreren Prozessbeteiligten und anderen Interessengruppen, die mit dem Prozess vertraut sind. Sie betrachteten insbesondere konkrete Fälle, in denen unerwünschte Wiederholungen auftraten. Auf der Grundlage der Diskussionen mit den verschiedenen Interessengruppen gelang es, die Hauptgründe für die unerwünschten Wiederholungen zu ermitteln.

Auf der Grundlage dieser Erkenntnisse berechneten sie ein Geschäftsszenario für die Prozessverbesserung (letzte Phase), welches eine Reihe von Änderungen an dem betreffenden Prozess vorschlug. Das letztgenannte Projekt führte zu einer Verkürzung der Durchlaufzeit (von 30–60 Tagen auf 5 Tage) und zu einer Verringerung der Ressourcenauslastung um 30 %.

11.9   Die wichtigsten Punkte

Wir diskutierten zwei Gruppen von Prozessüberwachungsverfahren: statistikbasierte Verfahren und modellbasierte Verfahren. Statistikbasierte Verfahren erlauben es uns, die Leistung eines Prozesses mithilfe von Aggregationsfunktionen (z. B. Mittelwert und Standardabweichung) oder mit Hilfe von Datenvisualisierungsverfahren zu analysieren. Diese statistischen Aggregate und Visualisierungen werden typischerweise in Übersichten gruppiert. Wir unterschieden drei Arten von Übersichten: strategische Übersichten (für die Geschäftsführung), taktische Übersichten (für Analysten, Prozessverantwortliche und andere Manager) und operative Übersichten (für Prozessbeteiligte und operative Manager).

Auf der anderen Seite verwenden modellbasierte Verfahren (auch als Prozess-Mining-Verfahren bekannt) Prozessmodelle als zentrales Instrument. Ausgehend von einer Ereignislogdatei, welche eine Reihe von Ausführungen des Prozesses erfasst, ermöglichen es diese Verfahren, ein Prozessmodell zu generieren (automatische Prozessmodellgenerierung), ein gegebenes Prozessmodell mit der Ereignislogdatei zu vergleichen (Konformitätsprüfung), die Leistung des Prozesses in Bezug auf ein Prozessmodell zu analysieren (Leistungsanalyse) und die Leistung verschiedener Teilmengen von Fällen zu vergleichen (Variantenanalyse).

Wir erörterten mehrere automatische Verfahren zur Prozessmodellgenerierung, angefangen bei Abhängigkeitsgraphen, die uns eine skalierbare Ansicht einer Ereignislogdatei bieten, bis hin zu Algorithmen zur automatischen Generierung von BPMN-Prozessmodellen, wie z. B. dem Split-Algorithmus.

Im Hinblick auf die Konformitätsprüfung erörterten wir, wie verschiedene Arten von Kontrollflussbedingungen mithilfe einer Ereignislogdatei überprüft werden können. Wir diskutierten auch, wie man ein Prozessmodell und eine Ereignislogdatei vergleicht, um festzustellen, ob, wie und in welchem Ausmaß die Ausführung der im Log aufgezeichneten Fälle vom Prozessmodell abweicht.

Dann betrachteten wir, wie Leistungsanalyseverfahren es ermöglichen, Ereignislogdaten und Prozessmodelle für die Analyse der Leistung eines Prozesses in Bezug auf die vier Dimensionen des Teufelsvierecks zu verwenden. Insbesondere hoben wir hervor, wie Abhängigkeitsgraphen mit zeitlichen Maßen (Wartezeiten, Verarbeitungszeiten) angereichert werden können, um die Leistung eines Prozesses zu analysieren.

In Bezug auf die Variantenanalyse diskutierten wir, wie ein visueller Vergleich von Abhängigkeitsgraphen es ermöglicht, die Unterschiede zwischen zwei Varianten eines Prozesses (z. B. normale und abweichende Ausführungen) zu verstehen. Wir erörterten auch ein alternatives Verfahren, das als Logdifferenzvergleich bekannt ist, und bei dem automatisch eine Liste der Unterschiede zwischen zwei Ereignislogdateien berechnet wird.

11.10 Lösungen zu Übungsaufgaben

Lösung 11.1 Die einfachste (aber unzureichende) Lösung ist die Anzeige des Histogramms der Fälligkeiten der offenen Fälle, d. h. ein Balkendiagramm, das anzeigt, wie viele offene Rezepte um 15.00 Uhr, 16.00 Uhr usw. fällig sind, wie auf der rechten Seite von Abb. 11.1 dargestellt. Dieses Histogramm gibt uns eine Vorstellung von den in Bearbeitung befindlichen Fällen, sagt aber nichts über die Kapazitäten aus, diese tatsächlich zu bearbeiten, noch über den Fortschritt der teilweise abgeschlossenen Fälle.

Eine umfassendere Alternative ist ein segmentiertes Balkendiagramm, in dem jeder Balken die Menge der in einer bestimmten 1-h-Periode (wie oben) fälligen Rezepte anzeigt und jeder Balken in Segmente zerlegt ist, die den Zuständen entsprechen. Wie in Abb. 11.23a dargestellt, sagt uns dieses Balkendiagramm, wie viel Arbeit zu jeder Stunde des Tages zu erledigen ist. Es sagt uns jedoch nichts über unsere Kapazität zur Bewältigung dieser Arbeit aus.

Ein weiterer Ansatz besteht darin, für jede Stunde des Tages h die *kumulierte Bearbeitungszeit* abzuschätzen, die benötigt wird, um alle vor h fälligen Rezepte zu erfüllen. Der 17-Uhr-Balken in diesem Diagramm würde z. B. darstellen, wie viel Bearbeitungszeit benötigt wird, um alle vor 17 Uhr fälligen Rezepte zu bearbeiten. Neben jedem Balken kann dann die bis zu dieser Stunde des Tages verfügbare *kumulierte Kapazität* angezeigt werden,

Abb. 11.23 Operative Übersicht für den Bearbeitungsprozess in der Apotheke

a

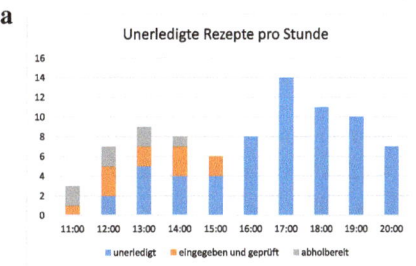

Segmentiertes Balkendiagramm der noch nicht bearbeiteten Rezepte

b

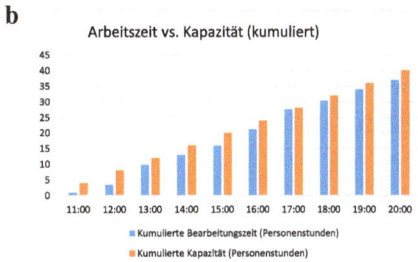

Balkendiagramm der Nachfrage (erforderliche Bearbeitungszeit) vs. Kapazität

d. h. wie viel Aufwand die Mitarbeiter der Apotheke bis zu jeder Stunde des Tages kollektiv erbringen können. Sind z. B. drei Angestellte und ein Apotheker vorhanden, dann können sie gemeinsam 4 Personenstunden pro Kalenderstunde erbringen. Wenn es also 10 Uhr morgens ist, können sie gemeinsam 4 Personenstunden bis 11 Uhr morgens, 8 Personenstunden bis 12 Uhr abends usw. liefern. Wenn die kumulierte Bearbeitungszeit, die zu einer bestimmten Stunde fällig ist, in der Nähe der vor dieser Stunde verfügbaren Kapazität liegt oder diese übersteigt, bedeutet dies, dass Termine wahrscheinlich nicht erfüllt werden können. Abb. 11.23b zeigt zum Beispiel eine Situation, in der die bis 18 Uhr fällige kumulierte Bearbeitungszeit ungefähr gleich der kumulierte Kapazität ist. Daher ist es möglich, dass aufgrund der geringen Leerlaufzeiten Termine um 17.00 Uhr versäumt werden. Beachten Sie, dass dieses Diagramm getrennt für Apotheker und Angestellte gezeichnet werden kann.

Lösung 11.2 Da der Schwerpunkt auf dem Kundendienst liegt, könnte eine nahliegende Prozesskennzahl die Fehlerquote für verschiedene Arten von Mängeln sein, z. B. der Prozentsatz der nicht rechtzeitig bearbeiteten Rezepte, der Prozentsatz der falsch bearbeiteten Rezepte und der Prozentsatz der stornierten Rezepte. Da die Apotheken geographisch verteilt sind, können wir diese Maße auf einer Karte anzeigen. Für jede Region können wir drei Kreise anzeigen: einen pro Prozesskennzahl. Der Wert einer Prozesskennzahl für eine bestimmte Region kann durch den Radius des Kreises und auch durch die Farbe des Kreises kodiert werden. Auf diese Weise kann der Prozessverantwortliche visuell erkennen, welche Regionen in Bezug auf jede der gewählten Messgrößen unterdurchschnittlich leistungsfähig sind.

Lösung 11.3 Wir können die Prozesslandkarte als Ausgangspunkt nehmen und jeder Prozessgruppe eine Farbe zuweisen, um die Veränderung der Effizienz im Vergleich zum Vormonat zu kodieren (blau = Effizienz verbessert, gelb = neutral, rot = Effizienz verschlechtert). Dazu benötigen wir ein Maß für die Effizienz von Prozessgruppen. Da der Schwerpunkt auf der Kostenreduzierung liegt, eignet sich die Definition eines Maßes für die Gesamtkosten pro Monat für jeden Prozess (die Kosten, welche für die Ausführung der Instanzen des Prozesses während eines Monats erforderlich sind). Dann können wir dieses Maß durch Summierung zu einer ganzen Gruppe von Prozessen aggregieren. Schließlich können wir die Differenz zwischen den von jeder Prozessgruppe in einem bestimmten Monat erzeugten Kosten berechnen und den Unterschied zwischen dem aktuellen Monat und dem vorhergehenden Monat (oder dem aktuellen Monat gegenüber dem gleichen Monat des Vorjahres, um die Saisonalität zu berücksichtigen) berechnen. Idealerweise sollte es möglich sein, in dieser Übersicht eine Detaildarstellung zu unterstützen und jede Prozessgruppe zu öffnen, um zu sehen, wie sich die Kosten innerhalb der gewählten Prozessgruppe aufschlüsseln.

Lösung 11.4 Es könnte der Fall sein, dass Teile des Produktionsprozesses mit unterschiedlichen Informationssystemen verwaltet werden. Dementsprechend müssen die Ereignislogdaten integriert werden. Mit Blick auf die Korrelation bedeutet dies, dass Fallidentifikatoren aus verschiedenen Systemen abgeglichen werden müssen. Wenn die Zeitstempel der Ereignisse in verschiedenen Zeitzonen erfasst werden, müssen sie harmonisiert werden. Der Versand wird möglicherweise nicht von Airbus organisiert. Daher kann es sein, dass verschiedene Abschnitte des Transports nicht zugänglich sind. Es kann auch sein, dass Informationssysteme nicht direkt fallbezogene Ereignislogdaten erstellen. Die Daten müssten dann aus den Datenbanken dieser Systeme extrahiert werden. Schließlich könnten die Ereignisse in unterschiedlichen Granularitätsstufen aufgezeichnet sein, die von einer detaillierten Aufzeichnung der Produktionsschritte bis hin zu grobgranularen Aufzeichnungen der Transportphasen reichen könnte.

Lösung 11.5 Das Workflowlog berücksichtigt die Reihenfolge der Ereignisse eines jeden Falls. Wir verwenden die Buchstaben a bis l, um auf die Aktivitäten zu verweisen. Das Workflowlog L enthält drei Sequenzen, die erste und die vierte Sequenz sind gleich. Daher erhalten wir $L = [2 \times \langle a, b, g, h, j, k, i, l \rangle, \langle a, c, d, e, f, g, j, h, i, k, l \rangle, \langle a, c, f, g, j, h, i, k, l \rangle]$.

Lösung 11.6

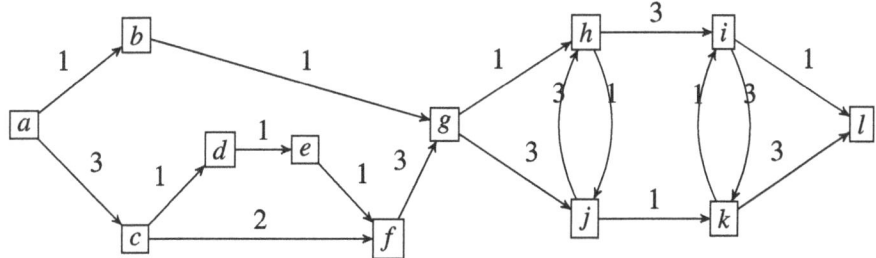

Lösung 11.7

A. 31.509 Fälle.
B. 21,9 Tage.
C. 17.228 Fälle, 18,1 Tage.
D. 3720 Fälle, 16,8 Tage.
E. 4436 Fälle, 23 Tage.

Beachten Sie, dass wir zur Beantwortung der Fragen C und D einen Filter anwenden müssen, der nur die Fälle auswählt, in denen O_Accepted und O_Refused vorkommen, während wir zur Beantwortung der Frage E einen Filter setzen müssen, der nur die Fälle zurückhält, die mit O_Cancelled enden. Letzteres kann mit einem Endpunkt-Filter in Disco oder einer Kombination aus Aktivitätsauswahlfilter und End-Bedingung in Celonis erreicht werden.

Lösung 11.8 Die folgenden Direkter-Nachfolger-Relationen können beobachtet werden:

$a > b$	$h > j$	$i > l$	$d > e$	$g > j$	$i > k$
$b > g$	$j > k$	$a > c$	$e > f$	$j > h$	$k > l$
$g > h$	$k > i$	$c > d$	$f > g$	$h > i$	$c > f$

Die folgende Matrix zeigt die sich daraus ergebenden Relationen.

	a	b	c	d	e	f	g	h	i	j	k	l
a	#	→	→	#	#	#	#	#	#	#	#	#
b	←	#	#	#	#	#	→	#	#	#	#	#
c	←	#	#	→	#	→	#	#	#	#	#	#
d	#	#	←	#	→	#	#	#	#	#	#	#
e	#	#	#	←	#	→	#	#	#	#	#	#
f	#	#	←	#	←	#	→	#	#	#	#	#
g	#	←	#	#	#	←	#	→	#	→	#	#
h	#	#	#	#	#	#	←	#	→	‖	#	#
i	#	#	#	#	#	#	#	←	#	#	‖	→
j	#	#	#	#	#	#	←	‖	#	#	→	#
k	#	#	#	#	#	#	#	#	‖	←	#	→
l	#	#	#	#	#	#	#	#	←	#	←	#

Lösung 11.9 Der α-Algorithmus konstruiert schrittweise die folgenden Mengen:

1. $T_L = \{a, b, c, d, e, f, g, h, i, j, k, l\}$.
2. $T_I = \{a\}$.
3. $T_O = \{l\}$. $Z_1 = \{a \rightarrow b, a \rightarrow c, b \rightarrow g, c \rightarrow d, c \rightarrow f, d \rightarrow e, e \rightarrow f, f \rightarrow g, g \rightarrow h, g \rightarrow j, h \rightarrow i, i \rightarrow l, j \rightarrow k, k \rightarrow l\}$ and
   $Z_2 = \{a \rightarrow (b\#c), c \rightarrow (d\#f), (c\#e) \rightarrow f, (b\#f) \rightarrow g\}$
4. $X_L = Z_1 \cup Z_2$ mit
   $Z_1 = \{a \rightarrow b, a \rightarrow c, b \rightarrow g, c \rightarrow d, c \rightarrow f, d \rightarrow e, e \rightarrow f, f \rightarrow g, g \rightarrow h, g \rightarrow j, h \rightarrow i, i \rightarrow l, j \rightarrow k, k \rightarrow l\}$ und
   $Z_2 = \{a \rightarrow (b\#c), c \rightarrow (d\#f), (c\#e) \rightarrow f, (b\#f) \rightarrow g\}$
5. $Y_L = Z_2 \cup \{d \rightarrow e, g \rightarrow h, g \rightarrow j, h \rightarrow i, j \rightarrow k, i \rightarrow l, k \rightarrow l\}$.
6. Fügen Sie ein Anfangsereignis hinzu, welches auf a, und ein Endereignis, das auf l folgt.
7. Konstruieren Sie ein auf Y_L basierendes Prozessmodell mit XOR- und AND-Gattern.
8. Rückgabe des generierten Prozessmodell, siehe Abb. 11.24

Lösung 11.10 Die Abb. 11.25 und 11.26 zeigen die Modelle, die mithilfe des induktiven Algorithmus (verfügbar in ProM und Apromore) und des Split-Algorithmus (verfügbar in Apromore) aus diesem Log generiert wurden. Das vom induktiven Algorithmus erzeugte Modell hat 50 Knoten und ist wie erwartet perfekt blockstrukturiert. Das vom

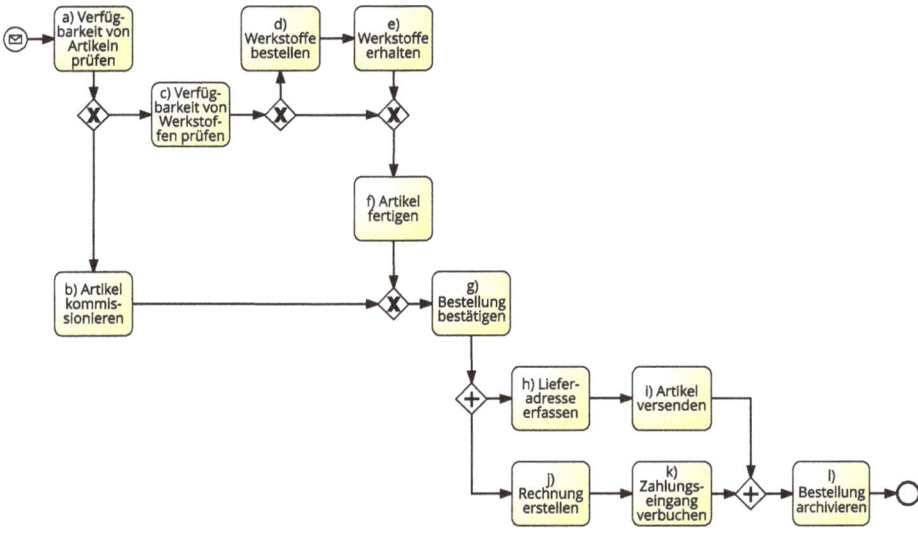

Abb. 11.24 Mit dem α-Algorithmus erstelltes Prozessmodell

Split-Algorithmus generierte Modell hat 31 Knoten und ist bis auf einen Zyklus mit zwei Eintrittspunkten blockstrukturiert.

Das vom induktiven Algorithmus erstellte Modell zeigt ein Muster, welches erlaubt, dass alle Aktivitäten außer der ersten übersprungen oder beliebig oft wiederholt werden können. Dementsprechend erreicht das Modell eine nahezu perfekte Fitness (0,99 nach ProM),[27] allerdings auf Kosten der geringen Präzision (0,48). Das vom Split-Algorithmus erstellte Modell hat eine Fitness von 0,73 und eine Präzision von 0,86.

Der strukturierende Algorithmus ergibt ein sehr großes Modell, wenn es auf diese Ereignislogdatei angewandt wird (über 200 Knoten).

Lösung 11.11 Zunächst müssen wir die Durchlaufzeit bestimmen. Fall 1 dauert etwa 2 h weniger als 7 Tage, Fall 2 braucht 1 h weniger als 6 Tage, Fall 3 dauert 4 Tage und 20 min und Fall 4 insgesamt 4 Tage und 6 h. Daher muss die relative Reihenfolge gemäß der Durchlaufzeit Fall 3, Fall 4, Fall 2 und Fall 1 sein. Jedes Ereignis muss entsprechend der Zeit, die seit dem ersten Ereignis des Falles verstrichen ist, dargestellt werden.

---

[27] Die Fitness wurde berechnet, indem das BPMN-Modell in ein Petrinetz übersetzt und mithilfe des „Replay a Log on Petri Net for Conformance Analysis" in ProM v6.5 auf Logkonformität überprüft wurde.

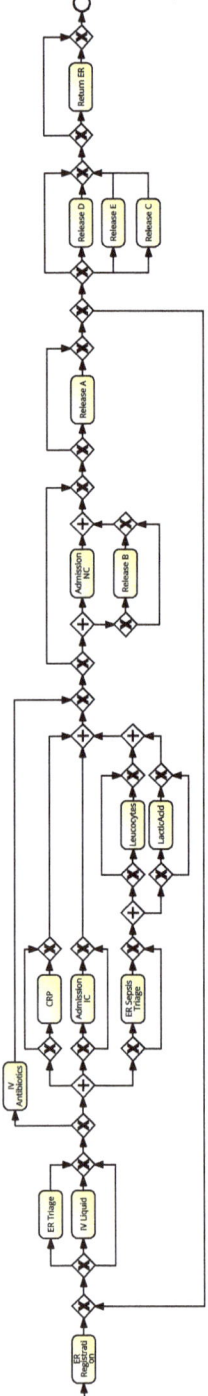

Abb. 11.25 Vom induktiven Algorithmus generiertes Modell aus dem Sepsis-Log

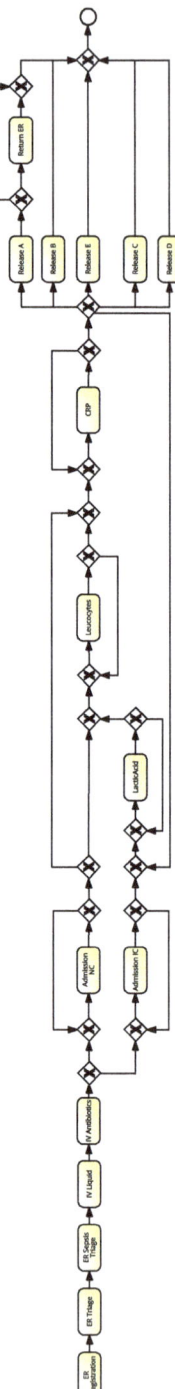

Abb. 11.26 Von Apromores Split-Algorithmus aus dem Sepsis-Log generiertes Modell

Lösung 11.12 Die längste Wartezeit ist die zwischen *Analyze defect* und *Inform user* (durchschnittlich 9,7 Tage). Die längste Bearbeitungszeit ist die von *Repair (complex)* (11,6 Tage). Anmerkung: Es könnte jedoch sein, dass diese Bearbeitungszeit in Wirklichkeit eine gewisse Wartezeit in dem Sinne beinhaltet, dass ein Mitarbeiter mit der Arbeit an einer Aufgabe beginnt, dann aufhört und zu anderer Aufgabe übergeht und dann zum vorherigen Punkt zurückkehrt.

Lösung 11.13 Im Allgemeinen ist es vorzuziehen, alle Ausgaben in die Kostenberechnung einzubeziehen, da dies eine umfassende Transparenz schafft. In diesem Fall könnte dies jedoch keine gute Idee sein, da die Kosten pro Papier relativ niedrig sind (€ 0,02). Es ist jedoch zu bedenken, dass die Entscheidung, ob bestimmte Kosten erfasst werden, nicht von absoluten Kosten, sondern von den relativen Auswirkungen auf die Kostenberechnung abhängen sollte. Die Papierkosten von € 0,02 sind gering im Vergleich zu den gesamten Prozesskosten von mehreren tausend Euro. Sie können jedoch relativ hoch sein, wenn der Gesamtprozess € 0,30 an Kosten pro Instanz verursacht und Millionen von Instanzen pro Tag bearbeitet werden. Denken Sie an die Situation bei der Verarbeitung von Banktransaktionen mit Papierformularen im Vergleich zum Online-Banking. Die hohe Anzahl von Transaktionen pro Tag kann zu erheblichen Kosten pro Jahr führen.

Lösung 11.14 Die Formel ergibt $r = 1 - \frac{T}{CT} = 1 - \frac{18,3}{27/5} = 0,333$. Dieses Ergebnis ist anscheinend irreführend, weil jede zweite Aktivität eine Überarbeitung erforderte. Die Nachbearbeitungszeit ist jedoch im Allgemeinen wesentlich geringer als die Dauer des ersten Versuchs. Daher scheint T im Vergleich zur CT relativ klein zu sein, was zu einem niedrigen Wert für r führt.

Lösung 11.15 In Celonis kann diese Frage unter Nutzung des Nachbearbeitungsfilters beantwortet werden, der nur Fälle zurückgibt, in denen das Ereignis `W_Assess Potential Fraud - complete` mindestens zweimal im gleichen Fall auftritt. Die von Celonis zurückgegebene Menge umfasst 13 Fälle. In Disco kann diese Frage durch Anwendung eines Follower-Filters beantwortet werden, der nur die Fälle ausgibt, in denen ein Ereignis vom Typ `W_Assess Potential Fraud` letztendlich zu einem weiteren Ereignis vom Typ `W_Assess Potential Fraud` führt. In der hier genutzten Version von Disco (Version 2.0) hat dieser Filter 20 Fälle zurückgegeben. Das liegt daran, dass Disco auch Fälle zählt, in denen `W_Assess Potential Fraud` zweimal oder öfter auftreten, aber zweimal oder öfter nicht abgeschlossen wurden (es werden auch Fälle gezählt, in denen diese Aufgabe abgebrochen wurde).

Lösung 11.16 Wir müssen vier verschiedene Fälle betrachten. Da jedoch der erste und der vierte Fall die gleiche Sequenz von Aktivitäten aufweisen, gibt es drei verschiedene Sequenzen im Workflowlog.

Lösung 11.17 Es gibt mehrere Aktivitäten, die in allen Fällen beobachtet werden können. Diese verpflichtenden Aktivitäten sind a, g, h, i, j, k, l. Die anderen Aktivitäten b, c, d, e, f sind optional. Exklusivitätsrelationen bestehen paarweise zwischen b und c, d, e, f.

Lösung 11.18 In Disco kann diese Frage durch Anwendung des Follower-Filters beantwortet werden, der nur die Fälle zurückgibt, in denen ein Ereignis vom Typ W_Assess Potential Fraud nach einem anderen Ereignis vom Typ W_Assess Potential Fraud auftritt, und zwar so, dass sich beide Ereignisse auf dieselbe Ressource beziehen. In unserer Abfrage mit Disco v2.0 umfasst die Antwortmenge 8 Fälle. In Celonis kann diese Frage beantwortet werden, indem in dieser Ereignislogdatei eine Analyse vom Typ „Case Explorer" geöffnet wird, ein Filter angewandt wird, der alle Fälle zurückgibt, in denen W_Assess Potential Fraud - complete zweimal auftritt, und für jeden der 13 Fälle einzeln untersucht wird, welche Ressource W_Assess Potential Fraud - complete ausgeführt hat. Das Ergebnis sind 3 Fälle. Es ist in Celonis auch möglich, einen Filter textlich zu spezifizieren, der alle Fälle extrahiert, in denen mindestens zwei verschiedene Ressourcen ein Ereignis vom Typ W_Assess Potential Fraud - complete durchgeführt haben. Dieser Ansatz erfordert ein tiefergehendes Verständnis der Filterspezifikationssprache von Celonis.

Lösung 11.19

1. L_1: 54,8 Tage; L_2: 25 Tage.
2. In Log L_2 wird die Aktivität *Contact Hospital* viermal weniger oft ausgeführt als in Log L_1 (130 Mal gegenüber 518 Mal). Auch in Log L_1 wird die Aktivität *Contact Hospital* parallel zur *High Medical History* ausgeführt, während in Log L_2 die Aktivität *Contact Hospital* immer nach *High Medical History* ausgeführt wird.
3. Im Log L_1 gibt es Wartezeiten von über 30 Tagen zwischen dem Absenden der Benachrichtigung und dem Absenden des Fragebogens. Diese Wartezeiten liegen im Protokoll L_2 bei etwa 16–19 h. Auch gibt es in L_2 Wartezeiten von etwa 21 Tagen vor *Receive Questionnaire* und *Archive* (und ähnliche Wartezeiten zwischen *Skip Questionnaire* und *Archive*). Diese Wartezeiten liegen in der Größenordnung von 10 Tagen in L_2. Andererseits gibt es im Log L_2 eine Wartezeit von etwa 28 Tagen zwischen *Register* und *Create Questionnaire*, während diese Wartezeit in L_1 etwa 58 min beträgt. Dieser Engpass betrifft jedoch nur etwa ein Drittel der Fälle in L_2.

11.11 Weitere Übungsaufgaben

Übung 11.20 Betrachten Sie die folgende Tabelle einer Ereignislogdatei. Erstellen Sie das entsprechende Workflowlog unter Verwendung des gleichen Ansatzes wie in Abb. 11.7. Sie können die Abkürzungen BE, RS, ZV, ES und FA verwenden, um die fünf Aktivitäten in diesem Prozess zu bezeichnen.

Fall-ID	Aktivität	Zeitstempel
1	Bußgeld erstellen	19-04-2017 14:00:00
2	Bußgeld erstellen	19-04-2017 15:00:00
1	Rechnung senden	19-04-2017 15:05:00
2	Rechnung senden	19-04-2017 15:07:00
3	Bußgeld erstellen	20-04-2017 10:00:00
3	Rechnung senden	20-04-2017 14:00:00
4	Bußgeld erstellen	21-04-2017 11:00:00
4	Rechnung senden	21-04-2017 11:10:00
1	Zahlung verarbeiten	24-04-2017 14:30:00
1	Fall abschließen	24-04-2017 14:32:00
2	Erinnerung senden	19-05-2017 10:00:00
3	Erinnerung senden	20-05-2017 10:00:00
2	Zahlung verarbeiten	22-05-2017 09:05:00
2	Fall abschließen	22-05-2017 09:06:00
4	Erinnerung senden	21-05-2017 15:10:00
4	Erinnerung senden	21-05-2017 17:10:00
4	Zahlung verarbeiten	26-05-2017 14:30:00
4	Fall abschließen	26-05-2017 14:31:00
3	Erinnerung senden	20-06-2017 10:00:00
3	Erinnerung senden	20-07-2017 10:00:00
3	Zahlung verarbeiten	25-07-2017 14:00:00
3	Fall abschließen	25-07-2017 14:01:00

Übung 11.21 Zeichnen Sie den Abhängigkeitsgraphen des in Übung 11.20 beschriebenen Workflowlogs.

Übung 11.22 Kommt es unter Bezugnahme auf die Ereignislogdaten der Business Process Intelligence Challenge 2017 (https://tinyurl.com/bpic2017) manchmal vor, daß ein Kreditangebot storniert wird (d. h. das Ereignis O_Cancelled tritt ein), das Angebot aber später angenommen wird (d. h. O_Accepted)? Wenn ja, in wie viel Prozent der Fälle geschieht dies?

Übung 11.23 Betrachten Sie das Workflowlog [$\langle a, b, c, d, e \rangle$, $\langle a, b, d, c, e \rangle$, $\langle a, c, d, b, e \rangle$, $\langle a, d, c, b, e \rangle$, $\langle a, d, b, c, e \rangle$, $\langle a, d, c, b, e \rangle$]. Zeigen Sie anhand dieses Workflowlogs Schritt für Schritt, wie der α-Algorithmus funktioniert, und zeichnen Sie das resultierende Prozessmodell.

Übung 11.24 Betrachten Sie die Logdatei in Übung 11.20. Zeigen Sie Schritt für Schritt, wie der α-Algorithmus diese Logdaten verarbeitet, und zeichnen Sie das resultierende Prozessmodell.

Übung 11.25 Zeichnen Sie ein BPMN-Modell, das jede mögliche Ausführungssequenz erzeugen kann, welche die Aktivitäten $\{a, b, c, d, e\}$ enthält. Diskutieren Sie die Fitness und Präzision dieses Modells in Bezug auf das Log $\{\langle a, b, c, d, e \rangle, \langle a, c, b, d, e \rangle\}$. Zeichnen Sie ein Prozessmodell, das perfekte Fitness und perfekte Präzision in Bezug auf dieses Workflowlog haben würde (d. h. ein Modell, das genau dieses Protokoll erzeugen kann). Würde der α-Algorithmus dieses Modell mit perfekter Fitness und Präzision erzeugen?

Übung 11.26 Generieren Sie mit einem Prozess-Mining-Werkzeug ein BPMN-Prozessmodell aus der folgenden Ereignislogdatei eines Authentifizierungsprozesses: http://tinyurl.com/simpleEventLog (auch auf der Begleitwebsite des Buches verfügbar).
Hinweis: Dieses Log ist so einfach, dass es möglich ist, das BPMN-Prozessmodell manuell aus einem Abhängigkeitsgraphen abzuleiten.

Übung 11.27 Generieren Sie mit Hilfe eines Prozess-Mining-Werkzeuge ein BPMN-Prozessmodell aus der folgenden Ereignislogdatei eines Telefonreparaturprozesses: http://tinyurl.com/repairLogs (auch auf der Begleitwebsite des Buches verfügbar).
Hinweis: Dieses Protokoll ist komplexer und mithilfe des Abhängigkeitsgraphen schwieriger zu verstehen. Benutzen Sie ein Prozess-Mining-Werkzeug, das BPMN-Prozessmodelle generieren kann (z. B. ProM oder Apromore).

Übung 11.28 Überlegen Sie, ob es eine UND-Verzweigung in einem Prozessmodell mit zwei aufeinanderfolgenden Aktivitäten a und b gibt. Welches Muster zeigen diese Aktivitäten auf dem Zeitleistendiagramm?

Übung 11.29 Betrachten Sie das Workflowlog, das Sie für Übung 11.5 aus den in Abb. 11.4 gezeigten Fällen erstellt haben. Spielen Sie diese Logdaten im Prozessmodell von Abb. 11.21 ab. Notieren Sie entfernte, erzeugte, fehlende und verbliebene Marken für jede Kante und berechnen Sie das Fitnessmaß. Nehmen wir an, dass Aufgaben, die nicht im Prozessmodell gezeigt werden, die Verteilung der Marken bei der Wiedergabe nicht verändern.

Übung 11.30 Passen die Modelle, die Sie in den Übungen 11.26 und 11.27 generiert haben, perfekt zur entsprechenden Ereignislogdatei? Wenn nicht, beschreiben Sie, inwieweit und wie sich die Ereignislogdaten und das generierte Modell unterscheiden.

Übung 11.31 Wir betrachten noch einmal den in Übung 11.19 (verfügbar unter http://tinyurl.com/InsuranceLogs) untersuchten Krankenversicherungsprozess und insbesondere das Log mit den Fällen des Jahres 2011 (Log L_1). Führen Sie auf der Grundlage dieses Logs die folgenden Aufgaben mithilfe eines Prozess-Mining-Werkzeugs durch:

1. Extrahieren Sie aus dem Log alle Fälle mit einer hohen Erstattungssumme. Das gefilterte Log wird `FilteredHigh` genannt.

2. Extrahieren Sie aus dem Log alle Fälle, mit einer niedriger Erstattungssumme. Das gefilterte Log wird `FilteredLow` genannt.

3. Vergleichen Sie die mittlere Durchlaufzeit von Fällen von `FilteredHigh` und `FilteredLow`.

4. Beschreiben Sie die Hauptunterschiede zwischen `FilteredHigh` und `FilteredLow` in Bezug auf die Häufigkeit und die relative Reihenfolge der Aktivitäten. Tipp: Sie können ein Werkzeug mit Unterstützung für Logdifferenzanalysen verwenden oder einen Abhängigkeitsgraphen für `FilteredHigh` und einen weiteren für `FilteredLow` erzeugen und alle seltenen Verhaltensweisen im Abhängigkeitsgraphen abstrahieren (d. h. den Schieberegler für die Aktivitäts- und Kantenabstraktion auf ihr Minimum setzen).

11.12 Vertiefende Lektüre

Bei der Einrichtung eines Prozessüberwachungssystems ist die Frage der Auswahl von Prozesskennzahlen von entscheidender Bedeutung. Leyer et al. [12] schlagen ein Verfahren zur Definition von Prozesskennzahlen für einen bestimmten Geschäftsprozess vor. Sie zeigen auch, wie man Prozess-Mining-Verfahren zur Berechnung von Prozesskennzahlen aus Ereignislogdaten einsetzen kann. Harmons Buch [13] bietet eine umfassende Diskussion zur Definition von Prozesskennzahlen auf der Ebene einer gesamten Organisation und zur Einrichtung eines Steuerungssystems auf Basis dieser Prozesskennzahlen.

Bei der Entwicklung von Prozessübersichten gibt es zwei sich ergänzende Fragen. Die erste ist, wie man von der Definition der Zielvorgaben bis hinunter zum Entwurf einer Übersicht gelangt. Diese Frage wird in Eckersons Buch [14] ausführlich behandelt. Die zweite Frage ist, wie man eine Prozessübersicht entwirft, die verständlich und überzeugend ist. Zu diesem Zweck empfehlen wir, die Hinweise zum Storytelling mit Daten aus [15] und andere Leitfäden zur Datenvisualisierung zu befolgen.

Einen umfassenden Überblick über bestehende Verfahren und Herausforderungen des Prozess-Mining gibt Van der Aalst in seinem Buch über Prozess-Mining [6]. Eine bündige Übersicht findet sich im Prozess-Mining-Manifest [16], das von der IEEE Task Force on Process Mining verfasst wurde. Die Website der IEEE Task Force on Process Mining bietet Datensätze (Ereignislogdaten) und Fallstudien, die veranschaulichen, wie Prozess-Mining in einer Reihe von Branchen eingesetzt wird.[28] Eine Übersicht und vergleichende Bewertung automatischer Prozessmodellgenerierungsverfahren wird in [5] gegeben, während ein Überblick über Konformitätsprüfungsverfahren in [17] gegeben wird.

In Abschn. 11.8 erörterten wir eine Fallstudie, in der ein Versicherungsunternehmen einen problemgetriebenen Prozess-Mining-Ansatz anwandte. Bei der Anwendung von Prozess-Mining in einer großen Organisation ist es wünschenswert, einen systematischen Ansatz

---

[28] https://www.tf-pm.org

(d. h. eine Methode) anzuwenden. Zwei Methoden zur Durchführung von Prozess-Mining-Projekten werden in [18] und [19] vorgestellt.

Literatur

1. Weijters, A., Ribeiro, J.: Flexible Heuristics Miner (FHM). In: Proceedings of the International Conference on Computational Intelligence and Data Mining (CIDM). IEEE Computer Society (2011)
2. Augusto, A., Conforti, R., Dumas, M., La Rosa, M., Bruno, G.: Automated discovery of structured process models: Discover structured vs. discover and structure. In: Proc. of the 35th International Conference on Conceptual Modeling (ER), Springer International Publishing, Cham, Switzerland (2016)
3. Leemans, S.J.J., Fahland, D., van der Aalst, W.M.P.: Discovering Block-Structured Process Models from Event Logs Containing Infrequent Behaviour, S. 66–78. Springer International Publishing, Cham (2014)
4. Augusto,A., Conforti, R., Dumas, M., La Rosa, M.: Split miner: Discovering accurate and simple business process models from event logs. In: Proceedings of the IEEE International Conference on Data Mining (ICDM). IEEE Computer Society (2017)
5. Augusto, A., Conforti, R., Dumas, M., Rosa, M.L., Maggi, F.M. Marrella A., Mecella, M., Soo, A.: Automated discovery of process models from event logs: Review and benchmark. IEEE Transactions on Knowledge and Data Engineering 31(4), 686–705 (2018)
6. van der Aalst, W.M.P.: Process Mining: Data Science in Action, 2. Aufl. Springer, Heidelberg. (2016)
7. Rozinat, A., Wil M.P., van der Aalst. Conformance checking of processes based on monitoring real behavior. Inf. Syst. 33(1):64–95 (2008)
8. Adriansyah, A.: Aligning observed and modeled behavior. PhD Thesis, Eindhoven University of Technology (2014)
9. García-Bañuelos, L., Van Beest, N.R., Dumas, M., La Rosa, M., Mertens, W.: Complete and interpretable conformance checking of business processes. IEEE Transactions on Software Engineering, 44(3), 262–290 (2017)
10. van Beest, N.R.T.P., Dumas, M., García-Bañuelos, L., La Rosa, M.: Log delta analysis: Interpretable differencing of business process event logs. In: Proceedings of the 13th International Conference on Business Process Management (BPM), pp. 386–405. Springer, Berlin (2015)
11. Suriadi, S., Wynn, M.T., Ouyang, C., ter Hofstede, A.H.M., van Dijk, N.J.: Understanding process behaviours in a large insurance company in Australia: A case study. In: Proceedings of the 25th International Conference on Advanced Information Systems Engineering (CAiSE), vol. 7908. Lecture Notes in Computer Science, pp. 449–464. Springer (2013)
12. Leyer, M., Heckl, D., Moormann, J.: Process performance measurement. Handbook on Business Process Management 2, 227–241 (2015)
13. Harmon., P.: Analyzing activities. BPTrends Newsletter, 1(4), April 2003. http://www.bptrends.com
14. Wayne, E: Performance Dashboards: Measuring, Monitoring, and Managing Your Business, 2. Aufl. Wiley, New York (2010)
15. Cole Nussbaumer Knaflic: Storytelling with Data: A Data Visualization Guide for Business Professionals. Wiley, New Jersey (2015)
16. IEEE TaskForce on Process Mining: Process Mining Manifesto. http://www.win.tue.nl/ieeetfpm/doku.php?id=shared:process_mining_manifesto. Accessed: Oct. 2017, 2011

17. Munoz-Gama, J.: Conformance Checking and Diagnosis in Process Mining: Comparing Observed and Modeled Processes. Springer (2016)
18. van Eck, M.L., Lu, X., Leemans, S.J.J., van der Aalst, W.M.P.: PM 2 : A process mining project methodology. In: Proceedings of the International Conference on Advanced Information Systems Engineering (CAiSE), pp. 297–313. Springer (2015)
19. Aguirre, S., Parra, C., Sepúlveda, M.: Methodological proposal for process mining projects. International Journal of Business Process Integration and Management **8**(2), 102–113 (2017)

BPM als Unternehmensfähigkeit

12

Fürchte Dich nicht davor, langsam zu wachsen, fürchte Dich davor, stillzustehen.

Chinesisches Sprichwort

In diesem Buch haben wir eine Reihe von Methoden und verwandten Techniken für die Identifizierung, Entdeckung, Analyse, Neugestaltung, Implementierung und Überwachung von Geschäftsprozessen vorgestellt. Entlang der sechs Phasen des BPM-Lebenszyklus haben wir auch Softwarewerkzeuge und -systeme besprochen, die uns bei der Anwendung dieser Methoden für das effektive Management von Geschäftsprozessen unterstützen können. Mit anderen Worten, angesichts eines verbesserungsbedürftigen Geschäftsprozesses erörterten wir, wie ein *BPM-Projekt* durchgeführt werden kann, um die gewünschten Verbesserungsziele zu erreichen, unabhängig davon, ob diese sich auf Effizienz, Qualität oder etwas anderes beziehen.

Wenn es die Notwendigkeit erfordert, verschiedene Geschäftsprozesse zu verbessern, können womöglich mehrere BPM-Projekte zur gleichen Zeit in derselben Organisation durchgeführt werden. In ihrer Gesamtheit bezeichnen wir diese BPM-Projekte innerhalb eines Unternehmens, einschließlich seiner spezifischen Managementstruktur, als *BPM-Programm*. Abhängig von verschiedenen Charakteristiken, wie z. B. der Gesamtleistung einer Organisation, ihrer Größe und ihrem Kontext, kann die Anzahl der gleichzeitig laufenden Projekte hoch und selbst der Umfang der einzelnen Projekte groß sein. Dementsprechend kann die Koordination des BPM-Programms äußerst komplex sein, und einzelne Projekte können aufgrund ihrer abnehmenden Relevanz oder mangelnden Fortschritte ganz scheitern.

Dieses Kapitel befasst sich mit der folgenden Frage: „Was braucht es, um ein BPM-Programm erfolgreich zu betreiben?" Um diese Frage zu beantworten, betrachten wir BPM als eine Fähigkeit des Unternehmens, die es auf die gleiche Ebene stellt wie andere organisatorische Managementdisziplinen wie Risikomanagement oder Personalentwicklung. Nach einer Einführung in die typischen Gründe für das Scheitern von BPM-Programmen stellen wir Querverbindungen von BPM vor, wie z. B. Governance und strategische Ausrichtung,

© Springer-Verlag GmbH Deutschland, ein Teil von Springer Nature 2021
M. Dumas et al., *Grundlagen des Geschäftsprozessmanagements*,
https://doi.org/10.1007/978-3-662-58736-2_12

und erörtern, wie diese entscheidend sind, um die Gründe für das Scheitern zu vermeiden. Als nächstes organisieren wir diese Querverbindungen in einem *BPM-Reifegradmodell* und zeigen, wie dieses Modell zur Bewertung des BPM-Reifegrads einer Organisation verwendet werden kann.

12.1 Hürden auf dem Weg zum erfolgreichen BPM

Ein häufiges Problem für BPM-Praktiker ist die Frage, wie der wahrgenommene BPM-Erfolg mit dem tatsächlichen Erfolg in Beziehung gesetzt werden kann. Zu den häufig genannten Messungen des wahrgenommenen BPM-Erfolgs gehören: die Konfiguration eines Modellierungstools, der Abschluss eines Six-Sigma-Schulungskurses, die Bereitstellung einer Stellenbeschreibung für einen Prozessverantwortlichen, die Einführung eines BPMS oder die Aktualisierung der Prozessarchitektur. Der BPM-Erfolg sollte jedoch nicht von der Qualität einer Aktivität (z. B. der Qualität eines Schulungsprogramms) oder eines Artefakts (z. B. der Qualität einer Prozessarchitektur) abhängen. Der BPM-Erfolg sollte letztlich an den Geschäftserfolg gekoppelt sein, d. h. an die Fähigkeit, jene Geschäftsziele zu erreichen oder zu übertreffen, die Teil der Unternehmensstrategie sind. Dementsprechend gehören zu den häufigsten Gründen für das Scheitern von BPM-Programmen:

- Ein ausschließlicher Fokus auf BPM-Methoden und -Tools, anstatt eines Fokus auf Geschäftsziele,
- der Glaube, dass BPM die einzige Quelle der Wahrheit ist,
- BPM-Projekte, die als isolierte Silos betrachtet werden, und
- eine allgemeine Unfähigkeit zur Veränderung.

Lassen Sie uns diese Gründe etwas ausführlicher diskutieren. Einer der Hauptgründe für das Scheitern eines BPM-Programms ist, dass der Fokus ausschließlich auf Methoden und Werkzeugen entlang der verschiedenen Phasen des BPM-Lebenszyklus liegt. Damit geht der Blick darauf verloren, welchen Betrag BPM zur Wertsteigerung der Unternehmung beitragen kann. Beispielsweise kann eine Organisation mit Begeisterung eine unternehmensweite Six-Sigma-Schulung durchführen und damit beginnen, Six-Sigma-spezifische Methoden flächendeckend anzuwenden. Das strategische Ziel dieses Unternehmens besteht jedoch möglicherweise gar nicht darin, die Qualität der vorhandenen Produkte zu verbessern. Wenn ihr Ziel z. B. darin bestünde, Konkurrenten durch innovative Produkte zu überflügeln, ist der Fokus auf Six-Sigma fehl am Platz. In ähnlicher Weise könnte eine andere Organisation ein BPMS erwerben, weil der Glaube vorherrscht, dass die damit verbundene Automation alle ihre Bedürfnisse zur Prozessverbesserung erfüllen wird, aber die Lizenzkosten könnten die Unternehmensziele zur Kostensenkung übersteigen.

Was den zweiten Grund betrifft, so sollte an dieser Stelle in diesem Buch klar sein, dass BPM ein mächtiges Konzept ist, um Organisationen leistungsfähiger und auf vielfältige

Weise besser zu machen. Dennoch gilt es zwei Dinge zu bedenken. Erstens gibt es andere Managementkonzepte, die Organisationen einen Mehrwert bieten können. Der Kunst besteht darin, herauszufinden, wie BPM und andere Managementdisziplinen so aufeinander abgestimmt werden können, dass sie sich gegenseitig verstärken, anstatt zu Stammesdenken und organisatorischen Machtkämpfen zu führen. Zweitens ist BPM nicht etwas, das für jeden selbstverständlich ist. Die Mitarbeiter engagieren sich oft in hohem Maße für ihre Arbeit und die von ihnen ausgeübten Tätigkeiten, aber es kann leicht passieren, dass sie nicht erkennen, wie ihre Arbeit sich in das Gesamtbild einfügt. Es ist kontraproduktiv, ihnen BPM aufzuzwingen.

Mit Blick auf den dritten Grund ist hervorzuheben, dass BPM ein ganzheitliches Managementkonzept ist. Es betont, wie wichtig die Beziehungen zwischen Aktivitäten, Menschen und Technologie zur Bereitstellung von Produkten und Dienstleistungen sind. Es ist daher etwas ironisch, wenn laufende BPM-Projekte isoliert voneinander betrachtet werden, was der dritte Grund in der obigen Liste ist. Eine solche Situation kann zu allen möglichen Problemen führen. Personen, die in verschiedenen Prozessen tätig sind, die Prozessveränderungen durchlaufen, können durch die Unterschiede zwischen den Methoden, Vorgaben und Technologien dieser Projekte verwirrt werden. Etwas Ähnliches kann für Kunden gelten, die mit einer Organisation durch verschiedene Prozesse, die Veränderungen durchlaufen, interagieren. Und letztlich wird die Geschäftsführung eines Unternehmens den Effizienzverlust aufgrund einer unzureichenden Abstimmung zwischen den Projekten und die sich daraus ergebenden offensichtlichen Fehler nicht gutheißen.

Schließlich sollte noch einmal betont werden, wie schwierig es ist, Veränderungen herbeizuführen. Ein fantastisches Sollprozessmodell, auch wenn es auf einer sorgfältigen Analyse des Istprozesses basiert und eine Reihe innovativer Prinzipien umsetzt, ist noch weit entfernt von einem verbesserten, operativen Geschäftsprozess. Es liegt auf der Hand, dass es in der Prozessimplementierungsphase des BPM-Lebenszyklus darum geht, ein neues Prozessdesign in einer Organisation einzuführen. Es ist jedoch bekannt, dass organisatorische Änderungen nicht leicht erreicht werden (siehe Infobox „Änderungsmanagement" in Abschn. 9.3.2). Dies ist bei BPM-Programmen nicht anders.

Die Gründe für das Scheitern, die wir hier diskutiert haben, lassen sich auf eine mangelnde strategische Ausrichtung, eine schwache oder nicht vorhandene Steuerungsstruktur oder eine Unterschätzung der Rolle zurückführen, welche die Mitarbeiter und die Kultur einer Organisation für den Erfolg der BPM-Initiative spielen. Wir werden sehen, wie diese Aspekte durch den Begriff der BPM-Reifegrade angegangen werden können, wie im nächsten Abschnitt erörtert wird.

Übung 12.1 Geben Sie an, inwieweit die folgenden Aktivitäten als Erfolg für ein BPM-Programm angesehen werden können. Versuchen Sie bei Ihrer Beurteilung zwischen Erfolgsfaktoren und Prozesskennzahlen zu unterscheiden. *Erfolgsfaktoren* beschreiben, was für dem letztendlichen Erfolg eines BPM-Programms förderlich oder notwendig ist, aber stellen keinen Selbstzweck dar. Im Gegensatz dazu verdeutlichen *Prozesskennzahlen,* in welchem Ausmaß ein Geschäftsziel durch BPM erreicht wurde.

a) Das BPM-Team hat ein Modellierungswerkzeug korrekt konfiguriert.
b) Ein Prozessanalyst hat einen Six-Sigma-Schulungskurs absolviert.
c) Die Stellenbeschreibung eines Prozessverantwortlichen wurde aktualisiert.
d) Die Durchlaufzeit des Auftrag-bis-Zahlungseingang-Prozesses wurde um 5 % reduziert.
e) Ein BPMS wurde installiert.
f) Die Bearbeitungszeit von über 90 % der Anträge wurde auf bis zu 5 Tage verkürzt.
g) Die Prozessarchitektur wurde aktualisiert.

12.2 Die sechs Erfolgsfaktoren der BPM-Reife

Betrachten wir den Fall einer Versicherungsgesellschaft, die ein BPM-Team in jeder Sparte hat: Hausrat-, Kfz- und gewerbliche Versicherung. Jedes dieser Teams kann neue BPM-Projekte ins Lebens rufen, welche auf die jeweiligen Bedürfnisse der Versicherungssparten eingehen. Zum Beispiel könnte es ein Projekt zur Verbesserung der Effizienz des Schaden-bearbeitungsprozesses in der Hausratversicherung geben, oder ein anderes Projekt, das von der Kfz- und der gewerblichen Versicherung gemeinsam durchgeführt wird, um die Qualität des Prozesses zur Validierung von Kundenpolizzen zu verbessern. Wenn wir uns mit mehreren Projekten gleichzeitig befassen, müssen wir über die Anwendung der Methoden und Werkzeuge, die wir in diesem Buch gelernt haben, hinausgehen, um die im vorigen Abschnitt erörterten Probleme zu vermeiden.

Zuallererst müssen wir auch Methoden und Werkzeuge für die Steuerung einzelner Projekte und für die Steuerung des gesamten Programms einsetzen. Diese sind nicht spezifisch auf BPM bezogen und können von aktuellen Projektmanagementpraktiken wie *PRINCE2* (Projects in Controlled Environments), einer ISO-Norm, oder *PMBOK* (Process Management Body of Knowledge) des Project Management Institute übernommen werden.

Eine ausgereifte BPM-Organisation sollte eine Vielzahl BPM-spezifischer Methoden und Werkzeuge systematisch über die verschiedenen Phasen des BPM-Lebenszyklus anwenden, koordiniert durch den Einsatz von Methoden und Werkzeugen für das Projekt- und Programmmanagement. *Methoden* und *Informationstechnologie* (IT) sind zwei kritische Faktoren für den Erfolg eines BPM-Programms, weshalb wir in diesem Buch einen starken Fokus darauf gelegt haben.

Wir müssen jedoch auch andere Faktoren berücksichtigen, die für den Erfolg eines BPM-Programms ebenso wichtig sind. Zuallererst müssen wir eine Steuerungsstruktur schaffen, die klar definierte Verantwortlichkeiten, Entscheidungsprozesse und Qualitätskontrollmechanismen festlegt. Dazu gehört zum Beispiel die Definition der Verantwortlichkeiten der verschiedenen an einem BPM-Projekt beteiligten Rollen, wie z. B. des Prozessverantwortlichen oder des Prozessanalysten, sowie die Festlegung geeigneter BPM-Standards, d. h.

welche Methoden in der jeweiligen Phase des Lebenszyklus anzuwenden sind. Eine Steuerungsstruktur ist besonders dann relevant, wenn von einer Projekt- zu einer Programmdimension übergegangen und eine effektive Koordination unabdingbar wird.

Ein Unternehmen sollte auch bestrebt sein, die *strategische Ausrichtung* in jeder Phase des Lebenszyklus zu berücksichtigen. Dazu gehört die klare Definition der gewünschten Prozessergebnisse und Prozesskennzahlen, die auf den Zielen der Kunden und Beteiligten des Prozesses basieren. Solche Definitionen können als Leitfaden bei der Wahl der zu verwendenden BPM-Methoden und -Werkzeuge dienen. Wenn ein Unternehmen beispielsweise eine Verbesserung der Prozessqualität anstrebt, sollte es sich auf die Wertschöpfungsanalyse und nicht auf die Methode des kritischen Pfades konzentrieren, da letztere sich besser für die Analyse von Durchlaufzeiten eignet.

Nicht zuletzt sind die Menschen und die Organisationskultur von großer Bedeutung für den Erfolg eines BPM-Programms. Was die *Menschen* anbelangt, so betrifft dies die Entwicklung geeigneter Fähigkeiten der Mitarbeiter, sowohl in Bezug auf das BPM-Wissen (Methoden und IT) derjenigen, die Prozesse steuern und verbessern (z. B. Prozessverantwortliche und Prozessanalysten), als auch in Bezug auf das Prozesswissen (Verfahren, Richtlinien) derjenigen, die an den Prozessen teilnehmen. Ohne die richtigen Fähigkeiten wird der Einsatz von BPM-Methoden und -Werkzeugen nicht effektiv gelingen. *Kultur* ist in diesem Zusammenhang die Gesamtheit der Unternehmenswerte und -überzeugungen, die dazu beitragen, die das Prozessdenken der Mitarbeiter zu entwickeln. Dies wiederum hat Auswirkungen darauf, inwieweit sich die Prozessbeteiligten an neue Prozessmodelle halten oder inwieweit die Unternehmensleitung an BPM interessiert ist und es schätzt.

In Anbetracht des Gesagten können wir sechs orthogonale Faktoren identifizieren, welche für den Erfolg eines BPM-Programms entscheidend sind: i) strategische Ausrichtung, ii) Steuerung, iii) Methoden, iv) Informationstechnologie, v) Menschen und vi) Kultur. Diese kritischen Erfolgsfaktoren *(engl.: critical success factors)* wurden von Rosemann und de Bruin im *BPM-Reifegradmodell* [1, 2] wie in Abb. 12.1 dargestellt beschrieben.[1] Dieses Modell ist als Instrument zur Messung des Reifegrads eines BPM-Programms innerhalb einer bestimmten Organisation gedacht. Die zugrundeliegende Annahme lautet wie folgt: Eine höhere BPM-Reife spiegelt sich in einem höheren Geschäftsprozesserfolg wider; ein höherer Geschäftsprozesserfolg wiederum führt zu einem höheren Erfolg der Unternehmung. Im nächsten Abschnitt wird erörtert, wie dieses Modell zur Messung des Reifegrads eines BPM-Programms innerhalb einer Organisation verwendet werden kann. Vorerst konzentrieren wir uns auf die sechs Erfolgsfaktoren.

Jeder Faktor umfasst fünf *Leistungsbereiche*, wie in Abb. 12.1 dargestellt. Beispielsweise umfasst die *strategische Ausrichtung* einen Kompetenzbereich für die strategieorientierte BPM-Projektplanung, während die *Steuerung* einen Kompetenzbereich für die BPM-Entscheidungsfindung umfasst. Beachten Sie, wie die Fähigkeitsbereiche sowohl für die *Methoden* als auch für die *Informationstechnologie* (IT) mit den verschiedenen Phasen des

---

[1]Das ursprüngliche Modell wurde an die Terminologie dieses Buches angepasst.

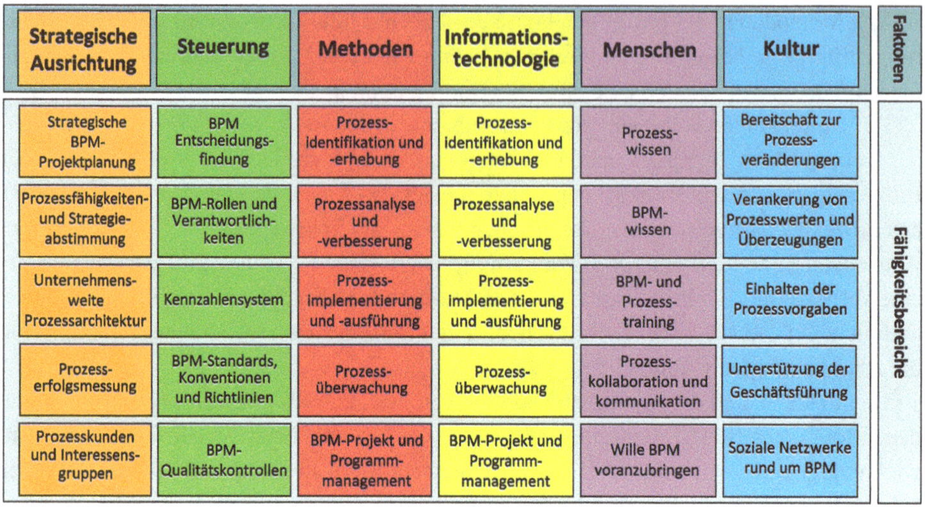

Strategische Ausrichtung	Steuerung	Methoden	Informations-technologie	Menschen	Kultur	Faktoren
Strategische BPM-Projektplanung	BPM Entscheidungs-findung	Prozess-identifikation und -erhebung	Prozess-identifikation und -erhebung	Prozess-wissen	Bereitschaft zur Prozess-veränderungen	
Prozessfähigkeiten- und Strategie-abstimmung	BPM-Rollen und Verantwortlich-keiten	Prozessanalyse und -verbesserung	Prozessanalyse und -verbesserung	BPM-wissen	Verankerung von Prozesswerten und Überzeugungen	Fähigkeitsbereiche
Unternehmens-weite Prozessarchitektur	Kennzahlensystem	Prozess-implementierung und -ausführung	Prozess-implementierung und -ausführung	BPM- und Prozess-training	Einhalten der Prozessvorgaben	
Prozess-erfolgsmessung	BPM-Standards, Konventionen und Richtlinien	Prozess-überwachung	Prozess-überwachung	Prozess-kollaboration und kommunikation	Unterstützung der Geschäftsführung	
Prozesskunden und Interessens-gruppen	BPM-Qualitätskontrollen	BPM-Projekt und Programm-management	BPM-Projekt und Programm-management	Wille BPM voranzubringen	Soziale Netzwerke rund um BPM	

Abb. 12.1 Das BPM-Reifegradmodell, angelehnt an [1, 2]

BPM-Lebenszyklus verbunden sind, erweitert um einen Fähigkeitsbereich für das Gesamt-management von BPM-Projekten und -Programmen für jeden dieser Faktoren.

Betrachten wir nun, wie diese Faktoren orthogonal zueinander stehen. Beispielsweise messen die Faktoren *Methoden* und *Informationstechnologie* den Grad der Anwendung verschiedener BPM-Methoden und verwandter Werkzeuge innerhalb des BPM-Lebenszyklus. Auf welche Weise wird beispielsweise BPMN (als Prozessmodellierungssprache) bei der Prozesserfassung eingesetzt? Beschränken wir uns auf die Erfassung einfacher Sequenzen oder schließen wir ausgeklügelte Verzweigungs- und Ausnahmebehandlungskonstrukte ein? Darüber hinaus, wie erheben wir Geschäftsprozesse? Verlassen wir uns nur auf Workshops oder verwenden wir auch Dokumentenanalyse, Beobachtungen und Interviews? Es liegt auf der Hand, dass unser Reifegrad der Methoden zur Prozessentdeckung umso höher wird, je ausgefeilter die Modelle sind, die wir während der Prozesserhebung erstellen, und je ausgefeilter die Methoden sind, mit denen wir Prozesse erheben.

Der Faktor *Steuerung (engl.: governance)* misst unter anderem das Vorhandensein von BPM-Standards zur Auswahl der zu verwendenden Methoden und Werkzeuge sowie das Vorhandensein von Konventionen und Richtlinien zur Beschränkung der Verwendung dieser Methoden und Werkzeuge. Beispielsweise modellieren wir Geschäftsprozesse mit BPMN und verwenden Signavio als Modellierungswerkzeug (Standards), beschränken die Größe jedes Modells auf 30 Knoten und vermeiden, wenn möglich, die Verwendung der ODER-Verknüpfung (Richtlinien). Darüber hinaus organisieren wir Workshops von jeweils maximal 3 h, denen jeweils ein Konsolidierungsschritt folgt (Richtlinien).

Der Faktor *Menschen (engl.: people)* betrachtet das Wissen unserer Mitarbeiter über solche Methoden und IT sowie die Reife der BPM-Schulungsaktivitäten des Unternehmens.

Haben unsere Mitarbeiter zum Beispiel ein fundiertes Wissen über BPMN erworben oder verlassen sie sich auf externe Berater? Und wurden sie intern geschult oder haben wir externe Schulungseinrichtungen beauftragt?

Der Faktor *Kultur* misst den Grad, zu dem Prozessveränderungen in der Organisation angenommen werden. In diesem Zusammenhang beziehen wir die Prozessbeteiligten in die aktive Prozessveränderung ein und schulen ihr Prozessdenken. Wir zeigen die Vorteile der Prozessgestaltung auf, damit die Prozessbeteiligten ihren Wert erkennen und verinnerlichen. Wir unterrichten die Prozessverantwortlichen über quantitative Verbesserungen, um ihre Unterstützung für BPM zu stärken.

Übung 12.2   In den letzten Jahren haben viele Unternehmen Initiativen zur digitalen Transformation gestartet, um eine bessere Kundenzufriedenheit und die Einhaltung gesetzlicher Vorschriften zu erreichen. Zum Teil werden diese Initiativen mithilfe von BPM-Programmen operationalisiert. Die Rabobank ist einer der größten Finanzdienstleister in den Niederlanden. In einem Artikel berichtet Pieter van Langen, Senior Manager bei der Rabobank, über das BPM-Programm und die Art und Weise, wie ARIS als Prozessmodellierungswerkzeug einsetzt wird.

> „Die Geschwindigkeit und Qualität unserer Anwendungsentwicklung bestimmt, wie unsere Kunden den Service erleben. […] Deshalb können wir uns keine Fehler in unserer Software leisten. Dies gilt umso mehr, da wir sonst auch die Unterstützung der Mitarbeiter in den lokalen Mitgliedsbanken verlieren. Die Prozesse müssen voll funktionsfähig sein. Gleichzeitig müssen wir sicherstellen, dass wir die Wünsche der Kunden zeitnah antizipieren und Gesetze und Vorschriften einhalten. Dies erfordert klare und transparente Prozesse für die Softwareentwicklung. […] Wenn wir eine Anwendung für einen innovativen mobilen Dienst entwickeln, ist es entscheidend zu verstehen, welche Auswirkungen sie auf die Umwelt und andere Systeme und Prozesse haben wird. Dazu verwenden wir Modelle. […] Wir wollten in der Lage sein, die gesamte Systemdokumentation unserer IT an einem zentralen Ort zu finden und zu pflegen. […] Darüber hinaus wollten wir, dass sich jeder, vom Analysten bis zum Architekten, darauf verlassen kann, dass die abgerufene Systemdokumentation korrekt ist und dass sich jeder sicher fühlen kann, sie zu benutzen. […] Auf diese Weise haben wir mehr Kontrolle über die Qualität der von uns entwickelten Anwendungen. Diese Vorteile schlagen sich direkt in einem besseren Service für unsere Kunden nieder."

Auf welche der sechs kritischen Erfolgsfaktoren des BPM bezieht sich Van Langens Bericht?

In den vorangegangenen Kapiteln dieses Buches haben wir uns eingehend mit *Methoden* und *Informationstechnologie* befasst. Im weiteren Verlauf dieses Abschnitts betrachten wir die anderen vier Erfolgsfaktoren genauer: *strategische Ausrichtung, Steuerung, Menschen* und *Kultur.*

12.2.1 Strategische Ausrichtung

Die strategische Ausrichtung misst die Rolle und den Einfluss der Geschäftsstrategie auf BPM sowie die Rolle und den Einfluss von BPM auf die Geschäftsstrategie. Sie lässt sich in die folgenden Fähigkeitsbereiche unterteilen:

1. **Strategische BPM-Projektplanung:** Wie abgestimmt sind die Methoden und Werkzeuge, die wir in jeder Phase des BPM-Lebenszyklus wählen, auf die jeweiligen Geschäftsziele, die wir erreichen wollen?
2. **Prozessfähigkeiten- und Strategieabstimmung:** Beeinflusst die Geschäftsstrategie direkt die Geschäftsprozesse und umgekehrt?
3. **Unternehmensweite Prozessarchitektur:** Wie gut ist die unternehmensweite Prozessarchitektur spezifiziert?
4. **Prozesserfolgsmessung:** Wie gut sind die Prozessergebnisse und die damit verbundenen Kennzahlen definiert?
5. **Prozesskunden und Interessengruppen:** Wie gut wird die Sicht von Kunden und anderen Interessengruppen des Prozesses in die BPM-Projekte einbezogen?

Die strategische BPM-Projektplanung bezieht sich auf den Grad der strategischen Ausrichtung während des gesamten BPM-Lebenszyklus. Diese wird durch die Wahl der Methoden und Werkzeuge definiert, die wir in jeder Phase des Lebenszyklus einsetzen. Die strategische Ausrichtung beginnt bereits bei der Identifizierung der Prozesse, wobei die strategische Wichtigkeit eines der Kriterien ist, die wir bei der Auswahl der Prozesse zugrunde legen. Wenn unsere Geschäftsstrategie beispielsweise auf die Kundenzufriedenheit ausgerichtet ist, müssen wir dem Management derjenigen Kernprozesse Priorität einräumen, die den stärksten Einfluss auf die Kundenerfahrung haben. Dabei werden wir besonders darauf achten, alle Interaktionen mit dem Kunden für den gewählten Prozess zu modellieren, da die Kundeninteraktionen einen starken Einfluss auf die gesamte Kundenerfahrung haben. Als Nächstes würden wir während der Analyse qualitative Methoden auswählen, wie z. B. die Wertschöpfungsanalyse, bei der die Kundenperspektive im Mittelpunkt steht, und die externe Qualität mithilfe solcher quantitativer Analysemethoden messen, bei denen Messgrößen wie Kundenzufriedenheit oder Verletzungen von Dienstgütevereinbarungen verwendet werden. Ebenso werden wir uns in der Umgestaltungsphase auf solche Verbesserungsheuristiken konzentrieren, welche tendenziell die Qualität erhöhen, wie z. B. *Triage*.

Der nächste Fähigkeitsbereich betrifft die *Abstimmung zwischen Prozessfähigkeiten und Strategie*, welche die bidirektionale Beziehung zwischen Strategie und Geschäftsprozessen erfasst. Dieser Bereich umfasst die strategischen Implikationen für Geschäftsprozesse (Strategie zu Prozess) und umgekehrt die Prozessimplikationen für die Geschäftsstrategie (Prozess zu Strategie). Balanced Scorecards (siehe Abschn. 2.1) bieten eine konkrete Methode zur Verknüpfung von Strategie und Prozessen. Typische Fragen, die bei der Untersuchung der Verknüpfung von Strategie und Prozess zu stellen sind:

- *Wissen wir, welche Prozesse von einem Strategiewechsel betroffen sind?* Angenommen wir stellen im Rahmen einer Strategie der Kostenführerschaft fest, dass die Reiseversicherung nicht mehr rentabel ist, und beschließen, sie einzustellen. Infolgedessen müssen auch alle Prozesse im Zusammenhang mit dieser Versicherung (Entwicklung, Vertrieb und Schadenbearbeitung) eingestellt werden.
- *Welche Prozesse sollten wir intern als Kernkompetenz behandeln und welche sind Kandidaten für Outsourcing oder Offshoring?* Zum Beispiel ist der Schadenbearbeitungsprozess für die Haustierversicherung großvolumig und von geringer Marge (dieser Prozess wird häufig durchgeführt, aber der erzielte Gewinn ist aufgrund des geringen Werts der zugehörigen Versicherungspolizzen begrenzt). Mit Blick auf das Ziel der Kostenführerschaft wird beschlossen, diesen Prozess auszulagern, um seine Betriebskosten zu senken.

Die folgenden Fragen können zur Untersuchung der Abstimmung zwischen Prozess und Strategie verwendet werden:

- *Wie beeinflusst der Prozesserfolg die Strategieumsetzung? Oder mit anderen Worten: Welche Prozesse könnten zu einem Engpass bei der Umsetzung der Geschäftsstrategie werden?* Wenn unsere Geschäftsstrategie beispielsweise darauf abzielt, den Geschäftsbetrieb durch Standardisierung zu vereinfachen, würden verschiedene Varianten des Schadenbearbeitungsprozesses (eine pro Versicherungsprodukt) diese Strategie behindern.
- *Wird die Strategie unter Berücksichtigung der aktuellen und sich abzeichnenden Prozessfähigkeiten entworfen und kontinuierlich überprüft?* Oder mit anderen Worten: *Ermöglichen neue Prozessfähigkeiten neue strategische Optionen?* Beispielsweise können wir unsere Marketingstrategie im Hinblick auf das Aufkommen digitaler Marketingprozesse durch soziale Medien überprüfen.

Ein weiterer Fähigkeitsbereich ist die *unternehmensweite Prozessarchitektur.* Wie in Kap. 2 erörtert, kann eine unternehmensweite Prozessarchitektur eine abstrakte und umfassende Sicht darauf bieten, wie die Organisation über ihre Kernprozesse einen Mehrwert für ihre Kunden und Aktionäre schafft, wie diese Prozesse durch die Unterstützungsprozesse ermöglicht werden und wie sie durch die Managementprozesse gesteuert werden. Da die Prozessarchitektur der Ausgangspunkt eines jeden BPM-Projekts ist, ist es wichtig, dass sie klar definiert und so vollständig wie möglich ist (Unternehmensebene versus Projektebene) sowie in regelmäßigen Abständen überprüft und für den Erfolg des gesamten BPM-Programms auf dem neuesten Stand gehalten wird.

Der nächste Bereich der Fähigkeiten, der unter die strategische Ausrichtung fällt, ist die *Messung des Prozesserfolgs.* Um den Prozesserfolg zu messen und letztlich die Geschäftsstrategie in Prozessziele zu übersetzen, müssen wir für jeden Geschäftsprozess Ziele und zugehörige Kennzahlen definieren. Diese Ziele müssen von allen relevanten Prozessbeteiligten gemeinsam unterstützt werden. Wie in Kap. 2 (siehe Abschn. 2.2.4) veranschaulicht, kann man dies erreichen, indem jedem Prozess ein *Prozessprofil* zugeordnet wird. In einem solchen Profil sind folgende Informationen enthalten: die Prozessvision in Übereinstimmung mit der Geschäftsstrategie, die angestrebten Ergebnisse und die Erfolgsfaktoren. Letztere können durch eine Liste von Kennzahlen für relevante Leistungsdimensionen (z. B. Zeit, Kosten) und damit verbundene Prozessvorgaben ergänzt werden, so dass deutlich wird, wie der Prozess auf Geschäftsziele abgestimmt ist. Betrachten wir zum Beispiel noch einmal eine Versicherungsgesellschaft, die infolge verschiedener Fusionen eine Reihe von Versicherungsprodukten verwaltet. Die Vision der Schadenbearbeitungsprozesse dieses Unternehmens könnte lauten: „Überlegene Kundenvertretung durch einfache, pünktliche und preisgünstige Erfüllung des Kundenversprechens". Ein solches Ziel verkörpert zwei strategische Ziele: i) Erhöhung der Kundenzufriedenheit (Qualitätsdimension auf Front-Office-Ebene), und ii) Verringerung der Anzahl unabhängiger Schadenbearbeitungsprozesse aufgrund früherer Fusionen (Dimension der Back-Office-Ebene – Effizienz). Für jedes Ziel definieren wir eine oder mehrere Prozesskennzahlen und damit verbundene Prozessvorgaben. Zum Beispiel messen wir die Kundenzufriedenheit als Durchschnitt von Kundenbewertung und Kundenloyalitätsindex, beide mit dem Ziel, 90 % zu überschreiten.

Es ist wichtig, dass die Messungen der Prozessabläufe und Prozessvarianten (z. B. unterschiedliche Versicherungsleistungen) standardisiert werden, um prozessübergreifende Messungen und hierarchische Aggregationen zu ermöglichen. Durch die Standardisierung der Definition von Kundenbewertung und Kundenloyalitätsindex können wir beispielsweise diese Kennzahlen über alle unsere Versicherungsprozesse hinweg messen, einschließlich verschiedener Prozesse (Produktentwicklung, Vertrieb, Schadenbearbeitung) und deren Varianten (Haus-, Kfz- und gewerbliche Versicherung). Darüber hinaus können wir diese zu einer einzigen Kennzahl für die Kundenzufriedenheit aggregieren, und letztere wiederum können wir mit der Rate der Kundenbeschwerden aggregieren, um ein einziges Maß für die Kundenexzellenz zu erhalten. Balanced Scorecards bieten eine konkrete Methode für die kaskadierende Definition und Messung von Prozesskennzahlen.

Für den Erfolg des gesamten BPM-Programms müssen wir einen letzten Fähigkeitsbereich berücksichtigen: *Prozesskunden und Interessengruppen*. Dieser letzte Fähigkeitsbereich konzentriert sich auf Interessengruppen, wie Aktionäre, Führungskräfte und Behörden, sowie auf Kunden und andere externe Parteien, welche ein Interesse an dem Prozess haben oder daran beteiligt sind. Das bedeutet, dass die verschiedenen Prioritäten berücksichtigt werden müssen, die einflussreiche Einzelpersonen oder Gruppen haben und die oft im Widerspruch zueinander stehen. So kann z. B. ein Wechsel auf der Führungsebene (z. B. ein neuer Geschäftsführer) erhebliche Auswirkungen auf die Popularität des BPM-Programms und damit auf seinen Erfolg haben, auch wenn sich an der Art und Weise, wie das BPM intern durchgeführt wird, nichts ändert. Ebenso kann das Scheitern eines BPM-Projekts, das darauf abzielt, die negativen Meinungen der Kunden zu bestimmten Dienstleistungen zu korrigieren, das Fortbestehen des gesamten BPM-Programms untergraben. Daher ist es von größter Bedeutung, die Ansichten der verschiedenen Prozessbeteiligten in ein BPM-Programm einzubeziehen.

Im Umgang mit externen Parteien wie z. B. Kunden liegt der Schwerpunkt auf den Kernprozessen, da diese die Berührungspunkte zu externen Parteien sind. Betrachten Sie einen Schadenbearbeitungsprozess im Hinblick auf eine Geschäftsstrategie, die auf die Verbesserung der Kundenerfahrung abzielt. Ein BPM-Projekt, das mit der Neugestaltung dieses Prozesses gemäß dieser strategischen Zielsetzung beauftragt wird, muss der Anzahl und Qualität der Berührungspunkte mit dem Kunden je nach der jeweiligen Zielgruppe besondere Aufmerksamkeit widmen: Eine Versicherungsmarke, die sich auf eine junge Kundschaft konzentriert, kann alle Kundenkontaktpunkte reduzieren und digitalisieren (z. B. nur Meilenstein-Updates per E-Mail), während eine Versicherungsmarke, die sich an eine ältere Kundschaft wendet, die Anzahl und Dauer dieser Kontaktpunkte erhöhen könnte (z. B. verschiedene Fortschrittsaktualisierungen per Telefon).

Übung 12.3 In einer Fallstudie berichten Reisert, Zelt und Wacker über die Unternehmensstrategie des Softwareherstellers SAP und die Art und Weise, wie dort BPM zur Erreichung der Unternehmensziele eingesetzt wird [3].

„Um innovative Lösungen schneller und einfacher entwickeln zu können, begann SAP 2008 mit der Umgestaltung der Forschungs- und Entwicklungsprozesse. Dabei ging SAP weg von komplexen und statischen Projektmethoden hin zu agilen und einfachen Prozessen, wodurch die Durchlaufzeit des Standard-Innovationszyklus erheblich verkürzt wurde. Basierend auf den Erfahrungen dieser Transformation und Optimierung […] beschloss SAP, den Schwerpunkt verstärkt auf Geschäftsprozessmanagement (BPM) zu legen. Daher wurden BPM-Initiativen auf unternehmensweiter Ebene gestartet, um eine Prozessinfrastruktur und eine Kultur der kontinuierlichen Prozessverbesserung zu etablieren. […] Der entscheidende Erfolgsfaktor auf dem Weg der SAP von BPM-Konzepten und -Ideen zu messbarem Erfolg […] war die strategische Ausrichtung von BPM mit Unterstützung des Top-Managements. […] Der Prozessverantwortliche ist für die Definition des Prozessverbesserungsziels (mit Zustimmung der Geschäftsführung) zuständig, welches sich typischerweise aus der SAP-Strategie (Verbesserungsportfolio, strategische Ziele), aus einem aktuellen Prozessthema (Beschränkungen, Prüfergebnisse) oder aus einer Idee der SAP-Ideenmanagement-Initiative ableitet. […] Die Auswirkungen der Prozessänderungen werden anhand von Prozesskennzahlen gemessen, zu denen die Durchlaufzeit, die Kundenzufriedenheit und die Kosten pro Ausgabeeinheit gehören. Diese Kennzahlen werden vom Prozessverantwortlichen gemessen und mit zuvor definierten Erfolgskriterien verglichen. […] Obwohl die Auslöser für eine tatsächliche Prozessverbesserung zahlreich sein können, sind die […] Aktivitäten zur Verbesserung eines Prozesses standardisiert und als solche in der SAP-Prozesslandkarte dokumentiert."

Welche Fähigkeitsbereiche im Zusammenhang mit der *strategischen Ausrichtung* sind hier beschrieben?

12.2.2 Steuerung

Die *BPM-Steuerung* widmet sich der Definition einer angemessenen und transparenten Zurechenbarkeit in Bezug auf die Rollen und Verantwortlichkeiten für die verschiedenen Ebenen des BPM (Programm, Projekt und Betrieb). Darüber hinaus ist sie mit der Gestaltung von Entscheidungs- und Anreizprozessen zur Steuerung prozessbezogener Aktivitäten betraut. Wir können die BPM-Steuerung in die folgenden Fähigkeitsbereiche unterteilen:

1. **BPM-Entscheidungsfindung:** Welche BPM-Entscheidungen können wann getroffen werden, um sowohl mit erwarteten als auch unerwarteten Situationen umzugehen?
2. **BPM-Rollen und Verantwortlichkeiten:** Gibt es eine klare Definition der BPM-Rollen und der damit verbundenen Verantwortlichkeiten?
3. **Kennzahlensystem:** Welche Mechanismen sind vorhanden, um den Prozesserfolg zu messen, und wie angemessen sind diese Mechanismen auf der Grundlage der gewählten Kennzahlen?
4. **BPM-Standards, Konventionen und Richtlinien:** Wie gut sind BPM-Standards, -Konventionen und -Richtlinien definiert?
5. **BPM-Qualitätskontrollen:** Welche Kontrollmaßnahmen gibt es, um die Qualität in allen Phasen eines BPM-Projekts zu überprüfen und zu gewährleisten?

Der erste Fähigkeitsbereich ist die *BPM-Entscheidungsfindung.* Eine entscheidende Herausforderung für die BPM-Steuerung ist die klare Definition und konsistente Ausführung der damit verbundenen BPM-Entscheidungsprozesse, die sowohl in erwarteten als auch unerwarteten Situationen handlungsleitend sind. Wer kann zum Beispiel die Entscheidung treffen, ein BPM-Projekt zu starten oder zu stoppen? Neben der Frage, wer welche Entscheidung treffen kann, ist es wichtig, die erforderliche Geschwindigkeit der Entscheidungsfindung und die Berechtigungsstufen festzulegen, um die Ressourcenzuweisung und die Maßnahmen als Antwort auf Prozessveränderungen zu beeinflussen. Dies erfordert eine Abstimmung mit verschiedenen anderen Steuerungsprozessen, wie z. B. dem IT-Änderungsmanagement und betrieblichen Kontinuitätsmanagement. Bei der BPM-Entscheidungsfindung legen wir den gesamten BPM-Ansatz fest, welche Entscheidungen wann zu treffen sind (z. B. der BPM-Lebenszyklus und damit zusammenhängende Entscheidungen: wann mit jeder Phase begonnen wird, wann das gesamte Projekt gestartet wird), während wir bei der BPM-Projektplanung die Ausrichtung in jeder Phase des Lebenszyklus sicherstellen.

Ein weiterer Fähigkeitsbereich der BPM-Steuerung sind die *Rollen und Verantwortlichkeiten im BPM.* Dies umfasst das gesamte Spektrum der BPM-bezogenen Rollen, von Prozessanalysten, welche z. B. BPM-Methoden und IT unter der Beratung des Prozessmethodolikers anwenden, bis hin zu Prozessverantwortlichen, die einzelne BPM-Projekte leiten. In großen Organisationen mit einem eigenen *BPM-Team* gehört dazu auch die Rolle des *Leiters Prozessmanagement* als Programmmanager, der auch als Chief Process Officer (CPO) oder Chief Process and Innovation Officer (CPIO) bezeichnet wird. Diese Rolle steuert die gesamte BPM-Initiative und ist letztlich für deren Ergebnisse verantwortlich. Zu diesem Kompetenzbereich gehören auch, sofern vorhanden, BPM-Entscheidungsgremien und -Ausschüsse. Dies sind zum Beispiel der *BPM-Lenkungsausschuss,* der sich aus dem BPM-Managementteam zusammensetzt und die allgemeine Richtung für die Entwicklung des BPM-Programms vorgibt, und der *BPM-Beirat,* der unabhängige Beratung anbietet und die Qualität des BPM-Programms kontrolliert. Diese Fähigkeit erfordert eine klare Spezifikation der Aufgaben und Verantwortlichkeiten jeder Rolle sowie ihrer Berichtsstruktur. Eine Beschreibung der Rollen und Verantwortlichkeiten aller am BPM-Programm Beteiligten finden Sie im Kasten „Interessengruppen im BPM-Lebenszyklus" auf Abschn. 1.4.

Ein *Kennzahlensystem* ist für die effiziente Messung des Prozesserfolgs erforderlich. Während die eigentliche Definition der Maßnahmen zur Messung der Prozessausführung Teil des strategischen Erfolgsfaktors ist, legt dieser Fähigkeitsbereich fest, wer für die Messung der Prozessausführung verantwortlich ist, welche Verfahren für die Durchführung der Messungen anzuwenden sind und welche unterstützenden Werkzeuge verwendet werden sollten. In der Regel ist die für die Messung des Prozesserfolgs zuständige Person der Prozessverantwortliche, während die Definition der eigentlichen Messverfahren von den Prozessanalysten in Absprache mit den Prozessmethodenexperten vorgenommen wird.

BPM-Standards, Konventionen und Richtlinien müssen klar definiert und dokumentiert werden, um die Konsistenz zwischen BPM-Projekten und die Nachhaltigkeit des gesamten BPM-Programms zu gewährleisten. BPM-Standards legen fest, welche Methoden und Softwarewerkzeuge während des gesamten BPM-Lebenszyklus verwendet werden sollen. Sie umfassen auch die Standardisierung von Projekt- und Programmmanagementmethoden und -werkzeugen, um die effektive Koordination zwischen verschiedenen Projekten des BPM-Programms zu gewährleisten. Richtlinien und Konventionen grenzen die Verwendung solcher Methoden und Werkzeuge ein. In Kap. 5 erörterten wir zum Beispiel eine Reihe von Richtlinien für die Prozessmodellierung, um das Vokabular, die Struktur und die Darstellung von BPMN-Modellen einzugrenzen (siehe Abschn. 5.4.4). Richtlinien und Konventionen gelten auch für andere Phasen des Lebenszyklus. Beispielsweise können sie bei der Prozessidentifikation zur Bestimmung der Prozessgrenzen oder der hierarchischen Ebene der Prozessarchitektur verwendet werden; bei der Prozessanalyse können sie zur Konfiguration des Inhalts eines Problemregisters verwendet werden; bei der Verbesserung von Prozessen können sie zur Eingrenzung der Anzahl und Art der zu verwendenden Heuristiken eingesetzt werden.

Während Konventionen harte Eingrenzungen sind, werden Richtlinien empfohlen, aber nicht zwingend vorgeschrieben. Es ist die Aufgabe des Prozessmethodenexperten, Standards, Richtlinien und Konventionen festzulegen und diese aktuell und relevant zu halten.

Schließlich definieren *BPM-Qualitätskontrollen,* wie regelmäßige Überprüfungen von BPM-Projekten die Qualität und Aktualität der Prozessmanagementprinzipien aufrechterhalten (z. B. sollte die Wiederverwendung von Prozessen Vorrang vor der Neuentwicklung von Modellen haben, oder sollte die Prozessautomatisierung nur für einen neu gestalteten Prozess gelten). Kontrollen umfassen auch Mechanismen zur Überwachung der BPM-

Standards und -Richtlinien, wie sie im vorherigen Fähigkeitsbereich definiert wurden, sowie der einschlägigen organisatorischen Richtlinien.

Übung 12.4 In ihrer Fallstudie berichten Reisert, Zelt und Wacker auch über die Steuerung von BPM bei SAP [3].

„Da die Umstellung die Durchlaufzeit des Standard-Innovationszyklus deutlich verkürzte, beschloss die SAP, auf diesem Erfolg aufzubauen und gründete die Productivity Consulting Group (PCG). […] Die PCG wurde als Prozessbüro mit direkter Aufsicht über die SAP-Unternehmensfunktionen in allen Regionen gegründet. Die PCG ist verantwortlich für die Einrichtung einer Prozessinfrastruktur im Unternehmen, einschließlich der Prozesssteuerung, Ideenmanagement und Verbesserungsdienstleistungen. Die PCG ist im Bereich des COO der SAP [Chief Operations Officer] angesiedelt, was eine direkte Verbindung zwischen dem Portfolio der PCG und der Unternehmensstrategie ermöglicht. Durch die Kopplung der PCG mit einer Organisationseinheit namens Business Insight and Technology erreicht das Unternehmen eine enge Beziehung zu IT-Projekten und Innovationen. […] Die PCG verwaltet die SAP-Prozesslandkarte und stellt SAP-weite BPM-Standards für die Gestaltung, Messung und Verbesserung von Prozessen zur Verfügung. Sie verwaltet auch die BPM-Community, wozu auch die Schulung der Prozessverantwortlichen in der BPM-Methodik gehört. Die Prozess-verantwortlichen sind für die Definition, den Betrieb und die Verbesserung von Prozessen ver-antwortlich, mit dem Ziel, die von der Geschäftsführung definierten Geschäftsziele, Strategien und Vorgaben umzusetzen. […] Die Auswirkungen der Prozessänderungen werden anhand von Prozesskennzahlen gemessen. […] SAP verwendet ein eigenes Prozessreifegradmodell, welches auf die Bedürfnisse des Unternehmens zugeschnitten ist."

Welche mit der *Steuerung* verbundenen Fähigkeitsbereiche sind hier beschrieben?

12.2.3 Menschen

Beim Faktor *Mensch* geht es um die verschiedenen Einzelpersonen und Gruppen, die direkt an der Durchführung der verschiedenen BPM-Projekte beteiligt sind, aber ebenso wichtig sind auch diejenigen, die von solchen Projekten betroffen sind. Es gilt zu beachten, zu welchem Wissen diese Menschen Zugang haben und wie die Interaktion zwischen ihnen erfolgt, um eine Verbesserung des Prozesserfolgs zu erreichen. Dieser kritische Erfolgsfaktor betrifft die folgenden Fähigkeitsbereiche:

1. **Prozesswissen:** Bis zu welchem Grad kennen Prozessbeteiligte und andere Interessen-gruppen die Prozesse, mit denen sie zu tun haben?
2. **BPM-Wissen:** Wie viel wissen die Personen in BPM-Rollen, z. B. Prozessanalysten, über BPM-Methoden und -Werkzeuge?
3. **BPM- und Prozesstraining:** Wie fortgeschritten sind Schulungen und Trainings zu BPM und Geschäftsprozessen?

4. **Prozesskollaboration und -kommunikation:** Wie arbeiten die Prozessbeteiligten zusammen und kommunizieren miteinander, um die Prozessziele zu erreichen?

5. **Wille BPM voranzubringen:** Wie groß ist die Bereitschaft der Geschäftsführung eines Unternehmens, BPM-Projekte zu leiten und zu unterstützen?

Prozesswissen bezieht sich auf die Vollständigkeit und Tiefe der Fähigkeiten aller beteiligten Akteure im Hinblick auf die spezifischen Anforderungen eines Prozesses. Für Personen, die eine prozessorientierte Rolle ausfüllen, wie z. B. Prozessverantwortliche, ist es offensichtlich, dass sie einen Geschäftsprozess in einer gewissen Tiefe verstehen müssen. Aber für den Erfolg eines BPM-Programms kann es auch entscheidend sein, dass Prozessbeteiligte den Gesamtprozess verstehen, zu dem ihre Arbeit beiträgt.

Der zweite Fähigkeitsbereich, *BPM-Wissen,* erfasst sowohl das explizite als auch das implizite Wissen der Beteiligten über BPM-Prinzipien und -Praktiken. Inwieweit wird BPM als Managementansatz allgemein verstanden und anerkannt? Ein Zeichen dafür, dass die Beteiligten in einer Organisation zumindest ein grundlegendes Verständnis von BPM erworben haben, ist es, wenn sie mit Prozesskonzepten wie Aktivitäten und Fällen vertraut sind. Speziell bei den Beteiligten, die eine BPM-Rolle ausfüllen, geht es in diesem Fähigkeitsbereich auch um ihre Kenntnisse und Fertigkeiten in Bezug auf bestehende BPM-Methoden, -Techniken und -Werkzeuge. Für Prozessanalysten ist es zum Beispiel wichtig zu wissen, wie versiert sie in der Anwendung verschiedener Modellierungstechniken und Verbesserungsmethoden sind.

Der nächste Fähigkeitsbereich, *BPM- und Prozesstraining,* erfasst, in welchem Umfang eine Organisation in die Entwicklung und Aufrechterhaltung von BPM-Fähigkeiten und Prozesswissen investiert. Er bezieht sich auf den Inhalt von internen oder externen Trainingsprogrammen, die den Mitarbeitern des Unternehmens zur Verfügung stehen, auf die organisatorischen Anstrengungen, die unternommen werden, um diese Mitarbeiter an solchen Programmen teilnehmen zu lassen (z. B. Anreizsysteme für die Teilnahme an Schulungen wie z. B. reduzierte Arbeitsbelastung), und auf die Zertifizierungen, die durch die Teilnahme erworben werden können. Schulungen beziehen sich sowohl auf die Erweiterung der Kenntnisse über BPM-Methoden, -Techniken und -Werkzeuge für diejenigen, die am BPM-Programm teilnehmen (z. B. Ausbildung eines Prozessanalysten in neuen Process-Mining-Techniken), als auch auf die Erweiterung der Kenntnisse über relevante Geschäftsprozesse für diejenigen, die an den entsprechenden Prozessen teilnehmen (z. B. Schulung eines Schadensbearbeiters über die neuesten Versicherungsverfahren und -policen). Viele große Organisationen haben z. B. interne Programme eingerichtet, um ihre Mitarbeiter in der Anwendung von Six-Sigma-Techniken zu schulen; Mitarbeiter können Gürtel in verschiedenen Farben (z. B. Green Belt, Black Belt) als Zertifikate für die von ihnen absolvierten Programme erwerben. Dieser Kompetenzbereich konzentriert sich also nicht nur auf den Umfang und die Tiefe der angebotenen Schulungen, sondern befasst sich auch mit deren Erfolg.

Der Bereich *Prozesskollaboration und -kommunikation* konzentriert sich auf die Art und Weise, wie Einzelpersonen und Gruppen interagieren, um gemeinsam die gewünschten Prozessergebnisse zu erreichen. Dieser Bereich bezieht sich auf die formellen Kanäle, die bei der Kommunikation zwischen Personen, wie z. B. Prozessbeteiligten und Prozessverantwortlichen, im Hinblick auf Besprechungen verwendet werden. Aus einer eher informellen Perspektive ist es wichtig zu verstehen, ob Menschen in der Lage sind, in Konzepten zu kommunizieren, die in einem BPM-Kontext Sinn machen: Verwenden sie Begriffe wie Prozesse, Fälle und Ereignisse in konsistenter Weise? Ein letztes erwähnenswertes Element ist die Infrastruktur, die zur Förderung von Zusammenarbeit und Kommunikation zur Verfügung steht, wie z. B. ein Intranet oder soziale Medien.

Der letzte Fähigkeitsbereich, den wir in Bezug auf den Faktor Mensch diskutieren, ist die *Neigung der Geschäftsführung, BPM vorzubringen*. Für jede Organisation, die Veränderungen wünscht, ist es von entscheidender Bedeutung, dass die Geschäftsführung bereit ist, Veränderungsinitiativen zu leiten, Verantwortung zu übernehmen und Rechenschaft über sie abzulegen. Dies gilt natürlich auch für BPM-Projekte oder -Programme. Gerade in diesem Bereich ist es wichtig, zwischen der formellen Rolle, welche die Menschen auf der einen Seite bekleiden, und der tatsächlichen Rolle, die sie wirklich ausfüllen, zu unterscheiden. Der tatsächliche Befürworter eines BPM-Programms kann beispielsweise eine andere Person sein als der Manager, der formell für das BPM-Programm verantwortlich ist. Eine solche Diskrepanz kann zwar immer noch zu erfolgreichen Ergebnissen führen, aber kein BPM-Programm wird Erfolg haben, wenn niemand das BPM-Evangelium predigt und die Projekte in turbulenten Zeiten steuert.

Übung 12.5 Anknüpfend an die Fallstudie von Reisert, Zelt und Wacker berichtet der folgende Auszug über die Aktivitäten der Productivity Consulting Group (PCG), die bei SAP für BPM zuständig ist und über die Personen, die mit BPM-Aktivitäten befasst sind [3].

„Die PCG unterstützt eine Reihe von Kommunikations- und Befähigungsaktivitäten, um eine stabile Beziehung mit der BPM-Community aufzubauen.

- SAP Process Excellence Newsletter: Zweimonatlich erscheinende Ausgaben, die Schulungsangebote, Informationen über bevorstehende Veranstaltungen und Erfolgsgeschichten zur Prozessverbesserung enthalten.
- Informationsveranstaltungen für Prozessverantwortliche: Zweimonatliche Veranstaltungen für Prozessverantwortliche zum Austausch von Erfolgsrezepten und zur Verbreitung von Informationen über BPM-Standards.
- Prozessmanagementschulungen: Schulungen im Klassenraum und virtuell zu [SAPs] BPM-Methodik, -Werkzeugen und Erfolgsrezepten (von Prozessverantwortlichen für Prozessverantwortliche).
- SAP Process Summit: Jährliche Veranstaltung, bei der alle Prozessverantwortlichen zusammenkommen, um Erfolgsrezepte auszutauschen, sich von externen Referenten inspirieren zu lassen und sich über neue Themen im Zusammenhang mit BPM zu informieren.

- SAP Process Excellence Award: Erhöht die Sichtbarkeit exzellenter Prozesse und bietet eine Plattform für Mitarbeiter, die an Prozessverbesserungen arbeiten. Dabei werden herausragende Prozesse belohnt, die messbare Prozessverbesserungen erzielen und einen positiven Einfluss auf den Unternehmenserfolg haben."

Welche mit *Menschen* verbundenen Fähigkeitsbereiche sind hier beschrieben?

12.2.4 Kultur

Die Fähigkeiten im Bereich *Kultur* beschreiben, inwieweit die Unternehmenskultur BPM unterstützt. Die Unternehmenskultur bezieht sich im Wesentlichen auf die Werte und Überzeugungen der in der Organisation arbeitenden Personen und insbesondere darauf, inwieweit diese eine prozessorientierte Denkweise und eine positive Einstellung zur Neugestaltung von Prozessen haben und fördern. *Kultur* umfasst die folgenden Fähigkeitsbereiche:

1. **Empfänglichkeit für Prozessveränderung:** Inwieweit nimmt die Organisation kontinuierliche Prozessveränderungen an und reagiert positiv darauf?
2. **Verankerung von Prozesswerten und Überzeugungen:** Wie tief ist das Prozessdenken in den Unternehmenswerten und -überzeugungen verankert?
3. **Einhaltung der Prozessvorgaben:** Inwieweit halten sich die Prozessbeteiligte an die Prozessvorgaben?
4. **Unterstützung der Geschäftsführung für BPM:** Wie viel Unterstützung zeigen die Führungskräfte für BPM?
5. **Soziale Netzwerke rund um BPM:** Sind soziale Netzwerke vorhanden, um BPM in der Organisation zu gestalten und zu verbreiten?

Die *Bereitschaft zur Prozessveränderungen* beschreibt, wie einfach es für die Prozessbeteiligten ist, neue Wege der Prozessausführung zu beschreiten. Einer der Hauptvorteile von BPM ist es, die Fähigkeit einer Organisation zu entwickeln, schnell auf Umweltveränderungen reagieren zu können und Innovationen intern vorzubringen. Aus diesem Grund wird BPM oft als eine *dynamische Fähigkeit* beschrieben. Eine wesentliche Voraussetzung für Veränderungen ist die Bereitschaft zur Veränderung, und diese Bereitschaft ist tief in der Unternehmenskultur verankert. Fehlt diese, bedarf es einer kontinuierlichen Anstrengung über einen längeren Zeitraum, um diese Empfänglichkeit zu fördern.

Die *Verankerung von Prozesswerte und Überzeugungen* ist damit verbunden, wie explizit die Mitglieder der Organisation in Prozessen denken und welche positiven Einstellungen damit verbunden sind. Verstehen sich die Mitarbeiter z. B. von Natur aus als Prozessbeteiligte, die zum Gesamtziel eines Prozesses beitragen, oder nehmen sie sich selbst als einem Manager in einem bestimmten Silo der Organisation wahr? In den Organisationen, die eine starke BPM-Kultur aufweisen, finden wir oft Prozesse, die in strategischen Dokumenten wie der Unternehmensvision, den Leitbildern oder der Beschreibung des

Wertversprechens explizit erwähnt werden. Wenn Prozesse in diesem Zusammenhang häufig erwähnt werden, ist es wahrscheinlich, dass die Schlüsselpersonen in der Organisation eine stark positive Einstellung zu BPM haben und dass viele Mitarbeiter ein gutes Verständnis von BPM-Konzepten besitzen.

Wenn sich eine solche allgemeine, positive Einstellung zu BPM herausgebildet hat, ist auch zu beobachten, dass das *Einhalten von Prozessvorgaben* hoch ist. Dieser Fähigkeitsbereich steht in engem Zusammenhang mit der allgemeinen Akzeptanz der BPM-Prinzipien und -Ideen sowie mit den spezifischen Prozessverbesserungen, die sich aus Neugestaltungsprojekten ergeben. Prozessbeteiligte, die sich an Prozessvorgaben halten, handeln meist auf diese Weise, weil sie ein tieferes Verständnis für die Abhängigkeiten zwischen verschiedenen Aktivitäten im Prozess und den Gesamtnutzen haben, der sich aus einer gut organisierten Arbeitsweise ergibt. Eine solche Einstellung ist ein Gewinn für jedes BPM-Projekt und für das BPM-Programm insgesamt.

Die *Unterstützung der Geschäftsführung für BPM* wird oft als der wichtigste Erfolgsfaktor überhaupt genannt. Eine solche Unterstützung ist nicht selbstverständlich und erfordert die ständige Aufmerksamkeit der Geschäftsführung für BPM auf verschiedenen Ebenen. Dies wiederum erfordert das ständigen Bemühen aller beteiligten Personen innerhalb der verschiedenen BPM-Projekte. Unterstützung durch die Geschäftsführung ist schnell gewonnen, wenn ein substantieller Nutzen auf Finanzkennzahlen belegt werden kann. Sie geht auch leicht verloren, wenn Ergebnisse ausbleiben. Daher müssen die Prozessverantwortlichen die Handlungen ihrer Projektmitglieder immer aus der Perspektive der Beträge zum Unternehmenserfolg beurteilen, um die Aufmerksamkeit der Geschäftsführung zu sichern.

Schließlich sollten die Prinzipien und Ideen des BPM nicht nur für Prozessanalysten, sondern auch für jede Interessengruppe in der Organisation klar sein. Unter *sozialen Netzwerken rund um BPM* werden alle Initiativen zusammengefasst, die über formal definierte Projekte hinaus den Erfahrungsaustausch in BPM-Praxisgemeinschaften oder Veranstaltungen des BPM-Teams anregen. Solche Foren sind für die Verbreitung von BPM in der Organisation und für die Pflege der Reputation von BPM von großer Bedeutung. Häufig werden solche Veranstaltungen und Treffen mit sozialen Medien wie Yammer, Facebook oder Twitter unterstützt.

Übung 12.6 Der letzte Auszug aus der Fallstudie von Reisert, Zelt und Wacker berichtet über die Ergebnisse und Lehren, die aus der Art und Weise gezogen wurden, wie SAP BPM umgesetzt hat [3].

> „Mit der Einführung der SAP-Prozesslandkarte und einfach zu bedienender Werkzeuge für die Prozessdokumentation ist die Prozessmodellierung zu einem wichtigen Bestandteil der Arbeit von Prozessverantwortlichen geworden. Derzeit verfügen 626 Mitarbeiter über eine Benutzerkennung für die Prozessmodellierung, und mehr als 1200 Mitarbeiter nehmen an internen Schulungen teil, die ihnen helfen, Prozesse bei SAP zu gestalten und zu nutzen. Heute sind 92 % aller Prozesse der Ebene 3 in der SAP-Prozesslandkarte dokumentiert und veröffentlicht, und 1.023 Prozesse der Ebene 3 und darunter sind dokumentiert. [...] Auf der Grundlage

einer Stichprobe von 100 Projekten pro Jahr erzielt SAP derzeit ein durchschnittliches Ergebnis einer 20:1-Amortisation und eine Kundenzufriedenheit von über 75 %. Darüber hinaus konnte die Bearbeitungszeit vieler Prozesse erheblich verkürzt werden, darunter ein Prozess im Marketing-Team, bei dem elf Prozessschritte eliminiert und die Bearbeitungszeit um bis zu 74 % reduziert werden konnte. […] Eine starke BPM-Community und eine Kultur, die BPM-Initiativen unterstützt, bei denen jeder einzelne Mitarbeiter zur Prozessverbesserung beiträgt, sind unerlässlich. SAP hat den Process Excellence Award, Prozessmanagementveranstaltungen und andere Aktivitäten ins Leben gerufen, die zur Schaffung einer Prozessmanagementkultur und eines tieferen Verständnisses für den Wertbeitrag von BPM [beitragen]."

Welche Ergebnisse lassen sich auf die mit *Kultur* verbundenen Fähigkeitsbereiche beziehen? Beachten Sie auch die Beschreibungen für Übung 12.5.

12.3 Messung der Prozessreife und BPM-Reife

Reifegradmodelle, wie das im vorigen Abschnitt vorgestellte BPM-Reifegradmodell, zielen darauf ab, zwei Eigenschaften auf integrierte Weise zu bewerten: die *Breite,* wie vollständig ein gegebenes Spektrum von Aspekten ist, und die *Tiefe,* mit der jeder Aspekt behandelt wird. Beim Management von Geschäftsprozessen können wir zwei komplementäre Ansätze zur Reifegradbewertung unterscheiden: BPM-Reife und Prozessreife. Bei der BPM-Reife *(engl.: BPM maturity)* geht es darum zu beurteilen, wie breit und tief das Spektrum der BPM-Aktivitäten innerhalb des BPM-Programms einer Organisation ist. Dies kann z. B. anhand der sechs kritischen Erfolgsfaktoren des BPM-Reifegradmodells erfolgen, das wir zuvor diskutiert haben. Im Gegensatz dazu geht es bei der Prozessreife *(engl.: process maturity)* um die Beurteilung, wie breit und tief ein gegebenes Spektrum von Geschäftsprozessen innerhalb der Organisation ist. Tatsächlich wird von einer Organisation im Idealfall erwartet, dass sie eine bestimmte Reihe von branchenspezifischen Geschäftsprozessen fortentwickelt, so dass die Prozessreife den Umfang und die Qualität dieser Prozesse misst.

Zunächst wollen wir uns auf die Bewertung der *Prozessreife* konzentrieren. Einer der am weitesten verbreiteten Ordnungsrahmen für die Bewertung der Prozessreife ist das *Capability Maturity Model Integration* (CMMI), das vom CMMI-Institut entwickelt wird. Dieser Ordnungsrahmen unterscheidet eine Reihe von so genannten Prozessgebieten. Es gibt drei domänenunabhängige Bereiche: Prozessmanagement, Projektmanagement und Unterstützung sowie verschiedene andere Bereiche, die für eine bestimmte Domäne spezifisch sind. Letztere sind in verschiedenen CMMI-Spezifikationen definiert, z. B. für die Entwicklung von Produkten und Dienstleistungen sowie für deren Beschaffung.

Die Abdeckung der Prozessbereiche und der Grad ihrer Unterstützung bilden die Grundlage für eine Bewertung der Prozessreife anhand der fünf CMMI-Reifegrade: Stufe 1 (Initial), Stufe 2 (Gesteuert), Stufe 3 (Definiert), Stufe 4 (Quantitativ gesteuert) und Stufe 5 (Optimiert). Je höher der Reifegrad, desto breiter ist das Spektrum der Prozesse, in denen das Unternehmen tätig ist, und desto höher ist der Grad der Verfeinerung jedes einzelnen Prozesses, der von allgemeinen bis hin zu spezifischen Praktiken reicht. Mit zunehmender Prozess-reife nimmt auch die Dokumentation und Leistungsüberwachung der vorhandenen Prozesse zu. Beachten Sie jedoch, dass sich CMMI darauf konzentriert, *welche* Prozesse implementiert werden sollten, und nicht darauf, *wie* sie implementiert werden sollten. Tatsächlich können verschiedene Organisationen denselben Prozess auf unterschiedliche Weise implementieren und unterschiedliche Ergebnisse erzielen. Das bedeutet, dass, obwohl erfolgreiche Organisationen mit einem hohen Reifegrad von CMMI assoziiert werden, die Anwendung von CMMI allein keinen höheren Geschäftserfolg garantiert.

Zweitens wenden wir uns der *BPM-Reife* zu. Das BPM-Reifegradmodell, das wir im vorigen Abschnitt vorgestellt haben, übernimmt die Nomenklatur der CMMI-Reifegrade, um zwischen fünf Reifegraden eines BPM-Programms zu unterscheiden. Diese Reifegrade werden im Folgenden beschrieben.

Stufe 1 (Initial): Auf diesem Reifegrad ist BPM in der Organisation nicht vorhanden oder wird nur selten eingesetzt. Wenn verfügbar, werden BPM-Projekte ad hoc in einzelnen IT- oder Geschäftsbereichen durchgeführt. Solche Initiativen sind unkoordiniert, haben einen begrenzten Umfang und eine geringe Einbindung der Mitarbeiter.

Stufe 2 (Gesteuert): Die Organisation beginnt, ihre ersten BPM-Erfahrungen für den Aufbau von BPM-Fähigkeiten zu nutzen. Unter ihren Mitarbeitern beginnt sich eine prozess-orientierte Denkweise herauszubilden. Da das Bewusstsein für BPM zunimmt, werden die ersten Prozesse dokumentiert und analysiert. Auch die Geschäftsführung wird zuneh-mend einbezogen, obwohl das Wissen über BPM-Methoden und -Werkzeuge bei externen Experten verbleibt.

Stufe 3 (Definiert): Die Organisation profitiert von den Vorteilen der ersten BPM-Projekte, obwohl der Schwerpunkt immer noch auf den frühen Phasen des BPM-Lebenszyklus liegt. Der Einsatz von Methoden und Werkzeugen wird immer ausgefeilter. Interne BPM-Schulungen werden durchgeführt, um die Abhängigkeit von externen Experten zu verringern. Die ersten Foren für Prozesskollaboration und -kommunikation werden eingerichtet, um die Verbreitung von BPM-Erfahrungen zu erleichtern (z. B. durch die Nutzung von Intranets zum Austausch von Prozessmodellen).

Stufe 4 (Quantitativ gesteuert): Der Schwerpunkt von BPM-Projekten verlagert sich auf die letzten Phasen des Lebenszyklus: Änderungsmanagement begleitet BPM-Projekte, um die Akzeptanz der neu gestalteten Prozesse zu gewährleisten; eine systematische Leistungsüberwachung stellt sicher, dass BPM-Projekte strategischen Nutzen bringen. Ein *BPM-Team* mit klar definierten Rollen wird eingerichtet, um alle BPM-Bemühungen zu koordinieren. In jedem Projekt (nicht nur in BPM-spezifischen) gibt es eine Prozess-orientierung, und das Unternehmen verlässt sich nur minimal auf externe Expertise.

Stufe 5 (Optimierung): BPM ist sowohl auf der operativen als auch auf der strategischen Ebene vollständig eingeführt, wo es zu einem integralen Bestandteil der Aktivitäten, Ver-antwortlichkeiten und Leistungsmessungen eines jeden Managers geworden ist. BPM-Methoden und -Werkzeuge sind weithin anerkannt, und es gibt einen standardisierten, unternehmensweiten BPM-Ansatz. In dem Maße, in dem BPM zu der gängigen Art und Weise des Unternehmenssteuerung wird, wird das *BPM-Team* immer kleiner.

Ein Ansatz zur Erlangung einer einzigen Messung der BPM-Reife auf einer Skala von 1 (Initial) bis 5 (Optimiert) besteht darin, mit der Messung der Reife jedes BPM-Fähigkeitsbereichs zu beginnen. Wir können zum Beispiel die Prozessanalysten der Organisation bitten, ihr Wissen über Erhebungsmethoden zu beurteilen (Reifegrad des Fähigkeitsbereichs *BPM-Wissen* unter *Menschen*) und inwieweit diese Methoden in der Praxis effektiv angewandt werden (Reifegrad der *Prozessidentifikation und -erhebung* unter *Methoden*). Für jeden Fähigkeitsbereich, den wir bewerten, weisen wir ihm einen Reifegrad von 1 bis 5 zu. Diese Messung pro Fähigkeitsbereich kann als Kontrollinformation für verschiedene BPM-Rollen verwendet werden, z. B. um den Prozessmethodenexperten über die Qualität der BPM-Unternehmensausbildung zu informieren. Als nächstes mitteln wir diese Ergebnisse für jeden Erfolgsfaktor, um entsprechende Reifegradbewertungen zu erhalten. Diese letzteren Bewertungen können dem Leiter Prozessmanagement, z. B. dem CPO oder CPIO, mitgeteilt werden. Schließlich mitteln wir über alle Erfolgsfaktoren, um eine einzige Messung der Reife des gesamten BPM-Programms zu erhalten. Diese kann vom Leiter Prozessmanagement in Diskussionen mit der Geschäftsführung verwendet werden.

Aus der Anwendung des BPM-Reifegradmodells auf verschiedene Organisationen haben sich drei Muster der Umsetzung herauskristallisiert, wie in Abb. 12.2 dargestellt. Das blaue Muster (hoher Reifegrad in der strategischen Ausrichtung und Steuerung, anderswo niedrig) ist typisch für jene Organisationen, in denen BPM von oben gesteuert wird, z. B. wird das Programm vom Finanzvorstand oder direkt vom Geschäftsführer gesponsert. Es gibt hier

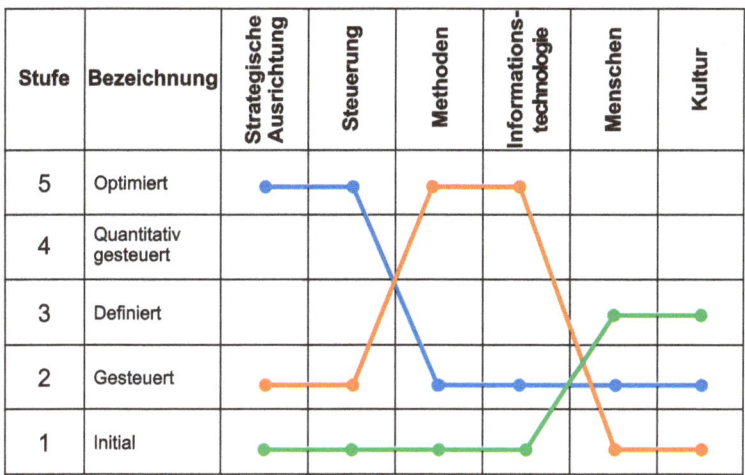

Abb. 12.2 Muster der BPM-Reife. *Quelle:* Diese Darstellung ist Unterrichtsmaterialien von Michael Rosemann, Queensland University of Technology, entnommen

eine starke Unterstützung für BPM, oft aus einem Gefühl der Dringlichkeit heraus. Beispielsweise verlangen neue Vorschriften eine umfassende Verbesserung aller Schadenbearbeitungsprozesse, die das Herzstück von Versicherungsunternehmen bilden, um staatliche Sanktionen zu vermeiden. Als solches ist das BPM-Programm strategisch ausgerichtet; es stützt sich auf eine klar definierte Führungsstruktur, um die Standardisierung und Wiederverwendung über Projekte hinweg zu maximieren und die Erzielung von Ergebnissen zu beschleunigen. Angesichts des Gefühls der Dringlichkeit neigen Organisationen in diesem Muster jedoch dazu, sich bei der raschen Erzielung ihrer BPM-Ergebnisse stark auf externes Fachwissen von Beratern zu verlassen, anstatt in interne Schulungen zu investieren. Folglich erfolgt der Einsatz von Methoden und IT eher ad hoc denn als systematisch.

Das orangefarbene Muster (hoher Reifegrad in Methoden und IT, anderswo niedrig) ist typisch für jene Organisationen, in denen BPM von der IT-Abteilung aus unter der Schirmherrschaft des IT-Leiters oder des CIOs direkt vorangetrieben wird. In diesem BPM-Ansatz von unten heraus liegt daher ein starker Schwerpunkt auf BPM-Methoden und Softwarelösungen, die umfassend und tiefgreifend angewandt werden. Dies führt zu qualitativ hochwertigen Ergebnissen wie ausgefeilten Prozessmodellen oder funktionsreichen Prozessautomatisierungslösungen. Der Einsatz dieser Methoden und Werkzeuge ist jedoch nicht unbedingt an den Prioritäten des Unternehmens ausgerichtet. Daher können die erarbeiteten Lösungen außerhalb der IT kaum genutzt werden. Darüber hinaus leiden Organisationen in diesem Muster an der Unfähigkeit, BPM intern zu demokratisieren, was auf die oft introvertierte Persönlichkeit der technischen Experten zurückzuführen ist, die BPM vorantreiben.

Schließlich ist das grüne Muster (mittlere Reife bei Menschen und Kultur, anderswo niedrig) in den Organisationen zu beobachten, die von regelbasierter Führung und von einem starken gewerkschaftlichen Organisationsgrad geprägt sind, wo bei jeder Entscheidung über eine Neugestaltung das Einverständnis aller gesucht wird. Dies ist zum Beispiel bei bestimmten Behörden im öffentlichen Sektor der Fall. Hier kann BPM über verschiedene Organisationsebenen hinweg demokratisiert werden. Seine Prinzipien sind jedoch kaum in den Unternehmenswerten und -überzeugungen verankert, da es keine starke Dringlichkeit für Veränderungen gibt (z. B. wenn das Unternehmen ein Monopol innehat). Darüber hinaus impliziert das Streben nach einem breiten Konsens, dass alle Schlüsselentscheidungen im Rahmen eines BPM-Projekts von verschiedenen Ausschüssen geprüft werden müssen, was zu einer Verlangsamung bei der Umsetzung der BPM-Ergebnisse führt.

Abb. 12.3 zeigt ein Beispiel einer BPM-Reifegradbewertung für ein Versicherungsunternehmen. Die Bewertung ist in einen BPM-Meilensteinplan eingebettet, welcher die gewünschten Reifegrade im Laufe der Zeit beschreibt. Das Unternehmen in diesem Beispiel folgt dem orangefarbenen Muster: Der Treiber für BPM sind Methoden und IT, nicht die Strategie.

Kritische Erfolgsfaktoren	Reifegradstufen			
	Grundlagen	Fähigkeiten	Geschäfts-Architektur	Die letzte Meile
Strategische Ausrichtung	Stufe 1	Stufe 1	Stufe 2 Nutze Synergien	Stufe 3-4 Gruppenweiter Ansatz
Steuerung	Stufe 1	Stufe 1	Stufe 2 IT-weiter Ansatz	Stufe 3-4 Gruppenweiter Ansatz
Methoden	Stufe 2 Workshop und -beobachtungs-methoden	Stufe 3 Integration mit Systementwicklung	Stufe 4 Integration mit Unternehmens-architektur	Stufe 5 Integration mit Dienste-architektur
Informations-technologie	Stufe 2 ARIS für Modellierung	Stufe 3 ARIS für Simulation und Analyse	Stufe 4 Verbindung mit Unternehmens-architektur	Stufe 5 Verbindung mit Enterprise Service Bus und BPMS
Menschen	Stufe 1 Aufbau von BPM-Team	Stufe 2 Erweitern Richtung Entwicklungsteam	Stufe 3 Integration ins Unternehmens-architekten-Team	Stufe 4 Gesamt-organisation
Kultur	Stufe 1 grundlegendes Prozessbewusstsein	Stufe 2 Integration mit IT-Kulutur	Stufe 3 Integration mit Unternehmens-planung	Stufe 4 Integration mit Organisationskultur

Anwendungsfokus → Servicefokus

Abb. 12.3 Beispiel einer BPM-Reifegradbewertung für ein Versicherungsunternehmen. *Quelle:* Diese Darstellung ist Unterrichtsmaterialen von Michael Rosemann, Queensland University of Technology, entnommen

Die Bewertung einer Organisation in Bezug auf die verschiedenen Stufen der BPM- oder Prozessreife führt zu einer Leistungsbeurteilung. Beurteilungen können intern innerhalb der Organisation (auch Selbstbeurteilungen genannt) oder von externen Organisationen mit BPM-Fachwissen oder Prozessreifegradbeurteilung durchgeführt werden. Für die Messung der Prozessreife werden zum Beispiel verschiedene Arten von Beurteilungen unterschieden, wie sie in der *Standard CMMI Appraisal Method for Process Improvement* (SCAMPI) definiert sind.

Übung 12.7 In den Übungen 12.3 bis 12.6 haben wir das BPM-Programm von SAP betrachtet. Beurteilen Sie den BPM-Reifegrad von SAP anhand dessen, was im zitierten Text berichtet wird.

Schließlich muss betont werden, dass eine Reifegradbewertung nur den aktuellen Stand der Prozesse oder des BPM-Programms erfasst. Mehrere BPM-Experten haben sich zusammengetan, um die Prinzipien zu identifizieren, die BPM letztendlich ausgereifter und erfolgreicher machen. Die Infobox „Zehn Prinzipien des guten BPM" fasst sie zusammen.

ZEHN PRINZIPIEN DES GUTEN BPM

Die Ideen hinter der BPM-Reife sind in den Zehn Prinzipien eines guten Geschäftsprozessmanagements zusammengefasst [4]:

1. **Das Prinzip des Kontextbewusstseins** BPM sollte zum organisatorischen Kontext passen. Es sollte nicht einem Kochbuch-Ansatz folgen.
2. **Das Prinzip der Kontinuität** BPM sollte eine ständige Praxis sein. Es sollte kein einmaliges Projekt sein.
3. **Das Prinzip der Befähigung** BPM sollte Fähigkeiten entwickeln. Es sollte nicht auf die Brandbekämpfung beschränkt sein.
4. **Das Prinzip der Ganzheitlichkeit** BPM sollte umfassend aufgesetzt sein. Es sollte keinen isolierten Fokus haben.
5. **Prinzip der Institutionalisierung**BPM sollte in die Organisationsstruktur eingebettet werden. Es sollte keine Ad-hoc-Verantwortung sein.
6. **Prinzip der Beteiligung** BPM sollte alle Interessengruppen einbeziehen. Es sollte die Einbindung der Mitarbeiter nicht vernachlässigen.
7. **Das Prinzip des gemeinsamen Verständnisses** BPM sollte einen gemeinsamen Sinn schaffen. Es sollte nicht die Sprache von Experten sein.
8. **Das Prinzip der Zweckmäßigkeit** BPM soll zur strategischen Wertschöpfung beitragen. Es sollte nicht um seiner selbst willen betrieben werden.
9. **Prinzip der Einfachheit** BPM sollte wirtschaftlich sein. Es sollte sich nicht in Kleinigkeiten verlieren.
10. **Das Prinzip der Technologieaneignung** BPM sollte Technologien sinnvoll nutzen. Es sollte die Einbindung von Technologie nicht als eine nachträgliche Überlegung betrachten.

12.4 Die wichtigsten Punkte

In diesem Kapitel wurde argumentiert, dass für den nachhaltigen Erfolg von BPM über die Anwendung von Methoden, Techniken und Softwarewerkzeugen hinausgegangen werden muss. Dementsprechend muss BPM als eine in die Unternehmensstruktur eingebettete Unternehmensfähigkeit betrachten werden. BPM sollte nicht als ein einmaliges Projekt betrachtet werden, sondern als eine koordinierte Gesamtheit von Projekten, die im Laufe der Zeit entwickelt wurden, wobei jedes dieser Projekte darauf abzielt, einen oder mehrere Geschäftsprozesse über den BPM-Lebenszyklus zu verbessern.

Zunächst haben wir typische Misserfolgsgründe von BPM-Programmen vorgestellt und diese auf eine mangelnde strategische Ausrichtung, eine schwache oder nicht vorhandene Steuerungsstruktur oder eine Unterschätzung der Rolle zurückgeführt, die Mitarbeiter und

Unternehmenskultur für den Erfolg des BPM-Programms spielen. Anhand dieser Ursachen führten wir dann das BPM-Reifegradmodell als Instrument zur Messung des Erfolgs oder der Reife eines BPM-Programms ein. Dieses Modell umfasst sechs kritische Erfolgsfaktoren: strategische Ausrichtung, Steuerung, Methoden, IT, Menschen und Kultur, denen jeweils fünf Fähigkeitsbereiche zugeordnet sind. Die zugrunde liegende Annahme ist, dass der BPM-Erfolg den Erfolg von Geschäftsprozessen beeinflusst, was wiederum den Geschäftserfolg beeinflusst.

Schließlich haben wir uns der Reifegradbewertung zugewandt, bei der wir zwischen BPM-Reife und Prozessreife unterschieden haben. Erstere misst die Vollständigkeit und Qualität der in einer Organisation ausgeführten Prozesse; letztere misst den Reifegrad des BPM-Programms, das das Management dieser Prozesse steuert. Wir haben einen Überblick über das CMMI-Ordnungsrahmen zur Bewertung der Prozessreife gegeben und die Nomenklatur seiner Reifegrade erneut verwendet, um fünf BPM-Reifegradstufen nach dem BPM-Reifegradmodell zu erörtern. Daraus haben wir drei Hauptmuster der BPM-Einführung in Unternehmen abgeleitet. Zuletzt haben wir zehn Prinzipien des guten BPM vorgestellt.

12.5 Lösungen zu Übungsaufgaben

Lösung 12.1 Viele Aktivitäten, für die das BPM-Team und andere BPM-Akteure verantwortlich sind, wirken sich nur indirekt auf den Erfolg des BPM-Programms aus. Diese sind eher Erfolgsfaktoren als Prozesskennzahlen.

a) Das BPM-Team hat ein Modellierungstool korrekt konfiguriert. Ohne diesen Schritt wird es schwierig sein, Prozesse systematisch zu modellieren. Dies ist ein Faktor für den Erfolg.

b) Ein Prozessanalytiker hat einen Six-Sigma-Schulungskurs absolviert. Ohne diesen Schritt wird es schwierig sein, verschiedene Prozesse systematisch zu analysieren. Dies ist ein Faktor für den Erfolg.

c) Die Stellenbeschreibung eines Prozessverantwortlichen wurde aktualisiert. Ohne diesen Schritt ist die Verantwortung für einen bestimmten Prozess möglicherweise nicht klar. Dies ist ein Faktor für den Erfolg.

d) Die Durchlaufzeit des Auftrag-bis-Zahlungseingang-Prozesses wurde um 10 % reduziert. Dies ist wahrscheinlich ein Indikator für den Erfolg, der sich aus einem BPM-Projekt zur Verbesserung des Auftrag-bis-Zahlungseingang-Prozesses ergeben könnte. Ob es sich dabei um eine echte Prozesskennzahl handelt oder nicht, hängt von dem tatsächlichen Geschäftsziel ab, das für die Organisation festgelegt wurde. Wenn das Ziel beispielsweise darin bestand, die Betriebseffizienz um mindestens 5 % zu verbessern, dann ist die Reduzierung der Durchlaufzeit des Auftrag-bis-Zahlungseingang-Prozesses um 10 % wahrscheinlich eine Kennzahl für die Erreichung dieses Ziels.

e) Ein BPMS wurde installiert. Ohne diesen Schritt können wir mit dem BPMS keine Geschäftsprozesse automatisieren. Dies ist ein Faktor für den Erfolg.

f) Die Bearbeitungszeit von über 90 % der Anträge wurde auf bis zu 5 Tage verkürzt. Dies ist wahrscheinlich ein Indikator für den Erfolg, der sich aus einem BPM-Projekt zur Verbesserung des Antragsbearbeitungsprozesses ergeben könnte.

g) Die Prozessarchitektur wurde aktualisiert. Mit diesem Schritt stellen wir die Infrastruktur für spezifische BPM-Projekte zur Verfügung. Dies ist ein Faktor für den Erfolg.

Lösung 12.2

- Strategie: Hohe Kundenzufriedenheit, keine Fehler in der Software, funktionale Prozesse, Einhaltung von Gesetzen, transparente Prozesse bei der Softwareentwicklung.
- Steuerung: Alle Unterlagen an einem Ort, Dokumentation immer aktuell.
- Methoden: Verwendung von Modellen, um die Auswirkungen der Entwicklung auf Systeme und Prozesse nachzuvollziehen.
- Informationstechnologie: Eigene Entwicklung zur Unterstützung von Kundenprozessen auf innovative Weise.
- Menschen: Vertrauen in die Richtigkeit der Dokumentation.
- Kultur: Transparenz durch gut dokumentierte Prozesse.

Lösung 12.3

1. Strategische BPM-Projektplanung: Jeder Prozess hat aus strategischen Prioritäten abgeleitete Verbesserungsziele. Auswahlkriterien werden im zitierten Text nicht explizit erörtert.

2. Prozessfähigkeiten- und Strategieabstimmung: Strategie und Prozesse stehen in direktem Zusammenhang. Einerseits wird die Strategie in Bezug auf die Prozessausführung formuliert: „innovative Lösungen schneller und einfacher produzieren." Auf der anderen Seite beziehen sich die Verbesserungsziele auf die Strategie.

3. Unternehmensweite Prozessarchitektur: Die im Text beschriebene SAP-Prozesslandkarte, die wir in Abschn. 2.2.5 gezeigt haben, ist das abstrakteste Modell der Prozessarchitektur. Es spielt eine zentrale Rolle für die strategische Ausrichtung aller BPM-Projekte bei SAP.

4. Prozesserfolgsmessung: Jedes Prozessverbesserungsprojekt bei SAP hat ein klares Verbesserungsziel, das an spezifische Prozesserfolgsmessungen gebunden ist.

5. Prozesskunden und Interessengruppen: Strategische Ziele werden durch die Kundenperspektive bestimmt.

Lösung 12.4

1. BPM-Entscheidungsfindung: Die Productivity Consulting Group (PCG) von SAP ist für die Entscheidungsfindung im Zusammenhang mit BPM-Projekten verantwortlich. Sie arbeitet eng mit dem für IT-Projekte und Innovation zuständigen Bereich zusammen.

2. BPM-Rollen und Verantwortlichkeiten: Die PCG verwaltet die BPM-Standards und die SAP-Prozesslandkarte. Prozessverantwortliche sind für die Definition, den Betrieb und die Verbesserung von Prozessen zur Verfolgung der Geschäftsziele des Unternehmens zuständig. Die Geschäftsführung definiert Ziele.

3. Kennzahlensystem: Obwohl nicht explizit erwähnt, ist es plausibel anzunehmen, dass Mechanismen für die Messung von Prozesskennzahlen vorhanden sind. Bei SAP sind diese Mechanismen Teil der von der PCG definierten BPM-Standards.

4. BPM-Standards, Konventionen und Richtlinien: Die PCG definiert BPM-Standards für das gesamte Unternehmen.

5. BPM-Qualitätskontrollen: Zur Bewertung der Qualität wird ein SAP-spezifisches Reifegradmodell verwendet.

Lösung 12.5

1. Prozesswissen: Der Newsletter hilft, die Interessengruppen, einschließlich der Prozessbeteiligten, auf dem Laufenden zu halten.

2. BPM-Wissen: Die Informationsveranstaltungen, Schulungen und der Process Summit verbreiten BPM-Wissen. Wir können daher davon ausgehen, dass der BPM-Wissensstand bei allen an BPM-Initiativen bei SAP Beteiligten hoch ist.

3. BPM- und Prozesstraining: Unternehmensschulungen zu BPM und zu Geschäftsprozessen werden fortlaufend angeboten.

4. Prozesskollaboration und -kommunikation: Neben ihrer Aufgabe, ihre Prozesse zu verbessern, können Prozessverantwortliche auch Foren zum Erfahrungsaustausch nutzen. Obwohl dies im Text nicht explizit erwähnt wird, kann man davon ausgehen, dass dies einen positiven Kaskadeneffekt auf die Prozessbeteiligten hat.

5. Neigung BPM vorzubringen: Geschäftsführung und Prozessverantwortliche müssen sich auf die Prozessstrategie einigen und die Prozesse in Richtung einer Verbesserung der Prozesserfolgsmessung vorantreiben.

Lösung 12.6

1. Empfänglichkeit für Prozessveränderungen: Mehrere Maßnahmen fördern eine Kultur der kontinuierlichen Verbesserung.

2. Verankerung von Prozesswerten und Überzeugungen: Die übergreifende organisatorische Verankerung von BPM bei SAP fördert Prozesswerte auf allen Ebenen der Organisation. Eine große Anzahl von Mitarbeitern hat BPM-Schulungen erhalten, und verschiedene Projekte haben zu spürbaren Verbesserungen in der Organisation beigetragen. All dies trägt zu einer starken Verankerung der Prozesswerte und Überzeugungen bei und führt zu einer hohen Glaubwürdigkeit des gesamten BPM-Programms.

3. Einhaltung der Prozessvorgaben: Wesentliche Verbesserungen werden in Bezug auf Kundenzufriedenheit und Bearbeitungszeiten berichtet. Diese Zahlen deuten darauf hin, dass Änderungen an den Prozessen Eingang in die tägliche Arbeitsroutine gefunden haben.

4. Führungsaufmerksamkeit für BPM: Das BPM-Programm hat zu einer wesentlichen Verbesserung verschiedener Prozesse geführt. Ein solcher Erfolg trägt zur Aufmerksamkeit der Geschäftsführung bei.
5. Soziale Netzwerke rund um BPM: Die PCG hat verschiedene Netzwerkaktivitäten eingerichtet, durch die sich Menschen treffen und über Möglichkeiten zur Verbesserung ihrer BPM-bezogenen Fähigkeiten informieren können.

Lösung 12.7 Die BPM-Reife von SAP ist hoch. Es gibt ein BPM-Team mit der Bezeichnung „Productivity Consulting Group." Dies bedeutet, dass mindestens Stufe 4 (Quantitativ gesteuert) erreicht ist. Es gibt auch Anzeichen dafür, dass Stufe 5 erreicht sein könnte, da BPM Teil der täglichen Arbeit der Führungskräfte ist. Es gibt auch unternehmensinterne BPM-Standards, die innerhalb des Unternehmens recht weit verbreitet sind und genutzt werden. Eine Leistungsbeurteilung würde den korrekten BPM-Reifegrad bestimmen.

12.6   Weitere Übungsaufgaben

Übung 12.8 In einer Fallstudie berichten Kloppenburg, Kettenbohrer, Beimborn und Bögle über den BPM-Ansatz bei Lufthansa Technik, der technischen Abteilung der Fluggesellschaft Lufthansa [5].

> „In seinen 30 Niederlassungen weltweit führen mehr als 20.000 Mitarbeiter Aufgaben wie Flugzeugwartung, Komponentenwartung und Kabinenausstattung für VIPs aus. Grundlage für alle flugzeugbezogenen Aufgaben sind die Zulassungen der jeweiligen Luftfahrtbehörden aus 69 Ländern. Um diese Zulassungen zu erhalten, muss Lufthansa Technik gegenüber diesen Aufsichtsbehörden nachweisen, dass sie die internationalen Gesetze und Standards einhält. Diese Anforderung erfüllt das Unternehmen auf Basis des prozessorientierten Managementsystems IQ MOVE.
>
> Seit Beginn der IQ MOVE-Umsetzung im Jahr 2002 ist *Alle relevanten Verfahren schnell und einfach finden* das Leitbild für die Entwicklung und den Betrieb des Systems. Seine Akzeptanz bei den Mitarbeitern ist der Schlüsselfaktor für den Erfolg der IQ MOVE-Umsetzung. […] Ein wesentlicher Schritt zur Steigerung der Akzeptanz bei den Mitarbeitern war die Einführung eines Prozessmanagement-Rollenkonzepts, das eine klare Zuordnung von Management-Verantwortlichkeiten zu bestimmten Rollen ermöglicht, wie z. B. Prozesseigner, Prozessarchitekt und Prozessmanager (für die Prozessverantwortung) und Linienmanager (für die disziplinarische Verantwortung). Intensive Schulungen und Coachings für diese Rollen haben dazu beigetragen, den Betrieb der Prozesse zu verbessern, indem z.B. die Prozesse auf dem neuesten Stand gehalten und den Mitarbeitern Prozessschulungen angeboten wurden. Darüber hinaus wird die Integration der obersten Führungsebene in die Systementwicklung durch regelmäßige Berichterstattung an und Diskussion mit den leitenden Linienvorgesetzten der Organisation sichergestellt."

a) Auf welchen der sechs BPM-Fähigkeitsbereiche bezieht sich der zitierte Text?
b) Auf welchem Reifegrad befindet sich die beschriebene Organisation?

Übung 12.9 In einer Fallstudie berichten Wolinski und Bala über den BPM-Ansatz bei Siemens [6].

„Siemens stärkte seinen prozessorientierten Ansatz und die weltweite Standardisierung von Prozessen durch die Einführung einer formalisierten Prozessrichtlinie. In einem ersten Schritt wurde die Business Process Excellence (BPE)-Verordnung (auch als BPE Policy bezeichnet) eingeführt. Sie formulierte die Siemens Processes for Excellence (SIPEX)-Prozessstandards, welche die bisherige Prozessbasis, das so genannte Reference Process House (RPH), ersetzten. Gleichzeitig wurden Prozessrollen (Auftraggeber, Eigentümer und Manager) und Unternehmenswerkzeuge zur Visualisierung der Prozesse, wie z.B. ARIS, eingeführt. In der polnischen Organisation wurde das Programm als Vehikel zur Umsetzung der Prozessorganisation formuliert. Das Management der Initiative, die intern als „Optimierung der Geschäftsprozesse" bezeichnet wurde, umfasste Chief Financial Officers (CFOs) als Auftraggeber und den Leiter des Geschäftsprozessmanagement-Teams als Programmmanager. [...] Aus der Umsetzung des Programms haben wir vier grundlegende Lektionen gelernt:

- Die Komplexität in vielen Dimensionen (Anzahl der Prozesse, Anzahl der Rollen und Anzahl der formalen Dokumente und Rundschreiben) ist einem effektiven Prozessmanagement nicht förderlich.
- Einen starken, engagierten Auftraggeber zu haben, ist einer der wichtigsten Faktoren zum Erfolg.
- Nicht alle in der Organisation werden zunächst die Anstrengung zu schätzen wissen, aber die Akzeptanz wächst, wenn man versucht, ihr Geschäft zu verstehen und ihre Bemühungen zu unterstützen.
- Seien Sie flexibel: Ohne sich nach besten Kräften um die Umsetzung der Unternehmensempfehlungen zu bemühen und ohne sich auf das Geschäft auszurichten, sollte keine Wertschätzung oder Zusammenarbeit erwartet werden."

a) Auf welchen der sechs BPM-Fähigkeitsbereiche bezieht sich der zitierte Text?
b) Auf welchem Reifegrad befindet sich die beschriebene Organisation?

Übung 12.10 In einer Fallstudie, berichten Kovačič, Hauc, Buh und Štemberger über den BPM-Ansatz bei Snaga, einem in Slowenien tätigen öffentlichen Unternehmen [7].

„Snaga ist ein slowenisches öffentliches Unternehmen, das eine Reihe von Abfalldienstleistungen für 368.000 Bürger der Stadtverwaltung von Ljubljana und zehn weiterer Gemeinden anbietet. Im Jahr 2006, vor der Einführung von BPM und der Implementierung eines neuen Informationssystems, verfügte das Unternehmen über veraltete und nicht integrierte IT-Lösungen, welche den Geschäftsbetrieb nicht ausreichend unterstützten. Die bestehenden Geschäftsprozesse waren nicht gut organisiert, was zu unnötiger Doppelarbeit und übermäßigen Verzögerungen führte. Das Unternehmen stand auch vor neuen Herausforderungen in der Abfallwirtschaft und neuen Gesetzen, welche die Entwicklung von Abfallverarbeitungstechnologien vorgaben. [...]

Das Unternehmen transformierte seine Geschäftsprozesse umfassend und führte BPM ein, um die aktuellen Geschäftsprozesse, Praktiken und Regeln kritisch zu prüfen, zu überdenken und dann neu zu gestalten. Das BPM-Projekt wurde in drei Phasen durchgeführt: 1) Planung der strategischen Geschäftstransformation, 2) Umstrukturierung von Geschäftsprozessen und Entwicklung von Informationsarchitekturen und (3) Entwicklung und Implementierung von Informationssystemen in sechs voneinander abhängigen Projekten. [...]

Eine der wichtigsten Veränderungen, welche die Einführung des BPM mit sich brachte, war der Übergang von einer funktionalen zu einer stärker prozessorientierten Organisation mit verstärkter Kundenorientierung. Das Unternehmen implementierte eine ERP-Lösung zur Unterstützung der neu gestalteten Geschäftsprozesse, etablierte die Prozessverantwortung und ein BPM-Büro und führte Kennzahlen zur Messung der Effizienz von Prozessen und Geschäftsvorgängen mit Hilfe einer Business-Intelligence-Lösung ein. Die Einbindung und nicht nur die Unterstützung des Top-Managements ist einer der wichtigsten kritischen Erfolgsfaktoren in allen Phasen der BPM-Einführung."

a) Auf welchen der sechs BPM-Fähigkeitsbereiche bezieht sich der zitierte Text?
b) Auf welchem Reifegrad befindet sich die beschriebene Organisation?

12.7 Vertiefende Lektüre

Das in diesem Kapitel vorgestellte BPM-Reifegradmodell ist eine Anpassung des ursprünglichen Modells von Rosemann und de Bruin [1, 2] an die Terminologie dieses Buches. Das BPM-Reifegradmodell von Rosemann und de Bruin ist das Ergebnis einer Konsolidierung bestehender Reifegradmodelle aus der Literatur, welche mit Erkenntnissen aus einer Reihe von Delphi-Studien mit BPM-Praktikern und Akademikern [8] weiterentwickelt und mit Fallstudien in verschiedenen Wirtschaftssektoren validiert wurde, wie z. B. [9–11]. Über weitere Anwendungen dieses Reifegradmodells wird in [12, 13] in Form von Fallstudien für die Lehre berichtet. Kürzlich wurde eine neue Version dieses Modells vorgestellt, welche sich speziell auf BPM-Fähigkeiten im digitalen Zeitalter konzentriert [14].

Ein weiteres Reifegradmodell, das wir in diesem Kapitel erörtert haben, ist CMMI, welches sich auf die Prozessreife im Gegensatz zur BPM-Reife konzentriert. CMMI ist die Weiterentwicklung des Capability Maturity Model (CMM) [15], das ursprünglich als Instrument zur Bewertung der Fähigkeit von staatlichen Auftragnehmern zur Durchführung von Softwareprojekten gedacht war. Obwohl es aus dem Bereich der Softwareentwicklung stammt, wurde es als allgemeines Modell der Geschäftsprozessreife, z. B. für IT-Service-Management-Prozesse, weit verbreitet angewandt. In seiner Version 3.1 gibt es drei offizielle Modelle des CMMI, welche auf den folgende Branchen basieren: Produkt- und Produktentwicklung (CMMI for Development) [16], Dienstleistungseinrichtung und -management (CMMI for Services) [17] und Produkt- und Dienstleistungsakquisition (CMMI for Acquisition) [18]. Der Standard CMMI Appraisal Method for Process Improvement (SCAMPI), den wir in diesem Kapitel erwähnt haben, wird in [19] beschrieben.

Einen umfassenden Überblick über Reifegradmodelle für BPM und für Geschäftsprozesse, einschließlich einer Analyse ihrer Überschneidungen, Unterschiede und Unzulänglichkeiten, bietet das Buch von Van Looy [20].

Im Zusammenhang mit dem BPM-Reifegradmodell diskutierten wir kritische Erfolgs-faktoren wie strategische Ausrichtung, Steuerung, Menschen und Kultur. Eine Diskussion über die Beziehungen zwischen diesen vier Faktoren und den verschiedenen Phasen des BPM-Lebenszyklus ist in [21] enthalten. Diese Diskussion erfolgt auf Basis eines BPM-Erfolgsbewertungsrahmens, der die Beziehung zwischen BPM-Erfolg und Geschäftserfolg empirisch untersucht. Strategische Aspekte von BPM werden von vielen Autoren eingehend diskutiert, darunter Luftman [22] und Burlton [23]; Aspekte der BPM-Steuerung werden z. B. von Spanyi [24] behandelt, während die Rolle der Kultur im BPM u. a. von Schmiedel et al. untersucht wird [25]. Solche Aspekte werden auch aus der Sicht von BPM-Experten und Akademikern im Buch von Harmon und Tregear [26] diskutiert, während viele prakti-sche Tipps zu diesen Themen von Tregear [27] angeboten werden.

In diesem Kapitel haben wir die BPM-Reife einer Organisation mit der Existenz eines eigenen BPM-Teams in Verbindung gebracht. Wir gingen jedoch nicht auf die operativen Aspekte der Einrichtung und Verwaltung eines solchen Teams ein. Die Bücher von Franz und Kirchmer [28] und von Alkharashi et al. [29] diskutieren solche Aspekte und geben viele praktische Hinweise.

Die Beschreibungen in diesem Kapitel, wie große Unternehmen BPM anwenden, stam-men aus einem Buch über BPM-Fallstudien [30]. Dieses Buch enthält 31 Fallstudien aus verschiedenen Branchen. In mehreren davon wird BPM explizit als eine Fähigkeit des Unter-nehmens diskutiert.

Literatur

1. Rosemann, M., de Bruin, T.: Towards a business process management maturity model. In: Pro-ceedings of the 13th European Conference on Information Systems. Association for Information Systems (2005)
2. de Bruin, T.: Business process management: theory on progression and maturity. PhD Thesis, Queensland University of Technology, Brisbane, Australia (2009)
3. Reisert, C., Zelt, S., Wacker, J.: How to move from paper to impact in business process manage-ment: the journey of SAP. In: vom Brocke, J., Mendling, J. (eds) Business Process Management Cases. Springer, Berlin (2018)
4. Vom Brocke, J., Schmiedel, T., Recker, J., Trkman, P., Mertens, W., Viaene, S.: Ten principles of good business process management. Bus. Process Manage. J. **20**(4), 530–548 (2014)
5. Kloppenburg, M., Kettenbohrer, J., Beimborn, D., Bögle, M.: Leading 20,000+ employees with a process-oriented management system: Insights into process management at Lufthansa Technik Group. In: vom Brocke, J., Mendling, J. (eds) Business Process Management Cases, pp. 505–520. Springer, Berlin (2018)
6. Woliński, B., Bala S.: Comprehensive business process management at Siemens: Implementing business process excellence. In: vom Brocke, J., Mendling, J. (eds) Business Process Manage-ment Cases, pp. 111–124. Springer, Berlin (2018)
7. Kovačič, A., Hauc, G., Buh, B., Štemberger, M.I.: BPM adoption and business transformation at Snaga, a public company: critical success factors for five stages of BPM. In: vom Brocke, J., Mendling, J. (eds) Business Process Management Cases, pp. 77–89. Springer, Berlin (2018)

8. de Bruin T., Rosemann., M.: Using the Delphi technique to identify BPM capability areas. In: Proceedings of the 18th Australasian Conference on Information Systems. Association for Information Systems (2007)
9. Rosemann M., de Bruin, T.: Application of a holistic model for determining BPM maturity. In: BPTrends, February 2005 Edition (2005)
10. Rosemann M., de Bruin, T.: Towards understanding strategic alignment of business process management. In: Proceedings of the 17th Australasian Conference on Information Systems. Association for Information Systems (2006)
11. de Bruin, T., Doebeli, G.: An organizational approach to BPM: The experience of an Australian transport provider. In: vom Brocke, J., Rosemann, M. (eds) Handbook on Business Process Management 2, 2nd edn. Springer, Berlin (2015)
12. Bandara, W., Bailey, S., Mathiesen, P., McCarthy, J., Jones, C.: Enterprise business process management in the public sector: the case of the Department of Human Services (DHS) Australia. J. Inf. Technol. Teaching Cases (2017)
13. Bandara, W., Opsahl, H.: Developing organization-wide BPM capabilities in an SME: the approaches used, challenges and outcomes. J. Inf. Technol. Teaching Cases 7(2), 92–113 (2017)
14. Kerpedzhiev, G., König, U., Röglinger, M., Rosemann, M.: Business process management in the digital age. BPTrends, July (2017)
15. Paulk, M.C., Weber, C.V., Curtis, B., Chrissis, M.B..: The Capability Maturity Model: Guidelines for Improving the Software Process. Addison-Wesley Professional, Reading (1994)
16. Chrissis, M.B., Konrad, M., Shrum, S.: CMMI for Development: Guidelines for Process Integration and Product Improvement, 3. Aufl. Addison-Wesley Professional, Wesley (2011)
17. Forrester, E., Buteau, B., Shrum S.: CMMI for Services: Guidelines for Superior Service, 2nd edn. Addison-Wesley Professional, Boston (2011)
18. Gallagher, B., Phillips, M., Richter, K., Shrum, S.: CMMI for Acquisition: Guidelines for Improving the Acquisition of Products and Services, 2. Aufl. Addison-Wesley Professional, Boston (2011)
19. Ahern, D.M., Armstrong, J., Clouse, A., Ferguson, J.R., Hayes, W., Nidiffer, K.E.: CMMI SCAMPI Distilled: Appraisals for Process Improvement. Addison-Wesley Professional, Boston (2005)
20. Van Looy, A.: Business Process Maturity. A Comparative Study on a Sample of Business Process Maturity Models. Springer, Berlin (2014)
21. Malinova, M., Hribar, B., Mendling, J.: A framework for assessing bpm success. In: Proceedings of the 22nd European Conference on Information Systems. Association for Information Systems (2014)
22. Luftman, J.: Strategic alignment maturity. In: vom Brocke, J., Rosemann, M. (eds) Handbook on Business Process Management 2, 2nd edn. Springer, Berlin (2015)
23. Burlton, R.T,. Delivery business strategy through process management. In: vom Brocke, J., Rosemann, M.: (eds) Handbook on Business Process Management 2, 2nd edn. Springer, Heidelberg (2015)
24. Spanyi, A.: The governance of business process management. In: vom Brocke, J., Rosemann, M. (eds) Handbook on Business Process Management 2, 2nd edn. Springer, Heidelberg (2015)
25. Schmiedel, T., vom Brocke, J., Recker, J.: Culture in business process management: How cultural values determine bpm success. In: vom Brocke, J., Rosemann, M. (eds) Handbook on Business Process Management 2, 2nd edn. Springer, Heidelberg (2015)
26. Harmon, P., Tregear, R.: Questioning BPM? Meghan-Kiffer Press, Tampa (2016)
27. Tregear, R.: Reimagining Management. Blurb, San Francisco (2017)
28. Franz P., Kirchmer, M.: Value-Driven Business Process Management. Mc Graw Hill, New York (2012)

29. Macieira, A., Alkharashi, B., Jesus, L., Tregear, R.: Establishing the Office of Business Process Management, Leonardo Consulting, Brisbane (2010)
30. vom Brocke, J., Mendling, J.: Business Process Management Cases: Digital Innovation and Business Transformation in Practice. Springer, Berlin (2018)

Verbesserungsheuristiken

A

In Kap. 8 haben wir im Zusammenhang mit der Prozessverbesserung eine begrenzte Anzahl von Verbesserungsheuristiken diskutiert. In diesem Anhang wird die vollständige Liste der 29 Heuristiken vorgestellt, die Teil dieser Methode sind. Für die Gliederung dieser Heuristiken nutzen wir die Bestandteile der Definition von Geschäftsprozessen, d. h. Kunden, Prozessimplementierung, Prozessverhalten, Organisation, Information, Technologie und das externe Umfeld (siehe Abschn. 8.1.2). Beachten Sie, dass es bis zu einem gewissen Grad willkürlich ist, wie die Heuristiken kategorisiert werden, da einige von ihnen sich auf mehr als eines dieser Merkmale beziehen. Am Ende dieses Anhangs ist eine Tabelle dargestellt, die für jede Verbesserungsheuristik angibt, auf welche der Leistungsdimensionen des Teufelsvierecks sie in erster Linie abzielt.

A.1 Kundenheuristiken

Die drei Heuristiken in dieser Kategorie konzentrieren sich auf die Verbesserung der Interaktion mit Kunden:

Kontrollverlagerung *(engl.: control relocation):* „Verlagere Kontrollen zum Kunden." Verschiedene Kontrollen und Abstimmungsaktivitäten können zum Kunden hin verlagert werden. Durch die Verlagerung der Rechnungskontrollen in Richtung des Kunden können wir beispielsweise eine größere Anzahl an Rechnungsfehlern beseitigen und dadurch die Kundenzufriedenheit verbessern.

Kontaktreduzierung *(engl.: contact reduction):* „Reduziere die Anzahl der Kontakte mit Kunden und Dritten." Der Austausch von Informationen mit einem Kunden oder Dritten ist immer zeitaufwendig, insbesondere wenn er per Post erfolgt. Außerdem kann jeder Kontakt Fehler mit sich bringen. Betrachten Sie eine Situation, in der Abstimmungen mit Externen erforderlich sind, wie im Ford-Beispiel in Abschn. 1.3.2: Eine Verringerung der Anzahl der Kontakte kann in einem solchen Fall die Durchlaufzeit verringern und die Qualität verbessern. Beachten Sie, dass es nicht immer notwendig ist, bestimmte Informationsabfragen auszulassen, dass es aber möglich ist, sie bereits mit geringen Zusatzkosten zu kombinieren.

Integration *(engl.: integration):* „Erwäge die Integration mit den Geschäftsprozessen der Kunden und Lieferanten." Diese Heuristik greift die Idee der Integration der Lieferkette auf. Die tatsächliche Anwendung dieser Heuristik kann verschiedene Formen annehmen. Wenn zum Beispiel zwei Parteien gemeinsam ein Produkt herstellen, kann es effizienter sein, in verschiedenen Phasen frühzeitige Überprüfungen durchzuführen als eine große Überprüfung am Ende, nachdem beide Parteien ihre Teile fertiggestellt haben. Im Allgemeinen können integrierte Geschäftsprozesse eine effizientere Ausführung ermöglichen, sowohl aus Zeit- als auch aus Kostensicht.

A.2   Prozessimplementierungsheuristiken

Die Prozessimplementierungssicht betrachtet die Implementierung eines Geschäftsprozesses im Hinblick auf seine Aktivitäten. Es gibt fünf Heuristiken mit diesem Schwerpunkt:

Fallunterscheidung *(engl.: case types):* „Bestimme, ob die Aktivitäten sich auf die gleiche Art von Fällen beziehen, und unterscheide, falls erforderlich, neue Geschäftsprozesse." Bei Teilen von Geschäftsprozessen, die nicht spezifisch für den übergeordneten Geschäftsprozess sind, sollte man vorsichtig sein. Das Ignorieren dieses Phänomens kann zu einem weniger effektiven Management eines solchen Teilprozesses und zu einer geringeren Effizienz führen. Die Anwendung dieser Heuristik kann zu schnelleren Bearbeitungszeiten und geringeren Kosten führen.

Beseitigung von Aktivitäten *(engl.: activity elimination):* „Beseitige unnötige Aktivitäten aus einem Geschäftsprozess." Eine Aktivität ist unnötig, wenn sie aus Sicht des Kunden keinen Mehrwert schafft. Normalerweise sind Kontrollaktivitäten in einem Geschäftsprozess aus dieser Perspektive unnötig; sie werden gebraucht, um Probleme zu beheben, die in vorangegangenen Schritten entstanden sind (oder nicht korrigiert wurden). Die Redundanz einer Aktivität kann auch eine Aktivitätsbeseitigung auslösen. Die Ziele dieser Heuristik bestehen darin, die Verarbeitungsgeschwindigkeit zu erhöhen und die Kosten für die Bearbeitung eines Auftrags zu senken.

Fallbasierte Arbeit *(engl.: case-based work):* „Beseitige Stapelverarbeitung und periodische Aktivitäten." Einige Beispiele für Störungen bei der Bearbeitung eines Falles sind (a) dass der Fall auf die Stapelverarbeitung warten muss und (b) dass der Fall durch periodische Aktivitäten verlangsamt wird, z. B. weil Computersysteme nur zu bestimmten Zeiten verfügbar sind. Die Beseitigung dieser Einschränkungen kann einzelne Fälle erheblich beschleunigen.

Triage *(engl.: triage):* „Teile eine Aktivität in alternative Versionen auf." Diese Heuristik schlägt vor, die Merkmale der Fälle mit den Fähigkeiten der Ressourcen in Einklang zu bringen, um die Qualität zu erhöhen. Eine Möglichkeit besteht in der Unterteilung von Aktivitäten in Unterkategorien. Beispielsweise können spezifische Aktivitäten für spezielle Kundenklassen definiert werden, mit dem Effekt einer voraussichtlich geringen Bearbeitungszeit.

Zusammenfassung von Aktivitäten *(engl.: activity composition):* „Fasse kleine Aktivitäten zu zusammengesetzten Aktivitäten zusammen." Die Zusammenfassung zu größerer Aktivitäten aus kleineren sollte zu einer Reduzierung der Rüstzeiten führen, d. h. der Zeit, die eine Ressource damit verbringt, sich mit den Besonderheiten eines Falles vertraut zu machen.

A.3   Prozessverhaltensheuristiken

Eine Sicht auf das Verhalten eines Geschäftsprozesses befasst sich mit der Reihenfolge der Aktivitäten. Innerhalb dieser Kategorie gibt es vier Heuristiken:

Resequenzierung *(engl.: resequencing):* „Verschiebe Aktivitäten an einen anderen Platz im Prozess." In bestehenden Geschäftsprozessen lässt die Reihenfolge oft nicht die zwingenden Abhängigkeiten zwischen den Aktivitäten erkennen. Manchmal ist es besser, eine Aktivität zu verschieben, wenn sie nicht für ihre unmittelbaren Folgeaktivitäten benötigt wird. Der Vorteil wäre, dass sich ihre Ausführung vielleicht später als überflüssig erweisen könnte, was Kosten spart. Auch kann eine Aktivität in die Nähe einer ähnlichen Aktivität verlegt werden, wodurch sich die Rüstzeiten reduzieren.

Parallelisierung *(engl.: parallelism):* „Parallelisiere Aktivitäten." Die Parallelschaltung von Aktivitäten hat zur Folge, dass die Durchlaufzeit erheblich verkürzt werden kann. Die Anwendbarkeit dieser Heuristik für die Neugestaltung von Geschäftsprozessen ist groß. In der Praxis werden Aktivitäten oft sequentiell geordnet, ohne dass es harte logische Beschränkungen gibt, die eine solche Reihenfolge vorschreiben.

Ausschlusskriterien *(engl.: knock-out):* „Ordne die Prüfung von Ausschlusskriterien in einer zunehmenden Reihenfolge des Aufwands und in einer abnehmenden Reihenfolge der Ausschlusswahrscheinlichkeit an." Ein typischer Schritt in vielen Geschäftsprozessen ist die Prüfung verschiedener Kriterien, die erfüllt sein müssen, um ein positives Endergebnis zu liefern. Jedes Kriterium, das nicht erfüllt ist, kann zu einem Ausschluss des Falles führen: dies sind Ausschlusskriterien. Wenn möglich, sollte das Kriterium betrachtet werden, welches das günstigste Verhältnis von (1) erwarteter Ausschlusswahrscheinlichkeit zu (2) dem erwarteten Aufwand der Überprüfung aufweist, danach das zweitbeste Kriterium, und so weiter. Diese Art der Anordnung der Überprüfungen ergibt im Durchschnitt die kostengünstigste Ausführung des Geschäftsprozesses.

Ausnahme *(engl.: exception):* „Entwerfe Geschäftsprozesse für typische Fälle und isoliere Ausnahmefälle vom normalen Ablauf." Ausnahmen können den normalen Betrieb ernsthaft stören. Durch ihre Isolierung kann wertvolle Zeit gespart und die Flexibilität des Gesamtprozesses verbessert werden.

A.4   Organisationsheuristiken

Die Organisationssicht umfasst zwei Kategorien von Heuristiken. Die erste Gruppe bezieht sich auf die *Struktur* der Organisation, insbesondere auf die Zuweisung von Ressourcen. In dieser Kategorie gibt es sieben Heuristiken:

Fallzuweisung *(engl.: case assignment):* „Lasse einzelne Prozessbeteiligte so viele Schritte wie möglich ausführen." Durch die Fallzuweisung werden in der extremsten Form einem einzelnen Prozessbeteiligten alle Aktivitäten zugeordnet, die zu einem bestimmten Fall gehören. Der Vorteil dieser Heuristik besteht darin, dass diese Person den Fall gut kennt und bei der Durchführung nachfolgender Aktivitäten weniger Einarbeitungszeit benötigt. Auch die Qualität der Dienstleistung kann erhöht werden.

Flexible Zuordnung *(engl.: flexible assignment):* „Halte Generalisten so lange wie möglich von Aufgaben frei." Nehmen wir an, dass eine Aktivität von einem von zwei verfügbaren Mitarbeitern ausgeführt werden kann. Diese Heuristik schlägt vor, sie dem am meisten spezialisierten Mitarbeiter zuzuweisen. Auf diese Weise ist die Wahrscheinlichkeit, den freien, auch anderweitig einsetzbaren Mitarbeiter für einen anderen Arbeitsauftrag verfügbar zu haben, maximal. Der Vorteil ist, dass eine Organisation in Bezug auf die Zuweisung von Arbeit flexibel bleibt und dass die Wartezeit in der Warteschlange insgesamt reduziert wird. Außerdem kann von den Mitarbeitern mit dem höchsten Spezialisierungsgrad erwartet werden, dass sie den größten Teil der Arbeit übernehmen, was zu einer höheren Qualität führen kann.

Zentralisierung *(engl.: centralization):* „Lass geographisch verteilte Mitarbeiter so handeln, als ob sie zentralisiert wären". Diese Heuristik nutzt die Vorteile eines BPMS aus (siehe Kap. 9). Wenn ein BPMS Mitarbeitern Arbeit zuweist, wird es schließlich weniger relevant, wo sie sich geografisch befinden. Der spezifische Vorteil dieser Maßnahme besteht darin, dass Mitarbeiter flexibler eingesetzt werden können, was zu einer besseren Durchlaufzeit führt.

Verantwortlichkeitsteilung *(engl.: split responsibilities):* „Vermeide geteilte Aufgabenverantwortlichkeiten von Personen aus verschiedenen Funktionseinheiten." Die Idee ist, dass geteilte Verantwortlichkeiten eine Quelle von Vernachlässigung und Konflikten sind. Die Verringerung der Überschneidung von Verantwortlichkeiten sollte zu einer besseren Qualität der Aktivitäten führen. Auch kann eine höhere Reaktionsgeschwindigkeit auf verfügbare Arbeit erreicht werden, so dass Kunden schneller bedient werden.

Kundenteams *(engl.: customer teams):* „Stelle Teams aus Personen aus verschiedenen Abteilungen zusammen, die sich um die vollständige Bearbeitung von einzelnen Fällen kümmern." Diese Heuristik fordert die Bildung von Teams, welche die Zeit und das Engagement haben, komplexere Arbeiten zu übernehmen. Die Heuristik bietet Vorteile in Bezug auf Zeit und Qualität. Darüber hinaus kann die Arbeit im Team die Attraktivität der Arbeit selbst verbessern, was einen weiteren Qualitätseffekt mit sich bringt.

Anzahl der Beteiligten *(engl.: numerical involvement):* „Minimiere die Anzahl der an einem Geschäftsprozess beteiligten Abteilungen, Gruppen und Personen." Dies führt zu weniger Koordinationsproblemen, wodurch mehr Zeit für die Bearbeitung von Fällen zur Verfügung steht. Die Verringerung der Anzahl der Abteilungen kann auch zu einer geringeren Aufteilung der Zuständigkeiten führen, was sich positiv auf die Qualität auswirkt.

Fallverantwortlicher *(engl.: case manager):* „Bestimme eine Person, die für die Bearbeitung jeder Art von Fall verantwortlich ist." Die Person, die als *Fallverantwortlicher* bezeichnet wird, ist für einen bestimmten Auftrag oder Kunden zuständig. Der Unterschied zur Fallzuweisung besteht darin, dass der Schwerpunkt auf der Steuerung des Prozesses liegt, nicht auf seiner Abarbeitung. Das wichtigste Ziel ist die Verbesserung der externen Qualität. Der Geschäftsprozess wird aus der Sicht des Kunden transparenter: Der Fallverantwortliche dient als einzige Anlaufstelle. Dies wirkt sich im Allgemeinen positiv auf die Kundenzufriedenheit aus. Es kann sich auch positiv auf die interne Qualität des Geschäftsprozesses auswirken, da jemand für die Korrektur von Fehlern verantwortlich ist und sich verpflichtet sieht, diese zu korrigieren.

Die zweite Gruppe bezieht sich auf die Organisation und deren Mitarbeiter, die in unterschiedlicher Anzahl und mit unterschiedlichen Qualifikationen beteiligt sind. Diese Kategorie umfasst drei Heuristiken:

Zusätzliche Mitarbeiter *(engl.: extra resources):* „Wenn die Kapazität nicht ausreicht, erhöhe die verfügbare Anzahl von Mitarbeitern." Diese Heuristik zielt darauf ab, die Kapazität zu erhöhen, um die Wartezeit zu verkürzen. Sie kann auch zur Umsetzung einer flexibleren Zuweisung beitragen.

Spezialisieren *(engl.: specialize):* „Entwickele die spezifischen Fähigkeiten der Mitarbeiter". Die Mitarbeiter in einem Prozess können zu Spezialisten entwickelt werden. Sie können aufgrund ihrer Erfahrung schneller arbeiten und eine höhere Qualität liefern als weniger spezialisierte Mitarbeiter.

Befähigen *(engl.: empower):* „Gebe den Mitarbeitern Entscheidungskompetenz, anstatt Dich auf das mittlere Management zu verlassen." In traditionellen Geschäftsprozessen wird viel Zeit darauf verwendet, die Ergebnisse von Aktivitäten zu genehmigen, die von anderen durchgeführt wurden. Wenn Mitarbeiter befugt sind, Entscheidungen autonom zu treffen, kann dies zu reibungsloseren Abläufen mit geringeren Durchlaufzeiten führen. Die Entlastung des mittleren Managements reduziert auch die Arbeitskosten.

A.5   Informationsheuristiken

Die Informationskategorie beschreibt Verbesserungsheuristiken, die sich auf die Informationen beziehen, die innerhalb des Geschäftsprozesses verarbeitet werden. Sie umfasst zwei Heuristiken:

Zusätzliche Kontrollen *(engl.: control addition):* „Prüfe die Vollständigkeit und Richtigkeit der eingehenden Information und kontrolliere die Ausgabe, bevor diese an die Kunden versandt wird." Diese Heuristik erhöht das Kontrollniveau des Geschäftsprozesses, um die Qualität zu erhöhen.

Pufferung *(engl.: buffering):* „Anstatt Informationen von einer externen Quelle anzufordern, puffern Sie diese und beziehen Sie fortlaufend Aktualisierungen." Die Beschaffung von Informationen von anderen Parteien ist zeitaufwendig. Wenn Informationen bei Bedarf direkt verfügbar sind, können die Durchlaufzeiten erheblich verkürzt werden. Diese Heuristik lässt sich mit dem Prinzip der Zwischenspeicherung vergleichen, das Mikroprozessoren anwenden.

A.6   Technologieheuristiken

Diese Kategorie beschreibt Verbesserungsheuristiken, die sich auf die Technologie beziehen, die der Geschäftsprozess verwendet. Sie umfasst die Automatisierung von Aktivitäten und integrative Technologie.

Automatisierung von Aktivitäten *(engl.: activity automation):* „Automatisiere Aktivitäten wenn möglich." Die Automatisierung reduziert die Bearbeitungszeit und liefert vorhersehbarere Ergebnisse bei geringeren Kosten. Anstatt eine Aktivität vollständig zu automatisieren, kann auch erwogen werden, die Prozessteilnehmer automatisch zu unterstützen.

Integrative Technologie *(engl.: integral technology):* „Überwinde physische Einschränkungen des Geschäftsprozesses durch die Anwendung neuer Technologien." Im Allgemeinen können neue Technologien allerlei positive Auswirkungen auf einen gesamten Geschäftsprozess haben. Beispielsweise kann ein BPMS die Koordination aller Aktivitäten unterstützen; ein Dokumentenmanagementsystem wiederum eröffnet allen Beteiligten den gleichen Zugang zu Informationen, die über einzelne Fälle verfügbar sind. Der wichtigste Effekt ist eine bessere Servicequalität.

A.7 Heuristiken mit Bezug zum externen Umfeld

Die Kategorie des externen Umfelds enthält Heuristiken, welche die Zusammenarbeit und Kommunikation mit Dritten verbessern. In dieser Kategorie gibt es drei Heuristiken:

Vertrauenswürdige Partner *(engl.: trusted party):* „Nutze Kompetenzen von vertrauenswürdigen Partnern." Einige Arbeiten sind generisch und so weit standardisiert, dass externe Partnern das gleiche Ergebnis für die gleichen Eingabedaten erhalten würden. Ein Beispiel ist die Ermittlung der Bonität eines Kunden durch Bank A. Wenn ein Kunde einen aktuellen Bonitätsnachweis von Bank B vorlegen kann, dann wird Bank A diesen womöglich akzeptieren. Sich auf einen vertrauenswürdige Partner zu verlassen, verringert die Kosten und kann die Bearbeitungszeit verkürzen.

Auslagerung *(engl.: outsourcing):* „Lagere vollständige oder teilweise Geschäftsprozesse aus." Ein externer Partner könnte bei der Durchführung derselben Arbeit effizienter sein, so dass er diese ebenso gut für den Geschäftsprozess durchführen könnte. Das offensichtliche Ziel der Auslagerung von Arbeit ist, dass sie weniger Kosten verursacht.

Schnittstellen *(engl.: interfacing):* „Definiere standardisierte Schnittstellen mit Kunden und Partnern." Eine standardisierte Schnittstelle vermindert das Auftreten von Fehlern, unvollständigen Anträgen oder unverständlichen Informationen. Dies kann zu einer besseren Qualität aufgrund von weniger Fehlern und einer schnelleren Bearbeitungszeit führen.

Die verschiedenen Heuristiken sind in Tab. A.1 aufgeführt. Die Tabelle zeigt die wichtigsten Leistungsdimensionen des Teufelsvierecks, auf welche die einzelnen Heuristiken explizit abzielen.

Tab. A.1 Auswirkungen der Verbesserungsheuristiken auf Leistungsdimensionen

	Zeit	Kosten	Qualität	Flexibilität
Anzahl der Beteiligten	+	·	+	·
Auslagerung	·	+	·	·
Ausnahmen	+	·	·	+
Ausschlusskriterien	·	+	·	·
Automatisierung von Aktivitäten	+	+	+	·
Befähigen	+	+	·	+
Beseitigung von Aktivitäten	+	+	·	·
Fallbasierte Arbeit	+	·	·	·
Fallunterscheidung	+	+	·	·
Fallverantwortliche	·	·	+	·
Fallzuweisung	+	·	+	·
Flexible Zuordnung	+	·	+	+
Kontaktreduzierung	+	·	+	·
Kontrollverlagerung	·	·	+	·
Kundenteams	+	·	+	·
Integration	+	+	·	·
Integrative Technologie	·	·	+	·
Parallelisierung	+	·	·	·
Pufferung	+	·	·	·
Resequenzierung	+	+	·	·
Schnittstellen	+	·	+	·
Spezialisieren	+	·	+	·
Triage	·	·	+	·
Verantwortlichkeitsteilung	+	·	+	·
Vertrauenswürdige Partner	+	+	·	·
Zentralisierung	+	·	·	+
Zusammenfassung von Aktivitäten	+	·	·	·
Zusätzliche Kontrollen	·	·	+	·
Zusätzliche Mitarbeiter	+	·	·	+

Stichwortverzeichnis

© Springer-Verlag GmbH Deutschland, ein Teil von Springer Nature 2021

M. Dumas et al., *Grundlagen des Geschäftsprozessmanagements*,

https://doi.org/10.1007/978-3-662-58736-2

Zeitfracht Medien GmbH
Ferdinand-Jühlke-Straße 7
99095 Erfurt, Deutschland
produktsicherheit@kolibri360.de